한국의 헌법학 연구

한국의 헌법학 연구

김철수 편

산지니

머 리 말

대한민국헌법이 제정 · 시행된 지 71년이 되었다. 그 동안 한국의 헌법 연구는 괄목할 만한 발전을 해 왔다. 초창기에는 적은 수의 학자만이 헌법학을 연구해 왔으며 학설의 대립도 심하지 않았다. 그것이 현재는 수많은 학자들이 연구에 전념하고 있어 학설도 다양해졌고 31년 전 민주 헌법의 제정으로 헌법재판소가 설립되어 많은 판례를 남기고 있다.

이에 한국헌법학의 연구 과정과 결과를 알기 위하여 한국헌법학에 관한 연구서의 필요성이 통감되어 왔다. 이에 관해서는 많은 논문이 있겠으나 그동안 대한민국학술원에서 30년에 걸쳐 헌법학 발전에 관한 연구 논문이 집필된 것이 있어 이를 통합해 출판하기로 하였다. 저자는 대한민국학술원 회원이 주가 되었으며, 그 밖의 전문가 두 분을 모셨다. 논문을 집필해 주신 선생님과 그 동안 이 연구를 지원해 주신 대한민국학술원에 대해서 심심한 사의를 표한다.

이 책은 출판 기획에서부터 집필 · 교정에 이르기까지 김효전 회원이 주동적인 역할을 하였다. 또 부록을 정리해 주어 앞으로의 한국 헌법학사 연구에 도움을 주게 된 것을 감사한다.

또한 한국 헌법학사라는 희귀한 분야의 출판을 쾌히 승낙해 주신 산지니 출판사의 강수걸 대표님과 직원 여러분에게 감사한다.

이 책은 한국 헌법학사의 연구에 관한 유일한 저서라고 생각되어 앞으로의 한국 헌법학연구에 초석이 될 수 있을 것으로 믿어 일반 독자와 연구자,

학생들의 일독을 바란다.

끝으로 대한민국학술원의 간행물에 게재되어 일반인들이 쉽게 접근하기 어려웠던 문헌들을 대중화하는 데에 흔쾌히 동의 해주신 학술원 당국에 대해서 깊은 감사의 뜻을 전하고자 한다.

2019년 4월 26일

편자 김 철 수 씀

차 례

제1편 초 창 기

제1장 헌법학 30년의 회고와 전망

제2장 헌법학 30년의 학설변천

제3장 헌법학 30년의 연구자들

제2편 안 정 기

제1장 헌법학 60년의 연구동향

제2장 헌법재판법학 60년의 연구동향

제3장 헌법학 60년과 외국 학설

제3편 한국 헌법학의 회고와 전망

제1장 헌법과 기본권 연구의 동향 회고

제2장 한국 헌법학의 체계화

제3장 통일헌법 연구의 방향과 과제

부 록

제1편　초 창 기

제1장 헌법학 30년의 회고와 전망

I. 서 설

1948년 8월 15일에 선포된 대한민국헌법은 우리 민족이 가진 근대 입헌주의 헌법의 시초이며, 더구나 그것은 일제에서 독립하여 가진 근대 헌법이다.

우리가 1948년에 독립국가로서의 근대 헌법을 가지기 전에는 세계에서도 그 예를 볼 수 없는 절대천황주권 하에서, 더구나 일본 본토보다도 더욱 자치와 인권이 말살된 상태 하에서 우리는 35년이란 긴 식민지생활을 해왔다. 이 식민지시대에서는 우리 민족으로서 일본 헌법에 관심을 가질 수도 없고 또 한국인의 학자의 길도 봉쇄되어 있었다.

이런 환경 속에서 공법에 관심을 가진 분은 오직 유진오 박사뿐이었으며 그의 탁월한 재능에도 불구하고 모교인 경성제국대학(현 서울대 전신)에서의 교편의 길은 막혔으며, 지금의 고려대학교의 전신인 보성전문학교에서 공법 분야를 담당하고 있었다. 우리나라가 해방이 되자 헌법에 조예가 있는 분은 오로지 유진오 박사뿐이었다. 그러나 그 분도 일본 제국주의 헌법에 관심이 있을 수 없었고 그렇다고 해서 그 당시부터 민주헌법에 관한 강의는 하지 못했던 것이다.

그러므로 우리나라의 헌법학은 바로 1948년의 대한민국헌법 공포와 함께 시작되었다고 보는 것이 정론이다. 이 점이 민·형·상법 등에 있어서 학자로서는 아니지만 그래도 다소 연구한 업적이 있는 분야와 비교해서 공법 분야에 있어서 다른 점이다.

그런데 우리가 우리나라 헌법이 제정된 지 30년 동안 헌법사에 있어서 변천이 너무나 컸다. 1948년에 최초의 헌법이 제정되었고, 이것을 우리는 제1공화국헌법이라고 부른다. 제1공화국헌법은 2차에 걸쳐 부분적 개정이 있었고, 그 후 1960년에 가서 전면 개정되어 제2공화국헌법이 제정되었고, 이것도 1차의 부분적 개정을 거쳐 1962년에 전면 개정되어 제3공화국헌법의 제정을 보게 되었다. 이 제3공화국헌법도 1차의 부분적 개정을 거쳐 1972년에 다시 전면 개정되어 제4공화국헌법의 제정을 보게 되었다.

이와 같이 우리 헌법이 30년 간에 4차의 전면 개정이란 운명을 가져왔는데, 그 내용이 그때그때의 정치현실과 관계되어 많은 차이점을 가지고 있기 때문에 우리가 헌법학의 30년을 회고하는 데 있어서 헌법 자체의 변천을 도외시하고는 논할 수 없게 되어 있다. 30년 간 변하지 않는 헌법을 가졌다면 그 헌법 밑에서의 헌법학의 발전을 조리있게 학문적으로 논할 수가 있겠으나 우리는 그동안 수차의 정변으로 상이한 헌법을 가지게 되었으므로 헌법사와 헌법학은 다른 나라에서 볼 수 없는 특이한 관계를 가지고 있다고 말할 수 있다. 그리하여 여기에 헌법학 30년을 논하는 데 있어서 헌법사 자체적 관찰이 불가피하게 되어 있다.

II. 헌법학의 회고

1. 군정시대의 헌법적 논쟁

제1공화국헌법이 제정되기 직전에 우리 헌법학계에서 논란의 대상이 된 문제가 있었다. 군정시대에는 군정장관포고에 위반되지 않는 기존 일본 법령은 그대로 효력을 가지고 있었다. 처가 남편의 동의 없이 아내의 재산에 대하여 가옥명도청구소송이 제기되어 승소하였는데, 패소한 피고가 이것은 일본 민법 제14조(처는 남편의 동의 없이 소송을 제기할 수 없다는 내용)에 위반한다 하여 대법원에 비약상고를 하였는데 이에 대하여 대법원은 일본민법 제14조가 실질적 헌법에 위반된다 하여 상고를 기각하였다. 군정시대의 우리나라는 앞으로 국제적으로 독립이 약속되어 있기 때문에[1] 완전한 독립국가는 아니라도 생성중의 국가라고 볼 수 있으며, 생성중의 국가에도 실질적 헌법은 있는 것이며, 그 당시 실질적 헌법에 민주주의가 있고 그 내용의 하나로서 남녀평등이 있다고 볼 수 있다. 그런데 일본민법 제14조는 처의 무능력제도를 규정하고 있으므로 남녀평등이란 실질적 헌법에 위반된다고 하였다. 이 대법원의 판결에 대하여 찬반양론이 있었는데, 그 반대론의 주안점은 생성중의 국가의 실질적 헌법이란 이론에 의문을 표시했으며, 또 일보 양보하여 남녀평등이란 실질적 헌법을 인정한다 하더라도 위헌법률심사를 미국의 예에 따라 헌법규정에 없는 데도 불구하고 대법원이 과연 할 수 있을 것인가라는 점이었다. 그러나 이런 논쟁 속에 헌법이 제정되어 그 제8조에 성별의 차별을 금지하는 조항을 보게 되어 이 헌법논쟁은 성문헌법의 제정으로 종식을 보게 되었다.

2. 제1공화국헌법(1948. 8. 15~1960. 6. 15)

제1공화국헌법은 제헌국회에서 제정되었는데, 그 초기위원회의 전문위원으로 활약하였던 유진오 박사의 의견이 크게 영향을 미쳤던 것은 해방 전에 유일한 공법학자이었다는 사실이 이를 말해준다.

유진오 박사는 본래 그분의 정치적 소신으로 의원내각제 정부형태로 헌법초안이 이루어졌으나 그 당시 국회의장이오 뒤에 초대대통령이 된 이승만 박사의 강경한 반대로 헌법초안이 본회의상정 직전에 대통령제로

---

1) 일본이 카이로, 포츠담선언을 수락하여 연합국에 항복하였기 때문에 카이로선언 속에 한국의 독립이 약속되어 있으므로, 한국의 독립은 국제적 공약에 속한다.

바뀌어졌다. 그러나 시일관계로 전반적인 대통령제로 완전개정하기가 곤란했으므로 의원내각제의 중심안목인 내각불신임권과 국회해산권을 삭제하는 것을 주축으로 해서 대통령체제로 개정되어 본회의에 상정되고 약간의 수정을 본 뒤에 그대로 통과되었다. 그리고 기본권에 관해서도 우리나라가 근대헌법의 경험이 없는 탓으로 그 제약을 법률에 위임하는 것을 원칙으로 하였다.

우리나라의 헌법학은 위와 같은 헌법을 토대로 출발하였다. 그런데 우리나라 헌법의 해설서를 최초로 낸 분은 이창수씨였다. 그 분은 공보관계에 있은 분으로 직무관계로 헌법해설서를 헌법이 공포된 직후에 출간하였다. 그러나 우리나라 헌법에 관한 학문적 저술은 익년인 1949년 1월에 발행한 유진오 박사의『헌법해의』라는 축조해설서이었다. 이것이 우리나라 헌법학의 출발점이라고 말할 수 있다. 그것은 헌법기초에 직접 참가하고 막대한 영향력을 발휘한 점과 그 분이 그때까지 우리나라의 헌법학자로서는 유일무이한 선구자이었기 때문이다.

그러나 여기에 특기해야 할 것은 대한민국헌법이 제정되기 직전에 유진오 박사가 발표한「국가의 사회적 기능」이란 논문이다.[2] 오늘날 헌법학계에서 많이 논란되어 있는 국가의 사회적 기능이 주창되어 특히 정치적 민주주의 이외에 경제적·사회적 민주주의가 주장되었다.

다음에 제1공화국시대에 헌법에 관한 이론적 문제의 약간에 관하여 회고해 보기로 한다.

(1) 국민주권론

유진오 박사는 군주주권론과 국가주권론, 또는 영국의 의회주권론을 설명·비판하면서「인민주권은 정치사상으로서가 아니라 법률제도로서 각국 헌법이 이미 승인하는 바가 되었으며, ……이론적으로도 인민주권은

---

2) 1948년『법정』제3권 3·4·6호. 유진오,『헌법의 기초이론』(일조각, 1954)에 수록.

충분히 설명될 수 있음에 이르러 있는 것이라」 하였다.[3)]

박일경 교수는 주권을 설명하면서 「이와 같은 현실적 법적 입장에서 오인은 국가권력이 누구에게 귀속하느냐의 문제 즉 소위 주권의 담당자 여하의 문제는 이를 어디까지나 구체적 개별적으로 인정하여야 한다고 생각한다」라고 하여 국민주권론에 대한 확실한 태도표명이 없었다.[4)] 그러나 그 후에 국민주권론은 실정법적으로 성립되지 않는다고 하여 정치적 이데올로기에 지나지 않는 개념이라는 태도를 현재까지 고수하고 있다.

한태연 교수는 국민주권론에 있어서 국민을 「이념적 통일체로 이해한다는 것은 결국 국민주권의 원리는 법학적으로는 도저히 설명할 수 없는 일종의 이데올로기에 불과하다는 것을 의미」한다고 하면서, 「국민주권의 원리에 관한 (헌법) 규정은 실증법적으로는 도저히 설명할 수 없는 일종의 법철학적·국가철학적 규정으로 보지 않을 수 없다」[5)]고 하였다.

(2) 기본적 인권

제1공화국헌법은 기본적 인권에 관하여 대체적으로 법률유보를 원칙으로 하였기 때문에 형식적으로는 큰 문제가 제기되지 않았으나, 이대통령의 장기집권으로 말미암아 점차로 독재정치화하였기 때문에 실제상으로는 많은 문제점이 있었다. 그러나 구체적으로 위헌이라고 한 헌법판례는 거의 없으며, 다만 최고법원인 대법원의 상고권을 박탈하여 2심제로 규정한 농지개혁법 및 비상사태하 범죄처벌법의 규정이 헌법위원회에서 위헌판결을 받았다(1962. 9. 9 헌법위원회 결정 1, 2).

(3) 국가권력 4기관분장론

---

3) 유진오, 『헌정의 이론과 실제』(일조각, 1954), 53면.
4) 박일경, 『헌법』(조문사, 1949), 26면.
5) 한태연, 『헌법학』(양문사, 1955), 184-185면.

1957년 필자는 『한국헌법론』을 출간하면서 국가권력 담당기관으로 크게 국회·정부·법원 및 선거인단의 4기관을 들고 각 기관이 국가권력을 분장하면서 서로 억제·균형을 유지한다고 하였다. 이것은 뒤에 Loewenstein의 학설에서도 보는 바로 오늘날에는 우리나라 통설을 이루고 있다.

(4) 헌법개정

제1공화국헌법의 제1차 개헌 즉 발췌개헌이 개헌내용의 공고가 없었다는 점에서, 또 제2차 개헌 즉 4사5입개헌이 이론상 성립될 수 없다는 점에서 위헌적 개헌이라는 것에는 학설상 이론이 없다.

(5) 중요 저서

제1공화국시대의 헌법에 관한 중요한 저서는 1948년의 이창수, 『대한민국헌법대의』(동방문화사), 1949년의 유진오, 『헌법해의』, 『헌법의 기초이론』(명세당), 박일경, 『헌법강의』(국민대학), 김윤근, 『헌법요론』(육성각), 1951년의 이경호, 『신헌법해의』(일한도서), 1952년의 유진오, 『헌법입문』(교문사), 이종극, 『헌법강의』, 1954년의 박기실, 『헌법 이론』(명세당), 박천일, 『헌법개론』(대지사), 1955년의 김천수, 『신헌법대요』(수도문화사), 한웅길, 『한국헌법론』(희문사), 한태연, 『헌법학』(양문사), 1957년의 윤세창, 『헌법 강의』(장왕사), 문홍주, 『한국헌법론』(일조각), 1958년의 강문용, 『헌법』(신아사) 등이다.

3. 제2공화국헌법(1960. 6. 15 ~ 1961. 6. 6)

제1공화국헌법은 일제로부터 독립하여 우리나라가 현대적 입헌주의 헌법을 가지게 됨에 있어서 그 성격은 자유민주주의를 기조로 하여 생활권적 기본권도 규정하고 재산권행사에 공공복리 적합성을 요구하고 있기는 하나 경제조항의 성격은 사유재산제도를 엄수하는 데서 벗어나지 못하였다. 그러나 제2차 대전 후 제정된 신생 국가의 헌법으로서는 극도의 자유를 규정한 것도 아니고, 또 지나친 사회국가의 성격을 가진 것도 아니었다. 그런데 제1공화국부터 이대통령의 계속집권을 위한 위헌적 헌법개정과 아울러 정치는 독재화되어 1960년의 4선 선거에서 전대미문의 부정 선거가 감행되자 4·19 학생의거를 보게 되어 제1공화국은 붕괴되고 제2공화국이 탄생되어 자유당의 독재정권에 대한 반동으로 세계에서 유례를 볼 수 없는 정도로 자유권만능을 기조로 한 의원내각제체제의 헌법을 가지게 되었다.

제1공화국헌법이 전면 개정되어 새 헌법이 제정되어 그 내용도 크게 달라졌으므로 헌법학에서는 새 헌법을 토대로 하여 구저의 개편작업이 진행되었다.

그리고 자유당 때 탄압되었던 언론·출판과 학문의 자유가 완전 보장됨으로 인해서 자유권에 관한 헌법적 신장이 극도에 도달되었다. 헌법조문 자체가 극도의 자유를 보장하고 있었으므로 헌법학 자체에서는 별로 논란이 없었다.

1948년 대한민국이 독립될 당시 북한은 소련, 남한은 미국의 산하에 있었다. 대한민국이 남한에서 수립될 당시 세계정세는 양극시대에 있었으며, 대한민국은 북한의 남침을 생각하지 않았으며, 또 미국의 산하에서 외침을 방지해 주리라 믿고 있었다. 그래서 제1공화국헌법은 민주헌법의 중도를 지향한 온건한 헌법이었다. 그러나 6·25의 남침을 맞게 되자 기대했던 대로 미국이 중심이 되어 연합군이 북한의 남침을 배격해 주었다. 이에 안심한 우리 국민들은 자유당정부의 독재에만 크게 반발하여, 엄청난 부패와 부정선거가 감행되자 자유당정권을 타도하였다. 그리하여 미국을 믿은 우리 국민은 민주주의의 선진국인 미국이나 영국보다 더 앞지른 자유만능의 제2공화국헌법을 제정하였다.

이 결과 무한한 자유를 배경으로 한 국민대중은 데모에 여념이 없었고,

양대정당제를 기반으로 하여야 의원내각제의 묘미를 발휘할 수 있는데, 민주당의 신구파 분열로 국회에 안정세력을 가지지 못한 장면 내각은 무력하기 한량이 없었다. 이리하여 제2공화국은 5·16혁명에 길을 열어 주어 제3공화국이 탄생하게 되었다.

제2공화국시대의 헌법학에서는 별다른 문제가 제기되지 않았다. 제2공화국시대의 중요한 헌법서는 다음과 같다. 문홍주, 『신한국헌법』(법문사), 박일경 『한국헌법』(진명문화사), 한태연, 『신헌법』(법문사), 이경호, 『신헌법요론』(일한도서), 윤세창, 『신고헌법』(일조각) 등이다

4. 제3공화국헌법(1962. 12. 26~1972. 12. 27)

(1) 제3공화국헌법의 특징

5·16 혁명 후 혁명정부가 민정이양을 위해 제3공화국헌법을 제정하는 과정은 양심적 태도이었다. 첫째, 공법·경제학·국제법 등 다수의 학자를 동원하였고, 또 헌법대강을 작성하는 데도 전국 도시에 공청회를 열어 국민의 의사를 존중하도록 노력하였다.

제3공화국헌법을 보면, 제1공화국시대의 자유당독재를 배격하고, 제2공화국시대의 지나친 자유만능을 지양하여 우리의 현실에 맞는 헌법을 가지려고 노력하였다. 신체의 자유, 재산권의 보장은 최대한으로 확대하였으나, 언론·출판 및 집회·결사의 자유, 근로자의 권리, 공무원의 권리 등에는 우리나라 현실에 알맞게 제한할 수 있도록 헌법적 근거를 두어, 제2공화국시대의 무질서와 혼란을 미연에 방지할 수 있도록 하였다.

(2) 학계

제3공화국 10년간이 우리나라 헌법학계에 있어서 개화기라 할 수 있을 것이다. 이미 헌법 저서를 출간한 한태연·윤세창·박일경·이종극·문홍

주 등이 신헌법에 맞추어 헌법서를 새로 출판한 것 이외에 1963년에 강병두, 『신헌법』(수학사); 김기범, 『헌법강의』(법문사); 김남진, 『신헌법』(삼중당); 1964년에 갈봉근, 『신헌법개론』(보문각); 김철수, 『헌법총람』(현암사); 한동섭, 『헌법』(향학사); 1965년에 한상범, 『축조한국 헌법』(보문각) 등이 속출하였다. 특히 1963년의 김철수 교수의 『헌법질서론』, 1965년의 필자의 『기본적 인권연구』, 1968년의 김도창 교수의 『계엄론』 등은 헌법학에 관련된 저작으로 우리나라 헌법학의 발전의 일면을 엿볼 수 있다. 그리고 새로운 헌법학자가 대개 서독에서 연구하고 돌아온 분이었으므로 우리나라의 헌법학이 서독 헌법학의 영향을 많이 받게 된 것도 부인할 수 없는 사실이다. 또 특기할 것은 제3공화국 말엽인 1969년에 한국헌법학회가 창설되었고, 1970년에는 한국공법학회가 창설되어 양 학회는 년간 세미나를 개최하였고 기관지인 『헌법연구』와 『공법연구』라는 학술지를 매년 간행하게 되어 헌법학의 발전에 기여하는 바가 컸다.

(3) 판례

이 시기에 우리나라 위헌 재판사상 획기적 판례가 손실보상과 국가배상에 있어서 일어났다. 위헌심사의 적극주의라고 말할 수 있을 것이다. 1967년 11월 2일의 대법원 판례는 징발보상에 있어서 징발법 및 그에 기한 대통령의 징발절차에 관한 규정은 보상을 담당하는 정부기관의 내부적 규정이며 이는 보상을 청구하는 국민에게는 효력이 없어, 국민은 헌법이 규정하고 있는 「정당한 보상」을 청구하는 데 지장이 없다고 하였다.[6] 또 1972년 4월 25일의 대법원판례는 국가배상법 제2조 1항은 위헌이라 하였다. 그것은 군인 · 군속 등이 전투 · 훈련 기타 직무집행과 관련하여 전사 · 순직 또는 공상을 입었을 경우에 재해보상금 · 유족연금 · 상이연금을 지급받을 경우에는 그것으로 그치고 일반 국가배상청구는 하지 못한다고 규정하고 있는데, 이것이 평등권 등의 헌법규정에 위반한

6) 1967. 11. 2 대판 67다 1334.

다고 하였다.[7] 또 국가배상법 제3조에 배상기준을 정하여 상한선을 규정하고 있는데, 이것은 배상심의회에서의 내부적 기준이지 배상범위에 관한 법적 제한이라고 볼 수 없다고 하였다.[8]

그리고 사법적인 손해배상의 이론에 지나지 않으나 환경권에 관한 판례가 나왔다. 그것은 소주공장에서 나오는 매연·소음·악취 등에 관한 인접 주민의 손해에 관한 것이었다.[9]

5. 제4공화국헌법(1972. 12. 27~1979. 10. 26)

(1) 제4공화국헌법의 특징

1970년대에 들어서자 국제사회에 있어서 해빙기를 맞이하여 양극시대는 사라지고 다극화시대에 돌입하여 강대국은 이념보다도 국익을 위하여 약소국가들은 내일의 운명을 가름하기 어렵게 되었다. 미국의 산하에 안주해온 우리나라도 이에 대비하여 자주국방체제를 갖추어야 하고, 또 남북대화가 시작됨에 즈음하여 국민총화가 요청되고 남북통일을 위하여 강력한 국력배양이 시급한 민족적 당면과제로 등장하게 되었다. 이리하여 지도자의 결단에 의하여 1972년 이른바 10월 유신(혁명)에 의하여 영도적 대통령제를 주창으로 하는 제4공화국헌법이 제정되었고, 이를 국민투표로써 국민은 호응하게 되었다.

그리고 기본적 인권, 특히 자유권에 있어서 헌법적 유보조항은 일반 법률유보조항으로 변질되고 대통령권한의 강화를 기반으로 하는 국가능률의 극대화를 제도화하였다. 그리하여 사회적 안정을 위하여 수차에 걸쳐 대통령의 긴급조치권은 발동되었다.

7) 1972. 4. 25 대판 72다 331.
8) 1970. 2. 24 대판 69다 1069.
9) 1968. 11. 19 대판 68다 1522.

(2) 학계

제4공화국헌법이 제정되자 기존 학자들은 이에 맞추어 헌법서를 개필하였다. 그리고 제4공화국헌법은 프랑스의 드골헌법에 그 원형을 찾아볼 수 있는데 우리나라에도 프랑스의 헌법학이 도입되게 되었으며, 권력의 인격화이론이 한태연·갈봉근 의원의 저서에서 고조되었다. 또 양 의원이 주도하는 헌법학회에서는 매년 개최하는 세미나에서 유신헌법의 합리화이론이 전개되었다.

또 서독의 헌법이론이 도입되어 「인간의 존엄과 가치」의 해석에 서독 헌법의 인격발전이론과 결부되었으며, 기본적 인권의 이중구조, 기본적 인권규정의 제3자효력론에 있어서 직접적용 및 간접적용론이 주장되었다.

권영성 교수는 1976년에 『독일헌법론(상)』이란 역작을 발표하였고, 판례연구서에서는 김철수 교수의 『판례교재 헌법』이 1975년에 출간되었고, 미국헌법의 기본적 인권 판례에 관해서는 필자의 『기본적 인권연구』가 구서와 합본하여 1976년에 출간되었다.

기본적 인권에 관하여 세계적인 새 조류에 속하는 Privacy의 권리, 환경권 등의 논의가 점차 활발하게 되어 이것의 헌법학적 구명이 시작된 것은 특기할 만하다. 1977년의 공법학회 세미나에서 환경권의 헌법학적 검토가 있었으며 그의 헌법적 근거에 대한 발표가 추후에 있었다.[10)]

(3) 판례

제3공화국시대에 손실보상과 국가배상에 관한 대법원의 위헌판결은 1976년과 1977년에 각각 전 판례를 번복하여 합헌이라고 판결하였다. 새 헌법에서는 헌법명문으로 보상의 기준과 방법에 관하여 법률로 정한다고 하였고, 국가배상에 관하여도 군인·군속 등에 관한 특례를 국가배상법

---

10) 김철수, 「헌법상의 환경권」, 『법정』 1977년 7·8월호; 문홍주, 「환경권서설」, 『고시연구』 1977년 9·10월호.

에서 규정하고 있던 것을 헌법에서 명문화하였는데, 위의 전복 판결에서는 새 헌법의 조문에는 언급함이 없이 전판례를 번복한다고 하였다. 그리하여 새 헌법의 소급적용에 관한 법리적 문제는 야기되지 않았다.

6. 결 언

위에서 우리나라 헌법학의 30년을 개관하였다. 헌법학은 국가의 기본법에 관한 과학인데, 이 기본법이 30년간에 4차에 걸쳐 근본적으로 변천을 보아왔다.

식민지시대를 벗어나서 자유민주주의 근대국가로서 출발하게 되자 헌법은 자유의 기술로 각광을 받았다. 그러나 제1공화국 중엽부터 자유당의 독재가 심해지자 제도상으로 자유를 절대적으로 옹호하려는 심정으로 자유를 극대화한 제2공화국헌법을 맞이하게 되었다. 그러나 경제적 기초가 없고, 자본주의제도의 발달을 보지 못한 우리나라에서는 자유헌법은 사회적 혼란만을 가져와서 여기에 자유에 대한 반성과 아울러 현실과 조화하기 위한 제3공화국헌법을 가지게 되었다. 그러나 대외·대북·대내적으로 국가위기를 맞게 되자 이를 극복하기 위한 위기정부의 헌법을 가지게 되어 이것이 바로 제4공화국헌법이다. 자유는 대폭적으로 양보되고 대통령을 구심점으로 하는 영도적 대통령제헌법이다.

우리 헌법학은 이와 같은 빈번한 헌법의 개정으로, 참으로 안주와 냉정을 잃은 생을 영위해 왔다고 아니할 수 없다. 그러나 헌법학은 현실에 지나치게 영합하지 않는 국민의 자유를 옹호해왔고, 또 권력의 지나친 비대도 이를 억제하는 방향으로 꾸준한 노력을 해왔음은 부인할 수 없는 사실이다.

III. 전 망

국가위기를 극복하기 위한 제4공화국헌법이 임시헌법이냐 아니면 영구헌법이냐 하는 문제는 지금 논할 시기가 아니다. 왜냐하면 국가위기는 계속되고 있으며, 미군철수 등으로 그 긴박성을 더해가고 있기 때문이다.

이런 의미에서 우리 헌법의 원형이라고 볼 수 있는 프랑스의 헌법이 처음 제정되고 시행되었던 초창기의 헌법이론이 더욱 아쉽다. 그런 의미에서 우리 헌법학에 비교적 생소하였고, 그 방면의 연구가 적었던 프랑스 헌법학에 대한 연구가 앞으로 많이 기대된다. 서독·미국 헌법에 관한 연구와 아울러 프랑스헌법에 관한 보다 진지한 연구가 기대되어 마지않는다(1978).

제2장 헌법학 30년의 학설변천

Ⅰ. 한국헌법학 30년의 연구업적

1. 서

한국의「헌법학」이 언제 성립하였는가를 한마디로 말하기는 어렵다.[1] 개화기에도 헌법에 관한 사상을 가진 사람은 많았고, 헌법의 기본요소인 인권에 관하여 설시한 사람은 많았다.[2] 개화기의 서재필은 그 중에서도

---

1) 문헌목록으로는 다음과 같은 것을 참조하기 바란다.
   ① 국회도서관,『정치 · 법률 · 행정 문헌목록』, 1972.
   ② 국립중앙도서관,『학술논저 총합색인』 제1집 법률학, 1973.
   ③ 서울대학교 도서관,『법률문헌색인 1945~1974』, 1975. (Ⅱ), 1994.
   ④ 법원행정처,『한국법률문헌색인 I』, 1989. 추록 1. 1990.
   김철수, 한국법학 30년의 회고와 전망(II)(공법학계),『법정』 1975년 10월; 동, 한국헌법학 40년의 회고와 전망,『사법행정』 1984년 9월 8-13면 및 10월 31-37면(이 두 논문은 같은 저자의『한국헌법사』, 대학출판사, 1988년 제4장에도 수록); 문홍주, 헌법학 30년의 회고와 전망,『서울대 법학』 제19권 1호(1978), 67-74면; 김효전, 1970년대 헌법학계 회고,『공법연구』 제8집(1980), 149-224면 ; 최대권, 우리 헌법학의 당면과제,『서울대 법학』 제28권 1호(1987); 동인,『헌법학』(박영사, 1989), 47-62면; 김효전, 한국헌법학 50년 그 성과와 과제,『서울대 법학』 제36권 2호(1995); 김효전, 한국공법학연구 백년, 한국법학교수회 편,『법학교육과 법학연구』(길안사, 1995), 25-73면; 김효전,『서양헌법이론의 초기수용』(철학과현실사, 1996); 김효전,『근대한국의 국가사상』(철학과현실사, 2002) 등 참조.

대표적인 인물이라고 하겠다.[3] 그러나 실정법인 1897년의 대한국국제는 국민의 기본권에 관해서는 하등 규정하지 않았다. 이 대한국국제는 실질적으로는 대한제국의 헌법이었으나,[4] 입헌주의적 헌법이 아닌 것은 명백하다.

그 뒤 대한제국은 일본에 강점되었고, 3·1독립운동 후에 설립한 대한민국 임시정부의 헌법들은 국민주권주의를 선언하고, 국민의 기본권을 보장한 점에서 입헌주의헌법이라고 할 수 있으나, 대한국토 내에서 실효성을 가질 수 없었다.

1895년에는 「법관양성소」가 설립되었으나, 헌법에 관한 강의는 없었던 것 같다.[5] 보성전문학교의 초기 교과과정에도 헌법과목은 없었던 것으로 보인다.

한국에서 현재 알려져 있는 최초의 헌법 교과서는 1907년에 발간된 조성구의 『헌법』,[6] 1908년의 유치형의 『헌법』,[7] 같은 해에 발간된 수송 김상연 강술의 『헌법』과 『국법학』 등을 들 수 있다.[8] 1905년을 전후로 하여 헌법학 관련 교과서뿐만 아니라 민사법, 형사법, 국제법을 비롯하여

---

2) 상세한 것은 전봉덕, 『한국근대법사상사』(박영사, 1981), 82면 이하 참조. 기타 김효전, 서구헌법사상의 초기수용 - 기본권사상을 중심으로, 『한국법사학논총』(박영사, 1991), 263-289면; 김철수, 한국인권론의 도입과 전개, 『법학교육과 법조실무』(이윤영교수추도논문집), 1994, 187-211면.

3) 서재필의 법사상에 관해서는 전봉덕, 전게서, 264면 이하 참조.

4) 상세한 내용은 전봉덕, 전게서, 99면 이하 참조.

5) 1908년의 교과내용에도 헌법은 없다. 상세한 것은 김효전, 『법관양성소와 근대 한국』(소명, 2014); 최종고, 『한국의 서양법수용사』(박영사, 1982), 26면 이하 참조.

6) 상세한 것은 영인본(민족문화, 1987)에 붙인 김효전의 해설(조성구의 생애와 저작) 및 최종고, 개화기의 법학서(해제), 『한국근대법제사료총서』(아세아문화사, 1981), 3-11면 참조.

7) 상세한 것은 유치형 강술, 『헌법』의 영인본과 횡조판에 붙인 김효전의 해설(유치형의 생애와 『헌법』, 관악사, 2010), 1-13면 및 최종고, 유치형, 『한국의 법학자』(서울대출판부, 2007) 참조.

8) 수송(壽松) 김상연 강술, 『헌법』과 『국법학』은 모두 2004년 관악사에서 영인본이 발간되었다.

국가학, 정치원론, 외교통의, 경제학 등 사회과학계 서적들이 다수 저술 또는 번역되었다.[9] 그러나 이들 교과서도 일본의 교과서를 편술한 정도이며, 본격적인 연구서라고는 하기 어렵다. 법학지도 몇 가지 나왔으며, 헌법이론에 관한 소개도 어느 정도 알려지고 있다.[10] 사회단체로는 이준이 중심이 되어 1905년 5월에 발족한 「헌정연구회」 등이 있었다.[11]

1910년 후 일제 암흑기에 있어서는 각 대학이나 전문학교에서 일본제국헌법이 강의되었다. 경성제국대학에서도 헌법강의가 있었는데, 일인 교수들에 의하여 강의되었다. 소장학자로는 우가이 노부시게(鵜飼信成), 키요미야 시로(清宮四郎) 등이 있었고,[12] 이들은 해방 후 일본에서 교수생활을 하였다. 해방 후 이 땅에서 헌법학을 강의한 경성제국대학 출신은 일본 헌법적인 사고와 교육을 받았었다. 일제하 일본에 건너가 공부한 사람들도 헌법학 공부는 외면하다시피 하였다.[13]

1932년 보성전문학교에 유진오 교수가 「공법학 교수」로 채용되어 비로소 한국인 헌법교수가 탄생한 셈이었다. 그는 유일한 공법학 교수요, 공법학자로서 그 후 해방에 이르기까지 18년 동안 공법을 강의하였다. 해방 후 그는 보성전문학교와 경성대학에서 헌법학을 강의하게 되었다. 그는 회고록에서 정말로 헌법학에 열을 내 공부하기는 해방 후 수 삼년이라고 하고 있는 것을 볼 때, 한국 헌법학의 시초는 1945년 해방 후로 잡는 것이 옳겠다. 해방 후 30년을 지난 후에는 헌법학자들의 수는 대폭 늘어났고, 그 학문적 관심의 범위도 넓어지고 있다.

---

9) 예컨대 황성신문 1906. 6. 8 및 1910. 3. 16 서적 광고. 이들 교과서와 관련된 중요 자료들은 2010년 대부분 관악사에서 영인본으로 발간되었다.

10) 상세한 것은 김효전, 『서양 헌법이론의 초기수용』(철학과현실사, 1996) 참조.

11) 자료는 김효전, 이준과 헌정연구회 - 당시의 신문보도를 중심으로(I)(II), 『동아법학』 제5호(1987), 277-352면 및 제7호(1988), 381-411면; 최기영, 『한국의 근대 계몽사상 연구』(일조각, 2003) 참조.

12) 상세한 것은 김효전, 경성제대 공법학자들의 빛과 그림자, 『공법연구』 제41집 4호(2013), 267-318면 참조.

13) 한상범, 『일제잔재의 청산』(1996); 한상범, 『관료주의와 기본적 인권』(1992).

2. 제1공화국헌법시대(40~50년대)

해방 후 한국의 독립을 위한 헌법제정이 논의되었다. 그 당시 헌법에 관하여 강의하고 있었던 분으로는 경성제대를 나온 유진오 교수가 있었을 뿐이었다. 유교수는 해방 후 보성전문학교와 경성대학에서 헌법을 강의하면서 일제하의 대학졸업생들을 교수로 채용하였는데, 윤세창 교수 등이 공법을 맡게 되었다. 군정시대에도 헌법논쟁이 없었던 것은 아니었으니, 의용민법 제14조의 처의 무능력에 관한 규정이 헌법에 합치되느냐 하는 것이 문제가 되어 평등위반이라는 대법원판결이 있었다. 이에 대하여 사법학자인 김증한 교수와 홍진기 과장의 논쟁이 있었다.[14)]

유진오 교수는 당시 유일한 헌법학자로서 헌법안 작성을 의뢰받아 헌법안을 작성하였는데, 이것이 국회에서 원안으로 채택되었다. 이에 대해서는 일제하에서 행정고시에 합격했던 사람들의 모임인 행정연구회에서 작성했다는 주장이 있었으나, 유박사는 단독안이었음을 강조하고 있다.[15)] 1948년 5·10 선거에 의해 구성된 국회는 헌법기초위원회를 만들어 전문위원으로는 교수 출신으로는 유일하게 유진오 교수가 참여하였다. 유교수의 원안은 의원내각제와 국회의 양원제를 골자로 한 것이었으나, 헌법기초위원회에서 단원제와 대통령제로 되었다. 그것은 당시 국회의장인 이승만씨의 압력에 의한 것이었다. 법원측에서는 미국식 사법심사제를 요청하였으나 유진오 교수의 주장에 따라 헌법위원회제도로 되었다고 한다.[16)]

이 헌법이 제정된 뒤 여러 헌법서가 출판되었다. 우리나라 헌법의 해설서를 최초로 낸 사람은 이창수씨였으나,[17)] 헌법에 관한 최초의 학술적

---

14) 상세한 것은 『홍진기선생 회갑기념논문집』 참조.
15) 상세한 것은 유진오, 『헌법기초회고록』(일조각, 1980), 32면 이하 참조.
16) 상세한 것은 유진오, 전게서 참조.
17) 『대한민국헌법대의』, 1948.

저술은 유진오 교수의 『헌법해의』라는 축조해설서였다.[18] 이 책에서 유박사는 헌법해석을 통하여 의원내각제적으로 운영하려는 목적을 가지고 주석하는 것이 특색이다. 유진오 박사는 이 밖에도 『헌법의 기초이론』과 『헌정의 이론과 실제』라는 논문집을 출간하였다. 유박사의 이 저술들은 불모지인 우리나라 헌법학계에 씨를 뿌린 것이나 다름없었다.

유박사의 이론은 바이마르헌법을 비롯한 제1차 대전 후의 동구의 헌법들에 따라, 정치적 민주주의뿐만 아니라 사회적 · 경제적 민주주의까지 강조한 것이었으며, 생존권적 기본권보장 등에 관심을 가진 선구적이고 진보적인 헌법이론이었다. 발췌개헌 후 나온 『신고헌법해의』[19]는 미국 유학 연구의 성과도 담긴 것이었다.

그러나 유진오 교수의 기본권론은 시대적 제약 때문에 법실증주의적일 수밖에 없었다. 유박사의 헌법론에 관해서는 김철수 · 전광석 · 안경환 · 이영록의 연구가 있다.[20]

당시 국민대학과 서울대학교 문리과대학에 재직했던 박일경 교수는 1950년에 『헌법』을, 1952년에 『헌법』을 출판하였고, 1955년에는 『신헌법학입문』, 1956년에는 『신고 헌법강의』 등을 출판하였다. 『헌법요론』, 『축조한국헌법』 등 많은 노작을 출판하였다. 박일경 교수는 경성제대 출신으로 법실증주의 입장에서 헌법학을 저술한 대표적인 학자라고 하겠다.[21]

같은 경성제대 출신으로 부산대학교에 재직하였던 문홍주 교수는 미국 유학 후 『미국헌법론』을 1956년에 출판하였고, 1957년에는 『한국헌법론』을 출판하여 자연법론적인 경향을 가미하였다.[22]

---

18) 『헌법해의』(명세당, 1949).

19) 『신고헌법해의』(탐구당, 1952).

20) 김철수, 유진오의 기본권론, 『법학교육과 법학연구』, 1995; 김철수, 유진오의 헌법초안에 나타난 국가형태와 정부형태, 『한국사시민강좌』 17, 1995; 김철수, 유진오, 『학술원』, 2004; 안경환, 유진오, 『한국의 공법학자들』(한국공법학회, 2003); 이영록, 유진오 헌법사상의 형성과 전개, 서울대 박사논문, 2000.

21) 신평, 박일경, 『한국의 공법학자들』(한국공법학회, 2003), 99-116면.

한태연 교수는 일본 와세다대학을 나와 1947년에 성균관대학에서 민법강의를 시작하였다.[23] 1952년에는 서울대학교 법과대학으로 옮겼다. 한태연 교수는 1955년에는 『헌법학』을 출판하였다.[24] 이 책은 저자가 서문에서도 밝히고 있다시피 「본서에 있어서 우리 헌법의 실증적 이해에 있어서도 기본권을 비롯한 기타의 개소에 있어서 지금까지의 한국의 헌법교과서의 통설적 견해와는 상당한 거리가 있는 이론을 전개하고 있다. 그것은 저자가 사용한 영, 독, 불 등의 공법이론이 원칙으로 1920년 이후에 전개된 새로운 이론이라는 데에 그 원인이 있다. 따라서 본서에서 전개되고 있는 저자의 이론이 한국의 통설에 대한 이론(異論)으로 간주된다면 그것은 오직 1920년 이후에 전개된 공법학의 이론, 특히 독, 불의 통설적 견해에 의거한 까닭이라 할 수 있다. 그러나 저자는 공법학에 있어서 원칙으로 1920년 이후에 전개된 새로운 이론만이 국제적으로 통용할 수 있는 표준적 이론임을 확신하고 있다. 그러한 의미에서 본서에서 보여 주고 있는 저자의 견해는 저자의 창의에 의한 독단적인 견해가 아니라, 다만 1930년대까지 보여준 공법학의 표준적 이론의 재확인에 불과하다는 것을 주의하지 않으면 안 된다」고 하고 있다.

이 책은 저자의 서문의 말과 같이, 1930년대까지의 이론에 근거한 책으로 주로 나치스학자의 이론을 도입하였고 일본의 구로다 사토루(黑田覺, 1900-1990) 교수의 영향을 많이 받았다. 당시로는 학문적 가치가 있는 노작이었다 할 것이다. 이 책은 사사오입개헌이 위헌일 수도 있다는 한 구절 때문에 판금되었다가 해제되자 삽시간에 매진되기도 했다. 한교수는 그 뒤에도 많은 헌법 저서를 출판하였는데, 그 중요한 것으로는 『신고헌법』[25], 『헌법강의』[26] 등이 있다. 한교수의 이론에 대해서는 황산덕 교수의 비평이 있어 논쟁을 불러일으키기도 했다.[27]

---

22) 김영수, 문홍주, 『한국의 공법학자들』(한국공법학회, 2003), 79-98면.
23) 강경근, 한태연, 『한국의 공법학자들』(한국공법학회, 2003), 57-78면.
24) 한태연, 『헌법학』(양문사, 1955), 525 p. 21cm ₩1,200.
25) 한태연, 『신고헌법』(법문사, 1958), 460 p. 21cm ₩1,800.
26) 한태연, 『헌법강의』(고시학회, 1958), 264 p. 21cm ₩1,000.

경찰전문학교 학장을 하다가 6·25 사변 후 중앙대학교로 옮긴 이종극 교수는 1950년에 『대한헌법강의』를, 1952년에는 『개정헌법강의』를 출판하였고,[28] 1954년에는 『헌법입문』[29]과 『축조비교 헌법해의』를 출판하였다.[30] 이 이교수의 『축조 비교 헌법해의』는 저자가 서문에서 밝히고 있는 바와 같이, 외국과 비교·해설한 Kommentar란 점과 당시로서는 방대한 분량이 압도적이었다. 이교수는 「헌법개정」에 관심을 보여 많은 논문을 발표하였고,[31] 비교헌법적인 논문과[32] 헌법현실에 대한 비판을 많이 썼다.[33][34]

중앙대학 교수로 있다가 신흥대학으로 옮겨 간 한웅길 교수는 교토제대를 졸업하고, 동 대학원을 나온 뒤 만주 등지에서 실무에 종사한 사람으로 귀국 후에는 정력적인 저술활동을 벌였다. 1955년에는 『한국헌법론』을 저술하였고,[35] 또 『신고 헌법원론』[36]을 저술하고, 많은 수험서를 출판하였다.[37] 한교수는 정부형태와 개헌문제 등에 관하여 주로 논술하였다. 같은 교토제대를 졸업하고 고려대학에서 행정법을 담당했던 윤세창 교수

27) 황산덕, 헌법과 경제통제, 『법률과 경제』 1(2) 54. 3; 한태연, 헌법에 있어서 현실적인 것, 황산덕교수의 비판에 대하여, 『법률과 경제』 1(9) 54. 11. 12.

28) 이종극, 『개정 헌법정의』(교육도서보급사, 1952), 21cm ₩380.

29) 이종극, 『헌법입문』(동국문화사, 1954) 198 p. 19cm ₩250.

30) 이종극, 『축조비교 헌법해의』(숭문사, 1954), 607 p. 21cm ₩1,000.

31) 이종극, 헌법개정론, 『고시계』 2(1) 57. 1; 동, 헌법개정의 이론, 『중앙대논문집』

32) 이종극, 미국 제주의 헌법, 『법정논총』(중앙대) (2) 56. 4; 동, 현대헌법의 생성론적 분류, Wheare의 기능론적 분류와 Löwenstein의 존재론적 분류, 『신흥대논문집』 (1) 58. 6.

33) 이종극, 현행 헌법의 제결함·성문헌법의 공문화과정, 『법정』, 11.(10) 56. 10; 동, 9.5 긴급조치와 그 승인의 비판, 헌법 제57조의 해석, 『법정』 10 (12) 55. 12.

34) 이종극에 관해서는 김철수, 이종극 선생, 『앞서 가신 회원의 발자취』(대한민국학술원, 2004), 227-233면 참조.

35) 한웅길, 『한국헌법론』(희문사, 1955), 330 p. 21cm ₩700.

36) 한웅길, 『신고 헌법원론』(남산당, 1956), 534 p. 21cm ₩1,800.

37) 한웅길, 『수험기준 헌법해제 신개혁판』(청문각, 1955), 382 p. 21cm ₩900.

도 1957년에는 『헌법강의』를 출판하였다.[38] 윤교수는 기본권에 관해 깊은 관심을 가지고 기본권보장의 이론과 실제에 관하여 많은 논문을 발표하였다. 그 대표적인 것으로는 「기본권의 개념의 역사성」 등이 있다.[39][40]

또 일본 와세다대학을 졸업한 뒤 성균관대학에서 헌법, 행정법을 강의하던 강문용 교수도 1958년에는 헌법 교과서를 출판하였다.[41] 강교수는 행정법을 아울러 강의했으므로 행정작용과 관련되는 헌법문제에 관하여 많은 논문을 발표하였다.

헌법에 관한 중요한 저서를 더 들어보면 1949년에 김윤근 『헌법요론』,[42] 1951년에 이경호, 『신헌법해의』(일한도서), 1954년에 박기실, 『헌법이론』,[43] 박천일, 『헌법개론』,[44] 1955년에 김천수, 『신헌법대요』(수도문화사), 1958년에 강문용, 『헌법』[45] 등이 출판되었다.

지방에서는 부산대학교에서 경성제대를 졸업한 문홍주 교수가 헌법학을 강의하였으며 1957년에 『한국헌법론』을 출간하였다.[46] 경북대학교에서 김기범 교수가 헌법학을 강의하다가 연세대학으로 옮겨왔다. 그 후임으로는 도쿄대학을 중퇴하고, 서울대학교 법과대학을 졸업한 강병두 교수가 헌법학을 강의하였다. 또 전남대학교에서는 서울대학교 법과대학을 졸업한 김태규 교수가, 전북대학교에서는 김영호 교수가 강의를 담당하였다. 또 서울에서는 이경호 교수, 강문용 교수 등이 강의와 저술 생활을

---

38) 윤세창, 『헌법강의』(장왕사, 1957), 348 p. 21cm ₩1,800.

39) 윤세창, 기본권의 개념의 역사성, 『법학논고』(청주대학)(2) 51. 2.

40) 윤세창에 관해서는 이관희, 윤세창, 『한국의 공법학자들』, 2003 참조.

41) 강문용, 『헌법』(신진사, 1958), 416 p. 21cm ₩2,300; 강문용, 『헌법』(을유문화사).

42) 김윤근, 『헌법요론』(육성각, 1949), 350 p. 19cm ₩600.

43) 박기실, 『헌법이론』(명세당, 1954), 450 p. 21cm ₩800.

44) 박천일, 『헌법개론』(1954), 『신고헌법개론』(1956), 430 p. 21cm ₩1,600.

45) 강문용, 『헌법』(신아사, 1958), 416 p. 21cm ₩2,300.

46) 문홍주 교수에 대해서는 김영수, 문홍주, 『한국의 공법학자들』, 79-98면 참조

하였다.[47]

자유당 말기에는 미국의 교환교류계획에 따라 유진오 · 박일경 · 문홍주 교수들이 미국 시찰을 했고, 박천식 · 정천표 등 미국 유학생도 생겨나기 시작했다. 50년대 말에는 강병두 · 한동섭 교수 등이 미국에서 1년 간 연구하였다. 독일 유학의 길도 열려 갈봉근 · 김철수 등이 도독 연구하게 되었다. 이 점에서 제1공화국의 헌법학은 태동기라고도 할 수 있겠다. 문홍주 교수는 시카고대학 유학 후 『미국헌법론』을 출판하여 미국 헌법을 소개하였다.

헌법에 관한 외국 서적들도 국역되기 시작하였다. 강문용 교수는 Wade-Phillips 공저의 Constitutional Law를 『영국헌법학』(상)(하)이란 책명으로 번역 출판하였다.[48] 이 밖에도 박일경 교수[49]와 김기범 교수,[50] 문홍주 교수에[51] 의한 영미 헌법 교과서 번역이 행해졌다. 이 점에서 본다면 50년대의 한국 헌법학은 60년대의 현대 법학으로 옮겨가기 위한 준비기였다고도 할 수 있다.

자유당시대의 헌법학계는 초창기였으므로, 구 일본국 헌법의 이론에 많은 영향을 받았다. 처음에는 외환사정, 6 · 25 동란 등으로 외국 서적이 거의 입수되지 않았으므로, 일제시대의 서적에 의존하지 않을 수 없었고, 헌법 도서가 비치되었던 서울대학이나 고려대학, 연세대학 등을 중심으로 학문적 연구가 진행되었다. 연구 인력도 모자랐고, 연구비도 거의 없었으므로 교수들은 여러 대학에서 보따리장사를 하여야 했고, 교수들의 겸직이 허용되었기 때문에 논설위원이나 공무원을 겸하는 사람도 많았다.

---

47) 제1공화국하의 헌법이론의 수립에 관해서는 문홍주, 헌법학 30년의 회고와 전망, 서울대학교 『법학』 제19권 1호(1978), 67면 이하 참조.[본서에 수록]

48) 강문용역, 『영국헌법학』(상)(하)(창문당, 1959) 각 ₩1,500; 훼아, 동, 『현대헌법』(신아사, 1958), 288 p. 21cm ₩900.

49) W. 아이보어 젠닝스, 박일경역, 『법과 헌법』(민협출판사, 1961), 355 p. 21cm ₩2,500.

50) 스트롱, 김기범역, 『비교헌법』(신아사, 1962), 538 p. 21cm ₩300.

51) 벤자민 F. 라이트, 문홍주역, 『미국 헌법 발달사』, 1958; 미국무성 편찬, 김증한역, 『미국의 헌법과 정치』(위성문화사, 1955).

유진오 교수나 박일경 교수, 김도창 교수들이 법제처에 근무하였고, 한태연 교수가 서울신문 논설위원, 이종극 교수가 동아일보 논설위원 등으로 건필을 과시했다.[52)]

학회로는 한국법학원 산하로 한국공법학회가 구성되어 유진오 교수가 초대회장이 되었으나, 연구자 수의 부족과 연구비의 태무로 활동은 미미하였다.

헌법위원회의 활동은 비교적 활발하여 6건의 결정이 있었는데, 최고법원인 대법원의 상고권을 박탈하여 2심제로 규정한 농지개혁법 및 비상사태하범죄처벌법의 규정이 위헌결정을 받았다(1952. 9. 9).[53)] 그러나 판례평석은 그다지 활발하지 않았다.

50년대 후반에 들어서야 대학원도 본궤도에 접어들어 몇 개의 석사학위논문이 나왔다. 서울대학교 대학원에서는 이해원(1956), 유훈(1957), 김남진(1959), 변재옥(1960)씨 등이 법학석사학위를 받았고, 고려대학에서는 한동섭(1950), 이규복(1954), 주용규(1955), 정종학(1959)씨 등이 받았으며, 중앙대학에서는 서원우(1955), 김이열(1958), 원동진(1959)씨 등이 법학석사학위를 받았다. 또 동국대학에서는 한상범(1960), 성균관대학에서는 한창규(1960), 부산대학에서는 서주실(1957)씨 등이 공법에 관한 석사학위를 받았다.[54)] 이들은 60년대에 활약하게 될 학자로서 기대되었었다.

3. 제2공화국 헌법과 비상조치법시대(60년대 초)

60년대 초에는 4·19 혁명과 5·16 군사 쿠데타로 인하여 공법학계에는 많은 과제가 부여되었다. 4·19 학생혁명의 결과 새로운 헌법개정이

52) 헌법학 30년의 회고에 관해서는 김철수, 한국법학 30년의 회고, 공법, 『법정』 1975. 9 참조.

53) 헌법위원회의 결정문에 대해서는 어문각, 『대법원행정판례집 I』 참조. 또 민홍식, 헌법위원회의 업적, 『법정』 제14권 제35호(1959. 5) 참조

54) 상세한 것은 『한국박사 및 석사학위 총목록』(제1집~제6집) 참조.

행해질 때, 헌법학자들이 내각책임제 개헌 전문기초위원으로서 활약하였다. 헌법학자들의 감격은 새로운 교재의 서문에서 명확하게 드러나고 있다. 박일경 교수는「회고컨대, 어언간 13년을 거친 우리나라 헌법사는 그야말로 형극과 고난의 길이었다. 12년간에 걸친 이정권의 민주주의를 가장한 독재주의는 신성·지고이어야 할 우리나라 헌법을 지상의 공문화하여 버렸고, 객년 3·15 대통령·부통령선거에 있어서는 민주주의의 최후의 보루인 '선거의 자유'조차 완전히 말살하려 하였다. 다행히 4·19와 4·26의 양대 민주의거로 독재정권은 붕괴되고, 우리나라 민주주의는 소생의 호기를 얻게 되었다」고 감격해 하고 있다.55)

한태연 교수는 일보 전진하여「제2공화국의 탄생과 함께 본서도 또한 개정판의 형식으로서 출간하게 된 것을 영광으로 생각하지 않을 수 없다」고 감격하고 있다.56) 그는 나아가「사실 구헌법에 있어서의 대통령제는 집행권의 너무나 강력한 권한에 의하여 그 권력분립의 신화의 여하에도 불구하고, 그것은 결국에 가서는 입법, 행정에 예속케 하는 신대통령제로 발전하게 되었고, 또한 그 필연적인 결과는 이박사의 12년간에 걸친 독재정치의 출현이었다」고 하면서 내각책임제의 중요성을 강조하고 있다.

문홍주 교수도「역사적인 혁명은 젊은 학도들의 피를 통해서 달성되었고 건국 이래 국민이 갈망하던 책임정치체제인 내각책임제개헌은 단행되었다」고 하면서 『신한국헌법』을 출판하였다.57)

제2공화국 헌법제정 이후 대부분의 학자가 헌법 저서를 개판하였다. 이경호 교수는 『신헌법요론』을 출판하였고,58) 윤세창 교수도 『신헌법』

---

55) 박일경, 『신헌법요론』(진명문화사, 1961), 21cm 527 p. ₩3,000; 강문용, 『축조한국헌법』(진명문화사, 1960), 468 p. 21cm ₩2,500; 동, 『신헌법대의』(박영사, 1961), 358 p. 21cm ₩2,300.

56) 한태연, 『신헌법』(법문사, 1960), 529 p. 21cm ₩2,500.

57) 문홍주, 『신한국헌법』(법문사, 1960), 21cm ₩2,300; 동, 『신헌법』(고시학회, 1960), 311 p. 21cm ₩2,000.

58) 이경호, 『신헌법요론』(일한도서출판사, 1960), 152 p. 21cm ₩900

을 출판하였으며,[59] 강문용 교수도 『신고헌법』을 출판하였고,[60] 한웅길 교수도 『신헌법해제』 등을 간행하였다.[61]

이 기간 동안에는 내각책임제에 관한 논문들이 많이 나왔다. 한태연 교수는 「개헌과 내각책임제」, 「내각책임제의 본질과 가치」, 「제2공화국 헌법의 경향」, 「국무총리론」 등 많은 논문을 발표하여, 제2공화국의 방향을 제시하였다. 유진오 교수도 「제2공화국의 헌법·내각책임제의 문제점」, 「개정헌법과 정국의 장래」 등 논문을 발표하였고, 윤세창 교수도 「개정헌법에서 본 우리의 기본권」, 「헌법재판소의 위헌심사권」 등 논문을 발표하였다. 제2공화국 헌법 하에서는 표현이 자유로웠기 때문에 많은 논문이 발표되었으나, 지면의 제약상 개별적으로 언급하는 것을 생략하기로 한다.[62]

제2공화국시대에는 독일에 유학했던 갈봉근, 김철수가 귀국했고, 미국에서 박천식 등이 귀국하여 신풍을 불어넣기 시작하였다. 이 당시에 중요한 논점은 언론·출판·집회·결사의 자유와 정당제도, 헌법재판소제도에 관한 것이었다.

1961년 5월 16일에는 군사 쿠데타가 일어나 비상조치법이 제정되었는데, 이는 한태연 교수의 작품이었다고 한다. 그는 독일 나치스의 수권법을 모방해서 만든 것이라고 말하기도 했다. 이 비상조치법이 제정되자, 한태연, 『비상조치법』,[63] 문홍주, 『비상조치법』,[64] 박일경, 『혁명정부와 헌법』,[65] 윤세창, 『대한민국국가재건비상조치법』[66] 등

59) 윤세창, 『신헌법』(일신사, 1960), 413 p. 21cm ₩2,300.
60) 강문용, 『신고 헌법』(을유문화사, 1961), 524 p. 21cm ₩2,800.
61) 한웅길, 『신헌법해제』(서울고시학회, 1961), 475 p. 19cm ₩2,500.
62) 이 당시의 또 하나의 논점은 헌법재판소에 관한 것이었다. 헌법재판소제도가 신설되었기 때문에 그 모형이 되는 서독 헌법재판소법 등이 소개되었다. 예를 들면 김남진, 서독연방헌법재판소법, 『법학』(서울대)(2) 60. 12, 407-446면; 동, 서독에 있어서의 헌법재판제도, 『법정』 14 (3·5) 59, 5.
63) 한태연, 『국가재건비상조치법』(법문사, 1961), 166 p. 21cm ₩1,500.
64) 문홍주, 『국가재건비상조치법』(법문사, 1961), 90 p. 21cm ₩700.
65) 박일경, 『혁명정부와 헌법』(진명문화사, 1961), 93 p. 21cm ₩700.

이 나왔다. 1962년 1월에는 비상조치법 하에 있어서의 헌법을 체계적으로 저술한 강병두, 『혁명헌법』이 출판되었다(수학사).[67] 이 책은 비상조치법 하에 있어서의 헌법을 단권으로 통일적으로 해설하였기 때문에 호평을 받았다.

5·16 군사 쿠데타에서는 학문의 자유가 없었기 때문에 헌법 논문 발표가 많지 않았다. 제3공화국헌법제정 준비 기간 중에는 개헌방향제시를 위한 논문들이 나오기도 하였다. 이 시기에 각 대학의 대학원에서 석사학위가 수여되기 시작하였으며,[68] 대학정비 등으로 학계는 혼란을 거듭하였다. 학자 중 일부는 혁명정부에 참여하여 학계를 떠났다. 한태연 교수는 내무부장관 고문으로 전출하여 10년간의 서울대 법대 교수생활을 청산하였다. 문홍주 교수와 박일경 교수도 공무원으로 나아가 법제처장, 문교부 장관을 하였다. 이 시기에는 외국어교과서에 대한 번역이 활발히 진행되었다.[69]

---

66) 윤세창, 『대한민국국가재건비상조치법』(일신사, 1962), 107 p. 21cm 60.

67) 강병두, 『혁명헌법』(수학사, 1961), 404 p.+168. 21cm ₩3,000.

68) 상세한 것은 『한국박사 및 석사학위 총목록』(제1집~제6집) 참조.

69) 번역서로는 윤세창역, 『법과 자유』(일조각, 1960; Alfred Denning, Freedom under the Law, 1949); 박일경역, 『법과 헌법』(민협출판사, 1961; W. I. Jennings, Law and Constitution, 4th ed.) ; 서주실역, 『미국헌법의 기초이론』(박영사, 1961; C. J. Friedrich and R. G. McClosky, From the Declaration of Independence to the Constitution, 1954); 엄민영·이경호·김치선 공역, 『축조 미국헌법 - 그 현대적 해석』(수도문화사, 1960; E. S. Corwin, Constitution what it means today, 1920); 윤천주 옮김, 『오늘의 입헌정치』(문교부 대한교과서주식회사, 1962; C. J. Friedrich, Constitutional Government and Democracy, 1951. Part 1-2) 등이 발간되었다. 특히, 기본권 분야에서 미국의 여러 가지 저작들이 번역되었다. 예를 들면, 김기범역, 『피고인의 권리』(수도문화사, 1960; Pellman David, The Defendant's Right); 이종극역, 『국민의 권리』(을유문화사, 1961; W. O. Douglas, Rights of People, 1961); 김남진역, 『정부에 대립한 자유』(법문사, 1962; E. S. Corwin, Liberty against Government, 1948); 박권상·고명식 공역, 『근대국가와 언론자유』(을유문화사, 1965; E. G. Hudon, Freedom of Speech and Press in America, 1963) 등 많은 책들이 발간되었다.

4. 제3공화국헌법시대(60년대)

1961년 8월 12일의 성명 후 정부는 헌법개정을 위한 작업에 들어갔는데, 헌법학자들이 많이 참여하였다. 헌법심의위원회의 전문위원으로 참여한 공법학자는 유진오 · 박일경 · 한태연 · 이경호 · 이종극 · 문홍주 · 강병두 · 박천식 · 조병완씨 등이었다.

헌법심의위원회는 헌법에 관한 공청회를 열었는데, 한국공법학회는 갈봉근 · 김기범 · 한웅길 교수를 대표로 선발하였다. 이 분들은 양원제 설치, 대통령제(2 : 1) 등을 건의하였다. 이는 개인적인 의견의 발표였지 학계를 대변한 것은 아니었다.

1962년 제3공화국헌법이 제정되자 또 한 번 헌법 교과서가 개고되었다. 63년에는 한태연 교수의 『헌법』,[70] 박일경 교수의 『신헌법해의』,[71] 문홍주 교수의 『한국헌법』,[72] 윤세창 교수의 『신고헌법』,[73] 이종극 교수의 『신헌법원론』,[74] 박일경 교수의 『신헌법』,[75] 강병두 교수의 『신헌법』,[76] 이경호 교수의 『새헌법』[77] 등이 출판되었다. 그동안 저서를 내지 않았던 김기범 교수의 『헌법강의』,[78] 한동섭 교수의 『헌법』,[79] 갈봉근 교수의 『신헌법개론』,[80] 박일경 · 양용식 처장의 『신헌법』,[81] 한상범

70) 한태연, 『헌법』(법문사, 1962), 580 p. 21cm ₩400.
71) 박일경, 『신헌법해의』(진명문화사, 1963), 423 p. 21cm ₩400
72) 문홍주, 『한국헌법』(법문사, 1962), 580 p. 21cm ₩400
73) 윤세창, 『신고헌법』(일조각, 1963), 383 p. 21cm ₩300.
74) 이종극, 『신헌법원론』(서울고시학회, 1963), 345 p. 21cm ₩350.
75) 박일경, 『신헌법』(박영사, 1964), 583 p. 21cm ₩490; 동, 『신헌법』 전정판, (박영사, 1971), 488 p. 21cm ₩1,700.
76) 강병두, 『신헌법』(수학사, 1963), 493 p. 21cm ₩400.
77) 이경호, 『새헌법』(삼한출판사, 1963), 288 p. 21cm ₩200.
78) 김기범, 『헌법강의』(법문사, 1963), 457 p. 21cm ₩350; 동 정정판 1968, 480 p. 21cm ₩750.
79) 한동섭, 『헌법』(향학사, 1964), 436 p. 21cm ₩450.
80) 갈봉근, 『신헌법개론』(보문각, 1964), 284 p. 29cm ₩350.
81) 박일경 · 양용식, 『헌법요강』(삼중당, 1962), 302 p. 21cm ₩280.

교수의 『축조한국헌법』[82] 등의 교재가 출판되었다. 이들 새 교과서들은 구미의 선진이론을 소개하고 전달하려는 점에 장점이 있었다.

1963년에는 김철수가 비교헌법교재로서 『헌법질서론』을 출판하였고,[83] 1964년에는 『헌법총람』을 편집하였다.[84] 이 『헌법총람』은 헌법해석학적인 고찰과 아울러 헌법사회적인 고찰과 헌법정책적인 고찰을 가미하여 헌법자료집으로 편집한 것이었다. 헌법강의에 판례와 연습 등을 아울러 곁들인 것으로 그 의의가 있었다.

1968년에는 한상범 교수의 『헌법』이 출판되었고,[85] 1969년에는 구병삭 교수의 『새헌법강의』[86]와 김철수의 『헌법학연구』가 출판되었다.[87] 김철수는 이를 증보하여 1972년에는 『헌법학』(상)(하)으로 출판하였다. 이는 체계적인 교과서가 아니고 논문집인 것이 특색이다. 이 외에도 논문집을 발간한 사람으로는 한상범 교수가 있다. 한교수는 『정치권력과 시민의 자유』란 논문집에서 기본권의 적용문제를 예리하게 파헤쳤었다.[88]

제3공화국 헌법시대에는 구제 박사학위논문이 상당수 발표되었다. 고려대학교 대학원에서는 윤세창(영국행정법상의 쟁송제도 - 특히 그 역사적 전개를 중심으로 하여, 1964) 교수가 법학박사학위를 받았고, 서울대학교 대학원에서는 김도창(계엄 제도의 연구, 1968), 강병두(국가권력구조에 관한 연구 - 행정부에 대한 의회 및 사법부의 통제를 중심으로, 1970), 김철수(위헌법률심사제도의 연구 - 한국 위헌심사 제도의 실증적 연구, 1971) 교수들이 법학박사학위를 받았다.

---

82) 한상범, 『축조한국헌법』(보문각, 1964), 410 p. 21cm ₩480.
83) 김철수, 『헌법질서론』(수학사, 1963), 300 p. 21cm ₩280.
84) 김철수, 『헌법총람』(현암사, 1964), 744 p. 21cm ₩600.
85) 한상범, 『헌법』(일신사, 1968), 390 p. 21cm ₩600.
86) 구병삭, 『새헌법강의』(1969).
87) 김철수, 『헌법학연구』(지학사, 1969); 김철수, 『헌법학』(지학사, 1970), 651 p. 21cm ₩1,600; 동, 『헌법학』(상)(하)(지학사, 1972), 2책 ₩1,200+₩1,600. 김철수에 관해서는 성낙인, 김철수 - 헌법학의 새로운 이정표, 『한국의 공법학자들』(2003), 179-199면 참조.
88) 한상범, 『정치권력과 시민의 자유』, 1972.

이 시기에 있어서는 제2차 대전 후의 대학 출신인 신진학자들이 진출한 것이 특색이다. 일본 제국주의적이던 헌법이론을 배격하고 구미의 이론을 직수입하려는 경향이 농후하였다. 법실증주의를 배격하고 자연법론을 주장하는 학자들이 늘어났다.

이 당시에는 기본권과 정당·선거, 위헌법률심사제에 관한 연구가 활발히 전개되었다. 김철수는 보수·혁신 양당제를 주장하고 비례대표제선거제를 도입할 것을 주장하였으며, 위헌법률심사의 활성화를 주장하였다.

제3공화국 헌법하의 학계는 사법심사제의 채택에 따라 헌법판례에 대한 연구가 성하였다. 미국의 헌법판례에 관해서는 문홍주 교수가 많은 논문을 발표하였고, 한국의 판례에 관해서는 김철수가 정리 발표하였다.[89] 제3공화국에 있어서는 1971년 6월 22일에 획기적인 위헌판결이 났는데 법원조직법 제59조 1항 단서와 국가배상법 제2조 1항 단서에 대한 위헌판결이 그것이다. 법률·명령·규칙·처분의 위헌결정을 하는 경우, 대법원판사 전원의 3분의 2 이상의 출석과 출석인원 3분의 2 이상의 찬성으로 결정한다는 법원조직법 제59조 1항 단서를 「합의정족수를 제한하는 경우에는 반드시 헌법 자체에서 규정하여야 하고, 헌법의 근거 없이 법원의 위헌심사권은 제한할 수 없다」고 하여 위헌선언하였다.[90]

또 국가배상법 제2조 1항 단서의 규정이 「군인 또는 군속이 공무원의 직무상 불법행위의 피해자인 경우에 군인 또는 군속에게 이로 인한 손해배상청구권을 제한 또는 부인하는 것이기에 국가배상법 제2조 1항 단서는 헌법 제26조에서 보장된 국민의 기본권인 손해배상청구권을 헌법 제32조 2항의 질서유지 또는 공공복리를 위하여 제한할 필요성 없이 제한한 것이고, 또 헌법 제9조의 평등원칙에 반하여 군인 또는 군속인 피해자에 대해서만 그 권리를 부인함으로써 그 권리 자체의 본질적 내용을 침해하였으며, 기본권제한의 범주를 넘어 권리 자체를 박탈하는 규정이므로 이는

---

89) 상세한 것은 김철수, 『위헌법률심사제도론』(학연사, 1983) 참조.
90) 1971. 6. 22 대판 70다1010. 상세한 것은 김철수, 법원조직법 제59조 1항 단서의 위헌 판결, 『고시계』 1971. 9.

헌법 제26조, 같은 법 제8조, 같은 법 제9조 및 같은 법 제32조 2항에 위반한다 할 것이다」고 하고 있다.91)

이 대법원판결로 정부는 10억 내지 40억의 국가배상을 해야 하게 되었다고 하여 난색을 표했으나, 대법원의 이 판결은 기본권제한에 관한 원리적인 판결을 하여 헌법보장자로서의 대법원의 기능을 다한 점에 큰 의의가 있었다. 이 판결은 사법파동의 간접적 계기가 된 것이요, 유신헌법제정의 한 동기가 되었다고 한다. 유신헌법은 제26조 2항을 신설하여 국가배상법 제2조 1항 단서규정을 그대로 옮김으로써 헌법개정에 의하여 대법원 판결을 번복하는 결과를 가져 왔다.

1969년에는 한태연 의원을 중심으로 한국헌법학회가 구성되었으나, 회원은 헌법학자뿐만 아니라 행정법학자와 정치학자까지 포함되어 나중에는 어용적 기구로 타락한 느낌이 들었다. 1970년에는 새로이 한국공법학회를 부활하여 회장에 문홍주 교수를 선임하고, 매년 1회 학회를 개최하며, 연구지 『공법연구』를 발간하고 있다. 한국헌법학회에서도 기관지 『헌법연구』를 발간한 바 있다. 1970년에 나온 『헌법연구』 제1집에는 문홍주 「국정감사권」, 박일경 「제5공화국 불란서의 국회와 정부」, 한태연 「근대헌법에 있어서 법치국가와 사회국가」, 권영성 「비교헌법학 방법론의 문제성」, 김철수 「한국법조인의 위헌심사에 대한 의식」 등이 실렸다.

1971년에 나온 『공법연구』 제1집에는 문홍주 「탄핵제도」, 김철수 「정당과 선거에 관한 헌법판례의 경향」 등이 실려 있다. 제3공화국시대의 헌법학자들은 유신 이후에 비한다면 상당히 활발한 저술활동을 하였다. 특히 인간의 존엄과 가치를 중심으로 한 기본권보장에 관한 저술이 많이 나타났고, 정당의 헌법상 지위라든가 위헌법률심사제, 선거제에 관한 연구가 활발하였고, 헌법부속법에 관한 논문도 상당수 발표되었었다.92)

---

91) 1971. 6. 22, 대판 70 다 1010. 상세한 것은 김철수, 국가배상법 제2조 1항 단서에 대한 대법원의 위헌결정, 『고시계』 1971. 8.

92) 이 당시의 헌법학계의 회고에 관해서는 김철수, 1969년 법학계 회고와 전망, 『법정』, 1969. 12; 김철수, 1971년도 헌법학계회고, 『공법연구』 제2집, 1972; 한상범, 1970년도 헌법학계회고, 『공법연구』 제1집(1971) 등 참조.

그 중 대표적인 것을 들어보면 문홍주·이상규, 『신선거법해설』(법문사 1963), 이상규, 『축조·판례·실례 선거법 해설』(법문사 1971); 김철수, 「국회의원 선거제도 개혁의 법적 제문제」(『성곡논총』 제2권 293~373면); 김기범, 「사법권독립의 비교법적 고찰」(『사법행정』 1971. 10); 김지수, 「현대민주주의의 구조변질과 사법부의 기능」(『신동아』 1971. 10); 한동섭, 「사법권독립의 실상과 허상」(『월간중앙』 1971. 9); 김철수, 「법조파동과 사법권의 독립」(『세계』 1971. 9); 한상범, 「법관과 민권의 논리」(『다리』 1971. 9); 김석조, 「법률이 '내규'일 수 있는가 - 최근 징발보상에 관한 판례를 중심으로」(『사법행정』 1971. 5); 김철수, 「국가배상법 제2조 1항 단서의 위헌판결」(『고시계』 1971. 8); 김철수, 「법원조직법 제59조 1항 단서의 위헌판결」(『고시계』 1971. 9); 김철수, 「N.Y.T. 대 미합중국, 언론의 자유와 국가기밀」(『월간중앙』 1971. 7); 「국민의 기본권과 언론」(매스컴 관계세미나 제7집 (1974. 4) 등이 나왔다.

1971년 말에는 헌법학자로서 다년간 강의와 연구에 종사했고, 소청심사위원, 행정개혁조사위원으로서 실무에도 기여했던 강병두 박사가 50세를 일기로 아깝게도 타계하였다. 71년에는 그동안 구미에서 오랜 연구생활을 하고 귀국한 계희열·김석조·김지수·최대권 등이 논문을 발표하기 시작하여 점차 세대교체가 행해지게 되었다.

71년 당시의 헌법학자들을 보면 성균관대학에 문홍주, 경희대학에 박일경, 연세대학에 김기범, 고려대학에 한동섭, 서울대학에 김철수, 동국대학에 한상범, 중앙대학에 갈봉근, 경희대학에 한형건, 건국대학에 안용교, 우석대학에 구병삭, 제주대학에 김광택, 부산대학에 서주실, 동아대학에 엄구현, 영남대학에 한웅길, 전남대학에 김태규, 조선대학에 김수근, 숭전대학에 배준상 교수 등이 강의를 담당하였다.

5. 제4공화국헌법시대(70년대)

제4공화국 헌법 하에 있어서의 헌법학은 암흑기였다고 하겠다. 헌법에 대한 저술은 부진하였고, 헌법문제에 대한 언급회피현상이 나타났었다. 물론 일부 학자가 유신헌법제정에 참여하여 통일주체국민회의 선출 케이스 국회의원이 되기는 하였으나 헌법학계는 침체를 면할 수 없었다.

1971년 들어 유신헌법 제정에의 전조가 보이기 시작하였다. 4·27 대통령선거, 5·25 국회의원총선거가 있었고, 7대 대통령의 취임과 8대국회의 개원 등 헌정이 정상적으로 운영되는가 했더니 급기야는 대학에 대한 휴업명령과 위수령 등이 선포되었고, 국가비상사태가 선포되었는가 하면 그 법적 근거를 마련하기 위한 「국가보위에 관한 특별조치법」이 제정되는 등 헌정에 비상조치가 단행되기 시작하였다.

이 「국가보위에 관한 특별조치법」은 제3공화국 헌법에 위반되는 사전적 긴급조치권을 규정한 점에서 많은 논란이 있었다. 그러나 한태연씨는 이의 합헌성을 주장하는 논문을 『헌법연구』에 발표하였다.93) 뿐만 아니라 『헌법연구』 제2집은 헌법상의 국가긴급권에 관한 특집을 꾸미고 있었다.94) 김기범, 「영국에 있어서의 국가긴급권」, 갈봉근, 「국가긴급권에 대하여」, 박일경 「미국헌법에 있어서의 대통령의 국가긴급권」 등이 실려 있었다.

항간에서는 총통제로의 개헌을 연구하기 위하여 대만·독일·프랑스 등에 학자들이 출장갔다는 설도 많았다. 이 당시에 독일·프랑스 등에서 헌법연구를 한 사람이 있었고, 이들의 자료수집 여행이 유신헌법제정에 많은 기여를 한 것으로 전한다. 1972년에는 갈봉근 교수가 『프랑스 제5공화국 헌법상의 대통령의 비상대권론』 이라는 단행본을 출판하였다.

유신헌법의 제정작업은 비밀리에 추진되었는 바, 청와대의 김기춘 법률비서관 등과95) 정보부의 이후락 부장, 김치열 차장, 법무부의 신직수 장관 등이 한태연·갈봉근 교수들의 도움을 얻어 구상한 것으로 전하며, 실무는 법제처의 법제관과 법무부의 검사들이 궁정동의 안전가옥에서

---

93) 한태연, 한국헌법에 있어서의 국가긴급권, 헌법학회발표, 1972. 2. 28.
94) 『헌법연구』 제2집(1972).
95) 김기춘, 유신헌법 해설, 『검찰』 48 (12) 참조. 이수엽, 『유신헌법론』(박영사, 1978).

작업한 것으로 전한다. 이 기초작업이 끝나자 박 대통령은 10월유신을 단행하였다.

1972년 10월 17일 대통령의 특별선언에 의하여 국회는 해산되고, 유신헌법제정준비에 들어갔다. 대통령특별선언의 내용은 ① 국회를 해산하고 정치활동을 중지하며, ② 국무회의가 비상국무회의로서 국회의 기능을 대행하게 하고, ③ 1972년 10월 27일까지 평화통일을 위한 헌법개정안을 공고일로부터 1월 이내에 국민투표로 헌법을 확정하며, ④ 개헌안이 확정되면 1972년 말까지 헌정질서를 정상화한다는 것이었다.

이 특별선언은 명백히 헌법에 위반하는 쿠데타라고 하겠다. 그러나 그 합헌성을 인정하기 위하여 10월혁명 이론이 등장하였다. 1972년 10월 18일경부터 몇몇 학자의 조언을 얻어 확정된 헌법개정안은 10월 26일 비상국무회의에 상정되어 의결되었고, 27일에 공고되었다. 11월 21일에는 국민투표가 실시되었는데, 유권자 91.9%의 투표와 91.5%의 찬성으로 확정되었다. 한국헌법학회 회원들은 계도에 동원되었다.[96]

이 헌법은 형식적으로는 전면 개정이나 실질적으로는 새로운 헌법의 제정으로 보아야 하며, 이를 유신헌법 또는 제4공화국 헌법이라고 한다. 이 헌법은 부칙에서 「공포일로부터 시행하도록」 하고 있었는데, 대통령의 직책의 계속성에 관한 경과 규정이 없었기 때문에 신대통령의 취임일에 공포·시행하게 되었다.

이 헌법에 따라 학자들이 교과서를 개편하였는데, 72년 말에 박일경 교수의 『유신 헌법』이 출판되었다. 73년 1월 10일에는 김철수의 『헌법학개론』이 출판되었으나,[97] 즉일로 회수 발매금지되었다. 그 이유는 유신헌법의 정부형태를 「신대통령제」로 규정했기 때문이다. 2월에는 개정판이 나왔으나, 또 발매금지되고, 3월 중순에야 신판의 출판이 허용되었다. 전형적인 신대통령제, 신판군주제헌법을 「영도적 대통령제」로 강요한

---

96) 그 중 몇 개만 들어보면, 박일경, 유신헌법의 구조적 특질, 『자유공론』 7(72. 12); 안용교, 유신헌법의 특징과 내용, 『건대학보』 26호(73. 2); 정종학, 한국적 민주주의의 토착화, 『청풍』 2. 12 등이 있다.

97) 김철수, 『헌법학개론』(법문사, 1973. 1).

것은 검열의 횡포라고 하겠다.[98]

1월 중순에는 문홍주 교수의 『한국헌법』이 출판되었고, 3월 말에는 한태연씨의 『헌법학』이, 이어 김기범 교수의 『한국헌법』과 한상범 교수의 『한국헌법』이 출판되었다. 새 헌법에 따라 각종 고시잡지에 해설은 나왔으나, 본격적인 헌법논문은 찾아볼 수 없게 되었다. 1972년과 1973년에는 공법학회 조차 개최할 수 없었고, 학회지조차 발간할 수 없는 지경이 되었다.

유신헌법의 제정에 참여하였던 한태연씨와 갈봉근 교수와 김태규 교수 등은 유정회 국회의원으로 진출하였고, 박일경 교수와 문홍주 교수는 헌법위원회 위원으로 임명되었다. 한태연 의원과 갈봉근 의원은 유신헌법의 당위성과 필연성을 강조하는 글을 많이 발표하였다. 대표적인 것으로는 한태연, 「유신헌법과 정치현실」(『정경연구』 1975. 7); 동, 「위기의 헌법」과 「평화적 헌법」 - 비상사태 극복을 위한 「현행헌법」의 현실논리』(『세대』 1975. 4); 동, 「현행 헌법의 정치적 과제」(『유신정우』 1975. 3); 갈봉근, 『유신헌법론』(한국헌법학회 출판부, 1976); 동, 「유신헌법의 당위성과 필연성」(『헌법연구』 제3집 1975); 동, 「조국의 평화와 통일을 위한 유신헌법 - 그 특성과 내용을 중심으로」(『유신정우』 6. 2); 동, 「한국적 민주주의와 유신헌법」 (『국민회의보』 2호, 73. 7); 동, 「유신헌법안의 정치철학과 지도자상(『신동아』 100호, 72. 12) 등이 있다.

유신헌법에 대해 비판적이었던 학자들은 한국헌법보다도 외국헌법에 관심을 보이기 시작하였다. 김기범 교수는 73년에는 K Löwenstein의 『현대헌법론』을 번역 · 출간하였고, 76년에는 C. Schmitt의 『헌법이론』을 번역 · 출판하였다.[99] 김철수는 1973년 『비교헌법론』을 저술하였으

98) 최근 2019년 1월, 46년 만에 복간본이 발간되었다.

99) 김기범, 『현대헌법론』(교문사, 1973; K. Loewenstein, Verfassungslehre, 1959)과 칼 슈미트(김기범 역), 『헌법이론』(교문사, 1976; C. Schmitt, Verfassungslehre, 1928); 양승두 · 최양수 공역, 『미국헌법제도론』(박영사, 1975; H. C. Pritchett, The American Constitutional System, 1971); 권영성역, 『헌법국가와 헌법』(박영사, 1975; G. Leibholz, Verfassungs-

나 출판이 금지되어 1980년에야 출판할 수 있었다. 그는 『현대헌법론』을 저술하여 외국의 이론 등을 도입하려고 상당히 노력하였다.100)

또 판례연구로 도피한 사람들도 있었는 바, 1976년에는 문홍주 교수가 『기본적 인권연구』란 미국 판례집을 번역·출판하였고, 김철수는 『판례교재헌법』을 1975년에 출판한 뒤 1977년에 증보판을 내었다. 이때까지 한국에는 헌법의 규범성이 약하여 헌법판례가 거의 없는 상황이었기에 법조인의 헌법의식 고취와 헌법적용의 선례를 남겨두기 위한 노력이었다고 하겠다. 이와 같은 궤도에 있는 것이 외국 헌법판례의 소개라고 하겠다. 김철수는 United States v. Nixon, 418 U.S. 683(1974)과 United States v. New York Times Co. 403, U.S. 713(1971) 등을 소개하였다.

유신헌법에 대한 비판적 저술을 할 수 없어 스트레스로 사망한 분도 있는 바, 77년에는 연세대학의 김기범 교수와 고려대의 한동섭 교수가 타계하였다. 한동섭 교수는 서울대학교 문리과대학 정치학과와 고려대 대학원 법학과를 졸업한 뒤, 54년부터 고려대학교에서 헌법학을 강의하다 애석하게도 고혈압으로 사망하였다. 저서로는 『헌법』(수정판, 1971)이 있다. 김기범 교수는 경북대학을 거쳐 60년대부터 연세대학에서 재직하다가 사망하였다. 두 분의 사별은 암흑기의 상징이기도 하였으며, 동료학자들의 침통함은 말할 수 없었다.

이 시기에는 구제 박사학위논문 제출이 많았다. 정종학, 「의회정에 관한 비교법적 연구」(1974 충남대); 안용교, 「알 권리에 관한 연구」(1975 건국대); 이강혁, 「국가의 비상사태와 비상조치에 관한 연구」(1975 조선대

---

staat-Verfassungsrecht, 1973); 김정길역, 『현대 대권정치론』(대원서적 1976; C. Rossiter, Crisis Government in the Modern Democracies, 1963); 주수만역, 『현대 민주정치론』(서문당, 1977; G. Leibholz, Strukturprobleme der modernen Demokratie, 3. Aufl, 1967)이 번역되었고, 뒤베르제의 헌법 책이 김병규 교수에 의해서 『정치제도와 헌법』(삼영사, 상권 79년, 하권 80년; M. Duverger, Institutions Politique et Droit Constitutionnel, 1976, 1975)으로 국역되었다.

100) 김철수, 『현대헌법론』(박영사, 1978); 김철수, 『비교헌법론』(박영사, 1980).

학교); 김운룡, 「위헌법률심사의 한계에 관한 연구」(1976 고려대학교); 서주실, 「영국수상의 제도상 지위와 현대적 기능에 관한 연구」(1976 부산대학교) 등이 통과되었다.

신제박사로는 박규하, 「Bonn 기본법에 나타난 법치국가원리에 관한 연구」(1976 연세대); 변재옥, 「정보화사회에 있어서 프라이버시의 권리 - 미국의 것을 중심으로」(1979 서울대); 육종수, 「재산권보장법제의 현대적 동향」(1979 충남대학교); 양건, 「미국헌법상 대외문제에 관한 대통령·의회 및 법원의 권한관계」(1979 서울대) 등이 나왔다.

외국에서 학위를 취득한 사람은 배준상, 「헌법상 대통령의 지위의 비교법적 연구」 (1972 Köln대); 권영성, 「헌법과 헌법현실」(1974 Göttingen대); 최대권, 「법과 사회변화; 한국의 경험」(1976 Berkeley); 남기환, 「분단한국의 국제법적 및 국법적 문제점과 한민족의 통일문제」(1974 Mainz) 등이 있는데, 한국헌법과 독일헌법 등의 비교를 시도하고 있다.[101)]

---

101) 외국에서 학위를 받고 귀국한 사람들의 명단과 테마는 다음과 같다. Bae, Jun-Sang(배준상), Die Stellung des Staatspräsidenten in der Koreanischen Verfassung vom 26. Dezember 1962. Eine rechtsvergleichende Betrachtung. Köln Univ. 1970; Huh, Young(허영), Probleme der konkreten Normenkontrolle. Insbesondere der Zuständigkeit zur Verwerfung verfassungswidriger Gesetze nach dem Grundgesetz der Bundersrepublik Deutschland und nach der Verfassung der Republik Korea. München Univ. 1971; Huh, Kyung(허경), Die Gliederung des öffentlich Dienstes in Korea und die Rechtstellung seiner Angehörigen unter besonderer Berücksichtigung des Einflusses des deutschen Rechts. Tübingen Univ. 1972; Nam, Ki-Whan(남기환), Völkerrechtliche und staatsrechtliche Probleme des zweigeteilten Korea und die Frage der Vereinigung der Koreanischen Nation. Mainz Univ. 1974; Kwon, Young-Sung(권영성), Verfassungsrecht und Verfassungswirklichkeit. Göttingen Univ. 1976; Choi, Dai-Kwon(최대권), Law and Social Change; The Korean Experience. University of California at Berkeley, 1976; Kuk, Sun-Ok(국순옥), Das Wesen der Sozialstaatsidee bei Lorenz von Stein. Eine Untersuchung zur Geneses der konservativen Sozialstaatstheorie. Köln Univ. 1978.
또한 윤후정씨는 미국 노스웨스턴 대학에서 1972년에 학위를 받고 귀국하였

이 시기에는 환갑기념논문들이 많이 출판되었다. 1975년에는 현민 유진오 박사 고희기념논문집 『헌법과 현대법학의 제문제』,[102] 백남억 박사 환력기념논문집 『법률 및 정치에 관한 제문제』가 나왔고,[103] 1977년에는 『율산 한태연박사 회갑기념논문집』,[104] 1978년에는 해암 문홍주 박사 화갑기념논문집간행위원회 『공법의 제문제』,[105] 『윤세창 교수 회갑기념논문집』[106] 등이 출판되었고, 한국공법학회의 기관지인 『공법연구』 제6집은 해암 문홍주 박사, 우당 윤세창 박사 회갑기념으로 바쳐졌다.

이들 논문집에는 국내외에서 새로이 석사학위를 딴 여러 학자들이 글을 쓰고 있는데, 그 중 중요한 사람을 들어 보면 다음과 같다. 김영수(성균관대학), 김효전(동아대학), 김철환(제주대), 이종상(경남대), 김범주(한성대학), 조병윤(명지대학), 장명봉(국민대), 김영휴(조선대학), 장석권(단국대), 조규린(전북대) 등 신진이 각 대학에서 강의를 담당하고 있었다.

유신헌정은 긴급조치에 의한 통치시기였다. 긴급조치 중에서도 74년 1월 8일에 발포된 제1호와 1975년 5월 13일에 발포된 제9호는 대한민국 헌법을 부정·반대·왜곡·비방하는 행위, 헌법의 개정·폐지 등을 주장하는 행위까지 금지하고 있었으므로, 유신헌법에 관한 연구를 찬양 이외는 할 수 없는 형편이었다. 약 5년간의 효력을 가진 긴급조치 9호를 보면 「집회, 시위 또는 신문·방송·통신 등 공중전파수단이나 문서·도서·음반 등 표현물에 의하여 대한민국헌법을 부정·반대·왜곡 또는 비방하거나 그 개정 또는 폐지를 주장·청원·선동 또는 선전하는 행위」까지 금지하고 있어 헌법학연구의 침체를 가져 왔다.[107]

다. 이 시기에는 외국에서 학위를 받은 사람들이 상당 수 귀국하기 시작하였다.

102) 일조각, 1975, 502면.

103) 법문사, 1975, 567면.

104) 법문사, 1977, 588면.

105) 해암사, 1978.

106) 고려대학교 『법률행정논집』 제16집(1978), 243면.

107) 이 기간의 헌법학계 회고는 73년 한상범(『헌법연구』 제3집), 75년 김남진(동 제4집), 76년 구병삭(동 제5집), 77년 김영수(제6집), 78년 김운용 (제7집) 등을 참조하기 바란다.

재야법조계에서는 긴급조치의 위헌성이 꾸준히 논의되고 주장되었으나, 헌법학계에서는 논의되지 못한 것은 학생들을 선동하는 인상을 줄 우려가 있었기 때문이다.[108] 뿐만 아니라, 한태연 의원 등의 발의로 된 교수임기제임용을 위한 교육공무원 법개정에 따라 교수들의 침묵은 강제되었다고 하겠다. 또 검열당국의 신경과민은 교과서 출판조차도 억압하는 효과를 가져왔다.

교수들의 임기제 채용방식은 법률제정에 의하여 교수들의 기득권을 침해하는 위헌적인 것이었으나, 이에 대한 저항운동도 별로 없었다. 교수재임용제에 따라 김석조(서울대), 김현규(전남대), 육종수(충남대) 등 헌법 교수들이 탈락되기도 하였다.

II. 한국 헌법학설의 변천

1. 서

한국헌법학이 성립한 뒤 30년간 한국헌법학의 학설은 급변하였다. 그 이유는 초기의 학자들이 일본 제국주의 헌법에 따라 공부하였고, 독일 나치스헌법의 영향 하에 있었기 때문이다. 일본을 중개로 한 독일 법실증주의를 중시했고 국가우월적인 헌법관을 가지고 있었기 때문이다.

그러나 헌법은 민주주의와 기본권보장, 권력분립을 규정하였기 때문에 이의 실천을 목표로 하지 않을 수 없었다. 헌법현실은 독재였기에 헌법규범을 어떻게 헌법현실에 접목시켜야 할 것인가 많은 고심을 하게 되었다.

60년대부터 해외에서 공부한 신진학자들이 민주주의 헌법론과 자연권론을 주장하여 학설은 대전환을 하게 되었다. 법실증주의에서 자연법론으

---

108) 제한적으로 해석하려는 시도가 없었던 것은 아니다. 예를 들면 김기범, 대통령의 긴급조치권의 내용·성격 및 효력에 있어서의 몇 가지 문제점, 『월간고시』 74. 7; 김철수, 긴급조치권, 『고시계』 73. 10; 동 긴급조치권, 『고시계』 79. 1. 참조.

로의 발전은 괄목할 만한 것이 있었다.

헌법학설의 대립에 대하여 김철수, 『헌법학개론』,[109] 『현대헌법론』,[110] 『비교헌법론(상)』[111]에서 상세히 설명하였기 때문에 여기서는 중요한 논점에 대해서만 간단히 적시하기로 한다. 한태연 교수[112]와 문홍주 교수[113]의 학설에 대해서는 그들의 회고를 인용해 보겠다.

2. 헌법총칙에 관한 학설 대립

(1) 국체와 정체, 정부형태

헌법제정 후 처음으로 문제가 된 것은 헌법 제1조와 헌법 제2조의 관계에 관한 것이었다. 「대한민국은 민주공화국이다」라는 규정을 국호와 국체와 정체를 규정한 것이고, 국민주권을 규정한 제2조는 제1조를 부연한 것이라고 보는 설(유진오 · 윤세창 · 이규복 · 한상범)과 제1조는 국호와 정체를 규정한 것이고, 제2조는 국체를 규정한 것이라는 설(박일경)이 대립하였다. 이는 민주공화국이란 용어를 어떻게 해석할 것인가에 관한 것으로, 전설에는 「민주」를 정체를 보고, 「공화국」을 국체로 보고 있는데 대해서 후설은 민주공화국을 정체로 보는데서 온 차이이다. 그러나 이 학설의 대립은 정체와 국체를 구별하는 과거의 전통적인 국법학에서 유래하는 것이었다. 그래서 제3공화국 헌법제정에 있어서는 이 두 조문을 통합하여 제1조로 하고 있다. 물론 이로써도 학설대립의 여지가 없어진 것이라고 할 수 없다. 「민주」는 「공화국」의 정치적 내용이 민주주의적으로 형성될 것을 요구하는 말하자면 공화국에 있어서의 그 내용에 관한 것이라고 보는 절충설이 유력시되고 있다(한태연 · 강병두). 이러한 학설대

109) 김철수, 『헌법학개론』(박영사, 1975).
110) 김철수, 『현대헌법론』(박영사, 1978).
111) 김철수, 『비교헌법론(상)』(박영사, 1974).
112) 한태연, 한국헌법과 헌법학의 회고, 『헌법학연구』 제8권 제1호, 9-52면.
113) 문홍주, 나와 대한민국헌법, 『헌법학연구』 제8권 제1호, 53-72면.

립은 지양되어 학설은 뢰벤슈타인(Löwenstein)에 따라 국체와 정체의 구분을 부인하고 민주공화국을 국가형태로 보고 있다(김철수·구병삭·권영성). 제4공화국헌법의 정부형태에 대해서도 학설은 대립되고 있었다. 영도적 대통령제(박일경)로 보는 설과 신대통령제(김철수)로 보는 설이 있었으나 신대통령제라는 주장은 금기시되었다. 사실상 현대판군주제였다고 보는 것이 옳겠다(김철수).

(2) 헌법제정권력과 헌법개정권력

비상조치법의 법적 성격과 제3공화국헌법의 제정 여부에 관해서도 학설이 대립되어 있었다. 비상조치법의 제정은 국가긴급권의 행사로 헌법에 대한 비상조치라고 보는 설(박일경)과 비상조치법의 제정은 구헌법을 파괴하고 혁명적인 헌법을 제정한 것이라고 보는 설(강병두)이 대립되었다. 이 대립은 헌법제정이론에 따른 것인 바, Carl Schmitt는 헌법제정권력에 변천이 있는 경우를 헌법파괴(Verfassungsvernichtung)라고 했는데, 전설은 헌법제정권력의 변경이 없었다고 보아 헌법의 비상조치(Verfassungsdurchbrechung)라고 한 것이다. 그러나 헌법제정권력의 변경이 있었다고 보는 이상, 헌법이 파괴되고 비상조치법이 새로운 실질적 헌법으로 대체되었다고 볼 것이다.

법실증주의자(박일경)는 헌법제정권력과 헌법개정권력의 구분을 부인한데 대하여, 자연법론자(문홍주)는 헌법제정권과 헌법개정권의 구분을 인정하고 있다. 이는 Carl Schmitt의 이론을 따른 것으로 보인다.[114)]

박일경 교수는 주권=헌법제정권력=헌법개정권력이라고 보아 권력의 한계를 부정한데 대하여 다수설(한태연·문홍주·김기범)은 헌법개정의 한계를 인정하고 있었다.[115)] 박일경 교수의 이론은 Laband, Jellinek의 이론에 따른 것이며 다수설의 입장은 C. Schmitt의 견해에 따른 것이라고

---

114) 문홍주, 헌법제정권력, 『고시계』, 1965년 4월호.
115) 상세한 것은 김철수, 『현대헌법론』, 1979, 160면 이하 참조.

하겠다.

이는 제3공화국헌법의 제정에도 해당되는 것이다. 다수설은 제5차 헌법개정은 개정이 아니라 제정이라고 본다(문홍주 · 강병두). 이에 반하여 소수설은 개정이라고 하고 있는데(박일경), 개정의 의의는 명확하지 않다. 헌법개정의 절차에 의한 것이 아니요, 또 전면개정이고 군정에서 민정으로 이양한 점에서 헌법제정권력의 변경이 있었다고 보아 헌법의 제정이라고 보아야만 할 것이다(김철수).

마찬가지로 1972년 헌법에 있어서도 박일경 교수는 이를 헌법개정으로 보고 있으며, 한태연 · 갈봉근 교수도 제3공화국헌법의 개정이라고 보았다. 이에 반하여 유력설(문홍주 · 김철수)은 제4공화국헌법의 제정이라고 보았다.

(3) 주권자로서의 국민

국민주권주의를 채택하고 있는 한국헌법상 국민은 주권자이다. 그러나 국민이 주권자라고 하는 것은 정치적인 의의를 가질 뿐이요, 완전한 법적인 의의를 가지는 것이 아니라는 것이 다수설이다. 국민의 법적 지위에 관해서도 박일경 교수는 G. Jellinek에 따라 소극적 지위, 적극적 지위, 능동적 지위, 수동적 지위로 나누는데 대하여 다수설은 「주권자로서의 국민」(문홍주), 「주권의 주체로서의 국민」(한태연), 「주권 보유자로서의 국민」(김철수)을 인정하고, 이 국민은 전체국민이라고 보고 있다. 그러나 국민 전체가 주권자라는 것을 완전히 부인하는 학설이 있다(박일경). 주권의 보유자와 행사자로 나누어 고찰한 주권자로서의 국민의 의의 변천(김철수)[116]에 대해서, 박일경 교수는 「주권자로서의 국민」[117]에서 법해석론을 전개하고 있다. 이 논쟁은 민주정치의 근저에까지 파급될

116) 김철수, 주권자로서의 국민의 의의 변천, 『고시계』 1964년 4월호.

117) 박일경, 주권자로서의 국민, 『고시계』 1964년 6월호. 박교수는 국민이 헌법제정권력보유자라는 개념도 법적으로 성립할 수 없는 정치적 · 이데올로기적 개념으로 볼 수밖에 없다고 하고 있다(박일경, 『제5공화국헌법』, 38면).

수 있는 것으로 대표의 개념, 국회의 지위의 문제까지 그 꼬리를 물고 있다. 궁극적으로는 헌법 제1조의 해석을 문리적 · 법사회학적으로 하느니 논리적 · 법해석학적으로 하느냐의 방법론의 차이라고 하겠다. 오늘날 주권의 보유자로서의 국민과 주권행사자로서의 국민의 구분은 인정되고 있다.

(4) 민주적 기본질서

민주적 기본질서에 관해서도 이를 자유민주적 기본질서라고 보는 견해(한태연 · 권영성)와 서구적 민주주의기본질서(자유민주적기본질서+사회민주적기본질서)로 보는 견해(김철수)가 대립되었다. 이는 사회국가원리가 민주적 기본질서에 포함되는가 하는 문제이다. 민주적 기본질서에서 사회국가원리나 복지국가원리를 배제하는 것은 문제가 있다.

(5) 정당의 헌법상 지위

제3공화국헌법 제7조의 정당의 지위에 관해서는 많은 논쟁이 행해졌다. 제2공화국헌법 하에서 한태연 교수가 정당의 헌법기관설을 주장한 뒤, 제3공화국헌법 제7조를 해석함에 있어 정당의 헌법기관성을 주장하는 학설이 많이 있었다(문홍주 · 김기범 · 윤세창). 문홍주 교수는 「비록 정당의 설립은 자유이나 설립된 정당이 담당하는 기능은 자유로운 것이 아니라, 중요한 국가작용의 일부를 담당하게 되어 있고, 정당에서 입후보자의 추천이 없으면 민주정치를 운영하는 데 있어서 중요한 기반이 되는 선거자체를 못하게 된다. 이러한 정당의 기능으로 보아, 그것이 단순한 자유로운 한갓 정치적 결사에 그치는 것이 아니라, 헌법이 부여한 일정한 일을 담당해야 될 헌법상의 기관이라고 볼 수 있다고 본다. 그러나 다수설은 헌법기관성을 부인하고 있다(박일경 · 김철수 · 이종극).[118] 정당의 헌법적

118) 김철수, 정당의 헌법상 지위(상), 『사법행정』, 1979년 10월호.

제도보장으로서의 지위를 인정하는 것이 다수설로 되었다. 제4공화국헌법 이후에는 정당국가기관설이 자취를 감추고 국민과 국회의 권력적 증개기관으로서 정당의 제도보장성이 강조되고 있다.

(6) 선거제도

선거의 법적 성격에 관하여 외국에서는 논란이 많았으나 우리나라에서는 대표위임설이 다수설이 되었다. 이때 법적 위임이냐 헌법적 위임이냐가 논의되었으나 헌법적 위임설(한동섭 · 김철수 · 김기범)이 다수설로 되었다. 직접선거의 문제와 평등선거의 문제가 논의되었다.

전국구제도가 직접선거에 위반되느냐가 중요 쟁점으로 등장하였다. 또 선거구인구불균형이 평등선거를 침해한다는 주장(김철수)[119]이 행하여졌으나, 당시에는 위헌선언은 되지 않았다. 그러나 헌법재판소는 전국구비례대표제를 위헌이라고 판결하였다.

3. 기본권에 관한 학설 대립

(1) 제3공화국헌법 제8조와 제32조 1항의 성격

헌법 제8조의 성격에 대해서도 학설이 대립되고 있었는데, 그 중요한 논거는 기본권은 국가에 의하여 부여되어진 실정권이냐, 초국가적인 자연권이냐의 기본권의 성격에 관한 문제라고 하겠다. 전자를 법실증주의라고 하면 후자는 자연법론이라고 하겠는데 이 두 이론의 대립은 세계관적인 대립으로서 중요한 의의가 있다. 헌법 제8조가 기본권의 초국가적 성격을 인정하는 학설(한태연 · 강병두 · 이규복)이 다수설이나, 이를 부정하는 학설(문홍주 · 박일경)도 유력하다. 자연권인 초국가적 인권을 헌법에 규정함

---

119) 김철수, 국회의원선거제도개혁의 법적 제문제, 『성곡논총』 제2집(1971); 김철수, 『현대헌법론』, 324면 이하 참조.

으로써 실정법화했다고 보는 것이 타당할 것이다. 그런데 헌법 제8조에서는 구체적인 기본권이 나오지 않는다는 부정설이 다수설(박일경 · 문홍주 · 한상범 · 이규복)이나 긍정설도 있었다(김철수).[120]

인간의 존엄과 가치에서 생명권, 인격권, 알 권리, 읽을 권리 등을 인정하고 있다(김철수). 헌법 제8조가 포괄적 기본권인 인간의 존엄권, 인격권을 보장한다고 보는 것이 현재의 다수설이다. 헌법 제32조 1항의 의의에 대해서도 기본권의 전국가성 · 포괄성을 인정하는 학설(김기범), 자유권만이 포괄적 기본권(한태연)이라고 보는 설과 이를 실정권으로 자유권적 기본권의 포괄성을 인정한 설(박일경)이 대립되어 있었다.[121]

국가의 기본권 존중의무는 이를 방침규정이라고 보는 것이 다수설(문홍주 · 박일경)이나, 이를 직접적 효력규정으로 파악하는 설도 있다(강병두 · 김철수). 오늘날 국가의 기본권보호의무는 적극적 의무로 국가기관이 강제할 수 있다고 보고 있다.

또 기본권이 사법관계에도 적용되는가에 관해서도 학설의 대립이 있었는데 적용부인설(문홍주)과 긍정설(강병두)이 있는데, 간접적 적용설(박일경 · 김철수)이 다수설이다. 그러나 근로3권 등과 같은 기본권은 직접 효력이 인정된다고 하겠다.

(2) 기본권의 분류와 체계

기본권을 ① 자유권 · 수익권 · 참정권으로 나누는 3분설(한태연 · 갈봉근)과 ② 자유권, 수익권, 참정권 외에 평등권을 나누는 4분설(박일경), ③ 수익권을 생존권과 청구권으로 나누는 5분설(김기범 · 문홍주) ④ 이

120) 김철수, 인간으로서의 존엄과 가치, 『인권년보』, 1968; 김철수, 『현대헌법론』, 274면 이하 참조.

121) 기본권의 성질에 관해서는 윤세창, 우리 헌법상으로 본 기본권의 성질, 『고시계』 제4권 11호(1959. 12); 김기범, 기본적 인권의 성격, 『법제월보』 제7권 1호(1965. 1); 김철수, 기본권의 성격 - 자연권이냐 실정권이냐, 『법정』 제7권 4호(1970. 4) 참조.

5분설에 인간의 존엄과 가치를 독립시키는 6분설(김철수), ⑤ 6분설에 헌법에 열거되지 아니한 자유와 권리를 추가 하는 7분설(권영성) 등이 있었다.

다수설은 6분설(구병삭)이라고 볼 수 있다. 기본권의 체계성을 인정하는 이론(김철수)과 이를 부정하는 학설(권영성)로 대립되어 있었다.

기본권에는 대국가적 효력과 대사인적 효력이 있다. 대사인적 효력을 긍정하는 학설과 이를 부정하는 학설이 대립되어 있었다.122)

(3) 평등권의 법적 성격

최초에는 평등권도 자유권에 속한다고 본 학설(한동섭)도 있었으나 나중에 이를 독립시키는 것이 다수설이 되었다(문홍주 · 박일경). 평등권의 국민의 권리(박일경)로 실정권이라고 보는 설이 있었으나 다수설은 자연권으로(김기범 · 한동섭 · 김철수) 설이 있었다. 또 외국인은 평등권의 주체임을 거부하는 학설(박일경 · 문홍주)과 호혜평등의 원칙에 따라 외국인에게도 인정한다는 설이 대립되었다(김기범 · 김철수 · 한상범 · 구병삭).

(4) 자유권의 법적 성질

자유권의 법적 성질에 대하여서는 이를 실정법상의 권리로 보는 학설(박일경 · 윤세창 · 강문용)과 이를 초국가적 자연권으로 보는 학설(한태연 · 강병두 · 이규복 · 김철수 · 한상범)이 대립되어 있었다.

자유권을 초국가적 권리로 보는 경우에는 절대적 자연권설과 상대적 자연권설이 대립된다. 그 당시의 다수설은 상대적 자연권설(문홍주 · 김철수 · 강병두 · 한상범 · 권영성)이었다. 또 자유권의 포괄성에 관해서도 학설

122) 상세한 것은 김철수, 사인 간에 있어서의 기본권의 효력, 『사법행정』 1968. 6-7월호. 상세한 것은 김철수, 『비교헌법론(상)』, 458면; 동인, 『현대헌법론』, 231면 참조,

이 대립되었는데 법실증주의자(박일경 · 윤세창)들은 그 근거를 「국민의 자유와 권리는 헌법에 열거되지 아니한 이유로 경시되지 아니한다」는 규정에서 찾고, 자연법론자들은 기본권의 포괄성에서 찾으며 헌법 제8조에서 일반적 행동자유권을 인정하고 있었다(김철수). 자유권의 분류에 대해서도 학설은 대립하였으나 그 내용에 따라 분류하는 방법이 채택되기에 이르렀다.

개별적인 자유권에 관한 것으로서는 주거 · 이전의 자유에 영업의 자유가 포함되는가에 관하여 논쟁이 있었으나(긍정설 한태연; 부정설 박일경), 제3공화국헌법은 제13조에 직업선택의 자유를 규정함으로써 입법적으로 이를 해결하였다.

주거의 침입수색에 있어서 행정절차에 있어서도, 영장이 필요한가에 대해서도 학설이 대립되어 있었다. 행정상의 목적을 위한 경우에는 영장이 필요없다는 학설(문홍주)과 행정상 즉시강제의 경우에만 영장이 필요없다고 보는 학설(박일경 · 이규복)과 어떠한 행정절차에도 영장이 필요하다는 학설(김기범)이 대립되어 있었다. 행정상의 목적에 의한 무영장주거침입은 가능한 한 제한되어야만 할 것이다. 또 내심의 자유는 절대적인 것인가에 관해서도 학설의 대립이 있었는 바, 절대적 무제약설(강병두 · 이규복)과 내면적 무제약설(김철수 · 한상범), 내재적 한계설(박일경 · 문홍주)이 있었다. 내심의 자유는 그것이 내면에 머무르는 한, 절대적으로 제약이 없다고 보아야 할 것이다(김철수).

재산권규정이 자유권적 기본권이냐 제도적 보장이냐에 대해서도 학설이 대립되고 있었다. 재산권이란 자유권적 기본권이기는 하나 고도의 사회성이 수반된다고 보는 설이 다수설(유진오 · 김기범 · 박일경 · 이규복 · 문홍주 · 윤세창)인데 대하여, 이를 제도적 보장으로 파악하는 설이 있다(강병두 · 한태연 · 한상범). 재산권은 사유재산제도의 보장이기는 하나, 일단 법률로 내용과 한계가 정해지면 그 재산권은 자유권적 성격을 띤다고 보는 절충설이 타당하다(김철수 · 김남진 · 유경춘).

손실보상에 있어서의 보상액에 관해서도 무보상도 가능하다는 설(문홍주)과 상당한 보상을 해야 한다는 설(한태연), 정당한 보상을 해야 한다는 설(김기범) 등이 있다. 사회적 정의의 원칙에 따라 경제적 약자에게는 시가 이상을 보상해주고 경제적 강자에게는 시가 이하의 보상을 해 주는 것이 바람직하다고 하겠다(김철수).

(5) 생존권의 법적 성격

생존권에 대해서는 일찍부터 용어상 다툼이 있었다. 학자에 따라서는 사회권적 기본권(한태연 · 강병두 · 권영성 등)이라고 하거나 생활권적 기본권(문홍주 · 한상범)이라고 불렀으며, 생존권적 기본권이라고 부르는 것이 일본의 통설(小林直樹 등, 김철수)이었다.

생존권의 법적 성격에 관해서도 학설의 대립이 심하였다. 제3공화국헌법 제30조의 생존권규정을 방침규정으로 파악하는 학설(박일경 · 한태연)이 있었고, 추상적인 권리이나 법률의 제정으로 구체성을 띤다고 보는 설(문홍주 · 이규복 · 강병두 · 한상범 · 윤세창)이 있었다. 구체적인 법적 권리나 불완전한 권리로 보는 설이 당시에는 타당하였다고 본다.[123)]

근로자의 3권을 자유권적 기본권으로 보는 설(박일경)과 생존권적 기본권으로 보는 설(문홍주 · 김기범 · 한상범 · 강병두 · 이규복 · 윤세창)이 있었는데 후설이 타당하다고 하겠다. 근로3권은 국가에 대한 권리냐 고용주에 대한 권리냐에 관해서도 학설이 나뉜다. 대국가적인 권리라고 보는 설(박일경 · 문홍주 · 한동섭)이 있었고, 근로 3권은 국가에 대한 권리인 동시에 고용주에 대한 권리라고 보는 설(강병두 · 이규복 · 김철수 · 한상범)이 있었다. 후설이 타당하다고 하겠다. 왜냐하면 고용주가 이 권리를 침해하는

123) 김철수, 기본권의 체계, 서울대학교 『법학』 제10권 1호(1968), 62-98면; 김철수, 『비교헌법론(상)』, 430면 이하; 김철수, 생존권적 기본권의 법적 보장, 『고시연구』 제14권 9호(1987), 119-154면; 동, 생존권 - 국민복지에의 권리, 『고시계』 1978. 11; 구병삭, 생존권보장의 법적 성격, 『고시계』 1976. 10; 안용교, 인간다운 생활을 할 권리, 『고시연구』 1978. 2; 김철수, 환경권, 『공법연구』 제6집(1978), 5-33면.

경우에 그것을 국가에서 구제하는 근거는 근로3권이 약자인 근로자를 강자인 고용주에 대하여 보호하려는 까닭이다. 또 근로3권은 이를 제한할 수 없다는 설이 있었으나, 다수설은 제한할 수 있다고 보았다(강병두·김기범·한동섭·문홍주·이규복·박일경).

근로의 권리도 방침규정으로 보는 것이 대부분이나(문홍주·박일경·윤세창·김기범·이규복), 현실적인 규정이나 불완전한 권리라고 보는 것이 타당할 것이다(한동섭·김철수), 근로의 의무에 대해서도 이를 윤리적 의무로 파악하는 견해(문홍주·한동섭·한상범)와 법적 의무로 파악하는 견해(강병두·김철수)가 대립되어 있었다. 제3공화국헌법은 근로의 의무는 민주주의 원칙에 따라 법정할 수 있게 하였으므로 법적 의무로 될 수 있다고 보아야 할 것이다.[124]

환경권은 헌법에 규정되지 않았을 때에도 이를 생존권의 하나로 주장하였는바(문홍주·김철수) 헌법개정에 의하여 환경권이 인정하게 되었다.

(6) 청구권의 법적 성격

청구권적 기본권이란 용어에 대해서도 학설이 대립되고 있었다. 이를 수익권(박일경·강병두)이라고 부르는 이와 구제권적 기본권(이규복), 기본권을 보장하기 위한 기본권(문홍주·한태연·김기범), 기본권을 확보하기 위한 기본권(한상범), 청구권적 기본권(김철수)이 대립되어 있었다. 이들 권리를 단순히 기본권을 보장하기 위한 기본권이라고 하기는 어려우며(박일경), 국가에 대하여 일정한 행위를 요청할 수 있는 권리보호청구권이라고 할 수 있을 것이다.[125]

청구권적 기본권 중에서는 국가배상청구권이 많이 논란되었다. 국가배상청구권을 재산권이라고 보는 설(대법원 소수의견)과 이를 청구권으로 보는 설(대법원 다수의견)이 있었으나 헌법학계에서는 이를 청구권으로

124) 상세한 것은 김철수, 『비교헌법론』, 603면 이하.
125) 김철수, 『비교헌법론』, 613면 이하 참조.

보고 있었다. 국가배상에 관한 헌법규정에서 직접 배상청구권이 나오느냐(문홍주 · 한태연 · 이경호 · 이상규), 법률이 규정해야만 국가배상청구권이 나오느냐(이종극 · 김도창 · 박천일) 등 학설이 대립되었다. 제4공화국헌법에서도 법률유보조항이 있었음에도 이를 직접적 효력규정으로 본 사람이 있었다(김철수).[126)]

(7) 참정권의 법적 성격

참정권의 법적 성격에 대해서도 학설이 대립되고 있었다. 참정권은 기능인 동시에 공법상의 권리라고 보는 것이 통설이다(박일경 · 김기범 · 한태연 · 문홍주 · 서주실). 참정권의 의무성에 대해서는 이를 도의적 의무로 보는 견해(박일경)와 의무성을 부인하는 학설(문홍주 · 강병두 · 이규복 · 한상범)이 있었다. 도의적 의무가 있으므로 기권자의 명단공개 등은 가능하다는 설도 있다. 기권자명단공개는 자유선거원칙과의 위헌여부도 검토해야 하겠다. 공무담임권과 관련하여 선거에 당선된 자가 명예직취임을 거부할 수 있을 것인가도 문제되었다. 참정권의 행사는 자유선거의 원칙에 따라 자유로워야 하겠다.

(8) 기본권제한입법

기본권의 한계로서는 내재적 한계를 주장하는 학설(한태연)과 이를 부인하는 학설이 대립되었다. 한태연 의원은 민주적 기본질서에 위반되는 내심의 자유를 인정할 수 없다고 입장을 취하였다.

기본권제한은 법률에 의하여 제한되는 것이 원칙인데도 이의 해석에는 문제가 많았다. 제1공화국헌법은 제28조 2항에서 「국민의 자유와 권리를 제한하는 법률의 제정은 질서유지와 공공복리를 위하여 필요한 경우에

---

126) 김철수, 상게 책, 625면 이하; 김철수, 국가배상청구권, 『고시계』 제12권 9호(72. 9)

한한다」고 규정했고, 제2공화국 헌법은 「국민의 모든 자유와 권리는 질서유지와 공공복리를 위하여 필요한 경우에 한하여 법률로써 제한할 수 있다. 단 그 제한은 자유와 권리의 본질적인 내용을 훼손해서는 아니되며 언론·출판에 대한 허가나 검열과 집회, 결사에 대한 허가를 규정할 수 없다」고 개정하였다. 제3공화국헌법은 제32조 2항에서 「국민의 모든 자유와 권리는 질서유지 또는 공공복리를 위하여 필요한 경우에 한하여 법률로써 제한할 수 있으며, 제한하는 경우에도 자유와 권리의 본질적인 내용은 침해할 수 없다」고 했고, 제4공화국헌법은 제32조 2항을 개정하여 제헌헌법의 제28조 2항의 규정으로 되돌아갔다.

헌법규정이 변경되었기 때문에 그 의의에 대해서도 다른 해석이 가능하였다. 형식적인 문리해석에 의하면 제1공화국헌법과 제4공화국헌법에서는 개별 기본권에 법률유보를 규정했기에 그 기본권제한입법의 한계를 규정한 것으로 보아야 할 것이며, 제2공화국헌법과 제3공화국헌법은 기본권에 개별적 유보조항을 두지 않았기 때문에 기본권제한입법의 근거를 제공한 동시에 본질적 내용침해금지규정으로 보았어야 할 것이다. 그러나 조문개정과는 관계없이 이를 일반적 헌법유보규정이라고 보는 것이 다수설이었다(문홍주·강병두·한동섭).[127] 이에 대하여 제1공화국헌법 제28조 2항과 제4공화국헌법 제32조 2항은 개별적 법률유보조항의 입법권의 한계로 보는 설(김철수)이 있었다.[128] 이에 반하여 제2공화국헌법 제28조 2항과 제3공화국헌법 제32조 2항은 일반적 헌법유보 내지 기본권제한 입법의 근거규정으로 보는 동시에 본질적 내용침해금지규정으로 보아야 한다. 기본권제한법률의 요건으로서 일반성·명확성을 인정하는 것은 다수설이 있다.

기본권제한의 대상에 대해서도 이를 자유권으로 국한하는 견해(한태연)와 기본권 전반에 대한 제한으로 보는 견해(문홍주·박일경·김기범)가

---

127) 상세한 것은 김철수, 기본권의 제한, 『고시계』 1973년 8월호. 제3공화국하의 이론에 대해서는 김철수, 『헌법학(하)』, 520-533면 참조.

128) 상세한 것은 김철수, 『헌법학개론』 1982년판, 251면 참조.

대립되었었다. 후설이 타당하다고 하겠다. 또 본질적 내용의 침해금지규정이 없었던 제1공화국헌법과 제4공화국헌법 하에서도 본질적 내용의 침해금지는 당연한 것으로 인정되었다(김철수).

비상계엄하의 기본권제한의 특례에 관해서도 학설이 대립되었다. 계엄법은 비상계엄 선포지역 안에 있어서는 계엄사령관은 군사상 필요한 때에는 사전에 이미 공고해서 체포·구금·압수·수색, 거주·이전, 언론·출판·집회·결사 또는 단체행동에 대하여 특별한 조치를 할 수 있다고 한 규정이 합헌이냐 위헌이냐가 논쟁되었다. 무영장체포구금은 위헌이라는 것이 1953. 10. 8의 헌법위원회 결정이었다. 비상계엄 하에서는 군검찰관이 영장을 신청하고 군법무관이 영장을 발부하는 특별조치 만이 가능하다고 하겠다. 헌법에는 거주·이전의 자유나 근로자의 단체행동의 제한이 규정되어 있지 않는데도 계엄법이 이를 규정한 것은 형식논리상 위헌이라는 주장이 있었으나 계엄법이 기본권제한법률의 요건을 갖추었기에 합헌이라고 하겠다(반대; 권영성).

4. 통치기구에 관한 학설 대립

(1) 통치기구의 특성

제1공화국헌법에서 제4공화국헌법까지 통치기구에 관한 개헌이 잦았기 때문에 이를 이떻게 명명할 것인가가 문제되었다. 제헌헌법의 통치기구를 대통령제로 보는 것이 일반적이나 국무원제도 등을 도입한 면에서 이를 대통령중심제라고 보는 것이 통설이었으나 이원집정부제라고 보는 설(한태연)이 있었다. 이를 대통령책임제라고 주장하는 사람도 있었으나 우리나라의 대통령제는 대통령무책임제였다. 발췌개헌 이후의 정부형태는 완전한 이원정부제였으나 현실적으로는 신대통령제적으로 운영하였다. 4사5입 개헌 후의 정부형태는 형식은 미국식 대통령체제였으나 실질적으로는 신대통령제로 운영되었다.

제2공화국헌법하의 정부형태는 강한 국회, 약한 정부의 의원내각제라고 하겠다. 이를 내각책임제라고 하는 사람도 있었다. 독일식인 강한 정부의 의원내각제를 채택했어야만 했을 것이다.

제3공화국헌법의 정부형태는 대통령중심제였으니 일종의 이원정부제적 구조도 가지고 있었다. 제4공화국의 대통령제는 전형적인 신대통령제였으며 대통령의 인격화가 강조된 현대판군주제라고 하겠다(김철수). 그러나 검열의 결과 영도적 대통령제라고 교과서에서는 표시되었다.[129)]

(2) 국회의 지위

국회의 국민대표기관성에 관해서는 여러 가지 학설이 대립되고 있었다. 국민대표성을 부인하는 학설(박일경)과 이를 승인하는 학설이 있었다. 이를 인정하는 학설에도 법적 위임관계설(유진오)과 정치적 대표설(문홍주), 헌법적 대표설(김기범 · 한동섭 · 김철수) 등이 있었다. 당시에는 정치적 국민대표설이 다수설이었으나, 헌법적 대표설이 활발히 논의되고 있었다(김철수).[130)]

국회의 국정감사권에 대해서도 학설의 대립이 많았다. 국회의 국정감사권을 감사권으로 인정하려는 설(김철수)과 이를 국정조사권만으로 보려는 설(문홍주)이 대립되었다가 제4공화국헌법에서는 삭제되었다. 그럼에도 불구하고 국회에 고유한 국정조사권이 있다는 것이 통설이었다. 국정조사권은 보조적 기능이나 국정감사권은 독립적 기능으로 인정되었다. 국정감사권과 국정조사권의 한계에 대해서도 학설이 대립되었다. 재판이 확정된 후에 사후감사를 할 수 있는가에 대해서 긍정설(윤세창)이 있고, 부정설(문홍주 · 강병두 · 한동섭)이 있다. 판결확정 후라도 구체적 사건의 관결에 대해서는 감사할 수 있다고 하겠다(김철수).

국회는 법원의 재판에 대해서는 국정감사를 할 수 없다는 것이 통설이

---

129) 김철수, 우리나라의 정부형태, 『고시연구』 1976년 8월호 참조.
130) 김철수, 국회의 지위, 『법정』 1968년 8월호 참조.

었는데, 기제사건이든 계속 중인 사건이건 국정감사를 할 수 없도록 명문의 규정을 두어 학설의 대립을 해결한 듯 하였다.

그러나 검사의 기소 또는 불기소의 처분이 있은 후에는 법관의 재판에 있어서 독립을 침해하지 않는 한, 그 처분의 타당여부를 감사할 수 있으며, 군의 용병작전에 관하여도 그것이 종료 후에는 그 적절한 수행여부는 감사할 수 있다고 하겠다.[131]

국회의 국무위원해임건의권에 관해서도 학설의 대립이 있었다. 특히 해임건의의 법적 구속력에 대해서는 이를 강력하게 인정하여「특별한 사유」를 극히 한정적으로 해석하여야만 할 것이라는 것이 다수설(한태연 · 한상범)이었다. 특별한 사유가 없는데도 국무위원을 해임하지 않는 경우에는 대통령에 대해서 탄핵소추를 할 수 있다는 설(문홍주 · 한상범)과 대통령은 그 이유를 해명만 하면 된다는 설(한태연)이 있었다. 그러나 제4공화국헌법상 국회의 탄핵소추권에 관해서도 탄핵사유에 관하여 학설이 대립되고 있었다. 특히 집무집행이 전직의 공무수행도 포함한다는 견해(문홍주 · 서주실 · 김철수)와 현직의 공무수행에만 한정하는 견해(한태연 · 김기범 · 박일경 · 한동섭)가 있는바 후설이 다수설이었다.[132]

(3) 정부의 지위

대통령의 지위는 변천이 심했다. 제헌헌법 하 대통령은 행정권의 수반이었으나 제2공화국하에는 국가의 대표자로서 형식적 · 상징적 권한을 가졌다. 제2공화국헌법에서는 대통령이 실질적 군통수권을 가지는가가 문제되었다. 제3공화국헌법상 대통령은 국가의 대표자로서 행정권의 수반으로서의 지위를 가졌다. 제4공화국헌법에서는 대통령은 국가의 원수라고 규정하였다.

---

131) 상세한 것은 김철수, 국정감사권의 범위와 한계, 『사법행정』 1968년 1월호 참조.

132) 김철수, 『비교헌법론(상)』, 137-144면 참조.

우리나라에서는 자유당 말기 헌법을 제외하고는 의원내각제적 요소를 가미하였기 때문에 국무총리나 국무회의, 국무위원이 실질적으로 대통령을 견제할 수 있는가가 문제되었다.

대통령제하에서 제일 문제가 된 것은 국무회의의 지위였다. 국무회의의 지위에 대해서는 이를 의결기관으로 보는 견해(윤세창)와 자문기관으로 보는 견해(강병두 · 한동섭), 심의기관으로 보는 견해(문홍주 · 박일경 · 김기범 · 한태연), 조정기관으로 보는 견해(이규복) 등이 있었다. 국무회의는 정부의 필수적 정책심의기관이라고 보아야 할 것이나(김철수), 심의의 효력은 어떠한가가 명확하지 않았다. 국무회의의 의결은 대통령을 구속한다는 설(김기범 · 윤세창)과 대통령을 구속하지 않는다는 설(문홍주 · 한태연 · 강병두)이 대립되어 있었다. 또 국무회의의 심의를 경과하지 않고 한 경우의 대통령의 행위의 효력에 관해서도 위헌이나, 효력이 있다는 설(한동섭 · 한태연)과 효력이 없다는 설(이규복)이 대립되었다. 이것은 부서가 없는 경우의 효력에 대해서도 같다. 부서가 없는 문서는 효력이 없다는 학설(김기범 · 강병두)과 효력이 있다는 학설(한태연 · 한동섭 · 이규복)이 대립되고 있었다.

국무회의의 지위에 대한 학설대립은 우리나라의 정부형태의 문제와 직결된다. 제헌 이후 줄곧 문제되어 온 최선의 정부형태는 대통령제냐 의원내각제냐 하는 문제가 시행착오 속에서 반복되고 있었다. 대통령의 행정권행사에 있어서 국무총리나 국무위원이 견제역할을 할 수 있을 것인가 할 수 없을 것인가는 정책적인 문제로서 학문적인 학설대립은 될 수 없다고 본다.

제3공화국 헌법 하에서는 대통령을 국회에서 잔임 임기를 위하여 선출하는 경우에는 정당추천을 받지 않아도 된다는 설(한동섭)이 있었으나 이는 헌법에 위배되는 해석이라고 할 것이다. 또 대통령이 국무위원의 임명에 있어 국무총리의 제청에 구속될 것인가 하는 것이 문제되고 있었다. 이에도 긍정설(강병두 · 김철수), 부정설(한태연 · 한동섭)이 있었다. 또 대통령이 국무총리의 제청 없이 단독으로 임명한 경우에는 문제가 되는데,

위헌이기는 하나 무효는 아니라는 학설이 있었다(한동섭). 유신 헌법 하에서는 대통령의 국가원수 일인독재에 따라 학설대립은 그 근거를 잃었다.

대통령이 법률안을 거부하는 경우 보류거부가 가능한가에 대해서도 학설이 대립되었다. 보류거부를 인정하는 설(문홍주)에 대하여 부정설(한태연 · 강병두 · 김철수 · 김기범)이 있었는데 부정설이 타당하다. 제헌헌법에서는 명문의 규정이 없었기 때문에 법안의 일부에 대하여 또는 수정하여 거부할 수 있다는 긍정설(유진오)에 대하여 부정설(박일경)이 있었는데, 제3공화국헌법은 명문을 두어 일부 거부나 수정 거부를 하지 못하게 하였다.

(4) 사법권의 지위

사법권의 개념에 관해서도 실질적 의미의 사법권으로 보아야 한다는 설(한태연 · 김기범 · 강병두 · 한동섭)과 형식적 의미의 법원의 법적용작용이라고 보는 설(문홍주 · 박일경 · 김철수)이 대립되어 있었다. 이것은 헌법재판소가 사법부냐 아니냐 하는 문제로도 논의되었다. 위헌심사에 관해서도 헌법위원회, 헌법재판소를 거쳐 제3공화국헌법에서는 대법원에서 하고 제4공화국에서는 헌법위원회에서 하도록 되었는데 입법론으로서 많은 학설이 대립되었다. 또 하급심으로서 특별히 행정재판만을 전담하는 법원을 설치할 수 있는가에 관해서도 학설이 대립되었는데, 필요에 따라 하급심으로서의 행정재판소를 둘 수 있다고 볼 것이다(박일경 · 김철수). 현행 법원조직법에서는 행정법원이 설립되어 있다. 우리나라 헌법상 특별법원이 인정될 수 있느냐도 많이 논의되었는데, 설립이 가능하다는 설(유진오)과 설립을 인정할 수 없다는 설(박일경 · 문홍주 · 서주실)이 대립되어 있었다. 사법권의 독립을 보장하고 사법의 공정한 운영을 위한 필요성에서 나오는 목적론적 견해의 대립이라고 하겠으며 특별법원의 설립은 금지되나 특수법원의 설립은 합헌이라고 하겠다(김철수).

법원의 위헌심사권에 있어서도 구체적 위헌심사권을 좀 더 넓게 해석하여 객관적 소송으로서 민중소송의 형식까지 발전하여야 하지 않을까 하는 입법론이 있었고(김철수),[133] 이에 대하여 위헌심사는 가능한 한, 회피하여야 한다는 사법자제론이 대립되고 있었다. 제3공화국헌법상 추상적 규범통제는 가능할 것이냐가 문제되고 있었으나, 입법론으로는 헌법재판소와 같은 추상적 규범통제기구가 필요하지 않을까 생각된다.

사법권의 우월성여부에 대해서도 학설은 대립하고 있었다. 가상적 우위론을 주장하는 사람(한태연)과 실질적 우위론을 주장하는 사람(김철수)이 대립되어 있었다. 제3공화국에서는 법원이 위헌법률심사권을 가지고 있었으므로 미국과 같이 사법권이 우월했다고 볼 수 있다. 그러나 제4공화국헌법에서는 법원에 위헌입법심사권을 주고 있지 않았으므로 사법부는 가장 약한 부로 전락하게 되었다. 제3공화국 헌법 하에서의 대법원의 법률위헌선언의 효력에 대해서 우리나라에서도 일반적 효력설(이규복)과 구체적 효력설(문홍주 · 한태연 · 강병두 · 박일경 · 한동섭)이 대립되어 있었는 바, 법률의 효력의 불안정성을 극복하기 위하여서는 일반적 효력설이 좋으나(兼子一 · 田上讓治), 구체적 효력설을 따르지 않을 수 없을 것 같다. 그러나 입법으로서 일반적 효력을 인정할 수도 있다고 보아야 할 것이다. 명령의 위헌 · 위법심사에 있어 법원은 명령의 취소를 할 수 있다는 판결(1954. 8. 19. 대판 1953년 행상 39호)과 적용 거부에 그쳐야 한다는 설(박일경)이 대립되어 있었다.

제3공화국 헌법 하에서 위헌심사의 범위와 대상에 관해서 학설이 대립되고 있었는데, 그 중요한 것은 조약이 위헌심사의 대상이 되느냐 하는 것이었다. 부인설(이경호)과 긍정설(한태연 · 문홍주 · 박일경 · 강병두 · 윤세창 · 김철수)이 있었는데, 위헌심사의 범위를 넓힌 긍정설이 타당하다고 하겠다(김철수).

제1공화국헌법과 제4공화국헌법의 헌법위원회의 지위에 대해서도 학설이 대립되었다. 제1공화국헌법의 헌법위원회는 정치적 조정기관(한태연)으로 보았는데 제4공화국의 헌법위원회는 정치적 헌법보장기관(김철

133) 김철수, 구체적 위헌심사권, 『고시계』 1969년 1월호.

수)이라고 하겠다.[134] 이에 대하여 정치적 사법기관이라는 설(한태연)도 있다.

소위 통치행위를 인정할 것인가에 관해서도 학설의 대립이 있는바, 통설(문홍주 · 박일경 · 강병두)은 통치행위를 인정하고 있었으나 소수설은 기본권 침해행위가 있는 경우에는 통치행위를 원용할 수 없다는 설(김기범 · 김철수)[135]이 있었다. 이것은 기본권보장기구로서의 법원의 기능을 보다 강화하기 위한 해석이라고 하겠다. 헌법재판소와 법원은 통치행위론을 부정하기에 이르렀다.

재판의 공개주의에 대하여 한태연 교수는 초판에서 공개폐지론을 주장한 바 있으나, 신판에서는 이에 관한 언급을 하지 않고 있다. 재판의 공개를 피의자의 이익을 위하여 정지하고 비공개로 하는 것도 입법론으로는 가능할 것처럼 생각된다.

5. 헌법개정과 경제조항 기타에 대한 학설 대립

(1) 헌법개정

헌법개정에 있어서도 학설이 심각히 대립되고 있었다. 첫째로 헌법개정에 한계가 있는가가 논의되고 있었는데, 한계를 부인하는 학설(박일경)에 대하여, 통설은 한계긍정론(유진오 · 한태연 · 문홍주 · 이종극 · 이경호 · 김철수)이다. 그런데, 헌법 자체가 특정 조항이나 제도의 변개를 명문으로 금지하고 있는 경우에도, 이것이 개정의 대상이 되는가에 대해서 학설이 분기되어 있는데, 개정가능설(박일경 · 한동섭)과 개정불가능설(한태연 · 김철수 · 권영성)이 대립되어 있었다.

헌법개정의 의결에 있어서도 개정안 일부 조항만의 의결이 가능하다고

134) 상세한 것은 김철수, 헌법위원회의 지위와 직무, 『고시계』 1973년 7월호; 김철수, 『위헌법률심사제도론』 참조.

135) 김철수, 통치행위의 이론과 실제, 『법조』 1968년 6 · 7월호; 김철수, 사법심사의 한계로서의 통치행위, 『현대헌법론』, 888-910면 참조.

보는 견해(이경호)와 일부 조항의 의결은 불가능하다고 보는 견해(한태연·문홍주·김기범·김철수)가 대립되어 있었다. 발췌개헌은 위헌이라고 보아야 하며 후설이 타당하다고 하겠다. 헌법개정조항의 시행시기에 관해서는 공포된 개정헌법에, 부칙에 별도 규정이 없는 한, 공포일부터 시행된다는 견해(문홍주·서주실·한태연·박일경·김철수)와 공포일로부터 20일을 경과함으로써 그 효력을 발생한다는 견해(김기범·이종극)가 대립되어 있었다. 이 대립도 부칙 규정에서 시행일자가 규정될 것이기 때문에 순수한 학술적 이견대립이라고 하겠다. 공고기간이 있고 국민투표를 시행하는 제3공화국헌법상 공포일부터 효력이 발생한다고 보는 것이 타당할 것이다.

(2) 경제질서

제헌헌법의 경제질서에 관해서도 학설이 대립되고 있었는데, 우리나라가 자유경제질서를 원칙으로 한다고 보는 학설(문홍주·한태연·박일경)과 이에 대하여 사회 정의실현과 균형있는 국민경제 수립을 경제질서의 기본목표로 삼고 있다는 학설(김기범)이 있다. 제헌헌법의 경제조항에 관하여 John W. Cornelly는 제헌헌법의 규정이 지나치게 통제경제적이어서 외국인이 사회주의경제가 아닌가 우려한다면서 이를 개정할 것을 권유하였다.[136] 제2차 헌법개정의 경제조항은 이 점에서 많이 변경했다는 것을 알 수 있다.

제2차 헌법개정에 따라 경제조항의 개정이 경제질서의 근본목표를 변질시켰다고 보는 학설(서주실)과 신구헌법 간에는 경제질서에 추호도 변경이 없다고 보는 견해(김기범)가 대립되어 있었다.[137]

---

136) John W. Cornelly, Report in Economic Provisions of the Republic of Korea, dated March 24, 1954, 100 pages; 김철수, 제헌헌법의 경제조항의 견해 - 미국변호사의 견해, 『법과 경제』(하)(이종원박사고희기념), 1996, 17-34면.

137) 경제질서에 관한 것으로는 김철수, 한국경제헌법의 이론과 실제, 『Fides』

(3) 비상의회의 지위 등

제2공화국헌법은 5·16 군사 쿠데타에 의하여 폐지되고 비상조치법에 의하여 국가재건최고회의가 성립하였고 10월유신으로 비상국무회의가 헌법개정안을 마련했으며 제4공화국헌법에는 통일주체국민회의가 구성되었다. 이들 기관이 국회를 대신하여 여러 가지 결의를 하였는데 그 효력이 문제되었다. 이러한 기관은 진정한 입법 기관이 아니었기에 그 정당성이 문제되었으나 헌법개정시 부칙에서 이러한 기관이 만든 법률의 효력을 인정하는 조문을 둠으로써 해결하였다.

그러나 국민적 정당성이 없는 기구에 의한 입법권은 제한되어야 할 것이다. 국가재건최고회의는 혁명위원회로 성격지우는 이론도 있었다.

III. 결 론

위에서 보는 바와 같이, 40년대에서 70년대까지의 헌법학계는 한국헌법학의 초창기라고 하겠다. 헌법학자의 수는 많지 않았으나 헌법학계에는 많은 학설이 대립되어 있었다. 이것은 헌법의 해석에 있어 목적론적 해석이 유행했기 때문이라고 하겠다. 물론 헌법의 해석에도 문리해석, 논리해석이 행해지지 않는 것은 아니다. 문리해석이나 논리해석에서 오는 학설의 대립은 그다지 많지 않다. 목적론적 해석은 각 해석자의 세계관에 따라서 결정되는 만큼 학자의 성장과정과 국가관, 세계관에 따라 다를 것이다. 그러나 헌법학계에는 개별 학자에 대한 연구가 되어있지 못하기 때문에,[138] 이를 일률적으로 말하기는 힘들다. 다만, 여기에서 말할 수

제12권 3호(1966); 동,『현대헌법론』(박영사, 1979), 933-953면에 수록 참조.

138) 약간의 연구가 있기는 한데 예를 들면, 한국공법학회,『한국의 공법학자들』(2003)이 있다.

있는 것은 해방 전에 대학교육을 받은 사람과 해방 후에 대학교육을 받은 사람과는 상당한 세계관적 차이가 있었다는 점이다.

해방 전에 일본의 국수주의적 관학교육을 받은 사람들이 법실증주의적 국가우월적인 세계관을 가졌는데 대하여, 해방 후 대학졸업생들은 기본권 존중을 근본가치로 인정하고 국가는 국민의 기본권 보장을 위하여서만 존재한다는 자연법론에 입각하고 있는 것 같다.

따라서 제헌헌법 당시에 학계를 지배하던 법실증주의적인 국가우월적인 학설이 점점 후퇴하고, 새로이 기본권 우월적인 자연법론이 강력히 대두하고 있었다고 하겠다. 특히 6·25 이후의 대학졸업생에 이 경향이 두드러지게 나타나고 있다. 그러나 헌법학과 함께 행정법학을 강의하고 있는 학자들에게 법률만능주의적인 학설을 주장하는 사람이 많았다.

헌법학을 연구하는 방법도 순수히 법해석학적 논리조작을 중시하는 방법론과 법사회학적인 방법론을 채택하여 인접 사회과학을 총동원하여 연구하는 방법이 있다. 순수법학적인 방법의 순수성에서 탈피하여 종합적인 방법론이 지배적으로 된 것 같았다.

제3공화국 헌법하의 국민주권주의적이고 인권지상적인 헌법의 해석에 있어서 자연법적인 해석이 타당할 것으로 생각하고 있으나, 이도 절대적인 것은 아니다. 상대주의적인 세계관에 입각하여 허심탄회하게 논쟁을 전개함으로써 학문의 발전이 있으리라고 생각하며, 헌법학계에는 정면적인 논쟁이 적었음을 아쉽게 생각한다.

우리 헌법해석의 학설대립은 외국학설의 대립의 여파임으로 이것도 고려하여야 할 것이나, 여기에서는 생략하기로 한다. 1980년대, 1990년대에 와서는 독일헌법이론이 직수입되어 독일과 같은 학설대립이 많아졌다. 1980년대와 1990년대의 헌법학설대립의 근거는 40년대에서 70년대에 이르는 초기의 학설대립이었다고 하겠다. 이번 연구는 지면의 제약 때문에 40년대에서 70년대까지만 연구대상으로 삼았다. 앞으로 2009년에 발간될 논집에는 80년대와 90년대, 2000년대의 학설변천을 개관하기로 하겠다. 이번 연구는 저자의 학술지 논문을 위주로 하지 않고 교과서를 중심으로 한 학설대립만을 소개한 것을 부끄럽게 생각하며, 행여나 오해한 대목이 있지 않는가 궁금하며 누락된 교과서가 적지 않을 것으로 생각한다. 이것도 추후에 보완하기로 하겠다.

제3장 헌법학 30년의 연구자들

—1940~70년대의 학설을 중심으로—

I. 서 설

대한민국헌법이 제정된 지 50년이 지났다. 그동안 한국의 헌법과 헌법학의 발전에 관하여는 적지 않은 연구 업적이 쌓여있다.1) 그러나 한국 최초의 근대적 의미의 헌법을 제정하는데 주도적인 역할을 담당한 유진오를 비롯하여 그 이후의 헌법학에 이론적 초석을 놓고 이를 전개한 분들에 대한 체계적인 정리는 별로 없는 것 같다.2)

특히 법학에서처럼 학설과 이론의 대립이 격심한 분야에서 법학을 연구하는 주체, 즉 개별 학자들의 생애와 이론의 형성과정을 밝히는 작업은 매우 중요하며 어떤 점에서는 이러한 연구야말로 학문의 기초를 단단히 하는 기본작업의 하나이기도 하다. 더구나 정치적·사회적 변천의 영향을

---

1) 예컨대 김철수, 『한국헌법사』(대학출판사, 1988); 문홍주, 헌법학 30년의 회고와 전망, 『서울대 법학』 제19권 1호(1978), 67-74면; 김효전, 한국 헌법학 50년의 성과와 21세기적 과제, 『서울대 법학』 제36권 2호(1995), 51-80면 등 참조.

2) 예컨대 김효전편, 『한국의 공법학자들: 생애와 사상』(한국공법학회, 2003)에서는 유진오·한태연·문홍주·박일경·윤세창·김도창·서원우·김철수를 수록하였으며, 전광석, 『한국 헌법학의 개척자들』(집현재, 2015)은 유진오·한태연·문홍주·박일경·김기범 5인을 다루고 있다.

직접적으로 많이 받는 공법학의 경우는 이러한 배경이나 인물에 대한 연구 없이 학설이나 이론을 검토하는 것은 거의 무의미하기도 한 일이기도 하다.

여기서는 이러한 문제의식에서 1940~70년대까지의 한국 헌법학의 건설을 위해서 정력적으로 활약한 주요한 연구자들의 삶과 그들의 학설 그리고 시대적 배경의 일단을 간단히 소묘해 보기로 한다.

II. 법실증주의의 이론

한국 헌법학의 방법론적 · 법적 기초는 법실증주의에서 출발한다. 이것은 독일 공법학의 절대적인 지배 아래 있던 일본의 식민지 통치 하에서 교육을 받은 인사들이 헌법을 기초하고 이를 해설하였기 때문에 어쩌면 당연한 것인지도 모른다.

독일의 경우 국법실증주의의 방법론적 방향은 국가이론, 철학, 역사 그리고 사회학에 대한 객관적인 고립화와 국법에 대한 형식논리적인 취급을 그 특징으로 한다.[3] 이것은 게르버(C. F. v. Gerber)와 라반트(P. Laband)를 거쳐 옐리네크(G. Jellinek)와 켈젠(H. Kelsen)에서 절정에 이른다.

법실증주의의 이론은 유진오와 박일경에 의해서 그대로 우리 헌법에도 수용되고 있다.

1. 유진오

독일의 국법실증주의는 일찍이 구한말의 각종 헌법 교과서와 논설에서도 뚜렷하게 도입한 모습을 발견할 수 있다.[4]

---

3) E.-W. Böckenförde, Gesetz und gesetzgebende Gewalt, Berlin 1958, 2. Aufl., 1981, S. 211.

4) 상세한 것은 김효전, 『서양 헌법이론의 초기수용』(철학과현실사, 1996), 239면 이하.

한일합방 이후 우리의 헌법과 헌법이론이 상실되었다가 다시 부활하게 된 것은 식민지 치하의 몇 안 되는 조선인 법학자들이었으며, 이중 유진오는 최초의 헌법학자라고 불릴 만큼 독보적인 존재였다.[5] 여기서는 그의 기본권이론과 정부형태에 관한 견해만을 보기로 한다.

(1) 기본권이론

유진오는 기본권을 옐리네크의 지위이론(Statustheorie)에 따라서 분류하면서,[6] 다음과 같이 생존권의 중요성도 강조하고 있다.

> 옐리네크 이래 일반적으로 사용되는 분류방법을 따른다면, 인민[7]의 권리·의무는 자유권(소극권), 수익권(적극권), 참정권과 의무의 네 가지로 구분되는 바 그 중 자유권은 미·불 혁명시대 이래 정치적 민주주의에서 가장 치중되는 바임에 대하여, 사회적·경제적 민주주의체제를 취하는 현대 국가에서는 수익권에 치중한다함은 이미 周知의 사실이다.[8] … 기본권의 분류법에

---

5) 유진오의 부친인 兪致衡(1877~1934) 역시 보성전문학교의 강사(오늘날의 교수)로서 헌법 등 여러 과목을 가르쳤으며, 『헌법』(1908년) 책을 강술한 바 있다. 김효전, 개화기의 공법학자들, 김효전편, 『한국의 공법학자들』, 3-10면.
상세한 것은 이영록, 유진오 헌법사상의 형성과 전개, 서울대 박사논문, 2000; 안경환, 유진오 - 통합적 지성인의 삶, 김효전편, 『한국의 공법학자들』, 33-53면; 전광석, 헌법학자 유진오, 『연세법학연구』 제2집(1992), 50-94면 및 동인, 『한국 헌법학의 개척자들』(집현재, 2015), 43-111면; 김삼웅, 『현민 유진오 평전: 헌법기초자』(채륜, 2018) 참조.
일본 문헌으로는 國分典子, 韓國憲法思想の淵源: 第一共和國憲法制定における兪鎭午の民主主義觀を中心に, 『靑丘學術論集』 제20호(2002) 참조.

6) G. Jellinek, System des subjektiven öffentlichen Rechte, 2. Aufl., 1905 (Neudruck 1979), S. 41, S. 81, S. 94. 김효전 편역, 『독일 기본권이론의 이해』(법문사, 2003).

7) 한국 헌법에서의 「인민」이라는 개념의 후퇴에 관하여는 유진오, 위의 책, 94면 및 65면의 주 10 참조.

8) 유진오, 헌법제정의 정신, 『법정』 제3권 8호(1948) 및 제4권 3호(1949) 및 玄民 유진오박사고희기념논문집 『헌법과 현대법학의 제문제』(일조각,

> 는 전이나 지금이나 변동이 없다 하여도 중점의 소재에는 실로 큰 이동(移動)이 있었으며, … 사회적·경제적 민주주의의 발달은 인민의 기본권의 중점을 자유권으로부터 수익권으로 옮겨 놓았다.9)

라고까지 말하였다. 사회권의 중요성을 강조하는 나머지 그는 기본권의 중점이 자유권으로부터 사회권으로 이동되었다고 주장하나, 사실은 두 기본권이 같은 헌법구조 내에서 공존하는 것이지 그 우열을 말하기는 어렵다.

여하튼 이와 같은 옐리네크의 분류방법은 유진오의 일반사회 교과서를 통하여 한국의 고등학교에까지 보급되었으나, 이미 50년대 중반부터 일부 헌법학자들에 의하여 비판을 받기 시작하였다.

국가주권설 또는 법실증주의로 대표되는 옐리네크의 이론은 대전 후 독일 자체 내에서도 이미 그 추종자를 상실하고 자연법론의 회귀는 거의 정설의 지위를 차지하게 되었다. 시대에 낡은 국법학이론을 가지고 일방통행식으로 국민에게 계몽하던 시대는 지나고, 국가를 중심으로 한 기본권론에서 국민 위주의 기본권론이 강조되는 것은 국민주권의 원리를 채택하는 국가에서는 당연한 일이다.10)

또한 유진오는 「우리 헌법상의 자유권은 신앙과 양심의 자유(제12조)와, 학문과 예술의 자유(제14조)를 제외하고는 법률보다 앞서는 것이 아니라 법률에 의하여 인정되는 것이니…」11)하고 기본권을 실정법상의 권리로 이해하고 있다. 나아가 그는 「현대에 있어서는 기본권보장은 그 고전적 의미를 상실하고 단지 '법률의 유보'에 지나지 않음이 명백해진

1975)에 다시 수록. 이 책 461면.

9) 유진오, 우리 헌법의 윤곽 - 18세기 헌법과 20세기 헌법, 『법정』 제2권 9호, 1947 및 현민 유진오박사 고희기념논문집, 474-488면에 다시 수록. 이 논문의 일본역으로는 鈴木敬夫譯, わが憲法の輪郭, 同人 編譯, 『現代韓國の憲法理論』(成文堂 1984), 3-18면 수록.

10) 상세한 것은 김철수, 유진오의 기본권론, 고 정광현박사 추모논문집 『법학교육과 법학연구』(길안사, 1995), 288-323면 참조.

11) 유진오, 『헌법의 기초이론』, 100-101면 및 고희논문집, 461면.

것」[12]이라고 단정하고 있다. 당시의 한국으로서는 유진오가 말하는 '고전적 의미'의 기본권을 경험하지도 못한 상태였을 뿐만 아니라 기본권이니 자유니 하는 개념조차 생소한 신생국의 국민들에게는 헌법상의 기본권이 지니는 계몽적인 역할을 염두에 두었어야만 했다.

(2) 정부형태론

원래 유진오의 헌법구상은 의원내각제였으나 이승만의 주장에 따라 하루 밤사이에 대통령제로 바뀌었다.[13]

제헌 헌법의 정부형태에 관하여 유진오는 대통령이 국회에 의하여 선거되고, 국무총리의 임명에 국회의 승인을 받는 점, 한국에는 정쟁(政爭)에 초연한 원수의 존재가 필요하다는 점 등을 들어 점차 의원내각제로 전화(轉化)하리라고 희망적인 관측을 하였다.[14] 그러나 헌법실제에 있어서 의원내각제의 '본질적 요소'[15]인 국회의 정부에 대한 신임권이 인정되지 않았고, 또한 대통령의 강력한 권한행사로 인하여 의원내각제로서의 기능은 약화되고 대통령제적인 기능만이 작용하게 되었다. 헌법에 국무원제와 국무총리제라는 의원내각제적인 요소를 혼합함으로써 대통령의 권한행사를 견제하려고 시도하였다고 보는 견해도 있으나,[16] 국무총리는 일단 국회의 승인을 얻어 임명된 후에는 단지 대통령을 보좌할 뿐이며 그에게 대통령을 견제하는 기관으로서의 역할을 기대할 수는 없는 일이다.

그 후 1952년의 헌법개정에서 야당의 주장으로 대통령직선제와 바터된

---

12) 유진오, 위의 책, 85면 및 논문집, 481면.

13) 상세한 것은 김철수, 유진오의 헌법초안에 나타난 국가형태와 정부형태, 『한국사 시민강좌』 제17집(일조각, 1995), 94-114면 참조.

14) 유진오, 『헌법해의』, 123-124면, 152-154면; 동인, 『민주정치에의 길』, 184면.

15) 유진오, 『민주정치의 길』, 183면에서는 무엇이 「본질적인 것」이고 무엇이 「이질적인 것」인가 하고 비난하고 있다. 이것은 헌법 조문상 가치의 위계질서를 구별하지 않는 그의 법실증주의적인 사고의 일면을 보여주는 것이다.

16) 윤근식, 한국의 정부형태, 김운태편, 『한국정치론』(박영사, 1976), 282면.

국무원불신임제(대통령을 제외)가 도입되었다. 그러나 정국의 안정을 기하기 위하여 불신임권의 남용을 제한하는 몇 가지의 장치를 두었다. 이에 반하여 정부의 국회해산권은 인정되지 아니하였다. 뿐만 아니라 이승만은 헌법 제32조 2항에 규정된 상원의 구성을 자기 정치에 유리한 다수의 진출가능성이 희박하였기 때문에 허용하지 아니하였다.[17] 그 밖에 의원내각제 실시의 기본전제가 되는 복수정당제는 1952년 자유당의 창당과 함께 그 초석이 놓여진다.[18] 그러나 한국민주당(후에 민주당으로 당명변경)이나 자유당이나 모두 이념면에서는 같은 보수정당이며, 사회민주주의 세력으로서 진보당이 있었고,[19] 공산당은 법률로써 금지되었다. 이 점은 바이마르 공화국이 다수정당제이었던 것과 대조를 이룬다.[20]

요컨대 유진오의 기본권이론은 법률유보 조항을 둔 것에서부터 기본권의 자연법적 성격을 이해하지 못한 종래의 법실증주의가 범한 오류를 그대로 답습하고 있다. 이것은 당시 한반도에 앉아서 세계 대세의 진운을 올바로 파악할 만큼 민족적으로나 개인적으로 시대를 초월하여 적극적으로 미래를 내다보거나 판단할 만한 능력이 결여 내지 한정되어 있었던 것이라고 보겠다.

또한 유진오는 의원내각제의 정부형태를 계속하여 주장하였는데 이는 자신이 배운 일본 명치 헌법치하의 정부형태 내지는 바이마르 공화국

---

17) 윤근식, 위의 책, 255면; 조병윤, 국회해산제도의 비교헌법사적 고찰, 서울대학교 법학석사 학위논문, 1976.

18) 윤근식, 위의 논문, 256면 주 105는 이를 부정한다. 그러나 Henderson, Korea: The Politics of the Vortex, 1968, p. 303에서는 Two-party system으로 본다.

19) 사회민주주의적 성격을 지닌 진보당은 1958년 당수 조봉암과 그의 간부가 간첩과의 접선혐의로 체포되고 1959년 사형이 집행되었다. 대법원은 진보당의 강령 자체는 합헌이라고 판시하였으나, 정당해산에 대한 특권이 없었기 때문에 행정적으로 처리되었다. 김철수, 『헌법학개론』(박영사, 2003), 176면 주 4. 참조.
진보당에 관하여는 권대복 엮음, 『진보당 - 당의 활동과 자료집』(지양사, 1985) 참조.

20) E. R. Huber, Deutsche Verfassungsgeschichte, Bd. 6. S. 134 ff.

헌법의 정부형태를 염두에 둔 것으로 생각된다.21) 그러나 광복 직후의 한국으로서는 통치능력 있는 지도자에 의해서 신생국의 산적한 문제들을 신속히 처리하기 위해서도 대통령제로 결단을 내린 이승만의 판단이 옳았다고 본다.22) 학자가 생각하는 이상적인 헌정운영과 정치가가 생각하는 정치현실은 판이하게 다른 것이다.

2. 박일경

한국의 법실증주의를 대표하는 학자로서는 박일경(朴一慶, 1920~1994)을 들 수 있을 것이다.23) 그는 1942년 경성제대24) 법과를 졸업하고 일제 강점기에는 군수를 지내다가 광복 후에는 대구대와 서울문리대 조교수를 잠시 역임하였고 5·16 이후에 법제처장과 문교부장관을 지내기도 하였다. 이후 학계로 돌아와서 국민대 교수, 명지대학 학장을 등을 역임하였다.

그의 중요한 학설 몇 가지를 검토해 보기로 한다.

(1) 헌법개정의 한계

헌법개정에는 한계가 없다는 것이 세계적인 통설임에도 불구하고 유독 한국과 일본의 학계에서만은 한계가 있다는 것이 다수설로 되고 있다. 이것은 물론 독일 카를 슈미트를 비롯하여 자연법론을 신봉하는 학설의 영향이기도 하지만 이와는 달리 법실증주의의 신조

---

21) 김효전, 한국 헌법과 바이마르 헌법, 『공법연구』 제14집(1986), 27면 이하.

22) 한태연, 『헌법학』(법문사, 1973), 25면도 이승만의 대통령제가 옳았다고 본다. 한태연, 제헌 헌법의 신화, 『동아법학』 제6호(1988) 참조.

23) 상세한 것은 전광석, 『한국 헌법학의 개척자들』(집현재, 2015), 247-305면; 신평, 박일경 - 법실증주의 헌법이론의 반추, 김효전편 『한국의 공법학자들』(2003), 99-116면; 栗崗 박일경박사 화갑기념 『공법논총』(1981) 참조.

24) 경성제대에 관하여는 김효전, 경성제대 공법학자들의 빛과 그림자, 『공법연구』 제41집 4호(2013), 267-318면.

를 여전히 견지하고 있는 박일경만은 헌법개정에는 한계가 없다고 주장한다. 그의 결론을 직접 들어본다.

> 이상 요컨대, 저자는 헌법개정의 한계성을 이론적으로 주장하는 학설을 법리상 승인할 수 없음은 물론, 각국 법제에 의한 이른바 실정법적 한계도 적어도 현단계로는 엄격한 법적 한계가 되지 못한다고 생각한다. 그러므로, 이른바 헌법개정의 한계성의 이론 특히 하등의 실정법적 근거 없이 그것을 주장하는 이론은, 이미 엄격한 법적 입장을 떠난 정치적·이데올로기적 입장에서의 이론이라고 생각한다.[25]

현재의 한국에서 이와 같이 헌법개정의 한계를 부정하는 이론은 더 이상 찾아볼 수 없으며, 박일경이 법실증주의이론의 마지막 논자라고 할 것이다.

(2) 주권자 논쟁

국민주권에 관한 규정과 관련하여 국민의 헌법상 지위에 대하여는 학설상 다툼이 있다. 김철수는 「주권자로서의 국민의 의의 변천」[26]에서 주권의 보유자로서의 국민과 주권의 행사자로서의 국민을 구별한다. 주권의 보유자로서의 국민은 정치적·이념적 단일체로서의 국민의 총체이며 주권의 행사자로서의 국민은 국가기관이며 이 의미에서 국민은 객관적·법적으로 형성된 기능체라고 한다.

이에 대해서 박일경은 「주권자로서의 국민」[27]에서 이를 반박한다. 즉 그는 국민 전체가 주권자라는 것을 완전히 부인한다.

---

25) 박일경, 『유신헌법』(박영사, 1972), 124면.

26) 『고시계』 1964년 4월호 및 동인, 『헌법학연구』(지학사, 1969), 77-85면. 박일경에 의한 서평은 대학신문 1969. 5. 26. 김효전편, 『헌법정치 60년과 김철수 헌법학』(박영사, 2005), 763-766면에 재수록.

27) 『고시계』 1964년 6월호, 24-30면.

전체국민이 주권보유자라는 것이 법적 개념이 되기 위하여는 전체국민이 권리주체가 되어 권리객체로서의 주권을 보유하지 않으면 안 된다. 그런데 전체국민이 권리주체가 되기 위하여는 전체국민이 법상의 인격자이어야 함은 물론이다. 이 경우 전체국민은 자연인이 아님은 물론이니 결국 그가 법상의 인격자가 되기 위하여는 법인일 수밖에 없다. … 이와 같이 전체국민이 법상의 인격자가 아니고 법상의 권리주체가 될 수 없다면, 전체국민이 주권보유자라는 개념은 절대로 법적 개념이 될 수 없다.[28)]

또한 박일경은 헌법제정권력과 헌법개정권력의 구별을 부인하면서 성문헌법을 가지는 국가에서의 법상의 주권보유자는 헌법개정권자일 수밖에 없다고 하고, 영국과 같은 불문헌법국가에서의 법상의 주권보유자는 의회라고 한다.[29)] 교과서에서는 다음과 같이 말한다.

헌법제정권자로서의 국민과 헌법개정권자로서의 국민은 다르다고 주장하는 것이 종전의 헌법제정권력론의 통설적 입장이겠지만 전체 국민이 헌법제정권력 보유자라는 개념을 인정하지 않는 우리의 입장에서는 종전의 통설에 찬성할 수 없다. 엄격한 법적 의미에서 국민 전체가 권리주체로서 권리객체인 주권을 보유한다는 법적 개념은 될 수 없기 때문이다. … 그러므로 법적 의미에서의 주권의 보유자는 결국 헌법제정권력을 가지는 자가 될 수밖에 없다.[30)]

결론에서 박일경은 다음과 같이 말한다.

이 조문(「대한민국의 주권은 국민에게 있고 모든 권력은 국민으로부터

---

28) 박일경, 주권자로서의 국민, 『고시계』 1964년 6월호, 25면.
29) 박일경, 위 논문, 28-29면.
30) 박일경, 『신헌법』, 47-49면.

> 나온다」)은 우리나라가 정통적 민주주의 내지 이른바 자유민주주의의 기본원리인 정치적·이데올로기적 개념으로서의 국민주권의 원리를 선언하는 것이지, 이 규정이 있다고 해서 그것만으로 엄격한 법적 의미에서 국민전체가 주권보유자라는 실정법적 효과가 제도적으로 보장되었다고는 해석할 수 없다고 생각한다.[31)]

이 논쟁은 헌법 제1조의 해석을 문리적·법사회학적으로 하느냐, 아니면 논리적·법해석학적으로 하느냐 하는 방법론의 차이라고 하겠다. 그러나 법실증주의를 신봉하면서 결론 부분에서 헌법 제1조의 법적 성격을 부인하는 논리는 도저히 받아들이기 어렵다.

(3) 유신 헌법

박일경은 유신 헌법이 공포되자 제일 먼저 『유신 헌법』이란 이름의 교과서를 출간하였다. 그 머리말의 일 절을 인용한다.

> 1972년 10월 17일 박대통령이 단행한 비상조치에 접했을 때, 보수적 색채가 짙은 법학도 중에서도 실증법주의자에 속한다할 수 있는 저자는 대경실색하여 그야말로 아연할 따름이었다.
>
> 그러나 곰곰이 생각하여 보니 조국의 현단계에서 이 길이 불가피한 단 하나의 길인 것을 깨달았기에, 정치와는 인연이 먼 저자도 감히 10월유신의 대열에 참가하여 미력이나마 유신헌법의 채택 추진에 노력하였다. 그래서 11월 21일의 국민투표에서 압도적 다수로 유신헌법이 확정되었을 때 법학도의 한 사람으로서 자기정당화의 입증을 받았다고 자부했다. …
>
> … 유신헌법은 교조적 민주주의의 이론에서 볼 때 특히 현실보다는 이상적 이론을 좋아하는 학생들에게는 수긍이 가지 않는 점도 있으리라. 그러나, 한반도를 둘러싼 국제정세의 급변 특히 향후 2·3년 안에 있을지도 모를

---

31) 박일경, 『고시계』, 1964년 6월호, 30면.

> 미군의 철수·미군사원조의 종결을 생각할 때, 우리는 지금이야말로 자활의 길을 자주적으로 개척해야 한다. 그러기 위해서는 새로운 정치체제도 정치체제려니와 국민의 한 사람 한 사람 특히 지도층에 속하는 인사들의 엄숙한 반성과 물심양면에 걸친 유신이 있어야 하겠다.[32)]

여기서 보듯이 박일경에게서는 역사의식이나 미래 또는 이상과 같은 관념을 전혀 찾아볼 수 없고 정부가 선전하는 당시의 팸플렛을 그대로 옮겨 놓은 표현으로 일관하고 있다.[33)] 일제 시대건 대한민국 정권이건 어떤 시대에나 어떤 헌법이나 문서화된 것은 모두 신성한 것이기 때문에 거기에 고뇌 따위는 존재하지 않는 것일까? 법실증주의 헌법학자의 한계랄까 한국 헌법학자의 비극의 한 단면을 보여주는 적절한 예라고 하겠다.

III. 자연법론의 확산

한국전쟁도 끝나고 모든 분야에서 복구작업이 활발하게 진행됨에 따라서 헌법학계도 점차 새로운 진용을 갖추기 시작하였다. 종래의 법실증주의적인 헌법학에 비판적인 새로운 조류의 정치적 헌법론이나 영미의 헌법이론이 새로이 소개되기 시작하였다. 이 가운데 한국 헌법학설사에서 하나의 전기를 이루는 기념비적인 저작들이 발간되었다. 1955년에 나온 한태연의 『헌법학』이 바로 이것이다.

1. 한태연

한태연(韓泰淵, 1916~2010)은 1943년 일본국 고등문관시험 행정과에

---

32) 박일경, 『유신헌법』(박영사, 1972), 1-2면.

33) 유신헌법에 관하여는 김효전, 권위주의 헌법의 성립과 붕괴, 『공법연구』 제17집(1989), 91-111면; 김효전편, 『유신헌법 자료집』(한국공법학회, 2003), 기타 오창헌, 『유신체제와 현대 한국정치』(오름, 2001) 참조.

합격하였으며 이어 곧 광복이 되자 성균관대학[34]에서 민법을 강의하다가 1949년 서울대 법대로 옮기면서 헌법을 연구하기 시작하였다.[35] 그러나 곧 6·25 전쟁이 발발하여 임시 수도였던 부산으로 피란 가서 대신동 소재 전시연합대학의 가건물에서 강의를 하였다. 1953년에 수복하여 그는 1955년 『헌법학』을 세상에 내놓았다.

(1) 『헌법학』의 가치

이 책은 한국의 헌법학을 학문적 수준으로 끌어올리고 해석법학의 한계를 뛰어넘은 저작이라고 하겠다. 그는 서문에서 다음과 같이 말하고 있다.

> 본서에 있어서 우리 헌법의 실증적 이해에 있어서도 기본권을 비롯한 기타의 개소에 있어서 지금까지의 한국의 헌법 교과서의 통설적 견해와는 상당한 거리가 있는 이론을 전개하고 있다. 그것은 저자가 사용한 영, 독, 불 등의 공법이론이 원칙으로 1920년 이후에 전개된 새로운 이론이라는 데에 그 원인이 있다. 따라서 본서에서 전개되고 있는 저자의 이론이 한국의 통설에 대한 이론(異論)으로 간주된다면 그것은 오직 1920년 이후에 전개된 공법학

---

34) 성균관대학에서의 한태연·문홍주·이항녕·황산덕 등 역대 법학 교수의 명단과 저작목록은 지성운편, 『은행나무 아래서. 성균관대학교 법률학과 입학 50주년 기념 문집』(아임디자인, 2014), 167-193면 참조.

35) 문헌은 전광석, 헌법학자 한태연, 『헌법학연구』 제21권 1호(2015), 99-163면 및 동인, 『한국 헌법학의 개척자들』(집현재, 2015), 113-189면; 강경근, 한태연 - 일찍이 신화가 된 천재의 헌법학, 김효전편, 『한국의 공법학자들』(2003), 57-76면; 한태연, 한국헌법과 헌법학의 회고, 『헌법학연구』 제8권 1호(2002), 9-52면; 『栗山 한태연박사 회갑기념논문집』(1977).

서울법대 개교 당시(1946)의 학장은 고병국이었고, 헌법 담당은 장석만(張錫萬), 1947년 이후에는 이경호(李坰鎬)였으나 1948년 8월 법무부로 떠났고, 1949년 4월부터 한태연이 부임하였다고 한다. 김증한, 법과대학 30년, 『서울대학교 법과대학 30년: 1945-1975』(서울법대, 1975), 7면; 서울대학교 법학전문대학원편, 『서울대학교 법과대학 72년: 1946-2017』(2018).

의 이론, 특히 독, 불의 통설적 견해에 의거한 까닭이라 할 수 있다. 그러나 저자는 공법학에 있어서 원칙으로 1920년 이후에 전개된 새로운 이론만이 국제적으로 통용할 수 있는 표준적 이론임을 확신하고 있다. 그러한 의미에서 본서에서 보여주고 있는 저자의 견해는 저자의 창의에 의한 독단적인 견해가 아니라, 다만 1930년대까지 보여준 공법학의 표준적 이론의 재확인에 불과하다는 것을 주의하지 않으면 안 된다.[36]

여기서 알 수 있듯이, 1950년대의 한국은 여전히 1930년대의 독일 바이마르 헌법의 규정이나 그 해석을 소화 내지 흡수하면서 점차 발전하기 시작하였다.[37]

이처럼 한태연이 『헌법학』을 수복 직후에 더구나 짧은 기간 안에 발표할 수 있었던 것은 그의 비범한 재능과 학문에 대한 남다른 열정을 곱을 수 있지만, 무엇보다도 구 경성제국대학의 도서를 그대로 물려받은 서울대학교에 봉직한 좋은 환경을 지적할 수 있을 것이다.[38] 당시 원서는 고사하고 일본 책 한 권 마음대로 구입할 수 없었던 시절에 그는 보물창고를 독차지하였던 것이다. 이리하여 그는 「뛰면서부터 일등」이었다.

같은 서울대학교에 근무한 박일경은 문리과대학 정치학과에서 강의를 하였기 때문에 『비교정치론』과 같은 저술을 내 놓은 데 반하여, 한태연은 『행정법학』(상하)[39]을 저술하였다. 오늘날의 시각에서 보면 두 사람이 뒤바뀐 것 같은 인상을 주지만 당시에는 헌법과 행정법을 한 사람이

---

36) 한태연, 『헌법학』(양문사, 1955), 서문.

37) 김철수, 한국법학 30년의 회고와 전망 Ⅱ. 공법학계, 『법정』 1975년 10월호, 18면 및 동인, 『한국헌법사』(대학출판사, 1988).

38) 수복 직후의 서울대학교 도서관의 상황에 대해서 한태연은 「괴뢰군들이 이북으로 가져가려고 모두 묶어 놓은 것을 풀어서 연구실로 옮겨왔다」고 1987년 10월 부산의 한 주점에서 필자에게 술회한 바 있다. 경성제대의 도서관에 관하여는 서울대학교 규장각한국학연구원편, 『경성제대 도서관과 식민지 아카이브』(2015); 진필수, 경성제국대학 부속도서관 장서구성에 대한 일 고찰: "식민" 항목의 경우, 『사회와 역사』 제105호(2015); 장준영, 제국일본의 도서관체제와 경성제대 도서관, 『사회와 역사』 제105호(2015).

39) 1961년 정희채(鄭熙彩)와 공저로 법문사에서 출간하였다.

동시에 연구하고 강의를 하는 것이 일반적이었다.

(2) 혼란기의 헌법이론

한태연은 5·16이 일어나자 박정희의 의뢰로 「국가재건비상조치법」을 기초하였다. 이 법은 제2공화국 헌법을 폐지하고 이를 대체하는 당시의 국가근본조직법이었다. 그 이론적 근거는 독일 나치스가 정권을 장악한 직후에 만든 1933년 3월 24일의 「국민과 국가의 위난을 제거하기 위한 법률」(Gesetz zur Behebung der Not von Volk und Reich vom 24. März 1933)[40]이다. 이 법률은 흔히 「수권법」(授權法, Ermächtigungsgesetz)이

---

40) 1933년 3월 24일의 「민족과 국가의 위난을 제거하기 위한 법률」(이른바 수권법, Ermächtigungsgesetz, RGBl. S. 141)은 다음의 전체 5조로 구성된다.

제1조(라이히 정부의 법률제정권) 라이히 법률은 라이히 헌법에 규정된 절차 외에 라이히 정부에 의해서도 이를 의결할 수 있다. 라이히 헌법 제85조 제2항과 제87조에 열거한 법률에 대해서도 동일하다.

제2조(정부 제정 법률의 헌법에 대한 우위) 라이히 정부가 의결한 라이히 법률은 라이히 의회와 라이히 참의원의 제도 그 자체를 대상으로 하지 아니하는 한, 라이히 헌법에 위반할 수 없다. 라이히 대통령의 권리는 이에 의해서 영향을 받지 아니한다.

제3조(정부 제정 법률의 공포 시행 등) 라이히 정부가 의결한 라이히 법률은 라이히 수상이 인증하며, 독일국 관보로써 공포한다. 다른 별도의 규정이 없는 한, 이 라이히 법률은 공포 다음 날부터 시행한다. 라이히 헌법 제68조부터 제77조까지의 규정은 라이히 정부가 의결하는 법률에는 이를 적용하지 아니한다.

제4조(조약의 체결) 라이히가 외국 간에 체결하는 조약으로 라이히 입법의 대상에 관한 것은 입법 참여 기관의 동의를 요하지 아니한다. 위의 조약을 실시하기 위하여 필요한 법규는 라이히 정부가 이를 제정한다.

제5조(본법의 시행 유효기간 등) 이 법은 공포일로부터 이를 시행한다. 이 법은 1937년 4월 1일에 그 효력을 상실한다. 또한 이 법은 현 라이히 정부로부터 다른 정부에로의 교체가 있은 경우에도 효력을 상실한다.

슈미트는, 「수권법」이란 말은 「법학적으로는 부정확하고 잘못된 표현」이며, 「사실 새로운 독일의 잠정 헌법률」이라고 단정한다. 그리하여 1933년 3월 5일의 국회 선거는 「법학적으로 본다면 사실 일종의 국민투표, 플레비지트이며, 이로써 독일 민족은 국가사회주의 운동의 지도자인 아돌프 히틀러를

라고도 불리며 이로써 정부도 법률을 발포할 수 있게 되고 마침내 입법권과 집행권의 분리는 파괴된 것이다.[41)]

이에 대해서는 한태연 자신이 회고하듯이, 바이마르 공화국은 법률로써 헌법을 개정하였다는 평가를 받은 그런 방식으로 한국의 군사정부도 법적 기초를 마련한 것이다.[42)] 그러나 바이마르 헌법은 형식상으로는 실효되지 않았으며 수권법에 의해서 사실상 폐지된 점에서 한국의 경우와 다르다.

또 한태연은 바로 「국가재건비상조치법」에 관한 해설서를 썼는데,[43)] 여기서 그는 혁명정부와 국민주권과의 관계를 「혁명적 위임」이란 표현으로 설명하였는데, 이는 카를 슈미트의 『독재론』[44)]에서 힌트를 얻은 것이다.

이어서 1972년에는 「한국 헌법에 있어서의 국가긴급권 - 특히 국가보위에 관한 특별조치법에 대하여」[45)]를 발표하였다.

독일 민족의 정치적 지도자로서 인정하였다」고 규정한다. Schmitt, Staat, Bewegung, Volk, 1933, S. 7 f. (김효전역, 「국가 · 운동 · 민족」, 동인, 『정치신학외』, 법문사, 161-162면). 문헌 C. Schmitt, Das Gesetz zur Behebung der Not von Volk und Reich, in: Deutsche Juristen-Zeitung, 38 Jg. Heft 7, Sp. 455-458; H. Schneider, Das Ermächtigungsgesetz vom 24. März 1933, 2. Aufl., 1961.

1933년 3월 단계에서도 슈미트는 나치당원은 아니었지만 계속해서 현실정치를 논평했다. 이때의 모습은 그의 제자인 후버(Ernst Rudolf Huber, 1903-1990)의 "Carl Schmitt in der Reichskrise der Weimarer Endzeit," in: Quaritsch (Hrsg.), Complexio Oppositorum, Berlin 1988, S. 33-50가 상세하게 증언한다.

41) 상세한 것은 Alisa Schaefer, Führergewalt statt Gewaltenteilung, in: E.-W. Böckenförde (Hrsg.), Staatsrecht und Staatsrechtslehre im Dritten Reich, Heidelberg 1985, S. 90-91 참조.

42) 한태연, 한국 헌법과 헌법학의 회고, 『헌법학연구』 제8권 1호(2002), 34-35면.

43) 한태연, 『국가재건비상조치법』(법문사, 1961).

44) C. Schmitt, Die Diktatur. Von den Anfängen des modernen Souveränitätsgedankens bis zum proletarischen Klassenkampf, 1928. 6. Aufl., 1994. 김효전역, 『독재론, 근대 주권사상의 기원에서 프롤레타리아 계급투쟁까지』(법원사, 1996) 참조.

45) 『헌법연구』 제2집(1972), 한국헌법학회.

헌법학자로서의 한태연의 이름은 유신 헌법의 제정에서 절정에 달하며 이후 하향의 길로 접어든다. 그는 유신 헌법을 다음과 같이 특징짓고 있다.

> 조국의 평화적 통일과 그리고 자유민주주의의 수호를 그 역사적 사명으로 하는 10월유신과 그 결과로서의 유신헌법은, 그 이해에 있어서도 그 전의 그 어느 헌법보다도 좀더 강력한 가치적 인식이 요청되고 있다. 그것은 유신헌법은 우리 국민의 운명을 건 미래에의 유토피아, 미래에의 결의를 표상한 『미래에의 의지』를 의미하기 때문이다. 따라서 유신헌법에 있어서의 그 예언성, 목적성이야말로, 유신헌법에 있어서의 그 기본적 성격이 아닐 수 없다.
>
> 어떻든 헌법이 정치적 공동체에 있어서의 그 미래에의 설계를 의미하는 한, 또한 헌법이 그 사회의 정치적 존재양식에 관한 가치적 결단을 의미하는 한, 그 헌법의 이해는 단순한 객관적인 진리의 관조(觀照)만을 의미하지 않고, 나아가서는 그 가치의 실천을 위한 행동의 신조로 고양되지 않으면 안 된다. 여기에 오늘의 우리 사회에 있어서의 정치교육으로서의 그 헌법교육의 중요성이 있다. 따라서 오늘의 우리 사회에 있어서의 헌법학의 과제는 황혼을 기다려서 비상하는「미네르바의 부엉이」가 아니라, 찬란한 미래에의 의지를 가진「금발의 야수」가 아니면 안 된다. 비록 진리는 국경을 넘은 세계적인 것이라고는 하나, 그러나 오늘의 우리 현실에 있어서는 조국의 독립과 국가적 안전에 관계되지 않는 진리는 결코 진리로서의 타당성을 가질 수 없다. 여기에 한국에 있어서의 그 헌법학의 새로운 과제가 있다.[46]

이와 같이 그는 유신헌법의 특징을 과도성, 예언성 그리고 목적성에서 찾았다. 또한 헌법은 가치의 실천과 행동을 위한 결단으로 연결될 것을 강조하고 있다.

(3) 상반된 평가

---

46) 한태연, 『헌법학』(법문사, 1972), 서 4-5면.

한태연의 헌법학에 대해서는 폐허 위에서 한국의 헌법학을 건설한 공로와 함께 유신 헌법에 이르러는 어용학자로서의 평가를 받는 등 다양한 각도에서 평가할 수 있을 것이다.

사실 초기의 한태연은 아무런 학문적 유산도 물려받지 못한 가운데 무에서 출발하다시피한 한국의 헌법학계에 이론적 토대를 마련하고 황산덕[47]과 함께 법학자로서 당시의 자유당 정부를 비판하고 공격함으로써 국민을 계몽하고 선도하는 데에 크게 기여하였다. 이러한 의미에서 그는 순수하게 상아탑 속에서만 안주한 창백한 지성인은 아니었으며 실천적인 용기를 가지고 시대적인 과제를 해결하기 위해서 적극적으로 참여한 점은 오늘날에도 높이 평가할만하다.

그러나 유신헌법의 제정에 직접 또는 간접적으로 관여한 그로서는 유신헌법이 아무리「과도성, 예언성 그리고 목적성」을 가진다고 하더라도 그것이 박정희 정권의 독재를 합리화하고 장기화하기 위한 비민주적인 헌법으로 낙인찍힌 한 어용학자로서의 오명을 벗기는 어려울 것이다. 유신헌법이 종말을 고한 후 그는 헌법의 역사적인 발전에 관한 연구와 헌법의 일반이론적인 문제에 집중하였는데,[48] 이것은 유신헌법이 그가 예상했던 것보다 훨씬 일찍 단명하였던 점, 그리고 독재는 또다른 독재를 낳는 비극에 대한 어떤 책임감 내지는 과오를 인정한 때문이 아닌가

---

47) 황산덕(黃山德, 1917~1989). 호 석우(石隅). 평남 양덕 출생, 1941. 경성제대 법학과 졸업, 1943. 일본국 고등문관시험 행정과 및 사법과 합격, 1960. 서울대 박사, 고려대 및 서울대 법대 교수 역임, 1966. 12. 성대 교수, 이후 성대 대학원장, 성대 총장, 법무장관, 문교장관 역임. 저서:『형법총론』,『자화상』(1966),『법철학강의』(1978),『복귀』(1971/2003). 문헌: 석우 황산덕 박사화갑기념논문집『법철학과 형법』(법문사, 1979), 추모집『법과 사회와 국가』(방문사, 1991), 최종고,『한국의 법학자』(서울대출판부, 2007), 299-321면.『회고록』(한동문화사, 2017).

48) 예컨대『헌법과 정치제도』(법문사, 1987);『헌법과 국민』(고시연구사, 1995) 등. 그는 최근에도「한국헌법에 있어서의 가치 - 통일헌법에 대한 논의를 계기로」라는 장문의 논문을『고시연구』2003년 4월호, 198-259면에 기고하였다.

생각된다.

여하튼 한태연은 한편으로는 한국의 헌법학에 희망과 용기를, 다른 한편으로는 좌절과 패배감을 가져다 주었다고 하겠다. 또한 헌법학자의 정치참여는 바람직한 것인지 그것은 또다른 문제이다.

2. 문홍주

경성제대 교수 니시하라(西原寬一)[49]의 추천으로 만주에서 은행원을 하다가 해방을 맞은 문홍주(文鴻柱, 1917~2008)는 「천신만고 구사일생」으로 고향인 창원으로 돌아온다.[50] 1946년 부산에 남조선대학(동아대학의 전신)이 신설되어 교수진을 구성할 때 그는 상법을 맡고 싶었으나 이미 다른 사람이 정해졌기 때문에 남은 과목이 헌법뿐이어서 헌법을 전공하게 된 것이다.[51] 당시는 아직 실정 헌법이 없던 때라 아무도 헌법을 맡으려고도 하지 않았다.

이 대학은 곧 동아대학으로 교명을 바꾸었고 그는 1951년 부산에 국립 부산대학교가 신설되면서 학교를 옮겼다.[52] 여기서 그는 한국 헌법과 미국 헌법을 동시에 강의하였으며 1956년에는 최초의 저서인 『미국헌법론』을 출간한다.

---

49) 니시하라 간이치(西原寬一, 1899~1976) 동경대학 법학부를 졸업하고 은행검사관보, 대장성 속(屬)으로 지내다가 1929년 경성제대 강사로 부임하고 이어 상법 전임교수. 문헌 西原寬一教授略歷, 『神戶學院法學』 제7권 3·4호; 『朝鮮人事興信錄』, 355면.

50) 문헌은 이병규, 문홍주 교수의 생애와 헌법사상, 동당 성낙인총장 퇴임기념논문집 『국가와 헌법·I 헌법총론/정치제도론』(법문사, 2018), 308-331면; 전광석, 『한국 헌법학의 개척자들』(집현재, 2015), 191-246면; 김영수, 문홍주 - 한국 헌법학의 거목, 김효전편, 『한국의 공법학자들』(2003), 79-95면; 문홍주, 나와 대한민국 헌법, 『헌법학연구』 제8권 1호(2002), 53-72면; 문홍주박사 고희기념문집 『교수의 일생』(1987).

51) 문홍주, 나와 대한민국 헌법 (주 50), 53면 이하.

52) 동아대학교의 기록에는 「1946년 임용, 1951년 11월 20일 퇴직」으로 되어 있다. 정확한 임용일자는 알 수 없으며 1950년 3월 1일자 보직 발령이 있다.

(1) 미국 헌법 연구의 첫 번째 결실

이 책 「序」에서 그는 자신의 연구 동기와 과정을 다음과 같이 적고 있다.

미국 헌법에 관심을 가졌던 것은 우리 대한민국헌법이 제정되기 전의 미군정 시대부터이었다. 그러나 외국의 헌법을 자국에서 연구함에 있어서 그 외관적 개념이나 또는 기초이론은 별개로 하고 그 구체적 내용을 파악하는 데는 자료부족이란 치명적 결함을 느껴왔었다. 그런데 다행히도 재작년 가을부터 작년 여름까지 미국 정부의 호의로 시카고 대학에서 미국 헌법을 연구할 기회를 갖게 되었다.

여기에서 비로소 가물던 대지에 희우(喜雨)를 만나듯이 풍부한 자료에 접하게 되고 연래(年來) 가졌던 여러 가지 의문도 해결할 수가 있었다. 귀국 후 종전에 강의용으로 가졌던 원고를 무시하고 새로이 미국 헌법을 이론적으로 구명 비판하는 데 중점을 두는 것보다 오히려 헌법 내용을 일일이 판례를 들어 충실히 해석하는 저작을 결심하게 되었다.

미국의 법과대학에 있어서는 무엇보다도 법률 실무가 양성을 주목적으로 한다. 또 판례법을 위주로 하고 사법권 우월의 원칙을 채택하고 있는 미국에 있어서는 대학 교수의 이론보다도 연방최고재판소의 재판관 의견이 존중된다. 미국 헌법의 구체적 조항의 해석의 최고권위자는 연방최고재판소이다. 그러므로 본서의 미국 헌법 해석에 있어서 해석의 근거인 연방 최고재판소의 판례를 될 수 있는 대로 밝히게 하였다.

필자가 본서에서 특히 주력을 둔 곳은 제4장 합중국 의회와 제9장 기본적 인권보장이다. 실제 정치 운영에 있어서 입법부와 행정부는 늘 대립이 생기는데 미국의 입법부는 어떻게 이것을 조리해 나가는가를 좀 상세히 구명하자는 것이 합중국 의회에 주력을 둔 이유이고, 다음에 자유진영 국가의 본거라고 하는 미국에 있어서 개인의 자유가 어떻게 보장되고 있는가를 구명하자는

> 것이 제9장 기본적 인권보장에 중점을 둔 이유이다. 그리고 본서는 이 외에 미국 헌법의 전반에 걸쳐서 헌법의 기초이론의 논의보다도 헌법 내용의 충실한 해명을 목적으로 하였다. …[53]

그 후 문홍주는 부산대 총장과 법제처 처장을 지냈으며 1964년에는 성균관대학교 교수가 되었다. 미국 헌법에 대한 그의 열정은 계속되었으며 그동안 연구한 헌법 판례들을 정리하여 『기본적 인권연구』라는 저서를 1965년 법문사에서 펴내었다. 이 책은 그 후의 판례 연구를 증보하여 1976년에는 성균관대학교 출판부에서 발간하였고, 1992년에는 해암사에서 계속 증보판이 나오다가 2002년에는 『미국 헌법과 기본적 인권』이란 대저로 유풍출판사에서 출간되었다.

이처럼 그는 50년에 걸쳐 미국의 헌법판례를 우리나라에 소개하였으며, 1988년에는 미국헌법연구소를 설립하여 『미국 헌법 연구』라는 논문집을 매년 발간하고 있다.

오늘날에는 누구나 안방에 앉아서 컴퓨터로 쉽게 무료로 미국 연방대법원 판결집을 다운받을 수 있는 세상이 되었지만 문홍주가 연구하던 시절에는 판결집을 입수하기가 매우 어려웠다. 그리하여 그는 자료 수집하는 데만 60-70%의 노력이 들어갔다고 필자에게 술회한 바 있다.

(2) 문홍주 헌법의 특색

문홍주 헌법의 특색은 그의 『한국헌법』에 잘 나타나 있다.[54] 이 책은 원래 1957년 『한국헌법론』으로 일조각에서 출간되었으며, 그 후 법문사와 해암사에서 판을 계속 거듭한 당시의 기본적인 교과서로서 오늘날에도 여전히 나오고 있다.

기본권을 존중하는 미국 헌법판례를 중점적으로 연구한 때문에 그의

53) 문홍주, 『미국헌법론』(일조각, 1956), 서.
54) 상세한 것은 김영수, 앞의 글, 87-93면 참조.

저작에서는 당연히 기본권이 강조되었다. 아울러 바이마르 헌법에서 유래하는 인간다운 생활을 할 권리나 독일식의 사회적 기본권을 생활권으로 명명하고 종래의 참정권을 정치권이란 용어로 바꾸어 사용하였다.

권력구조면에서는 「국가권력 4기관 분장론」을 주장하였는데, 이것은 미국으로 귀화한 유대계 독일인 카를 뢰벤슈타인(Karl Loewenstein, 1891-1973)[55]의 학설을 따른 것이다. 뢰벤슈타인은 국가권력을 종래의 3권분립 대신에 의회, 정부, 법원 그리고 선거민의 네 기관으로 분류하고 기관 상호간의 수평적 통제를 시도하였다.

문홍주는 그의 1964년판 교과서에서 뢰벤슈타인의 『정치권력과 통치과정』(Political Power and the Governmental Process)을 상세하게 인용하였는데,[56] 이 책은 1957년 그가 유학한 바로 시카고 대학 출판부에서 발간된 것이며, 1959년에는 독일어판이 『헌법학』(Verfassungslehre)이란 제목으로 번역되고, 1973년에는 김기범역, 『현대헌법론』으로 한국어

---

55) 카를 뢰벤슈타인은 유대계 독일인으로 뮌헨대학에서 법학을 공부한 후 바이마르 시대에는 법률실무가로 활약. 1933년 히틀러가 정권을 장악하자 미국으로 이민가서 Amherst 대학의 정치학 교수가 된다. 저서 『현대헌법론』(1959)은 제2차 세계대전 이후의 헌법발전을 동태적으로 파악한 문헌으로 전세계에 영향을 미쳤다. 일본 교토(京都)대학에 교환교수로 와 있던 중 한국의 헌법제정에 자문을 구하였으나 거절하였다는 소문이 있다.

뢰벤슈타인은 상당한 양의 책을 고려대에 기증해 주었으며(유진오, 『양호기』, 고려대출판부, 1977, 264면), 제2차 대전 이후의 냉전 체제를 형성하는데 기여하였다는 평가를 받고 있다. Udi Greenberg, The Weimar Century, 2014 (이재욱 옮김, 『바이마르의 세기: 독일 망명자들과 냉전의 이데올로기적 토대』, 회화나무, 2018), 161-174면.

문헌은 김효전 옮김, 『독일 헌법학의 원천』(산지니, 2018), 805-940면; 김효전역, 『비교헌법론』(교육과학사, 1991); Robert Chr. van Ooyen (Hrsg.), Verfassungsrealismus: Das Staatsverständnis von Karl Loewenstein, Baden-Baden: Nomos 2007; Markus Lang, Karl Loewenstein. Transatlantischer Denker der Politik, Stuttgart: Franz Steiner Verlag 2007; O. Lepsius, Karl Loewenstein (1891-1973), in: P. Häberle, u.a. (Hrsg.), Staatsrechtslehrer des 20. Jahrhunderts, 2015, S. 411-438; 吉田榮司, K. レーヴェンシュタインにおける「コントロール」概念: 憲法による垂直的コントロールの諸相, 關法 제60권 1호(2010).

56) 『한국헌법』(법문사, 1965), 310-311면.

로 번역되었다.[57] 이 책은 종래의 협소한 법실증주의적인 헌법이해를 넘어서 정치학 및 사회학적인 방법론을 도입한 것으로 당시의 학계에 신선한 기풍을 진작한 책이며 더구나 한국의 대통령제가 권위주의 정부형태인 「신대통령제」에 속한다고 서술하고 있어서 한국인들의 특별한 관심을 불러일으켰다. 이에 반하여 뢰벤슈타인은 한국과 한국인에 대해서 그리 좋은 감정을 가진 것 같지는 않다.[58] 여하튼 이 책은 단순히 학설에서뿐만 아니라 사법시험 문제에까지 영향을 미쳤으며 아직도 우리 헌법 교과서에서는 여전히 기본 골격으로서 유지하고 있다.[59]

3. 강병두

강병두(姜炳斗, 1921~1971)는 경남 합천에서 출생하였으며 일본 마쓰야마(松山) 고등학교를 졸업한 후 1944년 도쿄(東京) 제국대학 법학부에서 수학하다가 광복으로 귀국하여 1947년 서울대학교 법과대학을 제1회로 졸업하였다. 그는 경북대학교 교수를 거쳐 1960년부터 국민대학 교수와 학장을 역임하였으며 미국 하버드대학 로스쿨에서 2년간 연구하였다.[60] 그의 헌법이론에서 특징적인 것은 『혁명헌법』과 그의 학위논문인

---

57) 새 번역은 김기범 옮김, 김효전 엮음, 「현대헌법론」(1, 2끝), 『동아법학』 제74호(2017), 195-511면 및 제75호(2017), 311-462면.

58) 뢰벤슈타인에 관하여 이석제는 「신문지상에도 최고회의 한 고위 소식통 말이라고 인용해 미국의 저명한 헌법학교수인 카를 뢰벤슈타인 박사 초빙계획설을 보도했다. 신문보도에서는 최고위원들 사이에 외국학자의 의견을 듣고 참작하는 것이 좋겠다는 의견이 많다는 것과, 카를 뢰벤슈타인 교수는 당대에 세계적으로 유명한 비교헌법학자라는 주석까지 달았다」(이석제, 「제3공화국 개헌」, 중앙일보 1980. 6. 9. 및 윤길중외, 김효전편, 改憲秘史, 『동아법학』 제72호(2016), 337면). 예컨대 동아일보 1962. 7. 8는 「헌법기초위원 21명. 이미 위촉 전 예일대 교수도」란 제목 아래 「… 특히 제3공화국의 헌법을 기초할 이번 기초위원회는 미국 예일대학의 헌법학교수이든 칼 뢰벤슈타인 박사를 자문으로서 초빙할 것이라고 한다」. 예일대학이란 표현은 오기이며 앰허스트대학의 정치학 교수였다.

59) 예컨대 김철수의 『헌법학개론』, 권영성의 『헌법학원론』 그리고 허영의 『한국헌법론』 모두 뢰벤슈타인을 직접 · 간접으로 의거하고 있다.

「국가권력구조에 관한 연구」이며 그밖에 여러 편의 논문을 남겼다.

(1)『혁명헌법』

이 책은 1961년 5·16이 난 바로 그 해 가을에 출간되었다.[61] 당시에는 4·19와 5·16의 헌법적 의의와 새로운 헌법제정의 주체와 방법 그리고 절차 등 헌법제정권력의 문제가 당면한 최대의 이론적 과제였다. 이 책에서는 카를 슈미트의 이론에 따라서 헌법의 變改를 상세하게 설명하였으며, 특히 5·16의 성격과 국가재건비상조치법에 대해서 이렇게 설명한다.

> 5·16 군사혁명은 헌법상의 용어에 의하면 광의의 헌법에 속할 것이요, 협의로는 쿠데타(Coup d'Etat)에 속하는 것이었다. … 혁명정부는 쿠데타라는 권력행사에 의하여 헌법제정권력을 또한 행사한 것이다. 혁명정권하에서 헌법의 효력을 가진 비상조치법을 혁명정권이 제정하였다. 그리하여 헌법제정권자는 국민이나 대의기관인 국회의 권한인 헌법제정권을 혁명정권이 대행했다는 결론이 나온다. 물론 우리는 혁명정권의 헌법제정자로서의 정당성의 근거를 적어도 국민에게서는 발견할 수 없다. 따라서 우리는 혁명정권이 위기정부로서 만부득이한 국가긴급구제의 수단으로서 헌법제정권력을 행사한 것이라고 설명할 수밖에 없다.[62]

국가재건비상조치법과 구 헌법과의 관계에서 그는 대한민국헌법이 완전히 失效한 것은 아니고「비상조치법에 저촉되는 규정」(동조 제23조·제24조)만이 실효된 것이므로 복합구조적인 성격을 지닌다고 설명한다.[63]

---

60) 상세한 것은『한국의 공법학자들』, 205면 참조.
61) (수학사, 1961), 600면.
62)『혁명헌법』(수학사, 1961), 45-46면 및 동인,『신헌법』(수학사, 1963), 34면.
63)『혁명헌법』, 49면.

또한 혁명정권의 법적 성격에 관하여 이렇게 말한다.

> 우리 헌법상 혁명정부와 국민주권의 원리와의 관계를 혁명적 위임(원문대로)의 관계라고 보는 학설[한태연]도 있으나, 이는 카알·슈미트의 위임독재(kommissarische Diktatur)가 헌법상 주권자의 수권(授權)에 기초하는 것으로 보아 명시적인 또는 묵시적인 주권자의 위임이 없던 혁명정권을 국민의 위임기관이라고는 볼 수 없다고 하겠다.[64]

이와 같이 한태연이 『비상조치법』(39-40면)에서 주장한 혁명적 위임의 이론을 비판하고 있다. 강병두의 주장이 타당하다고 본다.

(2) 국가권력에 대한 통제

강병두는 1969년 서울대학교 대학원에 「국가권력구조에 관한 연구 - 행정부에 대한 의회 및 사법부의 통제를 중심으로」라는 박사학위 청구논문을 제출하였다. 이 논문은 카를 뢰벤슈타인 헌법이론의 영향을 받은 것으로 권력분립이론의 재검토, 행정권의 확대와 강화, 행정부에 대한 의회의 통제, 행정부에 대한 사법부의 통제 그리고 한국에 있어서의 행정부에 대한 통제의 문제를 국내 최초로 체계적으로 연구한 귀중한 업적이다. 특히 헌법국가의 권력구조의 문제를 이론적으로 뿐만 아니라 실증적으로 검토한 점에서도 한국 헌법학설사에서 가장 인상깊은 저술 중의 하나가 될 것이다.

이 논문의 결론은 바로 강병두 헌법학의 핵심이기에 중요 부분을 인용하기로 한다.

> 우리는 대통령책임제를 취하거나 의원내각제를 취하거나 정치운용상 영국의 정치운용과 같이 행하여지는 것을 바라는 마음은 Loewenstein과 마찬가

64) 『신헌법』, 36면.

지다. 강하고 자비스럽고 현명한 행정부와, 독립하고 현명하게 행정부와 협조하면서도 그 감독을 현명하게 하는 의회와, 독립하고 강하고 오로지 헌법과 법률과 양심에 따라서만 재판하는 적극적인 법원, 이 3자가 조화가 잘 되어 있는 국가권력구조를 이상으로 삼겠다. Locke와 Montesquieu의 정신은 그 당시나 지금이나 다를 바 없다. 자유와 권리, 인간의 존엄성, 이것은 인류의 영원한 희망과 욕구이다. 그러나 그들의 정신은 시대와 장소에 따라 형태를 달리하여 나타날 수 있을 것이다.

끝으로 현명한 권력구조, 이것은 현명한 국민의 민주주의적인 헌법의식에 의한 현명한 운용에 의해서만 그 제도 본래의 이상이 구현될 것이다.[65]

그 밖에도 강병두는 헌법에 관한 여러 편의 논문을 집필하였는데,[66] 아깝게도 50세를 일기로 작고하였다.

4. 김기범

김기범(金箕範, 1920~1977)은 1945년 경성제국대학 법과를 졸업한 후 경북대학교 교수를 거쳐 연세대학교 교수로 재직 중에 사망하였다.[67] 그의 주요 저작은 『헌법강의』(법문사, 1963)가 있으며, C. E. 스트롱의 『비교헌법』(현대문화사, 1956), E. S. 코윈의 『미국 헌법과 그 현대적 해석』(공역, 수도문화사, 1960), 펠만의 『피고인의 권리』(수도문화사, 1963), 칼 뢰벤슈타인의 『현대헌법론』(교문사, 1973), 칼 슈미트의 『헌법이론』(교문사, 1976) 등이 있다.

(1) 헌법학에서의 국가론

65) 국가권력구조에 관한 연구, 230-231면.
66) 저작목록은 『학술논저 총합색인』 제1집, 법률학, 27면.
67) 상세한 것은 전광석, 『한국헌법학의 개척자들』(집현재, 2015), 307-370면. 간단한 것은 『한국의 공법학자들』, 206-207면 및 저작목록은 국립중앙도서관, 『학술논저 총합색인』 제1집 법률학 1973, 30-31면 참조.

김기범은 1963년 『헌법강의』를 출간하였다. 이 책은 「헌법은 국가의 조직 및 작용에 관한 근본법이다」라는 말로 시작하면서 국가의 개념을 전개한다. 즉 「국가는 일정의 지역에 定住하는 인간들이 자기들의 포괄적인 목적을 달성하기 위하여 결합된 고유의 통치권을 가지는 영속적인 단체라고 칭할 수 있다. 그러므로 국가성립의 3요소로서 영토, 국민, 국가권력을 들 수 있다」[68]라고 정의를 내린다. 이것은 바로 옐리네크(G. Jellinek)의 일반 국가학[69]의 이론을 그대로 답습한 것이다. 이어서 국가권력-주권의 문제, 국가형태 그리고 국가의 법인격의 문제를 다른 어떤 헌법 교과서보다도 상세하게 다루고 있다.

이와 같이 당시에는 독일의 국법학처럼 국가의 문제를 헌법 속에서 비교적 상세하게 다루었으나 점차 약화되다가 1977년의 이른바 실험대학으로의 개편을 전후로 하여 정치학과에서도 국가학 내지 국가론 강좌는 점차 사라지게 되었다. 법과대학에서는 종래의 이론이나 학설 중심에서 판례이론의 중요성이 강조되고 또 헌법학의 연구대상이 다양해짐에 따라서 국가학에 대한 연구는 정치학으로 미루고, 정치학에서는 역사나 철학에 중점을 두었던 독일식의 국가학이 퇴조하고 1920년대 이후 미국에서 유행하기 시작한 이른바 행태주의적 어프로치가 직접적인 영향을 미쳤기 때문이다.[70]

그 밖에 그의 헌법이론의 특징은 다수설과는 달리 실질적 의미의 입법을 채택하는 점,[71] 정당의 국가기관설,[72] 등을 들 수 있다.

---

68) 『헌법강의』[수정 5판](법문사, 1971), 24면.

69) G. Jellinek, Allgemeine Staatslehre, 3. Aufl., 1913. S. 183. 김효전 옮김, 『일반 국가학』(법문사, 2005), 146면.

70) 현대 정치학의 조류에 관하여 상세한 것은 김효전, 안국선 편술 『정치원론』의 원류, 『헌법학연구』 제6권 1호(2000), 9-50면 및 동인, 『근대 한국의 국가사상』(철학과현실사, 2000), 548-624면 참조.

71) 『헌법강의』, 270-271면.

72) 위의 책, 247면.

(2) 국가긴급권 연구

60년대와 70년의 한국 헌법학계는 이른바 국가긴급권 또는 위기정부론이란 테마에 시달렸다. 김기범 역시 시대적 제약을 받지 않을 수 없었다. 그는 『헌법강의』 머리말에서 이렇게 적었다.

> … 더욱 4·19 이후의 사회적 혼란은 나의 저술에도 많은 지장을 주었다. 그렇지만 꾸준히 집필을 계속한 결과 탈고를 보게 되어 출판에 들어갈 무렵에 5·16 군사혁명이 발발하게 되었다. 5·16 군사혁명 후 우리나라의 헌법질서에는 일대 변혁이 초래되었고 따라서 저자가 악전고투하여 탈고한 헌법 저술은 그대로는 출판할 수 없게 되었다. 여기에 있어서 저자는 심히 애석한 마음을 금할 수 없었지만 또 일면에 있어서는 저자의 헌법저술에 대하여 음미 검토의 기회를 주었다고 다행으로 생각하였다.[73]

이처럼 혼란한 시대에 그는 직접 한국의 당면한 위기상황을 옹호하거나 이론적으로 해명하기보다는 외국의 이론을 탐구함으로써 정치권력의 박해로부터 자신을 보호하는 동시에 어떤 해결책을 찾으려고 노력한 것 같이 생각된다.

그리하여 국가긴급권에 관해서는 「국가긴급권」[74]을 발표한 이래 「미국 대통령의 비상권」,[75] 「불란서에 있어서의 국가긴급권」,[76] 「영국에 있어서의 국가긴급권」[77] 등을 잇달아 내놓았다.

(3) 번역의 중요성

---

73) 위의 책, 3면.
74) 『연세논총』 제1집(1968), 연세대학교 대학원.
75) 蕙南 고병국박사 환력기념 『법학의 제문제』(경희대학교, 1969).
76) 『성곡논총』 제1집(성곡학술문화재단, 1970).
77) 『헌법연구』 제2집(한국헌법학회, 1972).

한국에서는 번역을 대단치 않게 평가하는 경향이 적지 않다. 사회과학, 특히 법학이야말로 독창적인 것을 내놓기가 거의 불가능에 가까운 분야일수록 번역의 중요성은 더욱 크게 마련이다. 비록 중요성을 깨닫고 있다 할지라도 수험법학에 매달리는 류 속에, 또 판매의 부진, 연구자의 능력부족 등으로 번역은 쉬운 일이 아니다. 이런 문제점들을 넘어서 김기범은 여러 가지의 책들을 우리말로 옮겼다.

그가 번역한 저작은 C. E. 스트롱의 『비교헌법』(현대문화사, 1956), E. S. 코윈의 『미국 헌법과 그 현대적 해석』(공역, 수도문화사, 1960), 펠만의 『피고인의 권리』(수도문화사, 1963), 칼 뢰벤슈타인의 『현대헌법론』(교문사, 1973), 칼 슈미트의 『헌법이론』(교문사, 1976) 등이 있다.

이 중 뢰벤슈타인과 칼 슈미트의 번역은 우리 학계에 많은 자극과 영향을 미쳤다.

5. 한동섭

한동섭(1926~1977)은 평양에서 한근조(韓根祖) 변호사의 3남으로 태어나 서울문리대 정치학과를 졸업한 후 고려대 대학원에서 헌법을 전공하였다.[78] 1948년 제2회 조선변호사시험에 합격하였으며 1954년 고려대학교 법과대학 조교수가 되었다. 주요 저서로 『헌법』(향문사, 1964, 박영사, 1967)이 있으며 여러 가지 논문을 남겼다. 그는 주로 영미 헌법에 관심을 기울였으며 독일의 헌법이론에 관한 논문도 발견된다. 그 중 헌법제정권력의 이론은 우리나라 최초로 상세하게 소개하였다.

(1) 헌법제정권력의 이론

78) 문헌은 이준일, 한동섭의 헌법사상 - 학문적 연속과 단절, 『고려법학』 제66호(2012); 장영수, 고대 헌법학 100년과 한국의 헌법, 헌법학, 『고려대학교 법과대학 학술사』(고려대출판부, 2011); 윤영미, 고려법학 106년의 회고와 전망 - 헌법, 『고려법학』 제68호(2013), 169-192면. 기타 김효전편, 『한국의 공법학자들』(2003), 219-220면 참조.

50년대의 한국 공법학계는 법실증주의가 지배하였기 때문에 카를 슈미트의 이론이나 헌법제정권력의 이론은 별로 소개되지 않았다. 그러나 1960년의 4·19와 1961년의 5·16 쿠데타가 일어나자 혁명이나 쿠데타 그리고 구 헌법과 신 헌법과의 관계, 특히 새로운 헌법의 제정이 이론적으로나 실제적으로 초미의 관심사가 되었다. 여기에 최초로 이론적으로 조명을 가한 논문은 한동섭의 「헌법제정권력의 이론」[79]이다. 그는 이렇게 문제를 제기한다.

> … 법은 때로는 법이 규정하는 절차에 의하지 아니하고 변혁되기도 한다. 혁명에 의하여 헌법이 파괴되거나 또는 소위 「국가긴급권」(Staatsnotrecht)이나 쿠데타에 의하여 헌법이 정지되며 법이 무시당하는 경우도 있다. 이 경우에서는 확실히 법이 파괴된다. 그러나 「법을 파괴하는 힘」도 구법의 질서를 배제하고 신법의 질서를 형성하는 힘이 되기도 한다는 의미에서 역시 법의 연원에 있는 힘이다.

이와 같이 법과 힘의 법철학적인 근본문제를 제기하고 이어서 시이예스(Sieyès)[80]와 카를 슈미트의 헌법제정권력의 이론을 상세하게 소개한다. 그리고 다음과 같이 결론을 내린다.

> 그러므로 헌법의 정당성의 문제는 자연법적 규범을 인정함으로써 비로소 실정법질서에 있어서의 정의가 확보된다는 방향에서 생각되어야 할 것이 아닌가 생각한다. 이와 같은 관점에서 볼 때 제2차 대전 이후에 제정된 중요 제국의 헌법이 그 자신 자연법적 규범의 존재를 인정하고, 이것을 명문으로 실정화하는 경향에 있음은 주의할 만한 일이다(일본 헌법 제11·12·

79) 『고시계』 1962년 6월호, 22-28면.
80) Emmanuel Joseph Sieyès, Qu'est-ce que le tiers-état? 1789, Flammarion 1988. 박인수 옮김, 『제3신분이란 무엇인가?』(책세상, 2003).

97조, 서독 헌법 제1조 1·3항, 제2조 1항, 제209조 3항, 불 5공화국 헌법 전문 등). 이와 같이 자연법적 규범을 헌법전에다 실정화하는 경우에는 자연법적 규범이 실정법 질서의 핵심으로 인정됨으로써 자연법적 규범과 실정법과의 모순·대립의 기회가 점차 감소될 것임은 물론이다.

이 논문 말미의 「부기」에는 이미 1년 전, 즉 5·16이 난 직후인 1961년 7월 1일자 『고대신문』의 전면 논설에 게재된 것을 가필하였다는 것이 적혀 있다. 이렇게 볼 때 그는 당시로서는 상당히 어려운 현실 문제를 정면에서 다룬 용기 있는 학자라고 보겠다.

헌법제정권력의 문제는 과거에도 유진오, 한태연의 헌법 교과서에서 간단히 언급되었으나 한동섭은 물론 문홍주, 김기범 교수의 저서에서도 상세히 서술하게 되고 심지어 법실증주의자인 박일경의 저서에서도 본격적으로 설명하기 시작하였다.81)

(2) 위헌법률심사론

1962년 12월 26일의 새 헌법에서는 위헌법률심사권을 미국식으로 일반 법원에게 부여하였다. 이에 따라 사법적인 법률심사권의 이론적인 문제가 크게 클로즈업되었다. 여기에 한동섭은 『司法行政』에 「司法的違憲法律審査權」이란 논문을 발표하면서 다음과 같이 지적하였다.

> 새 헌법도 「법률이 헌법에 위반되는 여부가 재판의 전제가 될 때에는 대법원은 이를 최종적으로 심사할 권한을 가진다」(헌법 제102조 제1항)고 규정함으로써 미국의 헌법판례에 있어서 인정된 사법적 위헌법률심사 제도를 채택하였

---

81) 상세한 것은 김효전, 칼 슈미트 헌법이론의 한국적 전개, 해암 문홍주박사 화갑기념논문집 『공법의 제문제』(1978), 125면 이하 및 동인, 『독일헌법학설사』(법문사, 1982), 146-147면 참조.

다. 그런데 새 헌법이 미국의 판례법에 따라서 법원의 위헌법률심사권을 인정한 취지는 여하한 이유에 기한 것일까의 관하여는 다음과 같은 몇 가지 점을 들 수 있을 것이다.

그 이유로 헌법의 최고법규성, 국민의 기본권 보장 그리고 위헌심사 기관의 문제를 든다. 그는 계속하여 말한다.

위헌심사를 행하는 기관에 관한 문제인데 그 기관으로서 법원, 즉 사법재판소를 택하고, 법원으로 하여금 「헌법의 수호자」로 하게 한 실제적 이유이다. 그 실제적 이유는 별다른 점에서가 아니라 그저 미국의 제도를 채택한다는 것과, 직접 간접으로 한국이 사법제도가 영향을 받고 있는 일본의 그것이, 제2차 대전 후 미국의 예에 따라서 사법적 위헌법률심사제를 취하고 있다는 사실상의 이유일 것이다. 그러므로 새 헌법이 새로 채택한 이 제도를 운영·적용하는데 있어서는 그 제도의 모국인 미국의 헌법판례 이론에 직접 또는 간접으로 의거하여야 할 것이다. 이에 관련해서 대륙계 제국에서 보는 바와 같은 헌법재판소를 취하여야할 것인가, 혹은 미국식의 사법적 위헌심사제를 택하여야 할 것인가의 대해서는 새 헌법 기초 당시에도 어느 정도 논의되었지만, 그 시비득실의 문제는 실효성 있는 운영을 토대로 하지 아니하고서는 속답(速答)할 수 없을 것이다.[82]

계속하여 그는 위헌심사의 대상, 위헌판결의 효력 등에 관하여 상술하고 있다.[83]

미국식의 사법심사제에 대해서는 과거에도 연구한 업적이 전혀 없던 것은 아니지만,[84] 새 헌법에서 이를 채택함으로써 보다 상세하게 연구하게 되었다.

---

82) 『사법행정』 1963년 2월호, 27면 및 28면.
83) 『사법행정』 1963년 3월호.
84) 예컨대 유훈, 미국에 있어서의 위헌입법심사, 서울대 석사 논문, 1957 참조.

IV. 새로운 학설의 전개

60년대 초의 헌법학계는 광복 후 최초로 외국에 유학을 떠났던 사람들이 귀국하는가 하면 국내에서 대학과 대학원을 졸업하고 학위를 받은 사람들이 서서히 학계에 진출하기 시작하였다. 이 중 대표적인 학자 몇 사람만의 이론과 학설을 보기로 한다.

1. 김철수

서독 뮌헨 대학에서 법철학과 헌법을 공부하고 귀국한 김철수(金哲洙, 1933~)[85]의 교수채용 논문으로 제출한 『헌법질서론』은 새로운 시대의 개막을 고하는 야심작이었다.[86] 법학계는 물론 정치학계나 인접 사회과학 모든 분야가 그러했듯이, 일본 책마저 제대로 구입해 보지 못하던 시절에 독일의 최신 이론으로 무장한 이 책은 헌법학계뿐만 아니라 정치학계에까지 광범위한 영향을 미쳤다. 먼저 이 책의 머리말의 일부를 본다.

(1) 한국 헌법학의 정립

『헌법질서론』의 머리말은 60년대 초 우리 학계의 모습을 리얼하게

---

85) 상세한 것은 성낙인, 김철수 - 헌법학의 새로운 이정표, 김효전편, 『한국의 공법학자들』(2003), 179-199면; 김효전, 김철수 헌법학의 전체상 - 학설 40년의 발자취, 『서울대 법학』 제39권 2호(1998), 1-52면; 동인, 김철수 교수의 헌법학 - 학설 40년의 발자취, 『세계헌법연구』 제3호(1998), 11-129면; 김문현, 김철수 교수의 헌법이론과 한국 헌법에의 공헌, 금랑 김철수 교수 정년기념논문집 『한국 헌법학의 현황과 과제』(박영사, 1998), 1-41면; 금랑 김철수선생 8순기념논문집 『헌법과 기본권의 현황과 과제』(경인문화사, 2012) 기타 헌법학자 김철수, 『월간조선』 2003년 9월호 참조.

86) (수학사, 1962).

묘사하고 있다.

> … 막상 집필에 착수하자 세계의 학계와 절연된 학문적 고도인 한국에서의 집필의 곤란을 새삼스러이 느끼게 되었다. 도서관의 불비와 참고문헌의 구득난에서 정확한 저서 인용은 어렵게 되고, 부득이 외국에서 본 기억에 의존하게 되었으므로 부정확한 것이 될 우려가 컸다. 뿐만 아니라 시간부족과 경제적·사회적 혼란에 따라 집필은 몇 번이나 중단되지 않으면 안 되었다. 이리하여 본서는 저자의 미숙과 연구서적의 불비, 연구시간의 부족 및 기타 제반 사정에 의하여 미완성의 것이 되지 않을 수 없는 숙명에 놓여 있었다. 지금 다시 집필을 중단하고 일단 출판에 회부하게 됨에 부끄러운 마음 금할 수 없다.
>
> 그러나 본서가 한국의 헌정사상에서 미증유의 중대시기에 있어서 가진 의의는 한국 헌법의 해설에만 치중하지 않고 세계 중요 국가의 헌정의 경향과 이론이며 실천에 관해서 약간의 탓치를 할 수 있었다는 점에 있다고 생각하여 자위하려고 한다. 좁아진 이 세계에서 고립하지 않고 세계의 진운과 궤를 같이 하려면, 또 보다 나은 한국 헌법의 장래를 위해서는 외국의 헌법을 아는 것도 무익하지는 않으리라는 의미에서 불비 미완한 본서를 감히 출판하게 되었으니 …[87]

이와 같이 김철수는 비교헌법의 연구에서 출발하여 한국 헌법의 해설과 정립을 목표로 하였다. 특히 정당과 선거제도에 관한 비교헌법적 연구는 군정으로부터 민정이양과 새로운 정계개편을 위한 당시의 시대적 요청에 부응하는 한편, 종래의 선거법 해설의 수준으로부터 헌법학을 학문적으로 높이고 이론적으로 확고한 토대 위에 올리는 계기를 마련하였다.

(2) 대륙법과 영미법의 가교

한국의 법체계는 일본의 식민지 지배 하에서 그 기본골격이 완성된

---

87) 『헌법질서론』(수학사, 1963), 3면.

관계로 광복 이후에도 독일을 모델로 한 대륙법의 전통을 따르지 않을 수 없는 운명이었다. 이러한 한국법의 구조적 특징과 시대적 상황의 요청으로 그는 자연스럽게 서독으로 유학을 떠난다. 그러나 6·25 전쟁이 끝난 직후의 50년대 한국에서 유학이란 하늘이 내린 사람만이 누릴 수 있는 특권이라고 표현해도 지나친 말이 아닐 것이다. 이것은 비단 김철수 개인만의 영광이나 행운이 아니라 「한국 헌법학의 앞날을 위하여서도 큰 축복을 의미하는 것」[88]이었다.

그는 뮌헨 대학에서 법철학, 국가학, 헌법학 등을 카를 엥기쉬(Karl Engish), 마운츠(Th. Maunz), 나비아스키(Hans Nawiaski), 베르버(Fritz Berber), 카를 라렌츠(Karl Larenz) 등의 직접적인 지도를 받았으며,[89] 그 밖에도 라이프홀츠(Gerhard Leibholz), 니퍼다이(H. C. Nipperdey), 카를로 슈미트(Carlo Schmid) 등으로부터 서신을 통하여 지도를 받기도 하였다.

서독에서 공부한 그는 다시 1966년부터 1967년까지 미국 하버드 대학에 방문교수로서 미국 헌법을 본격적으로 연구하게 된다. 여기서 그는 풀러(L. L. Fuller)로부터 법철학을, 프로인트(Freund)로부터는 헌법학을, 케어바스(Cavers)로부터는 법학교수방법론을 각각 연구하였다.

주지하듯이 미국의 로스쿨은 판례 연구에 전적으로 의존하는 관계로 이론적이며 사변적인 대륙의 법학교육과는 상이한 점이 많은 것이다. 미국 연방 대법원의 위헌법률심사제도와 헌법판례의 연구는 바로 그의 박사학위논문[90]의 핵심을 이루게 된다.

또한 이 시기에 그는 서울대학교 사법대학원의 교무과장직을 맡아 행정을 처리하는 한편 「헌법연습」 강좌를 담당하여 판례연구와 케이스

88) 성낙인, 앞의 책, 182면.

89) 뮌헨대학의 공법에 관하여는 Peter Badura, Öffentliches Recht in München seit 1945, in: Jahrbuch des öffentlichen Rechts der Gegenwart, N.F. Bd. 65 (2017), S. 611-616.

90) 위헌법률심사제도의 연구, 서울대학교 대학원, 1971. 이 논문은 『위헌법률심사제도론』이란 단행본으로서 1983년 학연사에서 출간되었다.

스터디는 실제로도 절박한 과제의 하나가 되고 있었다. 그리하여 한국의 위헌법률심사제도와 헌법판례의 연구는 물론 미국을 비롯하여 독일, 프랑스, 일본 등의 판례를 집대성하여 1975년 『판례교재 헌법』을 출간하였다. 이 책 머리말에서 그는 이렇게 적고 있다.

> 헌법은 「정치적 이데올로기」냐 「법규범」이냐에 대한 논의가 자주 행하여지고 있다. 우리나라에서는 헌법의 규범성이 잘 발휘되지 않아 헌법판례가 드문 것도 숨길 수 없는 사실이다. 법조인들이 법정에서도 헌법판단을 회피하고 법령의 해석에만 급급한 인상이 짙다. … 우리나라에서도 사법쟁송을 헌법문제로 다루게 하기 위하여서는 헌법학교육도 강의에만 그쳐서는 안될 것이요 연습으로서 사례를 다루어야 하겠다.[91]

종래의 한국 헌법학이 학설만을 가르쳤다면 김철수는 여기에 헌법판례를 새로이 첨가하여 헌법의 의미와 내용을 살아 있는 생활규범으로 정착시킨 것이다. 여기에 그의 한국 헌법학설사에서의 커다란 업적과 발자취를 인정할 수 있는 것이다.

(3) 헌법학의 새로운 지평

필자는 「김철수 교수의 헌법학」[92]에서 그의 학설을 총정리하고 다음과 같이 결론을 내린바 있다. 그대로 인용하기로 한다.

> 첫째, 그의 헌법학은 우리 한국의 당면한 현실문제를 해결하는 것을 주목적으로 하며(헌법해석학), 이를 위하여 지나온 헌정경험과 교훈을 소중히 여기면서(헌법사), 우리의 현실적 여건을 충분히 검토하면서(헌법사회학), 미래에의 방향을 제시하는데로 향하고 있다(헌법정책학).

91) 김철수, 『판례교재 헌법』(법문사, 1975), 머리말 3면.
92) 『세계헌법연구』 제3호(1998), 122-123면.

둘째, 그의 헌법학은 자연법론에 입각하여 국민의 기본권을 보장하고 권력을 통제하는 입헌민주주의의 실현에로 일관하고 있다. 이 점은 그의 저작목록 전체를 볼 때 권력구조 부문보다는 기본권 부문에 더 많은 업적이 쌓여있음이 이를 증명하고 있다.

셋째, 그의 헌법학설은 40년 동안 시종일관 전개되었으며, 체계적으로 모순되거나 비논리적인 것을 찾아볼 수 없다. 이것을 통하여 우리는 그의 확고부동한 인생관, 국가관, 세계관을 재확인할 수 있으며, 이러한 모습은 후학들에게 커다란 귀감이 되고 있다.

넷째, 그의 헌법학은 김 교수 개인의 명석한 두뇌와 부단한 노력의 결실임을 증명하고 있다. 지난 50년의 한국 헌정사에서 이론과 실제의 양 측면에서, 또한 그 질과 양에서 그만큼 많은 업적을 남기고 영향력을 행사한 학자는 아마 없을 것이다. 그런 의미에서 그는 한국 헌법학의 태두 또는 정상인 동시에 집대성자라고 부를 수 있을 것이다.

다섯째, 그의 헌법학은 한국 헌법학의 토대인 동시에 미래에의 이정표이다. 이제 헌법학을 연구하려는 사람은 누구든지 김철수 헌법학을 통하지 않고서는 아무것도 이룰 수 없게 되었다.

이와 같이 볼 때 김철수는 한국 헌법학의 새로운 지평을 연 개척자이며 학문적 수준을 세계적으로 높인 점에서 공로가 인정되어야할 것이다.

2. 갈봉근

같은 서독의 본(Bonn) 대학에서 국제법으로 학위를 받고 귀국한 갈봉근(葛奉根, 1932~2002)은 한양대학교에 잠시 근무한 후 곧 중앙대학교의 교수가 되었다.[93]

그의 헌법이론은 한국의 정치현실을 혁명기 내지는 위기시대의 항상화

---

93) 그의 약력과 업적은 갈봉근, 『헌법논집 1961-2001』(세종출판사, 2002), 469-476면.

로 보고, 헌법의 해석에 있어서는 정치적 및 사실적인 해석방법을 중요시한다. 그 결과는 유신헌법의 정당화에서 절정에 달한다.

(1) 헌법의 혁명기

갈봉근은 1964년 『신헌법개론』을 세상에 내놓으며 다음과 같이 말한다.

> 새 헌법질서는 구 헌법질서에 대하여 언제나 공격적이며 또 거부적 견지에 서고 있다는 것은 어느 나라의 헌정사에서나 찾아볼 수 있는 역사적 사실이다. … 이와 같은 현상은 최근의 우리 헌정사에서 가장 뚜렷하게 찾아볼 수 있다. 즉 제2차 세계대전의 종말과 더불어 양단된 조국, 그나마 처음으로 이 땅에 제정된 민정헌법으로서의 대한민국 헌법, 4·19 혁명에 따른 헌법의 개정, 5·16 혁명에 따른 군부 집정, 그리고 작년의 민정이양 등이 바로 그 대표적인 예이다.
>
> 따라서 우리는 우리 헌법이 걸어온, 아니 현재 걷고 있는 현단계를 헌법의 혁명기라고 말하지 않을 수 없다.
>
> 이러한 혁명기에 상금(尙今) 놓인 우리 헌법은 당면한 현재에 있어서도 헌법의 규범성보다 헌법의 정치성에 의해서 지배되어지고 있다.
>
> 여기에 우리 헌법의 방법론적 고찰은 종래의 해석학적 방법을 지양하지 않으면 안 될 이유가 있는 것이다. …

그리하여 그는 「4월혁명의 헌법학적 분석 - 저항권이론을 중심하여」,[94] 「새 헌법의 제정에 관하여 - 민정복귀와 헌법질서·제3공화국 헌법질서의 모색」[95] 등 현실 문제를 직접 다룬 논설들을 내놓는다.

그는 라살레(Ferdinand Lassalle), 카를 슈미트 그리고 오토 쾰로이터(Otto Koellreutter) 등의 이론을 중심으로 헌법의 정치적 성격을 강조하고

---

94) 『법정』 1961년 5월호, 29-32면 및 동인, 『헌법논집』, 50-57면에 수록.
95) 갈봉근, 『법정』 1962년 7월호, 11-15면 및 동인, 『헌법논집』, 58-66면.

있다.

(2) 유신 헌법의 이론적 기초

갈봉근은 유신 헌법의 이론적 기초를 확립하고 정당화하는 데에 많은 정력을 쏟았다. 몇 가지만 예시하기로 한다.

> 유신 헌법은 당면한 우리의 헌법현실=헌법생활에 맞춘 헌법인 것이다. 이는 우리의 헌법 현실인 것이다. … 이리하여 박대통령은 민주적 정통성과 개인적 인격이라는 일견 상반된 두 가지 정통성을 한 몸에 지녔다. 그가 행사할 국가적 권력의 원천은 바로 이「권력의 인격화」에 있는 것이다. … 유신 헌법이 규정하는 정부형태는 의원내각제도 또한 순수한 대통령중심제도 아니다. 그것은 두 체제를 한국적인 현황에 적응시켜 권력의 협동주의와 권력의 분립주의를 잘 조화시킨 이른바「한국적 민주주의」의 시도다.
>
> … 유신 헌법은 바로 자유민주국가인 대한민국의 계속성의 유지와 대한민국의 생존을 보장하기 위한 헌법인 것이다. 여기에 바로 개인적 이익을 추구하는 민주제도도 국가의 존속과 국민의 생존을 전제하고 있다는 헌법의 현대적 자연법적인 원리가 놓여 있는 것이다.[96]

특히 갈봉근은 한태연과 함께 유신 헌법의 제정에 참여한 헌법학자로 알려졌고 또 유신 헌법의 선전과 정당화에 앞장섰기 때문에 비난도 많이 받게 되었다. 유신 헌법의 제정에 관하여는 아직까지도 베일에 쌓여 있으며 당시의 법무장관 신직수(申稙秀, 1927~2001), 중앙정보부장 이후락(李厚洛, 1924~2009), 차장 김치열(金致烈, 1921~2009), 청와대 법률비서관 김기춘(金淇春, 1939~) 등이 제정작업에 참여하였다고 전해지고 있다.[97]

---

96) 갈봉근, 유신 헌법의 당위성과 필연성, 『헌법연구』 제3집(1975), 3-12면 및 동인, 『헌법논집』, 77, 82, 85면.

97) 김기춘, 유신 헌법해설, 『검찰』 제48권 12호; 김철수, 『헌법개정, 회고와 전망』(대학출판사, 1986), 157면의 주 4.

그러나 한태연은 「순전히 (박) 대통령 개인구상」[98]이라고 하며 후일 갈봉근도 자신이 만든 것이 아니라고 실토하였다.

(3) 유신 이후

박정희의 피살과 함께 유신 헌법은 종말을 고하였으나 그 아류인 이른바 신군부의 등장으로 한국의 입헌정치는 또다시 암흑기를 맞이하게 된다.

1981년 3월 갈봉근은 자신의 고향인 부산으로 내려와서 동아대학교 대학원 교수로 부임한다. 이 시기에 그는 법률개념의 비교법적 재검토, 현대 헌법학에 미친 칼 슈미트의 영향, 평화적인 정권교체 문제, 한국 헌법의 역사적 발전, 국가긴급권 등의 문제 등 비교법적인 방법론과 역사적인 시각에서의 접근방법 등 헌법학의 일반이론에 관심을 기울인다. 그러나 1987년 대학민주화의 열기 속에 교수직도 사표를 내게 되고 일본으로 건너간다.

일본에서는 교토(京都) 대학의 연구 교수를 거쳐 도지샤(同志社) 대학 법학부 객원 교수로서 2002년 사망시까지 재직하였다. 여기서는 주로 대학원 학생들을 상대로 한국 헌법과 독일 헌법에 관한 세미나를 열었으며, 일본어로 카를 슈미트의 영향, 평화적 정권교체, 대통령제와 국가긴급권, 국무총리의 헌법상 지위, 위헌법률심사제도의 변천 등을 기고하였다.

이러한 그의 인생행로에서 보듯이 갈봉근 헌법학은 정치와 정치적인 것에 대한 관심으로 일관하고 있다. 유신 헌법의 정당성과 필연성을 지나치게 강조한 것에 대한 때늦은 후회라고 할까 유신 이후에는 한국 헌법의 역사적인 고찰에 주력한 것을 알 수 있다. 마치 독일에서의 에른스트 루돌프 후버(Ernst Rudolf Huber)처럼 말이다. 그의 스승 한태연처럼 이론과 실제 사이에서 고뇌한 과도기의 헌법학자였다.

---

98) 한태연, 한국 헌법과 헌법학의 회고, 『헌법학연구』 제8권 1호(2002), 47면.

3. 한상범

위의 두 사람은 모두 서울대학교 법과대학을 졸업하고 서독 유학을 마치고 귀국한 것과는 대조적으로, 한상범(韓相範, 1936~2017)은 동국대학교와 같은 대학원에서 법학을 공부한 후에 교수가 되어 학계에 진출하였다.[99] 국립대학과 사립대학, 해외파와 국내파의 차이점 외에도 활동분야와 방법도 크게 구별된다. 한 마디로 그는 인권과 민주주의 그리고 일제 잔재의 청산을 강조한 계몽사상가라고 부를 수 있을 것이다.

(1) 계몽사상가의 역할

한상범은 경기도 개성에서 출생하여 한국전쟁이 일어나자 월남하여 대학을 다닌 후에 조선대학교 전임강사를 거쳐 동국대학교 교수가 되었다.[100] 그는 1964년 한일협정반대 교수단의 일원으로 서명을 하면서부터 현실문제에 대해서 글로써 또는 행동으로써 참여한 몇 안 되는 법학자 중의 한 사람이다. 그는 지식인의 역할을 이렇게 말한다.

> … 신군부의 등장도 결국 박정희 시대의 변칙적 연장으로 봐야지요. 그래서 지식인에 의한 계몽과 선도적 역할이 중요한데, 군정하에서 지식인다운 사람은 거의 없어졌다고 하겠습니다. 대개 기가 질려 타협하고 움츠러들어 몸조심하는 비겁자가 되어 버리고 대개는 적당히 처신하는 속물이 되었지요.[101]

99) 문헌은 이철호, 『동국의 법학자』(21세기사, 2016), 107-166면; 한상범 교수 유고집, 이철호 엮음, 『역사를 위한 투쟁, 미래를 위한 투쟁』(21세기사, 2018).

100) 그의 약력과 저작목록은 한상범교수강단40년기념출판준비위원회 편, 『이 사람을 보라. 한상범 교수의 이상과 투쟁』(푸른세상, 2001), 283-361면 및 한상범, 나와 민주주의 - 민주주의와 과거 청산, 민주화운동기념사회사, 『기억과 전망』 2003년 여름호.

101) 『한상범 교수의 이상과 투쟁』, 24면.

그리하여 그는 각종 신문과 잡지에 헌법에 관련된 글뿐만 아니라 법사상과 정치사상 나아가 일반인의 교양에 관한 것까지 광범위하게 계몽적인 활동을 전개하였다.

(2) 사회과학으로서의 헌법학

한상범 헌법학의 특색은 사상사에 입각한 헌법인 동시에 사회과학으로서의 헌법학을 지향하고 있는 점이다.

그는 일찍이 『법사상사 개설』(일광출판사, 1962)을 출간한 후 『한국헌법』(예문관, 1973)을 내놓는다. 그의 헌법이론은 누구나 쉽게 읽을 수 있도록 평이하면서도 학문적인 깊이를 간직하고 있다. 학술 논문이란 대체로 전문가들 끼리나 읽고 인용하며 즐기기 쉬운 단점을 지니기 마련인데 그는 이것을 뛰어넘어 헌법이론을 대중화하는데 앞장 선 것이다. 이것은 참으로 어려운 작업이다. 그리하여 그는 『이것이 헌법이다』(홍성사, 1982)와 『헌법 이야기』(현암사, 1997)와 같이 일반인을 위한 헌법 책을 펴내기도 하였다.

특히 『헌법 이야기』에 대해서 강경근은 이렇게 평가한다.

> 우리 헌법이 구미 제국의 것의 수입에 자족하고 있을 때부터, 그리고 현실 헌정에 대한 애정도 고뇌도 결핍된 수입 헌법학이 문화적 권력으로서 우리를 에워쌌을 때부터 저자는 보편적 논리와 한국적 정서에 의하여 우리 헌법을 쌓아갔으며, 그 하나의 응답이 이 책이다.[102)]

이와 같이 그는 한국 헌법학을 정립하려고 노력하였으며 그 결과들이 여러 권의 책으로 나타났다.

특히 인권의 분야에서는 『여성의 인간회복』(언어문화사, 1977)을 필두로 『인간의 권리』(정음사, 1977), 『인권과 권력』(홍성사, 1983), 『기본적

---

102) 강경근, 『헌법 이야기』를 통해 본 한상범 헌법학, 위의 책, 120면.

인권』(정음사, 1985), 『현대 인권론』(상하, 동국대 출판부, 1988), 『인권 - 민중의 자유와 권리』(교육과학사, 1991), 『관료주의와 기본적 인권』(교육과학사, 1992), 『인권문제 입문』(석림출판사, 1995), 『인권수첩』(공저, 현암사, 1999)에 이르기까지 수많은 연구서와 계몽서를 출간하였다.

또한 장경학과 함께 『사회과학개론』(예문관, 1973)을 펴낸 한상범은 그의 폭넓은 독서량과 다양한 관심방향을 보여주고 있다. 예컨대 『금서를 통해 본 근대사상사』(정음사, 1976), 『성의 사회학』(언어문화사, 1976), 『시민사상과 민중의 복권』(서래헌, 1979), 『한자숭배 나라망친다』(푸른세상, 1999), 『박정희 역사법정에 세우다』(푸른세상, 2001) 등의 저서를 세상에 내놓는다.

(3) 일제 잔재의 청산

한상범은 「1960년대 조선대 전임강사로 한국법제와 법학의 문제를 살펴보는 과정에서 친일 사법관료의 문제나 친일파 주도의 법학계의 문제에 부딪쳤다」[103]고 하면서 친일파의 주역은 「한국의 친일파로서 주요 역할을 한 자들은 주로 1930년대 후반이래 일제 고등교육을 받고 일제 관료로 복무한 자들이었음을 주목해야 한다」[104]고 강조한다. 그는 계속한다.

> 법제나 법학에서 무엇이 구시대의 찌꺼기인지 모른 채 그것이 원래의 우리 것 인양 익숙해져서 학설이나 제도로 받아들이고 있는 것이 많죠. 이래선 민주화가 꼬이고 불구가 되어 바보가 됩니다. 일제의 식민지배를 모르는 채 우민정책의 수법에 말려들어서 군사정권이 이토록 오래 끌어온 것이 아닙니까?[105]

---

103) 『한상범교수의 이상과 투쟁』, 52면.
104) 위의 책, 62면.

그는 일본을 바르게 배우자는 데서 일제잔재의 문제가 제기된다[106]고 하면서 1991년 「한국 법학계를 지배한 일본 법학의 유산」을 『역사비평』(겨울호)에 발표함으로써 일제 잔재의 청산을 공개적으로 문제삼는다. 일제의 잔재는 비단 법학계뿐만 아니라 심지어 공사판의 용어에 이르기까지 아직도 우리의 일상생활에 널리 뿌리박고 있다. 그러나 지금까지 우리 자신은 물론 선조들과의 직접 간접적인 친일성향 때문에 슬쩍 덮고 넘어가서나 부정하려고 노력해온 것을 그는 용감하게 발가벗기고 부끄러운 자화상을 그려낸 것이다.

계속하여 그는 『한국의 법문화와 일본 제국주의 잔재』(교육과학사, 1994), 『일제 잔재 청산의 법이론』(푸른세상, 2000) 그리고 『우리 사회의 일제잔재를 본다』(푸른세상, 2001)라는 일련의 저서에서 일제의 잔재를 체계적으로 분석하고 있다. 두 번째의 책 머리말에서 그는 이렇게 말한다.

> … 일제잔재는 봉건적 권위주의와 관료주의를 온존시킨 채 식민주의의 노예근성과 온갖 민중억압 장치를 제도화시켰다. 더구나 일제하 친일파나 그 후예 아류가 독재세력에 편승해서 우리 사회에 군림해 왔다. 그래서 일제잔재의 제도와 물적 및 인적 요소에 대한 청산 없이는 민주화는 안 된다. 민주화가 안 되면 독재나 전제주의가 판을 치고, 그렇게 되면 이미 우리가 겪었듯이 사람이 사람으로서 품위를 보존하고 떳떳하게 살 수 없다. 우리가 오랜 독재하에서 이 눈치 저 눈치보며 비굴하게 살아온 부끄러운 과거를 보면 알 수 있지 않은가?
>
> … 특히 한심한 것은 친일파나 친일행적을 비호하고 정당화시켜 주는데 법률과 법학이 얼마나 교묘하게 이용되는가 하는 것을 보았다. 이것을 방치하고선 아무것도 안 된다고 보았다. 인권도 민주주의도 일제잔재 청산 없이는 아무 소용이 없다는 것을 안 것이다.

---

105) 위의 책, 63면.
106) 위의 책, 142면.

그리하여 그는 일제의 법제가 남긴 권위주의와 관료주의, 군국주의 파시즘의 병폐의 문제로부터 한국의 법학자와 법조인의 의식구조 분석, 친일파의 부정축재 폭로와 재산환수 문제 등 광범위하게 일제의 잔재를 청산해야 한다고 주장하고 있다.

그의 주장은 젊은 세대들 간에서는 커다란 반향을 불러일으킨 반면에 친일파 내지는 친일파와 관련된 인사들로부터는 거센 반발과 항의 그리고 압력을 유형 무형으로 받기도 하였다.

광복 직후 우리의 현실은 친일파의 문제를 해결할 만큼 여러 가지 기반이 마련되지 못했으며, 또 신생 국가의 건설이라는 중대한 시대적 과제 앞에 친일파를 쉽게 숙청하지도 못한 것이다. 더구나 6·25 전쟁의 혼란은 이 문제의 해결을 더욱 유예시키게 된 것이다.

여러 가지 복잡한 문제점에도 불구하고 일제잔재의 청산을 외친 그의 용기와 예리한 분석은 원론적인 것으로 그친 아쉬움도 있지만 더 구체적이고 상세한 것은 후학들의 과제임을 일깨워준 점에서 커다란 공헌으로 평가되어야 할 것이다.

V. 결 론

이상에서 보듯이 1940~70년대는 한국 헌법학의 초창기에 해당되며 연구자들도 유진오 박사를 비롯하여 손으로 곱을 정도로 몇 분되지 아니하며 연구 업적도 많은 편이 아니다.

전체적으로 볼 때 일제시대에 대학 교육을 받은 분들의 학설은 대체로 법실증주의적인 경향을 보이는데 반하여 광복 이후에 대학을 졸업한 분들의 그것은 자연법론적인 주장이 지배적이라고 하겠다. 특히 대한민국 정부가 수립된 이후에 새로이 학자로서 강단에 선 세대는 일본식 헌법학의 영향을 배제하고 이를 극복하려고 노력하였으며, 그 중에는 전후 독일의 헌법이론을 직수입하고 소개하는 열의를 보이기도 하였다. 일본제국주의에 의한 한반도의 황폐화와 한국전쟁의 폐허 위에서 이들은 선각자로서 실로 무에서 유를 창조하는 불굴의 투지를 보여주었다. 여기에서 오늘날의 한국 헌법학의 기초는 다져지고 그 독자성을 확보하기에 이른 것이다.

세대별로 본다면 60년대에 대거 등장하기 시작한 이들 대한민국의 새로운 세대는 다시 새로운 후계자들을 양성하여 70년대 말부터는 순수한 한국인에 의해서 교육받은 한국인 연구자들로 학계가 채워지게 되었다. 광복 당시 불과 몇 사람의 공법학자에 의해서 건설된 우리 학계는 이제 한국공법학회의 정식 회원의 숫자만도 800명을 헤아릴 정도로 창대하게 되었다.

여기서는 비록 40~70년대에 활약한 몇몇 헌법 연구자들의 생애와 업적에 한정하여 살펴보았으나 앞으로는 이들 개별 연구자에 대한 체계적인 정리와 분석은 물론 여러 가지의 관점과 문제의식에서 다양한 연구가 전개되기를 바란다.(2003. 10. 10)

제2편 안 정 기

제1장 헌법학 60년의 연구동향

머리말

한국 헌법학 30년의 연구회고에 관해서는 이미 대한민국학술원편, 『한국의 학술연구 법학』(2003)[본서 제1편]에서 발표하였기 때문에 이를 생략하기로 한다. 이 책에는 한국헌법학 30년의 제1장에서 문홍주 회원의 헌법학 30년의 회고와 전망이 실려 있고,[1] 제2장에는 김철수, 한국헌법학의 학설변천이 실려 있다.[2] 이밖에도 김철수, 한국헌법학 30년의 회고와 전망, 공법학계,[3] 동인, 77년도 세계헌법학계회고,[4] 동인, 한국헌법학의 회고와 전망(Ⅰ)(Ⅱ),[5] 김효전, 1970년대 헌법학계 회고,[6] 동인, 한국공법학연구 백년[7][8] 등이 있다.

---

1) 문홍주, 헌법학 30년의 회고와 전망, 대한민국학술원, 『한국의 학술연구, 법학』, 57-67면.

2) 김철수, 헌법학 30년의 학설변천, 『한국의 학술연구』, 68-86면.

3) 김철수, 한국법학 30년의 회고와 전망, 공법학계, 『법정』 제56호(1975. 10).

4) 김철수, 77년도 세계헌법학계회고, 『사법행정』 제217호(1979. 1). 김철수, 『한국헌법사』(대학출판사, 1988) 소수.

5) 김철수, 한국헌법학의 회고와 전망(Ⅰ·Ⅱ), 『사법행정』, 1984. 김철수, 『한국헌법사』 소수.

6) 김효전, 1970년대 헌법학계회고, 『공법연구』 제8집(1980. 8.), 149-224면.

7) 김효전, 한국공법학연구 100년, 한국법학교수회편, 『법학교육과 법학연구』(1995), 11-56면.

8) 문헌목록으로는 다음과 같은 것을 참조하기 바란다.

이 밖에 간단한 연구로는 김철수, 한국헌법학 60년[9]에도 한국헌법학 30년에 관한 서술이 있다. 또 한국의 헌법학자에 관해서는 동서 제3장 김효전의 헌법학 30년의 연구자들,[10] 한국공법학회, 『한국의 공법학자들—생애와 사상』[11] 등이 있다. 한국헌법학 30년에 관한 것은 전기 논설들을 참고하기로 하고, 여기서는 전반기 30년에 관한 것을 지면 관계로 생략하기로 한다.[12]

제4공화국에서는 유신헌법에 대한 비판이 금지되었기 때문에 한국헌법에 대한 연구보다는 외국헌법에 대한 연구가 성행하였다. 특히 통일을 위한 헌법이라는 구실 하에 만들어진 유신헌법이었기에 북한 헌법에 대한 연구가 개방되었고 남북한 헌법비교도 많이 행해졌다. 강구진의 북한사회주의헌법이 발표되었고,[13] 육종수의 북한사회주의헌법에 관한 연구[14]와 김운룡의 소련·중공·북한헌법의 비교연구,[15] 김철수, 중공신헌법[16] 등이 돋보이고, 동독헌법과 서독헌법, 한국헌법에 대한 비교연구도 많아지기 시작하였다. 공산권헌법에 대한 연구로는 김철수, 북한헌법과 공산제국헌법과의 이동에 관한 연구,[17] 국토통일원의 공산권헌법

---

① 국회도서관, 『정치·법률·행정 문헌목록』, 1972.
② 국립중앙도서관, 『학술논저 총합색인』(제1집 법률학), 1973.
③ 서울대학교 도서관, 『법률문헌색인, 1945-1974』, 1975, (II), 1994.
④ 법원행정처, 『한국법률문헌색인 I』, 1989, 추록 1, 1990.
김효전, 1970년대 헌법학계 회고, 『공법연구』 제8집(1980), 149-224면; 최대권, 우리 헌법학의 당면과제, 『서울대 법학』 제28권 1호(1987); 김효전, 한국헌법학 50년 - 그 성과와 과제, 『서울대학교 법학』; 김효전, 한국공법학 백년, 한국법학교수회편, 『법학교육과 법학연구』(길안사, 1995), 25-73면.

9) 김철수, 한국헌법학 60년, 『고시계』(2006. 6), 16-52면.

10) 김효전, 헌법학 30년의 연구자들, 『한국의 학술연구』, 105-136면.

11) 한국공법학회, 『한국의 공법학자들 - 생애와 사상』(2003).

12) 이후 부분은 김철수, 한국헌법학 60년, 『고시계』(2006. 6)를 대본으로 하였기에 약간의 중복이 있지 않을까 걱정스럽다. 독자의 양해를 구한다.

13) 강구진, 북한사회주의 헌법연구, 『통일정책』, 1977. 7.

14) 육종수, 북한사회주의 헌법질서와 일당독재체제에 관한 연구, 충남대 통일문제연구보고서, 1976.

15) 김운용, 소련·중공·북한헌법의 비교연구, 『북한』, 1976. 2.

16) 김철수, 중공신헌법, 『중공현황』, 1979. 10.

연구,[18] 국회도서관, 중공의 신헌법 당헌·규약·강령 및 요강집,[19] 등이 있고 공산권 헌법에 대한 헌법조문집이 번역·발간되기도 하였다.[20]

남북한 헌법비교와 통일헌법에 관해서도 활발한 연구가 행해졌다. 김철수, 분단국헌법과 통일문제,[21] 동인, 통일에 관한 동·서독헌법규정 소고,[22] 동인, 통일한국의 미래상,[23] 남기환, 현행 헌법과 남북상호불가침 협정,[24] 동인, 현행헌법에 있어서의 평화적 통일문제[25] 등이 있다.

이러한 공산권 헌법의 연구는 제5공화국 시절에 계속되었다.

통일헌법에 대한 연구는 제5공화국 헌법연구에도 많은 영향을 미쳤고 남북헌법 간의 비교헌법연구도 성행하였다. 김철수, 남북한 헌법 비교연구, 장명봉의 북한법연구, 통일헌법연구들이 있었다(상세한 것은 후술).

I. 제5공화국헌법시대(1979~1987)

1. 특색

박대통령의 살해로 서울의 봄이 시작되었다. 12·12사태 직후에는 토쿄대학의 고바야시 나오키(小林直樹) 교수를 초빙하여 민주화를 위한 표현의 자유 등에 관한 강연을 들었으며 학계와 법조계에서도 민주화헌법

---

17) 김철수, 북한헌법과 공산제국 헌법과의 이동에 관한 연구, 국토통일원, 1978.
18) 국토통일원, 『공산권헌법연구』, 1978.
19) 국회도서관편, 『중공의 신헌법 당헌·규약·강령 및 요강집』, 1975.
20) 국회도서관, 『공산제국의 헌법(IV)』, 1975.
21) 김철수, 분단국헌법과 통일문제, 『서울대 법학』 제37권(1977).
22) 김철수, 통일에 관한 동·서독헌법규정 소고, 『입법조사월보』 제102호(1977. 5).
23) 김철수, 통일한국의 미래상-정치분야, 『통일정책』 제5권 4호(1979).
24) 남기환, 현행헌법과 남북한상호불가침협정, 율강 박일경박사 화갑기념 『공법논총』(1978).
25) 남기환, 현행헌법에 있어서의 평화적 통일문제, 해암 문홍주박사화갑기념논문집 『공법의 제문제』(1978).

제정의 기운이 싹텄다.[26] 크리스천 아카데미에서는 법학자 3명과 정치학자 3명이 연구한 「바람직한 헌법개정안」을 발표하였고 많은 토론을 하였다.[27] 정부에서도 헌법개정연구반을 구성하여 연구보고서를 발표하였다. 또 법제처나 중앙정보부국제문제연구소 등에서는 『세계각국헌법집』을 번역 · 출간하기도 하였다. 이때에는 헌법학자들이 한국헌법제정에 대한 참여가 활발하였다. 또 민주화를 위한 열기가 최고조에 달했다.

새 헌법초안에는 헌법학자들의 주장이 어느 정도 수용되고 있었다. 새 헌법에는 인간의 존엄에 관한 규정이라든가, 환경권, 사생활의 비밀과 자유에 관한 조항 등이 추가되었다. 그러나 헌법학자와 국민들의 직선제 요구는 받아들여지지 않았고, 미국식이라는 미명하에 대통령선거인의 선거가 규정되었다. 1980. 5. 17. 계엄확대선언으로 학문의 자유는 말살되고 최규하 대통령의 하야와 전대통령의 취임으로 헌법개정작업은 정부주도로 비밀리에 추진되어 신진 헌법학자들의 참여는 거부당했다. 1980. 10. 22. 제5공화국헌법이 국민투표에서 통과되었다.

---

26) 제5공화국헌법제정의 방향을 제시하는 논문이 많았다. 예를 들면 김철수, 개헌의 기본방향, 『중앙』 140(1980. 2); 동인, 개헌의 방향, 『월간조선』, 1980. 4; 동인, 제5공화국헌법제정의 방향 - 80년대를 위한 점검, 『창작과 비평』 55(1980. 3); 동인, 헌법개정과 정치발전, 대학신문 1067(1980. 1. 7); 김철수 · 한상범, 민주발전의 기초로서의 헌법(대담), 『신동아』 187(1980. 3); 한상범, 새헌법의 구상과 기본적 인권, 『고시계』 276(1980. 2); 유진오 외, 우리 헌법의 나아갈 방향(좌담), 『신동아』 185(1980. 1); 이강혁, 가치상대주의 대두 속의 지향점 - 개헌논의 이대로 좋은가, 『현대사조』, 1980. 3; 계희열, 개헌과 민주주의의 과제, 「민주주의는 해결이 아니라 과제이다」는 명제로부터, 『현대사조』 5(1980. 3); 계희열, 대통령제를 주장한다, 『중앙』 143호(1980. 5); 박노경 외, 새 헌법의 방향을 모색한다(좌담), 『사법행정』 1980. 2; 서주실, 의원내각제를 주장한다, 『중앙』 143(1980. 5); 차기벽, 한국의 개헌방향 - 특히 권력문제를 중심으로, 『국제문제』 116(1980. 4); 고흥길, 헌법개정 이렇게 하라, 『중앙』 141(1980. 3); 안병준, 헌법은 현실적으로 개정되어야 한다, 『정경연구』 181(1980. 3).

27) 크리스천 아카데미, 『바람직한 헌법』, 1980. 1.

2. 교과서와 단행본 출판

제5공화국헌법에 대한 교과서가 나왔다. 김철수,[28] 문홍주,[29] 한태연,[30] 박일경,[31] 구병삭[32] 교수들의 교과서에 이어 새로이 이준구,[33] 이명구,[34] 한상범,[35] 권영성,[36] 최대권,[37] 육종수[38] 등의 교과서가 출간되었다. 이 밖에도 윤세창,[39] 김영추,[40] 김현규 · 이강혁,[41] 한웅길,[42] 김계환[43] 등의 교과서가 출판되었다. 이들 교과서는 유신헌법 때의 교과서를 수정한 것으로 강의용으로 사용하기 위한 것이었다.

비교헌법 논문집으로는 김효전, 『헌법논집(1975-1985)』[44]과 『독일헌법학설사』,[45] 허영, 『헌법이론과 헌법』,[46] 김철수, 『비교헌법론(상)』,[47] 권영성, 『비교헌법학』[48] 등이 나왔으며 박평준 · 김영휴 · 강신웅에

---

28) 김철수, 『헌법학개론』(박영사, 1981); 동, 『신한국헌법요론』(1981); 동, 『헌법학신론』(1981).
29) 문홍주, 『한국헌법』(해암사, 1981).
30) 한태연, 『헌법학』(법문사, 1983).
31) 박일경, 『제6공화국헌법』(일명사, 1982).
32) 구병삭, 『헌법학(Ⅰ · Ⅱ)』(박영사, 1981, 1982).
33) 이준구, 『헌법』(사법행정학회, 1982).
34) 이명구, 『헌법』(대명출판사, 1982).
35) 한상범, 『헌법』(고시원, 1982); 동인, 『이것이 헌법이다』(홍성사, 1982).
36) 권영성, 『헌법학원론』(법문사, 1981).
37) 최대권 · 권영성, 『헌법(방송통신대교재)』(1982).
38) 육종수, 『헌법원론』(1984).
39) 윤세창, 『신헌법』(1983).
40) 김영추, 『신헌법강의』(1984).
41) 김현규 · 이강혁, 『헌법』(1982).
42) 한웅길, 『제5공화국새헌법』(1981).
43) 김계환, 『제5공화국헌법』(1981).
44) 김효전, 『헌법논집 1975-1985』(민족문화, 1985).
45) 김효전편, 『독일헌법학설사』(법문사, 1982).
46) 허영, 『헌법이론과 헌법(상)(중)』(박영사, 1983, 1985).
47) 김철수, 『비교헌법론(상)』(박영사, 1980).
48) 권영성, 『비교헌법학』(법문사, 1981).

의한 남북한 헌법비교,[49] 장명봉, 남북한의 정치 및 헌법체제의 변화[50] 등이 나왔으며, 외국 교과서의 번역도 행해졌다. 이토 마사미의 『현대일본헌법론』[51]이 번역되었고 헷세의 독일헌법교과서,[52] 크라임스의 『영국헌정사』,[53] 프리체트의 『미국헌법제도론』[54] 등이 번역되었다.[55] 수험생을 위한 주관식 문제집과 객관식 문제집이 수도 없이 많이 발표되었다.

이 시기에는 헌법학자 간의 공동연구도 행해졌는데 그 결과 김철수편, 『정치관계법』,[56] 등이 출간되었다. 또 선거법에 관한 연구도 활발하였는데 외국의 선거법 조문이 한국어로 번역·출판되기도 하였고 선거관리의 이론과 실제와[57] 조문집 등을 출판하기도 하였다.[58] 80년도의 헌법학계에 관해서는 김철수, 80년도 헌법학계 회고, 『공법연구』 제9집(1981)을 참고해 주기 바란다.

이 시기에는 헌법해석 논쟁이 있었고 헌법관에 관한 연구가 행해졌다. 이강국은 헌법합치적 법률해석으로 법학박사학위를 받았고,[59] 김효전은 Carl Schmitt와 Jellinek에 관한 연구를 했으며,[60] 김운룡도 헌법해석과 합헌성추정의 법리[61]를 발표하였다.

유신시대에 행해졌던 공산권연구는 80년대에 더욱 발전하였다.

---

49) 박평준·김영휴·강신웅, 『공산주의와 민주주의의 체제에 관한 연구』(1983).

50) 장명봉, 통일논총, 1985. 12.

51) 구병삭역, 『현대일본헌법론』(법문사, 1983).

52) 계희열, 『서독헌법원론』(삼영사, 1985).

53) 크람이스, 이세구역, 『영국헌정사』(일조각, 1982).

54) 헷세, 계희열역, 『헌법의 기초이론』(삼영사, 1985).

55) 외국서적의 번역에 대해서는 상세한 것은 김효전, 한국헌법학 50년과 외국학설; 김효전, 『헌법논집 Ⅲ』, 629-645면 참조.

56) 김철수편, 『정치관계법』(박영사, 1983).

57) 중앙선거관리위원회, 『선거관리의 이론과 실제』(1985).

58) 중앙선거관리위원회, 『프랑스선거관계법령집』(1981).

59) 이강국, 헌법합치적 법률해석 - 서독에 있어서의 이론과 실제, 고려대, 1980.

60) 김효전편, 『독일헌법학설사』(법문사, 1982).

61) 김운룡, 헌법해석과 합헌성 추정의 법리, 1980.

미국헌법 200주년을 맞아 미국헌법에 관한 연구도 활발하였다. 예를 들면 김철수, 「미국헌법이 한국헌법에 미친 영향 서설」[62]이 있고, 공법학회에서 『미국헌법과 한국헌법』이 논문집으로 출판되기도 하였다.[63]

이 시기에 기본권관 논쟁이 일어났다. 허영은 「동화적 통합이론과 기본권」 등을 발표하여[64] 기본권관이라는 용어를 도입하였고, 계희열도 이에 동조하는 논문들을 발표하였다.[65] 이관희도 「기본권관에 관한 소고」를 발표하였다.[66] 김명규도 「기본권이론의 문제」를 발표하였고,[67] 유명준도 「헌법관에 따른 기본권이론에 관한 비교연구」,[68] 이정복, 「서독에 있어서의 기본권관에 관한 연구」[69] 등의 석사학위논문이 나오기도 하였다. 이것은 기본권 해석의 방법론에 관한 것이라고 하겠는데 Böckenförde에 따른 기본권관의 해석이 다수론을 차지하게 되었고, 끝내 논쟁의 종점을 찾지 못하게 되었다. 홍정선은 정치적 계획의 헌법학적 고찰로 법학박사학위를 받았다.[70] 장명봉은 공산권헌법에 관한 연구로 법학박사학위를 받았고,[71] 그 뒤 많은 북한헌법 연구논문을 발표하였다.[72]

---

62) 김철수, 미국헌법이 한국헌법에 미친 영향 서설, 『서울대 법학』 제64호(1985. 12).

63) 한국공법학회, 『미국헌법과 한국헌법』(대학출판사, 1987).

64) 허영, 동화적 통합이론과 기본권, 『고시연구』 89(1981. 8); 동인, 기본권이론에 관한 고찰, 『고시연구』 76(1980. 6).

65) 계희열, 헌법관과 기본권이론, 『공법연구』 1. 1983.

66) 이관희, 기본권관에 관한 소고, 『경찰대학논문집』 2, 1983. 2.

67) 김명규, 기본권이론의 문제, 『월간고시』, 1985. 11.

68) 유명준, 헌법관에 따른 기본권이론에 관한 비교연구 - C. Schmitt와 R. Smend의 이론을 중심으로, 동아대학교 법학석사, 1985.

69) 이정복, 서독에 있어서의 기본권관에 관한 연구, 서울대 법학석사학위논문, 1989.

70) 홍정선, 정치적 계획의 헌법학적 고찰, 서울대, 1985. 2.

71) 장명봉, 공산권 헌법에 관한 연구 - 북한 사회주의헌법을 중심으로, 서울대, 1985. 2. 26.

72) 장명봉, 북한의 사회주의 헌법에 관한 연구, 『성곡논총』 11, 1980; 동인, 공산권 헌법의 이론과 헌법질서 - 소련헌법과 북한헌법을 중심으로, 『법정논

이 밖에 헌법에 관한 단행본으로 발행한 것으로는 다음과 같은 것이 있다.

양건, 『미국헌법과 대외문제』; 한상범, 『인권과 권력』; 한상범, 『기본적 인권』; 박용상, 『언론의 자유와 공적 과제』; 정덕장, 『사법권의 독립』; 그리피스, 『미국정부형태론』(1977); 번즈, 『미국형대통령제』(1983); 파이너, 『비교정부론』(1985); 최양수, 미국연방대법원의 업무에 관한 연구, 연세대 『법률연구』 2, 1982; 정덕장, 『사법권의 독립』(1984); 이상돈, 『미국의 헌법과 연방대법원』(1983); 양건, 『미국헌법과 대외문제』(1980); 김철수, 기본권의 체계, 『고시계』 321호(1983. 11); 구병삭, 북한헌법과 중공헌법상의 기본권문제, 『서돈각박사 화갑기념논문집』(1981); 구병삭, 국제인권보장법서설, 『고시계』, 1984; 박용상, 『언론의 자유와 공적 과업』(교보문고, 1982); 김철수, 『위헌법률심사제도론』(학연사, 1983); 동인, 위헌법률심사제에 관한 연구(1982).

3. 중요 학술논문의 발표

인간의 존엄과 가치와 관련하여 생명권이 논의되었으며, 행복추구권이 관심의 대상이 되기도 하였다. 헌법 제8조의 해석과 관련하여서는 이를 객관적 법규범으로 보는 견해와 주관적 공권으로 보는 견해가 대립되었는데 인간의 존엄과 가치 · 행복추구권이 주관적 기본권이라고 보는 학설이 우세하였다.

평등권에 관해서는 남녀평등론이 강조되었고, 석사학위논문이 양산되었다. 평등에 관한 일반이론으로는 이종상, 평등보장의 이론과 실제적 작용에 관한 연구가 있다.[73] 평등에 관해서는 서주실 교수와 김철수, 김효전 교수 등이 많은 논문을 발표하였다. 새 헌법에 따라 사생활의

총』(국민대) 3, 1980; 동인, 공산주의헌법의 개관 - 소비에트헌법을 중심으로, 『한양대중소연구』 27, 1985. 9.

73) 이종상, 평등보장의 이론과 실제적 적용에 관한 연구, 부산대 법학박사, 1981. 2.

비밀 · Privacy에 관한 권리가 많이 논의되었다. 이에 대해서는 70년대 말에 변재옥교수가 많은 논문을 썼다.[74]

표현의 자유에 대해서는 많은 논문이 나왔기에 여기서는 생략하기로 한다. 언론기본법이 통과되었기 때문에 언론기본법이라든가 언론중재, 정정보도청구권 등이 활발히 논의되었다. 언론 · 출판의 자유에 관한 수많은 석사학위논문이 통과되었다. 또 언론판례도 많이 연구되었고 언론중재 등 잡지가 출판되기도 했다. 박용상 박사가 언론법에 관한 연구서를 출판하기도 하였다.[75]

이와 관련하여 국민의 알 권리와 Access권, 반론권 등의 연구가 활발하였다. 대학의 자치의 쟁취를 위한 연구도 활발하였다.

재산권 보장에 관해서도 관심이 많았는데 육종수, 재산권보장법제의 현대적 동향,[76] 구병삭, 헌법상 토지소유권보호와 이용에 관한 연구,[77] 이준구, 재산권 행사와 공공복리,[78] 등이 발표되었다. 토지공개념입법 등에 대한 학설과 판례는 지금도 참고가 될 것이다.

청구권적 기본권에 관한 논문이 많지 않은 것 같다. 김철수는 재판청구권의 이론과 실제에서 각국의 판례를 중심으로 재판을 받을 권리가 아니라 청구할 수 있는 권리인 점을 강조했다.[79] 국가배상법의 경우 새 헌법에 따른 보상이 많이 논의되었다.[80]

생존권적 기본권에 관해서는 정연철의 미국헌법상의 교육문제[81]가

---

74) 변재옥, 정보화사회에 있어서의 프라이버시의 권리 - 미국의 경우를 중심으로, 서울대 법학박사, 1979. 2.

75) 박용상, 『언론의 공적 과업』, 1982.

76) 육종수, 재산권보장법제의 현대적 동향, 충남대 법학박사, 1979. 2.

77) 구병삭, 헌법상 토지소유권보호와 이용에 관한 연구, 『공법연구』 8, 1980.

78) 이준구, 재산권행사와 공공복리, 『성곡논총』 10, 1979. 10.

79) 김철수, 재판청구권의 이론과 실제 - 각국의 판례를 중심으로, 『법정』 52~53호, 1975. 6~7.

80) 구병삭, 헌법상의 국가배상청구권(상 · 하), 『월간고시』 1980. 12, 1981. 1.

81) 정연철, 미국헌법상의 교육문제 - Equal Protection of Law 조항과 Due Process of Law 조항을 중심으로, 동의대 『학생생활연구』 2, 1983. 11.

있다. 고교평준화제도에 대한 비판이 봉쇄되었고 대학의 자치가 부정되고 경찰권의 캠퍼스 경비 상주에 대해서는 학문이 위축되어 반대하는 글이 없었던 것이 사실이다.

노동기본권에 관해서는 허영민, 노동기본권의 보장과 제약에 관한 연구가 발표되었고,[82] 김철수의 개정헌법의 노동기본권,[83] 구병삭의 헌법상 평화적 생존권과 근로의 권리·의무,[84] 이영희의 단결권에 관한 소고[85] 등이 있다. 환경권은 새로이 헌법에 규정되었기 때문에 많은 연구가 있었다. 김철수의 우리 헌법상의 환경권,[86] 구연창의 환경권의 법리적 고찰[87] 등이 있다.

통치구조에 관한 것으로는 권력분립론, 정부형태론, 의회제도, 사법제도에 관한 연구가 많다. 특히 북한의 권력구조에 관한 것이 많다. 장명봉, 북한의 사회주의헌법상의 국가기관체계[88] 등을 들 수 있으며, 그 밖에도 많은 논문들을 들 수 있다. 예를 들면 서주실,[89] 박평준·김영삼·구병삭 등의 논문이 그것이다. 북한의 통치기구에 관한 비교도 성행했는데 김병현, 남·북한헌법상의 권력구조[90]가 있다. 이 밖에도 구병삭, 중공·북한헌법상의 권력구조,[91] 김운룡, 북한의 헌법이론과 통치구조[92] 등이 있

---

82) 허영민, 노동기본권의 보장과 제약에 관한 연구, 전남대 법학박사, 1985. 2.
83) 김철수, 개정헌법의 노동기본권, 『고시계』 279 (1980. 5).
84) 구병삭, 헌법상 평화적 생존권과 근로의 권리·의무, 『김치선박사 화갑기념논문집』, 1983.
85) 이영희, 단결권에 관한 소고, 『서울대 법학』 46, 1981. 9.
86) 김철수, 우리 헌법상의 환경권, 『사법행정』 292, 1985; 동인, 환경권, 『환경법연구』, 1981; 동인, 환경권, 『공법연구』 6, 1979.
87) 구연창, 환경권의 법리적 고찰, 『인도법논총』 3, 1980. 3.
88) 장명봉, 북한의 사회주의헌법상의 「국가기관체계」, 국민대 『법정논총』 5, 1983. 2; 동인, 북한의 사회주의헌법상 권력구조의 특징과 「국가주석」의 지위 및 권한, 국민대 『법정논총』 2, 1980.
89) 서주실, 북한헌법상의 권력구조-소련·중공헌법의 영향과 관련하여, 부산대 『통일논총』 6, 1984. 12.
90) 김병현, 남북한 헌법상의 권력구조, 『북한』 1983. 1.
91) 구병삭, 중공·북한헌법상의 권력구조, 고려대 『법학논집』, 1983.
92) 김운룡, 북한의 헌법이론과 통치구조, 『북한학보』 226, 1978. 2.

다. 권력분립에 관하여서는 김철수, 권력분립주의 소고,[93] 김태규, 권력분립론,[94] 이승우, 권력분립론의 역사적 전개와 현대적 의의,[95] 이강혁, 권력분립의 실제적 문제,[96] 구병삭, 권력분립의 이론적 발전(상 · 하)[97] 등이 있다.

정부형태에 관해서는 몇 개의 역서가 출간되었으며[98] 서주실, 영국정부형태의 변천에 관한 고찰,[99] 구병삭, 영국의 의원내각제[100] 등이 발표되었다. 이때는 헌법개정에 따라 새로운 정부제도를 모색하기 위하여 많은 정부형태 논의가 있었는데, 의원내각제가 좋으냐 대통령제가 좋으냐 이원정부제가 좋으냐 하는 것이 중점적으로 논의되었다. 헌법제정이 끝난 뒤 김철수, 이상적 정부형태[101]가 발표되었고, 박수혁, 정부형태의 기본유형과 우리나라의 정부형태,[102] 김문현, 현대민주국가의 정부형태의 일 경향,[103] 권영성, 현행헌법과 정부형태[104] 등이 발표되었다. 제5공화

93) 김철수, 권력분립주의소고, 『율강 박일경박사 화갑기념논문집』, 1978.

94) 김태규, 권력분립론, 『제주교대논문집』 10, 1980.

95) 이승우, 권력분립론의 역사적 전개와 현대적 의의, 『경원대학 논문집』 3, 1985.

96) 이강혁, 권력분립의 실제적 문제, 『고시연구』 82, 1981. 1; 동인, 권력분립원리의 재조명, 『고시연구』 129, 1984. 12.

97) 구병삭, 권력분립의 이론적 발전(상 · 하), 『고시연구』 92~93, 1981. 11. 12; 동인, 권력분립제의 현대적 변용, 『고시계』 301(1982. 3); 동인, 현대주요국가의 권력구조제의 특징, 『월간고시』 1982. 3.

98) 그리피스, 『미국정부형태론』, 1977; 번즈, 『미국형대통령제』, 1983; 파이너, 『비교정부론』, 1985.

99) 서주실, 영국정부형태의 변천에 관한 고찰 - Prime Ministerial Government를 중심으로, 『현석 김병규박사 화갑기념논문집』, 1980; 동인, 영국의 정부형태, 『고시계』 1985. 3.

100) 구병삭, 영국의 의원내각제, 『월간고시』 94 (1981. 11); 동인, 서독의 대통령과 의원내각제, 『월간고시』 92 (1981. 9).

101) 김철수, 이상적인 정부형태, 『고시계』 305 (1982. 7); 동인, 제5공화국 헌법제정과정에서의 정부형태논의, 『고시연구』 1982. 3.

102) 박수혁, 정부형태의 기본유형과 우리나라의 정부형태, 서울시립대학 『대학문화』 8 (1985. 2).

103) 김문현, 현대민주국가의 정부형태의 일 경향 - 대통령 · 수상의 권한강화 현상에 대하여, 전남대 『사회과학논총』 9 (1981. 12).

국 말기에는 헌법개정문제가 대두되었기 때문에 다시 정부형태논의가 일어났고 프랑스 제5공화국에 대한 정부형태가 활발히 논의되었다.[105]

정부제도에 관해서는 구병삭, 국가원수,[106] 김철수, 통치행위론,[107] 장석권, 대통령의 비상조치권,[108] 한태연, 제5공화국헌법에 있어서의 비상조치권,[109] 배준상, 헌법상의 국가긴급권제도,[110] 김문현, 현행헌법상 비상조치권에 관한 몇 가지 문제,[111] 구병삭, 국회해산제도,[112] 권영설, 의회해산과 정부불신임에 관한 일반적 고찰,[113] 이동과, 대통령의 법률안거부권[114] 등 논문이 있었다.

국회에 관해서는 구병삭, 미국의회의 입법과정(상 · 하),[115] 김철수, 국회입법에 대한 통제,[116] 서원우, 한국입법과정의 이념과 현실,[117]

---

104) 권영성, 현행헌법과 정부형태, 『월간고시』 1982. 5.

105) 구병삭, 프랑스 제5공화국대통령과 내각제정부(상 · 하), 『월간고시』 (1981. 10~11); 조병륜, 프랑스 제5공화국의 대통령제, 『고시계』 337 (1985. 3); 성낙인, 프랑스 제5공화국헌법상 정부형태, 영남대 『사회과학연구』 5-1 (1985. 5).

106) 구병삭, 국가의 원수, 『월간고시』 92 (1981. 9); 구병삭, 대통령의 권한, 『월간고시』 134 (1985).

107) 김철수, 사법심사의 한계로서의 통치행위론 소고, 『최해태교수 회갑기념논문집』, 1979. 12.

108) 장석권, 대통령의 비상조치권, 『국가고시』 89, 1983; 동인, 비상조치권의 해석상 문제점에 관한 고찰, 『월간고시』 124 (1984. 5).

109) 한태연, 제5공화국헌법에 있어서의 비상조치권, 『고시연구』 84 (1981. 3).

110) 배준상, 헌법상의 국가긴급권제도, 『월간고시』 113 (1983. 6).

111) 김문현, 현행헌법상 비상조치권에 관한 몇 가지 문제, 전남대 『사회과학논총』 11 (1983. 12).

112) 구병삭, 의회해산제도, 『윤세창박사 정년기념』, 1983.

113) 권영설, 의회해산과 정부불신임에 관한 일반적 고찰, 『공법연구』 12 (1984. 8).

114) 이동과, 대통령의 법률안거부권, 『월간고시』 118 (1983).

115) 구병삭, 미국의회의 입법과정(상 · 하), 『고시계』 313~315 (1983. 3~5); 동인, 프랑스 제5공화국의회의 입법과정, 『월간고시』 17 (1983. 10).

116) 김철수, 국회입법에 대한 통제, 『서울대 법학』 60 (1984. 12).

117) 서원우, 한국입법과정의 이념과 현실, 『서울대 법학』 60 (1984. 12).

우병규, 각국 의회의 비교연구,[118] 구병삭, 의회제도의 발전과 그 대표성,[119] 이병훈, 대표의 원리와 의회주의,[120] 김효전, 의회주의의 위기,[121] 전일주, 국회의 국민대표성의 법적 성격,[122] 권영성, 국회의 국민대표기관성,[123] 구병삭, 국정조사권,[124] 김철수, 국정조사권과 그 발동,[125] 성봉경, 우리 헌법상의 국회의원의 특권에 관한 연구,[126] 권영성, 국회의원의 특권[127] 등이 있다.

법원에 대해서는 최양수, 미국연방대법원의 업무에 관한 연구,[128] 김철수, 입법국가에서 사법국가로[129] 등이 발표되었다. 이 시기는 헌법위원회가 위헌법률심사를 담당했던 시기였기에 연구도 이에 관한 것이 많다. 예를 들면, 김영휴, 헌법위원회제도의 검토,[130] 김동희, 프랑스 제5공화국헌법상의 헌법위원회,[131] 김효전, 미국의 위헌법률심사제가 일본과 한국에 미친 영향,[132] 이승우, 미국위헌법률심사제도의 연구,[133]

---

118) 우병규, 『각국의회의 비교연구』(일조각, 1983).

119) 구병삭, 의회제도의 발전과 그 대표성, 『고시계』 305 (1982. 7); 동인, 의회제민주주의와 그 병리, 『고시연구』 101 (1982. 8).

120) 이병훈, 대표의 원리와 의회주의, 『전주대 20주년기념논문집』(1984. 2); 동인, 의회주의의 본질과 변천, 『윤세창교수 정년기념』(1983).

121) 김효전, 의회주의의 위기, 『월간고시』 70 (1979. 11).

122) 전일주, 국회의 국민대표성의 법적 성격 - 해석론을 중심으로, 단국대대학원 『학술논총』 9 (1985).

123) 권영성, 국회의 국민대표기관성, 『고시계』 277 (1980. 3).

124) 구병삭, 국정조사권, 『고시연구』 107 (1983. 2).

125) 김철수, 국정조사권과 그 발동, 『월간조선』 3, 7 (1982. 7).

126) 성봉경, 우리 헌법상의 국회의원의 특권에 관한 연구, 서울대 법학석사논문, 1984. 2.

127) 권영성, 국회의원의 특권, 『고시연구』 80 (1980. 11).

128) 최양수, 미국연방대법원의 업무에 관한 연구, 연세대 『법률연구』 2 (1982).

129) 김철수, 입법국가에서 사법국가로: 비교법적 고찰을 중심으로, 『월간조선』 38 (1983. 5); 동인, 헌법상 사법제도의 변천(상 · 하), 법률신문, 1982. 7. 12.

130) 김영휴, 헌법위원회제도의 검토, 조선대 『사회과학연구』(1983. 2).

131) 김동희, 「프랑스」 제5공화국헌법상의 헌법위원회, 『서울대 법학』 44 (1980. 12).

김운룡, 미국에서의 헌법과 재판,[134] 황우여, 서독에서의 헌법과 재판[135] 등이 나왔고, 우리나라의 위헌법률심사제의 변천에 관한 석사학위 논문들이 많이 나왔다.

이와 관련하여 외국의 헌법재판소, 특히 독일의 헌법재판에 관한 연구가 많이 행해졌다.[136] 김철수, 독일연방헌법재판소의 지위와 권한,[137] 조병륜, 독일의 헌법재판제도,[138] 배준상, 서독의 헌법재판제도에 관한 소고,[139] 허영, 서독연방헌법재판소의 실상,[140] 이관희, 서독의 헌법재판,[141] 권영성, 헌법재판제도,[142] 이종상, 헌법재판제도[143] 등이 있다.

통일에 관한 연구도 활발해졌다. 김철수, 남북한 헌법비교와 통일헌법의 제정 방향,[144] 김철수, 통일한국헌법의 이념과 제도,[145] 최용기, 남북한 통일헌법에 관한 연구[146] 등이 있으며 독일 통일문제가 많이 다루어졌

---

132) 김효전, 미국의 위헌법률심사제도가 일본과 한국에 미친 영향, 서울대 법학박사, 1981. 2; 동인, 동제, 『동아논총』 17 (1980. 12).

133) 이승우, 미국위헌법률심사제도의 연구, 『연세법학』 5 (1983. 4).

134) 김운룡, 미국에서의 헌법과 재판: 위헌법률심사제도를 중심으로, 『공법연구』 13 (1985. 8).

135) 황우여, 서독에서의 헌법과 재판: 위헌법률심사제를 중심으로, 『공법연구』 13 (1985. 8).

136) 이에 관해서는 후술, 정재황, 한국헌법소송법학 60년의 연구성과 참조.

137) 김철수, 독일연방헌법재판소의 지위와 권한, 『서울대 법학』 42 (1979. 12).

138) 조병륜, 독일의 헌법재판제도, 『공법연구』 9 (1981).

139) 배준상, 서독의 헌법재판제도에 관한 소고, 『서장석박사 화갑기념논문집』 (1983. 8).

140) 허영, 서독 헌법재판소의 실상: 지위, 구성과 기능을 중심으로, 『경희법학』 17, 1 (1981); 동인, 서독에 있어서의 헌법재판, 『공법연구』 9 (1981).

141) 이관희, 서독의 헌법재판: 헌법재판권의 한계를 중심으로, 『경찰대 논문집』 4 (1985. 1).

142) 권영성, 헌법재판제도, 『월간고시』 78 (1980. 7).

143) 이종상, 헌법재판제도, 『경남대논문집』 8 (1981).

144) 김철수, 남북한헌법비교와 통일헌법의 제정방향, 『고시연구』, 1982. 12.

145) 김철수, 통일한국헌법의 이념과 제도, 『고시계』, 1980. 1; Prospects for a Constitution for a unified Korea, *Korea and World Affairs*, 1982. 9.

146) 최용기, 남북한통일헌법에 관한 연구, I, II, 『창원대논문집』, 1987. 4. 7.

다.[147)]

4. 신진학자의 배출 - 박사학위논문

이 시기에 들어와서 기본권론과 통치조직에 관한 논문이 많이 나오기 시작하였다.

조병륜은 「국민대표론의 연구」로 법학박사학위를 받았고[148)] 조병륜, 순수대표와 반대표의 개념과 본질,[149)] 동인, 우리나라 국민대표제의 법적 성격과 주권원리[150)] 등을 발표하였다. 이동과는 영미법상 법의 지배에 관한 연구로 박사학위를 받았고,[151)] 양건은 미국헌법상 대외문제에 관한 대통령·의회 및 법원의 관계로 법학박사학위를 받았고,[152)] 박남규는 국민투표의 헌법적 기능과 그 전개에 관한 연구로 박사학위를 받았다.[153)] 박원영은 지방자치의 현대헌법적 구조로 법학박사학위를 받았다.[154)] 김영수는 대한민국임시정부의 지위와 그 헌법에 관한 연구로 박사학위를 받았다.[155)]

최용기, 공산주의헌법상의 권력구조에 관한 연구,[156)] 정덕장, 헌법상

---

147) 여기에 대해서는 후술.

148) 조병륜, 국민대표론의 연구, 서울대, 1983. 2.

149) 조병륜, 순수대표와 반대표의 개념과 본질, 『김도창박사 회갑기념논문』, 1982.

150) 조병륜, 우리나라 국민대표제의 법적 성격과 주권원리, 『윤세창박사 정년기념』, 1983.

151) 이동과, 영미법상 법의 지배에 관한 연구, 연세대, 1982. 8.

152) 양건, 미국헌법상 대외문제에 관한 대통령, 의회 및 법원의 권한관계, 서울대 법학박사, 1979. 8.

153) 박남규, 국민투표의 헌법적 기능과 그 전개에 관한 연구, 동아대 법학박사, 1984. 8. 25.

154) 박원영, 지방자치의 현대헌법적 구조, 부산대 법학박사, 1983. 2.

155) 김영수, 대한민국임시정부의 지위와 그 헌법에 관한 연구, 성균관대학교 법학박사, 1980.

156) 최용기, 공산주의헌법상의 권력구조에 관한 연구 - 소련과 북한헌법의 비교분석을 중심으로, 고려대 법학박사, 1983.

사법권의 독립원칙에 관한 연구,[157] 이상돈, 미국의 헌법과 연방대법원,[158] 백윤기, 우리 헌법상의 사법권의 범위와 한계에 관한 연구,[159] 정재황, 프랑스의 위헌법률심사제도에 관한 연구[160] 등이 있다.

기본권에 관해서는 한상범, 기본적 인권,[161] 동인, 인권과 권력[162] 등의 논문집이 나왔고, 여러 사람들의 많은 논문이 나왔다. 김철수는 기본권의 체계를 발표하였고,[163] 구병삭도 많은 논문을 발표하였다.[164]

이 시기에 기본권에 관한 논문으로 박사학위를 받은 사람이 많았는데 문광삼, 정치적 자유권에 관한 연구,[165] 박홍우, 피의자 및 피고인의 변호인의 조력을 받을 권리[166] 등이 발표되었다. 또 기본권의 제3자적 효력이 논점이 되어 많은 석사학위논문이 발표되기도 했다.[167]

종교의 자유에 대한 석사학위논문이 양산되었고 박사학위논문으로는 황우여, 국가와 종교[168]가 통과되었다. 또 표현의 자유에 대한 관심이 많았는데, 박용상의 출판의 자유와 공적 과제[169]가 박사학위논문으로

---

157) 정덕장, 헌법상 사법권의 독립원칙에 관한 연구, 서울대 법학박사, 1984. 2; 동인, 『사법권의 독립』, 1984.

158) 이상돈, 『미국의 헌법과 연방대법원』(학연사, 1983); 동인, 미국대법원의 사법적극주의, 서울대 법학석사, 1976.

159) 백윤기, 우리 헌법상의 사법권의 범위와 한계에 관한 연구, 서울대 법학석사, 1983. 8.

160) 정재황, 프랑스의 위헌법률심사제도에 관한 연구, 서울대 법학석사, 1983. 8.

161) 한상범, 『기본적 인권』(정음사, 1985).

162) 한상범, 『인권과 권력』(홍성사, 1983).

163) 김철수, 기본권의 체계, 『고시계』 321 (1983. 11).

164) 구병삭, 북한헌법과 중공헌법상의 기본권문제, 『무애 서돈각박사 화갑기념 논문집』, 1981; 동인, 국제인권보장법서설, 『고시계』, 1984.

165) 문광삼, 정치적 자유권에 관한 연구, 서울대 법학박사 학위논문, 1985.

166) 박홍우, 피의자 및 피고인의 변호인의 조력을 받을 권리, 서울대 법학박사 학위논문, 1986.

167) 상세한 것은 서울대학교 법률도서관, 『법률도서문헌』 제2권, 70면 참조.

168) 황우여, 국가와 종교 - 독일을 중심으로, 서울대학교 법학박사 학위논문, 1982.

169) 박용상, 출판의 자유와 공적 과업, 서울대학교 법학박사, 1980; 동인, 『언론

출판되기도 하였다.

강경근, 정보공개제도에 관한 연구,[170] 신평의 언론사에 대한 접근이용권연구[171] 등의 학위논문이 발표되었다.

생존권적 기본권에 관해서도 많은 박사학위논문이 제출되었다. 사회보장 · 사회복지를 받을 권리의 실효성 여부에 대한 논의가 많이 행하여졌다.[172] 교육을 받을 권리에 대해서는 김용호의 석사학위논문이 있다.[173]

5. 학회활동

이 시기에는 학회활동이 부활되어 비교적 많은 학회가 구성되었다. 한국공법학회가 기능을 부활하여 학회지 『공법연구』가 계속 출간되었으며, 국제헌법학회 한국학회가 구성되어 세계헌법잡지를 내기도 하였고, 한국교육법학회, 한국토지공법학회 등이 활동을 하기 시작하였다.

이 시기의 헌법학계회고에 관해서는 한국공법학회에서 발간하는 『공법연구』에 실린 것을 참조해 주기 바란다.

김효전, 1970년대 헌법학계 회고 8 (1980), 149~224면

김철수, 1980년 헌법학계 회고 9 (1981), 227~237면

김계환, 1981년 헌법학계 회고 10 (1982), 159~167면

구병삭, 1982년 헌법학계 회고 11 (1983), 209~227면

한상범, 1983년 헌법학계 회고 12 (1984), 289~296면

유희일, 1984년 헌법학계 회고 13 (1985), 321~325면

의 자유와 공적 과업』(교보문고, 1982).

170) 강경근, 정보공개제도에 관한 연구, 고려대 법학박사, 1984. 2.

171) 신평, 언론사에 대한 접근이용권 연구, 서울대 법학석사, 1984. 2.

172) 이준구, 생존권의 실효성보장, 『고시연구』 5. 3 (1978. 3); 동인, 배분청구권, 『고시연구』 68 (1979. 11); 동인, 생존권법리의 재검토, 경북대 『법대논총』 21 (1983. 8).

173) 김용호, 교육을 받을 권리 - 배울 권리에서 본 교육조항, 서울대 법학석사, 1982. 2.

이동과, 1985년 헌법학계 회고 14 (1986), 207~214면
김효전, 1986년 헌법학계 회고 15 (1987), 175~200면
강경근, 1987년 헌법학계 회고 16 (1988), 379~402면

Ⅱ. 제6공화국헌법시대 전반기(1988~2000)

1. 헌법개정 경과

제5공화국헌법에 대한 개헌공방 끝에 6·8항쟁의 결과 민주정의당은 의원내각제개헌을 포기하고 6·29선언에 따라 합의 개헌을 하기로 하였다. 민정당과 민주당은 8인회의를 거쳐 1개월여에 걸쳐 절충한 결과 개정안에 합의하였다. 1987년 9월 17일에는 국회헌법개정특별위원회가 개헌안 전문을 전원일치로 채택하게 되었고 다음날 국회안으로 발의되었다. 이 개헌안은 10월 12일에는 국회를 통과하였고 10월 27일에는 국민투표로서 확정되었다. 이 헌법은 형식은 개정이었으나 실질적으로는 헌법의 제정이었으며 제6공화국헌법이라고 하겠다. 1988년 2월 25일부터 헌법이 시행되게 되었고, 최초의 대통령의 임기가 개시되었다. 이 제6공화국헌법은 그 동안 여러 번 개정이 논의되었으나 18년간 효력을 가진 최장수 한국헌법이 되었다. 현행헌법은 기본권보장을 획기적으로 확장하였고, 권력분립에 입각한 대통령제를 채택하고 있다. 그러나 의원내각제적 요소도 가미하고 있으며 대통령의 임기와 국회의원의 임기가 각기 달라 자칫하면 분리된 정부로서 권력의 약화를 가져올 우려가 있다.[174] 헌법재판소제도를 도입하여 기본권보장과 헌법보장기관으로서 중요한 일을 하게 되었다.

174) 김철수, 『대한민국헌법, 주석헌법』, 머리말, 1988 참조.

2. 헌법교과서

1988년 헌법이 시행됨에 따라 많은 교과서들이 개편되었다. 김철수, 『신고헌법학개론』,[175] 육종수, 『신고헌법원론』,[176] 정종학 외, 『신헌법학』,[177] 구병삭, 『신한국헌법론』,[178] 박일경, 『신헌법』,[179] 현경대, 『신헌법』,[180] 김영추, 『신헌법강의』,[181] 문홍주, 『한국헌법』,[182] 안용교, 『한국헌법』,[183] 허영, 『한국헌법론』,[184] 한상범, 『헌법』,[185] 권영성, 『헌법학원론』,[186] 김계환, 『헌법학강의』,[187] 최대권, 『헌법학』[188] 등이 출판되었다. 이들 중 김철수, 권영성, 허영의 교과서는 매년 개정·증보되어 2010년판까지 나오고 있다. 그 뒤 교과서를 새로 출판한 사람으로는 강경근, 『헌법학강론』,[189] 김승환, 『신헌법』,[190] 이종상, 『헌법학』,[191] 계희열, 『헌법학(상)』,[192] 김명규, 『현대헌법론』,[193] 최용기, 『대한헌

---

175) 김철수, 『신고헌법학개론』(박영사, 1988); 동인, 『헌법학신론』(박영사, 1988); 동인, 『한국헌법』(박영사, 1990).
176) 육종수, 『신고헌법원론』(형설출판사, 1988).
177) 정종학외, 『신헌법학』(청문사, 1989).
178) 구병삭, 『신한국헌법론』(일신사, 1988); 동인, 『신헌법원론』(박영사, 1988).
179) 박일경, 『신헌법』(법경출판사, 1990).
180) 현경대, 『신헌법』(박문각, 1988).
181) 김영추, 『신헌법강의』(형설출판사, 1989).
182) 문홍주, 『한국헌법』(해암사, 1988).
183) 안용교, 『한국헌법』[전정판](고시연구사, 1989).
184) 허영, 『한국헌법론』(박영사, 1990); 동인, 『헌법이론과 헌법(상·중·하)』(박영사, 1988).
185) 한상범, 『헌법』(법전출판사, 1990).
186) 권영성, 『헌법학원론』(법문사, 1989); 동인, 『헌법학요론』(1989).
187) 김계환, 『헌법학강의』(박영사, 1988).
188) 최대권, 『헌법학 - 법사회학적 접근』(박영사, 1989).
189) 강경근, 『헌법학강론』(일신사, 1993).
190) 김승환, 『신헌법』(두성사, 1995).
191) 이종상, 『헌법학』(법문사, 1995).
192) 계희열, 『헌법학(상)』(박영사, 1995).

법』,[194] 홍성방, 『헌법 Ⅰ, Ⅱ』,[195] 계희열, 『헌법학(중)』,[196] 정종섭, 『헌법연구(1 · 2 · 3)』,[197] 윤명선, 『헌법학』,[198] 권형준, 『헌법』,[199] 성낙인, 『헌법학』,[200] 장영수, 『헌법총론』,[201] 정종섭, 『헌법학원론』,[202] 이준일, 『헌법학강의』,[203] 전광석, 『한국헌법론』[204] 등이 있다.

3. 헌법연구서 단행본

연구서로는 다음과 같은 것이 있다.

김중권, 『헌법과 정당』(법문사, 1990); 박종흡, 『국정감사권 · 조사권』(법문사, 1990); 김효전, 『헌법논집 Ⅱ, 1985~1990』(민족문화, 1990); 최대권, 『통일의 법적 문제』(법문사, 1990); 한병채, 『헌법재판의 근원과 이론』(헌법재판소, 1990); 헌법재판소, 『위헌법률심사제도의 연구』(1990); 동, 『헌법소원제도의 연구』(1990) 등이 발간되었다. 91년에는 한태연 외, 『한국헌법사(상)(하)』(한국정신문화연구원); 구병삭 · 강경근 공저, 『국민투표』(민음사); 문홍주, 『기본적 인권연구』(해암사); 한상범, 『인권 - 민중의 자유와 권리』(교육과학사); 구병삭 편저, 『의원내각제의 연구』(화성사); 정만희, 『헌법과 의회주의』(법문사)가 출판되었으며, 92년에는 이병훈, 『대표원리와 의회주의 - 자유민주주의를 어떻게 인식할 것인가』(박문각);

---

193) 김명규, 『현대헌법론』(법영사, 1997).
194) 최용기, 『대한헌법』(대명출판사, 1999).
195) 홍성방, 『헌법(1 · 2)』(1999~2000).
196) 계희열, 『헌법학(중)』(박영사, 2000).
197) 정종섭, 『헌법학연구』(철학과 현실사, 1996~2000).
198) 윤명선, 『헌법학』(대명출판사, 2000).
199) 권형준, 『헌법』(법원사, 2000).
200) 성낙인, 『헌법학』(법문사, 2001).
201) 장영수, 『헌법총론』(홍문사, 2002); 동인, 『기본권론』(홍문사, 2003); 동인, 『통치기구론』(홍문사, 2004).
202) 정종섭, 『헌법학원론』(박영사, 2005).
203) 이준일, 『헌법학강의』(홍문사, 2005).
204) 전광석, 『한국헌법론』(법문사, 2005).

한상범, 『관료주의와 기본적 인권』(교육과학사); 김철수 · 안경환 공저, 『판례교재 헌법(II)』(법문사); 이석연, 『헌법소송의 이론과 실제』(삼선); 성낙인, 『프랑스 헌법학』(법문사, 1995); 이종상, 『헌법상 권력구조론』(경남대출판부, 1997); 정만희, 『현대헌법과 의회주의』(법문사, 1995); 김승대, 『통일헌법이론』(법문사, 1996); 김승대, 『러시아 헌법론』(법문사, 1998); 성낙인, 『선거법론』(법문사, 1998); 정순훈, 『경제헌법』(법문사, 1993); 최인기 · 이봉섭, 『지방의회론』(법문사)이 발간되었으며, 93년에는 전광석, 『사회보장법』(한림대 출판부); 김용헌, 『미국사법제도론(고시계); 남궁승태, 『프랑스 헌법소송론』(삼선); 민경국, 『헌법경제론 - 진화론적 자유주의 시각에서 본 계약론적 입헌주의』(강원대학교 출판부)가 출판되었으며, 94년에는 김헌, 『의원내각제 - 이론과 실제』(은하출판사); 문홍수 · 신봉기 공저, 『세계 각국의 헌법재판제도 - 헌법재판관 선출방법을 중심으로』(삼선); 성지각 법학분과위 편저, 『헌법판례요론』(성지각); 정종섭, 『헌법연구(I) - 헌법학의 새로운 모색』(철학과 현실사); 정재황, 『판례헌법』(길안사); 한국법학교수회편, 『법학교육과 법조개혁』(길안사); 한병채, 『헌법재판론』(고시계); 허영 편저, 『독일 통일의 법적 조명』(박영사); 강수림, 『통합선거법해설』(돌베게); 한국법제연구원, 『북한의 헌법개정과 입법동향』; 동, 『정보공개법의 제정방향』, 동, 『외국인의 법적 지위 - 해설과 법령』 등이 발간되었으며, 95년에는 양건, 『헌법연구』(법문사); 성낙인, 『프랑스 헌법학』(법문사); 한태연, 『헌법과 국민』(고시연구사); 김철수 · 양승두 외 7인, 『해설 지방자치단체선거법』(한국사법행정학회); 윤철홍, 『소유권의 역사』(법원사) 등이 발간되었다.

4. 외국헌법 번역서와 외국헌법 연구서적

90년부터 지금까지 나온 헌법학과 관련된 번역서에 관해서는 본서, 김효전 교수의 「한국헌법학 60년과 외국학설」을 참조하기로 하고 여기서는 생략한다.

외국헌법 관계로는 독일통일에 관한 논문이 많이 출간되었다. 장명봉, 독일통일에 관한 서론적 연구 - 법적 측면에서,[205] 박수혁, 동·서독 통일에서 본 남북한의 통일헌법,[206] 전광석, 동서독 통일의 헌법문제,[207] 장명봉, 독일의 규범적 통일 성취와 헌법개혁문제,[208] 허영 외, 독일통일의 법적 조명,[209] 이헌환, 독일통일과 관련된 서독연방헌법재판소판결에 대한 연구,[210] 전광석, 동서독통일과 국가승계문제,[211] 김철수, 동독헌법과 통독헌법[212] 등이 있다. 독일 헌법학에 관한 것으로는 독일의 슈미트, 스멘트, 헬러 등에 관한 연구가 많았고, 기타 외국법에 관해서 상세한 것은 김효전 교수의「한국헌법 60년과 외국학설」을 참조해 주기 바란다.

5. 학자와 학회

90년대의 헌법학계에는 상당수의 노장교수들이 퇴임하였고,[213] 많은 신진학자들이 배출되었다. 기존 헌법학자들도 소속을 옮기는 사람이 많았다. 현재의 헌법학자를 일일이 소개하기는 힘들기 때문에 한국공법학회와 한국헌법학회의 회원명부를 참조해주기 바란다.

---

205) 장명봉, 독일통일에 관한 서설적 연구,『법제연구』, 1991.

206) 박수혁, 동서독 통일에서 본 남북한의 통일헌법,『선거관리』, 1990. 12.

207) 전광석, 동서독 통일의 헌법문제,『한림대 논문집』8 (1990. 12).

208) 장명봉, 독일의 규범적 통일성취와 헌법개혁문제,『금랑 김철수 교수 화갑기념논문집』(박영사, 1993).

209) 허영 외,『독일통일의 법적 조명』(박영사, 1994).

210) 이헌환, 독일통일과 관련된 서독 연방헌법재판소판결에 대한 연구, 서원대『사회과학연구』, 1993.

211) 전광석, 동서독통일과 국가승계문제,『일암변재옥박사회갑기념논문집』, 1994.

212) 김철수, 동독헌법과 통독헌법,『미국헌법연구』8 (1997).

213) 퇴임교수들의 업적에 대해서도 김효전, 대한민국학술원,『한국의 학술연구, 법학』(1993), 헌법학 30년의 연구자들, 105면 이하; 한국공법학회,『한국의 공법학자들』(2003) 참조.

제6공화국에 와서 헌법학계는 많은 발전을 거듭하였다. 특히 학자의 수가 팽대함에 따라 학회가 많이 설립되어 발표의 장을 넓혔고, 학회지의 공인 때문에 학회지를 연 3회 이상 발간하게 하였고 대학에서도 성과주의를 채택하여 미국식인 Publish or Perish현상이 나타나고 있다. 이에 교수들은 연구논문발표에 열심이다. 옛날에는 원고료를 받고 집필하였는데 이제는 게재료를 내어야만 학회지에 논문을 발표하게 되었다.

헌법 관계 학회도 많이 분화하여 한국공법학회, 한국헌법학회, 국제헌법학회 한국학회, 비교공법학회, 공법이론과 판례연구회, 헌법실무연구회 등이 자주 학회를 개최하여 헌법학 발전에 기여하고 있었다.

6. 헌법판례연구

제6공화국 들어 헌법재판소가 개설되었고 헌법재판에 관한 연구가 활발해졌다.

헌법판례연구로는 사례연구와 판례평석들을 들 수 있다. 중요한 것만 들면 다음과 같다. 최대권, 『사례중심 헌법학』,[214] 성낙인, 『한국헌법연습』,[215] 김학성, 『헌법재판소판례연구』,[216] 이석연 · 신봉기, 『헌법재판소판례총람』,[217] 김문현, 『사례연구 · 헌법』,[218] 김선택, 『헌법사례연구』,[219] 남복현, 『헌법판례평석』,[220] 정재황, 『헌법과 행정실무』, [221] 정종섭, 『헌법소송법』,[222] 정연주, 『헌법판례연구(1)』,[223] 방승주, 『헌

214) 최대권, 『사례중심 헌법학』(박영사, 1997).
215) 성낙인, 『한국헌법연습』(고시계사, 1997).
216) 김학성, 『헌법재판소판례연구』(성민사, 1997).
217) 이석연 · 신봉기, 『헌법재판소판례총람』(고시연구사, 1997).
218) 김문현, 『사례연구 · 헌법』(법원사, 2000).
219) 김선택, 『헌법사례연습』(법문사, 2000).
220) 남복현, 『헌법판례평석』(만파, 2000).
221) 정재황, 『헌법과 행정실무』(길안사, 2000).
222) 정종섭, 『헌법소송법』(박영사, 2001).
223) 정연주, 『헌법판례연구(1)』(박영사, 2001).

법소송사례연구』,[224] 문홍주, 『미국헌법과 기본적 인권』,[225] 정재황, 『헌법소송법』,[226] 허영, 『헌법소송법』,[227] 전광석, 『헌법판례 연구』[228] 등이 있으며, 상세한 것은 본서에 수록된 정재황, 「헌법소송법학 60년의 연구동향」을 참조해 주기 바란다.

7. 신진학자의 대량 배출

1990년대에 국내에서 박사학위를 받은 사람들의 논제는 다음과 같다.

1990년에는 김승조, 생존권에 관한 연구(고려대); 김학성, 헌법소원에 관한 연구(서울대); 김형곤, 자연법이론의 기본적 인권에의 이용에 관한 연구(경남대); 김영휴, 평등보장의 기준에 관한 연구(전남대); 박영도, Hermann Heller의 국가관에 관한 분석적 연구(한국외국어대); 박철언, 언론자유와 국가안전개념의 상충과 조화에 관한 연구(한양대); 신현직, 교육기본권에 관한 연구(서울대); 유정복, 미국헌법상 적법절차에 관한 연구(원광대); 이종률, 국민주권주의의 이데올로기성에 관한 연구(부산대); 좌종훈, Carl Schmitt의 결단주의와 Thomas Hobbes(고려대); 전일주, 재산권보장에 관한 연구 - 토지공개념 논의와 관련하여(단국대); 정정부, 미국헌법상의 대통령직 교체에 관한 연구(동아대); 정종섭, 대의제에 관한 연구(연세대); 최창동, 근대 헌법에 있어서 국가의 상징에 관한 연구 - 대한민국 국기의 제정배경과 법 및 국가철학적 의의를 중심으로(동국대); 한상수, 시민적 불복종에 관한 연구(부산대).

1991년에는 권형준, 프랑스에 있어서의 기본권보장에 관한 연구 - 헌법원(Conseil constitutionnel)을 중심으로(서울대); 김민배, 칼 맑스의 소유권과 소련 헌법의 소유제도(인하대); 김현, 의원내각제의 권력균형제

224) 방승주, 『헌법소송사례연구』(박영사, 2001).
225) 문홍주, 『미국헌법과 기본적 인권』(유풍출판사, 2002).
226) 정재황, 『헌법소송법』(박영사, 2003).
227) 허영, 『헌법소송법』(박영사, 2005).
228) 전광석, 『헌법판례연구』(법문사, 2000).

도에 관한 연구(동국대); 김상선, 한국의 국회의원선거제도에 관한 연구(조선대); 김영천, 의회의 자율권에 관한 비교법적 연구(고려대); 김영환, 적극적 평등실현조치(Affirmative Action)에 관한 연구(영남대); 김용태, 국회의원선거제도에 관한 연구(대구대); 남궁승태, 프랑스 제5공화국 헌법평의회의 인권보장에 관한 연구(동국대); 문종욱, 칼 슈미트 법사상과 현대 법학에 미친 그 영향(충남대); 박승호, 헌법재판의 본질과 한계(고려대); 변종화, 기본권으로서의 환경권에 관한 법적 연구(청주대); 송희성, 재산권의 존속 보장과 가치보장에 관한 연구(경희대); 심경수, 소련 헌법의 발전과 그 변화에 관한 연구(충남대); 이동훈, 언론자유의 현대적 기능에 관한 연구 - 미국의 엑세스권을 중심으로(성균관대); 임영형, 자유권의 한계에 관한 연구 - 정신적 자유권을 중심으로(건국대); 차맹진, 프라이버시 보호와 자기정보통제권(인하대); 김동환, 사회주의 헌법상 기본권에 관한 이념적 접근 - 구 소련헌법과 북한헌법을 중심으로(경희대).

1992년에는 도회근, 소비에트 제도에 관한 헌법학적 연구(서울대); 이재명, 인간존엄의 헌법적 접근(중앙대); 차태환, 생존권적 기본권으로서의 공적 부조에 관한 연구(고려대).

1993년에는 김수갑, 헌법상 문화국가원리에 관한 연구(고려대); 김영일, 고르바초프 헌법과 러시아 신헌법에 관한 연구(단국대); 라경균, 미국 헌법상 평등보호에 관한 연구(영남대); 박상철, 현대정당제도의 공법적 고찰(성균관대); 신기하, 헌법상 공공복리에 관한 연구(경희대); 신인항, 대한민국임시정부의 정치적 정통성에 관한 연구(경북대); 오호택, 헌법정책론의 이론적 기초(고려대); 이규정, 미국연방의회의 거부권에 관한 연구(경희대); 이윤환, 헌법상 외국인의 선거권에 관한 연구 - 일본국헌법상 재일한국인 문제를 중심으로(충남대); 정진홍, 인신의 자유보장에 있어서의 적법절차에 관한 연구(한양대); 지규철, 미국에서의 정교분쟁에 관한 연구(고려대); 한병호, 인간다운 생존의 헌법적 보장에 관한 연구 - 구체적 권리로서의 실현가능성을 중심으로(서울대); 한상희, 사법결정행태에 관한 경험적 연구(서울대).

1994년에는 김광수, 독일 공법상의 재산권보장과 국가책임 확장이론(서울대); 김병곤, 독일 기본법상의 인간의 존엄(동아대); 김욱, 주체사상을 통한 마르크스적 자유와 평등실현의 법리와 문제점(연세대); 김종서, 시청자의 방송통제에 관한 연구(서울대); 김종식, 환경권 침해의 구제법리에 관한 연구(동의대); 김창록, 일본에서의 서양헌법사상의 수용에 관한 연구(서울대); 김형근, 대학제도의 개혁에 관한 법적 연구 - 대학법제정을 중심으로(명지대); 남복현, 법률의 위헌결정의 효력에 관한 연구(한양대); 박인규, 독일헌법학상 참여권에 관한 연구(건국대); 박종호, 법령에 대한 헌법소원(서울대); 오규석, 사회복지권의 법리에 관한 연구(동의대); 우성기, 공법상의 비례원칙-프랑스 공법을 중심으로(서울대); 이성환, 헌법재판소 결정의 효력에 관한 연구(서울대); 임동규, 일사부재리의 원칙에 관한 연구(서울대); 허종렬, 교육에 관한 국가의 권한과 그 한계(성균관대).

1995년에는 박리숙, 피의자에 대한 변호권의 보장(경희대); 심영배, 선거제도에 있어서 다수대표제와 비례대표제(전주대); 양정자, 법률구조제도에 관한 연구(원광대); 이천수, 기본적 인권으로서의 교육권에 관한 연구(명지대); 정영화, 남북한 통일과 재산권 문제에 관한 헌법정책론(서울대) 등이 있다.

한편 1990년대에 외국에서 학위를 받은 사람들도 많다.

상세한 것은 김효전, 한국헌법학 50년의 성과와 21세기 과제, 『서울대 법학』, 54면 참조.

8. 노장학자들의 퇴장

90년대에는 한국학설에 대한 비판도 행하여졌다. 유진오 교수에 대한 연구라든가[229] 김철수 교수에 대한 연구와[230] 허영 교수에 관한 연구가

229) 김철수, 유진오의 헌법초안에 나타난 국가형태와 정부형태, 『한국사 시민강좌』 제17집(1995); 김철수, 유진오의 기본권관, 한국법학교수회편, 고 정광현 박사추모논문집 『법학교육과 법학연구』(길안사, 1995); 안경환, 유진오 - 통합적 지성인의 삶, 『한국의 공법학자들』, 2003; 이영록, 유진오 헌법사상의

있다.[231] 이 기간 동안에 출간된 기념논문집은 많다. 이 중 중요한 기념논문집으로는 다음과 같은 것이 있다. 『금랑 김철수교수 화갑기념논문집』, 『서원우교수 회갑기념논문집』, 『배준상교수 정년기념논문집』,[232] 『정천 허영교수 화갑기념논문집』,[233] 『육종수교수 회갑기념논문집』,[234] 『미봉 김운룡교수 화갑기념논문집』,[235] 『서정호교수 정년기념논문집』,[236] 『실보 김영수교수 화갑기념논문집』,[237] 『김철수교수 정년기념논문집』,[238] 『일암 변재옥 교수 정년기념논문집』,[239] 『해암 문홍주교수 팔순기념논문집』,[240] 『금랑 김철수교수 고희기념논문집』,[241] 『우재 이명구박사 회갑기념논문집(I)』[242] 등이 있다.

9. 학회활동

이 시기에 학회는 활발한 활동을 벌였으며 많은 논문을 출간하였다.[243]

형성과 전개, 서울대 박사논문, 2000; 전광석, 헌법학과 유진오, 『연세법학연구』 2집(1992).

230) 김효전, 김철수 교수의 헌법학 - 학설 40년의 발자취, 『세계헌법연구』 3 (1998); 김문현, 김철수 교수의 헌법이론과 한국헌법학에의 공헌, 『김철수 교수정년기념논문집』(박영사, 1998); 성낙인, 김철수, 『한국의 공법학자들』, 2003.

231) 국순옥, 허영 교수의 동화적 통합론과 한국헌법론의 상식밖 논리들(1), 『민주법학』 14 (1998).

232) 『배준상교수 정년기념논문집』(법원사, 1997).

233) 『허영교수 화갑기념논문집』(박영사, 1997).

234) 『육종수교수 화갑기념논문집』(형설출판사, 1997).

235) 『김운용교수 화갑기념논문집』(신홍사, 1997).

236) 『서정호교수 정년기념논문집』(1997).

237) 『김영수교수 화갑기념논문집』(학문사, 1999).

238) 『김철수 교수 정년기념논문집』(박영사, 1998).

239) 『변재옥 교수 정년기념논문집』(1998).

240) 『문홍주 교수 팔순기념논문집』(미국법연구).

241) 『김철수 교수 고희기념논문집』(2003, 세계헌법연구).

242) 『이명구 박사회갑기념논문집』(1996).

243) 공법학회에 관한 것은 김효전, 한국공법학회의 회고와 전망, 『한국공법학회

이동안의 잡지 게재 논문은 수도 없이 많다. 이를 일일이 분류·소개하는 것은 지면의 관계상 생략하기로 하고, 『공법연구』, 『고시계』 등 잡지에 실린 연간 회고문을 참조해주기 바란다.[244)]

50년사 자료집 I』 참조.

244) 김효전, '90 학계와 판례의 동향(헌법), 『월간고시』 203 (1990. 12); 이강혁, '91 학계와 판례의 동향 I (헌법), 『월간고시』 215 (1991. 12); 이강혁, 1988년의 학계와 판례, 『월간고시』 179 (1988. 12); 성낙인, 1988년도 헌법학계회고, 『공법연구』 17 (1989); 국순옥, 1989년도 헌법학계, 『공법연구』 18 (1990); 김운룡, 1990년도 헌법학계 『공법연구』 19 (1991); 김효전, 1991년도 헌법학계회고, 『공법연구』 20 (1992); 김철수, '88 회고와 '89 전망, 『고시계』 384 (1989. 2); 이강혁, '90 회고와 '91 전망, 『고시계』 407 (1992); 김효전, '91 회고와 '92 전망, 『고시계』 419 (1992. 1); 권영설, 1992년도 헌법학계회고, 『공법연구』 21 (1993); 김효전, 1992년의 학계활동과 판례경향(헌법), 『고시계』 431 (1993. 1); 김영수, 1993년도 헌법학계회고, 『공법연구』 22, 3; 김효전, 1993년의 학계활동과 판례경향(헌법), 『고시계』 443 (1994. 1); 강경근, 1994년도 헌법학계·판례의 동향과 전망, 『고시연구』 22, 1 (1995. 1); 김효전, 1994년의 학계활동과 판례경향(헌법), 『고시계』 455 (1995. 1); 김효전, 1994년도 헌법학계회고, 『공법연구』 23, 3 (1995. 6); 강경근, 학계·판례의 동향과 전망(헌법), 『고시연구』 20, 1 (1993. 1); 이강혁, '92 헌법학계와 판례의 동향, 『월간고시』 228 (1993. 1); 강경근, '93년도 헌법학계·판례의 동향과 전망, 『고시연구』 21, 1 (1994. 1); 이강혁, '93 헌법학계와 판례의 동향, 『월간고시』 239 (1993. 12); 김효전, 한국헌법학 50년의 성과와 21세기적 과제, 『서울대 법학』 제36권 제2호 (1995. 8); 김효전, 한국헌법학의 체계와 조류(헌법), 『월간고시』 241 (1994. 2); 양건, 한국헌법학의 과제, 『공법연구』 23, 3 (1995. 6); 김효전, '95년도 헌법학계의 활동, 『고시계』 467 (1996); 정재황, '95년도 헌법학계·판례의 동향과 전망, 『고시연구』 23, 1 (1996. 1); 강경근, 1995년도 헌법학계회고, 『공법연구』 24, 3 (1996. 6); 민경식, 1996년도 헌법학계회고, 『공법연구』 25, 3 (1997. 6); 장영수, 1997년도 헌법학계회고, 『공법연구』 26, 3(1998. 6); 성낙인, 1998년도 헌법학계회고, 『헌법학연구』 43 (1998. 10); 성낙인, '96년도 헌법학계의 활동, 『고시계』 479 (1997. 1); 성낙인, 최근 헌법학의 연구경향과 학설·판례의 경향, 『고시연구』 23, 4(1996. 4); 강경근, '96년도 헌법학계·판례의 동향과 전망, 『고시연구』 24, 1 (1997. 1); 성낙인, '97년도 헌법학계의 활동, 『고시계』 491 (1998. 1); 장영수, '97 헌법학계와 헌법재판소판례의 동향, 『법정고시』 4, 1 (1998. 1); 정만희, '97년도 헌법학계활동의 결산과 판례동향, 『고시연구』 25, 1 (1998); 김효전, 헌법학계의 회고와 전망, 『고시연구』 25, 4 (1998. 4); 김철수, 헌법학 50년의 회고와 전망, 『고시계』 500 (1998. 10); 권영설, 1998년도 헌법학계회고, 『공법연구』

『공법연구』에 실린 헌법학 학계회고에는 다음과 같은 것이 있다.

성낙인 1988년 헌법학계 회고 17 (1989), 343~354면

국순옥 1989년 헌법학계 회고 18 (1990), 301~312면

김운용 1990년 헌법학계 회고 19 (1991), 312~320면

김효전 1991년 헌법학계 회고 20 (1992), 359~388면

권영설 1992년 헌법학계 회고 21 (1993), 417~440면

김영수 1993년 헌법학계 회고 22. 3 (1994), 443~468면

김효전 1994년 헌법학계 회고 23. 3 (1995), 451~480면

강경근 1995년 헌법학계 회고 24. 3 (1996), 361~394면

민경식 1996년 헌법학계 회고 25. 3 (1997), 227~252면

장영수 1997년 헌법학계 회고 26. 3 (1998), 417~438면

권영호 1998년 헌법학계 회고 27. 3 (1999), 487~500면

이승우 1999년 헌법학계 회고 28-4-1 (2000), 351~372면

전광석 2000년 헌법학계 회고 29-4 (2001), 395~411면

Ⅲ. 제6공화국헌법시대 후반기(2001~2010)

1. 특색

이 시기는 제6공화국헌법이 규범력을 발휘하여 평화적 정권교체가

27, 3 (1999); 성낙인, 1998년 헌법학계의 회고, 『고시계』 504 (1999. 2); 성낙인, 1999년 헌법학계의 회고, 『고시계』 516 (2000. 2); 이승우, 1999년 헌법학계 회고, 『공법연구』 28, 4 (2000); 강경근, 1999년도 회고 및 2000년도 전망, 『고시연구』 27, 1; 안경환, 2002년 한국헌법의 과제, 단국대 『법학논총』 25 (2001. 1); 한상범, 21세기 한국공법과 공법학의 과제, 『아태공법연구』 7 (2000. 12); 성낙인, 헌법학계회고, 『고시계』 551 (2003. 1); 김문현, 2004 헌법학계 회고와 판례의 동향, 『고시계』 575 (2005. 1); 장영수, 2005년도 헌법학계 및 판례의 동향, 『고시계』 587 (2006. 1). 이 밖에도 김철수, 헌법학 50년의 회고와 전망, 『고시계』 500 (1998. 10). 『공법연구』, 『헌법학연구』, 『고시연구』 등 잡지의 헌법학계회고를 참조할 것.

이루어진 것이 특색이다. 문민정부(김영삼)에서 국민의 정부(김대중), 참여정부(노무현), 실용정부(이명박)로 평화적 정권교체가 이루어졌다. 1998년부터 2008년까지는 좌파정권이 등장하여 학계에서도 진보학자들의 활동이 왕성하였다. 2008년 이명박 정부로 정권이양 후에는 다시 보수학자들의 활동이 재개되었다. 2005년 이후에는 개헌논의가 등장하여 개헌문제에 관한 논의가 활발하였다.

예를 들면, 한국공법학회에서는 2005년 7월의 학술발표대회에서도 헌법개정의 문제를 다루었고,[245] 2006년 5월의 학술발표대회[246]에서도 헌법개정문제를 다루었다. 특히 한국공법학회에서는 2006년에 헌법개정연구회를 만들어 2006년 11월에는 헌법개정연구회의 개정연구회보고서를 발표하기도 하였다.[247] 한국헌법학회에서도 학술대회에서 헌법개정문제를 누차에 걸쳐 발표하였다.[248] 또 제헌 60주년 기념 공동학술대회에서도 헌법개정이 논의되었고,[249] 연구보고서가 발표되었다. 헌법학자를 중심으로 구성된 국회의장자문기구인 헌법연구자문위원회에서도 헌법개정에 관한 연구보고서를 발표하였다.[250] 또 헌법학자들이 많이 참여한 대화아카데미에서는 헌법개정안을 만들어 발표하기도 하였다.[251]

독일통일 20주년을 맞아 한국통일과 헌법개정 등 문제가 논의되었다. 북한법연구회는 정부수립 60주년을 기념하여 한국통일과 법적 과제의 세미나를 열었고,[252] 2010년 10월 6일에 독일통일 20주년 통일법세미나를 열었다.[253] 한국공법학회는 2010년 10월 8일에 독일통일 20주년

245) 한국공법학회, 제123회 학술대회, 2005. 7. 1-2.
246) 한국공법학회, 통일시대를 대비한 헌법개정의 방향, 2006. 5. 20.
247) 한국헌법학회 발표회, 2006. 11. 18.
248) 한국헌법학회 발표회, 2006. 3. 24, 2006. 6. 23 대회
249) 한국헌법학회 발표회, 2010. 5. 26.
250) 헌법연구자문위원회, 『헌법개정 연구보고서』, 2009.
251) 대화아카데미, 『헌법개정안』, 2010.
252) 북한법연구회, 한국통일과 법적 과제, 2008. 9.
253) 북한법 연구회, 독일통일 20년: 법제통합, 인구이동, 통일비용과 시사점.

회고와 한국통일에의 전망에 관한 발표회를 가졌다.[254)]

2. 헌법교과서

이 시기에도 퇴직교수들의 헌법학 교과서가 계속 출간되었고 새로이 신진학자들의 교과서가 등장하였다. 예를 들면 김철수, 『헌법학개론』,[255)] 『헌법학신론』,[256)] 『헌법개설』,[257)] 권영성, 『헌법학원론』,[258)] 허영, 『한국헌법론』,[259)] 계희열, 『헌법학(상)(중)』[260)] 등이 나왔고, 김철수의 『학설 · 판례 헌법학(상 · 하)』,[261)] 『학설 · 판례 헌법학(상 · 중)』[262)] 등이 출간되었다.

새로 출간된 것으로는 윤명선, 『헌법학』,[263)] 권형준, 『헌법』,[264)] 성낙인, 『헌법학』,[265)] 장영수, 『헌법총론』,[266)] 『기본권론』, 『통치구조론』, 정종섭, 『헌법학원론』,[267)] 이준일, 『헌법학강의』,[268)] 전광석, 『한국헌법론』,[269)] 홍성방, 『헌법학』,[270)] 이관희, 『한국민주헌법론 Ⅰ, Ⅱ』,[271)]

---

254) 한국공법학회, 통일의 공법적 문제, 독일통일의 회고와 한국통일의 전망, 2010. 10. 8.
255) 김철수, 『헌법학개론』(박영사, 2001~2007).
256) 김철수, 『헌법학신론』(박영사, 2001~2010).
257) 김철수, 『헌법개설』 제1판~제10판(박영사, 2001~2010).
258) 권영성, 『헌법학원론』(법문사, 2001~2010).
259) 허 영, 『한국헌법론』(박영사, 2001~2010).
260) 계희열, 『헌법학(상)(중)』(박영사, 2007).
261) 김철수, 『학설 · 판례 헌법학(상 · 하)』(박영사, 2008).
262) 김철수, 『학설 · 판례 헌법학(상 · 중)』(박영사, 2009).
263) 윤명선, 『헌법학』(대명출판사, 2001).
264) 권형준, 『헌법』(법원사, 2001).
265) 성낙인, 『헌법학』(법문사, 2001~2010).
266) 장영수, 『헌법총론』(홍문사, 2002); 동인, 『기본권론』(홍문사, 2003); 동인, 『통치기구론』(홍문사, 2004).
267) 정종섭, 『헌법학원론』(박영사, 2005~2010).
268) 이준일, 『헌법학강의』(홍문사, 2005).
269) 전광석, 『한국헌법론』(법문사, 2005).
270) 홍성방, 『헌법학』(현암사, 2002).

강경근, 『헌법』,[272] 최대권, 『헌법학강의』,[273] 이상철 · 김성주, 『헌법학개론』,[274] 박종국, 『신헌법강의』,[275] 오태곤, 『헌법신론』,[276] 이준일, 『헌법학강의』,[277] 전광석, 『한국헌법론』,[278] 문광삼, 『한국헌법학』,[279] 백윤철, 『헌법 I』,[280] 양건, 『헌법강의 2』,[281] 이병훈, 『헌법』,[282] 이부하, 『헌법학원론』,[283] 이준일, 『헌법학강의』,[284] 임종훈, 『한국헌법요론』,[285] 정종섭, 『헌법학원론』,[286] 차수봉, 『헌법강의 I』,[287] 김효전, 『헌법』,[288] 남궁승태 · 이철호, 『헌법강의』,[289] 이승우, 『헌법학』,[290] 최용기, 『헌법』,[291] 조병륜, 『헌법학원리』,[292] 홍성방, 『헌법학원론(상 · 중 · 하)』,[293] 정영화, 『헌법학』[294] 등이 있다.

---

271) 이관희, 『한국민주헌법론 Ⅰ, Ⅱ』(박영사, 2004).
272) 강경근, 『헌법』(법문사, 2002).
273) 최대권, 『한법학강의』[증보판](박영사, 2001).
274) 이상철 · 김성주, 『헌법학개론』(박영사, 2009).
275) 박종국, 『신헌법강의』(동방도서, 2005).
276) 오태곤, 『헌법신론』(샘물, 2005).
277) 이준일, 『헌법학강의』(홍문사, 2005).
278) 전광석, 『한국헌법론』(법문사, 2005~2010).
279) 문광삼, 『한국헌법학: 국가조직론』(2008); 『기본권론』(2009); 『한국헌법학』(삼영사, 2010).
280) 백윤철, 『헌법 I』(한국학술정보 2008).
281) 양건, 『헌법강의, 1, 2』(법문사, 2008); 『헌법강의』(법문사, 2009).
282) 이병훈, 『헌법: 이론과 사례』(대명출판사, 2008).
283) 이부하, 『헌법학원론』(신론사, 2008).
284) 이준일, 『헌법학강의』(홍문사, 2008).
285) 임종훈, 『한국헌법요론』(홍익대학교 출판부, 2008).
286) 정종섭, 『헌법학원론』(박영사, 2008~2010).
287) 차수봉, 『헌법강의 I』(경남대학교 출판부, 2008).
288) 김효전, 『헌법』(소화, 2009).
289) 남궁승태 · 이철호, 『헌법강의』(21세기사, 2009).
290) 이승우, 『헌법학』(도서출판 두남, 2009).
291) 최용기, 『헌법』(대명출판사, 2009).
292) 조병륜, 『헌법학원리』(성광사, 2010).
293) 홍성방, 『헌법학원론(상 · 중 · 하)』(박영사, 2010).
294) 정영화, 『헌법학』(예지원, 2010).

헌법교과서는 몇 권의 대작을 제외하고 대부분은 각 대학의 교재로 편집한 것이어서 내용은 간단하고 독창성이 없는 것이 특색이다. 교과서 중에서 특색이 있는 것은 김철수, 『학설 · 판례 헌법학(상 · 하)』와 계희열, 『헌법학(상 · 중)』, 허영, 『한국헌법론』, 성낙인, 『헌법학』, 정종섭, 『헌법학원론』, 조병륜, 『헌법학원리』 등이 독창적인 이론을 도입하고 있다.

3. 헌법연구 단행본

헌법에 관한 연구서들도 많이 나오기 시작하였다. 몇 예를 들면 김대환, 『기본권제한의 한계』,[295] 김효전, 『근대한국의 국가사상』,[296] 문홍주, 『미국헌법과 기본적 인권』,[297] 신우철, 『헌법과학-새로운 방법론의 모색』,[298] 박선영, 『언론정보법(1)』; 동인, 『언론정보법(2)』,[299] 문재완, 『표현의 자유와 한계』,[300] 김철수, 『헌법과 교육』,[301] 송석윤, 『위기시대의 헌법학』,[302] 정극원, 『헌법국가와 기본권』,[303] 박용상, 『표현의 자유』,[304] 김철수, 『독일통일의 정치와 헌법』,[305] 김효전, 『헌법정치 60년과 김철수 헌법학』,[306] 윤명선, 『미국입헌정부론』,[307] 윤명선, 『미국기본권연구』,[308] 윤명선, 『표현의 자유』,[309] 정종섭, 『헌법연구1~5』,[310]

295) 김대환, 『기본권제한의 한계』(법영사, 2001).
296) 김효전, 『근대한국의 국가사상』(철학과 현실사, 2000).
297) 문홍주, 『미국헌법과 기본적 인권』(유풍출판사, 2002).
298) 신우철, 『새로운 방법론의 모색』(동현출판사, 2002).
299) 박선영, 『언론정보법(1)』; 『언론정보법(2)』(법문사, 2002).
300) 문재완, 『표현의 자유 그리고 그 제한』(늘봄, 2002).
301) 김철수, 『헌법과 교육』(교육과학사, 2002).
302) 송석윤, 『위기시대의 헌법학: 바이마르 헌법학이 본 정당과 단체』(정우사, 2002).
303) 정극원, 『헌법국가와 기본권』(한국조세신문사, 2002).
304) 박용상, 『표현의 자유』(현암사, 2002).
305) 김철수, 『독일통일의 정치와 헌법』(박영사, 2004).
306) 김효전, 『헌법정치 60년과 김철수 헌법학』(박영사, 2005).
307) 윤명선, 『미국입헌정부론』(경희대출판국, 2008).

권영설, 『헌법이론과 헌법담론』,[311] 신우철, 『비교헌법사』,[312] 정만희, 『헌법과 통치구조』,[313] 윤대규, 『왜 개헌인가』,[314] 김백유, 『헌법학: 기본권론』,[315] 김형남, 『기본권론 1, 2』,[316] 박진완, 『국가와 헌법』,[317] 김도협, 『의원내각제』[318] 등이 있다.

이 밖에도 김철수, 『한국입헌주의의 정착을 위하여』,[319] 김효전, 『근대한국의 법제와 법학』,[320] 김효전, 『헌법』,[321] 김효전, 『헌법논집 Ⅲ』,[322] 고문현, 『환경헌법』,[323] 좌승희, 『새 헌법연구』,[324] 안경환, 『법과 사회와 인권』,[325] 정문식, 『독일헌법 기본권일반론』,[326] 『현민 유진오 제헌헌법 관계자료집』,[327] 이승우, 『국가론』,[328] 김철수(편), 『대한민국정부형태 어떻게 할 것인가』,[329] 김철수, 『헌법개정, 과거와 미래』[330]와

308) 윤명선, 『미국기본권연구』(경희대출판국, 2005).
309) 윤명선, 『표현의 자유』(경희대학교 출판부).
310) 정종섭, 『헌법연구1~5』(박영사, 2001-2005).
311) 권영설, 『헌법이론과 헌법담론』(법문사, 2006).
312) 신우철, 『비교헌법사』(법문사, 2008).
313) 정만희, 『헌법과 통치구조』(법문사, 2005).
314) 윤대규, 『왜 개헌인가』(한울, 2005).
315) 김백유, 『헌법학: 기본권론』(한성대학교 출판부, 2008).
316) 김형남, 『기본권론 1』, 『기본권론 2』(신지서원, 2008).
317) 박진완, 『국가와 헌법』(박영사, 2008).
318) 김도협, 『의원내각제』(진원사, 2007).
319) 김철수, 『한국입헌주의의 정착을 위하여』(법서출판사, 2003).
320) 김효전, 『근대한국의 법제와 법학』(세종출판사, 2006).
321) 김효전, 『헌법』(도서출판 소화, 2009).
322) 김효전, 『헌법논집 III. 2001~2010』(세종출판사, 2010).
323) 고문현, 『환경헌법』(울산대학교 출판부, 2006).
324) 좌승희, 『새 헌법연구』(경기개발연구원, 2008).
325) 안경환, 『법과 사회와 인권』(돌베개, 2009).
326) 정문식, 『독일헌법 기본권일반론』(전남대학교 출판부, 2009).
327) 고려대학교 박물관(편), 『현민 유진오 제헌헌법 관계자료집』(고려대학교 출판부, 2009).
328) 이승우, 『국가론』(도서출판 두남, 2010).
329) 김철수(편), 『대한민국정부형태 어떻게 할 것인가』(예지각, 2010).
330) 김철수, 『헌법개정, 과거와 미래』(진원사, 2008).

서울대 통일연구소, 『통일헌법상 권력구조에 관한 연구』[331] 등이 있다.

이 들 논문집들은 대개가 기존 논문들을 편집한 것이 많으나 그래도 독창성있는 연구서도 있다.

예를 들면, 새 헌법개정을 위한 제안이라든가 입법정책적 연구가 있어 한국헌법학의 지평을 넓힌 것이라 하겠다.

4. 헌법소송법학과 판례연구

정재황, 『헌법재판개론』,[332] 정종섭, 『헌법소송법』,[333] 허영, 『헌법소송법론』,[334] 신평, 『헌법재판법』,[335] 오호택, 『헌법소송법』,[336] 정재황, 『헌법과 행정실무』,[337] 정종섭, 『판례 헌법소송법』,[338] 한국헌법판례연구회(편), 『헌법판례연구(1~11)』,[339] 헌법실무연구회(편), 『헌법실무연구(1~10)』,[340] 정종섭, 『헌법재판연구』,[341] 정종섭, 『헌법판례연구 Ⅰ』,[342] 정연주, 『헌법판례연구 Ⅰ』,[343] 홍성방, 『헌법재판소 결정례 요지』,[344] 방승주, 『헌법소송사례연구』,[345] 성낙인, 『판례헌법』,[346]

---

331) 서울대학교 통일연구소, 『통일헌법상 권력구조에 관한 연구』(서울대학교 통일연구소, 2008).
332) 정재황, 『헌법재판개론』(박영사, 2001).
333) 정종섭, 『헌법소송법』(박영사, 2002-2010).
334) 허 영, 『헌법소송법론』(박영사, 2006-2010).
335) 신 평, 『헌법재판소법』(법문사, 2007).
336) 오호택, 『헌법소송법』(동방문화사, 2008).
337) 정재황, 『헌법과 행정실무』(길안사, 2000).
338) 정종섭, 『판례 헌법소송법』(박영사, 2003).
339) 한국헌법판례연구회(편), 『헌법판례연구(1~11)』(박영사).
340) 헌법실무연구회(편), 『헌법실무연구(1~10)』(박영사).
341) 정종섭, 『헌법재판연구 Ⅰ』[제2판](박영사, 2005).
342) 정종섭, 『헌법판례연구 Ⅰ』.
343) 정연주, 『헌법판례연구 Ⅰ』(박영사, 2002).
344) 홍성방, 『헌법재판소 결정요지』(법문사, 2002).
345) 방승주, 『헌법소송사례연구』(박영사, 2002).
346) 성낙인, 『판례헌법』(법문사, 2009~2010).

정종섭, 『판례한국헌법』,[347] 김철수, 『학설 · 판례, 헌법학(상 · 하)』,[348] 김철수, 『학설 · 판례, 헌법학(상 · 중)』,[349] 오호택, 『판례로 구성한 헌법』,[350] 전정환 · 변무웅, 『독일방송헌법판례』[351] 등이 있다. 이에 대해 상세한 것은 본서, 정재황, 「한국헌법소송법학 60년의 연구동향」을 참조해 주기 바란다.

5. 외국서 번역

클라우스 슐라이히(정태호역), 『독일헌법재판론』,[352] 칼 슈미트(김효전 · 박배근 옮김), 『입장과 개념들』,[353] 콘라드 헷세(계희열역), 『통일독일헌법원론』,[354] 찰스 A. 비어드(양재열 옮김), 『미국헌법의 경제적 해석』,[355] 에른스 볼프강 뵈켄회르데(김효전 · 정태호 옮김), 『헌법과 민주주의』,[356] 게오르그 옐리네크 외(김효전 편역), 『독일기본권이론의 이해』,[357] 헤르만 헬러(김효전역), 『주권론: 국법이론과 국제법이론을 위한 하나의 기여』,[358] 게오르그 옐리네크(김효전 옮김), 『일반 국가학』,[359] 칼 슈미트(김효전 옮김), 『현대의회주의의 정신사적 지위』,[360] 칼 슈미트(김효전

347) 정종섭, 『판례한국헌법』(박영사, 2007).
348) 김철수, 『학설 · 판례 헌법학(상 · 하)』(박영사, 2008).
349) 김철수, 『학설 · 판례 헌법학(상 · 중)』(박영사, 2009).
350) 오호택, 『판례로 구성한 헌법』(동방문화사, 2007).
351) 전정환 · 변무웅, 『독일방송헌법판례』(한울아카데미, 2002).
352) 정태호역, 『독일헌법재판론』(미리, 2001).
353) 김효전 · 박배근 옮김, 『입장과 개념들』(세종출판사, 2001).
354) 계희열역, 『통일독일헌법원론』(박영사, 2001).
355) 양재열 옮김, 『미국헌법의 경제적 해석』(지만지, 2008).
356) 김효전 · 정태호 옮김, 『헌법과 민주주의』(법문사, 2003).
357) 김효전 옮김, 『독일기본권이론의 이해』(법문사, 2004).
358) 김효전 옮김, 『주권론 - 국법이론과 국제법이론을 위한 하나의 기여』(관악사, 2004).
359) 김효전 옮김, 『일반국가학』(법문사, 2005).
360) 김효전 옮김, 『현대의회주의의 정신사적 지위』(관악사, 2007).

옮김), 『국민표결과 국민발안/제2제국의 국가구조와 붕괴[361] 등이 있으나, 이에 대해서는 본서, 김효전, 「한국헌법 60년과 외국학설」을 참조해 주기 바란다.

6. 논문 문헌

이 시기에 나온 헌법 문헌은 각 학회에서 나온 학회지와 각 대학에서 나온 법학논총에 무제한으로 발표되어 있어 이를 분야별로 분류하고 논평하는 것은 지면의 제약상 불가능하기 때문에 여기서는 다른 학술지에 미루기로 한다. 상세한 것은 『공법학회의 발자취』, 『비교공법학회 25년』 등을 참조하기 바라며 가장 상세한 것은 한국학술재단의 홈페이지와 국회도서관, 대법원도서관, 헌법재판소도서관과 국립중앙도서관의 Home Page에서 찾아보기 바란다.[362]

논문의 주제는 참여민주주의, 직접민주주의이론, 정보화사회, 새로운 기본권, 표현의 자유, 경제헌법 등이 많았고, 정부가 주장하는 정책에 대한 평가도 있었다.

7. 학자들의 세대교체

이 시기에는 많은 헌법학자가 타계하거나 퇴임하고 신진교수의 등용이 많았다. 제1세대의 대표적 헌법학자인 문홍주 교수, 한태연 교수 등이 타계하였다. 제2세대에 속하는 갈봉근 의원, 권영성 교수 등이 사망하였다. 제1세대 교수 중 유진오 · 강병두 · 김기범 · 한동섭 교수 들은 80년대에 사망하였다.

법학전문대학원의 설립과 함께 교수의 대이동이 행해졌고 실무법조인

---

361) 김효전 옮김, 『국민표결과 국민발안/제2제국의 국가구조와 붕괴』(관악사, 2008).

362) 이 밖에도 각 학회의 Home Page 참조. 한국공법학회편, 『한국공법학의 발자취』, 2008; 한국비교공법학회, 『한국비교공법학회 25년사』 등 참조.

들도 다수가 법학전문대학원 교수로 임용되었고 2008년 현재의 전국대학 헌법 교수의 명단은 다음과 같다.363)

강릉원주대학교 고민수(高旼秀)
강원대학교 김학성(金學成) 박경철(朴炅澈) 최희수(崔熙洙)
건국대학교 최윤철(崔潤哲) 한상희(韓尙熙) 홍완식(洪完植)
황도수(黃道洙)
건국대학교 충주캠퍼스 이흥용(李興鏞)
경기대학교 수원캠퍼스 정종길(丁鍾吉)
경남대학교 허순철(許淳喆)
경북대학교 조홍석(曺洪錫) 박진완(朴眞完)
경상대학교 곽상진(郭相鎭)
경원대학교 이승우(李丞祐) 박진우(朴眞佑)
경찰대학교 이관희(李寬熙)
경희대학교 강태수(姜泰壽) 정태호(丁泰鎬)
계명대학교 김종세(金鍾世)
고려대학교 김선택(金善擇) 김하열(金河烈) 윤영미(尹榮美)
이준일(李準一) 장영수(張永洙)
공주대학교 권형둔(權亨鈍)
관동대학교 박기병(朴紀秉)
광운대학교 이상경(李相莖) 김진곤(金鎭坤)
국민대학교 이성환(李聖煥) 박정원(朴井源) 김웅규(金雄圭)
정철(丁哲)
군산대학교 노기호(盧琪鎬)
단국대학교 김래영(金來映) 지성우(池成雨)
단국대학교 천안캠퍼스 김형남(金亨南)
대구가톨릭대학교 장선희(張善嬉)

363) 『한국법학교수회 회원명부』, 2009에서 발췌함.

대구대학교	윤재만(尹在萬)	정극원(鄭克元)	
대진대학교	김도협(金度協)		
동국대학교	김경제(金慶濟)	김상겸(金溇謙)	박선영(朴宣映)
동아대학교	김효전(金孝全)	정만희(鄭萬喜)	조재현(趙在炫)
동의대학교	정연철(鄭然喆)		
명지대학교	조병윤(趙炳倫)		
목원대학교	이영우(李榮雨)		
배제대학교	김종서(金鍾書)		
백석대학교	나달숙(羅達淑)		
부경대학교	지규철(池圭喆)		
부산대학교	김배원(金培元)	김승대(金昇大)	문광삼(文光三)
	조소영(曺小永)		
부산외국어대학교	류시조(柳時朝)		
상지대학교	박병섭(朴炳燮)		
서강대학교	임지봉(林智奉)	홍성방(洪性邦)	
서남대학교	김 욱(金 旭)	안주열(安柱烈)	
서울대학교	성낙인(成樂寅)	정종섭(鄭宗燮)	송석윤(宋石允)
	이효원(李孝元)	전종익(全鍾杙)	
서울시립대학교	김대환(金大煥)	장영철(張永喆)	차진아(車珍兒)
선문대학교	이희훈(李熙勳)		
성균관대학교	정재황(鄭在晃)	김일환(金日煥)	
성신여자대학교	정연주(鄭然宙)	오승철(吳承哲)	
숙명여자대학교	박승호(朴承鎬)	정혜영(鄭慧英)	
순천대학교	이금옥(李金玉)		
순천향대학교	이상명(李相命)		
숭실대학교	강경근(姜京根)	고문현(高文炫)	
아주대학교	권건보(權建甫)	오동석(吳東錫)	이헌환(李憲煥)
안동대학교	이재명(李載明)		

연세대학교	김종철(金鍾鐵)	이덕연(李悳衍)	이종수(李鍾秀)
	전광석(全光錫)		
연세대학교 퇴임교수	허 경(許 慶)		
영남대학교	박인수(朴仁洙)	서보건(徐輔健)	이부하(李富夏)
영산대학교	박규환(朴揆煥)	최경옥(崔京玉)	
울산대학교	도회근(都會根)		
원광대학교	전정환(田正煥)	김광성(金光成)	강승식(姜勝植)
이화여자대학교	김문현(金文顯)	성기용(成基鏞)	석인선(石仁仙)
	최희경(崔熙炅)		
인제대학교	성정엽(成正燁)		
인하대학교	서경석(徐炅碩)	이경주(李京柱)	이유정(李湫精)
전남대학교	김명재(金洺才)	민병로(閔炳老)	정문식(鄭文植)
	김현철(金顯哲)		
전북대학교	김승환(金承煥)	송기춘(宋基春)	정영화(鄭永和)
전주대학교	이병훈(李丙勳)		
제주대학교	권영호(權英豪)	표명환(表明煥)	
조선대학교	김명식(金明植)	김병록(金炳錄)	
중앙대학교	권영설(權寧卨)	민경식(閔京植)	이인호(李仁皓)
	한수웅(韓秀雄)	신우철(申宇澈)	
창원대학교	최용기(崔鎔基)	박남규(朴楠珪)	
청주대학교	조한상(趙漢相)		
충남대학교	심경수(沈景秀)	명재진(明載眞)	정회철(鄭會澈)
충북대학교	허 전(許 銓)	김수갑(金銖甲)	
한경대학교	오호택(吳虎澤)		
한국디지털대학교	박정관(朴廷官)		
한국방송통신대학교	강경선(姜慶善)		
한국외국어대학교	문재완(文在完)	변해철(卞海喆)	전학선(田鶴善)
한국해양대학교	한병호(韓炳鎬)		

한남대학교	성선제(成鮮濟)		
한동대학교	이국운(李國運)	최대권(崔大權)	장철준(張哲準)
한림대학교	홍일선(洪一善)		
한양대학교	권형준(權亨俊)	박종보(朴鍾普)	방승주(方勝柱)
	양 건(梁 建)	황성기(黃性基)	
호원대학교	남복현(南福鉉)		
홍익대학교	김주환(金周煥)	음선필(陰善澤)	이노홍(李魯弘)
	임종훈(林鍾煇)	장용근(張用根)	

[비법과대학 소속 법학전공 교수]

경운대학교	김효진(金孝振)
계명대학교	최우정(崔祐禎)
고려대학교	표시열(表時烈)
대불대학교	남궁승태(南宮承泰)
명신대학교	이상현(李상현)
진주산업대학교	전일주(全一柱)

8. 신진학자들의 양산

2001년 이후에 각 대학 헌법학 박사학위논문이 많이 나왔다.

2001년부터 2010년까지 각 대학에서 나온 헌법 관련 박사학위논문을 보면 다음과 같다[364](출전은 국회도서관 문헌색인). 이들 논문은 제출자뿐

---

364) **[2001년도 박사학위논문]**
김명식(성균관대), 행복추구권에 관한 연구
김송(중앙대), 헌법상 무죄추정원칙에 따른 형사증거개시제도에 관한 연구
김웅규(부산대), 미국헌법상의 상업적 언론
김현철(연세대), 미국헌법상 평등보호와 엄격심사기준에 관한 연구
박경철(연세대), 국민주권의 본질과 실현조건에 관한 연구
송희성(호남대), 헌법상 정당제도에 관한 연구: 정치자금의 보장과 규제를

중심으로
이경숙(경희대), 종교의 자유에 관한 연구: 미국연방대법원의 판례를 중심으로
이상윤(동아대), 일본국 헌법상의 의원내각제에 관한 연구
이중엽(명지대), 헌법재판제도의 실제와 발전방안
정금례(연세대), 차별심사의 차별기준에 관한 연구
정두호(대진대), 재산권제한의 위헌심사기준에 관한 연구
조재현(연세대), 언론·출판의 자유의 보호영역에 관한 연구
조소영(연세대), 표현의 자유의 제한방법론에 관한 연구: 미국의 연방대법원판례를 중심으로
최희정(이화여대), 미국헌법상 여성의 프라이버시권리에 관한 연구

[2002년도 박사학위논문]

공윤배(호남대), 종교의 자유에 관한 연구
김경수(서울대), 헌법상 국가의 건강보호의무와 그 실현방법에 관한 연구
김영환(경희대), 미국 대통령제에 관한 연구
김용선(호남대), 교육기본권에 관한 연구
김혜진(서울대), 제1·3공화국의 정치적 게임규칙 변경에 관한 연구: 대통령 선출제도를 중심으로
강현철(한국외대), 통일헌법상의 정부형태에 관한 연구: 이원정부제를 중심으로
도석구(명지대), 국민주권의 실질화와 전자민주주의
박원경(경희대), 미국 헌법상 표현의 자유에 관한 연구: 사이버 스페이스에서의 표현의 자유를 중심으로
신평(영남대), 헌법적 관점에서 본 명예훼손연구: 의견과 사실의 이분론을 중심으로
우성(성균관대), 헌법상의 근로권과 경영해고에 관한 고찰
이병량(고려대), 한국영화검열제도형성의 정치과정: 영화사전심의 위헌결정(헌법재판소 1996. 10) 이후의 논쟁을 중심으로
이노홍(이화여대), 미국연방헌법상 국가행위(STATE ACTION)이론에 관한 연구
이철호(동국대), 한국에서의 「위헌적 입법기구」에 관한 연구: 1961년, 1972년 및 1980년의 정변에 대한 헌법적 분석
정부영(경희대), 헌법상 교육기본권에 관한 연구: 교육을 받을 권리를 중심으로

[2003년 박사학위논문]

김태현(경희대), 개인정보보호제도에 관한 헌법적 고찰
문지영(서강대), 한국에서의 자유주의: 정부수립후 1970년대까지 그 양면적 전개의 성격에 관한 연구
이광찬(동국대), 헌법상 군사제도에 관한 연구: 한반도 작전지휘권을 중심

으로
이수훈(창원대), 교육기본권의 실질적 보장에 관한 연구
이한규(고려대), 입법과정개선에 관한 헌법적 고찰
최경옥(京都大學), 明治憲法思想と帝國議會の特性
[2004년 박사학위논문]
강승식(한양대), 미국에서의 권력분립원리에 관한 연구: 의회와 대통령과의 무한관계를 중심으로
김남규(대전대), 정보공개제도에 관한 연구
김선화(이화여대), 미국헌법상 정치문제법리에 관한 연구
김웅희(숭실대), 조세법의 기본원칙에 관한 헌법적 연구
남광호(성균관대), 대통령의 사면권에 관한 연구
안성준(경희대), 생명공학시대에 있어서 인간의 존엄론
이용삼(강원대), 남북한헌법상 통치구조의 비교와 통일한국헌법의 통치구조에 관한 연구
장용근(서울대), 전자민주주의의 헌법적 연구
천상덕(동국대), 유럽연합(EU)의 정치적 제도화과정에 관한 연구
최수영(광운대), 한국정당정치의 민주화과정과 정당법 연구: 법정치학적 접근
[2005년 박사학위논문]
감동규(창원대), 헌법개정과 군사대국화에 관한 연구: 일본헌법 제9조 개헌론을 중심으로
강기원(부산대), 한국과 중국의 헌법상 경제질서의 비교 연구
강석호(충북대), 종교방송 보도의 공정성
고민수(연세대), 방송의 개념과 본질에 관한 헌법학적 연구
권헌영(연세대), 전자정부환경에서의 개인정보보호법제에 관한 연구
김문호(조선대), 수사기관의 인신구속과 인권보장에 관한 연구
김세진(숙명여대), 헌법과 제도: 기본권과 제도보장에 관한 해석론을 중심으로
김은철(조선대), 입법과정의 개선방안에 관한 연구
김철준(동아대), 집회 및 시위에 관한 법제 연구
김태정(성균관대), 근로자의 사생활의 비밀·자유에 관한 연구
나달숙(이화여대), 양심의 자유와 양심적 병역거부에 관한 연구
손은정(동아대), 장애인의 실업급여수급권에 관한 연구
신권호(조선대), 언론에 의한 명예훼손에 관한 연구
안일남(배재대), 장애인의 권리보장에 관한 연구
이대성(한국교대), 법리적 접근에 기초한 TV쟁점 토론의 논층구조분석: 기본권충돌을 중심으로
이봉환(성균관대), 국가기관과 지방자치단체 간의 권한쟁의심판에 관한 연구

이승문(성균관대), 미국 연방대법원의 헌법적 지위와 기능에 관한 연구
이종걸(명지대), 사회보장법의 헌법적 기초와 개선방안
조철제(계명대), 형사절차상의 인권보호에 관한 연구
채현태(중앙대), 중국동포근로자의 기본권보호
최종대(충남대), 한국의 국가형성(1945~1950)에 관한 연구
최환용(서울시립대), 지방재정의 통제수단으로서의 주민소송제도에 관한 연구: 한국과 일본의 비교를 중심으로
허순철(한양대), 인터넷상에서의 프라이버시권에 관한 연구
홍원식(국민대), 통일헌법 이념에 관한 연구: 백범(김구) 사상을 중심으로
황준성(홍익대), 사학교육에 관한 국민의 자유

[2006년도 박사학위논문]

김태수(고려대), 공인에 관한 표현의 자유와 한계
김하열(고려대), 탄핵심판에 관한 연구
박희정(서울대), 방송·통신 융합에 관한 헌법정책적 연구
이주윤(연세대), 유럽인권협약상 개인청원의 효율성 제고에 관한 연구
이효원(서울대), 남북한특수관계론의 헌법학적 연구: 남북한 교류협력에 관한 규범체계의 모색
이희훈(연세대), 집회의 자유의 보호와 제한에 관한 연구
전제철(서울대), 국민주권의 원리에서 본 시민교육 연구: 사회과 헌법교육을 중심으로
전종익(서울대), 근대주권개념의 수용과 전개: 1876년부터 1900년까지 개화지식인의 개혁론을 중심으로
차윤선(경남대), 학교운영위원회에 관한 헌법재판소 판례를 통하여 본 학부모의 교육참여

[2007년도 박사학위논문]

구명회(창원대), 장애인기본권보장에 관한 연구
김수용(서울대), 해방후 헌법논의와 1948년 헌법제정에 관한 연구
김영주(명지대), 국제질서변화와 남북한 통일헌법
김재윤(서강대), 한국헌법상 국무총리제도
김진곤(연세대), 헌법상 노동3권의 보호와 제한에 관한 연구: 공공서비스를 제공하는 근로자를 중심으로
박진우(서울대), 신문기업의 자유와 한계에 관한 연구: 편집과 경영의 헌법적 측면을 중심으로
변무웅(한양대), 신문의 편집권독립에 관한 헌법적 연구: 한국과 독일의 논의를 중심으로
신용옥(고려대), 대한민국 헌법상 경제질서의 기원과 전개(1945~54년): 헌법 제·개정 과정과 국가자본 운영을 중심으로
윤석진(중앙대), 공적 연금법제의 헌법적합성에 관한 연구
이기자(호남대), 독일 의원내각제의 형성과정과 그 내용에 관한 연구

이상명(한양대), 주민등록제도에 대한 헌법적 평가: 주민등록 번호나 지문 날인을 중심으로
정강곤(호남대), 기본권의 침해에 관한 연구
[2008년도 박사학위논문]
권혜령(이화여대), 헌법에 열거되지 아니한 권리에 관한 연구: 미국 연방헌법 수정 제9조를 중심으로
김범태(호남대), 우리나라 선거제도에 관한 연구: 공직선거법의 개선 방안을 중심으로
김승종(서울시립대), 미국의 규제적 수용에 관한 연구: 한미 FTA 간접수용과 관련하여
김종두(중앙대), 헌법상 국회의 정보요구권에 관한 고찰: 서류 및 증언의 요구를 중심으로
김하중(고려대), 체제불법 청산방안에 대한 헌법적 고찰: 구 동독과 북한의 체제불법을 중심으로
문경렬(조선대), 환경권의 실현방안에 관한 연구
박인규(건국대), 예산심의의 실질화를 위한 헌법정책적 연구
박정일(원광대), 토지수용에 따른 보상제도 개선방안에 관한 연구
박해영(창원대), 전자투표를 통한 국민주권 실현방안 연구
양동실(조선대), 피의자의 인권보장제도에 관한 연구
양충모(한양대), 종합부동산세법에 관한 연구: 재정목적적 조세와 정책목적적 조세 사이의 법적 문제 및 그 해결방안을 중심으로
이강옥(경기대), 통일 후 북한지역 토지소유권에 관한 연구: 헌법상 영토조항 및 통일조항의 규범적 관점에서
이윤호(성균관대), 방송시장의 규제에 관한 헌법적 고찰
이정은(서울대), 해방 후 인권담론의 형성과 제도화에 관한 연구: 1945년~1970년대 초
이준복(동국대), 인터넷광고의 자유에 관한 헌법적 연구
임인규(건국대), 예산심의의 실질화를 위한 헌법정책적 연구
장승진(건국대), 공익소송과 인권보호에 관한 연구
전정현(고려대), 민주화 이후 헌법재판소의 역할에 대한 연구: 반다수결주의 문제(Countermajoritarian Difficulty)를 중심으로
정철(서울대), 중국헌법상 사법제도에 관한 연구
조효철(조선대), 국가보안법의 위헌성에 관한 연구
차현숙(건국대), 방송·통신 규제기구에 관한 헌법정책적 연구
최종구(건국대), 행정심판제도의 헌법적 의의
하영주(단국대), 개발이익환수제도의 위헌성에 관한 공법적 연구
한동훈(서울대), 프랑스 제3공화국 헌법체제의 정립과정에 관한 연구
[2009년도 박사학위논문]
고정태(청주대), 인터넷상 언론의 자유에 관한 연구 : 인터넷서비스제공자

(ISP)에 관한 법적 책임을 중심으로
국창근(경기대), 분권형 대통령제 도입의 필요성에 관한 연구
기현석(서울대), 의원내각제의 유형에 관한 연구
김기주(명지대), 국가의 기본권보장의무와 의료보장제도의 개선방안
김대식(경상대), 대학의 자유와 국립대학 법인화
김명수(성균관대), 장애인 기본권의 헌법적 보장에 관한 연구: 법제의 분석과 개선방안을 포함하여
김상길(경원대), 납세자기본권에 관한 연구: 헌법적 측면을 중심으로
김성준(동국대), 헌법상 정보국가원리에 관한 연구
김소희(숙명여대), 중소기업관련법제의 문제점 및 개선방안에 관한 연구: 중소기업기본법의 경쟁정책 부합성을 중심으로
김종보(부산대), 기본권의 객관적 규범성에 관한 연구: 사회적 기본권의 법적 성격을 중심으로
노두진(청주대), 사형폐지의 정당성과 대안에 관한 연구
미우라 히로키(경희대), 현대한국의 기본권을 둘러싼 논쟁과정과 합의형성의 특징: '공적 이성'의 관점에서 본 집시법, 가족법, 병역법의 사례연구
박경순(건국대), 여성을 위한 적극적 조치에 관한 헌법적 연구
박문석(영남대), 사이버공간에서의 프라이버시권에 관한 비교법적 연구
박재형(한국외대), 헌법재판소의 정치적 성격: 주요 판례와 재판관 구성을 중심으로
박종현(서울대), 헌법재판과 정책결정: 반다수결주의 난제의 해체를 위한 실증적 분석
오광수(성균관대), Undercover 및 Confidential Informant 제도의 도입방안에 관한 헌법적 연구
윤계형(충북대), 생명과학기술사회에서 여성의 생식권에 관한 연구
윤후덕(경기대), 헌법개정과 민주주의 논쟁에 관한 연구
이규홍(연세대), 저작권법상 기술적 보호조치의 법적 보호에 관한 연구 : 헌법적 한계를 중심으로
이병규(동아대), 토머스 제퍼슨의 헌법사상
이분화(영남대), 교육기본권 관점에서의 사립학교법과 학교선택권의 연구
장민선(이화여대), 미국 헌법상 재산권 수용에 관한 연구
정필운(연세대), 정보사회에서 지적재산의 보호와 이용에 관한 헌법학적 연구 : 저작물을 중심으로
조규상(明治大), ヴァイマル比例代表制の研究
조수영(숙명여대), 헌법과 공동체주의
조인현(명지대), 헌법상 개인정보보호에 관한 연구
채영호(서울대), 한국·일본·대만의 위헌심사제도에 관한 비교법적 연구: 중국에서의 제도설계와 관련하여
최유(중앙대), 연방체제의 헌법적 전개: 미국, 독일, 유럽연합을 중심으로

만 아니라 지도교수들의 학문에 대한 관심영역을 아는데 중요한 단서가 될 것이다.

9. 학회의 발전

2001년 이후 학회는 획기적인 발전을 거듭하였다. 재래 내려오던 한국공법학회, 한국헌법학회, 국제헌법학회 한국학회, 비교공법학회 이외에 새로운 학회와 연구회가 발전하여 활발한 활동을 벌이고 있다. 이것은 정부와 각 대학의 교수채용과 승진에 있어 논문발표수를 중시한 결과이며 또 각 대학이 논문발표에 있어 인센티브를 준 것이 크게 기여하였다. 또 학회지도 한국학술재단에서 등록지에 대하여서만 학술논문으로 인정하고 지원을 했기 때문에 많은 학회가 학진등재지를 발간하게 되었고 각 대학도 논문집을 발간하게 되어 교수들의 논문발표 기회는 많이 늘어났다. 이하에서는 각 학회에 대하여 간단히 알아보기로 한다.[365]

최진안(성균관대), 전자정부 구축에 따른 개인정보공동이용의 헌법적 고찰: 형사사법통합정보체계 구축사업을 중심으로
함의숙(인하대), 헌법적 가치 기준에 따른 사교육 정책 분석: 과외 금지 및 고교 평준화 정책을 중심으로
[2010년 박사학위논문]
Khunataff(한국외대), Comparative Study on the Prime Minister System under the Constitution of Thailand-Korea=한국과 태국의 헌법상 국무총리제도 비교 연구
김용(충북대), 교육규제완화의 헌법적 통제
명순식(경원대), 대한민국 제4공화국 국가권력에 관한 헌법적 정당성 평가
박서형(경원대), 제3공화국 국가권력의 정당성에 관한 연구
송서순(제주대), 외국인근로자 고용제도의 헌법적 함의
신주호(중앙대), 수사절차상의 인권보장에 관한 헌법문제
이윤식(경상대), 헌법상 공용침해의 법리에 관한 연구
최현선(숙명여대), 입법에 관한 헌법적 고찰
한지혜(서강대), 헌법상 생명권의 연구

365) 2000년대 헌법 관련 학회의 발전에 대해서는 각종 도서관의 data base를 참조할 것.

(1) 한국공법학회

한국공법학회는 공법학자들이 모인 학회로서 가장 오래된 것이다.[366)]1956년 서울에 있는 몇 명의 공법교수들이 모여 유진오 선생을 중심으로 뭉친 것이 한국공법학회의 창립이었다. 그러나 1970년까지는 논문발표회 등을 가졌으나 학회지도 발표하지 못하는 정체기였다. 1970년 문홍주 교수가 재건하기로 하여 이상규 교수와 김철수 교수가 상임이사로 취임하여 활발한 활동을 시작하였다. 1971년부터 『공법연구』 잡지를 발간하기 시작하였고, 학회지발간은 연연히 계속되고 있다. 회장은 격년으로 1년은 헌법교수가 다음 해에는 행정법교수가 맡는 전통이 수립되었다. 제4집(1976. 6. 20)은 유진오 박사 고희기념논집으로 발행되었다. 제6집(1978. 7)은 문홍주 박사와 윤세창 박사의 회갑기념논문호로 발간되었고, 제10집은 김도창 박사 화갑기념논문집으로 발간되었다. 제11집도 문홍주 박사와 윤세창 교수 정년퇴직기념호로 발행하였다. 제15집은 이규석 박사 화갑기념논문집으로 발간되었다. 제19집은 서원우 교수 화갑기념호로 출간되었고 제20집은 김도창 고문 고희, 이규석 명예이사 정년, 서주실 고문 화갑기념, 갈봉근 이사 화갑기념호로 제작되었다. 제21집은 김철수 고문, 변재옥 상임이사, 정종학 감사, 한창규 상임이사, 허영민 상임이사의 화갑기념으로 증정되었다.

이 시기에는 학회지원비가 거의 없어 회장들의 출연금과 문홍주선생 친척기부금으로 운영되었기에 연간 1회 발행하는 것이 원칙이었다. 이 시기에는 공법학회는 외국학계와 교류를 넓혀 일본 · 독일 · 프랑스 · 미국의 학자들을 초청하여 학술대회를 열었다. 1994년부터는 학회지를 년 3회 발간하기로 하였다. 1994년 대회에서는 한반도통일의 법적 문제를 다루었다. 이때에는 독일학자와 중국학자를 초빙하여 대회를 열 수 있었다.

정부지원과 학교지원이 늘고 publish or perish 원칙에 따라 신진학자

---

366) 한국공법학회의 역사에 대해서는 『한국공법학회의 발자취, 1956~2016』 참조.

들이 많이 발표하게 되어 이제 季刊誌로 정착하게 되었다. 공법학회의 회원도 획기적으로 늘어났다.367)

55년의 역사를 가진 한국공법학회의 회지에 발표된 논문도 많아 여기서는 지면관계로 언급할 수 없기에 『한국공법학회의 발자취』에 실려 있는 목록을 봐 주기 바란다.368)

한국공법학회는 공법학자들의 모임으로 학회활동뿐만 아니라 헌법개정, 입법자문에도 응하여 크게 기여하고 있다.369)

(2) 국제헌법학회(세계헌법학회) 한국학회

1981년 유럽을 중심으로 세계적 헌법학회를 창립할 목적으로 IACL(International Association of Constitutional Law)이 성립되었다. 이 대회에 우리도 참석 초청을 받았으나 당시 당국의 여행허가가 나오지 않아서 참석할 수 없었다. 우리는 이 국제헌법학회의 차기 대회에 참석하기 위하여 김철수 교수가 주동이 되어 국제헌법학회 한국학회를 1983년에 결성하고 본부의 승인을 받아 정식 멤버가 되었다. 1985년에는 파리에서 제2차 세계대회가 열려 한국에서 김철수 · 조병륜 · 성낙인 · 정재황 · 박인수 박사들이 참여하여 국제적인 활동을 시작하게 되었다.

김철수 교수가 세계학회의 집행위원과 부회장을 지냈고, 조병륜 교수가 집행위원을 하고 있다.

학회지인 『세계헌법연구』는 1990년대에 발행하기 시작하여 세계 각국에 발송하기도 하였다. 또 한국의 헌법을 비롯한 부속 법률의 영역본을 출판하여 외국학자들에게 배포하기도 하였다. 1995년에는 제4차 대회가 동경에서 개최되었기에 한국 헌법학자 10여명이 참석하여 활발한 학술교류사업을 벌였다.

---

367) 한국공법학회의 회원에 대해서는 한국공법학회 『회원명부』(2010) 참조.

368) 한국공법학회, 『한국공법학회의 발자취 1956-2016』(2016) 참조.

369) 한국공법학회는 모든 공법연구자의 총집산으로 한국공법학자대회를 개최하기도 한다.

『세계헌법연구』 제6호는 명예회장이었던 小林直樹 教授 80週年 生誕記念號로 발간하였는데 여기에는 일본학자, 독일학자, 영국학자들이 다수 기고하였고 한국학자들도 기고하여 당시에는 유일한 국제헌법학회지로 발전하였다. 현재는 I-con이라는 잡지가 나오고 있다. 중국에서는 2009년에 우리를 모방하여 『世界憲法研究』를 출판하고 있다.

그 뒤에 많은 외국인들을 초청하여 국제학술대회를 열었고 헌법의 국제학술교류에 선도적인 역할을 하였다. 2009년에는 「21세기 헌법의 세계화, 선진화」라는 제목으로 서울 세계헌법학자 대회를 개최하여 많은 유명학자들이 참여하였다.[370]

세계대회를 계기로 국제헌법학회 한국지부를 세계헌법학회 한국지부로 이름을 바꾸었다. 아쉬운 것은 게재비를 받을 수 없는데다 원고료를 줄 수 없어 외국학자들의 논문발표가 줄어들고 있는 것이다.

(3) 한국헌법학회

1971년에 한태연 교수가 중심이 되어 한국헌법학회를 만들어 『헌법연구』라는 학회지를 4회 발간하였는데, 유신헌법의 폐지와 함께 폐간되었다. 이를 아까워한 1995년 당시 배준상 교수를 비롯한 몇 헌법학자가 모여 한국헌법학회를 부활하였다. 현재의 학술지는 『헌법학연구』이며 학회등재지로 되어 많은 논문이 발표되고 있다. 한국헌법학회는 최근 지방 교수들이 회장을 맡고 있으며 『헌법학연구』는 지방대학 헌법교수들이 많이 기고하고 있다. 요사이는 각 정부기구의 지원으로 활발한 연구활동과 국제교류를 하고 있다.[371] 그러나 아직 학회 회고에 관한 책은 출판하지 않고 있다.[372]

---

370) 상세한 내용은 2009 서울 세계헌법학자대회, 『21세기 헌법의 세계적 선진화』, 2009, 세계헌법학회 한국학회.

371) 회원명단은 한국헌법학회 명단, 2010 참조.

372) 최근 『헌법학의 寶庫: 한국헌법학회 48년(1968-2016)의 발자취』가 발간되었다.

(4) 한국비교공법학회

부산·경남지역 교수들의 단체인 공법연구회가 발전하여 대구·경북지역 교수들을 포섭하여 영남공법학회로 개칭되다가 1999년부터 학회지 『공법학연구』를 연 1회 발간하기로 하고 2000년부터 한국비교공법학회로 명칭을 변경하였다. 학술진흥재단 등재지로 되기 위하여 『공법학연구』를 연 4회 발표하기로 하여 학술진흥재단 등재지로 되었다.

한국비교공법학회의 활동에 대해서는 『한국비교공법학회 25년사 1984~2009』를 참조하기 바란다.

(5) 아시아 헌법학회

아시아 헌법학회는 2005년 서울대학교에서 아세아 헌법학자대회를 열었다. 주제는 ① 아세아의 민주주의와 입헌주의, ② 아세아에서의 입헌주의의 최근 발전, ③ 인권·문화, 입헌주의에 관한 것이었다.[373]

(6) 북한법연구회

북한법연구회는 장명봉 교수가 창립하여 북한헌법과 통일헌법에 관한 것을 꾸준히 연구하고 있으며 『북한법연구』라는 학술지를 발간하고 있다.

(7) 기타

각 학회의 활동에 대해서는 지면 관계로 생략하기로 한다.

(8) 학회회고

---

373) 1st Asian Forum for Constitutional Law, Seoul National University.

회고에 관한 것으로는 이 시기에는『고시계』가 유일하게 학계회고를 게재하고 있는 것 같다. 이들 자료는 중요한 것이기에 그 출처를 보면 다음과 같다.[374] 이 헌법학 회고는 이들 학자들의 발표에 힘입은 바 크며 깊이 감사한다. 학회활동에 관하여 상세한 것은 [부록]과 같다.

IV. 한국헌법학의 반성과 앞으로의 과제와 전망

1. 헌법학 60년의 반성

한국헌법학 60년을 회고해보면 개인 연구에 치중한 나머지 기획·집단 연구는 부족한 것 같다.[375] 외국 같으면 강좌제·연구소제가 확립되어 있어 정교수 아래 조교수·전임강사· 조교 등의 서열관계가 명확히 되어 있어 강좌장이나 연구소장이 제자들과 함께 폭넓은 연구서를 내고 있다. 또 1년간의 세미나가 끝나면 그것이 바로 교과서나 연구서로 편집되어 출판되는 것이 일반적인 경향이다. 독일의 대콤멘탈이나 모노그라프 등의 출간은 이러한 공동작업을 거치지 않고는 생각하기 어렵다. 일본에서는 헌법강좌나 헌법소송법강좌가 많은 학자들의 공동작업에 의해서 만들어지고 있는 것을 볼 때 우리나라에서도 공동연구가 필요함을 절감한다.

---

374) 정재황, 2000년 헌법, 성낙인, 2001년 헌법학계 회고,『고시계』2002. 1; 성낙인, 2002년 헌법학계회고,『고시계』551 (2003. 1); 김문현, 2004 헌법학계 회고와 판례의 동향,『고시계』575 (2005. 1); 장영수, 2005년도 헌법학계 및 판례의 동향,『고시계』587 (2006. 1); 강경근, 2006년도 헌법학계와 판례의 동향,『고시계』2007. 1; 2007년도 헌법학계와 판례의 동향,『고시계』2008. 1; 장영수, 2008년도 헌법학계 및 판례의 동향,『고시계』2008. 1; 장영수, 2009년도 헌법학계와 판례의 동향,『고시계』2009. 1.

375) 헌법학의 과제에 대해서는 김철수, 한국헌법학의 의의, 연구방법 및 과제,『공법연구』제26권 3집(1998. 6); 김철수, 한국헌법학의 회고와 연구과제, 공법학의 회고와 연구과제, 공법학회발표논문, 2001. 12. 15 등 참조.

다행히 최근에는 학회 등에서 공동연구과제를 맡아 연구·출판되는 경향이 있으나 아직도 학회지는 개별 논문의 집성인 것처럼 보인다. 앞으로는 많은 전문학자들이 모여 공동연구를 하는 것이 필요할 것이다. 헌법이 자주 개정된 탓도 있지만 대주석서조차 발간되지 않는 것이 아쉽다.[376)]

2001년 이후 법학계에도 publish or perish 원칙이 지배한 관계로 많은 논문이 발표되었다. 이러한 논문은 대개 학회지에 발표되어야 논문으로 인정하고 있기 때문에 많은 학회가 모학회에서 분파하였고 학회지도 여러 개가 나왔다. 한국공법학회도 한국헌법학회, 한국행정법학회, 비교공법학회, 세계헌법학회, 토지공법학회, 환경법학회 공법이론과 판례연구회 등으로 나뉘어 각자 학회지를 발간하고 있다. 각 대학에서도 논문발표에 인센티브를 주고 게재료나 연구비를 지원하고 있어 논문수는 비약적으로 늘어나고 있다. 그러나 이렇게 양산된 논문의 질은 천차만별이다. 2008년부터 법학전문대학원이 설립되었기 때문에 교수들은 수업과 학생지도에 얽매어 법학연구에는 소홀할 것 같아 문제이다.

현재까지의 헌법학연구는 독일·미국·프랑스·일본 등 헌법학계의 영향이 지나쳤다. 근자에 외국에서 학위를 한 사람은 그 학위논문을 번역하거나 일부를 초역해서 발표하는 경향이 농후하며 자기가 공부하지 않는 나라의 학문연구방향이라든가 연구성과에 대해서는 거의 눈을 감고 있는 것 같다. 근자에 와서 독일 유학생들의 교수취업이 늘어나자 논문 중에는 독일 학설만 나열한 것이 있어 과연 한국논문으로서의 적격이 있는가 문제된다. 적어도 논문에는 비교법적 고찰이 선행되고 결론이 도출되어야 할 것이다.

헌법학연구에서는 specialist가 필요하다. 그러나 이 specialist는 자기가 택한 논제에 대해서는 독일뿐만 아니라 미국·프랑스·일본 등에서의 학문성과를 반영하여 저술하여야 하며 그렇지 못하면 독일헌법논문이 될지는 모르나 한국헌법논문이라고는 할 수 없게 될 것이다. 제1세대의

376) 헌법의 주석서로는 법제연구원의 Project에 따라 편집된 것이었으나 주석의 통일성이 결여되어 있고 개별 논문의 집합처럼 보이고 있는 것이 흠이다.

헌법학자들은 generalist이기는 했으나 비교헌법적 고찰을 하고 난 다음에 자기의 이론을 전개하는 것이 관례였는데 오늘날에는 그러한 비교법적 연구가 줄어들고 있어 문제이다.

독일이나 프랑스·미국의 이론을 우리 헌법학에 그대로 적용하는 경우 문제가 생길 수 있다. 왜냐하면 성문헌법의 문언이 다르기 때문이다. 예를 들면 우리 헌법은 기본적 인권에 대하여 상세한 규정을 두어 해석의 여지를 대폭 없애고 있는데도 불구하고 헌법의 문언을 무시하고 기본권의 권리성이나 제한가능성 등에 대해서까지 독일이론을 고수하는 사람이 있다. 또 헌법에 대통령은 국가의 원수라는 명문이 있는데도 그 규정이 없는 외국헌법에 따라 원수성을 부인하는 학자들이 있다. 문제는 국가원수라는 지위를 인정하면서 국가원수라는 개념을 재해석해야 하는데도 무조건 외국이론에 따라 원수성을 부정하는 것은 문리해석의 원칙에도 위반된다고 할 것이다.[377)]

2. 한국헌법학의 정착을 위하여

(1) 한국헌법학의 독립성 확보

초기 헌법학자들은 한국식 헌법학을 정립한다는 기백이 있었다. 김효전 교수는 우리 헌법학의 발전과정을 상세히 연구하여 외국헌법과의 비교를 많이 하였다.[378)] 김효전 교수는 또 한국헌법사를 많이 연구하였는데

---

377) 독일이론의 직수입에 관한 비판으로는 김효전, 한국헌법학 50년 성과와 21세기적 과제, 『서울대 법학』 제36권 2호(1995) 참조.

378) 김효전, 『헌법논집(1975-1985)』(민족문화, 1985); 김효전, 한국에 있어서의 외국헌법이론의 초기수용 등. 김효전, Hundert Jahre Verfassungsrecht in Korea und Deutschland, Jahrbuch des öffentlichen Rechts, N. F. Bd. 35(1986); 김효전, 한국공법학연구 백년, 한국법학교수회편, 『법학교육과 법학연구』, 1995; 한국헌법학 50년 성과와 21세기적 과제, 『서울대 법학』 제36권 2호(1995); 게오르그 옐리네크, 김효전 옮김, 『일반국가학』(법문사, 2005); 김효전, 『근대한국의 법제와 법학』(세종출판사, 2006). 상세한

특히 외국헌법학의 한국수용에 관한 것을 많이 연구하였다. 그는 독일헌법에 관한 많은 논문을 번역·출판하였고 G. Jellinek의 『일반 국가학』을 번역 출판하는 등 공적이 크다. 이러한 한국헌법학의 특색을 찾는 것은 매우 어려운 작업이므로 후속 세대의 양성이 요망된다.

한국헌법의 통사로는 한국정신문화연구원에서 상·하 두 권으로 편집한 것과[379] 김영수 교수의 단행본이 있다.[380] 학설사적인 것으로는 김철수, 『한국헌법사 - 헌법개정의 회고와 전망』,[381] 김철수, 『한국헌법개정, 과거와 미래』[382]가 있다. 자료로는 김철수, 『입법자료교재 -헌법』과 정종섭, 『한국헌법문류』가 있다. 또 헌법학회와 공법학회에서 헌법개정에 관한 방향을 제시하기도 하였다. 최근에는 해방 후 헌법제정에 관한 경과와 이념, 변천 등에 관한 박사학위논문이 많이 발표되어 이들이 연구를 계속하는 경우 좋은 결과를 기대할 수 있겠다.

한국헌법의 학설변천에 관해서는 김철수, 「헌법학 30년의 학설변천」이 있다.[383] 개별 학자연구로는 김효전, 『헌법정치 60년과 김철수 헌법학』이 있고,[384] 박사학위논문으로는 이영록의 「유진오의 헌법사상」이 있다.[385] 앞으로 우리나라 학자들의 학문연구의 개별적 연구를 진행하여야 하겠고, 동시에 전반적인 학설사가 정립되어야 하겠다. 한국헌법사의 연구는 한문해독의 곤란 때문에 앞으로 많이 나오지 않을 것 같다. 앞으로 우리나라 헌법학자들에 대한 개별적 연구가 계속되어야 할 것이다.

것은 김효전 교수정년기념호, 『세계헌법연구』 제16권 2호(2010) 참조.

379) 한국정신문화연구원, 『한국헌법사(상)(하)』(1988).

380) 김영수, 『한국헌법사』(학문사, 2000).

381) 김철수, 『한국헌법사』(대학출판사, 1988).

382) 김철수, 『한국헌법개정, 과거와 미래』(진원사, 2008).

383) 김철수, 한국헌법학 30년의 학설변천, 『한국의 학술연구: 법학』(대한민국학술원, 2003). [본서에 수록]

384) 김효전, 『헌법정치 60년과 김철수 헌법학』(박영사, 2005).

385) 이영록, 유진오의 헌법사상의 형성과 전개, 서울대 박사학위논문, 2000.

(2) 헌법소송법학과 헌법해석학

제6공화국헌법 시행 후 헌법재판소가 설립되어 많은 판례를 쌓아왔다. 개별적인 헌재 판례의 검토는 많으나 전반적인 판례연구는 적은데 앞으로는 전반적인 판례 검토가 많이 행해지면 좋을 것이다. 단편적인 것으로는 한국판례평석집 등이 있다.[386] 그동안 헌법재판소 재판관들에 의한 소수의견집이 출판되었고,[387] 헌법재판소에서 출판한 『헌법재판 10년사』,[388] 20년사[389] 등은 외국어로도 번역·출판되어 한국헌법재판소의 재판이론을 해외에 소개하고 전파해주는 것은 잘 된 일이라고 하겠다.

우리나라의 헌법재판제도는 아세아에서는 성공한 케이스이기 때문에 이것을 많이 선전하여 외국에 이식하는 것도 좋을 것이다.[390] 우리나라에서도 헌법소송법학이 발전하여야 할 것이며 몇 권의 개설서가 나온 것은 환영할 만하다.[391] 앞으로 헌법의 규범성과 실효성을 제고하기 위하여 헌법재판에 관한 연구가 더욱 활발히 전개되어 헌법해석학의 발전에 기여하여야 할 것이다. 법학전문대학원의 발달과 함께 헌법소송법학이 발전할 전망이다.

(3) 헌법정책학의 확립

헌법정책학 분야에 있어서는 한국헌법의 개정문제와 통일헌법의 제정문제가 있다. 그동안 한국헌법의 개정문제에 관해서는 80년대의 『헌법연구반 보고서』를[392] 비롯하여 수많은 연구 서적이 있는데 이러한 과거의

---

386) 헌법재판소, 『헌법재판소판례집』 제1권~제19권.
387) 김영일, 『헌법판례의 쟁점』(박영사, 2005).
388) 헌법재판소, 『헌법재판소 10년사』(1998).
389) 헌법재판소편, 『헌법재판소 20년사』(2009).
390) 김철수, 입헌주의와 헌법재판소제도, 아세아헌법학자대회 기조논문, 2005; 『헌법정치의 이상과 현실』(소명출판, 2012), 249-278면에 수록.
391) 이에 대해서는 본서에 수록되어 있는 정재황, 한국헌법소송법학 60년, 『한국의 학술연구, 법학 II』(대한민국 학술원, 2010) 참조.

선례는 참작하지 않고 중구난방으로 공법학회나 헌법학회의 명의로 개정 의견처럼 발표하고 있어 문제이다. 물론 헌법의 개정에는 규범적 측면과 현실적 측면을 아울러 검토하여야 할 것이나 우리에게 친숙하다고 하여 4년 중임제 대통령제만 주장하는 것은 잘못이라고 하겠다. 그동안 많이 연구되었던 프랑스식 이원정부제며 독일과 영국, 일본식 의원내각제의 도입도 검토되어야 할 것이다. 이러한 논의의 전제로서 외국헌법의 규범과 현실에 대해서도 연구하는 것이 필요하다. 독일에 관해서는 김철수, 『독일통일의 정치와 헌법』이 출판되었으며,[393] 일본에 관해서는 구병삭 교수 등에 의한 번역서 등이 나와 있다. 영국의 경우에도 다이시의 『헌법학입문』[394]이 번역되어 있다.

통일을 위한 헌법연구도 활발한데 남북한 헌법의 피상적인 비교가 아니라 현실적 적용문제를 검토하면서 연구하여야 할 것이다. 공산주의체제와 자본주의체제의 근본적인 차이를 무시하고 남북한 헌법에 있는 좋은 조문만 나열하는 연구가 되어서는 안 될 것이다. 특히 우리 헌법이 자유민주적 질서하의 통일만을 인정하고 있는 점에 주의하여야 할 것이다.[395] 최근에는 새로운 헌법개정과 통일헌법 제정문제가 활발히 논의되고 있어 헌법정책학의 발달이 기대되고 있다.

(4) 한국헌법학의 전망

한국헌법학의 장래는 밝다. 왜냐하면 많은 신진학자들이 외국에서 장기간 유학하고 귀환했기 때문에 외국헌법의 이해와 소개는 잘 될 것이기 때문이다. 문제는 신진학자들이 자기의 전공분야를 연구하면서 그가 공부한 나라들의 원서를 정확하게 번역하는 작업을 한다면 후진 학자들이

---

392) 헌법연구반, 『헌법연구반 보고서』(법제처, 1980).
393) 김철수, 『독일통일의 정치와 헌법』(박영사, 2004).
394) A. V. 다이시, 안경환·김종철 공역, 『헌법학입문』(경세원, 1993).
395) 김철수, 『한국입헌주의의 정착을 위하여』(법서출판사, 2003).

외국에 유학하지 않더라도 국내에서 외국법을 연구할 수 있게 될 것이다.

외국유학생들이 자기들의 전문분야를 연구하면서 한국헌법의 해석이나 제정들을 연구한다면 세계적인 헌법학자들이 양성될 수 있을 것이다. 그동안 대한민국헌법은 자주 개정되었기 때문에 거의 모든 나라의 제도를 한번씩 시행해 보았기 때문에 한국헌법학계는 비교헌법연구의 메카라고도 할 수 있을 것이다. 헌법학자들에 의하여 좋은 헌법안이 만들어지고 그것이 잘 지켜질 수 있도록 학자들이 노력한다면 한국입헌주의의 전망은 밝다고 할 것이다.

제2장 헌법재판법학 60년의 연구동향

Ⅰ. 머리말

헌법재판이 국민의 기본권을 보장하고 헌법에 반하는 공권력을 무력화함으로써 입헌주의를 수호하는 중요한 버팀목이 되고 있다. 나아가 헌법재판의 활성화와 강화는 헌법의 강제력, 실효력, 규범력을 증대하는 것이기도 하다. 현행 헌법에서 가장 괄목할만한 성과 중의 하나도 헌법재판의 활성화라고 할 것이다. 현재의 헌법재판이 정착되기 이전에 우리의 첫 성문헌법을 제정하고자 하던 시점에서도 이미 법률에 대한 위헌심사제가 논의되어 왔고 적지 않은 경험을 제헌헌법에서부터 겪어왔으며 비록 헌법재판의 암울한 시기가 없지는 않았으나 그러한 경험과 반성으로 오늘날의 헌법재판이 자리잡게 되었다고도 볼 수 있다.

본 연구에서는 우리 헌법의 역사 속에서 이러한 한국의 헌법재판에 대해 논의되어 온 학설 등을 되짚어 보아 정리를 하고자 한다. 그리하여 우리나라에서의 앞으로의 헌법재판의 발전방향과 방안을 찾는 연구에 조그만 도움이 되고자 한다. 헌법재판에 관한 학설은 쟁점별로 정리될 수 있을 것인데 이하에서는 모든 쟁점을 빠짐없이 보기에는 지면이 한정되어 중요한 쟁점을 간추려 살펴보고자 한다. 헌법재판에 관한 쟁점은 특히 헌법재판이 활성화된 제6공화국 하에서 많이 다루어졌고 제1공화국에서 제5공화국까지는 주로 제도사 내지 제도에 대한 평가를 주로 정리하였다.

Ⅱ. 제1공화국의 헌법위원회

1. 제헌 당시의 논의

법률에 대한 위헌심사제를 도입해야 한다는 관념 자체는 해방 정국에서 제헌 이전부터도 있었다.[1] 법률에 대한 무효선언은 제헌헌법 이전에도 그 예가 있기도 하였다. 그것은 처의 무능력을 규정한 당시의 구 민법 제14조에 대하여 대법원이 무효로 선언한 판결[2]로서 그 판결이 헌법재판이었는지 논란되기도 하였다. 여하튼 제1공화국 헌법의 초안을 작성하기 위한 헌법기초위원회에서 유진오 박사는 헌법위원회제도를 주장하였으나 법원의 인사들은 권력분립원칙을 내세우면서 사법부에 위헌법률심판권을 부여하여야 한다고 주장하여 헌법초안도 그렇게 작성되었다. 그러나 논의과정에서 다시 헌법위원회제도가 채택되었다.[3] 유진오 헌법전문위원은 1948년 6월 23일 국회 제17차 헌법기초위원회의 보고 및 헌법안 제1독회에서 법원에 위헌심사권을 부여하면 사법권우월이 되고 국회가 스스로 판단하게 하면 국회의 우월주의라고 할 수가 있다고 하면서 법원은 문제제기만 하도록 하고 위헌여부 판단은 법원이 아니라 대법관 5인과 국회의원 5인으로써 구성되는 헌법위원회에서 결정하게 하였다는 취지로 설명하였다.[4] 유진오 전문위원은 그의 헌법기초회고록에서 「미국식

---

1) 이영록, 제1공화국 헌법위원회제도의 형성, 『헌법학연구』 제11권 제2호(2005), 308면 이하 참조.

2) 대법원 1947. 9. 2, 민상88판결. 이에 대해서는 홍진기(洪璡基)씨와 김증한(金曾漢) 교수 간의 논쟁이 있었다. 홍진기, 사법재판소의 법률심사, 『법정』 1947년 11월호 및 유민 홍진기선생화갑기념논문집 『법학의 제문제』(1977)에 수록; 김증한, 민법 제14조에 대한 판례비평, 『법정』 1948년 1월호 참조.

3) 제1공화국의 헌법위원회제도의 채택경위에 대해서는, 이영록, 앞의 논문, 321면 이하 참조.

4) 국회도서관, 『헌법제정회의록: 제헌의회』, 헌정사자료 제1집(1967), 109면.

제도와 불란서식 제도의 절충이라고 볼 수 있는 헌법위원회를 구상하였던 것」이라고 회고하고 제헌 당시 법원이 신뢰와 권위를 확립하지 못하였기에 「위헌법률의 심사권을 법원에 주자는 주장은 도저히 통하기 어려운 형편이었다」라고 회고하고 있다.[5]

2. 구성과 권한

제1공화국 헌법 제81조 제3항은 「헌법위원회는 부통령을 위원장으로 하고 대법관 5인과 국회의원 5인의 위원으로 구성한다」라고 규정하고 있었다. 유진오 교수는 그의 신고헌법해의에서 「국회와 대법원에서 동수의 위원을 내어 구성하게 한 것은 법률의 위헌심사에 있어서 사법권 우월과 입법권 우월의 어느 편에 치우치지 않고 공정한 결정을 얻기 위함」이라고 설명하고 있다.[6]

헌법위원회는 제1공화국 헌법 제81조 제2항이 「법률이 헌법에 위반되는 여부가 재판의 전제가 되는 때에는 법원은 헌법위원회에 제청하여 그 결정에 의하여 재판한다」라고 규정하고 있어 법원의 구체적 재판이 있고 거기서 법원의 제청이 있을 때에 재판하는 구체적 규범통제의 권한만을 가지고 있었다. 탄핵에 관한 권한은 별도로 설치된 탄핵재판소에 주어져 있었다. 헌법위원회에서 위헌결정을 할 때에는 위원 3분의 2 이상의 찬성이 있어야 하였다(제1공화국헌법 제81조 제4항). 위헌결정에는 소급효가 없고 장래효를 가졌는데 형벌규정의 경우에는 소급하여 효력을 상실하도록 하였다(제1공화국 헌법위원회법 제20조, 제22조).

3. 성격

제1공화국의 헌법위원회에 대해서는 미국의 법원형도 아니고 오스트

5) 유진오, 『헌법기초회고록』(일조각, 1980), 43면, 53-54면.
6) 유진오, 『신고헌법해의』(일조각, 1959), 250-251면.

리아의 헌법재판소형도 아닌 당시 다른 국가들에서 찾아볼 수 없는 독특한 제도였다고 평가된다. 또한 헌법위원회가 사법(司法)기관이 아니라고 평가되었고,[7] 정치적 성격을 가진 기관이라고 평가되었다.

국회의원과 대법관이 참여하는 헌법위원회의 구성에 대해서는 국회의원과 대법관이 상호견제함으로써 소수자의 권리를 보호하는 장점을 발휘할 수 있다고 보는 긍정적인 견해도 있었으나[8] 단점이 많이 지적되었다. 먼저 「상설기관이 아닐 뿐 더러 또한 그 구성에 있어서나 그 권한에 있어서나 불합리한 점이 많았던 까닭에 그것은 결국 제대로 그 기능을 발휘하지 못하고 말았다」라고 보는 견해가 있었다.[9] 또한 「위헌법률의 심사기관은 사법기관이어야 한다는 전제에 부합되지 않고 11인의 위원 중 정치적 중립이 보장된 자는 5인의 대법관에 불과하다는 사실」을 들고 「따라서 위헌판결이 정치적 색채를 띨 가능성이 농후하였고, 여기에 헌법의 수호자로서의 헌법위원회는 심판의 공정을 상실케 됨으로써 위헌법률심사제의 본래의 사명을 다하지 못한다」라고 보는 견해도 있었다.[10]

4. 결정의 실제와 평가

제1공화국의 헌법위원회는 10년정도 활동하면서 6건의 위헌법률심판결정을 하였는데 그중 2건의 위헌결정도 하였다.[11] 또 비상계엄하에서도

---

7) 문홍주, 『신한국헌법』(법문사, 1960), 386면.

8) 이경호, 『헌법강의』(1959), 431면. 김철수, 앞의 책에서 재인용.

9) 문홍주·박일경 공저, 『신헌법』[개정판](박영사, 1960), 351면.

10) 김철수, 『위헌법률심사제도론』(학연사, 1983), 80면.

11) 농지개혁법 제18조 제1항 후단 및 제24조 제1항 후단에 대한 위헌결정(헌법위원회 4285. 9. 9. 결정, 4285 헌위 1, 김철수, 『판례교재 헌법』(법문사, 1977), 428-429면 참조)과 비상사태하의 범죄처벌에 관한 특별조치령 제9조 제1항에 대한 위헌결정(헌법위원회 4285. 9. 9. 결정, 4285 헌위 2, 위 판례교재 헌법, 429면 참조)이 그것이다. 4건의 합헌결정들은 간이소청절차에 의한 귀속해제결정의 확인에 관한 법률, 계엄법 제13조, 남조선과도정부 행정명령 제9호, 귀속재산처리법 제35조 각각에 대한 합헌결정들이다. 이러한 결정들에 대해서는 헌법재판소, 『헌법재판소 20년사』(2008), 68면 이하

법관에 의한 영장발부제도(令狀發付制度)를 배제할 수 없다고 선언한 결정[12]은 평가받을만한 판례이다.

제1공화국의 헌법위원회의 공과(功過)에 대한 평가로서 그 공으로는 그 존재를 세상에 뚜렷이 하였고 위헌입법사항은 교정된다는 일반 사회의식을 높였다는 점, 그 과로는 제청이유에 대한 설시가 때로는 너무 독선적이었고 헌법위원회의 결정이유설시가 전후에 모순이 많았던 점이라고 지적되기도 한다.[13]

Ⅲ. 제2공화국의 헌법재판소

1. 신설논의

4·19 민주혁명의 소산인 제2공화국 헌법개정논의에서 공법학자들은 헌법재판소의 신설을 주장하였고 역시 법원의 입장은 그것에 반대하는 입장이었다. 당시 개헌논의를 하던 국회에서 정헌주 헌법개정기초위원장은 전통적인 권위와 경험을 가지지 않을 경우에 법원은 헌법의 수호자로서 임무를 담당할 수 없다고 헌법재판소의 신설제안의 이유를 밝혔다.[14][15]

참조.

12) 이는 위의 註에서도 언급한 계엄법 제13조에 대한 합헌결정이다. 헌법위원회 4286. 10. 8. 결정, 4286 헌위 2. 김철수, 『판례교재 헌법』(법문사, 1977), 187면 참조.

13) 이러한 취지의 평가로, 민운식, 헌법위원회의 업적, 『법정』 제14권 제3, 5호(1959), 14면; 김철수, 앞의 책, 82면. 그 외 제1공화국의 헌법위원회에 대한 평가로서, 이경호, 헌법위원회의 성격과 그 업적, 헌법위원의 연구, 『동국법정』 제1집(1957). 김철수, 위의 책, 같은 면 주에서 재인용.

14) 국회사무처, 『헌법개정회의록(제4대국회)』, 헌정사자료 제5집, 1960년 6월 11일, 제35회 33차 회의록, 82면 이하 참조.

15) 제2공화국 헌법재판소의 신설배경 등에 대해서는, 정종섭, 1960년 헌법에서의 헌법재판소의 최초 등장과 배경, 『법과 사회』(2009), 상반기 제36호, 385면 이하 참조.

2. 구성

제2공화국의 헌법재판소의 심판관은 9인으로 하고 심판관은 대통령, 대법원, 참의원이 각 3인씩 선임하도록 하였으며 심판관의 임기는 6년으로 하고 2년마다 3인식 개임하도록 하였다(제2공화국 헌법 제83조의4 제1항, 제2항, 제3항). 헌법재판소는 상설기구로 하였다.

제2공화국의 헌법재판소는 심판관의 자격을 법관의 자격이 있는 자로 하였고(제2공화국 헌법재판소법 제2조 제1항) 심판관은 정당에 가입하거나 정치에 관여할 수 없게 하였다(동 헌법 제83조의 4 제4항).

3. 권한

제2공화국의 헌법재판소는 제1공화국 헌법위원회에 비해 더 확대된 헌법재판권을 부여받았다. 즉 헌법재판소의 권한으로 헌법은 법률의 위헌여부 심사, 헌법에 관한 최종적 해석, 국가기관간의 권한쟁의, 정당의 해산, 탄핵재판, 대통령, 대법원장과 대법관의 선거에 관한 소송을 담당하도록 규정하고 있었다(동헌법 제83조의3).

법률의 위헌여부 심사는 법원에 계속 중인 사건에 관하여 법원 또는 당사자가 법률의 위헌여부의 심사를 헌법재판소에 제청하여 이루어지는 (동헌법재판소법 제9조 제1항) 구체적 규범통제를 하도록 하였는데 특이한 점은 법원 뿐아니라 이처럼 당사자도 제청을 할 수 있도록 하고 있었던 점이었다. 제2공화국 헌법재판소는 이러한 구체적 규범통제 뿐아니라 법원에 사건이 계속됨이 없이 법률의 위헌여부를 제청할 수 있도록 하였는데(동헌법재판소법 제10조 제2항) 이를 두고 추상적 규범통제를 도입한 것으로 보는 견해들이 많다. 그러나 「통상 입법에 관여하는 국가기관에게만 신청권을 부여하는 추상적 규범통제와는 성격이 다른 독특한 제도였다」라고 보고 「따라서 과연 이것을 추상적 규범통제라고 볼 수 있는지는 의문이다」라는 견해[16]도 있다. 사실 법률에 대한 추상적 규범통제의 경우에 있어서도 외국의 예는 일정한 국가기관이 제청권을 가지나 우리의 제2공화국의 경우 제청기관을 한정하지 않고 그냥 「제청인」이라고 규정하고 있었다(동 헌법재판소법 제10조 제2항 제1호). 여하튼 이는 일종의 민중재판적 성격을 가지는 것이었다.

헌법에 관한 최종적 해석권이란 「그 해석에 관하여 국가의 각 기관에 문제가 되는 경우 또는 법률의 위헌 이외의 헌법해석이 문제되는 경우에 헌법재판소가 그것을 적극적으로 해석하는 경우를」 말하는 것이었다.[17] 헌법에 관한 최종적 해석권도 법원에 사건이 계속 중인 경우 뿐아니라 계속 중이 아닌 경우, 즉 재판의 전제가 되지 않은 경우에도 행할 수 있도록 하였다.

권한쟁의에 관한 권한을 헌법재판소의 관할로 한 이유에 대해서는 권한쟁의를 특별기관의 관할로 할 수도 있을 것이나 사건이 많지 않을 것을 고려하여 헌법재판소의 관할로 하도록 하였다는 취지의 설명이 당시의 국회에서의 개정논의에서 보인다.[18]

선거소송의 경우 대통령, 대법원장·대법관의 선거의 소송에 한하는데 이는 헌법재판소의 사무의 양을 고려하여 한 것이었고 기초위원회에서 국회의원선거에 관한 소송까지 헌법재판소의 관할로 하자는 견해도 있었지만 「소송의 성질상 이러한 소송은 법원으로 하여금 관할하게 하는 것이 합리적이라는 이유에서 그것은 종전에 있어서와 같이 법원의 관할로 하게」 했다고 한다.[19]

---

16) 허영, 『헌법소송법론』 제5판 (박영사, 2010), 79면.

17) 국회도서관, 『헌법개정회의록』, 헌정사자료 제5집(1968), 98면, 69면.

18) 위 『헌법개정회의록』, 98면. 여기서 프랑스의 관할재판소(Tribunal des conflits)를 예로 드는데, 프랑스의 관할재판소는 소송에 있어서 행정법원의 관할인지 아니면 일반 법원의 관할인지를 판단하는 재판소이지 국가기관의 행정기관, 입법기관 등을 모두 포함한 관할쟁의를 다루는 재판소는 아니다.

19) 위 『헌법개정회의록』, 99면.

4. 사산(死産)된 헌법재판소와 그 제도적 평가

제2공화국 헌법재판소는 많은 기대를 받았으나 제2공화국의 헌법재판소는 실제 구성도 해보지 못하고 역사 속으로 사라졌다. 즉 헌법재판소법이 제정된(1961. 4. 17. 제정 법률 제601호) 한 달 뒤에 5. 16 군사쿠데타가 일어나 설치조차 되기 전에 헌법재판소 관련 헌법규정이 효력 정지되어 출범도 하지 못하였고 결국 헌법재판소법이 폐지되고 말았다.[20]

헌법재판소제도의 실적에 대한 평가로는 이처럼 출범조차 되지 못했기에 있을 수는 없었으나 헌법재판소제도 자체에 대한 평가로 「헌법재판소제도는 정부 여당의 정치도구로 화할 위험이 많았다」라고 보는 견해[21]도 없지 않았으나 「비교법적으로 볼 때 중요한 헌법재판 종류를 많이 제도화하고 독립한 헌법재판소를 따로 설치함으로써 제1공화국의 헌법재판제도에 비해서 획기적인 발전을 한 것」이라고 보는 견해[22]와 같이 제도사적 내지 헌법사적 의의를 가진다는 견해들이 많다. 또한 「현행 헌법재판소제도의 형성에 중요한 참고가 되었다」라고 평가되기도 한다.[23]

Ⅳ. 제3공화국의 법원

1. 사법심사제의 채택

헌법개정 논의 당시 공법학계에서는 헌법재판소제도를 두자는 견해가

20) 헌법재판소에 관한 헌법규정은 1961년 6월 6일 공포된 국가재건비상조치법 부칙 제5조에 의하여 효력정지되었고(군사혁명입법의 합헌성 심사를 꺼리는 5·16군사정부가 이처럼 효력정지를 하였다는 지적으로, 김철수, 앞의 책, 85면), 헌법재판소법 자체도 1964년 12월 30일 헌법재판소폐지에 관한 법률에 의하여 폐지되고 말았다.

21) 박일경·양용식, 『신헌법』(삼중당, 1962), 199면.

22) 허영, 앞의 책, 90면.

23) 헌법재판소, 『헌법재판소 20년사』, 88면.

강하였으나 법조계에서는 둘 필요가 없다고 보았는데[24] 결국 제3공화국은 헌법재판소제도를 채택하지 않고 법원에 위헌법률심사권을 부여함으로써 사법심사형(司法審査型)을 채택하였고, 탄핵심판은 탄핵심판위원회라는 특별기관을 두어 담당하도록 하였다. 정당해산의 판결권은 대법원이 가졌다(제3공화국헌법 제7조 제3항 단서).

2. 위헌법률심사제

제3공화국헌법 제102조 제1항은「법률이 헌법에 위반되는 여부가 재판의 전제가 된 때에는 대법원은 이를 최종적으로 심사할 권한을 가진다」라고 규정하고 있었다.

위헌법률심사권을 대법원만이 가지는지 아니면 일반법원도 가지는지 하는 문제가 있었다. 대부분의 학자들은「대법원은 이를 최종적으로 심사할 권한을 가진다」라고 규정하고 있었다는 점을 들어 각급법원도 위헌심사권을 가진다고 보는 견해가 많았다.[25]

위헌법률심사의 대상은 물론 국회가 제정한 형식적 의미의「법률」이었다. 조약에 대해서도 위헌법률심사의 대상이 된다는 것이 통설이었다고 한다.[26] 위헌결정이 가지는 효력에 대해서는 헌법 자체에 규정이 없었다.

---

24) 대한민국국회,『헌법개정심의록』제1집, 1967, 375면(1962년 8월 3일의 헌법심의위원회 전문위원회에서의 이경호 전문위원의 발언. 당일 전문위원회에서 3가지 안(헌법재판소를 둘 필요가 없다는 안, 헌법재판소를 두어야 한다는 안, 대법원 내에 하나의 부를 두자는 안)을 두고 논의가 있었으나 결론을 내리지는 못하였다. 동 375-411면); 헌법재판소,『헌법재판소 20년사』(2008), 91면.

25) 한태연,『헌법』(법문사, 1963), 533면; 문홍주,『한국헌법』(법문사, 1963), 545면; 박일경,『새헌법』(박영사), 285면; 강병두,『신헌법』(수학사, 1963), 407면; 김철수,『헌법학연구』(지학사, 1969), 323면; 김철수,『위헌법률심사제도론』(학연사, 1983), 87면 등.「제3공화국에서 일반법원에게 위헌법률심사권을 부여한 것은 완전히 미국판례헌법의 영향이다」라고 하는 견해가 있다(김효전, 미국의 위헌법률심사제가 일본과 한국에 미친 영향, 서울대학교 법학박사학위논문, 1980, 119면).

26) 김철수,『위헌법률심사제도론』(학연사, 1983), 97면.

적용거부에 그친다는 견해(개별적 효력설)가 통설이었다고 한다.[27]

3. 실제

제3공화국에서 대법원은 여러 건의 법률에 대한 합헌결정을 하였고[28], 위헌판결은 드물었다. 법률에 대한 위헌판결례로 군인 또는 군속(지금의 군무원)이 전투·훈련 기타 직무집행 중에서 발생한 손해에 대한 국가배상을 금지한 국가배상법(1967. 3. 3. 공포. 법률 제1899호) 제2조 제1항 단서에 대한 위헌판결이 있었다.[29] 이 국가배상법 제2조 제1항 단서가 국민의 기본권인 손해배상청구권을 당시의 헌법 제32조 제2항의 질서유지 또는 공공복리를 위하여 제한할 필요성이 없이 제한한 것이고 또 당시의 헌법 제9조의 평등의 원칙에 반하여 위헌이라고 판결한 것이다. 위 국가배상법 제2조 제1항 단서에 대한 대법원의 결정에는 결정정족수에 관한 규정인

27) 김철수, 위의 책, 124.

28) 법률에 대한 합헌결정으로, 군법회의법 제432조와 사형제도를 규정한 군형법 제53조의 규정(대법원 1963. 2. 28. 선고, 62 도 241 판결), 구성요건의 명확성이 논란된 반공법 제4조 제1항(반국가단체의 활동을 찬양, 고무하는 행위에 대한 처벌규정(대법원 1965. 9. 21. 선고, 65 도 505 판결), 강간죄의 객체를 부녀에 한정한 형법 제297조(대법원 1967. 2. 28. 선고, 67 도 1 판결), 죄형법정주의에 위배되는지가 논란된 군형법 제47조(정당한 명령 또는 규칙을 준수할 의무가 있는 자가 이를 위반하거나 준수하지 아니한 때 처벌하도록 한 규정)(대법원 1969. 2. 18. 선고, 68 도 1846 판결), 백지위임으로서 죄형법정주의의 위반이 아니냐가 논란된 양곡관리법 제17조[정부가 양곡관리상 특히 필요하다고 인정할 때에는 각령(현재의 대통령령)이 정하는 바에 의하여 양곡매매업자 등에 필요한 사항을 명할 수 있다고 규정한 양곡관리법 제17조, 동법 제23조가 제17조의 명령에 위반한 경우 처벌하도록 규정하여 죄형법정주의의 위반여부가 문제됨](대법원 1971. 1. 26. 선고, 69 도 1094 판결), 국가배상의 기준을 규정한 국가배상법 제3조(대법원 1970. 1. 29. 선고, 69 다 1203 판결) 등에 대한 합헌결정들을 들 수 있다. 이러한 제3공화국하의 합헌결정들의 위헌심판경위, 판결내용 등에 대해서는, 이를 잘 정리하여 소개하고 있는 『헌법재판소 10년사』(헌법재판소, 1998), 42면 이하; 헌법재판소, 『헌법재판소 20년사』, 99면 이하 참조.

29) 대법원 1971. 6. 22. 선고, 70 다 1010 판결, 『대법원판례집』 제19권 2집, 민사 110면.

법원조직법 제59조 제1항 등에 대한 위헌결정도 있었다. 즉 종전의 법원조직법은 특별한 규정이 없으면 과반수로 결정하도록 규정하고 있었는데 1970년 8월 7일에 이 법원조직법은 개정되어(법률 제2222호) 법률·명령이 위헌이라고 합의심판을 하기 위해서는 대법원판사 전원의 3 분의 2 이상의 출석과 출석인원 3 분의 2 이상을 찬성으로 결정하도록 변경되었는데 이 개정은 실은 바로 국가배상법 제2조 제1항 단서에 대한 대법원의 위헌심판에 대비하기 위한 개정이었다고 한다.[30] 대법원은 합의정족수를 제한하는 경우에는 반드시 헌법 자체에서 규정하여온 경위에 비추어 일반 법률로써는 제한할 수 없다고 보아야 할 것인데 개정된 위 법원조직법 제59조 제1항 단항 및 같은 법 부칙 제3항은 아무런 제한 없이 일반원칙에 따라 법률 등의 위헌심사를 할 수 있는 권한을 대법원에 부여한 헌법 제102조에 위반하여 대법원의 위헌심사권을 제한함으로써 위헌이라고 본 것이다.

위 국가배상법 제2조 제1항 단서에 대한 위헌판결은 사법파동(司法波動)의 단초가 되기도 하였던 것으로 중요한 의의를 가지는 판결로 평가되고 있다.[31] 이후 이 국가배상법 규정은 유신헌법 자체에 비슷한 규정을 두어 위헌시비를 차단하려 하였고 이후 헌법들에도 그대로 이어져왔으며 현행 제6공화국 헌법 제29조 제2항에도 남아있는데 제6공화국 헌법 제29조 제2항에 대한 헌법소원사건이 있었으나 헌법재판소는 헌법규정은 위헌심사의 대상이 아니라고 하여 각하한 바[32] 있다[후술 Ⅶ. 4. (2) 1) 참조]. 그 외 징발재산보상에 관한 대통령령에 대한 위헌판결도 있었다.[33]

---

30) 이러한 지적으로, 『헌법재판소 10년사』(헌법재판소, 1998), 52면 참조.

31) 이에 대해서는 양건, 『법사회학』(민음사, 1986), 287-289면 참조.

32) 헌재 1995. 12. 28, 95 헌바 3, 판례집 7-2, 841면; 1996. 6. 13, 94 헌바 20, 『판례집』 8-1, 475면.

33) 위의 국가배상법 제2조 1항 단서 등과 징발재산보상에 관한 대통령령 위헌판결에 대한 위헌심판경위, 판결내용은 헌법재판소, 『헌법재판소 20년사』, 109-113면, 105-106면 등 참조.

4. 평가

제3공화국의 사법심사제는 말기에 와서 활성화되려는 모습을 보여주긴 하였으나 결국 여러 정치적 여건 속에서 사법권의 독립이 충분하지 못하여 제대로 정착되지 못하였다고 평가된다.34) 「권력의 사법적 통제에 있어서 헌법재판소제도를 폐지하고 일반법원으로 하여금 구체적 위헌심사권만을 담당케 한 구헌법의 후퇴가 있었다」라는 평가도 있다.35) 「능률과 개발을 중시하는 행정권 우위의 시대상황 아래 사법권은 위축되어 · · · 사법권의 독립을 침해하는 사건들이 빈발하는 제반 상황 하에서 사법권이 정치권을 견제하기 위하여 그 역할과 기능을 다하는 데에는 한계가 있었으며, 이는 곧 사법형 헌법재판제도의 한계를 노출하는 것이기도 하였다」라고 보고 「판례의 논리가 간략하고 결론만 설시하고 있어서 국민들을 충분히 설득하지 못하는 아쉬움이 있었다」라고 평가되기도 한다.36)

V. 제4공화국의 헌법위원회

1. 헌법위원회 도입의 배경

제4공화국에서는 헌법재판기관으로서 다시 헌법위원회를 두었다. 「법원에 의한 법률심사제가 미국식 전통의 결여, 법관의 공법지식의 부족, 법관이 협소한 법적 견해에만 집착하여 국정전반과의 조정을 이루지

---

34) 김효전, 앞의 학위논문, 296면은 미국형 사법심사제의 운영결과를 한 마디로 단정하기는 어려우나 「한국에서는 사법의 정치화를 초래」하였다는 평가를 하고 있다.

35) 김철수, 『위헌법률심사제도론』(학연사, 1983), 130면.

36) 이러한 평가로, 헌법재판소, 『헌법재판소 20년사』, 117-118면.

못한 등의 이유로 폐단을 가져왔다는 뜻에서」 헌법위원회제도를 택하였다고 보는 견해가 있었다.[37] 그러나 유신헌법이 헌법위원회 체제를 취한 것은「제3공화국 시대에 사법부가 행정부의 의도에 반하는 위헌판결을 하였던 경험에 대한 반작용」이었고「헌법재판기관을 명목화함으로써 헌법재판을 무력화하고자 한 것이었다」라고 본다.[38]

2. 구성과 권한 및 성격

제4공화국 헌법위원회는 대통령이 임명하는 9인의 위원으로 구성되었으며 이 중 3인은 국회에서 선출하고 3인은 대법원장이 지명하도록 하였다(유신헌법 제109조 제2항, 제3항). 헌법위원회의 위원장은 위원 중에서 대통령이 임명하도록 하였다(동 헌법 동조 제4항). 헌법위원회 위원의 자격으로 법관의 자격을 요하지는 않았고 헌법위원회 위원의 임기는 6년이었다(동헌법 제110조 제1항).

제4공화국의 헌법위원회는 법원의 제청에 의한 법률의 위헌여부, 탄핵, 정당의 해산에 대한 심판의 권한을 가졌다(동헌법 동조 제1항). 이 점이 위헌법률심사권만을 가졌던 제1공화국의 헌법위원회와는 다른 점이었다.

제4공화국의 헌법위원회의 위헌법률심판은 구체적 규범통제였다. 그런데 당시의 헌법위원회법 제15조는 하급법원의 제청은 대법원을 거쳐서 하여야 하고 대법원이 불송부결정을 할 수 있도록 하여(1973. 2. 16. 법률 제2530호 헌법위원회법 제15조 제3항) 논란이 되었다. 이는 하급법원의 제청에 제동을 거는 것으로서 헌법위원회에의 제청을 어렵게 하였다. 헌법위원회에서 법률의 위헌결정을 할 때에는 위원 6인 이상의 찬성이 있어야 하였다(동헌법 제111조 제1항). 위헌으로 결정된 법률 또는 법률의 조항은 그 결정이 있는 날로부터 효력을 상실하도록 하였고, 다만, 형벌에

---

37) 박일경,『유신헌법』(박영사, 1972), 428면.
38) 헌법재판소,『헌법재판소 20년사』, 120-121면.

관한 조항은 소급하여 그 효력을 상실하도록 하였다(동헌법위원회법 제18조 제1항).

제4공화국의 헌법위원회의 성격에 대해서는 정치적 성격을 가지는 기관으로 보는 견해, 법관과 정치인과 기타로 혼합되어 있어서 「반사법적(半司法的) 반정치적(半政治的) 성격」을 띠는 기관으로 보는 견해[39], 「사법적 기구로서의 성격과 정치적 기구로서의 성격과 같은 2중적 성격을 가진 헌법적 기관」이라고 보는 견해[40], 헌법위원회가 가지는 권한이 정치사법이라고 보는 견해[41]가 있었다.

3. 평가

유신헌법 자체가 권력집중적 비정상적 헌법이었고 긴급조치에 의존했던 권위적 헌정현실이었기에 헌법재판이 제대로 작동할 수 없었다. 제4공화국의 헌법위원회에 실제 단 한 건의 제청도 이루어지지 않았다. 「독재체제를 강화한 유신헌법의 통치구조 속에서 헌법재판은 처음부터 명목적이고 장식적인 성질의 것에 불과했다. 더욱이 헌법위원회의 구체적 규범통제마저도 대법원에게 준 하급법원 제청서 '불송부결정권'으로 인해서 사실상 무용지물이 되고 말았다」라고 평가되기도 한다.[42] 「위헌심사제도의 유폐(幽閉)」라고 평가하는 견해도 있다.[43]

---

39) 문홍주, 『제4공화국 한국헌법』(해암사, 1972), 518면.
40) 한태연, 『헌법학』(법문사, 1973) 555면; 갈봉근, 『유신헌법론』(한국헌법학회출판부, 1976), 387면.
41) 김기범, 『한국헌법』(교문사, 1973) 524면.
42) 허영, 앞의 책, 2010, 90면.
43) 김운용, 헌법재판제도의 회고와 전망, 제1회 한국법학자대회 논문집, 『한국법학 50년 - 과거 · 현재 · 미래』(한국법학교수회, 1998), 203면.

VI. 제5공화국의 헌법위원회

1. 경위

1979년 10월 26일, 이른바 10.26사태가 있었고 이후 개헌논의가 활발하였는데 공화·신민 양당안, 대한변협의 시안은 위헌법률심사권을 대법원에 귀속시키는 안을, 통일당안은 헌법위원회 안을, 김철수 교수 등 6인 학자의 안은 헌법재판소 안을 표명하였다.[44] 그러나 신군부에 의한 1980년 5월 17일 비상계엄 전국확대조치로 개헌논의는 중단되었고, 「신군부세력의 의도대로 제4공화국의 헌법위원회에 의한 헌법재판제도의 기본골격을 그대로 유지하게」 되었다.[45]

2. 실제

제5공화국에서도 제4공화국의 헌법위원회를 그대로 이어갔고 그 권한도 같았다. 위헌법률심판의 제청에 있어서는 대법원판사 전원의 3분의 2 이상으로 구성되는 합의체에서 당해 법률의 헌법위반여부를 결정하고 헌법에 위반된 것으로 인정될 때에는 그 제청서를 헌법위원회에 송부하여야 한다고 규정하여(1982. 4. 2. 법률 제3551호 헌법위원회법 제15조 제3항) 대법원 사전판단권과 불송부결정권이 여전히 주어져 제청이 어려웠다. 실제 위헌제청, 탄핵소추, 정당해산제소가 단 한 건도 이루어지지 않아 제4공화국 헌법위원회에서와 마찬가지로 휴면기관이라는 오명을 얻기도 하였다.[46]

유신헌법부터 제5공화국까지 헌법재판의 오랜 공백은 곧 국민의 기본권보장에 있어서의 공백을 의미하였음은 물론이다.

---

44) 『헌법연구반 보고서』(법제처, 1980. 3.), 513-514면.
45) 헌법재판소, 『헌법재판소 20년사』, 128면.
46) 김철수, 제10전정신판 『헌법학개론』(박영사, 1998), 1246면.

Ⅶ. 현행 헌법재판

1. 헌법재판소제도의 채택

제6공화국 헌법개정을 위한 국회개헌특별위원회에서 여당이나 야당 모두 대법원에 위헌법률심사권을 부여하자는 입장이었으나 헌법재판소제도를 도입하는 논의과정에서 헌법재판소를 설치하기로 하여 우리 헌정사상 처음으로 여야합의와 국민투표를 모두 거친 제6공화국헌법은 헌법재판소제도를 채택하였다.[47] 이하에서는 현행 제도의 운영에 관한 일반적 서술이 아니라 주요쟁점에 대한 논의와 그 학설들을 주로 살펴보고 정리해보고자 한다.

2. 헌법재판의 구조에 대한 전반적 논의

현행 헌법이 일반 법원과 독립한 별개의 헌법재판소에 법률에 대한 위헌심판권을 부여하면서도 법원에 명령·규칙·처분에 대한 위헌심사권을 부여하여 문제점이 나타나고 있다고 보면서 헌법재판기관의 구조를 어떻게 할 것인지가 논의되고 있다.[48] 이 문제는 법원재판의 헌법소원 문제와도 연관되어 있다.

---

47) 이러한 경위에 대해서는, 헌법재판소, 『헌법재판소 20년사』, 136면 이하 참조.

48) 이러한 문제에 대해서는, 김문현, 현행 헌법상 헌법재판제도의 문제점과 개선방안, 『헌법재판연구』 제16권, 헌법재판소, 2005, 30면 이하; 김문현, 헌법재판제도의 개선을 위한 헌법 개정의 방향, 『새로운 헌법 필요한가』(대화문화아카데미, 2008), 228면 이하 참조. 규범의 심사권을 양분하는 것은 바람직하지 않다고 하여 명령·규칙의 위헌심사도 헌법재판소의 권한으로 하여야 할 것이라는 견해로, 김철수, 우리나라 헌법재판제도의 현재와 미래, 헌법실무연구회 제100회 월례발표회 발제문 참조.

3. 헌법재판소의 조직과 구성[49)]

헌법재판소의 조직과 구성에 관해서는 다음과 같은 문제점들이 논의되어 왔다.

(1) 헌법재판소 재판관의 자격과 선임방식·정수·임기 문제

헌법재판관의 자격을 법관에 한정하고 있는(헌법 제111조 제2항) 것에 대해서는 헌법재판소를 재판기관으로서의 성격을 강화시키는 것으로 보는 견해도 있긴 하였으나[50)] 헌법재판의 특수성, 전문성 등을 고려할 때 일정한 경력을 가진 법학교수 등에 개방되어야 한다는 의견이 많았다.[51)] 이는 사실 헌법개정 없이도 현행 법률의 개정만으로도 개선이

---

49) 현행 헌법재판소의 조직과 구성에 관한 문제점과 개선방안에 대해서는, 김문현·정재황·한수웅·음선필, 『현행 헌법상 헌법재판제도의 문제점과 개선방안』, 헌법재판연구 제16권(헌법재판소, 2005), 85면 이하 참조.

50) 1988년 헌법재판소법 제정 논의 당시에 개최된 법무부 주최 세미나(헌법재판소법의 제정방향)의 발표와 토론내용, 『헌법재판제도』(법무자료 제95집)(법무부, 1988), 56면, 94면 등 참조.

51) 김철수, 헌법소송제도의 문제점과 개선방안, 성계 이규석 교수 정년기념논문, 『현대공법론의 연구』(1992), 465면; 최대권, 헌법재판소의 정치학 - 그 구조와 기능을 중심으로, 『서울대학교 법학』 제34권 1호(1993), 118면; 조병륜, 우리나라 헌법재판소의 지위와 기능, 『헌법재판 운영현황과 활성화』, 헌법재판자료 제6집 (헌법재판소, 1993), 210면; 윤명선, 헌법재판제도의 개선방향, 『경희법학』 제29권 제1호(경희법학연구소, 1994), 86면; 조병륜, 개혁시대와 국민을 위한 사법, 『법학교육과 법조개혁』, 한국법학교수회편(1994), 79-80면; 조병륜, 국민을 위한 사법개혁 추진의 헌법적 당위성, 『공법연구』 제22집 제3호(1994), 242면; 성낙인, 헌법재판소 인적 구성의 비교헌법적 검토를 통한 대안 모색, 『현대사회와 법의 발달』, 균제 양승두 교수 화갑기념논문집 (홍문사, 1994. 12.), 1044-1045면; 성낙인, 헌법재판소 인사의 임명 절차상 문제점, 『시민과 변호사』 제8호 (서울지방변호사회, 1994. 9), 70-72면; 이승우, 헌법재판소 구성방법과 제2기 재판관 임명의 문제점, 『법과 사회』 제10권(1994), 270면; 차병직, 헌법재판소 재판관 선임방식의 재검토, 『인권과 정의』(1994. 10.), 12면; 이시윤, 헌법재판 10년의

가능하다. 즉 헌법 제111조 제2항은 헌법재판소의 자격으로 「법관의 자격을 가진」자로 규정하고 있고 법관자격은 헌법 제101조 제3항이 법률로 정하도록 하였기에 법률인 법원조직법을 개정하여 법관자격에 법학교수들도 포함시킨다면 개선이 가능하다고 본다.[52]

9인의 재판관은 대통령이 3인을 선임하고 국회가 3인을 선출하며 대법원장이 3인을 지명하는데(헌법 제111조 제2항, 제3항), 이에 대해서는 다수당에 의한 헌법재판기관의 석권을 막아준다는 점에서 의미를 인정할 수 있다고 보는 긍정적 견해도[53] 있긴 하나 대통령, 대법원장이 선임, 지명하는 재판관후보자에 대한 국회의 동의가 없다는 점(국회의 인사청문은 이루어지고 있다), 특히 대법원장에 의한 3인 지명권은 대법관회의도 아닌 독임기관으로서의 대법원장이 한다는 점에서 헌법재판소의 위상에 비추어 타당하지 못하고, 민주적 정당성 측면에서 문제점이 있다는 등의 지적이 있어 왔고 여러 개선방안이 개진되어 왔다.[54] 국회의 자문기구인

회고와 전망, 『공법연구』 제27집 제3호(1999. 6.), 114면; 배상오, 한국헌법재판제도에 있어서의 문제점과 극복방안, 『법학연구』(충남대학교 법학연구소), 제9권 제2호(1999), 17면; 김종철, 헌법재판소 구성방법의 개혁, 『헌법학연구』(한국헌법학회) 제11권 제2호(2005. 6.), 32면, 28면 등.

52) 양건 · 김문현 · 남복현, 『헌법재판소법의 개정방향에 관한 연구용역보고서』, 헌법재판연구 제10권, 헌법재판소, 1999, 12면; 정재황, 헌법재판소의 구성과 헌법재판절차상의 문제점 및 그 개선방안, 『공법연구』(한국공법학회), 제22집 제2호(1994), 46면; 조병륜, 개혁시대와 국민을 위한 사법, 『법학교육과 법조개혁』, 한국법학교수회편 (1994), 81면; 정종섭, 법학계와 법조계의 새로운 관계 정립, 『한국 법학 50년 - 과거 · 현재 · 미래 (I)』(한국법학교수회, 1998), 양성제도의 개혁, 180면 등 참조.

53) 박용상, 헌법재판소의 구성과 조직, 금랑 김철수 교수 화갑기념논문집 『헌법재판의 이론과 실제』(박영사, 1993), 72면.

54) 양건 · 김문현 · 남복현, 앞의 연구용역보고서, 14면; 이욱한, 헌법재판의 성격과 재판관 선출, 『사법행정』 제377호(1992. 5.), 42면; 이승우, 앞의 논문, 272면; 정재황, 헌법재판제도의 문제점과 개선방안, 『법학교육과 법조개혁』, 한국법학교수회 편, 1994, 106면; 성낙인, 앞의 논문, 1046면; 이시윤, 앞의 논문, 114면; 김효전, 헌법재판소제도의 문제점과 그 개선책, 『공법연구』 제27집 제1호(1998. 12.), 72면; 신봉기, 우리나라의 헌법재판관 선임제도 - 그 비판과 구체적 개선방안, 『헌법논총』 제5집 (헌법재판소, 1994), 433-434면 등.

헌법연구 자문위원회는 2009년에 보고서를 제출하였는데 헌법재판소의 소장과 재판관 전원을 국회에서 선출하고 재판관 자격을 법관자격을 가지지 않은 사람에게도 개방하도록 하였다.[55] 아울러 헌법재판관의 수를 증원하자는 의견들도 있다.[56] 재판관의 임기 6년과 연임제(헌법 제112조 제1항)에 대해서도 논의되고 있다.[57] 재판관의 임기를 좀더 장기로 하면서 단임제로 하자는 견해도 있다.[58]

(2) 헌법재판소장의 선임방식, 임기 문제

헌법재판소장이 대통령에 의해 임명되는(헌법 제111조 제4항) 것에 대한 문제가 지적되고 있다.[59] 또한 헌법재판소장의 임기, 연임 내지 중임에 관한 문제가 있다. 즉 헌법재판관으로 재임 중인 사람을 헌법재판소장으로 임명할 때 그 임기가 헌법재판관으로서 남은 기간인지 아니면 소장으로 임명될 때부터 소장으로서 6년의 임기가 주어지는 것인지 하는 등의 명확하지 않은 점들[60]이 있다.[61]

---

55) 『헌법연구 자문위원회 결과보고서』(2009. 8.), 293면.

56) 권영성, 헌법재판의 현황과 과제, 『인권과 정의』 제174호(대한변호사협회, 1991), 22면; 김운용, 헌법재판의 제도적 개선방향, 『헌법재판자료』 제6집(1993. 12.), 219면; 윤명선, 위의 글, 85면 등.

57) 양건 · 김문현 · 남복현, 앞의 연구용역보고서, 19면; 윤명선, 앞의 논문, 86면; 이욱한, 앞의 논문, 42면; 김문현 · 정재황 · 한수웅 · 음선필, 앞의 보고서, 142면 이하 등 참조.

58) 국회 헌법연구 자문위원회는 9년 단임제를 제안하고 있다(동 결과보고서, 293면).

59) 성낙인, 앞의 논문, 1049면; 박인수, 헌법재판소의 구성에 관한 소고, 『법률행정논총』 제15권(전남대법률행정연구소, 1995. 12.), 178면; 양건 · 김문현 · 남복현, 앞의 연구용역보고서, 27면 등.

60) 김문현 · 정재황 · 한수웅 · 음선필, 앞의 보고서, 162면 이하 등 참조.

61) 전효숙 재판관이 중도에 사임하고 소장 후보자로 지명되어 논란이 되었던 사건이 있었다.

4. 헌법재판소의 권한

현행 헌법재판소는, 1. 법원의 제청에 의한 법률의 위헌여부 심판, 2. 탄핵의 심판, 3. 정당의 해산 심판, 4. 국가기관 상호간, 국가기관과 지방자치단체 간 및 지방자치단체 상호간의 권한쟁의에 관한 심판, 5. 법률이 정하는 헌법소원에 관한 심판을 관장한다(헌법 제111조 제1항).

(1) 권한 확대의 논의

1) 추상적 규범통제, 사전적 규범통제

규범통제에 있어서도 종래 추상적 규범통제나 사전적 · 예방적 규범통제를 도입하자는 의견이 학계에서는 많았다.[62] 이는 국민의 기본권보장 수단인 헌법재판을 보다 효율적이고 치밀하게 기능하도록 하기 위한 논의이다.[63] 특히 조약에 대한 심사와 같은 경우에는 사전적 심사가

62) 김철수, 헌법소송제도의 문제점과 개선방안, 성계 이규석 교수 정년기념논문집 『현대공법론의 연구』(1991), 485면; 계희열, 법무부 주최 세미나(헌법재판소법의 제정방향)에서의 토론, 『헌법재판제도』(법무자료 제95집) 수록, 106면, 118면; 정재황, 헌법재판소의 구성과 헌법재판절차상의 문제점 및 그 개선방안, 『공법연구』 제22집 2호(1994), 54면; 전정환, 추상적 규범통제 제도에 관한 고찰 - 독일의 제도를 중심으로, 『한양법학』 제4 · 5(통합)집(1994), 88면; 정재황, 헌법재판소의 권한과 일반소송, 『공법연구』 제24집 제1호(1996), 151면; 조홍석, 제도적 관점에서 본 현행 헌법재판제도의 문제점과 개선방안, 『法과 政策硏究』 제8집 제2호(2008. 12), 317면; 차진아, 헌법재판 : 추상적 규범통제제도 도입의 의미와 방향, 『고려법학』 제55권(고려대학교 법학연구원, 2009), 73면 등 참조. 추상적 규범통제의 도입에 대해서는 정치성을 조장할 우려가 있다고 하여 반대하는 견해로는, 김운용, 앞의 논문, 212면 참조.

63) 사전적 심사의 도입 논의에 있어 비판적 견해로, 사전적 심사는 단기의 심사기간이 그 본질이라고 보고「대강의 부정확한 심사가 될 수밖에 없으며」, 「법치국가적 문제점을 안고 있다」라는 하는 견해가 국내에 있다(한수웅, 「현행 헌법상 헌법재판제도의 문제점과 개선방안」, 『헌법재판연구』 제16권(헌법재판소, 2005), 242-243면). 그러나 사전적 심사라고 하여 어떠한

효율적이다. 왜냐하면 우리나라가 외국과 체결한 조약을 사후에 우리 헌법재판소가 위헌으로 결정하더라도 그 조약의 상대국에서는 효력이 있는 것으로 볼 것이므로 그 위헌결정의 실제적인 효력을 국제사회에서 부인하기 힘들고 국제신의가 문제될 수 있을 것이기 때문이다.[64] 우리나라에서는 물론 사후적 규범통제를 유지한 채 사전적 규범통제를 도입하자는 것인데 반대로 대표적인 사전적 심사국이었던 프랑스의 경우 원래 사전적 · 예방적 규범통제를 하여 오다가 2008년 7월의 대폭적인 헌법개정에서 사전적 · 예방적 규범통제를 그대로 유지한 채 사후적 구체적 규범통제를 도입하였다.[65] 사전적 위헌법률심사와 사후적 위헌법률심사를 함께 둘 경우에 양자의 관계 등에 대한 논의가 필요할 것이다. 국회의 헌법연구자문위원회는 2009년에 보고서를 제출하였는데 추상적 규범통제를 도입할 것을 제안하고 있다.[66]

논리적 이유로 「대강의」 심사가, 더욱이 「부정확한」 심사가 될 수밖에 없는지 이해할 수 없다. 사전적 심사를 도입하더라도 모든 조문들이 심사가 되는 것도 아니고 우선은 일정한 조건 하에 사전적 심사의 청구를 할 수 있도록 한다면 그리고 충분한 재판인력에 의한 집중심리 등을 한다면 단기의 심사라 하더라도 신중하면서도 신속한 재판을 할 수 있다. 물론 사전심사제에 대해서도 검토되어야 할 문제들이 있고 위 견해가 걱정하는 사전심사에서의 기 심사된 법률조항에 대한 사후심사의 문제와 그 외 문제들이 사전적 심사제에 대한 선행연구에서 이미 검토된 바 있다(김철용 · 김문현 · 정재황, 『헌법재판절차의 개선을 위한 입법론적 연구』, 헌법재판연구 제4권 (헌법재판소, 2003), 95면 이하; 정재황, 사전적 · 예방적 위헌법률심사제도의 도입에 관한 입법론, 금랑 김철수 교수 화갑기념논문집 『헌법재판의 이론과 실제』(박영사, 1993), 335면 이하 등 참조.

64) 이 점에 대해서는 정재황, 현행 헌법의 쟁점과 전망, 『법제연구』 제34호(한국법제연구원, 2008. 6.), 35면; 정재황, 사전적 · 예방적 위헌법률심사제도의 도입에 관한 입법론, 금랑 김철수 교수 화갑기념논문집 『헌법재판의 이론과 실제』(박영사, 1993), 346면; 정재황, 헌법재판소의 구성과 헌법재판절차상의 문제점 및 그 개선방안, 『공법연구』 제22집 제2호(한국공법학회, 1994. 6), 60면 등 참조.

65) 이에 대해서는, 정재황, 프랑스에서의 헌법재판제도에 관한 헌법개정, 『성균관법학』 제20권 제3호(2008. 12.) 참조.

66) 『헌법연구 자문위원회 결과보고서』(2009. 8.), 282면.

2) 선거재판, 국민투표 효력재판 등

현재 우리나라의 헌법재판소에는 선거재판에 관한 권한이 주어져 있지 아니하다. 그동안 기본적인 국가기관 구성과정인 선거의 효력을 다투는 소송인 대통령, 국회의원의 선거소송 등은 헌법재판소의 관할로 하여야 한다는 의견이 많았다.67) 또한 국민투표의 효력을 다투는 재판을 헌법재판소의 관할로 하는 방안을 검토할 필요가 있다.

그 외 외국에서는 대통령의 유고나 궐위에 대한 확인이라든지 국가긴급권에 대한 통제 등의 권한을 헌법재판소에 주는 예를 볼 수 있는데(프랑스 헌법 제7조, 제16조) 우리의 경우에도 그러한 권한부여를 검토할 필요가 있다.

국회의 헌법연구자문위원회는 2009년에 보고서를 제출하였는데 헌법재판소의 권한을 확대하는 안을 담고 있다. 즉 대통령의 궐위나 사고 사유의 발생 여부에 대한 판단과 국민투표와 선거에 관한 재판을 헌법재판소의 관할로 하도록 제안하고 있다.68)

(2) 위헌법률심판

현행 위헌법률심판의 방식유형은 헌법재판소라는 독립기관에서 행하는 유형이고 구체적 규범통제로서 사후심사제형이다. 위헌법률심판에 관해 여러 논점들을 두고 학설들이 형성되어 있는데 아래에서 모두 망라할 수는 없고 주요 논점들을 살펴본다.

---

67) 이시윤, 헌법재판 10년의 회고와 전망, 『공법연구』 제27집 제3호(1999. 6.), 109면, 113면; 양건 · 김문현 · 남복현, 『헌법재판소법의 개정방향에 관한 연구용역보고서』, 헌법재판연구 제10권(헌법재판소, 1999)(이하 『헌재법개정연구보고서』라고 줄여 기재함), 8면.

68) 『헌법연구 자문위원회 결과보고서』(2009. 8.), 284면. 대통령의 유고 등에 대한 판단기관을 헌법재판소로 하자는 견해로, 임지봉, 헌법상 통치구조 개헌의 바람직한 방향과 내용, 『세계헌법연구』(2008), 222면 등 참조.

1) 대상의 문제

위헌법률심판의 대상으로는 국내학설은 국회에서 제정한 형식적 의미의 법률은 물론이고 실질적으로 법률의 효력을 가지는 긴급명령, 긴급재정경제명령 등도 포함되며 법률적 효력의 조약[69]에 대해서도 대상성을 인정하는 경향이며 판례도 국제조약에 대한 위헌심판을 한 예를 보여주고 있다.[70] 헌법규정도 대상이 되는지에 대해서는 논란이 있는데 헌법규범의 단계구조를 인정하는 학설들은 이를 긍정한다.[71] 헌법재판소는 군인, 군무원 등에 대한 국가배상청구를 금지한 헌법 제29조 제2항에 대한 위헌소원을 각하함으로써 대상성을 부정한다.[72] 이 헌법 제29조 제2항은 제3공화국 당시 군인 등의 국가배상청구를 금지한 국가배상법 제2조 제1항 단서에 대해 위헌으로 판결한(전술 Ⅳ. 3. 참조) 뒤 유신헌법이 헌법 자체에 비슷한 취지의 규정을 둔 이래 현행헌법에서까지 그대로 이어온 것이었다.

---

69) 권형준, 조약의 위헌심사, 금랑 김철수 교수 화갑기념논문집 『헌법재판의 이론과 실제』(박영사, 1993), 173면 이하 참조.

70) 헌재 1999. 4. 29, 97 헌가 14, 대한민국과 아메리카합중국간의 상호방위조약 제4조에 의한 시설과 구역 및 대한민국에서의 합중국군대의 지위에 관한 협정 제2조 제1의 ㈏항 위헌제청, 판례집 11-1, 273면; 헌재 2009. 2. 26, 2007 헌바 35, 대한민국과 일본국 간의 어업에 관한 협정 위헌소원, 『판례집』 21-1 상, 76면.

71) 김철수, 『학설판례 헌법학(하)』(박영사, 2008), 2062면, 김선택, 형식적 헌법의 실질적 위헌성에 대한 헌법재판 - 위헌적 헌법규범의 성립가능성과 사법심사가능성에 관하여, 『법학논집』 제32권(1996), 329면; 정종섭, 앞의 책, 242면 등. 프랑스의 경우에 대한 문헌으로, 정재황, 사전적·예방적 위헌법률심사제도의 도입에 관한 입법론, 『헌법재판의 이론과 실제』금랑 김철수 교수 화갑기념논문집(박영사, 1993), 342면 이하 참조. 독일과 우리의 차이를 지적하는 견해로, 김시철, 위헌법률심판절차에 관한 몇가지 논의, 『헌법논총』 제16집(헌법재판소, 2005), 223면 참조.

72) 헌재 1995. 12. 28, 95 헌바 3, 『판례집』 7-2, 841면; 1996. 6. 13, 94 헌바 20, 『판례집』 8-1, 475면. 이 결정에 대한 평석으로, 정재황, 헌법재판의 기준, 『공법연구』 제25집 제4호(1997), 368면 참조.

2) 재판의 전제성 문제

헌법재판소는 재판의 전제성[73]에 대해서는 이를 넓게 인정하려는 경향을 보여주고 있다.[74] 재판전제성에 대한 법원의 판단권한 문제 등에 대한 논의가 있다.[75] 당해 법원재판이 행정재판인 경우 무효확인소송에서의 재판전제성을 중대명백설에 따라 부정하는 판례가 있는데[76] 이에 대한 검토가 필요하다.

3) 위헌법률심판의 적용규범과 판단방법(심사정도)

위헌법률심판은 법률이 헌법에 위반되는지 여부를 가리는 심판이므로 헌법이 위헌법률심판에서의 적용규범(준거규범 · 기준규범)이 됨은 물론이다. 이 헌법에는 성문헌법전 외에 실질적 의미의 헌법도 포함된다. 헌법재판소는 헌법소원심판에 있어서 실질적 의미의 헌법인 헌법관습법을 적용하여 판단한 예를 보여준 바[77] 있다[후술 (3) 3) 참조]. 국제조약에 대해서는 견해대립이 있다. 단계적으로 헌법적 효력의 조약, 법률적 효력의 조약, 명령적 효력의 조약 등으로 나누어 보는 학설(단계론)에 따르면

---

73) 이에 대해서는, 정덕장, 재판의 전제성, 금랑 김철수 교수 화갑기념논문집 『헌법재판의 이론과 실제』(박영사, 1993), 111면 참조.

74) 헌재 1992. 12. 24, 92 헌가 8, 『판례집』 4, 853면.

75) 이러한 문제 등 재판전제성에 대해서는, 박승호, 위헌법률심판에서의 재판의 전제성, 『안암법학』 제3권(1995), 115면 이하; 이부하, 구체적 규범통제에 있어서 재판의 전제성 판단시 권한문제, 『한양법학』 제16집(2004), 69면 이하; 김학성, 재판의 전제성, 『강원법학』 제16권(2003), 255면 이하 등 참조.

76) 헌재 2007. 10. 4, 2005 헌바 71, 『판례집』 19-2, 377면. 이 문제에 대해서는, 정재황, 헌법재판소의 권한과 일반소송, 한 · 독 국제학술대회, 『공법연구』 제24집 제1호(한국공법학회, 1996), 153면 이하 참조.

77) 헌재 2004. 10. 21, 2004 헌마 554, 신행정수도의건설을위한특별조치법위헌확인, 『판례집』 16-2, 1면.

헌법적 효력의 조약이 위헌법률심판의 적용규범이 된다고 본다.[78] 우리 헌법재판소는 아직까지 국제조약에 위반된다고 하여 위헌결정을 한 예를 보여주고 있지는 않고「우리 헌법과 실질적으로 동일한 내용을 규정한 조약규정」으로서 우리 헌법에 위반되지 않는다고 판단하는 이상 그 국제조약규정(국제인권규약 B규약규정)에 위반되지 않는다고 본 결정례는 있었다.[79]

한편 위헌심사의 판단방법, 심사의 정도(심사기준),[80] 특히 비례원칙(과잉금지원칙) 심사에서의 강도 등이 논의되고 있고 앞으로의 더욱 체계적인 심사를 위한 연구과제가 되고 있다.

4) 결정의 형식과 효력의 문제

헌법재판소는 단순위헌결정과 단순합헌결정 외에 헌법불합치결정, 한정위헌결정 등의 변형결정을 하기도 하는데 변형결정에 대해 헌법재판소 출범 초기부터 논란이 없지는 않았다. 헌법불합치결정의 경우[81] 형사처

---

78) 김철수, 『학설 · 판례 헌법학(중)』(박영사, 2009), 1146면.

79) 헌재 1998. 7. 16, 97 헌바 23, 『판례집』 10-2, 265면.

80) 이에 대해서는, 박홍우, 법률에 대한 위헌심사의 기준, 『헌법재판의 이론과 실제』금랑 김철수 교수 화갑기념논문집(박영사, 1993), 193면 이하; 김문현 · 김주환 · 임지봉 · 정태호, 『기본권 영역별 위헌심사의 기준과 방법』, 헌법재판연구 제19권(헌법재판소, 2008); 한수웅, 규범통제제도의 형성과 발전 - 규범통제심사기준과 심사밀도를 중심으로, 『헌법논총』 제19집(헌법재판소, 2008), 315면 등 참조.

81) 헌법불합치결정에 관한 분석, 문제점 등에 대한 연구문헌으로, 허영, 헌법재판제도의 바람직한 개선 방향, 『재판의 한 길, 김용준 헌법재판소장 화갑기념논문집』(박영사, 1998), 34면; 김현철, 헌법불합치결정의 이론과 실제, 『헌법논총』 제14집(헌법재판소, 2003), 203면; 남복현, 헌법불합치결정을 둘러싼 법적 쟁점의 검토 - 실체적 형법법규를 중심으로, 『헌법실무연구』 제10권(박영사, 2009), 463면; 박진우, 헌법불합치결정에 대한 비판적 검토, 『법학연구』 제35집(2009), 1면; 김현철, 한정위헌결정과 한정합헌 · 헌법불합치결정과의 관계, 『법학논총』 제29집 제2호(전남대학교 법학연구소, 2009), 291면; 남복현, 한정적 헌법불합치결정의 필요성 검토, 『공법학연구』 제10권 제1호(2009), 53면; 남복현, 헌법재판소 제4기 재판부 전반기의 헌법불합치결정

벌 규정에 대해서도 헌법불합치결정을 할 수 있는지 여부와 할 수 있다고 하더라도 계속적용의 헌법불합치결정도 가능한지 여부 등의 문제를 둘러싸고 논란이 있다.[82] 이 문제는 야간의 옥외집회를 전면금지하고 이를 위반한 경우에 처벌하도록 규정하고 있었던 집회 및 시위에 관한 법률 제10조, 제23조 제1호 일부규정에 대해 헌법재판소가 계속적용의 헌법불합치결정[83]을 하였기에 실제로 논란된 문제이다.

위헌법률심판결정의 효력에 관해서는 기속력의 범위, 소급효 등이 논의되어 왔고, 기속력에 관해서는 특히 변형결정의 기속력 등이 문제되고 있다.[84] 변형결정의 기속력의 문제 중에서도 특히 한정위헌결정의 기속력이 많이 논의되었다. 헌법재판소는 한정위헌결정도 기속력을 가진다고 보는 반면에[85] 대법원은 법원의 법률해석 · 적용권을 내세워 기속력을

주문사례의 검토, 『공법학연구』 제11권 제1호(2010), 27면; 이인호 · 오수정, 헌법불합치결정에 따른 입법개선의무의 이행현황 분석과 비판, 『중앙법학』 제12권 제1호(2010), 45면 등 참조.

82) 형벌규정에 대한 헌법불합치결정이 가능하다는 견해로, 남복현, 헌법재판소 결정의 효력에 관한 쟁점 및 해결방안, 문광삼 · 남복현 · 전정환, 『헌법재판소 결정의 효력에 관한 연구』, 헌법재판연구 제7권(헌법재판소, 1996), 379-381면; 남복현, 헌법불합치결정을 둘러싼 법적 쟁점의 검토 - 실체적 형법법규를 중심으로, 『헌법실무연구』 제10권(박영사, 2009), 487-488면; 황우여, 위헌결정의 효력, 금랑 김철수 교수 화갑기념논문집 『헌법재판의 이론과 실제』(박영사, 1993), 329면. 이를 부정하는 견해로, 방승주, 헌법불합치결정의 문제점과 그 개선방안, 『헌법학연구』 제13권 제3호(한국헌법학회, 2007), 71면; 김시철, 형벌조항에 대한 헌법불합치결정, 『사법』 제8호(사법발전재단, 2009), 189-210면; 박진우, 위의 논문, 10-11면 등. 적용중지의 헌법불합치는 가능하나 잠정적용의 헌법불합치결정은 불가하다는 견해로, 김현철, 앞의 논문, 305면; 허완중, 형벌에 관한 법률(조항)에 대한 헌법재판소의 헌법불합치결정, 『공법연구』 제38집 제4호(한국공법학회, 2010), 151면.

83) 헌재 2009. 9. 24, 2008 헌가 25, 『판례집』 21-2 상, 427면.

84) 이에 관한 연구로, 이성환, 헌법재판소 결정의 효력에 관한 연구, 서울대 박사학위논문, 1993. 12; 남복현, 법률의 위헌결정의 효력에 관한 연구, 한양대 박사학위논문, 1994; 문광삼 · 남복현 · 전정환, 『헌법재판소결정의 효력에 관한 연구』, 헌법재판연구 제7권(헌법재판소, 1996); 황도수, 한정위헌결정과 한정합헌결정에 관한연구, 『헌법논총』 제10집(헌법재판소, 1999), 243면 등.

부정하는 판례[86]를 내놓아 논란이 되어 왔다.[87] 아울러 한정위헌청구가 헌법재판소법 제68조 제2항에 의해 가능한지 하는 문제가 논의되어 왔다.[88]

(3) 헌법소원심판

헌법소원심판제도는 제6공화국 헌법재판소제도에서 처음으로 채택된 것이다. 헌법소원심판제도에 대해서 여러 논점들을 둘러싸고 학설이 형성되어 왔는데 아래에 같은 몇 가지 주요 쟁점과 그 학설을 정리해 보고자 한다.

1) 대상

---

85) 헌재 1997. 12. 24, 96 헌마 172,『판례집』9-2, 842면.

86) 대법원 1996. 4. 9, 95 누 11405, [집 44(1) 특, 762; 공 1996. 5. 15. (10), 1442]; 대법원 2001. 4. 27, 95 재다 14, [공 2001. 6. 15. (132), 1220] 등.

87) 한정위헌결정의 기속력 문제에 대해서는, 남복현, 한정위헌결정과 기속력,『법과 사회』제14호(1997), 115면; 이성환, 한정위헌결정의 기속력,『세계헌법연구』제2호(1997), 543면; 남복현, 대법원의 전속적인 법률해석권과 한정위헌결정의 기속력 - 대법 2001. 4. 27. 선고, 95 재다 14 판결과 관련하여,『한양법학』제11집(2000), 73면; 국가배상법 제2조 제1항 단서에 대한 한정위헌결정의 기속력 - 대법원 2001. 4. 27. 선고, 95 재다 14 판결,『안암법학』제14호(2002), 25면; 박경철, 대법원 2001. 4. 27. 선고, 95 재다 14 판결의 문제점 - 한정위헌결정의 당위성과 기속력을 중심으로,『헌법학연구』제8권 제2호(2002), 401면; 이기철, 헌법재판소의 한정위헌결정은 기속력이 있는가? - 법률해석권에 대한 헌법재판소와 대법원의 갈등해소를 위한 제언,『공법연구』제32집 제5호(2004), 347면; 김시철, 우리 위헌법률심판제도와 헌법재판소 결정의 효력,『저스티스』통권 제90호(2006. 4), 5면; 김하열, 법률해석과 헌법재판: 법원의 규범통제와 헌법재판소의 법률해석,『저스티스』통권 제108호(2008. 12), 5면 등 참조.

88) 이에 관해서는, 이준상, 한정위헌청구의 허부 및 허용범위에 관하여,『헌법논총』제18집(2007), 273면 이하 참조.

① 통치행위 - 고도의 정치적 판단작용은 헌법소원심판의 대상이 아니라는 이른바 통치행위의 이론을 인정할 것인가가 논란되고 있다. 헌재는 자이툰부대 이라크 파병결정에서 이를 인정한 결정례를 보여주기도 하였으나[89] 「비록 고도의 정치적 결단에 의하여 행해지는 국가작용이라고 할지라도 그것이 국민의 기본권 침해와 직접 관련되는 경우에는 당연히 헌법재판소의 심판대상이 될 수 있는 것」이라고 보는 입장이고,[90] 대법원 판례는 최근에 보다 한계를 설정하려는 경향을 보여주고 있는데[91] 학자들의 논의도 계속되고 있다.[92]

② 법규명령 - 법규명령이 헌법소원의 대상이 되는지에 대해 논란이 있었다.[93] 헌재는 초기부터 법규명령에 대한 대상성을 긍정하여 왔다.[94]

---

89) 헌재 2004. 4. 29, 2003 헌마 814 일반사병 이라크파병 위헌확인, 『판례집』 16-1, 601-608면.

90) 헌재 1996. 2. 29, 93 헌마 186, 긴급재정명령 등 위헌확인, 『판례집』 8-1, 111면; 2004. 10. 21. 2004 헌마 554 등, 『판례집』 16-2 하, 35면.

91) 대법원 2004. 3. 26. 선고, 2003 도 7878 판결.

92) 통치행위에 대한 논문으로, 성낙인, 통치행위, 금랑 김철수 교수 화갑기념논문집 『헌법재판의 이론과 실제』(박영사, 1993), 122면; 김백유, 통치행위와 사법심사의 한계, 『성균관법학』 제16권 제1호(2004), 357면; 김선화, 통치행위의 인정여부와 판단기준 소고, 『공법연구』 제33집 제1호(2004), 245면; 고문현, 통치행위에 관한 소고, 『헌법학연구』 제10권 제3호(2004), 367면; 정연주, 통치행위에 대한 사법심사 - 관련 헌법재판소 판례를 중심으로, 『저스티스』 통권 95호(2006. 12.), 29면 등 참조.

93) 법규명령에 대한 헌법소원 대상성을 부정하는 견해 : 법원행정처 헌법재판연구반, 『명령·규칙에 대한 위헌심사권, 연구보고서』, 1990; 이상규, 명령·규칙의 위헌심사권, 『저스티스』 1991, 229면; 박일환, 법규범에 대한 헌법소원과 제소요건, 한국공법학회 제12회 월례발표회, 1990, 발표문 등.

법규명령에 대한 헌법소원 대상성을 긍정하는 견해 : 김철수, 한국헌법소송제도의 문제점과 개선방안, 『성계 이규석교수 정년기념논문집』; 김남진, 헌재 89 헌마 178 결정에 대한 관견, 『저스티스』, 1991, 239면; 이시윤, 헌법재판개관(하), 『판례월보』(1989. 6), 14-15면; 허영, 『한국헌법론』 전정5판(박영사, 2009), 854면; 김학성, 헌법소원에 관한 연구, 서울대학교 법학박사학위논문, 1989, 216면; 홍성방, 헌법 제107조와 헌법소원, 한국공법학회 제12회 월례발표회, 1990, 발표문; 이석연, 헌법소원의 대상으로서의 명령, 규칙에 대한 위헌여부심사, 동 학회, 동 발표회 발표문, 헌법재판자료 제4집; 박승호, 『헌법재판연구(Ⅰ)』(경인, 1998), 51-52면; 정종섭, 『헌법소송법』 제5판(박

③ 헌법규정 - 헌법규범단계론을 긍정하는 헌법학자들은 헌법규정도 헌법소원심판 대상이 된다고 본다. 그러나 헌재는 부정적이다. 이에 대해서는 앞서 위헌법률심판에서 살펴보았다[전술 (2) 1) 참조].

④ 법원재판에 대한 금지 - 헌법재판소법 제68조 제1항 본문은「법원의 재판을 제외하고는」헌법재판소에 헌법소원심판을 청구할 수 있다고 규정하여 법원의 재판을 헌법소원의 대상에서 명시적으로 제외하고 있다. 이러한「법원재판에 대한 헌법소원」(이하 줄여「재판소원」이라고도 함)의 금지 문제는 헌법소원에 관하여 가장 논란이 많은[95] 현안 문제라고 할 수 있다.[96] 헌법재판소는 재판소원의 금지를 합헌이라고 본다. 그러면서

영사, 2008), 540면; 신평,『헌법재판법』(법문사, 2007), 504면 등.

94) 헌재 1990. 10. 15, 89 헌마 178,『판례집』2, 365면.

95) 이에 관한 견해대립과 헌법재판소 판례에 대한 소개로, 정재황,『헌법재판개론』제2판(박영사, 2003), 566면 이하 참조.

96) 재판소원 배제에 대한 비판적인 견해, 즉 재판소원에 대한 긍정설로는, 김철수, 헌법소원제도의 개선방안,『법률의 위헌결정과 헌법소원의 대상』, 헌법재판연구 제1권, 헌법재판소, 1990, 547면; 허영, 헌법소원제도의 이론과 우리 제도의 문제점,『고시연구』, 1989. 4, 56면; 김효전, 司法作用에 대한 헌법소원, 법률의 위헌결정과 헌법소원의 대상,『헌법재판연구』제1권(헌법재판소, 1990), 529; 이석연,『헌법소송의 이론과 실제(최신 개정판에 의한)』(삼선, 1993), 43면; 정연주, 법원의 재판 및 헌법규정에 대한 헌법소원,『법률행정논문집』제2집(전남대학교 법률행정연구소, 1992), 82면; 이명웅, 법률의 해석·적용과 기본권 - 사법작용에 대한 헌법적 통제의 필요성,『헌법논총』제4집(1993), 311면; 이욱한, 헌법재판소법 제68조 제1항 '법원의 재판을 제외하고는'의 문제점,『사법행정』(1995. 7.), 23면; 황치연, 재판소원금지의 위헌성,『한국헌법학의 현황과 과제』(박영사, 1998), 1006면; 박경철, 우리 헌법질서에서 재판소원금지의 위헌성,『공법연구』제30집 제3호(2002), 155면 등; 김일환, 헌법소원의 대상에 "법원의 재판"을 포함시킬지에 관한 시론적 연구,『공법연구』제30집 제5호(2002), 153면. 민사재판, 형사재판은 헌법소원의 대상에서 제외되나 행정재판은 원행정처분에 대한 헌법소원이 가능하다는 한도 내에서 간접적으로 대상이 된다고 보는 견해로, 김학성, 헌법소원에 관한 연구, 서울대학교 법학박사학위논문, 1989, 230면 등 참조.

법원재판을 헌법소원대상에서 배제한 것을 합헌이라고 보는 견해로는, 박일환, 헌법소원제도에 관한 연구,『인권과 정의』(1989. 6), 69면; 박홍우, 대법원과 헌법재판소의 권한배분, 헌법재판의 회고와 전망, 헌법재판소 창립 10주년

도 헌법재판소는 법원재판도 헌법소원심판의 대상으로 하는 것이 국민의 기본권보호의 실효성 측면에서 바람직한 것은 분명하나 이는 헌재의 위헌결정을 통하여 이루어질 문제라기보다 입법자가 해결해야 할 과제라고 본다.[97)][98)] 우리는 일찍이 헌법재판소결정의 기속력을 담보하기 위해,[99)] 그리고 기본권규범의 사인 간 효력을 인정하지 않은 법원의 민사재판에 대해 헌법소원으로 심사할 기회를 가지도록 하여 기본권의 사인간(私人間) 효력(대사인적 효력, 제3자적 효력)이고 실효성을 가지도록 하기 위하여 재판소원이 필요하다는 점을 지적하여[100)] 왔다. 최근에 제3자적

기념세미나, 1998, 지정토론문, 276면; 유남석, 재판에 대한 헌법소원 금지의 논리 및 정책적 이유, 헌법문제와 재판(상), 법관세미나자료, 사법연수원, 1996, 169면 등 참조. 합헌이라고 보면서 입법정책론적 개선을 요한다는 견해로, 계희열, 헌법재판과 국가기능(권력분립의 측면),『헌법재판의 회고와 전망』, 헌법재판소 창립 10주년 기념세미나, 1998년, 256-257면; 장영수, 현행 헌법소원제도의 의의, 본질과 법원의 재판에 대한 헌법소원,『법학논집』 제32집(1996), 24면. 법원재판의 제외를 위헌이라고 단정하기 어려우나 헌법소원대상으로 포함시키는 것이 바람직하다는 취지로, 박승호,『헌법재판연구(Ⅰ)』(경인, 1998), 52-55면. 헌법개정권자와 입법자가 해결해야 할 과제라는 견해로, 한수웅, 헌법재판소의 주요결정,『헌법재판의 회고와 전망』, 헌법재판소 창립 10주년 기념세미나, 1998, 지정토론문, 199면 등 참조.

97) 헌재 1997. 12. 24, 96 헌마 172·173(병합),『판례집』9-2, 842면. 이 판례에 대한 분석으로, 장영수, 헌법재판소 변형결정의 구속력 - 1997년 12월 24일 헌법재판소결정 96 헌마 172, 173(병합)-, 고려대학교 법학연구원 1998년, 45면; 정재황, 헌법재판·헌법판례연구의 방법론과 과제,『헌법학연구』 제4집 제1호(1998. 6.), 220면 이하 등 참조.

98) 재판소원도입에 관한 학계의 의견을 정리한 연구문헌으로, 한국헌법학회,『헌법개정연구』(2006),『헌법개정연구위원회 최종보고서』(2006), 259면 이하 참조.

99) 우리는 일찍이 한정합헌결정의 문제점을 지적하면서 한정해석결정의 기속력은 법원의 재판에 대한 헌법소원이 금지되고 있어 더욱 문제된다는 점을 지적한 바 있다(정재황, 헌법재판소의 한정합헌결정,『법과 사회』 제3호(1990), 39면 참조. 동지: 이승우, 합헌적 법률해석,『사법행정』(1992. 8.), 17면; 남복현, 헌법재판소 결정의 기속력,『한양법학』 제4·5(통합)집(1994), 184면; 이욱한, 헌법재판소법 제68조 제1항 '법원의 재판을 제외하고는'의 문제점,『사법행정』(1995. 7.), 23면.

100) 정재황, 헌법재판소의 권한과 일반소송(한국공법학회 한·독 국제학술대회 발표, 1995. 11. 11),『공법연구』 제24집 제1호(1996. 6.), 172면 참조.

효력을 인정하는 대법원판례가 나타나고 있긴 하다.[101] 다만, 헌법재판소는 법원재판에 대한 헌법소원을 예외적으로 인정한다. 즉 위에서 본 대로 헌법재판소는 법원재판에 대한 헌법소원의 금지를 원칙적으로 합헌이라고 보면서도 다만, 헌법재판소가「위헌으로 결정한 법령을 적용함으로써 국민의 기본권을 침해한 재판」은 헌법소원의 대상이 된다고 결정하였다.[102]

⑤ 원행정처분에 대한 금지 - 법원재판에 대한 헌법소원은 금지되더라도 확정된 법원재판의 대상이 되었던 원래의 행정처분(이를「原行政處分」이라 한다)에 대한 헌법소원은 인정되는지에 대해서도 논란되고[103] 있다.[104] 헌법재판소는 원칙적으로 원행정처분에 대한 헌법소원심판청구

---

101) 대법원 2010. 4. 22. 2008 다 38288, 손해배상(기). [설시]「헌법상의 기본권은 · · ·, 사법(私法)을 포함한 모든 법영역에 그 영향을 미치는 것이므로 사인간의 사적인 법률관계도 헌법상의 기본권 규정에 적합하게 규율되어야 한다. 다만 기본권규정은 그 성질상 사법관계에 직접 적용될 수 있는 예외적인 것을 제외하고는 사법상의 일반원칙을 규정한 민법 제2조, 제103조, 제750조, 제751조 등의 내용을 형성하고 그 해석기준이 되어 간접적으로 사법관계에 효력을 미치게 된다」.

102) 헌재 1997. 12. 24, 96 헌마 172 · 173(병합),『판례집』9-2, 842면.

103) 이에 대한 학설과 판례입장 등은, 정재황,『헌법재판개론』제2판, 602면 이하; 김철용 · 김문현 · 정재황,『헌법재판절차의 개선을 위한 입법론적 연구』, 헌법재판연구, 제4권 (헌법재판소, 1993), 288-290면 참조.

104) 부정설: 권영성, 한국의 헌법재판제도,『서울대학교 법학』, 제29권 3 · 4호(1988), 45면; 김종빈, 헌법소원심판의 대상,『헌법재판자료』제2집(1989), 210면; 박일환, 재판에 대한 헌법소원심판,『인권과 정의』(1989. 11), 82면; 조규정, 행정작용에 대한 헌법소원심판,『헌법재판연구』제1권(1990), 467면; 정태호, 원처분의 헌법소원대상성에 관한 소고,『헌법논총』제6집(헌법재판소, 1995), 249면 이하; 곽태철, 법원의 재판을 거친 행정처분의 헌법소원심판대상성, 헌법문제와 재판(상), 법관세미나, 사법연수원, 1996, 253면; 최완주, 원처분의 헌법소원 대상성에 관한 고찰, 헌법문제와 재판(상)(바로 위의 책), 277면 이하; 신평,『헌법재판법, 법문사, 2007, 83면 등.

긍정설: 이시윤, 헌법재판개관(하),『판례월보』225 (1989), 15면; 최광률, 헌법재판의 운영방향, 한국공법학회 제6회 월례발표회, 1990 발표문; 김학성, 헌법소원에 관한 연구, 서울대학교 법학박사학위논문, 1989, 224-229면; 이석연, 앞의 책, 41-42면; 김문현, 헌법해석에 있어 헌법재판소와 법원과의

를 받아들일 수 없다고 보고 다만, 예외적으로 원행정처분을 심판의 대상으로 삼았던 법원의 재판이 예외적으로 헌법소원심판의 대상이 되어 그 재판 자체까지 취소되는 경우에 한하여 원행정처분이 헌법소원심판의 대상이 된다고 본다.[105]

2) 청구요건

헌법재판소는 헌법소원의 청구요건에 관한 헌법재판소법의 규정을 판례로 보다 구체화하면서 청구인적격요건으로서 기본권의 침해요건, 자기관련성, 직접성, 현재성을 그리고 권리보호이익, 보충성의 원칙, 청구기간, 변호사대리강제주의 등을 적용하여 왔고 이에 대한 학계의 연구도 있어 왔다.[106] 판례가 현재성, 권리보호이익, 보충성원칙 등의 요건을 초기부터 완화함으로써 헌법소원의 활성화를 가져왔다. 그러나 변호사대리강제주의 요건에 대해서는 학계의 비판이 있어 왔다.[107]

관계, 『금랑 김철수교수화갑기념논문집』(박영사, 1993), 101-104면; 황도수, 원처분에 대한 헌법소원심판, 『헌법논총』 제6집(헌법재판소, 1995), 191면; 신봉기, 원행정처분의 헌법소원심판 대상성, 『고시연구』(1995. 6.), 88-89면; 정재황, 헌법재판소의 권한과 일반소송(앞의 논문), 169면; 황도수, 『헌법재판실무연구』(지구촌, 2003), 188면 이하; 정종섭, 『헌법소송법』 제5판(박영사, 2008), 545면 등.

105) 헌재 1998. 5. 28, 91 헌마 98, 93 헌마 253(병합), 『판례집』 10-1, 660면.

106) 헌법소원의 청구요건에 대한 연구로, 황도수, 법규범의 직접성에 관한 시론, 『헌법재판의 이론과 실제』 금랑 김철수 교수 화갑기념논문집(박영사, 1993), 377면; 박종보, 법령에 대한 헌법소원의 청구기간, 『헌법재판의 이론과 실제』 금랑 김철수 교수 화갑기념논문집, 박영사, 1993, 431면; 정종섭, 법령에 대한 헌법소원심판절차에 있어 청구기간의 적용여부 - 헌법재판소 1992. 6. 26. 선고 91 헌마 25 결정, 『세계헌법연구』 제1호(1994), 344면; 박종보, 헌법소원심판에 있어서 보충성의 원칙, 『공법연구』 제24집 제3호(1996). 251면; 장영철, 기본권침해위험성에 관한 소고 - 헌법소원청구요건과 관련하여, 『공법학연구』 제8권 제3호(2007. 8.), 285면; 이승환, 기본권침해의 직접관련성에 관한 헌법재판소 결정의 정리와 체계화 시도, 『헌법논총』 제17집(2006), 301면 등 참조.

107) 이에 관해서는, 김철용 · 김문현 · 정재황, 앞의 연구보고서, 22-29면; 양건

3) 헌법소원심판의 적용규범(판단준거규범, 판단기준규범)

헌법소원심판에 있어서 그 판단적용규범은 헌법상 보호되는 기본권에 관한 규정이다. 그 외 헌법재판소는 실질적 의미의 헌법에 비춘 판단도 행하였다. 즉 헌법재판소는 2004년 신행정수도의건설을위한특별조치법에 대한 헌법소원심판에서는 헌법관습법을 인정하고 이에 비추어 국민투표권을 침해한 위헌이라는 결론을 내린 바 있다.108) 이 결정을 둘러싸고 학계에서 많은 논의가 있었다.109)

· 김문현 · 남복현, 앞의 연구용역보고서, 43-50면; 김종서, 변호사 강제주의에 대한 비판적 검토, 민주주의법학연구회, 『민주법학』(1993), 232-248면 등 참조.

108) 헌재 2004. 10. 21, 2004 헌마 554, 『판례집』 16-2(하), 1-75면.

109) 이 결정에 대한 분석으로, 김배원, 국가정책, 관습헌법과 입법권에 대한 헌법적 고찰 - 신행정수도건설특별법 위헌확인결정 2004 헌마 554 · 566(병합)사건을 중심으로, 『공법학연구』 제5권 제3호(2004), 147면; 송기춘, 역사의 흐름 거스르는 헌법재판소의 신행정수도건설특별법 위헌결정, 『열린전북』 통권 제60호(2004. 11,), 19면; 이광윤, 장영수, 신행정수도건설을위한특별조치법위헌확인결정의 찬반논쟁, 2004 헌마 554 · 566(병합), 『고시계』 제49권 제12호(통권 제574호)(2004. 11.), 77-102면; 서경석, 신행정수도의 건설을 위한 특별조치법 위헌결정에 대하여 - 헌법재판소 2004. 10. 21. 선고, 2004 헌마 554, 566(병합) 결정, 『민주법학』(민주주의법학연구회, 2005), 398면; 방승주, 수도가 서울이라는 사실이 과연 관습헌법인가? - 헌법재판소 2004. 10. 21. 2004 헌마 554 · 566(병합), 신행정수도의건설을 위한특별조치법 위헌결정에 대한 비판, 『공법학연구』 제6권 제1호(2005), 153면; 김경제, 신행정수도건설을위한특별조치법 위헌결정(2004 헌마 554, 566 병합)의 헌법적 문제점 - 본안판단과 관련하여, 『공법연구』 제33권 제4호(한국공법학회, 2005), 269면; 김상겸, 성문헌법국가에 있어서 관습헌법의 의미에 관한 연구 - 헌재 2004. 10. 22. 2004 헌마 554 · 566과 관련하여, 『헌법학연구』 제11권 제1호(2005), 295면; 김경제, 신행정수도건설을위한특별조치법 위헌결정(2004 헌마 554, 566 병합)의 헌법적 문제점 - 적법성요건 판단과 관련하여, 『헌법학연구』 제11권 제1호(2005), 511면; 전광석, 수도이전특별법 위헌결정에 대한 헌법이론적 검토, 『헌법실무연구』 제6권 (2005), 헌법실무연구회, 제53회 발표문(2005. 3 .4), 275면; 정연주, 신행정수도의건설을위한특별조치법 위헌결정에 대한 헌법적 검토 - 헌재결 2004.

(4) 권한쟁의심판[110)]

권한쟁의심판제도에 관해서는 다음과 같은 몇 가지 주요쟁점과 학설들을 살펴보고자 한다.

1) 청구인능력 문제

① 국회의원의 청구 - 헌재는 국회의원은 권한쟁의심판을 청구할 수 없다고 본 판례[111)]를 변경하여 국회의원도 국가기관으로서 권한쟁의심판을 청구할 수 있도록 하고 있다.[112)] 그런데 아래에 보듯이 국회의원이 청구인이 될 수 있다는 의미가 실질적으로는 넓지 않다.

② 제3자 소송담당의 문제[113)] 등 - 헌법재판소는 조약에 대한 체결·비준 동의권의 침해를 주장하는 권한쟁의심판을 국회의원이 청구하면 이는 동의권이 국회 자체의 권한이므로 제3자 소송담당이 되고 이를

---

10. 21, 2004 헌마 554·566 병합, 『공법학연구』 제7권 제1호(2006. 2), 267면; 남복현, 노기호, 장석조, 법이론과 법조실무와의 조화, 헌법재판소의 이른바 "관습헌법" 논리에 대한 비판적 분석(토론) [대상판례: 헌재 2004. 10. 21 2004 헌마 554등(병합), 헌판집 16-2, 1], 토론문, 한양법학, 한양법학회, 2006, 3면; 이부하, 헌법의 개념과 관습헌법 -헌재 2004. 10. 21. 2004 헌마 554, 566(병합) 결정을 평석하며- , 『한양법학』(한양법학회, 2009), 75면 등 참조.

110) 이에 관해서는 김원주·김운용·이광윤·석종현, 권한쟁의심판제도에 관한 연구, 『헌법재판연구』 제3권(헌법재판소, 1991); 홍정선, 권한쟁의심판의 개념, 『헌법재판의 이론과 실제』 금랑 김철수 교수 화갑기념논문집(박영사, 1993), 567면 참조.

111) 헌재 1995. 2. 23, 90 헌라 1, 『판례집』 7-1, 140면.

112) 헌재 1997. 7. 16, 96 헌라 2, 『판례집』 9-2, 154면.

113) 독일에서의 제3자 소송담당의 법리에 대해서는, 김운용, 국가기관 상호간의 권한쟁의심판, 권한쟁의에 관한 연구, 『헌법재판연구』 제3권(헌법재판소, 1991), 233-237면; 헌법재판소, 『헌법재판실무제요』 제1개정판(2003), 291-292면 참조.

허용하는 명시적 법률규정이 없는 한 이러한 청구를 할 수는 없다고 본다.[114] 「권한쟁의는 이른바 객관소송으로서의 특징을 가지며」라고 설명하는 견해에 따르면,[115] 그리고 권한쟁의심판이 가질 수 있는 소수파에 의한 통제나 소수파 존중의 기능을 고려하면 이러한 판례 법리는 검토되어야 법리라고 할 것이다.[116][117] 또한 헌재는 국회의원의 심의·표결 권한이 국회의장이나 다른 국회의원이 아닌 국회 외부의 국가기관에 의하여 침해될 가능성이 없다고 하여 국회의원이 국회 외부기관을 피청구인으로 한 권한쟁의심판의 청구를 각하하였다.[118] 그리하여 국회의원의 청구인으로서 지위가 의미를 가지는 사건은 그동안 그러하였듯이 국회의장과 국회의원 간 쟁의 등 주로 내부의 분쟁사건들이었다.

2) 결정에서의 문제점

① 절차종료선언의 문제 - 권한쟁의심판에서 청구인의 청구취하가

---

114) 헌재 2007. 7. 26. 2005 헌라 8, 『판례집』 19-2, 26면. 동지(同旨)의 판례 : 헌재 2007. 10. 25. 2006 헌라 5, 『판례집』 19-2, 436면; 헌재 2008. 1. 17. 2005 헌라 10, 판례집 20-1 상, 70. 이 결정례에 대한 평석으로 이덕연, 조약비준에 대한 국회동의 관련 개별 국회의원의 권한쟁의심판 청구인적격 (헌재결 2007. 7. 26. 2005 헌라 8), 『공법연구』 제36집 제1호(2007), 521면; 정태호, 국가기관 상호간의 권한쟁의심판절차에서의 국회의원의 당사자능력과 제3자소송담당: 2005 헌라 8 결정에 대한 평석을 겸하여, 『경희법학』 제42권 제2호(2007. 9), 561면; 이덕연, BTL사업비 처리방식의 합헌성과 국회의원의 권한쟁의심판 청구인적격, 『헌법학연구』 제14권 제4호(2008), 453면 등 참조.

115) 헌법재판소, 『헌법재판실무제요』, 273면 참조.

116) 이에 관해서는 정재황, 헌법재판과 정치, 『헌법규범과 헌법현실』 권영성교수 정년기념논문집(법문사, 1999), 414면 이하 참조. 또 헌법재판소, 『헌법재판실무제요』, 272-273면 참조.

117) 제3자소송담당을 지지하는 반대의견을 찬성하는 견해로, 김하열, 권한쟁의심판의발전과 과제, 『헌법논총』 제19집(2008), 449면 참조. 제3자소송담당을 오늘날의 권력분립론에서 필요하다고 보는 견해로, 명재진, 권한쟁의심판제도의 문제점, 『헌법논총』 제18집(헌법재판소, 2007), 182면 이하 참조.

118) 위 헌재 2007. 7. 26. 2005 헌라 8 결정.

있는 경우에 절차종료선언을 하는데 이에 대해서는 논란이 있고 소수의견에서도 문제점을 지적한 바 있었다.[119] 이러한 절차종료는 민사소송법리를 준용한 것인데 주관적인 개인의 권리구제를 위한 민사소송에서의 법리를 그대로 받아들인 것은 문제이다. 2003년에 개정된 헌법재판소법 제40조 제1항은 민사소송법의 준용에 한계를 설정하였다. 즉「헌법재판의 성질에 반하지 아니하는 한도 내에서 민사소송에 관한 법령의 규정을 준용한다」라고 개정되었다.

② 권한침해를 인정하고도 무효선언을 하지 않는 결정 - 이 문제는 국회에서의 이른바 변칙(날치기)처리를 둘러싼 권한쟁의심판에서 논란되었다. 즉 1996년에 야당의원들에게 개의일시를 통지하지 않음으로써 출석의 기회를 박탈한 채 본회의를 개의, 노동조합및노동관계조정법안 등을 가결 처리한 것이 의원의 심의·토론·표결권을 침해한다는 것을 인정하면서도 그 가결선포행위에 대해서 무효선언을 하지 않아[120] 논란되었다.[121] 2008년의 미디어법을 둘러싼 권한쟁의심판결정에서도 권한침해를 인정하면서도 가결선포행위를 무효로 선언하지는 않았다.[122]

---

119) 헌재 2001. 6. 28, 2000 헌라 1 결정(『판례집』 13-1, 1218면)에서의 권성, 주선회 재판관의 반대의견 참조.

120) 헌재 1997. 7. 16, 96 헌라 2,『판례집』 8-2, 154면.

121) 이 결정에 대한 분석과 비판 및 국회입법절차에 대한 통제 문제에 대해, 정재황, 국회의 입법절차에 대한 헌법상 통제,『고시계』 492 (1998. 2.), 70면; 박승호, 국회의원과 국회의장 간의 권한쟁의에 관한 헌재결정들,『헌법실무연구』 제1권(2000), 헌법실무연구회, 제11회(2000. 6. 2) 발표문, 476면; 정재황, 국회의 날치기통과 등 졸속입법에 대한 통제,『법과 사회』 제6호(1992), 33면 이하 참조.

122) 헌재 2009. 10. 29, 2009 헌라 8,『판례집』 21-2 하, 14면. 이 결정에 대한 분석으로, 이상명, 국회의원의 심의표결권 침해에 대한 권한쟁의심판 - 대상판결: 헌재 2009. 10. 29. 2009 헌라 8, 9, 10(병합) 결정,『한양법학』(한양법학회, 2010), 197면; 장영수, 신문법 등에 대한 권한쟁의심판(헌재 2009. 10. 29. 2009 헌라 8등 결정)의 의미와 한계,『고시계』 637 (2010. 2), 36-47면; 임지봉, 입법절차상의 흠결과 법률의 효력; 헌법재판소 미디어법 관련 권한쟁의심판사건 결정의 헌법적 문제점,『법과 사회』 제38호(2010), 74면; 임지봉, 헌법재판소의 미디어법 결정에 대한 비판적 검토,『고시계』 634 (2009. 11.), 64면; 조재현, 입법과정의 하자에 대한 헌법재판소의 통제

(5) 탄핵심판[123)]

2004년 우리 헌법재판사상 최초의 대통령에 대한 탄핵심판사건은 탄핵소추와 탄핵심판절차에 관한 적지 않은 쟁점들을 던져주었다.[124)] 대표적인 쟁점으로, ① 헌재가 탄핵(파면)결정사유로 「중대성」을 요한다고 보았는데 그렇다면 탄핵소추사유와 탄핵결정사유를 달리 볼 것인지의 문제, 그 중대성은 탄핵대상자에 따라 차이를 가진다고 볼 것인지 하는 문제[125)], ② 소추대상자의 당연 직무정지의 타당성 문제(특히 대통령의

와 헌법적 정당성의 문제: 미디어법 입법과정의 절차적 정당성을 중심으로, 한국부패학회, 『한국부패학회보』 제14권 제4호(2009. 12), 109면 등 참조.

123) 탄핵심판제도에 관해서는 이승우 · 정만희 · 음선필, 『탄핵심판제도에 관한 연구』, 헌법재판연구, 제12권(2001) 참조.

124) 김종철, 노무현대통령탄핵심판사건에서 헌법재판소의 주요논지에 대한 비판적 검토, 『세계헌법연구』 제9호(2004), 1면; 송기춘, 대통령 노무현 탄핵심판사건결정(헌법재판소 2004. 5. 14. 선고, 2004 헌나 1)의 몇 가지 문제점, 『민주법학』(2004), 333면; 차강진, 대통령에 대한 탄핵심판 - 헌재 2004. 5. 14. 2004 헌나 1 사건의 주요쟁점을 중심으로, 『공법학연구』 제5권 제3호(2004), 189면; 음선필, 대통령 탄핵심판사건: 법치주의를 위한 변론, 『사회과학연구』(순천향대학교 사회과학연구소), 제10권 1호(2004), 145면; 강기홍, 3. 12 탄핵소추에 대한 헌법적 고찰, 『공법학연구』(한국비교공법학회) 제5권 제1호(2004), 213면; 박종보, 국회의 대정부 통제권 - 대통령 탄핵을 중심으로, 『공법연구』 제32집 제5호(2004), 79면; 송기춘, 우리 헌법상 대통령 탄핵제도에 관한 소고, 『공법연구』 제32집 제5호(2004), 413면 한수웅, 대통령에 대한 탄핵심판절차, 한국헌법학회, 『헌법학연구』 제11권 제1호(2005), 469면; 정종섭, 탄핵심판에 있어 헌법재판소의 탄핵여부결정권[헌법재판소 2004. 5. 14. 선고 2004 헌나 1 결정], 『헌법실무연구』 제6권(2005), 헌법실무연구회, 제52회(2005.2.18) 발표문, 189면; 정종섭, 탄핵심판에 있어 헌법재판소의 탄핵여부결정권, [헌법재판소 2004. 5. 14. 선고 2004 헌나 1 결정], 중범 김동희 교수 정년 기념호 『서울대학교 법학』(2005), 514면 등 참조.

125) 이러한 문제에 대해서는 한수웅, 현행 헌법상 헌법재판제도의 문제점과 개선방안, 『헌법재판연구』 제16권(2005), 203면 이하; 조홍석, 탄핵결정의 법리적 음미, 『공법학연구』 제5권 제2호(2004. 5), 162면; 송기춘, 판례평석: 대통령노무현탄핵심판사건결정(헌법재판소 2004. 5. 14. 선고, 2004 헌나

경우)[126], ③ 피청구인의 전직이나 당선 후 취임 사이의 위법행위가 탄핵사유가 되는지 하는 문제[127], ④ 결정에서의 소수의견 표시 문제 등이 있었다. ④의 문제는 이후 2005년에 헌법재판소법 제36조 제3항을 개정하여 모든 심판에 의견표시를 표시하도록 하여 입법적으로 해결이 되었다.

(6) 위헌정당해산심판[128]

위헌정당해산심판은 아직 한 건도 행해진 바 없다. 위헌정당해산심판제도에 관한 쟁점으로는, ① 정당해산사유인 헌법 제8조 제4항의 「민주적 기본질서에 위배」에서의 민주적 기본질서의 개념이 무엇인지 하는 문제, ② 해산결정시 소속 국회의원의 의원직 자동상실 여부 문제 등이 있다.[129]

---

1)의 몇 가지 문제점, 『민주법학』 제26권(민주주의법학연구회), 357면; 박종보, 위의 논문, 104면; 송기춘, 위의 논문(우리 헌법상 대통령 탄핵제도에 관한 소고), 426면 등 참조.

126) 음선필, 현행 헌법상 헌법재판제도의 문제점과 개선방안, 『헌법재판연구』 제16권(2005), 315면 이하; 음선필, 대통령 탄핵심판사건: 법치주의를 위한 변론, 『사회과학연구』(순천향대학교, 2004), 171면; 송기춘, 위의 논문(우리 헌법상 대통령 탄핵제도에 관한 소고), 435면 등 참조.

127) 이러한 문제에 대해서는 음선필, 대통령 탄핵심판사건: 법치주의를 위한 변론, 순천향대학교 사회과학연구소, 2004년, 156면 참조.

128) 이에 관해서는, 장명봉, 헌법재판소의 위헌정당해산심판, 『헌법재판의 이론과 실제』 금랑 김철수 교수 화갑기념논문집(박영사, 1993), 581면 이하 참조.

129) 이러한 문제들에 대해서는 이성환 · 정태호 · 송석윤 · 성선제, 『정당해산심판제도에 관한 연구』, 헌법재판연구 제15권(헌법재판소, 2004); 김백유, 민주적 기본질서, 『헌법학연구』 제9권 제3호(2003), 114면; 이성환, 현행 정당해산심판절차의 문제점과 개선방향, 『세계헌법연구』 제10권(2004), 191면; 김명재, 정당의 자유와 민주적 기본질서 - 헌법 제8조의 해석을 중심으로, 『헌법학연구』 제13권 제1호(2007), 305면; 박규환, 정당해산 심판기준에 관한 연구, 『헌법학연구』 제14권 제4호(2008), 479면; 송석윤, 정당해산심판의 실체적 요건 - 정당해산심판제도의 좌표와 관련하여, 『서울대학교 법학』 제51권 제1호(2010), 27-65면 등 참조.

Ⅷ. 맺음말

우리 헌법은 일찍이 헌법재판제도를 규정하여 왔기에 이에 대한 학계의 연구도 늦지는 않았고 제1공화국 시절에도 학자들의 헌법재판연구와 외국 헌법재판에 대한 소개 논문들을 볼 수 있었다.130) 그러나 제2공화국에서 헌법재판소가 태어나지도 못하였고 유신헌법, 제5공화국헌법 시절의 암흑기에서는 실제의 결정례가 뒷받침하지 않은 채 학자들의 논의가 이론적이고도 또 경우에 따라서 상당히 교과서적으로 이루어질 수밖에 없었다고 볼 수 있을 것이다. 그러나 이러한 암흑기를 벗어나 제6공화국 현재의 헌법재판소에서의 헌법재판활동은 활발하게 이루어졌고 국민들 속에 점점 더 헌법재판이 각인되어가고 있다. 그러한 헌법재판의 성과에 따라 많은 헌법판례들이 생성, 축적되어 가고 있다. 이러한 발전과 더불어 헌법학의 연구에 있어서도 보다 다양한 논의, 보다 심도있는 문제들에 대한 논의가 활발히 이루어지고 있으며 헌법재판에 관한 학설도 풍부하게 나타나게 하였다.

헌법재판소도 연구기능을 강화해나가고 있다. 헌법연구위원 제도를 2008년에 신설하였고(헌법재판소법 제19조의3) 2010년에 헌법재판연구원(憲法裁判硏究院)이 창설된다. 헌법재판연구원은 헌법 및 헌법재판 연구와 헌법연구관, 사무처 공무원 등의 교육을 담당한다(동법 제19조의4). 이는 헌법재판연구 뿐아니라 헌법의 실체법적 연구를 집중적으로 심화시키며 헌법재판을 뒷받침하는 기능을 할 것으로 그 기대가 크다.

본 글에서 가능한 한 기존 연구문헌들을 최대한 소개하려고 하였지만 지면이 무척 한정되어 쟁점을 중심으로, 그것도 주요쟁점을 중심으로 그것에 대한 학설이 담긴 문헌들을 최대한 소개하고자 하였다. 더 많은 문헌들은 근간에 잘 발달되고 있는 학술데이타베이스를 통한 리서치로

130) 예를 들어 김홍한, 미국에 있어서의 위헌심사제도, 『법정』 제14권 제3-5호(1959), 21면; 김남진, 서독에 있어서의 헌법재판제도, 『법정』 제14권 제3-5호(1959), 24면; 이경호, 일본에 있어서의 위헌심사제도, 『법정』 제14권 제3-5호(1959), 31면 등.

보충되어지길 바란다. 앞으로 헌법재판의 절차법에 대한 더 많은 연구가 진척되고 심화되어 국민의 기본권보장, 헌법의 보장을 위한 헌법재판법이 더욱 발전되어 나가길 기원한다.(2010. 10. 15)

[추기]

추기의 이유

2010년까지 60년사를 정리한 바 있다. 여기에 손을 대면 서술체제 등에 변화가 올 것이고 제목 자체도 70년사로 변경해야 한다. 따라서 60년사는 60년간의 발달사로 정리해두고 이후 새롭게 발간되는 이 책을 위하여 추기형식으로 가필하고자 한다.

추기 내용

Ⅰ. 서언 - 60년사 이후 또 9년의 경과에 대한 전반적 관견

60년사 발간 이후 어언 또다시 9년 가까운 세월이 훌쩍 지났다. 그럼에도 헌법재판의 절차적 영역에서는 커다란 변화 내지 근본적 변동은 없었다. 다만, 그동안 결정이 나오지 않았던 정당해산심판에서 한 건의 결정이 나왔고 탄핵심판에서는 인용결정이 최초로 나왔다.

빈번하게 활용되는 위헌법률심판, 헌법소원심판, 권한쟁의심판에서 제기요건이나 청구요건 등 절차적 법리에서 큰 변화가 없고 그동안 논란되어 오던 쟁점들도 여전히 연구과제로 계속되어 오고 있는 것이 많다. 이하에서 그 점을 확인하기도 하고 60년사에서 특별히 지적되지 않은 부분이나 당시 지면한정으로 담지 못한 내용도 추가하기로 한다.

Ⅱ. 헌법재판소의 조직과 운영

1. 소장 임기 문제

헌법재판소 조직에 관한 논의로는 소장의 임기 문제가 있다. 새로이 재판관으로 임명되는 사람으로서 재판관과 소장으로 동시에 임명되는 경우가 아닌 이미 재임 중인 재판관이 소장으로 임명될 경우에 그 임기가 논란이 되어 왔는데,[1] 박한철, 이진성 두 소장은 재판관으로 재임 중에 임명되었는데 재판관으로서 남은 임기만큼 소장으로 재임하였다. 이에 대해 헌법재판소법의 명시적 규정이 이제는 자리잡아야 한다.

2. 재판관 자격, 구성의 다양성 요구

헌법재판소 재판관들의 구성이 다양하여야 한다는 요구는 여전하고 법학교수 등에 대한 자격개방도 그러하다.

3. 재판관 공백의 문제 , 예비재판관 제도의 부적절성 등

2011년에 조대현 재판관 퇴임 후 국회에서 후임이 선임되지 않아 공백이 1년을 넘어선 경우도 있었다.「상당히 오랜 기간 8인 헌법재판관에 의한 헌법재판이 운영된 경험을 한 바 있다. 이에 대한 비판과 문제점을 지적하는 목소리가 커져갔고 급기야 국회의장에 대한 헌법재판소 소장 명의의 선출촉구 공식서한이 전달되기도 하였다.[2] 뿐만 아니라 비록 각하결정이 나긴 했으나 위와 같이 국회가 임기만료로 퇴임한 헌법재판관의 후임자를 선출하지 아니한 것은 부작위로서 국민의 공정한 재판을 받을 권리를 침해하였다고 하는 헌법소원심판까지 청구되기도 하였다.[3]

---

1) 본서 189면 참조.『한국의 학술연구 법학 Ⅱ』제2장 헌법재판 60년의 연구동향 원본(이하 '원본'이라고 함) 'Ⅶ. 현행 헌법재판, 3. (2)' 부분 참조.

2) 이 공식서한은 2012년 2월 22일 전달되었다. 2012년 2월 23일자 일간신문들 보도 참조. 이 주는 정재황, 예비재판관 제도 및 그 도입 타당성에 대한 연구,『성균관법학』제26권 제3호(2014. 9), 3면의 것을 재인용한 것임.

이러한 사건을 계기로 헌법재판관의 결원이나 헌법재판부의 공백이 가져올 수 있는 문제점들이 지적되고 있다. 아울러 이를 보완할 제도로서 예비재판관 제도의 도입이 논의되고 헌법학자들과 2009년에 나온 헌법연구 자문위원회의 보고서에서 예비재판관을 두자는 제안을 하고 있다.[4]」[5] 이러한 공백은 재판관 후임선출의 지연 뿐아니라 재판관의 제척·기피·회피, 재판관에 대한 탄핵소추의결이 있는 경우 등에도 나타날 수 있다.「외국에서의 예로 오스트리아에서 예비재판관제도를 두고 있다. 우리나라 역사에서도 제1공화국의 헌법위원회 예비위원제도, 탄핵재판소의 예비심판관제도와 제3공화국에서의 탄핵심판위원회의 예비심판위원제도를 볼 수 있다」.[6] 그러나「다음과 같은 한계 내지 문제가 없지는 않을 것이다. ⅰ) '지위감'의 문제 - 이는 현실적·정서적 문제이기도 하다. 예비재판관도 재판관과 똑같이 헌법재판이라는 중대한 사건에 판단자로서 함께 참여하므로 재판관의 지위의 동위성 내지 동질성이 확보되는 것이 필요하다. 그런데 '예비'라는 명칭으로 그 지위감, 지위에 대한 자의식이 약화되거나 위축될 수 있지 않을까 하는 우려가 있을 수 있다. 심리적

---

3) 국회가 임기만료로 퇴임한 조대현 전 재판관의 후임자를 선출하지 아니하여 재판관의 공석 상태를 방치하고 있는 부작위의 위헌확인을 구하는 헌법소원심판의 청구가 있었다. 이 청구에 대하여, 헌재는 5인 재판관이 권리보호이익이 소멸하여 부적법하다는 의견을 내어 결국 각하결정을 선고하였다. 이 법정의견에 반대하여 이 심판청구가 예외적으로 심판의 이익이 인정되는 경우에 해당하고, 이 부작위가 공정한 재판을 받을 권리를 침해한다는 4인 재판관(재판관 박한철, 재판관 이정미, 재판관 김이수, 재판관 이진성)의 반대의견이 있었다(헌재 2014. 4. 24., 2012헌마2, 공보 제211호, 845면 이하 참조). 이 주는 정재황, 예비재판관 제도 및 그 도입 타당성에 대한 연구,『성균관법학』제26권 제3호(2014. 9), 3면의 것을 재인용한 것임.

4) 국회의장 자문기구로서 활동한 헌법연구 자문위원회의 헌법연구 자문위원회의 보고서(헌법연구 자문위원회,『헌법연구 자문위원회 결과보고서』, 2009. 8.), 293면. 이 주는 정재황, 예비재판관 제도 및 그 도입 타당성에 대한 연구,『성균관법학』제26권 제3호(2014. 9), 3면의 것을 재인용한 것임.

5) 이상 정재황, 예비재판관 제도 및 그 도입 타당성에 대한 연구,『성균관법학』제26권 제3호(2014. 9), 3면의 것을 재인용한 것임.

6) 정재황, 예비재판관 제도 및 그 도입 타당성에 대한 연구,『성균관법학』제26권 제3호(2014. 9), 3면의 것을 재인용한 것임.

측면에서의 그와 같은 상황에서 예비재판관 제도가 가질 수 있는 현실적 문제에 대해 미리 논의할 필요가 있다고 본다. ii) 자격요건·선임절차에 상응한 문제 - 위에서 살펴보았듯이 어차피 예비재판관의 경우에도 재판관과 같은 자격을 갖추고 동일한 선임절차(청문회 등)를 거쳐야 한다고 본다. 그처럼 강한 요구의 선임자격·절차를 요하는 것을 고려하면[7] '예비'의 신분이 그것에 상응하는 것인가 하는 회의적 의식이 전혀 배제될 수 없지 않는가 하는 문제제기가 있을 수 있다. 그 점에 대해서도 검토가 필요하다고 본다. iii) 일시적 재판참여 - 예비재판관은 상임적으로 재판에 참여하는 것이 아니다. 따라서 헌법재판에 대한 적응성·집중성·일관성 등에 있어서 정규의 재판관에 비해 약하거나 약해질 수 있다는 지적도 예상할 수 있다」.[8] 「2014년의 국회 헌법개정 자문위원회의 개정안에서는 2009년 국회 헌법연구 자문위원회의 개정안과 달리 예비재판관 제도의 도입을 제안하지 않고 있다.[9]」[10] 그래서 우리는 대안으로 「하나의 사건을 담당하는 재판부를 구성하는 재판관 수는 9명으로 하더라도 재판관 전체 정수를 늘려 재판관의 참여를 순환식으로 하여 여유를 두자」라고[11] 제안하였다. 「예를 들어 재판관 전체의 정수는 가령 12명 또는

---

7) 「예비재판관제도의 설치도 헌법재판소의 본질적 구성요소인 재판관의 임면조건 및 권한에 관한 사항이라는 점에서 헌법정책적인 가능성으로만 제기될 수 있을 뿐이다」라는 견해로, 양건/김문현/남복현, 앞의 보고서, 40면. 이 주는 정재황, 예비재판관 제도 및 그 도입 타당성에 대한 연구, 『성균관법학』 제26권 제3호(2014. 9), 3면의 것을 재인용한 것임.

8) 정재황, 예비재판관 제도 및 그 도입 타당성에 대한 연구, 『성균관법학』 제26권 제3호(2014. 9), 29면의 것을 재인용한 것임.

9) 국회 헌법개정 자문위원회, 『활동결과보고서 I』, 2014. 7. 참조. http://www.assembly.go.kr/assm/notification/policyroom/policyroom03/assmCounsel/counselUserView.do?bbs_num=37634&no=5&search_key_n=&search_val_v=&currentPage=1 참조. 이 주는 정재황, 예비재판관 제도 및 그 도입 타당성에 대한 연구, 『성균관법학』 제26권 제3호(2014. 9), 29면의 것을 재인용한 것임.

10) 정재황, 예비재판관 제도 및 그 도입 타당성에 대한 연구, 『성균관법학』 제26권 제3호 (2014. 9), 29면의 것을 재인용한 것임.

11) 정재황, 예비재판관 제도 및 그 도입 타당성에 대한 연구, 『성균관법학』

15명 정도로 하고 그 12명 또는 15명의 재판관 중 9인 재판관으로 재판부를 구성하여 하나의 사건을 재판하도록 하자는 것이다. 9인 재판부의 구성은 일정한 공식(주기)에 따라 또는 어떤 규칙을 설정하여 그 규칙에 따라 일부 재판관의 교체를 해가면서 순환(순차)식으로 하는 방안이다… 그렇게 하면 12명 또는 15인 중 결원이나 재판배제의 상황이 발생하더라도 예비재판관으로서가 아니라 정규 재판관으로서 보충되며 결원된 재판관에 대해서 최대한 신속히 후임재판관이 선임되어야 함이 바람직하지만 재판부 일부공백상태에서의 재판은 우선 피할 수 있다.[12)]」[13)]

4. 헌법재판소 30년사

헌재는 창립 30주년을 맞이한 2018년에 자신의 지난 30년 동안의 구성, 조직, 심판제도 등의 변천과 그동안 내려진 주요결정들을 수록한 『헌법재판소 30년사』를 발간하였다.[14)]

Ⅲ. 위헌법률심판

1. 제기요건의 논의점들

위헌법률심판의 제청요건, 제청신청요건에 있어서 별다른 변화가 없었

제26권 제3호(2014. 9), 30면의 것을 재인용한 것임.

12) 독일의 경우 재판부가 2개로 구성되어 한 부의 재판관의 공백이 있는 경우 다른 부의 재판관으로 하여금 재판을 하도록 하여 예비재판관의 필요성이 없다는 점에서도(동지 : 남복현, 헌법개정시 헌법재판을 포함한 사법구조의 개편방향, 『헌법학연구』 제12권 제5호(2006. 12), 407면) 시사점을 찾을 수 있을 것이다. 이 주는 정재황, 예비재판관 제도 및 그 도입 타당성에 대한 연구, 『성균관법학』 제26권 제3호(2014. 9), 30면의 것을 재인용한 것임.

13) 정재황, 예비재판관 제도 및 그 도입 타당성에 대한 연구, 『성균관법학』 제26권 제3호(2014. 9), 30면의 것을 재인용한 것임.

14) 헌법재판소, 『헌법재판소 30년사. 30년의 바른 걸음, 헌법을 세우다』 2018. 7. 참조.

다. 아래에 몇 가지 점들에 대해 살펴본다.

(1) 여전한 판례이론 - 재판전제성요건에서 중대명백설

헌재는 위헌법률심판에서 해당 재판이 행정소송의 취소소송일 때 재판전제성 요건의 충족 여부를 판단함에 있어서 중대명백설을 적용하는 입장[15]을 여전히 견지하고 있다.

- 중대명백설을 적용한 또다른 예 : 헌재 2010. 2. 25. 2007헌바131 등, 기반시설부담금에 관한 법률 제8조 제1항 등 위헌소원 등, 판례집 22-1상, 104. [판시사항] 기반시설부담금 부과처분의 근거법률인 구 '기반시설부담금에 관한 법률'(2006. 1. 11. 법률 제7848호로 제정되고, 2007. 10. 17. 법률 제8663호로 개정되기 전의 것, 이하 '법'이라고 한다) 제3조, 제10조가 위헌임을 전제로 부과처분에 대한 취소소송 제소기간이 경과한 뒤 납부한 부담금을 부당이득으로 반환청구하는 소송에서 위 법률조항들이 재판의 전제성을 갖는지 여부(소극) [결정요지] 다. 행정처분이 위법하더라도 하자가 중대하고 명백하여 당연무효라고 보아야 할 사유가 있는 경우를 제외하고는 그 하자를 이유로 무단히 그 효과를 부정하지 못한다. 행정처분의 하자가 취소사유에 불과한 때에는 취소되지 않는 한 그 행정처분이 계속 유효하다고 할 것이므로 민사소송절차에서 부당이득반환청구를 심리하는 법원이 행정처분의 효력을 부인하고 행정처분에 따라 부과·징수한 조세나 부담금 등의 금원을 법률상 원인 없는 이득이라고 판단할 수 없다. 행정청이 행정처분을 한 후에 헌법재판소가 그 근거법률을 위헌으로 결정한 경우에도, 결과적으로 그 행정처분은 법률의 근거가 없이 행하여진 것과 마찬가지가 되어 하자 있는 것이 되기는 하지만, 일반적으로 법률이 헌법에 위반된다는 사정이 헌법재판소의 위헌결정이 있기 전에는 객관적으로 명백

15) 본서 194면 참조. 원본 'Ⅶ. 현행 헌법재판, 4. (2) 2)' 부분 참조.

한 것이라고 할 수는 없으므로 특별한 사정이 없는 한 이러한 하자는 행정처분의 취소사유에 해당할 뿐 당연무효사유는 아니다. 따라서 법 제3조, 제10조에 대하여 위헌결정이 선고된다 하더라도, 이는 특별한 사정이 없는 한 서울 강남구청장의 위 기반시설부담금 부과처분을 당연무효로 하는 사유가 아니고 다만 취소할 수 있는 사유에 해당한다고 보아야 할 것인데, 위 기반시설부담금 부과처분의 취소소송을 제기할 수 있는 기간은 이미 도과되어 더 이상 이를 다툴 수 없다. 그렇다면 청구인 김○○이 심판청구한 2009헌바239 사건의 당해 사건 법원은 법 제3조, 제10조에 대하여 위헌결정이 선고되더라도 기반시설부담금 부과처분의 효력을 부인하고 이미 납부된 기반시설부담금 상당액을 법률상 원인 없는 이득이라고 판단할 수 없으므로, 2009헌바239 사건의 당해 사건은 법 제3조, 제10조의 위헌 여부에 따라 주문이 달라지거나 재판의 내용과 효력에 관한 법률적 의미가 달라지는 경우에 해당한다고 할 수 없다. 따라서 청구인 김○○의 심판청구 중 구 '기반시설부담금에 관한 법률'(2006. 1. 11. 법률 제7848호로 제정되고, 2007. 10. 17. 법률 제8663호로 개정되기 전의 것) 제3조, 제10조 부분은 재판의 전제성 요건을 갖추지 못하였으므로 부적법하다(헌재 2001. 9. 27. 2001헌바38, 공보 61, 930, 932-933 ; 헌재 2005. 2. 24. 2004헌바24, 공보 102, 393, 396-397).[16)]

(2) 위헌법률심판(위헌소원심판)에서의 권리보호이익 요건 요구의 부당성

이 요구도 여전하다. 위헌법률심판(위헌소원심판)은 그 실질이 법률의 위헌여부를 심사하는 것이라는 점에서 객관적 규범통제인데도 주관적

16) 과태료부과에 대한 부당이득반환소송에서의 동지의 결정례 : ① 헌재 2014. 1. 28. 2010헌바251, 풍력발전사건 ② 헌재 2015. 7. 30., 2014헌바420, 현금영수증 발급의무 위반에 따른 과태료 조항과 재판의 전제성 사건.

소송(재판)에서 요구되는 권리보호이익 요건을 요구하는 것은 적절하지 못하다. 법원이 제청한 '헌가'사건에서도 권리보호이익을 따지는 예를 아래와 같이 볼 수 있다.

> 헌재 2004.10.28, 2003헌가18,. [결정요지] 적법요건에 대한 판단 - 이 사건의 경우 당해사건이 제청법원에 적법하게 계속중이고, 심판대상 법조항은 당해 사건 처분에 직접 적용되는 것으로서 이 사건 법조항이 위헌이라면 이를 적용근거로 한 당해사건의 처분은 위법한 것으로 그 판단결과에 따라 당해재판의 주문이 달라지기 때문에 당해사건의 재판에 전제가 되는 것은 분명하다. 다만, 이 사건 제청신청인은 추징금 미납을 이유로 2003. 7. 1. 출국금지처분을 받아 2004. 6. 30.까지 출국금지가 되었으나 그 이후 출국금지기간만료로 해제되었다. 따라서 당해소송에서 출국금지처분의 취소를 구하는 청구는 그 권리보호이익을 상실하여 심판대상 법조항에 대한 위헌여부를 판단할 소의 이익은 소멸되었다. 그러나 설사 심리기간중 소의 이익이 소멸되었더라도 헌법재판소로서는 제청당시 전제성이 인정되는 한 예외적으로 객관적인 헌법질서의 수호·유지를 위하여 그 위헌 여부에 대한 판단을 할 수 있다는 것이 우리 재판소의 확립된 판례이다(헌재 1993. 12. 23. 93헌가2, 판례집 5-2, 578, 590-591; 2000. 7. 20. 99헌가7, 판례집 12-2, 17, 25). 이 사건 심판대상 법조항의 위헌여부는 거주이전의 자유 중 출국의 자유와 관계되는 중요한 헌법문제라고 볼 수 있고, 이 문제에 대하여 아직 우리 재판소에서 해명이 이루어진 바도 없다. 이 사건과 관련하여 또는 이 사건과 무관하게 심판대상 법조항에 의거한 출국금지처분이 재차 이루어져 출국의 자유에 대한 기본권침해의 논란이 반복될 것도 명백하므로 이에 대한 위헌여부의 심판이익이 있다. 본안판단 결과 헌재는 합헌으로 결정하였다.

위헌소원심판(위헌법률심판)에서의 권리보호이익, 소의 이익을 논한다면 재판전제성과의 구별 문제도 제기된다. 헌재 판례는 아래의 결정례에서 보듯이 재판전제성이 소멸되었더라도 본안으로 나아간 사례들에서 그 예외인정요건이 권리보호이익 소멸인데도 본안의 심판이익이 있다고 하여 나아가는 요건과 같아 그런 문제제기 가능성을 보여주기도 한다.

- 재판전제성 소멸이라도 예외적 재판전제성 인정하는 요건

헌재 2012. 8. 23. 2010헌가65, 판례집 24-2 상, 369.

[사건개요] (1) 당해사건의 원고 배○식(이하 '당해사건 원고'라 한다)은 2012. 5. 29. 그 임기를 마친 제18대 국회의원으로서, 그 임기 중 주식백지신탁심사위원회에 자신과 처 등이 보유하고 있는 주식(이하 '이 사건 주식'이라 한다)의 직무관련성 여부에 관하여 심사청구를 하였는바, 주식백지신탁심사위원회는 2008. 10. 8. 당해사건 원고가 국회 기획재정위원회 소속으로서 보유주식 발행기업에 대한 정보접근 및 영향력 행사의 가능성이 있다는 이유로 이 사건 주식의 직무관련성이 인정된다는 결정을 하였다(이하 '이 사건 처분'이라 한다). (2) 당해사건 원고는 이 사건 처분의 취소를 구하는 행정소송을 제기한 후 그 항소심에서(서울고등법원 2009누16536), 구 공직자윤리법 제14조의4 제1항 제1호, 제2호가 공개대상자 등의 소유주식을 매각하거나 또는 백지신탁한 후 수탁기관으로 하여금 60일 이내에 전부 처분하도록 규정하고 있는 것은 과잉금지원칙에 위배된다고 주장하였다. 이에 제청법원은 2010. 4. 28. 직권으로 이 사건 위헌법률심판을 제청하였다.

[결정요지] 적법요건에 대한 판단 - 법률에 대한 법원의 위헌심판제청이 적법하기 위해서는 법원에 계속 중인 구체적인 사건에 적용할 법률이 헌법에 위반되는지 여부가 재판의 전제가 되어야 하고, 이러한 재판의 전제성은 위헌제청시 만이 아니라 위헌법률 심판시에도 갖추어져야 함이 원칙인바(헌재 1993. 12. 23. 93헌가2, 판례집

5-2, 578, 588), 제청법원의 위헌심판 제청 당시 당해사건 원고는 제18대 국회의원으로서 이 사건 법률조항의 적용대상이었고 그 위헌 여부에 따라 당해사건 판결의 주문이 달라질 여지가 있었으나, 2012. 5. 29. 국회의원 임기가 만료되어 더 이상 이 사건 법률조항의 적용을 받지 않게 되었으므로, 이 사건 법률조항은 현재 재판의 전제성을 잃었다고 볼 수도 있다. 그러나 헌법재판소는 재판의 전제성이 없는 경우에도 헌법적 해명이 긴요히 필요하거나 당해 조항으로 인한 기본권 침해가 반복될 우려가 있는 경우에는 헌법질서의 수호자로서의 사명을 다하기 위하여 예외적으로 본안판단에 나아갈 수 있는바(헌재 1993. 12. 23. 93헌가2, 판례집 5-2, 578, 591 참조), 이 사건에서 문제되는 주식백지신탁제도의 위헌 여부는 최근 우리사회에서 강조되고 있는 국회의원을 포함한 고위공직자의 직무공정성 내지 염결성과 그 재산권 보호의 헌법적 요구가 첨예하게 대립하는 중대한 헌법적 문제라는 점, 최근 제19대 국회가 개원하면서 동일한 분쟁이 다시 발생할 가능성이 높다는 점 등을 감안할 때 그 헌법적 해명의 필요성 등을 인정하여 본안 판단에 나아가기로 한다.

2. 위헌성 인정 결정의 집행성 강화

헌법재판소가 위헌결정한 또는 헌법불합치로 결정한 법률규정에 대해서는 그 기속력을 인정하여 국회가 빨리 개선을 하여야 한다. 여전히 개선입법이 늦어지는 경우도 있다.

- 헌법재판소 위헌결정의 송부의무와 위원회 심사 -「헌법재판소는 종국결정이 법률의 제정 또는 개정과 관련이 있으면 그 결정서 등본을 국회로 송부하여야 하고 의장은 이에 따라 송부된 결정서 등본을 해당 법률의 소관 위원회와 관련위원회에 송부하며 위원장은 송부된 종국결정

을 검토하여 소관 법률의 제정 또는 개정이 필요하다고 판단하는 경우 소위원회에 회부하여 이를 심사하도록 한다」(국회법 제58조의2. 위헌결정된 법률규정을 즉시 검토하게 하여 국민의 기본권보장을 도모하기 위해 2016. 12. 16. 신설된 규정임).[17)]

Ⅳ. 헌법소원심판

1. 개관

헌법소원심판 분야에 있어서도 특별한 변화가 있지는 않았다, 그래서 그동안 헌법학연구가 일구어낸 기본권이론의 실무적 접목에 있어서 아쉬운 점들이 있다. 아래에 몇 가지 점들에 대해 살펴본다.

2. 대상성요건

(1) 사인들 간의 기본권침해 문제

헌법재판소법이 헌법소원심판의 대상을 '공권력의 행사 또는 불행사'라고 규정한 데 따라 국가기관과의 관계가 아닌 사인(私人)들 간의 관계에서 발생하는 기본권침해의 문제를 헌법소원심판으로 다루지 못하는 문제가 있다. 바로 이른바 기본권의 제3자효를 인정하는 학계의 연구성과가 실무에서 반영되지 못하고 있다. 물론 사적(私的)관계에 관한 기본권 문제가 법률로 규율되는 상황에서는 법률이 공권력작용이므로 법률에 대한 위헌확인을 구하는 헌법소원심판을 통하여 문제해결을 도모할 수 있다. 그러나 공권력의 개입이 없는 사적인 활동으로 인한 기본권침해 문제는 공백이 발생한다. 아래가 그 예이다. 이 결정례에서 소수의견은 심판대상성을 인정하자는 바람직한 의견을 제시하고 있다.

---

17) 정재황, 『신 헌법입문』 제8판(박영사, 2018), 680면.

헌재 2006. 11. 30. 2005헌마855, 군미필자 응시자격 제한 위헌확인

[판시사항]

한국방송공사(KBS)의 '2006년도 예비사원 채용공고' 중 "병역필 또는 면제받은 분. 단, 2005. 12. 31. 이전 전역 예정자는 응시 가능합니다." 부분(이하 '이 사건 공고'라 한다)이 헌법소원의 대상이 되는 공권력의 행사에 해당하는지 여부(소극)

[결정요지]

공법인의 행위는 일반적으로 헌법소원의 대상이 될 수 있으나, 그 중 대외적 구속력을 갖지 않는 단순한 내부적 행위나 사법적(私法的)인 성질을 지니는 것은 헌법소원의 대상이 되는 공권력의 행사에 해당하지 않는다. 방송법은 "한국방송공사 직원은 정관이 정하는 바에 따라 사장이 임면한다"고 규정하는 외에는(제52조) 직원의 채용관계에 관하여 달리 특별한 규정을 두고 있지 않으므로, 한국방송공사의 이 사건 공고 내지 직원 채용은 피청구인의 정관과 내부 인사규정 및 그 시행세칙에 근거하여 이루어질 수밖에 없다. 그렇다면 한국방송공사의 직원 채용관계는 특별한 공법적 규제 없이 한국방송공사의 자율에 맡겨진 셈이 되므로 이는 사법적인 관계에 해당한다고 봄이 상당하다. 또한 직원 채용관계가 사법적인 것이라면, 그러한 채용에 필수적으로 따르는 사전절차로서 채용시험의 응시자격을 정한 이 사건 공고 또한 사법적인 성격을 지닌다고 할 것이다. 이 사건 공고는 헌법소원으로 다툴 수 있는 공권력의 행사에 해당하지 않는다.

재판관 조대현, 재판관 이동흡, 재판관 목영준의 반대의견

오늘날 국가기능의 확대 내지 민간화 추세에 따라 국가기관은 아니면서 그 기능의 일부를 대신하거나 공익적 업무를 수행하는 공공기관 내지 공법인이 늘어나고 있다. 이런 연유로 국민의 기본권은 주로 국가에 의해 침해될 수 있다는 전통적 이론도 새로운 관점에서

재조명해 볼 필요성이 대두되었다. 미국, 독일 등에서는 이미 산업사회의 발달과 더불어 사적 집단이나 세력에 의한 기본권 침해가 증대될 수 있다는 측면을 중시하여 이른바 '국가행위이론(state action doctrine)'이나 '기본권의 대사인적 효력 이론' 등을 들어서 헌법상 기본권이 사인 상호 간의 법률관계에도 적용될 수 있는 방안을 모색하고 있는 추세이다. 방송법에 따르면 한국방송공사는 국가기간방송으로 방송의 공정성과 공익성을 실현하고, 그 자본금 전액을 정부가 출자하고 재원도 주로 국민이 납부하는 텔레비전 방송수신료로 충당되고 있으며, 이사는 방송위원회의 추천으로 대통령이 임명하고, 사장은 이사회의 제청으로 대통령이 임명하며, 그 회계결산은 방송위원회와 국회에 제출하여 승인을 얻어 확정·공표하며, 외부감사는 감사원법에 따라 감사원이 실시한다. 이러한 사정에 비추어 볼 때, 한국방송공사는 공법인 중에서도 특히 공공적 성격이 강하다고 할 수 있을 뿐만 아니라, 한국방송공사의 이 사건 공고처럼 국민의 기본권을 침해할 소지가 있는 경우에 이미 채용된 직원의 근무관계는 사법적인 관계에 해당하므로 법원에 민사소송을 제기함으로써 구제받을 수 있는 것과 달리 단지 피청구인에 대한 입사지원을 준비하는 당사자가 일반법원에 채용공고의 무효확인소송을 제기하거나 집행정지신청을 한 경우에 이것이 허용되어 구제된 사례를 발견할 수도 없다. 그렇다면 이 사건 공고는 공권력 행사에 준하는 것으로 보아 이 사건을 각하할 것이 아니라 본안에 들어가 위헌 여부를 판단하는 것이 옳다.

* 판례비평 : 적어도 KBS와 같은 공사의 경우에는 사적 계약에도 기본권의 적용이 있도록 헌법재판소가 이끌어가는 것이 요망된다.

(2) 법원재판의 비대상성 문제

법원재판에 대한 헌법소원심판이 원칙적으로 허용되지 않는다는 헌법재판소 자신의 입장에 변화가 없다. 그러면서도 대법원판례에 대해 실질적으로는 헌법재판소가 판단을 하여 갈등을 보여준 예가 없지 않았다. 이 문제는 아래의 한정위헌청구의 원칙적 허용과 관련된다.

헌재는 법원재판에 대한 예외적 심판대상성인정 요건으로서 2가지 요건을 설정하고 있다. 즉「① 헌법재판소가 위헌으로 결정한 법령을 적용함으로써 ② 기본권을 침해한 재판」에 한해서 헌법소원 대상이 된다고 본다.[18] 헌재는 이 2가지 요건은 모두 갖추어야 한다고 본다. 이 문제에 관련된 사건으로 대통령의 긴급조치 제1호 및 제9호의 발령행위 등에 대하여 국가배상책임을 부정한 대법원 2015. 7. 23. 선고 2015다212695 판결, 대법원 2015. 8. 13. 선고 2015다216062 판결 등의 대법원 판결들(이하 '이 사건 대법원 판결들'이라 한다)이 청구인들의 기본권을 침해하였다는 주장의 헌법소원심판이 청구되었다. 청구인들은 헌재가 2013. 3. 21. 선고한 2010헌바132등 결정에서 위헌으로 판단한 위 긴급조치들을 적용하여 청구인들의 국가배상청구권 등의 기본권을 침해한 것이라는 주장한 것이다. 헌재는 위 두 요건을 갖추지 않았다고 하여 아래와 같이 각하하였다. 이 결정에서 김이수, 안창호 재판관의 소수의견은 위 헌재 2013. 3. 21. 2010헌바132 등 결정의 기속력에 반하여 청구인들의 기본권을 침해하는 것이므로 취소되어야 한다고 보았다. 이 사건이 가지는 중요성을 감안하더라도 인권을 침탈한 역사적 사건을 시정하기 위해 헌법소원이 존재할 가치가 있다는 점에서도 헌재가 정립한 위 재판소원 대상성 두 가지 요건에 따른다고 하더라도 본안판단으로 들어갔어야 했고 소수의견이 타당하다

헌재 2018. 8. 30. 2015헌마861 등. [결정요지] 이 사건 대법원 판결들이 헌법재판소의 위헌결정에 반하여 위 긴급조치들이 합헌이라고 판단하였거나, 합헌임을 전제로 위 긴급조치를 적용한 바가

---

18) 헌재 1997. 12. 24. 96헌마172 등.

없으며, 나아가 위 긴급조치를 합헌으로 해석하는 취지의 설시도 보이지 않는다. 이 사건 대법원 판결들에서 긴급조치 발령행위에 대한 국가배상책임이 인정되지 않은 것은 긴급조치가 합헌이기 때문이 아니라 긴급조치가 위헌임에도 국가배상책임이 성립하지 않는다는 대법원의 해석론에 따른 것이다. 따라서 이 사건 대법원 판결들은 헌법소원심판의 대상이 되는 예외적인 법원의 재판에 해당하지 아니하므로, 그 취소를 구하는 심판청구는 허용될 수 없어 모두 부적법하다.

재판관 김이수, 재판관 안창호의 이 사건 대법원 판결들에 대한 반대의견

헌법재판소는 통치행위라 하더라도 그것이 국가권력의 행사인 이상 국민의 기본권적 가치를 실현하기 위한 수단이라는 한계는 반드시 준수되어야 한다고 하면서, 긴급조치 제1호와 제9호가 고도의 정치적 행위라 하더라도 사법적 심사가 허용되고, 더 나아가 위 긴급조치들이 헌법에 위반된다고 결정하였다(헌재 2010헌바132 등). 헌법재판소가 위헌으로 결정한 법령을 적용하여 국민의 기본권을 침해한 재판은 예외적으로 헌법소원의 대상이 되는데, 이러한 재판에는 헌법재판소의 위헌이라는 결론을 뒷받침하는 핵심적인 이유의 논리를 부인하는 법원의 재판도 포함되어야 한다.

대법원은, 종래 입법행위라 하더라도 '그 내용이 헌법의 문언에 명백히 위배됨에도 불구하고 굳이 당해 입법을 한 것과 같은 특수한 경우'에는 국가배상책임이 성립한다고 하였으나, 대통령의 긴급조치권 행사는 고도의 정치성을 띤 국가행위로서 국민 전체에 대하여 정치적 책임을 질뿐이라고 하였다. 긴급조치 역시 법률적 효력을 가지므로, 입법행위에 따른 위의 책임이 적용된다. 그러나 이 사건 대법원 판결들은 긴급조치가 위헌이 명백한 것을 알면서 입법을 한 특수한 경우에 해당하는지를 검토하지 않았다.

> 헌재 2010헌바132등 결정의 취지는, 국민의 기본권침해와 관련된 국가작용은 사법적 심사에서 면제될 수 없고, 유신헌법의 개정에 대한 주장 금지, 유신헌법과 긴급조치에 대한 비판 금지, 긴급조치 위반자에 대한 법관의 영장 없는 체포, 구속 등에서 긴급조치 제1호와 제9호는 그 위헌성이 명백하고 중대하며, 이들 긴급조치는 애초부터 발령요건을 갖추지 못한 채 국민의 자유와 권리를 억압하기 위한 의도로 발동되었다는 것이다.
>
> 긴급조치의 발령이 고도의 정치성을 띤 국가행위이어서 국가배상책임의 성립여부에 관한 사법적 판단의 대상이 되지 않는다는 의미라면 이는 국민의 기본권침해와 관련된 국가작용은 사법적 심사에서 면제될 수 없다는 헌재 2010헌바132등 결정의 기속력에 위배된다. 긴급조치의 발령이 위헌이 명백한 것을 알면서 입법을 한 특수한 경우에 해당하지 않아 불법행위가 성립하지 않는다는 의미라면, 이는 긴급조치 제1호와 제9호가 명백하고 중대한 위헌성을 지녔으며, 그 위헌성이 정당한 목적을 실현하기 위해 노력하는 과정에서 피치 못하게 수반되는 것이 아니라 대통령이 애초부터 국민의 자유와 권리를 억압하기 위한 분명한 의도로 발령한 데서 비롯된 것이라는 취지의 헌재 2010헌바132등 결정의 기속력에 위배된다. 따라서 이 사건 대법원 판결들은 헌법재판소의 위헌결정의 기속력에 반하여 청구인들의 기본권을 침해하는 것이므로 취소되어야 한다.

2. 청구요건

헌법소원심판의 청구요건에 관해서는 여전히 청구인능력, 기본권침해성, 기본권침해의 자기관련성, 직접관련성, 현재관련성, 권리보호이익, 보충성원칙, 청구기간, 대리인강제주의 등에 있어서 큰 변화를 볼 수는 없었다. 몇 가지 점들을 살펴본다.

(1) 청구요건 완화의 동향

헌재는 예를 들어 권리보호이익이 없더라도 예외적으로 심판이익을 인정하는 청구요건의 완화를 출범 초기부터 일찍 보여주어 왔다. 그런데 더러 완화의 필요가 있어 보이는데도 그렇지 못한 경우도 보인다. 예를 들어 헌재는 '밀양송전탑'사건(피청구인 밀양경찰서장이 2014. 6. 11. 철거대집행이 실시되는 동안 청구인들을 철거대상시설인 움막들 밖으로 강제 이동시킨 행위 및 그 움막들로 접근을 막은 행위(이하 '이 사건 강제조치'라 한다)에 대한 헌법소원심판청구에서 「이 사건 강제조치가 이루어질 당시의 구체적 상황과 경위 등 제반 사실에 대하여 법원이 증거조사와 같은 사실인정 절차를 거쳐 그 위법 여부를 판단할 수 있다」라고 하여 헌법적 해명성, 반복위험성을 부정하여 심판이익을 부정하고 각하결정을 하였다.[19] 살피건대 행정대집행에서의 과잉집행의 지적이 있으므로 그 행정대집행상 개입될 수도 있는 경찰행정에 대해 헌법상 과잉금지원칙이 준수되었는지 여부 등은 중요한 헌법적 해명의 필요성이 있는 경우이기도 하다는 점 등에서 문제가 있는 결정례였다.

(2) 한정위헌청구의 원칙적 적법성 - 판례변경

한정위헌청구를 원칙적으로 적법하게 보는 아래와 같은 판례변경이 있었다.

> 헌재 2012. 12. 27. 2011헌바117 [판시] 법률의 의미는 결국 개별·구체화된 법률해석에 의해 확인되는 것이므로 법률과 법률의 해석을 구분할 수는 없고, 재판의 전제가 된 법률에 대한 규범통제는 해석에 의해 구체화된 법률의 의미와 내용에 대한 헌법적 통제로서 헌법재판소의 고유권한이며, 헌법합치적 법률해석의 원칙상 법률조항 중 위헌성이 있는 부분에 한정하여 위헌결정을 하는 것은 입법권에 대한 자제와 존중으로서 당연하고 불가피한 결론이므로,

19) 헌재 2018. 8. 30. 2014헌마681결정.

이러한 한정위헌결정을 구하는 한정위헌청구는 원칙적으로 적법하다고 보아야 한다.

다만, 재판소원을 금지하는 헌법재판소법 제68조 제1항의 취지에 비추어, 개별·구체적 사건에서 단순히 법률조항의 포섭이나 적용의 문제를 다투거나, 의미있는 헌법문제에 대한 주장없이 단지 재판결과를 다투는 헌법소원 심판청구는 여전히 허용되지 않는다.

Ⅴ. 권한쟁의심판

권한쟁의심판 영역에서도 별다른 변화가 없고 이전에 지적해오고 있는 문제점들에 대해 별로 개선이 이루어지고 있지 않다.

- '제3자소송 담당' 이론

이전부터도 비판을 받아온 이른바 '제3자 소송담당' 이론을,[20] 즉 권리주체가 아닌 제3자가 권리주체를 위하여 소송을 수행하는 '제3자 소송담당' 이론을 헌재가 여전히 적용하고 있어서 그 문제이다. 헌재는 이를 권한쟁의심판에서는 허용하는 현행법률 규정이 없다는 이유를 들고 있다. 헌재는「이러한 입장에서 헌재는 국회의원이 '국회'의 조약에 대한 체결·비준동의권의 침해를 주장하는 권한쟁의심판을 청구할 수 없다고 하여 청구를 각하」하여[21] 오고 있다.[22], 등).「입법권행사에 관련하여서도 마찬가지 판례이론이다. 즉 국회의원이 국회의 입법권침해를 이유로 권한쟁의심판을 청구할 수 없다고 각하한 동지의 판례[23]도 있다. 국회동의권은 결국 의원의 권한(표결권 등)으로 행사된다는 점 등에서 이 판례이론은 문제가 있다」.[24]

---

20) 본서 204면. 원본 'Ⅶ. 현행 헌법재판, 4. (4) 1) ②' 부분 참조.
21) 정재황,『신 헌법입문』제8판(박영사, 2018), 830면.
22) 헌재 2011. 8. 30. 2011헌라2결정, 헌재 2015. 11. 26. 2013헌라3결정 등.
23) 헌재 2016. 4. 28. 2015헌라5결정.
24) 정재황,『신 헌법입문』제8판(박영사, 2018), 830면.

Ⅵ. 정당해산심판과 탄핵심판

1. 탄핵심판

2017. 3. 10.에 탄핵심판에서 인용(파면)결정이, 그것도 대통령에 대한 파면결정이 있었다(헌재 2017. 3. 10. 2016헌나1). 그 결정과정에서 다음과 같은 문제들이 논의되었다. 이하에서 그 중요한 논의점들과 실제례를 살펴본다.

(1) 심리의 범위

「탄핵심판에서는 탄핵소추된 고위 공무원의 헌법·법률을 위반한 직무행위가 있는지를 국회의 소추사유에 따라 판단하는 심리가 이루어진다. 헌재는 탄핵소추의결서에 기재되지 아니한 소추사유를 판단의 대상으로 삼을 수 없다고 한다. 다만, 탄핵소추의결서에서 그 위반을 주장하는 법규정의 판단에 관하여 헌재는 원칙적으로 구속을 받지 않으므로, 청구인이 그 위반을 주장한 법규정 외에 다른 관련 법규정에 근거하여 탄핵의 원인이 된 사실관계를 판단할 수 있다고 한다」(2004헌나1, 2016헌나1).[25]

(2) 결정정족수

최초의 인용결정인 헌재 2017. 3. 10. 2016헌나1결정의 과정에서 박한철 헌법재판소장이 임기만료로 퇴임하여 8인에 의한 종국결정이 가능한가가 논의되었다. 즉 「8인의 재판관에 의한 탄핵심판이 9인으로 구성된 재판부로부터 '공정한 재판을 받을 권리'를 침해하는 것이라는 주장에 대해 헌재는 9인의 재판이 바람직하긴 하나 대통령 권한행사 정지의 심각한 헌정위기 상황에서 8인의 재판부가 탄핵심판을 심리하고 결정하는 데 헌법과 법률상 아무런 문제가 없고 결원 상태인 1인의 재판관

---

25) 정재황, 『신 헌법입문』 제8판(박영사, 2018), 852면.

은 사실상 탄핵에 찬성하지 않는 의견을 표명한 것과 같은 결과를 가져오므로, 오히려 피청구인에게 유리하게 작용할 것이라는 점에서 피청구인의 공정한 재판을 받을 권리가 침해된다고 보기도 어렵다고 하여 배척하였다」.[26)27)]

(3) 실제례

헌재는 대통령에 대한 탄핵심판에서 인용(파면)결정을 하려면 그 위헌·위법사유가 중대하여야 한다는 법리를 설정하였고 2004헌나1 결정에서 대통령이 일부 직무집행에 있어서 헌법이나 법률을 위반했음을 인정하였음에도 그 위헌·위법이 중대사유가 아니어서 파면을 하지 않는다고 하여 기각결정을 한 바 있다. 2016헌나1결정에서는 그 중대성이 인정되어 파면결정이 내려졌다. 헌재는 (1) 사인의 국정개입 허용과 대통령 권한 남용 여부, (2) 공무원 임면권 남용 여부, (3) 언론의 자유 침해 여부, (4) 생명권 보호의무 등 위반 여부로 나누어 판단하였는데 (1)에 대해서만 긍정하고 나머지는 소추사유가 아니라고 보았다. (1)에 대한 평가로 1) 공익실현의무 위반(헌법 제7조 제1항 등 위반), 2) 기업의 자유와 재산권 침해(헌법 제15조, 제23조 제 1 항 등 위반), 3) 비밀엄수의무 위배를 인정하였고 결국 헌재는 피청구인을 파면할 것인지 여부에 대해 다음과 같이 판시하여 (요약함) 파면결정을 하였다.

> 「피청구인은 최○원에게 공무상 비밀이 포함된 국정에 관한 문건을 전달했고, 공직자가 아닌 최○원의 의견을 비밀리에 국정 운영에 반영하였다. 피청구인의 이러한 위법행위는 피청구인이 대통령으로 취임한 때부터 3년 이상 지속되었다. 피청구인은 국민으로부터 위임받은 권한을 사적 용도로 남용하여 적극적·반복적으로 최○원

26) 헌재 2017. 3. 10. 2016헌나1결정.
27) 정재황, 『신 헌법입문』 제8판(박영사, 2018), 852-853면.

의 사익 추구를 도와주었고, 그 과정에서 대통령의 지위를 이용하거나 국가의 기관과 조직을 동원하였다는 점에서 법 위반의 정도가 매우 중하다. 대통령은 공무 수행을 투명하게 공개하여 국민의 평가를 받아야 한다. 그런데 피청구인은 최○원의 국정개입을 허용하면서 이 사실을 철저히 비밀에 부쳤고, 그에 관한 의혹이 제기될 때마다 이를 부인하며 의혹 제기 행위만을 비난하였다. 따라서 권력분립원리에 따른 국회 등 헌법기관에 의한 견제나 언론 등 민간에 의한 감시 장치가 제대로 작동될 수 없었다. 이와 같은 피청구인의 일련의 행위는 대의민주제의 원리와 법치주의의 정신을 훼손한 것으로서 대통령으로서의 공익실현의무를 중대하게 위반한 것이다. 결국 피청구인의 이 사건 헌법과 법률 위배행위는 국민의 신임을 배반한 행위로서 헌법수호의 관점에서 용납될 수 없는 중대한 법 위배행위라고 보아야 한다. 그렇다면 피청구인의 법 위배행위가 헌법질서에 미치게 된 부정적 영향과 파급 효과가 중대하므로, 피청구인을 파면함으로써 얻는 헌법수호의 이익이 대통령 파면에 따르는 국가적 손실을 압도할 정도로 크다고 인정된다」.[28][29]

2. 정당해산심판

정당해산심판에 있어서도 최초의 인용결정이 있었다. 통합진보당에 대한 해산결정이었다(헌재 2014. 12. 19. 2013헌다1). 이 결정과정에서도 다음과 같은 문제들이 논의되었다. 이하에서 그 중요한 논의점들과 실제례를 살펴본다.

(1) 청구절차

28) 헌재 2017. 3. 10. 2016헌나1결정
29) 정재황, 『신 헌법입문』 제8판(박영사, 2018), 854면.

대통령 해외 순방 중에 국무총리가 주재한 국무회의에서 정당해산심판 청구서 제출안이 의결된 것은 절차상 하자가 있다는 피청구인의 주장이 있었다.

「헌재는 대통령이 직무상 해외 순방 중인데 국무총리가 주재한 국무회의에서 정당해산심판 청구서 제출안이 의결되었다고 하여 그 의결이 위법하다고 볼 수 없고 국무회의에 제출되는 의안은 긴급한 의안이 아닌 한 차관회의의 심의를 거쳐야 하나, 의안의 긴급성에 관한 판단은 정부의 재량이므로, 피청구인 소속 국회의원 등이 관련된 내란 관련 사건이 발생한 상황에서 제출된 이 사건 정당해산심판청구에 대한 의안이 긴급한 의안에 해당한다고 본 정부의 판단에 재량의 일탈이나 남용이 있다고 단정하기 어렵다」라고[30] 판시하여[31] 그 주장을 배척하였다.

(2) 가처분

헌법재판소는 정당해산심판의 청구를 받은 때에는 직권 또는 청구인의 신청에 의하여 종국결정의 선고 시까지 피청구인의 활동을 정지하는 결정을 할 수 있다(헌법재판소법 제57조). 이 정당해산심판에서의 가처분 제도에 대해서 통합진보당 사건의 피청구인인 통합진보당이 바로 위헌성을 주장하여 헌법소원심판을 청구하여 그것에 대한 헌법재판소의 판단이 있게 되었다. 이제 이 헌법소원심판의 청구인이 된 통합진보당은 정당해산심판의 가처분 근거조항인 헌법재판소법 제57조는 이에 관한 헌법상의 근거가 없어 위헌이라는 등의 주장을 하였는데 헌재는 과잉금지원칙을 준수한 것이어서 정당활동의 자유를 침해한다고 볼 수 없다고 하여 기각결정을 하였다.[32] 정부는 통합진보당에 대한 정당활동정지가처분신청도 하였는데 헌재는 해산심판청구에 대한 종국결정을 한 날에 가처분신청에

30) 정재황, 『신 헌법입문』 제8판(박영사, 2018), 855-856면.
31) 헌재 2014. 12. 19. 2013헌다1결정.
32) 헌재 2014. 2. 27. 2014헌마7결정.

대해서도 기각결정[33]을 한 바 있다.

(3) 준용규정의 문제

준용규정인 헌법재판소법 제40조 제1항은「헌법재판소의 심판절차에 관하여는 이 법에 특별한 규정이 있는 경우를 제외하고는 헌법재판의 성질에 반하지 아니하는 한도에서 민사소송에 관한 법령을 준용한다. 이 경우 탄핵심판의 경우에는 형사소송에 관한 법령을 준용하고, 권한쟁의심판 및 헌법소원심판의 경우에는 행정소송법을 함께 준용한다」라고 규정하고 있다. 따라서 정당해산심판에는 탄핵심판, 권한쟁의심판, 헌법소원심판과 달리 민사소송법의 준용만 규정하고 있다. 이것이 논란되었다. 즉 통합진보당은「헌법재판소법 제40조 제1항은 정당해산심판절차에 관하여 증거 및 사실인정에 대하여 민사소송에 관한 법령을 준용하는 것으로 해석되는 한 청구인의 공정한 재판을 받을 권리를 침해」한다는 주장을 하면서,[34] 자신에 대한 정당해산심판 계속 중인 2014. 1. 7. 이들 조항의 위헌확인을 구하는 헌법소원심판을 청구하였다. 헌재는「소송절차 일반에 준용되는 절차법으로서의 민사소송에 관한 법령을 준용하도록 한 것이 현저히 불합리하다고 볼 수 없다. 또한 '헌법재판의 성질에 반하지 아니하는 한도'에서만 민사소송에 관한 법령을 준용하도록 규정하여 정당해산심판의 고유한 성질에 반하지 않도록 적용범위를 한정하고 있다. … 이는 헌법재판소가 당해 헌법재판이 갖는 고유의 성질·헌법재판과 일반재판의 목적 및 성격의 차이·준용 절차와 대상의 성격 등을 종합적으로 고려하여 구체적·개별적으로 판단할 수 있다. 따라서 준용조항은 청구인의 재판청구권, 즉 공정한 재판받을 권리를 침해한다고 볼 수 없다」라고[35] 판시하였다.

33) 헌재 2014. 12. 19. 2013헌사907결정.
34) 이 주장은, 헌재 2014. 2. 27. 2014헌마7결정의 결정문 참조.
35) 헌재 2014. 2. 27. 2014헌마7결정.

(4) 실제례

헌재는 통합진보당 사건에서 인용(해산)결정을 한국의 정당해산심판 사상 처음으로 하였다. 헌재는 「그의 진정한 목적이나 그에 기초한 활동은 우리 사회의 민주적 기본질서에 대해 실질적 해악을 끼칠 수 있는 구체적 위험성을 초래하였다고 판단되므로, 민주적 기본질서에 위배된다」라고 판단하고, 「해산 결정 외에는 피청구인의 고유한 위험성을 제거할 수 있는 다른 대안이 없는 점, 그리고 민주적 기본질서의 수호와 민주주의의 다원성 보장이라는 사회적 이익이 정당해산결정으로 인한 피청구인의 정당활동의 자유에 대한 근본적 제약이나 다원적 민주주의에 대한 일부 제한이라는 불이익에 비하여 월등히 크고 중요하다는 점을 고려하면, 피청구인에 대한 해산결정은 민주적 기본질서에 가해지는 위험성을 실효적으로 제거하기 위한 부득이한 해법으로서 비례원칙에 위배되지 아니한다」라고 판단하였다.[36]

(5) 정당해산결정의 집행과 효력

헌재는 통합진보당 해산결정에서 국회의원직의 자동상실을 인정하였다. 즉 「헌법재판소의 해산결정으로 정당이 해산되는 경우에 그 정당 소속 국회의원이 의원직을 상실하는지에 대하여 명문의 규정은 없으나, 정당해산심판제도의 본질은 민주적 기본질서에 위배되는 정당을 정치적 의사형성과정에서 배제함으로써 국민을 보호하는 데에 있는데 해산정당 소속 국회의원의 의원직을 상실시키지 않는 경우 정당해산결정의 실효성을 확보할 수 없게 되므로, 이러한 정당해산제도의 취지 등에 비추어 볼 때 헌법재판소의 정당해산결정이 있는 경우 그 정당 소속 국회의원의 의원직은 당선 방식을 불문하고 모두 상실되어야 한다」라고 판시하였다.[37] 반면 소속 지방의회의원들에 대해서는 의원자격 자동상실을 선언

36) 장문의 결정문이어서 헌재 2014. 12. 19. 2013헌다1결정의 결정요지에서 인용.

37) 헌재 2014. 12. 19. 2013헌다1결정의 결정요지에서 인용.

하지 않아 논란이 되고 있다.

(6) 재심

"헌재는 정당해산결정에 대한 재심이 허용된다고 본다. 통합진보당은 해산결정 이후 내란음모 등 혐의에 대하여 2015. 1. 22. 대법원에서 무죄가 확정되었다는 이유 등으로 재심을 청구하였다. 헌재는「재심대상결정은 이런 행위가 형법상 내란음모에 해당하는지 여부에 대하여는 판단하지 않았다. 내란음모 등 형사사건에서 내란음모 혐의에 대한 유·무죄 여부는 재심대상결정의 심판 대상이 아니었고 논리적 선결문제도 아니다. 따라서 재심대상결정에 민사소송법 제451조 제1항 제8호의 재심사유가 있다고 할 수 없다"라고 하여 각하결정을 하였다」.[38][39]

Ⅶ. 헌법재판에 관한 헌법개정논의

이전에도 헌법재판에 관한 개헌논의가 있어 왔지만 2014년 국회에서, 그리고 2017년에 국회와 정부에서 개헌안이 제시되었고, 대화문화아카데미 개정안도 있었는데 이 개헌안들에는 헌법재판에 관한 내용들이 있었다.

1. 2014년 국회 헌법개정 자문위원회의 개헌안

2014년에 국회의장 자문기관으로 헌법개정 자문위원회가 김철수 서울대 명예교수(대한민국 학술원 회원)를 위원장으로 구성되어 활동하였고, 동 위원회는 한국의 헌법재판에 많은 변화를 예고하는 개정안을 내놓았다. 이하는 그 안의 주요내용과 제안취지, 참고사항 등 안에 대한 해설을 담은 결과보고서의 해당 부분을 그대로 옮겨놓은 것이다.

---

38) 헌재 2016. 5. 26. 2015헌아20결정.

39) 정재황,『신 헌법입문』제8판(박영사, 2018), 857면.

"아. 제7장 헌법재판소 [제143조~제145조]

1) 안 제143조 제1항: 헌법재판 범위 확대 (현행 제111조 제1항)

(가) 주요내용

❑ 정부 또는 민의원[40] 재적의원 3분의 1 이상의 청구가 있는 경우 헌법재판소는 법률의 위헌여부를 심판할 수 있음(제1항 제1호).

❑ 헌법재판소 관장사항 중 헌법재판관 탄핵심판은 제외하고(제1항 제2호), 대통령의 직무수행 불가능 여부 판단을 포함(제1항 제5호 신설)

❑ '법률이 정하는' 헌법소원에서 '법률이 정하는' 부분 삭제(제1항 제6호)

현 행	조 문 시 안
第111條 ① 憲法裁判所는 다음 사항을 管掌한다.	제143조 ① 헌법재판소는 다음 사항을 관장한다.
1. 法院의 提請에 의한 法律의 違憲與否 審判	1. 정부 또는 민의원 재적의원 3분의 1 이상의 청구가 있거나 법원의 제청에 따른 법률의 위헌여부 심판
2. 彈劾의 審判	2. 탄핵의 심판(단, 헌법재판관 재판관에 대한 탄핵의 심판은 참의원이 관장한다)
3. 政黨의 解散 審判	3. 정당의 해산 심판
4. 國家機關 相互間, 國家機關과 地方自治團體間 및 地方自治團體 相互間의 權限爭議에 관한 審判	4. 국가기관 상호 간, 국가기관과 지방자치단체 간 및 지방자치단체 상호 간의 권한쟁의에 관한 심판
〈신 설〉	5. 국무총리 신청에 따른 대통령의 질병·사고 등으로 인한 직무수행 불가능 여부 결정
5. 法律이 정하는 憲法訴願에 관한 審判	6. 헌법소원에 관한 심판

40) 동 위원회는 국회를 양원제로 하는 안을 취하였으므로 민의원으로 규정된 것이다.

(나) 제안취지

❑ 추상적 규범통제 도입

- 현행 위헌법률심판은 법원이 재판의 전제성에 따라 신청하는 구체적 규범통제만 채택하였으나, 헌법재판의 성숙과 국민의 권리의식 향상 추세를 고려하고, 기본권 보장 강화를 위하여 추상적 규범통제를 도입
- 국회가 의결한 법률이라도 위헌인 내용이 포함된 경우 대통령의 거부권이 먼저 행사될 것임.
- 그러나 국회가 대통령의 재의요구를 거부하고 재의결하거나 공포된 법률이 시행되는 초기단계에서 국민의 기본권을 침해하는 등 위헌적 요소를 발견한 경우 등, 기본권 침해나 위헌적 법률 시행이 현실화되기 전에 정부 또는 민의원 재적의원 1/3 이상 청구로 위헌심사가 가능하도록 하는 취지
- 민의원 재적의원 1/3 이상 청구요건은 소수자 보호를 위한 취지

❑ 헌법재판소 관장사항 조정

- 헌법재판관 탄핵소추는 헌법재판소가 스스로 관장하지 않고 참의원이 하기로 하였으며(안 제87조 제4항 단서참고), 대통령 유고 판단주체를 헌법재판소로 규정하였기 때문에(안 제93조 제2항 참고) 이를 헌법재판소 관장사항에서 명문으로 반영

❑ 자구 정비

- 헌법재판소의 다른 관장사항(제1호부터 제5호까지) 조문 표현과 맞추어 헌법소원의 범위 규정에서 "법률이 정하는" 부분 삭제

(다) 참고사항

❑ 헌법재판 개정연혁

- 제헌헌법 : 탄핵재판소와 헌법위원회를 별도로 설치
- 1960년 헌법 : 헌법재판소 설치(법률의 위헌여부심사, 헌법에

관한 최종적 해석, 국가기관간의 권한쟁의, 정당의 해산, 탄핵재판, 대통령/대법원장/대법관 선거소송 관할)

- 1962년 헌법 : 탄핵심판위원회를 두고, 위헌법률심사와 정당해산 등은 대법원에서 관할
- 1972년과 1980년 헌법 : 헌법위원회 설치(법원의 제청에 의한 법률의 위헌여부, 탄핵, 정당 해산 관할)

☐ 추상적 규범통제 외국사례

- 독일, 프랑스, 오스트리아, 스페인 등이 추상적 규범통제를 인정
- 미국, 일본 등은 사법기관에 의한 추상적 규범통제는 인정하지 않음.

☐ 대통령 유고시 판단 권한

- 프랑스, 포르투갈 등은 대통령의 궐위나 사고 확인을 헌법재판소 관장사항으로 명문 규정

2) 안 제143조 제2항~제144조 : 헌법재판소의 구성과 임기 (현행 제111조 제2항~제112조까지)

(가) 주요내용

☐ 헌법재판소는 헌법재판소장 포함 9명의 헌법재판관으로 구성하되, 법관의 자격을 가진 사람은 7명 이하로 함(제143조 제2항).

☐ 헌법재판소장은 참의원 동의를 받아 대통령이 임명(제143조 제3항). 임기는 6년이며 중임할 수 없음(제144조 제1항).

☐ 헌법재판관은 인사추천위원회 추천으로 참의원의 동의를 받아 대통령이 임명(제143조 제4항). 임기는 6년이며 법률이 정하는 바에 따라 연임할 수 있음(제144조 제2항).

☐ 헌법재판관은 정치에 관여할 수 없고, 탄핵 또는 징역 이상의 형이 아니면 파면되지 아니함(제144조 제3항 및 제4항).

현 행	조 문 시 안
第111條 ① (생 략) ② 憲法裁判所는 法官의 資格을 가진 9人의 裁判官으로 구성하며, 裁判官은 大統領이 任命한다. ③ 第2項의 裁判官중 3人은 國會에서 選出하는 者를, 3人은 大法院長이 指名하는 者를 任命한다. ④ 憲法裁判所의 長은 國會의 同意를 얻어 裁判官중에서 大統領이 任命한다.	제143조 ① (생 략) ② 헌법재판소는 헌법재판소장을 포함하여 9명의 헌법재판관으로 구성하되, 헌법재판관 중 법관의 자격을 가진 사람은 7명 이하로 한다. ③ 헌법재판소장은 참의원의 동의를 받아 대통령이 임명한다. ④ 헌법재판소장이 아닌 헌법재판관은 인사추천위원회의 추천으로 참의원의 동의를 받아 대통령이 임명한다.
第112條 ① 憲法裁判所 裁判官의 任期는 6年으로 하며, 法律이 정하는 바에 의하여 連任할 수 있다. ② 憲法裁判所 裁判官은 政黨에 加入하거나 政治에 관여할 수 없다. ③ 憲法裁判所 裁判官은 彈劾 또는 禁錮 이상의 刑의 宣告에 의하지 아니하고는 罷免되지 아니한다.	제144조 ① 헌법재판소장의 임기는 6년으로 하며, 중임할 수 없다. ② 헌법재판소장이 아닌 헌법재판관의 임기는 6년으로 하며, 법률이 정하는 바에 따라 연임할 수 있다. ③ 헌법재판관은 정당에 가입하거나 정치에 관여할 수 없다. ④ 헌법재판관은 탄핵되거나 징역 이상의 형을 선고받지 아니하고는 파면되지 아니한다.

(나) 제안취지

❑ 헌법재판관 자격 개선

- 헌법재판은 일반재판과 달리 법관 외에 다양한 정치적, 사회적 가치를 대변하는 재판관을 필요로 하고 있으나, 현행 헌법은 9명 전원 '법관의 자격'을 갖추도록 규정
- 이에 헌법재판의 전문성과 다양성을 함께 보장하기 위하여 9명의 헌법재판관 중 법관의 자격은 7명 이하만 요구하고, 최소 2명의 재판관은 법관의 자격이 아닌 사람 중에서 배출될 수 있도록 규정하는 취지

❑ 헌법재판소 구성방법 변경

- 종래 헌법재판관은 국회가 3인 선출(대통령이 임명), 대통령이 3명 임명, 대법원장이 3인 지명(대통령이 임명)하고, 소장만 국회의 동의를 받아 임명
- 헌법재판소의 위상과 기능 및 민주적 정당성을 고려할 때, 대법관과 마찬가지로 전원 국회의 동의를 받도록 할 필요가 있고, 대통령의 단독 임명(현행 9명 중 3명)과 대법원장의 지명권(현행 9명 중 3명)은 헌법재판의 독립성을 위하여 삭제할 필요
- 이에 따라 헌법재판소장과 헌법재판관 역시 대법원장과 대법관과 마찬가지로 참의원 동의로 임명하고, 헌법재판소장이 아닌 헌법재판관은 인사추천위원회 추천을 받도록 규정

❑ 헌법재판소장 임명 및 헌법재판관 임기

- 현행 규정은 헌법재판소장을 재판관 중에서 임명하도록 하여, 소장의 임기를 둘러싼 해석문제, 소장 임기가 짧아지는 문제 등을 야기
- 이에 헌법재판소장을 재판관 중에서 임명하는 규정을 삭제하고 중임도 금지하여 임기와 독립성을 보다 충분히 보장하는 취지
- 헌법재판소장 및 헌법재판관 임기를 현행 6년보다 장기로 규정하자는 제안이 있었으나, 우리 헌법 체계에는 아직 맞지 않는 측면 고려

(다) 참고사항

❑ 헌법재판기관 구성과 임기 연혁

- 제헌헌법의 탄핵재판소와 헌법위원회 : 부통령, 대법관 5인, 국회의원 5인
- 1960년 헌법의 헌법재판소 : 9명의 심판관(대통령/대법원/참의원이 각 3인씩 선임하고, 임기는 6년으로 하며, 2년마다 3인씩 개임)
- 1962년 헌법의 탄핵심판위원회 : 대법원장, 대법원판사 3인, 국회의원 5인

- 1972년과 1980년 헌법의 헌법위원회 : 9인의 위원(대통령이 임명하되, 3인은 국회에서 선출, 3인은 대법원장이 지명하며 임기는 6년)

□ **독일의 경우**

- 연방헌법재판소 재판관 전원을 의회(상·하원이 각각 8명)에서 임명

□ **프랑스의 경우**

- 헌법위원회 위원 9명 중 전직대통령은 당연직 종신위원이며, 3년마다 3분의 1씩 개선. 국정운영 경륜이 풍부한 사람으로 임명

3) 안 제145조 : 헌법재판소 심판정족수 등 (현행 제113조)

(가) 주요내용

□ 헌법재판소 심판정족수, 규칙제정권 등은 현행을 유지

현 행	조 문 시 안
第113條 ① 憲法裁判所에서 法律의 違憲決定, 彈劾의 決定, 政黨解散의 決定 또는 憲法訴願에 관한 認容決定을 할 때에는 裁判官 6人 이상의 贊成이 있어야 한다. ② 憲法裁判所는 法律에 저촉되지 아니하는 범위 안에서 審判에 관한 節次, 內部規律과 事務處理에 관한 規則을 制定할 수 있다. ③ 憲法裁判所의 組織과 운영 기타 필요한 사항은 法律로 정한다.	제145조 ① 헌법재판소에서 법률의 위헌결정, 탄핵의 결정, 정당해산의 결정 또는 헌법소원에 관한 인용결정을 할 때에는 재판관 6명 이상이 찬성하여야 한다. ② 헌법재판소는 법률에 위반되지 아니하는 범위 안에서 심판에 관한 절차, 내부규율과 사무처리에 관한 규칙을 제정할 수 있다. ③ 헌법재판소의 조직과 운영, 그 밖에 필요한 사항은 법률로 정한다.

(나) 제안취지

❑ 9명 중 6명 찬성을 요하는 정족수는 현행대로 유지. 새로 관장하게 된 대통령 직무수행 불가능 여부는 9명 중 6명의 가중 정족수로 적용하는 것이 적절하지 않은 측면

(다) 참고사항

❑ 위헌결정 등 의결정족수 개정연혁

- 제헌헌법의 헌법위원회 : 11인 중 "3분의 2 이상 찬성"
- 1960년 헌법의 헌법재판소 : 9인 중 "6명 이상의 찬성"
- 1962년 헌법에서의 정당해산 결정 : 대법원법관 정수의 "5분의 3" 이상 찬성
- 1972년과 1980년 헌법의 헌법위원회 : 9인 중 "6명 이상의 찬성"

❑ 외국의 사례

- 독일 헌법재판소(독일연방헌법재판소법 제15조 제3항) : 기본권의 실효, 위헌정당해산 등 피청구인에게 불리한 재판을 하는 경우 재판관 3분의 2 이상 찬성, 나머지 결정정족수는 과반수
- 미국 연방대법원 : 과반수로 결정
- 오스트리아 헌법재판소 : 과반수로 결정(가부동수인 경우 재판장이 최종결정권)"41)

2. 2017년 국회헌법개정특별위원회 자문위원회의 개헌안

2017년 국회에 헌법개정특별위원회가 활동을 하였고 그 자문을 위한 자문위원회도 활동을 하였다. 그 자문위원회의 헌법재판 관련 개정안을 개별 소수의견을 제외하고 이하에 옮긴다.

"8. 헌법재판소의 권한

41) 국회, 헌법개정 자문위원회(국회의장 소속), 『활동결과보고서 I』(2014. 7), 208-212면.

현행 헌법	개헌안
제111조 ① 헌법재판소는 다음 사항을 관장한다. 1. 법원의 제청에 의한 법률의 위헌여부 심판 2. 탄핵의 심판 3. 정당의 해산 심판 4. 국가기관 상호간, 국가기관과 지방자치단체간 및 지방자치단체 상호간의 권한쟁의에 관한 심판 5. 법률이 정하는 헌법소원에 관한 심판	제111조 ① 헌법재판소는 다음 사항을 관장한다. 1. 법원의 제청에 의한 법률의 위헌여부 심판 2. 탄핵의 심판 3. 정당의 해산 심판 4. 국가기관 상호간, 국가기관과 지방자치단체간 및 지방자치단체 상호간의 권한쟁의에 관한 심판 5. 법률이 정하는 헌법소원에 관한 심판 6. 기타 법률이 정하는 사항에 관한 심판〈신설〉

○ 취지

◦ 시대적 상황변화에 대응할 수 있도록 헌법재판소의 관장사항을 입법적으로 추가할 수 있는 헌법적 근거를 마련함.

○ 자문의견의 상세내용

◦ 헌법재판소나 법원의 기능과 역할에 대한 국민인식의 변화에 따라 헌법재판소의 권한을 추후에 입법적으로 추가할 수 있도록 헌법적 근거를 마련함. 헌법재판소가 심판하는 것이 바람직함에도 헌법 제·개정시 헌법재판소의 관할사항에 빠져있는 심판제도에 대한 수요에 탄력적으로 대응함.

◦ 독일, 스페인 등 헌법례 있음.

◦ 재판소원제도를 헌법에 명시하자는 의견이 있었으나, 재판소원제도의 도입은 자칫 대법원과 헌법재판소의 권력분립적 견제균형을 깨뜨릴 위험성이 있으므로 그 도입을 반대한다는 의견이 다수임.

9. 헌법재판소의 구성

현행 헌법	개헌안
제111조 ③ 제2항의 재판관중 3인은 국회에서 선출하는 자를, 3인은 대법원장이 지명하는 자를 임명한다. ④ 헌법재판소의 장은 국회의 동의를 얻어 재판관 중에서 대통령이 임명한다.	제111조 ③ 헌법재판소 재판관은 국회가 재적의원 5분의 3 이상의 찬성으로 선출하여 대통령이 임명한다. ④ 헌법재판소의 장은 재판관 중에서 호선한다.

○ 취지

◦ 헌법재판소의 장은 재판관 중에서 호선하도록 하여, 헌법재판소의 독립성을 강화함.

◦ 국민의 대표기관으로서의 의회가 가중다수결로 헌법재판소 재판관을 선출하도록 함으로써, 헌법재판소의 민주적 정당성 및 국민대표 비례성을 제고함.

○ 자문의견의 상세내용

〈헌법재판소장〉

◦ 헌법재판소의 장은 재판관 중에서 호선하도록 함.

◦ 헌법재판소장을 대통령이 임명하게 하면 제왕적 대통령제의 요인이 될 수도 있음

◦ 사법행정사무를 처리하여야 하는 대법원장도 호선한다면 헌법재판소장을 호선제로 하지 않을 이유가 없음(헌법재판소는 사법행정사무와 같은 복잡한 사무가 없고 구성원도 헌법연구관 등으로 단출함)

◦ 우리나라 제2공화국, 스페인, 이탈리아, 포르투갈 등 헌법례 있음.

〈헌법재판소 재판관〉

◦ 현행 헌법에 의하면, 대통령은 자신이 지명하는 3인, 대법원장 내지 의회 여당을 통하여 간접적으로 영향을 미칠 수 있는 4.5인, 합계 7.5인의 재판관 임명에 실질적으로 관여할 수 있음.

◦ 국회로 하여금 헌법재판소 재판관 전원을 선출하도록 함으로써, 정부(대통령)와 여당이 헌법재판소 구성에 관여할 수 있는 영향력을 5인 내지 6인으로 축소시킴.

◦ 가중정족수에 의한 선출방식을 규정함으로써, 함량미달 내지 극단적인 인사가 헌법재판소 재판관으로 선출되는 경우를 방지함.

◦ 사전에 후보자를 천거, 검증, 선정하는 기관으로서의 재판관선출특별위원회를 국회 내에 구성하는 제도를 입법할 것을 권함.

◦ 대통령의 임명권은 국가원수로서의 형식적인 권한임.

◦ 독일, 이탈리아, 스페인, 포르투갈, 헝거리 등 헌법례있음.

10. 예비재판관제도의 도입

현행 헌법	개헌안
제113조 ③ 헌법재판소의 조직과 운영 기타 필요한 사항은 법률로 정한다.	제113조 ③ <u>예비재판관제도 등</u> 헌법재판소의 조직과 운영, <u>그 밖의</u> 필요한 사항은 법률로 정한다.

○ 취지

◦ 예비재판관제도를 입법적으로 도입할 것을 헌법적으로 명시함.

○ 자문의견의 상세내용

◦ 헌법재판소 결정정족수를 현행대로 유지하되, 임기만료, 제척·기피

· 회피 등에 대비하여 예비재판관제도를 입법적으로 도입할 것을 헌법적으로 명시함.

◦ 퇴직 헌법재판소 재판관을 예비재판관으로 임명하는 입법을 권장함.

◦ 오스트리아 등 헌법례 있음.

11. 헌법재판소 재판관의 자격

현행 헌법	개헌안
제111조 ② 헌법재판소는 법관의 자격을 가진 9인의 재판관으로 구성하며, 재판관은 대통령이 임명한다.	제111조 ② 헌법재판소는 ~~법관의 자격을 가진~~ 9인의 재판관으로 구성한다.

○ 취지

◦ 종래 '법관의 자격을 가진 자'로 한정하였던 헌법재판소 재판관 자격조항을 삭제함으로써, 전문가 및 국민의 다양한 의견을 헌법재판에 반영될 수 있도록 함.

○ 자문의견의 상세내용

◦ '법관의 자격을 가진 자'로 한정하였던 헌법재판소 재판관 자격조항을 삭제하여, 다양한 배경의 인사로 재판부를 구성할 수 있도록 하고, 정책결정재판기관으로서의 기능을 강화함.

◦ 미국, 프랑스, 남아프리카공화국 등 헌법례가 있음.

12. 헌법재판소 재판관의 신분

○ 취지

◦ 헌법재판소 재판관의 임기를 9년으로 연장하되, 연임할 수 없도록 하여 헌법재판소의 독립성을 강화함.

◦ 퇴직 헌법재판소 재판관의 전관예우를 금지하는 입법에 대한 헌법적 근거를 마련함.

○ 자문의견의 상세내용

〈9년 임기제〉

◦ 헌법재판소 재판관의 임기를 9년으로 연장하되, 연임할 수 없도록 함. 재판관이 임명권자 내지 지명권자를 의식하여 재판하는 폐해를 방지함.

◦ 정년제는 헌법재판소의 독립성과 세대별 다양성을 제고하기 위하여 입법적으로 폐지할 것을 권장함.

◦ 임기제를 삭제하고 정년제만 두자는 견해에 대하여, 헌법재판소의 성격이 권리구제기관이라기 보다는, 시대적 변화에 대응하는 정책결정기관이라는 점이 중시되므로 정년제보다는 임기제가 타당하다는 견해가 다수임.

〈전관예우 금지〉

◦ 퇴직 헌법재판소 재판관의 전관예우를 금지하는 입법에 대한 헌법적 근거를 마련함.

◦ 연임 없는 임기제도에 관하여는 독일(12년), 프랑스(9년), 이탈리아(9년), 스페인(9년), 포르투갈(9년) 등 헌법례 있음."[42]

3. 2018년 대통령(정부) 발의 개헌안

2018년 3월 26일에 발의한 대통령의 정부 헌법개정안에서도 다음과 같은 헌법재판소 부분 개헌안을 내놓았다.

(1) 제안이유

---

42) 국회헌법개정특별위원회 자문위원회, 『국회헌법개정특별위원회 자문위원회 보고서』(2017. 12), 393-403면.

「법관 자격을 요구하는 규정을 삭제하여 헌법재판소 재판관 구성을 다양화할 수 있도록 함으로써 사회 각계각층의 입장이 재판에 균형 있게 반영될 수 있게 하였다」.[43)]

(2) 관련 주요내용

「구. 헌법재판소 관장 사항 추가 등(안 제11조 제1항 제6호 및 제7호)

1) 대통령 권한대행의 개시 및 대통령의 직무 수행 가능 여부에 대한 판단을 헌법재판소에서 관장하도록 함에 따라 관장 사항에 추가함.

2) 향후 헌법재판소의 심판 수요에 효율적으로 대응할 수 있도록 관장사항에 법률로 정하는 사항에 관한 심판을 추가하여 법률로 헌법재판소의 관장 사항을 확대할 수 있도록 함.

누. 헌법재판소 재판관 자격 개방 및 구성방식 변경(안 제11조 제2항 · 제3항 및 부칙 제5조 제2항)

1) 헌법재판소가 다양한 배경을 가진 인사로 구성될 수 있도록 하여 정책재판기관으로서의 기능을 강화하기 위해 헌법재판소 재판관의 자격 요건인 법관의 자격을 삭제함.

2) 대법원장의 인사권한을 합리적으로 조정하기 위해 헌법재판관 중 대법원장이 지명하던 3명을 대법관회의에서 선출하도록 함.

3) 개정 헌법 시행 당시 대법원장의 지명으로 임명된 헌법재판소 재판관은 대법관회의에서 선출되어 임명된 것으로 봄.

두. 헌법재판소의 장 선임방법 변경(안 제11조 제4항)

1) 대통령의 권한을 합리적으로 분산하고 헌법재판소의 독립성을 강화하기 위해 대통령이 국회 동의를 받아 임명하던 헌법재판소의 장을 재판관 중에서 호선하도록 함.

2) 이로써 헌법재판소의 장의 임기는 헌법재판관의 잔여 임기에 한정되므로 헌법재판소의 장의 임기에 대한 그 동안의 해석상 논란을 해소함」.[44)]

---

43) 대한민국 정부, 대한민국 헌법개정안 발의안 http://www1.president.go.kr/Amendment

(3) 개정안 조문

「제6장 헌법재판소

제111조 ① 헌법재판소는 다음 사항을 관장한다.

1. 법원의 제청에 의한 법률의 위헌 여부 심판
2. 탄핵의 심판
3. 정당의 해산 심판
4. 국가기관 상호 간, 국가기관과 지방정부 간, 지방정부 상호 간의 권한쟁의에 관한 심판
5. 법률로 정하는 헌법소원에 관한 심판
6. 대통령 권한대행의 개시 또는 대통령의 직무 수행 가능 여부에 관한 심판
7. 그 밖에 법률로 정하는 사항에 관한 심판

② 헌법재판소는 9명의 재판관으로 구성하며, 재판관은 대통령이 임명한다.

③ 제2항의 재판관 중 3명은 국회에서 선출하는 사람을, 3명은 대법관회의에서 선출하는 사람을 임명한다.

④ 헌법재판소의 장은 재판관 중에서 호선한다.

제112조 ① 헌법재판소 재판관의 임기는 6년으로 하며, 법률로 정하는 바에 따라 연임할 수 있다.

② 헌법재판소 재판관은 정당에 가입하거나 정치에 관여할 수 없다.

③ 헌법재판소 재판관은 탄핵되거나 금고 이상의 형을 선고받지 않고는 파면되지 않는다.

제113조 ① 헌법재판소에서 법률의 위헌결정, 탄핵의 결정, 정당 해산의 결정 또는 헌법소원에 관한 인용 결정을 할 때에는 재판관 6명 이상이 찬성해야 한다.

---

44) 대한민국 정부, 대한민국 헌법개정안 발의안 http://www1.president.go.kr/Amendment

② 헌법재판소는 법률에 위반되지 않는 범위에서 심판에 관한 절차, 내부 규율과 사무 처리에 관한 규칙을 제정할 수 있다.

③ 헌법재판소의 조직과 운영, 그 밖에 필요한 사항은 법률로 정한다」.[45]

4. 대화문화아카데미 개정안

대화문화아카데미의 2016년 새헌법안에서는 헌법재판소를 사법부의 장으로 옮겨 법원과 함께 사법권을 행하는 것으로 규정할 것을 제안하고 있다. 이 개정안은 헌법재판소의 관장사항으로 조약 및 조례의 위헌여부심판, 국민투표의 효력에 관한 심판, 대통령, 국회의원의 선거 또는 당선의 효력에 관한 심판대통령의 직무수행불능 여부에 관한 결정 등의 새로운 권한을 추가할 것을 제안한다. 또 12인의 재판관으로 늘리고 예비재판관을 두며 재판관, 예비재판관은 민의원에서 선출하고 소장은 민의원에서 선출하도록 하고 재판관의 임기는 9년으로 하되 중임을 금지하도록 하자는 안을 제안한다. 이 개정안은 헌법재판소의 결정은 종국심리에 관여한 재판관 과반수 찬성으로 하도록(대통령 탄핵결정은 3분의2 찬성) 제안하고 있다.[46]

Ⅷ. 추기의 맺음말

헌법재판제도에서 지난 9년이란 적지 않은 세월동안 그렇게 진전된 것을 보기는 어렵다. 개헌논의도 무성하였지만 실현되지 않았다. 앞으로 지속적인 학계의 연구와 실무에서의 실천노력을 통하여 개선이 이루어지길 바란다.

한국의 학술연구 총서 지난번 시리즈가 발간되던 즈음에 한국에서는 법학과 관련하여 중대한 제도적 변화가 왔다고들 하고 그 변화의 긍정적 결과를 기대하였다. 바로 로스쿨제도의 도입이었다.

---

45) 대한민국 정부, 대한민국 헌법개정안 발의안 http://www1.president.go.kr/Amendment

46) 김문현, 김선택, 김재원, 박영림, 박은정, 박찬욱, 이기우, 『대화문화아카데미 2016년 새헌법안』(2016), 564면 이하 참조.

그러나 과연 오늘날 로스쿨교육이 법학교육과 그것을 뒷받침할 법학이론의 발달에 기여하고 있는지 의문이 강하게 든다. 이 문제를 여기서 제기하는 까닭은 헌법재판이 실무적인 절차법 영역에 많이 관여하고 있다는 일반의 관념 때문이기도 하다.

로스쿨교육은 필자의 주전공 영역인 헌법 그리고 조금 더 넓혀 공법까지를 두고 보면 충실한 법률가 양성이, 공법학발전에 긍정적인 결과를 가져오지 않았고 앞으로도 혁신이 이루어지지 않으면 희망이 없다.

3년이라는 로스쿨 수학과정이 그 방대한 법과목들을 충실히 이해하기는커녕 기초적이고 기본적인 법지식의 터득에도 턱없이 부족한 시간이다. 거기에다 실무과목들이 어떻게 그렇게 많을 수, 아니 많아야 하는지 이해가 되지 않는다. 1학년 1학기는 정신없이 지나가고 3학년 2학기는 변호사시험을 준비하여야 하므로 실상 2년 정도 기본교육을 수학한다고 말하면 과언인가 할 정도이다. 로스쿨 학생들이 변호사시험에 매달리는 것은 탓할 수 없다. 그들은 직업적 전문대학원(professional graduate school)을 직업으로서 법률가 자격을 취득하기 위하여 입학하였으며 그 자격취득의 마지막 과정인 변호사시험에서 통과되어야 한다. 그런데 그 시험의 내용을 보면 과연 기초지식, 기본지식을 묻는 시험인지 의문이 든다. 다툼이 있으면 판례에 의한다는 괄호 속 유보조건의 문제들이 출제책임을 면하게 하는 묘수인지 모르나 그렇게 함으로써 출제기관이 헌법재판소, 대법원이 되었다. 2019년 시험에서는 법무부장관의 지침으로 완화되었다는 소식이 들린다. 시험은 교육과정을 바꿔놓기도 한다. 위에서 변호사시험이 로스쿨 입학자들에게 가지는 의미나 어떤 교육과정이든 그 검증과정인 시험에 영향을 받는 것은 물론이기 때문이다. 개선이 필요하다. 다음으로 실무교육이 그토록 짧은 교육과정에 많이 배치되어야 하는지 의문이다. 변호사자격을 취득한 후에 실무현장에서 경험하면서 터득해도 될 것이 아닌지. 로스쿨교육=실무교육 ? 그러나 과연 '법학전문대학원 설치 · 운영에 관한 법률'이 규정하는 교육이념이 「법학전문대학원의 교육이념은 국민의 다양한 기대와 요청에 부응하는 양질의 법률서비스를 제공하기 위하여 풍부한 교양, 인간 및 사회에 대한 깊은 이해와 자유·평등·정의를 지향하는 가치관을 바탕으로 건전한 직업윤리관과 복잡다기한 법적 분쟁을 전문적·효율적으로 해결할 수 있는 지식 및 능력을 갖춘 법조인의 양성에 있다」라고 하는 것인데(동법 제2조), 과연 실무교육을 강조하고 있는 것인지 의문이다. 물론 그것이 바람직하지도 않은 것이 복잡다기한 법적 분쟁에 대해 기초이론 없이 해결능력을 갖출 수 있을지 의문이라는 점을 생각하면 기초적이고 실체법적이며 도그마적인 법적 사고력을 배양하는 것이 우선이다. 문제해결을 위한 응용적 법원리도 기초와 기본원리에서 출발하여 나오는 것이다.

헌법재판은 가일층 그러한 면이 있다. 헌법재판은 민사재판이나 형사재판과 같은 일반적인 사법재판과 다르다. 헌법재판을 통해 해석되는 헌법이론은 많은 영역에서 적용되고 그 파급력이 크다. 헌법재판인 위헌법률심판에서 어느 한 법률규정이 위헌으로 결정되면 그 당해소송인 민사소송, 형사소송 등에서만 효과가 미치는 것으로 그치지 않는다. 그 법률이 관련되는 많은 사건에 영향을 미친다. 그리고 헌법이 추상적이고 개방적인 법규범이라는 점에서 헌법재판은 이론적 재판이다. 그리고 그 절차적 제기요건도 실체법에 영향을 많이 받는다. 예를 들어 헌법소원심판을 청구할 능력은 기본권주체에게 주어지는 기본권주체성의 문제는 실체법적으로 살펴보아야 할 문제이다. 헌법재판의 특수성은 일반소송과 다르다. 그 점에서 필자는 '헌법소송'이란 용어 보다는 '헌법재판'이 더 적절하다고 보고 그렇게 사용하고 있다.47) 이를 강조하는 것은 한편으로는 헌법실무라는 것이 그렇게 많은 부분을 차지하여 특별히 구분되는 영역인지하는 것이라는 관념을 탈피하여야 하지 않나 하는 것이고, 다른 한편으로 그런 점에서 헌법재판의 발전은 헌법이론의 발달과 궤를 같이 해야 한다는 점 때문이다.

위와 같은 시대적 반추는 앞으로 발전된 헌법재판의 내용을 기대하기 때문이다.(2019. 2. 23)

47) 정재황, 『헌법재판개론』 제2판(박영사, 2003), 3면 주 1.

제3장 헌법학 60년과 외국 학설

I. 머리말

대한민국 헌법은 제정 당시부터 외국 헌법의 적지 않은 영향 아래 제정되었다. 이제 헌법정치를 실시한지도 60년이 지나서 자신을 한 번 돌이켜 볼 때도 되었다고 생각한다.[1] 그동안 한국 헌법은 제정된 이래 어떠한 외국의 어떤 입법과 학설들이 도입되고 소개되었으며 어떠한 영향을 미쳤는가를 실증적으로 검토하여 한국 헌법학의 지나온 날을 회고하고 미래에의 방향을 제시하는 하나의 계기를 마련하고자 한다.[2] 그 대상과 방법은 연대기적으로, 또는 테마별로 또는 국가별로 구체적인 학설을 제시하고 이를 분석하는 방법이 있으나 편의상 국가별로 나누고 이를 연대기적으로 서술하기로 한다.[3]

---

1) 이 글은 지난 1998년 5월 23일 한국법학교수회에서 발표한「한국헌법학 50년과 외국 학설」을 대폭 수정하고 증보한 것으로 한국어로 발표된 단행본에 한정하였다. 위의 발표문은 김효전,『헌법논집 III, 1990-2000』(세종출판사, 2000), 629-645면에 수록되었다.

2) 근대 한국에서의 외국 헌법이론의 도입과 소개에 관하여는 김효전,『서양 헌법이론의 초기수용』(철학과 현실사, 1996) 참조.

3) 한국 헌법학 50년의 연구성과와 문헌에 관하여는 김효전, 한국 헌법학 50년의 성과와 21세기적 과제,『서울대학교 법학』제36권 2호(1995), 51-80면 참조.

법학 일반에 관하여는 서울대학교 도서관편,『법률문헌색인』I, II, III. IV, V, VI이 잘 정리되어 있으며, 영문은 Hyo-Jeon Kim (com.), Bibliography

이에 앞서 외국의 헌법을 체계적으로 연구하는 비교헌법 일반에 관한 연구 성과를 간단히 살펴본다. 단행본으로는 C. F. 스트롱, 김기범역, 『비교헌법』(현대문화사, 1956; 신판 신아사, 1962); 칼 뢰벤슈타인, 김기범 역, 『현대 헌법론』(교문사, 1973); 한웅길, 『비교헌법론』(한국사법행정학회, 1976); 김철수, 『비교헌법론』(상)(박영사, 1980); 권영성, 『비교헌법론』(법문사, 1980); 울프 · 필립스, 박원영 · 정만희 공역, 『비교헌법론』(동아대출판부, 1984); 칼 뢰벤슈타인, 김효전 옮김, 『비교헌법론』(교육과학사, 1991); 정만희, 『비교헌법강의』(세종출판사, 2009) 등이 출간되었으며, 개별 국가 또는 테마에 관한 연구 논문은 상당수에 이른다.

여기서는 주요 국가의 헌법에 관한 저술과 번역을 단행본 중심으로 열거하고 개별 논문에 관한 것은 분량이 많기 때문에 별도의 기회에 발표하기로 한다.

Ⅱ. 독일의 헌법이론

독일법은 전통적으로 한국의 법과 법학의 근본 골격을 이루고 있다.[4] 헌법학의 분야에서도 개화기에서부터[5] 제헌 헌법을 거쳐 현재에 이르기까지 상당한 영향을 미치고 있다.[6]

---

on Korean Law and Politics in Western Languages, 『동아법학』 제30호(2002), 215-331면 참조.

4) 체계적인 문헌은 김효전편, 독일헌법에 관한 문헌목록, 『헌법학연구』 제5집 1호(1999), 420-467면; 동인, 독일법에 관한 한국문헌목록, 『독일학연구』(동아대) 제2호(1986), 77-129면 참조.

5) 김효전, 독일 헌법이론의 초기수용(1)-(4), 『인권과 정의』 2004년 10월~2005년 1호.

6) 한국법과 독일 공법에 관한 일반적인 서술은 김효전, 한국에서의 독일 공법이론의 영향, 『한독법학』 제14호(2003), 331-379면; 김효전, 독일의 공법학이 한국에 미친 영향, 목촌 김도창박사 화갑기념논문집 『현대공법의 이론』(학연사, 1982), 568-594면 참조.

1. 제헌 헌법과 바이마르 헌법

1948년에 제정된 대한민국헌법은 1919년에 제정된 독일 바이마르 헌법의 영향을 많이 받고 있다.7) 그 까닭은 한국의 법제는 전통적으로 대륙법계에 속해 있으며, 유진오 박사를 비롯한 헌법기초자들이 대학 재학 중 바이마르 헌법을 세계에서 가장 우수하고 자유로운 헌법이라고 배웠으며, 또한 바이마르 헌법은 신생 한국의 현실적인 요청을 만족시켜 줄 수 있는 몇 가지의 요소가 내포되어 있었기 때문이다.8)

이론적으로는 게오르크 옐리네크 · 한스 켈젠 · 카를 슈미트 등과 같은 학자들의 이론을 거의 그대로 소개하는 실정이었다. 당시 가장 권위 있고 많이 읽힌 한태연 교수의 『헌법학』(1955년) 서문에서는 「본서에서 전개되고 있는 저자의 이론이 한국의 통설에 대한 이론(異論)으로 간주된다면 그것은 오직 1920년 이후에 전개된 공법학의 이론, 특히 독, 불의 통설적 견해에 의거한 까닭이라 할 수 있다」고 서술하고 있다. 특히 그의 이론은 칼 슈미트 학설의 영향을 많이 받고 있다.

2. 본 기본법과 새로운 학설

그러나 1960년의 헌법개정에서부터는 본 기본법(Bonner Grundgesetz)이 입법론으로서 참고의 대상이 되기 시작하였으며, 1962년 헌법에서는 입법과 학설에서의 독일 헌법의 영향은 더욱 증대되었다. 본 기본법의

---

7) 바이마르 헌법 번역은 김효전역, 바이마르 공화국 헌법, 『헌법학연구』 제4집 3호(1998), 438-477면; 송석윤, 『위기시대의 헌법학 - 바이마르 헌법학이 본 정당과 단체』(정우사, 2002), 353-386면; 문헌은 김효전편, 바이마르 헌법에 관한 문헌목록, 『동아법학』 창간호(1985), 515-551면.

8) 상세한 것은 김효전, 한국 헌법과 바이마르 헌법, 『공법연구』 제14집(1986), 7-48면; Hyo-Jeon Kim, Weimarer Reichsverfassung und die koreanische Verfassung von 1948 - Ein Versuch über den Einfluss des deutschen Verfassungsrechts auf das Koreas, 『동아법학』 제28호(2000), 1-79면.

영향으로는 구체적으로 정당에 관한 규정을 헌법에 편입하고, 민주적 기본질서, 인간의 존엄과 가치, 재산권의 사회적 구속성 등을 열거할 수 있다.[9)]

교과서와 주석서로는 Th. Maunz, *Deutsches Staatsrecht*와 Maunz-Dürig, *Grundgesetz Kommentar*이 많이 소개되고 인용되었다. 그 밖에 정당에 관하여는 G. Leibholz의 학설이, 사회적 법치국가에 관하여는 Ch.- F. Menger의 이론이, 본질적 내용에 관하여는 P. Häberle의 학위논문이 자주 인용되었다. 그러나 헌법이론 전체적으로 볼 때 60년대에는 K. Loewenstein, *Verfassungslehre*가 절대적인 영향을 미쳤다.[10)] 이 책은 「이미 반 고전이 된 책」[11)] 그의 기관간 통제의 이론은 사법시험에도 응용하여 출제되었다.[12)]

한국에서는 문홍주 교수의 『한국헌법』(1965년)에서 국가권력 4기관분장론과 정부형태론(310-319면)을 설명하면서 뢰벤슈타인의 학설을 최초로 소개하였으며, 이후 많은 학자들이 그의 이론을 차용하고 있다. 예컨대 김철수 · 권영성 · 허영 교수의 헌법론에서 다루는 정부형태의 분류는 모두 뢰벤슈타인의 분류를 그대로 따른 것이다.[13)]

유신 헌법으로 특징지워지는 70년대에는 국가안보라는 미명 아래 국가긴급권이 지나치게 강조되고 헌법학의 연구도 위축되었다. 뿐만 아니라

---

9) 상세한 것은 김효전, 한국 헌법과 독일 기본법, 『저스티스』 제33권 2호(2000), 88-109면; 동인, 독일의 헌법사상과 한국 헌법의 정체성, 『헌법학연구』 제12권 3호(2006); 동인, 한국 헌법과 서독 기본법, 『월간고시』 1989년 7월호, 23-32면.

10) 이 책은 원래 미국에서 영어로 출간되었다. Political Power and the Governmental Process, Chicago: Chicago University Press, 1957. 그 후 1959년 독일어 번역본(Verfassungslehre)이 나오고, 이어서 일본어판(1967년)과 한국어판(김기범역, 『현대헌법론』, 교문사, 1973)도 발간되었다.

11) 허경, Karl Loewenstein의 헌법관, 효산 김계환교수회갑기념 논문집 『헌법학과 법학의 제문제』(1996), 41면.

12) 1967년과 1968년 사법시험문제 참조.

13) 상세한 것은 뢰벤슈타인, 김효전역, 『비교헌법론』(교육과학사, 1991) 참조.

법조계도 대통령의 수중으로 떨어지고 사법권의 독립은 기대할 수 없는 형편이었다.

80년대의 특색은 스멘트 학파인 헤세의 저작이 번역 · 소개되고,14) 또한 「헌법관」이란 신조어와 함께 통합이론을 들고 나온 스멘트 해설가가 등장한 점이다.15) 지금까지 슈미트 헌법이론의 절대적인 영향 하에 있던 학계에 스멘트의 이론을 소개하여 헌법이해에 새로운 지평을 마련한 점은 분명히 공적이라고 하겠다. 그러나 외국 학설을 국내에 수용하고 도입하는 방법과 자세에 대해서 혹독한 비판을 받았다.16) 특히 독일 헌법이론을 직수입하여 일반화하고 우상으로 높인 태도는 스멘트 추종자들의 의도 여하에 관계 없이, 한국 헌법학의 정체성을 확립하려는 뜻있는 사람들에 의해서 크게 비난을 받았다.

다음에 88년 설립된 헌법재판소의 역할을 들 수 있다. 헌법재판소는 10년간의 업적을 통하여 헌법의 생활규범으로서의 성격을 강조하고 헌법에 의한 정치를 정착시키는데 크게 기여하였다. 그러나 결정문 중에는 지나치게 독일 헌법재판소의 판결에 의존하는 경향마저 보이고 있다.17)

---

14) 계희열역, 『헌법의 기초이론』(삼영사, 1983). 이 책은 스멘트의 지도를 받은 콘라드 헤세의 주요 논문을 한국어로 번역한 것이다. 이어서 헤세의 교과서인 『서독 헌법원론』(삼영사, 1985)이 출간되었다.

15) 예컨대 허영, 『헌법이론과 헌법』(상)(박영사, 1980) 및 계희열, 헌법관과 기본권이론, 『공법연구』 제11집(1983) 참조. 이 두 사람은 왜 한국의 현실에 슈미트와 같은 30년대의 학자인 스멘트를 마치 새로운 이론의 등장처럼 소개하는지에 대한 언급이 없기 때문에 더욱 오해를 불러 일으켰다.

16) 예컨대 H. Kelsen, Der Staat als Integration, 1930. 김효전역, 『통합으로서의 국가』(법문사, 1994) 역자 서문 및 역자 해설 참조.

17) 우리 헌법재판소가 판결문 속에서 「통합」이니 「가치지향성」이니 하는 용어를 사용하여 독일 의존적인 경향을 보이는 것에 대해서 자랑스럽게 생각하는 사람도 있다. 이런 사고를 배격하려면 헌법재판소는 먼저 외국(독일) 판례의 출처부터 명확하게 밝히고 자기의 것으로 소화해서 사용해야할 것이다.

헌법재판소 이전에 관하여는 김효전, 서독과 한국의 헌법판례의 비교, 『서울대 법학』 제29권 3 · 4호(1988), 95-108면 참조.

3. 독일 통일과 헌법개정

독일은 1990년 10월 3일 통일되었다.[18] 독일의 통일은 국제질서에도 커다란 변화를 가져왔으며 독일 민족 자신에게도 기쁨과 함께 시련과 과제를 부여하였다. 독일의 통일은 분단국인 한국에게는 선망의 대상인 동시에 통일의 모델로서 많은 연구의 대상이 되었다. 헌법학의 분야에서도 이에 관한 여러 연구업적들이 나오고 있다.[19]

독일 통일에 관한 문헌은 무수히 많다. 단행본으로는 김철수, 『독일 통일의 정치와 헌법』(박영사, 2004); 장명봉, 『분단국가의 통일과 헌법』(국민대 출판부, 2001); 신용호, 『독일 통일에 따른 법적 문제』(전주대학교 출판부, 1998); 김승대, 『통일헌법론 -동서독과 남북한통일의 비교법론』(법문사, 1996); 디터 블루멘비츠, 최창동 편저, 『분단국가의 법적 지위』(법률행정연구원, 1996); 박영도, 『독일 통일과 기본법의 개정』(한국법제연구원, 1995); 허영편저, 『독일통일의 법적 조명』(박영사, 1994); 고영훈, 『독일 통일에 따른 공법의 통합에 관한 연구』(한국법제연구원, 1994); 기타 『독일 통일관련 주요자료집』(헌법재판소, 1997)이 있다.

4. 독일 헌법학에 관한 연구 업적

문헌목록은 김효전, 독일 헌법에 관한 문헌목록, 『헌법학연구』 제5집 1호(1999); **사전**은 신영호 지음, 『독일 법률용어사전』(한국학술정보,

---

18) 문헌 목록은 Fünf Jahre deutsche Einheit. Auswahlbibliographie 1990-1995. Red.: Dagmar Grote u.a. Bonn: Wiss. Dienste des Deutschen Bundestages 1995. 216 S. 참조.

19) 예컨대 W. Weidenfeld und K.-R. Korte, Handbuch zur deutschen Einheit, Frankfurt a. M.: Campus 1996; Dieter Blumenwitz, This is Germany. Germany's Legal Status after Unification, Bonn: Kultursstiftung der deutschen Vertrieben, 1994; Klaus H. Goetz and Peter J. Cullen(ed.), Constitutional Policy in Unified Germany, Cass & Co., 1995.

2009); 『독일법령용어집』(한국법제연구원, 2008); 『외국법률용어집』(독일어편)(법원도서관, 2008); 바바라 바그너, 김규완 · 윤재왕 옮김, 『독일법개념사전』(지산, 2002). 조문은 윤석진 · 이준서, 『2006년 개정 독일 기본법의 주요내용연구』(한국법제연구원, 2008).

독일 **헌법 전반**을 체계적으로 다룬 최초의 저작으로서는 권영성, 『독일헌법론』(상)(법문사, 1976)이 있으며, 논문집으로 김효전편, 『독일헌법학설사』(법문사, 1982)이 있다. 중요한 기본 저작으로는 칼 뢰벤슈타인, 김기범역, 『현대헌법론』(교문사, 1973); 칼 슈미트, 김기범역, 『헌법이론』(교문사, 1976) 등이 있다. 그 후 80년대에는 K. 헷세, 계희열역, 『헌법의 기초이론』(삼영사, 1983); 헷세, 계희열역, 『서독헌법원론』(삼영사, 1985); 칼 슈미트, 김효전역, 『정치신학외』(법문사, 1988); E.-W. 뵈켄회르데, 김효전역, 『국가와 사회의 헌법이론적 구별』(법문사, 1989) 등이 있다. 또한 뢰벤슈타인, 김효전역, 『비교헌법론』(교육과학사, 1991); 뵈켄회르데, 김효전역, 『헌법 · 국가 · 자유』(법문사, 1992). 새 번역서로는 콘라드 헷세, 계희열역, 『통일 독일 헌법론』[제20판](박영사, 2001)와 같은 헷세, 계희열역, 『헌법의 기초이론』(박영사, 2001)이 있다.

헌법의 해석은 계희열편역, 『헌법의 해석』(고려대출판부, 1993).

국가학에 관하여는 F. 오펜하이머, 윤세창역, 『국가론』(청구문화사, 1950); 켈젠, 황산덕역, 『법과 국가의 일반이론, 제1편 법』(서울대학교 번역총서, 백영사, 1955); 켈젠, 김기수역, 『국가론』(창문사, 1959); G. 옐리네크, 김효전역, 『일반 국가학』(태화출판사, 1980); M. 크릴레, 국순옥 옮김, 『민주적 헌정국가의 역사적 전개』(종로서적, 1983). 이 책은 『헌법학입문』이란 제목을 붙인 책도 있음; 켈젠, 민준기역, 『일반 국가학』(민음사, 1990); R. 스멘트, 김승조 옮김, 『국가와 헌법』(교육과학사, 1994); 스멘트, 김승조 옮김, 『국가와 사회』(교육과학사, 1994); 켈젠, 김효전역, 『통합으로서의 국가』(법문사, 1994); 홍성방 옮김, 『국가론』(민음사, 1997); 요셉 이슨제, 이승우역, 『국가와 헌법』(세창출판사, 2001); 게오르그 옐리네크, 김효전 옮김, 『일반 국가학』(법문사, 2005); 마르틴 크릴레, 홍성방 옮김,

『헌법국가의 도전』(두성사, 2007)이 발간되었다.

주권론은 헤르만 헬러, 김효전 옮김, 『주권론: 국법이론과 국제법이론을 위한 하나의 기여』(관악사, 2004); R. 트로이만, 김상겸 옮김, 『주권론의 뿌리를 찾아서』(푸른세상, 2003).

민주주의에 관한 저작은 G. 라이프홀츠, 윤근식역, 『현대민주정치론』(박영문고, 1962); 주수만역, 『현대민주정치의 구조의 제문제』(청문사, 1967); 에른스트-볼프강 뵈켄회르데, 김효전 · 정태호 옮김, 『헌법과 민주주의』(법문사, 2003); 강정인 · 오향미 · 이화용 · 홍태영 공저, 『유럽 민주화의 이념과 역사』(후마니타스, 2010)에 수록. 기타 울리히 벡, 정일준 옮김, 『적이 사라진 민주주의: 자유의 아이들과 아래로부터의 새로운 민주주의』(새물결, 2000); 홍익표, 『유럽의 민주주의: 발전과정과 현실』(동방미디어, 2000).

법치국가에 관하여는 김효전 편역, 『법치국가의 원리』(법원사, 1996)가 기본적인 문헌이며 여기에는 헬러 · 칼 슈미트 · 칼 폴락 · C.-F. 멩거 · 포르스토프 · 쇼이너 · 뵈켄회르데 · U. K. 프로이스 · C. 슈타르크의 논문 10편이 수록되어 있다. 또한 허영 편역, 『법치국가의 기초이론 - Peter Lerche 논문선집』(박영사, 1996)도 헌법 전반에 관한 23편의 논문을 수록. 기타 W. 마이호퍼, 심재우역, 『법치국가와 인간의 존엄』(삼영사, 1994).

정당과 선거에 관하여는 라이프홀츠, 권영성역, 『헌법국가와 헌법』(박영사, 1975); O. K. 플레히트하임, 『독일연방공화국의 정당』(중앙선거관리위원회, 1975).

헌법사 일반은 한스 포르렌더, 김성준 옮김, 『헌법사: 헌법의 이념과 역사』(투멘, 2009). 독일 헌법사에 관하여는 C.-F. 멩거, 김효전 · 김태홍 역, 『근대 독일헌법사』(교육과학사, 1992).

바이마르 공화국에 관하여는 송석윤이 독일 빌레펠트 대학에 제출한 학위논문의 한국어판 『위기시대의 헌법학 - 바이마르 헌법학이 본 정당과 사회단체』(정우사, 2002)가 대표적인 저술이며, 송석윤, 『헌법과 사회변동』(경인문화사, 2007) 외에, 신일범, 『바이마르 공화국 연구』(단국대학교 출판부, 1999)가 있다.

기본권 일반에 관한 문헌목록은 김효전 편역, 『독일 기본권이론의 이해』(법문사, 2004), 549-571면에 수록되었으며, 저술로는 정문식저, 『독일 헌법 기본권 일반론』(전남대학교 출판부, 2009) 외에, 황우여, 『국가와 종교 - 독일을 중심으로』(육법사, 1983)가 있다.

번역서로는 G. 옐리네크-부뜨미, 김효전역, 『인권선언논쟁』(법문사, 1991); 체계적인 단행본으로는 보도 피에로트/베른하르트 쉴링크, 정태호 옮김, 『독일 기본권개론』(헌법재판소, 2000); 미하엘 작스, 방승주역, 『헌법 II - 기본권론』(헌법재판소, 2002); 게오르그 옐리네크외, 김효전 옮김, 『독일 기본권이론의 이해』(법문사, 2004)가 발간되었다. 옐리네크의 『주관적 공권의 체계』를 비롯하여 슈타르크의 「기본권 보호의무」까지 12편의 중요한 논문을 번역하여 편집한 것이다. 로베르트 알렉시/이준일 옮김, 『기본권이론』(한길사, 2007)의 대저가 번역되었다.

기타 **개별 기본권**과 관련해서는 조인성, 『독일 유전공학법의 이해 II』(한국학술정보, 2010); 파쉬케, 마리안 지음, 이우승 옮김, 『독일 미디어법』(한울 아카데미, 1998).

의회제에 관하여는 김도협, 『독일 · 한국 의원내각제』(진원사, 2010); 칼 슈미트, 김효전 옮김, 『현대 의회주의의 정신사적 지위』(관악사, 2007); 이병훈 편저, 『의회주의란 무엇인가?』(전주대 출판부, 1997) 속에 클라우스 폰 바이메, 한스 켈젠, 빈프리트 스테파니의 관련 논문을 수록. 또한 권세기 · 서준원 · 전복희 · 차명제 공저, 『독일의 대의제 민주주의와 정당정치』(세계문화사, 1999); 정창화, 『독일의 입법평가지침에 관한 연구』(한국법제연구원, 2009).

연방정부에 관하여는 박응격 외 공저, 『독일연방정부론』(백산자료원, 2001); 장선희, 『독일의 감사원 관련 법제연구 - 독일 감사원의 기능과 감사기준을 중심으로』(한국법제연구원, 2004).

헌법재판과 관련해서는 Horst Säcker, *Das Bundesverfassungs-gericht*(1981)을 번역한 『서독 연방헌법재판소 - 그 제도와 기능』(헌법위원회, 1984)을 비롯하여 여러 헌법재판자료가 발간되었으며, 문홍수·신봉기, 『세계 각국의 헌법재판제도』(삼선, 1994); 슈미트-켈젠, 김효전 역, 『헌법의 수호자논쟁』(교육과학사, 1991); 칼 슈미트, 김효전 옮김, 『헌법의 수호자』(법문사, 2000) 등을 들 수 있다. 이어서 클라우스 슐라이히, 정태호역, 『독일헌법재판론 - 독일연방헌법재판소의 지위·절차·재판』(미리, 2001)이 체계적인 저술로서 한국에 커다란 도움을 주었으며, 소책자로서 유타 림바흐, 정남철 옮김, 『독일연방헌법재판소』(고려대 출판부, 2007)가 있다.

판례집은 『동·서독 기본조약에 관한 판례』(국토통일원, 1976)나 헌법위원회의 헌법재판자료를 비롯하여 전정환·변무웅 옮김, 『독일방송헌법판례』(한울 아카데미, 2002); 잉고 리히터 외, 방승주역, 『독일 헌법판례해설』(제4판)(헌법재판소, 2003). 또한 박용상역, 독일연방헌법재판소 주요판례, 『헌법재판자료집』 제9집(헌재, 1999) 이래 여러 자료집에 번역문이 실려 있다.

한국 관련 문헌은 심의섭·M. 치멕 공편, 『독일연방공화국 60년 1949-2009: 분단국가에서 민주통일국가로』(오름, 2010); 김철수·김형배 편저, 『전후 독일 법학 50년과 한국 법학』(프리드리히 에베르트 재단, 2000).

사회적 시장경제에 관하여는 쉴레히트, 안두순외 5인공역, 『사회적 시장경제 - 독일식 시장경제의 이론적 논리와 실무적 저력』(비봉출판사, 1993); 한넬로레 하멜편, 안병직·김호균 옮김, 『사회적 시장경제·사회주의 계획경제』(아카넷, 2001); 이규석·이유정·정연진·최용호 공역, 『사회적 시장경제 - 독일 경제정책 A에서 Z까지』(주한 독일 콘라드 아데나워 재단, 2005)가 출간되었다.

기타 칼 **슈미트**에 관한 문헌은 김효전 편역, 『칼 슈미트 연구 - 헌법이론과 정치이론』(세종출판사, 2001)에 한국 · 일본 · 독일 · 영미 · 프랑스 · 기타 언어로 된 상세한 문헌목록이 있다. 역서로는 김효전 옮김, 『헌법의 수호자』(법문사, 2000); 김효전 · 박배근 공역, 『입장과 개념들: 바이마르-제네바-베르사유와의 투쟁에 있어서 1923-1939』(세종출판사, 2001); 김효전 옮김, 『현대의회주의의 정신사적 지위』(관악사, 2007); 김효전 옮김, 『국민표결과 국민발안 · 제2제국의 국가구조와 붕괴』(관악사, 2008)가 있다. 한스 켈젠에 관하여는 심헌섭역, 『켈젠의 자기증언』(법문사, 2009); 헤르만 헬러에 관하여는 김효전 옮김, 『주권론』 등.

5. 박사학위논문

구제 박사학위제도는 1974년에 끝나고 신제 박사학위 시대가 시작되었다. 독일 헌법학을 소재로 한 논문은 다음과 같다.

박규하, Bonn 기본법에 나타난 법치국가원리에 관한 연구, 연세대, 1976; 박용상, 출판의 자유와 공적 과제, 서울대, 1980; 황우여, 국가와 종교 - 독일을 중심으로, 서울대, 1982; 황환교, 종교적 자유권에 관한 연구 - 서독 기본법 제4조에 관한 판례를 중심으로, 건국대, 1985; 박영도, Hermann Heller의 국가관에 관한 분석적 연구, 한국외국어대, 1990; 좌종흔, Carl Schmitt의 결단주의와 Thomas Hobbes, 고려대, 1990; 문종욱, 칼 슈미트 법사상과 현대 법학에 미친 그 영향, 충남대, 1991; 김광수, 독일 공법상의 재산권보장과 국가책임 확장이론, 서울대, 1994; 김병곤, 독일 기본법상의 인간의 존엄, 동아대, 1994; 박인규, 독일 헌법학상 참여권에 관한 연구, 건국대, 1994; 곽순근, 헌법재판과 가처분제도에 관한 연구 - 독일 연방헌법재판소의 경우를 중심으로, 연세대 1995; 최경옥, 루돌프 스멘트 통합이론의 비판적 연구, 동아대, 1996; 박희정, 독일 국법학의 성립과 발전에 관한 연구, 중앙대, 1996; 김승대, 동서독

통일과정에서의 헌법적 문제, 서울대, 1996(이 논문은 『통일헌법이론』, 법문사, 1997로 출판); 이계수, 의회주의와 행정법 - 칼 슈미트 학설과 그에 대한 비판을 중심으로, 서울대, 1997; 곽상진, 방송의 자유와 이원적 방송체계 - 독일의 제도를 중심으로, 한양대, 1999; 김도협, 독일 의원내각제에 관한 연구, 단국대, 1999; 서경석, 스멘트 학파의 기본권이론 - 스멘트 · 헷세 · 해벌레를 중심으로, 인하대, 1999; 김세진, 헌법과 제도 - 기본권과 제도보장에 관한 해석론을 중심으로, 숙명여대, 2005; 엄순영, 권력의 정당화와 법의 관계에 관한 법철학적 연구 - 프란츠 노이만과 위르겐 하버마스 법치국가사상을 중심으로, 이화여대 2005 등이 있다.

한편 독일에서 공법 관계로 학위를 받은 사람은 이제 거의 100명 이상을 헤아린다. 이들의 명단과 논문 제목은 필자의 「한국에서의 독일 공법이론의 영향」[20] 속에 정리되어 있다.

전체적으로 볼 때 헌법에 관한 수많은 논문들이 발표되고 있으며, 또 독일에서 학위를 받았거나 유학한 연구자들이 많은 것에 비해서 정작 독일 헌법을 정면에서 다룬 저작이나 학위논문, 번역 등 연구성과가 적은 것을 알 수 있다. 이러한 사실로부터 각 분야별로 체계적인 연구가 요망된다.

Ⅲ. 미국의 헌법이론

한국에서는 흔히 「영미」의 헌법이론이라고 하나 이는 한국 대학에서의 강학상의 표현에 불과하며 실제로는 미국의 헌법이론과 판례가 중심을 이룬다. 미국의 법과대학원에서도 영국법은 미국법의 원천 내지는 법제사적 의미 정도로서 다루며 도서관의 분류법도 별도로 되어 있다.

---

20) 『한독법학』 제14호(2003), 331-379면 및 Hyo-Jeon Kim, Bibliography on Korean Law and Politics in Western Languages, 『동아법학』 제30호(2002), 215-331면 참조. 최근에 학위를 취득한 분들은 문장일 · 신옥주 · 허완중 제씨가 있다.

1. 미국 헌법의 이념적 배경

남한에 미군이 진주하자 미국의 법제도와 문물이, 북한에는 소련군이 진주하자 소련의 그것이 당연한 것처럼 함께 들어왔다. 남한의 경우 미군정이 실시되자 미국헌법의 영장제도 등이 그대로 시행되었다.[21] 미국 헌법은 이념적인 면에서 한국 헌법의 초안을 작성하는데 적지 않은 영향을 미쳤다. 예컨대 독립선언·버지니아 권리장전·연방헌법의 전문, 그리고 링컨의 연설에 나타난 정치사상 등을 들 수 있다.[22]

2. 미국 헌법제도의 수용

미국 헌법은 입법적인 면에서도 한국 헌법에 직접적인 영향을 미쳤다. 기본권 분야에서의 영장제도, 권력구조면에서는 미국 헌법의 독창물인 대통령제가 가장 대표적인 것이다. 그 밖에 법원의 사법심사제도 등이 있다.[23]

---

21) 미군정하의 법률가들로는 Emery J. Woodall, Ernst Fraenkel, Harold Joyce Noble, Pergler, Lobingier 등이 있다. 문헌은 송기춘, 미군정하 군정재판에 관한 소고 - 미군 점령통치기의 재조선 미육군사령부 문서를 중심으로, 『공법학연구』 제7권 4호(2006); 최경옥, 미군정하 사법부와 제헌헌법의 성립과정 - Ernst Fraenkel의 논평과 관련하여, 『공법연구』 제34집 2호(2005); 기타 이진일, 해방공간을 살다 간 한 독일 지식인의 민주주의 인식: 에른스트 프랭켈, 『史林』제60호(2017); 윤대성, 『로빈기어의 한국민법전 초안의 입법과 법리』(소명출판, 2018).

미군정당국은 법률안 의견록을 발간하기도 하였다. 『미군정기정보자료집 법무국·사법부의 법해석 보고서』(1946.3-1948.8)(한림대학교 아시아문화연구소, 1997). 이 책은 Selected Legal Opinions of the Department of Justice, United States Army Military Government in Korea를 영인한 것이다.

22) 상세한 것은 김철수, 미국 헌법이 한국에 미친 영향 서설, 한국공법학회편, 『한국에서의 미국 헌법의 영향과 교훈 - 미국 헌법 제정 200주년 기념논문집』(대학출판사, 1987), 9-79면 참조.

3. 헌법판례의 소개

일찍이 미합중국 연방대법원 판사 Charles Evans Hughes는 "We are under a Constitution, but the Constitution is what the judges say it is"라고 말했듯이, 미국 헌법을 올바로 이해하기 위해서는 법관이 말한 판례를 읽지 않으면 안 된다. 그러나 대륙식의 성문헌법을 가진 국가에서 판례법의 존재와 의미는 영미와는 달리 과소평가를 받게 마련이다.

그러나 문홍주 교수의 노력에 의해서 미국 헌법의 체계적인 이해와 판례의 중요성이 강조되었다. 그는 1956년 『미국헌법론』을, 1965년에는 『기본적 인권연구』를, 74년과 91년에는 다시 증보판을 내었으며, 『미국헌법과 기본적 인권』(유풍출판사, 2002)을 각각 출간하고 2008년 타계하였다. 또한 김철수 교수도 『판례교재헌법』(법문사, 1975)을 출간한 이래 『판례교재헌법』[증보판](법문사, 1977)에서 미국 · 독일 · 일본의 헌법판례를 체계적으로 소개하였으며, 그 후에도 안경환 교수와 함께 『판례교재헌법』(II)(법문사, 1992)에서 미국의 헌법판례를 정리하였다.

4. 미국 헌법학에 관한 연구 성과

개설서로는 먼저 50년대의 저술로는 박은하, 『미국헌법대의』(1954); 문홍주, 『미국헌법론』(일조각, 1956) 등을 들 수 있으며, 번역서로는 미국 무성편, 김증한역, 『미국의 헌법과 정치』(위성문화사, 1955); B. F. 라이트, 문홍주역, 『미국헌법발달사』(문교부, 1957) 등이 있다.

60년대에는 E.S. 코윈, 엄민영 · 이경호 · 김치선 공역, 『축조 미국헌법 - 그 현대적 해석』(수도문화사, 1960); 칼 J. 프리드리히, 서주실역, 『미국헌

---

23) 김효전, 미국의 위헌법률심사제가 일본과 한국에 미친 영향, 서울대 박사학위 논문, 1981 참조.

법의 기초이론』(박영문고, 1961); 머킬웨인, 김준환역, 『헌법과 정치 - 입헌이론의 사적 전개』(법문사, 1961); 프리드리히, 윤천주 옮김, 『오늘의 입헌정치』(문교부 · 대한교과서, 1962); 70년대에는 프리체트, 양승두 · 최양수 공역, 『미국헌법제도론』(박영사, 1975); 프리드리히, 박남규역, 『헌법의 정신』(법문사, 1987); 프리드리히, 최대권역, 『입헌적 국가이성』(동성사, 1987); 마이틀 카멘, 조한중 옮김, 『저절로 돌아가는 기계 - 미국문화에 있어서 헌법』(정음사, 1989) 등이 있다. 또한 알기 쉽게 쓴 책으로는 메크렐런, 변정일 옮김, 『자유, 질서, 그리고 정의』(범양서적, 1992)가 대표적이다. 최근에는 강승식, 『미국 헌법학 강의』(궁리, 2007); 박홍우, 『미국 헌법』(사법연수원, 2007); 『미국 헌법』(사법연수원, 2008) 등이 출간되었다.

고전과 기본자료로는 법무부 법무국, 『미주 각국헌법전』(법무자료 제19집, 1950); 동 『미국의 주헌법』(법무자료 제33집, 1963); 랄프 H. 가브리엘 편, 김성복역, 『연방주의론』(을유문화사 1960); 토마스 페인, 길현모역, 『페인 정치논집』(사상계사, 1962); 페인, 이가형역, 『상식 · 인권론』(을유문화사, 1972); 김만선역, 『페더럴리스트』(대양서적 1972); 알렉산더 해밀턴/제임스 매디슨/존 제이, 김동영 옮김, 『페더랄리스트 페이퍼』(한울아카데미, 1995); 토큐빌, 이영범역, 『미국민주주의론』(상)(하)(사상계사, 1963); 알렉시스 드 토크빌, 임효선 · 박지동 옮김, 『미국의 민주주의 I, II』(한길사, 1997); A. 토크빌 원저, 윤지근 편저, 『다시 보는 미국의 민주주의』(신원문화사, 2009); 토머스 페인, 박홍규 옮김, 『상식 · 인권』(필맥, 2004); 『토머스 제퍼슨 독립선언문』(프레시안 북스, 2010); 토머스 제퍼슨, 차태서 옮김, 『독립선언문』(웅진 씽크빅, 2010) 등.

헌법제정사의 자료는 미국사연구회 엮고 옮김, 『미국 역사의 기본 사료』(소나무, 1992); 저술로는 서울대학교 미국학연구소편, 『미국 사회의 지적 흐름: 법』(서울대출판부, 1999); 정경희, 『중도의 정치 - 미국 헌법

제정사』(서울대 출판부, 2001); 정경희, 『미국을 만든 사상들』(살림, 2004); 한국미국사학회 엮음, 『사료로 읽는 미국사』(궁리, 2006).

번역으로는 칼 J. 프리드리히, 박남규역, 『헌법의 정신』(법문사, 1987); 프리드리히, 최대권역, 『입헌적 국가이성』(동성사, 1987); 칼 밴 도렌, 박남규 옮김, 『미국 헌법을 만든 사람들의 이야기』(범한, 1997; 홍익, 2000). 이 책은 이미 안일역, 『미국헌법제정사』(인물계사, 1960)로 발간된 일이 있다. 또한 미국에서 선풍적인 인기를 모은 버나드 베일린, 배영수 옮김, 『미국 혁명의 이데올로기적 기원』(새물결, 1999)도 필독할 책 중의 하나이다.

또한 드라이버, 안효상 옮김, 『세계를 뒤흔든 독립선언서』(그린비, 2005); 브라운, 오준호 옮김, 『클로텔, 제퍼슨 대통령의 딸』(황금가지, 2005); 주한미국대사관 공보과편, 『살아있는 미국 역사와 민주주의 문서』(2006); 로렌스 M. 프리드만, 안경환 옮김, 『미국법의 역사』(청림출판, 2006).

한국과 관련해서는 한국공법학회 편저, 『미국 헌법과 한국헌법』(대학출판사, 1989); 변정일, 『미국 헌법과 아시아 입헌주의』(고시연구사, 1995); 조지형, 『헌법에 비친 역사 - 미국 헌법의 역사에서 우리 헌법의 미래를 찾는다』(푸른역사, 2007).

민주주의에 관한 문헌은 매우 많다. 최근 것으로는 로버트 달, 이만희 옮김, 『다원민주주의의 딜레마: 자율과 통제』(인간사랑, 1990); 로버트 달, 김왕식 옮김, 『민주주의』(동명사, 1999); 로버트 달, 조기제 옮김, 『민주주의와 그 비판자들』(문학과지성사, 1999); R. 달, 박상훈 · 박수형 옮김, 『미국 헌법과 민주주의』(후마니타스, 2004); 阿部竹松, 이병규역, 『미국 헌법과 민주제도』(세종출판사, 2005) 등이 발간되었다. 이어서 E. E. 샤츠슈나이더, 현재호 · 박수형 옮김, 『절반의 인민주권』(후마니타스, 2008); 『민주주의 강의 3 제도』(민주화운동기념사업회연구소, 2009) 등도 참고가 된다.

헌법해석 · 최고법규성은 로렌스 트라이브-마이클 도르프, 허순철역,

『헌법해석론』(행법사, 1996).

비교헌법론은 울프 · 필립스, 박원영 · 정만희 공역, 『비교헌법론』(동아대출판부, 1984).

헌법과 경제와의 관계는 제임스 M. 뷰캐넌, 공병호 · 조창훈역, 『헌법적 질서의 경제학과 윤리학』(자유기업센터, 1996); 찰스 A. 비어드, 양재열 · 정성일 옮김, 『미국 헌법의 경제적 해석』(신서원, 1997); 같은 역자의 신판은 (지식을만드는지식, 2009); F. 하이에크, 김균 옮김, 『자유헌정론』(자유기업센터, 1997, 전2권) 등이 있다.

기본권에 관한 단행본으로는 데이비드, 김기범역, 『피고인의 권리』(수도문화사, 1960); 더글라스, 이종극역, 『국민의 권리』(을유신서, 1961); E. S. 코윈, 김남진역, 『정부에 대립한 자유』(법문사, 1962) 등이 있다. 중요한 문헌으로는 에이브러햄, 윤후정 옮김, 『기본적 인권과 재판: 미국 대법원 판례』(이화여대출판부, 1992); 정진홍, 『적법절차의 원리와 적용론』(청우문화사, 1993); 장호순, 『미국 헌법과 인권의 역사: 민주주의와 인권을 신장시킨 명판결』(개마고원, 1998, 2007). 판례연구는 전술한 문홍주, 『미국 헌법과 기본적 인권』(유풍출판사, 2002)이 대표적이며, 최근에는 이노홍, 『미국 헌법상 기본권효력』(홍익대 출판부, 2007); 박승옥, 『미란다 원칙 - Miranda Rule』(법수레, 2007); 멜빈 I. 우로프스키, 박강순 옮김, 『국민의 권리 - 개인의 자유와 권리장전』(미국 국무부 발행, 2004); 정상환, 『검은 혁명』(지식의 숲, 2010) 등이 있다.

드워킨에 관하여는 박경신 · 김지미 옮김, 『생명의 지배영역 - 낙태, 안락사 그리고 개인의 자유』(이화여대 생명의료법연구소, 2008); 염수균 옮김, 『자유주의적 평등』(한길사, 2005); 장영민 옮김, 『법의 제국』(아카넷, 2004); 드워킨 외, 석기용 · 정기도 옮김, 『안락사 논쟁』(책세상, 1999) 등.

언론 표현의 자유에 관하여는 휴던, 박권상 · 고명식역, 『근대국가와 언론의 자유』(을유신서, 1965); 배런, 김병국역, 『누구를 위한 언론 자유인가?』(고시계, 1987); 윌리엄 더글라스, 안경환역, 『반대의 자유』(대학출판사, 1988); 로버트 하그리브스, 오승훈 옮김, 『표현의 자유의 역사』(시아출판사, 2006); 노와크 외, 이부하역, 『표현의 자유와 미국 헌법』(한국학술정보, 2007).

권력구조 일반에 관한 단행본은 일찍이 그리피스, 조효원역, 『미국정부형태론』(을유문화사, 1957); 정만희편, 『미국헌법과 권력구조』(법문사, 1988); 강승식, 『미국에서의 권력분립원리』(한국학술정보, 2005); 윤명선, 『미국 헌법과 통치구조』(유스북, 2006); 윤명선, 『미국 입헌정부론』(경희대학교 출판국, 2008); 기타 표성수, 『미국의 검찰과 한국의 검찰』(육법사, 2000) 등.

대통령제에 관하여는 제임스 M. 번즈, 권영성 감수, 『미국형 대통령제』(법문사, 1983); 린쯔·바렌주엘라, 신명순·조정관 공역, 『내각제와 대통령제』(나남출판, 1995); 아렌드 라이파아트 엮음, 조해경 옮김, 『내각제 대 대통령제』(이진출판사, 1999); 강원택, 『대통령제, 내각제와 이원정부제 - 통치형태의 특성과 운영의 원리』(인간사랑, 2006) 등.

대통령 **선거제도**에 관하여는 윤용희, 『미국의 대통령선거』(살림출판사, 2008); L. 샌디 메이젤, 정의길 옮김, 『미국인도 잘 모르는 미국 선거 이야기』(한계레출판, 2010).

긴급권은 클린턴 로시터, 김정길역, 『현대 대권정치론』(대원서적, 1976) 등이 있다.

의회에 관하여는 전진영, 『미국 하원의 발언 관련 규범』(국회입법조사처, 2009).

사법부 일반은 법무부, 『미국의 사법제도』(법무자료 제239호, 2001); 법무부, 『각국의 변호사제도』(법무자료 제243호, 2001); 법무부, 『각국의 변호사제도(II) - 영국·미국』(법무자료 제51집, 1984); 법원행정처, 『미국 법조협회(ABA)와 법학교육』(1996).

연방대법원은 이상돈, 『미국 헌법과 연방대법원: 사법심사의 이론과 역사와 실제에 관한 연구』(학연사, 1983); 콕스, 양승두·최양수 공역, 『미국의 법원과 정치』(학연사, 1983); 서울대학교 미국헌법연구회 편역, 『재앙의 월요일 - 사상 최악의 판결들』(교육과학사, 1992); 러셀 갤로웨이,

안경환역, 『법은 누구 편인가?』(교육과학사, 1995); 봅 우드워드-스콧 암스트롱, 안경환 옮김, 『판사가 나라를 잡는다 - 연방대법원 비사』(철학과현실사, 1995) 및 『판사가 나라를 살린다』(1996); 제프리 투빈, 강건우 옮김, 『더 나인』(라이프맵, 2010).

위헌심사에 관하여는 존 하트 일리, 전원열 옮김, 『민주주의와 법원의 위헌심사』(나남출판, 2006); 문홍주 박사의 미국 헌법판례연구는 『미국헌법연구』에 작고하시기 전까지 연재되었다. 제16권 2호(2005)는 박민영 교수와 함께 집필.

기타 리처드 엘리스, 최두영역, 『직접참정제도 - 민주주의의 허상인가? 미국의 주민발안제도 현장』(아르케, 2008).

5. 학위논문

미국 헌법에 관련된 테마로 학위를 받은 사람과 논제는 70년대에는 양건, 미국 헌법상 대외문제에 관한 대통령, 의회 및 법원의 권한관계, 서울대, 1979 정도이다.

80년대에 와서는 김효전, 미국의 위헌법률심사제가 일본과 한국에 미친 영향, 서울대, 1981; 정연철, 미국 대통령선거제도에 관한 연구, 부산대, 1986; 김한성, 언론·출판의 자유의 현대적 기능과 법적 통제에 관한 연구 -미국 헌법 수정 제1조의 해석과 적용을 중심으로, 연세대, 1987 등이 있다.

90년대에는 유정복, 미국 헌법상 적법절차에 관한 연구, 원광대, 1990; 정정부, 미국 헌법상의 대통령직 교체에 관한 연구, 동아대, 1990; 김영환, 적극적 평등실현조치(Affirmative Action)에 관한 연구, 영남대, 1991; 이동훈, 언론자유의 현대적 기능에 관한 연구 - 미국의 액세스권을 중심으로, 성균관대, 1991; 김규정, 미국 연방의회의 거부권에 관한 연구, 경희대, 1993; 라경균, 미국 헌법상 평등보호에 관한 연구, 영남대, 1993; 지규철, 미국에서의 정교분쟁에 관한 연구, 고려대, 1993; 이태훈, 미국

헌법에 있어서 적법절차법리의 변천에 관한 연구, 경희대, 1994; 박경, 헌법소송에 있어 당사자적격확대이론의 연구 -미국 판례법상 Standing 이론을 중심으로, 동국대, 1996; 차강진, 미국의 사법심사제와 헌법해석, 부산대, 1997; 이금옥, 미국의 입헌주의에 관한 연구, 1997 등이 있다.

2000년대에는 조소영, 표현의 자유의 제한방법론에 관한 연구 - 미국의 연방대법원 판례를 중심으로, 연세대 2001; 조재현, 언론 · 출판의 자유와 보호영역에 관한 연구 -보호영역에 관한 미국 · 독일 · 우리나라의 접근방법을 중심으로, 연세대 2001; 김현철, 미국 헌법상 평등보호와 엄격심사기준에 관한 연구, 연세대 2001; 최희경, 미국 헌법상 여성의 프라이버시 권리에 관한 연구, 이화여대 2001; 김명식, 행복추구권에 관한 연구, 성균관대 2001; 서영제, 미국 특별검사법의 헌법적 한계와 그 실효성에 관한 연구, 성균관대 2001; 김웅규, 미국 헌법상의 상업적 언론, 부산대 2001; 이경숙, 종교의 자유에 관한 연구 - 미국 연방대법원의 판례를 중심으로, 경희대 2002; 김영환, 미국 대통령제에 관한 연구, 경희대 2002; 이노홍, 미국 연방헌법상 국가행위(State Action) 이론에 관한 연구, 이화여대 2002; 박원경, 미국 헌법상 표현의 자유에 관한 연구 - 사이버스페이스에서의 표현의 자유를 중심으로, 경희대 2002; 금태환, 미국 행정입법의 사법심사에 관한 연구 - 요건 · 심사범위 · 한국법과의 비교를 중심으로, 서울대 2003; 이석희, 미국 손실보상제도의 이념적 기초에 관한 연구 - 적법절차를 중심으로, 한양대 2003; 김선화, 미국 헌법상 정치문제법리에 관한 연구, 이화여대 2004; 강승식, 미국에서의 권력분립원리에 관한 연구 - 의회와 대통령과의 무한관계를 중심으로, 한양대 2004; 이승문, 미국 연방대법원의 헌법적 지위와 기능에 관한 연구, 성균관대 2005; 이병규, 토마스 제퍼슨의 헌법사상, 동아대 2009 등이 있다.

이상과 같은 연구업적 외에도 1990년에는 미국헌법연구소(이사장: 문홍주)가 설립되어 지난 90년 『미국헌법연구』 창간호를 내었으며 제8호

(1997년)는 문홍주박사 팔순기념 특집호를 발간하고 2010년 현재 21권까지 발행하여 미국 헌법 연구에 크게 기여하고 있다.

Ⅳ. 영국 헌법의 소개와 연구 성과

1. 원리와 제도

주지하듯이 영국은 불문헌법국가로 유명하다. 그러나 세계 최초의 성문헌법전의 효시인 1215년의 마그나 카르타를 비롯하여 여러 가지의 헌법적 문서를 가지고 있다. 따라서 마그나 카르타에 규정된 법률에 의한 체포와 구금 · 영장제도 · 조세법률주의 · 의원의 면책특권과 불체포특권 등에서부터 인신보호법, 권리장전 등에 이르기까지 영국 헌법은 미국과 유럽 대륙의 법제도에 대단한 영향을 미쳤다.

이상과 같은 입법적인 수용과 계수 외에 의회제도나 의원내각제, 또는 법의 지배(Rule of Law)와 같은 원리적인 것도 함께 포함시킬 수 있다. 그러나 의원내각제는 헌법개정의 문제로서 여러 차례 실제적으로나 이론적으로 논란의 대상이 되었으나 정작 영국의 그것에 관하여 심도있게 다룬 연구 문헌은 거의 발견하기 어려운 실정이다.[24)]

2. 연구 성과

사전과 자료집은 『법령용어 한영사전』[제2판](법제처, 2009); 임홍근 · 이태희편, 『법률영어사전』(법문사, 2007); 『외국법률용어집』(영어편)(법원도서관, 2008); 법제정보센터편, 『영문법령 표준용어집』(한국법제연

---

24) 의원내각제 일반에 관하여는 김도협, 『독일 · 한국 의원내각제』(진원사, 2008); 구병삭 편저, 『의원내각제』(화성사, 1995); 김헌, 『의원내각제』(1996) 등 약간의 저작이 출간되었다.

구원, 2005).

국가론에 관하여는 H. J. 라스키, 『민병태역, 국가론: 이론과 실제』(백영사, 1955)가 있으며, 이 책의 새 번역은 김영국역, 『국가란 무엇인가』(두레, 1983)이다; R. M. 마키버, 민병태역, 『근대 국가론』(민중서관, 서울대학교 번역총서, 1957); J. 브라이스, 서석순역, 『근대 민주정치론』(대한교과서, 1958) 등이 있다.

헌법사상사와 관련하여 홉스의 새 번역은 진석용 옮김, 『리바이어던』(1)(2),(나남, 2008)이 있으며, 연구서로는 김용환, 『홉스의 사회 · 정치철학 - 리바이어던 읽기』(철학과현실사, 1999); 초역은 김용환, 『리바이어던』(살림출판사, 2005); 밀턴 연구는 임상원 역주, 『아레오파지티카 - 존 밀턴의 언론 출판 자유에 대한 선언』(나남출판, 1998); 박상익 지음, 『언론자유의 경전 아레오파기티카 - 존 밀턴 『아레오파기티카』의 완역 · 주석 · 연구서』(소나무, 1999).

헌정사와 **개설**은 오만규, 『청교도 혁명과 종교자유』(한국신학연구소, 1999); 크라임스, 이세구역, 『영국 헌정사』(일조각, 1959) 및 이종극역, 『영국 헌정사』(신양사, 1959); 영국 헌법이론의 체계적인 도입과 소개는 몇 가지의 저작과 번역서를 들 수 있다. 저술로는 강문용저, 『영국 공법원리』(한국사법행정학회, 1966); 고광림저, 『영국 정부론』(일조각, 1970); 양승두 · 이동과 · 김영삼, 『영미공법론』(길안사, 1997). 기타 김기순, 『글래드스턴과 아일랜드』(한림대출판부, 2009) 등이 있다.

번역서로는 W. I. 젠닝스, 민병태역, 『영국헌정론』(민중서관, 1955); K. C. 웨어, 배재식 · 노융희 공역, 『현대 헌법론』(박영사, 1956)(이 책은 1956년 강문용역, 1983년 이준구역 등 3종의 역서가 있다). 웨이드-필립스, 강문용역, 『영국 헌법학』(상)(하) (창문사, 1959); 덴닝, 윤세창역, 『법과 자유』(일조각, 1960); 젠닝스, 박일경역, 『법과 헌법』(범문각, 1961); A. V. 다이시, 안경환 · 김종철 공역, 『헌법학입문』(경세원, 1993) 등.

사법에 관하여는 법무부, 『각국의 변호사제도』(법무자료 제243호, 2001); 법무부, 『각국의 변호사제도(II): 영국 · 미국』(법무자료 제51집,

1984); 김봉철, 『영국법체계의 이해 - 영국법의 역사와 구조』(이컴비즈넷, 2005); 표성수, 『영미 형사사법의 구조 - 그 가치에 대한 새로운 이해』(비봉출판사, 2004).

학위논문은 서주실, 영국 수상의 제도상 지위와 현대적 기능에 관한 연구, 부산대, 1976; 안동인, 영국법상의 공사법 2원체계에 관한 연구 - 사법심사청구제도와 관련하여, 서울대 박사논문, 2009이 있다. 석사학위논문을 포함해도 변종화, 영국 민주정치의 발달과 헌법적 특색에 관한 연구, 청주대, 1977 등 몇 가지 안 된다.

전체적으로 볼 때 영국 헌법에 관한 문헌은 독일이나 미국에 비하여 매우 빈약한 편이다.

V. 프랑스 헌법이론

프랑스의 헌법이론은 1789년 이래의 여러 헌법에 구체화된 이념들과 입법적인 수용의 두 가지 면에서 살펴볼 수 있다.

1. 프랑스의 헌법이념

프랑스 헌법의 이념적 배경에는 1789년의 인간과 시민의 권리선언[25]을 비롯하여 1958년의 제5공화국 헌법에 이르는 일련의 헌법적 문서와 정치사상을 들 수 있다. 이 정치사상 속에는 루소의 『사회계약론』[26], 몽테스키외의 『법의 정신』이 가장 대표적인 것이며 그 영향력은 한국뿐만 아니라 전세계적으로 대단한 것임은 주지의 사실이다.

---

25) 인권선언의 원문과 번역은 김효전역, 『인권선언논쟁』(법문사, 1991) 참조.
26) 한국에서의 사회계약론의 번역과 영향에 관하여는 김병철, 『한국 현대번역문학사 연구(상)』(을유문화사, 1998) 참조.

2. 유신 헌법과 프랑스 헌법

1972년 10월 17일 박정희 대통령은 대통령특별선언을 발표하고 헌정의 중단과 새 헌법의 제정을 발표하였다. 이른바 유신 쿠데타를 감행한 것이다.[27] 당시 대통령의 독재권을 강화하기 위해서 프랑스 제5공화국 헌법과 드골의 「권력의 인격화」라는 말이 하나의 유행어가 되었다. 이리하여 한국 헌법개정사에서 갑자기 프랑스 헌법이 각광을 받게 되고 유신헌법을 정당화하는 원천으로서의 기능을 수행하게 되었다.

유신 헌법에서 입법론으로서 프랑스 헌법을 모델로 하였다고 주장하는 것은 국민의 주권행사방법, 대통령의 국회해산권, 대통령의 긴급조치권[28] 정도였다. 이 중 대통령의 국회해산권만이 대통령제에서 특이한 것이며 프랑스 정치제도상의 특색을 이루는 것임에는 틀림없다.

이와 같이 비교해 볼 때 유신 헌법은 프랑스 제5공화국 헌법과는 차이점이 많다. 오히려 유사점보다는 차이점이 더 많다고 해야 할 것이다.

그러나 프랑스 제5공화국 헌법을 모델로 하였다고 하나 학문적으로 볼 때에는 조문의 번역과 인용이 대부분이며 학술적 가치가 있는 저작은 거의 없는 실정이었다. 현재에도 프랑스법 연구자의 수는 독일법이나 미국법에 비하여 숫적으로 적지만 70년대 당시에는 프랑스 헌법전의 번역문 자체도 신뢰하기 어려운 것이 많았다.[29]

---

27) 김효전편, 『유신헌법자료집』(한국공법학회, 2002) 참조.

28) 유신 헌법 제53조와 프랑스 헌법 제16조의 비교는 갈봉근, 『프랑스 제5공화국 대통령의 비상대권론』(삼화출판사, 1972); 성낙인, 프랑스 대통령의 국가긴급권, 여산 한창규박사화갑기념눈문집 『현대 공법의 이론』(1993), 40-52면과 동인, 『프랑스 헌법학』(법문사, 1995) 참조.

29) 프랑스 헌법전의 번역은 국회도서관 법제자료실, 『미 · 독 · 불의 헌법』(외국의 법제자료 제1집, 1971; 박윤흔 감수, 『요설 통일주체국민회의대의원선거법』(삼화출판사, 1972), 212-238면; 문홍주, 『한국 헌법』(해암사, 1975), 569-580면에 수록되어 있다. 이들 헌법전은 후술하는 뒤베르제의 헌법책을 번역한 김병규 교수에 의하면 모두 부정확하고 신뢰할 수 없다고 필자에게 말한 바 있다.

3. 프랑스 헌법학에 관한 연구 성과

사전과 자료집은 『외국법률용어집』(프랑스어편)(법원도서관, 2008); 한국법제연구원, 『프랑스 법령용어집』(2008). 프랑스 헌법 전반에 관하여 체계적으로 서술한 저작은 성낙인, 『프랑스 헌법학』(법문사, 1995)이 대표적이다. 이 책은 독일법과 미국법 일변도인 한국에서 프랑스 헌법에 관한 최초의 개설서로서 기념비적인 저작이라고 할 수 있다.

국가에 관하여는 자크 마리땡, 한용희역, 『인간과 국가 - 가톨릭의 정치원리』(가톨릭출판사, 1978); 베르뜨랑 바디-삐에르 비른보움, 차남희 옮김, 『국가 사회학』(학문과 사상사, 1987); 기타 자크 데리다, 진태원 옮김, 『법의 힘』(문학과지성사, 2004) 등이 있다.

유명한 장 보댕, 임승휘 옮김, 『국가론』(책세상, 2005)이 부분 번역으로 소개되었다. 완역본은 나정원 옮김, 『국가에 관한 6권의 책』이 2013년 6권으로 아카넷에서 발간되었다.

헌법사에 관한 고전으로는 박인수 옮김, 『제3신분이란 무엇인가』(책세상, 2003); 체계적인 헌법사 서술은 자끄 고데쇼, 국회도서관 법제자료실, 『불란서 헌법사』(외국의 입법자료 제5집)(1973); 그리고 문광삼·김수현 공역, 『프랑스 헌법과 정치사상』(해성, 2003)도 귀중한 업적이다.

고전적 저작으로는 레옹 뒤기, 이광윤 옮김, 『일반 공법학 강의』(민음사, 1995); 한동훈, 『프랑스 제3공화국 헌정체제 - 초기 정립과정을 중심으로』(한국학술정보, 2009). 이 책은 저자의 서울대 박사학위논문(2008)을 수정한 것이다.

헌법개정, 제5공화국 헌법은 시대상황의 변화와 사회적 현실에 따라서 2008년 대대적으로 개정하게 되었다. 이에 관하여는 정재황·한동훈, 『2008년 프랑스 헌법개정에 관한 연구』(한국법제연구원, 2008)이 있으며, 여기에는 헌법전문이 수록되어 있다.

헌법과 **정치제도** 전반에 관하여는 모리스 뒤베르제, 김병규역, 『정치제도와 헌법』, 제1권 대정치체계(삼영사, 1979); 제2권 프랑스 정치체계(삼영사, 1980)가 대표적인 저술이다. 뒤베르제는 한국의 헌법학에서 정부형태를 구별할 때에 의원내각제 요소와 대통령제의 요소를 결합하여 가지고 있는 이원정부제 또는 절충형을 반(준)대통령제라고 부른다.[30)]

뒤베르제의 이론은 정치학과 사회학 등 광범위한 영역에 걸쳐 있으나 저널리스틱한 서술로 일관하고 있다. 일찍부터 한국어 번역은 M. 듀베르제, 박희선 · 장을병 공역, 『정당론』(상)(하)(사상계사, 1963); 김병규역, 『정치제도와 헌법』, 제1권 대정치체계(삼영사, 1979) 및 제2권 프랑스 정치체계(삼영사, 1980); 김세신역, 『정당론』(중앙선거관리위원회, 1980); 김준희 옮김, 『정치란 무엇인가?』(광민사, 1981); 배영동 옮김, 『정치란 무엇인가』(나남, 1981); 편집부 옮김, 『민중과 민주주의』(광민사, 1981); 이동윤역, 『사회과학방법론』(유풍출판사, 1982); 김학준 · 진석용 공역, 『서구 민주주의의 두 얼굴』(문학과지성사, 1983); 김준희 옮김, 『서구의 두 얼굴』(종로서적, 1983) 등이 소개되었다.

민주주의는 샹탈 무페, 이행 옮김, 『민주주의의 역설』(인간사랑, 2006); 홍태영, 『국민국가의 정치학: 프랑스 민주주의의 정치철학과 역사』(후마니타스, 2008); 강정인 · 오향미 · 이화용 · 홍태영 공저, 『유럽 민주화의 이념과 역사』(후마니타스, 2010); 기 에르메, 임미경 옮김, 『민주주의로 가는 길』(한울, 1998).

인권선언은 J. 모랑주, 변해철역, 『1789년 인간과 시민의 권리선언』(탐구당, 1999); 옐리네크-부뜨미, 김효전역, 『인권선언 논쟁』(법문사, 1991).

권력구조에 관한 한국 문헌으로는 다음 몇 가지가 발간되었다. 고광림 저, 『프랑스 정부론』(일조각, 1972); 이창훈편, 『한국과 프랑스의 권력구조』(아셈연구원, 한국프랑스정치학회, 2004).

의회는 국회도서관 해외자료국, 『프랑스 의회에 있어서의 의장』(해외자료 제11집), (1975).

---

30) M. Duverger, Le concept de régime semi-présidentiel. in: Les régimes semi-présidentiels (sous la direction de M. Duverger), Paris: P.U.F. 1986 및 김철수, 『헌법학개론』(1998), 115면 참조.

정부는 안영훈, 『프랑스의 정부조직』(한국행정연구원, 1998); 전학선, 『주요 국가의 재정법제 연구 - 프랑스의 재정 관련 헌법조항을 중심으로』(한국법제연구원, 2009).

사법제도는 국회도서관 입법조사국, 『불란서의 사법제도』(입법참고자료 제159호, 1972); 법무부, 『프랑스의 사법제도』[증보판](법무자료 제211집, 1997); 변호사제도는 법무부, 『각국의 변호사제도』(법무자료 제243호, 2001); 법무부, 『각국의 변호사제도 II - 독일 · 프랑스 · 일본』(법무자료 제52집, 1984) 등.

헌법재판은 『프랑스 헌법평의회 - 그 제도와 기능』(헌법위원회, 1983); 남궁승태, 『프랑스 헌법소송론』(삼선, 1993).

학위논문, 프랑스 헌법 관계로 학위를 받은 사람들의 성명과 논제는 다음과 같다.

권형준, 프랑스에 있어서의 기본권보장에 관한 연구 - 헌법원(Conseil constitutionnel)을 중심으로, 서울대 박사논문, 1990; 남궁승태, 프랑스 제5공화국 헌법평의회의 인권보장에 관한 연구, 동국대, 1991; 우성기, 공법상의 비례원칙 - 프랑스 공법을 중심으로, 서울대, 1994; 김영문, 몽테스키외의 「삼권분립론」에 관한 연구, 원광대, 1996 등이 있다.

석사학위를 포함해도 방극채, 프랑스의 헌법재판제도에 관한 연구 - 제5공화국 제도를 중심으로, 전남대, 1992; 김충희, 모르스 오류의 제도이론, 서울대, 2010 정도이다.

프랑스에서 공법으로 학위를 받은 사람으로는 김동희 · 한견우 · 성낙인 · 이광윤 · 조병륜 · 박인수 · 정재황 · 변해철 · 박균성 · 전학선 · 정종길 · 전훈 · 채형복 제씨가 있다.[31] 독일에서 학위를 받은 사람의 숫자와

---

31) 이들의 학위논문 제목은 김효전, 한국 헌법학 50년 (주 3) 참조. 최근 논문은 Jong-Gil Chung, Etude comparée du contrôle de constitutionalité des lois en matière des droits fondamentaire en Corée et en France, Paris I, 2004; Hoon Jeon, L'autonomie locale et le contrôle des actes des collectivités territoriale en Corée, Université d'Aix-Marseille III, 2004; Hyung-Bok Chae, Le droit anti-dumping communautaire après

비교할 때 매우 적은 편이다.

기타 막스 갈로, 노서경 옮김, 『장 조레스 그의 삶』(당대, 2009) 등.

이상에서 보듯이, 제헌 이래 프랑스 헌법학을 연구한 저술이나 문헌은 70년대에 이르기까지 몇 가지 되지 아니한다. 근대 헌법학의 기원 내지는 발전의 중요성에서 보거나 한국 헌법학의 균형있는 발전을 위해서도 프랑스 헌법의 체계적인 연구가 절실히 요청된다.

VI. 일본국 헌법

한국 헌법에서 일본국 헌법은 입법론으로는 거의 영향을 미친 것이 없으나 학설과 판례의 면에서는 적지 않은 영향을 미쳤다. 그러나 한일간의 역사적인 관계로 인하여 일제 잔재의 청산이라는 과제와 함께 많은 문제점들이 있다.[32]

1. 일본 학설의 수용

주지하듯이 일본의 법학은 독일 법학의 절대적인 지배 아래 발전한 것이기 때문에 독일 법학의 아류로 보는 것이 정당할 것이다.[33] 특히 한국어와는 언어구조의 유사성으로 한국의 법학자는 손쉽게 일본의 법률서적을 구입하고 해독할 수가 있다. 그러나 한국인의 손에 의해서 일본 헌법학이나 헌정사가 저술된 문헌은 찾아보기가 어렵다. 그만한 가치가 없기 때문이거나 아니면 수요도 없고 또 일본 문헌을 직접 보는 학자가 많기 때문일 것이다.

---

l'Uruguay Round, Université d'Aix-Marseille III, 1997.

32) 예컨대 한상범, 헌법정신과 일제 잔재 문제, 금랑 김철수교수화갑기념 『현대법의 이론과 실제』(박영사, 1993), 91-112면.

33) Rene David, Introduction 는 일본법을 중국법과 함께 별도로 구별하고 있으나 정당한 분류로 보기는 어렵다.

일본의 헌법이론을 바로 인용한 예는 60년대의 박일경 교수의 헌법이나 문홍주 교수의 헌법에서 清宮四郎, 宮澤俊義 등을 예로 들 수 있다. 그 후에는 小林直樹, 芦部信喜 등을 열거할 수 있다.

2. 일본 판례의 참조와 섭취

한국의 실무계에서 문제를 해결하기 위해서 가장 먼저 찾아보는 외국의 문헌은 일본의 판례집이라고 할 수 있다. 사법연수원에서는 일본어가 필수로 되어 있다. 한국의 헌법판례 중 일본의 예를 거의 답습 내지는 모사한 실례는 한두 가지가 아니다.[34]

3. 일본 헌법에 관한 연구 현황

(1) 문헌목록

먼저 문헌목록으로는 법원행정처, 『일본 법률문헌 색인』(1988)이 출간되었다. 우리의 법조 실무계가 일본의 법학에 많이 의존하는 것을 나타내주는 문헌이다. 기타 김효전편, 일본법 관계 영미문헌목록, 『韓日法學硏究』 제15집(1996), 321-359면이 있다.

사전과 자료집은 법령용어정비사업단, 『한·일 법령용어 비교해설집(상)(하)』(한국법제연구원, 2005); 헌법조문은 오현수역, 『일본 헌법』(다나기획, 2006)이 원문 대역으로 공부하기 편리하다.

헌법 조문의 번역은 국제문제조사연구소, 『각국 헌법자료집』(1980), 443-452면; 헌정제도연구위원회, 『세계각국 헌법전(I)』(1986), 557-570면; 하세가와 마사야스 지음, 최은봉 옮김, 『일본의 헌법』(소화, 2000) 부록 참조.

---

34) 이에 대한 지적은 김효전, 한국 헌법판례의 형식논리주의, 한국법학교수회편, 『한국 판례형성의 문제점과 그 과제』(1986), 39-48면 참조.

(2) 역사와 개설

먼저 伊藤正己, 구병삭역, 『현대 일본국 헌법론』(법문사, 1983); 影山日出彌, 이경주 옮김, 『현대 헌법학의 이론』(이성과 현실, 1989); 미야다 미쯔오, 김효전 옮김, 『현대 일본의 민주주의』(교육과학사, 1992); 구병삭역, 『현대 일본의 법사상』(아세아공법연구소, 1997) 등이 있다.

최근 문헌은 하세가와 마사야스 지음, 최은봉 옮김, 『일본의 헌법』(소화, 2000); 코세키 쇼오이찌, 김창록 옮김, 『일본국 헌법의 탄생』(뿌리와 이파리, 2010); 이상윤, 『일본헌법제도론』(세종출판사, 2006); 스기하라 야스오, 이경주역, 『헌법의 역사』(이론과 실천사, 1999); 가토 기요후미, 안소영 옮김, 『대일본제국 붕괴』(바오, 2010).

평화헌법은 이토 나리히코 지음, 강동완 옮김, 『일본 헌법 제9조를 통해서 본 또 하나의 일본 - 일본은 왜 평화헌법을 폐기하려 하는가』(행복한책읽기, 2005).

기본권은 하마다 준이치 지음, 이문호 옮김, 『정보법』(장산, 1995).

(3) 학위논문

박사학위 논문으로는, 이윤환, 헌법상 외국인의 선거권에 관한 연구 일본국 헌법상 재일한국인문제를 중심으로, 충남대, 1993; 김창록, 일본에서의 서양헌법사상의 수용, 서울대, 1994; 김효진, 지방자치제도상 주민참가의 활성화를 위한 정보공개에 관한 연구 - 일본의 이론과 실제를 중심으로, 1997; 문혁철, 일본국의 의원내각제에 관한 연구, 한국외대 박사학위논문, 1997; 이상윤, 일본 헌법상의 의원내각제, 동아대 박사논문, 2001 등.

일본 헌법학의 연구 성과와 문헌은 한국에서 많이 이용되고 또 논의되고 있음에도 불구하고 과소평가를 받고 있는 실정이다. 한국인의 손에 의한 본격적인 일본 헌법학과 헌정사에 관한 저술이 요망된다.

Ⅶ. 유럽 헌법

유럽헌법은 2004년 유럽연합(EU) 회원국 정상들이 합의했지만 2005년 프랑스와 네덜란드 국민투표에서 부결되어 좌초되었다. 그리하여 2007년 6월 유럽연합 소속 27개국 정상들이 한 번 실패를 겪은「헌법」(Constitution) 대신「개정 조약」(Reform Treaty)이란 공식명칭으로 합의했다. 관련 문헌은 채형복,『유럽헌법조약』(높이깊이, 2006); 강명세,『현대 유럽정치』(동성출판사, 2002).

이 유럽연합의 헌법을 비롯하여 미국 헌법에까지 비교연구를 목적으로 유럽헌법학회가 2006년 12월에 창립되어 다음해에『유럽헌법연구』창간호(2007)를 발간하여 2010년 6월 현재 제7호까지 발간하였다. 또한『유럽헌법연구 I』(영남대학교 출판부, 2006)이 발간되었다.

Ⅷ. 공산권 헌법연구

1917년 러시아 혁명의 성공에서 비롯하는 공산권의 헌법제정(1918년)은 기존의 부르주아 헌법과는 여러 가지 면에서 새로운 헌법유형의 하나가 되고 있다. 소련의 법제는 이미 소련군이 북한에 진주하면서부터 몇 가지가 소개되었다. 예컨대『러시아 법률철학』등

1. 입법론으로서의 공산권 헌법

먼저 소련 헌법은 일찍부터 한국에 소개되었다. 헌법 조문은 법제처 법제조사국,『현행 각국헌법전』(법제자료 제1집, 1949) 속에 번역되었다. 그 후 한국전쟁을 거치면서 냉전체제로 인하여 공산권 헌법은 조문의

번역마저 금기시되었다.

예컨대 1973년과 1974년 국회도서관 해외자료국에서 해외자료 제1집과 제2집으로서 『공산제국의 헌법』이 발간되었는데, 이 책자는 대외비로서 극히 한정된 기관과 인사에게만 배포하였다. 그 후에 발간된 공산권 헌법전의 번역은, (1) 국제문제조사연구소, 『각국 헌법자료집』(1980). 이 책에는 소련·동독·루마니아·불가리아·유고·체코·폴란드·헝가리·중공·몽고·북한 등 11개국의 공산국가의 헌법을 수록하고 있다. (2) 헌정제도연구위원회, 『세계 각국 헌법전』(I)(II)(1986); 이 방대한 두 권의 자료집에 공산권 헌법은 수록되어 있지 않다. (3) 김영수편, 『사회주의 국가 헌법』(인간사랑, 1989). 공산권 헌법은 주로 영역본이 많이 사용되며 독일어 번역과 일본역도 자주 참고가 된다.[35)]

2. 공산권 헌법에 관한 연구 업적

종래 공산권연구는 주로 비교정치학의 분야에서 몇 가지의 번역서가 발간된 정도였고 법학적인 측면에서 다룬 문헌은 별로 없었다. 더구나 공산주의 내지는 사회주의 이데올로기 자체를 금기한 정부 당국의 정책으로 공산권 법제의 연구는 매우 어려운 실정이었다.

60년대에는 박동운, 『북한통치기구론』(고려대학교 아세아문제연구소 1964); 70년대에는 공산권연구실편, 『북한법률체계연구』(고려대 아세아문제연구소, 1972); 김철수·최송화·김효전, 『남북한법체제의 비교연구 - 공법관계를 중심으로』(국토통일원 용역논문, 1972); 한웅길, 『자유진영국가·공산진영 국가 비교헌법론』(한국사법행정학회, 1973); 강구진, 『북한법의 연구』(박영사, 1975) 등이 있다. 그러나 1982년 이후부터 이른바 「금서」가 해제되면서부터 공산권연구도 활기를 띄게 되었다. 이후에 나온

35) 영역은 Amos J. Peaslee (ed.), The Constitutions of Nations, The Hague. 독일어 번역은 Georg Brunner und Boris Meissner (Hrsg.), Verfassungen der kommunistischen Staaten, Paderborn u.a.: Schöningh, 1979 참조.

문헌 중 번역은 칼 뢰벤슈타인, 김효전역, 『비교헌법론』(교육과학사, 1991)이 있다.

박사학위 논문은 최용기, 공산주의 헌법상의 권력구조에 관한 연구 - 소련과 북한 헌법의 비교분석을 중심으로, 고려대 1983; 장명봉, 공산권 헌법에 관한 연구 - 북한의 사회주의 헌법을 중심으로, 서울대, 1985; 고연규, 중공 헌정사, 조선대, 1985; 장석권, 중화인민공화국 헌법연구, 동국대, 1986; 소진운, 공산주의 헌법상의 기본권에 관한 연구 - 소련·북한 헌법을 중심으로, 건국대, 1988; 김민배, 칼 맑스의 소유론과 소련 헌법의 소유제도, 인하대, 1990; 심경수, 소련 헌법의 발전과 그 변화에 관한 연구, 충남대, 1991; 김동한, 사회주의 헌법상 기본권에 관한 이념적 접근 - 구소련 헌법과 북한 헌법을 중심으로, 경희대, 1991; 도회근, 소비에트 제도에 관한 헌법학적 연구, 서울대, 1992; 김영일, 고르바쵸프 헌법과 러시아 신헌법에 관한 연구, 단국대, 1993; 김욱, 주체사상을 통한 마르크스적 자유와 평등실현의 법리와 문제점, 연세대, 1994; 신우철, 중화인민공화국 헌법상의 국가체제에 관한 연구, 서울대, 1996; 황무임, 북한의 남녀평등에 관한 법제연구, 단국대, 1997; 박종순, 북한 헌법상의 기본권규정과 그 운용실태에 관한 연구, 건국대, 1997 등.

공산권 헌법에 관한 연구는 80년대 이후에 활발하게 진행되었으나 구소련의 몰락으로 북한 헌법과 중국 헌법에 집중되고 있다.

IX. 기타 국가

1. 중국 헌법

자료집은 정영환 감수, 김주편저, 『상용 중국 법률용어사전』(세창출판사, 2009).

개설은 정이근, 『중국공법학연구 - 헌법학 및 행정법학 주제 중심』(오름, 2007); 한대원 편저, 정이근 옮김, 『신중국헌법발전사』(오름, 2007); 허숭덕저, 변상필역, 『중국 헌법』(동현출판사, 1996); 법무부 법무실, 『중국법연구 Ⅳ(헌법)』(1993) 등.

중국법 일반은 한대원외 14인, 『중국법개론』(박영사, 2002); 허운학, 『중국법 실무해설』(로앤비, 2004); 조영남, 『중국 의회정치의 발전』(폴리테이아, 2006); 장국화/임대희 외 옮김, 『중국 법률사상사』(아카넷, 2003); 장진법 주편/한기종 외역, 『중국 법제사』(소나무, 2006) 등에 수록되어 있다.

학위논문으로는 강기원, 한국과 중국의 헌법상 경제질서의 비교연구, 부산대 2005.

2. 러시아 헌법

헌법 일반에 관하여는 김승대, 『러시아 헌법론 - 자유민주주의에로의 체제전환에 관한 헌법적 연구』(법문사, 1998); 박영도, 『러시아 연방헌법: 해설과 전문』(한국법제연구원, 1993). 1988년의 개정헌법에 관하여는 국가안전기획부, 『소련의 개정헌법과 선거법 자료집』(1989)이 발간되었다.

학위 논문은 도회근, 소비에트 제도에 관한 헌법학적 연구, 서울대, 1992.

3. 북한 헌법

조문과 자료집은 장명봉, 북한법 연구의 현황과 문헌목록, 『공법연구』 제27집 1호(1998); 한국법제연구원, 『북한법제관련 문헌목록집』(1993); 북한법연구회, 『북한법연구』(창간호 1997)가 있다. 영문으로는 Sung Yoon Cho, Law and Legal Literature of North Korea. A Guide, Washington D.C.: Library of Congress 1988.

법령집은 장명봉편, 『최신 북한법령집』(북한법연구회, 2008); 헌법조문은 「조선민주주의인민공화국 사회주의헌법」(2009) 전문, 『헌법학연구』 제15권 4호(2009); 법제처, 『북한 및 공산권 국가 법령 관계 자료목록』(1990); 한국법제연구원, 『북한의 헌법개정과 입법동향』(1994).

개설은 『북한의 헌법』(법원행정처, 2010)이 최근까지의 정보를 제공하고 있다. 부록에는 「조선민주주의 인민공화국」 헌법(1948)부터 2009년 헌법전문 그리고 「조선로동당규약」과 관련 법규를 수록. 기타 최종고편, 『북한법』(박영사, 1993); 『남북한 정부수립과정비교』(인간사랑, 2010); 도회근, 『남북한관계와 헌법』(울산대출판부, 2009).

통일과 남북한에 관한 학위논문은 엄정일, 남북한 통일조약의 체결에 관한 연구, 명지대 2000; 강현철, 통일헌법상의 정부형태에 관한 연구 - 이원정부제를 중심으로, 한국외국어대 2002; 채종암, 통일후 북한 토지소유권에 관한 연구, 조선대 2003; 이용삼, 남북한 헌법상 통치구조의 비교와 통일한국헌법의 통치구조에 관한 연구, 강원대 2004 등이 있다.

4. 스위스

스위스 헌법 일반에 관하여는 일찍이 이승구, 『瑞西와 연방헌법』(풍국학원, 1954)에서 소개되었으며, 최근의 헌법개정은 박영도, 『스위스 연방의 헌법개혁과 향후 전망』(한국법제연구원, 2004); 민주주의에 관하여는 B. 융커 및 E. 구룬어, 이주성 옮김, 『스위스 직접민주주의』(법문사, 1996); 안성호, 『스위스연방 민주주의 연구』(대영문화사, 2001)가 체계적으로 서술하고 있다. 기타 A. J. Zurcher, 『서서의 정치와 사회』(청구출판사, 1960); 박영도, 『스위스연방의 입법과정과 법제기구』(법제처, 2001); 『독일과 스위스의 입법평가 사례연구』(한국법제연구원, 2008); 안성호, 『분권과 참여: 스위스의 교훈』(다운샘, 2005). 구헌법조문의 번역은 『세계각국 헌법전』(II)(헌정제도연구위원회, 1986); 『현행 각국의 헌법전』(법제자료 제111집)(법제처, 1980)에 수록.

새 헌법의 전문은 국회도서관, 『세계의 헌법. 35개국 헌법 全文 I』(2010)에 수록되어 있다.

5. 기 타

아시아 지역에 관하여는 계경문 · 김종욱 · 이경희, 『베트남의 정부조직과 법체계』(한국법제연구원, 2009); J. Amarsanaa · Sodnom Doljin, 『몽골의 정부조직과 법제』(한국법제연구원, 2009). 이 책자는 영문임; 김한칠 외, 『우즈베키스탄의 정부조직과 법제』(동 연구원, 2009); 김한칠외, 『카자흐스탄의 정부조직과 법제』(동 연구원, 2009); 인도 헌법에 관하여는 강경선, 인도 헌법의 형성과 전개 - 연방제도를 중심으로, 서울대 박사논문, 1999; 고경희, 『현대 인도의 정당정치』(인간사랑, 2003).

아프리카 지역은 국회도서관 입법조사국, 『아프리카 제국 헌법』(입법참고자료 제127호, 1970).

고전으로는 단테 알레기에리, 성염 역주, 『제정론』(경세원, 2009); 부르노 카우프만, 롤프 뷔치, 나드야 브라운 지음, 이정옥 편역, 『직접 민주주의로의 초대』(리북, 2008); 김제국, 『직접민주주의』(인간과자연사, 2010) 등.

X. 맺음말

이상 한국의 헌법과 헌법학에 미친 외국의 학설을 주요 국가에 한정하여 살펴보았다. 여기서 다음 몇 가지의 문제점을 지적할 수 있다.

첫째, 외국 법학의 수용과 섭취에 대한 문제의식의 빈곤을 지적할 수 있다. 이것은 개화기 이후 한국법의 근대화는 곧 서구법의 도입과 모방이라고 생각되었을 정도로 서구법에 대한 지나친 흠모와 존경에서 출발하였기 때문이다. 여기에 이른바 「脫亞入歐」를 표방한 일본의 맹목적인 서구화도 이러한 경향을 가속화시킨 주요 원인의 하나가 되고 있다.

둘째, 독일법에 편중된 모습을 나타내고 있다. 그러나 독일 헌법 자체를 단행본의 형태로 체계적으로 저술한 문헌은 매우 빈약하다. 다행이도 최근 독일의 기본권이나 헌법재판에 관한 주요 저작이 한국어로 번역되어 연구자에게 커다란 도움을 주고 있다. 독일 헌법을 연구하는 사람의 숫자나 연구 논문도 많지만 단행본으로 정리하여 출간한 것은 상대적으로 적은 편이다.

셋째, 미국 헌법에 관한 연구가 독일 헌법과 쌍벽을 이루고 있다. 더구나 로스쿨의 도입으로 미국법과 판례의 연구는 더욱 중요하게 되었다. 번역서를 넘어서 보다 수준 높은 전문적인 연구서의 발간을 기대한다.

넷째, 영국이나 프랑스 헌법에 관한 연구도 활성화 되어야 한다. 또한 중국, 러시아 일본을 비롯하여 관련 국가 내지는 아시아 각국 헌법에 대한 연구도 소홀히 해서는 안 될 것이다.

끝으로, 외국 헌법의 연구는 한국 헌법을 해석하고 체계화하기 위한 하나의 수단에 불과한 것이다. 지난 60년간의 연구성과와 발전을 거울삼아 앞으로는 한국헌법학의 체계적인 정립과 통일 이후의 법체제 정비에 힘써야 할 것이다. (2010. 10. 3)

제3편 한국 헌법학의 회고와 전망

제1장 헌법과 기본권 연구의 동향 회고

Ⅰ. 헌법학 연구에 대한 회고

1. 학술원 회원들의 헌법학 연구에 대한 기여

(1) 헌법학 전공 학술원 회원의 학문적 영향

1) 헌법학 전공 회원의 면모

대한민국학술원 창시부터 인문·사회 제4분과(법학)에 계셨던 헌법 전공 회원으로는 유진오 교수가 선임되어 활동하고 있었다. 그는 1954. 4. 6.부터 1987. 8. 30.까지 23년간 재임하였다. 이 밖에도 이종극 교수[1]가 공법 담당 회원으로 재임하였다(1953-1966). 다음에는 문홍주 교수가 1981. 8. 12.에 선임되어 2008. 8. 2. 별세 시 까지 27년간 재임하였다.[2] 박일경 교수는 1992. 4. 14.에 선임되어 1994. 9. 6.까지

---

1) 상세한 것은 김철수, 이종극 선생, 『앞서 가신 회원의 발자취』(대한민국학술원, 2004), 227-233면.

2) 상세한 것은 김철수, 문홍주 회원, 『앞서 가신 회원의 발자취』Ⅱ (대한민국학술원, 2014), 168-172면; 전광석, 헌법학자 문홍주, 『미국헌법연구』 제26권 1호(2016), 409-456면; 전광석, 『한국헌법학의 개척자들』(집현재, 2015), 191-246면; 이병규, 문홍주 교수의 생애와 헌법사상, 동당 성낙인총장 퇴임기념논문집 『국가와 헌법·I 헌법총론/정치제도론』(법문사, 2018), 308-331

짧은 기간 재임하셨다.[3] 윤세창 교수는 행정법 담당 회원으로 재직하였다.[4] 그도 헌법 교과서를 출판한 바 있다.

그 뒤에는 김철수 교수가 1996. 7. 12.에 선임되어 현재까지 활동하고 있다. 김효전 교수는 2010. 7. 9.에 선임되어 현재까지 재임하고 있다.

2) 헌법학 전공 회원의 학문적 영향

학술원에서 헌법학 전공자로서 크게 공헌하신 분은 유진오 교수와 문홍주 교수가 있다. 두 분이 20 여 년 간 활동하시어 학문연구의 초석을 다잡았기에, 그들이 남긴 공로를 높이 평가하여야 할 것이다. 유진오 회원은 해방 전 유일한 공법교수로 보성전문학교에서 공법을 강의하셨고, 해방 후에는 고려대학교 교수로, 1948년 헌법제정 때 전문위원으로 참여하시어 한국헌법을 제정하는데 큰 기여를 하셨다. 그는 고려대학교 총장으로서 헌법학자 양성에도 공헌하였다. 대표적인 제자로는 한동섭 교수, 구병삭 교수 등이 있다. 그의 『헌법해의』[5] 교과서는 제헌헌법에 대한 공식 해설서로서 정평이 나 있다. 그의 헌법기초 자료라든가 전작품은 고려대학교 박물관에 보관되어 있어 헌법학 연구자의 필수 도서 자료라고 할 수 있다.[6] 고려대학교의 교수들 중에는 그의 이론을 헌법제정자의 의사로 보고, 헌법해석에서 그의 교과서를 그대로 수용하고 있다.[7]

면; 김철수, 한국헌법학의 학설변천, 『법조』 제17권 12호(1968).

3) 상세한 것은 김효전, 한국 헌법학설사 연구 1884-1979, 『학술원논문집』(인문사회과학편) 제54집 1호(2015), 93-208면; 전광석, 『한국헌법학의 개척자들』(집현재, 2015), 247-305면.

4) 상세한 것은 이관희, 한국 행정법의 태두, 김효전편, 『한국의 공법학자들 - 생애와 사상』(한국공법학회, 2003), 117-136면 참조.

5) 김효전, 유진오저, 『헌법해의』(명세당, 1949, 230쪽), 『법학』(서울대) 제48권 3호(2007), 197-205면.

6) 고려대학교 박물관, 『현민 유진오 제헌헌법 관계 자료집』(고려대학교출판부, 2009); 이영록, 유진오 헌법사상의 형성과 전개, 서울대 박사학위 논문, 2000.

7) 김선택, 독일 기본법 및 한국헌법에서의 기본권의 해석, Dr. jur. Uni. Köln 1992. 그는 고려대 제자를 중심으로 2014년에 「헌법이론과 실무연구회」를

그는 해방 후 한국공법학회의 창시자로 알려져 있으나 공직과 총장직을 역임하고 정치가로 다망하였기 때문에 학회활동을 별로 하지 못했다. 그의 기본권에 관한 해석론은 바이마르헌법 당시의 법실증주의이론과 일본의 제국헌법학의 영향을 받아 실증주의적인 문언적 해석을 많이 하였다.[8] 그러나 바이마르 헌법시대의 사회민주주의 이론의 영향을 받아 생존권 사상 등을 발표한 것은 높이 평가할 만하다.

이종극 회원은 비교헌법을 연구하였고 한국헌법 교과서도 출판하였다. 그는 연세대학교에 재직하였으나 후에 국회의원을 하여 후계자는 별로 없다.

문홍주 회원은 해방 후 일찍이 미국에 유학하여 미국헌법을 본격적으로 연구한 선구자이다. 그는 『미국헌법론』을 출판하여 미국헌법 연구의 기틀을 놓았다.[9] 부산대학교 총장으로 계시면서 후학 양성을 하였는데 제자들에는 서주실 교수(전 부산대학교 총장), 이종상(전 경남대 총장) 등이 있다. 문회원은 문교부장관을 하신 뒤 한국정신문화연구원으로 옮기시어 헌법학자들을 양성하였다. 제자로는 김영수(성균관대학교 명예교수) 등이 있다.

그는 그 동안 휴식기에 있었던 공법학회를 재건 활성화 하였다. 1960년대 말에 상임이사로 이상규(행정법), 김철수(헌법)를 지명하고 1971년에 최초로 『공법연구』 잡지를 창간하였다. 문회원은 공법학회 연구발표회도 해마다 열었는데 학회활동비와 잡지 출판비를 사위가 하는 회사에서 마련하였다. 이 『공법연구』는 오늘날까지 계속 출판되어 헌법학 발전에 큰 공헌을 하였다.[10] 문회원은 학술원회원으로 계시면서도 미국 판례를

만들어 『헌법연구』 제1권을 발간하였다.

8) 상세한 것은 김철수, 유진오의 기본권론, 한국법학교수회편, 『법학교육과 법학연구』(길안사, 1995).

9) 상세한 것은 김철수, 문홍주 회원의 명복을 빌며, 『대한민국학술원통신』 제182호(2008. 8. 1); 김철수, 문홍주 회원, 『앞서 가신 회원의 발자취』 II (대한민국학술원, 2014), 168-172면; 김효전, 한국 기본권이론의 역사적 발전, 금랑 김철수 선생 팔순기념논문집 『헌법과 기본권의 현황과 과제』(경인문화사, 2012), 306면.

연구하였다. 그는 미국대법원의 최근 판례를 구입하여 그 중에서 중요한 기본권에 관한 부분을 번역·정리하여 『미국헌법과 기본적 인권』[11]을 출판하였다. 이 책은 증보판으로도 출간되어 미국헌법연구에 크게 기여하였다. 또 미국헌법연구소를 만들어 『미국헌법연구』 잡지를 출판하였다. 이 연구소는 사후에 미국헌법학회로 개명하여 계속 『미국헌법연구』를 발간하고 있다.[12] 그 동안 비교헌법학회 등은 있었으나 독일헌법학회나 프랑스헌법학회는 없는데 미국헌법학회만이 계속되고 있는 것은 문회원 제자들의 노력이 크다고 하겠다. 문회원의 탄생 100주년에는 기념강연회도 열렸고 기념학회지도 발간되었다.[13]

박일경 회원은 해방 후 서울대학교 문리과대학의 헌법교수로 재직하면서 많은 교과서를 출판하였다. 그는 문리해석을 주로 하였으며 주석서와 교과서는 판검사·변호사·공무원 응시자들의 수험서로서 많이 보급되었다. 그는 문교부장관을 역임하였고, 명지대학교 총장도 역임하였는데 학술원회원으로서는 단명에 그친 아쉬움이 있다. 제자로는 공무원 등은 많았으나 학자는 별로 없었고, 그의 업적을 계승하는 사람이 적은 것이 한이다.

현직 회원으로는 김철수가 서울대학교 법과대학 교수 재임 중에 선임된 뒤 22년간 회원으로 활동하고 있다. 그는 초창기 한국에서는 드물게, 독일과 미국, 일본 등에서 연구하여 20세기 헌법학을 한국에 소개하고 한국헌법학과 비교헌법학 연구에 노력하였다.[14] 그는 서울대학교 법과

---

10) 상세한 것은 김효전, 한국공법학회의 회고와 전망, 『한국공법학회 50년사 자료집I』(2003).

11) 유풍출판사, 2002.

12) 『미국헌법연구』지는 미국법학연구소를 미국법학회로 개명한 뒤에도 2018년 현재까지 계속 간행되고 있다.

13) 『미국헌법연구』 제26권 1호(2015) 미국헌법학회.

14) 상세한 것은 김철수 교수 환갑기념 논문집에 실린 좌담회와 김효전, 성낙인, 김문현 교수들의 기고를 참작할 것. 정년기념논문집 『한국헌법학의 현황과 과제』(박영사, 1998); 김효전편, 『헌법정치 60년과 김철수 헌법학』(박영사, 2005) 참조.

대학 학부와 대학원에서 40여 년간 강의를 하여 수많은 제자를 양성하였다. 그러나 그는 자기 이론을 제자들에게 계승할 것을 요구하지 않았기 때문에 제자들이 각자 특색 있는 학문 체계를 전개하고 있다.

그는 한국 헌법학과 세계 헌법학의 가교를 위하여 국제헌법학회 본부에 한국학회를 가입시켰고, 세계에서 최초로 『세계헌법연구』라는 연구지를 내어 외국학자들의 논문을 발표하게 하였다. 그가 만든 국제헌법학회 한국학회는 현재는 이름만 바꾸어 세계헌법학회한국학회로 활동하면서 현재까지 『세계헌법연구』를 계속 출간하고 있다. 또 제자인 헌법학자를 중심으로 한국헌법연구소를 만들었고, 이를 근간으로 「공법이론과 판례연구회」를 조직하여 월례 연구발표회를 했으며 설립 25주년을 맞아 성대한 기념식을 하고 기념논문집을 출판하였다.[15]

회원으로서는 한국헌법학의 방법론을 제시하고 한국헌법학의 방향을 제시하였으며,[16] 주로 기본권에 관한 연구를 계속하였고, 많은 논문을 학술원논문집에 기고하였다.[17] 2017년에는 『기본권의 본질과 체계』라는 세계비교헌법 인권사를 저술하였다.[18] 또 학술원에서 『대한민국정부형태 어떻게 할 것인가』에 관한 세계학술대회를 개최하였고,[19] 『한국의 학술연구. 법학Ⅱ』를 편집 · 발간하기도 하였다.[20]

김효전 회원은 동아대학교 법과대학에서 30여 년 간 헌법학을 강의하였으며 독일과 미국, 일본의 각 대학에서 연구하였다. 그는 한국 헌법학의

15) 세계헌법학회한국학회편, 『세계헌법연구』 제1권; 공법이론과 판례연구회 창립25주년 기념논문집, 『현대공법과 판례의 동향』(관악사, 2014), 660면; 김효전 · 김종철, 공법이론과 판례연구회의 발자취, 동서, 643-660면 참조.

16) 예를 들면, 김철수, 한국헌법학의 의의, 연구방법 및 과제, 『공법연구』 제26집 3호, 43-76면; 김철수, 『비교헌법학(상)』(1974); 김철수, 『학설 · 판례 헌법학(상)(하)』(박영사, 2007) 등. 이효원, 헌법, 『서울대학교 법과대학 72년』(서울대학교 법과대학, 2018).

17) 김철수, 『기본권의 체계』(관악문화사, 2009). 저작 목록은 금랑 김철수선생 팔순기념논문집. (2012) 참조.

18) 김철수, 『기본적 인권의 본질과 체계』(대한민국학술원, 2017).

19) 김철수(편), 『대한민국정부형태 어떻게 할 것인가』(예지각, 2010).

20) 대한민국학술원, 『한국의 학술연구. 법학 II』, 헌법학(2010). 비매품.

뿌리를 찾기 위하여 외국 헌법학의 한국 수용에 관한 많은 논문과 책을 썼으며 한국헌법사의 발전을 연구한 귀중한 논문을 발표하였다.[21] 김회원은 외국법의 수용을 파헤쳤을 뿐만 아니라 한국의 법제사 등 연구에도 많은 공헌을 하였다. 특히 독일의 헌법학에 관한 중요 저서와 논문을 번역하여 독일 원전에 접하기 어려운 한국학자들에게 귀중한 자료를 제공하여 한국 헌법학의 기초를 튼튼히 한 공로가 크다.[22] 앞으로도 그의 한국 헌법학 발전에 대한 기여는 클 것으로 믿어 의심하지 않는다. 바라건대 좋은 제자를 발굴하여 헌법학의 발전에 기여하게 되도록 해주기를 바란다.

Christian Starck 명예회원의 저작물을 번역해 출판한 것으로는 김대환 교수의 『민주적 헌법국가』가 있다.[23]

(2) 현 학술원 헌법 회원의 연구 성과 회고

2009년까지의 헌법학 연구에 대해서는 대한민국학술원편 『한국의 학술연구. 법학Ⅱ』에서 상세히 언급하였기에 여기서는 2010년대의 헌법학연구, 그 중에서도 기본권 연구를 중심으로 고찰해 보기로 한다. 2010년대의 기본권 연구를 집대성한 책은 「금랑 김철수 선생 팔순기념 논문집 발행위원회」가 편집한 『헌법과 기본권의 현황과 과제』이다.[24] 여기에는

21) 김효전, 한국공법학연구 100년, 『법학교육과 법학연구』(길안사, 1995); 김효전, 한국헌법학 50년 - 그 성과와 과제, 서울대 『법학』 제36권 2호(1995); 김효전, 『근대한국의 법제와 법학』 (세종출판사, 2006); 김효전 『서양 헌법이론의 초기수용』(철학과현실사, 1996) 등 수용사 관계 책이 많다.

22) 김효전역, 옐리네크, 『일반 국가학』(법문사, 2005); 김효전 편역, 헬러, 『바이마르헌법과 정치사상』(산지니, 2016); 카를 슈미트외, 『독일 헌법학의 원천』(산지니, 2018). 기타의 논술과 번역에 관해서는 김효전 교수정년기념 논문집 『세계헌법연구』 제16권 2호(2010); 김효전 편역, 『독일 기본권이론의 이해』(법문사, 2004). 김철수, 헌법학 50년의 회고, 『한국의 학술연구. 법학 II』(학술원, 2010) 참조.

23) 김대환 대표 편역, 슈타르크 헌법논집 『민주적 헌법국가』(시와진실, 2015), 620면.

독일과 일본·중국과 한국의 석학에 의한 최신 논문들이 망라되어 있는데, 기본권에 관한 것으로는 Stern 교수의 「최근 독일의 기본권 발전방향」과 Starck 교수의 「기본권은 어떻게 사법으로 들어와서 어떻게 효력을 발휘 하는가」, Deumeland 변호사의 「독일에 의한 유럽인권협약상의 기본권침해」가 실려있다.

일본 논문으로는 園部逸夫 최고재판소 재판관의 「公法의 領域에 있어서의 外國法의 受容」, 杉原泰雄 교수의 「日本国憲法과 公教育-教育權의 獨立의 문제를 중심으로」, 右崎正博 교수의 「日本에 있어서의 報道被害救濟制度의 現狀과 課題」, 國分典子 교수의 「日本에 있어서의 性同一性障害의 문제와 헌법」, 尹龍澤 교수의 「東아세아 諸國에 있어서의 國家賠償責任의 適用範圍에 관한 一考察」이 있다.

중국 논문으로는 韓大元 교수의 「기본권리 개념의 기원과 변천」, 莫宏文 교수의 「문화권리에 대한 헌법적 보호」가 실려 있다.

한국 논문으로는 25편의 주옥같은 논문이 실려 있다. 그 중 학술원회원의 논문으로는 김효전 교수의 「한국 기본권이론의 역사적 발전」이 있다. 김회원의 이 논문은[25] 1) 서론 2) 기본권관념의 초기이해 3) 임시정부헌법에서의 기본권, 4) 미군정시대의 기본권이론 5) 대한민국헌법상의 기본권이론 6) 결론으로 구성되어 있다. 이 논문은 기본권학설사의 측면에서 잘 정리했을 뿐만 아니라 현행 헌법하의 기본권이론을 잘 분류하고 나름대로의 평가를 하고 있어 후학들의 연구에 많은 도움을 줄 것으로 보인다. 특히 마치 21세기의 새로운 이론처럼 떠들어대던 통합이론을 낡은 이론이라고 명백히 비판한 것은 큰 공헌이라고 하겠다. 헌법관이란 용어가 국가시험 문제로까지 등장했던 것은 한국 헌법 교육의 낙후성을 들어낸 것이라 할 것이다.

김효전 회원은 독일의 헌법 교과서와 공법체계 논문 등을 번역하여

---

24) 금랑 김철수선생 팔순기념 논문집, 『헌법과 기본권의 현황과 과제』(경인문화사, 2012), 831면.

25) 김효전, 한국 기본권이론의 역사적 발전, 위의 책, 293-312면.

독일 헌법학의 진실을 밝혀 한국 헌법학을 본궤도에 올린 점에서 칭송할 만하다.

김철수 회원은 기본권 연구방법으로서 자연권론을 주장하면서 모든 기본권을 통일적으로 체계화할 수 없을 것인가에 대하여 관심을 가졌었다. 그래서 학술원의 연구지원으로 개별적 기본권을 연구하면서, 서양 철학자들의 이론과 그들의 영향이 어떻게 실정헌법화 하게 되었는가를 검토하고, 각 개별적 기본권을 융합할 수 있는 체계화를 연구하였다.[26) 그는 주기본권이 있고 그에서 파생하는 여러 기본권도 체계론적으로 보면 전헌법적인 자연권을 수용한 것이라고 보았다. 그 중에서 인간의 존엄과 가치 · 행복추구권을 주기본권으로 보면서 자연권으로서 포괄적인 것이며 여기에 인격권, 존엄권, 행복추구권들이 개별화하는 것으로 보고 평등권, 자유권, 생존권, 청구권, 참정권 등이 개별적 기본권으로 분화하였다고 보았다. 예를 들어 평등권도 주평등권으로 일반적 평등권이 있고 그것이 개별화하여 개별적 평등권이 된다고 보았다. 그래서 헌법에 명백히 규정되지 않았던 일반적 평등권, 일반적 행동자유권, 일반적 생존권, 일반적 청구권, 일반적 참정권 등을 연구하기도 하였다.

『학술원논문집』에서 「인간의 존엄과 가치 · 행복추구권」, 「일반적 행동자유권」, 「생존권」 등의 연구 논문을 발표하였다. 그러나 『학술원논문집』에 실린 논문들은 지나치게 전문적이고 또 배포 수량도 적어 헌법학자들은 잘 인용할 수 없었다. 이에 이들 주요 논문들을 모아 『기본권의 체계』라는 책을[27) 100부 한정판으로 출판 · 배포하였기 때문에 직계 제자들에게만 배부된 판이 있었다. 2012년에는 팔순을 맞아 그 동안의 논문을 새로 정리하여 『헌법과 정치』,[28) 『법과 정의 · 복지』,[29) 『헌법

26) 김철수, 대부분의 인권에 관한 학술원 발표논문은 『기본권의 체계』(관악문화사, 2009)에 재수록되어 있다.

27) 김철수, 『기본권의 체계』(관악문화사, 2009).

28) 김철수, 『헌법과 정치』(진원사, 2012). 서평, 김효전, 「김철수, 헌법과 정치」, 『대한민국학술원통신』, 제233호(2012. 12. 1), 26-28면.

정치의 이상과 현실』,[30] 『새헌법개정안』[31]과 공저 『비교헌법』[32]을 출판하였다.

2016년에는 학술원의 기획으로 연구총서를 발간하게 되어 그 일부로 김철수 회원은 『기본적 인권의 본질과 체계』를 집필하여 2017년에 출판하였는데 인권사상사 부분은 『학술원논문집』에 따로 실었으며, 기본적 인권의 헌법 역사에 관해서만 (즉, 비교인권법사) 발간하게 되었다.[33] 집필 시간이 짧았으므로 본론 부분인 「기본적 인권의 본질과 체계」에 관한 것은 기존 논문의 요약에 그친 감이 있다. 이에 국제지역 인권법과 세계인권법에 관한 논문을 써서 보완하기로 하고 집필 중에 있다. 기간분도 400부 정도 간행되었기에 잘 보급될지는 의문이다.

김효전 회원은 헌법사학과 비교헌법 등을 연구하여 대한민국헌법 연구의 기초 작업을 많이 하였다. 그 중에서도 외국헌법의 한국헌법에의 수용사를 연구 · 출판하였고, 독일과 일본 등의 헌법이론서를 번역하여 한국헌법 연구의 기틀을 쌓았다. 그 동안의 연구를 집대성하여 많은 단행본을 내었으며, 2017년에는 헬러의 『바이마르헌법과 정치사상』을 편집 · 번역 · 출판하였고,[34] 2018년에는 『독일 헌법학의 원천』이라는 책을 편집 · 번역 · 출판하여 독일 공법 연구의 기초를 제공한 점에서 높이 평가할 만하다.[35] 그 뿐만 아니라 한국 헌법학의 연구에도 중요한

---

29) 김철수, 『법과 정의, 복지』(진원사, 2012).

30) 김철수, 『헌법정치의 이상과 현실』(소명출판, 2012). 서평, 김효전, 「김철수 저, 헌법정치의 이상과 현실」, 『대한민국학술원통신』 제235호(2013. 2. 1), 8-9면.

31) 김철수, 『새 헌법개정안』(진원사, 2014).

32) 김철수외, 『비교헌법』(박영사, 2014).

33) 김철수, 『기본적 인권의 본질과 체계』(대한민국학술원, 2017).

34) 김효전 옮김, 헤르만 헬러, 『바이마르 헌법과 정치사상』(산지니, 2016), 996면. 김철수 서평, 김효전역, 헬러, 바이마르헌법과 정치사상, 『대한민국학술원통신』 제285호(2017. 4. 1), 15-16면.

35) 김효전 옮김, 카를 슈미트외, 『독일 헌법학의 원천』(산지니, 2018), 1175면. 서평 정태호, 김효전 옮김, 독일 헌법학의 원천, 『대한민국학술원통신』 제301호(2018. 8. 1), 15-17면.

역할을 하였다. 그는 2015년에는「한국 헌법학설사 연구」라는 논문을 『학술원논문집』에 기고하여,[36] 한국 헌법학의 시초에서 유신헌법까지의 한국 헌법학의 발전을 정리하여 헌법학설사 연구에 중요한 기여를 했다. 이 밖에도 학술원회원이 된 뒤에도 꾸준히 연구하여「대한제국시대의 일본인 법률가들」,[37]「경성제대 공법학자들의 빛과 그림자」,[38]『법관양성소와 근대한국』,[39]「경성전수학교의 법학교육」[40] 등을 저술하여 법학교육의 발자취를 알려주었다. 이 밖에도「외국헌법에 관한 문헌목록」(1995-2013)[41] 기타 많은 자료를 출판하였다.[42]

---

36) 김효전, 한국 헌법학설사연구,『학술원논문집』제54집 1호(2015), 93-208면.

37) 김효전, 대한제국시대의 일본인 법률가들,『학술원논문집』(인문·사회과학편), 제50집 1호(2011), 187-223면.

38) 김효전, 경성제대 공법학자들의 빛과 그림자,『공법연구』제41집 제4호(2013), 267-318면.

39) 김효전,『법관양성소와 근대한국』(소명출판, 2014), 830면.

40) 김효전, 경성전수학교의 법학교육 - 새 출발 100주년을 기념하여,『학술원논문집』(인문·사회과학편) 제55집 1호(2016), 121-195면.

41) 김효전, 자료「외국헌법에 관한 문헌목록. 1995-2013」,『유럽헌법연구』제14호(2013), 511-584면.

42) 김효전 엮음, 김기범 옮김, 칼 뢰벤슈타인,「현대헌법론」(1),『동아법학』제74호(2017), 195-511면; 김효전 엮음, 김기범 옮김, 칼 뢰벤슈타인,「현대헌법론(2)」,『동아법학』제75호(2017), 311-462면; 김효전 엮음, 황산덕 옮김, 한스 켈젠,「법과 국가의 일반이론」『동아법학』제76호(2017), 267-505면; 김효전편, 윤길중외,「개헌비사」,『동아법학』제72호(2016), 171-392면; 김효전 주석,「정구영 변호사의 조선변호사회」(상)(중)(하),『인권과 정의』458호(2016), 110-143면, 459호, 124-155면, 460호, 175-207면; 김효전편, 최식 옮김, 막스 베버,「법과 사회(법사회학, 1956년)」,『동아법학』제71호(2016), 173-398면; 김효전편, 대일본제국헌법의 한·영·독역,『법사학연구』제52호(2015), 133-191면; 김효전·김종철편, 공법이론과 판례연구회의 발자취,『현대 공법의 이론과 판례의 동향』(관악사, 2014), 643-660면; 김효전편, 清宮四郎의 경성제대 시절,『헌법학연구』제19권 2호(2013), 507-556면; 문헌해제 J. S. 밀의『대의정치론』,『동아시아개념연구 기초문헌해제 II』(선인, 2013); 자료『立憲政治概要』(군정청 정치교육과 발행, 1946),『헌법학연구』제18권 4호(2012), 388-441면 등.

2. 한국 헌법학의 연구 회고

(1) 현 회원들의 연구 회고

한국헌법학의 일반이론에 대한 학술원회원의 논문으로는 김철수, 「한국헌법학의 의의, 연구방법 및 과제」[43]가 있는데 한국헌법학에 대한 연구방법과 연구과제에 대하여 비교적 상세하게 설명하고 있다. 헌법학자들은 이에 대한 연구가 거의 없는 상태이다. 모든 학문에 있어서 그 학문의 연구방법론은 중요한 연구대상이 되어야 함에도 불구하고 이에 대한 검토가 별로 없는 것이 아쉽다. 물론 교과서 중에서 이를 언급하는 것이 없는 것은 아니나,[44] 대부분은 헌법해석에 관한 방법론에 관한 것이 많고[45] 깊은 연구가 드문 것이 아쉽다.

김철수 회원이 주장했던 한국헌법학의 정립은 아직도 요원한 감이 있다. 그 이유는 여러 가지가 있겠으나 로스쿨제도의 도입으로 법학부가 쇠퇴하고 법학전문대학원마저 수험법학에 편중한 때문이 아닌가 생각된다. 이러한 장애에도 불구하고 표면적으로 보면 많이 발전한 것 같다. 헌법이론연구를 하는 교수는 줄어들었으나 법학전문대학원의 등장으로 실무가들이 법학교육에 많이 종사하게 되었고 그들이 판례평석논문을 많이 쓰고 있어 법학 논문 수는 많아졌고, 법학잡지들도 늘어났으나 이것도 publish or perish의 시대적 요청에 따른 감이 없지 않아 있다.

한국헌법학연구에 대한 회고에 대해서는 학술원에서 간행한 『한국의

---

43) 김철수, 「한국헌법학의 의의, 연구방법 및 과제」, 『공법연구』 제26집 3호(1998). 43-76면.

44) 김철수, 『비교헌법론(상)』(박영사, 1974); 김철수, 『학설·판례 헌법학』(박영사, 2007); 권영성, 『비교헌법학』(법문사, 1981); 성낙인, 『헌법학』(법문사, 2018).

45) 계희열 편역, 『헌법의 해석』(고려대출판부, 1992); 성낙인, 『헌법학』(법문사, 2018), 32-38면; 성낙인, 헌법학연구와 교육방법론 연구, 『헌법학논집』(법문사, 2018), 128-143면; 허영, 『헌법이론과 헌법』(박영사, 2014), 86-112면.

법학Ⅰ』과 『한국의 법학Ⅱ』에서 상세히 논의되고 있다. 예를 들면 문홍주, 「헌법학 30년의 회고와 전망」,[46] 김철수, 「헌법학 30년의 학설변천」[47], 김철수, 「헌법학 60년의 연구동향」[48] 등이 학술원 저서에서 발표되었다.

이 밖에도 회원에 의한 헌법학 회고에는 김철수, 「한국헌법의 과거와 미래」,[49] 김철수, 「통일법 연구의 과제와 전망」,[50] 김철수, 『헌법과 법률이 지배하는 사회』[51] 등이 있다.

김효전 회원도 「한국 기본권이론의 역사적 발전」,[52] 「한국 헌법학설사 연구」,[53] 「한국공법학회 60년과 국회, 21세기 법질서와 국회, 기조연설」[54] 등을 발표하였다. 1995년에는 「한국공법학연구 100년」[55]을 발표하였고, 「한국헌법학 50년 - 그 성과와 과제」,[56] 「헌법학 60년과 외국학설」[57] 등을 발표하여 한국헌법학의 과거와 미래의 과제를 제시하였다.

---

46) 문홍주, 헌법학 30년의 회고와 전망, 『한국의 학술연구, 법학』(학술원, 2003), 57-67면.

47) 김철수, 헌법학 30년의 학설변천, 『한국의 학술연구. 법학』(학술원, 2003), 68-86면.

48) 김철수, 헌법학 60년의 연구동향, 『한국의 학술연구, 법학 Ⅱ』(학술원, 2010), 47-205면.

49) 헌법재판소개청 25주년기념강연, 김철수 「한국헌법재판의 과거와 미래」 (2013).

50) 김철수, 세미나 기조발제, 「통일법연구의 과제와 전망」, 국회 · 대법원 · 헌법재판소 공동주관, 2014.

51) 김철수, 『헌법과 법률이 지배하는 사회』(진원사, 2016), 477면.

52) 김효전, 한국 기본권이론의 역사적 발전, 금랑김철수선생팔순기념논문집, 『헌법과 기본권의 현황과 과제』(경인문화사, 2012), 293-311면.

53) 김효전, 한국헌법학설사연구, 『학술원논문집』(인문 · 사회과학편) 제54집 1호(2015), 93-208면.

54) 김효전, 한국공법학회 60년과 국회, 21세기 법질서와 국회. 2016. 11. 11. 한국공법학회

55) 김효전, 한국공법학연구 100년, 한국법학교수회편, 『법학교육과 법학연구』 (길안사, 1995), 11-56면.

56) 김효전, 한국헌법학 50년 성과와 21세기적 과제, 『법학』(서울대학교) 제36권 2호(1995), 51-80면.

57) 김효전, 헌법학 60년과 외국 학설, 한국법학교수회 1998. 5. 23 발표.

법철학을 전공한 회원으로는 이항녕 회원의 법철학 교과서[58]와 최태영 회원의 법률사상사 등이 간접적으로 인권철학을 다루고 있다.[59] 이 두 분은 동양법철학에도 관심을 가지고 연구하였고, 최태영 회원은 한국 고대사도 연구하셨다. 심헌섭 회원은 『법철학 I 』[60] 등을 출판하였다.

한국법제사를 주로 연구한 박병호 회원은 「한국법사상의 흐름」에 대하여 연구하였는데, 『한국법제사』 연구서에도 인권 관련 언급을 했다.[61] 또 민법학을 전공한 김상용 회원은 『법사와 법정책』에 관해서 책을 3권 내었다. 뿐만 아니라 『학술원논문집』에 자연법논문을 발표하기도 하였다. 그는 연세대 교수로 있으면서 독일에서 오랫동안 민법학을 연구하였는데 민사법 학설사 연구를 많이 발표하였다.[62]

(2) 원외 헌법학자들의 저술·논문 출간

2010년대에 와서 헌법학 원로들이 정년퇴직하여 세대 교체하였고, 신진학자들의 활동이 괄목할만하다. 정년퇴임한 분들을 제외하고 현역이었던 분을 중심으로 보기로 한다.

2010년대에도 계속 교과서를 발간하고 있는 사람으로는 양건 교수가 『헌법강의』[63] 제3판을 출간하였고, 조병윤 교수가 『헌법학원리』[64] 신판을 내었다. 가장 많은 판수를 기록한 책으로는 성낙인 총장의 『헌법

---

58) 이항녕에 관하여는 김철수, 이항녕 회원, 『앞서 가신 회원의 발자취 II』(학술원, 2014), 173-177면 참조.

59) 최태영에 관하여는 심헌섭, 최태영 회원, 『앞서 가신 회원의 발자취』(학술원, 2014), 162-167면 참조.

60) 심헌섭, 『법철학I』(법문사, 1982).

61) 박병호, 『한국문화사신론』, 1975; 박병호, 한국법사학, 『한국의 학술연구 법학II』(학술원, 2010).

62) 김상용, 『한국법사와 법정책』(피앤씨미디어, 2014); 김상용, 『서양법사와 법정책』(피앤씨미디어, 2014); 김상용, 『자연법론과 법정책』(피앤씨미디어, 2015), 320면.

63) 양건, 『헌법강의』 제3판(법문사, 2012), 1300면.

64) 조병윤, 『헌법학원리』 초판(성광사, 2010), 1250면.

학』 제18판이 나왔다.[65] 정종섭 교수도 『헌법학원론』을 계속 개판하여 출판하고 있다.[66] 이 밖에도 정재황 교수의 『신헌법입문』 등이 교재로 출판되었고,[67] 김철수 회원의 『헌법개설』이 14판까지 출판되었다.[68] 최대권 교수도 『헌법학강의』를 출판하였다.[69]

이 밖에도, 강경근 『헌법』,[70] 전광석 『한국헌법론』,[71] 김백유 『한국헌법』,[72] 이준일 『헌법학강의』,[73] 장영수 『헌법학』,[74] 김학성 『헌법학원론』,[75] 오호택 『헌법강의』,[76] 권형준 『헌법』,[77] 심경수 『헌법』,[78] 이관희 『한국민주헌법론 I, II』,[79] 문광삼 『헌법학』,[80] 장영철 『기본권론』,[81] 김도협 『헌법학원론』[82] 등이 교과서로 출판되어 있다.

안경환 교수는 미국헌법에 관한 저서를 많이 출판하였다. 『기본권의 개념과 범위에 관한 연구』[83]를 헌법재판소에서 출판하였고, 미국헌법 책을 여러 권 번역하였다.[84] 또 「미국헌법의 이론적 탐구에 관한 논문

---

65) 성낙인, 『헌법학』 제18판(법문사, 2018), 1585면.
66) 정종섭, 『헌법학원론』(박영사, 2015).
67) 정재황, 『신헌법입문』(박영사, 2018).
68) 김철수, 『헌법개설』 제14판(박영사, 2015), 510면,
69) 최대권, 『헌법학강의』(증보판)(박영사, 2001).
70) 강경근, 『헌법학』(법문사, 2005).
71) 전광석, 『한국헌법론』 제13판(집현재, 2018).
72) 김백유, 『헌법학, 기본권론』(한성대학교출판부, 2000).
73) 이준일, 『헌법학강의』 제6판(홍문사, 2015).
74) 장영수, 『헌법학』 제6판(홍문사, 2017).
75) 김학성, 『헌법학원론』(피앤씨미디어, 2018).
76) 오호택, 『헌법강의』(2016. 9. 1).
77) 권형준, 『헌법』 신정3판(법원사, 2007).
78) 심경수, 『헌법』(법문사, 2018).
79) 이관희, 『한국민주헌법론 I』 제2개정판(박영사, 2016).
80) 문광삼, 『헌법학』 제2판(삼영사, 2015).
81) 장영철, 『기본권론』(화산미디어, 2018).
82) 김도협, 『헌법학원론』(진원사, 2018).
83) 안경환(공저), 『기본권의 개념과 범위에 관한 연구』(헌법재판소, 1995).
84) 안경환, 『미국법입문』(1987); 『반대의 자유』(1988); 로렌스 M. 프리드만 지음, 안경환 옮김, 『미국법의 역사』(청림출판, 1988); 『법은 누구편인가』

집』[85]도 편집하였다. 『미국헌법 핸드북』[86] 등도 출판하여 미국헌법연구의 기초를 제공하였다. 이 밖에도 『교사를 위한 인권교육기본용어』[87] 등의 저서가 출판되고 있다.

헌법논문집으로는 권형준 교수, 『현대 헌법학의 이론적 전개와 조망』,[88] 성낙인 교수의 『헌법학 논집』,[89] 김수갑 교수의 『문화국가론』,[90] 송석윤 교수의 『위기시대의 헌법학』,[91] 『헌법과 사회변동』,[92] 이효원 교수의 『통일헌법의 이해』,[93] 권영설 교수의 『헌법이론과 헌법담론』[94] 등이 출판되었다.

Ⅱ. 기본권의 연구 회고

1. 기본권의 법철학적 연구 회고

(1) 학술원 회원의 인권철학 연구

기본권 연구에 있어서도 그 기본인 법철학적 연구가 필요하다. 특히 기본권에 관한 사상의 발전과 후세에 미친 영향에 대한 연구가 중요하다.

법철학의 사상사에 관한 것으로는 김철수 회원이 1964년에 「풍토적

(1992); A. V. 다이시저, 안경환 · 김종철 공역, 『헌법학입문』(경세원, 1993).

85) 안경환(편저), 『미국헌법의 이론적 탐구』 1-2, 미국헌법이론논문집 1,2.

86) 안경환(편저), 『미국헌법 핸드북』(서울대학교영미법연구실, 2001).

87) 안경환, 『교사를 위한 인권교육기본용어』(국가인권위원회, 2001).

88) 금석 권형준 교수 정년기념논문집 『현대 헌법학의 이론적 전개와 조망』 (2013), 3-470면.

89) 성낙인, 『헌법학논집』(법문사, 2018), 1928면.

90) 김수갑, 『문화국가론』(충북대학교출판부, 2012).

91) 송석윤, 『위기시대의 헌법학: 바이마르 헌법이 본 정당과 단체』(정우사, 2002).

92) 송석윤, 『헌법과 사회변동』(경인문화사, 2007).

93) 이효원, 『통일헌법의 이해』(박영사, 2016).

94) 권영설, 『헌법이론과 헌법담론』(법문사, 2006).

자연법론에 관한 연구」[95]를 발표하였고, 2008년에는 「한국에서의 인권론의 도입과 전개에 관한 연구」[96]를 발표하였고, 2017년에는 「인권사상의 전개에 관한 고찰」을 발표하였다.[97] 이 밖에도 『법과 정의 · 복지』가 출판되었다.[98]

김효전 회원은 그 동안 한국인권철학의 발전에 관한 많은 연구를 하였고, 외국의 인권사상의 발전과 한국에의 도입에 관한 많은 저술을 하여 한국인권철학 연구에도 많은 기여를 했다.[99] 특히 동양인의 인권사상가를 연구하는데 노력하고 있다. 그는 『독일 기본권이론의 이해』,[100] 『독일 헌법학설사』[101] 등 많은 논문집을 편집, 출판하였다.

김상용 회원은 자연법에 관한 역사서를 3권이나 저술하였다.[102]

(2) 원외 헌법학자들의 연구

헌법학자 중에는 조병윤 명지대 명예 교수가 논문을 발표하고 있다. 그는 프랑스에서 인간의 존엄에 관한 학위논문을 썼는데 이에 불교사상을 가미한 것으로 유명하다. 그는 그 뒤로도 계속 동양법철학에 관하여 연구하고 논문을 발표하고 있다. 조병윤 교수의 『헌법학원리』에서는

---

95) 김철수, 풍토적 자연법론, 『서울대 법학』 제6권 1호(1964. 9), 51-90면 및 『헌법정치의 이상과 현실』(소명출판, 2012), 465-517면에 재수록.

96) 김철수, 『기본권의 체계』(관악문화사, 2009), 1-13면에 재수록.

97) 김철수, 인권사상의 전개에 관한 고찰, 『학술원논문집』 제56집 2호(2017), 127-327면.

98) 김철수, 『법과 정의 · 복지』(진원사, 2012).

99) 상세한 문헌목록은 김효전교수정년기념논문집 『헌법학의 과제』(법문사, 2011); 『세계헌법연구』 제16권 2호(2010) 및 『대한민국학술원회보』 제51집(2010)~제58집(2017). 기타 김효전, 자유 · 평등 · 박애와 근대한국, 『헌법학연구』 제15권 2호(2009), 325-347면.

100) 김효전, 『독일 기본권이론의 이해』(법문사, 2004).

101) 김효전편, 『독일헌법학설사』(법문사, 1982). 학술원회원이 된 뒤의 저술과 책에 대해서는 『대한민국학술원회보』의 회원 동정 참조. 김효전, 헌법학 60년과 외국학설, 『한국의 학술연구 II』(대한민국학술원, 2010), 174-205면.

102) 김상용, 주 62 참조. 『자연법론과 법정책』(피앤씨미디어, 2015) 등.

「헌법철학」과 「헌법존재론」을 다루고 있으며 자기의 헌법관과 자연법적 헌법관을 주장하고 있다.[103)]

이헌환 교수도 인권철학에 관심을 가지고 자연권의 개념 등을 동서양 철학을 융합하려고 노력하고 있다.[104)]

양건 교수도 법철학적 측면을 강조하고 있다. 그는 『헌법강의』 제2장에서 헌법학을 논하면서 헌법학의 흐름을 설명하고 있는데 이는 헌법학연구의 방법과 과제를 잘 설명하고 있다.[105)] 그는 한국헌법학의 과제로서 ① 헌법해석학의 확립 ② 헌법정책학의 강화 ③ 비교헌법학의 정립 등을 들고 있다. 그는 궁극적으로는 헌법철학적이고 헌법사회학적인 연구방법이 필요하다고 하고 있다.[106)]

성낙인 교수는 실존헌법학, 실천헌법학연구의 기치 아래 교과서의 제1장 헌법과 헌법학에서 「권력과 자유의 조화의 기술로서의 헌법」을 강조하면서 외국헌법이론의 수용에 관해서, 외국이론에 대한 맹목적 섭취가 아니고 한국헌법의 독자성을 연결하여야 하며, 자연법론과 법실증주의를 조화시킨 법적실증주의에 입각하여야 한다고 주장한다. 그의 이론은 프랑스헌법학의 현실주의에 많은 영향을 받은 것 같다.[107)]

정종섭 교수는 소위 헌법관에 관해서도 별로 논하지 않고 있으며,[108)] 헌법의 해석학에 치중하고 있으며, 헌재의 판례를 중시하는 것 같다.

전광석 교수는 구판에서는 헌법관에 관해서는 언급하지 않고 정치적 · 사회적 · 문화적 환경에 따른 헌법에 중점을 두고 있는 것 같다.[109)]

강경근 교수는 그의 『헌법학』 교과서에서[110)] 「헌법학은 공동체질서

103) 조병윤, 『헌법학원리』, 제2절 헌법철학과 헌법존재론, 16-41면.

104) 이헌환, 인간의 존엄성의 개념 - 동양 및 한국의 전통적 견해, 『세계헌법연구』 제15권 3호(2009), 325-347면.

105) 양건, 『헌법강의』 제3판, 32-43면.

106) 양건, 위의 책, 42-43면.

107) 성낙인, 『헌법학』 제18판, 16면; 성낙인, 헌법학연구와 교육방법론연구, 『헌법학논문집』(법문사, 2018), 96-118면.

108) 정종섭, 『헌법학원론』(박영사, 2018).

109) 전광석, 위의 책.

의 규범적 원리에 관한 정신과학」이라고 하면서 「자유주의 헌법학」을 수립할 것을 강조하였다.

정재황 교수는 「기본권연구의 과제와 방법」을 발표하였다.[111] 이 논문은 기본권연구의 성과와 장래의 과제를 다룬 것으로 많은 연구를 하여 참고가치가 크다.

통합론을 중시하는 학자로는 이관희 교수와 고대 졸업생들이 있는 것 같다.[112] 그는 기본권의 객관적 가치질서를 인정하고 기본권의 이중성을 긍정하고 있다.

독일의 Alexy의 이론을 중심으로 논의한 학자로는 이준일 교수가 있다. 그는 통합론에 대해서는 일면적이라고 비판하고 있다.[113]

단행본으로는 장은주 영산대 교수의 『인권의 철학』,[114] 인권론에 대한 논문으로는 정재황, 『기본권연구 I 』[115] 등이 있다. 이준일 교수의 『인권철학』은 인권철학에서 주로 개별적 인권론의 적용 문제를 다루고 있다.[116]

인권 전반에 대한 교과서로는 김수갑 충북대 총장의 『기본권론』,[117] 김백유 교수의 『기본권론』,[118] 장영철 교수의 『기본권론』[119] 등 교과서 내지 강의안이 있다.

헌법논문을 모은 것으로는 성낙인 교수의 『헌법학논집』,[120] 권영설

---

110) 강경근, 『헌법학』(법문사, 2004).

111) 정재황, 기본권연구의 과제와 방법, 공법이론과 판례연구회 창립 제25주년 기념논문집, 『현대공법의 이론과 판례의 동향』(관악사, 2014), 117-152면.

112) 이관희, 『한국헌법론』 제2개정판 (박영사, 2016), 114면.

113) 이준일, 『헌법학강의』(홍문사, 2013), 33면.

114) 장은수, 『인권의 철학』(새물결, 2010).

115) 정재황, 『기본권연구I』(길안사, 1999).

116) 이준일, 『인권철학』(공저).

117) 김수갑, 『기본권론 이론과 실제』(충북대학교 법학전문대학원 총서 20).

118) 김백유, 『헌법학: 기본권론』(한성대학교출판부, 2009).

119) 장영철, 『기본권론』(화산미디어, 2018).

120) 성낙인, 『헌법학논집』(법문사, 2018).

교수의 『헌법이론과 헌법담론』[121]과 국순옥 교수의 『민주주의 헌법론』[122] 등 논문집이 있다.

법철학 전공자 중에도 인권에 관한 논문과 저서를 쓴 사람이 있다. 박은정 교수는 『인권과 연구윤리』,[123] 『생명 · 안전, 윤리관련법제 - 국제편, 국내편』,[124] 『생명공학시대의 법윤리』,[125] Human Rights, New Challenges in the Age of Biotechnology[126] 등을 발표했다.

김도균 교수는 『인권법』을 공저로 출판하였고,[127] 「불간섭으로서의 자유와 비예속상태로서의 자유」[128] 등 논문이 있다.

이 밖에도 한국정치사상연구회에서는 『인권의 정치사상』이라는 논문집을 내었고,[129] 법사학 전공자들은 한국의 유교법사상에 관한 책을 내기도 하였다.[130] 또 인권유학이라고 유교적 인권을 연구한 저서가 출판되기도 하였다.[131]

이 밖에도 외국의 인권철학서의 번역도 나오고 있다. 멩케와 폴만에 의한 『인권철학입문』이 번역되었다.[132] 이준일 교수의 알렉시의 『기본

---

121) 권영설, 『헌법이론과 헌법담론』(법문사, 2006).

122) 국순옥, 『민주주의 헌법론』(아카넷, 2015).

123) 박은정, 『인권과 연구윤리』(이화여자대학교, 법학연구소, 1999).

124) 박은정, 『생명 · 안전, 윤리 관련 법제 - 국제편』, 이화여대법학연구소(공저), 1999. 동 『생명 · 안전, 윤리 관련 법제 - 국내편』, 이화여대법학연구소(공저), 2000.

125) 생명공학시대의 법 - 법윤리적 쟁점과 법정의, 『법철학연구』 1-1 (1998).

126) 박은정, Human Rights : New Challenges in the Age of Biotechnology, Comparative Law, Nihon University 18, 2001.

127) 김도균, 『인권법』(아카넷, 2006)(공저).

128) 김도균, '불간섭으로서의 자유'와 '비예속상태로서의 자유' - 한국사회의 자유담론과 관련해서 『법과 사회』, 39, 2000.

129) 한국정치사상연구회, 『인권의 정치사상: 현대 인권 담론의 쟁점과 전망』(이학사, 2010), 623면.

130) 『한국유학사상대계』, Ⅶ 법사상편.

131) 신정근, 『인권유학』(성균관대학교, 2017), 256면.

132) 멩케/폴만(Menke/Pollman), Philosophie der Menschenrechte, eine Einführung, 『인권철학입문』(21세기북스, 2012), 15000원. 소개는 김효전, 『유럽헌법연구』 제12호(2012), 531-544면.

권이론』,[133] 김대환 교수의 슈타르크 『민주적 헌법국가』[134] 등이 번역·출판되었다.

유럽만이 아닌 범종교적인 인권사상사를 다룬 이사이의 『세계인권사』도 출판되어 인권사상의 다양성을 논하는데 도움이 되고 있다.[135] 이 책은 고전세계에서 현대까지의 인권논쟁에 관한 역사로 인식되어야 할 것이다. 모인, 『인권이란 무엇인가』도 번역되어 있다.[136] 이 밖에도 블로흐, 『자연법과 인간의 존엄성』 등이 번역되어 있다.[137]

그러나, 헌법학에서는 헌법학자 이외의 학자의 인권론에 대해서는 별로 언급하지 않고 있다.

이 밖에도 『법철학연구』 잡지에 많은 인권 논문이 실려 있다.[138] 법철학회에서는 『권리와 인권의 법철학』이 발간되었다.[139]

또 각종 기념논문집에도 인권 관계 논문이 실려 있다. 예를 들면 양천수 교수의 「인권개념을 둘러싼 법철학의 문제」 등이 있다.[140]

2. 인권의 본질론에 관한 헌법학자들의 견해

(1) 학술원 회원들의 연구 성과 회고

---

133) 이준일 옮김, 알렉시, 『기본권이론』(한길사, 2007).

134) 김대환 대표 편역, 슈타르크, 『민주적 헌법국가』(시와 진실, 2015).

135) Ishay, The History of Human Rights, 2008. 조효제역, 『세계인권사상사』(길, 2005), 816면.

136) 모인, 『인권이란 무엇인가』(21세기북스, 2001), 375면.

137) 에른스트 블로흐 지음, 박설호 옮김, 『자연법과 인간의 존엄성』(열린 책들, 2011), 541면. 김효전, 『유럽헌법연구』 제12호(2012), 531-544면.

138) 『법철학연구』지에 실린 논문은 많기 때문에 이를 다 언급할 수 없기에 이 잡지를 검색해주기 바란다.

139) 양천수외 엮음, 『권리와 인권의 법철학』, 한국법철학회, (세창출판사, 2013) 참조.

140) 양천수, 인권개념을 둘러싼 법철학의 문제, 금랑 김철수선생팔순기념논문집, 『헌법과 기본권의 현황과 과제』(관악사, 2012), 313-325면.

헌법학 전공 회원 중에서도 초기학자들은 일본 헌법에 따라 헌법학을 공부하였기 때문에 실정권론자가 많았다. 그들은 독일 이론을 일본에 수입했던 미노베(美濃部達吉) 교수 등에 따라 기본권을 국가가 국민들에게 부여한 실정권이라고 생각하였다.

그것은 일본이 제국주의(帝國主義) 헌법을 채택하고 있었고 한국에서는 그 헌법조차 시행되지 않았으며 총독의 제령(制令)에 의하여 식민지인의 권리가 침해되었던 경험에 의했던 것 같다.[141)]

제헌헌법의 제정자들이 임시정부헌법의 천부인권사상이나 미군 군정하에서 미국헌법의 이론이 도입되었고, 1946년 일본의 자연권헌법이 도입되었는데도 이를 모방하지 않았던 것은 아쉬운 일이었다.

미군정은 군정창설부터 한국인의 인권을 보장하기 위하여 포고령으로 일제의 악법을 폐지하였다.[142)] 1948년 4월 7일에는 「조선인의 권리에 관한 포고」를 발표하였다.[143)] 「...이러한 선거에 참가할 조선인민의 고유한 자유를 열거함이 적당하다고 인정한다」면서 12개 조항을 나열하고 있다.[144)] 이는 헌법제정에서 지침이 되어야 할 것을 발표한 것이라고 보겠다. 여기에서 「법 앞의 평등, 신체의 자유의 불가침, 주거의 불가침, 죄형법정주의, 구속이유의 고지, 변호인의 도움을 받을 권리, 재판을 받을 권리, 잔혹하고 이상한 형벌의 금지, 보석될 권리, 집회·결사·언론·출판 그 밖의 모든 표현의 자유의 보장, 종교의 자유, 국교의 부인, 소유권과 재산권의 보장」 등을 규정하고 있다. 「또 생명·자유 또는 재산은 누구나 이를 빼앗기지 않는다」고 선언하고 있다.

예외로 「이상에 열거한 권리는 오직 중대한 국가비상시 또는 공안의

141) 일본 치하의 헌법에 관해서는 김효전, 경성제대 공법학자들의 빛과 그림자, 『공법연구』 제41집 4호(2013), 267-318면; 김창록, 일본제국주의의 헌법사상과 조선, 『법사학연구』 제4호(1993) 참조.

142) 김철수, 미국헌법이 한국헌법에 미친 영향 서설, 『서울대학교 법학』 제26권 4호(1985), 재록, (대학출판사, 1987), 9-79면.

143) 김철수, 『헌법개정, 과거와 미래』(진원사, 2008), 30-37면.

144) 김철수, 위의 책, 36-37면.

이유로 필요한 때에 한하여, 다만 임시로 이를 제한할 수 있다」고 하여 인권제한의 원칙을 규정하고 있다.[145] 이러한 조항이 인권의 불가침을 규정하고 있었으나 당시의 치안상황을 고려하여 법률유보를 규정한 것으로 보인다.[146]

이에 따라 제헌헌법은 제2장 국민의 권리 · 의무에서 「평등권, 신체의 자유, 영장제도, 구속적부심사제도, 거주이전의 자유, 통신의 비밀, 신앙과 양심의 자유, 언론, 출판, 집회, 결사의 자유, 학문과 예술의 자유, 재산권보장, 교육을 받을 권리, 근로의 권리, 근로3권, 사회보장제도, 혼인의 순결과 가족의 건강, 청원권, 재판청구권, 소급입법의 금지, 이중처벌금지, 공무원선거권, 공무담임권, 공무원의 책임 등을 규정하였다」.

이 제헌헌법의 해석에서는 법률유보조항이 규정되어 있었기 때문에 대부분이 실정권설을 따랐었다. 다만, 법률유보 조항이 없었던 신앙 · 양심의 자유나 학문과 예술의 자유가 절대적 기본권이냐가 문제되었고, 헌법 제28조 1항의 「국민의 모든 자유와 권리는 헌법에 열거되지 아니한 이유로 경시되지 아니한다」는 규정이 실정권으로 기타 권리의 창설적 규정이냐 자연권의 확인을 위한 주의적 규정이냐가 논란이 되었다.

학술원 창설 당시의 회원이었던 유진오 회원이나 이종극 회원이나, 그 뒤 문홍주 회원이나 박일경, 윤세창 회원들이 대부분 일본학자들의 견해를 따라 실정권설을 주장하였다. 이러한 초기 학자들의 견해에 대해서는 김철수 회원[147]이나 김효전 회원[148]에 의한 소개가 행해지고 있다.

4.19혁명 이후 헌법이 개정됨으로써 입법자의 의도는 자연권으로 변화했다고 하겠다. 제2공화국헌법은 기본권 규정에서 개별적 헌법유보

145) 제12항.

146) 5.10 선거를 치루기 위한 당시에서는 부득이한 규정이라고 하겠다.

147) 김철수, 한국 헌법학의 학설변천, 『법조』 제17권 12호(1968), 1-13면. 김철수, 기본권의 존중과 한계 - 헌법 제8조와 제32조의 해석을 중심으로, 『서울대학교 법학』 제7권 1호(1965), 45-68면.

148) 김효전, 한국헌법학설사연구, 1884-1979, 『학술원논문집(인문 · 사회과학편)』 제54집 1호(2015), 93-208면; 김효전, 한국 기본권이론의 역사적 발전, 금랑김철수선생팔순기념논문집, 2012, 300-311면.

조항을 없애고 언론·출판·집회·결사제도의 허가를 금지하고, 언론·출판의 검열을 금지하는 규정을 두었다(제13조와 제28조 단서). 다만, 정당에 대해서는 민주적 기본질서에 위배되는 경우 헌법재판소에서 해산할 수 있게 규정하였다. 기본권제한에 있어서는 제28조를 수정하여 일반적 법률유보조항을 두었다. 「국민의 모든 자유와 권리는 헌법에 열거되지 아니한 이유로 경시되지 아니한다」는 그대로 두고, 2항에서 「국민의 모든 자유와 권리는 질서유지와 공공복리를 위하여 필요한 경우에 한하여 법률로써 제한할 수 있다」로 개정하였다. 이로써 내재적 한계문제가 등장하였다. 이러한 개정에 따라 학설의 변천이 기대되었으나 그 시행기간이 짧아서 근본적인 이론변경이 행해지지 않았다.

1962년의 헌법개정에 따라 헌법의 기본권조항의 이념은 완전 변경되었다고 하겠다. 제8조를 신설하여 「모든 국민은 인간으로서의 존엄과 가치를 가지며, 이를 위하여 국가는 국민의 기본적 인권을 최대한으로 보장할 의무를 진다」고 했고, 제32조 2항에서 「기본권을 제한하는 경우에도 본질적인 내용을 침해할 수 없다」고 하였다. 이것을 계기로 헌법상 인권의 본질에 관한 이론이 헌법해석으로도 변경될 수 있게 되었다.

김철수 회원은 일찍부터 자연법론에 따라 한국헌법을 해석하였다. 그는 1968년의 교과서에서부터 기본권의 성격을 자연권으로 주장하였다.[149] 그 중 하나로 1979년에 출판된 『현대 헌법론』에서 기본권의 성격을 설명하고 있다.[150] 그는 자연권설과 실정권설을 비교 설명하면서, 한국헌법의 해석론으로서도 자연권설이 타당함을 설명하고 있다. 그는 당시의 헌법교수들의 학설을 정리하면서 제4공화국헌법 하에서도 인간의 존엄규정과 헌법에 열거되지 아니한 기본권의 확인규정조항에서

149) 김철수, 『헌법학』(지학사, 1971); 김철수, 인간의 존엄과 가치, 『월간고시』 1976년 12월호; 김철수, 기본권의 성격, 자연권이냐 실정권이냐, 『법정』 제7권 4호(1970. 4); 김철수, 기본권의 존중과 한계 - 헌법 제8조와 제32조의 해석을 중심으로 『서울대학교 법학』 제7권 1호(1965); 김철수, 기본권의 체계, 『서울대학교 법학』 제10권 1호(1968).

150) 김철수, 『현대헌법론』(박영사, 1979), 213-229면.

자연권을 선언하고 있다고 했다. 『헌법논총』에는 「현행헌법상 기본권의 법적 성격과 체계」를 발표하였는데,[151] 이 논문에서 세계 각국의 이론을 비교하고, 독일의 통합론이 바이마르헌법시대의 이론이며 현재는 정신과학적인 가치이론으로 변천되고 있으며, 자유권은 질서가 아니라 권리임을 강조하고 있었다.[152]

김효전 회원도 독일식 통합이론에 대해서는 반대하면서 일찍부터 이는 구시대적인 것이라고 질타하였다. 그는 1991년 구병삭박사정년기념논문집에서 이미 Böckenförde의 이론을 번역 설명하고 자기의 자연법론을 발표하였다.[153] Böckenförde는 자유권적·법치국가적 기본권이론, 제도적 기본권이론, 민주적·기능적 기본권이론으로 나누어 설명하고 있다.[154] 김 교수는 그 뒤에도 이 주장을 계속해 왔었다.

2012년에 그는 「한국 기본권이론의 역사적 발전」[155]을 발표하였다. 그는 이 논문 중에서 대한민국헌법상의 기본권이론을 상세히 설명하고 있다.

① 법실증주의적 기본권이해 ② 자유주의(자연법적) 기본권이해 ③ 기본권의 가치이론(통합론의 소개) ④ 기본권의 정치적 이해로 나누어 설명하고,[156] Böckenförde 의 논문으로 결론을 내고 있다. 그는 한국의 기본권이론이 「전체적으로 볼 때 독일을 대표로 하는 대륙식의 기본권이해와 미국을 대표하는 영미법의 인권이해가 복합적으로 전개되어 온 점을 지적할 수 있다」[157]고 했다. 그는 결론적으로 「1980년 헌법에서

---

151) 김철수, 기본권의 법적 성격과 체계, 『헌법논총』 제8권(헌법재판소, 1997).

152) 김철수, 『기본적 인권의 본질과 체계』(학술원, 2017).

153) 김효전역, 에른스트 볼프강 뵈켄회르데, 기본권이론과 기본권해석, 방산구병삭박사정년기념논문집, 『공법이론의 현대적 과제』(박영사, 1991), 97-124면.

154) 김효전역, 위 논문.

155) 김효전, 한국 기본권이론의 역사적 발전, 금랑 김철수선생팔순기념논문집(2012), 293면 이하.

156) 김효전, 위 논문, 303-340면.

157) 김효전, 위 논문, 303-311면.

인간의 존엄과 가치 외에 행복을 추구할 권리가 규정된 이래 기본권 규정은 단순히 프로그램적 규정을 넘어서 직접 효력을 가지는 실정법상의 권리로서의 지위를 차지하게 되었다. 뿐만 아니라 1987년 헌법에서 헌법재판소를 새로이 설치하면서 기본적 인권은 국민의 헌법생활에서 구체적으로 구석구석까지 관여하고 규율하는 법규범으로서 담보하게된 것이다. ... 기본권에 대한 오해 그리고 거듭된 시행착오의 과정을 거쳐 한국인은 한국헌법에 적합한 기본권이론을 창조해낼 수 있을 것이다」[158] 라고 하고 있다.

(2) 원외 헌법학자들의 기본권 본질론

헌법학자들은 2010년대에 와서도 인권의 본질적 연구방법론을 전개하고 있다.

양건 교수는 기본권의 법적 성격에 관해서 ① 자연권인가? 실정권인가? ② 기본권의 소위 이중적 성격 ③ 기본권과 제도보장에 관해서 설명하고 있다. 그는 기본권의 역사를 자연권에서 실정권으로의 이전으로 설명하면서 한국 헌법상의 기본권은 헌법의 여러 명시적 규정에서 보아 자연권으로 보는 것이 옳다고 보고 있다.[159] 그 근거를 첫째로는 헌법 제10조의 인간의 존엄규정을 들고, 둘째로 헌법 제10조 2문의 국가의 불가침의 인권의 보장규정을 들고, 셋째로 헌법 제37조 제2항의 권리침해시에는 본질적 내용을 침해할 수 없다는 규정을 들고 있다. 그는 나아가 저항권을 근거로 들고 있다. 그런데 오늘날 대부분의 자유민주주의국가에서는 자연법상 자연권의 내용들은 이미 헌법을 통해 실정법화 되어있기 때문에 중요한 문제는 헌법해석의 방법 문제라고 보고 있다.

조병윤 교수는 기본권의 법적 성격에서 ① 기본권은 주관적 공권이며 ② 전국가적 자연권임을 강조하고 있다. 그는 법실증주의자의 일부가

158) 김효전, 위의 논문, 311면.
159) 양건, 『헌법강의』 제3판, 220면.

주장한 반사적 이익설, 입법방침규정설, 제도보장설을 부정하고 기본권은 천부인권이라고 보고 있다. 그는「실정법과 자연법의 공존을 인정하는 존재론(ontology)적 자연권설에 입각하여, 기본권의 자연권설을 인정하면서 그 실정화에 노력하여야 할 것으로 보인다」고 했다.[160)]

성낙인 교수는 기본권의 법적 성격에서 ① 자연권설 ② 주관적 공권설을 강조하고 있다. 그는 헌법학에 있어서 기본권론은 근대 자연법론에 기초한 인간의 자유와 권리로부터 출발하여 국법질서의 기초 아래 구현되는 국민의 자유와 권리를 법적 실존주의에 기초하여 논의하여야 한다고 하면서,[161)] 한국헌법은 실정법적으로 ① 헌법 제10조에서 자연법적 권리로서의 기본권을 헌법전의 틀 속에서 명시함을 의미한다고 하고 ② 제37조 1항의 규정의 열거되지 아니한 기본권규정과 ③ 제37조 2항의 기본권의 본질적 내용훼손금지에서 자연권성에 기초하여야만 이해될 수 있다고 하고 있다.

권형준 교수는「1789년 프랑스 인권선언의 현대적 의의」에서「인간의 존엄과 가치를 보장하기 위한 기본권보장이 시소를 초월한 보편적 권리 중의 하나」라고 하면서「한국에서도 개인의 기본권 보장이라는 최고가치를 실현시키기 위하여 개인존중에 관한 국가와 국민 모두의 인권의식의 고양이 가장 절실하다고 생각한다」[162)]고 하면서 실천적 측면을 강조하고 있다. 그는「헌법상의 자기결정권」에서 헌법 제10조의 인간의 존엄과 가치 · 행복추구권에서 포괄적 기본권을 인정하며 이를 포괄적 천부인권으로 보고 있다.[163)] 이는 자연권설에 입각한 것이며 김철수 교수의 학설을 따르고 있다. 그는 교과서에서도 인간의 존엄과 가치를 전국가적

---

160) 조병윤,『헌법학원리』(성광사), 176-177면.

161) 성낙인,『헌법학』제18판, 940면; 성낙인, 기본권의 개념과 범위,『헌법학논집』(2018), 1293-1308면.

162) 권형준,『공법연구』제26집 3호(1998), 135-146면. 금석 권형준 교수 정년기념논문집『현대 헌법학의 이론적 전개와 조망』(2013), 3-14면에 재수록.

163) 권형준, 헌법상의 자기결정권,『현대 헌법학의 이론적 전개와 조망』(2013), 51면.

자연권으로 보고 있으며, 제37조 1항의 열거되지 아니한 권리규정은 주의적 규정으로 보아야 한다고 했다.[164)]

정종섭 교수는 헌법학의 방법론에 대해서는 언급하지 않은 것 같으며, 기본권의 본질에서도 교과서에는 많이 언급하지 않고 있다. 기본권의 개념과 본질에서는 1. 개설 2. 기본권의 구성요소 3. 기본권의 도출과 포섭이라는 독특한 체계로 설명하고 있다. 그는 기본권을 「실정헌법에 보장된 권리」라고 하면서 헌법에 규정되어 있지 않는 권리를 부인하고 있다. 그는 기본권의 구성요소로서 ① 권리적 요소 ② 실정적 요소 ③ 헌법적 요소로 나누어 설명하고 있다. 그는 이에 대해서 비교적 상세하게 논하고 있기 때문에 일독할 가치는 있다고 하겠다.[165)] 그는 일정한 권리 즉, 생명, 신체, 내심의 자유, 인간의 존엄 등을 절대적이라고 하였는데, 이것이 헌법에 규정되어 있지 않는 경우에도 절대적 기본권이라고 할 수 있는지 언급하고 있지 않다. 그의 이론은 헌법실증주의에 입각하고 공동체의 가치의 중요성을 강조한 점에서 자연권론을 부인하고 있다.[166)] 그는 통합주의 가치론에 입각하고 있는 것 같다.

김학성 교수는 기본권관에서 비교적 상세히 기본권관을 설명하고 있다.[167)] 「기본권의 법적 성격」에서 주관적 공권설 중에서도 자연권설을 강조하고 있다.[168)] 그는 자연권설의 근거로서 (가) 이론적 측면과 (나) 실정헌법적 측면으로 나누어 설명하고 있는데 이는 정당하다. 이론적 측면에서는 ① 실정권론에 대한 비판 ② 기능론에 대한 비판을 하고, 실정헌법적 측면에서는 그 근거로 ① 헌법 제10조를 확인적 규정이라고 보며 ② 제37조 1항이 기본권을 포괄적으로 보장한다는 창설적 규정으로 보는 것은 문리해석상 적절하지 않다고 보고 이를 열거되지 않는 권리와 같이 보장하여야 한다는 뜻이라고 했다. ③ 제37조 2항이 본질적 내용을

---

164) 권형준, 『헌법』 신정3판(법원사, 2007), 195면.
165) 정종섭, 『헌법학원론』(박영사, 2006), 218-235면.
166) 정종섭, 위의 책, 221-223면.
167) 김학성, 『헌법학원론』(피앤씨미디어, 2018), 6-15면.
168) 김학성, 위의 책, 305-309면.

침해할 수 없다는 규정은 자연권설에 의하지 아니하고는 해석되기 어렵다고 한다.

정재황 교수는 「우리 헌법은 기본권을 자연권으로 본다. 헌법은 제10조 후문에서 "국가는 개인이 가지는 불가침의 기본적 인권을 확인하고 이를 보장할 의무를 진다"라고 규정하여 기본권을 자연권으로 보는 입장을 분명히 하고 있다」. 왜냐하면 국민으로서 이전에 인간으로서 가지는 권리라는 의미에서 인권이란 용어를 명시하고 있고(천부인권), 만약 우리 헌법이 기본권을 실정권으로 본다면 실정법으로 창설되어야 할 기본권을 「확인」한다고 규정할 수는 없기 때문이다.[169] 헌법 제37조 제2항은 "국민의 자유와 권리를 제한하는 경우에는 그 본질적 내용을 침해할 수 없다"라고 규정하는데 이러한 본질적 내용은 본래부터 존재하는 것이기에 이 또한 우리 헌법이 기본권을 자연권으로 보는 입장임을 보여주고 있다고 한다.[170] 문리적 해석으로 타당하다. 그는 기본권의 이중성과 관련하여 기본권은 권리이며 질서는 기본권의 효과에 불과하다고 본다.[171] 그 이유는 질서유지를 위한 제37조 2항을 근거로 들고 있다. 권리와 질서를 구분한 이분법은 타당한 의견이다.

강경근 교수는 신판 헌법학에서 헌법학방법론에서 독일의 이론만 들고 있다. ① 형식적 헌법학과 실질적 헌법학 ② 독일의 규범주의 헌법학 ③ 독일의 결단주의 헌법학 ④ 독일의 통합주의 헌법학을 나누어 설명하고 있다. 독일의 경우 규범주의 헌법학, 결단주의 헌법학, 통합주의 헌법관이 있다고 하면서 어느 한 방법을 채택하고 있는지 분명하지 않다. 그러나 통합주의 헌법학을 민주주의적 절차의 헌법학으로 보면서 이를 지지하는 것으로 추측된다.[172] 그는 기본권의 법적 성격을 이야기하면서 ① 헌법상 권리 ② 헌법상 청구권으로서의 지위 ③ 천부인권적 자연권으

---

169) 정재황, 전게 논문, 120면.

170) 정재황, 『신헌법학입문』(박영사, 2018), 206면.

171) 정재황, 위의 책, 210면.

172) 강경근, 『신판 헌법』(법문사, 2001), 21면.

로서의 성격 ④ 주관적 공권성과 객관적 법질서로서의 성격 ⑤ 객관적 법질서로서의 성격 ⑥ 기본권의 제도적 기본권으로서의 성격을 나누어 설명하고 있다. 그는 기본권을 권리인 동시에 질서로 파악하고 있는 점에서 통합주의자나 가치론자의 의견을 수용한 것으로 보인다.[173]

김도협 교수는 교과서에서「기본권의 성격」을 1. 주관적 공권성 2. 기본권의 이중성 3. 자연권설로 나누어 설명하고 있다.[174] 그는「기본권은 단순한 반사적 이익이 아니고 천부인권이며 헌법이 보장하는 권리이고, 집단의 권리가 아닌 개인의 권리이나, 사권이 아니라 헌법이라는 공법이 보장하는 국가에 대하여 요구할 수 있는 공권인 것이다」고 김철수를 인용하고 있다. 그는 기본권은 자연권이라고 하면서 헌법 제37조 1항「국민의 자유와 권리는 헌법에 열거되지 아니한 이유로 경시되지 아니한다」에 대한 설명이 가능하며, 오늘날 기본권의 확장이라는 측면에도 부합된다고 하고 있다.[175] 그는 기본권을 객관적 법질서로 보고 있는 데도 반대하고 있다. 기본권은「헌법규범으로서 객관적 법질서를 이룰 뿐 기본권 자체가 객관적 질서의 일부분이라고 하기는 어렵다」[176]고 단언하고 있다.

이관희 교수는「기본권의 성격」에서 1. 주관적 공권성과 자연권성 2. 제도적 보장이론의 문제 3. 기본권의 객관적 가치질서성과 기본권의 이중성을 들고 있다.[177] 교과서로서는 상세하게 이를 설명하고 있는데 기본권의 주관적 공권성을 인정하면서도 자연권에 대해서는 회의적이다.[178] 그는 실정권론자이나「헌법 제37조 제1항의 열거되지 않은 기본권조항은 이론상 자연권으로 인정되는 권리가 형식적으로는 우리 헌법에 편입되는 현상을 주장한 것이라고 이해할 수 있다」[179]고 한다. 그가

---

173) 강경근, 위의 책, 416-426면.
174) 김도협,『헌법학원론』제2판(진원사, 2018), 140-141면.
175) 김도협, 위의 책, 141면.
176) 김도협, 위의 책, 140면.
177) 이관희,『한국민주헌법론』제2개정판(박영사, 2016), 109-119면.
178) 이관희, 위의 책, 110면.

실정권설을 주장하면서 그 근원이 되는 자연권을 실정권화 하는 것을 인정하는 것으로 보인다. 그러나 헌법 제37조에 규정되어 있는 민주적 입법자에 의한 기본권제한의 가능성은 절대로 제한할 수 없는 자연권의 본질과는 일치하지 않는다고 한다.[180] 실정권화되지 않는 저항권이라든가 생명권 등의 근거조항을 어디에서 구할지 의문이다.

심경수 교수는 「기본권의 성격」에서 1. 기본권의 이중적 성격 2. 자연권적 성격으로 나누어 설명하고 있다.[181] 그는 「기본권은 개인을 위한 주관적 공권으로서의 성격을 가지며, 기본권침해시 기본권의 주체는 국가에 대하여 그 침해로부터의 회복을 청구할 수 있다. 아울러 기본권은 객관적으로 국가의 가치질서인 기본권법질서의 구성요소로서의 성격을 지니고 있다」[182]고 한다. 이것은 그가 통합주의헌법관에 입각하여 권리와 질서의 혼동을 가지고 있기 때문이다. 그는 자연권설을 다수설로 들고 있다.[183]

장영수 교수는 기본권의 본질에 관하여 여러 독일학자의 견해를 설명한 뒤 「통합론의 관점에서 본 기본권이론이 가장 설득력 있는 것으로 인정된다」[184]고 하면서, 「스멘트의 기본권론은 기본권의 주관적 권리로서의 성격을 충분히 고려하고 있지 않다는 문제점을 안고 있다. 해벌레의 제도적 기본권이론도 비판하고 헷세의 양면성이론이 가장 설득력이 있는 것」이라고 한다.[185]

오호택 교수도 「기본권의 법적 성격」에서 1. 주관적 공권과 객관적 법질서 2. 기본권과 제도보장으로 나누어 설명하고 있다.[186] 그는 기본권을 국가가 창설하는 실정권으로 보며 해벌레에 따라 기본권은 제도라고

---

179) 이관희, 위의 책, 110면 주 39.
180) 이관희, 위의 책, 110면.
181) 심경수, 『헌법』(법문사, 2018), 134-136면.
182) 심경수, 위의 책, 135면.
183) 심경수, 위의 책, 136면.
184) 장영수, 『헌법학』 제10판(홍문사, 2017), 431면.
185) 장영수, 위의 책, 431-432면.
186) 오호택, 『헌법강의』 제12판(2016), 123-128면.

하고 스멘트에 따라 기본권의 객관적 질서설을 따르고 있다.[187] 그런데 제도적 기본권이 주관적 공권성이 있는지, 스멘트의 통합설이 실정권의 방어권적 성격을 인정했는지에 대한 설명은 부족하다.

전광석 교수는 구판 교과서에서는 헌법학의 방법론을 이야기하지 않고 있으며 기본권의 본질에 대해서는 상세히 설명하고 있다. 그는 기본권의 성격과 효력에서 1. 헌법의 역사, 구조, 기본권의 이중적 성격 2. 가치체계로서의 기본권 3. 기본권의 객관적 성격의 실정헌법적 근거 4. 기본권의 객관적 성격과 헌법구조적 영향으로 나누어 설명하고 있다.[188] 그는 학설을 변경하여 기본권은 객관적 가치질서라고 하고 있다. 그의 이론은 통합론 내지 가치론으로 추정되고 있다. 그는 그 근거로 헌법 제10조를 들고 있는데,[189] 권리와 규범질서를 혼동하고 있는 것 같다. 제10조 전문과 후문을 구분해서 해석해야 한다.

김백유 교수는 『헌법학. 기본권론』에서 기본권의 법적 성격을 논하고 있다.[190] 그는 기본권은 주관적 공권이라고 하면서 자연권론과 실정권론을 설명한 뒤에 한국헌법은 해석론상 자연법에 입각하고 있다고 한다. 그는 그 근거를 헌법 제10조와 제37조 1항과 2항을 들고 있다. 결국 기본권은 자연권으로서의 성격을 지니며, 이는 포괄적인 것으로서 모든 국민에 유보되어 있는 것으로서, 헌법제정권자인 국민의 국가계약인 헌법에서 재확인하고 있다고 보는 것이 타당하다고 하여 김철수의 학설에 따르고 있다.[191] 그러나 그는 다른 곳에서는 가치설을 인정하는 듯하며 기본권의 질서로서의 성격을 강조하고 있어서[192] 진의를 파악하기 어렵게 하고 있다.

---

187) 오호택, 위의 책, 125-126면.

188) 전광석, 『한국헌법론』 제13판(2018), 234면.

189) 전광석, 위의 책(2018), 238면.

190) 김백유, 『헌법학』 개정판(한성대학교출판부, 2009).

191) 김백유, 위의 책. 31-35면. 그의 교과서는 가장 상세한 것으로 칭찬받아야 한다. 다만, 그는 교과서 인용에서 본론을 인용하지 않고 설명을 인용하는 곳이 있어 혼란을 가져오기도 한다.

192) 그는 이중적 성격설을 통설이라고 보고 있다. 위의 책, 38면.

이준일 교수는 통합론을 비판하면서 「법실증주의와 결단주의가 주장하는 내용들 가운데 충분히 설득력이 있는 부분까지 폄하하는 경향이 강하게 노출된다. 무엇보다도 법실증주의와 결단주의에서 강조되는 제정성과 실효성이라는 법 개념의 표지들이 가지는 비중, 그러한 법 개념의 요소들을 인식하는 분석적 방법과 경험적 방법의 중요성에 대한 고려는 여전히 큰 의미가 있다」[193]고 하고 있다. 그는 제2장 기본권의 구조와 성격에서 Alexy에 따라 상세히 설명하고 있다. 그는 주관적 권리로서의 기본권과 객관적 규범으로서의 기본권을 나누어 상세히 설명하는데 이는 경청할 만하다.[194] 그는 기본권의 이중적 성격을 인정하면서도 「기본권의 양면성을 구성할 때에는 기본권의 양면적 성격들이 가지는 논리필연적인 과제가 강조되어야 한다. 그렇게 되는 경우에만 확대된 기본권의 기능들을 주관적 권리로서 구성하는 것이 가능해진다」[195]고 본다. 기본권규정(Grundrechtsbestimmung)의 해석과 기본권규범(Grundrechts-norm)의 차이, 기본권리와 기본규범의 차이가 고려되어야 할 것 같다.

3. 기본권의 해석론에 관한 연구 회고

(1) 회원들의 기본권의 해석에 대한 연구

초기 회원들은 기본권의 해석에 있어서 법실증주의적인 태도를 택하였다. 그 중에서도 유진오 회원과 박일경 회원은 수학 당시의 독일과 일본의 학설에 따라 인권의 해석도 대한민국헌법의 조문에 따라 문리해석을 하였고, 대한민국헌법규정보다 상위에 있는 권리를 인정하지 않았다. 그 결과 그들은 제정법의 해석이나 개정문제를 연구할 뿐, 제정법에 상위하는 인권을 부정하였고, 악법도 법이라고 본 것 같다.[196]

193) 이준일, 『헌법학강의』(홍문사, 2013), 23면.
194) 이준일, 위의 책, 291-311면.
195) 이준일, 위의 책, 311면.

이에 반하여 해방 후 교환교수로 미국유학을 다녀온 문홍주 회원은 미국식 헌법판례를 연구하면서 미국헌법상의 헌법제정자의 의사나 헌법이념의 중요성을 강조하면서 미국식 자연법론을 도입한 것 같다.[197] 이종극 회원은 비교법적 견지에서 기본권을 해석하였다.[198]

김철수 회원은 앞에서 말한「한국 헌법학의 의의, 연구방법 및 과제」에서 헌법학의 연구방법에 대하여 ① 경험주의적 방법론 ② 마르크스주의 방법론 ③ 법실증주의적 방법론 ④ 자연법론적 방법론 등을 들고 있다.[199] 그는 나아가 헌법해석의 방법으로는 ① 문리해석 ② 논리적·체계적 해석 ③ 목적론적 해석 ④ 사회학적 해석 등을 들면서[200] 구체적 해석의 종류로는 ① 유권해석 ② 학리해석으로 ⅰ. 문리해석 ⅱ. 주관적·역사적 해석 ⅲ. 객관적·체계적 해석 ⅳ. 목적론적 해석 ⅴ. 정치적·사회적 해석으로 나누고 새로운 해석방법론을 도입할 것을 강조하고 있다.[201]

그는 법실증주의가 제정법을 금과옥조로 생각하여 실정법의 절대성, 무오류성 등을 주장한다고 보고, 이러한 제정법만능주의는 인권의 이념에도 위반되기 때문에 보완적으로라도 자연법을 도입해야한다고 주장하였다.[202] 그는 인권입법의 발전경향을 연구한『기본적 인권의 본질과

196) 상세한 것은 김철수, 유진오의 기본권론, 고정광현박사추모논문집『법학교육과 법학연구』(길안사, 1995), 288-323면; 박일경, 헌법 교과서.

197) 상세한 것은 김철수, 문홍주 회원,『앞서 가신 회원의 발자취 II』(학술원, 2014), 168-172면; 전광석, 헌법학자 문홍주,『미국헌법연구』제26권 1호(2015), 409-456면.

198) 상세한 것은 김철수, 이종극 선생,『앞서 가신 회원의 발자취』(학술원, 2004), 227-232면.

199) 김철수, 한국헌법학의 의의, 연구방법 및 과제,『공법연구』제26집 제3호(1998), 51-56면.

200) 위 논문, 57-61면.

201) 위 논문, 67-66면. 그 위에 경제적 해석, 문화인류적 해석, 정치적·사회적 해석 등도 추가 할 수 있을 것이다. 경제적 해석에 대해서는 Beard, 양재열·정성일 옮김,『미국헌법의 경제적 해석』(신서원, 1997) 참조. 윤진희, 헌법정치경제학상 방법론에 의한 언론의 자유제한에 관한 연구, 동국대학교 석사논문, 2008.

체계』에서 법실증주의 헌법하의 기본권론과 자연법헌법하의 기본권론을 분류하고, 제정법 만능주의의 법실증주의 해석에서 자연법론적 해석을 추가하여 실정헌법의 흠결을 보완할 뿐만 아니라 자연권에 위반되는 헌법규범의 무효를 주장하고, 위헌법률심사의 중요성을 강조하고 있다.[203] 그는 이 책에서 미국 기본권의 해석에 관한 논쟁을 소개한 뒤 해석에 의한 기본권확장의 현실을 설명하고 있다.[204] 이때에 미국헌법제정자들의 의사를 중시하면서도 현재의 자연법론적 해석론이 지배하고 있음을 보았다. 그의 자연권론은 헌법학에서 다수설이 되었다.

김효전 회원은 일찍부터 독일 헌법논문을 번역하여 한국의 인권법학의 발전에 기여하였는데, Böckenförde의 논문인 「기본권이론과 기본권해석」을 번역·출판하여 한국 헌법학계에 경종을 울렸다.[205] 그는 이 밖에도 『독일헌법학설사』를 편집·출판하였고,[206] 『독일 기본권이론의 이해』도 편집·출판하였다.[207] 여기서도 기본권의 해석방법에 관한 몇 개의 논문이 있다. 김효전 회원은 한국에서도 Böckenförde의 이론이 적용될 수 있다고 보고 있다.[208] 김효전 회원은 한국에서 독일의 Smend 이론이 과대평가되고 있는데 대하여 비판했으며 교과서에서 소위 통합론의 퇴출에 큰 역할을 했다.[209]

그는 한국헌법상의 기본권이론을 ① 법실증주의 기본권이론 ② 자유주의(자연법적) 기본권이해 ③ 기본권의 가치이론 ④ 기본권의 정치적 이해

---

202) 김철수, 위 논문, 55-57면.

203) 김철수, 『기본적 인권의 본질과 체계』(학술원, 2017).

204) 김철수, 위의 책, 589-599면 참조.

205) Böckenförde, 김효전역, 기본권이론과 기본권해석, 방산구병삭박사정년기념논문집 『공법이론의 현대적 과제』(박영사, 1991), 97-124면.

206) 김효전편, 『독일헌법학설사』(법문사, 1982).

207) 김효전 편역, 『독일 기본권이론의 이해』(법문사, 2004).

208) 김효전, 한국 기본권이론의 역사적 발전, 금랑김철수선생팔순기념논문집, 『헌법과 기본권의 현황과 과제』, 300-311면, 특히 305-311면.

209) 김효전, 이른바 헌법관에 따른 기본권이해, 『월간고시』 1989년 4월호, 65-76면; 김효전, 통합이론에서의 기본권이론 - 루돌프 스멘트의 기본권이해, 『고시계』 1993년 8월호, 70-86면.

로 나누어 설명하고 있다.210) 결론에서 「그 동안 독일헌법에 대한 연구는 이상으로서 또한 확고부동한 권위를 가지고 한국에서 군림해 온 것이 사실이다. 아직도 기본권해석에서 뵈켄회르데(Böckenförde)의 정식을 그대로 따르는 학자가 많다. 예컨대 권영성, 허영, 홍성방 등의 교과서가 대표적이며 몇 가지의 논설이 있다」고 지적하고 있다.211)

이에 대하여 「인간의 존엄과 가치 외에 행복을 추구할 권리가 규정되어 기본권 규정이 직접 효력을 가지는 실정법상의 권리를 차지하게 되었다. 종래의 이론적이고 논리적인 기본권이해에서 경험적이고 현실적인 기본권이해의 방향으로 커다란 전환을 보게 된 것은 한국헌법과 헌법학의 자랑이라고 할 수 있다」212)고 했다.

(2) 원외 헌법학자들의 기본권해석론

헌법학자에 의한 기본권해석에 대한 것은 독일 학설을 편집 · 번역한 계희열 교수의 『헌법의 해석』이 일찍이 출판되었다.213) 그러나 2010년대 나온 것으로는 헌법재판소장이던 이강국 교수의 『헌법합치적 법률해석』이 유일하며,214) 그 외에는 주로 교과서에서 논의되고 있다. 이강국 소장의 책도 부제가 이야기하고 있는 바와 같이, 서독에서의 이론과 실제가 중요 내용이었다. 그런데 독일 이론은 지나치게 논리실증주의라는 비판을 받는다.

미국에서 학위를 했던 윤후정 교수와 안경환 교수, 미국헌법에 관심을 가진 김문현 교수의 제자들이 미국에서의 기본권해석의 방법에 대해서 많은 연구를 하고 있다. 이들이 재직했던 이화여자대학교와 서울대학교에서 박사학위 논문이 다수 나왔다.215)

210) 김효전, 한국 기본권이론의 역사적 발전, 앞의 책, 303-310면.
211) 김효전, 위의 논문, 311면.
212) 김효전, 위의 논문, 311면.
213) 계희열 편역, 『헌법의 해석』(고려대학교 출판부, 1993).
214) 이강국, 『헌법합치적 법률해석』(박영사, 2012).

한국 헌법재판소에서는 1994년에 『헌법해석에 관한 연구』 책을 출판하였다. 여기에는 최대권 교수의 「헌법의 해석」, 한상희 교수의 「헌법재판소의 결정례와 헌법해석」, 김문현 교수의 「위헌성 여부가 문제되는 몇 가지 법률조항에 대한 고찰」이 수록되어 있다. 이 논문들은 주로 한국 문제를 다루고 있는 점에 중요성이 있다. 이들 중에는 법사회학을 전공으로 하는 분도 있어 개별 문제해석에 관하여 사회학적 고찰을 하고 있어 연구가치가 있다.[216)]

교과서에서 구체적으로 언급한 사람은 양건 교수이다. 양 교수는 그의 『헌법강의』의 제2편 제3장에서 「헌법해석」에 관해 설명하고 있다. 그는 Ⅰ. 헌법해석의 본질 Ⅱ. 헌법해석과 사법소극주의·사법적극주의 Ⅲ. 합헌적 법률해석으로 나누어 설명하고 있다.[217)]

그는 Ⅰ. 헌법해석의 본질에서 1. 헌법해석은 법발견이라는 견해 : 제정자의도설 2. 헌법해석은 법창조라는 견해 : 법현실주의, 비판법학 3. 절충적 견해 4. 절충적 고찰 : 이익교량으로서의 헌법해석을 다루고 있다. 1.에서 미국의 제정자의도설을 설명하고 비판하고 있다. 이는 제정자의 의사의 확정이 어려운 점과 100년 전에 만들어진 제정자의 의사를 바뀐 현실에 적용하는 것은 잘못이며, 살아 있는 헌법을 적용해야 한다는 비판이다.[218)] 그는 Bork 판사의 의견으로서 이 비판에 동조하고 있다. 2. 헌법의 해석을 법창조라고 보는 견해로 ① 법현실주의의 입장과 ② 비판법학의 입장으로 나누어 다루고 있다. 그는 비판주의 법학자로 하버드대학교의 Tushnet를 들고 있다. 비판법학은 법문언의 해체라고 보고 비판하고 있다. 그는 Tribe와 Dworkin에 따라 비판법학을 비판하고 있다.[219)] 그래서 나오는 것이 3. 절충적 견해이다. 이 이론은 법해석을

---

215) 예를 들면, 권혜령, 헌법에 열거되지 아니한 권리 - 미국연방헌법 3장 제9조를 중심으로, 이화여자대학교 법학박사 학위논문, 2007.

216) 헌법재판소, 『헌법해석에 관한 연구』(1994), 289면.

217) 양건, 『헌법강의』 제3판(법문사, 2012), 43-58면.

218) 양건 교수는 미국의 해석론을 original intent를 발견하는 주의와 living constitution 과의 관계에 관해서 잘 설명하고 있다.

부분적으로는 법발견적 성격과 법창조적 성격을 지니고 있으나, 그 어느 하나로 단순화 시켜볼 수 없다고 한다.[220] 그는 Dworkin에 따라서 법발견이나 법창조가 아닌 법해석을 강조한다. Tribe와 Dorf의 견해도 절충설에 속한다고 한다.[221] 그들은 헌법의 해석은 기본적인 선택이 불가피하다고 보고, 그 선택은 가치의 선택이라고 본다. 그런데 이 선택은 가능한 한 텍스트 그 자체로부터 이끌어내야 한다고 한다.

그는 많은 학자들의 이론을 검토한 후에 4. 결론을 내리고 있다.「헌법원리에 있어서 궁극적으로 대립하고 있는 것은 개인주의의 원리와 공동체주의의 원리이다. 대부분의 헌법문제는 각 두 원리를 어느 선상에서 조정하느냐라는 이익교량에 따라 그 판단이 갈린다. 그런 점에서 헌법해석의 문제는 곧 개인주의와 공동체론의 사이의 이익교량의 문제이다」고 결론을 내고 있다.[222] 이 설명은 미국학자들의 난삽한 이론을 잘 설명한 뒤 독자적인 결론을 내린 점에서 독창적이라고 하겠다.

성낙인 교수는『헌법학』에서 제1장 제4절에서「헌법학과 헌법해석」을 논하고 있다. 그는 Ⅰ. 의의 Ⅱ. 헌법의 특성에 기초한 헌법해석 Ⅲ. 전통적인 헌법해석의 방법 Ⅵ. 결어로 나누어 설명하고 있다.[223] 그는 헌법학 중에서 헌법해석학을 가장 중시하고 있다. 이는 헌법교과서의 체계상 불가피하다고 하겠다. 그는 자비니를 비롯한 여러 사람의 법해석의 원리를 설명하면서[224] 이러한 전통적인 법해석에는 한계가 있다고 보고 있다. 그는「헌법해석에 있어서도 성문헌법의 문의적 한계를 뛰어넘어서는 안 된다」고 하면서도 결론적으로는「헌법해석도 헌법의 개방성을 통하여 주어진 헌법을 유지하는 가운데, 헌법변천개념의 축소를 통하여 헌법해석의 영역은 확대되어야 한다」고 하면서「헌법학연구에 있어서

219) 양건, 위의 책, 48면.
220) 양건, 위의 책, 50면.
221) 양건, 위의 책, 51면.
222) 양건, 위의 책, 52면.
223) 성낙인,『헌법학』제18판(법문사, 2018), 32-38면.
224) 성낙인, 위의 책, 24면.

다원적이고 다양한 방법론적인 접근은 헌법해석의 깊이를 더할 수 있을 것이다」고 한다.[225)]

그는 기본권의 해석론에서는 「헌법 제10조에서는 자연법적 권리인 인간으로서의 존엄과 가치를 보장하고 특히 "국가는 개인이 가지는 불가침의 기본적 인권을 확인하고 이를 보장할 의무를 진다"라는 규정을 강조한다. 「그것은 곧 자연법적 권리로서의 기본권을 헌법전의 틀 속에서 명시함을 의미한다」.[226)] 그러나 제37조 1항에 대해서는 「헌법전에 명시되지 아니한 권리도 헌법적 가치를 가지는 기본권이 될 수 있음을 분명히 한 것이다」. 「자연권설에 의하면 이 조항은 이미 헌법 제10조에서 천명한 기본권리를 다시 한 번 강조하고 확인한 규정이다. 그러나 실정권설에 의하면 이 규정이 있기 때문에 비로소 헌법에 열거되지 아니한 기본권도 법률적 가치를 가지는 기본권이 될 수 있으므로 이 규정은 기본권창설의 규정이 된다」[227)]고 하고 있다. 이는 문리해석을 배척하는 것으로 오해될 수 있다. 그는 「헌법 제37조 1항 헌법에 열거되지 아니한 국민의 자유와 권리라 하더라도 학설과 판례를 통하여 헌법적 가치를 가지는 기본권을 창설하는 것이 가능하다」고 본다.[228)] 이것은 정당한 해석이라 하겠으나 제37조 1항의 「경시되지 아니한다」는 문언규정에 근거하여 이를 기본권창설근거로 볼 수 있을지 불명확하다.

정재황 교수는 『기본권 연구 I』[229)]에서 기본권철학과 기본권의 연구방법 과제들을 프랑스헌법사 중심으로 다루고 있다. 또 「기본권론연구의 과제와 방법」[230)]에서 기본권연구의 방법론을 설명하고 있다. 여기서는 그의 연구방법에 관한 논문을 중심으로 보기로 한다. 그는 기본권론의

225) 성낙인, 위의 책, 38면.
226) 성낙인, 위의 책, 940면.
227) 성낙인, 위의 책, 940면.
228) 성낙인, 위의 책, 935면.
229) 정재황, 『기본권연구I』(길안사, 1999), 620면.
230) 정재황, 기본권론연구의 과제와 방법, 금랑김철수선생팔순기념논문집, 『헌법과 기본권의 현황과 과제』(2012), 263-291면.

연구 과제를 ① 기본권총론 분야와 ② 기본권각론 분야로 나누어 설명하고 있다. 다음에 「기본권의 연구방법론」으로서는 ① 우리 헌법에 입각한 연구 ② 기본지침의 설정 · 체계적 이해 ③ 기본권규범의 적극적인 확인 발견 ④ 개별 기본권에 대한 접근 시각의 다양화와 복합적 성격의 파악필요성 ⑤ 역사적 · 사회적 고찰 ⑥ 복합적이고 다양한 개별법 분야에 대한 이해의 필요성 ⑦ 실효적 연구를 들고 있다.[231] 결론적으로는 헌법재판소가 강화될 것이 요구되며 이에 대한 연구가 중요하다.[232] 기본권은 국민들의 일상 생활에서 자리하고 있다. 국민의 일상생활에서 의식적이든, 무의식적이든 기본권이 실현되어야 한다. 위에서 살펴본 기본권연구과제 중에는 지속적으로 고민하여야 할 과제들도 적지 않다고 한다. 「기본권이 인간생활 속에서 향유되는 것이라는 점에서 더욱 현실성 있는 연구가 이루어져야 한다」고 현실적 주문을 하고 있다.[233] 이 논문은 기본권총론과 기본권각론의 주요 문제들을 나열하고, 거기에 대한 저자의 견해를 발표하고 있어 기본권론 연구에 있어서 중요한 가치가 있다고 하겠다. 그는 앞에 든 책에서는 이 밖에도 국제법 보장에 대한 관심의 필요, 권위주의적 의식의 청산문제들을 들고 있다.[234]

문광삼 교수는 기본권관에 관해서는 헌법관에서 설명하고 있다. 그는 기본권관으로 법실증주의와 사회학적 헌법관과 통합주의 헌법관을 설명하면서 통합이론이 「개인을 그 자체로서 독립된 인격체로 이해하지 않고 공동체의 부분으로 이해하여, 기본권의 주체로서 개인의 양심이 문제된다는 점에 유의하여야 할 것이다」고 하고 있다.[235] 그는 「헌법의 해석에 있어서 규범과 사실의 조화 있는 해석이 필요하다」고 하고 있다.[236]

이관희 교수는 그의 『한국민주헌법론』에서 기본권의 법적 성격으로

---

231) 정재황, 위의 논문, 287-291면.
232) 정재황, 위의 논문, 290면.
233) 정재황, 위의 논문, 291면.
234) 정재황, 위의 책, 28-44면.
235) 문광삼, 『헌법학』 제2판(삼영사, 2015), 59면.
236) 문광삼, 위의 책, 59면.

1. 주관적 공권성과 자연권성에서 주관적 공권성을 인정하고 있으나 자연권성은 부정하고 있다.[237] 그 이유로서「헌법 제37조에 규정되어 있는 민주적 입법자에 의한 기본권제한의 가능성을 절대로 제한될 수 없는 자연권의 본질과는 일치하지 않는다」[238]고 하고 있다. 그러나 자연권도 절대적인 권리만은 아니다. 자연권도 실정권화 될 수 있으며 오늘날 상대적 자연권도 인정되고 있다. 그는 다수설과는 달리 실정권설에 입각하여 헌법의 해석을 하고 있다.[239] 그는 기본권의 객관적 가치질서로서의 성격을 인정하고 있다.[240] 그는 Smend의 이론을 반대하면서 Häberle의 제도보장설을 따르고 있다. 제도적 기본권이론은 Luhmann에 의하여 주장된 사회학적 개념이며 기본권을 헌법제도와 동시하는 것은 모순이다.

김학성 교수는 헌법관에서 독일의 법실증주의, 결단주의, 통합주의에 따른 기본권의 본질에 관해서 언급하고 있다.[241] 그는 기본권의 본질을 개인의 주관적 권리라고 보고 있다. 그는 자유권은 실정화된 자연권이라고 본다.[242] 그는 통합론을 기능설이라고 하며 객관적 가치질서론이라고 보며 이에 대해서는 비판적이다.[243] 그는 결론적으로는 자연권설에 입각하고 있다.[244] 그는 실정헌법, 제10조, 제37조 1항, 제37조 2항을 근거로 들고 있다. 그는 기본권의 객관적 원칙규범으로서의 의의와 내용을 비교적 상세히 설명하고 있다. 그는 객관적 원칙규범의 내용으로서「첫째, 기본권은 국가행위를 제한하는 억압적 원칙규범의 기능을 하고 있고, 둘째, 기본권은 국가권력의 행사 및 행위를 제한하고, 셋째로, 국가의 기본권보호의무가 도출되며, 넷째, 객관적 원칙규범의 성격은 사법과

237) 이관희,『한국민주헌법론』제2개정판(박영사, 2016), 109-111면.
238) 이관희, 위의 책, 110면.
239) 이관희, 위의 책, 111면.
240) 이관희, 위의 책, 114-116면.
241) 김학성,『헌법학원론』전정2판(2018), 305면.
242) 김학성, 위의 책, 307면.
243) 김학성, 위의 책, 307면.
244) 김학성, 위의 책, 308면.

사인 간에도 방사적 효력을 나타낸다. 다섯째, 법의 형성과 해석에 기준을 제공한다」[245]고 한다. 그러나 이러한 것은 법의 기능(Function)이지 객관적 법질서의 본질은 아니라고 하겠다.

그는 정종섭 교수가「헌법에 보장된 기본권은 당연히 객관적 규범으로서의 성질을 가질 수밖에 없다」는 주장에 대하여 반대하고 있다.[246] 그는 권리의 질서에 대한 우위, 기본권확장의 위험을 들고 있는데 이는 적절한 표현이라고 하겠다.

강경근 교수는 그의『신판 헌법』에서「헌법의 해석」에 관하여 서술하고 있다.[247] 1. 헌법해석의 본질 2. 규범주석적 헌법해석 3. 규범실현적 헌법해석 4. 헌법해석의 논리적 한계 5. 헌법합치적 해석으로 나누어 설명하고 있다. 그는 헌법해석의 본질을「헌법주석적 헌법해석」과「규범실현적 헌법해석」으로 나누고 있다. 헌법규범주석적 헌법해석의 방법으로는 ① 문리적 해석 ② 객관적 목적해석 ③ 주관적 권리해석으로 나누고, 이들 헌법해석은 객관적 또는 주관적 의사의 '선택'에 불과하지, 헌법실현으로서의 해석은 아니라고 한다.[248] 규범관점적 해석은 규범을 기준으로 하는 해석이 아니라 현실을 기준으로 하는 해석인 점에서 헌법해석의 한계를 가져온다고 하였다.[249]

그는 헌법해석의 기능으로서「① 규범적 명확성과 현실적 타당성의 조화 ② 규범조화적 해석의 법리 ③ 이익형량적 해석의 법리」를 나누어 설명하고 있다. 그는 헌법해석의 한계를 ① 헌법규범적 한계 ② 헌법원리적 한계 ③ 권력분립적 · 기능적 한계로 나누어 설명하고 있다. 헌법규범적 해석은 규범해석에 그쳐야 하고 규범창조를 해서는 안 되는 한계가 있다고 한다. 헌법원리적 해석은 헌법원리인 민주주의와 법치주의의 한계를 넘어서는 안 된다고 한다. 또 헌법해석은 권력분립적 · 기능적

245) 김학성, 위의 책, 310면.
246) 김학성, 위의 책, 311면.
247) 강경근,『신판 헌법』, 38-50면.
248) 강경근, 위의 책, 42면.
249) 강경근, 위의 책, 42면.

한계를 넘어서는 안 된다고 한다. 헌법해석은 관료주의의 해석으로부터 거리를 둘 필요가 항상 존재한다고 한다.[250]

그는 기본권의 해석에 있어서 특별히 논하지 않았으나 기본권의 성격에서 ① 기본권의 헌법상 권리로서의 성격 ② 기본권의 헌법상 청구권으로서의 성격 ③ 기본권의 천부인권적 자연권으로서의 성격 ④ 기본권의 주관적 공권과 객관적 법질서로서의 성격과 효력 ⑤ 기본권의 제도적 기본권으로서의 성격으로 나누어 설명한다. 기본권을 주관적 요소와 객관적 요소를 통합하여 권리와 질서를 엄밀히 구분하지 않는데 문제가 있다고 하겠다.[251]

정종섭 교수는『헌법학원론』에서 헌법의 해석에 관해서는 일반적으로 설명하지 않고,「헌법해석과 헌법규범」에 관해서 간단히 설명하고 있다.[252] 그는「헌법해석을 통한 헌법규범의 의미변화를 인정하더라도 해석의 한계를 넘어 헌법규범의 의미를 변절시킬 수 없다」.「해석의 한계를 넘는 헌법의 적용은 헌법해석이라는 이름으로 헌법을 부정하거나 파괴하는 것이고, 헌법해석을 하는 기관이 해석이라는 수법을 통하여 헌법개정권이나 헌법제정권을 대신 행사하는 것」은 안 된다고 한다.[253] 그러기에 헌법변천이나 관습헌법은 인정할 수 없다고 한다. 이 이론은 엄격해석주의를 따르는 것 같다. 그는 기본권해석에 관해서도 특히 언급하지는 않고 있다. 기본권의 개념과 본질에서 ② 기본권의 구성요소와 ③ 기본권의 포섭과 도출을 들고 있다. 그는 기본권의 구성요소로서 ① 권리적 요소 ② 실정적 요소로 나누고, 실정적 요소로서「실정헌법에 의한 권리성의 부여를 강조하고 있다」. 그래서 자연권은 부정하고, 자연법적 내용은 실정헌법인 제10조와 제37조 1항에서 도출할 수 있다고 한다.[254] 또 기본적 인권의 객관적 규범성을 인정하고 있다.[255] 그러나

250) 강경근, 위의 책, 44-45면.
251) 강경근, 위의 책, 416-426면.
252) 정종섭,『헌법학원론』, 71면.
253) 정종섭, 위의 책, 71면.
254) 정종섭, 위의 책, 220-224면.

객관적 질서성을 강조하지는 않는 것 같다. 「결국, 기본권을 실정헌법에서 확인된 것이든, 창설된 것이든 권리인 이상 주관성을 가지고, 실정헌법에 실정화 된 이상 객관적 가치질서로서의 성질을 가진다」고 한다.256)

객관적 질서를 인정하는 것은 독일적인 사고이며 기본권도 헌법에 규정되지 않는 자연권도 있으며, 헌법규정은 그것이 규범이기 때문에 헌법은 모든 규범의 최고규범으로서 모든 국가권력을 구속하는 것이다. 기본권에 관한 헌법조항은 우리 헌법 제10조 2문에서 모든 국가권력을 구속하는 것이라 봄이 타당할 것이다.

김문현 교수는 헌법학에 있어서 미국의 이론을 많이 연구하여 「살아있는 헌법의 이론」을 연구했을 뿐만 아니라 제자들에게 기본권해석방법에 관한 학위논문을 지도하기도 하였다.257)

김백유 교수는 기본권의 해석에 대해서 특히 언급하지 않고 기본권의 법적 성격만 논하고 있다.258) 그는 Ⅰ. 개관 Ⅱ. 성격 Ⅲ. 기본권의 이중적 성격으로 나누어 설명하고 있다. 그는 실정권설과 자연권설을 비교설명하면서 자신의 입장을 표현하고 있다.259) 그는 헌법규정의 해석에서 제10조, 제37조 1항, 제37조 2항을 근거로 자연권론에 찬성하고 있다. 이를 보면 그의 이론은 헌법의 해석에서 문언적 해석을 채택하고 있는 것 같다. 그는 기본권의 이중적 성격을 인정하고 있다.260) 이중적 성격을 인정하는 것은 독일의 학설과 판례이지 이것을 우리 통설이라고 하기는 힘들다.

전광석 교수도 헌법의 해석이나 기본권의 해석에 관해서 언급을 회피하고 있었다.261) 그러나 신판인 제13판에서는 체제를 변경하여 기본권

---

255) 정종섭, 위의 책, 224-227면.

256) 정종섭, 위의 책, 226면.

257) 정희찬, 법기호학 시론 - 인권은 헌법해석의 문제인가? 금랑 김철수선생 팔순기념논문집 『헌법과 기본권의 현황과 과제』(2012), 763-782면; 김문현, 『헌법주석 I』(박영사, 2013).

258) 김백유, 『헌법학, 기본권론』(2009), 31-39면.

259) 김백유, 위의 책, 34면.

260) 김백유, 위의 책, 38면.

이론에 관해서 많이 언급하고 있다. 그는 기본권을 ① 가치체계로서의 기본권 ② 객관적 성격의 실정법적 근거 ③ 객관적 성격과 헌법구조적 영향 ④ 기본권의 이중적 성격으로 나누어 설명하고 있다.[262] 이것은 코페르니쿠스적 전환이다. 그는 미국 헌법의 기본권은 주관적 공권으로서의 성격을 가지나 프랑스의 기본권은 처음부터 전체 사회의 변혁을 지향하는 객관적 성격을 가진다고 하고, 한국의 제헌헌법도 객관적 질서를 강조했다고 주장한다.[263] 「학문의 자유는 학문공동주체의 자기결정에 대해서 국가의 간섭을 배제하는 주관적 성격 외에 가치질서로서의 성격을 갖는다」고 한다. 국민의 권리와 국가의 의무를 합친 이론구성이라고 하겠다. 그는 기본권의 본질이 아닌 기본권의 기능으로 가치질서를 들고 있다. 「기본권은 전체 법질서에 가치를 투영하는 기능을 수행한다」.[264] 「기본권의 기능은 이중적이다. 첫째, 전통적인 기능으로서 기본권은 국가와의 관계에서 개인의 권리의무 관계를 규율하는 규범(Regel)의 성격을 가진다. 둘째, 기본권은 그것이 예정하는 가치질서를 지향하는 원칙규범(Prinzip)으로서의 성격을 동시에 띠게 된다」[265]고 한다.

그가 Regel과 Prinzip를 구별한 것은 Alexy에 따른 것 같으나, 독일의 학설은 Wesen, Natur der Grundrechte를 Funktion der Grundrechte와 구별하고 있다. Alexy는 Regel과 Prinzip를 Grundrechtsnatur의 구조의 요소로 보고 있다. 그가 근거를 명시하지 않고 있기 때문에 독일의 어느 학설에 입각하고 있는지 궁금하다.

그는 기본권을 가치체계로 보는데 문제가 있다는 것을 지적하면서 ① 기본권의 효력이 약화된다는 비판 ② 권력분립의 시각에서의 비판을 들고 있다.[266] 그는 우리 헌법상 가치질서로서의 기본권을 헌법 제10조

---

261) 전광석, 『한국헌법론』 제8판(2012), 201면.
262) 전광석, 『한국헌법론』 제13판(2018), 234-240면.
263) 전광석, 위의 책, 235면.
264) 전광석, 위의 책, 236면.
265) 전광석, 위의 책, 236면.
266) 전광석, 위의 책, 237-238면.

에서 찾고 있다.[267)] 「헌법 제10조에 의하여 모든 국가기관은 소극적으로 기본권 보호뿐만 아니라 적극적으로 기본권실현의 의무를 가진다. 또한 인간의 존엄규정은 다른 기본권의 가치기준으로서 기능한다. 따라서 기본권이 전체적으로 가치질서를 형성할 뿐만 아니라 모든 개별 기본권은 주관적 공권성과 객관적 가치질서성을 동시에 갖는다」고 한다.[268)]

그러나 헌법 제10조는 이를 전문과 후문으로 구분하여 전문은 국민의 권리를, 후문은 국가의 국민의 자연권 보호의무를 규정한 것으로 보아 수범자가 다르다고 보는 것이 어떨가 한다. 그는 「기본권의 객관적 성격에서 기본권의 효력은 국민과 국가의 개별적인 관계 뿐만 아니라 모든 사회질서에 확대된다」[269)]고 하고 있다. 기본권의 효력을 전사회질서로 확장하는 경우에는 사회의 이익이나 국가안전 등을 이유로 권리로서의 기본권이 제한될 가능성은 없는지 숙고해야 하겠다. 그의 주장은 독일의 정신과학론자들과 일맥상통하는 것이 아닌지 모르겠다.

입론의 출처를 명백히 밝힌 학자로는 이준일 교수가 있다. 그는 지도교수인 Alexy의 이론을 따라서 교과서를 서술하고 있다. 그는 기본권의 연구방법론으로 독일의 법실증주의와 결단주의, 통합주의의 일방성을 비판하면서 「각각의 헌법관에서 강조하고 있는 헌법개념과 효력개념의 요소들을 종합적으로 고려함으로써 비실증주의적 헌법개념과 효력개념을 구성하는 것이 합리적이다」[270)]고 하고 있다.

그는 Alexy에 따라 권리와 규범을 나누어 ① 주관적 지위로서의 기본권과 ② 객관적 규범으로서의 기본권 ③ 기본권의 양면성을 나누어 설명하고 있다.[271)] 그가 Alexy에 따라 권리개념과 규범개념 등을 상세히 분류하고 있는 것은 매우 유익하다.[272)] 그는 기본권의 이중적 성격에

267) 전광석, 위의 책, 238면.
268) 전광석, 위의 책, 238면.
269) 전광석, 위의 책, 239면.
270) 이준일, 『헌법학강의』 제5판(홍문사, 2013), 291면 이하.
271) 이준일, 위의 책, 292-311면.
272) R. Alexy, Theorie der Grundrechte, Taschenbuch, 1986.

대해서는 부정적이다. 「기본권이 가치질서로서의 성격도 가진다는 이론 구성은 기본권의 기능을 확대했다는 기여에도 불구하고 그러한 기본권의 기능을 단순히 국가의 의무에 한정시켰다는 문제점을 발생시킨다. 따라서 기본권의 양면성을 구성할 때에는 기본권의 양면적 성격들이 가지는 논리필연적인 관계가 강조되어야 한다」[273]고 하고 있다. 이는 타당한 결론이라고 하겠다.

그는 기본권의 구조와 성격에서 ① 자유로서의 기본권 ② 권리로서의 기본권 ③ 권한으로서의 기본권 ④ 지위의 총체로서의 기본권을 합쳐서 주관적 지위로서의 기본권이라고 하고 있다.[274] Alexy의 Position을 지위라고 번역하고 있는데 이는 Jellinek의 Status와 혼동될 수 있기 때문에 주관적 권원으로서의 기본권 등으로 번역하는 것이 옳을 것이다. 이 주관적 권능의 기본권내용을 상세히 설명한 것은 시사하는 바가 크다. 권리로서의 기본권에서 기본권의 기능을 이야기하고 있는데 이는 권리의 성격으로 방어권과 급부권 등으로 분류한 것은 타당하다고 하겠다.

객관적 규범으로서의 기본권은 규범을 말하는데 규범을 명령규범, 금지규범, 허용규범으로 나누어 설명하는 것도 타당하다.[275] 규범은 객관적 질서나 객관적 가치와 비슷한 것인데 이를 권리로 볼 수 있는지 문제이다. 그는 규범과 가치의 이동을 설명하고 있는데[276] 좀 더 상세한 설명이 필요할 것 같다.

심경수 교수는 헌법학의 방법론으로 ① 법실증주의적 방법 ② 통합주의방법 ③ 결단주의방법을 들고 있는데 자연권적 방법은 언급하지 않고 있다.[277]

그가 든 방법론은 제2차 세계대전 전의 독일헌법이론이고 나치스의 폭정을 겪은 뒤인 독일 기본법 시대에는 자연법의 부활이 행해졌고,

---

273) 이준일, 위의 책, 311면.
274) 이준일, 위의 책, 292면.
275) 이준일, 위의 책, 306면.
276) 이준일, 위의 책, 308면.
277) 심경수, 『헌법』(2018), 19-23면.

자연법적 헌법론은 너무나 당연한 것이고 헌법제정의 정신이었기에 이를 무시할 수는 없을 것이다. 그는 기본권의 성격에서 ① 자연권적 성격을 찬성하면서 이중적 성격에 대해서는 약간 회의적이나 「기본권의 주관적 권리성과 불가분의 기능적 보완관계에 있다」고 하면서 헌법 제10조 후문을 그 논거로 들고 있다.[278)]

오호택 교수는 헌법학 연구방법으로 ① 법실증주의 ② 결단주의 ③ 통합론으로 나누어[279)] 비교적 상세히 설명하고 있는데, 이는 앞서 말한 바와 같이 제2차 세계대전 이전의 독일이론이다. 제2차 세계대전 후의 자연권의 영원회귀운동 등을 무시한 감이 있다.[280)] 또 제2차 세계대전 전의 이론만 들고 있고 제2차 세계대전 후의 독일의 새로운 이론을 들지 않은 단점이 있다.

그는 기본권의 성격에 대하여 ① 자연권설과 실정권설의 다툼이 있다는 것을 지적하고 자연권설이 다수설이기는 하나 그는 통합론 내지 Häberle에 따라 제도로 보고 있다.[281)] 그리고 기본권을 주관적 공권인 동시에 객관적 법질서의 이중성을 가진다고 하고 있다.[282)] 그는 「기본권의 이중적 성격을 인정하지 않는 견해도 있으나 이는 기본권과 제도보장을 엄격히 구분하려는 견해로 찬동하기 어렵다」[283)]고 한다. 그는 헌법규정은 엄격히 권리와 질서를 구분하고 있는데 실정헌법을 무시하면서 「기본권은 헌법규정 여부와 관계없이 그 객관적 법질서로서의 성격이 인정되는 것이다」[284)]고 하고 있다. 이중적 성격설을 주장하는 사람은 한국의 헌법재판소가 독일 헌법재판소의 판례를 인용한 것을 그 근거로 하고 있다. 권리는 실정헌법에서 규정되지 않더라도 자연권으로 인정되

278) 심경수, 위의 책, 135면.
279) 오호택, 『헌법강의』 제2판(2016), 7-120면.
280) 오호택, 위의 책, 123-126면.
281) 오호택, 위의 책, 125-126면.
282) 오호택, 위의 책, 123-125면.
283) 오호택, 위의 책, 124면.
284) 오호택, 위의 책, 124면.

나 법질서는 실정법에서 제도로 규정되어야만 성립하는 것이다.

4. 기본권의 법적 성격에 관한 연구 회고

(1) 회원들의 기본권의 법적 성격론

박일경 회원이나 유진오 회원은 법실증주의적 해석에 따라 기본권은 헌법에 권리로 규정되어 있기 때문에 실정권이라고 보았다. 문홍주 회원은 미국의 판례이론에 따라 기본권을 이해하고 있었다. 김철수 회원은 기본권은 권리라고 보고 자연권성을 주장하였다. 실정헌법에 규정이 없었던 인간의 존엄과 가치 · 행복추구권 등도 헌법 이전의 권리로서 인정하였다. 다만, 성문헌법이 이를 규정한 이후에는 자연권을 실정함으로써 실정권적 성격을 가진 것이라고 했고, 자연권성을 부정하는 사람에게는 현행 실정헌법 제10조와 제37조 2항의 문리해석과 목적론적 해석, 체계적 해석에 따라 헌법에 열거되지 아니한 기본권도 자연권으로 존재하는 것이라고 했다.[285]

현대에 와서 문제가 되고 있는 것은 기본권의 이중적 성격의 문제이다. 이는 기본권이 권리인 동시에 질서로서의 성격을 가진다는 이론인데 한국에서도 주장되고 있다.

김철수 회원은 기본권이 주관적 공권인 동시에 객관적 질서라는 이론을 독일 특유의 이론이며 이것은 기본권의 권리성을 약화시키는 것이라고 하여 반대하였다.[286] 이 주장의 근거는 Smend의 통합론이나 학자들의 정신과학적 방법에 따라 가치를 논증하기 때문이다. 또 김철수 회원은

---

285) 김철수, 현행헌법상 기본권의 법적 성격과 체계, 『헌법논총』 제8집(1997); 김철수, 인간으로서의 존엄과 가치 · 행복추구권의 연구(상)(하), 『학술원논문집』(인문 · 사회과학편) 제47집 1호 및 2호(2008).

286) 김철수, 기본권의 성격, 『법정』 1970년 4월호; 김철수, 현행헌법상 기본권의 법적 성격과 체계, 『헌법논총』 제8집(1997); 김철수, 『현대헌법론』(박영사, 1979).

기본권과 제도보장을 준별하였다.[287]

김효전 회원도 앞서 말한 바와 같이 통합론을 반대하였고, 독일 기본권 이론에 대해 많은 논문을 썼다.[288]

(2) 원외 헌법학자들의 기본권의 법적 성격 연구

양건 교수는 기본권의 법적 성격에서 기본권은 자연법의 실정화로 보고 이중적 성격과 제도보장을 들고 있다.[289] 그는 헌법재판소의 결정(헌재 1995. 6. 29. 선고 93헌바45)[290]를 인용하면서 기본권의 이중성을 강조하는 이론은 기본권보장이 확대되고 사인 간에서 기본권의 효력을 확장하기 위한 것이라고는 하나, 이는 오히려 기본권보장을 약화시킬 기능이 있다고 본다. 결론적으로 그는 「자연권론과 실정권론의 대립을 기본적으로 기본권의 존재근거에 관한 것이고, 이에 대해 통합론적 기본권은 기본권의 기능에 관한 이론이라고 볼 것이다」고 하고 있다.[291]

그는 기본권과 제도보장에 관해서[292] 헌법재판소판례(헌재 1997. 4. 24. 선고. 95헌바48)[293]의 이론을 따르고 있다. 그는 「기본권의 객관적 질서로서의 성격을 강조하는 입장에서는 기본권보장과 제도보장의 구별을 부인하는 이론도 있다」고 하면서 「제도보장은 주관적 권리가 아니라 객관적 제도의 보장이며 최대보장의 원칙이 아니라 최소보장의 원칙이 적용된다는 점에서 기본권보장과 다르다」고 하고 있다.[294]

조병윤 교수는 그의 『헌법학원리』에서 제2편 기본권보장의 근본원리에서 제3절 기본권의 법적 성격을 논하고 있다. 제1항에서는 주관적

287) 김철수, 제도보장의 의의와 법적 성격, 『고시계』 1965년 5월호.
288) 김효전, 최근 독일의 기본권이론, 『고시계』 1991년 9월호.
289) 양건, 위의 책, 219-224면.
290) 『헌법재판소 판례집』 제7권 1집, 873면, 873-880면.
291) 양건, 위의 책, 221-222면.
292) 양건, 위의 책, 223-224면.
293) 양건, 위의 책, 223면. 『헌재판례집』 제8권 1집, 435면, 444-445면.
294) 양건, 위의 책, 223-224면.

공권성 제2항은 전국가적 자연권성 제3항 기본권의 이중적 성격문제, 제4항 기본권과 제도보장을 들고 있다.[295)]

그는 기본권을 국가에 대한 공권성을 인정하고 있으며「생존권의 경우에는 그 구체적 권리성을 인정하는 방향으로 현재 발전과정에 있다」고 한다.[296)] 나아가 그는 기본권을 천부인권이라고 하고 있다.[297)]

그는「실정법과 자연법의 공존을 인정하는 존재론(Ontology)적 자연권성에 입각하여 기본권의 자연권성을 인정하면서 그 실정화에 노력하여야 할 것으로 보인다」[298)]고 한다. 기본권의 제3자적 효력에 관해서는 헌법재판소 판례(1996. 8. 29. 선고 94헌마113)[299)]를 인용하면서 어느 정도 인정하고 있다.[300)] 그래서「기본권의 제3자적 효력을 인정하는 것은 기본권의 주관적 공권만이 아니라 사회전반적인 객관적인 법질서라는 데에 있다」고 본다.[301)]

기본권은 권리인데 이를 규정하고 있는 헌법조항이 최고규범이기 때문에 사인 간에도 효력을 가지는 것이라고 하겠다.[302)] 기본권과 제도보장에서는 기본권과 제도보장의 구분을 하고 제도보장은 기본권이 아니고 객관적 질서라고 보고 있다.[303)]

성낙인 교수는「기본권의 개념과 범위」에서 기본권의 법적 성격을 설명하고 있다.[304)] 특히 기본권의 범위에서 헌법에 열거되지 아니한 권리인정의 근거를 들고 있다.[305)] 교과서에서는 제1장 기본권 일반이론

---

295) 조병윤,『헌법학원리』제2판(2010), 176-185면.
296) 조병윤, 위의 책, 176-177면.
297) 조병윤, 위의 책, 177면.
298) 조병윤, 위의 책, 177면.
299) 조병윤, 위의 책, 177면.
300) 조병윤, 위의 책, 179면. 1996. 8. 29. 선고 94헌마113. 전원재판부.
301) 조병윤, 위의 책, 179-180면.
302) 조병윤, 위의 책, 181면.
303) 조병윤, 위의 책, 183면.
304) 성낙인, 기본권의 개념과 범위,『헌법재판연구』제16집; 성낙인, 기본권의 개념과 범위,『헌법학 논집』(법문사, 2018), 1293-1308면.
305) 성낙인, 기본권의 범위,『헌법학』, 932-936면; 성낙인,『헌법학 논집』

의 제3절에서 기본권의 법적 성격을 다루고 있다. 그는 Ⅰ. 의의 Ⅱ. 자연권설 Ⅲ. 주관적 공권 Ⅳ. 기본권의 이중적 성격을 들고, 제4절에서 기본권과 제도보장에 관해서 설명하고 있다.[306]

그는 기본권에 관한 각국의 이론을 설명한 뒤 「근대 시민혁명 과정에서 정립된 근대 자연법론의 사상적 틀 속에서 출발점을 찾아야 한다」고 하고, 「기본권을 초국가적 자연권의 실정권화를 의미한다」고 한다.[307] 나아가 한국 헌법상의 기본권해석에서는 실정헌법의 해석을 중심으로 설명하고 있다.[308] ① 기본권은 제10조에 따라 자연법적 권리로서의 기본권을 헌법전의 틀 속에서 명시한다. ② 헌법 제37조 1항을 자연권설에 의하면 이미 제10조에서 천명한 기본원리를 다시 한 번 강조하고 확인한 것이고, 실정권설에 의하면 이는 기본권 창설적 규정이 된다고 하고, ③ 자유와 권리의 본질적 내용침해규정은 본질적 내용은 자연권성에 기초하여서만 이해할 수 있다고」 한다.[309] 다음에는 기본권의 권리성을 인정하고 있다. 사회권도 구체적 권리성을 인정하여야 한다고 한다. 문제는 기본권의 이중적 성격문제이다. 그는 부정설과 긍정설을 검토한 뒤 「자연권의 법적 성격 그 자체는 어디까지나 자연권으로서 주관적 공권이다. 다만, 한국헌법에서 국가권력을 구속하는 결과적으로 객관적 질서를 규정하기 때문에 결과적으로 객관적 질서로서의 성격을 가지게 되지만, 기본권 전체가 객관적 질서의 성격을 가지는 것이 아니다」고 결론짓고 있다. 기본권과 제도보장이론에서는 학설과 판례가 기본권과 제도보장을 구별하여 명시적으로 인정하고 있고 제도보장의 범위는 넓힐 수 있다고 한다.[310]

강경근 교수는 그의 『헌법학』에서 기본권의 성격에 관해서 ① 헌법상

(2018), 1296-1306면.

306) 성낙인, 『헌법학』, 938-947면.

307) 성낙인, 위의 책, 940면.

308) 성낙인, 위의 책, 940-941면.

309) 성낙인, 위의 책, 940면.

310) 성낙인, 위의 책, 94-947면.

권리로서의 성격 ② 헌법상 청구권으로서의 성격 ③ 천부인권의 자연권으로서의 성격 ④ 주관적 공권과 법질서로서의 성격 ⑤ 법질서로서의 성격 ⑥ 제도적 기본권으로서의 성격으로 나누고 있다.[311] 그는 기본권이 헌법상 권리임을 강조하고 기본권은 대국가적 청구권이라고 하고 다만, 사회권은 원칙규범이자 입법형성권의 위임이라고 보고 사법절차에 의한 실현을 이야기 하고 있다.[312] 그는 기본권을 자연권으로 보며 헌법 제10조, 제37조를 근거로 들고 있다.[313] 기본권은 주관적 공권으로 대국가적 권리라고 하면서 대사인과의 관계에서 질서로서의 기능을 하고 기본권은 사권이 아니지만 법질서의 구성요소가 되는 기본권으로부터 나오는 객관적 가치질서가 사인간의 법률관계에 적용되는 것이라 한다.[314] 나아가 기본권은 공동체의 객관적 법질서로서 보는 스멘트의 이론을 따르고 있다. 그 근거는 기본권의 공동체성 때문이라고 한다. 그는 기본권의 주관적 공권성과 공동체의 가치질서로 이중적 성격을 가진다고 한다.[315] 나아가 기본권의 제도적 성격을 강조함으로서 「자유는 제도다」라는 명제를 강조하고 있다.[316] 그러나 그는 제도보장은 규범복합체의 보장이라고 본다.[317]

그의 이론은 기본권의 전통적 이론과 스멘트의 통합론, 루만의 제도론 등을 혼합한 것으로 보인다. 그러나 기본권의 가치질서설은 정신과학적 방법론에서 나온 것이고, 루만의 제도론은 사회학적 입장에서 나온 것이기 때문에 이를 혼합하는 것은 문제이다. 오히려 기본권은 권리이고, 이를 규정한 헌법규범이 규범복합체로서 국가의 기본권보호의무를 규정하고 있다고 보는 것이 옳을 것이다.[318]

311) 강경근, 위의 책, 416-425면.
312) 강경근, 위의 책, 419-421면.
313) 강경근, 위의 책, 421-423면.
314) 강경근, 위의 책, 423-424면.
315) 강경근, 위의 책, 424-426면.
316) 강경근, 위의 책, 426면.
317) 강경근, 위의 책, 426면.
318) 스멘트나 루만의 이론에 대해서는 김효전 편역, 『독일 기본권이론의 이해』

정재황 교수는 「기본권을 자연권」으로 보고 있다.[319] 우리 헌법은 제10조 후문에서 「국가는 개인이 가지는 불가침의 기본적 인권을 확인하고 이를 보장할 의무를 진다」라고 규정하여 기본권을 자연권으로 보는 입장을 분명히 하고 있다.[320] 그 근거로는 「국민으로서 이전에 인간으로서 가지는 권리라는 의미의 인권이란 용어를 명시하고 있고」(천부인권), 만약 우리 헌법이 기본권을 실정권으로 본다면 실정법으로 창설해야 할 기본권을 「확인」한다고 규정할 수는 없을 것인데 원래 인간에 존재하는 자연권으로 보기에 이를 확인한다고 규정한 것이기 때문이다」. 「헌법 제37조 2항은 국민의 자유와 권리를 제한하는 경우에도 "그 본질적 내용을 침해할 수는 없다"라고 규정하는데 이러한 본질적 내용은 본래부터 존재하는 것이기에 이 또한 우리 헌법이 기본권을 자연권으로 보는 입장임을 보여주고 있다」고 한다.[321]

정재황 교수는 기본권의 이중적 성격문제에 대하여서도 논평하고 있는데 이중적 성격을 부인하고 있다.[322] 그는 대법원이 이중적 성격을 인정하는 것 같은 판결을 한 적이 있으나 이론상 이중적 성격을 인정할 수 없다고 하고 있다. 그 이유로 ① 기본권은 권리이며 기본권보장을 위한 제도·질서는 기본권을 보장하기 위한 수단 또는 그 효과로서의 의미를 가진다.[323] ② 기본권의 이중성은 우리 헌법 제37조 2항에 맞지 않는다. 이중성을 인정하면 기본권 자체에 기본권 제약적 질서가 내포되어 있을 수 있으므로 그 질서에 의해 스스로 제한될 수 있을 것이다. 그러나 우리 헌법 제37조 2항은 질서를 위한 경우에도 기본권이 스스로 제약되는 것이 아니라 "법률"로써 제한되도록 하고 있다고 한다.[324] 「따라서 우리

(법문사, 2004) 참조.

319) 정재황, 기본권연구의 과제와 방법, 금랑김철수선생팔순기념논문집 『헌법과 기본권의 현황과 과제』(경인문화사, 2012), 263-291면.

320) 정재황, 위의 논문, 265면.

321) 정재황, 위의 논문, 265-266면.

322) 정재황, 위의 책, 209면.

323) 정재황, 위의 책, 209-210면.

324) 정재황, 위의 책, 209면.

헌법해석상으로 부정설이 타당하다」[325]고 하고 있다. 그가 이러한 부정설을 따르고 있는 것은 정당하다.

심경수 교수는 독일의 기본권연구방법으로서 ① 법실증주의 ② 통합주의 ③ 결단주의를 설명하면서 각 기본권관의 문제점을 제기하고 있다.[326] 그는 통합설이 「통합의 동태적 조건」으로 파악한 것에 반대하고, 헌법의 개념이 유동적으로 되었다고[327] 비판한다. 결단주의에 대해서도 헌법의 규범성을 너무 강조한 나머지 결단의 결과만을 중시해서 문제가 있다고 한다.[328] 그는 그러나 본인의 기본권 방법론은 언급하지 않고 있다. 그는 기본권의 성격에서 기본권의 이중적 성격을 들고 있다.[329] 그는 「기본권의 객관적 질서로서의 성격은 기본권의 주체인 국민이 적극적·소극적으로 그의 사생활을 비롯한 정신적·문화적·사회적·경제적·정치적 생활을 영위해 나갈 때 비로소 질서로서의 의미를 가지기 때문이다」고 한다.[330]

김학성 교수는 기본권의 이중성을 인정한다.[331] 그러나 그는 기본권의 주관적 공권성에 비중을 두어 비교적 상세히 이를 설명하고 있다.[332] 그는 기본권을 국가에게 일정한 의무를 부과하는 주관적 공권이라고 보고 있다. 그는 기본권을 「국가에 선재하는 자유권(평등권 포함)과 국가에 의해서 비로소 주어지는 기본권으로 구성된다고 한다」.[333] 자유권은 「실정화된 자연권」이라고 한다.[334] 이에 반하여 생존권, 청구권, 참정권 등은 실정권이라고 한다. 그는 실정헌법도 자연권설을 유지하고 있다고

---

325) 정재황, 위의 책, 209-210면.
326) 심경수, 『헌법』(2018), 20면.
327) 심경수, 위의 책, 22면.
328) 심경수, 위의 책, 22-23면.
329) 심경수, 위의 책, 134-136면.
330) 심경수, 위의 책, 135면.
331) 김학성, 『헌법학원론』 전정2판(2018), 304-312면.
332) 김학성, 위의 책, 306-309면.
333) 김학성, 위의 책, 306-309면.
334) 김학성, 위의 책, 307면.

본다. 그 근거로는 헌법 제10조, 헌법 제37조 1항, 헌법 제37조 2항을 들고 있다. 이들 규정이 개인이 가지는 불가침의 기본적 인권을 확인한다고 했거나 국민의 자유와 권리는 헌법에 열거되지 아니한 이유로 경시되지 아니한다. 자유와 권리의 본질적 내용은 침해할 수 없다고 하고 있기 때문에 자유권 아닌 기본적 인권 전부를 자연권으로 보아야 한다는 이론도 나올 수 있다.[335]

그는 기본권이 객관적 원칙규범으로서의 성격을 가진다고 본다. 그는 기본권은 개인의 주관적 권리의 성격에 객관적 원칙규범으로서의 성격이 있다고 보고, 이를 객관적으로 법의 기능(객관법적 기능)을 수행하고 있다고 보고 있다.[336] 여기서 권리와 법의 기능이 분리되고 있는데, 이는 권리와 규범·질서의 차이를 강조한 것이 아닌지 모르겠다. 그는 이 원칙규범의 객관적 내용에 대해 상세히 설명했음은 위에서 본 바 있다.

그는 헌법 제10조의 인간의 존엄과 가치에 대해서는 이를 객관적 헌법원리인 동시에 구체적 권리로서 보고 있다.[337] 그는 존엄권과 행복추구권을 구별하며 존엄권은 자기보전의 인간의 존재양상을 보호하는 성격을 지니고 있는 반면, 행복추구권은 자기보전의 존재양상(일반적 인격권)과 자기실현의 인간의 행동양식(일반적 행동자유권)을 보장하고 있다고 한다.[338] 그러나 굳이 이를 구분하려면 일반적 인격권은 인간의 존엄권에서 나오고 일반적 행동자유권은 행복추구권에서 나온다고 구분할 수 있을 것이다. 그는 헌법 제10조의 해석론으로서 인간의 존엄과 가치를 기본권으로 인정하고 있다. 그는 협의의 인간존엄과 생명권을 그 내용으로 들고 있다.[339]

인간존엄과 헌법에 열거되지 않은 자유와 권리의 관계를 목적과 수단으로 보고 있는데 이는 수긍하기 어려우며,[340] 헌법 제37조 1항을 권리

335) 김학성, 위의 책, 308-309면.
336) 김학성, 위의 책, 309면.
337) 김학성, 위의 책, 399면.
338) 김학성, 위의 책, 400면.
339) 김학성, 위의 책, 401면.

창설규정으로 보는 것은 문리해석의 범위를 초월한 것이다. 이것은 주기본권을 인정하지 않아서 생기는 혼동이라고 볼 수 있다. 그는 광의의 인간의 존엄과 가치와 협의의 인간의 존엄과 가치를 기본권으로 보고 있는데[341] 이는 타당하나, 인간의 존엄과 가치, 행복추구권을 분리하는 경우 그 내용구분이 어려움을 알 수 있을 것이다.

이관희 교수는 「기본권의 법적 성격」에서 1. 주관적 공권성과 자연권성 2. 제도적 보장이론의 문제 3. 기본권의 가치질서성과 기본권의 이중성으로 나누어 설명하고 있다.[342] 그는 기본권을 자연권으로 인정하지 않고 실정권으로 인정하고 있는 점에서 특이하다. 주에서 허영 교수의 이론이라고 한다. 그는 실정권설을 주장하면서 헌법 제37조 1항은 자연권으로 보고 있다.[343]

그는 Smend의 기본권이론을 Häberle가 부각시켜 제도적 기본권을 주장했다고 본다. 제도적 기본권론은 Luhmann의 책이 취급하고 있어 유명하다.[344] 그는 기본권의 이중성이론에서는 Hesse를 들고 있다. 기본권을 방어권인 동시에 국가의 보호의무로 본 사람은 Isensee가 있다.[345] 그는 「기본권은 국가와 개인간의 개별적인 지위에 관한 명제로서의 지위만을 갖는 것이 아니다, 모든 사회구성원과 국가가 준수해야 할 객관적 가치질서로서의 성격도 갖는다는 점에서 기본권을 이중적인 성격을 지닌다고 보는 것이 타당하다」고 한다.[346] 그는 「기본권을 사회

340) 김학성, 위의 책, 401면.

341) 김학성, 위의 책, 402면 이하.

342) 이관희, 『한국민주헌법론』 제2개정판(박영사, 2016), 109-117면.

343) 이관희, 위의 책, 110면, 주 39.

344) Niklas Luhmann, Grundrechte als Institution, Berlin: Duncker & Humblot 1965.

345) Josef Isensee, Das Grundrecht als Abwehrrecht und als staatliche Schutzpflicht, in: Isensee/ Kirchhof(Hrsg.), Handbuch des Staatsrechts der Bundesrepublik Deutschland, Bd. V, 2. Aufl., 2000, S. 143-241. 김효전역, 「방어권과 국가의 보호의무로서의 기본권」, 김효전 편역, 『독일 헌법학의 원천』(산지니, 2018), 701-807면.

346) 이관희, 위의 책, 116면.

구성원이 합의한 공동체의 가치질서로 이해한다면 기본권을 타인의 권리와 공동체의 기본질서를 침해하지 않는 범위 내에서 행사해야 한다는 내재적 한계가 인정된다」고 한다.[347] 그러나 이러한 사회적 구성원의 합의가 헌법규정이나 법률규정 없이 실정권으로 인정될 수 있을 것인지 문제된다.

정종섭 교수는 「기본권의 본질」에서 기본권의 구성요소를 들고 있다. 그는 ① 권리적 요소 ② 실정적 요소 ③ 헌법적 요소를 들고 있는데,[348] 독창적 발상이라고 하겠다. 그는 기본권을 헌법이 규정한 권리로 보고 있으며 자연권도 헌법에 규정됨으로써 확인되거나 권리가 창설된 것이라고 본다. 이 설은 논리실증적인 실정권설에 입각하고 있다. 그는 그 근거로서 독일의 이론을 많이 인용하고 있다. 그는 국가 이전의 자연권을 인정하지 않고 헌법에 「실정화 된 자연권」만 인정한다.

그는 독일의 기본권의 이중설을 설명하면서 기본권이 권리인 동시에 객관적 규범의 성질을 가진다고 한다.[349] 그의 이 이론은 기본권이 헌법에 의하여 확인되건 창설되건 간에 헌법에 규정된 이상 권리인 동시에 객관적 규범(질서가 아님)의 성격을 가진다고 한다.[350] 헌법의 최고규범성에서 사법에는 당연히 적용되는 것이다.

김백유 교수는 기본권의 법적 성격을 ① 주관적 공권성 ② 전국가적 자연권성 ③ 기본권의 이중적 성격으로 나누고 있다.[351] 기본권을 권리적 측면뿐만 아니라 객관적 질서로 보고 있는 것도 독일 통합이론의 이론이지 이를 세계적 통설 또는 다수설이라고 할 수 없다. 이것은 독일에서 권리를 주관적 공권과 객관적 질서로 보는 입장에 근거한 것이다.[352]

347) 이관희, 위의 책, 117면.
348) 정종섭, 『헌법학원론』, 218-230면.
349) 정종섭, 위의 책, 226면.
350) 정종섭, 위의 책, 226면.
351) 김백유, 『헌법학』, 31-38면.
352) 그는 통설, 다수설을 따르는 경우가 많다. 이때 먼저 나온 학자의 학설을 후발 학자의 학설과 동일시하여 발표 선후를 구별하지 않는 잘못이 생겼다.

그는 헌법해석에서 문리해석을 하는 경향이 있고 자연권설을 채택하고 있는데, 인간이 가지는 천부인권과 국가가 가지는 천부인권의 보장의무를 한 조항에 규정했다고 하여 제10조에서 자연권과 가치질서를 함께 보장하고 있다고 보고 있다. 이는 전문과 후문을 분리 구분하지 않았기 때문에 온 규범해석의 모순이다. 국민의 권리와 이를 보장하기 위한 국가의 의무를 하나로 묶어서 이중적 성격을 인정하는 것은 규범의 수범자(Adressat)를 혼동하는 것이라고 하겠다. 1항은 국민의 권리를, 2항은 국가의 의무를 규정한 것이다.

이준일 교수는 기본권으로서 통합론을 가장 설득력 있는 이론으로 보고 있다.[353] 그는 그 이유로서「통합론은 기본권을 통합의 실질적 요소, 즉 정치적 통일체인 국가를 구성하는 요소로 봄으로서 기본권이 ① 국가생활의 영향을 제시하는 지침이 되고 ② 입법, 행정, 사법작용을 구속하며, ③ 모든 실정법질서를 정당화시켜 주는 정당성의 원천이 된다」고 주장하고 있다.[354]

그러나 이 이론이 나치스 독일에서 악용되어 반민주적인 전체국가로 전환할 수 있었음을 무시해서는 안 될 것이다.

스멘트의 이론은「기본권의 주관적 공권으로서의 성격을 충분히 고려하지 않다는 문제점을 안고 있으며, 해벌레의 제도적 기본권이론은 제도 속에서의 기본권실현이란 측면을 잘 설명하고 있지만 기본권 자체가 제도 형성의 기준과 지침이 되는 면을 충분히 강조하고 있지 않다는 문제가 있다. 그렇기 때문에 현재의 시점에서 가장 설득력이 있는 기본권 이론은 헷세의 양면성이론이라고 할 수 있다」.[355]

이 기본권의 이중성이론은 주관적인 권리와 객관적 규범 내지 질서를 융합하는 점에서 이론상 문제가 있다고 하겠다. 권리와 규범은 인간 개인을 주체로 볼 때 완전히 구분되는 것이다. 인간은 권리를 보유하고

353) 이준일, 『헌법학강의』 제5판(홍문사, 2013), 431면.
354) 이준일, 위의 책, 431면.
355) 이준일, 위의 책, 431면.

국가는 규범에 따라 이 권리를 보호해 줄 의무를 지고 있는 것이다. 이 점에서 규범의 수범자 문제를 검토해 보는 것이 옳을 것이다.

5. 기본권의 체계에 관한 연구 회고

(1) 학술원 회원들의 연구 회고

김철수 회원은 기본권을 개별적 규정의 집합으로 보지 않고 기본권의 원천인 주기본권이 있고 이 주기본권에서 파생하는 기본권이 있다고 주장하였다.[356] 예를 들면 한국헌법에서의 주기본권은「인간의 존엄과 가치 · 행복추구권」이라고 보고, 이 주기본권에서 주자유권(일반적 행동자유권), 주평등권(일반적 평등권), 주생존권(인간다운 생활을 할 권리), 주청구권(국무행위청구권), 주참정권(국민결정권) 등이 분화된다고 했다. 인간의 존엄과 가치 · 행복추구권은 주기본권인데 이에서 개별적 존엄권, 개별적 행복추구권이 나온다고 보았다. 주자유권에서 개별적 자유권으로서 인신의 자유, 정치적 자유권, 경제적 자유권, 사회적 자유권, 문화적 자유권, 정신적 자유권으로 파생된다. 마찬가지로 주평등권도 신분적 평등권, 성적 평등권, 정치적 평등권, 경제적 평등권, 사회적 평등권, 문화적 평등권 등으로 파생 · 분화된다. 마찬가지로 주생존권도 여러 가지 파생적 생존권으로 나뉜다. 인간다운 물질생활의 권리, 인간다운 문화생활의 권리, 문화적 생존권, 물질적 생존권 등이 파생 · 분화한다. 주청구권과 주참정권도 파생적 청구권과 파생적 참정권으로 나뉜다.

따라서 이러한 기본권은 포괄성을 가지는 것으로 기본권 규정에는 흠결이 없으며 그 흠결을 보완하는 것이 헌법 제37조 제1항의「헌법에 열거되지 아니한 기본권」에서 확인된다고 본다.[357] 김철수 회원은 인간

---

356) 김철수, 『헌법학연구』(지학사, 1969); 김철수, 『헌법학개론』(법문사, 1980); 김철수, 『기본권의 체계』(관악문화사, 2009).

357) 김철수, 현행 헌법상 기본권의 법적 성격과 체계, 『헌법논총』; 김철수, 『기본권의 체계』.

의 존엄과 가치와 행복추구권을 일체로 보고 타 학자와 달리 이를 주기본권으로 보아왔다.[358]

자연권이 헌법에 규정되면 실정권이 되는 것이고, 헌법에 규정되지 않는 경우에는 헌법상 자연권으로서 헌법의 해석에 의하여 천부인권의 일부로서 구체화된다는 것이다. 미국에서는 200년 전에 만들어진 헌법규범이 대법관의 헌법해석에 의하여 확장되거나 창설되고 있다. 미국헌법 수정 제9조는 그러한 전헌법적인 자연권의 근거라고 할 수 있을 것이다.[359]

김효전 회원은 「기본권에 관한 학설」에서 기본권의 체계에 대해서 간단히 언급하고 있다.[360] 그는 「헌법 제8조 인간의 존엄과 가치를 주기본권으로 파악하고 이는 개별적인 기본권으로 분화한다는 견해가 있다」고 김철수설만 들고 있고 평을 하지 않고 있다.[361]

(2) 원외 헌법학자들의 기본권체계론

양건 교수는 인간의 존엄과 행복추구권은 포괄적 기본권으로서의 성격을 가진다고 한다.[362] 포괄적 기본권은 헌법에 열거된 개별적 기본권 및 열거되지 않은 개별적 기본권의 근거가 되고 그 원천을 이루는 기본권이다.[363] 근거를 헌재 판례 (헌재 2000. 6. 1. 98 헌마 216)[364]로 들고

---

358) 김철수, 인간의 존엄과 가치 행복추구권에 관한 연구(상)(하), 『학술원논문집』(인문·사회과학편) 제47집 1호(2008), 199-279면; 제47집 2호(2008), 41-104면; 김철수, 『기본권의 체계』(관악문화사, 2009).

359) 헌법에 열거되지 아니한 기본권에 관해서는 김철수, 『현대헌법론』(박영사, 1979), 213-223면; 김철수, 『기본적 인권의 본질과 체계』(학술원, 2017).

360) 김효전, 한국 헌법학설사 연구, 『학술원논문집』(인문·사회과학편) 제54집 1호(2015), 95면.

361) 김효전, 위의 논문, 95면.

362) 양건, 『헌법학강의』 제3판, 296면.

363) 양건, 위의 책, 296면.

364) 『헌재판결집』 제12권 1호, 622-648면, 헌재 2000. 12. 13.

있다. 뿐만 아니라 개별적 기본권침해를 주장하면서 동시에 행복추구권 침해를 주장할 수 있다고 한다.[365)]

양 교수는 포괄적 기본권의 존재 의의를 헌법에서 열거되지 않은 개별적 기본권의 인정근거가 된다고 보고, 헌법 제37조 1항은 이를 주의적 규정으로 보고 있다.[366)]

헌법 제10조를 헌법의 원리규정으로 보고 기본권성을 인정하지 않는 학설에 대해서 반대하고 있으며, 제37조 1항을 주의적 규정으로 본 것은 실정권론자가 이를 권리창설적 규정으로 본 것에 대한 반론이며 문리해석에서도 적합한 논의라고 하겠다. 헌재도 이를 기본권이라고 보며,[367)] 이 제10조와 제37조 1항에서 일반적 행동자유권을 찾고[368)] 있다. 그는 인간의 존엄과 가치는 헌법원리규정이고 행복추구권을 권리라는 분리설에도 반대하고 이를 통합하여 포괄적 권리로 보고 있다.[369)] 그는 생명권도 헌법에 열거되지 아니한 기본권으로 보고 있다.[370)] 그리고 일반적 행동자유권의 근거를 제37조 1항에서 찾고 있다.[371)] 한국의 헌법재판소 판례도 같다.

조병윤 교수는 인간의 존엄성의 본질과 「내적 진리의 세발자전거」 등에서 인간의 존엄에 대한 연구를 많이 하고 있다.[372)] 이하에서는 그의 교과서를 중심으로 보기로 한다.

「기본권을 총괄적으로 묻는다면 그것은 '인간의 존엄과 가치이다'」고 한다.

---

365) 헌재 2000. 12. 14. 선고. 99헌마112 등 『판례집』 12-2, 309면, 408면.
366) 양건, 위의 책, 299면.
367) 헌재 1990. 9. 10. 선고, 89헌마82, 『판례집』 2, 306-310면.
368) 헌재 1998. 10. 15. 선고 98헌마168, 『판례집』 10-2, 586-595면.
369) 양건, 위의 책, 295-296면.
370) 양건, 위의 책, 305-306면.
371) 양건, 위의 책, 301-302면.
372) 조병윤, 인간의 존엄성의 본질과 「내적 진리의 세발자전거」론, 금랑김철수 선생팔순기념논문집 『헌법과 기본권의 현황과 과제』(경인문화사, 2012), 405-424면.

이것은 주기본권이라고 할 수 있다. 개별 기본권은 인간의 존엄과 가치에서 나온다.[373] 이들 개별적 기본권은 파생적 기본권이라 한다. 이들 기본권은 분화, 발전되어 명예권, 초상권, 인격권, 청구권, 알 권리 등 인간의 존엄성에서 직접 파생되는 기본권들로 인정되고 있다. 이와 같이 주기본권인 인간의 존엄과 가치에서 직접 파생되는 이들 기본권은 협의의 인간의 존엄권이라 한다」[374]고 하고 있다. 조 교수는 인간의 존엄과 가치, 행복추구권의 법적 성격을 ① 반전체주의적 성격 ② 근본규범성 ③ 기본권성 ④ 자연권성으로 나누고 있다.[375] 그는 규범으로서의 헌법 제10조를 근본규범으로서 규범의 최고의 효력을 가진 것으로 보면서 권리성을 인정하고 있다. 그는 권리성을 인정하면서 부정설의 잘못을 설파하고 있다. 부정설은「권리가 권리 중에서 하나만을 인정하고 하나는 부정하는 것이다」.[376] 그는 헌법 제10조가 인간의 존엄과 가치의 자연권성을 확인한 것으로 본다.[377] 그는 제37조 1항의 기본권을 포괄적 기본권으로 인정한다. 이 규정이 말하는 기본권을 포괄적 기본권이라고 한다.[378] 그는 이 포괄적 기본권규정은 우리 헌법이 자연권을 인정하고, 또 그것을 실정권화 하고 있다는 점에서 중요한 의미를 가진다[379]고 한다.

그는 한국학계에서 인간의 존엄과 가치를 제일 중시하는 학자로서 인권을 위한 범세계주의적 입헌주의를 제창하고 있다.[380] 그는「가장 큰 행복을 찾아주는 세발자전거론」에 따라 인간의 존엄성을 추구하고 있다.[381] 그는 이에 따라 인성교육론도 펴고 있다. 그는 나아가「인간의

---

373) 조병윤,『헌법학원리』제2판(성광사, 2010), 190면.
374) 조병윤, 위의 책, 190면.
375) 조병윤, 위의 책, 223-226면.
376) 조병윤, 위의 책, 224면.
377) 조병윤, 위의 책, 225-226면.
378) 조병윤, 위의 책, 226면.
379) 조병윤, 위의 책, 226면.
380) 조병윤, 위의 책, 231-235면.
381) 조병윤, 위의 책, 235-245면.

존엄성과 가치 · 행복추구권의 기본권상 체계」를 설명하고 있다.[382] 그는 인간의 존엄과 가치 · 행복추구권을 광의와 협의로 나누어 설명한다. 광의의 「인간의 존엄과 가치는 우리 헌법의 최고이념이고 목표이다」. 「따라서 우리 헌법상의 모든 기본권은 이 인간의 존엄성에서 파생되어 나오는 것이다」.[383] 협의의 인간의 존엄은 ① 생명권 ② 자기결정권 ③ 일반적 인격권 ④ 알권리 ⑤ 구체적 행복추구권이라고 본다.[384] 구체적 행복추구권은 ① 일반적 행동자유권 ② 신체를 훼손당하지 않을 권리 ③ 평화적 생존권이라고 한다.[385]

그는 인간의 존엄과 가치 · 행복추구권은 국가권력에 대해서도 직접적 효력을 가지고 사인 간에도 사법관계에 직접적 구속력을 가진다고 했다.[386][387]

성낙인 교수는 기본권의 체계를 완전히 분류하는 것은 불가능한 일이라고 언급하면서 논문[388]과 교과서[389]에서 「기본권의 범위」에 관하여 상론하고 있다. 논문에서는 학자들의 기본권개념을 설명하면서 한국헌법상의 기본권개념을 실정헌법 중심으로 고찰하고 있다. 그는 ① 헌법상 보장된 기본권 ② 헌법에 열거된 기본권 ③ 헌법에 열거되지 아니한 기본권으로 나누어 설명하고 있다.[390] 이 중에서도 주목할 부분은 헌법에 열거되지 아니한 기본권인데 그 기본권의 구체화에 대하여 상세히 언급하고 있다.[391]

382) 조병윤, 위의 책, 245-257면.
383) 조병윤, 위의 책, 245면.
384) 조병윤, 위의 책, 246-251면.
385) 조병윤, 위의 책, 249-251면.
386) 조병윤, 위의 책, 251-252면.
387) 조병윤 교수는 인간의 존엄에 관해서 프랑스에서 법학박사학위논문을 썼고, 교과서에서도 독창적인 이론을 발표하여 이 연구에 크게 기여하였다.
388) 성낙인, 기본권의 개념과 범위, 헌법학연구와 교육방법론의 연구, 『헌법재판연구』 제6집(헌법재판소, 1995); 성낙인, 『헌법학논집』(법문사, 2018), 1293-1308면, 1024면.
389) 성낙인, 『헌법학』 제18판(2018), 932-937면.
390) 성낙인, 위의 논문, 1298-1301면; 성낙인, 위의 책, 932-935면.

헌법상 보장된 기본권을 강조하면서도 헌법에 열거되지 아니한 기본권을 강조하고 있는 것은 헌법 제10조, 제37조 1항의 기본권의 개념과 범위규정 때문이라고 보고 있다.392) 그는 학자들의 견해를 정의한 뒤 헌법에 열거되지 않은 기본권도 헌법을 개정하지 않고도 인정되거나 창설될 수 있다고 한다.393)

나아가 헌법상 열거되지 아니한 기본권의 구체화를 언급하고 있는데, 여기서도 학설과 판례를 소개하고 자기 이론을 전개하고 있다.394) 그는 논리적 해석보다는 현실적 해석으로서 「이러한 사람들이 어떠한 시점에 이르러 헌법적 가치를 갖는 기본권으로 자리 잡게 되는 것이냐는 개별적 · 구체적으로 검토 · 파악할 수밖에 없다고 본다」.395) 끝으로 헌법에 열거되지 아니한 사항이 기본권으로 평가될 경우에도 그 구체적 범위와 내용을 어떻게 결정할 것인지의 문제는 여전히 남는다고 했다.396)

「인간의 존엄과 가치 · 행복추구권은 기본권보장의 일반 원칙으로서 윤리적 내지 자연법적 원리를 헌법규범으로 수용한 것이다」고 한다.397) 그는 기본권으로 인정될 것인가에 대하여 학설과 판례를 비교 · 설명하고 「인간의 존엄과 가치를 실현하기 위하여서 필요하지만, 개별 기본권의 법문규정으로 보나 해석상 인정될 수 없는 구체적인 기본권을 인정하는 근거규정으로서 인간의 존엄과 가치의 기본권성을 인정하는 것이 헌법해석상 타당하다」고 한다.398) 그는 인간의 존엄과 가치의 내용으로 하는 「주관적 공권으로서의 인간의 존엄과 가치는 일반적 인격권으로 이해할 수 있다」고 하고 광의의 주기본권으로 보는 것을 부인하고 좁은 의미로서의 기본권으로 본다」.399)

---

391) 성낙인, 위의 논문, 1302-1306; 성낙인, 위의 책, 935-937면.
392) 성낙인, 위의 논문, 1301면; 성낙인, 위의 책, 935면.
393) 성낙인, 위의 논문, 1301면; 성낙인, 위의 책, 935면.
394) 성낙인, 위의 논문, 1302-1306면; 성낙인, 위의 책, 935-947면.
395) 성낙인, 위의 논문, 1306면.
396) 성낙인, 위의 책, 937면.
397) 성낙인, 위의 책, 1025면.
398) 성낙인, 위의 책, 1031면.

또「제10조의 인간의 존엄과 가치를 권리창설적 규범으로서 이해할 경우 제37조 1항은 단순한 주의적 규정으로 이해된다」. 하지만 제10조와 제37조 제1항을 통하여 서로 상승작용을 하는 측면도 부인할 수 없다고[400] 하고 있다. 이것은 제37조 1항을 권리창설규정으로 보는 것으로 일종의 절충설이라고 하겠다.

문광삼 교수는「인간으로서의 존엄과 가치는 모든 기본권의 핵이고. 모든 기본권의 이념적 출발점이 된다」[401]고 하면서「인간으로서의 존엄과 가치는 구체적 권리라고 본다」.[402] 그는「인간의 존엄과 가치규정은 단순한 해석의 기준이나 입법의 방침만을 설정하는 것이 아니고, 구체적으로 적용되는 기본권이다」[403]고 단정하고 있다. 이것은 구체적 기본권이요 모든 기본권의 핵을 이룬다는 점에서 정당하다. 그는 이 인간의 존엄과 가치를 일반적 · 포괄적 기본권이라고 하고 있다.

그는「헌법 제37조 1항의 헌법에 열거되지 아니한 기본권도 보장되어야 인간으로서의 존엄과 가치는 보호받게 된다」[404]고 한다. 그렇다면 처음부터 인간의 존엄과 가치의 내용이라고 보는 것이 낫지 않았을까 한다. 그는 헌법 제10조는 목적이고 다른 기본권은 수단이라는 용어를 많이 쓰고 있는데 이는 주기본권과 파생적 기본권관계를 달리 표현한 것이 아닌가 생각된다. 일반적으로 목적에서 수단이 나오기는 어렵고, 특히 제37조 1항을 권리창설적 규정으로 보기는 어렵다. 그는 존엄기본권의 내용을 정면으로 설명하지 않으면서 헌법재판소의 적용사례를 잘 정리하고 있다.[405] 그런데 인격권침해나 성적 자기결정권 문제 등은 인간의 존엄권의 적용범위내라고 보아야 할 것이다.

399) 성낙인, 위의 책, 1034면.
400) 성낙인, 위의 책, 1031면.
401) 문광삼,『헌법학』제2판(삼영사, 2015), 354-376면.
402) 문광삼, 위의 책, 358-360면. 특히 359면.
403) 문광삼, 위의 책, 360면.
404) 문광삼, 위의 책. 360면.
405) 문광삼, 위의 책, 361-370면.

그는 「행복추구권은 제10조에서 인간의 존엄과 가치와 나란히 규정하고 있는데, 이는 양자가 근원적 기본권으로서 상호 일정한 관련을 가진다는 것을 말한다」[406]고 하면서 이를 독립하여 논하고 있다. 권리의 독자성 여부에 관한 다툼에서 국가의무설을 배척하고, 구체적 · 개별적 권리설을 따르고 있다.[407] 문 교수는 일반적 존엄권은 존엄과 가치라고만 규정하고 있기 때문에 원리이고, 행복을 추구할 권리를 가진다고 규정하고 있기 때문에 권리라고 주장하고 있는데, 이는 독일기본법 제1조의 인간의 존엄권에 관한 다수설을 무시한 것이다. 문광삼 교수는 이 설에 따르는 것은 아닌 것 같다. 그는 「행복추구권은 인간으로서의 존엄과 가치와 더불어 독자적으로 기본권을 보장한 것이다. 다만, 헌법에 규정된 개별적 기본권의 적용으로 기본권을 보장받을 수 없거나 불충분한 경우에는 포괄적 기본권으로서 행복추구권이 보충적으로 적용된다」[408]고 한다. 그는 행복추구권의 내용이 일반적 자유권인가 인격적 이익권인가를 검토하고 있다.

이것은 일본과 독일이 우리와 달리, 인격발현권과 일반적 행동자유권을 동일조항에서 규정하고 있는 탓이다(독일 기본법 제2조 1항; 일본국헌법 제13조). 독일에서는 일반적 인격권을 기본법 제1조와 제2조 1항의 근거하에서 인정하고 있다. 일본에서는 제13조에서 인간의 존엄이 규정되어 있지 않기 때문에 일반적 행동자유설이 나오고 있는 것이다. 우리 헌법해석에서 굳이 구분하려고 한다면 제10조의 자유는 일반적 인격권을 포함하고 있다고 보아야 할 것이다. 일본 헌법 해석에서는 행복추구권을 포괄적 기본권으로 보고 있다.

그는 「행복추구권의 범위」라고 하여 행복추구권의 내용을 설명하고 있는데 ① 프라이버시의 자유 ② 자기결정의 원리(일반적 행동자유권, 자기결정에 맡겨지지 않는 자유) ③ 국가 등 제3자의 결정이 관련되는 경우로

406) 문광삼, 위의 책, 371면.
407) 문광삼, 위의 책, 371면.
408) 문광삼, 위의 책, 372면.

나누어 설명하고 있다.[409] 과연 이들이 행복추구권의 범위인지 인간의 존엄과 가치의 범위인지 구분할 근거나 이유가 있는지 다시 생각해 보는 것이 필요할 것이다.

학자들 중에는 우리 헌법의 인간의 존엄은 서독 기본법 1조에서 나온 것이며, 행복추구권은 미국의 독립선언에서 나온 것이기 때문에 이를 구분해야 한다는 주장도 있으나, 그것이 포괄적인 기본권이고 다른 기본권의 핵심을 이루고 있기 때문에 이를 구분하여 설명에 고심할 필요는 없을 것이다. 특히 국가 등 제3자에 의한 침해의 경우는 행복추구권의 제한으로 보는 것이 옳지 않을까 한다.

정재황 교수는 그의 논문에서 「기본권의 체계에 관한 연구는 그 결과 주기본권으로 상정되고 포괄적 기본권의 파생을 통해 기본권을 확장하는 체계가 제시될 수 있도록 그 입론에 기여하는 것이기는 하였다」고 하면서 주 10에서 「이는 김철수 교수의 탁월한 연구 실적이기도 하다」[410]라고 하면서, 「기본권은 여러 개개 기본권들이 산발적으로 존재하는 것이 아니라 파생관계의 상호연관성을 가지는 하나의 계통을 이루는 것이 요구된다. 즉, 기본권들이 산발적으로 존재하는 것이 아니라 파생관계와 상호연관성을 가지는 하나의 계통을 이루는 것이 요구된다. 즉 주된 기본권이 포괄적 기본권으로서 하위의 여러 기본권들을 파생시키고 연관적인 관계를 형성한다.[411] 기본권규범의 체계적 구속의 필요성(실익)은 산발적이고 나열적인 기본권이 아니라 포괄적 기본권에서 보다 구체적인 기본권들이 파생되어 나오는 체계를 이루게 함으로써 기본권이 효과적으로 확정되게 하고 기본권이 보다 치밀한 보호망을 형성하게 하여 보다 충실한 기본권보장을 가져오게 한다는데 있다」고 정확히 설명하고 있다.

그는 인간의 존엄과 가치의 기본권성을 인정하지 않는 학설을 따르지 않고, 기본권성을 인정하고 있다. 그는 「우리 헌법재판소도 헌법 제10조

---

409) 문광삼, 위의 책, 373-382면.

410) 정재황, 기본권연구의 과제와 방법, 금랑김철수선생팔순기념논문집, 『헌법과 기본권의 현황과 과제』(2012), 266면.

411) 정재황, 『신헌법입문』(박영사, 2018), 219면.

의 인간의 존엄과 가치규정이 보장하는 기본권을 인정하고 있고, 헌법이 명시하지 않는 기본권을 파생시키고 있다」고 한다.[412] 또 헌법재판소가 행복추구권을 포괄적 자유권, 일반적 행동자유권으로 인정하고 있다는 것도 긍정하고 있다.[413] 그는 교과서에서 인간의 존엄권을 포괄적 존엄가치권과 개별적(파생적) 존엄가치권으로 나누어 설명하고 있다. 그는 헌법에 명시된 존엄가치권과 생명권, 인격권, 자기결정권, 형벌의 책임주의 등을 들고 있다.[414] 이러한 권리의 내용에 대해서 다른 교과서는 상세히 다루고 있지 않는데, 입문서에서 상세히 다루고 있는 것은 교육적 효과가 클 것으로 보인다. 물론 이것은 헌법규범으로 실정권으로 다루지 않는 것이었으나 이를 인간의 존엄과 가치의 구체적 내용이라고 본 것은 잘된 해석이라고 하겠다.

그는 행복추구권을 인간의 존엄과 가치에서 독립시키고 있다. 이것은 그가 다수설을 채택한 결과로 보인다. 행복추구권도 「기본권이 아니라는 견해도 있으나 학설은 대체적으로 기본권성을 인정하고 판례도 이를 인정한다」[415]고 하고 있다. 또 포괄적 기본권성과 기본권의 파생을 인정하고 있다.[416] 그는 행복추구권을 포괄적 기본권에서 파생하는 기본권과 독자적 기본권으로서의 행복추구권을 나누어서 설명하고 있다.[417] 그는 이 행복추구권이 자연권인가 자유권인가에 성격에 관해서도 논의하고 있다.[418] 그는 행복추구권의 내용도 일반적 행복추구권과 파생적 행동자유권으로 나누고 있다.[419] 여기에서 일반적 행동자유권, 개성의 자유로

---

412) 정재황, 앞의 논문, 274면. 그는 주에서 헌재 1990. 9. 10. 선고 89헌마82. 자기운명결정권, 헌재 2001. 10. 25. 선고 2000헌바60. 『판례집』 13-2. 458면 등을 들고 있다.

413) 정재황, 앞의 논문, 275-276면; 정재황, 위의 책, 318-319면.

414) 정재황, 위의 책, 321-329면.

415) 정재황, 위의 책, 330면.

416) 정재황, 위의 책, 330면.

417) 정재황, 위의 책, 331-332면.

418) 정재황, 위의 책, 332-339면.

419) 정재황, 위의 책, 331-332면.

운 발현권 등을 포함시키고 그에 관한 많은 판례를 정리하고 있다.

그런데 일반적 행동자유권은 행복추구권에 속한다고 할 수 있을 것이나 개성의 자유로운 발현권은 인간의 존엄과 가치에서 파생한다고 보아야 할 것이다. 우리나라의 행복추구권해석이 일본의 이론을 따라 자유·생명·행복추구권을 총칭하여 행복추구권으로 보고 있기 때문에 우리나라도 이를 따라 생명권, 자유권까지 행복추구권에 포함하는 경향이 있는데 이는 재고되어야할 것이다.[420]

심경수 교수는 기본권의 체계에 대해서는 긍정적이다. 「헌법 제10조의 규정은 기본권 중에서도 주된 기본권(주기본권)으로서 국민의 기본적 인권 전반을 의미한다 하겠으며, 헌법에 보장된 다른 여타의 개별적 기본권들은 궁극적으로는 헌법 제10조의 인간의 존엄과 가치 및 행복추구권에서 나온 것이라고 볼 수 있다」고 한다.[421] 그는 「헌법 제10조의 규정에 포함되는 것으로는 생명권, 인격권, 신체불훼손권, 평화적 생존권, 휴식권, 일조권 등 인간의 존엄과 가치 및 행복추구를 유지하는데 필요한 모든 자유와 권리를 그 내용으로 하는 매우 포괄적이며 다의적인 것이다」고 하고 있다.[422] 그는 주기본권에서 파생적 기본권이 나오는 것으로 보고 있는 것 같다.

김학성 교수는 「인간의 존엄과 가치의 법적 성격」에 대하여 「존엄과 가치는 객관적 헌법원리의 성격과 주관적 공권의 성격을 지닌다」[423]고 한다. 그는 「인간의 존엄과 가치는 우리 헌법(제10조)의 인간의 존엄실현을 최고의 목표로 하는 가치질서를 채택하고 있음을 보여주고 있다」[424]고 한다. 그가 헌법 제10조라고 적시하고 있는 것은 헌법 제10조의 규범이 최고의 가치질서라고 본 것 같다.

통합론자의 설과 달리, 그는 인간의 존엄권을 구체적 권리로 보고

420) 김철수, 『기본권의 본질과 체계』(학술원, 2017) 참조.
421) 심경수, 위의 책, 180-181면.
422) 심경수, 위의 책, 181-183면.
423) 김학성, 『헌법학원론』 전정 2판(2018), 388면.
424) 김학성, 위의 책, 399면.

있다. 그는 부정설과 긍정설을 대비하여 설명하고 비판한 뒤 그의 주장을 설명하고 있다. 그는 헌법 제10조의 해석론으로 인간의 존엄성의 기본권성을 강조한다. 「헌법 제10조 역시 다른 기본권과 마찬가지로 '~을 가진다'라고 표현되어 있고, 헌법 제10조는 '국민의 자유와 권리'를 규정하고 있는 헌법 제2장에 위치하고 있기」[425] 때문이라고 한다. 또 「내용으로 보더라도 존엄과 가치는 누구나 향유해야 하는 기본적 인권에 해당하기에 기본권성을 부정하는 것은 적정치 않다」[426]고 한다.

그는 헌법재판소는 인간의 존엄과 가치, 행복추구권은 모든 「기본권보장의 종국적 목적(기본이념)이며 동시에 개별적 기본권의 성격을 지닌다는 입장을 보이고 있다」[427]고 한다. 그는 광의의 인간의 존엄권을 협의의 인간의 존엄권과 생명권을 그 내용으로 한다.[428] 그런데 협의의 인격권, 인격발현권 등은 행복추구권에 규정되어 있는 것으로 보고 있다.[429] 그가 협의의 인간의 존엄권으로 고문, 잔혹한 형벌금지, 노예제도, 인신매매, 강제혼인금지와 비인간적 수형조건 등을 든 것은 옳다고 하겠다.

그는 광의의 인간의 존엄과 가치, 행복추구권을 주기본권으로 인정하지 않고 개별적인 헌법에 열거되지 아니한 기본권은 헌법 제37조 1항에서 찾고 있다. 그는 「헌법 제10조와 헌법 제37조 1항은 목적과 수단으로 이해하여야 한다」[430]고 한다. 그는 헌법 제37조 1항의 규정은 헌법해석상 「경시되지 아니한다」고 주의적으로 규정하고 있는데 이를 기본권창설적 규정으로 해석하고 있다. 제37조 1항은 「행복추구권의 실현으로 보아야 한다」[431]고 한다. 그렇다면 인간의 존엄과 가치가 주기본권이 아니고 행복추구권이 주기본권이 되는 것이고, 이에서 헌법에 열거되지

---

425) 김학성, 위의 책, 400면.
426) 김학성, 위의 책, 400-401면.
427) 김학성, 위의 책, 401면.
428) 김학성, 위의 책, 401면.
429) 김학성, 위의 책, 403면.
430) 김학성, 위의 책, 401면.
431) 김학성, 위의 책, 401면.

아니한 권리가 확인 내지 발견된다고 보는 것이다. 그는 「행복추구권은 내용적으로 분화되어 다양한 보호영역으로 나타날 수 있기에 열거되지 않았지만 보호되어야 할 기본권의 인정 여부는 행복추구권의 실현으로 판단되어야 한다」[432]고 하고 있다. 그런데 판단기준에서 헌법에 열거되지 아니한 권리의 존재를 인정할 수 있을지는 문제이다. 그가 협의의 인간의 존엄권을 인정하면서 그 총합이라고 할 수 있는 광의의 존엄권은 구체적 기본권이라고 하면서 그 내용을 구체적으로 설명하지 않아 아쉽다.[433] 그는 인간의 존엄권으로 생명권을 들고 있다. 생명권이나 일반적 인격권, 자기결정권 등은 광의의 인간의 존엄권으로 볼 수 있지 않을까 한다.

그는 제10조의 행복추구권을 독립된 권리로 보며 이를 포괄적 기본권으로 보고 있는데,[434] 이는 인간의 존엄과 가치 · 행복추구권으로 통합하여 주기본권 또는 포괄적 기본권으로 보았어야 할 것이다. 그가 행복추구권의 내용으로 든 일반적 인격권[435]은 인간의 존엄권의 대표적 내용이다. 인격권의 침해는 인간의 존엄의 침해이지 행복의 침해는 아니다.[436]

이관희 교수는 인간의 존엄과 가치 · 행복추구권을 기본권으로 인정하지 않으며, 이를 「구체적 기본권을 보장한 것이 아니라 모든 기본권의 이념적 전제가 되고 모든 기본권의 목적이 되는 객관적 헌법원리를 규범화한 것으로 보아야 한다」.[437] 「즉 인간으로서의 존엄과 가치가 모든 기본권의 근원 내지 핵이 되는 것이고 제11조~제37조 제1항까지의 그 밖의 기본권규정들과는 목적과 수단이라는 유기적 관계에 있다고

432) 김학성, 위의 책, 402면.
433) 김학성, 위의 책, 403면.
434) 김학성, 위의 책, 413면.
435) 김학성, 위의 책, 413면.
436) 행복추구권을 포괄적 기본권으로 보는 것은 일본이 헌법 제13조의 생명, 자유, 행복추구의 권리를 통합하여 포괄적 기본권으로 보고 있는데서 나오는 것이다. 따라서 여기에는 당연히 생명권, 자유권 등이 포함될 수 있다. 그러나 우리나라는 그 조문이 다르다.
437) 이관희, 『한국민주헌법론』 제2개정판(박영사, 2016), 194면.

이해함이 타당할 것이다」하고 있다. 이 학설은 서독의 초기 학설에 따른 것으로 보이며, 독일이나 한국의 헌법재판소 판례를 무시한 이론이다. 또 헌법 제10조의 성문헌법상 자연권을 실정화한 것을 무시한 이론이라고 하겠다. 그는 인간의 존엄과 가치의 기본권성을 부인하면서 생명권 등을 이에서 도출하고 있다.[438] 그는 헌법 제37조 1항의 규정은 권리창설규정으로 보는 것 같으며 헌법 제37조 1항의 규정이 있으므로 이를 적절하게 해석함으로써 다른 기본권「(파생적 기본권)을 도출하는 것이 타당하다」고 한다. 그는 인간의 존엄과 가치의 파생적 권리는 인정하지 않으면서 예외적인 기본권성은 인정하고 있다.

그는 원칙적으로 기본권의 자연권성을 부인하고 실정권설의 입장에서 있으므로 헌법에 규정된 것만을 기본권으로 보는데, 인간의 존엄과 가치는 헌법에 규정된 자연권의 실정화라는 이론을 음미해 보아야 하겠다. 그는 행복추구권도 구체적 기본권이라고 보기도 힘들고, 그렇다고 인간의 존엄과 가치의 또 다른 기본권질서의 핵심적 가치를 인정할 필요성도 크지 않다[439]고 하면서 행복추구권의 내용으로서는 일반적 인격권과 일반적 행동자유권을 행복추구권에서 도출하고 있다. 그러면서 기타의 기본권은 헌법 제37조 1항에서 해결하는 것이 타당하다고 한다.[440] 논리적으로 인간의 존엄과 가치, 행복추구권을 주기본권으로 보고 거기서 다른 권리를 도출해 내는 것이 옳을 것이다.

장영수 교수는 인간의 존엄과 가치를 본 기본법의 초기 학설처럼 헌법질서의 이념적 기초로서만 보았고, 구체적 기본권이라고 보지 않았다.[441] 그는 구체적 권리로서의 인간존엄을 이야기하면서 구체적 권리부인설과 구체적 권리인정설을 대립적으로 설명하고 있다. 그는 구체적인 존엄권의 인정에 호의적이면서도 그가 헌법질서설을 따르고 있기 때문에

---

438) 이관희, 위의 책, 195면.
439) 이관희, 위의 책, 198면.
440) 이관희, 위의 책, 201면.
441) 장영수, 『헌법학』 제12판(2017), 561-565면.

구체적 권리설에는 쉽게 동의하지 않고 있다. 그는 헌법상의 개별 기본권은 인간의 존엄을 구체화한 것으로 이해할 수 있다[442]고 한다. 그런데 개별적 기본권이 인간의 존엄의 개별화(목적의 실현)이냐는 문제가 있다. 그는 인간존엄과 열거되지 아니한 권리를 동등하게 취급해야 하며 헌법에 열거되지 아니한 권리를 누가 어떻게 기본권으로 인정할 것인지 옳게 설명하지 않고 있다. 실정헌법상 권리설에 의하면 헌법개정으로 헌법에 규정하여야 할 것이요, 그렇지 않고 법률실증주의에 따라 법률로써라도 이를 규정해야만 할 것이다. 만약에 실정권설을 고집한다면 위헌법률심사나 기본권의 본질적 내용 침해 금지 등의 설명이 힘들어질 수 있을 것이다.

또 행복추구권에 대해서도 이를 인간의 존엄과 가치와 독립된 권리라고 주장하는 사람이 있는데, 그 내용을 어떻게 구분할 것인지 문제가 될 것이다. 고려대 출신자들 중에는 인간의 존엄과 가치의 구체적 기본권성은 부인하면서 제2차 세계대전 전의 통합론에 따라 기본권의 객관적 질서설을 따르는 사람이 많다. 특히 인간의 존엄권을 기본권(구체적 기본권)으로 인정하지 않는 사람이 있는데 이들은 그 후에 나온 독일의 기본권성을 인정하는 학설이나 판례에 따라 학설을 변경하는 것이 바람직할 것이다.

정종섭 교수는 기본권의 체계에 대하여는 논의하고 있지 않다. 그는 기본권의 실정성, 개별성을 주장하고 있기 때문에 체계를 논할 필요가 없을 것이다. 그는 자연권을 부인하면서도 「어떠한 권리를 헌법적 수준에서 보장해야 할 필요가 생기면 그것이 비록 자연권이 아니더라도 기본권으로 보장되어야 하고, 이러한 권리는 헌법 제10조 또는 제37조 1항에서 도출된다」[443]고 하고 있다. 이것은 헌법 제10조나 제37조 1항을 기본권 창설적 규정으로 보는 결과이며, 여기에서 창설되지 않는 기본권은 헌법 제정이나 개정에서 추가해야 한다는 논리가 되어 현재의 「헌법이 보장하

442) 장영수, 위의 책, 583-584면.
443) 정종섭, 『헌법학원론』, 223면.

는 기본권」 개념과 모순될 가능성이 있다.

그는「제도만 명시적으로 정하고 이에 동반하는 기본권을 명시하지 않는 경우도 있는데 이 경우에는 그 제도의 보장에서 기본권이 도출된다」고 하고 있는데,[444] 누가 도출할 수 있는지 논하지 않고 있다. 법관이 헌법상의 권리를 창출할 수 있는지 의문이다. 그는「권리의 포섭문제는 공동체의 운영원리의 다양한 공동체 구성원이 개인적 삶과 공동체의 삶을 사는 원리에 대한 깊은 통찰이 필요하다」[445]고 하는데, 실정 헌법 제37조 1항의 열거되지 아니한 기본권은 누가 도입을 결정할 권한이 있는가 하는 문제를 해결하지 않고 있다. 그의 이론이 통합론에 입각한 것인지 불분명하다.

그는 헌법 제10조의「인간의 존엄과 가치는 기본권보장의 대전제가 되는 이념적 기초를 의미하고, 기본권보장을 지배하고 관통하는 최고원리이다. 이러한 법리에 의하면, 헌법 제10조의 인간의 존엄과 가치는 기본권이 아니기 때문에 헌법소원의 대상이 되지 아니한다」고 한다.[446] 이것은 독일과 한국의 통설 · 판례에 반하는 초기 독일의 이론에 따른 것이다. 그는 이런 기본권을 부인하면서 헌법 제10조와 제37조 1항을 근거로 기본권이 포섭된다고 본다. 기본원리와 가치는 명백히 구분되는 개념이고 원리에서 권리가 나오는 것은 아니다. 특히「헌법이 정하는 권리」를 원리에서 도출할 수는 없을 것이다.

그는 헌법 제10조의 기본원리에서 ① 일반적 행동자유권 ② 자기결정권 ③ 일반적 인격권 등을 도출하고 있다.[447] 그는 헌법 제10조의 행복을 추구할 권리에 대해서 이는「구체적 의미나 내용을 정하고 있는 것이 아니」[448]라고 한다. 이는「권리를 가진다」는 헌법의 명문규정의 문리해석에도 위반되는 것이다. 그는「행복추구의 침해에 대해서는 권리구제절

444) 정종섭, 위의 책, 231면.
445) 정종섭, 위의 책, 233면.
446) 정종섭, 위의 책, 318면.
447) 정종섭, 위의 책, 321-326면.
448) 정종섭, 위의 책, 327-330면.

차를 통하여 주장할 수 없으며」,[449] 헌법 제37조 제1항과 인간의 존엄과 가치 및 행복추구를 정하고 있는 헌법 제10조 1문에서 도출하기도 한다」고 하고 있다.[450] 이것은 기본원리에서 권리가 도출된다는 입론과는 차이가 있는 것 같다.

강경근 교수는 기본권의 체계에 대해서는 설명하지 않고 ① 일반적 기본권과 ② 개별적 기본권을 나누고 있다.[451] 일반적 기본권으로서는 ① 인간의 존엄과 가치의 본질 ② 행복추구권 ③ 평등권으로 나누고 있다. 개별적 기본권으로는 ① 자유권적 기본권 ② 사회적 기본권 ③ 국무청구를 위한 기본권과 의무로 나누고 있다.[452] 이 편별에서 국무청구를 위한 기본권리와 국민의 의무를 통합한 것이 특색이라 하겠다.

그는 인간의 존엄과 가치를 설명하면서 그 성격을 ① 헌법적·규범적 원리라고 하면서 헌법적으로 인정된 규범원리라고 했다.[453] 규범적 원리는 존엄과 가치인 개인의 일반적 인격권과 생명권을 보장하기 위한 주관적 공권이라고 한다.[454] 그는 또 포괄적 권리라고 하고 있다. 그 이유는 「개별적 기본권의 본질적 내용을 이루면서 이를 포섭하는 포괄적 권리」라 했다.[455] 나아가 이는 원천적 권리로서 「구체적인 개별적 권리를 파생적으로 나눌 수 있게 하는 원천이 되는 기본권이다」[456]고 한다. 「헌법 제10조와 제37조 1항의 규정은 이를 보충적인 규정으로 삼아 개별 기본권을 도출케 한다」[457]고 한다.

여기서 규범적 원리와 공동체법질서의 구성요소성이 문제가 된다. 규범과 질서는 권리가 아닌 객관적 요소이다. 권리는 주관적 공권인데

449) 정종섭, 위의 책, 330면.
450) 정종섭, 위의 책, 330면.
451) 강경근, 『신판 헌법』, 512-922면.
452) 강경근, 위의 책, 512-922면.
453) 강경근, 위의 책, 313면.
454) 강경근, 위의 책, 214-215면.
455) 강경근, 위의 책, 213면.
456) 강경근, 위의 책, 515면.
457) 강경근, 위의 책, 515면.

이것이 공동체질서의 구성요소라는 이론은 권리와 질서의 통합론에 근거한 것이 아닌가 걱정된다. 객관적 법질서로서의 기본권은 없으며 권리는 주관적 권리만이고 헌법규범이 헌법질서를 구성하는 것이다. 권리와 헌법규범, 헌법질서의 혼돈은 피하는 것이 옳을 것이다.[458] 규범질서라는 용어도 기본권의 공권성과는 통합되기 어려운 개념이다. 국민의 기본권과 국가의 기본권보장의무는 동일 조항에 규정되었더라도 그 본질은 다르다.

그는 인간의 존엄과 가치의 규범영역으로서 ① 생명권 ② 일반적 인격권 ③ 신체불훼손권을 들고 있는데, 이는 인간의 존엄과 가치의 권리내용이라고 봄이 옳을 것이다. 그는 행복추구권을 권리로 보면서 일반적 행동자유권을 주요소로 하는 기본권이라고 했다.[459]

그는 행복추구권을 독립시켜 구체적으로는 행동을 마음대로 할 수 있는 자유로서 자유로이 그 인격으로서의 개성을 구체적으로 실현할 수 있는 구체적 권리성을 지닌다고 했다.[460] 그는 행복추구권도 이중적 성격을 가진다고 했는데 이는 스멘트 학파의 잘못된 이론이다. 그는 행복추구권을 독립시켜 그 내용으로서 일반적 행동자유권, 인격의 자유발현권, 자기결정권, 사적 자치 등을 들고 있는데 이는 행복추구권의 내용으로 보는 것은 문제이고 인간의 존엄권의 내용으로 보는 것이 타당할 것이다.

전광석 교수는 기본권의 체계는 언급하지 않으면서 기본권목록의 분류는 어렵다고 했다. 그는 기본권의 유형으로서 ① 국가로부터의 자유를 내용으로 하는 기본권 ② 평등을 내용으로 하는 기본권 ③ 국가의 적극적인 행위의무를 내용으로 하는 기본권 ④ 국가기능에 적극적으로 참여하는 내용의 기본권 ⑤ 권리구제를 위한 기본권 등으로 나누고 있다.[461] 그

458) 상세한 것은 앞에서 논한 독일의 기본권이론에 대한 비판을 참작해 주기 바란다.

459) 강경근, 위의 책, 577면.

460) 강경근, 위의 책, 577면.

461) 전광석, 『한국헌법론』, 192-196면.

밖에도 특별히 사회적 기본권에 관해서 언급하고 있다.[462] 이는 그가 원래 사회보장론에서 출발하였기 때문에 특별한 관심을 가진 결과로 보인다.

그는 인간의 존엄과 가치를 헌법의 구조적 원리라고 보며 권리라고 보지 않는다.[463] 이는 서독의 초기이론에 따른 것으로 지금은 독일뿐만 아니라 한국에서도 배척되는 이론으로 통설은 권리로 보고 있다. 그가 원리에서 권리가 나온다고 보는 것은 문제가 있다. 특히 그는「인간의 존엄과 가치로부터 구체적인 내용의 국가의 행위의무가 나오지는 않는다」[464]고 한다. 그럼에도 불구하고 헌법 제37조 1항에 따라「경시되어서는 안 되는 권리를 밝히는 기준이 인간의 존엄과 가치이다. 따라서 인간의 존엄과 가치를 실현하기 위해서 필요한 권리로서 판단되는 경우 헌법에 명시적으로 열거되어 있지 않더라도 기본권으로 보호되어야 한다」고 한다.[465] 그런데 이 규정이 주의적 규정인지 권리창설적 규정인지 성격을 명확히하지 않고 있다.

「인간의 존엄과 가치는 권리가 아니지만 헌법에 열거되지 않은 경우 이들 기본권을 도출하는 근거가 된다」고 하면서 구체적으로는 헌법에 열거되지 아니한 권리로서 생명권, 자기결정권, 인격권 등을 들고 있다.[466] 그는「행복추구권은 인격적인 관련성이 밀접하지 않은 일반적 행동자유권과 개성의 자유로운 발현권으로 이해할 수 있다」고 한다.[467] 이성의 자유발현권이 인간의 존엄과 가치와 관련성이 적은지 의심스럽다. 또한「일반적인 행동자유권으로서 행복추구권에서 계약의 자유가 파생한다」[468]고 하고,「인간의 존엄에서 파생하는 일반적 인격권과 결합

462) 전광석, 위의 책, 197-207면.
463) 전광석, 위의 책, 256면.
464) 전광석, 위의 책, 257면.
465) 전광석, 위의 책, 259면.
466) 전광석, 위의 책, 260-262면.
467) 전광석, 위의 책, 263면.
468) 전광석, 위의 책, 263면.

되어 자기결정권도 보호된다」[469]고 하고 있다. 그가 인간의 존엄은 기본권으로 인정하지 않으면서 그 파생적 권리로 일반적 인격권을 인정하는 것은 이해하기 어렵다.

그는 평등권을 권리로 인정하지만 규범으로서 원칙으로 보고 규범성을 강조한다. 사회권인 인간다운 생활을 할 권리는 사회적 기본권의 총체적 성격을 가진다고 본다.[470] 그의 이론은 Smend의 이론을 많이 따르고 있는 것 같다.

김백유 교수는 「기본권의 구조 및 체계」 장을 두어 주기본권과 그 파생적 기본권에 관하여 설명하고 있다. 그는 헌법 제10조의 인간의 존엄과 가치, 행복추구권을 주기본권으로 인정하는 견해와 부정하는 견해가 있다고 하면서 인정하는 학자들을 부정하는 학자로 인용한 것은 교정시의 잘못된 인용이다.[471] 그가 기본권론에서 헌법 제10조의 권리를 주기본권 또는 포괄적 기본권으로 본 것은 타당하다. 그가 주기본권에서 파생되는 기본권을 인정한 것도 타당하다.

그는 헌법에 열거되지 않은 기본권에 대해서도 학설을 나열하고 있는데,[472] 가장 중요한 논점은 그것이 주의적 규정인지, 권리창설적 규정인지를 밝히지 않는 점이다. 본질문제에는 눈을 감고 지엽적 이론만 나열하는 것은 해석학의 본분이 아니다. 그는 유기적 · 통합적 해석이라고 하나 논리적 · 체계적 해석을 해야 하겠다.

그는 헌법에 열거되지 아니한 권리는 경시되어서는 안 될 권리로 보는데, 그 권리가 제10조의 파생적 권리인지 독자적 권리인지는 설명하고 있지 않다. 그는 학설과 판례에 따라 자기결정권, 일반적 행동자유권, 평화적 생존권, 휴식권, 일조권, 조망권, 생명권, 신체의 훼손을 당하지

---

469) 전광석, 위의 책, 263-264면.

470) 전광석, 위의 책, 423면.

471) 김백유, 『헌법학(II). 기본권론』, 50면. 그는 권영성 교수의 이론을 다수설로 보고 이것만을 주로 인용하는 경향이 있는데 다수설, 통설이라고 생각하는 것을 인용만 한다는 비판을 받을 수 있다.

472) 김백유, 위의 책, 51-52면.

않을 권리, 수면권, 스포츠권, 일반적 인격권(성명권, 명예권, 초상권), 소비자의 권리(소비자기본권), 저항권 등을 나열하고 있는데 이러한 권리가 헌법 제10조에서 파생한 권리인지, 주인격권에서 파생한 것인지, 좀 더 깊이 파헤쳤으면 좋았을 것이다. 그는 앞에서 인간의 존엄과 가치를 주기본권으로 보았는데 기본권 각론에서는 개별적 기본권으로 보고 있다.[473] 이것은 오히려 포괄적 기본권으로 보는 것이 옳았을 것이다.

그는 인간의 존엄과 가치는 초국가적 기본권이라고 하면서 내용에 관해서는 별 설명을 하지 않고 있다. 행복추구권에 관해서는 이를 권리로 정의하면서 판례만을 소개하고 있다. 본인의 견해가 무엇인지 궁금하다.

그는 다른 학자와 달리 인간의 존엄과 가치와 행복추구권의 관계에 대해서는 상세히 설명하고 있다.[474] 그런데 이것은 개별적으로 설명했어야 옳았을 것이다. 그는 학설을 ① 기본권부정설(객관적 헌법원리성설) ② 긍정설(주관적 공권설) ③ 절충설(헌법원리와 공권설)로 나누고 자기의 결론을 내고 있다. 절충설의 견해는 인간으로서의 존엄과 가치는 기본권이 아니나 행복추구권은 권리라고 하고 있는데 이는 「행복을 추구할 권리를 가진다」고 하고 있기 때문에 그렇게 생각한 것이며, 행복추구권을 포괄적 권리로 본 것은 일본의 학설을 따른 것이라고 하겠다. 그는 결론적으로는 「헌법 제10조는 인간으로서의 존엄과 가치 · 행복추구권을 초기본권이라고 인정한 것이라고 하였으며 기본권인정설이 타당하다」고 한다.[475] 이 결론은 타당하다.

그는 인간의 존엄성과 헌법 제37와의 관계에서는 제37조 1항을 포괄적 기본권이라고 하고 있는데[476] 이 규정은 앞에서도 말한 바와 같이, 헌법 제10조의 포괄적 권리를 주의적으로 규정한 규정이라고 하겠다. 그는 해설에서 경시되지 아니하는 기본권을 행복추구권에 포함되는 일반

473) 위의 책, 275면.
474) 김백유, 위의 책, 280면.
475) 김백유, 위의 책, 285-286면.
476) 김백유, 위의 책, 298면.

적 행동자유권으로서 보호되어야 할 기본권이라고 하고 있는데,[477] 행복한 생활을 할 파생적 권리 등을 제외하는 것으로 해석된다면 이는 잘못이라고 하겠다.[478]

이준일 교수는 그의 교과서에서 「인간의 존엄과 가치」에 대해서 비교적 상세히 독일 이론을 소개하고 있다. 그는 서독의 초기 이론에서 탈피하여 인간의 존엄과 가치의 기본권성을 인정하고 있다.[479]

그는 「인간의 존엄과 가치에 관한 권리」에서 1) 주관적 지위의 인정에 관한 논의에서 부정설과 긍정설을 나누어 설명하고 있다. 부정설의 근거는 Dürig의 이론에서 시작되었다고 한다.[480] 그는 한국의 부정설에 대해서도 언급하고 있다(허영, 권영성). 긍정설의 경우에는 인간의 존엄과 가치, 행복추구권을 분리하는 이론(계희열)과 이를 결합해서 이해하는 이론으로(김철수) 나누어 설명하고 있다. 그는 자기의견으로 「비판과 대안」을 제시하고 있다.[481]

그는 주관적 지위로서의 성격을 인정하면서 그 이유로 다음을 들고 있다. 「첫째, 적어도 형식적인 측면에서 볼 때 인간의 존엄과 가치에 관한 기본권은 기본권장에 규정되어 있다는 점, 둘째, 기본권을 원칙으로 이해하여 최대한으로 실천이 요구되는 규범으로 보면서 이러한 최대실현의 가능성은 주관적 권리로서 인정될 때 가진다는 점을 고려할 때 인간의 존엄과 가치에 관한 기본권에 대해 주관적 권리성이 인정되어야 한다」[482]고 하고 있다.

그는 인간의 존엄과 가치의 기본권의 성격을 인정하기는 했으나 절대적 기본권의 성격을 가진 것으로는 보지 않는다. 또 인간의 존엄과 가치의

---

477) 김백유, 위의 책, 287면.

478) 상세한 것은 김철수, 인간의 존엄과 가치, 행복추구권의 연구(상)(하), 『학술원논문집』(인문·사회과학편) 제47집 1호(2008), 199-279면 및 제47집 2호(2008), 41-104면; 김철수, 『기본권의 체계』(관악문화사, 2009).

479) 이준일, 『헌법학강의』 제5판(2013).

480) 이준일, 위의 책, 377면.

481) 이준일, 위의 책, 378-379면.

482) 이준일, 위의 책, 378-379면.

포괄성을 인정하지 않는다. 그 이유는 제37조 1항이 있기 때문이라고 한다.[483] 그러나 이것은 주기본권 규정과 보충적 기본권 규정의 본말을 전도한 것이다. 그는 인간의 존엄과 가치, 행복추구권의 관계에서도 분리설을 채택하고, ① 근거관계 ② 구체화관계 ③ 보완관계에 놓이게 된다고 한다.[484] 그는 인간의 존엄과 가치와 헌법에 열거되지 아니한 기본권의 관계에 대해서도 이 관계를 포괄적 기본권관계라고 하지 않고「쌍방적(개별적) 기본권창설관계」라고 한다. 독일 기본법에는 한국헌법 제37조 1항과 같은 규정이 없기에 한국적 특성을 살리려는 의도로 보인다.

독일의 경우 기본권의 체계를 완전한 포괄적 기본권과 그 파생적 기본권, 또는 주기본권과 파생적 기본권으로 보고 있는 것을 참고해야 할 것이며, 우리 헌법 제37조 1항과 같은 규정이 없음에도 기본권체계에서는 흠결이 없다는 이론을 참고하면 좋았을 것이다.

이준일 교수는 행복추구권은 인간의 존엄과 가치에서 독립시켜 설명하고 있다. 그는「행복추구권에 대하여 기본권으로서의 법규범적 성격을 인정하면서 인간의 존엄과 가치에 관한 기본권과는 독립적인 의미를 가지는 기본권으로 이해하기로 한다」.[485] 그는「결론적으로 일반적 자유권으로 이해된 행복추구권은 인간의 존엄과 가치에 관한 기본권과는 독립적인 의미를 갖는 기본권으로 이해된다」[486]고 한다.

그는 독일에는 행복추구권에 관한 규정이 없으나 우리는 행복추구권에 관한 규정이 있으므로 이는 독일 기본법 제2조 제1항에서 규정된「인격의 자유로운 발현권」과 유사한 것으로 이해하기로 한다.[487] 그래서 그는 이를 일반적 자유와 권리라는 개인적 지위, 그에 상응하는 객관적 '규범'이라고 이해하기로 한다.[488]

483) 이준일, 위의 책, 380면.
484) 이준일, 위의 책, 381면.
485) 이준일, 위의 책, 386면.
486) 이준일, 위의 책, 386면.
487) 이준일, 위의 책, 386면.
488) 이준일, 위의 책, 386면.

그러나 이것은 견강부회로 보인다. 인격의 자유발현권은 인격권이기 때문에 이것은 인간의 존엄과 가치에 포함되어야 할 것이다. 행복추구권에는 일반적 생존권이라 할 인간다운 행복한 생활을 할 권리와 견주는 것이 옳을 것이다. 행복추구권이 일반적 인격권이냐 일반적 자유권이냐 하는 것은 일본에서 많이 논란된 것이다. 이것을 통틀어 일반적 자유권으로 주자유권으로 보는 데는 문제가 있다. 왜냐하면 헌법 제10조의 기본권은 모든 기본권의 도출 근거가 되는 주기본권이기 때문이다.

그는 헌법에 열거되지 아니한 기본권에 관한 판례를 잘 정리하고 있으나 이것이 대부분 인간의 존엄과 가치에 관한 것이라고 보아야 할 것이다.[489]

오호택 교수는 고대 졸업생으로 고대 교수의 전통을 이어받아 기본권의 체계를 부정할 뿐만 아니라 인간의 존엄과 가치의 기본권성을 부인한다. 그는 인간의 존엄과 가치에 관한 헌법 제10조 규정은 「기본권은 공동체의 가치를 표현하고 있는데 우리 헌법은 그 가치의 핵심적 내용으로 인간의 존엄과 가치를 선언하고 있는 것이다」[490]고 하고 있다. 「인간의 존엄과 가치조항은 근본규범성을 가지므로 다른 개별기본권(제11조~제37조)의 목적조항이며, 헌법의 구성원리가 된다는 의미이다」[491]고 하고 있다. 그는 「구체적 기본권성을 부인하고 단지 이념적 출발점 내지 헌법의 구성원리라고 하는 견해가 다수설이다」[492]고 하고 있으나, 독일과 한국의 다수설은 구체적 권리로 보고 있다. 그는 「행복추구권은 자연권의 성질을 가지며 소극적·적극적 권리의 성격을 동시에 가진다고 말해진다(권영성)」라고 한다.[493] 그는 행복추구권을 포괄적 권리라고 하는데 이에 성명권이나 일반적 인격권, 자기결정권 등도 이에 포함되는 것으로

489) 상세한 것은 김철수, 일반적 행동자유권의 연구, 『학술원논문집』(인문·사회과학편) 제38집 (1999); 김철수, 『기본권의 체계』(관악문화사, 2009).
490) 오호택, 『헌법강의』(2016), 154면.
491) 오호택, 위의 책, 155면.
492) 오호택, 위의 책, 158면.
493) 오호택, 위의 책, 158면.

보고 있는지 궁금하다. 그는 생명권, 신체의 불가훼손권은 신체의 자유에서 설명하고 있다.

그는 기본권적 성격을 인정하는 이유로「일단 헌법에 규정되어 30년 이상 존재하는 규정의 존재는 부인할 수 없으므로, 일응 개별적 권리가 아닌 포괄적 권리로서 이해하기로 한다」.[494] 그의 논리대로 한다면 40년 이상 헌법에 규정되어 있는 인간의 존엄과 가치야 말로 실정화된 자연권이라고 보아야 할 것이다.

그는「행복추구권은 타인의 인간존엄 · 행복추구권 · 헌법질서 · 도덕률 등에 의하여 한계를 가진다」[495]고 한다. 이것은 독일 기본법의 표현이며 우리나라에서는 국가안전보장, 질서유지, 공공복리에 의한 제한을 받는다고 해야 할 것이다.

6. 기본권의 제한에 관한 연구 회고

(1) 현 학술원 회원의 연구

김철수 회원은 기본권의 제한문제에 있어서 독일이나 미국의 이론에 치우치지 않고 한국헌법의 규정에 따른 해석을 주장하고 있다.

그는 기본권의 제한에 있어서 일관되게 (Ⅰ) 기본권 제한의 일반이론, (Ⅱ) 기본권제한의 일반원칙 (Ⅲ) 기본권의 예외적 제한으로 나누어 설명하고 있다.[496] 그 중에서 일반원칙으로서 1. 법률에 의한 제한 2. 기본권제한의 대상 3. 기본권제한의 목적—합목적적 심사 4. 기본권제한의 필요성과 비례성 : 과잉금지의 원칙 5. 기본권제한의 한계 : 본질적 내용의 침해금지로 나누어 헌법조문에 따라 명료하게 설명하고 있다.

이것은 현행 헌법의 제37조 2항의 문언에 따라 문리해석을 주로 한

---

494) 오호택, 위의 책, 159면.

495) 오호택, 위의 책, 159면.

496) 김철수,『헌법학연구』(지학사, 1969);『헌법학개론』(법문사, 1981);『헌법개설』제14판(박영사, 2007), 119-124면.

것이다. 기본권제한의 목적에 대해서는 국가의 안전보장 · 질서유지 · 공공복리의 목적에 따른 제한을 조항별로 설명하고 있다. 이러한 목적을 가진 기본권의 제한은 합목적적 심사를 해야 함을 강조하고 있다.

문제는 공공복리를 위한 제한인데 공공복리의 개념은 소극적인 국가안전보장, 질서유지의 소극적 목적과는 달리 현대적 복지국가의 이념으로 파악하고, 현대적 복지국가의 적극적 이념에 따른 것으로 ① 국가적 복지 ② 사회적 복지 ③ 인류적 복지의 내용을 달성하기 위하여 제한할 수 있다고 설명하고 있다. 국가적 복지란 그 (ⅰ) 정치기능을 필요하고도 충분하게 다하기 위한 이익을 말하고 (ⅱ) 사회적 복지란 ① 국민 일반의 건강증진, 생활안정 ② 사회경제적 안정, 발전 등을 들고 있다. (ⅲ) 인류적 복지란 개인적인 인간관계에서 오는 복지를 말하는 것으로 직업의 안정, 아동의 복지, 타인의 복지 등을 통칭하는 것으로 보았다. 필요한 경우로는 필수불가결하고 비례성이 있어야 하며, 과잉제한금지, 본질적 내용침해 등이 논의되고 있다.

(2) 원외 학자들의 기본권제한이론

양건 교수는 기본권의 제한에서 제3장에 일반원칙을 제4장에 특별한 제한을 나누어 상세한 설명을 하고 있다.[497] 「기본권의 일반적 유보(헌법 제37조 2항)에서 기본권제한의 목적에 대해서 국가안전보장, 질서유지 또는 공공복리라는 개념이 모두 불확정하다」고 지적한다.[498] 그는 국가안전보장은 광의의 질서유지에 포함된다고 한다. 또 질서유지와 공공복리의 구분 또한 명확하지 않다고 한다. 그러나 그는 현재 판례에 따라 여러 가지 구분이 가능하다는 것을 명시하고 있다.[499]

그는 법률유보를 「의회유보」라고 하면서 의회입법에 의한 정당한 법률

497) 양건, 『헌법강의』 제3판, 240-282면.
498) 양건, 위의 책, 244면.
499) 양건, 위의 책, 244-246면.

에 의한 제한을 강조하고 있다.[500] 그리고 포괄적 위임입법의 금지를 논하고 있다. 기본권제한 목적과 방식의 설명이 명확하다. 그리고 제한필요성과 명확성의 원칙을 들고 있다.[501] 나아가 체계정당성의 원리를 들고 있는데 이에는 비례의 원칙이나 평등의 원칙이 지배하여야 한다고 했다.[502] 그는 기본권제한의 형식에서 많은 판례를 인용하면서 여러 원리를 설명하고 있다. 예를 들면 ① 포괄 위임입법의 금지 ② 위임입법의 한계, 위임의 형식을 들었다. 나아가 1. 법률의 일반성의 요건, 개별사건법률, 개인사건법률의 금지 2. 명확성의 요건 3. 체계정당성의 원칙을 들고 있다.[503]

기본권제한의 정도에서「필요한 경우란, 필요한 만큼의 정도에 한한다는 의미로 풀이할 수 있다」[504]고 했는데 이것은 우리 헌법규정의 불비를 해석으로 보충한 것이라 하겠다. 이 규정에서 비례의 원칙을 도입한 것은 탁견이라고 하겠다. 여기서 제한의 균형성, 최저한도성도 도출할 수 있을 것이다.[505] 이와 관련하여 그는 이중기준의 원칙과 입법적 사실인정에 관한 입증책임을 설명하고 있다.[506] 나아가 과소보호금지의 원칙, 기본권의 본질적 내용침해금지에 대해서 설명하고 있다. 본질적 내용의 주관설에 회의적이며 상대설에 입각하고 있다.[507]

기본권의 특별한 제한에서도 속칭 기본권제한의 예외가 설명되어 있다. 1. 국가긴급권에 의한 기본권제한 2. 특수신분관계와 기본권제한 3. 학생의 기본권에 대한 특별한 제한으로 나누어 설명하고 있다. 여기에서 특수신분관계에 있는 사람들의 기본권제한이 잘 설명되어 있다.[508]

---

500) 양건, 위의 책, 246-247면.
501) 양건, 위의 책, 250-253면.
502) 양건, 위의 책, 253-256면.
503) 양건, 위의 책, 247-256면.
504) 양건, 위의 책, 256면.
505) 양건, 위의 책, 256-259면.
506) 양건, 위의 책, 260-264면.
507) 양건, 위의 책, 264-266면.
508) 양건, 위의 책, 275-282면.

그는 국가의 기본권보장 의무에 대해서는 직접 언급하지 않으면서 제5장에서 기본권보장의 수단을 설명하고 있다.[509]

조병윤 교수는 기본권의 제한에서 (1) 헌법이 직접 기본권을 제한하는 경우 (2) 법률에 의한 기본권의 제한 (3) 헌법존재론상 자연법에 의한 기본권의 제한으로 나누어 설명하고 있다.[510] ① 기본권의 헌법직접적 제한은 일반적 헌법유보라고 보며, ②는 법률유보라고 말하며, ③은 이를 내재적 한계라고 한다. 그가 말하는 자연법에 의한 제한은 실정권이 자연법에 의하여 제한을 받는다는 뜻으로 이는 자연법상 인정되는 절대적 자유로 본다.[511]

그는 기본권의 제한이유와 목적에서 기본권제한이유를 ① 국가의 안전보장과 질서유지 ② 공공복리로 나누어 설명하고 있다.[512] 그는 기본권 제한의 필요성과 비례원칙을 설명하면서 이중기준의 원칙을 설명하고 있다. 이중기준의 이론은 정신적 자유의 제한은 엄격히 하고 경제적 자유의 제한은 완화하여 인정하자는 것이라고 한다.[513]

법률에 의한 기본권의 제한에서는 제한법률의 형식이 일반성이 있어야 하고 명확성과 구체성이 있어야 한다는 것을 강조하고 있다.[514] 그는 기본권의 제한이유와 목적에서 국가안전보장, 질서유지, 공공복리를 들고 있는데 질서 중에서도 헌법질서의 유지를 중시하고 있다. 또 국가의 안전보장에는 민주적 기본질서가 당연히 보장된다고 한다.[515]

또 기본권제한의 필요성에서 필요성과 비례의 원칙을 설명하고 있다. 그는 「필요한 경우에 한하여 라는 것을 비례성의 원칙, 이익형량의 원칙을 의미한다」[516]고 단언한다. 일반적으로는 필요한 경우를 「필요불가결한

509) 양건, 위의 책, 283-292면.
510) 조병윤, 『헌법학원리』, 197-199면.
511) 조병윤, 위의 책, 189-201면.
512) 조병운, 위의 책, 189-201면, 203면.
513) 조병윤, 위의 책, 203-205면.
514) 조병윤, 위의 책, 200-201면.
515) 조병윤, 위의 책, 202면.
516) 조병윤, 위의 책, 203면.

경우라고 보는 경향이 있는데 이에서 비례성의 원칙을 이끌어 낸 것은 탁견이라고 하겠다. 또 공공복리를 이유로 하는 기본권 제한은 남용의 우려가 있다고 하여 남용은 없어야만 한다」고 하고 있다.[517] 필요한 경우는 필요최소한도로 보고 있다.

기본권제한의 한계로서 헌법 제37조 2항이 기능한다고 보고 제한목적, 비례성의 원칙 등이 지켜져야 한다고 하고 있다.[518] 나아가 본질적 내용의 침해금지에 대해서는 사형제도를 본질적 내용의 침해로 보고 있다. 그는 「본질적 내용의 침해라 함은 곧 인간의 존엄성을 침해한 것을 말한다」[519]고 한다.

제3항에서도 「법률 이외의 방법에 의한 기본권의 제한」[520]에 관해서 논하고 있다. 그도 국가긴급권에 의한 제한과 특별권력관계에 의한 제한, 헌법개정에 의한 제한을 인정하고 명령 또는 조례에 의한 기본권의 제한을 부정한다.[521] 그는 특히 국제법과 조약에 의한 기본권의 제한은 인정한다.[522] 그는 그 근거를 헌법 제6조와 국회의 조약비준동의권을 규정한 제60조 1항에서 찾고 있다.

성낙인 교수는 기본권의 제한에서 Ⅰ. 의의 Ⅱ. 기본권제한의 유형 Ⅲ. 기본권제한의 일반원칙 Ⅳ. 기본권제한의 한계 Ⅴ. 기본권제한의 예외 Ⅵ. 기본권제한의 원칙이탈에 대한 통제를 설명하고 있다.[523] 그는 일반원칙에서 기본권제한의 목적을 설명하면서 국가안전보장, 질서유지, 공공복리에 관해 설명하고 있다.[524] 그는 1. 국가안전보장 2. 질서유지 3. 공공복리를 구분 설명한다. 특히 공공복리의 개념을 ① 개인주의 가치관 ② 전체주의 내지 국가절대주의적 가치관으로 나누어 설명한

---

517) 조병윤, 위의 책, 203면.
518) 조병윤, 위의 책, 205-206면.
519) 조병윤, 위의 책, 258면.
520) 조병윤, 위의 책, 209-210면.
521) 조병윤, 위의 책, 210면.
522) 조병윤, 위의 책, 209면.
523) 성낙인, 『헌법학』, 973-103면.
524) 성낙인, 위의 책, 982-984면

다.[525] 그는 개인주의와 국가절대주의 개념을 극복하고 사회복지국가의 일반이념을 강조한다.[526] 국가안전보장과 질서유지를 위하여 기본권을 제한하는 법률은 서로 중첩할 수 있고, 질서유지와 공공복리를 위하여 기본권을 제한하는 법률도 서로 중첩적으로 적용될 수 있다고 한다.[527]

그는 「기본권제한의 필요」에서 과잉금지의 원칙과 비례성에 관해서 설명하고 있다.[528] 헌법은 「필요한 경우」만 규정하고 있는데 과잉금지의 원칙을 언급한 것은 헌법보완적인 의미가 있다고 하였다. 그는 이에 관한 헌재 결정도 많이 정리하고 있다.[529] 비례의 원칙의 내용으로 목적의 정당성을 들고 있으나,[530] 이는 제한의 목적에서 논의해야 할 것이고 방법의 적정성은 법률 등의 제한수단을 말해야 할 것이며, 비례성이란 엄격히 말하면 피해의 최소성과 법익의 균형성을 말하는 것이라고 보아야 할 것이다. 그러나 목적의 정당성이나 방법의 적정성에 관한 규정이 독일의 기본권제한에서 비례의 원칙에 이 4자를 모두 포함시키고 있어 독일헌법재판소와 우리 헌법재판소의 판례에 따르고 있는 것 같다.

나아가 기본권제한의 한계로서 본질적 내용침해금지를 잘 설명하고 있다. 그는 본질적 내용은 헌재에 따라 절대성을 부정하고 비례성에서 다루면 된다고 본다.[531] 헌재의 판단기준으로서는 비례성심사에서 일괄처리하면 좋을 것 같으나 본질적 내용침해금지는 이를 별도로 따지는 것이 좋을 것 같다. 절대적 기본권의 문제는 본질적 내용만으로 구성된 것으로 보는 것이 좋을 것 같다. 그는 기본권제한의 예외로서 긴급명령, 긴급재정경제명령, 계엄령 이외에 특수신분 관계를 많이 설명하고 있다. 이것은 프랑스의 행정법이론에 영향을 받은 것 같다.

525) 성낙인, 위의 책, 982-983면.
526) 성낙인, 위의 책, 983면.
527) 성낙인, 위의 책, 983-984면.
528) 성낙인, 위의 책, 984-996면.
529) 성낙인, 위의 책, 985-989면.
530) 성낙인, 위의 책, 990-991면.
531) 성낙인, 위의 책, 999면.

그는 다른 저자와 달리 기본권의 보호에 대해서도 상세히 설명하고 있다. 기본권보장에 대해서는 한계가 문제로 된다. 재정경제적 한계라든가, 사회적 · 정치적 보장한계도 고려할 수 있다.

정재황 교수는 그의 교과서에서 「제5장 기본권의 한계와 제한」에서 비교적 상세하게 설명하고 있다.[532] 이는 기본권제한 뿐만 아니라 국가의 보장한계까지 설명하고 있어서 신입생에게 도움이 될 것이다. 그는 제한의 일반원칙 - 헌법 제37조 제2항에 의한 제한에서 법률유보에 관하여 상세히 설명하고 있다. 그는 법률유보의 내용을 상세히 설명하면서 위임받는 행정입법의 형식에 대해서도 상세히 설명하고 있다.[533] 그리고 본론으로 의회유보에 들어가서 법률유보에 대하여 상세히 설명하고 있다.[534]

그는 기본권의 제한사유를 정당화사유로 파악하고 있다. 「기본권을 제한함에 있어서는 그 제한을 정당화하는 사유(목적)가 존재하여야 한다. 제37조 2항은 국가안전보장 · 질서유지 또는 공공복리의 3가지를 명시적인 기본권제한사유로 하고 있다」[535] 고 한다. 그는 이 목적규정을 상세히 설명하고 있다.[536]

다음으로 그는 기본권제한사유는 비례(과잉금지)원칙에서 목적정당성을 판단함에 있어서 준거가 된다고 하고 있다.[537] 또 비례의 요소로는 목적의 정당성이 필수적이라고 한다.[538] 그는 기본권제한법률의 한계로서 비례성을 들고 있다. 우리 헌법은 제37조 2항에서 필요성에 관한 규정만 두고, 비례성, 최소성 등에 관한 규정을 두지 않았기 때문에 독일 등의 외국과는 달리 비례성에 관한 관심이 적었다. 이에 반하여

532) 정재황, 『신헌법입문』(박영사, 2018), 269-299면.
533) 정재황, 위의 책, 274-278면.
534) 정재황, 위의 책, 278-283면.
535) 정재황, 위의 책, 283면.
536) 정재황, 위의 책, 282-286면.
537) 정재황, 위의 책, 285면.
538) 정재황, 위의 책, 286면.

정교수가 비례원칙(과잉금지원칙)에 관하여 비교적 상세히 설명한 것은 옳은 태도라고 하겠다.

그는 헌재 판례에 따라 비례원칙의 4요소를 설명하고 있다. ① 목적의 정당성 ② 방법의 적절성 ③ 피해의 최소성 ④ 법익의 균형성을 들고 있는데,[539] 과잉금지는 피해의 최소성과 법익의 균형성을 말하는 것으로 보아야 한다. 그런데 기본권제한의 정당성 심사기준으로서 그것은 옳다고 하겠다.[540] 따라서 정당성심사(엄격심사), 비례성 심사(완화심사)로 나눌 수도 있을 것이다. 우리 헌법 제37조 2항이 침해정당성의 목적만 규정하고 적절성이나 비례성에 관한 것을 규정하지 않은 것은 잘못이라고 할 수 있는데, 저자가 이를 상세히 논증하고 있는 것은 적절하다고 하겠다.[541] 그는 신뢰보호 원칙도 상세히 설명하면서 이에 관한 헌재 판결도 잘 정리하고 있다.[542]

다음에는 소급효에 의한 기본권제한의 문제를 설명하고 있다. 끝으로 기본권의 본질적 내용의 침해금지를 설명하고 있는데 타당하다. 또 조약 등 국제법규에 의한 제한도 상세히 설명하고 있다. 교과서라 많은 판례를 정리하여 학생들에게 설명하고 있는 것도 잘 된 것이다.[543]

강경근 교수는 기본권의 제한과 보호를 한 절에서 설명한다.[544] 그는 법률에 의한 기본권의 제한을 1. 2. 3. 4. 로 나누면서 기본권제한의 목적을 ① 헌법에 규정된 목적, 국가안전보장목적, 질서유지목적, 공공복리목적의 제한을 구분하고 있다.[545]

그는 헌법에 규정된 목적을 법률에 의한 기본권목적으로 동일시하는 듯하다. 그러나 비상시에는 헌법 제76조와 제77조에 의하여 제한된다고

---

539) 정재황, 위의 책, 286면.
540) 정재황, 위의 책, 287-288면.
541) 정재황, 위의 책, 289-295면.
542) 정재황, 위의 책, 295-297면.
543) 정재황, 위의 책, 297-298면. 학생 교과서에서의 판례의 중요성을 강조하는 것은 지나친 것이 아니다.
544) 강경근, 『헌법』, 468-512면.
545) 강경근, 위의 책, 471-488면.

한다.546) 이를 그는 국가비상시 기본권제한의 목적을 들고 있다.547) 국가비상사태시의 기본권제한목적과 국가안전을 위한 제한목적을 구분한 것은 실정 헌법상 적절하다.

그는 제한법률의 심사척도에 대해서 과잉금지원칙, 엄격심사와 합리적 심사, 목적정당성, 방법정당성 등 여러 방법을 동원하고 있다.548) 나아가 필요최소성도 들고 있다.

기본권의 제한에 대하여 통설과는 달리 설명한 사람으로 정종섭 교수를 들 수 있다.549) 그는 제1절에서 기본권제한의 개관을 설명하고 있다.550) 그는 여기에서 기본권의 내용과 다른 보호영역을 설정하고 있다.551) 보호영역(Schutzbereich)이라는 용어는 독일 기본권이론에서 유래한다. 내용 중에서 제한된 영역을 제외한 것을 보호영역이라고 한다.552)

그는 제2절에서 기본권제한의 목적을 들고 있는데 1. 국가안전보장 2. 질서유지 3. 공공복리를 기본권제한의 목적으로 들고 있다.553) 그는 국가안전보장, 질서유지, 공공의 복리에 타인의 명예, 타인의 권리, 공공도덕, 사회윤리, 공공의 필요, 군사상 목적 등을 다 포함하는 것이라고 보았다.554) 이것이 독일 헌법의 특색이다.

전광석 교수는 제5절에서 「기본권의 제한과 제한의 한계」를 다루고 있다.555) Ⅰ. 기본권보장의 상대성으로 (1) 국가의 헌법적 과제 (2) 타인의 기본권 Ⅱ. 기본권제한의 형태 Ⅲ. 기본권제한의 요건으로는 1.

546) 강경근, 위의 책, 479면.
547) 강경근, 위의 책, 483면.
548) 강경근, 위의 책, 484면.
549) 정종섭, 『헌법학원론』, 275-304면.
550) 정종섭, 위의 책, 275-278면.
551) 정종섭, 위의 책, 278면.
552) 정종섭, 위의 책, 278면.
553) 정종섭, 위의 책, 280-281면.
554) 정종섭, 위의 책, 279-282면.
555) 전광석, 『한국헌법론』 제8판, 229-225면.

실질적 요건 2. 형식적 요건 3. 방법상의 요건 Ⅳ. 기본권제한의 한계 1. 본질적인 내용침해금지 조항의 독자성 2. 본질적인 내용침해금지 조항의 내용으로 구성되어 있다. 그 중에서 기본권제한의 실질적 요건으로 ① 국가안전보장 ② 질서유지 ③ 공공복리를 들고 있다. 이는 다른 사람이 조문의 원문에 따라 제한의 목적이라고 보고 있는데,[556] 제한목적으로 보지 않고 심사요건으로 보고 있다. 방법상의 요건으로 ① 법적 명확성의 요청 ② 신뢰보호의 원칙, ③ 과잉금지의 원칙을 들고 있다. 신뢰보호원칙에서 소급입법금지의 원칙을 상세히 설명하고 있다.[557] 소급입법에 관한 것만 비교적으로 많이 언급하고 있어 균형이 상실되어 있다는 느낌이 든다. 또 기본권보장의 상대성을 언급한 것이라든가,[558] 과잉금지의 원칙으로 ① 후단의 적합성 ② 최소침해의 원칙 ③ 법익균형의 원칙 등을 설명하고 있는 것이 특색이다.

김백유 교수는 기본권의 제한에 대하여 가장 상세히 설명하고 있다. 제1목에서는 일반권력관계에서의 국민의 기본권제한을 규정하고 있고,[559] 제2목에서는 공법상 소위 특별권력관계이론으로 나누고 있다.[560] 일반적으로 헌법학에서는 일반권력관계만 다루고 특별권력관계는 행정법학에서 다루고 있는데 이를 통합한 것이 특색이다.[561]

또 제3목에서는 국가긴급권에 의한 기본권의 제한을 설명하고 있다.[562] 또 제4목에서는 일반적 법률유보에 의한 기본권제한의 의미[563]를 다루고 있다. 그는 기본권에 대한 법률유보에 대해서도 상세히 설명하고 있다.[564] 그는 기본권 제한의 목적으로서 헌법 제37조 2항의 국가안

556) 전광석, 위의 책, 234면 이하.
557) 전광석, 위의 책, 241-248면.
558) 전광석, 위의 책, 230면.
559) 김백유, 『헌법학(II), 기본권론』 개정판(조은, 2010).
560) 김백유, 위의 책, 183-211면.
561) 김백유, 위의 책, 221-239면.
562) 김백유, 위의 책, 240면.
563) 김백유, 위의 책, 262-271면.
564) 김백유, 위의 책, 199-208면.

전보장, 질서유지, 공공복리를 들고 있다. 어떤 사람은 독일 기본법 규정의 특수유보인 타인의 권리, 헌법질서, 윤리법칙 등으로 대체하려는 경향이 있는데,[565] 우리 헌법의 목적규정에 따른 것은 옳은 방법이라고 하겠다.

그는 교과서 서술의 논리를 터득하여 논쟁점을 찾고 있으며, 학설과 판례를 잘 정리하고 있기에 교과서로서 적합하다.

심경수 교수는 규범화로서 「기본권의 제한」 부분에서 한국 헌법규정에 따라서 설명하고 있다.[566] 그는 1. 의의 2. 기본권제한의 유형 3. 일반적 법률유보에 의한 기본권제한(제한의 한계) 4. 특별권력관계와 기본권의 제한으로 나누어 평이하게 설명하고 있다.[567] 기본권제한의 유형으로서 (1) 헌법유보에 의한 제한 (2) 법률유보에 의한 제한으로 나누고 있다.[568]

그는 목적상의 한계를 여러 가지로 들고 있는데, 여기서도 (가) 국가안전보장 (나) 질서유지 (다) 공공복리를 다루고 있다. 이것은 제한의 목적상의 한계에서는 제한의 목적에 따라 분류하고 있어 실정 헌법 제37조 2항을 설명하는데 적용하고 있다. 또 형식적 한계와 헌법상의 한계를 명확히 구분하여 설명하고 있다.[569] 그는 기본권제한에 있어서 본질적 내용의 침해금지규정을 상세하게 설명하고 있어서 학생들의 이해에 도움이 될 것으로 보인다.[570]

장영수 교수는 기본권의 제한과 한계에서 기본권제한의 일반이론을 설명한 뒤 헌법규정에 의한 제한과 법률유보에 의한 제한을 설명하고 있다. 그는 제2절 기본권의 한계에서 기본권의 규범적 한계로 독일이론을 설명하고 있다. 그리고는 이러한 독일의 이론이 우리에게 적합하지 않다

565) 독일 기본법 제2조, 일반적 인격발현권에 대한 유보.
566) 심경수, 『헌법』(2018), 157면.
567) 심경수, 위의 책, 157-168면.
568) 심경수, 위의 책, 158면.
569) 심경수, 위의 책, 160-164면.
570) 심경수, 위의 책, 164-166면.

는 것을 지적한 뒤에 우리 헌법에 의한 기본권제한을 설명하고 있다. 그는 헌법의 개별 조문에 의한 제한부터 설명하고 있는데 이는 좋은 착상이라고 하겠다.[571] 제4절 법률에 의한 기본권 제한에서「법률유보에 의한 기본권제한」을 비교적 상세히 설명하고 있다.

독일에서 공부한 학자들이 독일이론을 많이 인용하는데 대하여 한국 헌법의 해석론만을 전개하고 있는 감이 있다.[572] 그는 예를 들어 기본권 제한의 근거(목적)에서 독일의 타인의 권리, 도덕질서 등을 들지 않고, 제37조 2항의 ① 국가안전보장 ② 질서유지 ③ 공공복리를 들고 있는 것은[573] 학습효과에도 유리할 것이다.

우리나라의 문언이 외국과 다름에도 외국의 이론을 견강부회하는 것보다는 우리나라의 문언을 정확히 해석하는 것이 정도일 것이다. 그는 헌법 제37조 2항의「필요한 경우에 한하여」를 기본권제한의 기준으로서 비례성 원칙을 요구하고 있는 것으로 이해할 수 있다고 한다.[574] 그는 비례성을 넓게 해석하여 이에 목적의 정당성까지 포함하고 있는 것은 잘못된 것이고, 필요성(Erforderlichkeit)과 비례성(Proportionalität)으로 협의로 해석하는 것이 옳을 것이다. 또 명백하고 현존하는 위험의 원칙, 이중기준의 이론 등을 개별적 기본권의 제한 시에도 고려하는 것이 옳을 것이다(미국 이론 참고).

다음에는 법률유보로써도 기본권을 제한할 수 없는 본질적 내용의 침해금지에 대해서 논하고 있다.[575] 그는 본질적 내용에 대한 학설대립을 검토한 뒤 헷세에 따라 상대설을 따르고 있다.[576] 독일의 경우에는 법률유보조항이 없는 절대적 기본권과 법률유보조항이 있는 상대적 기본권을 구분하고 있으나 우리나라에서는 이를 구별하지 않고 있다. 이

571) 장영수,『헌법학』제12판(홍문사), 510-512면.
572) 장영수, 위의 책, 512-519면.
573) 장영수, 위의 책, 514-515면.
574) 장영수, 위의 책, 515면.
575) 장영수, 위의 책, 516-517면.
576) 장영수, 위의 책, 517면.

상대설을 택하면 우리나라에서는 절대적 기본권이 없어지게 된다. 신앙의 자유, 양심의 자유, 학문의 자유 등을 법률만 제정하면 제한할 수 있게 한다면 이는 내심의 자유 등 절대적 자유를 무시하는 결과가 될 가능성이 크다. 이 점에서 성질에 따른 절대설을 따르는 것이 좋을 것이다.

그는 기본권형성적 법률유보를 설명하고 있다. 기본권의 구체적 형성은 법률에 의하기 때문에 제한으로 보이기도 한다. 이것이 상호간 유동적이라고 한다.577) 자유권도 그는 「자연적 자유」가 아니고 「법적 자유」라고 한다.578) 그런데 법이 규율하지 않아도 되는 부작위의 자유 등을 법에 의해서 형성되어야 하는지 문제이다.

그는 「특별권력관계와 기본권의 제한」을 이야기하고 있다. 특별권력관계이론은 독일제국에서 인정되었던 것으로 특별권력관계에는 기본권이 적용되지 않는다고 보았다. 그러나 오늘날 헌법상에는 특별권력관계를 부정하고 특수신분관계로 보고 있다. 이러한 신분관계는 신분에 의한 차별금지 등으로 그 신분의 특수성에 따른 제한은 가능하나, 일반적인 기본권향유에는 차별을 받지 않는다. 그는 특수신분관계를 특수지위관계로 보고 있다.579)

끝으로 그는 「국가긴급권에 의한 기본권의 제한」을 설명하고 있다. 이러한 것은 국가안전보장을 위한 기본권의 헌법적 제한에서 규정되고 있다. 헌법에 근거한 법률적 근거 없이 계엄 등에서 거주·이전의 자유 등을 함부로 제한할 수는 없을 것이다. 국가긴급권의 행사를 이유로 한 기본권제한의 특수 규정을 허용하는 데에는 엄격한 제한을 두는 것이 바람직하다.

이준일 교수는 『헌법학강의』의 제2편 기본권이론의 제3장에서 「기본권의 제한」에 관하여 상론하고 있다.580) 그는 독일의 기본권이론을 상세

---

577) 장영수, 위의 책, 578면.
578) 장영수, 위의 책, 518면.
579) 장영수, 위의 책, 520면.

히 소개한 뒤 한국의 기본권제한에서는 간략하게 언급하고 있어서 한국 헌법교과서로서는 부적절한 것 같다. 그는 Alexy의 "Theorie der Grundrechte"의 제6장에 따라 이론구성을 하고 있는 것 같다. 그러나 그는 이 이론을 보다 정밀하게 적용하고 있기 때문에 대조해 읽으면 얻는 것이 많을 것 같다. 특히 제2절「기본권제한의 이론적 근거」에서 특색을 찾을 수 있을 것 같다. 그는 기본권을 권리측면에서의 제한보다는「원칙으로서의 기본권제한」에서 첫 머리에 기본권의 충돌을 이야기 하면서,「충돌한 기본권은 모두 다 효력을 그대로 유지한 채 공존해야 한다」[581]는 등 이론을 전개하고 있다. 다음에는 기본권이 원칙이라면「기본권의 제한은 필수적이다」[582]고 한다.「결론적으로 기본권이 원칙이라면 결코 제한될 수 없다」[583]고 한다. 그는 최적화필요조건으로서의 원칙을 이야기하고 있다. 그리고는 Alexy에 돌아가 제3절「기본권의 구성요건과 제한」을 설명하고 있다. 그는 Alexy에 따라 기본권의 구성요건(Tatbestand)을 설명하고 있는데 그는 기본권의 가장 넓은 구성요건에「좁은 의미의 구성요건+제한규범」이 포함된다고 한다. 왜냐하면「기본권의 법적 효과는 구성요건에 해당할 뿐만 아니라 헌법규범에 근거하여 제약되지 않는 경우에야 비로소 발생되기 때문」[584]이라고 한다. 그는 구성요건에 보호영역을 합한 것을 말하는 예에서 벗어나 인적 구성요건을 들고 있다. 이는 기본권의 주체(Subjekt)로 다루어지는 것이다.[585] 그는 Alexy에 따라「좁은 구성요건이론」과「넓은 구성요건이론」을 설명하고 있다.[586] 그리고는「기본권구성요건의 중첩과 기본권의 경합」[587]을

580) 이준일,『헌법학강의』, 312-347면; R. Alexy, Theorie der Grundrechte, 3. Aufl., Suhrkamp, 1996, S. 249-307.
581) 이준일, 위의 책, 309면.
582) 이준일, 위의 책, 309면.
583) 이준일, 위의 책, 314면.
584) 이준일, 위의 책, 315면.
585) 이준일, 위의 책, 317-321면.
586) 이준일, 위의 책, 321-322면.
587) 이준일, 위의 책, 322-324면.

기본권제한 부분에서 다루고 있다. 다음에는 구성요건에 대응하여 제한을 설명하고 있다. 여기에서는 국내학자들의 학설이 소개되고 있다.588) 학생들은 이 부분을 읽어야 할 것이다. 그는 내재적 제한은 기본권의 한계로 보고 외재적 제한은 이를 제한으로 보고 있다.589) 제한의 유형으로서는 여러 학자의 이론을 소개하고 있는바 이 부분은 뒤 제5절 한국헌법의 기본권제한에서 들었으면 한다. 기본권제한유형으로는 Alexy와 같이 헌법직접적 제한과 헌법간접적 제한을 들고 있으나, Alexy가 든 본질적 내용의 침해금지문제는 다루지 않고 있다.590) 다음으로는 Ⅲ. 기본권의 원칙인 근거를 설명하고 있다.591) 이것은 기본권제한과도 연결되기는 하지만 기본권 일반이론에서 설명하는 것이 필요하고 유익했을 것이다.

제4절에서는「기본권제한의 정당화」에 관해서 설명하고 있다. 이 문제는 기본권의 제한이나 침해가 합법인가의 정당성(Rechtfertigung)을 검증하는 것으로 헌법재판소 등에서 결정의 이유나 평가로서 중요한 것이나 우리나라에서는 별로 논의되지 않았다. 오늘날 헌법소송적 측면에서 검토되어야 할 것으로 우리나라에서도 사례연구에서 3단계이론이 많이 연구되어야 할 것이다. 그는 정당화를 Ⅰ. 형식적 정당화와 Ⅱ. 실질적 정당화로 나누고 있다. 형식적 정당화로는 ① 일반적 법률의 원칙 ② 명확성의 원칙과 ③ 불소급의 원칙을 들고 있다. 실질적 정당화로는 ① 비례성원칙과 ② 본질침해원칙을 들고 있다.592) 제한의 비례성원칙이나 본질내용침해금지 원칙은 우리나라에서는 실무계에서 많이 논의되고 있다. 그는 여기에서도 한국 판결을 언급하고 있는데 독일 판례도 인용했으면 좋았을 것이다.

그는 끝부분인 제5절에 가서야「한국헌법의 기본권제한」을 설명하고

588) 이준일, 위의 책, 324-329면.
589) 이준일, 위의 책, 324-325면.
590) 이준일, 위의 책, 328-329면; Alexy, a. a. O. S. 253-272.
591) 이준일, 위의 책, 329-334면.
592) 이준일, 위의 책, 335-341면.

있다.[593] 이 뜻은 모르긴 해도 제1절부터 제4절은 독일법이론을 소개하는 것으로 전제한 것 같다. 앞에서 언급한 것 같이, 그럴 바에는 제1절과 제4절까지 합하여 독일의 학설과 판례를 소개하였으면 좋았을 것이다. 여기서 우리나라의 학설과 판례를 설명하고 외국의 이론과의 차이점을 설명했으면 학생들에게 편리하였을 것이다.

그는 헌법직접적 제한규범으로 성문헌법규정과 불문헌법규정으로 나누고 있는데 자유주의(자연법론)자들이 다른 사람의 기본권이나 헌법적 법익을 위하여 불문법을 적용하는데 동의할 수 있을지 의문이다.[594] 다른 사람의 기본권의 침해는 질서유지제한이나 기본권의 충돌로 성문헌법의 해석으로도 가능할 것이다. 헌법간접적 제한규범으로는 1. 일반적 법률유보와 2. 개별적 법률유보를 들고 있다. 우리 헌법 교과서에서는 제37조 2항을 보다 상세히 설명하고 학설과 판례를 인용했어야 할 것이다. 그가 국가안전보장, 질서유지, 공공복리를 공익이라고 하고 있는데,[595] 이 공익 개념이 막연하여 기본권제한 법률의 남용이나 위헌적 법률의 제정을 막기 위하여 예시화한 것이며, 이 예시의 내용에 대해서도 보다 구체적인 설명이 필요했을 것이다.

다음에 기본권제한의 정도는 「필요한」 경우로 한정했는데, 이 규정이 「필요불가결한」 경우이기 때문에 비례성과 최강의 제한을 규정한 비례성과 최소성의 제한의 정도를 규정한 비례성의 원칙이 보장되고 있다는 것을 언급했어야 할 것이다.

외국 헌법의 기본권제한이론이 한국 헌법의 학설이나 실무에서 적용될 수 있도록 비교 설명했더라면 금상첨화였을 것이다. 기본권제한과 함께 기본권 보장의 한계, 정도도 보다 상세히 논의되었으면 더욱 좋았을 것이다.

593) 이준일, 위의 책, 344-347면.
594) 이준일, 위의 책, 344면.
595) 이준일, 위의 책.

7. 기본권조항의 헌법개정에 관한 연구 회고

(1) 현 학술원 회원의 연구

헌법학자의 연구대상이 되는 것으로 헌법정책학이 있다. 그 나라의 헌법이 바람직한 것인가 아니면 이를 새로이 제정해야 할 것인가, 개정으로 족할 것인가에 대한 연구도 필수적인 것이다.

김철수 회원은 한국 헌법정책학의 목표로서 과거의 권위주의 헌법을 폐지하고 민주주의헌법을 제정해야 한다고 생각하여 신헌법 제정이나 개정을 연구하여 왔다. 1979년 유신헌법의 사망에 따라 새 헌법을 만들어야 하겠다는 국민적 요청이 고양되었다. 이에 따라 김철수 회원을 비롯한 6명의 학자는 헌법제정안을 작성하였다.[596] 여기서는 국가의 권력조직 개편에 앞서 기본권의 확장을 강조하였다.

그 내용을 보면[597] 첫째로는 인간의 존엄과 가치를 신장하기 위하여 새로이 생명의 권리, 인격의 권리, 행동자유의 권리, 행복추구권을 추가하고(제8조 2항), 나아가 알 권리, 읽을 권리 및 들을 권리를 신설하고(제8조 3항), 기본권의 대사인적 효력을 규정하여 국가기관 뿐만 아니라 사회단체 및 개인도 이들 권리를 침해할 수 없도록 규정하였다(제8조 4항).

신체의 자유를 강화하기 위하여 구속영장의 발부에 신중을 기하도록 했고(제10조 4항), 묵비권, 구속적부심사청구권, 보석권, 인신보호청구권, 자백의 증거능력제한 등(제10조 3항~9항)을 추가하였다. 또 형벌에서 비인도적이고 잔혹한 형벌을 금지하고, 강제노역의 제한, 임의동행, 보호처분을 금지하였다(제10조 1, 2항). 또 연좌제를 금지하였다(제11조 2항 추가). 나아가 직업선택과 영업의 자유를 확대하였다(제13조). 재산권을 보장하여 공용수용, 사용의 경우에 정당한 보상을 하도록 규정하였다(제14조 3항 수정). 또 사생활의 자유와 비밀을 추가하고(제15조), 통신의

596) 크리스천아카데미, 『바람직한 헌법개정의 내용』(1980. 1).
597) 앞의 책, 제8조 2항, 3항, 4항.

범위를 확장하였다(제16조). 신앙의 자유, 종교의 자유, 학문연구의 자유, 교수의 자유, 예술의 자유를 강화하였고, 언론 · 출판, 방송 · 방영에 대한 허가제나 검열제를 금지하고, 집회 · 결사의 자유를 보장하였다(제17조~21조). 또 정당활동의 자유를 보장하고 선거권의 연령을 18세로 인하했으며 피선거권을 규정하였다(제122조~125조).

생존권적 기본권의 확장을 위하여 많은 권리를 추가하였다. 그 중 중요한 것을 보면 환경권을 신설하고(제36조), 생활보호청구권, 건강권, 근로자의 경영참가권(제32조), 이익분배참여권 등을 규정하였다.

끝으로 기본권제한에 있어서 자유와 권리의 본질적 내용의 침해를 금지하고(제37조 4항), 헌법수호의 의무(제40조 1항)와 저항권과 저항의무를 규정하였다(제40조 3항). 그리고 이러한 권리를 실효적으로 확보하기 위하여 헌법재판소제도를 두고, 헌법소원제도를 두도록 하였다(제108조).

이 개헌안 작성에 참여한 위원들은 정부의 헌법개정위원회에 아무도 참여하지 않았기 때문에 실제적으로 신헌법에 반영된 것은 적었다. 그 중에서 반영된 것은 행복을 추구할 권리(제9조), 구속적부심사제도(제11조 5항), 자백의 증거능력제한(제11조 6항), 사생활의 비밀과 자유(제16조), 재산권수용에서의 정당보상(제22조), 환경권(제33조), 기본권의 본질적 내용의 침해금지(제35조 2항)뿐이었다.

생존권의 신장이나 헌법재판소제도의 도입으로 인한 헌법소원제도는 도입되지 못하였고, 명목뿐인 헌법위원회가 존속했으나 기본권을 실효적으로 보장할 수는 없었다. 헌법재판소와 헌법소원제도는 1987년 헌법개정에서야 김철수 회원의 주장이 반영되었다. 그는 그 후에도 헌법개정에 관하여 많은 논문을 발표하였다.[598)]

제6공화국 헌법이 제정 · 시행된 지 30년이 가까운 2008년과 2014년에 헌법개정에 대한 요청이 높았다. 이에 국회에서는 헌법개정연구회를

598) 김철수, 『헌법개정, 과거와 미래: 제10차 헌법개정을 말한다』(진원사, 2008).

만들어 헌법연구를 하게 되었다. 2008년 김형오 의장의 주도로 13명의 학자로 자문위원회가 구성되었는데, 김철수 회원은 고문으로서 참가하였다. 이 연구자문위원회에서는 2009년 연구보고서를 발표하였다. 그러나 여기에는 새 헌법개정안을 제시하지는 않았다.

2014년에는 강창희 의장이 자문기관으로 헌법개정자문위원회를 만들었으며, 여기에서 헌법개정안을 만들어 2014년 5월에 이 안을 공표하였다. 김철수 회원은 이때 자문위원장으로 기초에 결정적인 역할을 하였다. 이 개헌안의 기본권개정안에는 다음과 같은 점을 추가하고 있었다.[599)]

첫째로, 표제를 국민의 권리와 의무에서 제2장 기본적 인권과 의무로 하였다. 인권의 주체는 사람으로 하고, 시민권의 주체는 국민으로 하여 사람과 국민의 권리를 구분하였다. 그래서 일부나마 모든 국민을「모든 사람」으로서 기본권주체의 범위를 넓혔다.

둘째로, 제2장을 절로 나누어 이해를 돕게 하였다. 제1절 인간의 존엄과 가치 제2절 평등 제3절 자유권 제4절 인간다운 생활을 할 권리 제5절 참정권 제6절 사법절차에 관한 권리, 제7절 권리의 제한 및 한계로 절을 성질별로 구분한 것이다.

셋째로는 새로운 권리를 규정한 것이다. 예를 들면, 생명권(제12조), 안전권(제14조), 신체와 정신의 온전성(제13조), 성평등의 보장(제16조), 어린이와 청소년의 권리(제17조), 노인의 권리(제18조), 장애인의 권리(제19조) 등을 평등권에서 보장하였다. 또 망명권(제25조), 알 권리와 정보접근권(제29조), 문화생활을 누릴 권리(제35조), 국민투표권(제44조), 행정을 요구할 권리(제44조), 불구속수사와 불구속재판의 원칙(제49조 2항), 검사의 불기소처분권(제49조 3항), 헌법수호와 법률수호의 의무(제154조), 자유와 권리의 남용금지의무(제155조) 등이 추가되어 있다.

이 헌법개정안은 국민들의 지지를 받았으나 국회의장의 자문안에 그쳤고, 헌법안으로서 국회나 정부에 의해서 받아들여지지 않았다.

---

599) 김철수, 『새 헌법개정안 - 성립·내용·평가』(진원사, 2014), 400면.

2015년 김철수 회원은 학술원의 연구비를 받아 통일헌법안에 대한 연구를 했는데,[600] 통일헌법안에서도 통일헌법의 개선된 기본권조문(안)을 제안하고 있다.

여기서 주로 논의된 기본권 규정은 다음과 같다.

첫째, 기본권의 중요성에 비추어 기본권장을 사람의 권리와 시민의 의무로 변경하여 통일헌법 제1장에서 규정하였다. 이는 서독 헌법과 같다. 사람의 권리는 국민의 권리와 달리 외국인의 권리를 다 포함했다는 의미이며, 시민의 권리·의무는 한국 국적을 가진 시민의 권리·의무로 한정하였다.

둘째로, 기본권의 절을 나누어 제1절 인간의 존엄 제2절 평등권 제3절 자유권 제4절 인간다운 생활을 할 권리 제5절 참정권 제6절 사법절차에 관한 권리 제7절 권리제한과 그 한계로 구성하였다. 이는 유럽인권헌장 등의 편별을 참조하여 성질에 따라 세분화한 것이다.

셋째로, 새로운 기본권을 많이 도입하였다. 인간의 존엄에서 생명권을 규정하여 낙태와 사형제도를 금지하였다. 다음 도덕적·신체적 온전성에 관한 규정을 두었고, 노예제도의 금지, 인신매매제도의 금지를 규정하였다. 나아가 개인의 정체성에 대한 권리, 사람의 명예, 평판에 관한 권리, 초상권, 발언권, 사생활의 권리, 기술개발에 따르는 기본권제한의 금지, 인간복제, 인간실험의 금지, 안전권, 양성평등, 일반적 행동자유권, 신체보전의 권리, 정보정정청구권, 취재원을 비밀히 할 권리, 경제적 자유, 상속권 보장, 어린이와 청소년의 권리, 노인의 권리, 장애인의 권리, 사용자의 단체결성권, 건강한 주거권을 추가하였고, 시민의 권리로 피선거권, 국민투표권, 국민발안권, 범죄피해자구조청구권, 불법체포·구금에 대한 보상청구권 등을 추가하였다. 이 밖에 의무로 권리남용금지 의무, 중등교육을 시킬 의무 등을 새로이 규정하고 있다.

---

600) 김철수, 통일헌법안에 관한 연구, 『학술원논문집』(인문·사회과학편), 제54집 2호(2015), 35-116면; 김철수, 『한국통일의 정치와 헌법』(시와 진실, 2016), 401-471면, 592-605면.

이러한 기본권제안에 대해서는 그 동안 헌법개정이 행해지지 않았기 때문에 헌법에 반영되지 않고 있다.

(2) 원외 헌법 교수들의 연구

헌법개정에 관해서는 많은 헌법학자가 관심을 가지고 집단적으로나 개인적으로 연구결과를 발표하고 있었다.[601] 그 중 일부를 들어보면, 성낙인, 국민의 기본권 보장,[602] 정재황, 헌법개정과 기본권,[603] 김대환, 기본권과 기본의무의 개정필요성과 방향,[604] 김종세, 기본권 일반조항의 바람직한 헌법개정방향,[605] 조홍석, 현행헌법 기본권규정의 쟁점과 개정방향,[606] 오동석, 인권선진화를 위한 헌법연구,[607] 김선택, 10차 헌법개정에 있어서 기본권개정방향,[608] 김선택, 21세기에 맞는 인권보장을 위한 한국헌법 기본권편 개정방향,[609] 김배원, 한국헌법사와 현행 헌법 기본권장의 개정방향,[610] 홍성방, 헌법개정과 기본권,[611] 박진완,

---

601) 김문현, 『새 헌법안』(대화문화아카데미, 2016).

602) 성낙인, 국민의 기본권보장, 『국회보』 2014. 4.

603) 정재황, 헌법개정과 기본권, 『저스티스』 통권, 제134-2호(2013).

604) 김대환, 기본권과 기본의무의 개정필요성과 방향, 기본권총론부분과 인간의 존엄과 가치 및 행복추구권을 중심으로, 『헌법학연구』 제16권 제3호(2010).

605) 김종세, 기본권 일반조항의 바람직한 헌법개정방향, 국회미래한국헌법연구회, 『국민과 함께하는 개헌이야기(제1권)』(2010), 411-424면.

606) 조홍석, 현행헌법 기본권규정의 쟁점과 개정방향, 국회미래한국헌법연구회, 『국민과 함께하는 개헌이야기(제1권)』(2010), 435-460면.

607) 오동석, 인권선진화를 위한 헌법연구, 『헌법연구자문위원회, 참고자료집』(2009. 8).

608) 김선택, 제10차 헌법개정에 있어서 기본권개정 방향, 『헌법개정자문위원회 참고자료집』(2009. 8).

609) 김선택, 21세기에 맞는 인권보장을 위한 한국헌법 기본권편 개정방향, 국회미래한국헌법연구회, 『국민과 함께하는 개헌이야기(제1권)』(2011), 375-410면.

610) 김배원, 한국헌법사와 현행헌법 기본권장의 개정방향, 『공법학연구』 제10권 제3호(2009).

헌법개정에 있어서 현행헌법상의 기본권조항개정에 관한 논의[612] 등이 있다.

이 밖에도 개별적 기본권의 개정방향을 논한 논문은 수가 많기에[613] 일일이 언급하는 것을 생략한다.

이 밖에도 여러 단체들이 헌법개정안을 공동작성하여 발표하였다. 대화아카데미에서는 양건 교수를 위원장으로 한 헌법개정안이 2011년에 만들어졌으며,[614] 또한 2016년에는 김문현 교수를 위원장으로 하는 조문위원회가 헌법개정안을 발표하였다.[615] 한국공법학회에서도 회원들의 의견을 모은 헌법개정안이 나왔고,[616] 한국헌법학회에서도 헌법개정안[617]을 제시하였다.

2017년에는 국회에서 헌법개정을 위하여 헌법개정자문회의와 헌법개정위원회를 만들어 토의를 했는데 국회안은 만들어지지 않았다. 2018년 문재인 대통령은 지방의회의원선거시에 헌법개정국민투표를 동시에 하기 위하여 대통령발 헌법개정안을 국회에 제출하였으나,[618] 국회에서는 심의를 하지 않았다.

대통령이 제안한 안에도 많은 헌법교수들이 참가했으나 여기서는 그 명단을 생략하기로 한다. 이 안에서는 기본권에 관해서도 상당한 개선을 하려고 하고 있다.[619]

---

611) 홍성방, 헌법개정과 기본권, 『국민과 함께하는 개헌이야기(제1권)』(2010), 375-410면.

612) 박진완, 헌법개정에 있어서 현행헌법상의 기본권조항, 개정에 관한 논의, 콘라트 아데나워재단, 『한국의 헌법개정』, 7-29면.

613) 상세한 것은 김철수, 『새헌법개정안』, 63-64면.

614) 대화아카데미, 『새로운 헌법 필요한가』(2008); 대화문화아카데미편, 『새로운 헌법, 무엇을 담아야 하나』(2011); 대화문화아카데미, 『새 헌법안』(2016).

615) 김문현, 모든 사람은 법 앞에서 평등하다, 기본권과 의무, 『새 헌법안』(2016), 59-86면.

616) 한국공법학회, 『한국공법학회 헌법개정안 연구보고서』, 2006. 12.

617) 한국헌법학회, 『헌법개정연구』, 2006. 11.

618) 대통령 문재인, 대한민국헌법개정안, 2018.

「첫째, 기본권과 국민주권을 확대 · 강화하였다. 기본권 주체를 확대 · 강화하고, 공무원을 포함한 노동자의 권리를 강화하였다. 생명권과 안전권, 알 권리, 자기정보통제권, 사회보장을 받을 권리, 및 성별 · 장애 등에 따른 차별개선에 노력할 국가의 의무 등을 신설하는 한편, 사회적 약자의 권리를 강화하여 인간으로서의 존엄성을 존중받을 수 있도록 하였다. 또한 주민발안제와 국민소환제를 도입하여 직접민주제를 대폭 확대하였다」고 하고 있다.620)

2018년 7월에 후반기 국회가 구성되어 문희상 의장은 여 · 야당에게 연내 개헌을 하도록 촉구하고 있으나, 그 안이 언제까지 확정될 지는 아직 모르겠다. 이 안에서도 기본권보장은 확대될 것으로 보인다.

Ⅲ. 결론적 고찰

1. 총괄

위에서 대한민국 학술원 회원의 기본권총론에 관한 연구결과가 헌법학계에 어떤 영향을 끼쳤는가를 간단히 살펴보았다. 그 결과 학술원회원의 연구가 큰 영향을 끼쳤음을 보와 왔다. 그러나 일부에서는 아직도 완전한 체계를 이루지 못하고 있으며, 어떤 교과서는 외국 교과서의 짜집기식 번역이 행해지고 있음을 보와 왔다. 그 중요한 이유는 외국, 특히 독일의 기본권이론을 금과옥조로 인정하고 자기가 배운 스승의 학설을 맹목적으로 수용하기 때문이 아닌가 싶다.

김철수 회원과 김효전 회원은 독일이나 미국의 기본권조문이 한국과 상이하기 때문에 외국의 이론을 직수입할 것이 아니고, 한국 독자적인 헌법학의 정립을 요청해 왔는데 그러한 노력도 일부 있으나, 외국의

---

619) 대통령 문재인, 대한민국헌법개정안, 2018.
620) 위의 안, 제안이유, 2면.

이론을 그대로 모방하는 경향도 있다. 결론적으로 이를 시정하기 위한 노력이 요구되기에 간단한 논평을 해보기로 한다.

2. 기본권의 연구방법론에 관한 검토

(1) 독일의 기본권 연구 방법

한국에 있어서는 초기에는 자연법론과 법실증주의가 대립하고 있었는데 유신헌법 후 신진학자들에 의하여 소위 「기본권관」이라는 이름으로 독일의 Smend, Hesse, Häberle 등의 통합론이 유행처럼 도입되고 있다. 물론 Alexy의 이론을 도입한 사람도 있으나 소수이다. 기본권 연구에서 통합론이 기본권의 방어권적 성격을 무시하고 객관적 질서면을 강조한 것은 국가주의·전체주의에 빠질 염려가 있기 때문에 이는 지양되었어야 할 것이다. 독일에도 기본권의 연구방법론에서 철학적인 방법에서 실정적 연구방법까지 다양한 학파가 있기 때문에 이에 대한 심층적·종합적 연구가 필요하겠다. 지면상 상세한 것은 생략하기로 하고 독일의 참고문헌만 보면 다음과 같은 것이 있다.[621)]

독일의 소위 헌법연구방법에 관해서는 Böckenförde가 잘 정리하고 있으며 김효전 회원은 이를 번역한 바 있다. 이는 독일의 통설이라고 할 만하며 한국 학자들도 이에 따르고 있는 분이 있다.[622)]

오늘날 독일의 기본권론으로서는 주관법적 공권이론과 객관법적 제도이론학파로 대별할 수 있다.

1) 주관적 공권 이론에 따른 기본권론

① 자유주의적(방어권적 또는 고전적) 기본권론

---

621) 이하 주는 외국어 원문이 너무 많기 때문에 지면의 제약상 생략하기로 하고 한국문헌만 소개하기로 한다.(편집자)

622) 독일의 이론에 대해서는 전게 김효전 교수의 번역서와 편저가 있어 참고하면 좋을 것이다.

② 사회적(급부 · 복지 · 적극국가적) 기본권론

2) 객관법적 제도에 따른 기본권론

① 제도적 기본권 이해

② 보호의무로서의 기본권 이해

독일연방헌법재판소와 지배적 학설은 방어권적 기본권이론학으로 이들 기본권 이론에 근거하고 있다. 나치스시대는 권위주의시대로 통합적 질서론이 지배했으나 오늘날은 자유주의적 · 방어적 기본권론이 부활하고 있으며, Alexy의 이론도 공감을 얻고 있다. 독일의 이론이 유럽인권헌장을 통하여 전파되고 있다.

(2) 프랑스에서의 기본권론 연구

프랑스의 헌법학은 과거에는 정치학과 분리되지 아니했다. 교과서도 「헌법과 정치제도」라는 표제로 출판되었었다. 기본권론은 행정법학에서 취급되었으며 국가에 대한 공권으로서 Liberté publique로 강의되었다. 그것이 20세기말에 들어와[623]서 헌법평의회(헌법원)의 발전과 함께 법해석학에 중점을 두게 되었고 판례연구도 많아졌다. 오늘날 프랑스에서도 기본권론(droit fondamentaux)으로서 방어권적인 기본권으로 연구되고 있다(예컨대 Louis Favoreu).

(3) 미국에서의 기본권 연구 방법

미국의 헌법이론은 주로 기본권론에 집중되어 있다. 그것도 해석론에 치중하고 있으며 그 중에서도 문언주의냐, 원의주의냐, 살아있는 헌법주

623) 조병윤, 프랑스인권제도의 발전과 근원의 실질적 민주주의의 헌법철학 및 정치철학사상, 『헌법학연구』 제9권 1호(2000), 137-194면.

의냐 등으로 나뉘어져 있다. 많은 학파로 나뉘어져 있으나 중요한 것은 연방대법원의 판례연구에 치중되어 있다. 그래서 대법원판결의 시대적 조류를 연구하는 것이 유행하고 있고, 개별적 대법관의 기본권 이해가 어떠한가를 연구하는 것이 중요시되고 있다.

미국의 이러한 경향에 대해서는 한국에서도 연구된 것이 많기에[624] 여기서는 설명을 생략하고 중요문헌만 참고하도록 제시하기로 한다. 미국의 대법원판결의 역사적 유형성을 설명한 대표적인 논문으로는 Kelso의 논문이 있다. 그는 제1기를 ① 자연법적 사법해석기(1789-1872)로 보고 제2기를 형식주의시기(1872-1937), 제3기를 홈즈적 시기(1937-1954), 제4기를 제도주의시기(1954-1986)로 나누고 있다. 이는 참고할 점이 많으나 여기서는 지면의 관계상 설명을 생략하기로 한다.

(4) 일본에서의 기본권 연구 방법

일본에서는 기본권의 연구방법에 관한 연구가 많았다. 일본에서는 기본권론에서 인권철학적 방법, 인간의 존엄성 = 인간의 본성설, 자유주의적 연구방법, 복지주의적 연구방법, 공화주의적 연구방법 등이 구사되고 있다.

개별적 헌법학으로서의 기본권론은 ① 기본권이론학 ② 기본권문제해결학 ③ 기본권정책학 등으로 나눌 수 있을 것이다. 여기서는 기본권해석학에 대립되는 기본권이론학의 범위와 방법을 규명하는 것이 필요할 것이다.

기본권이론학은 독일의 Grundrechtsdogmatik와 같이 기본권의 이론을 중심으로 연구되어야 할 것이며, 일본에서도 기본권이론학에 관한 저서 등이 나오고 있다. 연구방법에 관한 주요 저서로서는 다음과 같은 것이 있다.[625]

---

624) 전게 양건, 『헌법학강의』 제3판, 43-58면 주 214 참조.
625) 長谷川正安, 『日本憲法學の系譜』(1993); 『憲法の思想と發展』, 浦田一郎

일본 헌법학계에도 파벌이 있어 과거에는 동대파와 경도제대파가 있었고, 동대파와 타대파로 대립되는 경우가 있다. 동대파는 지나치게 권위적이라 하여 비판되기도 하나 이들이 헌법학의 주류를 이루고 있다.

(5) 한국에서의 기본권이론 연구

한국에서도 기본권에 대한 법철학적 연구가 행해지고 있으나 깊은 연구는 보기 힘들다. 법학전문대학원의 등장으로 실용헌법학이 등장한 결과 법이론학 연구는 법해석학에 치중하는 경향이 있으며 그것도 헌법재판소의 판례비평에 치중하고 있는 것 같다. 법학부의 쇠태로 기본권이론학에 대한 연구가 부족한 것이 아쉽다.

교과서들도 헌법판례 중심으로 집필되고 있는 바 이는 법학전문대학원 교재를 위한 것이기에 불가피하다고 하겠다. 최근에 발행된 교과서 중에는 헌법이론학에 근접한 것이 있기는 하나 입문서인 만큼 깊이 있는 논의는 하지 못하고 있어 아쉽다.[626] Stern 교수의 제자들에 의한 보다 방대한 기본권이론학 저술이 행해지면 좋을 것이다.[627]

제6공화국 헌법제정 30년이 지나 새로운 헌법제정이나 헌법개정에 대한 여론의 비등으로 헌법정책학 연구가 성해졌고, 기본권정책학도 이에 고무되어 많은 논문들이 나타나고 있다. 한국공법학회나 한국헌법학회가 그 동안 많은 활동을 한 것이 다행이었다고 하겠다. 앞으로는 이를 위한 비교헌법적 연구나 헌법이론학 연구가 많이 행해졌으면 한다.

先生古稀記念論文集(2017); 戰後日本憲法學 70年の軌跡, 『法律時報』特輯號 2017; 『憲法學の創造的展開(上·下)』, 戸波江二先生古稀記念(2018).

626) 장영철, 『기본권론』(화산미디어, 2018).

627) 김효전, 전게 주 153, 155, 209; 정재황, 전게 주 230 참조.

3. 기본권의 해석방법에 관한 논쟁

(1) 독일에서의 기본권해석 방법

독일의 해석방법에 관해서도 많은 논쟁이 있다. 여기서는 상론은 생략하고 문헌만 소개하면 다음과 같은 것이 있다. 한국에서 발표된 논문도 많은데 그중 몇 개만 보기로 한다.[628]

(2) 미국에서의 헌법해석의 방법

1) 자연법론과 법실증주의

미국에서도 헌법해석 특히 기본권해석에 있어서는 법실증주의와 자연법론의 대립이 심하였다. 헌법의 기초자들은 자연법론에 입각하여 헌법을 제정하였으나 시대가 변할수록 실정법을 중시하는 경향이 나타났다. 자연법론자는 실정법에 상위하는 자연법이 있다고 보았다. 과거에는 신이 만든 법이 자연법이라고 보았으나 점점 인간의 이성에 근거한 것이라고 보게 되었다. 자연법은 실정법의 상위에 있으며 실정법이 자연법에 위반하면 무효라고 보고 사법심사제도가 발전하였다.

이에 대하여 법실증주의자는 자연법은 도덕규범이나 종교규범이고 법은 국가가 제정한 실정법만이 구속력이 있다고 보고 있다. 이들은 자연법도 실정화되어야만 효력이 있다고 보았다. 그들은 민주주의는 다수결의 원칙이라고 보고 국민대표가 만든 실정법만을 적용해야 한다고 했다.

미국의 대법원 재판역사를 보면 ① 1789-1892년은 자연법적 재판결

628) 김효전, 전게 주 153, Smend학파, Schmitt학파, Alexy학파 등의 논쟁은 김효전, 카를 슈미트 헌법이론과 한국, 『학술원논문집』(인문 · 사회과학편) 제58집 1호(2019); 계희열 편역, 『헌법의 해석』(고려대출판부, 1993) 참조.

정이 주류를 이루었고 ② 다음에는 형식주의적·법실증주의적 결정시기가 1892-1937년까지 계속되었고 ③ 1937-1954에는 Holmes의 이론이 지배하였고 ④ 1954-1986에는 제도주의(instrumentalism)가 지배했다고 본다.

자연법론을 주장한 판사로는 Breyer, Blackman 등이 있다고 본다. 이에 가까운 제도주의자에는 Brennan, Marshall이 있다고 한다. 형식주의자들은 Scalia, Burger, Rehnquist가 있고, Holmes 주의자에는 White 대법원 판사가 있다고 한다. 이 외에는 중간적인 입장을 취한 판사도 있는데 Kennedy, Ginsburg, Souter, Powell, O′Conner, Stevens가 있었다고 한다.

2) 원의주의와 살아있는 헌법론

개별사건의 해결에서는 주로 원의주의(Originalism)와 살아있는 헌법론(Living Constitution)이 대립되고 있다. 원의주의는 원초주의라고도 번역할 수 있는데, 헌법제정자의 원의사를 존중해서 헌법을 해석하려는 것이다. 원의주의에는 주관적 원의주의와 객관적 원의주의가 있다. 주관적 원의주의는 헌법제정자의 주관적 의사를 존중하는 것이고, 객관적 원의주의는 제정 당시의 객관적인 면의 의사를 존중하여 그에 따라 판결하려는 것을 말한다.

미국의 헌법해석방법론에 관하여는 많은 한국 논문이 있기에 여기서는 깊은 설명은 생략하기로 한다.[629]

(3) 일본에서의 논의

---

629) 양건, 주 217 참조. 정영화, 미국 연방대법원의 헌법해석의 진화와 쟁점, 『홍익법학』 제16권 4호(2015), 97-119면; 김철수, 『기본적 인권의 본질과 체계』(대한민국학술원, 2017).

일본에서는 전통적 헌법해석 방법이 지배했으나 자위대재무장 등에서 해석개헌이 문제가 되었다. 특히 헌법해석에 의하여 개헌을 할 수 있는가가 문제되었다. 이에 대해서는 위헌이라는 의견이 많았다.

기본권의 해석에 관해서는 전통적 해석방법에 따라 헌법규정의 논리적·체계적 해석이 발달하였다. 물론 기본권해석에서는 기본권의 근거 본질에 관한 철학적 해석도 있었으나 헌법의 구체적·부수적 위헌심사권에 따른 기본권의 실용적·사건해결적 해석이 주류를 이루고 있다. 해석방법에 관한 문헌들을 보면 다음과 같은 것이 있다.[630]

일본에서는 헌법의 최종해석권자가 누구인가에 관해서도 논쟁이 되고 있다. 내각법제국이 헌법해석을 하고 있는데 이의 합헌성이 문제되고, 입법적 해석 가능성이 논란되고 있다. 최종적인 해석권자는 최고재판소가 된다고 보는 것이 통설이다.

기본적 인권의 해석에 있어서는 주로 헌법상에 규정된 권리가 비로소 보장되는 것으로 보며, 기본권이 영구불가침성을 가지므로 공익을 위하지 않는 한 제한될 수 없다고 보며, 헌법상의 개인적 권리는 불가침이라고 주장되고 있다.

(4) 한국에서의 이론

현재의 한국의 헌법해석에서는 전통적 방법에서 출발하나 자연권설에 입각하여 해석하는 것이 일반적이다. 이것은 그 동안 일제시대에 공부한 사람들이 주장한 것이 아니고 현대자연법론의 부활을 주장한 김철수 회원들의 학설이 지배적으로 된 것으로 보인다. 사실이지 실정헌법이 자연권을 규정한 것은 자연권이 국가 이전의 권리임을 확인한 것이요, 통합설에 따라서 가치론이나 질서론, 이중성격론을 따르는 것은 현재는

630) 內野正幸,『憲法解釋の論理と體系』(日本評論社, 1991); 宍戶常壽,『憲法解釋論の應用と展開』第2版(日本評論社, 2014);『講座 憲法學, 憲法學の方法』(1984); 小林直樹,『憲法學の基本問題』(有斐閣, 2002).

소수설이라고 봐야 하겠다.

기본권해석에서는 성문헌법의 경우에는 원칙적으로 문리해석을 할 것이요, 성문헌법에 규정되어 있지 않은 기본권은 체계적으로 해석할 것이요, 인권의 헌법규정이 반자연권인 경우에는 자연법론에 따라서 위헌선언하는 것이 옳다고 하겠다.

통합론이 후퇴한 것은 김효전 회원의 통합론 비판의 공이 큰 것으로 볼 수 있다.

그동안 한국에서도 헌법해석과 기본권 해석에 관해서는 많은 논문이 나왔다. 그중 일부를 들면 다음과 같은 것이 있다.[631]

4. 기본권의 법적 성격, 특히 이중적 성격설에 대한 검토

우리나라의 일부 학설은, 기본권은 이중적 성격을 가지며 권리인 동시에 질서로서의 성격을 가진다고 보았는데 이는 독일의 일부 이론에 따른 것이다.

기본권의 법적 성격에서 자연권설이나 실정권설을 채택한 것은 권리로서 본 결과이다. 그런데 독일에서는 Recht는 subjektives Recht와 objektives Recht를 같이 포섭한 개념이다. 다시 말하면 공권과 질서를 합한 개념이기 때문에 권리와 질서의 구분이 명확하지 않았다. 그것이 나치스에 의해서 바이마르 시대의 기본권의 권리개념이 부정된 뒤 새 독일공화국에서는 국민의 기본권이 국민에게는 국가에 대한 방어권으로서, 국가에게는 국민의 기본권을 보호할 의무로 통합하는 경향이 나타났다.

이 이론이 독일연방재판소의 판례로 정착함에 따라 독일에서는 기본권의 이중적 성격론이 다수설이 되었다. 그래서 한국에서도 이 이론을

631) 김주원, 헌법합치적 법률해석의 방법, 서울대학교 석사논문, 1988; 김영재, 현대 헌법해석방법론에 대한 비판적 고찰, 『공법연구』 제20권 1호(2000), 1-28면; 김진한, 합헌적 법률해석의 원칙과 위헌적 법률해석의 통제범위, 『헌법학연구』 제18권 1호(2012), 45-82면.

도입하여 세계적 통설이라고 선전하고 있으나, 이는 독일에서의 다수설일 뿐이다.

Smend의 통합론이 기본권의 방어권적 성격을 약화하고 기본권의 가치질서로서의 성격을 강조하고 있었는데, 제2차 대전 후 독일에서는 헌법의 기본권규정이 전통적인 권리로서의 측면과 국가형성적인 질서개념을 한 조문으로 통합하여 규정하였다. 예를 들면 기본법 제1조 1항이 「인간의 존엄은 불가침이다」고 기본권을 규정하면서 곧 「이를 존중하고 보호하는 것은 모든 국가권력의 의무이다」고 규정하고 있기에, 학설에서도 처음에는 이를 객관적 질서 규정으로 인정하였다. 또 제1조 2항에서는 「그러므로 독일국민은 불가침·불가양의 인권을 모든 인간공동체와 세계평화와 세계의 정의의 근거로 이를 인정한다」고 하였기에, 이 인권은 독일국가와 세계평화와 세계정의의 근거로 객관적 질서로 인정된 것이다. 또 제1조 3항은 「이하의 기본권은 입법과 집행권과 사법을 직접적으로 구속하는 법이다」고 하여 객관적 질서를 강조했던 것이다. 그리하여 초기 학설은 제1조는 기본권규정이 아니고 원칙질서규정이며, 제2조 이하 제19조까지만이 기본권규정이라고 주장되기도 했던 것이다.

기본권의 이중적 성격론은 20세기 독일에서 강조된 것이고 그것은 독일전통에서 근거한 것이라고 할 수 있다. 독일기본법은 제1조 2항에서 독일기본법이 국가질서의 일부를 형성한다고 주장하고 있어 기본권의 객관적 성격을 강조할 수 있었다. 이 문제는 독일학계에서도 논란이 되어 찬성론자와 반대론자 간의 대립을 Der Staat 잡지에서 논쟁으로 다루기도 했다.

Böckenförde는 당시의 독일학계의 경향을 설명한 뒤 객관적 가치질서에서 기본권의 제3자적 효력을 도출하고 있다. 그는 기본권의 객관적 질서이론이 민주주의와 법치주의의 설명에 유익하다고 보나 이중적 성격에는 회의적인 경향을 보이고 있었다.

Müller는 스위스 헌법학자의 견지에서 이 문제를 논의하고 있다. 그는 스위스는 독일식이 아니라 미국식 위헌심사제도를 채택하고 있기 때문에

헌법재판의 기능에 따라 이론이 다르다고 한다. 그는 각국마다 기본권의 이중적 성격이 문제될 수 있으며 기본권의 해석이 헌법재판소에 의하여 결정되어야 한다고 보고 있다. 입법부에 헌법해석권이 주어지는 것이 아니라 헌법재판소에 최종적 해석권을 주게 될 가능성이 있다고 보고 있다.

Alexy는 기본권은 원래 개인의 주관적 공권이며 방어권적인 것이었다고 보고 객관적 질서의 요소는 헌법규범으로서 입법권과 사법권을 구속하는 정도의 문제라고 보았다. 객관적 질서의 성격을 인정하는 결과 기본권의 방어권적 성격과 청구권적 성격이 약화되어 질서적 측면을 강화했기에, 자유주의적 기본권관점에서 볼 때 권리성의 약화라는 결점을 가지게 되었다고 한다. 그는 기본권의 이중성에는 회의적이며 권리와 규범을 준별하고 있다.

독일의 헌법학 교수 중에는 아직도 Jellinek의 지위론에 따라서 기본권을 분류하는 사람이 많다. 그리하여 소극적 지위, 적극적 지위, 능동적 지위, 피동적 지위 뿐만아니라 급부청구권, 소송청구권, 방어권 등 권리측면을 강조하고 있다. Göttingen 대학의 Langenfeld 교수는 기본권의 주관적 공권기능으로서 소극적 지위, 적극적 지위, 능동적 지위를 그대로 인정하고 있다. 이제 독일에서도 Smend의 주장은 소수설에 불과하고 개인의 방어권을 강조하는 경향이 많아졌음을 주의해야 하겠다.

독일 이외의 유럽에서는 오스트리아와 스위스 등에서 독일의 영향을 받아 객관적 질서설을 주장하는 사람이 있으나, 이는 국가를 수범대상으로 하는 국가의무에 대한 규범이라고 보고 기본권 자체는 공권으로서 방어권적 성격을 가진다고 본다. 그래서 기본권을 국가에 대한 국민의 방어권, 청구권으로 인정하고 있다. 프랑스에서는 기본권의 객관적 질서로서의 성격이 인정되지 않는다.

미국에서도 기본권은 주관적 공권의 성격을 가질 뿐이고 자연권의 실정화로 보는 경향이 지배적이다. 그래서 옐리네크의 국가에 대한 국민의 지위론이 다시 나타나고 있다.

한국에서는 이 객관적 질서를 인정하는 것이 다수설로 보이나 권리와 질서는 엄별하여야 할 것이고 규범의 수범자의 차이를 중시해야 할 것이다.

일본에서도 독일의 이론이 소개·논의되고 있으나 객관적 질서설을 주장하는 사람은 별로 없다. 구리키 히사오(栗城壽夫) 교수는 「최근의 독일의 기본권론에 관해서」 논하면서 객관적 질서론에 대해서 회의적이다. 구도우 다츠로(工藤達郎) 교수도 기본권에 주관적 권리개념과 객관적 규범개념을 들고 있는데 이는 Alexy의 이론과 비슷한 것이라고 하겠다.

헌법규정은 최고규범이기 때문에 기본권 규정은 권리규정과 국가권력에 대한 최고규범을 내포하고 있으며, 최고규범으로서 입법권과 행정권, 사법권을 구속하는 것은 당연하다. 이에서 기본권의 대사인적 효력이 인정된다.

5. 기본권체계론에 관한 검토

기본권을 개별적으로만 보지 않고 체계적인 것으로 본 것은 뮌헨대학의 Nawiasky나 Maunz, Dürig와 쾰른대학의 Nipperdey의 견해였다. 독일 기본법 제1조의 인간의 존엄을 Nipperdey는 주실질적 기본권으로 보고 여기에서 다른 여러 기본권이 나오는 것이라고 보았다. Dürig는 이를 흠결없는 기본권 부분의 가치 및 청구권 체계라고 보았다. 그는 제2조 1항에서 주자유권을 도출하였고, 여기에서 다시 개별적인 자유권이 나오고, 기본법 제3조 1항에서 주평등권이, 제19조 2항에서 소송적 주기본권이 나온다고 하였다.

이러한 체계론은 기본권의 포괄성을 인정하고 무흠결성을 주장한다. 그리하여 실정헌법에 규정되지 않은 기본권은 미국헌법 수정 제9조와 같이 자연권으로 보완하도록 생각하였다. 이와 같이 기본권은 소송으로 다툴 수 있는 완결성(Lückenlosigkeit)을 가지는 것으로 인정되었다.

Alexy는 기본권을 1) 일반적 자유권 2) 일반적 평등권 3) 국가에 대한 급부청구권으로 나누고, 이 급부청구권을 협의의 급부청구권, 보호청구권, 조직과 절차에 관한 권리로 나누고 있었다. 그러나 독일헌법의 기본권 규정은 체계적이지 않았다.

독일의 연방헌법재판소는 급부청구권 등과 사회적 기본권 등의 관계를 명확히 하기 위하여 기본권의 다기능성(Multifunktionalität)을 인정하게 되었다. 이 다기능성 판례로 독일기본권은 많이 확장되었다. 이것은 헌법재판소에 의한 새로운 기본권의 발견을 의미하는 것으로 그 근거를 주관적 권리가 객관적 법 속에서 나온다는 실정권설적인 이해라고 하겠다.

그러나 우리 헌법이나 외국 헌법 등에는 기본권의 포괄성에 관해서 명문으로 선언하고 있으며 객관적 법질서를 동원하지 않고서도 헌법의 자연권규범의 해석에 따라서 얼마든지 헌법에 열거되지 않은 기본권을 발견할 수 있는 것이다. Nipperdey는 독일기본법 제1조 1항의 인간의 존엄은 자연권의 실정화로 보고 있으며 그에 따라 기본권규정을 해석해야 한다고 하고 있다.

한국의 현행 헌법이나 미국의 헌법은 자연권론에 입각한 헌법이다. 인간의 존엄 · 행복추구권 등의 주기본권에서 파생한 여러 가지 권리에서 새 시대가 요청하는 새로운 기본권을 발견할 수 있는 것이다.

미국헌법이 제정된 지 200년이 넘었으나 현재까지도 기본권이 확장되고 있는 것은 그것이 자연권에 기초하고 있으며 자연권적 해석을 하고 있기 때문이다.

우리나라 대부분의 학자가 인간의 존엄을 자연권을 실정법화 한 것으로 보고 있으며, 헌법 제37조 1항의 규정은 헌법에 열거되어 있지 않은 자유와 권리도 확인하고 있는 주의규정으로 보거나 확인규정으로 보고 있기 때문에 헌법해석의 논리적 · 체계적 해석에 따라 기본권의 체계성을 인정하여야 할 것이다. 인간의 존엄과 가치 · 행복추구권을 주기본권 또는 포괄적 기본권으로 인정하면서 기본권을 개별적 권리의 나열로 보는 것은 잘못이며, 기본권으로 규정되어 있지 않은 권리의 창출 또는 발견은 주기본권의 존재를 인정하는 경우에만 가능한 것이다.

6. 결어

위에서 한국헌법상 기본권 총론에 관한 것 중 일부의 연구를 검토해 보았는데 해방 후 제1기 회원은 대개가 같은 대학을 나왔거나 같은 교과서로 공부해왔기 때문에 큰 논쟁이 없었고, 회원들의 견해는 제1공화국 헌법 하에서는 권위적인 학설로서 군림하고 있었다.

그것이 1970년대에 외국 유학을 한 사람들이 주로 독일에서 공부한 뒤 Smend, Hesse, Häberle 등의 이론들을 독일의 최신 학설인 것처럼 유포시켜 고려대학교 졸업생(계희열 교수 제자들), 연세대학교 졸업생(허영 교수 제자들)들이 2000년대에 들어와서 교과서를 집필하면서 학설이 대립되었다. 그러나 아직도 김철수 회원과 김효전 회원의 제자들인 자연권론자가 대세를 차지하고 있다고 할 것이다.

다만, 이들 회원들의 중요 논문은 『학술원논문집』에만 실려 있기에 보급이 잘 안되며 인용 횟수가 적은 것이 현실이다. 앞으로 법학 분과 회원들의 연구논문이 많이 인용되도록 하기 위한 노력이 필요할 것 같다. 예를 들면 『학술원논문집』에 실린 법학 관계 논문만을 모아서 단행본으로 만들어 염가로 대량 보급한다고 하면 인용 횟수도 늘어날 것이고 법학발전에도 크게 기여할 것으로 생각된다. 『학술원논문집』에만 실리는 경우 좋은 연구도 사장될 가능성이 있다. 학술원 전체와 법학분과에서도 귀중한 연구 결과의 보급 확대를 통하여 학술 연구를 선도하는 것이 요망된다.[632]

632) (사과) 이 논문에서는 우리나라의 기본권총론에 관한 모든 논문들과 모든 교과서를 다 읽고 회고하여야 할 것이었으나 시간 관계와 지면 관계, 건강 관계로 현재 시판중인 교과서를 중심으로 검토할 수밖에 없었다. 여기에 누락된 논문과 교과서도 많을 것이나 내 서재에 없는 것은 고려하지 못했다. 누락된 저서나 논문의 저자에 대해서는 깊이 사과한다. 또 인용된 저자에 대해서도 잘못 이해한 부분이 있을까 두렵다. 잘못이 있으면 질정해주기 바란다. 또 기본권학설을 세분화함에 따라 중복된 설명이 많아진 것도 너그러이 용서해 주기 바란다.

제2장 한국 헌법학의 체계화

Ⅰ. 서 론

이 보고는 대한민국학술원에서 2010년에 발간한 『한국의 학술연구(법학 II)』(인문 · 사회과학편 제11집)의 속편이다. 그러므로 2010년부터 2018년까지 「본 인문 · 사회 4분과 회원의 축적된 학문 성과를 바탕으로 하여」 헌법학의 동향을 개관하면서 쟁점을 부각하고 연구의 방향과 비전을 제시하여 한국 헌법학을 체계화하는 데에 그 목적이 있다. 최근 10년간의 헌법정치와 헌법학의 발전에서는 이명박 · 박근혜 정부로부터 문재인 정부로의 정권이양과 통진당 해산 사건과 박근혜 대통령 탄핵 등 커다란 역사적 사건들이 일어났으며, 사회적으로는 세월호 사건에서, 정치적으로는 최근의 남북 정상회담에 이르기까지 많은 문제가 제기되고 있다.

집필의 순서와 방법은 학술원의 김철수 회원과 김효전 회원의 저작을 중심으로 하면서 관련된 연구 업적과 학회의 활동을 소개하고 가능한 한 망라하는 문헌학적인 접근에 의한다. 그러나 지면의 제약으로 중요한 저작에 대한 평가나 논평은 가급적 축소하고 헌법학의 동향과 쟁점을 부각시키는 데에 중점을 두었다. 정리한 문헌과 자료만으로도 지난 10년 동안의 헌법학의 흐름과 방향은 대체로 파악할 수 있을 것으로 생각한다.

헌법재판소의 결정과 외국의 학계 동향은 제외하였다.

Ⅱ. 헌법정치의 체계화

여기서 말하는 「헌법정치」란 정치적 법으로서의 헌법에 의해서 통치되는 정치를 말하며 강학상의 「입헌주의」를 의미한다. 「체계」(system)도 법철학에서 말하는 좁은 의미의 체계도 아니며 정치학에서 말하는 확장된 의미의 개념도 아니다.[1] 여기의 체계란 학문으로서의 한국 헌법의 정체성 내지 일관된 자기 이해를 의미하는 것이다. 좀 더 부연해서 말하면, 현재의 문제 상황을 구체적인 질서 속에서 절박하게 해결하려는 의지를 지향하는 것이다.[2]

1. 김철수 회원의 업적

이와 같은 문제의식에서 김철수 회원은 『한국의 헌법정치를 생각한다』(한국헌법연구소, 2010)라는 시론 모음을 펴내어 일반 시민들의 교양을 위한 책자를 저술하기도 하였다. 계속하여 논문집 『헌법과 정치』(진원사, 2012), 『헌법정치의 이상과 현실』(소명출판, 2012) 그리고 『헌법과 법률이 지배하는 사회』(진원사, 2016)를 각각 발간하였다.[3]

먼저 『헌법과 정치』를 보면, 전체 9장으로 구성되어 있으며 구체적인 내용은 다음과 같다. 제1장 입헌주의와 법치주의, 제2장 통치질서, 제3장 통치조직의 구성원리, 제4장 입법권, 제5장 집행권, 제6장 사법권, 제7장 헌법재판소, 제8장 연방제와 지방자치, 제9장 통일문제. 이 책은 김철수 헌법철학의 정수를 보여주고 있다. 한국의 입헌주의를 위한 그의 투쟁은

---

1) 예컨대 Karl Larenz, Methodenlehre der Rechtswissenschaft, 6. Aufl., 1991, S. 165 ff., 437 ff.; David Easton, The Political System, New York 1953; Karl Loewenstein, Verfassungslehre, 1959, S. 9. 김기범 옮김, 김효전 엮음, 현대헌법론, 『동아법학』 제74호(2017), 211면.

2) 이와 관련하여 이국운, '헌정적인 것'의 개념, 『법과 사회』 제51호(2016).

3) 이 책에 대한 서평은 김효전평, 『대한민국학술원통신』 제233호(2012. 12. 1), 26-28면.

헌법재판소의 설치에서 부분적으로 완성되었으며 아직도 계속되고 있다.

다음에 『헌법정치의 이상과 현실』은 전체 10부로 구성되어 있으며, 제1부 헌법정치의 이상, 2부 헌법재판의 활성화, 3부 통일헌법의 제정, 4부 법철학, 5부 법학교육, 6부 학회활동, 7부 시론과 에세이 등을 수록하고 있다.[4)]

김철수 회원의 『헌법과 법률이 지배하는 사회』(진원사, 2016)는 2010년대에 들어와서 새로이 집필한 논문과 논설, 시평 등을 체계적으로 정리한 것이다. 특히 일부 좌경 정치인과 학자들에 의해서 대한민국 건국의 정통성을 부정 내지 폄하하려는 시도에 대해서 저자는 이렇게 단언한다. 「대한민국의 건국사에 많은 문제가 있었던 것은 사실이나 미소냉전의 결과였으며 소련의 북조선 소비에트화, 미군정의 미숙과 정치인의 비타협성 때문이었지 건국 과정의 정통성 부족 때문은 아니었다. 우리는 1948년 대한민국 건국의 정통성을 결코 부정해서는 안 된다」(47면). 이 논문은 건국과정에 대해서 편향된 시각과 역사의식의 빈곤 내지 무지에 대해서 경종을 울린 지적이며 지극히 타당한 지적이라고 하겠다. 그러나 아직도 태극기와 나치의 깃발을 동격에서 휘날리는 동영상이 유포되고 있는가 하면, 대한민국은 민족적 정통성이 없으며 태어나서는 안 될 기형아라고 폄하하는 세력이 적지 않은 것을 볼 때 한심한 생각이 든다.[5)]

이상의 저서들은 헌법정치에 대한 저자의 신념과 의지가 뚜렷하게 드러나 있다. 그러한 의미에서 이 책은 단순히 헌법과 정치에 관한 저자의 개인적인 연구 성과를 집대성한 것으로 끝나는 것이 아니라 우리 헌법정치의 과거와 현재를 살펴보고 미래의 방향을 제시하는 안내서로서의 역할을 담당하는 저서라고 하겠다.

다음에는 최근 10년 동안의 정치현상이 모여서 헌법정치의 전체상이 구성되고 그 전체상 속에서 「헌법」이 작동하는 진정한 모습을 몇 가지

4) 서평은 김효전평, 『대한민국학술원통신』 제235호(2013. 2. 1), 8-9면.
5) 서평은 김효전평, 『대한민국학술원통신』 제273호(2016. 4. 1), 14-17면.

테마에 한정하여 연구 성과를 살펴보기로 한다.

2. 헌법정치에 관한 연구

현행 87년 헌법의 헌법사적 의미, 헌법규범 전반에 대한 평가, 개별적 문제점과 과제에 관하여는 정만희, 헌법규범과 헌법현실 - 한국헌법의 규범과 현실의 괴리 문제, 『안암법학』 제50호(2016), 1-52면이 있으며 현행 헌법의 성립과 발전에 관한 논설은 다음과 같다.

정상우, 1987년 헌법개정안 형성과정 연구, 『세계헌법연구』 제22권 1호(2016), 1-25면; 조지형, 87년 헌법의 역사화와 시대적 소명, 『법과 사회』 제38호(2010); 정원규, 87년 헌법의 공화주의적 해석을 위한 정치철학적 검토, 『법철학연구』 제18권 1호(2015); 박상돈, 1987년과 2017년의 헌법현실에 대한 고찰 - 대통령 탄핵 및 조기 대선 정국의 개헌론에 대한 시사점, 『법학연구』 제25권 2호(2017).

헌법정치의 구체화는 헌법재판을 통하여 확정되기 때문에 정상적인 헌법재판제도의 운영이 무엇보다 중요하게 된다. 헌법재판에 관한 주요 연구 동향과 성과는 다음과 같으며, 그 구체적 적용으로서 정당해산, 탄핵, 통일 문제에 적용하기로 한다.

(1) 헌법재판에 관하여

최근 10년 동안에 헌법재판소는 중요한 결정을 많이 내렸기 때문에 창설 이래 전국민적인 관심과 각광을 받게 되었다. 예컨대 2014년에 헌법재판소는 일몰부터 일출 전까지 야간 시위를 금지한 집회 및 시위에 관한 법률(집시법) 제10조에 대해 한정위헌 결정을 내렸다. 「일몰부터 자정까지는 집회를 허용하라」는 취지이다. 또 2014년 12월 19일에는 통진당 해산 결정, 2016년 12월 9일에는 박근혜 대통령 탄핵 결정,

기타 간통 문제, 양심적 병역거부 등 커다란 정치적·사회적 문제들에 대해서 결정을 내렸다. 따라서 헌법재판에 관한 학술 서적과 논문들도 많이 발표되어 이들 문헌을 정리하는 것만도 혼자 힘으로는 쉬운 일이 아니다. 여기서는 단행본에 한정하기로 한다.

최근에는 허완중, 『헌법재판소결정의 효력』(전남대 출판문화원, 2019); 오영신, 『헌법재판과 위헌심사기준: 형벌법규』(법문사, 2018); 허완중, 『헌법재판소 결정이 입법자를 구속하는 범위와 한계』(전남대학교출판문화원, 2017); 김도협, 『헌법재판 개설』(진원사, 2017); 헌법재판소, 『헌법재판 발전을 위한 여론조사 결과 보고서』(2017); 헌법재판소, 『주석 헌법재판소법』(2015); 장진호, 『헌법재판과 한국 민주주의』(한국학술정보, 2015); 헌법재판소, 『헌법재판 실무제요』[제2 개정판](2015); 이동흡, 『세계로 나아가는 한국의 헌법재판 II』(박영사, 2015); 동인, 『(세계로 나아가는) 한국의 헌법재판』(박영사, 2011); 헌법재판소, 『한국헌법재판제도』(2014); 허완중, 『헌법재판소의 위헌결정에 따른 동일규범반복제정금지의무와 헌법재판소 결정 존중 의무』(헌법재판연구원, 2014); 권성, 『결단의 순간을 위한 권성 헌법재판관의 판결 읽기= 고급면접 및 논술용 교재』(청람, 2013); 남복현, 『헌법재판소 결정의 소송법적 효력』(한국학술정보, 2013); 동인, 『헌법불합치결정의 현안』(한국학술정보, 2011); 조재현, 『헌법재판론』(박영사, 2013); 헌법재판소, 『헌법 및 헌법재판 발전연구위원회 결과 보고서(2013~현재)』(2013); 『헌법재판의 새로운 지평: 이강국 헌법재판소장의 퇴임기념논문집』(박영사, 2013); 허완중, 『기본의무를 구체화하는 법률의 위헌심사기준』(헌법재판연구원, 2013); 헌법재판소 헌법재판연구원, 『헌법재판소 창립 25주년 기념 국제학술 심포지엄 발표 자료집』(2013); 헌법재판소, 『헌법재판 주요 선례 연구 1~2』(2012); 3권(2013); 헌법재판소, 『헌법과 헌법재판』(2012); 헌법재판소, 『헌법재판의 주요 쟁점에 대한 검토』(2011) 등.

헌법재판소는 『헌법재판소 30년사』(2018)와 영문판 “Thirty Years

of the Constitutional Court of Korea"(Constitutional Court Korea, 2018)을 비롯하여 많은 자료집을 발간하였다. 먼저 「헌법재판연구」 총서의 주제는 다음과 같다. 제1집 『법률의 위헌결정과 헌법소원에 관한 연구』(1989); 제2집 『헌법재판 및 제도의 활성화에 관한 연구』(1991); 제3집 『권한쟁의심판에 관한 연구』(1991); 제4집 『헌법재판절차의 개선을 위한 입법론적 연구』(1993); 제5집 『헌법해석에 관한 연구』(1994); 제6집 『기본권의 개념과 범위에 관한 연구』(1995); 제7집 『헌법재판소결정의 효력에 관한 연구』(1995); 제8집 『위임입법의 한계에 관한 연구』(1996); 제9집 『보상 없는 재산권제한의 한계와 국가기관과 지방자치단체 간의 권한쟁의에 관한 연구』(1997); 제10집 『헌법재판소법의 개정방향에 관한 연구』(1999); 제11집 『사회보험법의 헌법적 문제에 관한 연구』(2000); 제12집 『탄핵심판제도에 관한 연구』(2001); 제13집 『사이버공간상의 표현의 자유와 그 규제에 관한 연구』(2002); 제14집 『교육제도의 헌법적 문제에 관한 연구』(2003); 제15집 『정당해산심판제도에 관한 연구』(2004); 제16권 『현행 헌법상 헌법재판제도의 문제점과 개선방안』(2005); 제17권 『지방자치의 헌법적 보장 - 지방자치와 입법권의 한계』(2006); 제18권 『국제조약과 헌법재판』(2007); 제19권 『기본권영역별 위헌심사의 기준과 방법』(2008); 제20권 『기본권의 주체』(2009); 제21권 『주요 국가별 헌법재판제도의 비교분석과 시사점 - 미국형 사법심사와 유럽형 헌법재판을 중심으로』(2010); 제22권 『추상적 규범통제제도에 관한 고찰』(2011); 제23권 『헌법상 기본의무에 관한 연구』(2012); 제24권 『형벌규정에 대한 위헌결정의 시적 효력에 관한 연구』(2013); 제25권 『정보통신기술의 발전과 기본권에 관한 연구』(2014); 제26권 『국민의 생명·신체보호에 관한 헌법상 쟁점에 대한 연구』(2015); 제27권 『외국인의 헌법적 지위 및 권리의 보장을 위한 비교법적 연구』(2016); 제28권 『헌법불합치결정의 기속력과 개선입법의 구제범위에 대한 연구』(2017); 제29권 『공권력의 불행사에 대한 헌법소원 심판구조 연구』(2018).

다음에 「정책개발연구」 총서의 주제는 다음과 같다. 제1권 『헌법재판소에 의한 헌법재판이 우리 사회에 미친 영향』(2010); 제2권 『통일과정과 통일 이후의 헌법재판소의 기능과 역할』(2011); 제3권 『선거운동의 자유와 선거의 공정성』(2011); 제4권 『생명과학기술의 발전과 헌법』(2012); 제5권 『공무원의 정치적 기본권 연구』(2012); 제6권 『헌법재판에 있어서 신속한 사건처리를 위한 제도개선 방안』(2013); 제7권 『아시아 지역의 인권 제고 방안에 관한 연구』(2014); 제8권 『아시아헌법재판소연합 회원국 간의 상호이해 증진을 위한 모색』(2016); 제9권 『아시아 지역의 입헌주의 - 아시아 각 지역의 인권보호 및 헌법재판제도의 다양성 고찰』(2017).

「외국헌법재판자료」 번역으로는 『통일 관련 독일연방헌법재판소 판례 번역집』(2018); 『베니스 위원회 자료집 I』(2018); 『베니스 위원회 자료집 II』(2018) 등.

그 밖에도 헌법재판에 관한 일반이론과 참고인 진술, 판례평석, 번역 자료 등 여러 가지 헌법재판자료집을 발간하고 있다.

『헌법재판소 비교헌법연구회 자료집』 제1권(2018); 헌법재판소, 『미국 헌법재판 관련 주요 판례 번역집』(2017); 이혜진, 『일본 헌법재판의 최신 동향: 2000년대를 중심으로』(2017); 헌법재판소 헌법재판연구원, 『통일과 헌법재판 1, 2. 독일 연방헌법재판소 결정 연구(상)(하)』(2016, 2017); 상동, 『통일과 헌법재판 4, 독일 연방헌법재판소 결정 목록 및 요약』(2017); 헌재, 『남아공 헌법재판소 판례 번역집』(2015) 및 (2014); 헌법재판소 정보자료국 도서정보과, 『각국 헌법재판소법 및 규칙(I)』(2012) 가봉부터 미얀마까지 23개국 수록, (II) 및 (III)은 2012 발간; 헌법재판소도서관, 『각국 헌법재판소법』 제1권 및 제2권(2013).

그 밖에도 헌법재판소 헌법재판연구원은 『헌법재판연구』를 2014년부터 발간하며, 2013년부터는 『세계헌법재판동향』을 펴내고 있다. 특히 프랑스어로 한국의 헌법소송제도를 발간하여 프랑스어권에 우리의 제도를 알린 것은 특기할 만 하다. Constitutional Research Institute,

Introduction au contenieux constitutionnel en Corée, 2018. 영어와 독일어로 된 책자도 속간되기를 기대한다. 또한 헌법과 헌법재판에 관한 문헌목록을 독일의 Karlsruhe Juristische Bibliographie(KJB)처럼 매달 정리하여 헌법 연구자와 실무가들에게 도움을 주기를 바란다.[6)]

(2) 정당해산에 관하여

2014년 12월 19일 헌법재판소는 통합진보당 해산 결정을 내렸다. 이와 관련하여 법무부는 여러 가지 자료집을 발간하였다. 예컨대 법무부, 『독일공산당 위헌성 관련 독일 판례(번역본 포함)』, 2014, 419면; 법무부, 『사회주의제국당 위헌성 관련 독일 판례(번역본 포함)』, 2014, 76면; 『최근 각국의 정당해산 제고 활용 실태』(2014); 『유럽인권재판소 판결』(2014); 『베니스 위원회 정당 관련 행동준칙 · 가이드 라인(번역본 포함)』(2014); 『통합진보당 해산심판 사건 백서』(상하)(2015); 『정당해산 후속입법 참고자료』(2015. 3) 등. 그 밖에 자료로서 『베니스 위원회 자료집 I』(헌법재판소. 2018); 조갑제 해설, 『국민의 武器 - 헌법재판소 통합진보당 해산결정 全文 및 해설』(조갑제닷컴, 2015)이 발간되었다.

헌법재판소의 결정문에 대한 평석과 정당해산에 관한 논문은 송기춘, 피음사둔의 통합진보당 해산 결정문, 『민주법학』 제57호(2015); 송기춘, 통합진보당 정당해산심판 사건에 대한 비판적 분석, 『민주법학』 제56호(2014); 한상희, 통치술로서의 정치의 사법화 - 통합진보당 사건과 관련하여, 『민주법학』 제56호(2014); 한수웅, 자유민주주의에서 정당해산심판의 헌법적 문제점, 『헌법재판연구』 제3권 2호(2016) 등.

(3) 탄핵에 관하여

---

6) 헌법재판과 관련하여 한국공법학회는 2018. 12. 14. 대한상공회의소에서 학술대회를 개최하였다. 발표자와 논제는 정주백, 항고소송과 헌법소원의 관계; 남복현, 기관소송과 권한쟁의심판의 관계; 허완중, 위헌결정의 효력과 행정처분의 효력. 내용은 『공법연구』 제47집 3호(2019)에 수록.

대통령에 대한 탄핵 문제는 노무현 대통령에 대한 탄핵에서부터 헌법 이론적으로나 헌법실제적으로 크게 부각되었다. 특히 지난 2016년 12월 9일 국회는 박근혜 대통령에 대한 탄핵소추에서 찬성 234표, 반대 56표, 무효 7표, 기권 2표로 의결한 바 있다. 이에 따라 헌법재판소는 2017년 3월 10일 박근혜 대통령을 파면하였다.

박 대통령 탄핵을 둘러싸고 여러 가지 자료집과 찬성 또는 반대의 문헌들이 발간되었다.

자료집으로는 서울교육방송지음, 『탄핵 사건』(헌법재판소 판례 모음집)(미디어북, 2017); 헌법재판소 지음, 『대통령 박근혜 탄핵사건 선고 결정문』(더휴먼, 2017) ₩ 3510; 편집부 (엮음) 지음, 『대통령 탄핵 결정문 세트: 2016 헌나 1』(전2권)(일문당신서사, 2017) ₩ 10,800; 편집부편, 『헌법재판소가 헌법을 파괴하는 대한민국?!: 18대 대통령 탄핵 심판 자료 모음집』(글도, 2017) ₩ 13,800

개별적인 주장과 기록으로는 채명성, 『탄핵 인사이드 아웃』(기파랑, 2019); 김평우, 『탄핵 政變 구속 政變』(조갑제닷컴, 2018); 김평우, 『탄핵을 탄핵한다』(조갑제닷컴, 2017); 신상준, 『평범한 주권자의 탄핵 공부』(생각비행, 2017); 오대영외, 『탄핵, 헌법으로 체크하다』(반비, 2017); 이정민, 『박근혜 탄핵, 나의 투쟁!』(부크크Bookk, 2017); 이준일, 『촛불의 헌법학: 헌법학자가 쓴 대통령 탄핵 백서』(후마니타스, 2017); 이지호 · 이현우 · 서복경, 『광장의 안과 밖 - 촛불민심 경험 분석, 133일간의 촛불 시민을 가장 객관적으로 분석한 민심 보고서』(책담, 2017); 이창대, 『국민과 함께 보는 탄핵?? 소란한 동방의 나라/민주주의 지혜서』(수서원, 2017); 장경수, 『레토릭의 몰락: 탄핵 정국과 박근혜 대통령의 레토릭』(고요아침, 2017); 최영준 · 최일봉 엮음, 『박근혜 퇴진 촛불운동: 현장 보고와 분석』(책갈피, 2017); 편집부, 『탄핵, 국민이 명령했다: 2016 헌나 1 헌법수호 133일간의 기록』(베가북스, 2017); 한상수, 『박근혜 대통령 탄핵결정 대해부: 헌법재판소는 과연 헌법의 수호자인가?』(세종출판사,

2017); 조갑제, 『언론의 亂』(조갑제닷컴, 2016) 등.

탄핵 관련 연구 문헌은 김선택, 탄핵의 성질, 보호법익, 절차 및 증거기준, 『헌법연구』(헌법이론실무학회) 제4권 2호(2017. 9), 1-19; 정영화, 대통령 탄핵, '중대한' 법위반 - 미국과 한국의 비교, 『미국헌법연구』 제27권 3호(2016); 박상돈, 1987년과 2017년의 헌법현실에 대한 고찰 - 대통령 탄핵 및 초기 대선 정국의 개헌론에 대한 시사점, 『법학연구』 제25권 2호(2017); 박진우, 탄핵제도에 관한 입법론적 연구, 『공법연구』 제38집 1-2호(2009); 이승엽, 탄핵 절차 개시 후 대통령 사임 문제에 관한 연구, 『경희법학』 제52권 3호(2017. 9), 71-140.

비교헌법적 연구는 강명원, 탄핵에 관한 한국과 프랑스 헌법 비교 및 고찰 - 대통령탄핵을 중심으로, 『외법논집』 제42권 1호(2018. 2), 297-316; 조희문, 브라질 대통령 탄핵제도: 민주화 이후 사례를 중심으로, 『포르투갈 브라질 연구』 제13권 2호(2016); 조지형, 미국의 대통령 탄핵과 입헌 취지, 『미국학논집』(한국 아메리카학회) 제36집 3호(2004); 전학선, 프랑스의 대통령 탄핵심판제도, 『헌법학연구』 제6권 4호(2000).

노무현 대통령의 탄핵과 관련해서는 박관용, 『다시 탄핵이 와도 의사봉을 잡겠다』(아침나라, 2005); 조지형, 『탄핵, 감시권력인가 정치적 무기인가』(책세상, 2004) 등. 논설은 송기춘, 우리 헌법상 대통령 탄핵제도에 관한 소고, 『공법연구』 32권 5호(2004); 탄핵심판제도에 대한 평가, 『공법연구』 제46집 1호.

(4) 협치와 연정

헌법정치와 관련하여 여야의 협치가 입헌주의의 핵심과제로 등장하였다. 한국공법학회(회장: 김유환)는 「작금의 우리 현실 정치권에서도 여당이 국회 내 과반 의석을 차지하지 못한 상황에서 여야 간의 불협화음이 상존하고 이에 대한 반작용으로 이른바 "연정" 또는 "협치"에 대한 논의들이 그 싹을 틔우고 있다. 이러한 정치 현상에 대해 헌법규범적 차원의

숙려와 천착을 가한다면 주권자인 국민이 예측할 수 있는 정국의 운영방안을 탐색할 수 있고, 나아가 이를 통해 정치권에서도 국민을 위한 법치주의를 슬기롭게 구현하는 방안을 모색할 수 있기에」 국제학술대회의 주제로 「헌법문서로서의 연정협약(聯政協約)과 협치(協治)」를 택하였다. 실제로 연립정부가 규범적 조건을 전제로 운용되는 국가라고 할 수 있는 독일, 네덜란드, 프랑스의 세 법학자를 초청하여 2018. 10. 27. 국회의원회관 제2소회의실에서 각국의 연정과 협치의 실제 운용사례와 규범적 측면에 관한 대회가 개최되었다. 성낙인 전 서울대 총장의 기조연설 「정부형태와 협치: 한국의 경험과 가능성」에 이어, 발제자로 독일의 Josef Ruthig (Mainz 대학)의 "A Legal Meaning of "Koalitionsvertrag" in Germany", 네덜란드의 Wim J. M. Voermans (Leiden 대학)의 "A Legal Meaning of "Coalitieregering Onderhandeling" in Netherlands" 그리고 프랑스의 Carlos Miguel Herrera (Cergy Pontoise 대학)의 "A Legal Meaning of comprehensive governance under both "gouvernement de coalition" and "governement de cohabitation" in France."

이에 관련된 연구로는 명재진, 헌법개정과 협치정부, 『법학연구』 제29권 3호(2018), 11-48; 송기춘, 우리나라에서의 협치(協治)를 위한 공동정부의 가능성과 그 규범적 조건, 『헌법학연구』 제23권 4호(2017), 1-30; 이종수, 협치를 위한 규범적 조건에 관한 비교법적 연구, 『헌법학연구』 제23권 4호(2017), 31-77 등이 있다.

(5) 통일문제와 헌법

1) 김철수 회원의 업적

통일문제에 관하여 학술원의 김철수 회원은 1973년 『분단국의 문제』를 출간한 이래 2004년에는 『독일통일의 정치와 헌법』을 발간하였고, 그 후에도 계속하여 통일문제를 천착한 결과 2017년에는 『한국 통일의 정치와 헌법』[7]을 펴내어 이제 그 결정판을 내놓기에 이르렀다.

이 책은 제1부 한반도의 분단과 통일 노력, 제2부 한반도의 통일정책, 제3부 통일헌법 제정으로 통일, 제4부 한반도의 통일헌법, 제5부 한민족 연방공화국 헌법(안) 그리고 부록으로 구성되어 있다. 저자는 독일식 통일방안을 제안한다. 즉 남한에 6개 주와 북한에 3개 주를 만들어 연방국가를 만드는 것이다. 또한 평화적으로 공존하는 방법으로서는 남북기본합의서의 부활, 군비축소와 원자 · 생물 · 화학무기 폐기, 경제공동체를 위한 합의 도출, 국가연합조약 체결, 통일 후의 비전 제시, 통일헌법안 제정, 통일헌법안 채택과 연방국가 건립 등을 제시한다. 요컨대 저자는 남북한 통일헌법의 제정 필요성을 이렇게 역설한다. 「남북은 모두 헌법에 통일 규정을 두었으나 대한민국은 평화통일을, 북한은 수령과 국방위원회 위원장의 유훈을 강조하였다. 대한민국은 독일처럼 점진적으로 접근하는 방식의 통일을 원하고, 북한은 핵과 무력으로 하는 통일을 원한다. 한반도는 독일과 달리 북한의 남침으로 국민의 희생이 너무 컸고, 법률문화와 민주주의 전통이 달라 합의통일은 어려울 것으로 보인다. 어느 방식을 택하든 빠른 시일에 통일하기는 어렵겠지만 통일을 준비하기 위하여 통일헌법은 제정하여야 할 것이다」(323-324면). 전체적으로 볼 때 통일헌법에서 저자가 특별히 강조한 점은 국민의 기본권보장이며, 권력구조면에서는 분권형 대통령제를 채택하고 있다.

지난 해 대통령에 당선된 문재인은 올해 4월과 9월 남북 정상회담을 열고 북미관계의 개선을 위해서 중재자 역할을 자임하고 있으며, 현재 외관적인 평화무드를 조성하고 있다. 문재인 정부의 통일정책은 평화공존으로 보인다. 북한 김정은과 미국 트럼프 대통령의 대화는 언제 어느 정도로 계속될는지 아무도 예측할 수는 없다.

2) 통일 관련 연구 동향

---

7) 이 책에 대한 서평은 김효전평, 『대한민국학술원통신』 제285호(2017. 4. 1), 17-20면.

통일에 관한 저술로는 김현귀, 『남북방송교류에 관한 헌법적 검토』(헌법재판연구원, 2018); 김승대, 『한반도 헌법국가의 주요 문제: 정통성 확립과 민주법치 그리고 평화통일』(법문사, 2017); 비피정치연구소, 『독일통일로 본 한국통일의 과제』(비피타임즈, 2018); 김완기, 『남북통일 경제통합과 법제도 통합』(경인문화사, 2017); 이효원, 『통일헌법의 이해』(박영사, 2016); 김정현외, 『분단국가 통합의 법제적 과제 - 헌법』(한국법제연구원, 2016); 윤영관 · 강원택 엮음, 『통일한국의 정치제도』(늘품플러스, 2015); 이효원, 『판례로 보는 남북한관계』(서울대학교 출판문화원, 2012).

학회 활동으로는 통일과 북한법학회(회장 신영호)가 매월 국제호텔에서 연구 발표회를 가지며 상당한 양의 연구 업적을 쌓고 있다. 또 서울대학교 헌법통일법센터에서도 연구서와 총서를 발간하고 있다.

통일과 북한법학회는 서울지방변호사회와 공동으로 「통일시대를 대비한 법제도 정비 심포지엄」이란 주제로 2018. 11. 12. 변호사회관에서 학술대회를 개최하였다. 주제발표자와 논제는 다음과 같다. 김기수, 남 · 북한 변호사제도의 통합방안; 김웅기, 헌법상 영토조항 개헌론에 대한 소고; 황보현, 개성공단에서의 분쟁해결을 위한 제도 정비 방안; 방호근 · 문선혜 · 이지현, 북한(이탈)주민의 가족관계와 상속에 관한 법제 개선 방안 - 북한이탈주민법 및 남북가족특례법 개선방안을 중심으로.

한국헌법학회(회장 고문현)는 2018. 11. 9. 법무부와 사법정책연구원 공동주최로 「한반도 평화정책에 대비한 법제도 현황과 과제」를 주제로 서울 서초구 반포원 라벤더홀에서 학술발표회를 개최하였다. 발제자와 논제는 박병욱, 독일 기본법의 평화구현 원칙에 대한 법률과 판례 연구; 채형복, 유럽의 평화구현을 위한 법률과 판례연구; 이장희, 우리의 평화구현을 위한 법률과 판례연구; 한명섭, 사법공조를 포함한 법률 분야 남북교류 방안이다. 또 통일과 북한법학회는 한국법제연구원과 공동 주최로 「북한정권 수립 70년과 북한법의 변화 전망」을 주제로 2018. 11. 23.

서울 플라자 호텔 오크룸에서 세미나를 열었다. 내용은 헌법 박정원, 형사법 이백규, 민사법 이은정이다.

또 헌법재판연구원은 2016. 6. 15. 법제연구원, 북한법연구회와 공동으로 한국헌법학회 후원으로 헌법재판연구원에서 「통일과 사회통합」을 주제로 발표회를 가졌다. 발제자와 논제는 류지성, 체제전환과 사회통합 - 북한 이탈주민 통합 법제를 중심으로; 최규환, 사회보장과 사회통합; 김진수, 노동질서와 사회통합이다. 또한 국회 법제실과 유럽헌법학회 공동 주최로 제헌66주년기념 학술대회가 주제 「통일을 위한 헌법적 논의」로 2014. 7. 11. 국회의원회관에서 개최되었다. 학술원의 김효전 회원의 기조연설에 이어 강현철의 통일헌법과 권력구조, 박진완의 통일헌법과 재산권, 전학선의 통일헌법과 사회 경제통합이 발표되었다.

한편 2013. 9. 12에는 헌법재판소 창립 25주년 기념 학술대회로서 「통일과정의 헌법적 문제」를 다루었다. 발제자와 주제는 성낙인, 통일시대를 대비한 헌법과 통일법의 과제; 허완중, 독일 통일과정의 헌법적 문제 - 독일연방헌법재판소 판례를 중심으로; 안창호, 자유민주적 기본질서에 입각한 평화통일; 박정원, '남북합의서'의 헌법적 문제; 이효원, 북한 주민의 기본권보장과 북한인권법의 주요 쟁점이다.

헌법이론실무학회, 제8회 학술발표회 「통일과 헌법」 2015. 8. 29. 고려대학교 해송법학도서관에서 개최하였다. 발표자와 주제는 김재영, 통일비용의 재원과 조달방법; 전민형, 헌법사 속에서의 통일이었다.

한국공법학회는 제157회 학술대회의 주제로 「통일의 공법적 문제 - 독일 통일의 회고와 한국 통일의 전망」을 택하고 2010. 10. 8. 프레지던트 호텔에서 개최하였다. 여기서 학술원의 김철수 회원은 격려사를 하였다. 제1부 독일 통일의 회고에서는 Hans-Peter Schneider, 독일 통일 - 연방주의에 대한 도전; Philip Kunig, 독일 통일에 있어서 법치주의원리의 역할; Kay Hailbronner, 독일 통일과 국적; 프랑스인 Bertrand Mathieu, 독일 통일과 유럽 연합 - 형성 중인 법질서상의 국가의 개념과 민주주의원칙의 확립의 난제. 제2부의 발표자와 주제는 도회근, 남북관계의 현실과 국가의 평화통일의무; 최윤철, 평화통일 관련 입법에 대한 헌법적 평가; 정영화, 역대 정부와 이명박 정부의 평화통일정책에 대한 비교와 헌법적 평가; 박종수, 통일세의 신설 필요성과 방향에 대한 법적 검토; 방승주, 헌법재판소와 법원의 남북관계 관련 판례에 대한 헌법적 평가; 김승대, 통일을 위한 헌법개정의 필요성과 방향. 이상은 『공법연구』 제39권 2호(2010)에 수록되었다.

통일과 관련된 주요 논문들은 다음과 같다. 윤성현, 통일헌법의 기본원리로서의 민주주의 연구, 『헌법학연구』 제24권 2호(2018), 235-278; 김하중, 통일독일의 선례에 비추어 본 통일한국의 몰수재산 처리방안, 東堂 성낙인총장 퇴임기념논문집 『국가와 헌법. I 헌법총론/정치제도론』(법문사, 2018), 630-666; 허완중, 한국 헌법체계에 비춘 헌법 제3조의 해석, 『저스티스』 June 2016; 김종삼, 통일대비 남북한 환경법제 통합방안, 『법학논총』 제34호(2015); 박정배, 통일대비 독일과 예멘의 통일 헌법체제에 관한 법적 고찰, 『법학논총』 제33호(2015); 전민형, 헌법사 속에서의 통일, 『통일법연구』 제1호(2015); 강현철, 남북한 통일 헌법상의 정부형태에 관한 연구, 『유럽헌법연구』 제16호 (2014), 67-96; 김만권, 정치적 적들 간의 화해를 위한 헌법 짓기: 남북 간의 입헌적 통일방안의 모색, 『법철학연구』 제18권 1호(2014); 정철, 통일 헌법의 권력구조, 『법학논총』 제25권 2호(2012); 문병효, 통일에 대비한 통일재원 확보를 위한 법적 방안, 『공법연구』 제39집 4호(2011).

이상의 헌법재판, 정당해산, 탄핵심판, 그리고 통일과 헌법문제에 관한 저술 외에 헌법과 직접 간접으로 관련된 저술과 에세이도 많이 발간되었다.[8]

---

8) 예컨대 양건, 『헌법의 이름으로: 헌법의 역사, 현실, 논리를 찾아서』(사계절, 2018); 김영수, 『헌법전쟁』(알렙, 2018); 양정윤, 『헌법과 입법』(피앤씨미디어, 2018); 최진열, 『헌법은 밥이다』(이담북스, 2018); 강경선, 『헌법 전문 주해』, 에피스테메(방송대학교출판문화원, 2017); 성낙인, 『헌법과 생활법치』(세창출판사, 2017); 김승환, 『헌법의 귀환: 김승환 교육감이 들려주는

Ⅲ. 기본권의 체계화

기본권을 체계화하려는 노력은 일찍이 김철수 회원의 「기본권의 체계」라는 논문[9]에서 발견할 수 있으며, 그 이후에도 그는 상세하고 포괄적인 기고를 한 바 있다.[10] 또 이를 정리하여 단행본으로서 『기본권의 체계』[11]를 발간하기도 하였다. 그는 헌법에 있어서 다른 무엇보다도 기본권의 중요성을 역설해 왔으며, 최근에야 그의 기본권이론을 『기본적 인권의 본질과 체계』(2017)[12]라는 저서와 논문 「인권사상의 전개에 관한 고찰」로 완성하였다.

1. 학술원 회원의 업적

기본권에 관하여 김철수 회원은 『기본권의 체계』(2009)와 대저 『기본적 인권의 본질과 체계』(2017) 그리고 「인권사상의 전개에 관한 고찰 - 서구 이론을 중심으로」[13]라는 방대한 논문을 집필하였다.

헌법 이야기』(휴먼앤북스, 2017); 이국운, 『헌법의 주어는 무엇인가: 헌법 묵상, 제1조』(김영사, 2017); 문재완, 『잊혀질 권리: 이상과 실현』(집문당, 2016); 이명웅, 『사립학교와 헌법: 자유와 평등의 조화』(신조사, 2016); 박진완, 『국제법의 헌법화』(유원북스, 2015); 이덕연, 『언어권력으로서의 사법권과 헌법』(신조사, 2014); 이윤호, 『헌법과 방송규제』(오래, 2014); 김진배, 『두 얼굴의 헌법; 헌법 탄생 리얼 다큐』(폴리티쿠스, 2013); 김두식, 『헌법의 풍경: 잃어버린 헌법을 위한 변론』(교양인, 2011) 등 전부 열거하기도 어려울 정도이다.

9) 『고시계』 1983년 11월호. 최근에는 김선택, 기본권체계, 헌법재판소, 『헌법논총』 제10집(1999), 129-172면.

10) 김철수, 현행 헌법상 기본권의 법적 성격과 체계, 헌법재판소, 『헌법논총』 제8집(1997), 5면 이하.

11) (관악문화사, 2009), 281면, 비매품.

12) 대한민국학술원 연구총서 04.

13) 『학술원논문집(인문 · 사회과학편)』 제56집 2호(2017), 127-327면.

먼저 『기본권의 체계』에서는 「기본권의 자연권성을 담보하기 위하여 만들어진 헌법을 이해하고 이를 실천하게 하기 위하여 철학자들의 기본권에 관한 사상을 살펴보았고, 헌법발전사의 비교적 고찰을 하였고 현대 각국 헌법상의 기본권해석과 실천에 대하여 검토하였다. 한국 헌법이 고립된 것이 아니고 세계화조류 속에 살아있음을 보기 위하여 외국의 기본권이론과 적용을 상론하였다. 다만, 각 기본권의 구체적 내용에 대해서는 다른 저서에서 다루고 있기 때문에 여기서는 기본권의 체계이론만을 중점적으로 다루었다.

아직도 국부(國賦)인권론이 지배하고 법률우위적인 실정권론이 불식되지 못하고 있는 우리나라에서 실정권설을 비판하고 자연권성을 주장한 이 책이 입법 · 행정 · 사법에 종사하는 독자들에게 기본권의 중요성을 인식시키고 기본권의 국가권력에 대한 우월성을 이해하게 하는데 일조가 될 것으로 기대한다」.[14]

또한 『기본적 인권의 본질과 체계』(대한민국학술원, 2017)는 4편으로, 즉 제1편 근세 기본적 인권의 성문화 역사, 제2편 현대 헌법의 인권규정, 제3편 자연권적 헌법규정과 실정권적 헌법규정, 제4편 자연권의 본질과 실정권의 체계로 구성되어 있다.

각 편의 내용을 좀 더 상세하게 살펴보면, 제1편 제1장은 영미에서의 성문화, 제2장 유럽 대륙에서의 성문화, 제3장 스페인어권과 포르투갈어권에서의 성립, 제4장 아시아와 인도, 러시아권에서의 성립, 제2편 제1장은 아시아 현대 헌법의 인권규정, 제2장 유럽 현대헌법의 인권규정, 제3장 미주 국가의 인권규정, 제4장 아프리카 제국의 헌법, 제5장 구공산주의국가의 신헌법, 제6장 영국과 미국계 헌법의 기본권, 제3편 제1장 자연권과 실정권의 규범화, 제2장 실정권을 규정한 헌법, 제3장 실정권과 자연권을 교차적으로 규정한 헌법, 제4장 신생국 헌법의 자연권으로의 통일화 경향, 제4편 제1장 인권개념의 발전, 제2장 자연권의 본질, 제3장 실정권의 체계.

---

14) 김철수, 『기본권의 체계』(관악문화사, 2009), i-ii면.

이 저서의 특징은 지금까지 한국의 문헌에서는 거의 다루지 않아 왔던 스페인어권과 포르투갈어권의 기본권 규정을 상세하게 다룬 점이다. 또 최근의 아프리카 지역에서의 헌법발전이나 러시아에서의 동향에 이르기까지 최신 문헌을 구사하여 방대한 저서로 세계의 기본적 인권을 체계화하는 데에 성공한 것이다.

본서에 대한 서평에서 김문현 교수는 이렇게 말한다. 「본서는 기본권의 성문화의 역사와 세계 각국의 헌정사를 이해하고 기본권의 자연권성과 실정권설, 우리 헌법상 헌법 제10조와 제11조 이하 제36조, 그리고 헌법 제37조 제1항의 열거되지 아니한 자유와 권리의 체계에 관한 독창적이고 깊은 연구 내용을 담고 있다. 또한 본서에는 세계 각국의 헌법에 관한 엄청난 참고문헌이 인용되어 있다. 인권 연구에 반드시 참고하여야 할 필독서가 될 것이라 생각한다.

최근 법학교육제도가 법학전문대학원 체제로 바뀐 이래 법학의 위기를 경고하는 법학자들이 많다. 법조실무가를 양성하는 법학전문대학원에서 법학교육이 판례 위주로 이루어지고, 그에 따라 교수들의 관심도 이론보다는 판례정리나 평석에 모아지고 있는 것이 현실이다. 더구나 매년 연구실적에 급급하여 깊이 있는 법학이론 연구서나 논문이 드물어지고 있다. 이러한 법학의 현실에서 김철수 교수님께서 높은 연세에도 불구하고 이처럼 방대하고 심오한 학술서를 저술하신 것을 보고 참으로 존경의 염을 금할 수 없고 그와 함께 후학에게는 큰 자극과 경책이 될 것이라 생각한다」.[15] 이와 같이 평자는 이 저서의 중요함과 아울러 최근의 법학교육과 법학연구의 위기에 대한 경고 또한 잊지 않고 있다.

또한 김철수 회원은 세계인권선언 70주년을 맞아 「세계인권선언에 관한 고찰」을 『대한민국학술원통신』[16]에 기고하기도 하였다.

15) 김문현 서평, 김철수저, 『기본적 인권의 본질과 체계』를 읽고, 『대한민국학술원통신』 제297호(2018. 4. 1), 22면.

16) 『대한민국학술원통신』 제304호(2018. 11. 1), 2-10면.

학술원 회원인 김효전은 최근 『독일 헌법학의 원천』(산지니, 2018) 속에서 독일의 중요한 기본권이론 몇 가지를 번역하여 수록하였다. 우선 크리스티안 슈타르크의 「기본권의 해석과 효과」, 「기본권의 보호의무」, 「헌법보장으로서의 인간의 존엄」, 페터 해벌레의 「급부국가에 있어서의 기본권」, 에른스트-볼프강 뵈켄회르데의 「교회와 국가의 긴장 관계 속의 종교의 자유」, 「크리스천의 과제로서의 종교의 자유」, 한스 페터 입센의 「공용수용과 사회화」, 요제프 이젠제의 「방어권과 국가의 보호의무로서의 기본권」, 8편이 수록되어 있다.

또한 그는 2004년에는 『독일 기본권이론의 이해』(법문사)를 편집하고 번역하여 출판하였다. 여기에는 게오르크 옐리네크, 헤르만 헬러, 루돌프 스멘트, 칼 슈미트, 한스 페터 입센, 에른스트 포르스토프, 페터 해벌레, 에른스트-볼프강 뵈켄회르데, 요제프 이젠제, 클라우스 슈테른, 로베르트 알렉시, 크리스티안 슈타르크의 주요 논문 12편이 수록되어 있다.[17]

김효전 회원은 2012년「한국 기본권이론의 역사적 발전」을 금랑 김철수 선생 팔순기념 논문집 『헌법과 기본권의 현황과 과제』[18] 속에 기고하였으며, 같은 해 일본 이토(伊東)에서 개최된 한일헌법학회에서는 「한국에서의 기본권의 발전」을 발표하였다. 특히 「한국 기본권이론의 역사적 발전」에서는 기본권 관념의 초기 이해, 임시정부 헌법에서의 기본권, 미군정시대의 기본권이론, 대한민국헌법상의 기본권이론을 다

17) 수록 내용은 게오르크 옐리네크의 「주관적 공권의 체계」, 헤르만 헬러, 「기본권과 기본의무」, 루돌프 스멘트, 「헌법의 통합적 실질내용」, 칼 슈미트, 「바이마르 헌법에 있어서의 자유권과 제도적 보장」, 한스 페터 입센, 「공용수용과 사회화」, 에른스트 포르스토프, 「헌법학의 오늘날 상황에 대해서」, 페터 해벌레, 「급부국가에 있어서의 기본권」, 에른스트-볼프강 뵈켄회르데, 「기본권이론과 기본권해석」, 요제프 이젠제, 「독일연방공화국에 있어서의 외국인의 국법상의 지위」, 클라우스 슈테른, 「기본권체계의 이념과 요소」, 로베르트 알렉시, 「주관적 권리와 객관적 규범으로서의 기본권」, 클라우스 슈테른, 「과잉금지와 형량요청」, 크리스티안 슈타르크, 「기본권 보호의무」 등 13편.

18) 김효전, 한국 기본권이론의 역사적 발전, 금랑 김철수 선생 팔순기념 논문집 『헌법과 기본권의 현황과 과제』(경인문화사, 2012), 293-312면.

루고 있다. 일반적인 기본권 논문에서는 다루지 않는 우리 헌법상의 기본권이론, 특히 대한민국헌법이 제정되기 이전의 근대 한국에서의 민권이나 인권 관념의 보급에 대해서 상설한 점에서 기본적 인권의 역사에 대해서 무지하거나 무관심한 연구자에게 경종을 울리고 있다.

2. 기본권에 관한 최근의 저서

학술원 이외의 저술가들에 의한 기본권 관련 저서로는 김해원, 『기본권 심사론』(박영사, 2018); 장영철, 『기본권론』(화산미디어, 2018); 신우철, 『사례교재 헌법: 기본권』(문우사, 2018); 윤진수, 『헌법과 사법』(박영사, 2018); 이경주 · 강경선, 『기본권의 기초이론』(한국방송통신대학교 출판문화원, 2018. eBook); 이석민, 『아동 · 청소년의 정치적 기본권: 정당가입 연령제한을 중심으로』(헌법재판연구원, 2018); 이우영 · 김복기 · 신윤진 공편, 『인권의 창, 헌법의 길: 인권으로 본 헌법재판 30년』(경인문화사 2018); 임상혁, 『퍼블리시티권의 한계에 관한 연구: 표현의 자유와의 관계를 중심으로』(경인문화사, 2018); 얀 오스터저, 한영학 · 이재진 공역, 『미디어 자유는 기본권이다』(커뮤니케이션북스, 2017); 밥장, 『유엔 아동권리협약을 만나다』(한울림, 2017); 황옥경, 『아동 청소년과 인권』(나남, 2017); 박노형, 『EU 개인정보보호법: GDPR을 중심으로』(박영사, 2017); 함인선, 『EU 개인정보판례』[개정판](maronie, 2018); 법률나무저, 『공권력 행사와 기본권 침해의 정의』(미디어북, 2018. PDF); 김성률, 『기본권의 심사체계』(필통북스, 2016); 이민열, 『기본권 제한 심사의 법익형량』(경인문화사, 2016); 최우정, 『기본권론』 개정판(준커뮤니케이션즈, 2016); 김환학, 『군인의 기본권』(헌법재판연구원, 2015); 이장희, 『기본권의 개념 및 인정기준과 법률적 권리의 관계』(헌법재판연구원, 2015); 신기남, 『이제는 기본권 개헌이다 - 진정한 민주공화국을 위하여』(나무와 숲, 2015); 전북대학교 공공인재학부+편집부저, 『기본권충돌 · 양보의 법칙』(기역, 2015); 김수갑, 『기본권론: 이론과 실제』(진원사, 2013); 김백유, 『헌법학

(II) 기본권론』 개정판(조은, 2010); 김형남, 『기본권이론』(신지서원, 2010); 법제처, 『헌법주석서 1: 총강 및 기본권에 관한 장(제1조부터 제22조까지)(2010); 정종섭, 『헌법과 기본권』(박영사, 2010); 정종섭외, 『로스쿨 기본권』(박영사, 2010); 김학신, 『디지털 범죄 수사와 기본권』(한국학술정보, 2009); 문광삼, 『한국 헌법학: 기본권론』(삼영사, 2009); 정문식, 『독일 헌법. 기본권 일반론』(전남대학교 출판문화원, 2009) 등이 발간되었다.

세계인권선언에 관하여는 프랑수아 드스메 글/티에리 부에르 그림/이희정 옮김, 『세계인권선언의 탄생』(푸른지식, 2018); 제랄드 게를레, 목수정 옮김, 『세계인권선언: 그리고 인권의 역사를 만든 목소리』(문학동네, 2018); 이부록, 『세계인권선언』(프롬나드, 2012); 조효제, 『인권을 찾아서: 신세대를 위한 세계인권선언』(한울아카데미, 2011).

외국 헌법의 기본권과 관련된 저술은 후술 외국법 연구 참조.

3. 사회권과 복지국가

대한민국학술원의 김철수 회원은 『법과 정의 · 복지』(진원사, 2012)를 펴내었다.[19] 이 책에서 저자는 「한국의 법치주의의 정착을 위하여 법에는 실정법만이 있는 것이 아니고 자연법이 있고, 법의 이념에는 정의 · 합목적성 · 법적 안전성이 있으며, 실정법의 배후에는 도덕 · 이성 · 복지 · 평화 등이 있고, 이를 바탕으로 한 자연법이 지배한다는 것을 알리기 위하여」 집필한 것임을 서문에서 밝히고 있다. 사회복지국가의 이상은 이명박 정부, 박근혜 정부에서 뿐만 아니라 문재인 정부에서도 강조하고 있으며, 저출산과 인구의 감소, 고령화 등으로 그 대책이 시급한 과제가 되고 있다.

복지국가에 관한 저술로는 김종엽, 『사회복지법제론』(탑북스, 2018);

19) 이 책에 대한 서평은 김상용평, 『대한민국학술원통신』 제232호(2012. 11. 1) 참조.

장용석, 『지방정부 간 사회복지 불균형과 시민 행복』(집문당, 2018); 박병현, 『복지국가의 비교: 영국, 미국, 스웨덴, 독일의 사회복지 역사와 변천』(공동체, 2017); 김태성, 『한국 복지체제의 특성: 왜 한국의 복지체제는 유럽의 복지국가들과 다른가?』(청목, 2017); 박종팔, 『사회복지 법제론』(양서원, 2017); 송제숙, 『복지의 배신』(이후, 2016); 강경선, 『사회복지국가 헌법의 기초』(에피스테메, 2017) 등이 발간되었다. 다만, 강경선의 저서는 제목과는 달리 헌법 일반에 관한 저술이며 저자의 이상을 제목에 담은 것으로 보인다. 이준일, 『헌법과 사회복지 법제』(세창출판사, 2010).

사회권과 복지국가와 관련하여 중요한 번역서로는 다나카 다쿠지, 박해남 옮김, 『빈곤과 공화국 - 사회적 연대의 탄생』(문학동네, 2014; 원제 田中拓道, 貧困と共和國 - 社會的連帶の誕生, 2006)과 프랑스인 자크 동즐로, 주형일 옮김, 『사회보장의 발명: 정치적 열정의 쇠퇴에 대한 시론』(동문선, 2005; 원제 Jacques Donzelot, L'invention du social, 1994)을 들 수 있다. 두 책 모두 프랑스의 복지문제를 사상사적으로 다룬 저작으로 우리들 한국인에게도 시사하는 바가 적지 않다.

사회권에 관한 논문으로는 전학선, 헌법재판소 판례에 나타난 사회적 기본권과 비례의 원칙, 『세계헌법연구』 제23권 2호(2017); 이준일, 사회적 기본권에 관한 헌법재판소의 심사기준, 『헌법재판연구』 제2권 2호(2015); 이준일, 사회보장 영역에서 법률유보원칙: 의회유보원칙을 중심으로, 『사회보장법학』 제3권 1호(2014), 5-35; 이준일, 복지국가와 복지수급권의 보장, 『헌법학연구』 제20권 1호(2014), 1-30; 한수웅, 사회복지의 헌법적 기초로서의 사회적 기본권, 『헌법학연구』 제18권 4호(2012); 한수웅, 절차와 조직에 의한 기본권보장, 『중앙법학』 제18권 1호(2016) 등이 있다.

한국헌법학회는 2013. 12. 6. 「복지국가와 헌법」이란 주제로 학술대회를 헌법재판소 대강당에서 개최하였으며, 황도수의 자유, 복지, 평등; 장철준의 복지 생산을 위한 공·사 기능 분담: 헌법해석적 접근; 이준일의 복지국가와 복지수급권의 보장 - 신뢰보호원칙과 재산권보장을 중심으로가 발표되었다.

한국사회보장법학회도 2019. 5. 31.「사회보장권의 절차법적 보장」을 주제로 정기학술대회를 연세대학교 광복관 B 106호에서 개최하였다.[20)]

4. 양심적 병역거부 기타

대법원(원장 김명수)은 종교상의 이유로 병역을 거부하는 양심적 병역거부(consciences objection)에 대해서 2018. 11. 1. 정당하다고 판시했다.「국가가 양심에 반하는 의무를 부과한 것에 대해 응하지 않았다고 해서 형사처벌을 가하는 것은 소수자에 대한 관용과 포용이라는 자유민주주의 정신에도 위배된다」는 것이 다수의견이다. 이것은 지난 2004년 최종영 대법원장 시절에「양심적 병역거부는 정당한 사유가 아니다」라는 판결을 뒤집은 것이다. 또 헌법재판소는 지난 6월「병역의 종류 중 하나로 대체복무제를 마련하지 않은 것은 헌법불합치」라는 결정을 내렸으나, 처벌조항 자체에 대해서는 합헌결정을 내린바 있다. 대법원의 판결을 둘러싸고 여론은 찬반양론으로 나뉘었으나, 국방부는 대체복무의 기간과 형태를「36개월 교도소 근무」로 확정하였다.[21)] 또한 대검찰청은 판례를 분석해서 '종교적' 병역거부에 대한 판단 지침을 일선 검찰에 내려 보낸 것으로 알려졌다.[22)] 양심적 병역거부가 헌법상의 권리인 독일의 경우 병역거부자의 수가 해마다 늘어나고 양심심사에 어려움이 많다는 소식이다.[23)]

20) 발표자와 논제는 차성안(사법정책연구원 연구위원) 독일의 사회법 분쟁해결과 사회법원의 역할; Dr. Christina Hießl(연세대 사회복지대학원 초빙교수) 오스트리아의 사회보장 관련 소송절차; 장승혁(한양대 법학전문대학원 교수) 사회보장사건 심리의 소송절차상 특수성과 사회법원 도입 필요성

21) 조선일보 2018. 12. 29.

22) 조선일보 2019. 1. 11 및 1. 21.

23) 양심적 병역거부에 관한 문헌은 김효전, 양심의 자유와 병역의 거부,『고시계』 1975년 2월호, 85-95면; 전쟁저항자인터내셔널[WRI] 지음, 여지우 · 최정

기본권에 관하여『공법연구』와『헌법학연구』에 게재된 내용을 살펴보면 대체로 집회의 자유를 비롯한 표현의 자유, 인간의 존엄과 관련하여 생명윤리, 안락사 문제, 복지국가의 건강권이나 안전권 등 사회적 기본권 등의 문제가 주류를 이루고 있다. 또 최근에는 외국인 근로자의 이주권과 망명권 등이 문제가 되고 있다.[24] 이것은 당시의 절박한 시대적 상황에 대해서 문제를 해결하고자 하는 현실적 필요와 문제의식의 발로라고 표현할 수 있다. 헌법학도로서 당연한 자세라고 하겠다. 다만, 각론에 치중한 나머지 기본권 일반에 대한 이론적 전개라든가 체계적인 연구는 상대적으로 미흡하다고 보겠다.

한국공법학회의 활동과 업적은『한국공법학회의 발자취(1956-2016)』(한국공법학회, 2016)에, 한국헌법학회의 활동은『헌법학의 보고. 한국헌법학회 48년(1968-2016)의 발자취』(한국헌법학회, 2016)에 정리되어 있다. 또한『한국비교공법학회 25년사』(1984-2009)와『한국토지공법학회의 요람』(1994. 8.~2014. 7.)에서도 헌법 관련 논문들을 검색할 수 있다.

민 옮김,『병역거부: 변화를 위한 안내서』(경계, 2018); 한인섭 · 이재승편,『양심적 병역거부와 대체복무제』(경인문화사, 2013); 안경환 · 장복희편,『양심적 병역거부』(사람생각, 2002); 이정훈,『열린 사회와 양심의 자유: 대체복무제 도입을 위한 법이론의 기초』(세창출판사, 2007).

독일의 양심적 병역거부법률(Kriegsdienstverweigerungsgesetz)은 Wolfgang Boehm-Tettelbach, Wehrpflichtgesetz, Beck 2011.

스위스의 경우는 Theodor Wyder, Wehrpflicht und Militärdienstverweigerung. Entstehung, Gesetz, Arten und Sanktionen in der Schweizer Armee, 2. Aufl., Bern u. a., Lang 1988.

24) 한국공법학회 산하 유럽인권법원판례연구포럼과 한국법제연구원 공동주최로 제6차 헌정제도 연구포럼의 주제로「외국인의 공법상 권리」를 정하고 2018. 10. 31 서울 명동 이비스호텔 미팅룸에서 개최하였다. 발제자와 주제는 강명원, 프랑스헌법상의 망명권 고찰; 박진완, 국적과 국민주권 - 한국과 독일 비교 검토; 홍선기, 유럽인권법원과 난민이다.

Ⅳ. 헌법개정

헌법개정에 관한 논의는 이명박 정부 시절부터 시작하였으나 박근혜 정부는 개헌논의 자체를 반대하였다. 그 후 박 대통령의 탄핵과 새 정부의 출범 이후 금년(2018년) 5월 문재인 대통령이 발의한 개헌안[25)]은 국회의 표결 자체가 무산되어 사실상 폐기되었다. 그럼에도 불구하고 헌법개정의 문제는 계속하여 정치권과 학계에서 핫이슈의 하나가 되어 왔으며, 아직도 여러 가지 문헌들이 쏟아져 나오고 있다.[26)] 최근 국회도서관에서는 1988년부터 2017년 6월까지의 헌법개정 관련 자료를 수집하여 『헌법개정관련 문헌목록』을 발간하여 연구자들에게 큰 도움을 주고 있다.

1. 헌법개정 논의 경과

현행 헌법은 1987년에 개정된 이래 여러 차례 헌법개정에 관한 논의가

---

25) 자료, 청와대 홈페이지 (http://www1.president.go.kr/Amendment, 2018. 3. 25. 최종검색)청와대 사이트 외에 책자로 된 것은 청와대 지음, 『문재인 대통령 헌법개정안』(더휴먼, 2018). 문헌은 김배원, 대통령 발의 헌법개정안의 완결성과 체계정합성에 대한 검토 - 현행 헌법과의 비교를 중심으로, 『공법학연구』 제19권 4호(2018); 김학성 · 박용숙, 문재인 대통령이 발의한 헌법개정안에 대한 비판적 고찰, 『강원법학』 제54권(2018).

26) 최근의 문헌을 발표순으로 정리하면, 박재창, 『한국의 헌법개정』(한국외국어대학교 출판부, 2018); 녹색전환연구소, 『녹색 헌법: 개헌에 신중한 당신에게 띄우는 서른 통의 편지』(이매진, 2018); 주권자 지음, 『광화문 헌법 - 국민주권적 헌법개정 기초안』(바른북스, 2018); 김욱, 『개헌전쟁: 민주주의가 헌법에게 묻다』(개마고원, 2017); 김해원, 『헌법개정: 개헌의 이론과 현실』(한티재, 2017); 오호택, 『개헌 이야기』(살림, 2012); 이승우, 『헌정사의 연구방법론: 21세기의 도전과 개헌의 필요성을 포함하여』(두남, 2011); 이준한, 『개헌과 동시선거: 선거주기의 효과에 대한 비교 연구』(인간사랑, 2011); 강경근 등저, 『한국 헌법 무엇이 문제인가: 헌법의 재인식과 개정 방향』(북마크, 2010); 강원택, 『헌법개정의 정치: 무엇을 어떻게 바꿀 것인가』(인간사랑, 2010); 정만희, 『헌법개정연구』(세종출판사, 2010) 등.

있어왔다. 특히 대통령의 권력이 집중되고 너무 강력하다고 하여「제왕적 대통령제」라고 비난하는 경향이 있는가 하면「분권형 대통령제」라고 하여 권력분점을 이야기 하는 견해 등이 대두한 바 있다. 그러나 대통령의 임기 말이니 또는 총선을 앞두고 있다느니 또는 민생법안에 주력해야 한다는 명목 등을 내세워 논의 자체를 금기시하거나 헌법개정에 대해서 의견의 대립을 보이기도 하였다.

1987년의 민주화운동의 결과로서 탄생한 현행 헌법은 직선제 대통령제라는 국민의 여망에 따라서 민주화를 이루었고, 또 정권교체를 가능케 한 점에서 지금까지의 어떤 헌법보다도 한국의 정치발전에 커다란 공을 세웠다고 할 수 있다. 또 임기 5년의 대통령단임제는 성급한 한국인의 정서에서 신속하게 정권을 바꿀 수 있는 장점도 있는 듯하다. 그러나 과열된 대통령선거는 국민통합을 저해하고 이념갈등을 증폭시키고 국정을 마비시키는 현상을 드러내기도 하였다.

이제 민주화의 여망이 달성되고 87년 당시의 타협적인 정치상황이 끝난 현 시점에서는 새로운 헌법의 개정이 요구되었다. 그리하여 국회에서는 지난 2008년 이후「헌법연구자문위원회」를 비롯하여 국회의원들로 구성된「국회미래한국헌법연구회」[27]를 조직하여 헌법을 연구하는가 하면, 2011년에는「개헌추진 국회의원 모임」이 발족하고, 2014년 정월에는 강창희 국회의장의 자문기관으로「헌법개정자문위원회」[28]를 구성하였다.

2. 김철수 회원의 업적

헌법개정에 관하여 학술원의 김철수 회원은 일찍이『헌법개정, 과거와

27) 국회미래한국헌법연구회,『국민과 함께 하는 개헌이야기』(1권)(2권), 2010 참조.

28) 상세한 것은 정재황, 2014년 국회 헌법개정자문위원회 개헌안에 대한 검토,『세계헌법연구』제23권 3호(2017. 12), 1-84면; 장영수, 권력구조의 개헌에 관한 제18대 국회 헌법연구자문위원회의 연구,『안암법학』제55호(2017), 77-104면.

미래 - 제10차 헌법개정을 생각한다』(진원사, 2008)를 펴낸 바 있으며, 최근에는 강창희 국회의장의 헌법개정자문위원회 위원장직을 맡고 개정안을 내었다.[29] 또 심의 자료를 모아 『새 헌법 개정안 - 성립 · 내용 · 평가』(진원사, 2014)를 발간하였다.[30] 또 자료집으로 김철수 · 정재황 · 김대환 · 이효원편, 『세계비교헌법』(박영사, 2014)을 펴내었다. 지금까지 헌법개정과 같은 중대한 국가적 사안에 대해서 정부나 국가기관에서 발간한 몇 가지 자료는 있지만 개인적인 견해를 체계적으로 밝힌 문서는 별로 없었던 점에서 이 책은 중요한 의미를 지니고 있다.

『새 헌법 개정안 - 성립 · 내용 · 평가』에서 저자가 주장하는 요지는 헌법논의의 핵심은 권력구조가 아니라 기본권을 보장하는 방향으로 개정해야 한다는 것이다.

다음에 이상적인 통치구조에 관하여 저자는 말한다. 「현재의 한국 실정으로 보아 이상적인 의원내각제, 합의제정부는 운영하기 힘들 것 같다. 그래서 우선 분권적 대통령제를 운영하면서 온건다당제, 협치정치 훈련을 한 뒤에 이상적인 합의제 정부형태로 나가는 것이 옳지 않을까 생각한다. ... 우리나라에서는 제왕적 대통령제라든가 대통령의 권력독식, 대통령독재라고 하여 대통령의 권한행사를 약화시키기 위한 정부형태, 권력구조 논의가 왕성하다. 통치기구 개정 논의에 앞서 중앙권력의 분산을 위한 연방제, 지방분권제, 다당제, 비례대표제 등의 도입에 따른 정치개혁에 따라 권력독식을 완화할 수 있는 방법이 없는가 연구해 봐야 한다」(66-67면). 또한 정부는 대통령과 국무총리의 분권적인 권력행사를 제안하고 있다. 이처럼 저자는 정부제도에 관하여는 대통령제를 기본으로 하면서도 의원내각제적인 운영을 가미하는 프랑스식의 이원정부제를 제시하고 있다.[31]

---

29) 김철수, 헌법개정자문위원회의 헌법개정안, 『고시계』 제59권 7호(2014), 193-272면.

30) 이 책에 대한 서평은 김효전평, 『대한민국학술원통신』 제256호(2014. 11. 1), 7-9면.

31) 프랑스의 이원정부제에 관한 최근 문헌은 국회입법조사처, 이원정부제 권력

국회는 양원제의 도입을 강조한다. 사법제도와 관련해서는 이명박 정부 시절 대법원이 상고법원을 신설하려고 하였으나 이는 헌법상 국민의 대법원의 재판을 받을 권리를 침해할 가능성이 있다. 헌법재판소의 권한에는 추상적 위헌법률심사권을 인정하고 법원의 재판에 대한 구체적 위헌심사권을 추가해야 할 것이다. 또 헌법재판관의 자격은 법조 자격자 이외에 외교관, 정치인, 법학 교수 등으로 충원할 수 있어야 하며, 임기도 현재 6년에서 8년으로 늘이고 재임하지 못하도록 한다는 것이다.

또한 지방자치단체의 집행부 형태도 전부 대통령제로 되어 있는데, 지방자치단체의 정부형태를 의원내각제적으로 변경하는 안을 제시하고 있다. 현재의 광역지방의회 의원은 유급으로 하고 겸직이 금지되어야만 지방토호의 부패도 막을 수 있고, 합의제 정부의 훈련장으로도 이용될 수 있을 것으로 기대하고 있다.

이것은 의원내각제 정부형태를 주장해 온 저자의 일관된 견해를 반영하는 것이다. 또한 특이한 것은 광역자치단체를 통합하여 준국가적인 지방(支邦)을 만들어 자치권을 강화하는 것이 필요하다는 견해(169면)이

구조의 특징: 프랑스·오스트리아·핀란드의 비교, 『이슈와 논점』 1267호(2017. 2. 24); 성낙인, 이원정부제(半대통령제)의 구체화를 통한 권력분점의 구현, 『제헌 61주년 기념 국제학술대회 결과보고서』(국회법제실, 2009), 263-289면; 전학선, 이원정부제의 도입가능성에 관한 연구, 『토지공법연구』 41집(2008. 8); 전학선, 한국과 프랑스에서 대통령과 총리의 권한관계, 『고시계』 2004년 7월호; 정재황, 프랑스식 혼합정부제의 한국적 적실성, 『성균관법학』 제29권 3호(2017), 301-353면; 정재황, 프랑스에서의 동거정부에 대한 헌법적 일 고찰, 『공법연구』 제27집 1호(1998); 정재황, 프랑스 혼합정부제의 원리와 실제에 대한 고찰, 『공법연구』 제27집 3호(1999. 6); 정종길, 프랑스의 동거정부 안에서 대통령과 수상의 권한배분에 관한 연구, 『세계헌법연구』 제17권 1호(2011); 정종길, 프랑스에서 동거정부에 관한 연구, 『세계헌법연구』 제15집 2호(2009); 조병륜, 이원정부제 개헌의 본질, 『세계헌법연구』 제14권 2호(2008); 한동호, 한국의 분권형 대통령제 개헌과 프랑스 동거정부의 함의, 『행정논총』 제48권 3호(2010); 홍태영, 프랑스의 이원정부제와 한국형 정부형태의 모색, 이정복편, 『21세기 한국 정치의 발전방향』(서울대 출판부, 2009), 229-251면; 강원택, 『대통령제, 내각제와 이원정부제』(인간사랑, 2006).

다. 이러한 경험을 바탕으로 통일 후에는 연방제도를 도입할 수도 있을 것이라는 전망이다.

한편, 저자는 국회중심의 정치에 대한 우려도 나타내고 있다. 이번 헌법개정에서는「정치인이 주장하는 것처럼 제왕적 대통령제의 병폐보다는 행정의 발목을 잡는 국회의원의 책임이 더 큰 것을 통감하여 정치개혁, 국회개혁에 정치인이 앞장서야 할 것이다」(261면)고 한다.

다음에 대통령제는 제왕적 대통령제에서 분권형 대통령제, 즉 학문상 이원정부제로 변경하였다. 대통령은 중립적 국가원수로서의 기능을 수행하고 또 국가의 수호자로서의 국가긴급권을 행사한다. 새 헌법안에서는 대통령의 양식에 따라 권한행사의 자제와 의원내각제적인 운용을 기대하고 있다.

또한 김철수 회원은 2009년 10월 23일 제36회 대한민국학술원 국제학술대회를 주관하고「정부형태 어떻게 할 것인가」라는 기조연설을 하였다. 이 대회에서는 Thomas E. Cronin(음선필역), 220년 역사의 미국의 대통령 - 의회 권력 분리 제도에 대한 고찰; Christian Starck, 독일 의원내각제의 안정성; 樋口陽一(김효전역), 일본 의원내각제의 실상과 진전; 계희열, 한국의 정부형태 어떻게 할 것인가? Bruce Ackerman, The New Separation of Powers 등 5편의 논문이 발표되었다.[32)]

3. 헌법개정의 동향과 쟁점

그러나 2014년 4월에는 세월호 침몰사건이 일어나 전국민을 경악케 한 해이기도 하다.

개헌 논의는 여당의 이재오 의원을 비롯하여 가을에 여야 국회의원이 '개헌추진 국회의원 모임'을 갖고 공론화에 나서기도 하였다.[33)] 새누리

32) 논문집『정부형태 어떻게 할 것인가? - 대통령제와 의원내각제의 경험을 중심으로』(대한민국학술원, 2009) 수정판.

33) 이재오,『이제는 개헌이다』(for book, 2014)에는 부록1에 이재오가 제안하는 개헌 시안. 부록2에는 헌법에서 명시한 세계 각국의 대통령 권한이 수록되

당 김무성 대표는 「오스트리아식 이원집정부제 개헌을 검토해야 한다」고 발언했다가 말을 바꾸기도 하였다.[34] 한편 박근혜 대통령은 「개헌론은 국가역량을 분산시키는 블랙홀이며, 지금은 경제 살리기에 우선해야 한다」[35]고 개헌을 반대하기도 했다.

같은 2014년 말에는 헌법재판소가 통진당 해산 결정을 내렸고, 2015년에는 메르스 사태로 전국민이 공포에 떨었으며, 2016년 초에는 역사교과서 국정화 정책이 문제가 되었고, 청와대 문고리 3인방과 민정수석 우병우의 비리, 최순실(최서원으로 개명) 사건 등이 터지면서 일어난 촛불시위는 마침내 2016년 12월 박근혜 대통령에 대한 탄핵으로까지 이어졌다. 황교안 대통령권한대행 체제[36]의 기간을 지나서 2017년 5월에는 대통령선거가 실시되어 문재인이 대통령으로 당선되었다. 그는 헌법개정을 공약으로 내세웠고 올해 초 발의하기도 하였다.

권력구조 내지 정부형태에 관한 논의는 제헌헌법에까지 거슬러 올라갈 수 있는 오래된 문제[37]인 동시에 최근의 개헌 논의에서도 핵심적인 자리를 차지하고 있다고 볼 수 있다.[38] 헌법개정에 관한 논의는 다양하지

어 있다. 기타 우윤근, 『개헌을 말한다』(함께맞는비, 2013).

34) 조선일보 사설 2014. 10. 18. 오스트리아에 관하여는 최희수, 분권형 개헌논의와 오스트리아 정부형태, 『일감법학』 제37호(2017. 6) 참조.

35) 조선일보 2014. 10. 7.

36) 김명식, 대통령 권한대행 제도와 헌법개정, 『미국헌법연구』 제29권 1호(2018), 39-66면; 송기춘, 헌법의 관점에서 보는 정국수습방안과 대통령 사임 이후의 정치적 상황 전개, 『민주법학』 제63호(2017).

37) 문헌은 예컨대 박호성, 『한국의 권력구조 논쟁』 Ⅲ (인간사랑, 2002); 박호성·이종찬 외, 『한국의 권력구조 논쟁』 Ⅱ (풀빛, 2000); 정치학에서는 박기덕, 권력구조 논쟁의 허실과 대통령제 정부의 안정화 모색, 이정복편, 『21세기 한국정치의 발전방향』(서울대출판부, 2009), 171-200면; 황인정, 한국의 정부형태, 이대로 좋은가? 이정복편, 『21세기 한국 정치의 발전방향』(서울대출판부, 2009), 203-228면.

38) 조규범, 권력구조 개편을 위한 헌법개정의 방향, 『미국헌법연구』 제30권 1호 (2019); 최희수, 통치구조 어떻게 바꿀 것인가, 『강원법학』 제55권(2018. 10); 김종철, 권력구조 개헌의 기본방향과 내용 - 견제적·균형적 민주주의론을 토대로, 『법학평론』 제8권(2018. 4); 이금옥, 현행 헌법의 제왕적 대통령제와 권력구조 개편 방안, 『헌법학연구』 제24권 3호(2018.

만 공통된 것은 정부형태에 관한 것으로 제왕적 대통령제에 대한 반성으로서 대통령의 권한 분산 내지 약화라고 보겠다. 그리하여 당초부터 대통령제의 모국인 미합중국 헌법에 대한 연구[39]로부터 프랑스, 오스트리아, 핀란드 등의 헌법에 관한 비교법적인 연구가 활기를 띠게 되었다.[40] 대체로 프랑스식의 이원정부제에 대한 선호가 많은 것 같으며, 의원내각제 주장자는 아주 극소수에 불과하다.[41]

(1) 기본권에 관하여

기본권 규정의 강화는 다음의 문헌에서 요구하고 있다. 대화문화아카데미편, 『새로운 헌법 무엇을 담아야 하나』(대화문화아카데미, 2011). 여기에는 스스로 「대화문화아카데미 새 헌법안은 전체적으로 생명존중-생태보전-인류애에 바탕한 인권의 확장과 개인의 다양성과 소수자인권의 존중, 분권과 자율 및 견제와 균형-탈중앙집권화와 탈권위화를 지향하고

9), 197-228면; 장영수, 정부형태의 선택기준과 분권형 정부형태의 적실성, 『고려법학』 제86호(2017), 239-272면; 전학선, 대한민국 정부형태와 헌법개정, 『법학논총』(전남대) 제36권 4호(2016); 김종철 · 이지문, 공화적 공존을 위한 정치개혁의 필요성과 조건 - 정부형태개헌론을 넘어서, 『세계헌법연구』 제20권 1호 (2014), 63-92면; 박상철, 헌법개정의 권력구조적 쟁점과 헌정사적 문제, 『공법연구』 제36권 4호(2008), 335-358면.

39) 예컨대 리처드 E. 뉴스타트, 이병석 옮김, 『대통령의 권력』(다빈치, 2014); 이상돈, 『미국의 헌법과 대통령제』(소진, 2012); 임종훈, 미국의 대통령제에 관한 연구 - 우리나라의 대통령제 개헌논의와 관련하여, 『헌법학연구』 제23권 4호(2017), 191-229면.

40) 문헌은 김정현, 분권형 대통령제 개헌논의와 핀란드의 정부형태, 『헌법학연구』 제24권 1호(2018), 97-136면; 국회입법조사처, 이원정부제 권력구조의 특징: 프랑스 · 오스트리아 · 핀란드의 비교, 『이슈와 논점』 제1267호(2017. 2. 24); 김정현, 분점정부에 관한 헌법적 연구, 서울대 박사논문, 2011; 최형익, 국민주권시대, 권력분산의 제도화와 한국 대통령제 개혁, 『민주주의와 인권』 제17권 4호(2017. 12), 5-35면.

41) 예컨대 강원택, 『어떻게 바꿀 것인가 - 비정상 정치의 정상화를 위한 첫 질문』(이와우, 2016). 의원내각제에 관하여는 강주훈, 『의원내각제의 비교헌법적 연구』(홍익출판사, 2010).

자 하였다」고 책 표지에서 강조한다. 이 책, 대화문화아카데미편, 『대화문화 아카데미 2016년 새 헌법안』(대화문화아카데미, 2016)에는 김문현을 비롯하여 다수의 학자가 참여하고 있다. 기타 조재현, 헌법개정과 자유권적 기본권, 『법학연구』 제29권 3호(2018), 81-115; 김광수, 헌법개정과 재산권 조항, 『국가법연구』 제14권 1호(2018), 75-98; 김광수, 헌법개정과 토지공개념, 『토지법학』 제34권 1호(2018), 29-58; 정극원, 세계 각국의 헌법상 토지재산권 관련 규정과 우리나라 헌법개정에 있어서의 시사점 검토, 『토지공법연구』 제79호(2017) 등.

기타 성소수자, 동성결혼의 문제 등을 둘러싸고 논쟁이 활발하게 전개되고 있다.

(2) 국회에 관하여

국회와 의회제도 개혁에 관하여는 손병권, 『대한민국 국회제도의 형성과 변화』(푸른길, 2018); 정만희, 『헌법개정과 정치제도개혁 - 정부형태 개헌논의와 의회제도 개혁』(피앤씨 미디어, 2017); 정만희, 『헌법개정연구』(세종출판사, 2010)가 있다. 기타 백상진 · 김예찬, 『개헌과 선거제도 개혁에 관한 모든 것』(루아크, 2018); 강태수, 의회민주주의와 헌법개정, 『공법연구』 제42권 1호(2013), 121-156.

(3) 사법부에 관하여

사법권에 관한 역사적 고찰은 한홍구, 『사법부』(돌베개, 2016); 차동욱, 한국 사법부 60년사와 향후 개혁방향, 이정복편, 『21세기 한국 정치의 발전방향』(서울대출판부, 2009), 317-343.

개헌과 관련해서는 김종철, 권력구조 및 사법개혁과 관련된 헌법개정안 검토 - '대통령 4년 1차연임제 개헌안'의 내용과 특징을 중심으로, 『공법연구』 제46집 4호(2018), 29-64; 국회 헌법개정특별위원회 자문위원회, '국민이 신뢰하는 사법부'를 위한 헌법개정 토론회(2017. 6. 26 국회의원회관 309호)에서의 정태호 발제문; 장영수, 사법부의 구성체계에 관한 개헌논의의 현황과 전망 - 개헌 특위 자문위원회 사법부 분과의 사법평의회 설치 및 전관예우 금지조항 도입 제안을 중심으로, 『고려법학』 제88호(2018), 1-33 등.

(4) 지방자치

지방자치의 역사적 고찰로는 안청시, 한국 지방정치 60년과 법·제도의 변천, 이정복편, 『21세기 한국 정치의 발전방향』(서울대출판부, 2009), 347-365이 있고, 개헌과 지방분권의 문제에 관하여는 이광윤, 지방분권에 관한 국회 개헌특위 자문위원회 시안과 정부안의 문제점, 東堂 성낙인 총장 퇴임기념논문집 『국가와 헌법. I 헌법총론/정치제도론』(법문사, 2018), 1381-1397; 전학선, 지방자치권 강화를 위한 헌법개정방안, 동당 성낙인총장 퇴임기념논문집, 1340-1362; 전학선, 지방분권을 위한 자치입법권의 개선방안, 『세계헌법연구』 제21권 3호(2015) 등이 있다.[42]

42) 지방분권에 관한 비교법적 연구는 안영훈, 『지방분권체제 강화를 위한 헌법비교 연구 - 프랑스 헌법과 미국 뉴욕 주 헌법』(한국지방행정연구원, 2018); 이기우, 『분권형 국가개조론 - 스위스에서 정치를 묻다』(한국학술정보, 2014); 이기우, 『모든 권력은 국민에 속한다. 이제는 직접민주주의다』(미래를소유한사람들, 2016); 고인석, 영국의 지방분권과 지방자치의 발전과정: 영국의 지방분권이 한국 헌법개정 논의에 미치는 함의를 중심으로, 『법학연구』 제69호(2018), 123-142면; 프랑스의 경우는 전학선, 프랑스 지방분권개혁의 최근 동향과 한국에의 시사점, 『공법학연구』 제16권 3호(2015); 동인, 프랑스 지방자치단체에 대한 감사제도, 『공법연구』 제46권 2호(2017); 동인, 프랑스 지방자치단체의 국정참여제도, 『공법학연구』 제17권 3호(2016); 일본에 관하여는 배병호, 헌법상 지방분권개혁에 관한 소고 - 일본의 지방분권개혁을 중심으로, 동당 성낙인총장 퇴임기념논문집 『국가와 헌법. I 헌법총론/정치제도론』(법문사, 2018), 1398-1430면. 기타 세종시와 관련한 박진완, 세종시 행정수도 개헌의 정당성에 대한 헌법적 측면에서의 검토, 『헌법학연구』 제24권 1호(2018), 137-192; 고봉진, 관습헌법의 존재와 효력- '신행정

4. 학회활동 기타

한국공법학회는 2018. 4. 6. 「국민의 입장에서 본 헌법개정」을 주제로 헌법재판소 대강당에서 학술대회를 개최하였다. 발표자와 논제는 다음과 같다. 장영수, 2018년 3월 26일 발의된 대통령 개헌안의 문제점; 김종철, 권력구조 및 사법개혁과 관련된 헌법개정안 검토 - '대통령 4년 1차연임제 개헌안'의 내용과 특징을 중심으로; 이인호, 자유주의 對 국가주의: 어느 길이 옳은가: 헌법개정, 무엇을 어떻게 할 것인가 - 2018년 대통령 발의 개헌안의 전문 총강 기본권 조항을 중심으로; 이기우, 지방분권에 관한 헌법개정의 과제와 전망; 이광윤, 지방분권 개헌안의 문제점; 홍준형, 경제헌법 개정의 방향; 김성수, 헌법상 경제조항 개정에 대한 管見.

또한 한국공법학회는 2017년도 공법학자대회 및 정기총회의 테마로 「개헌의 현안과 공법적 과제」로 2017. 12. 15. 헌법재판소 강당에서 개최하였다. 발제자와 주제는 김문현의 기조발제 「헌법개정과 관련한 몇 가지 단상」, 제1주제 기본권조항의 개헌방안(최희경), 제2주제 헌법상 재산권보장조항과 경제질서의 공법적 쟁점과 개헌방향(김용섭)이었다.

한국공법학회는 제152회 학술대회를 「헌법개정의 쟁점에 대한 검토: 정부형태와 정부조직 개편을 중심으로」 2009. 11. 27. 국회에서 개최하였다. 발표 논문은 『공법연구』 제38집 2호에 수록되었으며 발표자와 논제는 다음과 같다. 조병윤, 책임정치를 실현하는 정부형태로서의 분권형 이원정부제와 국민주권의 실질화 - 국회 헌법연구자문위원회 보고서의 이원정부제안과 관련하여; 문광삼, 이원정부제에 대한 비판과 순수대통령제 개헌의 제안 - 헌법연구자문위원회 결과보고서에 나타난 권력구조에 대한 비판적 검토와 대통령제; 김동욱, 헌법개정 후 정부조직; 유진

수도의 건설을 위한 특별조치법 위헌결정'을 중심으로, 『법과 사회』 제21권 2호(2015); 차진아, 제10차 개헌과 '경제민주화' 쟁점, 『고려법학』 제90호 (2018) 등이 발표되었다.

식, 헌법개정과 독립위원회의 법적 지위.

이번 헌법개정은 1987년의 경우와는 달리 헌법개정에 대한 전국민의 일치된 합의를 찾아보기 어렵다는 점이다. 개헌은 정치인이나 헌법학자들만의 관심사로 한정될 우려가 있다. 국민 일반의 참여와 관심이 절실히 요구되는 사안이다. 그리하여 현상태에서 20대 국회가 헌법개정을 주도하는 것은 민주적 정당성을 상실했다고 단정하는 사람도 있다.43) 그리하여 일반 국민의 참여와 공법학자의 역할을 강조하는 논설들이 발표되었다. 예컨대 이헌환, 『헌법 새로 만들기. 무엇을 어떻게』(유원북스, 2017)는 「가장 일반적인 시민이면 누구나 쉽게 헌법을 생각하고 헌법을 바꾸는 일에 참여할 수 있게 하고자 하는 목적에서 집필」하였다고 그 동기를 밝히고 있다. 그 밖에 장영수, 국민참여 개헌의 당위성과 방법론, 『안암법학』 제54호(2017), 69-105; 김선택, 헌법개정과 국민참여, 『공법연구』 제41권 2호(2012); 김종철, 헌법개정과 공법학자의 역할, 『공법연구』 제45-1집(2016) 등.

기타 개헌과 관련하여 박상돈, 1987년과 2017년의 헌법현실에 대한 고찰 - 대통령 탄핵 및 초기 대선 정국의 개헌론에 대한 시사점, 『법학연구』 제25권 2호(2017); 장영수, 직접민주제 강화 개헌의 쟁점과 성공조건, 『한양법학』 제28권 2호(2017), 59-90; 정만희, 헌법개정논의에 대한 재검토, 『공법학연구』 제19권 1호(2018), 45-82.

자료는 국회사무처 법제실, 『헌법개정 조문별 참고자료』 1. 기본권 2. 입법부 3. 집행부 4. 법원 및 헌법재판소 5. 정당 6. 지방자치(2017); 헌법개정추진지원단편, 『헌법개정추진 백서』(2007); 국회사무처 법제

---

43) 예컨대 박찬권, 제20대 국회 개헌논의의 헌법적 정당성에 관한 비판적 고찰, Rudolf Smend와 Carl Schmitt의 헌법관을 중심으로, 『헌법학연구』 제23권 3호(2017. 9), 463-504면은, 90여 년 전의 Kelsen-Schmitt-Smend 공식에 의거해서 오늘날의 한국의 개헌문제를 해결하려는 우를 범하고 있다. 카를 슈미트의 『합법성과 정당성』에 관한 저서도 참조했더라면 하는 아쉬움이 있다. 그러나 서울은 바이마르도 본(Bonn)도 아니다.

실, 『권력구조의 형태. 참고자료: 주요 국가별 현황 및 학계의 평가』 (2017).

V. 헌법사와 학설사

한국 헌법학의 정통성과 체계화를 위해서는 무엇보다도 헌법사에 대한 인식을 강화해야 한다. 살아 있는 헌법으로서의 현실은 과거와의 연속 속에서 정치적인 발전과 밀접하게 결합하고 있기 때문이다. 또 올해는 대한민국헌법제정 70주년인 동시에 정부 수립 70주년이기도 한 의미있는 해이기도 하다.

1. 학술원 회원의 업적

이상과 같은 문제의식에서 학술원의 김철수 회원은 「대한민국의 정통성과 反헌법세력」,[44] 「국가정통성 수호해야」[45] 등을 발표하였으며, 김효전 회원은 개념사총서의 하나로서 『헌법』[46]을 발간하였다. 대한제국시대의 법학교육은 저서 『법관양성소와 근대 한국』[47]으로 체계화하였고, 논문으로는 「양정의숙의 법학교육」,[48] 「경성전수학교의 법학교육 - 새 출발 100주년을 기념하여」[49]를 발표하였고, 일제 강점기의 법학사와 관련하여 「경성제대 공법학자들의 빛과 그림자」,[50] 그리고 방대한

44) 김철수, 문화일보 2011. 8. 11.

45) 김철수, 월간신문 『언론인』 2011. 8. 15.

46) 김효전, (소화, 2009) (한국개념사총서 3).

47) (소명출판, 2014). 이 책에 대한 서평은 박병호평, 『대한민국학술원통신』 제254호(2014. 9. 1), 9-11면; 서우현, 근대 법학에 파고든 식민지배의 상처 『법관양성소와 근대 한국』, 『대학신문』 2014. 10. 13.

48) 『법사학연구』 제45호(2012), 49-100면.

49) 『학술원논문집(인문·사회과학편)』 제55집 1호(2016), 121-195면.

50) 김효전, 『공법연구』 제41집 4호(2013), 267-318면.

논문으로서 「한국 헌법학설사 연구 1884-1979」[51]를 각각 발표하였다. 그 밖에도 기본 자료들을 다시 정리하여 발간하였다.[52]

과거의 여러 정권에서 강조해온 일제잔재의 청산에서부터 현재의 문재인 정부에서 강조하는 「적폐」청산에 이르기까지 대부분 정치적인 구호나 필요에 의한 것으로 끝나는 경우가 많았다. 정작 학문의 분야에서는 청산은 고사하고 사실 관계 하나 제대로 정리하지 못하고 있는 실정이기 때문에 문제는 더욱 심각하다고 하겠다. 그런 의미에서 헌법사의 정리는 대한민국헌법의 정통성을 확립하기 위한 기본전제가 되며, 또 문재인 정부에서도 계속 논의되고 있는 임시정부와 교과서 문제 등을 해결하는 열쇠가 되는 것이다. 그 위에 교양 있는 시민으로서의 헌법 교육과도 직접 관련을 가지는 중요한 테마이기도 하다.[53]

기존의 헌법 교과서에서는 1948년에 제정된 대한민국헌법의 해설에 치중하는 나머지 헌법사에 관한 서술은 매우 빈약하였고, 개중에는 문제의식마저 없거나 무식하거나 무관심한 서술로 간단히 처리한 저술마저 있는 실정이었다. 다행이도 근래에는 젊은 연구자들에 의해서 한국헌법사의 체계적인 연구가 활발하게 진행되고 그 연구 성과도 괄목할만한 진전을 보이고 있다.

---

51) 김효전, 『학술원논문집(인문·사회과학편)』 제54집 1호(2015), 93-208면.

52) 예컨대 윤길중외, 개헌비사, 『동아법학』 제72호(2016), 171-392면; 주석 「정구영, 조선변호사회」, 『인권과 정의』(대한변호사협회), 제458호~제460호(2016), 110-143면, 124-155면, 175-207면; 칼 뢰벤슈타인, 김기범 옮김, 현대헌법론(1)(2), 『동아법학』 제74호~제75호(2017), 195-511면, 311-462면; 한스 켈젠, 황산덕 옮김, 법과 국가의 일반이론, 『동아법학』 제76호(2017), 267-505면 등.

53) 예컨대 홍석노, 헌법적 시민과 시민교육을 받을 헌법적 권리 - 시민교육 법제화를 위한 헌법적 시론, 『고려법학』 제86호(2017); 정상우, 중등학교 헌법교육의 위상과 방향에 관한 고찰, 『법과 인권교육 연구』 제6권 2호(2013); 강경선, 헌법과 민주시민교육의 방향, 『민주법학』 제50호(2012); 최진열, 『헌법은 밥이다: 대한민국 국민이라면 반드시 알아야 할 시민들의 헌법 교과서』(이담 Books, 2018); 조유진, 『헌법, 우리에게 주어진 놀라운 선물: 알아두면 쓸모 있는 헌법 이야기』(샘터, 2017); 강원택, 『시민이 만드는 민주주의=민주주의 그리고 시민교육: 중·고등학생용』(박영사, 2018) 등.

2. 헌법사에 관한 논저

먼저 세계 주요 국가의 헌법사의 흐름과 갈래에 관한 양건, 『헌법의 이름으로: 헌법의 역사, 현실, 논리를 찾아서』(사계절, 2018)가 발간되었다.

한국헌법사 통사로는 성낙인, 『대한민국헌법사』(법문사, 2012)가 가장 체계적이며 대표적인 저술이다. 또한 장영수, 『대한민국 헌법의 역사』(고려대학교 출판문화원, 2018)도 노작이지만 헌법이론적인 설명과 그동안 축적된 연구 성과를 반영하지 못한 점이 아쉽다. 부록의 역대 헌법 자료는 다른 자료들과 합하여 본격적인 자료집 출간이 되기 바란다. 이승우, 『헌정사의 연구방법론』(두남, 2011)에서 헌법사는 개헌을 위한 학문이라는 점은 설득력이 약하다. 기타 한인섭, 『100년의 헌법』(푸른역사, 2019).

헌법사에 관한 논설로는 장영수, 헌법사의 의의와 접근방법, 『고려법학』 제75호(2014), 127-159; 함재학, 대한민국 헌법사를 어떻게 읽을 것인가, 『헌법학연구』 제15권 2호(2009); 김배원, 한국헌법사와 현행헌법 기본권장의 개정방향, 『공법학연구』 제10권 3호(2009) 등.

비교헌법사의 분야에서는 신우철, 『비교헌법사론: 대한민국 입헌주의의 형성과 전개』(법문사, 2013)는 그의 『비교헌법사: 대한민국 입헌주의의 연원』(법문사, 2008)의 속편으로서 발간되었다. 그는 우리의 근대적인 헌법의 연원을 갑신정변과 개화파의 정령 14조, 갑오개혁과 홍범 14조, 대한국국제 9조에서부터 임시정부의 헌법에 이르기까지 거슬러 올라가서 탐구한다. 종래의 헌법학자들이 무시 내지 무지했던 한국 근대사에서의 헌법의 존재를 새로이 발굴하여 조명하고 체계화한 공로가 인정된다. 그러나 임시정부가 중국 상하이에 있었던 관계로 중국 헌법들의 영향을 받은 것은 사실이지만 이것을 너무 강조한 느낌이 든다.

한국 헌법사의 기본 자료를 영역하고 해설을 첨부한 Woocheol Shin, The Rise and Growth of Constitutionalism in Korea. Historical Documents with Editor's Comments (MUNU Publishing Co.,

2018)은 그의 큰 업적 중의 하나이다

장영수, 대한민국헌법의 전사(前史) - 헌법제정 이전의 헌법사, 『고려법학』 제81호(2016), 127-160; 신우철, 입헌주의 맹아기 제 헌법문서의 사법조항 분석, 『법학논문집』(중앙대) 제40권 1호(2016); 조재곤, 「대한국 국제」의 분석과 각국 헌법, 『한국근현대사연구』 제84집(2018 봄), 111-149; 조계원, 「대한국국제」(1899년)의 정치 · 사상적 맥락과 함의 - '전제'(專制) 개념을 중심으로, 『한국정치학회보』 제49집 2호(2015), 137-158.

임시정부시대의 연구로는 김유향, 『대한민국 헌법의 탄생과 기원』(윌비스, 2017)이 대한민국 임시정부 헌법과 제헌헌법의 연속성을 밝히려는 저서이다. 문영숙 · 김월배, 『사건과 인물로 본 임시정부 100년』(서울셀렉션, 2019); 황묘희, 『重慶 대한민국임시정부사』(경인문화사, 2002) 부록에는 각종 자료가 수록되어 있다. 자료는 한시준편, 『대한민국 임시정부 법령집』(국가보훈처, 1999); 국사편찬위원회, 『대한민국 임시정부 자료집』 전45권(2005-2010).

미군정시대에 관한 자료는 김효전, 『立憲政治概要』(군정청 정치교육과 발행, 1946), 『헌법학연구』 제18권 4호(2012) 외에, 미군정시대 헌법사가 비교적 적은 오늘날 헌정사연구회(회장 송기춘)가 세계헌법학회한국학회와 서울시립대학교 법학연구소와 공동 주최한 「미군정 사법부 법률고문과 제헌헌법 - 우돌, 퍼글러, 프랭켈-」이 2017. 12. 14. 서울시립대에서 개최되고 김수용, 이택선, 문준영이 발표하였는데 귀중한 업적이라고 하겠다. 이와 관련하여 송기춘, 미군정하 군정재판에 관한 소고, 『공법학연구』 제7권 4호(2006); 동인, 미군정기 및 대한민국 건국 초기의 종교 관련 제도의 정립과 관련한 헌법적 논의, 『법과 사회』 제24호 등.

3. 제헌헌법에 관한 연구

제헌헌법에 관하여는 그동안 많은 연구업적이 쌓여 있다.

서희경, 『대한민국 헌법의 탄생』(창비, 2012). 저자는 헌법을 「엄밀한 이성의 산물이자 동시에 한 사회 구성원 전체의 역사적 경험을 통하여 이루어지는 공동의 합의」로 이해하며, 헌법사의 정치학적 · 법학적 · 역사적 연구의 필요성과 한국 헌법의 자생적 뿌리 찾기가 필요하다고 역설한다. 저자의 박사학위논문을 수정 · 증보한 것이며, 만민공동회의 「헌의 6조」를 한국 근대헌법의 시원으로 본다. 만민공동회로부터 임시정부를 거쳐 해방정국의 정치투쟁 그리고 시민사회의 헌법안들에 관한 연구와 남북한 헌법안 비교가 돋보이는 귀중한 학술서적이다.

박찬승, 『대한민국은 민주공화국이다: 헌법 제1조 성립의 역사』(돌베개, 2013). 이 책은 서양 정치사상의 수용과 모색, 민주공화제의 수용과 임시정부의 수립, 독립운동 진영의 통일 모색과 건국 준비, 해방 이후 통일정부 수립의 좌절, 그리고 민주공화국 대한민국 헌법의 제정으로 구성되어 있다. 당연한 일이지만 공화제 논의는 1910년 대한제국이 일본에 병합되자 미주의 독립 운동가들을 중심으로 전개되었으며, 1911년의 중국 신해 혁명은 공화제 논의를 더욱 본격화시켰다고 주장한다. 임시정부의 수립과 독립운동 진영에 대한 강조가 뛰어난다. 그러나 헌법 기초자들의 민주와 공화에 대한 관념과 인식의 이론적인 설명이 미흡하다고 보겠다. 헌법학자가 할 일을 국사학자가 정리한 점에서 감사할 일이다.

또한 김광재, 『대한민국헌법의 탄생과 기원』(윌비스, 2018) 외에, 남광규외, 『한국 근대 공화주의자 6인의 리더십』(한국학중앙연구원 출판부, 2019)은 유길준 · 서재필 · 안창호 · 김규식 · 신익희 · 이승만 6인의 활동과 리더십을 공화주의의 관점에서 추적하고 있다. 김육훈, 『민주공화국 대한민국의 탄생: 우리 민주주의는 언제, 어떻게 시작되었나?』(휴머니스트, 2012) 외에 한국미래학회편, 『제헌과 건국』(나남, 2009)은 법학 · 정치학 · 사회학 등 각 분야 연구자들이 참여한 학술회의의 결과를 모은 것이다. 집필자들은 제헌헌법의 역사적 뿌리를 강조하며 선인들의 치열한 논쟁과 역사가 묻어있는 산물이라는 사실을 일깨워 주고 있다.

기타 윤우, 『대한민국 건국사와 정통성: "1919년 건국-1948년 재건"

은 헌법규정이다』(백산서당, 2017); 전상숙, 『한국근대 민족주의와 변혁 이념, 민주공화주의』(신서원, 2018); 조명기, 『제헌헌법의 정신과 공영방송』(패러다임북, 2017); 김경희, 서구 국가사상의 수용과 건국 헌법, 이동수외 지음, 『한국의 정치와 정치이념』(인간사랑, 2018): 145-178; 신용옥, 대한민국 제헌헌법과 '건국절' 논란: 헌법전문과 중앙정부론을 중심으로, 『한국사학보』 제65호(2016): 481-526; 신우철, 대한민국헌법(1948)의 형성에 외국 헌법이 미친 영향: 그 기본원리·기본 가치·기본 제도의 비교법적 연원, 『사회와 역사』 통권 제101집(2014. 봄): 67-140; 이진철, 이승만의 『독립정신』과 제헌헌법의 대통령제 정부형태, 서울대 석사논문, 2013; 이승우, 건국헌법의 내용과 정당성, 『공법연구』 제40권 4호 (2012); 정상우, 1954년 헌법개정에 관한 연구, 서울대 석사논문, 2002; 전종익, 1954년 헌법 천연자원 및 중요기업 국유화 규정 개정의 의미, 『헌법학연구』 제24권 3호(2018. 9): 117-162; 정종섭, 布施辰治의 朝鮮建國憲法草案私稿에 관한 연구, 『서울대 법학』 제51권 1호 (2010).

4. 제헌 이후부터 현행 헌법

제3공화국 헌법의 탄생은 조동은, 1962년 헌법성립의 성격에 관한 연구: 헌법개정론과 헌법제정론의 당시 논쟁을 중심으로, 서울대 석사논문, 2011. 제5공화국헌법사에 관하여는 이병규, 제5공화국 헌법의 성립과 정부헌법개정 활동, 『헌법학연구』 제23권 4호(2017), 109-189이 귀중한 자료를 정리하여 제공하고 있다.

유신헌법에 관하여는 김철수, 『헌법학개론』(한국헌법연구소, 2019). 유신헌법(제4공화국헌법) 「압수로 햇빛을 보지 못했던 교과서의 복간본」; 김효전편, 『유신헌법 자료집』(한국공법학회, 2003); 오창헌, 『유신체제와 현대 한국정치』(오름, 2001); 논설로는 이상록, '예외상태 상례화'로서의 유신헌법과 한국적 민주주의 담론, 『역사문제연구』

第35호(2016).

1987년 헌법사에 관하여는 김종철, 헌법전문과 6월항쟁의 헌법적 의미 - 민주공화국 원리를 중심으로, 『헌법학연구』 제24권 2호(2018), 211-234; 김재민, 6월 민주항쟁과 인권, 『경제와 사회』 제114호(2017), 52-78; 정상우, 1987년 헌법개정안 형성과정 연구, 『세계헌법연구』 제22권 1호(2016), 1-25; 최호동, 1987년 헌법으로의 개정논의 과정 - 정당정치 과정에 수렴된 논의를 중심으로, 한국법사학회 2019. 4. 27 발표문; 박상돈, 1987년과 2017년의 헌법현실에 대한 고찰 - 대통령 탄핵 및 초기 대선 정국의 개헌론에 대한 시사점, 『법학연구』 제25권 2호(2017).

자료로서 『헌법학연구』 제23권 4호(2017)는 이상수, 6월민주항쟁에 대한 회고; 이인영, 한국의 민주주의는 6월항쟁을 졸업하고 촛불혁명으로 진화한다; 현경대, 87년 헌법의 성립과정이 수록되어 있다.

헌정사 관련 학회 활동으로서는 한국헌법학회(회장: 문재완)가 2019. 3. 8. 국회입법조사처와 공동으로 국회 헌정기념관 대강당에서 「3. 1 운동, 대한민국 임시정부 100년과 헌법의 과제」란 주제로 학술대회를 개최하였다(발표 내용은 『헌법학연구』 제25권 1호(2019) 참조). 또한 헌법이론실무학회(회장: 김선택)는 2019. 4. 5. 대한민국 임시정부 기념사업회와 공동 주최로 「3. 1 대혁명과 대한민국 임시정부 헌법: 민주공화국 100년의 평가와 과제」를 주제로 학술대회를 개최하였다.[54] 한국법학원 주관으로 2018. 10. 18~19 쉐라톤서울팔래스강남호텔에서 「헌법 제정 70년과 법학의 변화」란 주제로 제11회 한국법률가대회가 개최되었다.[55]

---

54) 발표자와 논제는 김선택(고려대 교수) 3. 1 대혁명정신과 대한민국 임시정부 헌법의 탄생 - 그 헌법적 의의를 논함; 김광재(변호사) 대한민국 임시정부와 제헌헌법의 연속성; 방승주(한양대 교수) 민주공화국 100년의 과제와 현행 헌법; 정태호(경희대 교수) 민주공화국 완성을 위한 헌법개정 및 법률차원의 제도 개혁.

55) 발표자와 논제는 다음과 같다. 김학성, 정치적 기본권과 정치제도의 구체적인

한국헌법학회는 2016. 7. 13. 국회 의원회관에서 제헌 68주년 기념 학술대회를 가졌다. 발제자와 주제는 송석윤, 제헌 당시의 민주주의 설계와 전망; 음선필, 헌정사에 나타난 의회민주주의; 한상희, 경제질서와 민주주의.

대한민국국회 · 한국정치학회 · 한국공법학회 · 한국법학교수회 공동 주최로 2009. 7. 16. 국회 헌정기념관에서 「제헌 61주년 기념 국제학술대회」가 열렸다. 김철수 서울대 명예교수의 「제10차 헌법개정의 방향」이란 기조연설이 있었으며, 독일 등 각국의 학자들이 발표하고 종합토론이 있었다.56)

법해석 · 적용과 실제의 역사; 박정원, 헌법과 통일법학의 과거, 현재, 미래; 장철준, 표현의 자유 실질화를 위한 헌법적 방안: 집회 소음에 대한 대안적 규제를 중심으로; 염규호, 국제적 기준에서 본 한국에서의 표현의 자유; 윤진수, 민법상 금혼규정의 헌법적 고찰; 이병준, 헌법에 의한 소비자보호의 의의와 한계; 정주백, 혼돈에 빠진 평등론; 박진완, 자유권적 기본권의 구체적인 법 해석 · 적용과 실제의 역사; 한병호, 사회권적 기본권의 구체적인 법 해석 · 적용과 실제의 역사; 성재호, 국제법의 국내법적 효력; 전종익, 헌법재판소의 국제인권조약 적용; 손홍수, 헌법상 재산권 보장조항 등과 부동산 인도 · 철거 강제집행의 현실; 김용진, 회생 및 파산절차에서 헌법상 재산권 보장; 이재희, 헌법개정의 원칙과 헌법의 미래; 김두얼, 죄형법정주의: 우리나라 법에 규정된 범죄의 범위, 양형 수준 및 형벌 간 균등성에 대한 실증분석; 정영훈, 헌법재판 30년과 노동권 보장; 김복기, 헌법을 통해서 본 사회보장법의 전개; 이규홍, 지식재산법에 관련된 헌법적 쟁점과 향후 과제; 정차호, 특허행정신판의 헌법적 지위; 이경선, 헌법개정과 국법체계 변화; 김창엽, 헌법개정과 건강권 강화의 방향; 김한균, 성보호 - 형법 발전과 헌법의 영향; 김진기, 헌법적 문제로서 한국 정부조달제도의 몇 가지 이슈; 석광현, 국제사법에 대한 헌법의 영향; 정선주, 재판청구권 보장과 ADR - 조정과 중재를 중심으로, 등이다. 상세한 것은 『저스티스』 통권 170-3호(2019. 2)(특집호 I 및 II).

56) 발표자와 논제는 제1부 최대권 서울대 명예교수, 우리나라 기본권의 위상과 현실 및 전망; 루돌프 벤트 자를란트대 교수, 독일 의원내각제 경험과 기본권의 발달; 김배원 부산대 교수, 한국헌법사와 현행 헌법 기본권장의 개정방향; 정 모랑지 파리2대학 교수, 21세기 초 프랑스의 인권; 제2부 성낙인 서울대 교수, 이원정부제(半 대통령제)의 구체화를 통한 권력분점의 구현; 케리 커빙턴 아이오아대 교수, 성숙한 민주주의와 권력구조: 미국에서의 대통령 권력남용 억제방법; 장훈 중앙대교수, 권력구조 개편의 조건: 사상, 제도, 이익의 충돌 혹은 타협?; 홀제 바셀라 구베이야 신리스본대 교수, 헌법국가의 법치주

대한민국국회와 한국헌법학회는 2008. 7. 16. 헌정기념관에서 「제헌 60주년 기념 국제학술대회를 개최하였다. 김철수 서울대 명예교수, 중국 한따웬, 일본의 쿠리키 히사오의 기조발제가 있었으며, 여러 가지 논문들이 발표되었다.57)

헌법사 자료는 국사편찬위원회편, 『대한민국임시정부자료집』(2005-2010) 전 45권 외에, 고려대학교 박물관편, 『현민 유진오 제헌헌법 관계 자료집』(고려대 출판부, 2009) 등. 기타 김춘수, 『한국 계엄의 기원』(선인, 2018).

기타 김효전, 『政黨 團體調査』(附 朝鮮民族解放과 政黨), 『동아법학』 제42호(2008); 동인, 독일 라이히 헌법 (바울교회 헌법), 『헌법학연구』 제20권 2호(2014), 355-419; 동인, 프로이센 헌법, 『헌법학연구』 제21권 1호(2015), 435-464(원문 465-488면); 동인, 대일본제국헌법의 한·영·독역, 『법사학연구』 제52호(2015), 133-191; 동인, 윤길중외,

---

의: 주요 특징과 포르투갈의 경험; 제3부 종합토론에서는 이주영 국회의원, 개헌의 방향과 추진방식; 이낙연 국회의원, 권력분산이 해답이다, 그 이유와 방법; 뻬까 부오리스또 주한 핀란드 대사, 핀란드의 권력구조 - 핀란드의 대통령·의회제도와 역사적 배경; 오태규 한겨레신문 논설위원; 개헌보다 헌법 준수가 중요. 필요하면 4년 중임 '원 포인트' 개헌이 바람직; 강경근 숭실대 교수, 건국 61주년의 정체성을 담는 새 헌법을 논할 때.

57) 발표자와 주제는 박수철, 대한민국 국회 입법과정의 투명성과 합리성 제고방안; 이토 카즈코, 일본의 입법과정; 저우 예 쭝, 중국전인민대표대회 및 상무위원회의 헌법상의 기능; 오오이시 마코토, 일본형 의원내각제에서의 입법과정의 과제; 티모시 웹스터, 미국법의 합리성: 의회, 대통령, 그리고 법원; 임지봉, 조약 체결에 대한 국회의 통제권; 이국운, 직접행동민주주의와 헌법수호 - 최근의 정치상황에 대한 성찰; 린라이판, 중국 지방 인민대표회의 체제 및 헌법 시행에 있어서의 기능; 오카다 노부히로, 중의원·참의원 비틀어진 국회에 있어서 입법과 의회제민주주의; 아마르싸나 주그네, 체제전환 전후의 몽골 헌법의 발전; 정문식, 유럽 헌법의 수호자; 박규환, 법치주의와 헌법수호 - 정당해산에 있어서 대상 확정의 기준과 그 한계; 토나미 코지, 위헌심사제 활성화의 과제 - 일본에서 헌법재판소는 필요한가? 판 트롱 히엔, 헌법의 지속성 - 베트남에서 공공목적을 위한 토지취득상 토지사용권 보장을 예로. 이상 14편의 논문이 발표되었다.

『개헌비사』, 『동아법학』 제72호(2016).

독일 헌법사에 관하여는 송석윤 옮김, 독일 제국 헌법(1871년 4월 16일), 『법사학연구』 제41호(2010), 222-245; 양태건 번역, 송석윤 감수, 1850년 프로이센 헌법, 『법학』(서울대) 제54권 2호(2013), 205-248 독한 대역.

프랑스 헌법사는 김충희 옮김, 프랑스 역대 헌법전, 『동아법학』 제69호(2015), 329-577 및 제70호(2016), 471-597.

학설사는 김효전, 한국 헌법학설사 연구 1884-1979, 『학술원논문집』 제54집 1호(2015), 93-208; 인물사로는 전광석, 『한국 헌법학의 개척자들』(집현재, 2015)에는 저자가 이미 발표했던 「헌법·헌법학사·헌법학자」[58] 외에 유진오·한태연·문홍주·박일경·김기범 5인의 생애와 헌법이론을 수록하고 있다. 이것은 김효전편, 『한국의 공법학자들』(한국공법학회, 2003)에 수록된 인사 외에 연세대 교수를 역임한 김기범 교수를 추가한 것이다.

유진오에 관하여는 이영록, 『유진오 헌법사상의 형성과 전개』(한국학술정보, 2006)가 대표적인 학술서적이라고 생각된다. 최근 김삼웅, 『현민 유진오 평전: 헌법기초자』(채륜, 2018)가 출간되었다. 부제목의 '헌법기초자'로서보다는 난세의 지식인 모습을 강조하며 「시대정신에 충실하지 못한 지식인」, 「역사의식이 무딘」 사람으로 결론짓고 있다. 내용 중 인명의 오기와 오독, 부정확한 표현 등이 발견된다.

유진오의 전설적 책인 『헌법해의』에 관하여는 김효전, 유진오저, 『헌법해의』(명세당, 1949, 230쪽), 『법학』(서울대) 제48권 3호(2007), 197-205에 상세하다. 또한 이영록, 제헌헌법의 유진오 창안론과 역사적 연속성설 사이에서: 권력구조와 경제조항을 중심으로, 『아주법학』 제8권 2호(2014). 학술 발표회는 고려대학교 법학연구원 주최, 「대한민국 헌법의 제정과 현민 유진오 - 건국 60주년 기념심포지엄」이 2008. 7. 15. 고려대 백주년기념관에서 열렸다. 내용은 신용옥 박사의 「제헌헌법 기초

58) 『공법연구』 제44권 1집(2015), 115-144면.

주체들의 헌법기초와 그 정치적 성격」, 계희열 명예교수의 「현민 유진오의 사상과 헌법 제정에서의 역할」,[59] 장영수 교수의 「1948년 헌법제정의 역사적 의미」였다. 같은 고려대 법학연구원에서는 2006. 12. 2. 고려대 신법학관에서 「현민 유진오 선생 탄신 100주년 기념 세미나」를 개최하였다.[60] 현민이 세상을 떠난 지도 어느덧 30년이 지났다. 그의 전집이 하루 속히 발간되기를 바란다.

학술사와 학설사의 입장에서 본 인물 연구는 김철수, 문홍주 회원, 『앞서 가신 회원의 발자취 II』(대한민국학술원, 2014), 168-172; 이병규, 문홍주 교수의 생애와 헌법사상, 동당 성낙인총장 퇴임기념논문집 『국가와 헌법·I 헌법총론/정치제도론』(법문사, 2018), 308-331. 학술대회로는 (사) 미국헌법학회 주최로 2013. 5. 10. 성균관대학교 법학관 206호에서 「미국헌법이 한국헌법에 미친 영향 - 해암 문홍주박사 서거 5주년 추모 학술대회」가 열렸다. 내용은 서주실 전 부산대 총장의 「해암 문홍주 박사와 미국 헌법학」; 윤명선 경희대 명예교수, 「미국 연방헌법: 어떻게 수용할 것인가」; 임지봉 서강대 교수의 「미국헌법상 표현의 자유법리가 한국헌법에 미친 영향」; 김명식 조선대 교수의 「미국헌법상 사법제도가 한국헌법에 미친 영향」이다.

한편 고려대에서는 이준일, 한동섭의 헌법사상 - 학문적 연속과 단절, 『고려법학』 제66호(2012); 장영수, 고대 헌법학 100년과 한국의 헌법, 헌법학, 『고려대학교 법과대학 학술사』(고려대출판부, 2011); 윤영미, 고려법학 106년의 회고와 전망 - 헌법 - 『고려법학』 제68호(2013), 169-192 등. 성균관대에서는 한태연, 문홍주, 이항녕, 황산덕 등 역대 법학 교수의 명단과 저작목록이 지성운편, 『은행나무 아래서. 성균관대학교 법률학과 입학 50주년 기념 문집』(아임디자인, 2014), 167-193에

---

59) 『고려법학』 제51호(2008)에 수록.

60) 여기서는 김일수, 법학교육자로서의 현민; 전광석, 유진오와 대한민국 헌법; 장영수, 정치가, 행정가로서의 현민 유진오가 각각 발표되었다. 이들은 『고려법학』 제48호(2007)에 수록되었다. 같은 탄생 100주년 기념문집으로는 심재우외, 『지성의 길 - 현민 유진오선생』(한국인문사회연구원, 2007) 참조.

수록되어 있으며, 동국대에서는 이철호, 「법학자 한상범(韓相範)교수의 학문세계」, 동인, 『동국의 법학자』(21세기사, 2016, 107-166면)[61]에, 이화여대 윤후정은 여성신문 엮음, 『대한민국 최초의 여성 헌법학자 윤후정』(이화여대 출판부, 2008) 등이 있다.[62]

5. 외국 문헌

학설사에 관한 외국 문헌으로서는 예컨대, 독일은 M. Friedrich, Geschichte der deutschen Staatsrechtswissenschaft (Berlin: Duncker & Humblot, 1997)[63]; M. Stolleis, Geschichte des öffentlichen Rechts in Deutschland, 4 Bde., (München: Beck, 1988-2012); 자료집은 Ernst Rudolf Huber (Hrsg.), Dokumente zur deutschen Verfassungsgeschichte, 3 Bde., (Stuttgart u. a.: W. Kohlhammer, 1961); 스위스에 관하여는 M. Stolleis, Andreas Kley, Geschichte des öffentlichen Rechts der Schweiz, in: Juristen Zeitung, Vol. 67, 3 (2012), S. 140-141.

간결한 일본 헌법사는 大石眞, 『日本憲法史』(有斐閣, 1995); 坂野潤治, 『日本憲政史』(東京大學出版會, 2008)가 이용하기 편리하다.[64]

---

61) 최근 한상범 교수 유고집, 이철호 엮음, 『역사를 위한 투쟁, 미래를 위한 투쟁』(21세기사, 2018)이 발간되었다.

62) 대한제국시기는 안용식편, 『한말지방관록』(연세대학교 지역사회개발연구소, 1992); 일제 강점기는 안용식편, 『일제지방관록』(연세대학교 사회과학연구소, 2001); 박은경, 『일제하 조선인 관료 연구』(학민사, 1999); 전병무, 『조선총독부 조선인 사법관』(역사공간, 2012); 광복 이후는 김두식, 『법률가: 선출되지 않은 권력의 탄생』(북앤피플, 2018) 등.

63) 이 책의 서평은 김효전평, 『헌법학연구』 제6권 1호(2000), 400-404면.

64) 기타 학설사에 관한 문헌은 鈴木安藏, 『日本憲法學史』(勁草書房, 1975); 家永三郎, 『日本近代憲法思想史研究』(岩波書店, 1967); 長谷川正安, 憲法學史(上)(中)(下), 『日本近代法發達史: 資本主義と法の發展 - 6, 7, 9』(勁草書房, 1959-1960), 257-298면; 153-207면; 195-234면에 수록. 기타 有倉遼吉·長谷川正安 編集, 『憲法學說史, 文獻選集 日本國憲法』 16(三省堂,

중국은 한다위안(韓大元) 주편, 김승일 · 박정원 · 김창희 옮김, 『중국, 헌법학설사 연구』(상하)(경지출판사, 2017), 상 903면, 하 824면.

독일의 인명 사전은 김효전편, 『독일의 공법학자들』(동아대출판부, 2010); 日笠完治 編著, 『現代ドイツ公法學人名辭典』(信山社, 1991); Peter Häberle, Michael Kilian, Heinrich Wolff (Hrsg.), Staatsrechtslehrer des 20 Jahrhunderts, Berlin: De Gruyter 2015; M. Stolleis (Hrsg.), Juristen. Ein biographisches Lexikon. Von der Antike bis zum 20. Jahrhundert, München: C. H. Beck 2001. 프랑스는 Patrick Arabeyre, Jean-Louis Halpérin, Jacques Krynen (sous.), Dictionnaire historique des juristes français XIIe-XXe siècle, Paris: Presses Universitaire de France, 2e éd. 2015.

VI. 외국 헌법 연구

우리 헌법을 올바로 이해하기 위해서는 입헌주의가 발달한 외국법의 연구는 필수불가결하다. 현재 한국의 헌법학에서 외국법의 연구는 독일의 헌법이론과 미국의 판례연구가 주류를 이루고 있기 때문에 여기에 초점을 맞추어 동향과 쟁점을 정리하기로 한다. 논설은 너무 많기 때문에 단행본에 한정하기로 한다.

자료집은 김철수 · 정재황 · 김대환 · 이효원 공편, 『세계 비교 헌법』(박영사, 2014); 국회도서관, 『세계의 헌법: 35개국 헌법 全文 I, II』(개정판)(한눈에 보기 시리즈 13, 2013), 국회도서관 법률정보실, 제3판 2018에는 라트비아 · 슬로베니아 · 에스토니아 · 칠레 · 북한을 추가하여 40개국 수록; 나종일 편역, 『자유와 평등의 인권선언 문서집』(한울, 2012); 김학성 · 박용숙편, 『세계 각국의 헌법전』(북스힐, 2018). 비교헌법 교재는 이부

1978); 長谷川正安, 『日本憲法學の系譜』(勁草書房, 1993).

하, 『비교헌법론: 인권보장을 위한』(법영사, 2014). 문헌목록은 김효전편, 외국헌법에 관한 문헌목록 (1995-2013), 『유럽헌법연구』 제14호 (2013), 511-584. 기타 『비교헌법연구회 세미나 발표자료집』(2018).

1. 독일 헌법학

독일 헌법학 일반과 국가학에 관하여는 프란츠 오펜하이머, 이상률 옮김, 『국가: 사회학적 연구』(이책, 2018); 민경국, 『국가란 무엇인가: 자유주의 국가철학』(북앤피플, 2018); 국가 일반에 관하여는 일송기념사업회편, 『다시 국가를 묻는다』(푸른역사, 2018)가 있으며, 카를 슈미트외, 김효전편역, 『독일 헌법학의 원천』(산지니, 2018); 헤르만 헬러, 김효전 옮김, 『바이마르 헌법과 정치사상』(산지니, 2016); 칼 디트리히 브라허, 이병련 · 이대헌 · 한운석 옮김, 『바이마르 공화국의 해체: 민주주의에서 권력붕괴 문제에 관한 연구』(나남, 2011. 전3권); Horst Möller, 신종훈 옮김, 『바이마르 미완성의 민주주의』(다해, 2015); 우디 그린버그, 이재욱 옮김, 『바이마르의 세기: 독일 망명자들과 냉전의 이데올로기적 토대』(회화나무, 2018); 제바스티안 하프너, 안인희 옮김, 『비스마르크에서 히틀러까지』(돌베개, 2016); 김대환 대표 편역, 『민주적 헌법국가: 슈타르크 헌법 논집』(시와진실, 2015); Christoph Degenhart저, 홍일선역, 『독일 헌법 총론』(피앤씨미디어, 2015. 574면); 한스 포르렌더, 김성준역, 『헌법사. 헌법의 이념과 역사』(투멘, 2009); 브리데, 『헌법의 발전: 독일 헌법의 안정성과 역동성』(헌법재판소, 2012); 요셉 이슨제, 이덕연 · 강태수 편역, 『언어와 헌법 그리고 국가: Josef Isensee 교수 논문 선집』(신조사, 2013); 이강국, 『헌법합치적 법률해석』(박영사, 2012); 박재윤, 『독일 공법상 국가임무론과 보장국가론』(경인문화사, 2018).

기본권에 관하여는 정문식, 『독일헌법: 기본권 일반론』(전남대출판부, 2009); 새뮤얼 모인, 공민희 옮김, 『인권이란 무엇인가』(21세기북스, 2011); 에른스트 블로흐, 박설호 옮김, 『자연법과 인간의 존엄성』(열린책들, 2011); 크리스토프 멩케 · 아른트 폴만, 정미라 · 주정립 옮김, 『인권철학 입문』(21세기북스, 2012); 헌법재판소 헌법재판연구원, 『과잉금지원칙에서 법익형량』(2018); 한국법제연구원, 『정보기본권: 독일 및 EU를 중심으로』(2018); 페터 레르헤, 박규환역, 『과잉금지원칙과 헌법 I』(헌법재판소, 2008); 페터 레르헤, 최희수역, 『과잉금지원칙과 헌법 II』(헌법재판소, 2009); 김주환 편역, 『법학방법론과 기본권해석론』(홍익대출판부, 2007)에서는 F. 뮐러의 법학방법론의 주요 논지, I. v. 뮌히의 기본권해석론의 기초, M. 구벨트의 평등권해석론 수록.

권력구조에 관하여는 Christoph Degenhart저, 홍일선역, 『국가조직법』(헌법재판소, 2013. 513면); 홍성방, 『주요 국가의 재정법제 연구 1: 독일의 재정 관련 헌법조항을 중심으로』(한국법제연구원, 2009); Winfried Kluth, 박영도 · 이진국 · 이재일 · 한귀현 · 한인상 공역, 『입법: 의회, 행정 및 사법적 통제를 통한 법정립』(법문사, 2017).

헌법재판에 관하여는 헌법재판소 헌법재판연구원, 『독일 연방헌법재판소의 추상적 규범통제』(2018); 크리스티안 힐그루버 · 크리스토프 고스, 최희수역, 『독일 헌법소송법』(헌법재판소, 2010); 김환학, 『독일의 기관쟁의에 관한 연구』(헌법재판연구원, 2017); 그 밖에 헌법재판소는 『독일연방헌법재판소 판례번역집』을 1999년부터 매년 발간하고 있다. 판례연구는 박희영 · 홍선기, 『독일 연방헌법재판소 판례연구1』(한국학술정보, 2010). 해설서는 일본의 독일헌법판례연구회편/전정환역, 『독일 헌법판례(상)(제2판)』, 2008 (총서 제5집); 동인, 『독일 헌법판례 II(상)(제2판)』, 원광헌법학연구회, 2008 (헌법학연구 · 번역총서 제2집); 전정환 · 이형석역, 『독일 헌법판례 II(중)(제2판)』, 2008 (총서 제3집); 전정환 · 이형석 · 조형구역, 『독일 헌법판례 II(하)(제2판)』, 2008 (총서 제4집) 등. 전정환역, 『독일 헌법판례(상)(제2판)』, 2008 (총서 제5집); 전정환역, 『독일 헌법판례 (중)(제2판)』, 2009 (총서 제6집) 등.

스위스 헌법학자에 관하여는 막스 임보덴, 홍성방 옮김, 『국가형태: 국법이론의 심리학적 해석의 시도』(유로, 2011); 프리드리히 뮐러, 홍성방 옮김, 『법관법』(유로, 2014); 프리드리히 뮐러, 홍성방 옮김, 『소외론: 루소, 헤겔, 마르크스에 있어 국가이론의 인성학적 근거제시에 수반되는 문제들』(유로, 2011); 베르너 캐기, 홍성방 옮김, 『국가의 법적 기본질서로서의 헌법: 근대 헌법에서 제 발전 경향에 대한 연구』(유로, 2011). 여기의 막스 임보덴(Max Imboden, 1915-1969), 프리드리히 뮐러(Friedrich Müller, 1938-), 베르너 캐기(Werner Kägi, 1901-1979)는 스위스의 헌법학자인 점에서 독일 학자와 구별된다.

카를 슈미트에 관하여는, 김효전·정태호 옮김, 『정치적인 것의 개념: 서문과 세 개의 계론을 수록한 1932년판』(살림, 2012); 홍성방 옮김, 『법률과 판결: 법실무의 문제에 대한 연구』(유로, 2014); 헬무트 크바리치 외저, 김효전 옮김, 『반대물의 복합체: 20세기 법학과 정신과학에서 카를 슈미트의 위상』(산지니, 2014); 칼 슈미트, 김도균 옮김, 『합법성과 정당성』(길, 2015); 칼 슈미트, 김남시 옮김, 『땅과 바다: 칼 슈미트의 세계사적 고찰』(꾸리에북스, 2016) 등이 발간되었다. 슈미트의 논저를 중점적으로 번역해 온 김효전에 의해서 슈미트의 「바이마르·나치스 시대의 헌법과 정치 (1)(2)」(『동아법학』 제79호 및 제80호, 2018)의 시사적이고 저열한 논저들도 대부분 번역되었다. 한국과 관련해서는 김효전, 카를 슈미트 헌법이론과 한국, 『학술원논문집(인문·사회과학편)』 제58집 1호(2019).

한스 켈젠에 관하여는 김성룡 옮김, 『규범의 일반이론』(아카넷, 2016)(전2권); 이남원역, 『정의란 무엇인가』(UUP, 2018)[65]; 윤재왕 옮김, 『순수법학: 법학의 문제점에 대한 서론』 초판 (박영사, 2018); 황산덕 옮김, 김효전 엮음, 법과 국가의 일반이론, 『동아법학』 제76호(2017), 267-505 등.

카를 뢰벤슈타인에 관하여는 김기범 옮김, 김효전 엮음, 현대헌법론

---

65) 이 책은 1957년 영어판의 완역이며, 강연 「정의란 무엇인가?」는 김효전 편역, 『독일 헌법학의 원천』(산지니, 2018), 1028-1052면과 김선복역(책과 사람들, 2010)에도 수록되어 있다. 일찍이 부분 번역으로 박길준역(전망사, 1982)과 김영수역(삼중당, 1982)이 발간되었다.

(1)(2), 『동아법학』 제74호 및 제76호(2017), 195-511 및 311-462. 제2차 세계대전 이후의 뢰벤슈타인의 활동에 관하여는 우디 그린버그, 이재욱 옮김, 『바이마르의 세기: 독일 망명자들과 냉전의 이데올로기적 토대』(회화나무, 2018), 281-347이 상세하다.[66] 미군정 법률고문을 지낸 에른스트 프렝켈의 한국에서의 활동은 같은 책, 161-174에서 기술한다.

뵈켄회르데에 관하여는 김효전, E.-W. 뵈켄회르데 저작 수용의 국제 비교, 『헌법학연구』 제25권 1호(2019): 361-386.

자료집은 통진당 해산과 관련하여 『독일공산당 위헌성 관련 독일 판례(번역본 포함)』(법무부, 2014); 『사회주의제국당 위헌성 관련 독일 판례(번역본 포함)』(법무부, 2014) 외에, 법무부에서는 『베니스 위원회 정당 관련 행동준칙·가이드라인 (번역본 포함)』, 『유럽인권재판소 판결』, 『최근 각국의 정당해산 제도 활용 실태』 등을 2014년에 발간하였다. 헌법재판소 도서관에서는 『독일 법정보조사자료집 - 법정보조사, 독일헌법, 연방헌법재판소』(2013)를 발간하였다. 현대 독일 공법학자의 계보도가 재미있다. 이와 관련하여 김효전편, 『독일의 공법학자들』(동아대출판부, 2010)도 많은 정보와 자료를 제공하고 있다.

조문 번역은 송석윤 옮김, 독일 제국 헌법(1871년 4월 16일), 『법사학연구』 제41호(2010); 양태건 번역/송석윤 감수, 1850년 프로이센 헌법, 『법학』(서울대) 제54권 2호 (2013); 김효전 옮김, 독일 라이히 헌법 (바울교회 헌법)(1849년 3월 28일, RGBl. S. 101), 『헌법학연구』 제20권 2호 (2014); 김효전 옮김, 프로이센헌법, 『헌법학연구』 제21권 1호(2015);

66) 뢰벤슈타인에 관하여는 김효전 옮김, 『독일 헌법학의 원천』(산지니, 2018), 805-940면; Robert Chr. van Ooyen (Hrsg.), Verfassungsrealismus: Das Staatsverständnis von Karl Loewenstein (Baden-Baden: Nomos, 2007); Markus Lang, Karl Loewenstein. Transatlantischer Denker der Politik (Stuttgart: Franz Steiner Verlag 2007); O. Lepsius, Karl Loewenstein (1891-1973), in: P. Häberle, u.a. (Hrsg.), Staatsrechtslehrer des 20. Jahrhunderts, 2015, S. 411-438.

고전으로는 임마누엘 칸트, 백종현 옮김, 『윤리형이상학: 법이론의 형이상학적 기초원리/덕이론의 형이상학적 기초원리』(아카넷, 2012); 임마누엘 칸트, 이충진 · 김수배 옮김, 『도덕형이상학』(한길사, 2018) (칸트전집 7). 기타 전종덕 · 김정로 편역, 『독일 사회민주당 강령집』(백산서당, 2018); 미하엘 슈톨라이스, 조동현 옮김, 『법의 눈』(큰벗, 2017) 등이 발간되었다.

2. 미국 헌법

미국 헌법 일반과 역사에 관하여는 안경환, 『미국헌법의 이해』(박영사, 2014); 조지형, 『미국헌법의 탄생』(서해문집, 2012); 마이클 레스 베네딕트, 이병규 옮김, 『자유와 민주주의: 미국헌법의 역사』(아이스쿨, 2014); 커미트 L. 홀 · 피터 카스텐 지음, 손세정 옮김, 『미국법의 역사와 문화』(라티오, 2009); 토머스 제퍼슨 지음, 마이클 하트 서문, 차태서 옮김, 『독립선언문』(프레시안 북, 2010); 칼 밴 도렌 지음, 박남규 옮김, 『미국헌법제정사』(홍익출판사, 2010); 미들코프, 이종인 옮김, 『위대한 대의 미국 혁명 1763-1789』(사회평론, 2017); 최문기, 『미국법입문』(세종출판사, 2014); 김형곤, 『조지 워싱턴: 초대 대통령』(선인, 2011); 정경희, 『토머스 제퍼슨: 제3대 대통령』(선인, 2011); 론 처노, 서종민 · 김지연 옮김, 『알렉산더 해밀턴』(21세기 북스, 2018); 알렉시스 드 토크비유, 이용재 옮김, 『아메리카의 민주주의』(아카넷, 2018); 로버트 달, 장동진 · 정상화 · 이기호 옮김, 『민주주의: 이안 사피로의 제2판 서문 및 새로운 두 개의 장 추가』(동명사, 2018); 로버트 달, 박상훈 · 박수형 공역, 『미국 헌법과 민주주의』(개정판)(후마니타스, 2016); 야스차 뭉크, 함규진 옮김, 『위험한 민주주의: 새로운 위기, 무엇이 민주주의를 파괴하는가』(와이즈베리, 2018); 로버트 잭슨, 옥동석 옮김, 『주권이란 무엇인가』(21세기북스, 2016); 스티븐 브라이어, 이국운 · 장철준 공역, 『역동적 자유: 민주주의 헌법을 해석하는 방법』(사회평론 아카데미, 2016); 양자오저, 박다짐역,

『미국 헌법을 읽다: 우리의 헌법을 더 잘 이해하기 위하여』(유유, 2018).

기본권에 관하여는 장호순, 『미국 헌법과 인권의 역사: 민주주의와 인권을 신장시킨 명판결』(개정증보판)(개마고원, 2016); 헌법재판소 헌법재판연구원, 『미국의 정보 프라이버시권과 알 권리에 관한 연구』(2018); 장주영, 『미국 수정헌법 제1조와 표현의 자유 판결』(육법사, 2015); 김지영, 『미국 헌법상 열거되지 않은 권리의 보장 체계』(헌법재판연구원, 2017); 노엄 촘스키, 유강은 옮김, 『불평등의 이유: 부와 권력이 집중되는 10 가지 원리』(이데아, 2018); 김현철, 『미국 헌법상 평등보호와 한국 헌법재판소의 위헌심사기준』(전남대 출판문화원, 2012); 에드윈 캐머린, 김지혜역, 『헌법의 약속: 모든 차별에 반대한다』(후마니타스, 2017); 앤서니 루이스, 박지웅 · 이지운 옮김, 『우리가 싫어하는 생각을 위한 자유: 미국 수정헌법 1조의 역사』(간장, 2010); 모르간 스캇 펙, 조종상 옮김, 『죽음을 선택할 권리』(율리시즈, 2018).

권력구조에 관하여는 박종준, 『주요국 정부조직 관련 법제분석 - 미국』(한국법제연구원, 2017, 41면); 리처드 E. 뉴스타트, 이병석 옮김, 『대통령의 권력』(다빈치, 2014); 이상돈, 『미국의 헌법과 대통령제』(소진, 2012); L. 샌디 메이젤, 정의길 옮김, 『미국인도 잘 모르는 미국 선거 이야기』(한계레출판, 2010); 편집부편, 『필리버스터: 민주주의, 역사, 인권, 자유』(이김, 2016); 김영희, 『미국의 입법과정』(한국학술정보, 2007).

사법부에 관하여는 리처드 포스너, 박종현 옮김, 『법관은 어떻게 사고하는가』(한울아카데미, 2016); 하워드 제어, 조균석 · 김성돈 · 한영선 외 옮김, 『회복적 정의 실현을 위한 사법의 이념과 실천』(대장간, 2017); 존 폴 스티븐스, 김영민 옮김, 『최후의 권력, 연방대법원』(반니, 2013); 브란트 골드스타인 지음, 홍승기 옮김, 『치열한 법정』(청림출판사, 2009); 최승재, 『미국 대법관 이야기』(경북대학교출판부, 2009); 박승옥 역주, 『미국 법률가협회 법조전문직행동준칙 모범규정』(법수레, 2010); 정상환, 『검은 혁명』(지식의 숲, 2010); 안토니아 펠릭스, 안혜원 옮김, 『소니아 소토마요르』(세리프, 2014); 김지영, 『미국 연방대법원의 법정조언자

(Amicus Curiae)제도』(헌법재판연구원, 2013); 헌법재판연구원, 『미국 연방대법원의 지위 및 기능』(2011); 강한승, 『미국 법원을 말하다』(오래, 2011); 존 하트 일리, 전원열 옮김, 『민주주의와 법원의 위헌심사』(나남출판, 2006).

기타 지방자치는 권혁신, 『미국의 지방자치 이모저모』(지식산업사, 2011); 김영기, 『주민발의제도론 - 미국의 주와 지방정부를 중심으로』(대영문화사, 2011); 김영기, 『뉴잉글랜드 타운정부론』(대영문화사, 2014); 안영훈, 『지방분권체제 강화를 위한 헌법 비교 연구 - 프랑스 헌법과 미국 뉴욕 주 헌법』(한국지방행정연구원, 2018) 등.

3. 영국 헌법

저술로는 이태숙, 『근대 영국 헌정: 역사와 담론』(한길사, 2013); 최재현 지음, 『존 밀턴의 생애와 사상: 이혼과 출판의 자유에 대하여』(역락, 2011); 기타 김명환, 『영국 자유주의 연구』(혜안, 2014) 등이 있다.

번역서로는 월터 배젓, 이태숙·김종원 옮김, 『영국 헌정』(지식을만드는지식, 2012)이 있다. 주요 인물에 관한 번역서가 중심을 이루고 있다.

토머스 모어에 관하여는 토머스 모어·윌리엄 로퍼 지음, 이미애 옮김, 『영원과 하루. 토머스 모어 서한집』(정원, 2012).

토머스 홉스는 이준호 옮김, 『시민론: 정부와 사회에 관한 철학적 기초』(서광사, 2013): 이준호 옮김, 『인간론』(지만지, 2013); 현택수 옮김, 『(홉스) 리바이어던/시민론』(빠리까페, 2017). 관련문헌은 데이비드 고티에, 박완규역, 『리바이어던의 논리』(아카넷, 2013); 조긍호·강정인, 『사회계약론연구: 홉스·로크·루소를 중심으로』(서강대출판부, 2012); 홍철기, 대표의 허구에 관한 연구: 토마스 홉스, 한스 켈젠, 칼 슈미트에게 있어서 '대리'와 '현시'의 대표 이론, 서울대 정치학박사 논문, 2016이 있다.

로크에 관하여는 박혜원 옮김, 『교육론』(비봉출판사, 2011); 흄에 관하여는 김홍우, 데이비드 흄(David Hume)의 법치(Rule of Law)의 이념 -『영국사』(The History of England)를 중심으로,『학술원논문집(인문·사회과학편)』 제55집 1호(2016. 7): 215-335이 상세하다. 김홍우,『법과 정치: 보통법의 길』(인간사랑, 2012)도 영미 헌법과 정치에 관한 논의의 소재를 제공해 준다. 로크와 흄 등의 국가개념은 민경국,『국가란 무엇인가 - 자유주의 국가철학』(북앤피플, 2018).

벤담에 관하여는 강준호 옮김,『도덕과 입법의 원칙에 대한 서론』(아카넷, 2013); 고정식 옮김,『도덕과 입법의 원리 서설』(나남, 2011); 신건수 옮김,『파놉티콘: 감시 시설, 특히 감옥에 대한 새로운 원리에 관한 논문』(책세상, 2007); 허남결,『공리주의 윤리문화 연구: 벤담과 밀의 입장차이를 중심으로』(화남, 2004).

존 스튜어트 밀에 관하여는 이을상 옮김,『공리주의』(지만지, 2014); 서병훈 옮김,『대의정부론』(아카넷, 2012); 이종훈 편역,『밀의 사상과 토론의 자유』(이담, 2012); 허남결,『밀의 공리주의: 덕과 공리성의 만남』(서광사, 2000); 서병훈,『위대한 정치: 밀과 토크빌, 시대의 부름에 답하다』(책세상, 2017); 서병훈 옮김,『종교에 대하여』(책세상, 2018)가 있다.

애덤 스미스에 관하여는 이황희, 애덤 스미스의 통치론에 관한 헌법학적 연구, 서울대 박사 논문, 2018; 스펜서에 관하여는 이상률 옮김,『개인 대 국가』(이책, 2014).

인권에 관하여는 존 위티 주니어, 정두메 옮김,『권리와 자유의 역사 - 칼뱅에서 애덤스까지 인권과 종교 자유를 향한 진보』(IVP, 2015); 여성의 권리에 관하여는 울스턴크래프트, 손영미 옮김,『여권의 옹호』(연암서가, 2014); 메리 울스턴크래프트, 손영미 옮김,『여권의 옹호』(한길사, 2008); 이 책의 초역은 문수현 옮김,『여성의 권리 옹호』(책세상, 2011)이다.

자료집은 나종일 편역·해설,『자유와 평등의 인권선언 문서집』(한울아카데미, 2012).

영국의 현행 헌법을 정면으로 다룬 저작은 거의 없는 실정이며 대부분 헌법사상에서 발자취를 남긴 고전의 번역이 주류를 이루고 있다.

학술대회로는 마그나 카르타 제정 800주년 기념 학술대회가 열렸다. 2015년 제3회 해위윤보선추모 심포지움에서 김종철, The Spirit of Magna Carta and the Korean Constitutional Law가 자료집 "Magna Carta and Democratic Leadership"에 수록되었으며, 또한 헌법이론실무학회 「Magna Carta 800주년 기념 학술발표회, Magna Carta가 현대 헌법에 미친 영향」, 2015. 6. 15. 고려대 CJ 법학관 512A (발표내용은 김선택, 마그나 카르타와 입헌주의 - 법의 지배; 양정윤, 마그나 카르타가 가진 의의와 변천; 이재희, Magna Carta와 적법절차; 윤정인, 마그나 카르타와 저항권; 김현정, 마그나 카르타와 민주주의). 기타 정영훈, 마그나 카르타와 적법절차 - 피의자 신문절차에서 변호인 조력권의 보장 방안을 중심으로, 헌법이론실무학회, 제8회 학술발표회 「통일과 헌법」(2015. 8. 29 고려대 해송법학도서관 발표문).

2000년대에 발표된 영국 헌법에 관련된 문헌은 논문을 포함하더라도 몇 가지 되지 아니한다.67)

---

67) 예컨대 김종철, 상술한 해위윤보선 추모 심포지움; 헌법이론실무학회, 「(Magna Carta 800주년 기념 학술 발표회) Magna Carta가 현대 헌법에 미친 영향」(2015); 이상영, 법실증주의의 선구자 J. Bentham은 이상주의자인가 혹은 현실주의자인가? 『법사학연구』 제58호(2018); 동인, J. Bentham '헌법전'에서의 입법부에 대한 연구 - 세계공통헌법 연구에서의 입법부의 기능, 권한, 그리고 구성은 어떻게 될 것인가, 『입법과 정책』 제8권 2호(2016. 12); 동인, 공리주의자의 헌법전 연구 - J. Bentham의 '헌법전'의 구성과 특징, 『인하법학』 제19권 3호(2016); 동인, J. Bentham의 세계헌법 구상에 대한 소고 - 세계 공통 헌법?, 『아주법학』 제8권 3호(2014); 동인, 사법(司法) 대 입법 - 벤담의 'Pannomion(완전한 법체계)'에 대한 연구, 『일감법학』 제21호(2012); 동인, 공리주의 대 자연권, 『세계헌법연구』 제16권 2호(2010); 동인, 벤담의 Common Law 체계에 대한 비판과 입법론 구상에 대한 연구, 『서울대학교 법학』 제49권 3호(2008); 동인, 벤담의 법개념과 입법론에 대한 소고, 『세계헌법연구』 제13권 2호(2007); 윤성현, 존 스튜어트 밀의 정치경제학과 헌법상 경제민주주의론 서설, 『헌법학연구』 제21권 1호(2015); 이태숙, "빅토리아기 법학자" 앨버트 벤 다이시와 1911년 의회법, 『영국연구』 제17호(2007); 오향미, 영국의 '법의 지배' 원칙에 의한 기본권 보장의 헌정구조: 법과 주권의 매개로서의 의회주권, 『한국정치학회보』 제50권 2호(2016), 103-123면; 이태숙, "대처리즘"의 헌정적 양상 - 대처 집권

4. 프랑스 헌법

일반적인 저술로는 주명철, 『헌법의 완성: 입헌군주제 혁명을 완수하다』(여문책, 2017)(Liberté 프랑스 혁명사 10부작 06); 주명철 지음, 『1789. 평등을 잉태한 자유의 원년』(여문책, 2015)(프랑스 혁명사 10부작 02); 이세희, 『프랑스 대혁명과 여성 · 여성운동』(탑북스, 2012); 이용재 · 박단 외 지음, 『프랑스의 열정 - 공화국과 공화주의』(아카넷, 2011).

번역서로는 장 보댕, 나정원 옮김, 『국가에 관한 6권의 책』(아카넷, 2013) (전6권)은 헌법학뿐만 아니라 한국 사회과학의 역사에서 기념비적인 업적이다. 관련 학계는 물론 언론에서도 별로 다루지 않은 것 같아 안타깝다. 루소의 『사회계약론』은 지금까지 수 십 종 발간되었으나 김영욱 옮김, 『사회계약론』(후마니타스, 2018)은 100페이지가 넘는 옮긴이의 주와 해설이 학술서적으로서의 가치를 높이고 있다. 기타 박호성역, 『사회계약론외: 사회계약론, 코르시카 헌법 구상, 정치경제론, 생피에르 영구평화안 발췌, 생피에르 영구평화안 발췌 비판』(루소전집 08)(책세상, 2015); 김용구, 『장 자크 루소와 국제정치: 영구평화를 위한 외로운 산책자의 꿈』[개정판](원, 2004); 장 스타로방스키, 이충훈 옮김, 『장 자크 루소: 투명성과 장애물』(아카넷, 2012); 알랭 바디우, 성용순 · 임옥희 · 주형일 옮김, 『인민이란 무엇인가』(현실문화, 2014) 등.

인권선언에 관하여는 한동훈, 『1789년 인간과 시민의 권리선언의 헌법적 의미』(헌법재판연구원, 2014); 한동훈, 『프랑스 헌법상 재산권』(헌

시기 북아일랜드 문제에 대한 하원 심의, 『영국연구』 제22호(2009); 임종훈, 영국에서의 의회입법에 대한 사법적 통제 - 2000년 인권법 시행 이후의 변화, 『세계헌법연구』 제16권 3호(2010), 833-854면; 전진영, 국회의장의 선출과 임기를 둘러싼 쟁점: 미국 · 영국과의 비교, 『이슈와 논점』 제1277호(2017. 3. 14); 이영진, 영국 사법제도와 그 시사점, 『국회보』 통권 532호(2011. 3); 임종훈, 영국 대법원의 독립과 그 헌법적 함의, 『공법연구』 제43집 3호(2015) 등.

법재판연구원, 2015); 김택수, 『프랑스 수사·예심제도의 이해』(계명대출판부, 2017); 한동훈, 『프랑스 헌법상 정교분리(laïcite)의 원칙』(헌법재판연구원, 2018); 한동훈, 『프랑스 헌법상 표현의 자유』(헌법재판연구원, 2016).

여성의 권리선언과 관련해서는 브누아트 그루, 백선희역, 『올랭프 드 구주가 있었다』(마음산책, 2014); 사회권과 복지국가에 관하여는 다나카 다쿠지, 박해남 옮김, 『빈곤과 공화국 - 사회적 연대의 탄생』(문학동네, 2014; 원제 田中拓道, 貧困と共和國 - 社會的連帶の誕生, 2006); 자크 동즐로, 주형일 옮김, 『사회보장의 발명: 정치적 열정의 쇠퇴에 대한 시론』(동문선, 2005; 원제 Jacques Donzelot, L'invention du social, 1994); 고전으로는 알렉시스 드 토크빌, 김영란·김정겸 옮김, 『빈곤에 대하여』(에코리브르, 2014); 프랑수와 부르기뇽, 류형식 옮김, 『세계화 시대의 불평등 문제』(소와당, 2017); 이은기, 프랑스의 주거기본권 실현형태로서의 사회주택에 관한 법적 고찰 - H.L.M.(저임료주택)을 중심으로, 서울대 박사학위논문, 1995; 전영, 『프랑스에서의 혼인과 가족생활 보호에 관한 연구』(헌법재판연구원, 2017).

권력구조는 박종준, 『주요국 정부조직 관련 법제분석 - 프랑스』(한국법제연구원, 2017, 54면); 최연구, 『프랑스 대통령 이야기』(살림출판사, 2008); 『프랑스 헌법상 하원과 집행권의 관계』(헌법재판연구원, 2017); 한동훈, 『프랑스 헌법상 상원에 관한 연구』(헌법재판연구원, 2016); 정재도, 프랑스 제4공화국 헌법상의 합리화된 의원내각제에 관한 연구, 서강대 박사학위논문, 2014; 위헌심사제는 헌법재판연구원, 『프랑스의 위헌법률심사제도』(2012); 한동훈, 『사후적 위헌법률심사제도의 도입에 따른 프랑스 헌법재판소와 최고법원의 관계: 여과 절차를 중심으로』(헌법재판연구원, 2015). 기타 안영훈, 『지방분권체제 강화를 위한 헌법비교 연구 - 프랑스 헌법과 미국 뉴욕 주 헌법』(한국지방행정연구원, 2018) 등.

헌법조문은 김충희 옮김, 프랑스 역대 헌법전(1)(2완), 『동아법학』

제69호(2015)와 제70호(2016)가 유용하며, 레옹 뒤기, 김충희 옮김, 법과 국가, 『동아법학』 제77호(2017)도 많지 않은 프랑스 헌법 연구 가운데 중요한 업적이다.

5. 기타 국가

일본 헌법 일반은 코세키 쇼오이찌, 김창록 옮김, 『일본국 헌법의 탄생』(뿌리와 이파리, 2010); 박명희 발표, 『일본헌법 개정논의 경과와 여론 동향』(국립외교원 외교안보연구소, 2016); 야마무로 신이치, 박동성 역, 『헌법 9조의 사상 수맥』(동북아역사재단, 2010); 하야시 히로후미, 현대일본사회연구회역, 『일본의 평화주의를 묻는다: 전범재판 헌법9조 동아시아연대』(논형, 2012); 가라타니 고진, 조영일역, 『헌법의 무의식』(도서출판 b, 2017); 하세베 야스오, 손형섭 · 미즈시마 레오 공역, 『헌법의 이성』(박영사, 2014); 하세베 야스오 · 스기타 아쓰시 공저, 김일영 · 아사바 유키 공역, 『헌법논쟁: 민주주의의 대 입헌주의 논쟁』(논형, 2010); LS헌법연구회저, 민병로 · 손형섭역, 『일본 판례 헌법』(전남대출판부, 2011).

기본권은 이혜진, 『일본의 양심의 자유 법리: 공무원인 교사에 대한 직무명령과 양심의 자유의 한계』(헌법재판소 헌법재판연구원, 2018); 이혜진, 『일본의 기본적 인권의 사인간 효력』(헌법재판연구원, 2017); 고야마 고, 민병로역, 『헌법상의 권리 작법』(전남대출판부, 2013); 히구치 요이치(樋口陽一) 지음, 송석원 옮김, 『한 단어 사전, 인권』(푸른역사, 2012); 마키하라 노리오저, 박지영역, 『민권과 헌법』(어문학사, 2012); 시기 히로시, 박현석 옮김, 『절망의 재판소』(사과나무, 2014); 조문 번역은 오현수 편역, 『일본헌법』(진원사, 2014) 등이 있다.

권력구조는 김현우, 『일본 국회론』(한국학술정보, 2008); 이가라시 다카요시 · 오가와 아키오(五十嵐敬喜 · 小川明雄) 지음, 윤재선 옮김, 『지방분권과 일본의 의회 - 관료지배를 넘어서』(소화, 2000).

중국 헌법은 한다위안(韓大元) 주편, 김승일 · 박정원 · 김창희 옮김, 『중국, 헌법학설사 연구』(상하)(경지출판사, 2017); 박대헌, 『중국 일반 지방자치단체 제도에 관한 헌법학적 연구』(민속원, 2017); 신명, 『중국 헌법에서의 종교와 종교 정책: 그 역사와 현재』(논형, 2017); 조영남, 『중국의 법원개혁』(서울대학교 출판문화원, 2012); 쑨치엔(孫謙), 정이근 · 이성연 · 손한기 옮김, 『중국의 검찰제도』(오름, 2014) 등이 있다.

기타 국가, 오스트리아 헌법은 안병영, 『왜 오스트리아 모델인가』(문지사, 2013); 허완중, 『오스트리아 헌법재판제도에 관한 연구』(헌법재판소 헌법연구원, 2016); 이성덕, 『유럽연합 사법제도론』(진원사, 2007) 등이 있다. 그 밖에 명지대학교 중동문제연구소 기획, 중동국가헌법번역 HK총서, 김종도 외역, 『모로코 왕국헌법』(모시는 사람들, 2018); 김종도외역, 『아랍 에미리트 헌법』(모시는 사람들, 2014) 등이 발간되고 있다.

6. 영문 저서와 자료

한국 헌법의 영문 번역은 개화기의 정령과 홍범 14조부터 현행 헌법까지를 수록한 Woocheol Shin, The Rise and Growth of Constitutionalism in Korea. Historical Documents with Editor's Comments (MUNU Publishing Co., 2018)이 성실한 자료집이다. 헌법재판소가 2014년에 펴낸 『대한민국 역대 헌법전』(The Constitutions of The Republic of Korea in Modern History)에 수록된 홍범 14조와 대한국 국제의 영역은 오역과 누락이 있어 신뢰하기 어렵다. 기타 Compiled by Hyo-Jeon Kim, The Constitutions of the Republic of Korea/Herausgegeben von Hyo-Jeon Kim, Koreanische Verfassungen (Korean Constitutional Law Association, 2008)은 제헌 이후부터 현행 헌법의 영역과 독어 번역문을 수록한 것이다.

7. 평가와 과제

이상의 문헌목록 전체를 일별해 볼 때 외국 헌법의 연구는 독일과 미국에 치중한 것을 알 수 있다. 단행본뿐만 아니라 논문 역시 이 두 나라에 집중되어 있다. 영국과 프랑스 헌법에 대한 연구가 상대적으로 적으며 외국법 연구에 대한 문제의식도 빈약하다고 보겠다. 문제의 해결은 우선 외국의 기본 저작을 한국어로 번역 소개하고, 이것을 다시 우리의 현실과 비교하여 고뇌하고 적용하는 작업을 거쳐야 할 것이다. 이러한 과정을 거치지 않고 바로 외국의 학설과 판례를 그대로 한국에 도입한 결과로 여러 가지 부작용이 생기게 마련이다.

일찍이 권영성 교수는 독일의 특정한 헌법이론을 유형화하고 정식화하여 교과서에까지 수록하는 사태에 대해서 이를 크게 우려하면서 다음과 같이 문제해결의 방도를 제시한 바 있다. 「그러므로 우리에게는 특정의 헌법관에 집착할 것이 아니라 현대적 헌법상황과 자기 나라에 특유한 정치적·역사적 특수성까지 염두에 두면서 여러 시각을 보완적으로 활용하는 방법이 오히려 헌법적 문제에 종합적 합리적으로 접근하는 방법이 아닐까 생각된다. (…) 더욱이 한국의 헌법을 이해하고 한국의 헌법문제를 다룸에 있어 한국인의 법의식이나 헌정경험을 외면한 채, 오로지 외국인 독일에서 생성·발전하여 온 독일류의 헌법관만을 척도로 하여 헌법을 해석하고 평가하려는 태도는 바람직하지 않다고 본다」.68)

이러한 현상은 외국에서 학위를 취득한 사람의 경우가 심한데 이에 대해서 한상범 교수는 다음과 같이 문제를 제기하고 있다. 「더욱이 우리나라처럼 외국 박사 숭배에 중독된 분위기에서는 외국에서 공부하는 사람이 학위 취득에 골몰하게 해서 진짜 공부를 여유 있게 하지 못하게 가로막고 있다. 외국의 명문 대학의 학위가 만능은 아니다. 문제는 그 외국의 문화풍토 속에서 법제와 법학을 이해하고 한국의 문화 속에서 그 수용의 문제를 고민하는 정도의 여유를 가져보지 못한 채 학위취득의 고지를

---

68) 권영성, 『헌법학원론』(법문사, 2010), 42면.

최종 목표로 삼은 사람이 학계에 무슨 기여를 할 수 있는가? 이 점을 지나쳐 버린 채 외국 학위 숭배 속에서 힘겹게 교수가 된 사람은 어느 한쪽만을 보게 된다. 특히 한국 문화에 바탕을 둘 수 있는 역사와 철학면에서 서양의 그것이나 한국의 그것 어느 것에도 자신이 없는 사람이 교수로서 해석이론을 전개한다는 것이 실무계에서 신통하게 받아들여질 수 없다. 실무수요에 진지하게 응할 안목이 부족하기 때문이다」.[69]

외국의 법과 법학에 대한 우리의 자세는 그것이 수용이든 섭취든 이식이든 그 표현은 어떻든 우리의 문제를 해결하기 위한 고뇌와 열정이 뒤따라야 한다는 것이다. 「열정 없는 진실」이나 「진실 없는 열정」[70] 모두 배척해야할 것이다. 이제 자주 독립 국가로서 70년을 지난 현재에도 외국의 법과 법학의 체계에 매달려 있을 수는 없다. 우리의 문제를 우리의 이론으로 해결하고 구성하려는 문제의식이 그 어느 때보다도 절실히 요구된다고 하겠다. 죽은 학문을 살아있는 것처럼 분칠하는 자들은 죽은 자들로 하여금 장사지내게 하여야할 것이다.

Ⅶ. 결 론

지난 10년 동안의 한국의 헌법정치와 헌법학의 연구 동향과 쟁점을 몇 가지 테마에 한정하여 문헌과 자료의 정리에 주력한 결과를 요약하면 다음과 같다.

먼저 헌법정치의 발전에 관하여 김철수 회원은 전문적인 학술 논문으로부터 대중 계몽 시론에 이르기까지 각 분야에서 골고루 업적을 이루었다. 특히 문재인 정권 이후 중고등학교 교과서문제로부터 통일 헌법의 제정에 이르기까지 헌법의 정당성과 대한민국의 정통성 확립을 위해서

69) 한상범, 『화 있을 진저, 너희들 법률가여!』(패스앤패스, 2004), 147면.
70) K. Marx, Der achtzehnte Brumaire des Louis Bonaparte, 1869, Berlin 1974, S. 41. 최형익 옮김, 『루이 보나파르트의 브뤼메르 18일』(비르투, 2012), 45면.

줄기찬 투쟁을 한 점이 두드러지게 나타난다. 또한 헌법개정을 둘러싸고 권력구조에 집중해온 역대 정권에 대해서 기본적 인권의 보장을 강화하고 이를 새로이 체계화하기 위해서 이론적으로나 실제적으로도 끊임없이 노력한 점이 높이 평가되어야할 것이다.

헌법재판을 비롯하여 정당해산, 탄핵심판 그리고 통일 헌법의 제정에 이르기까지 상당한 분량의 연구업적이 쌓여 있다. 그러나 현실적으로 이념, 지역, 계층 간의 갈등과 대립은 더욱 심화되고 있다. 문재인 정부가 말하는 「적폐 청산」은 정치보복이 아닌 국민적 합의와 동의 아래 이루어져할 것이다. 군사독재와 권위주의 시대의 통치기술을 탈피하고 국민을 위한 진정한 헌법정치의 발전을 도모해야 할 것이다.

헌법사와 학설사·인물사 등 대한민국 헌법의 역사적 발전과 방향제시를 위해서 많은 학자들이 노력하여 양적으로나 질적으로 상당한 업적을 이룬 것은 특기할 만 하다. 자신의 정체성을 확인하고 정통성을 확인한다는 의미에서 한국 헌법학을 체계화하는 대과업의 기초를 성실하게 이룩한 커다란 진보라고 하겠다.

외국 헌법의 연구에서는 독일과 미국에 편중되어 있다. 프랑스와 영국 등 유럽이나 중국과 일본 등 아시아 지역에도 관심과 연구를 확대해야할 것이다. 명지대학교의 중동 지역에 대한 헌법의 원전 번역 시리즈는 선구자적인 업적이며 이 지역에 대한 연구의 밑거름이 될 것이다.

제3장 통일헌법 연구의 방향과 과제

Ⅰ. 서 론

대한민국 헌법은 제4조에서 「대한민국은 통일을 지향하며, 자유민주적 기본질서에 입각한 평화적 통일정책을 수립하고 이를 추진한다」라고 규정하고 있다. 하지만, 통일국가란 어떠한 국가공동체를 의미하는 것인지, 그리고 그러한 국가공동체를 어떻게 달성할 것인지에 대해서는 명확하지 않다. 헌법은 자유민주적 기본질서에 입각해야 하고, 평화적으로 통일해야 한다는 것만 명시하고 있다.

1948년 제정된 북한헌법은 제103조에서 「조선민주주의인민공화국의 수부(首府)는 서울이다」라고 규정하였다. 1972년 헌법은 제5조에서 조국의 평화적 통일과 완전한 민족적 독립을 국가목표로 명시하였으며, 1998년 헌법은 서문에서 조국통일의 과업을 제시한 김일성의 뜻을 받들어 통일을 달성할 것을 다짐하는 내용을 추가하였다. 2012년 개정된 현행 북한헌법도 「국가는 3대 혁명노선을 힘있게 벌려 사회주의의 완전한 승리를 이룩하고, 자주, 평화통일, 민족대단결의 조국통일을 지향한다」라고 규정하고 있다.

남한헌법도 1948년 제정될 때부터 「대한민국의 영토는 한반도와 그 부속도서로 한다」라고 규정하여 분단국가성을 인정하지 않았다. 이와 같이 남한과 북한은 각각 헌법규범적으로는 상대방을 국가로 인정하지 않고 한반도 전체에 자신의 통치권이 미친다고 규정하고 있지만, 통일을 국가의 사명으로 선언하고 있다. 하지만, 남한과 북한은 각각 통일을 헌법적 과제로 선언하면서도 통일헌법에 대해서는 아무런 규정을 두지 않고 있다.

남북통일이란 새로운 국가공동체를 창설하는 작업이다. 국가는 헌법을 통해 그 이념과 가치를 선언한다. 남한과 북한이 통일국가를 달성하기 위해서는 통일국가의 비전과 목표가 명확해야 한다. 단순히 정치적 단일체를 형성하였다는 것만으로는 통일국가가 완성되는 것이 아니다. 남북한 주민 전체가 주권자로서 참여하여 통일국가의 헌법적 가치를 실현할 때 통일국가가 완성되는 것이다. 이것이 통일헌법에 대한 연구와 준비가 필요한 이유이다. 남북한이 어떠한 방식으로 통일되더라도 통일헌법을 마련하는 것은 불가피하다.[1] 국가는 헌법적 이념에 의해 기속되고, 헌법은 국가의 미래상을 제시하고 통제해야 한다. 통일국가의 비전은 통일국가의 주권자인 남북한 주민 전체의 정치적 결단에 따라 결정되어야 할 것이나, 통일헌법의 이념과 가치에 종속되어야 한다.

이 글은 그동안 통일헌법에 대한 연구성과를 종합하고, 새로운 통일국가를 창조하는 헌법적 가치와 규범적 기준을 제시하고자 한다. 남북한 헌법에 나타난 통일규정을 비교법적으로 분석하여 남북한 통일방안에 부합하는 통일원칙을 도출하고, 이를 바탕으로 통일한국의 미래상을 실현할 수 있는 헌법적 기준과 통일헌법의 기본적 방향과 과제를 제시하고자 하는 것이다. 이와 함께 현재 남북관계의 개선에 있어서 현안으로 해결해야 할 과제에 대해서도 검토하고자 한다. 이는 통일헌법을 준비하는 과정에서도 반드시 극복해야 할 과제이기 때문이다.

1) 성낙인, 통일헌법의 기본원리 소고, 『서울대학교 법학』 제53권 제1호(2012), 421면.

Ⅱ. 통일헌법 연구의 방향

1. 통일헌법의 기본원리

(1) 규범적 의미

통일국가의 헌법적 가치는 남북한 주민 모두가 인간으로서의 존엄과 가치를 가지고, 자유롭고 평등하게 행복을 추구할 수 있는 국가공동체를 창조하는 것이다. 이러한 헌법적 가치에 반대하는 의견은 없을 것이다. 하지만, 그러한 국가공동체를 어떻게 달성할 것인지에 대해서는 다양한 의견이 있을 수 있다. 통일헌법에는 통일국가의 헌법적 가치가 담겨 있어야 한다. 통일헌법의 내용뿐만 아니라 통일헌법을 마련하는 절차에 있어서도 그 헌법적 가치가 반영되어야 한다.

통일국가의 헌법적 이념과 이를 구체적으로 실현하는 법제도적 시스템은 통일헌법에 규정되어야 한다. 사실 통일국가의 헌법적 가치는 통일국가를 달성한 이후에 고민할 수도 있을 것이다. 하지만, 규범적으로는 통일국가를 준비하는 단계에서부터 가장 우선적으로 확정해야 한다. 통일국가의 비전은 통일 이후뿐만 아니라 통일과정에서도 고려되어야 하기 때문이다. 통일헌법의 이념은 통일과 남북관계를 규율하는 최고의 규범적 가치이므로 남북이 분단된 상태에서 교류협력을 강화하기 위해 노력하는 현재에도 준거가 된다.

통일헌법을 제대로 만들기 위해서는 그 기본원리와 방향을 명확하게 설정해야 한다. 주권자인 국민 모두가 인간으로서의 존엄과 가치를 가지고, 자유롭고 평등하게 행복을 추구할 수 있는 국가공동체를 창조하는 것은 통일국가뿐만 아니라 대한민국 헌법의 핵심가치이다. 남한헌법은 이를 실현하기 위해 국민주권주의에 기초하여 개인의 기본권을 보장하고, 실체적 내용으로는 자유민주주의, 사회복지국가, 국제평화주의, 문화국가를 지향한다. 또한, 방법론적 절차로는 대의제도에 기초하여 권력분립의 원칙과 법치국가를 채택한다.[2] 따라서 현재 남한헌법의 기본원리가 통일국가의 헌법을 만드는 과정에서도 그대로 적용되며, 통일국가의 특수성을 반영하여 수정할 수는 있을 것이다. 이것은 통일헌법을 마련함으로써 북한체제를 배제하고 남한이 일방적으로 북한지역을 흡수하는 것을 의미하는 것은 아니라는 것에 유의해야 한다.

(2) 구체적 내용

통일헌법의 기본원리로는 국민주권주의, 기본권 보장, 자유민주주의, 사회복지국가, 국제평화주의, 문화국가, 권력분립의 원칙, 법치국가를 들 수 있다. 하지만, 다음과 같은 기본원리를 확정하는 것이 특히 중요한 과제가 될 것이다.

우선, 남한헌법이 규정하는 통일원칙은 통일헌법에도 반영되어야 한다. 즉, 자유민주적 기본질서에 입각한 평화통일의 원칙이 일차적으로 통일헌법의 기본원리가 되어야 한다. 대한민국과 대한국민은 평화통일을 달성할 헌법적 책임과 의무를 부담하고 있으므로 남한헌법의 기본원리도 이러한 기초 위에서 인정되어야 한다. 헌법재판소도 「헌법상 통일 관련 규정들은 통일의 달성이 우리의 국민적·국가적 과제요 사명임을 밝힘과 동시에 자유민주적 기본질서에 입각한 평화적 통일원칙을 천명하고 있는 것이다. 따라서 우리 헌법에서 지향하는 통일은 대한민국의 존립과 안전을 부정하는 것이 아니고, 또 자유민주적 기본질서에 위해를 주는 것이 아니라 그것에 바탕을 둔 통일인 것이다」라고 밝히고 있다.[3] 한편, 북한이 헌법적 가치로 인정하고 있는 인민민주주의의 독재, 민주적 중앙집권제, 주체사상, 선군사상 등은 통일헌법의 기본원리로 수용할 수는 없다. 통일국가의 헌법적 가치와 양립할 수 없기 때문이다.[4] 다만, 북한의

---

2) 도회근, 통일헌법의 권력구조 - 의회제도를 중심으로, 『공법연구』 제40집 제2호(2011), 50-51면.

3) 헌재 1990. 4. 2. 89헌가113, 2000. 7. 20. 98헌바63.

4) 김승대, 헌법개정과 남북한통일, 『공법연구』 제39집 제2호(2010), 139면.

헌법제도 역시 통일헌법의 가치와 모순되거나 충돌되지 않는 범위에서는 이를 수용할 수 있을 것이다.

통일헌법의 구체적인 내용은 국민주권주의에 기초하여 통일국가의 주권자인 남북한 전체 주민에 의해 확정되어야 한다. 또한, 통일국가에서는 개인이 자유롭고 평등하게 기본적 인권을 향유해야 하므로 주권자로서 개인의 기본권이 보장되어야 한다. 특히, 통일국가를 완성하는 과정에서 남한주민뿐만 아니라 북한주민의 정치적 기본권을 보장하여 그들의 주권적 의사가 왜곡되지 않고 실질적으로 보장될 수 있는 제도적 장치를 마련하는 것이 매우 중요할 것이다.

통일헌법은 세계사적 의미에서 국제평화주의에 기초하여 만들어져야 한다. 한반도의 평화와 통일은 세계평화에 기여할 수 있어야 한다. 특히, 미국, 중국, 일본, 러시아 등 한반도의 통일에 직접 또는 간접적으로 이해관계를 갖는 국가들을 설득할 수 있어야 한다. 이것은 현실적인 필요성뿐만 아니라 통일국가를 달성하는 당위성에 관한 문제이기도 한다. 남한헌법은 전문과 제4조에서 평화통일을, 제72조에서「통일 기타 국가안위에 관한 중요정책」을 각각 규정하고 있다. 제66조와 제69조에서는 대통령의 의무로, 그리고 제72조와 제92조에서도 통일에 대해 규정한다. 국가적 과제인 통일이란 그 내용이 개방적인 것이 아니므로 이러한 규정은 헌법에서 규정하는 국제평화주의와 규범적으로 조화를 이루어야 한다. 헌법은 제5조에서「국제평화의 유지」와「침략적 전쟁의 부인」을 규정하고 있다. 헌법이 규정하는 모든 통일에 관한 것은 평화통일만 허용되는 것이다.

남북한의 주민은 단일한「한(韓)민족」이라는 의식이 매우 강하고, 이는 민족문화의 창달을 강조하는 내용의 헌법에 반영되어 있다. 즉, 남북한의 헌법은 모두 강한 민족주의에 기초하고 있는 것으로 평가할 수 있다. 하지만, 민족주의는 국제평화주의와 양립하기 어려운 것이므로 새로운 통일국가에서는 폐기되어야 한다는 주장도 있다. 근대 역사에서 민족주의는 다른 민족을 배격하고 스스로를 가두는 측면에서 폐쇄적이고, 다른 민족을 지배하고 침략하는 것을 정당화하는 정치이념으로 작용할 위험성이 있다. 현대의 세계국가에서 민족이란 것도 상상의 결과물이고 현실적으로 존재하기도 어렵다. 민족주의는 최종적으로 폐기되어야 할 정치적 이데올로기라고 할 수 있다. 하지만, 현재의 분단상황에서 평화통일을 달성하기 위해서는 민족적 정서를 적극적으로 활용할 필요가 있다. 즉, 민족주의의 위험성을 최소화하면서 특수한 남북관계와 통일에 대한 당위성을 설득할 수 있는 유용한 수단으로 활용하는 것은 가능하다고 판단된다. 따라서 남북한은 개방적 민족주의에 기초하여 세계시민으로서 모든 인간의 존엄과 가치를 존중하고, 세계평화와도 공존할 수 있는 민족적 동질성을 회복하는 방향으로 나아가야 할 것이다.[5]

통일헌법을 마련하기 위한 이와 같은 기본원리는 통일헌법에 반영되어야 할뿐만 아니라 통일헌법을 준비하는 데 있어서도 그 내용과 절차에 대한 규범적 기준을 제시할 수 있을 것이다. 통일헌법의 기본원리는 통일국가의 헌법적 가치를 담아야 할 뿐만 아니라, 한반도의 분단상황에서 통일을 달성할 수 있는 현실적인 수단이 되어야 한다. 또한, 남북한이 분단을 극복하고 단일한 정치적, 경제적, 사회적 통합을 달성할 수 있는 데 기여하며, 다양할 수 있는 통일의 과정에서 절차적으로 효율성 있게 작동할 수 있어야 할 것이다.

2. 통일헌법에 대한 절차법적 쟁점

(1) 통일방식과 통일헌법의 관계

통일방식에 대해서는 그동안 합의통일과 흡수통일을 구분하여 연구하여 왔다. 이는 독일의 통일을 흡수통일에 따른 방식이라고 평가하고 일방의 헌법체계가 다른 일방에까지 확장되는 것을 흡수통일이라고 설명

5) 통일헌법의 기본원리에 대해서는 이효원, 『통일헌법의 이해』(박영사, 2016), 132-136면.

한다. 한편, 합의통일이란 통일의 당사자가 쌍방 합의에 의하여 통일하는 것이라고 한다. 하지만, 이러한 구분은 그 용례에 있어서 오해를 불러일으킬 수 있다. 문의적으로 합의통일은 비합의, 즉 강제 또는 폭력적 통일과 대응되고, 흡수통일은 비흡수, 즉 양립 또는 공존적 통일과 대응되기 때문이다. 통일방식으로서 합의통일에 대응하는 것은 타율적 흡수통일이라고 이해하는 것이 논리적이다. 흡수통일은 방식을 기준으로 이해할 경우에는 북한주민의 의사를 무시하고 폭력적으로 통일을 달성하는 것이므로 수용하기 어렵다. 하지만, 흡수통일을 그 내용을 기준으로 남한의 헌법체계가 북한지역으로 확장하는 것으로 이해할 경우에는 통일헌법의 기본원리에 부합하므로 수용할 수 있을 것이다.[6)]

결국, 통일방식이 합의통일이냐 흡수통일이냐에 대해서는 흡수통일에 대한 개념을 어떻게 설정할 것인지에 따라 그 규범적 의미를 다르게 해석해야 한다. 지금까지의 연구에서는 통일헌법을 제정하는 방식에 대해 합의통일의 경우에는 신헌법을 제정하는 것으로, 흡수통일의 경우에는 남한헌법을 개정하는 것으로 각각 설명하였다. 하지만, 이러한 이분법은 지양되어야 할 것이다.[7)] 합의통일의 방식을 채택하더라도 남북한이 합의하여 남한헌법을 개정하는 방식으로 통일헌법을 마련할 수 있고, 흡수통일을 하더라도 새로운 통일을 제정할 수도 있다는 것이다. 이때에도 흡수통일을 타율적이고 폭력적인 통일로 이해할 경우에는 허용되지 않을 것이다. 다만, 흡수통일을 남한의 헌법체제가 북한지역으로 확장되는 것으로 설정할 경우에는 남한헌법을 개정하는 방식으로 통일헌법이 마련될 가능성이 크다고 할 수 있다.

통일방식은 단계적 · 점진적 통일과 일회적 · 완결적 통일로 구분할 수도 있는데, 전자는 통일국가를 달성하기 이전에 국가연합의 형태를 거친 이후에 통일국가를 완성하는 것이다. 한편, 일회적 · 완결적 통일은 북한의 급변사태에 직면하거나 남북한이 전격적으로 합의하는 등 정치적

---

6) 김철수, 통일헌법의 제정방향, 『고시계』 1997. 12, 112면.
7) 도회근, 앞의 논문, 37-38면.

결단을 통해 과도적 단계를 거치지 않고 통일국가를 완성하는 것이라고 한다. 통일헌법은 단계적 · 점진적 통일과 일회적 · 완결적 통일을 모두 인정하고 있어 그 헌법적 가치를 준수하는 한, 어떠한 통일방식도 가능하다고 할 것이다. 이러한 통일방식 역시 통일헌법과 당연히 연계되는 것은 아니므로 단계적 · 점진적 통일에서는 신헌법을 제정하거나 일회적 · 완결적 통일에서는 남한헌법을 개정하는 것은 아니다. 통일헌법을 마련하는 방식은 통일방식과 밀접하게 관련되지만, 국내외적인 여건에 따라 구체적인 절차가 선택될 것이다.

최근에는 통일방식으로 단일국가 방식과 연방국가 방식이 논의되면서 연방국가 방식을 지지하는 견해가 늘어나고 있다. 남한의 공식적인 통일방안은 「한민족공동체 건설을 위한 3단계 통일방안」인데, 이는 1민족, 1국가, 1체제, 1정부를 전제로 하고 있으므로 단일국가를 상정하고 있는 것으로 해석된다. 이와 반대로, 북한은 1980년 「고려민주연방공화국 창립방안」을 제시하였는데, 이는 연방국가를 통일국가의 모델로 제시하고 있다. 즉, 남한은 단일국가를, 북한은 연방국가를 지향하는 것으로 해석되기도 하였다. 하지만, 남북한은 2000년 6.15남북공동선언을 통해 남한의 국가연합제와 북한의 낮은 단계의 연방제의 공통성을 인정하여 남한에서도 연방국가를 선택할 수 있다는 분위기가 강하게 형성되었다.

통일헌법의 기본원리는 통일국가의 형태를 단일국가 또는 연방국가의 하나로 제한하지는 않고 있다. 따라서 통일헌법은 통일국가의 국가형태를 단일국가나 연방국가로 선택할 수 있다. 또한, 국가형태와 통일헌법의 제정 방식도 논리필연적인 것은 아니다. 단일국가라도 신헌법을 제정할 수 있고, 연방국가라도 남한헌법을 개정하는 방식을 선택할 수 있다는 것이다. 독일기본법은 연방제도를 헌법개정의 한계로 규정하고 있지만, 남한헌법은 단일국가 또는 연방국가를 헌법개정의 한계로 규정하지 않고 있다. 따라서 통일국가의 헌법적 가치를 준수하는 범위에서는 남한헌법을 개정하여 연방국가로 변경하는 것도 가능하다고 할 수 있다. 이는 헌법위반이 아니라 헌법정책적으로 선택할 수 있는 사항이다.[8)]

(2) 통일헌법의 절차법적 쟁점

통일헌법을 마련하는 것은 새로운 국가공동체를 창설하는 것이므로 그 통일방식에 따라 다양한 절차를 예상할 수 있다. 통일헌법을 마련하는 절차에 대해서는 논리적으로는 새로운 통일헌법을 제정하는 방식, 남한헌법을 개정하는 방식, 북한헌법을 개정하는 방식, 유엔 등과 같은 국제기구에서 통일헌법을 제정하고 남북한이 국민투표 등을 거쳐 이를 수용하는 방식을 상정할 수 있다. 하지만, 현실적으로 통일을 준비하는 과정에서는 새로운 통일헌법을 제정하는 방식과 남한헌법을 개정하는 방식을 준비하는 것이 필요할 것이다.[9]

남한헌법을 개정하는 방식에 대해서는 남한헌법은 분단헌법이 아니라 이미 완성헌법이므로 이를 개정할 필요가 없다는 주장도 있다. 하지만, 남한헌법은 남북한의 분단과 통일에 대해 규정하고 있으므로 통일국가에서 그대로 적용할 수는 없고 반드시 개정하는 작업은 필요하다고 판단된다. 또한, 키프로스의 사례와 같이 유엔 등 국제기구에서 통일헌법을 마련하는 절차도 고려할 수 있을 것이다. 하지만, 키프로스의 경우에는 인종적·종교적 이유로 분단되어 전쟁을 겪으면서 당사자끼리 자율적으로 화해할 수 있는 여지가 적다. 또한, 남북 키프로스는 헌법적으로는 그 이념과 체제가 근본적으로 다르지 않아 제3자인 유엔이 관여하기 수월한 상황이기도 하다. 이에 비하여, 남북한은 단일민족으로 같은 언어를 사용하여 공유하는 접점이 큰 반면, 서로 헌법적으로 그 이념과 체제를 달리하고 있어 유엔 등 국제기구가 관여하기에는 어려운 측면이 있다고 하겠다.

통일헌법을 제정하는 것은 통일국가의 기본적 규범을 만드는 것이고,

---

8) 통일헌법의 방식과 제정절차에 대해서는 이효원, 『통일헌법의 이해』, 141-146면.

9) 통일헌법을 제정하는 구체적인 방법에 대해서는 이효원, 『통일헌법의 이해』, 152-162면.

그 절차는 국민주권주의에 따라 주권자인 남북한 주민의 정치적 결단에 따라야 한다. 통일헌법을 새롭게 제정하는 방안을 생각할 수 있다. 여기에도 헌법제정의회와 같은 대표기관을 구성하여 통일헌법을 제정하는 방안, 헌법제정의회에서 헌법안을 작성하고 이를 국민투표를 통해 확정하는 방안, 그리고 주권자가 직접 발안하고 투표하여 결정하는 방안 등을 고려할 수 있다. 통일헌법의 경우에는 전체 주권자가 헌법제정권력을 행사하여 그 의사가 왜곡되지 않도록 하는 것이 필요하다. 대의제도를 원칙으로 하면서 주권적 의사를 통해 최종적으로 확정하는 방안으로 헌법제정의회에서 헌법초안을 제안하고 주권자의 국민투표를 통해 최종적으로 결정하는 것이 바람직하다.[10)]

통일헌법초안을 제안하는 헌법제정의회는 국민의 대표기관이므로 평등원칙에 기초하여 구성되어야 한다. 이때 남북한의 인구수가 2배나 차이난다는 것을 고려해야 한다. 만약, 남북한의 인구수에 따라 평등하게 헌법제정의회를 구성하게 되면, 남한주민의 대표가 다수가 되어 실질적으로 북한주민의 의사는 반영될 가능성이 희박하다. 통일은 남북한 쌍방이 동등한 자격으로 새로운 국가공동체를 만드는 것이므로 남북한 주민의 대표가 동일한 수로 선출되어 구성하는 것이 현실적이고 설득력이 있다고 하겠다. 통일국가란 결국 사회통합을 통해 완성되는 것인데, 통일헌법을 제정하는 과정에서 새로운 갈등과 분열이 발생해서는 안 되기 때문이다.

이러한 점을 고려하여 헌법제정의회가 제안한 통일헌법초안에 대해서는 남북한 전체가 한 번의 국민투표를 실시하는 것이 아니라 각각 국민투표를 실시하여 남북한 모두로부터 동의를 얻는 것이 바람직하다. 하지만, 통일과정에서 남북한이 통일합의서를 체결하게 되고, 그 과정에서 중요한 헌법사항에 대해 남북한이 각각 국민투표와 같은 방식으로 동의를 얻은 경우에는 달리 생각할 수 있다. 이때에는 남북한 주민 전체가 참여하는 국민투표를 통해 통일헌법을 결정하는 것이 타당할 것이다. 통일합의서를 확정하는 과정에서 남북한의 사회통합을 강화하고, 통일헌법을

10) 김철수, 앞의 논문, 113-114면.

제정하는 과정에서는 신속하고 안정적인 정치통합이 필요하기 때문이다.

통일헌법을 새롭게 제정하는 것은 과거 분단의 한계를 극복하고 새로운 사회통합을 달성할 수 있는 방안이다. 남북한이 합의를 통해 서로 협조하고 동의할 수 있는 접점을 찾을 수 있다.[11] 특히, 1948년 남한헌법을 제정할 당시에 북한주민의 주권적 의사가 실질적으로 반영되지 않았다는 역사적 한계를 보완할 수 있는 장점도 있다. 하지만, 통일헌법을 제정하는 절차적 기준이 없어 통일을 신속하고 안정적으로 달성하는데 장애가 될 위험이 있다. 남북한이 합의하지 않을 경우에는 정치적 불안이나 사회경제적 혼란이 발생할 수 있고, 절차적으로 복잡하고 시간이 오래 걸린다는 단점도 있다. 특히, 헌법이념적으로는 남한헌법의 정통성과 합법성을 포기하는 결과를 초래하여 정치적 이데올로기의 갈등이 발생할 우려도 있다.

통일헌법을 마련하는 절차로는 남한헌법을 개정하는 방안을 고려할 수 있다. 이때에는 남한헌법에서 구체적으로 헌법개정의 절차를 규정하고 있으므로 그에 따라야 한다. 이때에는 남한헌법의 동일성을 유지하여야 하는 한계가 있으며, 절차적으로는 국회의 특별가중정족수의 의결과 국민투표라는 개정절차에 따라야 한다. 특히, 통일국가의 주권자인 남북한 전체 주민의 주권적 의사가 왜곡되지 않고 제대로 반영될 수 있어야 한다. 국회는 헌법개정을 발의하고 의결하는데, 현재와 같이 단원제 국회에서 국회의원선거법에 따라 국회를 구성하는 경우에는 인구가 2배나 되는 남한이 국회를 주도하게 될 것이다. 따라서 통일국가의 국회는 양원제를 채택하여 하원은 남북한 전체 주민의 대표로 구성하고, 상원은 남한지역의 대표와 북한지역의 대표를 동일한 숫자로 구성하는 것이 바람직하다.[12]

남한헌법을 개정하는 경우에는 국회가 의결한 개정헌법안에 대해 국민

---

11) 김철수, 앞의 논문, 113면; 성낙인, 통일헌법상 권력구조에 관한 연구, 『공법연구』 제36집 제1호(2007), 456면.

12) 이효원, 『통일헌법의 이해』, 173-175면.

투표를 거쳐야 하는데, 이때에도 남한과 북한의 인구숫자를 고려하여 남북한 전체가 한 번의 국민투표를 실시하는 것이 아니라 남북한에서 각각 국민투표를 실시하여 찬성을 얻도록 하는 방안도 고려할 수 있다. 이를 위해서는 미리 남한헌법을 개정하여 이와 같은 방식으로 통일헌법으로 개정하는 절차를 규정해야 할 것이다. 또한, 남북한이 통일합의서를 통해 남한헌법을 개정하는 구체적인 절차를 합의하여 위와 같이 규정하는 경우에도 가능할 것이다.

남한헌법을 개정하여 통일헌법을 마련하는 방식은 남한헌법의 가치를 그대로 통일국가에 유지할 수 있다는 장점이 있다. 이는 남한헌법의 정통성과 법통성을 그대로 인정하는 것이며, 3.1운동으로 건립된 대한민국 임시정부의 법통을 승계하는 것이다. 또한, 남한헌법 제10장에서 헌법개정의 절차를 구체적으로 규정하고 있어서 통일헌법을 절차적으로 규율하는 기준이 있으며, 이는 통일과정을 신속하고 안정적으로 관리하는 데 도움을 준다.13) 다만, 위에서 검토한 바와 같이 북한주민의 주권적 의사가 제대로 반영될 수 있도록 법제도적 장치를 보완해야 할 것이다. 또한, 북한의 헌법체제를 완전히 배제하는 것으로 인식되어 남북한 주민의 사회심리적 통합에 장애로 작용할 위험이 있다.

Ⅲ. 통일헌법 연구의 주요 과제

1. 남북관계의 발전을 위한 현안 과제

(1) 판문점선언과 9월 평양선언의 법적 과제

2018년 4월 27일 판문점에서 제3차 남북정상회담이 개최되었다.

---

13) 김승대, 『헌법학 강론』(법문사, 2012), 67면.

남북한은 「한반도의 번영, 통일을 위한 판문점선언」(이하 「판문점선언」이라고 함)을 발표하였다. 같은 해 9월 18일에는 평양에서 제4차 남북정상회담이 개최되었고, 남북한은 「9월 평양공동선언」을 발표하였다. 판문점선언은 전문과 3개조의 본문으로 구성되어 있으며, 한반도의 평화와 번영을 위해 전쟁을 종식시켜 평화체제를 구축하기로 약속하였다. 판문점선언을 통해 남북관계를 전면적이고 획기적으로 개선하여 공동번영과 평화통일의 미래를 앞당기는 것을 선언하였다. 개성에 남북공동연락사무소를 설치하여 당국자가 상주하기로 하였고, 남북적십자회담을 통해 남북이산가족의 상봉도 추진하기로 하였다.

판문점선언은 군사적 긴장상태를 완화하고 전쟁위험을 해소하기 위해 상대방에 대한 적대행위를 전면적으로 중지하기로 하고, 비무장지대를 평화지대로 만들기로 하였다. 또한, 한반도의 항구적인 평화체제를 구축하기 위해 단계적으로 군축을 실현하고, 정전상태를 평화협정으로 전환하기로 하였다. 이를 위해 남·북·중 3자 또는 남·북·미·중 4자회담을 적극적으로 추진하기로 하였으며, 한반도의 완전한 비핵화를 공동의 목표로 확인하고, 이를 위한 국제사회의 지지와 협력을 위해 노력하기로 하였다. 남북한은 정기적인 회담과 직통전화를 개통하고 문재인 대통령이 평양을 방문하기로 약속하였다. 판문점선언은 대한민국 대통령 문재인과 조선민주주의인민공화국 국무위원회 위원장 김정은 명의로 체결되었다.

9월 평양공동선언은 판문점선언을 더욱 발전시켜 군사적 적대관계를 종식시키기 위해 「판문점선언 군사분야 이행합의서」에 서명하고, 동해선과 서해선의 철도와 도로를 연결하는 착공식을 연내에 개최하고 개성공단과 금강산관광사업을 정상화하기로 하였다. 또한, 금강산 지역에 이산가족 상설면회를 개설하고, 한반도 비핵화를 위해 동창리 엔진시험장과 미사일 발사대를 전문가 참관 하에 영구적으로 폐기하기로 하였다. 김정은 국무위원회 위원장이 가까운 시일 내에 서울을 방문하기로 약속하였으며, 평양공동선언도 대한민국 대통령 문재인과 조선민주주의인민공화국

국무위원회 위원장 김정은 명의로 체결되었다.

판문점선언과 9월 평양공동선언은 한반도의 평화, 번영, 남북관계의 개선에 대한 기본방향을 선언한 것으로서 남북관계의 발전과 평화통일에 있어 중요한 의미가 있다. 남북관계를 안정적으로 관리하고 평화통일을 효과적으로 달성하기 위해서는 법치주의에 기초하는 것이 매우 중요하고, 이들 남북합의서가 제대로 이행되는 것이 매우 중요하다. 이를 위해서 위 남북합의서들에 대해 법적 구속력을 부여함으로써 규범력을 강화하는 것이 필요하다.[14] 정부에서는 판문점선언과 9월 평양공동선언에 대해 국회의 동의를 거쳐 법적 구속력을 부여하는 방안을 모색하고 있지만, 국회에서는 그 법적 성격과 효력에 대해 다양한 관점이 있어 논란이 계속되고 있는 상황이다.

일반적으로 국제법적 주체간에 체결되는 합의문서는 그 다양한 명칭과 상관없이 실질적인 내용과 법적 효력을 기준으로 신사협정과 조약으로 구분할 수 있다. 신사협정은 단순히 정치적 의사표명이나 협력의지를 선언하는 것으로 당사국의 신의에 기반한 자발적인 이행에 의존하는 것이므로 법적 효력이 인정되지 아니한다. 한편, 조약은 국제법 주체간에 상호 법적 구속력이 있는 권리와 의무를 발생시키는 것이며, 그 법적 효력의 정도에 따라 법률과 동일한 효력을 갖는 조약과 행정명령과 동일한 효력을 갖는 조약으로 구분할 수 있다. 남한과 북한은 모두 유엔에 가입되어 활동하고 있으며, 남한 또는 북한의 국내법적 관점에서 상대방을 국가승인을 하지 않고 있다고 하더라도 국제법적으로는 법적 주체로 인정된다. 국제법적 주체인 남북한이 체결한 판문점선언과 9월 평양공동선언도 그 법적 효력이 발생하는지 여부에 따라 신사협정 또는 조약으로 판단해야 한다.

판문점선언과 9월 평양공동선언은 국제법 주체간의 합의이지만 당사

14) 이효원, 『통일법의 이해』(박영사, 2018), 131-159면 ; 이규창, 남북관계 제도화를 위한 판문점선언의 향후 과제, 『현안분석』- 온라인시리즈, 통일연구원, 2018.

자들이 법적 효력을 갖는 것을 의도하였는지가 명확하지 않다. 그 체결주체, 방식과 절차, 내용을 종합적으로 검토하면 이를 조약으로 인정하기는 어려우며, 신사협정의 성격을 갖는 것으로 판단된다. 특히, 1991년 체결된 남북기본합의서는 판문점선언보다 훨씬 구체적인 내용과 권리와 의무에 관한 사항을 포함하고 있음에도 불구하고 헌법재판소와 대법원은 조약이 아니라 신사협정이라고 판단한 적이 있다는 것을 고려할 때 이들 남북합의서를 조약으로 인정하기는 어렵다.[15] 다만, 과거 남북한이 체결한 투자보장에 관한 합의서 등 4개의 경협합의서와 9개의 후속합의서 등 총 13개의 남북합의서는 남북한의 정치적 행위에 기인한 것이라고 하더라도 이들은 신사협정이 아니라 조약에 해당한다고 판단된다. 이들 합의서들은 남북한이 조약체결의 방식으로 체결하여 그 후속조치를 취하였으며, 남북한이 각각 국회동의와 최고인민회의 상임위원회의 결정 등을 통해 헌법 및 관련 법률이 정하는 효력발생규정을 준수하였다. 또한, 법률적 효력을 갖는다는 것을 전제로 법률제정절차에 관한 법률에 따라 공포되고 관보에 게재된 점 등을 고려할 때, 남북한은 법적 효력을 부여할 의사가 있었다고 인정된다.

특히, 이들 13개의 합의서는 국회의 동의를 경료한 것으로서 행정명령에 불과한 것이 아니라 법률과 동일한 효력을 갖는 것으로 평가할 수 있으며, 이는 헌법 제6조 제1항, 제60조 제1항, 남북관계발전에 관한 법률 제21~23조, 부칙 등에도 부합하는 것으로 해석된다. 이들에 대해서는 일반조약과 달리 조약번호를 부여하지 않고「남북합의서 제1호」등과 같은 형식으로 공포하였다. 다만, 법원은「남북 사이의 소득에 대한 이중과세방지 합의서는 남북한 당국이 각기 정치적인 책임을 지고 상호간에 그 성의 있는 이행을 약속한 것으로서 이를 국가 간의 조약 또는 이에 준하는 것으로 볼 수 없다」라고 판단한 적이 있어 실질적인 규범력이 있는지 여부에 대해서는 여전히 논란의 여지가 있다.[16]

---

15) 헌재 2000. 7. 20. 98헌바63 ; 대법원 1999. 7. 23. 98두14525.
16) 청주지방법원 2011. 6. 9. 2010구합2024.

판문점선언과 9월 평양공동선언에 대해 국회동의가 필요한지 여부를 검토하는 것은 이들 남북합의서가 조약이라는 것을 전제로 하며, 이를 신사협정으로 인정할 경우에는 법적 효력을 인정하지 않는 것이므로 국회동의 여부 자체가 문제될 여지가 없다. 또한, 국회동의는 법률적 효력을 갖는 조약에 대해서만 필수적으로 요구되는 것이므로 판문점선언을 법률적 효력을 갖는 조약으로 인정할 경우에만 헌법 제60조 제1항이 규정하는 국회동의가 요구된다. 따라서 이들 남북합의서에 대해서는 법률적 효력을 부여하기 위해 요구되는 헌법 제60조 제1항의 국회동의는 필요하지 않다고 판단된다. 다만, 국민의 대표기관으로서 국회가 대통령의 정치적 행위에 대해 지지결의의 성격을 갖는 방식으로 동의하는 것은 가능할 것이다. 다만, 그 법적 성격은 헌법 제60조 제1항의 조약에 대한 국회동의가 아니라 정치적 입장표명이라고 할 것이다.

판문점선언과 9월 평양공동선언이 규범력을 가지기 위해서는 남북한이 이를 제대로 이행하고 후속조치에 따라 새로운 합의서를 체결하고, 이를 다시 이행하는 선순환이 이루어져야 한다. 이는 남북관계가 법치주의의 틀 안에서 안정적으로 발전하기 위해 반드시 필요한 작업이다. 판문점선언과 9월 평양공동선언을 잘 실천하기 위해서는 후속조치의 이행과 함께 추가로 예상되는 남북합의서에 대해 법적 규범력을 부여하는 것이 필요하다. 이를 위해서는 헌법과 관련 법률에 따라 남북합의서를 체결하여 법률체계로서 정합성을 갖추어야 한다. 대통령은 남북합의서 비준에 앞서 국무회의 심의를 거쳐야 하며, 필요한 경우에는 국회의 비준동의를 받아야 할 것이며, 법령 등 공포에 관한 법률의 규정에 따라 공포해야 한다. 남북합의서에 그 발효절차를 명확하게 규정하여 법률적 효력을 부여하기 위해서는 국회의 동의나 최고인민회의 상임위원회의 비준 등에 대해 구체적으로 규정하는 것이 필요하다.

남북합의서가 잘 이행될 수 있기 위해서는 그 이행을 담보할 수 있는 강력한 수단도 규정되어야 하고, 남북한이 이를 위반한 경우에 구체적으로 작용할 수 있는 불이익이나 제재에 대해서도 명확하게 규정함으로써 남북합의서에 법률적 효력을 부여하는 의사를 명확하게 규정하여 국회동의가 필요한지 여부 등에 대해 논란의 여지를 없애야 한다. 이와 별도로 국회에서 남북합의서의 이행법률을 제정하는 것도 적극적으로 고려할 수 있다. 국내법과 국제법의 관계에 대해 일원론의 입장을 취하더라도 국회는 남북합의서에 대한 이행법률을 제정할 수는 있다. 남북합의서에 대해 국회동의를 받을 수 있는 경우에는 국회가 이행법률을 쉽게 제정할 수 있을 것이다.

판문점선언과 9월 평양공동선언이 제대로 이행되기 위해서는 약속한 내용이 준수되어야 한다. 이를 위해서는 개성공단과 금강산관광사업 등 남북교류협력을 재개할 경우를 대비하여 법제도를 다시 점검해야 한다. 판문점선언과 9월 평양공동선언에서 약속한 남북교류협력사업은 매우 광범위하므로 그동안 남북교류협력의 과정에서 제기되었던 법적 쟁점들을 검토하여 준비해야 한다. 특히, 개성공단의 경우에는 통신·통관·검역 등 절차의 간소화, 신변안전의 보장, 분쟁해결절차의 마련 등에 대한 법제도적 쟁점을 검토하여 미비점을 보완해야 한다.[17] 군사정전협정을 평화협정으로 전환하기 위해서도 체결당사자의 확정 등 다양한 법적 장애를 제거하고, 군사정전협정을 폐기하고 평화협정을 체결하는 절차와 내용에 대한 준비도 필요하다. 또한, 한반도의 비핵화를 확실하고 완전하게 달성할 수 있도록 법제도적 안전장치를 마련해야 한다. 남북한은 1991년 12월 31일 남북고위급회담을 통해「한반도의 비핵화에 관한 공동선언」을 발표하였지만, 북한의 핵실험으로 제대로 이행되지 못하였다. 한반도의 비핵화는 남북관계뿐만 아니라 국제사회에서도 중요한 쟁점이며, 유엔 안보리의 대북제재와도 밀접하게 관련되어 있다. 유엔 안보리의 대북제재결의는 남북교류협력에도 장애가 될 수 있으므로 한반도의 비핵화를 안정적으로 실현할 수 있도록 법제도적 장치도 준비해야

---

17) 이효원, 판문점선언의 법적 성격과 과제; 국회동의를 중심으로,『헌법과 통일법』제11호(서울대학교 헌법통일법센터, 2018), 20-23면.

한다.[18)]

(2) 평화협정을 위한 준비

판문점선언을 시작으로 북한의 비핵화가 본격적으로 논의되기 시작하였고, 한반도에 영구적인 평화체제를 구축하기 위한 노력이 가시화되고 있다. 현재까지 남북관계는 1953년 7월 27일 체결된 「국제연합군 총사령관을 일방으로 하고, 조선인민군 최고사령관 및 중국인민지원군 사령원을 다른 일방으로 하는 한국 군사정전에 관한 협정(이하 「군사정전협정」이라고 한다)」에 의해 규율되어 왔다. 하지만, 그동안 남북관계의 변화에서 알 수 있듯이 군사정전협정은 남북관계와 한반도의 안정을 담보하지 못하였으며, 때로는 군사적 긴장을 강화하는 요인으로 작용하기도 하였다.

일반적으로 정전협정은 평화협정과 구별된다. 정전협정은 군사적 적대행위를 중단한다는 소극적인 내용만 포함하여 그 자체로 전쟁상태를 종식시키지 못하지만, 평화협정은 전쟁의 종결뿐만 아니라 정치적, 외교적 분쟁의 해결까지 포함하는 적극적 개념이다. 한국군사정전협정도 당사자인 유엔군과 북한군 및 중국군이 상호 적대행위를 중단하는 내용만 포함될 뿐 한국전쟁의 법적 종식이나 전쟁책임의 규명이나 보상에 대해서는 아무런 규정을 두지 않았다. 즉, 한반도의 항구적인 평화체제를 구축할 수가 없었던 것이다. 정전협정은 평화협정에 비해 법적 구속력도 약한 것으로 평가된다. 정전협정은 국제법적으로 한정적이고 잠정적인 효력만 가지고 있어서 교전당사자가 상대방에게 통고만 하면 언제든지 적대행위를 재개할 수 있다. 한국군사정전협정이 해상경계에 대해 명확한 규정을 두지 않아 군사적 분쟁이 계속되는 것도 이러한 정전협정의 한계라고 평가된다.

남북한은 군사정전협정을 체결한 이후에도 평화체제를 구축하기 위해

---

18) 이효원, 『통일법의 이해』, 334-349면.

노력하였으나, 평화협정으로까지 발전시키지는 못하였다. 1991년 체결된「남북 사이의 화해와 불가침 및 교류협력에 관한 합의서」를 통해 평화체제를 구축하려고 하였지만, 이 합의서는 스스로 군사정전협정의 유효성을 인정하는 것을 전제로 현재의 군사분계선을 경계로 상호존중, 무력사용금지 등을 선언하였다. 또한, 판문점선언과 9월 평양공동선언도 전쟁의 종결, 전쟁의 책임 소재와 피해복구 등에 대해서는 아무런 내용이 포함되어 있지 않다. 다만, 남북한이 9월 평양공동선언을 발표하면서「판문점선언 군사분야 이행을 위한 합의서」에는 비무장지대의 실질화, 평화수역의 설치뿐만 아니라 광범위한 완충지대를 설정하여 그 지역에서는 연대급 이상 부대의 야외기동훈련과 해상기동훈련을 중지하기로 한 것은 매우 고무적이라고 평가된다.

평화협정을 체결할 경우에 우선적으로 제기되는 것이 체결 당사자의 문제이다. 군사정전협정을 체결하고 서명한 당사자는 국제연합군 총사령관을 일방으로 하고, 조선인민군 최고사령관 및 중국인민지원군 사령원을 다른 일방으로 하고 있다. 군사정전협정의 형식에 따르면 남한은 당사자가 아닌 것이다. 따라서 군사정전협정은 미국과 북한이 평화협정을 체결함으로써 대체되어야 한다는 주장도 있다.19) 이에 대해서는 남한은 전쟁을 실질적으로 치른 당사자이며, 국제연합군 사령관이 정전협정에 서명하기 전에 남한정부의 동의를 받았고, 그 이후 제네바회담에 남한대표가 참석한 것을 고려하면 남한은 군사정전협정의 실질적 당사자가 된다는 주장도 있다.20) 이와 별도로 국제연합이 군사정전협정의 당사자인지도 논란이 된다. 국제연합군 총사령관이 일방 당사자로 서명하였지만, 국제연합 안보리는 유엔헌장 제43조에 따라 국제연합군 사령부를 창설한 것이 아니라 연합군에게 국제연합기를 사용하고 미국의 작전지휘

19) 김명기, 정전협정의 평화조약으로서의 대체에 의해 제기되는 법적 제문제와 그에 대한 대책방안 연구,『군사논단』제86호(2016), 218-219면.

20) 제성호,『한반도 평화체제의 모색』(지평서원, 2000), 26-38면 ; 백진현, 정전체제의 평화체제 전환문제,『서울대학교 법학』제41권 제2호(2000), 282-284면.

를 받도록 권고하였을 뿐이므로 정전협정의 당사자가 아니라는 것이다.[21] 하지만, 국제연합은 안보리 결의에 따라 통합사령부를 설치하고 파병국의 병력에 대한 지휘를 미군에게 위탁한 것으로 해석할 수 있으므로 한국군사정전협정의 당사자라고 할 수 있다.[22]

군사정전협정의 체결 당사자와 평화협정의 체결 당사자가 반드시 동일해야 하는 것은 아니라고 판단된다. 군사정전협정을 폐기하는 것에 그치는 경우에는 그 당사자들이 결정해야 한다. 새로운 평화협정을 체결하는 경우에는 반드시 정전협정의 당사자들이 견련되는 되는 것은 아니다. 남북한이 평화협정을 체결하여 실효성을 갖게 되면, 그와 모순되는 군사정전협정은 규범력을 상실하게 될 것이다. 하지만, 형식적으로는 평화협정과 충돌되는 군사정전협정이 그대로 유지되어 규범체계의 정합성이 떨어질 우려가 있다. 따라서 평화협정의 규범력을 강하게 확보하기 위해서는 군사정전협정의 당사자들을 평화협정의 당사자로 포함시키는 것은 유용하다고 할 수 있다. 북한은 그동안 평화협정의 체결과 관련하여 그 당사자에서 남한을 배제해야 한다는 입장을 취하였으나, 판문점선언을 통해 남·북·중 3자 또는 남·북·미·중 4자회담을 적극적으로 추진하기로 한 것은 매우 고무적인 것이라고 평가할 수 있다. 평화협정은 남북한이 당사자로 참여하는 것이 전제되지만, 미국이나 중국 등의 참여를 배제해야 하는 것은 아니다. 평화협정이 군사정전협정을 대체하는 것이라는 점을 고려하면, 군사정전협정의 당사자들도 포함시키는 것이 유용할 수 있다. 남북한이 평화협정을 체결하고 미국과 중국이 평화협정을 보증하는 방식을 취할 수도 있을 것이다.[23]

남북한이 평화협정을 체결하는 것은 한반도에서 전쟁상태가 종료되고

---

21) 이상면, 한국전쟁과 휴전의 당사자 문제, 『국제법학회논총』 제52권 제2호(2007), 244-245면.

22) 제성호, 앞의 책, 28-29면.

23) 강석승, 휴전협정의 평화협정으로의 전환 문제 : 북측 주장 및 입장을 중심으로, 『한국정치외교사논총』 제16호(1997), 256-257면 ; 제성호, 앞의 책, 263-264면.

남북한이 서로 존중하면서 평화상태를 회복한다는 것을 의미한다. 평화협정에는 남북한의 경계선을 확인하고 상호 불가침과 무력행사의 포기를 선언하고, 군비를 통제한다는 내용이 포함되어야 한다. 특히, 북한의 핵실험과 미사일 개발을 확정적이고 불가역적으로 포기하는 강력한 내용과 후속조치가 반드시 포함되어야 할 것이다. 평화협정을 통해 평화체제를 담보하기 위해서는 평화관리기구를 설치하여 관리하고 평화협정에서 규정한 내용을 이행하는 것을 국제적으로 보장할 수 있는 조치도 포함되어야 한다. 남북한이 평화협정의 체결과 이행과 관련하여 분쟁이 발생할 경우를 대비하여 그러한 분쟁을 합리적이고 효율적으로 해결할 수 있는 제도적 장치도 마련되어야 한다. 한편, 평화협정은 군사정전협정을 포함하여 그동안 남북한이 체결한 모든 남북합의서를 종합적으로 망라하여 평화체제를 구축하는 것이므로 그 남북합의서와의 규범적 관계도 명확하게 정리하는 것이 필요하다.

평화협정은 그 구체적인 내용과 절차에 따라 법적 성격과 효력이 결정될 것이다. 국제법적 주체가 그 법적 효력을 부여하는 의사에 기하여 문서로 작성하는 경우에는 단순한 신사협정이 아니라 법적 효력을 갖는 조약이라고 할 수 있다. 이것이 남북한 사이에 체결되는 경우에는 양자조약이 될 것이고, 미국이나 중국 등이 참여하게 될 경우에는 다자조약이 될 것이다. 남북한특수관계론에 따르더라도 평화협정은 남북한뿐만 아니라 참여 당사국에도 법적 효력을 갖는 조약으로 인정될 것이다. 남한의 입장에서 평화협정도 조약에 해당하므로 헌법과 관련 법률이 정하는 절차를 준수해야 한다. 특히, 국회의 동의가 필요한지 여부를 따져서 필요한 경우에는 국회의 비준동의를 받아야 한다. 평화협정은 외국군대의 주둔, 안전보장에 관한 것을 내용으로 포함할 것이며, 군사정전협정을 대체하여 한국전쟁을 종식시키는 강화조약에 해당한다. 따라서 헌법 제60조 제1항에 따라 국회의 동의를 받아야 할 조약에 해당할 수 있다. 남북관계발전에 관한 법률 제21조 제3항도 국가나 국민에게 중대한 재정적 부담을 지우거나 입법사항에 관한 남북합의서의 체결과 비준에 대해서는 국회의 동의를 받아야 한다고 규정하고 있다.

남북한이 평화협정을 체결한 경우에는 이를 유엔에 기탁하여 등록하는 것이 필요하다고 판단된다. 유엔헌장 제102조는 「헌장 발효 후 유엔회원국이 체결하는 모든 조약과 국제협정은 가능하면 신속하게 사무국에 등록되고, 또한 사무국에 의해 공포되어야 한다. 그와 같이 등록되지 않은 조약 또는 국제협정의 당사국은 유엔의 그 어떤 기관에 대해서도 당해 조약 또는 국제협정을 원용할 수 없다」라고 규정한다. 남한과 북한은 모두 유엔 회원국이고 평화협정은 법적 효력을 갖는 조약에 해당하므로 유엔헌장에 따라 사무국에 등록할 것이 요구된다. 하지만, 조약의 등록은 그 조약의 발효요건이 아니라 다른 유엔 기관에 대한 대항요건에 불과하므로 평화협정을 사무국에 등록하지 않더라도 그 효력에는 아무런 영향이 없다. 평화협정의 등록은 법적 효력 이상의 정치외교적 의미가 있으며, 평화협정을 유엔 사무국에 등록함으로써 남북한 등 당사자뿐만 아니라 국제사회에 대한 기속력을 강화하는 효과가 있으므로 등록하는 것이 바람직하다고 판단된다.

(3) 대북제재와 남북교류협력

한반도의 평화와 남북통일은 국제평화주의에 기초하여 국제사회과 협력하여 추진되어야 한다. 남북한의 분단의 원인이 국제사회의 정치적 역학관계에서 비롯된 것처럼 남북관계와 통일은 남북한 사이의 당사자 문제에 그치는 것이 아니라 국제사회의 역학관계에 깊이 좌우되는 것이 현실이다. 특히, 한반도를 둘러싼 이해관계에 깊이 관여하고 있는 미국, 중국, 일본, 러시아 등은 남북관계와 통일에 막대한 영향을 끼칠 수 있다. 이와 관련하여 남북관계가 개선되고 교류협력이 재개되기 위해서는 유엔의 대북제재를 해결해야 한다.

유엔은 2006년 북한이 1차 핵실험을 하고 미사일 개발을 강화하자 이에 대응하여 대북제재결의안을 채택한 이후, 지속적으로 대북제재의 내용을 강화하고 있다. 유엔은 안보리 결의 1718호에서 대북제재의 내용과 이행내용을 구체적으로 제시하고 안보리 15개국 회원국으로 구성된 대북제재위원회를 구성하였다. 2009년에는 대량살상무기(WMD)와 관련된 무기수출입을 금지하고 금융통제를 강화하였으며, 회원국들에게 이행보고서를 의무적으로 제출하도록 하였다. 2017년에는 대북제재결의 제2375호 등을 통해 개인과 단체에 대한 블랙리스트 명단을 확대하고, 북한과 합작사업의 설립, 유지, 운영을 전면적으로 금지하였다. 한편, 미국은 유엔과 별도로 2016년부터 독자적으로 대북제재법과 대북차단 및 제재 현대화법을 제정하여 북한에 대해 제재조치를 취하고 있다. 북한은 이러한 대북제재에 대해 적법성과 공정성을 상실한 범죄적 문서라고 비판하면서 대북제재를 해제해 줄 것을 요청하고 있다.

대한민국은 유엔 회원국으로서 유엔 안보리의 대북제재결의를 준수해야 하므로 이에 위반하면서 남북교류협력사업을 추진해서는 안 된다. 유엔 회원국이 대북제재결의를 위반하였는지 여부를 판정하는 주체는 유엔 안보리 결의 1718호에 따라 설치된 제재위원회이다. 이 위원회는 안보리 15개 이사국으로 구성되며, 제재대상 품목을 선정하고 전문가패널에 의해 보고된 위반사항에 대한 검토와 조사를 담당한다. 전문가패널은 무기, 금융, 항공 등에 관한 전문가들로 이루어지며, 유엔 안보리 상임이사국 소속 각 1명과 한국, 일본, 남아프리카공화국 각 1명 등 총 8명으로 구성되어 있다. 전문가패널은 제재의무 이행사항을 조사하고, 제재효과를 주기적으로 점검하는 임무를 수행하면서 대북제재결의 위반 여부를 제1차적으로 판단하여 제재위원회에 보고서를 제출한다. 제재위원회는 만장일치로 위반여부를 판단하고 위원회에서 결정하지 못할 경우에는 안보리에서 최종적으로 결정하고, 이 과정에서 상임이사국은 거부권을 행사할 수 있다.

유엔 안보리는 1718 제재위원회에 대북제재조치의 이행과 감독과 제재조치의 대상과 예외를 지정하는 권한을 부여하고 있다. 제제위원회는 인도적 목적으로 안보리 결의의 목적을 달성하는 데 방해되지 않는 범위에서 개별적으로 사전에 허가할 수 있고, 이러한 경우에만 예외가 허용된다. 또한, 대북제재결의 2321호는 9.19공동성명에 명시된 공약을 지지하고 북한이 이 공동성명을 준수할 경우에는 대북제재조치를 중단하거나 해제할 수 있다고 규정한다. 유엔 회원국은 제재위원회에 서면으로 자산동결 등 대북제재조치에 대한 예외를 요청할 수 있고, 제재위원회는 원칙적으로 5일 이내에 예외를 허가할 것인지 여부를 결정한다. 제재위원회가 허가를 인정할 경우에는 만장일치로 해야 한다.

유엔 헌장 제25조는 「국제연합 회원국은 안전보장이사회의 결정(decision)을 이 헌장에 따라 수락하고 이행할 것을 동의한다」라고 규정한다. 이에 따라 회원국은 유엔 안보리 결의를 준수해야 하고, 이는 회원국에 대해 구속력을 갖는다. 유엔 안보리의 대북제재결의안은 대부분 「결의(resolution)」의 형식을 취하고 있으므로 법적 구속력이 있는지 여부에 대해 논란이 있을 수 있지만, 안보리의 대북제재결의안의 개별적인 내용을 검토하여 확정해야 할 것이다. 대북제재결의안이 남한을 비롯한 회원국에 구속력을 가진다고 인정되는 경우에도 그 위반으로 인한 효과는 다양하게 나타난다. 유엔 헌장 제6조에 따르면, 지속적으로 의무를 이행하지 아니한 회원국은 안보리의 권고에 따라 총회가 제명할 수 있다. 하지만, 대북제재결의안을 위반한 회원국에 대해 어떠한 법적 불이익을 가할 것인지에 대해서는 아무런 규정이 없으며, 대북제재결의안에도 그 내용이 포함되어 있지 않다. 유엔이 대북제재결의안을 위반한 회원국을 제명할 경우에도 안보리의 권고에 따라야 한다. 따라서 대북제재결의안을 위반한 회원국에 대해 어떠한 처분을 할 것인지는 유엔 안보리의 결의를 통해 결정될 것으로 보인다. 한편, 유엔 안보리 결의 2321호는 제재조치를 받은 북한이 추가도발을 감행할 경우에는 안보리의 권고에 따라 총회에서 회원국의 지위를 행사하지 못하여 그 권리와 특권이 중지될 수 있다고 경고한다. 이때에도 안보리의 권고를 거쳐야 한다.

남북관계를 개선하고 교류협력을 재개하는 것은 한반도의 평화정착과 남북통일은 물론 세계평화에도 기여할 수 있을 것이다. 하지만, 남북교류협력을 재개하는 경우에는 그 구체적인 조치가 대북제재결의안에 위반될 가능성이 있고, 이때에는 남북한이 모두 유엔 회원국으로서 유엔 안보리에 의해 법적 불이익을 받을 수 있다. 이는 법적 관점에서뿐만 아니라 외교적 · 정치적 관점에서도 바람직하지 않다. 특히, 개성공단과 금강산관광사업을 재개할 경우에는 상업적 거래나 대북지원 등 개별적인 조치가 대북제재결의안에 위반될 가능성이 있다. 이에 대해 외교적인 노력과 함께 법적 대응방안도 고려해야 한다.

개성공단과 금강산관광사업을 재개하는 것 자체는 대북제재결의안을 위반한 것이라고 단정하기 어렵다. 대북제재결의안은 구체적이고 개별적인 행위를 금지하고 있기 때문에 개성공단과 금강산관광사업을 재개하는 것 자체가 아니라 그로 인하여 추진하게 되는 사업내용을 검토하여 그 위반 여부를 결정해야 한다. 이전에 개성공단에서는 금융기관을 설치하여 운영하였는데, 개성공단에 금융기관의 지점을 재개점할 경우에는 대북제재결의안에 위반될 가능성이 크다. 대북제재결의안 2321호는 WMD 개발 등에 사용될 자금을 마련하는 수단으로 금융기관을 이용하는 것을 방지하려고 한 규정을 삭제하여 금융기관의 설치와 계좌개설을 전면적으로 금지하고 있다. 개성공단이나 금강산관광사업에서 북한 근로자에게 임금을 지급하는 것도 문제가 될 수 있다. 대북제재결의안 2087호는 북한이 대북제재를 피하기 위해 벌크캐시(Bulk Cash)를 이용하는 것을 철저히 금지하고 있는데, 북한에 직접 현금을 지급하는 것은 이와 같은 벌크 캐시로 인정될 여지가 있다.

북한과 상업적 거래를 하거나 핵무기 등을 개발하는 원료로 사용될 가능성이 있는 물품을 공급하는 것도 대북제재결의안에 위반될 수 있다. 개성공단 입주업체나 금강산관광사업의 민간주체에게 자금을 대출하거나 보험 등을 통해 지원하는 것도 북한에 대해 공적 또는 사적으로 금융지원이나 보증을 금지하는 대북제재결의 2321호를 위반할 수 있다. 또한, 대북제재결의안 2094호는 유엔 안보리가 지정한 북한의 핵무기 개발 등과 관련된 북한 인사들에 대해 회원국에 직접 입국하거나 환승을 위한 입국을 금지하고, 그들의 지시를 받고 활동하는 북한 인사에 대해서도 동일한 조치를 규정하고 있다. 남북관계를 개선하더라도 대북제재결의안에서 규정하는 북한 인사 등이 남한을 방문하는 것도 문제될 수 있다.

남북관계를 개선하고 교류협력을 확대하더라도 이와 같은 대북제재결의안에 위반되지 않도록 할 필요가 있다. 우선, 남북교류협력을 재개하는 것이 북한의 핵개발을 저지하고 유엔 안보리의 활동을 지원하며, 대북제재결의안이 지향하는 목표를 달성하기 위한 것이라는 것을 명확하게 제시할 필요가 있다. 또한, 남북교류협력사업이 인도주의적 지원이나 외교적 업무 또는 유엔 특별기구의 활동과 관련된 경우에는 대북제재결의에 위반되지 않으므로 이러한 관점에서 접근할 필요도 있다. 하지만, 대북제재결의에 위반되는 것으로 판단될 여지가 있는 남북교류협력사업의 내용에 대해서는 대북제재위원회에 사전에 허가를 받아 그 예외성을 인정받는 것이 바람직하다. 이와 동시에 개성공단을 비롯한 남북교류협력사업에 대해서는 남북관계의 특수성을 강조하여 대북제재결의안의 적용을 받지 않는다는 것을 강조하는 것도 정책적 관점에서 고려할 수 있을 것이다.[24)]

2. 통일을 대비하는 헌법개정

(1) 헌법개정의 필요성

평화통일을 준비하기 위해서 현행 헌법을 개정하여 대비해야 한다는 논의가 있다. 대한민국 헌법은 1948년 제정된 이후 9차에 걸쳐 개정되었으며, 1987년 현행헌법이 개정된 이후에도 그동안 개헌논의가 있을 때마다 통일과 관련된 조항에 대한 다양한 주장이 제기되었다. 현행헌법은 제4조에서 통일의 기본원칙을 규정하고 있으나, 이것만으로는 통일을 준비하기에 부족하다는 것이다. 국민의 대표기관인 국회에서는 제18대

---

24) 이효원, 『통일법의 이해』, 334-349면.

국회를 시작으로 개헌안을 구체적 조문으로 작성하여 준비하였으며, 통일관련 조항에 대해서도 제19대 국회와 제20대 국회에서 공식적인 개헌안을 제시하였다. 한편, 2018년 3월 26일 대통령은 그동안의 논의를 종합하여 개헌안을 발의하였으나, 통일관련 조항에 대해서는 기본적으로 현행헌법을 유지하면서 문구수정에 불과한 정도의 개헌안을 제시하기도 하였다.

국회의 공식적인 개헌안을 중심으로 통시적인 발전과정을 분석하고, 현행헌법의 내용을 비교하여 검토하는 것은 통일국가를 준비한다는 관점에서 이번 개헌안의 통과여부와 무관하게 중요한 의미가 있다. 헌법개정은 정치적인 이슈로서 그 역사적 상황에 따라 그 가부가 결정될 것이지만, 통일국가를 달성하는 과정에서 헌법개정의 논의가 재개될 가능성이 있고, 통일헌법을 마련하는 과정에서도 중요한 쟁점사항을 포함하고 있다. 통일국가를 달성하는 과정에서는 헌법개정이 반드시 필요하므로 향후 개헌논의에 있어서도 중요한 시사점을 제공할 수 있을 것으로 판단된다.

현재의 관점에서 통일에 관한 헌법조항을 개정할 경우에는 대한민국 헌법의 기본원리를 그대로 유지하며, 정부형태 등 권력구조에 대한 변경은 특별히 고려하지 않는 것이 바람직하다. 또한, 개헌의 필요성이 인정되어야 하고, 개헌내용은 통일국가의 헌법적 가치를 실현하고 통일을 달성하는 데 도움이 되도록 해야 할 것이다. 따라서 통일에 대한 최소한의 필요사항만 규정하여 다양한 통일과정에서 탄력적으로 해석할 수 있는 여지를 두는 것이 필요하고, 통일에 장애요소로 작용하지 않도록 유의해야 할 것이다.

현행헌법은 전문에서 「조국의 민주개혁과 평화적 통일의 사명에 입각하여」라고 규정하고, 제3조에서 「대한민국의 영토는 한반도와 그 부속도서로 한다」라고, 제4조에서 「대한민국은 통일을 지향하며, 자유민주적 기본질서에 입각한 평화적 통일 정책을 수립하고 이를 추진한다」라고 각각 규정하고 있다. 또한, 제66조 제3항에서는 「대통령은 조국의 평화적 통일을 위한 성실한 의무를 진다」라고 규정하고, 제69조(대통령 취임선서)

에서는 「조국의 평화적 통일 … 노력하여」라고, 제72조에서는 「대통령은 필요하다고 인정할 때에는 외교·국방·통일 기타 국가안위에 관한 중요 정책을 국민투표에 붙일 수 있다」라고 각각 규정한다. 제92조에서는 「평화통일정책의 수립에 관한 대통령의 자문에 응하기 위하여 민주평화통일정책자문회의를 둘 수 있다」라고 규정한다. 현행헌법은 통일국가의 미래상이나 통일헌법에 대해서는 아무런 규정을 두지 않고 있다.

한편, 통일국가는 남한만의 문제가 아니라 북한과의 통합을 전제로 하므로 북한헌법의 통일관련 조항에 대해서도 비교하여 검토할 필요가 있다. 북한은 1948년 헌법을 제정한 이후 총 13차에 걸쳐 헌법을 수정·보충하였는데, 1972년 사회주의헌법은 이를 제정한 것으로 평가된다. 북한헌법은 1972년 헌법에서 통일원칙으로 「자주, 평화통일, 민족대단결」을 채택한 이후, 현재까지 이를 유지하고 있다. 북한헌법 역시 통일국가의 미래상이나 통일헌법에 대해서는 아무런 규정을 두지 않고 있다.

(2) 헌법개정에 관한 논의

2018년 대통령은 헌법개정안을 발의하였다. 이 개정안에서 통일과 관련된 내용은 다음과 같다. 전문에서는 「조국의 민주개혁과 평화 통일의 사명을 바탕으로」라고 규정하여 「평화적 통일」을 「평화통일」로 수정하였으며, 「자유민주적 기본질서」라는 표현은 그대로 유지하였다. 제3조의 영토조항은 그대로 유지하고, 제4조의 통일조항은 전문과 마찬가지로 「평화적 통일」을 「평화통일」로 수정하였을 뿐, 기본적인 내용은 동일하게 규정하였다. 대통령 의무 등을 규정한 제66조 제3항과 제69조에서도 조문을 이동하고 「평화적 통일」을 「평화통일」로 수정하였을 뿐이다. 제72조와 제92조는 조문이동과 「때에는」을 「경우」로, 「붙일 수 있다」를 「부칠 수 있다」로, 「기타」를 「그 밖에」로 각각 문구를 수정하였다.

국회 차원에서는 제18대 국회에서 헌법연구 자문위원회를 통해 결과

보고서를 제출한 것을 시작으로 제20대 국회까지 총 3차례의 헌법개정연구를 결과보고서의 형태로 공식적으로 발표하였다. 2009년 발간된 제18대 국회 헌법연구 자문위원회의 결과보고서는 제3조의 영토조항, 제4조의 통일조항, 제8조 제4항의 위헌정당해산조항에 대해 상호 관계를 중심으로 통일에 관한 사항을 논의하였다. 이때에는 전문의 「평화적 통일」에 대한 논의는 없었다. 이 결과보고서는 제3조에 대해서는 다양하게 제시된 입장에 대해 보다 심도 깊은 검토가 필요하다는 이유로 개정할 필요가 없다고 하여 현행 조항을 유지하기로 하였다. 제4조는 그대로 유지하자는 입장이, 제8조 제4항은 「민주적 기본질서」를 「자유민주적 기본질서」로 통일적 표현으로 개정하자는 입장이 각각 채택되었다.[25)]

제19대 국회는 2014년 헌법개정 자문위원회 활동 결과보고서를 발표하였는데, 이때에는 통일과 관련된 조항은 사회적 갈등을 초래할 수 있는 요인이 많고, 보다 심도 깊은 토론과 소통이 필요하므로 별도로 논의하지 아니하였다. 전문을 「평화적 통일」에서 「평화통일」로 표현하였을 뿐, 제3조와 제4조는 그대로 유지하기로 하였다. 헌법 제3조는 대한민국 정부의 정통성과 통일의 당위성에 대한 근거가 되며, 통일 후 영토문제와 관련해서도 중요한 의미를 지니는 조항으로 현행대로 유지하며, 이는 영토의 범위를 한반도와 부속도서로 규정하여 침략적 전쟁을 부인하는 우리 헌법 정신과도 조화를 이루는 측면이 있다고 설명하였다. 또한, 대한민국의 정체성을 확인하는 태극기, 애국가, 한국어, 서울을 명시하고 태극기와 애국가에 대해서 통일을 대비하는 의미가 있다고 설명하였다. 국회의 구성에 대해서도 통일국가에서는 양원제가 필수적이므로 경험을 축적하기 위해 양원제가 필요하다고 설명하였다.[26)]

제20대 국회는 2018년 헌법개정특별위원회 자문위원회 종합보고서를 발표하였는데, 제3조를 「대한민국의 영역은 한반도와 그 부속도서를 포함하는 영토, 영해, 영공으로 한다」라고 개정하고, 제4조의 통일원칙을

---

25) 제18대 『국회 헌법연구 자문위원회 결과보고서』, 2009.
26) 제19대 『국회 헌법개정 자문위원회 활동 결과보고서』, 2014.

「자유민주적 기본질서」에서 「민주적 기본질서」로 개정하였다. 한편, 대한민국의 정체성을 확인하는 상징에 대해서는 대한민국의 정체성을 강화하기 위해 수도, 국기, 국가 등과 관련한 조항을 창설하자는 의견이 제시되었으나, 통일과 통일헌법을 고려하여 창설하지 않는 것으로 결론지었다.[27)]

(3) 헌법개정의 준비

현행헌법은 제1조(주권), 제2조(국민), 제3조(영토)에 이어 제4조에서 평화통일을 헌법의 기본원리로 선언하고 있다. 제4조의 통일원칙은 「자유민주적 기본질서에 입각한 평화통일」을 의미하며, 이때 자유민주주의는 통일국가를 달성하는 방식이자 통일국가의 헌법적 가치를 선언한 것으로 해석된다. 하지만, 현행헌법은 통일국가의 미래상을 구체적으로 밝히지 않고 있으며, 통일을 달성하거나 통일헌법을 마련하는 절차에 대해서도 아무런 규정을 두지 않고 있다. 현재로서는 통일방식을 확정할 수는 없지만, 통일을 달성하는 방법과 절차에 대한 헌법규범적 기준이 없어 정치적 결단에 맡겨져 있는 상황이다. 이는 통일을 맞이하게 되는 역사적 조건에 따라 다양한 통일절차를 마련한다는 장점이 있지만, 통일과정을 신속하고 효율적으로 규율하지 못하게 되어 법적 안정성과 예측가능성을 저해할 우려가 있다. 헌법개정을 통해 통일에 대한 의지와 통일절차를 규율하는 최소한의 기본원칙을 헌법에 규정하는 것은 긍정적으로 검토할 수 있을 것이다.

헌법을 개정할 경우에 통일에 관한 사항도 부분적으로 포함될 수 있는데, 헌법 제3조와 제4조가 핵심적인 내용이 될 것이다. 제3조의 영토조항은 이를 그대로 유지하거나 「대한민국의 영역은 한반도와 그 부속도서를 포함하는 영토, 영해, 영공으로 한다」라고 개정하는 것이 바람직하다. 이 조항은 대한민국의 정통성을 확보하고 통일과정에서 북한지역에 대한

---

27) 제20대 『국회 헌법개정특별위원회 자문위원회 종합보고서』, 2018.

영토고권을 주장할 수 있는 헌법적 근거가 된다. 그동안 확립된 사법적 판단을 고려할 때 통일과 관련하여 이를 삭제하거나 헌법의 규범력을 제한적으로 개정하는 것은 바람직하지 않다. 제4조의 통일조항과의 관계에 대해서도 남북한특수관계론에 따라 규범조화적 해석이 가능하고, 헌법재판소의 결정과 대법원의 판결을 통해 헌법해석이 확립된 점도 고려할 필요가 있다.

제4조의 통일조항은 그대로 유지하는 것이 타당하다. 현행헌법에서 규정하고 있는「대한민국은 통일을 지향하며, 자유민주적 기본질서에 입각한 평화적 통일 정책을 수립하고 이를 추진한다」는 내용은 남북관계와 통일에 대한 기본원리이자 규범적 기준으로 작용하여 왔다. 헌법재판소와 대법원의 판례를 통해 헌법적 기준으로 거듭 확인된 점도 고려할 필요가 있다. 다만, 통일국가의 미래상을 선언하는 것은 필요할 수 있으므로 제2항을 신설하여「대한민국은 남북한 주민 모두가 인간으로서 존엄과 가치를 가지며, 자유롭고 평등하게 행복을 추구할 수 있는 통일국가를 만들어야 한다」라고 규정할 수 있을 것이다. 또한, 통일의 방법과 절차에 대해서는, 제3항을 신설하여「대한민국은 남북한 전체 주민의 주권적 의사에 따라 통일헌법을 마련해야 한다」라고 규정할 수 있을 것이다. 이외에도 통일정책이 정부의 정치적 판단에 따라 좌우되지 않도록 국회가 중심이 되어 통제할 수 있도록「통일정책의 수립과 추진에 필요한 기본적인 사항은 법률로 정한다」를 신설하자는 의견도 긍정적으로 검토할 수 있을 것이다.

이외에 통일에 대해 규정하고 있는 전문, 대통령의 의무(제66조 제3항)와 취임선서(제69조)는 개정할 필요가 없을 것이다. 통일과 관련된 다른 내용은 헌법에 규정하지 않는 것이 타당하다. 국가상징에 관한 조항은 통일과 직접적으로 관련되는 것은 아니며, 양원제를 채택하는 것도 헌법정책적으로 통일국가에서 사회통합을 위하여 유용한 것으로 판단되지만 통일국가에서 필수적인 것은 아니다.

3. 통일합의서의 준비

(1) 규범적 필요성

통일국가를 완성하기 위해서는 법제도적 통합이 필요하고, 법제도의 통합이란 통일국가의 기본적 조직과 규범체계를 하나로 통합하는 것을 의미한다. 이러한 법제도의 통합은 통일헌법을 통해 구현되지만, 남북한이 통일되는 과정에서 통일합의서를 체결할 가능성이 매우 크다. 통일방식이 어떠한 방향으로 진행되더라도 평화통일인 이상 통일합의서를 체결하여 통일을 진행할 것으로 예상된다. 합의통일의 방식은 물론이고 남한의 헌법체계가 북한지역으로 확대되는 방식의 경우에도 통일과정을 안정적으로 관리하기 위해서는 통일합의서를 체결할 필요가 있다. 그동안 남북한은 정치적 변화에 따라 다르게 작용하였지만, 2000년 이후 250개 이상의 남북합의서를 체결하였다. 그 중에는 국회의 동의를 받는 등 절차를 통해 법적 효력을 갖는 남북합의서도 있으며, 점차 규범력을 강화하고 있다. 이러한 경험은 통일합의서를 체결하는 데 유용할 것이다.

1990년 독일과 예멘은 통일을 달성하였는데, 독일의 경우에는 서독의 헌법체제를 동독지역으로 확장하는 방식을 채택하여 서독기본법을 개정하는 방법으로 통일헌법을 마련하였다. 이때에도 동서독은 통일조약을 체결하여 통일헌법을 지원하였다. 예멘의 경우에는 남북예멘이 통일합의서를 체결하고 그에 따라 통일헌법을 제정하는 방식을 채택하였다. 이러한 사례는 남북한이 통일을 달성하는 과정에서 참고가 될 것이다. 다만, 남북한의 경우에는 독일이나 예멘과는 다른 특수성이 있으므로 이러한 점을 반영하여 현실적으로 유용하고 실현가능한 범위와 내용을 확정해야 할 것이다.

남북한이 통일합의서를 체결할 경우에는 이 통일합의서가 통일과정을 관리하고 통일헌법을 실질적으로 규율하게 될 것이다. 통일합의서에는 통일헌법에 규정되어야 할 핵심적인 가치와 내용이 포함될 것으로 예상되기 때문이다. 남북한이 서로 다른 헌법체계를 운영하여 온 역사적 경험을 고려하면, 통일합의서를 통해 일차적으로 헌법규범적 차원에서 통합기준을 제시할 수 있을 것이다. 이는 통일헌법을 마련하고 바람직한 통일국가의 모델을 설정하는 것이므로 매우 중요하다고 판단된다.

통일합의서는 통일헌법을 규율하는 기준이 되므로 매우 강력한 규범력을 가져야 한다. 남북합의서에 대해서는 그 법적 성격과 효력에 대해 많은 연구가 이루어졌으며, 헌법 제6조 제1항, 제60조 제1항, 남북관계발전에 관한 법률 제21조 등을 통해 규율되고 있다.[28] 통일합의서 역시 헌법과 남북관계발전에 관한 법률이 적용되어야 하며, 그에 따라 규범력을 가질 것이다. 하지만, 남북합의서의 법적 효력은 여전히 명확하지 않고, 그 규범력을 강화하기 위한 법적 장치도 미비한 것이 현실이다. 통일합의서가 단순히 통일과정의 이정표에 불과한 것이 아니라 헌법적 사항을 포함하고 통일헌법을 마련하는 규범적 기준이 되기 위해서는 그 법적 효력을 강력하게 인정할 필요가 있다. 이는 남한과 북한을 강하게 기속하여 그 약속에 따라 통일헌법을 만드는 기속력을 가져야 한다.[29]

(2) 주요 내용

통일합의서는 남한과 북한이 통일국가를 달성하기로 합의하고 그에 필요한 핵심적인 내용을 포함시키게 된다. 통일합의서에는 중요하고 기본적인 사항만 포함될 것이고, 구체적인 내용은 남북한이 통일합의서를 이행하면서 추가 합의서를 체결하거나 후속조치를 통해 보완할 수 있다. 통일합의서에서 모든 헌법적 사항이나 통일을 달성하는 과정을 구체적으로 규정할 수는 없을 것이다. 통일합의서를 준비하는 단계

---

28) 정인섭, 『신국제법강의』(박영사, 2018), 280면 이하 ; 한명섭, 남북합의서의 법적 성격과 법제화 방안, 『통일과 법률』 제5호(법무부, 2011), 93면 이하 등.

29) 통일합의서의 쟁점과 체결방안에 대해서는 이효원, 『통일헌법의 이해』, 67-128면

에서는 다음과 같은 핵심적 사항이 포함될 것으로 예상할 수 있다.

통일합의서에는 전문에서 통일국가의 모델이나 방향을 제시할 수 있다. 통일국가를 달성하는 기본적인 방식과 절차에 대해서도 규정할 수 있다. 즉, 통일합의서를 체결하게 된 역사적 경과, 통일합의서를 체결하는 목적과 지향점, 그리고 통일국가의 헌법적 이념과 가치를 간략하게 선언하게 될 것이다. 전문은 본문의 내용과 규범조화적으로 해석하여 통일적으로 이해되어야 하며, 통일합의서 전체를 규율하고 그 이후의 모든 조치에도 기본적 규범으로 작용할 것이다.

통일합의서는 통일국가를 달성하는 기본원칙을 선언하고 이를 구체화하는 핵심적 기본원리를 포함해야 한다. 통일국가의 헌법적 가치에 해당하는 국민주권주의, 평화주의, 자유민주주의, 사회복지국가, 법치국가의 내용이 포함되어야 하고, 이에 위반되어서는 안 된다. 통일의 방식과 시기도 통일합의서에 규정될 것이다. 이에 대해서는 남북한이 협의하여 통일국가의 헌법적 가치를 실현하기 위해 필요하고도 실현가능한 방안을 제시해야 할 것이다. 특히, 통일의 방식은 통일헌법을 마련하는 과정에서도 매우 큰 영향을 미칠 것이다. 동서독은 통일조약에서 서독기본법을 동독지역에 확대하여 적용하는 것으로 규정하였으며, 남북예멘은 통일합의서에서 1990년 5월 26일 통일을 선포하고, 그 이후 30개월 동안 과도기를 거쳐 총선거를 실시하는 것으로 규정하였다. 이러한 사례를 참고하여 남북한도 통일의 방식과 시기를 통일상황의 현실을 고려하여 확정해야 할 것이다.

통일합의서는 통일국가의 국호, 국기, 수도 등 국가의 정체성을 선언하는 내용도 포함될 것이다. 이들에 대해서는 남북한이 정책적 결단과 합의를 통해 해결해야 할 것이다. 동서독은 통일조약에서 통일국가의 수도를 베를린으로 정하고, 의회와 행정부의 소재지는 통합 이후에 결정한다고 규정하였고, 남북예멘은 통일합의서에서 대통령평의회에서 예멘공화국의 국장, 국기, 국가(國歌)에 대해 법적 효력을 갖는 결의안을 발표하도록 규정하였다. 통일합의서에는 남북한이 협의하는 것에 따라 국가형태, 의회구성, 정부형태 등이 포함될 수 있지만, 이들은 기본적으로 통일헌법을 통해 구체화될 수 있다. 통일합의서에서 핵심적으로 중요한 것은 통일헌법을 마련하는 방식과 절차에 관한 것이라고 할 수 있다. 통일헌법을 마련하는 방식은 위에서 검토한 바와 같이 다양한 형태를 예상할 수 있지만, 남북한이 합의하여 실현가능한 방식으로 결정될 것이다. 남한과 북한의 헌법은 통일헌법을 마련하는 방안에 대해 아무런 규정을 두지 않고 있어 통일헌법을 마련하는 방식은 개방적이다. 다만, 남북한 주민이 주권자로서 의사가 제대로 반영될 수 있어야 하고, 통일국가의 헌법적 가치를 실현하는 데 장애가 되지 않아야 한다.

통일합의서에는 이외에도 통일로 인한 혼란을 제거하고 신속하고 안정적인 통일관리를 위한 내용이 포함될 수 있다. 남북한 법률적용의 원칙, 남북한지역에서 행한 행정작용, 사법작용의 법적 효력, 남북한의 대외적 외교관계의 재조정, 재산소유권 통합과 사회보장 등 경제질서의 재구축 등이 대표적이다. 또한, 새로운 통일국가를 건설하는 과정에서 과거의 불행을 치유하고 극복하기 위해 이른바 「체제불법의 청산」도 중요한 쟁점이 될 것이므로 정치적 가해자의 처벌, 피해자의 복권과 구제 등에 대해서도 기본적 원칙을 규정해야 할 것이다. 이러한 쟁점들은 통일합의서의 중요한 쟁점이 될 것이며, 통일합의서의 부칙에 규정할 수도 있고, 후속합의서를 통해 구체적으로 정리할 수도 있을 것이며, 부분적으로는 통일헌법에서 규정할 수도 있을 것이다. 최종적으로는 남북한이 합의하여 그 범위와 내용을 확정해야 할 것이다.[30]

(3) 형식과 절차

통일합의서는 통일헌법의 근거규범이 될 뿐만 아니라 통일과정을 관리하는 기준이 되므로 그 내용뿐만 아니라 형식과 절차에서도 민주적 정당성이 확보될 수 있어야 한다. 먼저, 통일합의서의 명칭은 그 법적 효력과

30) 이효원, 『통일헌법의 이해』, 94-127면.

무관하기 때문에 그다지 중요한 문제는 아니지만, 통일합의서를 체결하는 과정에서 쟁점이 될 수 있다. 남북한이 그동안 체결한 남북합의서의 선례나 남북관계발전에 관한 법률의 규정을 참고할 경우, 「통일조약」보다 「통일합의서」가 될 가능성이 크다. 독일의 경우에는 「통일조약(Einigungsvertrag)」이라는 명칭을, 예멘의 경우에는 「예멘공화국 선포 및 과도기조직에 관한 합의서」라는 명칭을 사용하였다. 통일합의서의 기본형식도 기존의 남북합의서를 참고하여 전문, 본문, 부칙으로 구성할 가능성이 크다. 전문에서는 통일국가의 헌법적 가치와 이념을 선언하고, 본문에서 핵심적 내용을 포함하고, 부칙을 통해 후속조치와 경과기간 등을 규정할 수 있을 것이다.

통일합의서는 통일국가를 창설하는 조약이므로 남한의 대통령과 북한의 국방위원회 위원장이 체결하는 것이 타당하다. 남북한의 헌법이나 남한의 정부조직법, 남북관계발전에 관한 법률, 법령 등 공포에 관한 법률, 정부대표 및 특별사절의 임명과 권한에 관한 법률, 그리고 북한의 조약법에도 배치되지 않는다. 통일합의서의 구체적인 체결절차도 관련 법령에 따라 진행해야 하며, 그동안 남북한이 체결한 남북합의서의 선례가 중요한 경험으로 작용할 것이다. 이때에는 별다른 법적 쟁점이 발생하지 않을 것이다. 다만, 국회의 비준동의를 필요로 하는지 여부에 대해서는 논란이 발생할 수 있다. 헌법 제6조 제1항, 제60조 제1항, 남북관계발전에 관한 법률 제21조 등에 따르면, 통일합의서는 실질적으로 조약으로서의 성격을 가지며, 통일국가의 기본적인 사항을 포함할 것이므로 국회의 비준동의를 거쳐야 하는 것이 타당할 것이다. 국회의 비준동의가 필요한 조약을 선별하는 것은 매우 어려운 일이지만, 통일합의서의 경우에는 통일헌법을 마련하는 근거로서 작용하므로 강력한 규범력이 필요할 것이다. 따라서 통일합의서에 대해서는 국회의 비준동의를 거치는 것이 필요하다. 이는 법적 측면에서뿐만 아니라 정치적 측면에서도 국민의 통일에 대한 합의를 수렴하고 지지하는 기능을 고려할 때 중요한 의미가 있다고 하겠다.

통일합의서를 체결하는 절차에 있어서 현실적으로나 정책적으로 국민투표를 거쳐 확정해야 할 것인지가 쟁점이 될 수 있다. 남북한의 헌법이나 관련 법령은 통일합의서에 대해 아무런 규정을 두지 않고 있으며, 법적인 측면에서 반드시 국민투표를 거쳐야 하는 것도 아니다. 하지만, 통일합의서는 통일국가의 기본적 사항을 결정하는 것이므로 주권자인 남북한 전체 주민의 정치적 결단에 의해 민주적 정당성이 확보되어야 한다. 남북한의 헌법에 따르면, 남북한이 체결할 통일합의서는 헌법보다 하위의 효력을 가지는 것으로 해석된다. 통일합의서는 새로운 국가공동체를 형성하는 것이므로 기존의 남한의 헌법이나 북한의 헌법과 모순되거나 충돌되는 내용을 포함할 수밖에 없다. 만약, 통일합의서가 남북한의 헌법에 위반된다는 이유로 그 효력을 부인하게 되면, 통일달성에 치명적인 장애가 된다. 통일합의서에 대해서는 법률보다 상위의, 그리고 남북한의 헌법보다 강력한 민주적 정당성이 인정되어야 그 강력한 규범력을 통해 통일헌법을 마련할 수 있을 것이다.

남북한 주민이 국민투표를 통해 통일합의서에 대해 직접적으로 정치적 의사를 확인하여 그 민주적 정당성을 부여하는 것은 규범적 측면에서나 정치현실적 측면에서 매우 중요한 의미를 가진다. 통일합의서에 대해 국민투표를 하는 방안에 대해서는 다양한 견해가 있을 수 있지만, 현행 헌법이나 법률에는 그 근거를 발견하기 어렵다. 통일합의서에 대해서는 통일합의서의 내용에 그 발효요건으로 남북한 주민 전체의 국민투표나 남북한 각각의 국민투표를 포함시키는 것이 현실적이다. 현행 헌법에는 헌법개정을 위해서는 국회의 특별가중정족수의 의결과 국민투표를 필수적으로 요구한다. 통일합의서는 통일헌법을 규율하므로 최소한 헌법과 동일하거나 헌법보다 우월한 효력을 가져야 체계적으로 정합하다. 통일합의서에 이와 같은 효력을 부여하기 위해서는 국민투표와 같은 강력한 민주적 정당성을 확인하는 절차가 필요하다는 것이다.[31]

---

31) 이효원, 『통일헌법의 이해』, 89-92면.

Ⅳ. 결 론

통일국가는 남북한 주민 모두가 인간으로서의 존엄과 가치를 가지고, 자유롭고 평등하게 행복을 추구할 수 있는 국가공동체가 되어야 한다. 이러한 헌법적 가치는 통일헌법을 통해 실현되어야 하고, 통일헌법을 마련하는 절차에 있어서도 반영되어야 한다. 통일헌법은 통일국가의 비전과 미래상을 제시해야 한다. 통일헌법의 기본원리로는 국민주권주의, 기본권 보장, 자유민주주의, 사회복지국가, 국제평화주의, 문화국가, 권력분립의 원칙, 법치국가를 들 수 있다. 특히, 남한헌법이 통일원칙으로 제시하는 자유민주적 기본질서에 입각한 평화통일이 일차적으로 준수되어야 한다. 통일헌법의 구체적인 내용은 국민주권주의에 기초하여 통일국가의 주권자인 남북한 전체 주민에 의해 확정되어야 하며, 세계사적 의미에서 국제평화주의에 기초해야 한다. 단일민족이라는 통일의 당위성도 폐쇄적인 것이 아니라 개방적으로 이해되어야 한다.

통일헌법은 통일방식과 밀접한 관련을 가지고 있지만, 통일헌법의 내용이나 절차가 통일방식에 종속되는 것은 아니다. 통일헌법을 마련하는 절차법적 쟁점은 기본적으로 남북한 주민의 주권적 의사가 왜곡되지 않고 제대로 반영될 수 있는 제도적 장치를 마련하는 것이다. 이것을 전제로 하여 통일헌법을 연구하기 위해서는 남북관계의 발전을 위해 현안이 되고 있는 과제를 해결할 필요가 있다. 최근 판문점선언과 9월 평양공동선언을 잘 이행하기 위한 법적 쟁점을 검토하고 준비해야 한다. 평화통일을 달성하는 과정에서 반드시 제기될 것으로 예상되는 평화협정을 준비하기 위한 법적 조치도 검토해야 한다. 또한, 남북교류협력을 재개하기 위해서는 유엔 안보리의 대북제재와 규범적으로 조화를 이루어야 하므로 그 방안에 대해서도 연구해야 한다. 이는 남북교류협력뿐만 아니라 통일과정에서 통일헌법을 마련하는 기초가 될 것이다.

통일헌법을 마련하기 위해서는 통일과정을 대비한 헌법개정도 논의되고 있으므로 평화통일과 통일헌법을 안정적으로 마련하기 위한 헌법개정에 대해서도 연구해야 한다. 통일헌법을 마련하는 과정에서는 남북한이 통일합의서를 체결할 가능성이 농후하므로 이를 대비하고, 통일헌법과의 관계에 대해서도 체계적으로 정합하도록 준비해야 한다.

부 록

2000년대 헌법 관련 학회의 활동

1. 2000년도 학회의 활동

2000년도에도 한국공법학회와 한국헌법학회에서 학술대회가 개최되었다. 그 외 공법이론과 판례연구회 등에서 월례발표회가 개최된 바 있다.

(1) 한국공법학회

第86회 학술발표회(2000. 4. 22) 주제:「대학의 자율성과 국가감독의 한계」

이경운, 국·공립대학 운영체제의 개선과 자율성 확보(『공법연구』 제28집 제4호 제2권)

이시우, 대학운영체제의 개선과 자율성 확보(상동)

허종렬, 교육부총리와 대학의 자율성 보장을 위한 정부조직개편 패러다임(상동)

신현직, 사립대학의 자율성과 공공성확보를 위한 국가감독(상동)

한·독 국제학술대회(2000. 3. 18)가「국회의원의 선거와 정치개혁」이라는 주제로 개최되었다.

(기조연설) 이용훈 중앙선거관리위원장, 선거문화와 선거법(『공법연구』 제28집 제4호 제1권)

Christian Starck, 민주적 헌법국가에 있어서의 선거(상동)

김문현, 현대 민주국가에 있어서의 선거의 의미와 과제(상동)

이성환, 선거관리의 공법적 문제(상동)

이욱한, 선거운동규제의 법리(상동)

정만희, 선거비용과 선거공영제(상동)

한견우, 선거쟁송의 현황과 개혁 방향(상동)

Aurel Croissant, 선거법 개혁과 정당(상동)

第87회 학술발표회(2000. 5. 20)는「2000년 공법이론의 발전과 성과」라는 주제로 열렸다. 이 발표회는 박사학위 취득자들의 발표였다.

송기춘, 국가의 기본권보장의무

전학선, 법률에 대한 합헌성 통제와 기본권보호

홍완식, 독일 사회보험료 부과의 헌법적 제한

정기총회 및 정기학술발표회 개최(2000. 6. 30. ~ 7. 1.) - 이 정기총회에서 제20대 회장으로 권영설(중앙대) 교수가 취임하였고, 차기회장으로는 석종현(단국대) 교수가 선출되었다. 이 정기학술발표회에서는「21세기 정보화 사회의 진입에 따른 공법적 고찰」이라는 대주제를 가지고 발표와 토론이 진행되었다.

Walter Rudolf, Öffentlich-rechtliche Aufgaben eines Rundfunkgesetzes im demokratischen Verfassungsstaat(『공법연구』 제28집 제4호 제1권)

김한성, 언론에 대한 국가적 개입의 한계(상동)

이인호, 방송·통신의 융합과 언론의 자유(상동)

곽상진, 방송의 자유와 방송제도(상동)

최승원, 사이버스페이스상의 개인과 국가(상동)

오준근, 정보화사회와 행정조직에 관한 법적 고찰(상동)

제90회 학술발표회(2000. 9. 23)는 헌법학의 근본문제인「공법학 방법론의 근본문제 - 체계와 경험, 규범·가치·힘」을 주제로 개최되었다.

김명재, 헌법해석방법론에 대한 비판적 고찰

이계수, 규범과 행위 - 국가법인설의 극복과 행위중심적 행정법이론의 구축

오세혁, 국가와 규범·가치·힘 - 공법학 방법론에 관한 법철학적 고찰

(2) 한국헌법학회

제12회 학술발표회(2000. 5. 27)를「사이버 스페이스에서의 기본권」이라는 대주제를 가지고 개최하였다. 경희대학교 대회의실(본관 2층), 회장 윤명선 교수.

강경근(숭실대) 사이버스페이스에서의 기본권(『헌법학연구』 제6권 제3호)

허종렬(서울교육대) 사이버스페이스와 교육권(상동)

정영화(서경대) 사이버스페이스와 프라이버시권(상동)

이해완(서울고법 판사) 사이버스페이스와 표현의 자유 - 판례를 중심으로(상동)

은숭표(신라대) 사이버스페이스와 매스미디어의 역할(상동)

황성기(헌재 연구원) 사이버스페이스와 불온통신 규제(상동)

제13회 학술발표회(2000. 11. 3)와 제7차 정기총회는「사이버스페이스와 국가

운영」이라는 주제로 개최되었다. 한편 정기총회에서 조병륜 교수가 회장에 취임하였다.

윤명선, 사이버스페이스와 헌법문제(『헌법학연구』 제6권 제3호)
한상희, 사이버 민주주의(상동)
박기수, 사이버 선거제도(상동)
임종훈, 사이버스페이스와 입법부(상동)
심윤수, 사이버스페이스와 행정부(상동)
강민구, 사이버스페이스와 사법부(상동)

(3) 국제헌법학회 한국학회

2000년 8월 24일, 국제헌법학회 한국학회(회장: 김철수 학술원 회원)는 일본의 '헌법이론연구회' 및 '공법이론과 판례연구회'와 공동으로 「민주주의의 미래」에 관한 심포지엄을 개최하였다.

정영화, 한국의 대통령제 정부형태의 진화와 전망(『세계헌법연구』 제5호)
곤도 아쯔시, 議院內閣制と大統領制 - 混合形態としての半大統領制と首相公選制の検討も加えつ (상동)
오오쯔 히도시, 日本の地方自治と'自治體憲法學'(상동)
이헌환, 한국지방자치제의 현황과 과제 - 10년의 경험과 발전방안 (상동)

(4) 공법이론과 판례연구회

공법이론과 판례연구회(회장: 趙炳倫)는 제64회 월례발표회(2000. 4. 14)에서 「국가보안법의 적용논리와 민주당의 개정안에 대한 비판적 검토 - 제7조를 중심으로」라는 주제로 김종서 교수가 발표하였다.

국제학술심포지엄 개최(2000. 8. 24) - 일본의 '헌법이론연구회' 및 '공법이론과 판례연구회'와 공동으로 「민주주의의 미래」에 관한 심포지엄을 개최하였다. 이 심포지엄의 발표주제와 발표자 등은 위의 3. 국제헌법학회 한국학회 부분을 참조.

제68회 학술발표회(2000. 11. 10.)에서는 「독일 지방자치법상 여성 평등담당관제도」라는 주제로 홍정선 교수의 발표가 있었다.

(5) 한국헌법판례연구회

그동안 중요한 헌법재판소판례에 대한 분석, 비평의 연구를 해온 한국헌법판례연구회(회장: 허영 교수)는 회원들의 연구결과를 모아 『헌법판례연구[2]』를 출간하였다. 이 『헌법판례연구[2]』에 수록된 글들 중 일부는 앞의 논문 부분에서 이미 소개된 바 있다.

(6) 헌법실무연구회

헌법실무연구회(회장: 김영일 헌법재판관)는 월례발표회를 제6회부터 제14회까지 개최하여 헌법재판소의 판례들에 대한 발표와 토론이 활발히 이루어진 바 있다. 각 월례발표회의 주제와 발표자들에 대해서는 헌법재판소의 홈페이지의 '새소식' 부분을 참조. 몇몇 발표 주제에 대해서는 앞의 논문 부분에서 이미 소개한 바 있다.

2. 2001년 학회활동

(1) 한국공법학회

한국공법학회는 관례에 따라 매월 세 번째 토요일에 월례학술발표회를 가졌다. 제92회(2001. 2. 17) 신진학자들의 발표 자리를 마련한 바 있다.

강달천, 동성애자의 기본권에 관한 연구
강운산, 환경법상 경제적 유인제도에 관한 법경제학적 연구
김도균, 헌법원리로서의 정의
박경철, 국민주권의 본질과 실현조건에 관한 연구
박진완, 법관의 헌법구체화로서 헌법합치적 법률해석
성소미, 현행 토지공법에 있어서 공익과 사익의 조정에 관한 법실증적 연구
조성규, 지방자치단체의 공법상 지위에 관한 연구
채영근, 미국의 종합환경대응배상책임법에 관한 연구
최석봉, 지방자치 행정결정절차에 관한 주민참여
최희경, 미국 연방헌법상 여성의 프라이버시 권리에 관한 연구

제93회(2001. 3. 17)는 한독 국제학술대회를, 제94회(2001. 5. 19)는 정보사회에 관한 학술대회를, 6월 29~30일 양일간 중앙선거관리위원회 후원으로 선거와 지방자치에 관한 연차 학술대회를 개최한 바 있다. 이 자리에서는 학술장려상으로 헌법부문에는 정연주(동국대), 이욱환(숙명여대), 행정법부문에는 박정훈(서울대) 교수가 수상하였다. 10월 20일에는 국제학술대회를, 11월 17일에는 정당과 선거관련 학술대회(장영수, 한국헌법의 장래와 정당민주화의 의미; 음선필, 정당과 선거제도; 박인수, 정당제민주주의와 국회의 구성 · 운영)를, 12월 15일에는 원로학자의 학계회고를 마련한 바 있다. 이들 학술대회에서 발표된 논문은 『공법연구』지에 게재되어 있으므로 『공법연구』의 소개로 대신한다. 공법학회의 학회지인 『공법연구』는 2000년 이래 계간으로 간행되고 있다.

(2) 한국헌법학회

한국헌법학회도 연간 2~3차례에 걸쳐서 학술대회를 개최하고 있고, 연구지 『헌법학연구』를 간행하고 있다. 금년에는 제15회 학술대회를 법조인력에 관해서, 제16회 학술대회는 국제학술대회를 헌법상 사법개혁으로 개최한 바 있다. 특히 이 자리에는 오랜만에 한불국제학술대회를 개최한 바 있다. 또한 제17회 학술대회는 21세기 한국헌법의 과제로 경북대학교에서 개최한 바 있다.

(3) 미국헌법학회

미국헌법학회(회장: 문홍주 박사)가 간행하는 『미국헌법연구』 제12호가 간행되었다.

(4) 국제헌법학회 한국학회

국제헌법학회 한국학회(회장: 김철수 교수)가 발간하는 『세계헌법연구』 제6호가 간행되었다.

(5) 공법이론과 판례연구회

공법이론과 판례연구회(회장: 조병륜 교수)는 매월 월례발표회를 갖고 있다.

제70회(2001. 3. 9) 신평, 명예훼손에 있어서 헌법적 가치의 조화

제71회(2001. 4. 13) 백윤철, 지방자치단체의 행위에 대한 국가의 통제 - 프랑스의 경우를 중심으로

제72회(2001. 5. 11) 김효전, 한국에 있어서 일본 헌법이론의 초기수용

제73회(2001. 6. 8) 송기춘, 헌법재판소 심판사건누계표에 나타난 법관의 헌법판단의 수준 분석

제74회(2001. 9. 14) 우자키 마사히로(右崎正博), 일본에서의 헌법개정의 한계이론

제75회(2001. 10. 12) 김도균, 기본권과 도덕적 권리에 관한 법철학적 고찰

제76회(2001. 11. 9) 한위수, 정보공개청구사건의 재판실무상 제문제

제77회(2001. 12. 14) 이헌환, 이용호 의혹사건 특별검사법 검토

(6) 헌법판례연구회

헌법판례연구회(회장: 허영 교수)가 그간의 연구 성과를 모아서 헌법판례연구회 편, 『헌법판례연구(3)』(박영사, 2001)를 간행하였다.

(7) 헌법실무연구회

헌법실무연구회(회장: 김영일 헌법재판관)에는 헌법재판소 연구관들을 중심으로 학자들도 동참하고 있다. 발표회는 헌법재판소 회의실에서 개최하고 있다. 작년에 이어 금년에도 그간의 연구회 성과물을 모아서 『헌법실무연구(2)』를 간행한 바 있다.

제15회(2001. 1. 5) 허종렬, 헌법상 사립학교의 자유와 헌법재판의 동향

제16회(2001. 2. 2) 황성기, 청소년 보호를 위한 표현물 규제시스템의 헌법적 고찰 - 구청소년보호법 제2조 제3호 가목 등 위헌제청사건 등에 대한 평석을 중심으로

제17회(2001. 3. 2) 박선영, 헌법소원사건 결정을 통해서 본 언론에 의한 명예훼손의 법리

제18회(2001. 4. 6) 정연주, 서울대 입시요강사건 - 헌재 1992. 10. 1. 92

헌마 68 · 76(병합)

제19회(2001. 5. 4) 정태호, 미국과 독일의 규범통제에서의 심사도구 비교

제20회(2001. 6. 8) 김종철, 사립대학교수 재임용제의 헌법적 근거와 한계 - 사립학교법 제53조의2의 제3항에 대한 헌법소원결정을 중심으로

제21회(2001. 7. 6) 박진완, 가변적이고 예측불가능한 상황에서의 헌법해석 - 헌재 92 헌바 6 결정을 중심으로

제22회(2001. 9. 7) 유진식, 대통령 직속기관의 설치와 직무범위 - 헌재 1994. 4. 28. 89 헌마 221(각하 · 합헌) 결정

제23회(2001. 10. 12) 홍성방, 헌법재판소와 사회적 기본권

제24회(2001. 11. 2) 김형성, 과잉금지의 원칙과 적용상의 문제점

제25회(2001. 12. 7) 강희원, 근로자의 쟁의(행위)권의 행사와 공공복리 - 헌재 1996. 12. 26 선고, 90 헌바 19 결정, 92 헌바 41 결정, 94 헌바 49 결정과 관련하여

(8) 한국비교공법학회

종래의 '영남공법학회'는 2000. 11. 4.의 임시총회에서 명칭을 '한국비교공법학회'로 바꾸고 회장에 이종상 교수를 선출하고 서주실 전회장을 명예회장으로 재추대하였다. 학술대회의 활동은 다음과 같다. 상세한 것은 『한국비교공법학회 25년사; 1984-2009』 참조.

제28회(2001. 6. 23) 경남대학교 대회의실.

송기춘(경남대) 헌법재판소 심판사건 누계표에 나타난 법관의 헌법판단

이동훈(세명대) 디지털시대에서의 언론자유의 재정립

학위논문 발표

양상열(독일 Trier대 법학박사) 바이마르 헌법 제48조 제2항과 독일 기본법 제21조 제2항 적용 하에 반국가적 헌법적대적 정당 및 정치적 결사단체의 활동제한과 금지

이상윤(동아대 법학박사) 일본국 헌법상의 의원내각제에 관한 연구

제29회(2001. 12. 8) 대구대 법대 강당. 주제 「기본권의 제한과 공법상의 권리보호」

윤재만(대구대) 기본권의 제한에 대한 소고

(9) 한국지방자치법학회

한국지방자치법학회(회장: 홍정선)가 창립되어 본격적인 활동에 들어갔다. 이 학회는 공법교수뿐만 아니라 법학의 전분야에서 참여하고, 또한 지방행정실무가들이 적극 참여함으로써 앞으로의 활동이 기대된다.

(2001. 11. 14) 지방친화적 지방자치를 위한 법제 개혁방안
박정훈, 지방자치단체의 자치권보장을 위한 행정소송과 헌법소송
김유환, 지방자치단체의 행정사무에 대한 감사체제
류지태, 지방자치단체장의 선임방법
신봉기, 자치입법권의 범위와 실효성 확보방안

3. 2002년도 학회활동

한국공법학회와 한국헌법학회를 중심으로 한 학회활동이 매우 활성화되어 있고, 학회 연구지의 간행도 그 질적 수준을 제고하고 있음은 매우 바람직한 방향이다.

(1) 한국공법학회

한국공법학회는 관례에 따라 매월 세 번째 토요일에 월례학술발표회를 갖고 있다.

제99회(2002. 3. 16) (토) 헌법재판소 대강당. 「공법학의 최근 동향」이라는 주제로 관례에 따라 신진학자들의 발표장이 마련되었다.
황인호(건국대 박사) 개인정보보호제도에서의 규제에 관한 연구
임현(독일 레겐스부르크대 박사) 사용자의 소득에 따른 사용료 차등부과의 문제
함태성(경희대 박사) 환경영향 평가제도에 관한 공법적 고찰
강현철(한국외대 박사) 통일헌법상의 정부형태에 관한 연구 - 이원정부제를 중심으로

옥기진(경희대 박사) 미국통신법의 변천
박민규(미국 위스콘신대 박사) 공유수면매립면허업무의 지방이양과 시민참여
정지승(서울대 박사) 경제규제입법에 있어서 공익과 사익
박종수(독일 레겐스부르크대 박사) 공공주체가 운영하는 생존배려시설의 납세 의무
조소영(연세대 박사) 미국 수정헌법 제1조에 대한 제한방법론의 연구
김치환(일본 히토쯔바시대 박사) 도로건설의 민영화 - 독일사회의 논의를 중심으로
정하명(미국 위스콘신대 박사) 위임금지원칙에 대한 미국연방법원의 새로운 판결례

제100회(2002. 5. 18) (土) 헌법재판소 대강당. 후원: 아데나워재단. 주제: 참여와 협력에 의한 행정과 행정법
박정훈(서울대) 독일에서의 참여와 협력에 의한 행정과 행정법
한견우(연세대) 프랑스에서의 참여와 협력에 의한 행정과 행정법
김유환(이화여대) 미국에서의 참여와 협력에 의한 행정과 행정법
오준근(경희대) 한국에서의 참여와 협력에 의한 행정과 행정법

◇ 속초연찬회(2001. 7. 13.~14) 대한주택공사 속초연수원. 주제:「공법과 공법학의 과거 · 현재 · 미래」
김종철(한양대) 판례에 나타난 공사법구별론에 대한 한 단상
김남철(부산외대) 행정법판례의 경향

(2002. 5. 30) 감사원 대강당. 한국공법학회 · 감사원 공동학술세미나. 주제:「국민의 권익보호와 감사원의 역할」
박원순(참여연대) 열린감사 발전방안 - 감사청구제도를 중심으로
김유환(중앙대) 감사원 심사청구제도의 발전방안
윤영일(감사원) 국민의 권익보호를 위한 감사발전방안

제101회(2002. 7. 4.~5) 서울 타워호텔 그랜드 볼룸. 2002년 연차학술대회
주제:「차기정부에서의 공법적 개혁과제」
송석윤(성신여대 교수) 헌법의 관점에서 본 정치개혁
이원우(한양대 교수) 공기업민영화와 공공성확보를 위한 제도개혁의 과제
전광석(연세대 교수) 사회변화와 헌법과제로서의 복지국가의 실현
이경운(전남대 교수) 차기정부의 교육부문 개혁과제
김선욱(이화여대 교수) 차기정부의 여성부문 개혁과제

제102회(2002. 9. 14) (土) 서울 리츠칼튼 호텔 금강룸. 주제: 「한·중 IT 관련법제 현황 및 협력 세미나」

김하록(중국 연변대 법률학부 교수) 중국의 WTO 가입에 따른 IT 관련 법제도 정비방향

정준현(선문대 법학과 교수) WTO 체제하에서 바람직한 정보통신법제

류지태(고려대 법학) 한국의 외국IT기업에 대한 법적 규율

Shenweili(중국 사회과학원) 중국의 외국 IT기업에 대한 법적 규율

제103회(2002. 10. 18) (금) 헌법재판소 대강당. 주제 : 「유신헌법 30년: 회고와 반성」

성낙인(서울대) 유신헌법에 대한 역사적 평가

김승환(전북대) 헌법학이론의 전개

박인수(영남대) 행정국가와 입법권

신평(대구가톨릭대) 사법권의 독립

제104회(2002. 11. 16) (토) 헌법재판소 대강당. 주제: 「신정부출범에 즈음한 정부조직개편방향」

선정원(명지대) 행정부처조직의 개편방향

김해룡(계명대) 지방행정조직의 개편방향

김종철(한양대) 감사조직의 개편방향

제105회(2002. 12. 21) (토) 헌법재판소 대강당. 주제: 「행정소송제도의 개선방향」

(기조발표) 최송화(서울대) 현행 행정소송법의 입법경위

정하중(서강대) 행정소송법의 개정방향

박정훈(서울대) 행정소송법 개혁의 과제

2002년 7월 교육문화회관에서 열린 정기총회에서 석종현 회장의 뒤를 이어 김효전 교수가 회장에 취임하였으며, 박수혁 교수가 차기 회장에 당선되었다.

(2) 한국헌법학회

한국헌법학회는 연간 2~3차례에 걸쳐서 학술대회를 개최하였으며 금년에도 매우 활발하게 학술대회를 개최하였다. 연구지 『헌법학연구』를 간행하였다.

제20회(2002. 2. 2) 건국대. 주제: 「한국헌정사와 비교헌법분야의 새로운 동향」

이상윤 박사, 일본의 참의원제도에 관한 연구
이영록 교수, 헌법 및 정부조직법의 기초위원회(1948)의 정치적·사상적 역학관계에 관한 분석
제21회(2002. 4. 20) 연세대 광복관. 주제: 「입헌민주주의의 실현과 정당」
방승주 교수, 권력구조의 민주화와 정당
이종수 교수, 선거과정의 민주화와 정당
박병섭 교수, 국회기능의 정상화와 정당
제22회 학술대회(2002. 6. 1) 고려대 법학관. 주제: 「헌법학의 기초이론과 현안」
신평 교수, 헌법이념을 구현하는 사법개혁
박인수 교수, 프랑스의 대통령선거제도
서보건 박사, 국적 관련 헌법판례연구
박진완 교수, 헌법해석과 헌법변천
제23회 학술대회 겸 정기총회(2002. 10. 19) 헌법재판소 대강당
제1부 역사와 헌법 제3회 - 김철수 박사
제2부 국가인권위원회의 현황과 과제
곽노현 박사, 국가인권위원회의 지위와 역할: 국가인권위원회법의 제정과정과 현행법의 문제점을 중심으로
정경수 박사, 국제인권법의 국내법적 적용
한상희 박사, 국가인권위원회법 제30조의 해석론
제24회 학술대회(2002. 12. 4.) 프레스 센터. 「대통령선거와 정부권력의 과제」
강경근 교수, 대통령직 교체와 정부권력의 과제
도회근 교수, 정치권력과 국민의 기본권보장
서보학 박사, 수사권의 중립을 위한 수사권의 합리적 배분

(3) 미국헌법학회

미국헌법학회(회장: 문홍주 박사)가 간행하는 『미국헌법연구』 제13호가 간행되었다.

(4) 국제헌법학회 한국학회

국제헌법학회 한국학회는 그간 김철수 교수가 회장을 맡아 왔으나, 김철수

교수가 국제헌법학회 부회장으로 피선됨에 따라 조병윤 교수가 새로 회장에 취임하였다.

국제헌법학회 한국학회는 명지대학교 국제인권교육연구센터와 공동으로 「세계화와 인권국가」라는 주제로 국제학술대회를 개최한 바 있다(2002. 8. 30). 학술대회의 주제와 발표 내용은 다음과 같다.

(기조발제) 김철수 교수, 세계화와 인권국가의 서론적 고찰

제1주제: 세계화와 인간의 존엄성의 실현방안

Franck Moderne 교수, 프랑스에 있어서 인간의 존엄성과 인권의 보장

Marc Agi 이사장, 프랑스의 인권관련 정치·사회적 제문제에 있어서 국가인권자문위원회의 역할과 중요성

제2주제: 세계화와 인권보장의 과제

Marc Agi 이사장, 프랑스에 있어서 인권교육의 세계화시도와 그 추진방안

양건 교수, 한국의 인권보장의 과제와 실천방안

제3주제: 세계화와 아시아의 인권보장제도

江橋 崇 교수, 일본의 인권보장제도

박홍우 판사, 한국의 인권보장제도

제4주제: 세계화와 NGO의 시민인권운동

Mo Jihong 교수, 인권의 세계화와 국제 NGO의 역할

김대인 총재, 동북아의 인권과 사법 그리고 NGO의 역할

류은숙 위원, 한국 NGO의 인권운동의 성과와 과제

(5) 공법이론과 판례연구회

공법이론과 판례연구회는 조병윤 교수에 이어 황우여 의원이 회장으로 취임하였다. 매월 2번째 금요일에 월례발표회를 갖고 있다.

제78회(2002. 3. 8) 신평 교수, 헌법이념을 구현하는 사법개혁

제79회(2002. 4. 12) 정영화 교수, 대학의 자치와 기부금 입학제

제80회(2002. 5. 10) 김웅규 박사, 미국에서의 상업적 언론의 헌법상 보장

제81회(2002. 6. 14) 송기춘 교수, 개인택시운송사업면허제도의 헌법적 문제점

제82회(2002. 10. 11) 이헌환 교수, 해방 후 남한정부의 친일잔재청산 -

법제도적 측면에서

第83회(2002. 11. 8) 장명봉 교수, 신의주특별행정구기본법과 홍콩특별행정구기본법에 관한 고찰

第84회(2002. 12. 20) 이성환 교수, 과거 권위주의 청산과 민주화 보상문제

(6) 헌법판례연구회

헌법판례연구회(회장: 허영 교수)가 그간의 연구성과를 모아서 헌법판례연구회 편, 『헌법판례연구(4)』(박영사, 2002)를 간행하였다.

(7) 헌법실무연구회

헌법실무연구회에는 헌법재판소 연구관들을 중심으로 학자들도 동참하고 있다. 그간 회장을 수행하던 김영일 재판관에 이어 새로 권성 재판관이 제3대 회장으로 취임하였다. 연구회는 매월 첫째 금요일 저녁에 헌법재판소 회의실에서 개최하고 있다. 작년에 이어 금년에도 그간의 연구회 성과물을 모아서 『헌법실무연구(3)』를 간행한 바 있다. 발표의 구체적 내용은 『헌법실무연구』에 게재되어 있으므로 이를 생략한다.

(8) 한국지방자치법학회

한국지방자치법학회(회장: 홍정선 교수)는 제3회 학술발표대회(2002. 4. 12)를 부산 동아대학교 후원으로 부산 롯데호텔에서 개최한 바 있다. 「지방재정 건전화를 위한 지방세제 및 재정법제의 개선방안」이라는 주제로 정만희 교수의 「헌법적 관점에서 본 지방자치법제의 발전방향」 등 5편의 논문이 발표되었다.

또한 제4회 학술대회는 일본의 헌법이론연구회(회장: 右崎正博 교수)와 공동으로 11월 30일~12월 1일 양일간 일본 동경 사학회관에서 국제학술대회를 개최한 바 있다. 이 자리에는 국내에서 약 40명에 이르는 회원들이 참가하여 일본측 관계자들을 놀라게 하였다.

◇ 초청세미나는 재일동경한국청년회 후원으로 개최된 바 있다.

일시: 2002. 11. 30. (土) 주제: 「재일 동포의 법적 지위」

발표자: 김부찬(제주대)/ 토론자: 김재호(충남대)

◇ 학술대회

일시: 2002. 12. 1. (일) 장소: 일본 사학회관 대회의실

김영천(서울시립대)/ 杉原泰雄(駿河台大) 지방자치의 헌법적 기초

옥무석 · 최승원(이화여대)/ 仲地博(琉球大) 국가와 지방자치단체의 관계

김남철(부산외대)/ 桑原勇進(東海大) 국가와 지방간의 분쟁해결시스템

이 학회는 공법교수뿐만 아니라 법학의 전분야에서 참여하고 또한 지방행정실무가들이 적극 참여함으로써 앞으로의 활동이 기대된다.

(9) 한국교육법학회

한국교육법학회(회장: 양건 교수)도 그간 『한국교육법연구』 제6집 · 제7집을 통합호로 발간하였다. 또한 「교과서제도의 재검토」라는 주제로 한양대 제2법학관에서 제10회 학술대회(2002. 9. 28)를 개최한 바 있다.

홍후조 교수, 교과서제도의 현황 · 문제점 · 개선방향에 관한 소고

김유환 교수, 교과서국정 및 검인정제도의 법적 문제

(10) 한국비교공법학회

제30회(2002. 6. 8) 동의대 행정대학원. 「지방선거와 지방자치제도」

정연철(동의대) 조례제정권의 범위와 성질

제31회(2002. 12. 7) 경북대 국제회의장. 「기본권의 보장과 헌법재판」

김승환(전북대) 독일 기본법상 직업의 자유

김상겸(동국대) 헌법재판과 가처분

유일언(충남대) 부부자산소득 합산과세제도의 위헌성 여부에 대한 검토

4. 2003년도 학회회고

(1) 한국공법학회

제106회(2003. 2. 21) (금) 헌법재판소 대강당. 「독립행정청에 의한 금융행정」

김상겸(동국대) 금융감독체계에 관한 법적 고찰

강현호(성균관대) 금융감독원의 법적 성격
정하명(삼척대) 미국행정법에서 독립규제위원회의 법적 지위
제107회(2003. 3. 15) (토) 헌법재판소 대강당.「공법학연구의 최근동향」
신평(대구 가톨릭대) 새로운 명예훼손법체계에 관한 연구
최윤철(독일 함부르크 대학) 입법자의 법률상 하자 제거의무
임규철(독일 트리어 대학) 개인정보자기결정권과 개인정보보호법제 비교연구
이기춘(고려대) 경찰책임귀속법리의 현대적 조명
이현수(서울대) 행정소송상 예방적 구제에 관한 연구
제108회 학술발표회(2003. 5. 17) (토) 헌법재판소 대강당. 「제헌기의 한국헌정」
(기조발제) 문홍주(명예회장) 한국헌정사의 회고
이경주(인하대) 미군정사료와 헌정사
서희경(서울대) 건국헌법의 기초와 수정 - 정부형태를 중심으로
오동석(동국대) 지방자치제의 형성과정 - 해방 후부터 지방자치법 제정까지
제109회(2003. 6. 30-7. 1)「헌법재판과 행정소송」
강경근(숭실대) 헌법과 행정법
선정원(명지대) 권위들의 충돌과 합법성 심사의 발전방향
박진완(경북대) 헌법재판과 헌법해석
남복현(호원대) 헌법재판소와 대법원의 관할문제
제110회(2003. 9. 20) (토) 헌법재판소 대강당.「참여민주주의와 참여정부의 공법적 과제」
방승주(영산대) 참여와 민주적 정당성
정영화(서경대) 한국 참여민주주의의 헌법적 과제와 평가 - 한국 대의민주주의의 위기는 극복될 수 있는가?
김재호(충남대) 신행정수도 건설의 배경과 법적 과제
김병기(아주대) 신행정수도건설특별조치법(안)의 내용과 법적 문제점
제111회(2003. 10. 25) (토) 헌법재판소 대강당. 국제학술발표회「법치국가·법치행정에 대한 재검토」
Rainer Pitschas : 행정의 법치국가적 적법성과 행정의 전문정책적 자치 사이의 독일행정법
阿部泰隆: 법치국가의 충실을 위한 법개혁, 행정소송개혁 - 일본에서의 阿部泰隆의 제안
이국운(한동대) 법치와 분권 - 한국사회에서 다원주의 헌법이론의 전망

선정원(명지대) 법치주의와 행정개혁

제112회(2003. 11. 29) (토) 헌법재판소 대강당. 주제「국민투표 및 주민투표와 공법」

박인수(영남대) 대표제 민주주의와 국민투표

김선택(고려대) 재신임국민투표의 법률적 무의미성과 정치적 유의미성

음선필(순천향대) 대통령 재신임 국민투표의 위헌성 논의

김중권(충북대) 주민투표법안의 문제점에 관한 소고 - 지방자치의 Up-grade인가 공법질서의 혼란유발원인가?

제113회(2003. 12. 20) (토) 헌법재판소 대강당. 「헌법상의 경제조항과 경제행정법」

김문현(이화여대) 재산권의 사회구속성과 공용수용의 체계에 대한 검토 - 소위 '분리이론'의 한국헌법상 수용에 대한 평가를 중심으로

김해룡(한국외대) 경제성원리의 행정법에의 수용

길준규(호남대) 경제행정법상의 분쟁해결제도의 고찰 - 행정권과 사법권의 충돌과 조화

(2) 한국헌법학회

제9대 최용기 회장(2002. 10~2003. 9), 제10대 권형준 회장(2003. 10.~2004. 9) → 2003년

(3) 국제헌법학회 한국학회

→ 2003년

(4) 한국비교공법학회

제32회(2003. 6. 21) 충남대 법대 모의법정. 주제「헌법의 해석과 행정법의 역할」

명재진 교수(충남대) 기본권의 객관적 질서성

장선희 박사(창원대) 국가채무의 헌법적 한계

제33회(2003. 12. 29) 전주대학교 본부회관 대회의실. 「권력분립주의와 민주주의」

남복현(호원대) 정당국가에서의 대통령의 역할
이재명(안동대) 정당과 시민단체

5. 2004년도 학술대회

헌법학계의 학술발표와 논문발표는 다양한 분야와 주제에 걸쳐 이루어졌다. 과거에 비하여 연구의 범위와 층이 넓고 두터워졌다고 할 것이다. 특히 헌법재판소의 결정과 정치현실에서의 문제와 관련하여 의회민주주의와 직접민주주의, 재신임국민투표, 탄핵심판, 정보기술발달과 개인정보보호, 지방분권, 상징적 표현 등에 관한 발표와 논문이 많았다.

(1) 공법학회

제114회(2004. 2. 21) 주제:「공법학 연구의 최근동향」
강승식(한양대 박사) 미국에서의 권력분립에 관한 연구
권건보(서울대 박사) 자기정보통제권에 관한 연구
김선화(이화여대 박사) 미국 헌법상 정치문제에 관한 이론
제115회(2004. 3. 20) 헌재 대강당.「체제전환과 민주화이행 및 통일과정에서의 공법적 대응법」
한상희(건국대 법대 교수) 한국 민주화 과정에서의 헌법(학)의 과제
장명봉(국민대 법대 교수) 북한의 대내외 환경변화와 헌법 및 경제변화
鮎京正訓, 아시아 체제이행국가들에 있어서의 법정비·법정비지원의 현상과 과제 - 개발원조의 법전략학의 창조를 위하여
제116회(2004. 4. 19) 프레스센터 20층 국제회의장.「국회와 행정부와의 관계」
박종보(한양대 법대 교수) 국회의 대정부통제권 - 대통령탄핵을 중심으로
장영수(고려대 법대 교수) 국회의 기능활성화와 제어 - 국회의 대정부통제기능과 그에 대한 통제를 중심으로
홍준형(서울대 교수) 행정입법에 대한 국회의 통제
제117회 국제학술대회(2004. 6. 5) 헌재 대강당
권건보(서울대 박사) 유비쿼터스에 의한 개인정보침해와 그 법적 대응방안
홍준형(서울대 교수) 유비쿼터스 환경에서의 개인정보보호 - 법정책적 고찰
이창범(개인정보분쟁조정위원회) 정보기술의 발달과 개인정보침해에 관한

법적 고찰

紙野健二(나고야대) 일본에서의 개인정보보호법제의 내용과 문제점

劉太剛(중국인민대) 중국에서의 개인정보법제의 현황과 전망

◇ 정기총회 및 학술대회(2004. 7. 1.~7. 2) 주제:「지방분권의 공법적 과제」

정만희(동아대 법대 교수) 지방선거와 정당참여의 헌법적 고찰

김명길(부산대 법대 교수) 지방자치에서의 직접민주제

김해룡(한국외국어대 법대 교수) 지방자치권 보장을 위한 법적 과제

이병훈(전주대 법대 교수) 지방분권의 이념과 현실

제118회(2004. 9. 18) 헌재 대강당.「의회민주주의의 위기와 직접민주주의의 도전」

권영설(중앙대 법대 교수) 대의민주주의와 직접민주주의

이성환(국민대 법대 교수) 국민소환제의 헌법적 검토

신봉기(동아대 법대 교수) 지방자치에 있어서 직접민주주의방식의 도입

제119회 학술대회(2004. 10. 29) 국회 헌정기념관 대강당.「의원입법의 발전방안」

최윤철(건국대 법대 교수) 의원입법의 개선·발전방안 모색

김승환(전북대 법대 교수) 의원입법의 평가와 발전에 관한 이론적 검토

박봉국(천안대 법정학부 초빙교수) 의원입법 보좌기능의 전문화 방안

이한길(국회 법제실장) 제16·17대 의원발의 법안의 특성

제120회 학술대회(2004. 12. 18) 헌재 대강당.「국가경제와 공법질서」

(기조강연) 좌승희(한국경제연구원장) 시장과 정부의 역할

이덕연(연세대 교수) 한국헌법의 경제적 좌표: 시장규제의 범위와 한계

이원우(한양대 교수) 변화하는 금융환경과 금융감독체계에 대한 법적 과제

유진식(영산대 교수) 경제규제행정법에서 비권력적 행정작용

(2) 한국헌법학회

제30회(2004. 3. 26) 프레지던트호텔 산호실. 주제「정치관계법의 개정과 정치개혁의 과제」. 회장 권형준

성낙인(서울대 법대 교수) 개정 국회의원선거법제 관견

박명호(동국대 정치외교학과 교수) 개정 정당법의 검토

이관희(경찰대 교수) 개정 정치자금법의 내용과 문제점

제31회(2004. 6. 25) 헌법재판소 대강당. 주제「의회제도의 개혁방향의 과제」

김선택(고려대 법대 교수) 국회의원의 면책특권·불체포특권 제한입법의 헌법적 한계
임종훈(국회 법제사법위원회 수석전문위원) 국정감사·조사제도의 재조명
박찬표(한국방송광고공사) 국회위원회제도의 이론적 탐색과 개선방향
권영설(중앙대 법대 교수) 국회의사절차의 헌법상 쟁점과 과제
제32회(2004. 10. 16) 주제:「사법개혁의 과제와 대책방향」
김승환(전북대 법대 교수) 사법부 개혁의 올바른 방향
이헌환(서원대 교수) 21세기적 검찰상
김철수(명지대 석좌교수) 로스쿨제도에 관한 검토
김창록(부산대 법대 교수) 법학전문대학원, 어떻게 만들 것인가?
제33회(2004. 11. 26) 주제:「국가보안법 개폐에 관한 헌법적 평가」
한인섭(서울대 법대 교수) 국가보안법 폐지론
김상겸(동국대 법대 교수) 국가보안법 개정론
제34회 학술대회(2004. 12. 15) 헌법재판소 대강당. 주제:「언론관계법의 개혁방향」
박용상(변호사, 전 헌법재판소 사무처장) 신문법의 개혁방향
박선영(가톨릭대 교수) 방송법의 개혁방향
문재완(단국대 교수) 언론중재법의 개혁방향

(3) 헌법실무연구회

제43회 발표회(2004. 2. 13)
발표: 이덕연(연세대 경법대 교수)
주제: 정당국가적 대의민주제하에서의 선거와 정당에 대한 헌법재판소의 결정평석 - 기탁금, 국회의원의 상임위원회 강제선임조치, 선거권연령기준에 관한 판례를 중심으로
토론: 임종훈(국회 법제사법위원회 수석전문위원)
박인수(영남대 법대 교수)
제44회 발표회(2004. 4. 9)
발표: 이상돈(고려대 법대 교수)
주제: 부실감사죄의 헌법재판 - 헌법재판소의 변형결정의 기속력에 대한 법이론적 이해
토론: 조국(서울대 법대 교수)

김승대(헌법재판소 헌법연구부장)

第45회 발표회(2004. 5. 7)

발표: 이광윤(성균관대 법대 교수)

주제: 지방자치권에 대한 헌법상의 보장 - 강남구청과 대통령간의 권한쟁의 (2003. 10. 31. 2001 헌라 1)

토론: 김해룡(한국외국어대 법대 교수)

홍정선(연세대 법대 교수)

최갑선(헌법재판소 헌법연구관)

第46회 발표회(2004. 6. 4)

발표: 신동운(서울대 법대 교수)

주제: 내사종결처분의 법적 성질 - 2002. 10. 31. 2002 헌마 369 -

토론: 심희기(연세대 경법대 교수)

이석연(변호사)

第47회 발표회(2004. 7. 2)

발표: 김상용(부산대 법대 교수)

주제: 가족법상의 몇 가지 헌법적 문제 - 호주제의 전통성, 자녀의 성, 이혼숙려 기간

토론: 윤진수(서울대 법대 교수)

이상훈(서울고등법원 판사)

第48회 발표회(2004. 9. 3)

발표: 정인섭(서울대 법대 교수)

주제: 헌법재판소 판례의 국제법적 분석

토론: 박찬운(변호사)

이용일(외교통상부 조약국 국제협력과장)

지성수(헌법재판소 헌법연구관)

第49회 발표회(2004. 10. 1)

발표: 윤진수(서울대 법대 교수)

주제: 헌법재판에 있어서의 전통에 대한 심사

토론: 김선택(고려대 법대 교수)

정호경(헌법재판소 헌법연구관)

第50회 발표회(2004. 11. 5)

발표: 박종수(고려대 법대 교수)

주제: 세법상 유형화·포괄화의 이해
토론: 김성수(연세대 경법대 교수)
심인숙(헌법재판소 헌법연구관)
第51회 발표회(2004. 12. 3)
양건(한양대 법대 교수) 2004년 헌법재판의 회고와 전망
김명곤(국립극장장) 헌법과 예술에 대한 단상

(4) 공법이론과 판례연구회

第92회(2004. 3. 12)
특별주제: 조병륜(국제헌법학회 한국학회 회장) 국제헌법학회 제6차 세계대회 참가보고
일반주제: 장용근(서울대 박사) 전자민주주의에 대한 헌법적 고찰
第93회(2004. 4. 2)
김래영 변호사(2004년 한양대 법학박사) 선거여론조사공표금지제도의 위헌성
第94회(2004. 5. 14)
송기춘 교수(전북대) 우리 헌법상 대통령탄핵제도에 대한 소고
第95회(2004. 6. 11)
이부하 박사, 재판의 전제성의 구성요건
第96회(2004. 9. 10)
김도협 박사, 독일연방정부에 대한 일 고찰
第97회(2004. 10. 8)
권건보 교수(명지대) 신원조사제도의 공법적 문제점과 개선방안
第98회(2004. 11. 12)
이인호 교수(중앙대) 미국헌법재판에 비추어 본 한국헌법재판의 문제점
第99회(2004. 12. 16)
박인수 교수(영남대) EU헌법의 제정 배경과 주요 내용

(5) 한국교육법학회 (회장 김문현: 이화여대 법대 교수)

2004년 학술발표회(2004. 12. 10) 주제:「교원단체의 법적 지위」
김종철(연세대 법대 교수) 교원단체의 법적 지위와 관련한 교육법적 문제

이상윤(연세대 법대 교수) 교원노조의 노동법상 지위
박종보(한양대 법대 교수) 교원단체의 헌법상 지위

(6) 국제헌법학회 한국학회

국제학술대회(2004. 12. 17) 주제: 「중국헌법상 경제질서의 변모와 중국투자의 법적 문제」
金嚥(북경 金平律師事務所 변호사) 중국의 대외경제체제의 변모와 중국투자의 법적 문제
李旭(중국 천진대 교수) 중국 헌법상 경제질서와 중국투자의 법적 문제
李居遷(중국정법대학 교수) 중국의 WTO가입과 중국대외무역 법체계의 변화
金嚥(북경 金平律師事務所 변호사) 중국투자의 법적 문제와 분쟁예방 및 해결방안
沙上川(상해 湖西律師事務所 변호사) 한국기업의 중국시장진출에 관한 법적 문제

(7) 한국비교공법학회

제34회(2004. 6. 26) 창원대 모의법정실. 「공법상의 차별과 극복방안」
조재현(천안대) 헌법상 연령차별의 문제와 극복방안
조홍석(경북대) 국립대학의 교수임용과 보직에서의 양성평등 실현방안
제35회(2004. 11. 20) 영남대 국제관. 유럽헌법연구회와 공동주최 「유럽 헌법의 제정과 그 쟁점」
박진완(경북대) 유럽 헌법 제정에 관한 논의
채형복(영남대) 유럽 헌법의 쟁점과 전망
전학선(단국대) 유럽 연합의 국가성과 법적 성격
서보건 박사(헌재) 일본에서의 유럽 헌법의 논의
제36회(2004. 12. 17) 동아대 법대 대강당. 「헌법재판과 행정소송」
김상겸(동국대) 헌법재판소법의 문제점과 개선방안
방승주(영산대) 수도가 서울이라는 사실이 과연 관습헌법인가?

6. 2005년도 학회활동

(1) 한국공법학회

제120회(2005. 2. 19) 헌재 대강당.「공법학 연구의 최근 동향」
최우정(Leipzig대) 인터넷영역에서의 공영방송의 기본권행위능력
권형둔(Bielefeld대) 정보화사회와 방송의 자유
전훈(Aix-Marseilles III대) 보충성 원칙과 실험법
노청석(연세대) 한국과 중국의 법원관할에 관한 비교 연구
제121회(2005. 4. 30) 헌재 대강당.「헌법재판의 최근 국제적 동향」
Michael Brenner(독일 예나대) 독일에서의 헌법재판과 정치
Amarsanna Jugnee(몽고 국립 법률센터 소장) 몽고 헌법재판의 제도와 실제: 큰 정치적 의미를 지닌 판례를 중심으로
蘇永欽(대만국립정치대) 대만의 헌법재판과 정치
김문현(이화여대) 정신적 자유권 관련 몇 가지 헌법재판소 결정에 관한 관견
조홍석(경북대) 평등권에 관한 헌법재판소 판례의 평가
김성수(한양대) 경제질서와 재산권에 관한 헌법재판소 판례의 평가와 전망
김선택(고려대) 국가기능체계에 있어서 헌법재판소의 역할과 한계 - 국가조직관련 헌법재판소 판례의 동향과 전망
제122회(2005. 5. 28) 한양대 HIT관.「동아시아의 평화·번영과 공법질서의 변화」
吳新平(중국사회과학원) 중국 헌법의 변화와 동향
水島朝穗(일본 와세다대) 일본에서의 개헌의 동향
정영화, 남북의 평화·번영을 위한 헌법적 과제
박정원, 탈북자의 인권보장
김래영, 개정 선거법의 문제점과 개선방향
김수갑, 정당법의 문제점과 개선방향
박인수, EU헌법의 내용과 특징
박진완, EU헌법의 기본권 보장
제123회(2005. 7. 1) 전북대.「헌법개정, 어떻게 볼 것인가」
문광삼, 통치구조 개편의 쟁점과 방향
김승환, 기본권 규정 및 기타 분야의 개정 과제
도회근, 공법학자 설문조사 결과 분석

제124회(2005. 9. 24)「민주화운동과 보상법제」

이영제, 민주화운동관련자명예회복및보상등에관한법률(민주화보상법)의 현황과 문제점

명재진, 민주화보상법의 헌법적 문제점

제125회(2005. 11. 18)「입법과정의 현황과 개선 방안」

권영설, 국회입법과정에 대한 헌법체계적 고찰

임중호, 입법과정의 개선 및 발전방향

김춘환, 위임입법의 한계와 통제

박영도, 의원입법의 타당성·효율성에 대한 검토와 개선 방안

제126회(2005. 12. 10)「현정부의 부동산정책에 대한 공법적 검토」

정극원, 현정부의 부동산정책에 대한 헌법적 검토

(2) 한국헌법학회

한국헌법학회의 학술활동도 점차 활발해지고 있다. 2005년에는 국제학술대회를 포함한 5회의 학술대회를 통하여 다양한 주제에 대한 발표와 토론이 있었다.

제35회(2005. 1. 26)「사립학교법의 개혁방향」

이시우, 학교법인 이사회와의 관계

김선택, 대학자치와의 관계

허종렬, (초·중·고) 학교자치와의 관계

제36회(2005. 5. 21)「헌법재판소의 발전방향」

김종철, 헌법재판소 구성상의 문제

정연주, 헌법재판소 직무상의 문제

박진완, 헌법재판소와 국회와의 관계

제37회(2005. 8. 26) 학술대회 겸 제5회 국제학술대회.「국회 국정감시·통제기능의 합리화 방안」

Louis Fisher, 미국의 경우

大石 眞, 일본의 경우

Philip Kunig, 독일의 경우

Claire Lajaunie, 프랑스의 경우

이관희, 한국의 경우

第38회(2005. 9. 7)「기초자치단체선거 '정당공천제' 무엇이 문제인가?」
이기우, 기초자치단체선거 '정당공천제' 무엇이 문제인가?
第39회(2005. 11. 4)「통치구조 운영과 지방자치의 헌법적 고찰」
김주환, 헌법불합치결정의 적용영역과 그 효과
조소영, 인터넷 선거운동에 대한 헌법적 고찰
김도협, 독일 의원내각제 이론의 한국적 시사점
장용근, 지방분권과 지방자치의 헌법적 고찰

(3) 국제헌법학회 한국학회

국제헌법학회 한국학회에서는 2005년에 2회의 학술대회를 개최하였으며, 다음과 같은 발표가 있었다.

2005 춘계 학술대회(2005. 4. 22)「참여민주주의와 국가경쟁력」
이종수, 참여민주주의 실현과 국가경쟁력
정영화, 의회제도와 국가경쟁력
송기춘, 정부형태와 국가경쟁력
2005 추계 학술대회(2005. 11. 18)「유럽통합과 헌법문제」
박인수, 유럽헌법의 과제와 전망
채형복, 유럽헌법과 연합기관의 법적 지위와 역할
전학선, 유럽통합과 인권

(4) 비교공법학회

2005년 비교공법학회에서는 1회의 학술발표대회가 있었다.

第37회(2005. 6. 25) 주제:「현대사회에 있어서 공법적 쟁점」
이동훈(세명대) 유비쿼터스 사회에서의 언론권의 해석론 - 정보파놉티콘과 정보시놉티콘을 중심으로
최우정 박사(경북대) Quo Vadis Ubiquitous - 유비쿼터스 환경에서의 방송과 관련된 공법적 문제점을 중심으로
한귀현(순천대) 우리나라 개인정보보호법제의 동향과 개선방향

김재광 박사(한국법제연구원) 영미법계 국가의 개인정보보호법제의 동향과 함의

7. 2006년도 학회회고

(1) 한국공법학회

제127회(2006. 3. 18) (토) 전남대.「참여민주주의의 공법적 분석」
송기춘, 선거과정에의 유권자참여
함인선, 주민소송의 대상에 관한 법적 검토
길준규, 주민소환제도의 입법론적 검토
제128회(2006. 4. 15) 연세대.「공법학 연구의 최근 경향」
김세진, 헌법과 제도
고민수, 방송의 개념과 본질에 관한 헌법학적 연구
박진애, 인터넷에서의 명예보호
홍일선, 독일연방의회 선거에 있어 정당 내부 후보자선정 과정의 헌법적 제문제
차동욱, 한국의 민주화과정에서의 헌법재판소의 역할
최명길, 남북교류협력법제 개선에 관한 연구
강문수, 독일통신법 제76조 제1항의 통신법상 공익목적에 따른 토지사용권
문병효, 독일 재정조정제도의 개혁
김민훈, 세법상 납세자의 지위에 관한 연구
최승필, 아시아 통화통합의 제도적 수렴 조건
한상운, 생태적 환경국가원리에 관한 연구
정문식, 독일 줄기세포법의 헌법적·유럽법적 문제
제129회(2006. 5. 20) (토) 한국외대. 주제:「통일시대를 대비한 헌법개정의 방향」
Prof. Dr. O. Deppenheuer (독일 Köln 대학 교수) 독일의 통일 및 사회통합에 따른 헌법개정의 경험과 그 교훈
Prof. Dr. Leung(홍콩 시립대학교 교수) 중국의 홍콩 통합 및 체제개혁에 따른 헌법개정의 경험과 그 교훈
김문현, 한국의 민주화진전과 시대상황의 변화에 따른 헌법개정의 기본방향
장영수, 국가의 정체성 확립을 위한 헌법총강의 개정방향

정태호, 국민의 기본적 인권의 정합성 제고를 위한 헌법개정의 방향
송석윤, 국가 통치체제의 개편방향
김성수, 헌법상 경제조항의 개정 방향
제130회(2006. 6. 30.~7. 1) 서울교육문화회관.「정부개혁의 공법적 과제」
오준근, 행정조직·인사개혁의 법적 과제
이동식, 공공재정개혁의 법적 과제
방승주, 중앙정부와 지방자치단체와의 관계
강경근, 전자정부의 헌법적 과제
김재광, 전자정부의 행정법적 과제
제131회(2006. 10. 14) 건국대. 주제:「참여민주주의의 공법적 결산 - 참여민주주의의 실현, 공법학자들은 이렇게 본다」
이계수, 참여민주주의의 이상과 현실 - 헌법이론적 진단
이기우, 참여민주주의의 공법적 실험과 그 공과 - 법현실적 평가
김광수, 참여민주주의의 행정법적 대차대조표
김승환, 참여민주주의의 공법적 지평, 희망은 있는가?
제132회(2006. 11. 3) 국회헌정기념관.「한국 헌정에 있어 입법권자의 권위회복을 위한 공법적 실천」
이승우, 한국의 입법권자 본연의 소임을 다하고 있는가?
장영수, 헌법상 입법권자의 임무와 역할 - 이상과 현실
이국운, 한국 헌정에 있어 입법권자의 권위 실추의 진단과 처방 - 입헌적 공화주의의 관점
정종섭, 한국 입법권자의 나아갈 길
제133회(2006. 12. 1) (금) 대한상공회의소.「국가인권위원회 5년, 성과와 과제」
임지봉, 한국사회와 국가인권위원회
김인재, 인권정책 및 법제개선의 성과와 과제
이호중, 교정시설 수용자 인권에 대한 성과와 과제
김명연, 사회복지시설 생활인 인권에 대한 성과와 과제
박선영, 성차별·성희롱 시정에 대한 성과와 과제
설동훈, 외국인 노동자 인권에 대한 성과와 과제
곽노현, 국가인권위원회의 발전방향과 비전

다만, 북한 인권의 관할권 문제에 관련하여 그것을 외면하는 논리로 일관하여

일반인의 비판을 받고 있는 국가인권위원회와 함께 인권의 문제에 대하여 세미나를 열은 점은 곱씹어야 할 부분이다. 역시 이를 논하고 싶었다면 학회의 독자적인 재정과 인적 구성을 하였어야 객관성을 가지게 되어 관심을 끌었을 것이다.

관심을 끈다는 것은 매스컴을 탄다는 말이 아니라 그 결과가 주는 사회적·학문적 영향력을 말한다. 대표적인 헌법 관련 학회는 어떤 주제든지 집행부에서 결정하면 된다는 생각에서 벗어나야 한다. 각 개별 주제를 연구하는 모임에서는 그래도 되겠지만 이미 하나의 제도로서 존재하는 학회에서는 그러면 안 된다.

우선 나처럼 이를 비판하는 사람도 있으려니와(참고로 나도 현재 한국공법학회 부회장이고 한국헌법학회의 부회장을 이미 전에 역임했음에도 불구하고 다시 한 번 그 소임을 맡고 있기도 하다). 무엇보다 시간의 흐름에 선 학계의 선상에서 헌법사적 평가를 받아야 한다는 점 때문이다.

(2) 한국헌법학회

제40회(2006. 3. 24) 헌법재판소 대강당. 주제:「헌법개정의 과제와 전망」회장: 김형성

김형성, 헌법개정의 전망과 과제

권영설, 헌법재판 운영상의 쟁점과 비판적 분석

제41회(2006. 6. 23) 헌법재판소 대강당. 주제:「헌법개정, 무엇을 어떻게 고칠 것인가? - 헌법개정연구위원회 중간보고」

곽상진, 영토조항, 경제질서

김배원, 기본권의 개정방향과 구체적 검토

임종훈, 국가권력구조의 개편방향

김승환, 사법제도 관련 헌법규정의 개정논의

제42회(2006. 9. 16)

이영록, 한국 헌법의 역사적·이념적 기초와 헌법개혁

안경환, 미국 헌법사상과 한국 헌법의 정체성 및 헌법개혁

김효전, 독일 헌법사상과 한국 헌법의 정체성 및 헌법개혁

박인수, 프랑스 헌법사상과 한국 헌법의 정체성 및 헌법개혁

戸波江二 教授(早稻田大), 일본에서의 헌법개혁

제43회(2006. 11. 18)

곽상진·김배원·임종훈·김승환, 헌법개정연구회보고서 발표 및 토론

김선택, 조약체결 및 비준에 관한 국회 동의권에 관한 연구
최원목, 한국통상절차법안의 문제점과 대안

(3) 한국비교공법학회

第38회(2006. 1. 7) 부경대 대연캠퍼스 대회의실.「정치적 민주화의 실현과 공법적 과제」
장영수(고려대) 참여민주주의의 실현방안으로서 국민소환제도의 도입 여부
홍완식(건국대) 지역구도 타파를 위한 선거구제 개편에 관한 헌법적 쟁점
第39회(2006. 6. 17) 창원대 모의법정실.「경제적 민주화의 실현과 공법적 과제」
이부하(영남대) 헌법상의 경제질서와 재산권보장
강경근(숭실대) 재건축사업에 따른 재산권의 제한과 사회적 기속성
김동건(배재대) 공용제한의 법리와 손실보상
길준규(호남대) 재건축 개발이익환수제도의 법적 문제
第40회(2006. 7. 7) 중국 인민대학교.「동아시아 공법의 동향과 과제」
한대원(중국 인민대학) 중국 헌법의 상황과 과제
정현군(중국 수도사범학원) 중국 헌법상 기본권
호금광(중국 인민대학) 중국의 위헌심사제도
조홍석(경북대) 한국 헌법의 기본권 개정 방향
류시조(부산외대) 한국 헌법의 정치제도의 개정 방향
정극원(대구대) 헌법의 정당성
신평(경북대) 한국 헌법재판제도의 기본원리
서보건(경남대) 한국헌법재판소의 형황과 전망
第41회(2006. 11. 4) 대구대 성산홀. 한·중·일·프랑스 국제학술대회.「국제화, 지방분권화의 공법적 대응과 과제」
장 마리 퐁티에(액스 마르세이유 3대학) 국제사회에서의 공법의 과제
장 프레이시네(액스 마르세이유 3대학) 프랑스의 개인정보보호
리우마오린(중국 재정 정법대학) 경전 헌법개념의 반성과 극복
정종길(경기대) 기본권의 국제적 근거와 국내법질서 안에서 그 적용
은숭표(신라대) 세계화 및 지방화 시대에 있어서의 국가와 헌법
윤재만(대구대) 헌법관과 교육자의 교육권
신평(경북대) 21세기 한국 법조의 바람직한 방향 모색

방승주(동아대) 사법질서에 있어서 국가의 기본권보호의무
김형남(경성대) 캐나다 연방대법원의 사법심사제도에 관한 연구
정극원(대구대) 헌법재판을 통한 기본권의 확장

(4) 한국토지공법학회

제49회(2006. 6. 11) 한국감정평가협회 세미나실
김완석, 재건축에 관한 조세법적 검토
성소미, 재건축 초과이익환수법안의 내용과 법적 쟁점
김성수, 재건축 초과이익환수 부담금제도의 위헌성 여부
제50회(2006. 8. 29-30) 서울 교육문화회관. 한독국제학술대회. 주제: 「리스크 사회에서의 공법적 과제」
Prof. Dr. Wolf-Rüdiger Schenke(Mannheim대학교) 경찰법에 있어서의 외관적 위험과 위험혐의
김희곤, 한국 환경법에 있어서의 사전배려
Prof. Dr. Hans-Werner Laubinger(Mainz대학교) 임미시온방지법에 있어서의 위험, 불이익, 부담 그리고 리스크
Prof. Dr. Jan Ziekow(Speyer대학교): 행정에 있어서의 결과평가와 결과관찰
김병기, 한국 행정법에 있어서의 비정형적 행정작용의 법적 문제점
은승표, 리스크사회에서의 국가금융정책
Prof. Dr. Peter Baumeister(Mannheim대학교) 리스크사회에서의 국가배상법적 문제점
강현호, 한국에서의 공법상의 위험책임
강문수, 리스크사회에서의 입법

8. 2007년도 학회활동

(1) 한국공법학회

제134회(2007. 3. 17. (토) 헌법재판소 대강당 「공법학연구의 최근동향」)
김수용(서울대) 해방 후 신국가 수립논의와 미군정청 사법부의 헌법논의
정상우(서울대) 대한민국임시정부 헌법과 1948년 헌법: 미군정기 중간파의

계승의지를 중심으로

김진곤(연세대) 헌법상 노동3권의 보호와 제한에 관한 연구

이희훈(연세대) 현행 집회 및 시위에 관한 법률의 문제점과 개선방안: 집회의 자유에 관한 실체법과 절차법적 제한을 중심으로

강기홍(독일 뮌스터대) 기본법 · 유럽공동체법 · 한국헌법하에서 행정의 규범심사권과 폐기권

김은주(이화여대) 참여 거버넌스를 위한 행정법 연구

권배근(한양대) 경찰상 표준조치의 행위형식

황해봉(법제처) 행정심판제도와 행정심판기관에 관한 연구

김상태(한양대) 국가와 지방자치단체 간 효과적인 분쟁해결시스템의 도입방안에 관한 연구

양승업(강원대) 수자원분쟁의 해결에 관한 연구: 미국의 종족 간 수자원분쟁을 중심으로

제135회(2007. 4. 21. (토) 대법원 16층 회의실, 대법원 헌법연구회 공동주최)

주제: 「헌법실현과 사법의 역할 - 법원에서의 헌법재판을 중심으로」

남복현(호원대) 헌법재판 관할권의 재설계 - 현행 헌법 20년 운영경험을 바탕으로

함인선(전남대) 헌법소원과 항고소송 - 심판대상을 중심으로 하여

김시철 부장판사(대법원 재판연구관) 헌법적 쟁점에 관한 법원의 심리 및 판단

장석조 부장판사(헌법재판소 연구부장) 민사재판과 헌법적 판단

제136회(2007. 5. 18. 헌법재판소 대강당. 「한국과 독일의 정보법 발전」)

콘라트 아데나워 재단 후원

Privatdozent Dr. Matthias Rossi, Entwicklung des Informationsrechts in Deutschland (마티아스 로시, 독일 정보법의 발전 - 정보자유법과 정보보호법)

이인호(중앙대) 한국 정보법의 발전동향 - 정보공개법과 개인정보보호법을 중심으로(Prof.Dr. In-Ho Lee, Entwicklung des Informationsrechts in Korea - Informationsfreiheitsgesetz und Datenschutzgesetz)

Privatdozent Dr. Matthias Rossi, Verwaltungsverfahren und freier Zugang zu öffentlichen Informationen in Deutschland (마티아스 로시, 장경원역, 독일에서의 공공정보에의 자유로운 접근과 행정절차)

신봉기(경북대) 한국의 행정절차와 행정정보에 대한 자유로운 접근(Prof. Dr. Shin, Bong-Ki, Verwaltungsverfahren und freier Zugang zur öffentlichen Information in Korea)

제137회(2007. 6. 12. (화) 서울대학교 근대법학교육 100주년기념관. 「한국 법치주의의 발전」)

송기춘(전북대) 참여정부에서의 법치주의의 발전: 평가와 전망

김중권(중앙대) 참여정부에서의 법치주의의 발전: 평가와 전망

제138회(2007. 6. 29. (금)~30. (토) 교육문화회관 별관, 한국법제연구원 후원: 「한국 법치주의의 전개와 차기정부의 과제」)

최송화, 한국에서의 민주주의와 법치주의의 역사적 전개

David H. Rosenbloom, George W. Bush대통령의 '대통령 일원적 행정부' 이론과 미국에서의 법의 지배

Jörn Axel Kämmerer, 유럽통합의 영향을 받은 독일 법치국가원리 - 전통적 모델에 대한 새로운 도전들

Thierry Rambaud, 2007년 프랑스에서 법치국가의 개념과 그 적용

長谷部恭男, 일본에서의 법치국개념의 계수 - 행정법학에서의 축소와 헌법학에서의 확장

金炯盛, 참여정부의 법치주의

李聖煥, 차기정부에서의 법치주의의 전망

제139회(2007. 9. 8) (토) 헌법재판소 대강당. 「로스쿨도입에 대한 공법학의 대응」

최윤철(건국대) 로스쿨 법제에 대한 입법평가 - 평가요소를 중심으로

황해봉 법제관(법제처) 로스쿨법의 주요 쟁점과 과제

김배원(부산대) 공법학 학문 후속세대 양성 방안 - 법학전문대학원 체제와 공법학 학문후속세대 양성 방안을 중심으로

유진식(전북대) 공법학 학문 후속세대 양성 방안 -일본의 경험을 중심으로 : 공법학 학문 후속세대 양성 방안

이경운(전남대) 법학전문대학원에서의 공법학연구 교수방법 및 커리큘럼 - 행정법을 중심으로

문재완(한국외대) 공법학연구 교수방법 및 공법학 커리큘럼 - 법학전문대학원의 도입과 공법교육의 위기 그리고 그 해결방안의 모색

제140회(2007. 11. 3) (토) 헌법재판소 대강당. 「선진한국을 위한 국가 및 지방자

치단체 관계의 정립」

이기우(인하대) 중앙정부의 조직개편방향

조성규 교수(전북대) 국가와 지방자치단체 간 입법 사무권한 및 재원의 배분

홍준형 교수(서울대) 국가의 입법 및 정책결정에 대한 지방자치단체의 참여

강재규 교수(인제대) New Governance 구현 과제와 전망 - 지방정부차원에서의 문제점과 과제를 중심으로

◇ 공법학회 송년의 밤(2007. 12. 3. (월) 헌법재판소 대강당.「공법학회 역사의 회고」)

허영 교수(공법학회 고문, 전 연세대 교수)

김남진 교수(공법학회 고문, 전 고려대 교수)

김철용 교수(공법학회 고문, 전 건국대 교수)

(2) 한국헌법학회

제44회(2007. 3. 16) 헌법재판소 대강당.「한국 대통령제의 현실과 과제」

정태호(경희대) 대통령 임기제 헌법 개정의 필요성과 정당성

김종철(연세대) 대통령 4년 연임제 '원포인트' 개헌론에 대한 비판적 검토

음선필(순천향대) 대통령 선거와 국회의원 선거의 주기 - 정치권력의 시간적 배분

명재진(충남대) 국무총리제의 합리적 운용의 한계와 개헌 필요성

제45회 학술대회(2007. 6. 15) 동아대 법대 대강당.「한국의 정치과정과 정치관계법」

권영설(중앙대) 주요 쟁점으로 본 우리 정치과정의 헌법 문제

정만희(동아대) 정치관계법의 근본문제와 개정 방향

이종수(연세대) 정당제 민주주의의 현안 문제의 검토 - 현행 등록제도 및 정당등록취소제도와 정치자금제도를 중심으로

윤재수(중앙선관위 서기관) 현행 정치관계법의 개선방향 - 중앙선관위 개정의견을 중심으로

제46회(2007. 9. 14) 헌법재판소 대강당.「헌법재판의 기능과 제도적 개선 방향」

(기조연설) 권성(전 헌법재판관) 헌법재판의 기능

정연주(성신여대) 비상입법자로서의 헌법재판소

방승주(한양대) 헌법불합치결정의 문제점과 개선방안

제47회(2007. 11. 10) 대법원 회의실.「기본권이론의 재조명」 한국헌법학회·대법원헌법연구회(제5회) 공동학술대회

박선영(가톨릭대 교수) 과학기술의 발전과 기본권해석의 재조명

정극원(대구대 교수) 재산권보장에 있어서 기본권이론의 적용

정강찬(판사) 보충성과 기본권보호

사봉관(판사) 행정청의 부작위로 인한 기본권침해의 구제

(3) 한국비교공법학회

제42회(2007. 3. 9) 전남대학교 용봉문화관.「공법의 현안과제에 대한 검토」

김명재 교수(전남대) 헌법상의 공공복리의 개념과 실현구조

이승우 교수(경원대) 헌법개정의 필요성과 방향

이국운 교수(한동대) 사법서비스공급자위원회의 한계 - 노무현정부의 사법개혁에 대한 검토와 평가

유진식 교수(전북대) 국가공무원법과 직위분류제

전 훈 교수(경상대) 공공서비스 활동에서의 중립성 원칙

제43회(2007. 6. 22) 부산대학교 제2법학관 모의법정.「한미 FTA와 현안과제의 공법적 검토」

조소영 교수(부산대) 한미 FTA에 대한 헌법적 쟁점의 검토

김웅규 교수(대전대) 지역대표의회의 헌법적 의미

정하명 교수(경북대) 한미 FTA 협정문 제11.6조 수용 및 보상의 의미와 정부규제권

김남철 교수(부산대) 영화산업의 경쟁력 강화방안

김영조 교수(상명대) 행정조사기본법의 문제점과 개선방안

제44회(2007. 7. 6) 중국 중남재경정법대학. 한·중·일 국제학술대회. 주제:「동아시아 공법학의 현상과 발전추세」

고문현 교수(울산대) 헌법재판관 선출의 바람직한 방향

금태환 교수(영남대) 한·중·일에서의 행정입법에 대한 사법심사

김영환 교수(경주대) 적극적 평등실현조치(Affirmative Action)의 합헌성 기준 - 최근 미국 연방대법원의 판례를 중심으로

김해룡 교수(한국외대) 한국에서의 법치국가의 확립방안

김형남 교수(경성대) 미국 연방대법원의 사법심사기준이 한국헌법재판소에

미친 영향

김호정 교수(한국외대) 한국 지방자치제도의 발전동향

김희수 교수(대구대) 지방분권과 지방의회의 권한

류시조 교수(부산외대) 한국 대통령의 정치적 중립의무의 범위와 한계

박문석 선생(영남대 박사과정) 거리사진촬영의 공개와 사생활침해

박선영 박사(국가청렴위원회 위원) 관습법에 관한 사법부 해석의 범위와 한계 - 여성의 종중원 자격을 중심으로

박인수 교수(영남대) 경찰실무상 법치국가원리의 적용

서보건 교수(영남대) 한국헌법상 토지재산권에 대한 보장과 규제

이동훈 교수(세명대) 온라인서비스 제공자의 저작권침해와 표현의 자유

이부하 교수(영남대) 헌법영역에서의 기본권보호의무

정극원 교수(대구대) 헌법판례상에 나타난 사회적 기본권의 규범내용

최용전 교수(경북 전문대) 한국공기업법제에 관한 연구

9. 2008년의 학회활동

(1) 한국공법학회

한국공법학회는 지난 1년 동안에도 여러 차례의 학술발표회를 중심으로 활발한 학회활동을 벌여왔다. 특히 2008년에는 건국 60주년과 헌법재판소 창립 20주년을 기념하는 학술대회 및 발표내용이 많이 있었다. 이하에서는 행정법 분야의 발표를 제외한 헌법분야의 발표만을 소개한다.

제141회(2008. 2. 23) 헌법재판소 대강당. 「공법학 연구의 최근 동향」

한동훈(서울대) 프랑스 제3공화국 헌법체제 정립과정에 관한 연구

김학신(성균관대) Computer Forensics을 통한 디지털 범죄수사에 있어 기본권보호에 관한 연구

김주영(서울대) 헌법상의 정부시장 관련 규정에 관한 연구

손형섭(동경대) 이중심사기준과 프라이버시권

제142회(2008. 4. 19) 대법원 16층 대회의실. 「경제질서와 헌법」. 대법원 헌법연구회(제7회) 공동학술대회

윤재만, 경제질서와 기본권 - 재산권을 중심으로

김대웅, 법률의 개정과 재산권 보장
이덕연, 경제선진화와 (경제)헌법의 효용
김우수, 연금수급 제한과 재산권 보장, 경제질서

제143회(2008. 5. 31) 한국외대 법학관.「사회통합과 경제활성화를 위한 법적 과제」
Christian Koch(독일 Speyer대) 독일에 있어서 외국인 이주자의 사회통합의 법적 토대
키노시타 히데오(木下秀雄)(일본 오사카 시립대) 사회 복지 행정에 있어서의 PPP(공사협동)
유욱(법부법인 태평양) 북한 이탈주민의 사회적 통합을 위한 정책 과제
Klaus Olbricht(IHK) 통일 후 독일 경제의 활성화 및 사회적 통합: 독일 정부는 통독 이후 사회적 통합과 경제활성화를 위해 어떠한 법적 수단을 강구하였는가?
최승필(한국외대) 중소기업의 가업승계 원활화를 위한 법제개선방안
은숭표(영남대) 물가변동과 국제적 자본이동의 (헌)법적 문제 - 통화정책과 환율정책 및 외환정책을 중심으로

제144회(2008. 6. 27~28) 서울교육문화회관. 건국 60주년 기념 국제학술대회「민주 · 법치국가의 발전과 사회통합」
Wolf-Rüdiger Schenke(독일 Mannheim대) 법치국가 확립의 요건: 독일에서의 논의현황
吳惠, 사회적 시장경제의 법적 기초와 향후 전망
최대권, 민주 · 법치 · 선진화의 과제
고바야카와, 일본에 있어 공공부문의 개혁과 민간참여
배영길, 공법의 규범체계
조소영, 공법학의 연구 및 교수방법
이기우, 선진한국의 국가구조
최환용, 지방분권국가의 법적 토대
장명봉, 남북한 헌법체계의 비교와 통일헌법의 지향점 및 과제
정연주, 토지재산권의 범위와 손실보상
김일환, 전자정부와 개인정보보호

제145회(2008. 10. 18) 헌법재판소 대강당.「헌정 60주년 및 헌법재판소 20주년 기념. 주제:「헌정 60주년 회고」

김철수, 헌정 60주년의 회고
성낙인, 정치제도, 불안정 속의 안정
김선택, 대한민국에서 기본권보장의 발전과 과제
임지봉, 민주주의와 헌법재판소의 사법적극주의
방승주, 헌법재판소의 입법자에 대한 통제의 범위와 강도
이계수, 헌법재판과 행정법이론
최계영, 행정구제제도로서의 헌법재판 - 기능과 한계

第146회(2008. 12. 20)「공법과 사법: 시대의 변화와 새로운 패러다임의 모색」
정종휴, 헌법과 민법
장영철, 기본권의 대사인적 효력
정하명, 영미법에서의 공법과 사법의 구별
박정훈, 공사법구별의 방법론적 의의와 한계

(2) 한국헌법학회

한국헌법학회의 학술활동도 여전히 활발하게 진행되고 있다. 2008년에는 국제학술대회를 포함한 5회의 학술대회를 통하여 다양한 주제에 대한 발표와 토론이 있었다.

第48회(2008. 3. 14)「인권보장제도와 헌법」
정태호, 인권보장제도로서의 헌법소원제도의 의의와 한계
조재현, 인권보장제도로서의 국가인권위원회제도의 의의와 한계
이계수, 인권보장제도로서의 옴부즈만제도의 의의와 한계

第49회(2008. 6. 14) 헌법재판소 강당.「세계화시대의 헌법과 정치 - 헌법이념의 새로운 모색」. 회장: 신평
박진완(경북대), 세계화, 국민주권, 그리고 헌법 - 국제규범의 확대가 헌법이념에 미치는 영향을 중심으로
김선택(고려대) 공화주의의 부활과 한국 헌법이념의 변화가능성
함재학(연세대) 유교입헌주의와 한국 헌법이념의 재구성

第50회(2008. 7. 16) 국회 헌정기념관. 제헌 60주년 기념 국제학술대회. 주제:「헌정국가와 입법부」국회, 한국헌법학회 공동주최. 회장: 신평
(기조발제) 김철수(서울대) 제헌 60주년과 입법과 헌법보장 문제

한따웬(중국 인민대)
쿠리키 히사오(栗城壽夫, 일본 上智大 명예교수) 헌법의 규범력과 국회
박수철, 대한민국 국회 입법과정의 투명성과 합리성 제고방안
이토 카즈코, 일본의 입법과정
저우 예 쭝, 중국 전국인민대표회의 및 상무위원회의 헌법상의 기능
오오이시 마코토(大石眞), 일본형 의원내각제에서의 입법과정의 과제
티모시 웹스터, 미국법의 합리성: 의회, 대통령 그리고 법원
임지봉, 조약체결에 대한 국회의 통제권
이국운, 직접행동민주주의와 헌법수호 - 최근의 정치상황에 대한 성찰
린라이판, 중국 지방 인민대표회의의 체계 및 헌법 시행에 있어서의 기능
오카다 노부히로, 중의원·참의원 비틀어진 국회에 있어서 입법과 의회제민주주의
아마르싸나 주그네, 체제전환 전후의 몽골헌법의 발전
정문식, 유럽헌법의 수호자
박규환, 법치주의와 헌법수호 - 정당해산에서 대상 확정의 기준과 그 한계
토나미 코지(戸波江二), 위헌심사제 활성화의 과제 - 일본에서 헌법재판소는 필요한가?
판 트롱 히엔, 헌법의 지속성 - 베트남에서 공공목적을 위한 토지취득상 토지사용권 보장을 예로

제51회(2008. 9. 6)「사법권과 기본적 인권의 보장」
김상환, 국가의 기본권보장의무와 사법부의 역할
문재완, 표현의 자유와 사법권
이용구, 신체의 자유와 사법권
이종수, 재심제도와 사법권

제52회(2008. 12. 6)「지방분권정책의 헌법적 문제」
방승주, 행정구역개편론의 헌법적 검토
권영호, 특별자치제도의 헌법적 검토 - 제주도특별자치제의 경우를 중심으로

(3) 비교공법학회

2008년 비교공법학회에서는 4회의 학술발표대회를 통하여 점차 활발한 활동을 보여주고 있다.

第45회(2008. 1. 11) 창원대학교 모의법정실.「공법학 연구의 최신동향」
김명식, 미연방대통령 권한대행, 승계제도에 관한 일 고찰
이상윤, 집단따돌림에 대한 헌법적 개념
최우용, 일본 개정행정사건소송법의 가구제에 관한 연구
강문수, 재산권 보장의 토지공법적 제과제
第46회(2008. 2. 18) 부산 코모도호텔.「한국과 중국의 경제관련입법의 현황과 문제점」
王 磊(北京大學), 비공유제 경제의 헌법적 보호
王广輝(中南財經政法大學), 중국 헌법상의 재산권과 그 보호
楊建順(中國人民大學), 경제규제입법의 정통성 및 그 구제
길준규(아주대), 한국 지방공기업법의 전망
김대인(이화여대), 우리나라 행정계약법제의 발전사
第47회(2008. 6. 14) 부산외대 국제회의실.「고위공직자의 청렴기준, 각국의 입법과 실제」
김재광, 한국의 고위공직자에 요구되는 청렴성, 도덕성의 기준
함인선, 일본의 고위공직자에 요구되는 청렴성, 도덕성의 기준
최우정, 독일의 고위공직자에 요구되는 청렴성, 도덕성의 기준
정하명, 미국의 고위공직자에 요구되는 청렴성, 도덕성의 기준
전학선, 프랑스의 고위공직자에 요구되는 청렴성, 도덕성의 기준
第48회(2008. 11. 7) 경북대 법전원 강당.「독도(獨島) 문제의 공법적 접근」
박진완, 독도의 헌법적 지위 - 헌법상의 영토조항과 국제법적 발전에서의 독도
이기춘, 독도의 행정법적 지위 - 행정조직법, 해양법 및 지방자치법적 관점에서
김명용, 이른바 '독도특별법'의 제정과 그 내용
第49회(2008. 12. 13) 헌법재판소 대강당.「헌법재판 운용 경험 20년의 비교법적 검토」
김일환, 독일의 사법구조에서 본 한국의 헌법재판 운영실태
장영철, 오스트리아 헌법재판과 한국 헌법재판의 비교
이국운, 미국 사법심사제의 시각에서 본 한국의 헌법재판 운영 실태
전학선, 프랑스 헌법재판제도의 개혁과 한국 헌법재판의 비교
第50회(2008. 12. 29) 부산대 법대. 「방송통신위원회 심판관리제도의 개선방

안」

김남철(부산대) 공정성 제고방안

주지홍(부산대) 효율성 제고방안

조소영(부산대) 전문성 제고방안

김치환(영산대) 일본 방송통신 금지행위 처리절차

10. 2009년의 학회활동

(1) 한국공법학회

한국공법학회는 지난 1년 동안에도 여러 차례의 학술발표회를 중심으로 활발한 학회활동을 벌여왔다. 특히 2009년에는 다양한 기관, 단체들과의 공동개최가 많이 있었다. 이하에서는 행정법 분야의 발표를 제외한 헌법분야의 발표만을 소개한다.

제147회(2009. 2. 21) 신진학자 발표대회.「사회의 변화에 따른 공법학의 새로운 동향」

김지훈, 방송·통신의 융합과 보편적 서비스에 대한 공법적 고찰

이윤호, 방송시장의 규제에 관한 헌법적 고찰

이준복, 인터넷 광고에 관한 헌법적 연구

정필운, 정보사회에서 지적 재산의 보호와 이용에 관한 헌법학적 연구 - 헌법 제22조 제2항의 이해를 중심으로

이승훈, 기업의 이익분여행위에 대한 공법상 통제 - 계열회사의 기업집단 내 이익분여행위를 중심으로

이은선, 병원영역에서의 급부법과 급부제공법

권혜령, 헌법에 열거되지 아니한 권리에 관한 연구 - 미국 연방헌법 수정 제9조를 중심으로

김성배, 미국 위험물질로 인한 토양오염의 규제 - 미국 종합환경대응책임법과 브라운필드법을 중심으로

나채준, 영국의 장해보상(Disturbance Compensation)에 대한 고찰

안동인, 영국법상의 공·사법 이원체계

김현희, 프랑스와 우리나라 건축허가제도의 법적 근거에 대한 소고

허완중, 헌법재판소 결정에 따른 입법자의 의무

제148회(2009. 4. 18) 「비례원칙과 사법심사」. (대법원 헌법연구회와 공동주최)

진창수, 헌법재판소 판례에 나타난 비례원칙

이준일, 헌법상의 비례원칙

최정일, 비례원칙에 의한 행정작용의 통제

김태호, 행정법상의 비례원칙

제149회(2009. 6. 26) 제1부: 「헌법개정의 쟁점과 대안」(독일 콘라드 아데나워 재단 후원 국제학술대회)

김일환, 헌법 기본권편 개정의 쟁점과 대안

문광삼, 통치구조 개편의 쟁점과 대안

Michael Kloepfer, 연방정부의 안정성과 독일 기본법상의 연방대통령(Die Stabilität der Bundesregierung und der Bundespräsident nach dem Grundgesetz)

제2부: 「입법평가제도와 규제개혁」(한국 법제연구원과 공동주최)

Gary Marchant, 미국에서의 입법평가: 근본적 긴장관계와 정당성 논의(Regulatory Analysis in the United States: Underlying Tensions and Contested Legitimacy)

Ryuji Yamamoto, 일본에서의 규제개혁(Regulatory Reform in Japan)

Gerrit Manssen, 독일의 시각에서 본 입법영향평가(Regulatory Impact Analysis from German Perspective("Gesetzesfolgenabschätzung aus deutscher Perspektive")

Alexander Hunt, 중앙화된 규제심사: 미국에서의 지난 경험과 새로운 발전을 중심으로(Centralized Regulatory Review in the United States: Past Practice and New Developments)

이인호, 한국에서의 입법평가: 사례연구

박영도, 한국에서의 입법평가 제도화 방안

제150회(2009. 9. 4) 「현대 법치국가에서의 적극행정과 공공감사」. (감사원과 공동주최)

김상겸, 법치국가실현을 위한 국가의 적극적 의무

박정훈, 적극행정을 위한 법적 과제

손창동, '적극행정 면허제도'의 도입배경 및 운영현황

음선필, 지방자치단체에 대한 감사의 헌법적 한계 - 헌법재판소의 결정례에

대한 분석을 중심으로

김남철, 지방자치단체 감사제도의 과제와 발전방향

김상곤, 지방자치단체에 대한 감사원 감사의 운영방향

제151회(2009. 10. 23)「경제질서, 경제적 기본권 그리고 국가의 규제와 조정」(법제처, 국가경쟁력 위원회와 공동주최, 중소기업중앙회 후원)

강경근, 경제적 자유 보장과 국가의 경제제도 형성의 방향과 한계

이승우, 직업의 자유의 보장을 위한 인허가제도의 모색 - 학원교습시간제한, 소상공인보호를 위한 대기업영업점의 개업제한의 문제를 포함하여

이상희, 인허가제도 및 인허가의제제도의 현황과 실무상의 쟁점(법제처)

김민호, 인허가 기준의 법적 문제와 개선방안

선정원, 인허가의제제도를 통한 행정절차간소화 방향

제152회(2009. 11. 27)「헌법개정의 쟁점에 대한 검토: 정부형태와 정부조직의 구조개편을 중심으로」(국회와 공동주최)

조병륜(명지대 교수) 국회 헌법연구자문위원회 보고서의 이원정부제에 대한 검토 - 이원정부제와 실질적 국민주권

문광삼(부산대 교수) 헌법연구자문위원회 결과보고서에 나타난 권력구조에 관한 검토 - 이원정부제에 대한 비판적 검토와 대통령제안

김동욱(서울대 교수) 헌법 개정 후 정부 조직

유진식(전북대 교수) 헌법개정과 독립위원회의 법적 지위

(2) 한국헌법학회

한국헌법학회의 학술활동도 매우 활발하게 진행되었다. 2009년에는 국제학술대회를 포함한 5회의 학술대회를 통하여 다양한 주제에 대한 발표와 토론이 있었다.

제53회(2009. 3. 28)「국가권력과 방송 · 신문 · 자본의 상호관계」

곽상진, 국가권력과 방송

변무웅, 국가권력과 신문

지성우, 방송, 신문과 자본의 상호관계

제54회(2009. 6. 19)「자유권의 현실과 올바른 규범적 좌표설정」(국가인권위원회와 공동주최)

신평, 자유권·입법자·현실 사이의 괴리와 그 극복

오동석, 양심·사상의 자유와 국가안보 - 국가보안법과 양심적 병역거부를 중심으로

김종철, 집회의 자유와 입법자 및 경찰권

박경신, 인터넷상의 표현의 자유와 그 한계

제55회(2009. 10. 16)「조세법률주의와 사회적 기본권」(한국법제연구원과 공동주최)

방승주, 헌법과 조세정의

차진아, 조세정책과 사회적 기본권의 관계

박종수, 조세입법체계의 정비를 통한 기본권의 실현

제56회(2009. 11. 7)「인간의 존엄·가치와 생명권」(대법원 헌법연구회와 공동주최)

이준일, 안락사와 존엄사에 관한 헌법이론적 연구(Ⅰ) - 독일의 논의를 중심으로

김명식, 안락사와 존엄사에 관한 헌법이론적 연구(Ⅱ) - 미국의 논의를 중심으로

노태헌, 대법원 2009. 5. 21. 선고 2009 다 17417 전원합의체 판결에 대한 판례평석

강을환, 생명권에 대한 자기결정권에 관련한 여러 법제도 및 이에 대한 헌법적 검토

제57회(2009. 12. 4)「검찰과 사법권 개혁의 과제」

김승환, 검찰과 사법권 개혁의 과제

이헌환, 검찰권의 중립성 및 신뢰성 확보 방안

최희수, 국민의 재판청구권의 실질화를 위한 방안 - 항소심 이원화, 고등법원 상고부, 대법원 심리불속행제도를 중심으로

임지봉, 사법부의 독립 확보를 위한 방안 - 법관의 독립 및 법관인사제도를 중심으로

(3) 비교공법학회

2009년 비교공법학회에서는 4회의 학술발표대회를 통하여 예년보다 더 활발한 활동을 보여주고 있다.

제51회(2009. 4. 25) 전남대 법전원.「국가권력작용의 현대적 재조명」

정극원, 국가권력 운용과정에 있어서 정당의 역할
김현철, 사이버모욕죄의 헌법적 쟁점
김광수, 대통령직인수위원회 제도의 재검토
第52회(2009. 6. 20) 부산대 법전원.「방송통신 및 교육 영역에서의 자율규제/사회적 약자 보호 법제의 공법적 검토」
이희정, 방송통신 영역에서의 자율규제의 범위와 한계
김수용, 교육 영역에서의 자율규제의 범위와 한계
황필규, 외국이주민 법제의 정비와 비교법적 검토
전훈, 사회보험 법제의 정비와 비교법적 검토
第53회(2009. 10. 30~31)「헌법개정과 지방자치보장」
조규범, 헌법개정과 지방자치 조항
김현준, 지방분권 이론의 전개와 헌법적 수용
최우용, 지방행정체제 개편과 자치권 보장에 관한 공법적 고찰
권영호, 헌법개정과 제주특별자치도
표명환, 지방자치법상의 특별자치도의 의미와 그 문제
김성배, 지방자치보장과 녹색성장
손재영, 지방자치단체의 경찰책임
이기춘, 제주특별자치도상 자치경찰제도의 운영현황과 법적 문제점 고찰
최철호, 과세자주권으로서의 법정외세제도
정극원, 자치권보장과 지식기반도시조성특별법(안)의 제정
최경옥, 일본의 교육자치제도
김경제, 학교용지확보에 관한 법률에 대한 헌법재판소결정의 문제점
김주영, 한국 지방자치제도의 입법사적 고찰 -「헌법」과「지방자치법」을 중심으로
第54회(2009. 10. 30~31)「독일과 한국에서 녹색성장 법제」
Martin Kolbinger, 독일의 녹색성장에 대한 법적 관점
고문현, 녹색성장과 환경법제
박규환, 녹색성장 기술발전을 위한 법정책적 과제
차성민, 녹색성장과 과학기술법제
이미홍, 녹색성장형 지역발전을 위한 제도적 과제
김성배, 녹색성장과 지방자치법제

11. 2010년도의 학회활동

(1) 한국공법학회

2010. 1. 19. 대한상공회의소. 규제형평제도 도입에 관한 공개토론회
2010. 2. 10. 정책세미나: 서강대학교. 법령심사제도에 대한 비교법적 고찰
배병호(성균관대) 한국의 법령에 대한 사법적 통제제도(행정입법에 대한 사법적 통제제도)
장영철(서울시립대) 오스트리아의 법령심사제도
민병로(전남대) 일본에서의 법령심사개정에 관한 논의
제153회(2010. 2. 20) 대구대 법대. 신진학자 대회. 「현대 공법학의 새로운 동향」
제1분과: 미국헌법 및 방송·통신의 공법적 문제
이병규 박사(동아대) 토마스 제퍼슨의 헌법사상: 사법권에 관한 사상을 중심으로
장민선 박사(이화여대) 미국 헌법상 재산권 수용 법리의 새로운 동향
박문석 박사(영남대) 인터넷에서의 정보익명권에 관한 고찰
임영덕 박사(성균관대) 인터넷 내용규제에 관한 연구: 공동체 자율규제를 중심으로
유현용 박사(한국외대) 전파의 법적 성질에 관한 고찰
제2분과 사회적 약자와 평등보호
박경순 박사(건국대) 여성을 위한 적극적 조치의 헌법적 정당성
소은영 박사(일본 도호쿠대) 일본 헌법상의 개인의 권리론과 젠더 평등
김명수 박사(성균관대) 장애인 기본권의 헌법적 보장에 관한 연구: 법제의 분석과 개선방안을 포함하여
이분화 박사(영남대) 교육기본권으로서 학교선택권

제154회(2010. 5. 1) 대법원. 대법원 헌법연구회 공동학술대회.「공법상 쟁송에서의 위헌·위법 통제」
최계영(서울대) 독일·오스트리아의 공법상 쟁송에서의 위헌 위법 통제
이상경(광운대) 미국 소송절차에서의 위헌·위법 통제
김우수(대법원 재판연구관) 민사소송법상 비상불복절차인 특별항고의 법적

성격과 심리 범위
김국현(공주지원장) 우리나라 공법상 쟁송에서의 위헌 위법 통제
제155회(2010. 6. 25) 서울대학교. 한국공법학자대회: 「법제도의 선진화를 위한 공법적 과제」
(기조발제) 권영설(중앙대학교 명예교수) 법제도 선진화를 위한 헌법적 과제
제1분과 한국국가법학회. 강승식 교수(원광대) 사법심사의 정당성
강현철 연구위원(한국법제연구원) 공공거버넌스의 모형과 권력구조의 공법적 과제
한국입법학회. 차현숙 부연구위원(한국법제연구원) 의원입법의 입법평가와 평가방법론에 관한 소고
제2분과 한국언론법학회. 김기창 교수(고려대) 스마트폰에서의 프라이버시 이슈와 공인인증서 문제
윤종수 부장판사(인천지방법원) 인터넷에서의 역외적용문제(인터넷에서의 국내기업과 국외기업의 차별문제 포함)
제2주제: 이희훈 교수(선문대) 정부수립 이후 언론관계법에 대한 평가와 전망
유럽헌법학회 박진완 교수(경북대) 리스본 조약에 대한 독일연방헌법재판소 결정 분석
은승표 교수(영남대) 유럽연합에서의 사회적 기본권 보장에 관한 연구
북한법연구회 장명봉 교수(국민대 명예교수) 북한법의 체계와 북한법 이해의 방법: 헌법상의 법령, 정령, 결정 등 입법형식을 중심으로
제156회(2010. 9. 10) 헌법재판소. 한국공법학회 「헌법이념실현과 사법권의 역할 - 새로운 기본권영역의 등장에 따른 사법권의 기능개편」
한상희, 사회적 기본권과 사법심사
정호경, 사법권의 기능과 역할 - 행정소송의 관점에서
제157회(2010. 10. 8) 프레지던트 호텔. 국제학술대회 「통일의 공법적 문제 - 독일통일의 회고와 한국통일의 전망」
Prof. Dr. Hans-Peter Schneider, Die deutsche Wiedervereinigung - eine Herausforderung für den Föderalismus (독일 통일 - 연방주의에 대한 도전)
번역 및 토론: 박진애 박사(국회도서관 법률자료조사관)
Prof. Dr. Philip Kunig, Die Rolle des Rechtsstaatsprinzips bei der Herstellung der deutschen Einheit(독일 통일에 있어서 법치주의원리

의 역할) 번역 및 토론: 정혜영 교수(숙명여대)

Prof. Dr. Kay Hailbronner, Deutsche Wiedervereinigung und Staatsangehörigkeit (독일 통일과 국적) 번역: 공진성 박사(헌법재판소)

Prof. Dr. Bertrand Mathieu, De la réunification allemande à l'Union européenne ou la difficile transposition du concept d'Etat et du principe démocratique dans un ordre juridique en formation (독일 통일과 유럽연합 - 형성 중인 법질서상의 국가의 개념과 민주주의 원칙의 확립과 난제) 번역 및 토론: 전훈 교수(경북대)

제2부: 한국통일의 전망

도희근 교수(울산대) 남북관계의 현실과 국가의 평화통일의무

최윤철 교수(건국대) 평화통일 관련 입법에 대한 헌법적 평가

정영화 교수(전북대) 역대 정부와 이명박 정부의 평화통일정책의 비교와 헌법적 평가

박종수 교수(고려대) 통일세의 신설 필요성과 방향에 대한 법적 검토

방승주 교수(한양대) 헌법재판소와 법원의 남북관계 관련 판례에 대한 헌법적 평가

김승대 교수(부산대) 통일을 위한 헌법개정의 필요성과 방향

제158회(2010. 10. 12) 국회도서관 입법조사처 대회의실.「법학교육과 공법학의 실용화」

김성배(대구대), 공법능력시험제도를 통한 국가 및 지방자치단체(경상북도)의 공법 실용화 방안

오동석(아주대) 헌법교육의 과제와 방법

문상덕(서울시립대) 법치행정과 지방공무원의 공법교육

박종보(한양대) 법학전문대학원에서의 공법교육의 내용과 방법

(2) 한국헌법학회

제58회(2010. 3. 12) 헌법재판소 대강당.「다문화사회와 헌법」

김선택 교수(고려대) 다문화사회의 헌법적 문제

이종수 교수(연세대) 다문화 사회와 국적

류시조 교수(부산외대) 다문화 사회와 자유권적 기본권

전광석 교수(연세대) 다문화사회와 사회적 기본권

제59회(2010. 4. 16) 국회의원회관 소강당. 「4·19 혁명정신과 개헌」
송석윤(서울대) 4·19혁명이 헌정사에 남긴 영향
송기춘(전북대) 헌법개정의 필요성
윤재만(대구대) 전면개정인가 일부개정인가
김선화(국회입법조사처) 개헌의 절차적 방법론
제60회(2010. 5. 20) 헌법재판소 대강당. 「헌법개정의 필요성과 방향」
(기조연설) 이석연(법제처장) 법제처·한국헌법학회 공동학술대회
도회근(울산대) 헌법총강의 개정 필요성과 방향
방승주(한양대) 기본권과 기본의무의 개정 필요성과 방향
임지봉(서강대)/조정찬(법제처) 정부형태와 권력구조의 개편 필요성과 방향
김종철(연세대 교수) 사법제도의 개정 필요성과 방향
김배원(부산대)/김수연(시도지사협의회) 지방자치제도의 개정 필요성과 방향
제61회(2010. 7. 10) 국회 헌정기념관. 주제: 「헌법의 현재와 미래」
(기조연설) 최대권(서울대 명예교수)
David D. Meyer(미국 튤레인대 로스쿨 학장) 헌법개정: 미국의 경험
Stefan Korioth(독일 뮌헨대 교수) 독일 기본법: 헌법의 지속성과 발전
Wang Lei(중국 베이징대 교수) 헌법의 빈번한 수정 및 점진적 개혁
김형성(성균관대 교수) 우리나라의 헌법현실과 바람직한 정부형태
장영수(고려대 교수) 국회기능의 합리화 방안
권형준(한양대 교수) 환경변화에 따른 기본권보장 강화 방안
한상희(건국대 교수) 사법부의 독립성 제고와 합리적 사법작용
김성호(전국시도지사협의회 정책연구실장) 지방화시대에 부응한 지방자치제도의 헌법적 구현 연구
제62회(2010. 9. 3) 헌법재판소 대강당. 「생명공학과 헌법」
장영철(시립대) 생명공학과 기본권
정문식(전남대) 생명윤리 및 안전에 관한 법률의 헌법적 문제
방승주(한양대) 착상전 진단의 헌법적 문제
신옥주(한국법제연구원) 생명공학 관련 법제의 바람직한 개정방향
제63회(2010. 10. 2) 대법원 세미나실. 한국헌법학회 학술대회 겸 제4회 한국헌법학회·대법원헌법연구회 공동학술대회. 「종교의 자유와 사학의 자유」.
임지봉 교수(서강대) 미국 연방대법원의 주요판결을 통해 살펴본 종교의 자유

김대환 교수(서울시립대) 사법질서에서의 기본권의 효력 - 독일의 논의를 중심으로

문정일 판사(대법원 재판연구원) 학생의 종교의 자유와 종립(宗立)학교의 종교교육

최주영 부장연구관(헌법재판소) 헌법재판소 결정에 나타난 기본권 충돌의 해결 방법

第64회(2010. 12. 4) (토) 헌법재판소 대강당. 제107회 헌법실무연구회 공동학술대회. 회장: 조홍석

전종익, 원행정처분에 대한 헌법소원 - 헌재 2010. 4. 29. 2003헌마283 임원취임 승인취소처분 등 사건을 중심으로

김하열, 재판에 대한 헌법소원의 필요성과 범위: 재판소원의 부분적 도입을 위한 시론

(3) 한국비교공법학회

第55회(2010. 4. 24.~25) 중국 산동대학 법학원 국제회의실. 주최: 한국 공법학회·중국 헌법학연구회. 주관: 山東大學 法學院.「사회통합을 위한 공법상의 과제」

최경옥(영산대) 한국에 있어서의 다문화의 헌법적 시각

왕덕지(산동대) 현대 유학의 헌정에 관한 관심

방승주(한양대) 사회적 갈등의 통합과 헌법 그리고 헌법재판

김경제(동국대) 사형형벌 합헌결정을 통하여 본 헌법재판의 논증방법

진전홍(무한대) 기본권에 대한 중국의 입장과 헌법제도형성

왕엄휘(중남재경정법대) 중국 헌법상의 기본권리의 발전

추평학(심천대) 중국 개인정보보호의 입법방식에 대한 연구와 분석

유진식(전북대) Public Governance와 법치행정

막우천(인민대) 중국 정부정보공개법제의 발전방향

이달휴(경북대) 사회통합에서 본 사회보장법

류연도(산동대) 중국 행정법치발전의 문제

김해룡(한국외대) 환경법상 집단소송의 법리

王世涛(大連海事大) 사회통합실현과 국가배상제도

류시조(부산외대) 사회적 기본권과 사회통합

胡肖华(湘潭大) 민주입법과 법제의 발전
변해철(한국외대) 위헌법률심사제에 대한 최근동향 : 프랑스 헌법개정을 중심으로
周 伟(四川大) 전국인민대표대회 위헌심사 기능과 과제
최철호(청주대) 한국의 행정처분기준의 입법체계화 방안
류소화(중앙당교대) 입법감독과 민주개혁
은숭표(영남대) 법치주의와 공익과 인권
刘飞宇(人民大) 중국 행정정보공개법제의 신동향
고문현(숭실대) 사면권행사의 통계분석과 그 통제방안
大石眞(京都大) 위헌심사기능의 분산과 통합
제56회(2010. 6. 18) 경북테크노파트 국제회의실.「동아시아에 있어서 법치주의의 현황과 과제」
제1세션 사회: 박인수 교수(영남대)
肖金明(중국 산동대) 중국에 있어서 법치주의의 현황과 과제
丹羽徹(일본 오사카 경법대) 일본에 있어서 법치주의의 현황과 과제
김효전(동아대) 한국에 있어서 법치주의의 현황과 과제
제2세션 : 동아시아에 있어서 전통적 법체계와 법치주의 I
THAI Vinh Thang(하노이법과대) 베트남에 있어서 전통적 법체계와 법치주의
林峰(홍콩시립대) 홍콩에 있어서 전통적 법체계와 법치주의
簡資修(대만대) 대만에 있어서 전통적 법체계와 법치주의
제3세션: 동아시아에 있어서 전통적 법체계와 법치주의 II
Raul C. Pangalangan(필리핀대) 필리핀에 있어서 전통적 법체계와 법치주의
Sumiya Sukhbaatar(몽골대) 몽골에 있어서 전통적 법체계와 법치주의
임지봉(서강대) 한국에 있어서 전통적 법체계와 법치주의
제57회(2010. 10. 8) 경북지방경찰청 대강당.「법치국가와 경찰」. 회장: 조홍석
서정범 교수(경찰대) 경찰권 발동의 규율원리로서의 헌법과 경찰법의 체계
이기춘 교수(부산대) 집회의 자유와 경찰비용
권배근 교수(광운대) 불심검문의 실효성확보를 위한 입법형식
이기수 경정(치안정책연구소) 범죄수사권에 있어 검찰과 경찰의 관계
제58회(2010. 11. 26) 헌법재판소 대강당.「다문화사회를 위한 정책적 제언」
주최 : 한국비교공법학회 · 국가인권위원회 공동주최
이상윤 박사(한국법제연구원) 외국인체류 및 난민 · 무국적자에 관한 법제의

문제점과 개선방안
최경옥 교수(영산대) 이주노동자 가족의 권리보호 및 다문화가족지원법의 문제점과 개선방안
장명선 박사(한국여성정책연구원) 결혼이민자 관련법제의 문제점과 개선방안
이희성 교수(원광대) 이주노동자의 권리보호를 위한 관련법제 개선방안

(4) 북한법학회

제157회(2010. 10. 6) (수) 국가인권위원회 11층 배움터. 「독일통일 20주년 통일법제 세미나」
독일통일 20년: 법제통합 · 인구이동 · 통일비용과 시사점
Prof. Dr. Siegfried Broß(독일 연방헌법재판소 재판관) 독일통일에서의 법제통합과 시사점
Prof. Dr. Bernhard Köppen(독일 코블렌츠-란다우대학교 교수) 독일통일 이후 인구이동과 시사점
김영윤(통일연구원 선임연구위원) 독일통일에서의 통일비용조달과 시사점

(5) 유럽헌법학회

2010. 5. 7. (금) 국회도서관 세미나실. 「지방선거에서 공정선거 확보를 위한 유럽의 지방선거제도와 정책」
김종철(연세대 교수) 영국 지방선거에서 공정선거 확보 방안
신옥주 박사(법제연구원) 독일 지방선거에서 공정선거 확보 방안
Daniele Barberis(영남대 교수) 프랑스 지방선거에서 공정선거 확보 방안; 통역: 정종길(경기대 교수)
장용근(홍익대 교수) 미국 지방선거에서 공정선거 확보 방안
山崎幹根(일본 홋카이도대 교수) 일본 지방선거에서 공정선거 확보 방안: 통역: 권경은(경북대 로스쿨박사과정)
음선필(홍익대 교수) 한국 지방선거에서 공정선거 확보 방안

(6) 한국법과인권교육학회 학술발표회

2010. 5. 1. 서울교육대학교.「2009 개정 교육과정에 따른 법과 인권교육 교재 개발 방향」

기조발제: 김범주(한국교원대 교수, 한국 법과인권교육학회 고문) '법과 정치' 과목 탄생과 법교육의 위상

박형근(서울 등원초) 초등학교 법교육 관련 교과서 개발 원리와 실제

이대성(고양 백신고) 고등학교 '법과 정치' 과목의 교과서 개발 원리와 실제

「2009 개정 교육과정에 따른 인권교육 교재 개발 방향」

박상준(전주교대) 초등학교 인권교육 관련 교과서 개발 원리와 실제

강명숙(배재대) 중등학교 인권 관련 단원의 접근 방식과 실제

12. 2011~2019년도의 학회활동

(1) 한국공법학회

제159회(2011. 1. 12) 프랑스 상원의회(프랑스 파리) 국제학술대회. 주제: Liberal Democracy and Universality

Prof. Prelot (Cergy Pontoise Univ. France) La Convention européenne des droits de l'Homme et la France

김성배 교수(대구대) Democracy and cultural, ethnic diversity in Korea

김형남 교수(단국대) An Influence of Liberal Democracy in Judicial Review: Majoritarianism in Judicial Review

Prof. Jean Frayssinet (Aix Marseille III. Univ. France) La Loi relative à l'Information

제160회(2011. 2. 18) (금) 조선대학교 법과대학. 신진학자 학술발표대회 • 주제 :「현대 공법학의 새로운 동향」

윤성현 박사(서울대) J. S. Mill의 대의민주주의론

김동훈 박사(서울대) 한국 헌법과 공화주의

유은정 박사(미국 Wisconsin-Madison) 연방주의, 지방자치, 그리고 직접민주주의적 제도의 헌법적 고찰

이장희 박사(고려대) 경제질서의 변화와 국가의 역할

심민석 박사(동국대) 미국 행정법상 금지명령에 대한 연구

정영철 박사(독일 Jena) 국가재정결손과 효율적 권리보호의 명령

차민식 박사(서울대) 독일에서의 기능사화(機能私化)와 국가책임에 관한 연구

강지은 박사(서울대) 프랑스 행정법상 분리가능행위에 관한 연구: 월권소송에 의한 행정계약 통제를 중심으로

고인석 박사(동국대) 의원입법의 효율성 강화방안에 관한 연구

최현선 박사(숙명여대) 입법에 관한 헌법적 고찰

김재선 박사(고려대) 공직선거에서의 전자투표제도에 관한 공법적 연구

이광원 박사(전남대) 군인의 다면적 성격과 그 관계

제161회(2011. 4. 22.(금)~23(토) 제주대학교 법학전문대학원. 2011 공법학자대회 및 국제학술대회. • 주제 :「법치주의와 민주주의」. 회장: 박인수

(기조발제) 김효전(학술원회원) 법치주의와 민주주의

김형성(성균관대) 개헌절차와 방법

김경제(동국대) 헌법침해

김주영(명지대) 현행 재외선거제도에 관한 비판적 검토

이부하(영남대) 공직선거법상 재외선거에 관한 헌법적 검토

최은석(경남대) 북한이탈주민의 국적에 관한 법적 문제

박진완(경북대) 이민국가에서의 국적의 탈국가적 변형으로서의 다국적의 정당화

고문현(숭실대) 난민인정절차의 문제점과 대책

문재완(한국외대) 표현의 자유와 민주주의 - 미국과 한국의 비교 검토

김용훈(서울대 법학연구소 선임연구원) 유럽연합의 민주주의와 법치주의

전재경(한국법제연구원 선임연구위원) 헌법상 재정 · 경제질서에서 자유민주적 기본질서의 전개

김도승(한국법제연구원 부연구위원) 재정민주주의 실현을 위한 행정부와 의회간 재정권한의 적정 배분

강주영(제주대) 지방재정에 있어서의 법치주의 실현을 위한 법적 방편 - 지방재정 위기를 중심으로

신상환(법제처 법제지원단장) 의원입법 지원방안 및 국회와의 협조체계 강화방안

이상희(법제처 국민불편법령개폐팀장) 인허가 규제방식의 네거티브 전환과 입법정책론 - 원칙금지*예외허용에서 원칙허용*예외금지로

김재광(선문대) 부패방지 관련 법제의 문제점과 개선방안

유진식(전북대) 헌법 제107조 제3항과 행정심판법
채우석(숭실대) 특별행정심판제도의 문제점과 개선방안
김인수(권익위 행정심판국장) 행정심판 25년의 평가와 전망
양승미(이화여대) 주민참여법제의 현안과제 - 주민투표 및 주민소송을 중심으로
길준규(아주대) 도시재생법안의 계획법적 검토
강기홍(경상대) 지방자치단체의 행정소송수행권의 가능성과 한계
성선제(국회도서관) 다문화주의의 헌법적 근거
최윤철(건국대) 다문화주의와 한국의 다문화 관련 법체계에 대한 평가
김선택(고려대) 통일대비와 헌법의 역할
박정원(국민대) 통일비용과 통일편익의 평가
문병효(강원대) 통일에 대비한 통일재원 확보를 위한 법제도화 방안
정순원(한국교육학술정보원) 미국과 우리나라 법교육지원법의 비교법적 검토
나달숙(백석대) 인권의 이해와 국제적 수준의 인권교육의 지향 방향
채한태(대전대) 공법교육의 활성화 방안
권영호(제주대) 한국의 변호사 시험제도
Amelie Giuliani-Viallard(프랑스 변호사, 김앤장) 프랑스의 변호사 시험제도
이시무라 오사무(石村 修, 專修大法學大學院長) 일본의 변호사 시험제도
R. Ann Constable (Executive Director, Division of Professional Licensure, Comm. of Mass., Boston) 미국의 변호사 시험제도

제162회(2011. 5. 21) (토) 대법원 16층 대회의실 • 주제 : 「행정의 헌법적합성 제고를 위한 탐구」
박재윤 교수(헌법재판연구원) 행정집행에 관한 통일적 규율의 가능성과 한계
이일염 판사(서울고등법원) 헌법상 적법절차 또는 영장주의와 행정상 즉시강제
김국현 부장판사(공주지원장) 위헌결정과 행정집행
김경제 교수(동국대) 금전급부의무부과법률의 위헌결정에 따른 성실납부자 보호여부

제163회(2011. 6. 24) (금) 한양대학교 법학전문대학원. 정기학술대회 및 정기총회 • 주제 : 「국제사회의 변화와 공법학의 대응」
이종수 교수(연세대) 헌법에 있어서 학설과 판례
김태호 재판연구관(대법원) 행정법에 있어서 학설과 판례

제164회(2011. 7. 15) (금) 국회 헌정기념관 대강당. 제헌63주년 기념 대한민국

국회 공동학술대회 •주제 :「통일헌법의 바람직한 미래상」

박정원 교수(국민대) 북한 헌법 체제의 특징과 전망

도회근 교수(울산대) 통일헌법의 권력구조

제165회(2011. 10. 7) (금) 연세대학교. 추계 국제학술대회 •주최: 한국공법학회·독일 콘라드 아데나워재단·연세대학교 법학연구원·이화여자대학교 법학연구소·고려대학교 법학연구원 •대주제 :「대학과 국가의 책임 - 우리 시대 대학문제의 공법적 조명」

임재홍(방송통신대) 등록금 문제와 대학재정

Prof. Dr. Ingwer Ebsen(Universität Frankfurt a. M.) Steuerung, Finanzierung und Organisation der Universitäten im Hochschul-wettbewerb - Das Beispiel der deutschen Stiftungsuniversitäten

이기우(인하대) 국립대학 법인화와 대학경쟁력

Prof. Dr. Ulrich Karpen(Universität Hamburg) Der Wettbewerb der Universitäten und die staatliche Intervention (대학의 경쟁과 국가의 개입)

나민주(충북대) 대학평가와 대학의 자율성

제166회(2011. 12. 15) 헌법재판연구원·법학전문대학원협의회 공동학술대회 (목) 헌법재판연구원 대강의실 •주제:「공법소송의 이론적 쟁점」

이우영 교수(서울대) 표현의 자유 법리와 헌법재판소의 위헌법률심사기준

최갑선 박사(헌법재판연구원 기본권연구팀장, 헌법연구관) 토지재산권 제한에 대한 위헌심사기준

허성욱 교수(서울대) 행정재량에 대한 사법심사 기준에 관한 소고

문병효 교수(강원대) 행정소송의 패러다임과 제도개혁

제167회(2012. 2. 25) (토) 영남대학교 법학전문대학원. 2012년 신진학자발표대회 및 국제학술대회) •주제 :「유럽과 프랑스의 법체계와 지방자치」 L'ordre jurique et la decentralisation en Europe et en France

Prof. Bertrand MATHIEU(Paris 1대학교) 법체계간 상호작용 - 헌법의 새로운 영역 (les interactions entre les ordres juridiques - nouveau champ du droit constitutionnel)

Prof. Dominique ROUSSEAU(Paris 1대학교) 유럽과 프랑스의 규범통제 (Contrôle de constitutionnalité et contrôle de conventionnalité)

Prof. Jean-Pierre MACHELON (대학) 지방자치단체 대표로서의 상원(Le

Sénat représentant des collectivités territoriales de la République)

김천수 박사(한국외대) 망중립성에 대한 공법적 고찰

권순현 박사(건국대) 퍼블리시티권에 대한 입법안과 평가 및 제안

문재태 박사(동국대) 개인정보 보호의 기본권적 보장에 관한 연구

홍강훈 박사(Tübingen대) Das allgemeine Informationszugangsgesetz in Deutschland und Korea - IFG und OIDA im Vergleich -(독일과 한국에서의 일반적 정보접근법)

남상택 박사(인천대) 토지비축제도에 관한 공법적 연구

윤현식 박사(건국대) 하이에크의 헌정질서론에 관한 연구

김정현 박사(서울대) 여소야대 헌정운용에 관한 연구

유승익 박사(고려대) 헌법국가와 기본권 - 원칙이론의 방법론적 전제와 헌법이론적 효과

김은환 박사(부산대) 중국 환경법상 행정제재수단에 관한 연구

송종원 박사(국민대) 미국 행정법상 규칙의 제정권한과 구별기준

권인희 박사(서강대) 헌법으로 본 장애인의 생존권에 관한 고찰

손윤석 박사(경북대) 국민기초생활보장법상 간주부양비제도에 대한 재검토

김현철 박사(동국대) 정보기본권에 관한 연구

황의관 박사(성균관대) 온실가스 배출권 거래제에 관한 법적 연구

제168회(2012. 5. 19) (토) 이화여자대학교 법학전문대학원. • 주제 : 「지방자치에 대한 공법 소송의 재평가」

고일광, 국가의 지방자치단체에 대한 관여와 이에 대한 헌법상 쟁송수단 - 헌법재판소 판례를 중심으로

오동석, 공법소송에서 지방교육자치권의 보장

김태호, 자치입법권의 보장과 공법소송 - 조례(안) 위법 여부의 사법심사 방법을 중심으로

김대인, 지방계약과 공법소송

제169회(2012. 6. 27~28) 일산 킨텍스. 제3회 공법학자대회 및 정기총회 • 주제 : 「민주헌정국가에서의 정당의 기능과 책임」

Prof. Johannes Gerster, Kandidatenaufstellung in der parlamentarischen Demokratie. Beispiel Deutschland : Gesetzliche Anforderungen und Realitäten (의회민주주의에 있어서의 후보공천. 독일 사례: 법률규정과 현실) 譯: 김환학

기현석, 제19대 국회의원선거와 정당의 후보자공천 : 분석과 헌법적 평가 - 헌법상 제 가치의 조화 방안에 대한 모색의 관점에서

이종수, 정당활동에의 시민참여와 당내민주주의

현준원, 배출권거래제 입법의 성과와 과제

함철훈, 후쿠시마 사태 이후 녹색성장에 기여하기 위한 우리나라 원자력 관련 법제의 문제점과 입법정책

류권홍, 새로운 에너지 시대의 도래 - 비전통가스의 개발과 환경문제를 중심으로

이혜은, 한국 행정소송제도의 선진화 방안

함인선, 행정소송법 개정과 관련한 주요쟁점별 검토 - 법무부 개정시안과 일본 개정 행정소송제도의 시행상황을 중심으로 하여

김해룡, 분권형 국가를 지향하는 헌법의 개정방안

김성호, 지방자치단체의 국회입법과정 참여방안

문상덕, 국가와 지방자치단체간 입법권 배분 - 자치입법권의 해석론과 입법론

이동식, 지방재정의 자율성 강화방안

정태용, 손실보상법제의 변천과 향후 전망

전극수, 보상금청구소송의 현황과 법적 검토

송동수, 공공임대주택의 현황과 법적 검토

제170회(2012. 9. 21) 헌법재판소 대강당. 「국가, 경제 그리고 공법」. 추계 국제학술대회

(기조발제) 김문현(이화여대 법전원 교수) 한국 헌법상 국가와 시장

전성인(홍익대 경제학부 교수) 경제, 복지에 대한 국가의 역할과 공법질서: 경제학자의 시각

Jörg Philipp Terhechte (Siegen Univ.), Die demokratische Funktion des Wettbewerbs(김환학역, 경쟁의 민주적 기능)

Benoît DELAUNAY (Paris Univ.), Réflexions sur l'interventionnisme économique de l'Etat en France à la lumière de l'article 119 de la Constitution de la République de Corée(전영역, 대한민국 헌법 제119조에 의거한 프랑스의 국가 경제개입에 관한 견해)

제171회(2012. 10. 27) 헌법재판소 대강당. 한국행정법학회 · 한국국가법학회 공동학술대회. 주제 :「차기정부의 공법적 과제」

권건보 교수(아주대) 경제민주화와 복지

김남철 교수(부산대) 경제민주화와 복지 - 주요 공약에 나타난 쟁점에 대한

공법적 검토를 중심으로

이효원 교수(서울대) 남북관계의 변화를 대비한 통일의 공법적 과제

김종보 교수(서울대) 북한의 건설법제와 개성공단 그리고 향후 협력방안

김선택 교수(고려대) 헌법개정과 국민참여 - 국민의 영혼으로 통하는 창, 어떻게 열 것인가

김중권 교수(중앙대) 행정기본법의 제정을 통한 행정법과 행정법제의 개혁

김배원 교수(부산대) 차기정부의 '사법개혁' 과제

김현준 교수(영남대) 행정개혁의 공법적 과제 -「同伴」과「保證」의 행정개혁

제172회(2012. 12. 12) 헌법재판소 대강당. 주제 :「공법적 관점에서 본 정부조직 개편 방향」

이헌환 교수(아주대) 정부조직개편논의의 공법적 검토

이현수 교수(건국대) 정부조직개편의 공법적 과제

제173회(2013. 1. 18) (금) 프랑스 Paris 상공회의소. 프랑스 공법학회 공동 국제학술대회 메르큐 강당, 프리드렁드 아브뉘 27번가(Chambre de commerce et d'industrie de Paris, amphithéâtre Mercure, 27 avenue de Friedland, Paris 75008, France) ~ 19.(토) 프랑스 Aix-en-Provence, Institut d'Etudes politiques d'Aix-en-Provence)

- 주최: 한국공법학회 · 프랑스 헌법학회. 18일 주제:「헌법적 정의와 경제」(La justice constitutionnelle et l'économie)

한동훈 박사(헌법재판연구원) 헌법에 내재된 경제 및 금융의 개념

전학선 교수(한국외대) 헌법재판소 판례를 통한 국내 및 국제적 경제의 요청에 대한 고려

- 주최 : 한국공법학회, Institut d'Etudes politiques d'Aix-en-Provence
- 19일 주제 :「한국과 프랑스의 헌법재판과 기본권 보장」(La justice constitutionnelle et les droits fondamentaux en Corée et en France)

변해철, 한국외국어대학교 법학전문대학원 교수 (전 유럽헌법학회장)

박선영, 동국대 법대 교수

고문현, 숭실대 법대 교수

정재황/김선량, 한국공법학회장(성균관대)/한국공법학회 간사

André Roux, 프랑스 Institut d'Etudes politiques d'Aix-en-Provence법

대교수

Guy Scoffoni, Aix-en-Provence대학 법대교수

제174회(2013. 2. 22) (금) 충남대학교 법학전문대학원. 신진학자 발표대회.

• 주최 : 한국공법학회 · 한국비교공법학회 · 충남대학교 법학연구소

이공주(상지대) 국민주권 실질화 방안으로서의 직접민주제에 관한 연구

류성진(Wisconsin대) 국내 최고재판소의 국제인권조약 인용에 관한 비교법적 연구: 미국, 남아프리카 공화국, 우리나라

최혜선(건국대) 망 중립성에 관한 헌법적 연구

윤정인(고려대) 자유권의 넓은 보호영역 이론

엄주희(연세대) 환자의 생명종결결정에 관한 헌법적 연구: 미국과의 비교고찰

이재희(고려대) 사적 영역에서의 평등권 보장 방안 - 특히 일반적 차별금지법 제정을 중심으로

안영진(창원대) 사인에 의한 사회복지행정에 관한 공법적 연구

계인국(Regensburg대학) 보장행정의 작용형식으로서 규제 - 보장국가의 구상과 규제의미의 한정

김환학(Speyer 행정과학원) 보장행정의 절차법적 통제

백옥선(중앙대) 공공요금 결정체계에 관한 공법적 연구

김정임(중앙대) 여객자동차 운송사업에 대한 공법적 연구

조진우(동국대) 계획고권의 실질화를 위한 주민참여 활성화에 관한 연구

구지선(동국대) 에너지의 보편적 공급에 관한 공법적 연구 - 전기의 공급관리를 중심으로

노기현(九州大学) 행정법상에 있어서 행정지도에 관한 한일비교연구 - 행정지도의 위법성판단을 중심으로

김용주(고려대) 사법경찰과 검찰의 수사권에 관한 연혁적 연구

김지영(파리1대학) 한국과 프랑스의 공공재정 개혁

제175회(2013. 5. 23) (목) 헌법재판소 대강당. 국제학술대회. 주최: 한국공법학회 · 헌법재판소 · 콘라드 아데나워재단. 주제 :「헌법재판소 창설 25주년에 즈음한 헌법재판, 국가 그리고 공법」

Prof. Hans Hugo Klein(전 독일 연방헌법재판소 재판관) 민주적 헌법국가의 헌법재판과 정치(김환학역)

목영준(전 헌법재판소 재판관) 국민의 기본권 신장을 위한 대한민국 헌법재판

소의 성과와 역할

김선택 교수(고려대) 헌법적 대화에 있어서 헌법재판소의 역할 - 한국 헌법재판, 제3의 길, 가능한가?

김성수 교수(연세대) 헌법은 존속하고, 행정법은 변화한다

제176회(2013. 6. 1) (토) 대법원. 대법원 헌법연구회 공동학술대회. 주제 : 「일반소송(행정소송)과 헌법소송의 관계」

박현정 교수(한양대) 법원과 헌법재판소의 관할범위 비교

김예영 판사(서울서부지법) 위헌성 심사와 위법성 심사의 차이(심사기관, 실질적 심사기준 등 관련)

김상우 고법판사(서울고법) 한정위헌청구 형식의 헌법소원에 대한 판례 분석

제177회(2013. 6. 29) (토) 헌법재판소 대강당. 공동학술대회 및 정기총회. 주최: 한국공법학회 · 법제처 · 헌법재판연구원 · 한국보건사회연구원. 주제:「경제정의, 사회복지 그리고 공법 - 경제와 복지에 대한 국가의 역할과 공법적 과제」

김철수 고문(대한민국학술원 회원) 경제와 복지에 대한 국가역할

송기춘 교수(전북대) 경제정의와 헌법: 경제권력 통제를 위한 권력분립의 구상

이계수 교수(건국대) 경제정의와 행정법: '자유와 재산'에 대한 재검토를 포함하여

이상경 교수(서울시립대) 미국의 복지권 논의와 복지실현의 헌법적 방법

서보국 교수(충남대) 사회복지와 행정법: 근로장려금에 대한 고찰을 중심으로

제178회(2013. 7. 16) (화) 국회헌정기념관 대강당. 제헌절 기념 국회 법제실 · 한국공법학회 헌법포럼 공동주최 학술대회. 주제 :「의회민주주의 발전을 위한 새로운 과제」

권영설(중앙대) 제헌절에 다시 되새겨 보는 우리 국회

강태수(경희대) 의회민주주의와 헌법개정 - 헌정효율성과 합리성의 관점에서

송석윤(서울대) 의회민주주의와 정당국가 - 정당개혁의 관점에서

음선필(홍익대) 의회민주주의와 선거제도의 개혁 - 민주적 대표성의 관점에서

제179회(2013. 11. 30) (토) 고려대학교 CJ법학관 베리타스 홀. 고려대 법학연구원 공동학술대회. 주제 :「감시와 개인정보 - 공법적 현안과 쟁점」

한상희 교수(건국대) 국가기관의 감시에 대한 헌법적 통제

권건보 교수(아주대) 개인정보에 대한 기본권적 보장의 의미

정준현 교수(단국대) 개인정보의 보호와 이용에 관한 공법적 고찰
정하명 교수(경북대) 정보공개제도에서 개인정보보호에 관한 논의의 발전
제180회(2014. 3. 14) (금) 서울시립대학교 법학전문대학원. 2014년 신진학자 대회. 주제 :「현대 공법학 연구의 새로운 동향」
이승택 박사, 한국 헌법과 민주공화국의 형성 - 민주공화국 형성에 대한 이해 방식과 군주국 조선에서의 민주공화국 태동을 중심으로
박찬권 박사, 헌법해석에서 주체성 논의의 필요성 및 헌법상 실존하는 주체성에 관한 고찰 - 국민주권의 관점에서
강일신 박사, 헌법상 기본의무에 관한 연구 - 기본의무의 개념, 이념, 실현구조
정혜인 박사, 원자력 안전규제에 관한 헌법적 검토 - 일본의 원자력규제위원회를 중심으로
이혜진 박사, 입법권위임금지법리의 현대적 의의 - 구조적 듀·프로세스 관점에서
황지은 박사, 우리 손실보상법제를 통한 간접수용의 보상 방안
박웅광 박사, 일본 행정사건소송법상 의무이행소송 - 의무이행소송의 유형구분을 중심으로
김종일 박사, 미국 연방대법관의 종신제에 관한 검토
홍석노 박사, 교육을 받을 권리의 헌법적 개념과 성격
이석민 박사, 국가의 종교적 중립성 개념에 대한 검토 - 비교법적 접근을 중심으로
윤진희 박사, 선거자금 규제의 헌법적 함의
성승환 박사, 선거관리기구에 관한 비교법적 연구
김용태 박사, 검찰권 오남용과 헌법적 통제
이진홍 박사, 계획고권에 따른 도시계획 권한의 제고 방안
홍성진 박사, 도시개발사업 지정 및 해제에 대한 공공성 제고 방안 - 용산국제업무지구 개발사업을 중심으로
최윤영 박사, 아동복지법제 개선에 관한 공법적 검토
김남진 박사, 영주자격전치주의 도입방안 모색 - 결혼이민자의 영주자격 및 간이귀화제도를 중심으로
최정희 박사, 한국·일본·미국·오스트레일리아의 조세회피방지법에 대한 비교법적 연구
정찬우 박사, 복지재정운용의 관리와 통제에 관한 연구

* (2014. 4. 19) (토) 고려대학교 CJ 법학관 베리타스홀. 주최: 한국공법학회 · 고려대학교 ICR 센터 공동 주최.「공법학 원로와의 대화 - 김남진 교수」

(기조강연) 김남진, 한국 행정법학의 회고

서정범(경찰대) 김남진 선생님이 한국 행정법에 미친 영향

박정훈(서울대) 한국 행정법학의 미래 - 학문적 전통의 계승과 방법론적 개혁을 위하여

제181회(2014. 5. 16) (금) 이화여자대학교 ECC 극장. 이화여자대학교 법학연구소 공동학술대회. 주제 :「문화와 국가 - 공법적 쟁점과 전망」

이인호 교수(중앙대) 문화 영역에서 국가 역할의 의의와 한계

김창규 교수(한국전통문화대) 문화국가 구현을 위한 문화분권의 과제

황승흠 교수(국민대) 문화진흥을 위한 예술인의 권익에 대한 헌법적 보호

제182회(2014. 5. 31) (토) 대법원. 대법원 헌법연구회 공동학술대회. 주제:「행정법상의 일반원칙과 헌법원리」

박정훈 교수, 행정법의 일반원칙과 헌법원리 - 法源論과 방법론, 효력우선과 적용우선

진창수 · 김유성, 행정법상 법원칙과 헌법원칙의 실제 적용사례 검토 - 비례원칙, 실질과세원칙 등을 중심으로 -

제183회(2014. 10. 18) (토) 고려대학교 CJ법학관 베리타스홀. 사법정책연구원 · 한국형사법학회 · 고려대학교 법학연구원 공동학술대회. 주제:「공법과 형사법의 접점」

권오곤 교수, 공법과 형사법 접점에 관련한 국제형사재판의 시사점

김진한 교수, 새로운 형태의 형사제재와 소급처벌 금지 원칙의 역할 - 전자장치부착법 부칙조항에 대한 합헌결정(헌재 2012. 12. 27. 2010헌가82)을 중심으로

하명호 교수, 공법과 형사법에서 적법절차 - 출입국관리법과 형사소송법상 인신구속절차를 중심으로

이근우 교수, 형법과 행정법의 교차점 - 행정법규의 벌칙 및 과태료

이석배 박사, 민주적 법치국가에서 검찰권 행사의 통제 - 프로이센의 검찰제도 탄생배경과 개혁논의에 비추어 본 검찰에 대한 민주적 통제방안

제184회(2014. 12. 12-13) 전북대 법학전문대학원.「2014년 공법학자대회 선진국가를 위한 공법적 과제: 안전국가의 확립으로부터 문화국가의

부흥으로」 공법학회 · 한국법제연구원 공동주최.

(기조발제) 권영설(중앙대 명예교수) 문화와 법: 역동적 관계의 진화

제1세션: 이종수(연세대) 문화기본권과 문화법제의 현황 및 과제

김재광(선문대) 문화공공성과 문화다양성을 제고하기 위한 법적 과제

이기춘(부산대) 국가의 문화보장책임에 기초한 문화산업진흥법제에 관한 연구 - 게임산업진흥 · 규제에 관한 검토와 함께

전종익(서울대) 국가공동체와 문화유산

최윤철(건국대) 세계화와 한국의 다문화주의

제2세션: 김종천(한국법제연구원) 안전국가 정착을 위한 입법적 과제 - 에너지 안전법제를 중심으로

조재현(동아대) 헌법국가로서의 안전국가

서보국(충남대) 보장행정에서의 공기업과 자율규제

제185회(2015. 2. 27) 충북대학교 법학전문대학원. 2015년 신진학자대회. 주최: 한국공법학회, 충북대학교 법학연구소. 주제: 「현대 공법학 연구의 새로운 동향」

노진석 박사, 헌법상 시장과 경제민주화

김기홍 박사, 미국에 있어서의 민영화와 그 공법적 한계 - 책임적합성(Accountability)을 중심으로

차원일 박사, 영업비밀의 헌법상 보호 - 재산권으로서의 보호에 관한 독일의 논의를 중심으로

이연우 박사, 국적법상 국적선택의 자유에 관한 연구

정재도 박사, 프랑스 제4공화국 헌법과 합리화된 의원내각제

김준영 박사, 중국 전국인민대표대회의 입법권 확립 연구

양태건 박사, 의회 의사진행방해제도와 합의제 헌법이론

송시우 박사, 선출직공직자 선출방식에 관한 헌법적 연구 - 대통령선거의 결선투표제, 국회의원선거의 선거구제를 중심으로 한 연구

윤수정 박사, 장애인정책의 규범적 근거로서의 인간다운 생활을 할 권리 - 적극적 사법심사를 위한 심사방법의 모색

박훈민 박사, 독일과 우리나라에서의 국고이론에 관한 비판 - 국고의 개념과 행정작용형식론을 중심으로

박종준 박사, 행정법상 법률의제에 대한 공법적 고찰

왕승혜 박사, 경제행정법상 자율규제의 유형과 책임 - 식품법의 사례를 중심으

로

정관선 박사, 국가의 안전의무 해태에 따른 국가배상책임 - 프랑스 식품안전 분야의 판례를 중심으로

윤기중 박사, 수리를 요하는 신고의 독자성

윤강욱 박사, 망산업 자유화와 규제법 - 독일 및 한국의 전력산업규제법을 중심으로

최종권 박사, 도시계획시설에 관한 공법적 연구

김아름 박사, 행정대집행의 실정법상·이론상 문제 및 쟁점에 관한 연구

제186회(2015. 4. 17) (금) 건국대학교 법학전문대학원·건국대학교 법학연구소 공동학술대회. 주제 : 「정치와 공법학」

한상희, 정당정치와 헌법

정상우, 헌법상 교육의 정치적 중립성과 공법적 과제

강남훈, 평등선거 구현을 위한 선거법 개정 방향 - 선관위 제안 시뮬레이션

이국운, 지역에서 정치와 공법학 - 지방분권형 헌법개정안의 구상을 중심으로

제187회(2015. 5. 14) (토) 제주대학교. 2015년 한국 프랑스 국제 학술대회.

- 주최: Korea Public Law Association, Association française de droit constitutionnel Association internationale de droit constitutionnel de la Corée, Cercle d'étude sur la théorie de droit public et la jurisprudence, YU-EU Centre
- 주제 : 「사법권의 현재」

Prof. Fabrice Hourquebie, 프랑스에서 사법권은 존재하는가?

Prof. Jean-Pierre Machelon, 최고법관회의 개혁

Prof. Xavier Philippe, 사법권과 기본권 보장

조원제 교수, 日本の裁判例や政策決定に見られる「正義」に関する一考察

전학선 교수, 한국에서 헌법재판과 인권보장

오승규 박사, 한국의 행정재판

제188회(2015. 5. 30) (토) 대법원·대법원 헌법연구회 공동학술대회. 주제: 「효과적인 기본권 보장을 위한 공법적 권리구제 시스템」

정호경 교수(한양대) 효과적인 기본권 보호를 위한 공법쟁송체계의 구축 - 다원적 쟁송체계의 마련을 위하여

이상덕 판사(서울행정법원) 항고소송과 헌법소원의 관계 재정립 - 실무의 상황과 나아갈 방향

제189회(2015. 6. 19) (금) 한국외국어대학교·한국외대 법학연구소 공동학술대회. 주제: 「공법상 금전급부의무 강제이행법제」
홍종현 박사(한국법제연구원) 공법상 금전급부의무 강제 관련 법제의 현황과 문제점
전학선 교수(한국외대) 포상금제도를 통한 공법상 금전급부의무의 강제 - 국세기본법과 지방세기본법을 중심으로
손윤석 교수(지방행정연수원) 관허사업제한제도에 의한 공법상 금전급부의무의 강제
제190회(2015. 10. 16) (금) 한국공법학회·국회입법조사처 공동학술대회. 주제: 「국회 입법권한에 관한 공법적 조망」
임지봉 교수(서강대) 국회 입법 권한의 내실화를 위한 제도 개선 과제
김준 박사(입법조사처) 입법영향분석제도의 필요성과 과제
유진식 교수(전북대) 법률유보원칙의 실제와 개선방안
제191회(2015. 11. 13) (금) 서울시립대학교 법학전문대학원·서울시립대학교 법학연구소 공동학술대회. 주제: 「국회의원의 국민대표성 강화를 위한 선거제도의 개혁방향」
조소영 교수(부산대) 선거구간 인구편차의 조정과 선거구 획정의 과제
신옥주 교수(전북대) 헌법적 관점에서 본 선거제도의 개선 필요성
윤재만 교수(대구대) 독일식 비례대표제와 당내민주주의 - 정당의 조직, 당대표 등 당임원, 대의원선거 및 공직선거후보예비선거 등을 중심으로 -
김재선 연구관(중앙선관위) 선거운동과 시민의 정치활동의 자유
윤현식 박사(건국대) 군소정당의 성장을 방해하는 공직선거법
제192회(2015. 12. 18) (금) 중앙대학교 법학관. 정기학술대회 및 정기총회. 주최: 한국공법학회·중앙대학교 법학연구원. 주제: 「존엄한 삶과 공법학 - 장애, 빈곤, 노동」
윤수정 박사(연세대) 장애인의 존엄한 삶과 헌법 - 장애인운동이 고안해낸 새로운 권리와 그에 대한 사법체계의 수용가능성을 중심으로
김명연 교수, 장애인의 탈시설정책과 행정법
문병효 교수, 한국사회의 빈곤과 행정법적 과제
이상경 교수, 빈곤에 대한 헌법적 접근 - 사회적 기본권 및 헌법원리 실현을 통한 빈곤극복의 과제와 복지재정지출의 한계
권영숙 박사, 민주화 이후 민주주의에서 노동의 사법적 통제

제193회(2016. 2. 19) 경북대학교 법학전문대학원; 「현대 공법학 연구의 새로운 동향」 2016년 신진학자대회. 경북대학교 법학연구원 공동학술대회. 회장 김중권

김효연 박사, 시민으로서 아동·청소년의 지위 - 정치적 참여와 선거권연령을 중심으로

박성용 박사, 헌법재판소의 프라이버시권 판결 성향

김희정 박사, 대테러리즘, 자유와 안전 - 안전의 헌법적 지위 검토

이승현 박사, 혐오표현의 개념 및 제한에 대한 헌법적 쟁점

한태희 박사, 출입국관리법상 외국인 체류자격법제 개선방안 연구 - 캐나다 사례와 비교를 중심으로

신영현 박사, 한반도 통일의회구상에 관한 연구

김무열 박사, 비영리법인에 대한 세제혜택의 헌법적 정당성

한명진 박사, 독일 금융감독원의 재원조달에 대한 법적 검토

오승규 박사, 프랑스 자치경찰제도의 고찰과 한국에의 시사점

송현정 박사, 미국연방대법원의 동성결혼 합헌판결과 위헌심사기준에 대한 논의

김갑석 박사, 학교폭력대응에 관한 헌법적 고찰 - 학교폭력예방법과 예방프로그램의 운영과정에서 발생될 수 있는 인권침해를 중심으로

이정환 박사, 양심의 자유의 과잉금지원칙 적용여부

황동혁 박사, 본질적 내용 침해금지 원칙의 수범자

김판기 박사, 행정계약의 공법적 체계에 관한 연구 - 행정계약법의 체계 정립을 위한 기본적 법문제를 중심으로

윤현진 박사, 미국 규제행정법에서의 비용편익분석(Cost-Benefit Analysis)과 사법심사(Judicial Review)

정선균 박사, 공법상 당사자소송의 활성화에 대한 연구

김수홍 박사, 한국의 민간투자사업의 현황과 개혁 - 일본법과의 비교를 중심으로

안기수 박사, 해양환경 보전을 위한 행정조직 및 법체계에 관한 법적 연구 - 해양행정일원화 정책과 자연적 생활기반으로서 해양환경 보전행정의 조화를 중심으로

박정연 박사, 복지서비스의 민간공급에 관한 공법적 규율

황선훈 박사, 독일통일과정에서 신탁청의 사법적 활동에 관한 공법적 연구

제194회(2016. 4. 29) (금) 중앙대학교 법학전문대학원. 한국공법학회 60주년

기념 사법정책연구원 · 중앙대학교 법학연구원 공동학술대회. 주제: 「한국공법학회 60년과 사법」

김남진 고문(고려대) 시대와 호흡을 함께 하는 공법학과 사법 - 행정법학의 입장에서

이헌환 교수(아주대) 한국공법학회 60년과 사법 - 불협화음의 이중주?

김남철 교수(부산대) 행정법판례형성에 있어서의 행정법학의 기여

제195회(2016. 5. 28) (토) 대법원 16층 대회의실. 한국공법학회 · 대법원 헌법연구회 공동학술대회. 주제: 「행정입법에 대한 통제」

정남철 교수(숙명여대) 행정입법에 대한 행정적 · 입법적 통제 - 특히 협력적 규범제정의 구축방안을 위한 모색을 중심으로

윤정인 판사(서울북부지방법원) 행정입법에 대한 사법적 통제

제196회(2016. 6. 23) (목) 고려대학교 신법학관 4층 401호. 한국공법학회 · 고려대 법학연구원 공법연구센터 공동학술대회. 주제: 「공법학 원로와의 대화 - 심천 계희열 교수」

장영수 교수(고려대 법전원) 심천 계희열 선생님의 헌법학

계희열 교수(고려대 법전원 명예교수) 1960년대 한국헌법학과 현재의 헌법학

제197회(2016. 7. 1) (금) 리츠칼튼 호텔 서울. 한국법제연구원 · 한국공법학회 공동학술회의 - 한국법제연구원 개원 26주년 및 한국공법학회 창립 60주년 기념. 주제: 「좋은 입법을 위한 입법평가」

박윤흔(전 대구대총장, 전 환경부장관) 우리나라 입법평가제도 도입 더 미루지 말고 차분하게 준비합시다.

제1세션: 입법과 입법평가

홍완식(건국대 법전원 교수) 제20대 국회의 과제 - 입법평가 제도의 도입

차현숙(한국법제연구원 연구위원) 자치입법과 조례 입법평가

백옥선(한국법제연구원 부연구위원) 입법형식과 입법평가

김태호(서울대 법과대학 강사) 규제입법과 입법평가의 기준

제2세션: 분야별 입법에 대한 평가

최유(한국법제연구원 부연구위원) 개인정보보호법에 대한 입법평가

허진성(대전대 법학과 교수) 언론법제의 현황과 개선방향

정필운(교원대 일반사회교육과 교수) 학교안전사고에 대한 입법평가

이상학(대구대 법과대학 교수) 경찰법의 최신 현황과 과제

제3세션: 외국의 입법관련제도 및 입법평가

김현준(영남대 법전원 교수) 의회입법과 행정입법의 관계 - 독일법을 중심으로
오승규(중원대 법무법학과 교수) 프랑스 입법평가제도와 동향분석
황의관(서울시의회 입법조사관) 미국 행정 입법절차에서 사전적 입법평가와 의회의 개입
배건이(한국법제연구원 부연구위원) 스웨덴의 입법절차와 입법평가
제198회(2016. 9. 22) (목) 서울중앙지방법원 중부등기소 5층 회의실. 감사연구원 · 한국공법학회 제1회 공공감사연구포럼. 주제: 「주요국의 재정제도와 공무원의 재정상 책임」
김지영 교수(대구대 경찰행정학과) 프랑스의 재정제도와 공무원의 재정상 책임
홍종현 박사(감사원 감사연구원) 우리나라의 재정상 책임의 주요쟁점과 논의 현황
김형섭 교수(한밭대 공공행정학과) 독일의 재정제도와 공무원의 재정상 책임
* (2016. 9. 30) 헌법재판연구원 3층 대강의실. 「절차 및 참여의 사고와 공법의 재구성」. 헌법재판연구원 · 한국공법학회 · 한국헌법학회 공동학술대회 → 한국헌법학회
이장희(창원대) 민주주의의 재구성 - 대의민주주의와 참여민주주의 · 심의민주주의의 관계
정광현(한양대) 법치국가원리의 재구성 - 절차와 참여의 적용범위와 효력
김선희(헌재원 책임연구관) 참여의 매체로서의 집회의 자유(복면집회 및 시위)
제199회(2016. 10. 14) (금) 서울시립대학교 법학관 5층 모의법정. 한국공법학회 · 서울시립대 법학연구소 · 헌법재판연구원 공동학술대회. 주제: 「한국공법학회 60년과 헌법재판」
이석민 박사(헌법재판연구원) 입헌주의의 현대적 개념과 헌법재판
하명호 교수(고려대) 헌법재판과 행정법이론 - 진입규제의 수단으로서 허가 · 특허를 글감으로
장영철 교수(서울시립대) 헌법재판과 사적 자치
제200회(2016. 11. 11) (금) 국회본관 제4회의장. 한국법제연구원 · 국회사무처 공동학술대회. 주제: 「한국공법학회 60년과 국회 - 21세기 법질서와 국회」
(기조발제) 김효전 교수(대한민국학술원 회원, 한국공법학회고문)
김주환 교수(홍익대) 협치시대의 의회

오동석 교수(아주대) 협치시대의 의회
홍완식 교수(건국대) 협치시대의 입법
박재윤 교수(충북대) 협치시대의 입법
김종철 교수(연세대) 협치시대의 개헌방향
명재진 교수(충남대) 협치시대의 개헌방향

제201회(2016. 11. 24) (목) 국가인권위원회 인권교육센터(11층). 한국공법학회와 국가인권위원회 공동학술대회. 주제:「국내 외국인의 인권향상을 위한 법제개선 방향」

임선영(국가인권위원회) 이주민 인권증진을 위한 국가인권위원회의 권고 흐름
박진완(경북대 법전원) 외국인노동자의 권리보호를 위한 법제개선 방안
홍선기(독일정치경제연구소) 난민의 인권보호를 위한 법제개선 방안
신옥주 교수(전북대 법전원) 미등록이주아동의 권리보호를 위한 법제개선 방안

제202회(2016. 11. 25) (금) 코리아나 호텔. 한국공법학회와 한국조세재정연구원 공동학술대회. 주제:「공법과 재정」

황도수(건국대 법전원) 재정에 있어서의 국회와 행정부의 관계 검토
장용근(홍익대 법학과) 우리나라의 재정헌법의 개정검토 - 예산에 관한 주요 쟁점과 논의 현황을 중심으로
문병효(강원대 법전원) 지방분권에 있어서의 재정의 역할

제203회(2016. 12. 16) (금) 헌법재판연구원 대강당. 한국공법학회 12월 정기총회 겸 학술대회. 주제:「한국 공법학의 미래」

(기조발제) 김문현(이화여대) 미래를 위한 공법학의 과제
장영수(고려대) 헌법학의 과제와 임무
박정훈(서울대) 행정법학의 과제와 임무

제204회(2016. 12. 20) 서머셋팰리스호텔. 감사연구원 · 한국공법학회 제2회 공공감사연구포럼. 주제:「감사원의 위상과 소속」

최승필 교수(한국외대) 감사원의 직무상 독립성의 규범적 의미와 기능
임 현 교수(고려대) 감사원의 직무상 독립성의 규범적 의미와 기능
김난영 박사(감사연구원) 최고회계검사기구(SAI)의 역할에 대한 OECD정책 연구 소개
이진수 교수(영남대) 의회소속형 감사원의 법제도, 운영실태 및 시사점

김연식 교수(성신여대) 의회소속형 감사원의 법제도, 운영실태 및 시사점
홍종현 박사(감사연구원) 독립기관형 감사원의 법제도, 운영실태 및 시사점

제205회(2017. 1. 24) 서울글로벌센터 9F 국제회의장. 한국공법학회 · 한국정치학회 · 연세대 법학연구원 공동학술대회. 주제 : 「조기대선정국과 결선투표제 도입논쟁」. 회장: 이헌환

최장집(고려대), 이준한(인천대) 결선투표제는 대통령선거의 '민주적 정당성'을 위해서 꼭 필요한 제도인가
곽노현(前 서울시 교육감), 이헌환(아주대) 결선투표제는 '헌법개정' 사안인가? '법률개정 사안인가
임성호(경희대), 안용흔(대구가톨릭대) 결선투표제를 대통령선거에서 도입하면 어떤 '효과'를 기대할 수 있을 것인가?

제206회(2017. 2. 10) 국회입법조사처 대회의실. 한국공법학회 · 국회입법조사처 공동학술대회. 주제: 「헌법개정의 쟁점과 방향」

김종철(연세대) 홍완식(건국대) 권력구조의 개헌방향
김선택(고려대) 기본적 인권의 개헌방향
이기우(인하대) 지방분권 개헌방향

제207회(2017. 3. 11) 충남대학교 법학전문대학원. 2017년 한국공법학회 신진학자대회. 주최 : 한국공법학회 · 충남대학교 법학연구소. 주제 : 「현대 공법학 연구의 새로운 동향」

신한철(한국외대) 중앙정부 및 지방의회 전자파 규제의 공법적 고찰
양정윤(고려대) 입법갈등과 법적 대화 - 권력분립의 이해와 그에 기초한 해결기준을 중심으로
김소연(고려대) 글로벌 시대, 주권, 인권의 변화와 양자의 관계 정립
김현정(서울대) 대한제국기 정치적 결사에 관한 헌법사적 연구 - 대한협회와 그 활동시기(1907-1910)을 중심으로
전윤경(한국교원대) 법치주의 개념에 관한 시민교육적 이해
정애령(독일 빌레펠트대) 유럽인권협약 제8조와 기본권 헌장 제8조에 따른 개인정보보호의 실현
신정규(독일 예나대) 특별부담금에 관한 헌법재판소의 결정 및 부담금관리기본법에 관한 비판적 고찰 - 독일 연방헌법재판소 결정과의 비교를 중심으로
조영승(부산대) 미국헌법상 정부언론 이론에 관한 고찰 - 미연방대법원의 판례를 중심으로

조지은(서강대) 헌정사적 배경에서 바라본 한국헌법의 경제민주화 조항

제208회(2017. 3. 24) 서울대학교 근대법학백주년기념관(84동) 주산홀. 한국공법학회 · 한국형사정책연구원 · 서울대학교 법학연구소 공동학술대회. 주제: 「한국의 형사사법개혁Ⅱ 강제처분의 현대적 의미와 인권보호」

이우영(서울대) 각국 헌법상 인신구속제도의 의미 고찰

김성룡(경북대) 검사 영장청구권의 현대적 의미 검토

제209회(2017. 4. 7) 고려대학교 법학전문대학원 CJ법학관 B1 베리타스홀. 한국공법학회 · 한국법제연구원 · 법제처 · 한국헌법학회 공동학술대회. 주제: 「4차 산업혁명에 따른 입법 대응 전략 모색」

김태오(정보통신정책연구원) 4차 산업혁명에 대한 효과적 대응을 위한 법제 과제

김일환(성균관대) 빅데이터 수집 및 개인정보보호 관련 법제개선방안

이창원(한성대) 4차 산업혁명 시대에 있어 입법업무 효율과 방안

임종훈(홍익대) 4차 산업혁명 발전에 따른 법률 제 · 개정시 국회-입법부 협력 방안

제210회(2017. 5. 27) 대법원 16층 대회의실. 한국공법학회 · 대법원 헌법연구회 공동학술대회. 주제: 「출입국 관련 외국인 기본권에 관한 공법적 고찰」

오동석(아주대) 비국민 출입국 기본권의 헌법적 검토

하정훈(전주지법 군산지원) 난민 불회부결정 심사를 둘러싼 공법적 문제

제211회(2017. 6. 9) 헌법재판연구원 대강의실. 2017 통일학술대회. 주제: 「통일과 노동시장 통합」. 주최: 헌법재판연구원 · 한국노동연구원. 후원: 한국공법학회 · 한국헌법학회

오상봉(한국노동연구원 연구위원) 남북 경제통합의 노동시장에 대한 영향과 노동시장정책의 과제

정영훈(헌법재판연구원) 남북 노동시장 통합에 따른 노동시장정책에 관한 헌법적 검토

윤애림(서울대학교 고용복지법센터) 북한이탈주민의 취업실태와 이주노동의 관점에서 본 노동정책상의 과제

제212회(2017. 6. 29-30) 서울 글로벌센터 국제회의장. 한국공법학회 · 법무부 · 국가인권위원회 · 2018 세계헌법대회 조직위원회 국제학술대회. 주제: "Human Rights, Rule of Law and Legal Culture: Worldwide Perspectives"(인권, 법치주의 그리고 법문화: 범인류적 조망). 주최

: 한국공법학회 · 법무부 · 국가인권위원회 · 2018 세계헌법대회 조직위원회

(기조발제) 이성호(국가인권위원회 위원장) 인권, 법치주의 그리고 법문화, 범인류적 조망

Muna B. Ndulo(코넬대) 아프리카 인권 재판소와 아프리카 인권 보장 체제

Paolo Galizzi(포담대) 다양성이 증가하는 유럽 내에서 인권 보호 : 유럽인권협약 적용시 판단의 재량 원칙 활용에 대한 고찰

Daniel Bonilla(로스안데스대) 지구 남반구의 입헌주의

Kofi Abotsi(가나대) 인권재판제도의 실효성 확보 - 아프리카 모델 및 진화하는 불확실성에 대한 고찰

Abdul Wahab(헬프 시리아) 국제법과 난민법을 통한 난민 보호

(특별연설) 강일원(헌법재판관)

EJIMA, Akiko(메이지대) 인권규범의 적용에서 비교헌법과 국제인권법의 상호작용

Narongdech Srukhosit(출라롱콘대) 국제인권법의 태국 국내법으로의 수용

백태웅(하와이대) 강제실종과 국제인권법적 책임의 이행

제213회(2017. 8. 22) 대구대 성산홀 17층 스카이라운지. 한국공법학회 · 법제처 · 한국법제연구원 · 대구대학교 공동 국제학술대회. 주제「한 · 중 · 일 · 몽 통일법제 - 한반도 통일과 법」

다시발바르 강가바타르(몽골국립대) 몽골 헌법의 역사적 경험과 오늘날의 문제점

王磊 (북경대) 중국의 일국양제 방침의 법제화

孙汉基(중남민족대) 중국의 통일 정책과 법제 고찰 - 홍콩특별행정구 기본법 실시 20년 동안의 법적 쟁점을 중심으로

司马俊莲(호북민족학원 법학원) 일국양제의 이론적 혁신과 시대의 가치

류지성(한국법제연구원) 한반도 통일과도기의 법적 쟁점

제214회(2017. 9. 20) 국회도서관 소회의실. 한국공법학회 · 노동법연구소 해밀 · 국회의원 이인영 공동 심포지엄. 주제 :「노동헌법을 논함」

김선수(법무법인 시민) 노동헌법 개헌안 제안

김진곤(광운대) 노동에 대한 이념적 근거로서의 헌법

강성태(한양대) 새 노동헌법의 배경과 여러 원칙들

제215회(2017. 9. 29) 서울중앙지방법원 중부등기소 5층 강당. 한국공법학회

· 감사연구원 제3회 공공감사연구포럼. 주최 : 한국공법학회 · 감사연구원
정남철(숙명여대) 자체감사 활성화와 감사원의 합리적 지원방안
전학선(한국외대) 지방자치단체에 대한 감사제도 - 프랑스를 중심으로
강승식(원광대) 국민참여감사 활성화의 가능성과 한계에 대한 공법적 검토
조형석(감사연구원) 회계검사와 직무감찰의 통합수행에 따른 효과
제216회(2017. 11. 3) 전남대학교 법학전문대학원. 한국공법학회 · 전남대학교 법학연구소 공동학술대회.
박재윤(충북대) 보장국가론과 현대 행정법 방법론의 과제
정훈(전남대) 환경오염피해에 대한 책임귀속 법리의 전망과 과제
김재선(한경대) 인공지능 의료기기 위험관리를 위한 규범론적 접근 - 인공지능 소프트 웨어(왓슨)의 허가 및 심사기준 연구를 중심으로
김성배(국민대) e-청원제도의 법적 쟁점
제217회(2017. 11. 17) 로얄호텔. 한국공법학회 · 감사연구원 제4회 공공감사연구포럼. 주최: 한국공법학회 · 감사연구원.
홍종현(감사연구원) 감사원에 대한 개헌논의의 경과 및 주요 쟁점 소개
제218회(2017. 11. 29) 고려대학교 이공대 하나스퀘어. 한국공법학회 · 한국행정학회 공동기획세미나.
임지봉(서강대) 개헌과 정부형태
오영균(수원대) 개헌을 통한 행정혁신, 공무원의 정치적 중립성 확보를 중심으로
이송호(경찰대) 개헌과 분권
정남철(숙명여대) 행정의 민주적 정당성 확보와 법치주의의 공법적 과제
제219회(2017. 12. 15) 헌법재판소 대강당. 한국공법학회 동계 학술대회.
기조발제: 김문현(前 헌법재판연구원장, 前 이화여대 법전원 교수)
최희경(이화여대) 기본권조항의 개헌방안
김용섭(전북대) 헌법상 재산권보장조항과 경제질서의 공법적 쟁점 및 개헌방향
제220회(2018. 2. 23) 아주대학교 법학전문대학원 종합관. 신진학자대회「현대 공법학 연구의 새로운 동향」. 한국공법학회 · 아주대학교 법학연구소. 회장 김유환. 행정법 제외
이춘희(성균관대) 민주공화국원리의 사회 · 경제적 의의와 실현에 관한 연구
김종현(서울대) 통일 이후의 방어적 민주주의에 관한 연구 - 인정가능성 및 구체적 적용방안을 중심으로

이경선(서강대) 헌법 조문별 법률 제정 실태와 시사점
강명원(프랑스 Cergy-Pontoise대) 한국과 프랑스 대통령의 권한 - 대통령과 의회다수파 불일치를 중심으로
김정수(연세대) 종교의 정치화 현상에 따른 다원주의적 정교분리 모델의 필요성에 대한 소고
오지원(이화여대) 헌법상 정교분리의 원칙에 관한 연구
제221회(2018. 4. 6) 헌법재판소 대강당.「국민의 입장에서 본 헌법개정」
장영수(고려대) 2018년 3월 26일 발의된 대통령 개헌안의 문제점
김종철(연세대) 권력구조 및 사법개혁과 관련된 헌법개정안 검토 - '대통령 4년 1차연임제 개헌안'의 내용과 특징을 중심으로
이인호(중앙대) 자유주의 對 국가주의: 어느 길이 옳은가: 헌법개정, 무엇을 어떻게 할 것인가 - 2018년 대통령 발의 개헌안의 전문 총강 기본권 조항을 중심으로
이기우(인하대) 지방분권에 관한 헌법개정의 과제와 전망
이광윤(성균관대) 지방분권 개헌안의 문제점
홍준형(서울대) 경제헌법 개정의 방향
김성수(연세대) 헌법상 경제조항 개정에 대한 管見
제222회(2018. 4. 28) 고려대학교 CJ법학관 베리타스 홀. 한국공법학회 · 한국형사법학회 공동학술대회.「기본권 보장과 형사사법제도」
문성도(경찰대) 헌법상 영장에 의해 신체 · 주거의 자유를 보장받을 권리
김봉수(전남대) 법관에 의해 재판을 받을 권리와 국민참여재판
허진성(대전대) 변호권의 헌법적 의미
이명웅(변호사) Me Too 현상과 공법적 과제
제223회(2018. 5. 18) 서울대학교 근대법학백주년기념관 최종길홀. 한국공법학회 정기학술대회. 주제「공법상 손해전보의 제문제」; 주최 한국공법학회, 사법정책연구원
김문현(이화여대) 재산권보장과 손실보상의 법리
박병대(성균관대) 공법상 소송의 재판권과 관할 및 소송형태 등에 관한 실무상 쟁점과 과제
신원일(부장판사) 손실보상에 관한 대법원 판례의 흐름과 동향
최계영(서울대) 특별법에 의한 공법상 손해전보의 법적 쟁점
박정훈(서울대) 국가배상법의 개혁 재론 - 사법상 대위책임에서 공법상 자기

책임으로

제224회(2018. 6. 8) 서초구 양재동 엘타워 골드홀. 한국공법학회 헌법연구포럼 · 대법원 헌법연구회 공동학술대회. 주제「사법부의 독립성 및 민주성 확보의 공법적 과제」

(기조발제) 박윤흔(한국공법학회 고문, 前 환경부 장관)

이희준(법원행정처) 비교법을 통해 본 우리나라 사법부의 위상 - 행정부와의 관계를 중심으로 - 일본 헌법 및 법제도와의 비교

이상경(서울시립대) 비교법을 통해 본 우리나라 사법부의 위상 - 행정부와의 관계를 중심으로 - 미국, 프랑스 등 헌법 및 법제도와의 비교

최희준(서울중앙지법) 법원의 통일된 법령해석과 국민의 법적 안정성

제225회(2018. 6. 22) 헌법재판소 대강당. 한국공법학회 국제학술대회「적법절차와 행정절차법」

Rainer Arnold(레겐스부르크대) 독일의 적법절차와 행정절차법

Xavier Philippe(엑스-마르세이유대) 프랑스의 적법절차와 행정절차법

홍준형(서울대) 한국의 적법절차와 행정절차법

제226회(2018. 7. 6) 한국법제연구원 대회의실.「사회적 가치 실현의 법제적 대응전략 공동 학술대회」주최: 한국공법학회 공익인권포럼 · 한국법제연구원 · 입법이론실무학회 · 사이버안보법정책학회.

윤수정(공주대) 사회적 가치실현과 헌법

김대인(이화여대) 사회적 가치실현과 행정법

최철호(청주대) 사회적 가치실현을 위한 입법적 과제

안성경(국회도서관) 사회적 약자 관련 법제의 문제점과 입법적 과제

윤석진(강남대) 사회통합을 위한 사이버안보의 법적 함의 - 개인정보보호와의 조화를 중심으로

곽관훈(선문대) 사회적 가치실현을 위한 사이버안보의 법적 과제

제227회(2018. 7. 23) 국회의원회관 제1소회의실. 국회개원 · 제헌 70주년 국제학술대회.「미래사회의 의회와 헌법」. 주최 : 한국공법학회 · 한국헌법학회 · 국회법제실

(기조연설) 박균성(경희대)

Guy Sorman(프랑스) 세계화와 즉각적 의사소통 시대에서 국민으로의 권력이동

강현철(한국법제연구원) 시민의 입법참여와 입법평가 제도화 방안

김선화(국회입법조사처) 4차 산업혁명의 발전에 따른 입법대응
마나사 마드하바(인도) 소외계층을 포용하는 인도의회의 민주화
거트얀 불레(벨기에) 클라우드 자료에 대한 초국가적 접근
권헌영(고려대) 빅데이터 사회와 규제입법

제228회(2018. 9. 14) 헌법재판소 대강당. 한국공법학회 정기학술대회. 주제: 「공법상 규범통제의 제문제」
정광현(한양대) 위헌법률심판의 최근 동향과 과제 - 사법심사의 합리성 제고 방안을 중심으로
정남철(숙명여대) 위헌·위법인 조례에 대한 규범통제와 권리구제
김현준(영남대) 행정입법의 법규성과 규범통제
정훈(전남대) 행정심판제도에 대한 재조명과 규범통제의 필요성

제229회(2018. 10. 27) 국회의원회관 제2소회의실. 「헌법문서로서의 연정협약과 협치」 국제심포지엄
기조연설: 성낙인(전 서울대 총장) 「정부형태와 협치: 한국의 경험과 가능성」
독일 Josef Ruthig (Mainz 대학) 독일 연정협약의 규범적 함의(A Legal Meaning of "Koalitionsvertrag" in Germany)
네덜란드의 Wim J. M. Voermans (Leiden 대학) 네덜란드 연정구성협상의 규범적 함의(A Legal Meaning of "Coalitieregering Onderhandeling" in Netherlands)
프랑스의 Carlos Miguel Herrera (Cergy Pontoise 대학) 프랑스 협상정부·동거정부에서 협치의 규범적 함의(A Legal Meaning of comprehensive governance under both "gouvernement de coalition" and "governement de cohabitation" in France)

제230회(2018. 11. 30) 버텍스 코리아. 2018 공공감사연구포럼. 주최: 한국공법학회. 감사연구원
전훈(경북대) 프랑스 감사원 개혁논의에 대한 영국 감사원의 영향
이진수(영남대) 독일에서의 합법성 감사와 합목적성 감사
강명원(한국외대) 영국에서의 합법성 감사와 합목적성 감사

제231회(2018. 12. 14) 대한상공회의소 의원회의실. 「국민의 눈에서 본 헌법재판과 행정소송」 회장: 김유환
제1세션 항고소송과 헌법소원의 관계
정주백(충남대 법전원 교수) 선의종(성남지원 부장판사)

제2세션 기관소송과 권한쟁의 심판의 관계
남복현(호원대 법경찰학부 교수) 임 현(고려대 행정학과 교수)
제3세션 위헌결정의 효력과 행정처분의 효력
허완중(전남대 법전원 교수) 최승실(한국외대 법전원 교수)
제232회(2019. 2. 14) (목) 국회 헌정기념관 대강당. 신진학자 학술대회.「공법학의 역사와 미래」. 회장: 김대환
장선미(이화여대) 기본권 심사구조의 통합적 이해 가능성에 관한 연구
남정아(서울시립대) 평등권 실현구조 - 미국의 반고정관념화 원칙을 중심으로
남중권(고려대) 머신러닝에 의한 특성추론과 간접 차별
김슬기(성균관대) 미디어 다원주의에 관한 헌법상 고찰
권은정(서울대) 개인방송 규제에 관한 법체계적 고찰 - '통합방송법안'에 대한 비판을 중심으로
김태열(서울대) 미국 인사청문회제도에 대한 연구
황충만(한동대) 민주주의 실현을 위한 원자력 안전법제의 과제와 개선방향
김남진(기조강연) 헌법과 행정법의 관계 [행정법 관계 논문 제외]
제233회(2019. 4. 12) 서울대학교 법학전문대학원 최종길홀. 주최: 한국공법학회·사법정책연구원·서울대학교 법학연구소 공동학술대회. 대주제:「공법의 근본개념들」
기조발제 최대권(서울대 명예교수) 공법의 근본개념과 연구방법론
제1주제 이국운(한동대 교수) 공법의 근본개념으로서의 '민주주의'
제2주제 이희준(서울중앙지법판사) 공법의 근본개념으로서의 '공익': 대법원 판결례로 본 '공익' 개념
제3주제 허성욱(서울대 교수) 공법의 근본개념으로서의 '자유와 권리'
제234회(2019. 6. 15) (토) 대법원 1601호 중회의실. 한국공법학회 헌법연구포럼·대법원 헌법연구회 공동주최. 대주제:「행정조사에 대한 헌법적 관점에서의 사법적 통제」
한웅희 판사(수원지방법원) 행정조사와 영장주의 - 법률유보원칙, 적법절차 원칙과의 관계 등에 비춰본 적용 여부를 중심으로
김재선 교수(부산대) 개별 행정영역의 행정조사에 있어 영장주의의 적용에 관한 공법적 고찰 - closely regulated industry를 중심으로
제235회(2019. 7. 16) (화) 장소: 국회의원회관 제2소회의실. 한국공법학회·국회입법조사처 공동학술대회. 대주제:「대한민국 임시의정원의 헌법

적 의미와 대한민국에 남긴 유산」.

(기조발제) 김문현 명예교수(이화여대, 전 헌법재판연구원장) 헌정 100년에 대한 단상

이영록 교수(조선대) 대한민국 임시의정원과 제헌국회의 관계: 역사적 연속성 개념과 관련하여

이병규 교수(동의과학대) 대한민국 임시의정원 성립의 헌법적 의의: 근대 의회제도의 도입을 중심으로

전종익 교수(서울대) 대한민국 임시의정원의 헌법적 지위와 역할: 상해 시기를 중심으로

상세한 것은 『한국공법학회의 발자취 1956-2016』 참조.

(2) **한국헌법학회** (2011~2019년의 활동)

第65회(2011. 4. 8) 장소: 헌법재판소 대강당. 「현행 선거 관련 법제의 주요 헌법적 쟁점」

음선필, 대통령 선거중립의무의 헌법적 문제점

정태호, 선거관리위원회의 선거운동 관련 행정지도와 기본권구제

第66회(2011. 5. 13) 헌법재판소 대강당. 「헌법재판소법의 개정 방향」

공진성, 헌법재판 합의방식의 개선방안

최희수, 헌법재판소 구성 임명 등과 관련한 개정방향

허완중, 헌법재판소법 일반심판절차의 개정방향

남복현, 헌법재판소법 개정방향 - 특별심판절차와 관련하여

第67회(2011. 6. 10) 국가인권위원회 10층 인권교육센터. 「기업과 인권」 (헌법학회 · 국가인권위원회 공동학술대회)

정영화(전북대) 기업의 인권보호 주체와 사회적 책임

이상윤(한국법제연구원) 헌법적 관점에서 본 기업의 노동자인권 존중의무

第68회(2011. 10. 14) 헌법재판소 대강당. 주제: 「헌법문제로서의 사법개혁」

김종철(연세대) 헌법문제로서의 법원개혁

명재진(충남대) 헌법문제로서의 검찰개혁

한상희(건국대) 헌법문제로서의 전관예우 방지 - 공적 권력의 사유화와 그 헌법문제 (『헌법학연구』 제17권 4호 수록)

제69회(2011. 11. 19) 대법원 16층 대회의실.「최근 주요 판례에 나타난 헌법상 기본권의 의미」헌법학회 · 대법원 헌법연구회 공동학술대회)

이인호(중앙대) 개인정보에 관한 인격적 이익의 보호법리(대법원 2011. 9. 2. 선고 2008다42430 판결)

이숙연(서울중앙지법 판사) 수사기관의 전자정보에 대한 압수 · 수색과 헌법상 영장주의, 자기정보통제권 - 대법원 2011. 5. 26. 자 2009모1190 결정에 대한 평석을 겸하여

장순욱(청주지법 영동지원장) 집단적 근로제공거부와 업무방해죄 - 대법원 2011. 3. 17. 선고 2007도482 판결에 대한 평석을 겸하여

제70회(2011. 12. 9) 헌법재판소 대강당.「불매운동에 대한 헌법적 문제」(헌법학회 · 헌법재판소 헌법실무연구회 공동학술대회)

김진한, 합헌적 법률해석의 원칙과 위헌적 법률해석의 통제범위와 기준 - 서울중앙지방법원 2009노677 판결에 대한 평석을 중심으로

제71회(2012. 3. 16) 연세대.「2012년 양대 선거의 헌법적 현안과 쟁점」(연세대 법학연구원 공동학술대회)

김종서, 인터넷 선거운동의 주요 쟁점 검토

성낙인, 시대변화에 순응한 공직선거법제의 정립

제72회(2012. 4. 20) 국가인권위원회.「국가인권위원회 10년 활동의 평가」(헌법학회 · 국가인권위원회 공동심포지엄)

권건보, 정보인권의 침해와 국가인권위원회의 역할

이국운, 국가인권위원회 10년의 평가와 전망

이준일, 차별, 소수자, 국가인권위원회

최정학, 국가인권위원회 10년: 경찰, 검찰, 교정 분야에 대한 평가

표시열, 유철희, 국가인권위원회 활동 10년의 평가: 아동, 학생의 인권 분야

박진완, 이주노동자의 기본권 주체성과 이민정책

신옥주, 양성평등의 실현을 위한 국가인권위원회의 역할과 개선방안 연구

제73회(2012. 6. 15) 성균관대학교.「사회권의 현황과 전망」(성균관대 글로컬과학기술법연구소 공동학술대회)

김진곤, 노동복지의 헌법적 기초로서 노동기본권 - 근로의 권리와 노동3권을 중심으로

노기호, 교육기본권 실현을 위한 전제로서의 교육복지

정극원, 사회복지법제에 대한 헌법재판소의 사법적 심사

한수웅, 사회복지의 헌법적 기초로서의 사회적 기본권 - 사회적 기본권의 개념과 법적 성격을 중심으로

第74회(2012. 7. 13) 국회.「국회의 입법과 헌법재판소의 위헌결정」(헌법학회 · 국회 법제실 공동학술대회)

남복현, 헌법재판소의 법률에 대한 위헌여부 결정과 국회의 입법과의 관계 - 헌법재판소 결정의 효력을 중심으로

최윤철, 헌법재판소의 결정과 입법자의 대응

第75회(2012. 10. 12) 건국대 국제회의실.「헌법적 과제로서의 지방자치제도와 지방분권」(헌법학회 · 한국법제연구원 공동학술대회)

김성배, 지방교육행정기관의 구성논의에 대한 헌법적 검토

김진한, 지방자치단체 자치입법권의 헌법적 보장 및 법률유보 원칙과의 관계 - 헌법재판소 결정례의 비판적 분석을 중심으로

조재현, 지방선거의 문제점과 개선방안 - 지방선거에서의 대표성의 위기현상과 대표성의 확보방안을 중심으로

* (2012. 11. 24) 대법원.「헌법상 표현의 자유가 문제되었던 최근 법원 판결에 대한 비평」(헌법학회 · 대법원 헌법연구회 공동학술대회)

이종수(연세대) 공무원의 집단적 의사표현행위에 대한 형벌권 행사의 가부 - 대법원 2012. 4. 19. 선고 2020도6388 전원합의체 판결에 대한 평가를 겸하여

정총령(판사) 공적 사안에 관한 언론보도와 명예훼손 - 대법원 2011. 9. 2. 선고 2010도 17237 판결에 대한 평가를 겸하여

조소영(부산대) 언론보도 또는 인터넷 등에서의 표현이 다른 사람에 대한 명예훼손을 구성하는지에 관한 하급심판결의 분석

第76회(2012. 12. 7) 고려대 신법학관 101호.「정부교체기의 헌법적 과제」(헌법학회 · 고려대 법학연구원 공동 학술대회)

김배원, 이명박 정부에 대한 총론적 검토

명재진, 이명박 정부 정치영역에서의 헌법적 평가

김선택, 대통령'직'의 헌법적 의무 - 차기정부의 헌법적 과제에 대한 총론적 조망

전학선, 사회 · 문화 영역에서 차기 정부의 헌법적 과제

정만희, 차기정부의 헌법적 과제 (『헌법학연구』 제19권 1호(2012. 12) 수록)

第77회(2013. 3. 22) 한국외대 법학관.「경제민주화 - 역사적 기원」(헌법학회

·한국외대 법학연구소 공동학술대회) 회장: 전광석

송석윤(서울대) 바이마르 헌법 전후 경제민주화에 대한 논의와 제도화

이영록(조선대) 제헌헌법상 경제조항의 이념과 그 역사적 기능

김형성(성균관대) 현행 헌법에 있어서 경제민주화 논의의 제도화와 내용 및 실현

第78회(2013. 6. 14) 한양대 법전원.「평등의 근본문제」(헌법학회·한양대 법학연구소와 공동학술대회)

김종철(연세대) 공화적 공존의 전제로서의 평등 - 다원적 평등론의 모색

윤영미(고려대) 평등규범의 사인 간의 적용과 효력

정태호(경희대) 한국헌법상 평등심사기준의 재정립

第79회(2013. 9. 13) 이화여대 법학관 405호.「헌법과 혼인·가족제도」

김병록(조선대) 헌법적 존속보호 대상으로서의 가족

구재군(아주대 법전원) 고령화 사회에서의 혼인·가족제도 보호

차진아(고려대 법전원) 저출산 사회에서의 혼인·가족제도 보호

* (2013. 11. 2) 대법원 16층 대회의장.「위헌법률심판의 대상 및 집회의 자유」(헌법학회 헌법연구포럼·대법원 헌법연구회 공동주최 학술세미나)

이규홍 부장판사(고양지원) 집회의 자유에 의해 보장되는 활동의 범주

권건보 교수(아주대 법전원) 위헌법률심판의 본질과 대상 - 국회 미관여 입법, 관습법 등을 중심으로

第80회(2013. 12. 6) 헌법재판소 대강당.「복지국가 이념과 헌법의 과제」(한국헌법학회·헌법재판소 헌법실무 연구회 공동주최)

황도수(건국대 법전원) 복지국가의 헌법이념 - 복지, 평등, 자유

장철준(단국대) 복지생산에 있어서 공법과 사법의 기능 분담 - 헌법적 접근

이준일(고려대 법전원) 복지국가와 복지수급권의 보호 - 신뢰보호의 원칙과 재산권을 중심으로

第81회(2014. 3. 29) 성균관대 법전원.「과학기술과 헌법」(헌법학회·성균관대 글로컬과학기술법연구소 공동학술대회)

지성우 교수(성균관대) 멀티미디어 시대 정보헌법의 체계정합적 해석

김태호 연구위원(대법원 사법정책연구원) 첨단과학기술 위험과 기본권 보장

권건보 교수(아주대) 개인정보보호의 입법체계와 감독기구 정비 방안

第82회(2014. 6. 27) 서울대학교 근대법학교육 백주년기념관 최종길홀.「대한민국 헌정사의 쟁점과 전망」(헌법학회·서울대학교 법학연구소)

김수용 교수(대구대) 해방공간에서의 제 헌법초안들의 수용과 배척
서희경 연구교수(경희대) 해방 후 정치가들의 헌정구상과 체제 논쟁
이영록 교수(조선대) 제헌헌법의 유진오 창안론과 역사적 연속성설 사이에서
제83회(2014. 9. 26) 한국외국어대학교 법학전문대학원.「대통령의 인사권에 대한 민주적 통제」
임지봉 교수(서강대) 우리나라 국회의 임명동의권과 인사검증시스템
강승식 교수(원광대) 미국 의회의 인사청문회 제도
전학선 교수(한국외대) 프랑스의 고위공직자 인사검증시스템
제84회(2014. 12. 5) 헌법재판소 대강당.「인권의 보편성과 지역별 인권보장체계」(헌법학회 · 헌법재판소 헌법실무연구회 공동)
김성진 헌법연구관(헌법재판소 헌법재판연구원) 유럽의 인권보장 현황(유럽인권재판소를 중심으로)
이상경 교수(서울시립대) 아시아에서 지역별 인권보장기구의 설립 방안
김용훈 교수(상명대) 헌법재판에서 국제인권규범의 법원성 검토
* 공동학술포럼 (2014. 6. 18) 부산 코모도호텔 3층 희락정,「정당 · 지방분권」
* 공동학술포럼 (2014. 11. 8) 대법원 16층 대회의실,「합헌적 법률해석의 이론과 실제」(헌법학회 · 대법원 헌법연구회 공동학술대회)
허완중(헌재원) 한정위헌결정과 일부위헌결정의 관계 검토
박연욱(서울행정법원 부장판사) 일반 법원에서의 합헌적 법률해석의 본질과 기능, 그리고 실태
* 공동학술대회 (2014. 12. 12-13) 전북대학교 법학전문대학원 진수당, 주최: 한국공법학회 · 한국헌법학회 · 한국행정법학회. 주제: 헌법국가로서의 안전국가
조재현 교수(동아대)
제85회(2015. 3. 27) 헌법재판소 대강당.「정보통신환경의 변화와 정보인권의 법적 과제」(헌법학회 · 국가인권위원회 공동학술대회)
심우민 박사(국회입법조사처) 사물인터넷 관련 개인정보 보호의 문제와 법적 대응방안
오길영 교수(신경대) 빅데이터 환경에서의 프라이버시 보호의 문제 검토
권헌영 교수(광운대) 정부전산망 통합 · 활용과 개인정보보호제도 개선방안
* (2015. 4. 24) 대검찰청 디지털포렌식센터 2층 베리타스 홀. 법의 날 기념「주제: 헌법가치와 법치주의」(헌법학회 · 법무부 공동학술대회)

장영수 교수(고려대) 헌법기본질서와 법치주의의 현실
최희경 교수(이화여대) 국민이 공감하는 법치주의 실현방안
第86회(2015. 6. 26) 동아대학교 법학전문대학원.「대안적 정부형태로서의 이원정부제」(한국헌법학회 · 동아대학교 법학연구소 공동주최)
장영철 교수(서울시립대) 오스트리아 연방헌법체계 내에서 연방대통령의 지위와 권한
전학선 교수(한국외대) 프랑스 이원정부제의 실체와 현황
이부하 교수(영남대) 독일 이원정부제에 대한 고찰
* (2015. 7. 16) 국회 의원회관 제1소회의장. 광복 70주년 및 제헌 67주년 기념 공동학술대회. 주제「광복과 헌법제정」(헌법학회, 국회 공동 주최)
이헌환 교수(아주대) 해방과 헌정의 연속성
이경주 교수(인하대) 해방과 헌법제정 - 헌법문서를 중심으로
정상우 교수(인하대) 헌법 제정과 국가공동체의 통합
第87회(2015. 9. 18) 서울시립대학교 법학관 모의법정.「복지국가와 헌법적 과제」(한국헌법학회 · 서울시립대학교 법학연구소 공동주최)
오동석 교수(아주대) 복지국가에서의 사회적 기본권의 역할
정필운 교수(한국교원대) 교육기본권의 보장과 복지국가의 실현
김진곤 교수(광운대) 복지국가에서의 노동기본권의 보장
정철 교수(국민대) 사회보장제도의 정착과 복지국가의 실현
* (2015. 11. 7) 대법원 16층 대회의실.「헌법수호기관으로서의 법원의 역할」. 주최: 한국헌법학회 헌법연구포럼 · 대법원 헌법연구회
박종현 교수(국민대) 헌법질서 내에서의 법원의 지위와 역할
정계선 부장판사(사법연수원) 법원의 헌법적 판단
第88회(2015. 12. 4) 헌법재판소 대강당.「헌법과 평화주의」(한국헌법학회 · 인하대학교 법학연구소 공동 주최)
키미지마 아키히코 교수(일본 리츠메이칸대) · 이경주 교수(인하대) 패전 70주년과 평화 - 일본 평화헌법의 아시아적 문맥
이태호 사무처장(참여연대) 무장갈등 예방과 평화 - 울란바토르 프로세스를 중심으로
박명림 교수(연세대) 한반도 평화협정과 한반도 평화체제
第89회(2016. 3. 18) 국가인권위원회 11층 인권교육센터.「주민등록번호와 개인인증시스템의 헌법적 검토」(헌법학회 · 국가인권위원회 공동학술

대회)

손형섭(경성대 교수) 주민등록법의 헌법불합치결정에 대한 평가

김주영(명지대 교수) 주민등록법의 개정방향 제시

오길영(신경대 교수) 인증제도로부터 핀테크에 대한 법적 대응

이혜영(광운대 교수) 주민등록번호 변경제도 도입방안과 대체 식별번호 대안

제90회(2016. 5. 27) 대구 한스 빌딩 12층.「대한민국 영토 독도의 헌법적 검토」(헌법학회 · 경상북도 공동학술대회)

박선영(동국대) 영토헌법주의와 대한민국 영토 독도

최경옥(영산대) 일본의 다케시마 전략과 한국의 대응 방향

박진완(경북대) 한반도의 부속도서로서의 독도의 헌법상의 지위

제91회(2016. 6. 10) 한국외국어대학교 법학관.「규제개혁의 헌법적 검토」(헌법학회 · 법제처 · 한국입법정책학회 · 한국외대 법학연구소 공동학술대회)

배건이(한국법제연구원 박사) 역대 정부의 규제개혁 평가

이병규(동의과학대 교수) 정부입법의 규제개혁

전학선(한국외대 교수) 의원입법의 규제개혁

* (2016. 6. 15) 헌법재판연구원 대강의실.「통일과 사회통합」(헌법학회 · 헌법재판연구원 · 법제연구원 · 북한법연구회 공동주최)

류지성(한국법제연구원 통일법제연구팀) 체제전환과 사회통합 - 북한이탈주민 통합 법제를 중심으로

최규환(헌재원 책임연구관) 사회보장과 사회통합

김진수(북한법연구회 연세대 사회복지대학원 원장) 노동질서와 사회통합

제92회(2016. 7. 13) 국회 의원회관 제1소회의실. 제헌 68주년 기념 학술대회「헌정사를 통해 본 민주주의 발전과 새로운 헌법질서」(헌법학회 · 국회법제실 공동학술대회)

송석윤(서울대) 제헌 당시의 민주주의 설계와 전망

음선필(홍익대) 헌정사에 나타난 의회민주주의

한상희(건국대) 경제질서와 민주주의

제93회(2016. 8. 18) 제주대학교 연수원, 서귀포.「안전한 입법」(헌법학회 · 유럽헌법학회 · 언론법학회 · 법제처 · 제주발전연구원 · 제주대 법과정책연구원 공동학술대회)

권영호(제주대 법전원) 제주특별자치도와 안전에 관한 과제

강주영(상동) 지방자치단체의 재정민주주의 실현을 위한 법적 방편

신용인(상동) 주민자치와 추첨민주제 - 제주특별자치도 주민자치위원회 사례를 중심으로
최용전(단국대) 제주특별자치도 특별법상의 원격의료제도 고찰
김갑석(대구대) 학생의 안전권 보장의 입법적 과제
김성률(금강대) 헌법상 건강권의 내용과 식품안전의 보장
허진성(대전대) 선거운동 규제의 개선방안
정극원(대구대) 소비자 권리의 보장과 안전권의 확보방안
정찬우(부천대) 안전예산의 효율적 집행을 위한 재정법적 과제
김성배(국민대) 사회통합과 국민안전을 위한 화학제품관리법제
은승표(영남대) 안전으로서의 공익
第94회(2016. 8. 26) 국립외교원 국제회의실.「헌법과 국제법의 교차쟁점과 그 조화의 모색」(헌법학회 · 대한국제법학회 · 국립외교원 · 국제법센터 공동학술대회)
이세련(전북대) 조약의 국내적 적용과 해석을 위한 조화로운 접근: 조약체결 · 비준에 관한 국회동의를 중심으로
오동석(아주대) 조약의 헌법적 성격과 국회동의권
홍선기(동국대 연구위원) 유럽인권법원 판결을 통해 본 난민문제 고찰
백범석(경희대) 국제인권법의 국내 이행
이근관(서울대) 일제강점기 발생한 개인 청구권 문제의 법적 처리에 대한 재검토 - 국제비교적 관점을 중심으로
방승주(한양대) 일제 식민지배 청산 관련 헌법재판소판례에 대한 헌법적 분석과 평가
第95회(2016. 9. 30) 헌법재판연구원 3층 대강의실.「절차 및 참여의 사고와 공법의 재구성」(헌법학회 · 한국공법학회 헌법재판연구원 공동학술대회)
이장희(창원대) 민주주의의 재구성 - 대의민주주의와 참여민주주의 · 심의민주주의의 관계
정광현(한양대) 법치국가원리의 재구성 - 절차와 참여의 적용범위와 효력
김선희(헌재원 책임연구관) 참여의 매체로서의 집회의 자유(복면집회 및 시위)
第96회(2016. 11. 5) 대법원 16층 대회의실.「공법상 쟁송의 새로운 모색」(헌법학회 · 대법원 헌법연구회 공동학술대회)
오동운(수원지법 성남지원 부장판사) 기관소송과 권한쟁의

기현석(명지대) 선거소송

제97회(2016. 12. 2) 서울가정법원 융선당. 「직무상 비밀에 대한 헌법상 보호」 (헌법학회 · 사법정책연구원 공동학술대회)

조재현(동아대) 헌법상 언론의 자유와 취재의 보호 - 기자의 증언거부권과 언론에 대한 압수 · 수색을 중심으로

장철준(단국대) 헌법상 변호인의 조력을 받을 권리와 변호사 · 의뢰인의 비밀보장

* 상세한 것은 정극원, 2016년 한국헌법학회 활동의 회고, 『헌법학연구』 제22권 제4호(2016. 12), 193-213면 참조. 또한 『헌법학연구』 제22권 제1호(2016. 3), 327-390면에는 「총목차」가 수록되어 있다.

제102회(2017. 1. 31) 한양대학교 제3법학관 102호. 「탄핵심판의 실체법적 쟁점」 (한국헌법학회 · 헌법이론실무학회 · 한양대학교 법학연구소 · 고려대학교 법학연구원 정당법연구센터 공동 주최)

김선택 교수(고려대) 비선조직의 국정농단에 의한 국민주권주의와 법치주의 위반 여부

이종수 교수(연세대) 권한남용에 의한 직업공무원 제도 등 위반 여부

정태호 교수(경희대) 언론의 자유 침해 여부

방승주 교수(한양대) 생명권 보호의무 위반 여부

서보학 교수(경희대) 뇌물수수 등 형사법 및 법률 위반 여부

제103회(2017. 3. 31) 국가인권위원회 인권교육센터. 「사회경제적 인권보장과 국가인권위원회의 역할」 (한국헌법학회 · 국가인권위원회 공동 주최)

허진성 교수(대전대) 교육을 받을 권리와 국가의 역할

강승식 교수(원광대) 주거권보장과 그 한계: 남아프리카공화국을 중심으로

서보건 교수(영남대) 헌법상 근로의 권리의 보장과 국가의 역할

권건보 교수(아주대) 사회 · 경제적 인권보장과 국가인권위원회의 역할

제104회(2017. 4. 7) 고려대학교 법학전문대학원 CJ법학관. 「4차 산업혁명에 따른 입법 대 전략 모색」 (주최: 한국헌법학회 · 한국공법학회 · 한국법제연구원 · 법제처)

김태오 박사(정보통신정책연구원) 4차 산업혁명에 대한 효과적 대응을 위한 법적 과제

김일환 교수(성균관대) 빅데이터 수집 및 개인정보보호 관련 법제 개선 방안

이창원 교수(한성대) 4차 산업혁명 시대에 있어 입법업무 효율화 방안
임종훈 교수(홍익대) 4차 산업혁명 발전에 따른 법률 제·개정 시 국회-행정부 협력 방안

제105회(2017. 5. 19) 정기학술대회. 서울시립대학교 법학전문대학원 모의법정.「정치관계법 30년 평가와 전망: 선거와 정당제도」(주최: 한국헌법학회·서울시립대학교 법학연구소)

조소영 교수(부산대) 선거제도 개헌논의에 대한 비판적 검토
방승주 교수(한양대) 선거운동 자율과 규제에 대한 평가와 전망
최희경 교수(이화여대) 정치자금 제도 운영에 대한 평가와 개선 과제
기현석 교수(명지대) 정당의 민주화를 위한 제도개선 평가와 과제

제106회(2017. 6. 9) 정기학술대회. 서울대학교 법학대학원 우천법학관.「6월민주화운동 30주년 - 동아시아의 민주화와 헌법」(한국헌법학회·서울대학교 아시아태평양법연구소·서울대학교 법학연구소 공동 주최)

Toru Mori 교수(교토대) Disputes about the Legitimacy of the "New" Democratic Constitution in the Postwar Japan
Wen-Chen Chang 교수(국립대만대) The Constitutional Court of Taiwan: An Evolving Strong Court against Contextual Dynamics
Bui Ngoc Son 선임연구원(아시아법연구센터) Constitutional Mobilisation: the Experience of Socialist Asia
장진호 교수(광주과학기술원) 1987년 민주화운동의 성격과 영향: 87년 체제론의 재검토
이국운 교수(한동대) 1987년 헌법의 형성과정 연구
이상수 변호사(전 민주헌법쟁취국민운동본부 상임집행위원) 6월민주화운동과 민주헌법쟁취국민운동본부
이인영 국회의원(전 고려대학교 총학생회장, 전대협의장) 6월민주화운동과 학생운동
현경대 변호사(전 제12대 국회 헌법개정안기초소위원회 위원장) 1987년 헌법의 성립과정

제107회(2017. 9. 29) 정기학술대회. 중앙대학교 법학관(303관) 2층 모의법정.「디지털 기본권의 의의와 현황」(한국헌법학회·중앙대학교 법학연구원·사법정책연구원 공동 주최)

(기조발제) 강민구 법원도서관장: 제4차 산업혁명시대 어떻게 생존해야 할까?

황성기 교수(한양대) 디지털 기본권의 의미와 내용
김주영 교수(명지대) 미국에서의 디지털 기본권
홍선기 교수(국회의정연수원) 일본에서의 디지털 기본권
第108회(2017. 11. 3) 정기학술대회 · 국회 법제실 공동학술대회. 「협치를 위한 헌법적 논의 - 규범적 조건을 중심으로」, 국회의원회관 제2소회의실.
이종수 교수(연세대) 협치를 위한 규범적 조건에 관한 비교법적 연구1 : 독일의 사례를 중심으로
정재도 연구원(서강대 법학연구소) 제2주제 : 협치를 위한 규범적 조건에 관한 비교법적 연구2 : 프랑스의 사례를 중심으로
송기춘 교수(전북대) 우리나라에서의 협치를 위한 규범적 조건
第109회(2017. 11. 17) 정기학술대회. 호원대학교 제2학생회관 1층 소극장. 「지방자치와 헌법개정」(주최: 한국헌법학회 · 한국국가법학회 공동)
김수연 박사(시도지사협의회) 지방분권을 위한 헌법개정의 과제
허진성 교수(대전대) 지역균형발전의 헌법적 근거와 과제
조성규 교수(전북대) 자치경찰제 전면실시에 따른 헌법적 쟁점에 관한 고찰
第110회(2017. 11. 24) 정기학술대회. 한국금융연수원(서울 종로구 삼청동) 「공공감사의 위상과 발전방안」(주최: 감사원 감사연구원)
참여 : 한국헌법학회 · 한국행정학회 · 한국정책분석평가학회 · 한국지방재정학회 · 한국부패학회
정상우 교수(인하대), 김현정 박사(서울대) 감사원의 지위 및 기능에 대한 연혁적 연구
홍종현 박사(감사연구원) 공법학 분야에서 감사제도 연구의 동향 및 주요 쟁점
第111회 정기학술대회(2017. 12. 13) 국회의원회관 제2세미나실
주제: 개헌 방향을 논하다! 환경권을 중심으로
주최: 한국헌법학회/국회의원 강병원 의원실 공동
第112회 정기학술대회(2018. 1. 6) 국회의원회관 제2소회의실
주제 : 내 삶을 바꾸는 개헌, 어떻게 할 것인가?
주최 : 한국헌법학회/국회의원 김진표 의원실
第113회 정기학술대회(2018. 2. 1) 국회도서관 소회의실
주제 : 제주특별자치도의 성과를 담은 분권국가의 구현 - 지방자치 관련 제10차 헌법개정안 의견수렴

주최 : 제주특별자치도 · 한국헌법학회(제주대학교 법과정책연구원, 주관)
제114회 정기학술대회(2018. 2. 6) 국회의원회관 309호
주제 : 직접민주제 개헌 어떻게 할 것인가?
주최 : 국민주도헌법개정네트워크 · 한국헌법학회(국회의원 박주민 · 국민참여개헌시민행동 · 국민주권개헌행동, 주관)
제115회 정기학술대회(2018. 2. 6) 엘타워 8층 엘하우스홀
주제 : 헌법과 사법의 미래
주최 : 한국헌법학회 · 사법정책연구원 · 서울지방변호사회
제116회 정기학술대회(2018. 2. 8) 국회의원회관 제1세미나실
주제 : 개헌과 국민소통
주최 : 한국헌법학회 · 국회의원 김관영 의원실
제117회 정기학술대회(2018. 2. 20) 국회 헌정회관 대강당
주제 : 문화분야 헌법개정
주최 : 국회의원 유은혜 의원실
(한국헌법학회 · 한국문화관광연구원 주관; 문화체육관광부 후원)
제118회 정기학술대회(2018. 2. 20) 국회의원회관 제2세미나실
주제 : 영장청구제도를 중심으로
주최 : 한국헌법학회 · 김경협 의원실 · 경찰청
제119회 정기학술대회(2018. 2. 23)(과학기술 헌법 개정 전문가 간담회) 국회도서관 소회의실(B1)
주제 : 새로운 과학기술 가치를 담은 개헌
주최 : 한국헌법학회 · 국회의원 신용현(한국과학기술단체총연합회 · 한국기자협회 후원)
* 한국헌법학회 산하 헌법개정연구위원회 전체회의(2018. 2. 24) 서울시 서초구 법원로 2길 21 칠보빌딩 504호
주제 : 헌법개정연구위원회 7개 분과의 헌법개정 쟁점들
주최 : 한국헌법학회
제120회 정기학술대회(2018. 2. 26) 세종자치시청사 대강당
주제 : 개헌을 통한 세종특별자치시의 행정수도화
주최 : 한국헌법학회 · 세종특별자치시 공동
제121회 정기학술대회(2018. 2. 27) 국회입법조사처 대회의실
주제 : 헌법전문과 민주이념

주최 : 한국헌법학회·국회·광주광역시 공동

제122회 정기학술대회(2018. 2. 28) 숭실대학교 법학관 522호

주제 : 헌법상 농업조항에 관한 개정방안

주최 : 한국헌법학회(농업협동조합중앙회 후원)

제123회 정기학술대회(2018. 3. 2) 안동시 문화 예술의 전당 국제회의장

주제 : 지방문화발전과 지방분권의 강화

주최 : 한국헌법학회(안동시 후원)

* 헌법학회 산하 헌법개정연구위원회 확대회의(2018. 3. 3) 서울교대 인문관 306호

주제 : 헌법개정연구위원회 7개 분과의 헌법개정 쟁점들

주최 : 한국헌법학회

제124회 정기학술대회(2018. 3. 8) 변호사회관 5층 정의실

주제 : 대만의 대체복무제와 시사점

주최 : 한국헌법학회·서울지방변호사회

제125회 정기학술대회(2018. 3. 10) 서울교대 전산관 교육공학 1실

주제 : 한국헌법학회 헌법개정연구위원회 개헌안 학술대회

주최 : 한국헌법학회

제126회 정기학술대회(2018. 3. 15) 충남연구원

주제 : 지속가능한 발전과 지방분권의 헌법개정

주최 : 한국헌법학회·충남연구원 주최

제127회 정기학술대회(2018. 5. 10) 국회도서관 지하1층 대강당

주제 : 성공적 자치분권과 균형발전을 위한 지방재정조정제도 모색

주최 : 한국헌법학회·국회의원 김관영·심상정(대통령직속 국가균형발전위원회 후원)

제128회 정기학술대회(2018. 5. 12-13) 엘리시안 강촌리조트 크리스탈볼륨

주제 : 헌법상의 영장청구규정과 사법통제/지방분권과 바람직한 자치경찰의 모델

주최 : 한국헌법학회·형사소송법학회

제129회 정기학술대회(2018. 5. 15) 국회의원회관 제1소회의실

주제 : 헌법상 소비자 기본권 보장을 위한 토론회

주최 : 한국헌법학회·한국소비자법학회·한국소비자정책교육학회·한국소비자단체협의회·국회의원 김광수

제130회 정기학술대회(2018. 5. 15) 국회도서관 소회의실(지하1층)
주제 : 대체복무제도 마련 및 도입을 위한 토론회
주최 : 한국헌법학회 · 국가인권위원회 · 국제엠네스티
제131회 정기학술대회(2018. 5. 30) 서울 양재동 엘타워 8층 엘하우스홀
주제 : 남북정상회담에 따른 법적과제
주최 : 한국헌법학회 · 법무부 · 통일과북한법학회
제132회 정기학술대회(2018. 5. 31-6. 1) 제주대학교 법학전문대학원 대강당
주제 : 지속가능사회에서의 헌법과 경찰
주최 : 한국헌법학회 · 경찰청 · 제주특별자치도 · 제주대학교 법과정책연구원 · 제주특별자치도의회 의회운영전문위원실
제133회 국제학술대회(2018. 6. 19) 프레스센터 목련실
주제 : Status and Challenge of Constitutionalism and Democracy (입헌주의와 민주주의의 현황과 과제)
주최 : 한국헌법학회(서울지방변호사회 후원)
제134회 정기학술대회(2018. 7. 9) 서울법원종합청사 동관 4층 중회의실(467호)
주제 : 헌법상 표현의 자유와 여론의 형성
주최 : 한국헌법학회 · 언론법분야연구회(언론법분야연구회 주관)
제135회 정기학술대회(제헌 70주년 기념 국제학술대회)(2018. 7. 12) 국회의원회관 제1소회의실
주제 : Parliament and Constitution for the Future(미래사회의 의회와 헌법)
주최 : 국회법제실 · 한국공법학회 · 한국헌법학회
제136회 정기학술대회(2018. 7. 13) 서울시립대학교 법학관 모의법정(537호)
주제 : 선거법의 최근 이슈들
주최 : 한국헌법학회 · 서울시립대학교 법학연구소(중앙선거관리위원회 후원)
제137회 정기학술대회(2018. 8. 17) 부산 해운대 글로리콘도 세미나실
주제 : 헌법과 인권
주최 : 한국헌법학회 · 한국인권법학회
제138회 정기학술대회(2018. 8. 31) 아스타호텔 3층, IRIS홀
주제 : 제주도특별자치도의 헌법적 지위 확보 방안
주최 : 한국헌법학회 · 제주특별자치도 · 제주도특별자치도의회 등 공동
제139회 정기학술대회(2018. 9. 1) 대법원 16층 회의실(1601호)

주제 : 미래세대 기본권으로서의 환경권과 법원의 역할

주최 : 한국헌법학회(대법원 환경법연구회 주관)

제140회 정기학술대회(2018. 9. 14) 헌법재판소 2층 회의실

주제 : 과거사 사건에 관한 헌법적 고찰

주최 : 한국헌법학회 · 헌법실무연구회 공동

제141회 정기학술대회(2018. 10. 16) 변호사회관 5층 정의실

주제 : 양심적 병역거부와 대체복무제 도입에 관한 심포지엄

주최 : 서울지방변호사회 · 한국헌법학회 공동

제142회(2018. 11. 12) 서울 서초구 반포원 라벤더홀. 「한반도 평화정책에 대비한 법제도 현황과 과제」(법무부 · 사법정책연구원 · 한국헌법학회 공동주최)

박병욱, 독일 기본법의 평화구현 원칙에 대한 법률과 판례 연구

채형복, 유럽의 평화구현을 위한 법률과 판례연구

이장희, 우리의 평화구현을 위한 법률과 판례연구

한명섭, 사법공조를 포함한 법률 분야 남북교류 방안이다.

제143회(2018. 12. 17) 정기학술대회. 서울고등법원 서관 4층 중회의실. 「공정한 재판의 실현을 위한 헌법원칙」: 한국헌법학회 · 대법원 헌법연구회 공동

박성호 부장판사(울산지법) 공정한 재판의 실현을 위한 헌법 원칙과 헌법적 형사재판의 구현

이우영 교수(서울대) 공정한 재판을 위한 헌법 원칙 관점에서의 피의사실공표죄 검토 및 입법적 개선방안

제144회 정기학술대회(2018. 12. 18) 한국행정연구원 2층 대강당

주제 : 개헌의 헌법적 쟁점과 과제

주최 : 한국헌법학회 · 한국행정연구원 공동

제145회 정기학술대회(2018. 12. 21) 헌법재판소 대강당

주제 : 헌법에 비추어 본 선거제도 개혁

주최 : 한국헌법학회 · 헌법재판연구원 공동

(제111회~제145회 고문현 회장 제공)

* (2019. 3. 8) 국회 헌정 기념관 대강당. 주제: 「3. 1 운동, 대한민국 임시정부 100년과 헌법의 과제」(한국헌법학회 · 국회 입법조사처 공동 학술 대회) 회장: 문재완

정상우 교수(인하대) 3. 1 운동과 민주공화국

장영수 교수(고려대) 대한민국 임시정부 법통계승의 의미

김수용 교수(대구대) 대한민국 임시의정원과 임시정부 헌법의 헌법사적 의미
* (2019. 6. 7) 한국외국어대학교. 한국헌법학자대회. 대주제: 「현대 입헌주의의 발전과 한국 헌법학의 과제」

한국헌법학회(회장 정극원)는 2016년 12월 『헌법학의 寶庫: 한국헌법학회 48년(1968~2016)의 발자취』를 발간하여 연혁 · 역대회장, 회고와 헌법이야기 그리고 『헌법학연구』 총목차 등 귀중한 자료를 정리한 바 있다. 헌법연구자 필휴의 책자라고 하겠다.

헌법학회 학술상 수상자는 다음과 같다. 제1회(1999) 권영설(중앙대), 제2회(2000) 김효전(동아대), 제3회(2001) 최용기(창원대), 제4회(2002) 조홍석(경북대), 제5회(2003) 강경근(숭실대), 제6회(2004) 장명봉(국민대), 제7회(2005) 홍성방(서강대), 제8회(2006) 김문현(이화여대), 제9회(2007) 김배원(부산대), 제10회(2008) 류시조(부산외대), 제11회(2009) 방승주(한양대), 제12회(2010) 곽상진(경상대), 제13회(2011) 한상희(건국대), 제14회(2012) 성낙인(서울대), 제15회(2013) 남복현(호원대), 제16회(2014) 김형성(성균관대), 제17회(2015) 정만희(동아대), 제18회(2016) 심경수(충남대), 제19회(2017) 안경환(서울대), 제20회(2018) 강경선(방송대)

(3) 한국비교공법학회

제59회(2011. 4. 29) 대구 호텔인터불고 엑스코.- 국제학술대회
주제: 동아시아에서 사회국가의 공법적 실현
주최: 한국비교공법학회 · 중국헌법학회 · 경북대 법학연구원
제1세션: 동아시아에서 사회국가의 공법적 실현 I
제1주제: 헌법현실과 사회국가
이상윤 박사(한국법제연구원) 한국적 위험사회와 사회국가의 헌법원리
笹沼弘志 교수(일본 静岡大學) 日本の憲法現實と社會國家
제2주제: 기본권을 통한 사회국가원리의 헌법적 실현
薛小建 교수(中國 政法大學) 论社会保障权的宪法基础
이달휴 교수(경북대) 근로권에 있어서 근로자 개념
제3주제: 국가목적규정과 사회국가원리의 실질화
윤재만 교수(대구대) 한국 헌법에서 사회국가원리의 실질화

陳新民 대법관(中華民國 司法院) 사회국가원리의 실현 - 중화민국 사법원의 관점에서

제2세션: 동아시아에서 사회국가의 공법적 실현 II

제1주제: 사회보장법을 통한 사회국가원리의 실현

방동희 교수(경성대) 사회복지 법체계 및 개선방향

秦前红 교수(中國 武漢大學) 国公民社会保障权与行政规制—基于合宪性考量

제2주제: 사회국가원리의 규범적 수용

심영규 교수(동아대) 국제법규의 헌법적 수용

豊島明子 교수(일본 南山大學) 日本の行政法と社會國家

제3주제: 체류법제를 통한 사회국가원리의 실현

이상훈 법제관(법제처) 이중국적제도의 개편에 관한 법리적 고찰

Nguyen Van Quang 교수(베트남 하노이대)Establishing regional courts: A quest for judicial independence in Vietnam

한인상 박사(국회입법조사처) 외국인 체류 법체계 및 개선방향

제60회(2011. 7. 5) 서울 코엑스 컨퍼런스룸(남) 402호

주제: 산업기기 안전법제의 선진화 방향

주최: 한국비교공법학회 · 한국산업안전보건공단

권배근 교수(광운대) 현행 안전인증제도의 문제점 및 개선방향

김명용 교수(창원대) 자율안전확인제도의 문제점 및 개선방향

정재종 실장(한국산업안전보건공단) 주요 선진국들의 산업기기 안정성확보 제도

정진우 과장(고용노동부 제조산재예방과) 산업기계 · 설비 안전을 위한 법제 선진화 방안

제61회(2011. 9. 30) 동아대학교 법학전문대학원 모의법정. (김세규 회장)

대주제: 지방분권 · 정보통신시대의 공법학의 신경향

주최: 한국비교공법학회

이인호 교수(중앙대) 정보인권의 체계와 보호의 동향

권건보 교수(아주대) 정보인권에 관한 헌법재판

제62회(2011. 11. 25) 전북대학교 법학전문대학원 진수당 253호실

대주제: 현대사회의 변화와 공법학의 대응

주최: 한국비교공법학회 · 전북대학교 동북아법연구소

송기춘 교수(전북대) LH공사 이전과 관련된 헌법적 문제

정연주 교수(성신여대) 군제대자 가산점제도 재도입의 헌법적 문제
엄해옥 교수(중국 연변대) 중국 국적법의 재검토와 이중국적의 구상

* 송년특별학술대회(2011. 12. 13) 동아대학교 법학전문대학원 김관음행홀
대주제: 지방분권시대의 공기업의 역할
조양환(기술보증기금 감사, 전 부산시의회 부의장) 지역경제의 활성과 기술보증기금의 역할
강재규(인제대 교수) 지방공기업제도의 문제점과 과제

第63회(2012. 4. 13) 창원대학교 사회과학관 모의법정실
대주제: 선거제도의 헌법적 문제와 행정소송의 과제
주최: 한국비교공법학회 · 창원대학교 법학과
김래영 교수(단국대) 개정 공직선거법의 문제점
조소영 교수(부산대) 국회의원 정수에 관한 헌법적 고찰

第64회(2012. 7. 6) 인터불고호텔(대구) 본관 1층 클라벨홀
대회명: 한국법제연구원 · 한국비교공법학회 공동학술대회
주제: 공생발전을 위한 공법학의 과제
이준일 교수(고려대) 공생발전과 헌법
이상윤 박사(한국법제연구원) 공생발전을 위한 정당공천과정의 헌법적 과제
전 훈 교수(경북대) 공생과 상생을 위한 사회적 통합의 법적 과제
박효근 교수(대구대) 지방자치단체의 대외적 갈등조정 및 협력에 관한 법적 방안

第65회(2012. 10. 26) 동국대학교 법과대학 모의법정 (윤재만 회장)
주최: 한국비교공법학회 · 동국대 비교법문화연구원
대주제: 대통령 선거제도와 대통령후보자의 정책
김선화 박사(국회 입법조사처) 미국 대통령선거제도의 변화와 쟁점
김래영 교수(단국대) 대통령선거에서 완전국민경선제
김현경 박사(고려대) 대통령후보(차기정부)의 IT 거버넌스와 법적 과제

第66회(2013. 2. 22) 충남대학교 법학전문대학원
주최: 한국공법학회 · 한국비교공법학회 · 충남대학교 법학연구소
이공주(상지대) 국민주권 실질화 방안으로서의 직접민주제에 관한 연구
류성진(Wisconsin대) 국내 최고재판소의 국제인권조약 인용에 관한 비교법적 연구: 미국, 남아프리카 공화국, 우리나라
최혜선(건국대) 망 중립성에 관한 헌법적 연구

윤정인(고려대) 자유권의 넓은 보호영역 이론
엄주희(연세대) 환자의 생명종결결정에 관한 헌법적 연구: 미국과의 비교 고찰
이재희(고려대) 사적 영역에서의 평등권 보장 방안 - 특히 일반적 차별금지법 제정을 중심으로
第67회(2013. 5. 24) 영남대학교 법학전문대학원 204호
주최: 영남대 법학전문대학원 · 영남대 법학연구소 · 한국비교공법학회
대주제: 표현의 자유와 사회적 질서 간의 갈등과 해결
박창석 교수(관동대) 영화에 대한 공법적 규율 - 제한상영가 영화를 중심으로
최우정 교수(계명대) 헌법상 방송의 자유보장을 위한 현행 방송심의제도의 문제점과 개선 방향
박선영 교수(동국대) 언론기관의 자유와 통신비밀 - 안기부 X파일 사건(2006도8839)을 중심으로
정하명 교수(경북대) 스마트폰의 위치정보와 프라이버시보호 - 미국에서의 논의를 중심으로
第68회(2013. 7. 30) 성균관대학교 법학전문대학원 법학관 207호
주최: 국가인권위원회 · 한국비교공법학회 · 대구대학교 법학연구소
후원: 성균관대학교 글로벌 과학기술법연구소
이병규 교수(동의과학대 경찰행정학과) 기업의 인권침해에 대한 공법적 논의
정호균 사무관(국가인권위원회 인권정책과) 기업의 인권경영을 위한 국가의 역할과 공공부분의 인권정책
제철웅 교수(한양대 법학전문대학원) 한국 기업의 인권경영 현황
이발래 박사(국가인권위원회 법제개선팀장) 인권경영의 실천과 방향성 및 정책적 제안
第69회(2013. 11. 8) 부산 코모도호텔 희락정(2층)
(김명용 학회장, 창원대)「국민권익보호를 위한 법적 현안 및 방안모색」
김상겸 교수(동국대) 관습법의 위헌법률대상 적격성
정극원 교수(대구대) 헌법재판과 명확성 원칙
황해봉 법제심의관(법제처) 국민권익증진을 위한 행정법령의 용어 순화
김난주 박사(동의대) 학교폭력예방 및 대책에 관한 법률의 공법적 과제
第70회(2014. 4. 18) 창원대학교 사회과학대학 모의법정실
대주제: 21세기 국가현안에 대한 공법적 검토

안영진 박사(창원대 강사) 사회복지정책의 분권화에 따른 지방자치단체의 재원 확보 방안

임 현 교수(고려대) 법과 정책의 관계에 관한 모색 - 국정현안을 중심으로

조소영 교수(부산대) 지방자치단체장의 정당공천에 관한 헌법적 검토

권형둔 교수(공주대) 방송공정성에 대한 헌법이론과 법제도 개선방안

第71회(2014. 7. 31) 전북대학교 법학전문대학원 진수당 361호 회의실

후원: 전북대학교 법학연구소

대주제: 국민안전 구축을 위한 공법적 대응방안

김대환 교수(서울시립대) 국가의 국민안전보장의무

손형섭 교수(경성대) 국민안전보장을 위한 정부조직개편방안

강기홍 교수(서울과기대) 독일의 여객선 안전법제와 한국적 함의

정하명 교수(경북대) 미국에서 국토안보부의 출범과 위기대응법제의 변화

최철호 교수(청주대) 일본의 재난관련법제에 대한 비교법적 고찰

김현희 박사(법제연구원) 프랑스 시민안전법제에 있어서의 재난관리체계에 관한 고찰

第72회(2014. 9. 19) 동아대학교 법학전문대학원 국제회의실(LS 412호)

대주제: 韓·中·日 行政法의 주요 현안과 대응방안 - 災害對策基本法과 행정소송법의 과제를 중심으로

阿部泰隆 (Abe Yasutaka)(일본 고베대학 명예교수/변호사) 日本의 災害法制에 대한 批判과 改善策의 提案 - 통역: 권기법 교수 (일본 국립에히메대학[国立愛媛大学])

鄧剛宏 (Deng Ganghong)(중국 상해 화동이공대학 법학원 교수·법학박사) 中國 行政訴訟法의 특점과 그 최근 발전 〈中国行政诉讼法 (学) 的特点及其最新发展〉 - 통역: 김정진 박사 (동아대학교 법학연구소 특별연구원 · 법학박사)

김중권 교수 (중앙대 법전원) 민주적 법치국가원리를 구현하기 위한 행정소송법의 개정

第73회(2014. 11. 28) 경북대학교 제2합동강의동 제109호

주관: 경북대학교 법학연구소, 후원: 중앙선거관리위원회

대주제: 민주적 절차와 정당성 확보를 위한 정치관계법 개선방안

이부하 교수(영남대) 참여의 편의성 확대를 위한 재외선거제도

조소영 교수(부산대) 정당보조금과 선거공영제의 합리적 개선방안

오승규 교수(중원대) 선거구획정의 문제점과 합리적인 제도개선 방안
第74회(2015. 4. 3) 창원대학교 경영대학 최고경영자과정 세미나실(21호관 406호)
후원: 창원대학교 법학과 · 창원시 · 경남은행
대주제: 지방화시대의 지방분권강화를 위한 공법적 과제
허진성 교수(대전대) 지방분권 강화를 위한 헌법개정
이병규 교수(동의과학대) 지방분권과 지역균형발전
한경호 국장(지방자치발전위원회 지방분권국장) 국가의 지방분권 정책과 추진방향
김남욱 교수(송원대) 광역지자체와 기초지자체 간의 관계 – 특히 지방행정체제 및 행정체제개편의 문제점, 통합 창원시의 갈등해소방안 등
第75회(2015. 6. 5) 국회도서관 회의실
후원: 전국시도지사협의회
대주제: 외국의 지방분권개혁과 한국의 지방자치법의 개정방안
최봉석 교수(동국대) 독일의 지방분권개혁의 동향과 한국에의 시사점
전학선 교수(한국외대 법학전문대학원) 프랑스의 지방분권개혁의 최근 동향과 한국에의 시사점
최우용 교수(동아대 법학전문대학원) 일본의 지방분권개혁의 주요 내용과 최근 동향
강기홍 교수(서울과학기술대) 한국의 지방분권형 국가를 위한 지방자치법의 개정방안
第76회(2015. 7. 10) 동아대학교 법학전문대학원 모의법정실(LS 614호)
주최: 한국비교공법학회 · 동아대학교 법학연구소 · 한국공법학회
대주제: 대한민국 헌정사의 회고와 진로
이종상 교수(한국비교공법학회 명예회장) 대한민국 헌정사의 회고와 진로
第77회(2015. 9. 11) 영남대학교 법학전문대학원 205호(모의법정) (이동훈 회장)
주최: 한국비교공법학회 · 영남대학교 법학연구소 · 영남대학교 방송통신정책연구팀
대주제: ICT 법 체계 개선방안
심우민 입법조사관(국회입법조사처) ICT 법 체계 개선에 관한 입법학적 검토
김형준 수석(한국정보화진흥원) ICT 특별법의 발전방안

최경진 교수(가천대) 미래 ICT 법제 체계 개선방안: 대한민국 ICT의 글로벌 재도약을 위하여

第78회(2015. 10. 23) 세명대학교 학술관 102호

주최: 한국비교공법학회 · 법제처

대주제: 지방자치 20년과 공법학의 과제

(기조발제) 김중권 교수(중앙대, 한국공법학회 차기회장) 지방자치 20년의 과제와 미래

김수연 박사(시도지사협의회) 헌법상의 자치권의 실질적 보장: 지방자치 20년의 회고와 전망

강재규 교수(인제대) 주민참여와 지방자치

이세정 박사(법제연구원) 지자체 조례제정상의 문제점과 개선방안

강주영 교수(제주대) 재정지출을 수반하는 조례입법의 통제

第79회(2015. 11. 20) 부산대학교 법학전문대학원 학봉홀

주최: 한국비교공법학회 · 법제처 · 한국공법학회 · 부산대학교 법학연구소

대주제: 공법학의 회고와 전망

전학선 교수(한국외대) 법률안에 대한 합헌성 제고방안

김현준 교수(영남대) 행정입법절차의 쟁점과 과제

서주실 교수(전 부산대 총장) 내각책임제

서주실 교수와의 대화

第80회(2015. 12. 11) 대구대학교 성산홀 17층 스카이라운지

주최: 한국비교공법학회 · 대구대학교 법학연구소

대주제: 지방분권과 국가적 입법과제

장용근 교수(홍익대) 지방분권에 대한 헌법적 쟁점 검토

최정희 교수(건양대) 재정부담을 수반하는 조례에 관한 연구

정필운 교수(한국교원대) 지방교육자치의 현황과 과제

전 훈 교수(경북대) 지역문화 진흥과 문화분권

第81회(2016. 4. 29) 성균관대학교 법학관 207호. 국제학술대회

주최: 한국비교공법학회 · 한국법제연구원

대주제: 새로운 국가모델 구축을 위한 공법학의 과제

김종천 박사(법제연구원) 사용 후 핵연료 관리를 위한 국가의 입법적 과제

홍석한 교수(목포대) 새로운 국가모델로서 보장국가론의 의미와 가능성

우양가 미아그마 교수(몽골국립대) 몽골의 현대 공법학의 과제

키무라 타케시 교수(큐슈국제대) 다문화 공생 국가에 있어서의 공법학의 과제

손한기 교수(중남민족대) 중국 헌법상 헌법해석과 헌법감독 – 중국의 위헌심사제도의 특징, 문제점

제82회(2016. 6. 24) 한국외국어대학교 법학관 001호

주최: 한국비교공법학회 · 한국외국어대학교 법학연구소

대주제: 지방의 국정참여 방안 모색을 위한 입법적 과제

김수연 박사(시도지사협의회) 지방의 입법참여를 위한 국회구성 개선방안

김해원 교수(부산대) 국회와 지방자치단체의 입법권한 분배: 국회의 입법권한 수권행위에 대한 헌법적 통제를 중심으로

전학선 교수(한국외대) 프랑스의 지방자치단체의 국정참여제도 연구

노기현 박사(부산대) 지방자치단체의 기능적 권력통제확대방안에 대한 검토: 일본에서의 논의를 중심으로

제83회(2016. 10. 7) 충북대학교 법학전문대학원 207호

주최: 한국비교공법학회 · 법제처 · 충북대 법학연구소 · 대구대 법학연구소

대주제: 지방분권을 위한 공법학의 현대적 과제

정상우 교수(인하대) 지방분권형 헌법개정

김명식 교수(조선대) 지역균형발전 구조에 관한 헌법적 검토

제84회(2016. 12. 9) 제주대학교 법학전문대학원 대강당

주최: 한국비교공법학회 · 제주특별자치도 · 법제처 · 제주대 법과정책연구원

대주제: 제주특별자치도 출범 10년과 제주특별법의 의의

(기조발제) 김중권 교수(중앙대) 제주와 제주특별법

권영호 교수(제주대) 제주특별자치도의 헌법상 지위 확보

제85회(2017. 3. 24) 대구대학교 성산홀 17층 스카이라운지

주최: 한국비교공법학회 · 법과사회이론학회 · 대구대 법학연구소

대주제: 87년 헌정체제와 공화적 공존을 위한 시민정치 헌법화의 과제

(기조발제) 이동훈 교수(세명대) 촛불혁명과 네트워크 액세스권

김상준 교수(경희대) '시민정치 헌법화'의 경로와 방법 – '시민의회'를 중심으로

한상희 교수(건국대) 시민정치 헌법화의 사회경제적 조건과 과제

이국운 교수(한동대) 시민정치를 통한 헌정제도 재구성의 전망: 헌법개정론을 중심으로

정승안 교수(동명대) 시민정치와 일상생활의 재구조화: 종교성을 중심으로

第86회(2017. 6. 23) 부산대학교 법학전문대학원 제2법학관 대강당
주최: 한국비교공법학회 · 법제처 · 부산대학교 법학연구소
후원: 대한민국시도지사협의회
(기조발제) 김배원 교수(한국비교공법학회 고문, 부산대) 신정부의 출범과 공법적 과제
김해원 교수(부산대) 신정부에서 헌법상 적법절차의 원칙과 영장주의의 구현
홍완식 교수(건국대) 신정부의 선거법개혁에 대한 공약 내용과 그 실현을 위한 헌법적 과제
김수연 박사(대한민국시도지사협의회) 신정부의 지방자치 관련 공약 내용과 그 실현을 위한 공법적 과제
第87회(2017. 7. 4) 영남대학교 법학전문대학원 203호 (김남철 회장, 연세대)
주최: 한국비교공법학회 · 영남대학교 법학연구소
대주제: 지방분권과 주민참여
박인수 교수(영남대)지방분권과 주민참여
Carlos Herrera 교수(프랑스, Cergy-Pontoise대학) 신 프랑스헌법상 지방자치와 지방분권. 통역: 여은태 박사(프랑스 파리1대학 박사)
고문현 교수(숭실대) 지방분권을 위한 개헌방향
김성호 박사(자치법연구원) 지방분권을 위한 주민참여
第88회(2017. 9. 15) 한국지방세연구원 1층 교육장
주최: 한국비교공법학회 · 한국지방세연구원
대주제: 주요 외국의 재정헌법과 우리나라 재정헌법의 개정방향
임윤정 박사(헌법재판연구원) 스페인 재정헌법
전학선 교수(한국외대) 프랑스 재정헌법
임 현 교수(고려대) 독일 재정헌법
방동희 교수(부산대) 영미의 재정헌법
서보건 교수(영남대) 일본의 재정헌법
김수연 박사(대한민국시도지사협의회) 우리나라의 재정헌법
第89회(2017. 12. 22) 동아대학교 법학전문대학원 국제화상회의실
주최: 한국비교공법학회 · 감사연구원
대주제: 사회국가와 법치국가의 공법적 과제
차진아 교수(고려대) 사회국가의 공법적 과제
성중탁 교수(경북대) 사회국가의 행정법적 과제

방동희 교수(부산대) 감사원의 지위에 대한 공법적 고찰

홍종현 박사(감사연구원) 개헌논의 과정에서 나타난 감사제도 개편의 주요 쟁점과 그 비판적 검토

제90회(2018. 4. 20) 부산대학교 법학전문대학원 학봉홀

주최: 부산대학교 법학연구소 · 부산지방경찰청 · 부산항보안공사 · 한국비교공법학회

대주제: 현대 경찰법의 제과제

김재광 교수(선문대) 국가기반시설 민간경비의 법적 문제와 과제

박병욱 교수(제주대) 자치경찰제에서 국가경찰의 역할 - 지방경찰청의 과제를 중심으로

성봉근 교수(서경대) 사이버경찰활동의 헌법적 · 경찰법적 문제점과 과제

이장희 교수(창원대) 공중장소 퇴거 및 체류금지명령과 무관용경찰활동론의 문제점

제91회(2018. 6. 8) 충남대학교 법학전문대학원 모의법정(106호)

주최: 충남대학교 법학연구소 · 법제처 · 한국비교공법학회

대주제: 법치주의 실현을 위한 공법적 과제

김웅규 교수(충북대) 법치주의 실현을 위한 헌법적 과제

강승식 교수(원광대) 실질적 평등의 헌법적 실현방안

서보국 교수(충남대) 법치주의의 강화를 위한 행정심판제도의 합리적 개선방안

조영승 박사(부산대) 법치주의의 적용과 한계 및 구현

제92회(2018. 9. 7) 경북대학교 법학전문대학원 105호

주최: 경북대학교 법학연구원 · 한국비교공법학회

대주제: 국가와 지방자치단체 간 바람직한 관계 정립을 위한 법적 과제

조소영 교수(부산대) 연방제 수준의 지방분권 실현 가능한가? - '연방제 수준의 지방분권'과 그 실현을 위한 법적 과제

김수연 박사(대한민국시도지사협의회) · 이동식 교수(경북대) 제2국무회의, 지방상원의 설치와 운영, 그 문제와 가능성, - 국가와 지방자치단체간 협력 · 통제제도의 새로운 모색과 설계

제93회(2018. 12. 21) 연세대학교 법학전문대학원 광복관 별관 국제회의실.

최우용 교수(동아대) 지방이양일괄법 제정과 자치분권강화를 위한 공법적 과제

방동희 교수(부산대) 실질적 자치분권을 위한 기능중심의 사무이양과 공법적

고찰
김홍환 박사(한국지방세연구원) 사무이양에 따른 인력 재정지원을 위한 공법적 과제
제94회(2019. 4. 26~27) 순천대학교 국제문화컨벤션관 소극장. 주최: 한국법제연구원 · 순천대학교 범민법학연구소 · 한국비교공법학회(회장: 한귀현)
기조발제 김현태(창원대 명예교수) 남북 평화체제와 법적 대응 과제
제1세션「남북의 평화체제 구축을 위한 헌법적 과제」
최유(한국법제연구원) 남북한간 과도기적 상황에서의 국가체계에 관한 서론적 연구
홍종현(감사연구원) 한반도 평화체제의 구축을 위한 헌법적 검토 - 인권보장의 실질적 조건과 한계를 중심으로
김소연(육군사관학교 법경제학과) 남북합의서의 법적 성격과 효력
황동혁(부산대) 통일과정에서의 기본권적 문제
제2세션「남북의 평화체제 구축을 위한 행정법적 과제」
박훈민(한국법제연구원) 남북교류협력을 위한 법제 개선방안
조영승(부산대) 4대 경협합의서의 공법적 검토
한명진(대법원) 북한이탈주민의 사회통합을 위한 법정책적 고찰
황선훈(서울시립대학교 법학연구소) 남북한 지방 간 교류협력의 일환으로서 도시자매(우호)결연과 법적 문제
제95회(2019. 6. 14) 경주 코오롱호텔 영지F홀. 주제: 안전 · 권익보호와 일자리 확대
기조발제(이종영 중앙대 교수) 안전 · 권익보호와 일자리 확대의 의미와 중요성
윤수정 교수(공주대) 국민 안전권 보장을 위한 일자리 창출과 국가 및 지방자치단체의 역할
김무열 박사(한국조세재정연구원) 청년 일자리 창출을 위한 조세 및 재정지원 제도
김민우 박사(충북대) 산업안전 · 위험관리 법제 분석 - 일자리 창출과 정책 및 제도의 상호작용을 중심으로
김종천 박사(한국법제연구원) 전기안전관리법의 제정(안)에 대한 평가와 전망
여은태 박사(국립재난안전연구원) 자연재난재해의 피해구제에 관한 공법적 고찰 - 재난재해 시스템과 포항지진특별법 등 피해구제방안을 중심으로

(4) 공법이론과 판례연구회

공법이론과 판례연구회 회장: 김효전(2010/11)·김문현(2012/13)·박홍우(2014/15)·김영천(2016/17)·정재황(2018/19)은 월례발표회를 개최하고 있으며 발표자와 논제는 다음과 같다. 창립 당시부터 최근까지(1991-2014)의 학술활동은 세계헌법학회 한국학회편, 공법이론과 판례연구회 창립 제25주년기념논문집『현대 공법의 이론과 판례의 동향』(관악사, 2014)에 수록되어 있다.

제147회(2011. 3. 11) 정영화(전북대) 기본권의 제3자효에 대한 비판적 고찰
제148회(2011. 4. 8) 임지봉(서강대) 제1기 헌법재판소 변정수 재판관의 판결 성향 분석
제149회(2011. 5. 13) 고문현(숭실대) 인도에서의 공익소송
제150회(2011. 6. 10) 김철(숙명여대) 법과 경제질서
제151회(2011. 9. 9) 이효원(서울대) 남북한관계에 대한 판례 분석
제152회(2011. 11. 11) 신평(경북대) PD 수첩 대법원 판결의 헌법적 의미
제153회(2011. 12. 9) 정영화(전북대) 헌법재판에서 입법형성(재량)군에 대한 통제와 한계
제154회(2012. 3. 9) 허진성(대전대) 인터넷과 국가의 역할
제155회(2012. 4. 13) 이병규(동명과학대) 낙태에 대한 헌법적 논의
제156회(2012. 5. 11) 권혜령(성균관대) 결사의 자유와 단체구성원의 명단공개 문제 - 미국의 결사의 자유 프라이버시 논의를 중심으로
제157회(2012. 6. 8) 박진우(가천대) 형벌조항에 대한 헌법재판소 결정과 관련한 법적 쟁점 조명 - 대법원판결을 중심으로
제158회(2012. 9. 14) 박종현(국민대) 폭력적 비디오 게임 규제입법에 대한 미 연방대법원의 위헌결정(Brown v. EMA)
제159회(2012. 11. 9) 윤성현(한양대) 국가정책 주민투표와 헌법상 민주주의
제160회(2012. 12. 14) 김학성(강원대) 한정합헌, 한정위헌 결정주문에 대한 비판적 고찰
제161회(2013. 3. 8) 김철(숙명여대) 법과 혁명: 프랑스 혁명이 법제도에 미친 영향 - 법과 종교의 관계를 겸하여
제162회(2013. 4. 12) 홍강훈(단국대) 평등권의 심사원칙 및 강도에 관한 연구

- 간접적 차별의 법리를 중심으로

제163회(2013. 5. 10) 김효전(학술원) 경성제대 공법학자들의 빛과 그림자

제164회(2013. 6. 14) 김대환(서울시립대) 본질적 내용침해금지원칙의 이론과 실제 - 헌법재판 25주년을 되돌아보며

제165회(2013. 9. 13) 권형준(한양대 명예교수) 독일에 있어서의 기본권보장제도에 관한 고찰 - 특히 연방헌법재판소를 중심으로 하여

제166회(2013. 10. 11) 송기춘(전북대) 법원의 헌법재판

제167회(2013. 11. 8) 이성환(법무법인 안세) 사전 선거운동금지와 국민주권주의

제168회(2013. 12. 13) 임지봉(林智奉: 서강대 법전원) 제1기 조규광 헌법재판소장의 판결성향 분석

제169회(2014. 3. 14) 김동훈(헌법연구관) 한국헌법과 공화주의

제170회(2014. 4. 11) 이부하(영남대 법전원) 기본권 보호의무의 법해석과 과소보호금지 원칙

제171회(2014. 5. 9) 최유경(崔裕卿: 사법정책연구원) 헌법에 열거되지 아니한 권리와 기본권보장의 개방형체계에 관한 시론적 고찰

제172회(2014. 6. 13) 김철(숙명여대 명예교수) 아노미(anomy, anomie) 시대의 평등권과 교육의 기회 - 비교법적 소고

제173회(2014. 9. 12) 김정현(金廷泫: 한국법제연구원 부연구위원) 대통령선거제도로서 결선투표제에 관한 연구

제174회(2014. 10. 31) 공법이론과 판례연구회 창립 25주년 기념 학술대회, 프레스센터 18층 외신기자클럽

송기춘 교수(전북대 법전원) 헌법이론이 헌법판례에 미친 영향

이희정 교수(고려대 법전원) 행정법이론이 행정판례에 미친 영향

상세한 내용은 전술한 기념논문집 『현대 공법의 이론과 판례의 동향』(관악사, 2014) 참조.

제175회(2014. 11. 28) 정영화(鄭永和: 전북대 교수) 한국 사법제도의 개선방안 - 국제지표로 본 사법제도의 효율성 제고방안

제176회(2015. 3. 14) 정재도 박사(서강대) 의원내각제 도입의 전제조건에 관한 헌법적 고찰 - 제2공화국헌법을 중심으로

제177회(2015. 4. 10) 홍정선 교수(연세대) 주식백지신탁심사위원회 운영 경험

제178회(2015. 5. 1) 박종현 교수(국민대) 문화국가원리에 의한 헌법심사 - 헌재 2014. 4. 24. 2011 헌마659 등에 대한 검토

제179회(2015. 6. 5) 이명웅(변호사) 사학의 자유제한에 대한 넓은 입법형성권 인정의 문제점

제180회(2015. 9. 11) 허진성 교수(대전대) 법의 지배와 국가의 과제

제181회(2015. 10. 2) 김효전 교수(학술원) 한국 헌법학설사 연구 1884-1979

제182회(2015. 11. 13) 김주영 교수(명지대) 헌법상 '권리' 개념의 검토

제183회(2015. 12. 11) 정재황 교수(성균관대) 세계 속의 한국 헌법학 - 2018년 세계헌법대회의 성공을 위한 담론을 중심으로

제184회(2016. 3. 11) 이헌환(아주대) 법학교육 및 법조인양성제도에 대한 헌법적 접근 - 사법시험존치 논란을 보면서

제185회(2016. 4. 8) 송기춘(전북대) 헌법이론과 헌법교육

제186회(2016. 5. 13) 정철(국민대) 지방선거에서 정당의 역할, 스승의 날 행사

제187회(2016. 6. 10) 한동훈(헌법재판연구원 책임연구관) 프랑스 헌법상 표현의 자유

제188회(2016. 9. 9) 김문현(이대 법전원 명예교수) 미국에 있어 '살아있는 헌법' 논의에 관한 소고

제189회(2016. 10. 14) 홍정선(전 연대 법전원 교수) 서울특별시 민간위탁사무 현황과 법적 문제

제190회(2016. 11. 11) 전종익(서울대법대 교수) 대한민국 임시정부의 헌법적 지위에 대한 시론

제191회(2016. 12. 9) 송석윤(서울대 법전원 교수) 경제민주화와 헌법질서

제192회(2017. 3. 10) 지도심 밥상 (헌재 탄핵반대 시위로 이화가에서 긴급변경, 2호선 교대역 6번 출구, 서초동 1694-25, 02-3478-1008) 송기춘(전북대) 대통령 탄핵심판의 헌법적 쟁점

제193회(2017. 4. 14) 한동훈(헌재 연구원) 프랑스 헌법상 하원과 집행권의 관계

제194회(2017. 5. 12) 김효전(학술원) 헤르만 헬러의 생애와 업적

제195회(2017. 6. 9) 정재황(성대, 세계헌법학회 한국학회 부회장) 사법개혁

제196회(2017. 9. 8) 이효원(서울대 법전원) UN 대북제재의 법적 쟁점

제197회(2017. 10. 13) 이성환(변호사) 미래 세대와 헌법

제198회(2017. 11. 10) 박용상(변호사, 전 언론중재위원회 위원장) 의견표현에 의한 명예훼손

제199회(2017. 12. 8) 정영화(전북대 법전원) 한국 헌법재판소와 미국 연방대법

원의 헌법해석의 비교연구

제200회(2018. 3. 13) 송기춘(전북대, 대통령직속 국민헌법자문특별위원회, 기본권분야) 개헌안 전체 설명

제201회(2018. 4. 8) 송기춘(전북대 법전원) 기본권 개정

제202회(2018. 5. 11) 이효원(서울대) 남북관계 변화에 대비한 법적 과제

제203회(2018. 6. 8) 세계헌법대회에 참가하는 것으로 대체

제204회(2018. 9. 14) 김영진(인천대 교수) 헌법적 가치구현과 시민의 생활규범으로서의 헌법정립에 관한 소고

제205회(2018. 10. 12) 한동훈(헌법재판연구원) 프랑스 헌법상 정교분리의 원칙

제206회(2018. 11. 9) 박종원(동부지법 판사) 평화협정의 법적 쟁점

제207회(2018. 12. 14) 정광현(한양대 교수) 직접관련성 요건의 본질과 그 심사척도, 송년회

제208회(2019. 3. 8) 이화가. 장선미 박사(이화여대 법학연구소) 기본권심사구조의 통합적 이해가능성에 관한 연구

제209회(2019. 4. 12) 김효전(학술원 회원) E.-W. 뵈켄회르데 저작 수용의 국제 비교

제210회(2019. 5. 10) 김민우(金珉宇) 박사(충북대) 웰다잉법 시행에 따른 법적 과제

제211회(2019. 6. 14) 김용훈 교수(상명대) 대학교에서의 시간강사의 법적 지위와 시간강사 제도운영 방안 소고

(5) 세계헌법학회 한국학회 약사

세계헌법학회 한국학회는 아래와 같은 결코 짧지 않은 역사를 가지고 있어서 약사라는 말이 적절한지 모르나 이번 책자의 지면의 한계상 약사를 소개하고자 한다.

- 출범: 세계헌법학회 한국학회의 태생은 사실 다음의 역사적 사실 때문이었다.「세계헌법학회가 1982년 유고슬라비아(당시) 베오그라드에서 라틴-아메리카헌법학회(Latin-America Association of Constitutional Law)의 제안으로, 22개국(독일 · 아르헨티나 · 오스트리아 · 브라질 · 중국 · 이집트 · 스페인 · 미국

· 프랑스 · 영국 · 그리스 · 헝가리 · 인도 · 일본 · 나이지리아 · 폴란드 · 루마니아 · 세네갈 · 스위스 · 소련 · 베네수엘라 · 유고슬라비아)이 참여하여 창립총회를 함으로써 조직되어, UNESCO 산하의 회원단체인 '자율적인 과학전문조직'의 하나로 승인되어 그 활동을 개시하기 시작하였다」.[32] 한국에서는 일본의 동경대학 고바야시(小林直樹) 교수와 친근했던 서울법대의 김철수 교수가 창립 멤버가 되었다. 당시는 유신정권이 무너졌으나 여전히 신군부 권위주의 정부가 들어서서 서슬이 시퍼렀던 때였다. 당시 한국에서는 이전에 헌법학회가 정권에 곡학아세하여 존재하지 않았다. 그런데 세계헌법학회는 지역적 참여를 권장하였고, 당시 한국의 헌법학회가 사실상 존재하지 않아 결국 김철수 교수 중심으로 세계헌법학회 한국학회를 창설할 수밖에 없었다. 이 역사가 다른 나라의 경우가 달라 설명의 필요가 있으나 이제 와서는 대한민국의 독재역사를 학자들의 실체로서도 웅변해 주는 효과가 있다고 할 것이다.

그리고 그러한 역사의 시작으로 세계헌법학회 한국학회의 역사는 긴 역사를 가지게 되었다. 이 출범의 역사를 보면 시대적인 아픔을 간직한 것이기도 하다.

초기 세계헌법학회 한국학회의 활동은 김철수 교수의 한국헌법연구소를 중심으로 이루어졌고, 세계학회 회비도 그 분이 주로 부담하였다.

- 사단법인으로의 사회적 실체 공인: 세계헌법학회 한국학회는 사단법인으로서 공적인 등록단체로서 활동하여 그 공적 임무를 더욱 강하게 수행하고 있다.

- 등재지: 세계헌법학회 한국학회는 학술지 『세계헌법연구』를 발행하고 있는데 이 학술지는 한국에서 일찍이 최초로 공법분야의 등재지로 공인을 받았고 1994년 창간 이래 25년 가까이 이어져 오고 있으며 많은 공법교수들의 등용문 역할도 하였다.

[세계헌법학회 Roundtable, Table Ronde 개최]

우리 세계헌법학회 한국학회는 2009년 11월 19일에서 21일까지 「21세기에 있어서 세계화와 입헌주의」(Globalization and Constitutionalism In the 21st Century / La mondialisation et le constitutionnalisme Au 21e siècle)라는 주제로, 민의의 전당인 국회에서 외국의 유수한 많은 헌법학자들을 초청하여

32) 조병윤, "2018년 세계헌법학자대회 유치 경과보고: 세계헌법학회 제10회 세계대회(2018년) 한국유치 성공과정과 기대효과", 『세계헌법연구』 제20권 제3호, 세계헌법학회 한국학회(2014), 184면 참조.

라운드테이블(Roundtable, Table Ronde)[33]을 성황리에 개최하였다. 그 라운드테이블은 세계헌법학회 한국학회가 주축이 되어 모두 5개 세션으로 국회에서 이루어진 상당한 규모의 국제학술행사였다.[34] 사실 이 라운드테이블의 개최는 한국의 숙원사업인 세계헌법대회의 개최를 유치하기 전에 그 유지를 위한 사전 정지작업이었다. 이 라운드테이블은 당시 한국학회 회장인 조병윤 교수의 노력과 김철수 명예회장의 물심양면 지원으로 성공적인 개최였다.

[금랑 김철수 선생 팔순기념식 및 기념논문집 봉정식]

- 일시: 2012년 10월 12일 금요일 오후 6시 30분
- 장소: 태평로 프레스센터 20층 내셔날 프레스 클럽

한국에 헌법학을 자리매김하게 하는 태두로서 대외적으로 세계헌법학회 창립멤버로서, 그리고 우리 세계헌법학회 한국학회를 창설하신 김철수 선생님의 팔순을 기념하는 행사를 세계헌법학회 한국학회와 공법이론과 판례연구회가 주축이 되어 대성황리에 거행하였고 우리 헌법학계에 중요한 역사를 남겼다.

[금랑 김철수 선생 팔순기념 논문집 발간 사업]

2012년 10월 2일에 금랑 김철수 선생 팔순기념 논문집 간행위원회가 편찬한 『헌법과 기본권의 현황과 과제』를 발간(경인문화사 출판)함에 있어서 세계헌법학회 한국학회가 중요한 역할을 수행하였다. 김철수 선생님께서는 평생 헌법 중에서도 기본권이론을 천착해 오시는 데 관심과 노력을 집중하셨다는 점에서 기본권의 현황과 과제가 이 기념논문집의 중요한 타이틀이 된 것이기도 하다.

---

33) 'Roundtable'은 세계대회(World Congress)가 4년마다 열리는 데 비해 1년에 한 두 번 열리는 규모가 크지 않은 학술대회를 말한다. 집행이사들 중에 자신의 국가의 도시의 학교 등에서 개최를 희망하면 신청하여 집행이사회의 'Roundtable'위원회의 검토를 거쳐 집행이사회의 의결로 개최결정이 된다. 'World Congress'는 전 회원들이 참석하는 대규모 대회인데 비해 'Roundtable'은 규모가 크지는 않고 통상 이틀에 걸쳐 대개 10개 이내 발제들로 진행된다. 그런데 'Roundtable'은 개회 직전이나 폐회 직후에 세계헌법학회 집행이사회(the Executive Committee of IACL) 회의가 개최되는 것이 관례인데, 그 점에서 이 학술대회는 각 집행이사가 유치하는 데 적극적이고 라운드테이블의 참여가 많이 이루어지며 이를 유치한 국가의 대학들, 연구소들이 많이 신경을 쓰는 경향이다.

34) 한국에서 치루어진 이 Roundtable에 대해서는 https://www.iacl-aidc.org/images/events/event_19_nov_2009.pdf 참조.

이 기념논문집에는 선생님의 한국의 제자들, 후학들만이 아니라 외국의 동학으로부터 축하의 논문도 보내온 것을 수록하였다.

[공법이론과 판례연구회 창립 25주년 기념 학술대회 및 기념식]

* 공법이론과 판례연구회는 세계헌법학회 한국학회와 연계성을 이루어 창설되고 활발히 활동을 해오고 있는 학술연구단체입니다. 그 점에서 우리 한국학회의 기념대회이기도 합니다.

일시, 장소: 2014년 10월 31일(금), 서울 중구 프레스센터 18층 외신기자클럽

- 기념 학술대회

  발제: 공법이론이 공법판례에 미친 영향

  헌법 - 송기춘 전북대 로스쿨 교수

  행정법 - 이희정 고려대 로스쿨 교수

  지정토론 : 이효원(서울대 로스쿨 교수), 이명웅(변호사/전 헌법재판소 헌법연구관), 정호경(한양대 로스쿨 교수), 김경란(서울행정법원 부장판사)

- 기념식 및 공로패 수여식: 공로패 수상자 박용상(전 헌법재판소 사무처장/현 언론중재위원장)

[제10회 세계헌법대회(2018년) 유치활동 및 유치성공]35)

당시 시점으로 4년 뒤에 개최될 세계헌법학자들의 올림픽이라 할 수 있는 세계헌법대회를 한국에 유치하기 위해 개최국을 결정하는 집행이사회인, 2014년 11월 22일에 루마니아 부쿠레시티 법과대학에서 열린 세계헌법학회(The International Association of Constitutional Law: 이하 주로 'IACL'이라고 약칭함) 집행이사회에 우리 세계헌법학회 한국학회가 주축이 되어 참여하였고 중국과의 치열한 경쟁을 벌인 끝에 유치에 성공하였다.36) 이 집행이사회에 한국 대표단으로 조병윤 명지대 법과대학 명예교수(전 IACL 집행이사, 전 세계헌법학회 한국학회 회장), 정재황 성균관대 법학전문대학원 교수(전 한국공법학회 회장, 세계헌법학회 한국학회 부회장), 이우영 서울대 법학전문대학원 교수가 참가하였

35) 이 유치과정과 이후 준비과정 등에 대해서는, 정재황, "2018년 세계헌법대회 준비 경과", 『세계헌법연구』 세계헌법학회 한국학회, 제22권 제3호(2016); 정재황, "제10회 세계헌법대회(2018년 서울)의 성공과 수확", 『세계헌법연구』 세계헌법학회 한국학회, 제24권 제3호(2018) 참조.

36) 동아일보 2014. 11. 28. 신동진 기자 보도 참조.

다. 이 유치확정은 한국으로서는 그동안 바라왔던 숙원이 해소된 것이기도 하였다.[37] 또한 우리 세계헌법학회 한국학회가 세계 속에 한국의 헌법학을 우뚝 솟게 한 중요한 업적이라고 할 것이다.

1981년에 창립된 세계헌법학회(International Association of Constitutional Law / Association Internationale de Droit Constitutionnel 줄여서 'IACL' / 'AIDC'로 부르기도 함)[38]에 우리 나라에서는 김철수 교수님[39]께서 창립 초기 때부터 참여하시고 그 헌신 덕분에 세계헌법학회에 우리 한국학회는 일찍이 회원으로 가입하여 그 활동의 역사는 길다. 그럼에도 불구하고 헌법학계의 올림픽이라고 할 수 있는 세계대회는 개최하지 못하여 못내 아쉬움이 컸었다. 80년대에는 권위주의 정부가 독재정치를 하던 암담한 시절이라서 그렇다고 하더라도 민주화가 쟁취되고 나서인 90년대에 와서조차 대회를 유치하지 못하였다. 못하였다기 보다 정확히 또는 솔직히는 경비확보 등에 대한 확신이 적어 유치신청 자체를 자제하였다고 할 수 있었다. 그러나 늘 세계헌법대회는 숙원행사였다. 그동안 한국은 위에서 밝힌 대로 2000년대에 들어와 세계대회를 유치하기 전에 그 유치를 위한 사전 정지작업으로 우선 중소규모 학술대회인 라운드테이블을 우리 세계헌법학회 한국학회가 주축이 되어 2009년 11월 19일에서 21일까지 개최한 바 있었고 유치에 많은 공을 들여왔다. 그 이전에도 한국학회 회원들은 매 세계헌법대회에 적지 않은 대표단들이 참가하여 왔다.[40]

이후 대회조직위원회를 만들어 대회개최준비를 함에 있어서도 우리 세계헌법학회 한국학회가 주축이 되어 활동하였고 대회를 성공적으로 이끌었다.

[유치 확정 이후 IACL 집행이사회 연속적 참석]

2014년 대회 유치 확정 이후에 대회준비를 맡은 조직위원회가 창설되었고

---

37) 보다 자세한 유치과정에 대해서는 조병윤, "2018년 세계헌법학자대회 유치 경과보고: 세계헌법학회 제10회 세계대회(2018년) 한국유치 성공과정과 기대효과" 『세계헌법연구』 제20권 제3호(2014), 세계헌법학회 한국학회 참조.

38) 세계헌법학회의 공식 언어는 영어와 프랑스어이다. 따라서 학회 이름이나 행사명, 공식 문서들에서 영어와 프랑스어를 동시에 사용한다.

39) 전 서울대학교 법과대학 교수, 전 한국공법학회 회장 등 역임. 현재 대한민국 학술원 회원.

40) 그 참가기록이 충분히 남아있으면 하는 바람이었지만 그리 많지는 않다. 그 기록의 한 예로, 이헌환, 제7회 아테네 국제헌법학회 총회 및 한·불학술대회 참가기, 『세계헌법연구』 제14권 제1호(2008), 417면 이하 참조.

그 위원장에 우리 세계헌법학회 한국학회의 정재황 부회장(후일 현 학회장)이 추대되었다. 정 위원장과 조병윤 전 학회 회장은 이후 매년 상하반기로 적어도 2회는 열리는 IACL집행이사회에 한국대표단으로 참석하여 세계대회 준비상황을 보고하고 세계헌법학회 집행부의 지원을 구하는 등 대회 성공을 위한 활동을 지속적으로 수행하였다. 아래에 참석한 IACL 집행이사회들을 연대기적으로 기록해 둔다.

- 남아프리카공화국 요하네스버그 집행이사회: 2015년 5월 28일부터 29일까지 남아프리카공화국 요하네스버그에서 개최된 라운드테이블 겸 IACL 집행이사회7)에 초청받아 참석하였다.

- 그리스 아테네 집행이사회 참석: 세계헌법대회 유치확정 이후 두 번째로 개최된, 즉 2015년 11월 12일부터 13일까지 그리스 아테네에서 개최된 IACL 집행이사회에 연이어 참석하였다.

- 호주 멜버른 집행이사회 참석: 한국대표단은 2018년 세계헌법대회 조직위원회가 구성되어 출범하였음을 IACL 집행부에 서한으로 알렸다. 이로써 이후 IACL 집행이사회에 2018년 세계헌법대회 조직위원회의 이름으로 정식으로 참석하게 된 것이다. 그렇게 처음으로 참석하게 된 집행이사회가 바로 호주의 멜버른에서 2016년 5월 3일 개최된 집행이사회였다.

- 이탈리아 베니스에서 IACL 집행이사회: 2016년 12월 6일 열렸고 한국대표단은 모두 4인 참석하였고 헌법재판소 강일원 헌법재판관은 베니스위원회 위원자격으로 참석하여 조우하였다.

- 이탈리아 로마[41] 집행이사회: 로마에서의 집행이사회는 이전에 집행이사회를 학술대회 이후에 개최해 오던 관례를 깨고 집행이사회를 먼저 2017년 5월 5일 금요일 아침 9시 30분에 개최하였다.

---

41) 여기서부터의 참석기는 정재황, "제10회 세계헌법대회(2018년 서울)의 성공과 수확", 『세계헌법연구』 세계헌법학회 한국학회, 제24권 제3호(2018) 참조.

집행이사회의 의제는 세계헌법대회의 워크샵들과 각 주제의 확정, 주재자(chair 의장) 선정 마무리 등 본부 집행부의 관할 사항을 논의하는 것과 우리 조직위원회의 세계대회 준비 상황에 대한 보고 등이었다.

정재황 조직위원장이 집행이사회, 학술대회 준비에 노력해 준 이탈리아 헌법학회 등에 감사하고 세계헌법학회의 지원에 대해서도 감사하다는 뜻을 전하는 인사말을 하였고, 구체적인 세계대회 준비 및 진행상황에 대해서는 김종철 사무총장이 보고하였다.

- 멕시코 시티 집행이사회 : 2017년 11월 10일 오후 3시에 멕시코 자치국립 대학교(UNAM. Universidad Nacional Autónoma de México)의 멕시코시티 내 캠퍼스인 'Antigua Escuela de Jurisprudencia'에서 개최되었다. 우리 대표단으로는 조병윤 전 회장, 정재황 조직위원회 위원장. 2명의 인턴, 보조요원 1인이 참가하였다.

- 상하이 집행이사회: 2018년 4월 14일에서 15일까지 중국의 상하이에서 집행이사회 및 학술대회가 열렸다. 이번 집행이사회는 세계헌법대회 이전에 최종점검을 하는 의미도 있다.

한국대표단은 정재황 조직위 위원장, 조병윤 전 세계헌법학회 집행이사, 김종철 조직위 사무총장, 김대환 조직위 운영위원장 등이 참가하였다.

[제10회 세계헌법대회 조직위원회의 공식적 출범]

세계헌법대회 조직위원회(The Organizing Committee of the 10th World Congress of Constitutional Law)가 2016년 2월 23일 한국언론재단 19층에서 원로교수들, 관련 학회장들, 헌법학 교수들이 참석하여 조직위원회 구성방식, 출범일자, 출범식 장소, 사무소 설치 장소, 재정문제 등에 대해 논의하였고, 조직위원회 출범식을 2016년 3월 25일(금)에 한국공법학회 사무실에서 개최할 것을 결의하였고 이에 따라 조직위원회가 공식적으로 출범하였다. 이 조직위원회의 활동멤버들도 대개 세계헌법학회 한국학회의 멤버로서 역시 주축이 되어 활동해 주었다. 조직위원회 출범 전에도 위에서 언급한 대로 한국대표단은 IACL의 집행이사회에 참석해 왔고 그 참석의 주축이 세계헌법학회 한국학회였다.

2016년 3월의 조직위원회의 공식적인 출범으로 이제 세계대회 준비도 더욱 박차를 가하게 되었다.

[세계헌법대회 준비에 기여한 기부]

국가예산이 확보되지 않은 2016년 중반부터 2017년 초반까지 세계헌법대회 조직위원회의 운영이 매우 어려웠다. 그런 상황에서 세계헌법학회 한국학회의 깊은 연계조직인 '공법이론과 판례연구회'의 박용상 명예회장(전 헌법재판소 사무처장 / 당시 언론중재위원회 위원장)의 기부는 진정 절실한 시기에 중요한 모멘텀이 되었고 세계헌법대회의 역사에 중요한 기여가 있었다. 세계헌법대회 폐회식에서 이에 대한 감사의 뜻을 전했다.

[제10회 세계헌법대회(2018년)][42)]

드디어 2018년 6월 18일부터 22일까지 세계헌법대회가 서울의 성균관대학교 명륜동캠퍼스에서 외국 학자 700여명, 한국학자들 모두 합쳐 1,000여명이 참여하여 성대하게 그리고 많은 수확을 얻고 성공리에 개최되었다. 이 대회는 우리 세계헌법학회 한국학회의 현 회장으로 이 대회 이후에 취임하게 된, 당시의 정재황 성균관대 로스쿨 교수가 세계대회조직위원회 위원장(대회장)을 맡아 혼신의 투혼을 발휘하였고, 역시 우리 한국학회 전 회장이자 고문인 조병윤 교수가 대회유치위원장으로서, 역시 우리 한국학회의 당시 회장인 성낙인 서울대 총장이 만찬 축사를 하는 등 우리 학회가 주축이 되는 많은 기여를 하였다.

[제10회 세계헌법대회(2018년) 글로벌 유스 프로그램의 성공적 개최][43)]

이번 서울에서 개최된 세계헌법대회는 일주간의 대회로 끝내지 않고 젊은 학자들 30여명을 따로이 일주간 더 한국에서 연수를 하도록 하는 이른바 글로벌유스인텐시브프로그램(Global Youth Intensive Program for Young Constitutional Scholars)을 개최하였는데, 그야말로 폭발적인 호응과 기대 이상의 큰 수확을 거두었다. 이 프로그램에 우리 한국학회의 최유경 국제이사의 마지막 정리토론 주재 등 우리 회원의 참여가 중요한 역할을 하였다.

---

42) 정재황, "제10회 세계헌법대회(2018년 서울)의 성공과 수확", 『세계헌법연구』 세계헌법학회 한국학회, 제24권 제3호(2018) 참조.

43) 이에 대한 자세한 것은 정재황, "제10회 세계헌법대회(2018년 서울) 글로벌 유스 프로그램의 성공적 개최", 『세계헌법연구』 세계헌법학회 한국학회, 제24권 제3호(2018) 참조.

[한국헌법학회, 헌정사연구회, 세계헌법학회 한국학회, 서울시립대 법학연구소 공동학술대회]

세계헌법학회 한국학회는 한국헌법학회의 헌정사연구회와 서울시립대 법학연구소와 공동으로 아래와 같은 학술대회를 개최하였다.

2017년 헌정사연구회 · 세계헌법학회 한국학회 · 서울시립대 법학연구소 공동학술대회

◇ 주제: 미군정 사법부 법률고문과 제헌헌법

◇ 일시: 2017. 12. 14(목) 13:30~18:00

◇ 장소: 서울시립대학교 법학전문대학원 컨퍼런스룸(법학관 6층)

◇ 주최: 헌정사연구회 · 세계헌법학회 한국학회 · 서울시립대 법학연구소

《초대의 말씀》 형형색색의 단풍이 아름다운 계절입니다. 잔잔한 호수도 푸른 하늘빛을 닮았습니다. 좋은 계절에 평안하신지요? 한 해를 마무리하는 시점에 헌정사연구회가 세계헌법학회 한국학회, 서울시립대 법학연구소와 공동으로 개최하는 학술대회에 여러 선생님들을 초대합니다. 헌정사연구회는 2000년대 초반 헌정사에 관심을 가진 여러 연구자들이 한국학술진흥재단의 지원을 받아 공동의 연구 작업을 수행하면서 자그마한 연구회로 구성되어 지금까지 활동해 오고 있습니다. 이 과정에서 여러 연구자들이 헌정사의 여러 부문에 걸쳐 사료를 수집하는 한편 다수의 논문과 저서를 출판하였고, 이에 관심을 가지는 연구자들이 꾸준히 생겨나고 있습니다. 이는 법학, 특히 헌법학의 발전을 위해서도 고무적인 것이라 자평합니다. 2017년 학술대회의 주제는 「미군정 사법부 법률고문과 제헌헌법」입니다. 싫든 좋은 미군정은 우리 헌정사 연구에서 피해갈 수 없는 주제입니다. 그리고 '법의 지배' 실현의 핵심적 부서인 미군정 사법부는 해방공간에서의 법제도의 수립이나 집행과 함께 제헌헌법의 제정과정에서도 일정한 영향을 미친 것으로 평가됩니다. 우리는 미군정 사법부의 활동 가운데 특히 세 사람의 법률고문에 주목하고자 합니다. 바로 우돌(Emery Johnson Woodall, 1891-1963), 퍼글러(Charles Pergler, 1882-1954), 프랭켈(Ernst Fraenkel, 1898-1975)입니다. 이들은 미군정청 관방 총무과, 법무국, 사법부 등에서 근무하면서 직접 법안을 마련하거나 한인들이 마련한 법안을 감독 또는 논평을 하면서 해방 공간에서 미국의 대한정책을 법을 통하여 집행하는 역할을 담당하였습니다. 제2차 세계대전에 참전한 예일대학교 법학박사였던 우돌은 1945년 9월부터 1946년 7월까지, 체코슬로바키아공화국 출신이면서 조지워싱턴대학교 로스쿨 학장이었던 퍼글러

는 1946년 4월부터 1948년 9월까지, 또한 독일의 히틀러 지배를 피해 미국으로 망명한 노동법 전문가인 프랭켈은 1946년 1월부터 1950년까지 해방 공간 또는 대한민국에 있으면서 이러한 역할을 담당하였습니다. 이번 학술대회에서는, 이 분야 전문가들이 그 동안 미군정 사법부 법률고문 세 사람에 관하여 새롭게 발굴한 자료를 가지고 진행한 실증적인 연구결과를 발표하는 자리입니다. 이를 통하여 우리는 미국이 제헌헌법과 대한민국 정부 수립에 미친 영향을 보다 미시적이고 실증적으로 살펴볼 수 있는 기회를 가질 수 있을 것입니다. 연말에 여러 일로 분주하시리라 생각됩니다만, 소중한 학문의 향연에 참석하여서 학문적 성과와 의견을 나누는 시간을 가지시길 바랍니다. 학술대회에서 뵙겠습니다. 감사합니다.

2017년 11월

세계헌법학회 한국학회 회장 성낙인
서울시립대 법학연구소장 문상덕
헌정사연구회 회장 송기춘

◇ 프로그램 13:30-13:40 개회식 사회: 정상우 교수(인하대, 총무이사) • 개회사: 송기춘 교수(전북대, 회장) • 축사: 성낙인 총장(세계헌법학회 한국학회 회장) 문상덕 교수(서울시립대 법학연구소장) 제1세션 사회: 이국운 교수(한동대) 13:40-14:40 제1주제: 해방 공간에서 우돌(Emery J. Woodall)의 역할과 활동 • 발제자: 김수용 교수(대구대) • 토론자: 이경주 교수(인하대), 이영록 교수(조선대) 14:40-15:40 제2주제: 미군정 법률고문 퍼글러의 한국에서의 활동 • 발제자: 이택선 박사(서울대) • 토론자: 황승흠 교수(국민대), 김대환 교수(서울시립대) 15:40-16:00 휴식 제2세션 사회: 송석윤 교수(서울대) 16:00-17:00 제3주제: 미군정과 정부수립 시기 에른스트 프랭켈의 지위와 역할 • 발제자: 문준영 교수(부산대) • 토론자: 신용옥 박사(내일을여는역사재단), 전종익 교수(서울대) 17:00-17:50 종합토론 17:50-18:00 폐회식 사회: 정상우 교수(인하대, 총무이사) • 폐회사: 송기춘 교수(전북대, 회장)

[2019년 2월 - 1973년 압탈된 김철수, 유신헌법 교과서 배포]

세계헌법학회 한국학회의 창설자이신 김철수 교수의 유신헌법이 당시 독재정부를 비판하였다고 하여 출판·배포 즉시 압수당하였다. 이는 유신독재의 지악한 인권유린이 학계에도 압살로 이어진 예이다.

우리 공법이론과 판례연구회와 김철수 교수는 역사에 이 사실을 남길 필요성이 절실하다고 판단하고 그 영인본을 자가 출판으로 배포하기로 하였다.

아래는 그 배포의 취지를 밝힌 것으로 영인본 앞부분에 첨부하여 도서관에 기증하기도 하였다(성균관대 도서관의 경우).

[증정의 취지]

저는 성균관대학교 법학전문대학원에서 헌법학 강의를 담당하고 있는 정재황 교수입니다.

이 저서는 한국의 헌법학을 정립하신 헌법학대가이신 김철수 교수님께서 유신(제4공화국) 당시에 검열로 압수되고 완본으로 출간되지 못한 원본을 자비로 영인본으로 출판하셔서 성균관대학교 법학전문대학원생들에게 증정하시는 희귀본 저서입니다.

이 원본은 유신헌법 당시에 드물었던 헌법학 저서들 중에 법학도들이 애독하는 헌법학 개론서인데 압수의 이유는 물론 당시의 정부에 대한 비판 때문이었습니다.

그 출판의 뜻은 유신헌법의 탄압을 역사에 남기시고 당시 헌법학자에게 검열이란 학문적 압살행위를 가하고 학문의 자유를 박탈한 역사를 보다 뚜렷이 기록해 두시기 위함입니다.

특히 교수님께서는 오늘날 민주화된 한국에서 국민의 기본권과 민주주의를 공부하고 발전시켜야 할 법학전문대학원생들에게 역사적 교훈으로 새기도록 하기 위하여 증정하셨습니다.

법학전문대학원생 여러분들께서 이 책을 읽어보시고 정의와 인권의 길로 거침없이 나아가시기를 기원합니다.

2019년 2월 8일

전 서울대학교 법과대학 헌법학 교수, 전 세계헌법학회
부회장/집행이사, 전 한국공법학회 회장, 현 대한민국 학술원 회원
김철수 교수 증정

성균관대학교 법학전문대학원 헌법학 교수 정재황 전해 드림

[연계조직인 '공법이론과 판례연구회' 월례 학술발표회]

세계헌법학회 한국학회와의 연계조직이자 회원들은 물론 당연 겸직인 학술단체인 「공법이론과 판례연구회」는 출범 때인 1989년 이래로 지속적으로 하계방학, 동계방학을 제외하고는 매월 학술발표회를 개최하여 오고 있다. 세계헌법학회 한국학회의 활동이 함께 녹여들어 있다. 학술연구단체로서 월례 학술발표회를 이처럼 30년 가까이 지속하고 있는 학술연구단체를 찾기가 한국, 아니 세계 속에서도 찾기가 어려울 것이다.

[학술발표회 주최자의 병기]

2018년 10월부터 학술발표회의 개최 소식을 알림에 있어서, 그 주최를 세계헌법학회 한국학회와 「공법이론과 판례연구회」로 함께 하는 것으로 알리기도 하였다. 이하에서는 최근의 개최 안내 글을 그대로 싣는다. 역사적 기록보전의 의미가 있기도 해서이다.

- 2018년 10월 세계헌법학회 한국학회 · 공법이론과판례연구회 학술발표회 - 존경하옵는 공법이론과판례연구회 회원 여러분 안녕하세요? 전형적인 가을의 아름다운 풍경이 마음을 더욱 반갑게 만드는 것 같습니다. 10월 학술발표회를 다음과 같이 공지하오니 많이 참석하셔서 자리를 빛내 주시면 감사하겠습니다. 이번에는 헌법재판연구원의 한동훈 박사가 공무의 바쁜 일정에도 불구하고 기꺼이 발표를 맡아 주셨습니다. 회원님들과 함께 깊이 감사를 드립니다. 감사합니다. 공법이론과판례연구회 회장 정재황 배상 - 학술발표회 일정 - 발표자: 한동훈 박사(헌법재판연구원) 발표주제: 프랑스헌법상 정교분리의 원칙, 일시: 2018. 10. 12. 금요일 오후 6시 30분 장소: 이화가 한정식(장소는 변경이 없습니다) # 공법이론과 판례연구회를 세계헌법학회 한국학회와의 연계성을 확인하는 차원에서 메일의 제목을 변경하였음을 양지해 주시면 감사하겠습니다.

- 2018년 11월 학술발표회 안내 - 존경하옵는 세계헌법학회 한국학회 회원 및 공법이론과 판례연구회 회원 여러분, 11월 학술발표회를 다음과 같이 알려드리오니 바쁘신 가운데 많은 참석 바랍니다. 일시: 2018. 11. 9. 금요일 오후 6시 30분 장소: 이화가 한정식. 발표: 판문점 선언의 법적 쟁점(박종원 동부지법 판사) 감사합니다. 세계헌법학회 한국학회 회장 공법이론과 판례연구회 회장 정재황 배상

- 2018년 송년 모임 및 12월 학술발표회 - 공지입니다. 공법이론과판례연구회 및 세계헌법학회 한국학회 회원 여러분 그간 안녕하셨습니까? 어느새 12월 송년모임이 다가왔습니다. 돌이켜 보면 2018년도 참으로 많은 일들이 있었던 것 같습니다. 학회로서도 6월 세계헌법대회를 비롯하여 많은 성과가 있었던 것 같습니다. 모두 회원 여러분의 아낌없는 지원과 격려 덕분이라고 생각하며 회장으로서 항상 감사하고 있습니다. 아래와 같이 송년 모임 및 올해 마지막 12월 학술발표회를 공지해 드리오니 바쁘신 가운데도 많이 참석하셔서 한해를 보내는 아쉬움을 함께 달래시길 바랍니다. 발표주제: 직접관련성 요건의 본질과 그 심사척도, 발표자: 정광현 교수(한양대 법전원) 일시: 2018. 12. 14. 오후 6시 30분 장소: 이화가 한정식(헌법재판소 옆) 대단히 감사합니다. 공법이론과판례연구회 및 세계헌법학회 한국학회 회장 정재황 배상

- 세계헌법학회 한국학회 · 공법이론과 판례연구회 학술발표회 - 일시: 2019. 3. 8. 금요일 오후 6시 30분, 장소: 이화가(헌법재판소 옆) 02-737-8849, 발제자 : 장선민 박사(이화여자대학교 법학연구소) 주제: 기본권 심사구조의 통합적 이해 가능성에 관한 연구 세계헌법학회 한국학회 공법이론과판례연구회 회원 여러분 안녕하십니까? 임시헌법 100주년을 맞는 뜻깊은 해에 공법이론과 판례연구회 학술발표회를 다음과 같이 개최하게 되었습니다. 입춘은 지났으나 아직 쌀쌀하고 더구나 미세먼지가 한층 기승을 부리고 있는 이때, 회원 여러분께서는 건강을 잘 돌보시고 학술발표회에서 반가운 마음으로 만나뵙기를 간절히 바라옵니다. 감사합니다. 세계헌법학회 한국학회 · 공법이론과판례연구회 회장 정재황 배상 (이상 정재황 집필)

(6) 유럽헌법학회

제1회(2006. 12. 2) 유럽헌법학회 창립총회 및 제1회 학술발표회 개최 / 한국외국어대학교 교수회관 강연실 / 주제; 유럽연합 헌법의 기본원리 / 초대 은승표 회장 취임.

개회사 은승표(유럽헌법학회추진위원회 위원장, 신라대 법대 교수)

축사 석종현(한국법제발전연구소 소장, 단국대 법대 교수)

기조연설 박인수(한국비교공법학회 회장, 영남대 법대 교수)

박진완(경북대) 유럽헌법상의 직업의 자유와 기업의 자유 보장
박인수(영남대) 유럽헌법상의 권력분립 원칙
전학선(광운대) 유럽헌법과 프랑스 헌법개정
제2회(2007. 3. 31) 한국금융연수원 / 주제; 유럽헌법상 경제질서
기조연설 석종현(고문) 유럽헌법과 공법학의 과제
김해룡(한국외대) 유럽연합의 경제질서
최승필(한국은행) 유럽연합 거시경제정책의 헌법적 기초
정문식(전남대) 유럽헌법상 기본권과 기본자유의 관계
이광윤(성균관대) 유럽헌법상 법적 행위형식
은승표(신라대) 유럽 '연방'에서의 헌법의 의미
제3회(2007. 6. 28) 배재대학교 국제교류관 401호 / 주제; 헌법의 유럽화
홍완식(건국대) 유럽연합과 보충성의 원칙
장영수(고려대) 독일의 통일과정과 의원내각제 정부형태
김용섭(전북대) 유럽헌법상 공기업의 법적 지위
김동건(배재대) 유럽 투명성에 관한 녹서를 통해서 본 EU의 로비 활동 규율
강기홍(한국지방행정연구원) 헌법의 유럽화(Die Europäisierung des Verfassungsrechts)
제4회(2007. 10. 6) 서울여자대학교 인문사회관 3층 인사랑당 / 주제; 유럽헌법상의 일반원리
박균성(경희대) 유럽연합과 프랑스에서의 입법영향 평가
강문수(법제연구원) 유럽 행정법상 비례의 원칙
명재진(충남대) 독자적 헌법조문으로서의 국가목표규정
윤재만(대구대) 기본권이론과 유럽헌법
제5회(2007. 12. 22) 한국금융연수원 / 주제; 유럽헌법상 기본권이론과 헌법이론
김대환(서울시립대) 유럽기본권헌장상 기본권의 제한과 한계
신옥주(법제연구원) 유럽연합 내에서 대학교육의 통합에 관한 소고
최윤철(건국대) 독일의 정부업무평가법제에 관한 연구
조소영(부산대) EU '헌법'의 '헌법'적 분석
제6회(2008. 4. 12) 국가인권위원회 / 주제; 유럽헌법상 인권과 역내시장
이기우(인하대) 독일의 연방주의 개혁
안성경(법제연구원) 유럽헌법에서 망명자의 보충적 보호지위와 공동유럽망명제도에 관한 연구

박규환(영산대) 유럽헌법상 역내 경제질서 조항의 형성과정과 그 기능
박진완(경북대) 유럽인권법원의 Görggülü v. Germany 사건에 대한 결정을 둘러싼 유럽인권법원과 독일연방헌법재판소의 갈등
제7회(2008. 7. 1) 한국외국어대학교 교수회관 / 주제; 유럽헌법상 개별법제와 연방주의
주제발표 성낙인(서울대) 유럽의 헌법경험과 대한민국
길준규(아주대) 유럽헌법과 통신법의 발전
정종길(경기대) 프랑스 제정법 안에서 성 인지 예산제도
김상겸(동국대) EU에서의 개인정보보호
이종영(중앙대) 유럽연합의 신화학물질 관리 제도
문재완(한국외대) 미국 헌법상 연방주의 발전사 연구
제8회(2008. 10. 11) 국가인권위원회 세미나실 / 주제; EU법의 구성국법제화
W. Heinrich (전독한법학회 회장) 일반적인 그리고 특히 리스본조약과 관련한 EU의 헌법상황
송동수(단국대) 유럽 환경법의 독일에서의 전환과 적용
최승필(한국외대) 유럽에 있어서 금융행정으로서의 금융규제 체제
강기홍(한국지방행정연수원) EU의 환경보호 규정 하에서 회원국 환경법의 발전 - 독일 통합환경법과 관련하여
김주환(홍익대) 양성평등과 병역의무
이시우(서울여대) 볼로냐 프로세스와 독일 대학법의 변화
제9회(2008. 12. 23) 영남대학교 법학전문대학원 / 주제; EU의 환경·인권과 경북의 실태 / 제2대 박인수 회장 취임
기조연설 변해철(한국외대) 유럽의 환경과 인권
박규환(영산대) 유럽연합의 환경보호정책과 경북의 환경정책 방향
김현준(영남대) EU 물관리기본지침(WFD)을 통해서 본 유역별 통합 물관리와 경북의 경우
이진국(아주대) 유럽공동체의 형사입법권
D. Barberis(영남대) 유럽연합의 환경규제 동향
제10회(2009. 4. 13) 국회헌정기념관 대강당 / 주제; 국회의 행정입법 통제에 관한 연구 (국회 사무처 법제실과 공동학술대회)
기조발제 석종현 유럽헌법학회 고문
[제1분과] 국회의 행정입법 통제기준에 관한 연구

김춘환(조선대) 행정입법에 대한 사전적 통제기준
전학선(한국외대) 위임범위 일탈에 대한 통제기준
강대출(법제실) 포괄적 재위임에 대한 통제 기준
김대인(이화여대) 행정입법의 내용에 대한 통제 기준
김성배(대구대) 무권한 법규명령에 대한 통제 기준
장영수(고려대) 수권법률의 개폐에 따른 행정입법 통제 기준
[제2분과] 행정입법통제의 비교법적 연구
정남철(숙명여대) 독일의 행정입법통제
안동인(박사) 영국의 행정입법 통제
정하명(경북대) 미국의 행정입법 통제
유진식(전북대) 일본의 행정입법 통제
전훈(경북대) 프랑스의 행정입법 통제
김동건(배재대) 우리나라의 행정입법 통제

제11회(2009. 5. 29) 국가인권위원회 11층 배움터 / 주제; 유럽인권재판소와 기본권
기조연설 피에르 앙리 프레로(프랑스 세르지-퐁트와즈대) 유럽 인권재판소 판례가 프랑스 인권정책에 미친 영향 (통역 전학선)
신옥주(한국법제연구원) 유럽인권협약에 의한 기본권 보장
정종길(경기대) 유럽인권협약상의 인간존엄의 원칙 - 유럽인권재판소의 판례를 중심으로
김형남(단국대) 공공부문에서의 종교차별과 기본권
권건보(아주대) 지방자치단체의 CCTV 설치 운영과 프라이버시

제12회(2009. 9. 11) 한국외국어대학교 법학전문대학원 801호(조명덕 홀) / 주제; 행정구역 개편의 쟁점과 바람직한 방향
박해육(한국지방행정연구원) 독일의 행정구역제도와 주요 쟁점
백윤철(대구사이버대) 프랑스의 행정구역제도와 주요 쟁점
조성규(전북대) 우리나라 행정구역 개편의 방향과 내용에 대한 법적 시사점
방승주(한양대) 행정구역 개편과 지방분권의 새로운 법적 패러다임의 모색

제13회(2009. 11. 19) 국회도서관 4층 대회의실 / 주제; 선거제도의 세계적 경향과 바람직한 선거제도의 개선 / 후원: 중앙선거관리위원회 / 제3대 변해철 회장 취임
Rainer Arnold (Regensburg 대 교수) 독일의 연방 국회의원 선거제도 (통역

박진애)

Yoichi Higuchi (일본학술원 회원) 일본의 중의원 선거제도 (통역 서보건)

김광수(서강대) 우리나라 국회의원 선거제도의 개선방향

하승수(제주대) 우리나라 지방선거제도의 개선방향

Anne Levade (Paris 12 대학교 교수) 프랑스 국회의원 선거제도

제14회(2010. 5. 7) 국회도서관 대회의실(4층) / 주제; 지방선거에서 공정선거 확보를 위한 유럽의 지방선거제도와 정책 (국제학술대회로 개최)

기조연설 이기선(중앙선관위 사무총장)

김종철(연세대 교수) 영국 지방선거에서 공정선거 확보 방안

신옥주 박사(법제연구원) 독일 지방선거에서 공정선거 확보 방안

Daniele Barberis(영남대 교수) 프랑스 지방선거에서 공정선거 확보 방안 (통역: 정종길 경기대 교수)

장용근(홍익대 교수) 미국 지방선거에서 공정선거 확보 방안

山崎幹根(일본 홋카이도대 교수) 일본 지방선거에서 공정선거 확보 방안(통역: 권경은 경북대 로스쿨박사과정)

음선필(홍익대 교수) 한국 지방선거에서 공정선거 확보 방안

제15회(2010. 8. 18) 주제: Advancing Legislative System for Global Issues /장소: Faculty of Law, Universitas Gadjah Mada, Jokjakarta, Indonesia

Director, Dr. Chan-ho Park, KLRI, Low Carbon Green Growth Act for Climate Change Adaptation in Korea

Abdullah Abdul Fatah, S.H.,LL.M, UGM, Compatibility of Indonesian Act No. 32 of 2009 in Responding to Climate Change Issues (tentative)

Prof. Dr. Kim Hyung Nam, Dankook Univ., Seoul, Impact of Integrity Phenomenon about Judicial Review Standard in Global Society

M. Fajrul Falaakh, SH, MA, M.Sc. UGM, The Development of Legal System in Accommodating the Diverse Societies (tentative)

Prof. Dr. Fugikawa Hisaaki, Aoyama Gakuin Univ., Tokyo, Integration and Labor Law in Japan

Prof. Dr. Ryu, Si Jo, PUFS, Pusan, Indonesian Community and Law in Korea

Enny Nurbaningsih, SH., MH. UGM, Regulation Impact Assessment: An Instrument for Advancing Local Regulation

Prof. Dr. Park Zin Wan, Kyungbuk Univ., Daegue, A Discourse on the Constitutionality of the Rights enshrined in the International Migration Convention

제16회(2010. 11. 19) 국회 헌정기념관 세미나실 / 주제; 국회의 자율권이 가지는 헌법적 의미 / 후원: 국회 입법조사처

기조연설 조병륜(명지대 명예교수)

김형남(단국대) 미국 연방의회의 자율권의 내용과 범위

한동훈(법제연구원) 프랑스 의회의 자율권의 내용과 범위

손형섭(헌법재판소) 일본 민의원의 자율권의 내용과 범위

박진완(경북대) 독일 연방의회의 자율권의 내용과 범위

정극원(대구대) 대한민국 국회의 자율권의 내용과 범위

김경제(동국대) 헌재결정을 통해 본 국회 자율권에 대한 오해

제17회(2010. 12. 16) 대구대학교 법과대학 세미나실 / 주제; 유럽에서의 다양성 법리와 헌법재판의 기준 / 제4대 이광윤 회장 취임

김영환(경주대) 유럽에서의 다양성법리의 전개

이동훈(세명대) 헌법 제64조 제4항의 해석과 헌법재판 - 사법소극주의와 사법적극주의를 중심으로

정극원(대구대) 헌법재판에 있어서의 사회적 기본권의 심사기준

제18회(2011. 4. 8) 국가인권위원회 10층 배움터 / 주제; 파리원칙과 인권보호기관에 의한 인권보장 (국가인권위원회와 공동학술대회)

이발래 박사(국가인권위 인권정책과) 국가인권위에 의한 인권보장과 과제

권세훈 교수(부산디지털대) 프랑스의 인권보장기관과 과제

이종수 교수(연세대) 독일의 인권보장기관과 과제

김광수 교수(서강대) 영국의 인권보장기관과 과제

제19회(2010. 9. 16) 성균관대학교 법학관 206호 첨단강의실 / 주제; 강과 지속적인 도시 - 파리와 서울의 비교법적 접근(Fleuve et ville durable: approche juridique comparative Paris/Seoul) 주최: 환경부 / 주관: 유럽헌법학회 환경포럼, 성균관대학교 글로컬과학기술연구소

Nobert FOULQUIER(파리 1대학) 프랑스에서의 강 관련 법제(Droit des fleuves en France)

이광윤(성균관대) 한국에서의 강 관련 법제

Jean-Philippe BROUANT(Maître de conférences à l'Université de Paris) 센느강에서의 제방과 관련된 법적 문제(Questions juridiques de la valorisation des berges de la Seine)

권세훈(경북대) 한강에서의 제방과 관련된 법적 문제 (* 초청장의 횟수 없음, 19회로 대치?)

제20회(2011. 6. 13) 동국대학교 법학관 1층 모의법정 / 주제; 헌법 관점에서의 변리사 특허침해소송대리권의 검토

김영환(경주대) 변리사법 제2조·제8조의 헌법적 검토

김성배(대구대) 미국의 변리사 소송대리권의 법적 검토

권세훈(부산디지털대) 유럽과 프랑스의 특허업무와 특허 담당기관

제21회(2011. 10. 4) 성균관대학교 법학관 206호 첨단강의실 / 주제; 강, 지속가능한 도시와 시민 - 한국과 프랑스 / 국제학술대회 개최 / 주최: 성균관대학교 글로컬과학기술연구소 / 주관: 유럽헌법학회 환경포럼

Frédéric ROLIN(Paris X 대학) La participation du public en matière environnementale(프랑스 환경에 있어서 시민의 참여)

Raphaël LÉONETTI(Doctorant) Consultation du public et légitimité de l'action administrative(프랑스에서의 시민의 협의와 행정작용의 적법성) 통역: 권세훈

Nobert FOULQUIR(Paris I 대학) Le rôle des associations dans le contentieux de l'excès de pouvoir en matière environnementale (프랑스 환경에 대한 월권소송상 시민단체의 역할)

Meryem DEFFAIRI(Doctorant) Le rôle des association dans le contentieu indemnitaire en matière environnementale (프랑스 환경에 대한 보상소송상 시민단체의 역할) 통역: 이광윤

이광윤(성균관대) 한국 환경소송상 시민단체의 역할

제22회(2011. 10. 28) 영남대 법전원 2층 세미나실 / 주제; 한-EU FTA와 그린에너지의 법적 검토 / 영남대 EU센터와 공동학술대회 / 제5대 정재황 회장 취임

조소영(부산대) 한-EU FTA의 법적 검토

박규환(영산대) EU 원자력에너지 정책의 공법적 과제

제23회(2011. 12. 23) 헌법재판소 대강당 / 주제; FTA 발효에 따른 법률시장

개방과 변리사의 역할 (대한변리사회 공동학술대회)
기조연설 김영환(경주대) 21세기 지식기반사회와 변리사의 역할
김성배(대구대) 한-미 FTA에 따른 법률시장 개방과 변리사의 역할
안성경 박사(국회) 한-EU FTA에 따른 법률시장 개방과 변리사의 역할

제24회(2012. 4. 17) 한국외대 법학관 101호 / 주제; 종교적 · 문화적 다양성과 법
Keynote Speech: Christian Duval, Directeur de l'Institut d'Études Politiques d'Aix-en-Provence
Andre ROUX (l'IEP d'Aix-en-Provence) 프랑스에서의 종교와 법
곽순례(한국외대) 결혼과 이혼에 관한 파트와 사례 연구
조재현(동아대) 유럽시민권의 확대와 갈등
발제자; Andre ROUX

제25회(2012. 6. 8) 서강대학교 정하상관 / 유럽헌법학회(제25회)-유럽연합학술(6회) 공동학술대회 / 주제; 유럽의 위기와 아시아의 미래
이규영(서강대) 중부유럽 자유주의의 향후 전망
요아나 호사니아크(서강대 박사과정. 폴란드) 구공산체제의 유산과 청산문제: 폴란드 사례를 중심으로
슈테판 가르쉬테츠키 교수(켐니츠대, 독일) 중 · 동유럽 민주주의와 정치문화: 내생적 담론과 외생적 전망
이종훈(서강대) 폴란드-러시아 전쟁영화 비교연구: 체제전환 이후 작품을 중심으로
안병억(대구대) 유럽연합의 재정동맹에 관한 소고: 미국과의 비교를 중심으로
김미경(조선대) 재정통합, 주권 그리고 민주주의: 유럽연합의 민주적 결핍을 다시 생각하다
김연준(경성대) 유럽재정위기의 전염가능성에 관한 연구: 로짓모형을 중심으로
조홍식(숭실대) 2012년 프랑스 대선과 유럽문제
안상욱(부경대) 2012 프랑스 대선과 프랑스 좌우파의 외교정책: 2007년 대선과 비교
하상복(목포대) 2012년 프랑스 대선과 극우파 현상
신옥주(전북대) 독일의 그리스 재정지원을 통해 나타난 유럽연합법 제125조(구 유럽공동체법 제103조) 'bail-out금지' 규정의 문제점
김지영 (서강대) 헝가리민족의 인접국가내 소수민족 통합문제: 1992년 체제전환 이후를 중심으로

이그나츠 롬시취 교수(Eötvös Loránd University, 헝가리) 헝가리 정치-경제 체제 전환문제: 체제전환 이후를 중심으로

야로슬라브 베이스(체코 외무성, 체코) 체코공화국 정치-경제체제 전환문제: 평가와 전망

임상우(서강대) 바이마르의 부활: 독일문화의 도시에서 유럽문화의 도시로

김학노(영남대) 유럽통합의 정치적 실험

이호근(전남대) 법을 통한 유럽통합: 유럽연합 거버넌스의 진화와 영향

김인춘(연세대) 유럽의 경제통합: 신자유주의적 시장통합의 성격과 한계

김학노(영남대) 유럽통합의 정치적 실험

양오석(한동대) Norms in Reality

장선화(이화여대) 유럽통합과 국내정치

도종윤(연세대) Capability-Expectations Gap

이진영(인하대) 재외국민선거를 통해 본 제19대 총선의 정치적 의미

김종법(서울대) 유럽의 경험과 한국의 제19대 총선사례에 대한 재외국민선거 제도 비교연구

손영우(목포대) 프랑스 재외국민투표제도와 정당활동

이선필(HUFS-HRI EU Centre) 한국 대학생의 유럽연합에 대한 인식

김철민(한국외대) 동유럽으로의 EU 확장, 크로아티아의 EU 가입

서대성(건국대) FDI 유입으로 인한 금융더치병(financial Dutch disease)과 중동부유럽 지식기반산업의 성장효과

정태흥(오스트리아 비인 주한대사관) 비엔나 커피하우스의 전성기 (1815-1914) - 문화의 접촉과 소통 기능을 중심으로

닐스 레쉬케(DAAD 학술진흥재단) 갈등의 만남 - "조용한 아침의 나라"에 대한 독일인들의 인식

정문수 · 정진성(한국해양대) 함부르크 골목구역의 철거와 보전: 갈등에서 공존으로

랄프 하베르츠(계명대) 정치적 주류와 극우주의 사이의 융합지점에 위치한 신우파 정치엘리트

최승호(충북발전연구원) 독일의 기본소득보장에 대한 연구

허준영(한국행정연구원) 지역 이주민 통합 거버넌스에 대한연구 - 베를린시를 중심으로

김동하(서강대) 독일 바이마르 시기 '보수혁명' 담론에 나타난 반서구주의

김경래(국민대) 안보정책으로서의 동방정책과 한국에의 함의
김면회(한국외대) & 정혜욱(한국외대 박사과정) 독일-스웨덴 해적당 비교 분석
안병억(대구대) 런던과 유럽통합
노명환(한국외대) 베를린과 유럽통합
오정은(IOM 이민정책연구원) 브뤼셀과 유럽통합
유임수(이화여대) 중국의 경제개혁정책이 자본시장개방에 주는 함의 - 유럽통합의 교훈을 중심으로
김세원(고려대) 1900년 파리 엑스포와 한류 (전체 44편 발표)

제26회(2012. 8. 23) HANS 빌딩(구 크라운 호텔) 12층 대회의실 / 주제; 유럽의 재정위기, 권리보호 그리고 복지국가 / 제6대 정극원 회장 취임
정해조교수(한국유럽학회 회장, 부경대) 유럽재정위기와 신재정협약
Prof. Dr. Ruthig(독일 마인쯔대) 헌법재판소와 행정재판소의 재판에서의 유럽의 권리보호
김광수교수(서강대) 복지국가와 경제민주주의 - 세계화와 양극화의 미로에서

제27회(2012. 10. 18) 국회도서관 421호(입법조사처 대회의실) / 주제; 선진화와 의원 면책특권
이준일 교수(고려대 로스쿨) 한국에서 국회의원 면책특권의 문제점과 개선방안
이상경 교수(서울시립대 로스쿨) 미국의 국회의원 면책특권 내용과 시사점
이종수 교수(연세대 로스쿨) 독일의 국회의원 면책특권의 내용과 시사점

제28회(2012. 11. 7) 성균관대 법학관 207호 첨단강의실 /주제; 녹색성장의 법적 문제
Frédéric Rolin, Professeur à l'Université Paris-Sud, Constitution et croissance verte
Alice Fuchs, Maître de conférences à l'Université Paris XIII, Droit européen et croissance verte
Jean-Philippe Brouant, Maître de conférences à l'Ecole de Droit de la Sorbonne, Co-directeur du CERDEAU, Collectivités territoriales et croissance verte
Pauline Marcantoni, Allocataire de recherche à l'Ecole de Droit de la Sorbonne, Croissance verte et interventionnisme économique : une nouvelle place pour la puissance publique?

제29회(2012. 11. 23) 한국외국어대학교 법학관 101호 / 국가법학회·한국외국어대법학연구소 공동학술대회 / 대주제; 생명공학과 인간의 존엄과 가치의 접점

정문식교수(한양대) 한국에서의 생명공학과 헌법

신옥주교수(전북대) 유전자진단법 제정의 필요성 - 독일의 유전자진단법 비교를 중심으로

이상경교수(서울시립대) 미국에서의 생명권의 헌법적 함의와 생명윤리 법제

전훈교수(경북대) 프랑스 헌법재판소의 생명윤리법 위헌판결의 의미와 평가

제30회(2012. 12. 15) 한양대학교 법전원 제3 법학관 102, 103호 / 행정법분야 연합학술대회 / 주제; 공생발전을 위한 행정법의 대응

강재규 교수(인제대) 국가와 지방자치단체의 공생발전을 위한 법과 제도

강현호 교수(성균관대) 공생발전을 위한 재건축제도의 법적 고찰 - 약탈적 산적국가로부터 총량적 보장국가로의 체제 전환을 바라면서

정남철 교수(숙명여대) 공생발전을 위한 생활보상의 문제 - 특히 이주대책의 문제를 중심으로

임종호 교수(중국 연태대) 중국의 노년인권익보장법의 개정과제 -《노년인권익보장법》(수정초안)을 중심으로

김은주 교수(제주대) 공생발전을 위한 이론적 토대, 환경정의론 - 미국에서의 이론과 법제도를 중심으로

김대인 교수(이화여대) 공공조달법과 공생발전 - 중소기업제품 구매제도의 발전방안을 중심으로

제31회(2013. 1. 8) Burapha University, Thailand / Subject; European Union and Human Right

BYUN, Hae Cheol (Hankuk University of Foreign Studies) Integration and Fundamental Rights in Asia and Europe

SRIHATHAI Wells (Burapha University) Reading Culture of Thais : The Solution or The Dead End

EUN, Soong Pyo (Youngnam University) Some Legal Issues in Asia and Europe

KIM, Myeoun Hoei (Hankuk University of Foreign Studies) The role of SNS in Korean Politics - Political Implications to Thailand and Indonesia

JEONG, Kuk Won (Daegu University) European Union Model as a Peace State

KIM, Si Hong (Hankuk University of Foreign Studies) Roadmap to East Asian Regionalism: Achievements and Challenges

NACHCHA Khunataff (Burapha University) Comparative study on constitutionalism through in Constitution of Thai-Korea

AKACHAI Sarojna (Watradniyomtham Municipal School)

제32회(2013. 1. 18) Chambre de commerce et d'industrie de Paris, amphithéâtre Mercure 27 avenue de Friedland - 75008 / 국제학술대회(프랑스) / La justice constitutionnelle et l'économie

Prof. Dr. Pierre-Henri Prelot, Cergy Pontoise Univ. France, La Convention européenne des droits de l'Homme et la France

Prof. Dr. Hak-seon JEON, Hankuk des études étrangères Univ. Korea, L'analyse de l'ordre économique dans les jurisprudences de la cour constitutionnelle coréenne

Prof. Dr. Ruthig, Mainz Univ. Germany, Europäischer Rechtsschutz zwischen Verfassungs- und Verwaltungsgerichtsbarkeit

Dr. Dong·Hoon HAN, la Cour constitutionnelle coréenne. Le régime économique dans la Constitution coréenne

Prof. Dr. Choon-hwan KIM, Chosun Univ. Korea, Environmental rights and Environmental Impact Assessment in Korea

Jean Frayssinet, Aix Marseille III. Univ. France, La loi relative à l'information

Prof. Dr. Sun-young PARK , Dongguk Univ. Korea, Le statut juridique des réfugiés politiques

Prof. Dr. Jean-Philippe Brouant, Sorbonne Univ. France, Collectivités territoriales et croissance verte : l'exemple de l'énergie

제33회(2013. 4. 19) 중국 山东大学 学府大酒店 / 주최; 산동대학교 헌정과정치문명연구소, 유럽헌법학회 / 주제; 한중노인복지법제 국제학술회의

金元中(韩国欧洲宪法学会出版理事, 清州大学教授) 한국에서의 노인안전을 위한 경찰의 역할 정립방안

林 明(中国山东大学教授, 法学院副院长) 인구노령화와 문화 및 법적 대응방안

肖金明(中国山东大学教授, 学术研究部副部长) 중국에서의 인구노령화와 법적 대응

徐辅健(韩国欧洲宪法学会 财务理事, 岭南大学教授) 한국에서의 노인복지실현을 위한 국가의 역할

第34회(2013. 6. 20) 경북대학교 법전원 / 대주제; 맞춤형 복지의 법적 쟁점과 입법과제 / 한국법제연구원·경북대학교법학연구원 공동학술대회

박귀천교수(이화여대) 근로자복지법제 개선방안 연구

박숙경교수(경희대) 장애인복지법제 개선방안 연구

윤현식(박사) 청소년복지법제 개선방안 연구

장민선박사(한국법제연구원) 여성복지법제 개선방안 연구

第35회(2013. 7. 5~6) 몽골국립대학교 법과대학 / 주최; 유럽헌법학회, 몽골국립대학교 법과대학 / 대주제; 유럽 통합의 아시아에서의 적용 / 4개국 국제학술대회

〈제1회의〉

성낙인(서울대) 대한민국헌법과 경제민주화

운드릭흐(몽골국립대, 몽골) 몽골 헌법의 발전 방안

쇼진명(산동대, 중국) 보편적 서비스의 에너지 법적 문제

변해철(한국외대) 발전과 헌법

〈제2회의〉

은숭표(영남대) 유럽연합에서의 법의 지배

정극원(대구대) 평화국가의 모델로서 유럽 연합

심경수(충남대) 유럽 연합과 집행기구의 기능

박선영(동국대) 유럽인권이사회의 아시아 계수에 관한 필요성과 가능성

7/6 〈제3회의〉

서보건(영남대) 다문화사회와 국가발전

이동훈(세명대) 소셜 네크워크 서비스 시대에서 액세스권의 헌법적 의의

김수갑(충북대) 유럽에서의 예술인복지 법제

이부하(영남대) 동아시아에서 인권기구의 창설 제안

〈제4회의〉

전학선(한국외대) 한국의 헌법소원과 기본권보장

조원제(가나가와대, 일본) 한국에서 본 일본 소송제도

임종호(연태대, 중국) 중국의 노년권익보장법의 개정 과제

류지성(츠구바대, 일본) 일본국 헌법소송에 있어서 헌법판단수법

〈제5회의〉

이윤호(대구대) 헌법적 가치이념과 보험 관련 법규

신옥주(전북대) 한정위헌심판 청구 인용에 대한 비판적 고찰

우양가(몽골국립대, 몽골) 몽골 헌법재판소에 관한 비교법적 연구

박진완(경북대) 리스본 조약과 사회적 시장경제

〈제6회의〉

홍완식(건국대) 한국의 존엄사 법안에 관한 검토

이종근(동아대) 교사와 교육활동보호를 위한 법제적 방안에 관한 연구

박인수(영남대) 유럽 연합의 법규범 체계

김민우(충북대) 한국과 유럽의 식품안전관리조직과 법적 체계

제36회(2013. 8. 16) 제주대학교 법전원 / 경제 · 인문사회연구회, 제주대학교 법과정책연구소 / 주제; 창조경제와 국민행복실현의 공법적 검토

전학선(한국외국어대) 한국의 헌법재판과 경제질서(La justice constitutionnelle et l'ordre économique en Corée)

소가베(일본 교토대학교) 빅데이터 활용에 의한 경제성장 · 국민의 편리증진과 공법적 과제(ビッグデータ活用による経済成長 · 国民の便利増進と公法的課題)

장식군(张式军, 중국 산동대학교) 중국의 녹색발전을 위한 법적 보장(中国绿色发展之法律保障)

박광득(대구대학교) 통일문제에 관련된 딜레마에 관한 소고 - 헌법적 시각을 포함하여

강주영(제주대학교) 독일기본법상 지방재정 조정제도 일고

임명(林明, 중국 산동대학교) 중국의 환경교육입법개선에 관한 구상(关于完善中国环境教育立法的构想)

변해철(한국외국어대학교) 인도네시아의 입법절차 - 경제관련입법을 중심으로

홍완식(건국대학교) 통합입법평가제도에 관한 고찰

정극원(대구대학교) 국민행복실현의 동반자로서의 소수자 보호

서보건(영남대학교) 국민의 공감대 형성을 위한 사면제도의 변화

표명환(제주대학교) 독일기본법상의 기본권제한의 구조와 체계에 관한 고찰

왕전승(汪全胜, 중국 산동대학교 위해분교) 중국의 민생입법시스템의 구축

(论当代中国民生立法体系的构建)

제37회(2013. 11. 15) 동국대학교 법학관 1층 모의법정 / 동국대학교 비교법문화원 공동학술대회 및 정기총회 / 대주제; 유럽연합의 개인정보보호와 국회의 조약체결동의권 / 제7대 이종영 회장 취임

함인선교수(전남대) EU 사법재판소의 개인정보관련 판례에 대한 고찰

김경제교수(동국대) 국회의 조약체결동의권의 기능과 현실

제38회(2014. 3. 1) 제주대 법전원 대강당 / 국제학술대회(한국 · 중국 · 일본 · 몽골 · 인도네시아) / 대주제; 한반도 통일과 아시아 법제 통합

Ahmad Sobari, Civil procedure in conjunction with dispute settlement of doing business in Indonesia

趙元濟(일본 고마자와대학교) 日本｢公法｣の現代的展開とその展望

오동석 교수(아주대 법전원) 노동권 확보를 위한 Asia법제통합의 필요성

박광동 연구위원(한국법제연구원) 법제발전경험 공유에 따른 아시아법제 통합방안

신옥주 교수(전북대 법전원) 유전자변형 식품 규제를 위한 아시아법제 통합

조인성 교수(한남대) 유전자변형생물체 책임과 규제에 관한 아시아 법제 통합방안

박종원 교수(부경대) 나고야의정서의 국내이행을 위한 법적 과제

ZHANG ZHENBAO(제주대) 한·중 소비자보호기관에 관한 비교연구

Uyanga Myagmar(Mongolia National University, 몽골 국립대학교) The Constitution of Mongolia and its new Institution the Constitutional Court

정극원 교수(대구대) 법의 이념실현으로서 공존

이동훈 교수(세명대) 디지털사회에서 전자 역감시권의 헌법적 함의

전학선 교수(한국외국어대) 헌법상 사회복지국가와 국가재정

은숭표 교수(영남대) 유럽연합의 권리보호 체계

표명환 교수(제주대) 헌법상 통일조항과 통일헌법

변해철 교수(한국외국어대) 한국과 프랑스의 의원의 불체포특권

제39회(2014. 6. 14) 중앙대학교 RND 센터 11층 University Club / 주제; 안전한 국가를 구축하기 위한 안전 · 재난 관련 법제의 정비

정극원 교수(대구대 법학과) 재난대응의 체계화와 효율화의 법적 방안

최승필 교수(한국외대 법전원) 독일의 재난방지에 관한 법 · 제도적 검토

최혜선 박사(일본 교토대 법학연구과 외국인 연구자) 재해재난시의 위기관리와 정보공유에 관한 법제적 검토

최철호 교수(청주대 법학과) 화재예방을 위한 소방시설공사의 분리발주제도

제40회(2014. 7. 11) 제헌 66주년 기념, 유럽헌법학회 40회 학술대회 / 주최: 유럽헌법학회 · 국회법제실 공동개최 / 대주제; 통일을 위한 헌법적 논의

기조연설 김효전(학술원 회원)

강현철(한국법제연구원 박사) 통일헌법과 권력구조

박진완(경북대 교수) 통일헌법과 재산권

전학선(한국외대 교수) 통일헌법과 사회 경제통합

제41회(2014. 12. 6) 연세대 광복관 b 106 / 주제; 기후변화 대응정책과 법제의 현황과 과제 / 제8대 김상겸 회장 취임

박덕영 교수(연세대 법전원) ECT상의 에너지투자분쟁해결: 제도와 현황

문병효 교수(강원대 법전원) EU 및 독일의 기후변화에 대한 정책과 법제도

정하명 교수(경북대 법전원) 미국의 기후변화에 대한 정책과 법제도

김성배 교수(국민대 법학과) 우리나라의 기후변화대응 정책과 법제도

제42회(2014. 12. 19) 동국대학교 모의 법정 / 주제; 이산화탄소포집 및 저장에 관한 공법적 과제

류청걸 박사(전력연구원 수석연구원) 이산화탄소 포집기술에 관한 현황과 법제 과제

조인성 교수(한남대학교 법학과) 이산화탄소 포집과 저장의 사업화에 관한 사회적 수용성 제고를 위한 법제 방안

고문현 교수(숭실대학교 법학과) 이산화탄소 육상지하저장에 관한 환경법적 문제와 개선 방안

박수진 박사(한국해양개발연구원) 이산화탄소 해양지중저장을 위한 법제 방안

제43회(2015. 2. 6) 제주대학교 법전원 / 유럽헌법학회 · 제주대학교 법과정책연구원 공동 학술세미나 / 대주제; 국가선진화와 입법 · 행정기능의 효율화 방안

정극원 교수(대구대 법과대학) 입법평가 기능제고를 위한 독일 국가규범통제위원회의 역할

최용전 교수(단국대 법과대학) 정부 3.0과 지방정부의 기능강화 방안

변해철 교수(한국외대 법학전문대학원) 인도네시아의 토지수용법제

표명환 교수(제주대 법학전문대학원) 비례의 원칙과 본질적 침해금지 - 헌법재판소의 적용검토를 중심으로

제44회(2015. 3. 21) 성균관대 법학관 206호 / 유럽헌법학회 · 법제처 공동학술대회(제정부 처장)

김현준(영남대 교수) 환경재난과 인권의 법적 문제

김상겸(동국대 교수) 재난관리와 국민안전에 관한 헌법적 연구

Michel Prieur(비교환경법 국제센터 회장) International Human rights and nuclear disasters

제45회(2015. 7. 20) 동국대 모의법정 / 유럽헌법학회 · 한국입법학회 공동학술대회 / 주제; 입법부의 행정입법통제

정하명(경북대 법전원 교수) 미국의 행정입법통제

조원제(일본 駒澤大 법전원 교수) 일본의 행정입법통제

홍선기(독일정치경제연구소 연구위원) 독일의 행정입법통제

오승규(중원대 법학과 교수) 프랑스의 행정입법통제

제46회(2015. 10. 2) 한국외국어대학교 법학관 101호 / 대주제; 공익개념에 대한 국제적 경향

정문식 교수(한양대) 헌법재판소 판례에 나타난 공익의 개념

류지성 박사(한국법제연구원) 북한의 교육법제에 관한 연구

성선제 교수(고려대 정보보호대학원) 미국에서의 공익개념

정남철 교수(숙대) 행정법학의 공익개념: 특히 공익개념의 현안과 과제를 중심으로

제47회(2015. 12. 10) 제주대학교 법전원 / 유럽헌법학회 한 · 중 · 일 국제학술대회 / 주제; 공익과 입법

김명엽 교수(서남대) 공익과 임대주택

김기태 박사(건국대) 개발제한구역에서의 공익사업행위에 관한 입법론적 검토

엄해옥 교수(중국 연변대) 동서냉전시기에 제정된 남북한 국적법에서 본 여성의 지위와 공익적 가치

조원제 교수(일본 고마자와대) 일본 행정법학상의 공익 보호와 입법방식

김동련 교수(신안산대) 공공자전거 정책과 입법적 정비방안

변해철 교수(한국외국어대) 프랑스법상의 공익 개념

제48회(2016. 6. 29) 동국대학교 법학관 모의법정(서울캠퍼스) / 주제; 경제헌법질서와 개헌과제; 조규범 박사(국회 입법조사처) 경제헌법 조항과 경제민주주의에 관한 고찰

성봉근 박사(고려대 대학원 외래교수) 기업의 헌법상 지위 보장과 기업활동의 자유와 제한

문재태 교수(동국대학교 초빙교수) 경제규제 입법의 한계와 개선 과제

제49회(2016. 11. 26) 동국대학교 법학관 모의법정 / 주제; 정보보호정책과 입법과제

홍선기(독일정치경제연구소) EU의 정보보호법제와 입법과제 / 제9대 홍완식 회장 취임

정남철(숙대) 독일의 정보보호법제와 입법과제

오승규(중원대) 프랑스의 정보보호법제와 입법과제

류지웅(법제발전연구소) 국내의 정보보호제품의 현지와 전략

제50회(2017. 4. 1) 건국대학교 법학관 신관 4층 모의법정 (L403호) / 주제; 분권형 개헌논의와 유럽 국가의 정부형태

이현출 교수(건국대학교 정치대학) 한국에서의 분권형 개헌논의

전학선 교수(한국외국어대학교 법학전문대학원) 분권형 개헌논의와 프랑스 정부형태

최희수 교수(강원대학교 법학전문대학원) 분권형 개헌논의와 오스트리아 정부형태

제51회(2017. 6. 2~3) 고려대학교 인촌기념관 / 주제; 유럽의 구조적 변화와 한국 사회의 대응

김용훈(상명대) 영국의 유럽연합 탈퇴와 유럽연합 법질서의 위상

김지희(대법원) 유럽연합의 권리구제 확대에 따른 독일법의 유럽화

제52회(2017. 7. 19~20) 인도네시아 자카르타; 주제; 아시아에서의 민주화와 법치국가

Ali bin Ali Muhammad (International Islamic University Malaysia) Religion and Constitution in Malaysia

HONG, Wan Sik (President, Korean Association for European Constitution) Sex offender law in Korea

Prof. Dr. Topo Santoso (Universitas Indonesia) Constitutional review in Indonesia

YANG, Jeong Yun (Korea Univ.) Fundamental Rights Protection and Dialogic Constitutional Trial - Is Reflection of Democratic Decision? Is Influence of Populism?

Uyanga Myangmar (Mongolia National University) The Constitutional Regulation of Economic Relations and Role of the Parliament in Mongolia

BYUN, Hae Cheol (HUFS) Education in Korean Constitution

第53회(2017. 8. 25) 건국대학교 법학전문대학원 L403(모의법정) / 주제; 입법평가의 적용과 발전

기조발제: 최대권 명예교수(서울대, 한국입법학회 명예회장) 주권재민의 기본원칙에 바탕을 둔 입법평가

배건이 박사(한국법제연구원) 철도산업발전기본법에 대한 입법평가

차현숙 박사(한국법제연구원) 도시농업의 육성 및 지원에 관한 법률에 대한 사후적 입법평가

김기태 박사(건국대) 환경영향평가에 대한 사후입법평가

第54회(2017. 12. 19) 건국대학교 법학전문대학원 4층 모의법정 / 주제; 유럽국가의 권리구제제도와 입법에 관한 고찰

기조발제: 은숭표 교수(영남대) 유럽국가의 권리구제제도와 입법에 관한 고찰

전학선 교수(한국외대) 정부 입법과정에 관한 비교법적 검토

방승주 교수(한양대) 권리구제의 실효성에 관한 비교법적 검토

김선택 교수(고려대) 법률과 행정입법의 관계에 관한 비교법적 검토

第55회(2018. 4. 20) 충남대학교 법학전문대학원 106호 / 주제; 유럽연합의 법적 과제

이광윤 교수(성균관대학교) 카탈루냐와 유럽연합

최용전 교수(대진대학교) 유럽연합 일반정보보호규칙의 컨트롤러와 프로세서 연구

조규범 박사(국회입법조사처) 유럽의회의 입법영향평가

양정윤 박사(고려대학교) 제4차 산업혁명과 유럽연합의 법적 지위의 변화에 관한 소고

第56회(2018. 7. 19) 제주대학교 법학전문대학원 교수회의실 / 주제; 헌법과 제도

변해철 교수(한국외국어대학교) 인도네시아 대통령선거제도

이희훈 교수(선문대학교) 집시법상 집회시위금지장소에 대한 연구

김동련 교수(신안산대학교) 사회적 안전망과 국가의 책임

第57회(2018. 10. 13) 건국대학교 법학전문대학원 4층 모의법정 / 주제; 헌법과

동물보호

김현지 팀장(동물권행동 카라 정책팀) 개헌과 동물보호

최희수 교수(강원대학교 법학전문대학원 원장) 독일 연방기본법과 동물보호

오승규 교수(중원대학교 법무법학과) 프랑스 헌법과 동물보호

第58회(2018년 10. 31) 성균관대학교 법학관 201호 / 주제; 프랑스 법상의 도시계획과 재생에너지 문제; Frédéric ROLIN (Professeur, Université Paris Saclay)

第59회(2018. 12. 15) 건국대학교 법학전문대학원 5층 국제회의실 / 주제; 유럽헌법연구의 최근 동향 / 제10대 전학선 회장 취임

김기태 박사(한국입법연구원) 국민의 의무이행을 확보하기 위한 입법론적 연구

이경선 겸임교수(서강대학교) 대통령 예우 법제에 관한 연구 - 전직 대통령 예우 관련 유럽 헌법 조문 비교를 중심으로

양정윤 박사(고려대학교) 특례시 지정 관련 지방자치법 개정에 대한 비교법적 검토 - 영국·한국을 중심으로

강명원 박사(한국외국대학교) 사전적 규범통제제도와 기본권 - 최근 프랑스 사례를 중심으로

第60회(2019. 4. 20) 춘계학술대회. 국민대학교 법학관 106호 / 대주제; 문화재 관리와 입법과제 / 유럽헌법학회·국민대 정보와 법연구소 공동 주최

김민섭(국민대) 우리나라 문화재관리와 입법과제

권채리(한국법제연구원) 문화유산의 입법과제: 프랑스의 접근방식

계인국(고려대) 독일 문화재관리와 입법

김연식(성신여대) 영국 문화재관리에 관한 법체계

第61회(2019. 5. 31) 정기학술대회. 원광대학교 / 주제; 시민사회에서의 외국인 보호와 입법정책 / 유럽헌법학회·원광대 법학연구소·법제처 공동 주최

김진곤 교수(광운대) 외국인 근로자의 법적 지위와 노동3권

정필운 교수(한국교원대) 교육영역에서 외국인의 기본권보호: 현황과 과제

윤진희 박사(단국대) 초국가시대에 로컬시티즌십 구현 방안에 관한 연구 - 외국인 참정권을 중심으로

이형석 교수(원광대) EU의 난민위기와 법적 과제

홍선기 교수(국회 의정연수원) 우리나라 난민법 평가와 나아가야할 방향

자료제공: 박인수·정극원·홍완식·전학선 회장

(7) 통일과 북한법학회

통일과 북한법학회(회장: 신영호)의 학술 활동은 다음과 같다. 장명봉 교수(1941~2018)의 업적은 학회의 창설과 최근까지 『북한법령집』을 발간한 것이다.

연도별(2011~2019년) 월례발표회 현황

제161회(2011. 1. 31) 남형두(연세대법학전문대학원교수) 북한 저작권법 연구: 조용필의 평양공연은 북한에서도 저작권법상 보호받을 수 있는가?

제162회(2011. 2. 28) 최양근(조선대 정치외교학부 강사) 연합형 연방제 헌법에 관한 연구 - 단계적 연방제통일방안을 중심으로

제163회(2011. 3. 31) 장철익(서울고등법원 판사) 북한의 '부동산관리법' 제정의 의미와 평가

제164회(2011. 4. 28) 김영희(한국정책금융공사 조사연구실 수석연구원) 북한의 국가예산수입법제의 동향과 평가

제165회(2011. 5. 26) 이철수(서울대 법대 교수) 북한의 최근 노동법제의 변화

제166회(2011. 6. 30) 권태진(한국농촌경제연구원 부원장) 북한 농업법제의 최근 동향과 시사점 - 협동농장 농업관리체계를 중심으로

제167회(2011. 7. 28) 한인섭(서울대 법대 교수) 북한에서 형법의 해석·적용은 어떻게 이루어지나 - 〈법투쟁부문 일군들을 위한 참고서〉의 분석

제168회(2011. 8. 25) 유욱(법무법인(유) 태평양 변호사) 북한 금강산국제관광특구법의 평가와 과제

제169회(2011. 9. 29) 이훈재(사법연구원 교수, 판사) 북한의 '해사소송관계법' 제정의 의미와 평가

제170회(2011. 10. 28) 이규창(통일연구원북한인권연구센터 연구위원) 북한의 최근 인권관련법제의 동향과 분석 및 평가

제171회(2011. 11. 24) 신한미(서울가정법원 판사) 남북한 교류에 따른 중혼문제: 쟁점과 해결방안 모색

제172회(2011. 12. 29) 손기웅(통일연구원 선임연구위원) 독일통일 20년: 통합의 쟁점과 과제

제173회(2012. 1. 27) 한명섭(한명섭 법률사무소 변호사) 남북한통일과 조약의

승계 문제 - 조중국경조약의 승계 문제를 중심으로
제174회(2012. 2. 27) 권은민(김&장법률사무소 변호사) 북한 외국인투자법제의 변화와 전망
제175회(2012. 3. 29) 박훤일(경희대법학전문대학원교수) 북한의 '기업소법' 제정의 의미와 분석 및 평가
제176회(2012. 4. 27) 2012 '북한법제 동향' 특별학술세미나. 장소: 국가인권위원회 배움터(8층)「북한의 최근 경제법제의 동향과 평가」
신영호(고려대 교수), 김영희(한국정책금융공사 수석연구원),
박훤일(경희대 법학전문대학원 교수), 신현윤(연세대 법학전문대학원 원장),
유 욱(법무법인(유) 태평양 변호사)
제177회(2012. 5. 25) 조봉현(IBK경제연구소 연구위원) 북한의 '황금평-위화도경제지대법'의 제정 의미와 분석 및 평가
제178회(2012. 6. 28) 배종렬(한국수출입은행선임연구위원) 북한의 새로운 '라선경제무역지대법'(2011)의 특성과 평가 및 과제
제179회(2012. 7. 30) 이재일(딜로이트안진회계법인부대표) 북한의 외국인투자 관련 세금 및 회계법제의 최근 동향과 평가
제180회(2012. 8. 30) 김상용(연세대법학전문대학원교수) 북한의 토지이용제도와 외자유치를 위한 토지임대법의 개정
제181회(2012. 9. 27) 한명섭(한명섭 법률사무소 변호사) 북한의 대외채무문제와 대북식량차관문제에 대한 검토
제182회(2012. 10. 29) 문준조(한국법제연구원 연구본부장) 중국의 외국인투자법제 동향과 북한의 외국인투자법제 전망
제183회(2012. 11. 29) 김영윤(통일연구원 명예연구위원, 남북물류포럼 회장) 북한의 경제변화와 북·중접경지역 경제특구 개발전략
제184회(2012. 12. 12) (2012 남북경협법제개최) 장소: 국가인권위원회 8층(배움터)「개성공단의 경쟁력 제고와 지속발전을 위한 법제도적 과제」
최원동(중소기업유통센터 본부장), 김미옥(한국지식재산연구원 부연구위원)
신현윤(연세대 법학전문대학원 원장), 채형복(경북대 법학전문대학원 교수)
한상국(전북대 법학전문대학원 교수)
제185회(2013. 1. 31) 허인(한국지식재산연구원 신지식재산연구팀장) 남북한의 지식재산권과 협력방안
제186회(2013. 2. 28) 이훈재(판사, 사법연수원 교수) 남북교류협력 관련 분쟁

의 법적 쟁점과 법원의 법률적용

제187회(2013. 3. 28) 조정찬(법제처 법령정보관리원 원장) 북한 '행정처벌법'의 대폭 개정의 의미와 분석 및 평가

제188회(2013. 4. 25) 유욱(법무법인(유) 태평양 변호사) 북한의 새로운 금강산국제관광특구 시행규정의 검토와 과제

제189회(2013. 5. 27) 한상국(전북대 법학전문대학원 교수) 북한의 금강산국제관광특구에서의 세금문제: '세금규정'의 평가와 전망

제190회(2013. 6. 27) 김광길(전 개성공업지구관리위원회 법무팀장, 변호사) 개성공단사업의 중단과 공단 내 남측 투자 자산의 보호방안

제191회(2013. 7. 25) 한명섭(법무법인 한미 변호사) 개성공단의 발전적 정상화 방안과 법제도적 보완과제

제192회(2013. 8. 29) 이은정(경북대 법학전문대학원 교수) 북한의 '살림집법' 제정의 의미와 분석 및 평가

제193회(2013. 9. 26) [북한법연구회 창립 20주년 기념 학술대회] 대주제「북한정권 65년과 북한법의 변천: 남북법제통합의 과제」

제1회의: 북한 민사법 · 형사법 · 토지법 부문

신영호(고려대 법학전문대학원원장) 북한 민사법의 변천과 남북민사법 통합의 과제

이백규(김&장 법률사무소 변호사) 북한 형사법의 변천과 남북형사법 통합의 과제

김민배(인하대 법전원교수) 북한 토지법의 변천과 남북토지법 통합의 과제

제2회의: 북한 교육법 · 환경법 · 지식재산권법 부문

한만길(한국교육개발원선임연구위원) 북한 교육법의 변천과 남북교육법 통합의 과제

한상운(한국환경정책평가연구원 연구위원) 북한 환경법의 변천과 남북환경법 통합의 과제

김용두(서울중앙지방법원 판사) 북한 교육법의 변천과 남북교육법 통합의 과제

제194회(2013. 10. 31) 유욱(법무법인(유) 태평양 변호사) 북한의 새로운 '경제개발구법'의 분석과 평가

제195회(2013. 11. 28) 안병민(한국교통연구원 북한 · 동북아교통연구실장) 북한의 대외경제개방 확대와 국제철도화물수송법의 제정

제196회(2013. 12. 26) 정구태(조선대 법과대학 교수) 북한 주민의 가족관계 및 상속관련 소송에 관한 제문제 - 국제사법적 쟁점을 중심으로
제197회(2014. 1. 23) 이백규(김&장 법률사무소 변호사) 북한의 최근 형법 개정 동향과 평가
제198회(2014. 2. 27) 황인표(한국교육과정평가원 연구위원) 북한의 최근 교육제도 동향과 '고등교육법'의 제정
제199회(2014. 3. 27) 김영희(한국정책금융공사 북한경제팀장) 북한의 사회보장제도 동향과 '사회보장법'의 제정
제200회(2014. 4. 30) 이백규(김&장 법률사무소 변호사) 북한의 형사소송제도 동향과 '형사소송법'의 개정
제201회(2014. 5. 28) 함영주(중앙대학교 법학전문대학원 교수) 북한의 민사소송제도 동향과 '민사소송법'의 개정
제202회(2014. 6. 26) 김재영(법무법인(유) 태평양 변호사) 북한의 보험제도 동향과 최근 '보험법'의 개정
제203회(2014. 7. 31) 한상운(한국환경정책평가연구원 연구위원) 북한의 환경법제 동향과 최근 '환경보호법'의 개정
제204회(2014. 8. 28) 배종렬(한국수출입은행 북한개발연구센터 수석연구위원) 북한의 무역제도 동향과 최근 '무역법'의 개정
제205회(2014. 9. 29) [2014 '북한법제 동향과 통일대비' 특별학술대회] 대주제 「북한법제 동향과 남북법제 통합의 방향」
제1회의: 북한 가족법제 · 사회보장법제 · 보험법제 부문
문홍안(건국대 법학전문대학원 교수) 북한 가족법제의 동향과 남북 가족법제 통합의 방향
김영희(한국정책금융공사 북한경제팀장) 북한 사회보장법제의 동향과 남북 사회보장법제 통합의 방향
신동호(상명대 리스크관리 · 보험학과 교수) 북한 보험법제의 동향과 남북 보험법제 통합의 방향
제2회의: 북한 무역법제 · 해운법제 · 교통법제 부문
배종렬(한국수출입은행 북한개발연구센터 수석연구위원) 북한 무역법제의 동향과 남북 무역법제통합의 방향
손희두(한국법제연구원 행정법제연구실장) 북한 해운법제의 동향과 남북 해운법제 통합의 방향

안병민(한국교통연구원 북한·동북아교통연구실장) 북한 교통법제의 동향과 남북 교통법제통합의 방향

제206회(2014. 10. 30) 이규창(통일연구원 연구위원) UN북한인권조사위원회(COI)의 북한인권보고서 발표와 북한의 대응: 분석과 평가

제207회(2014. 11. 27) 윤인주(한국해양수산개발원 전문연구원) 북한에서의 사유화현상 분석: 시장을 매개로 한 사적 부문의 확장을 중심으로

제208회(2014. 12. 22) 이승규(법원행정처 사법정책실 판사) 남북교류협력과정에서 발생한 분쟁: 최근 소송사례와 법적 쟁점

제209회(2015. 1. 29) 김병필(법무법인(유) 태평양 변호사) 북한의 새로운 '라선경제무역지대 시행규정'의 분석과 평가 - 기업창설운영규정과 외국투자기업로동규정을 중심으로

제210회(2015. 2. 26) 최우진(법무법인세종변호사) 북한 나선경제특구의 개발과 관리에 관한 법제의 평가와 과제 - 남북경협과 관련하여

제211회(2015. 3. 26) 김영희(KDB산업은행 통일사업부 북한경제팀장) 북한의 경제변화와 국가예산수입 동향 - 최근 개정된 국가예산수입법과 관련하여

제212회(2015. 4. 30) 임을출(경남대 극동문제연구소 연구실장) 북한의 경제개발구법제 동향과 남북경제협력 전망

제213회(2015. 5. 29) 김병욱(북한개발연구소 소장) 북한에서의 상업활동과 '사회주의상업법'의 최근 정비 동향

제214회(2015. 6. 25) 박정원(국민대 법대 교수, 통일준비위원회 전문위원) 법제도 분야의 통일준비: 추진방향과 과제

제215회(2015. 7. 30) 최천운(통일준비위원회 경제분과 전문관) 북한 국유부동산 개발협력의 정책방향 및 방안 모색 - 남북한 농업개발 및 도시개발 협력을 중심으로

제216회(2015. 8. 27) 김동한(법과인권연구소소장) 남북분단 70년: 북한법의 변화와 전망

제217회(2015. 9. 30) [광복 70주년기념 통일법제 특별학술대회] 대주제「분단 70년: 북한법제 동향과 남북법제 통합의 방향」

제1회의: 북한 출입국법제·세관법제·재정법제 부문

임성택(법무법인 지평 변호사) 북한 출입국법제의 동향과 남북 출입국법제 통합의 방향

박윤환(한국무역협회 남북협력실 수석전문위원) 북한 세관법제의 동향과 남북 세관법제 통합의 방향

김영희(KDB 산업은행 통일사업부 북한경제팀장)북한 재정법제의 동향과 남북 재정법제 통합의 방향

제2회의: 북한 과학기술법제 · 전력법제 · 철도법제 부문

이규창(통일연구원 통일정책연구실 연구위원) 북한 과학기술법제의 동향과 남북 과학기술법제통합의 방향

박정원(국민대 법대 교수, 북한법제연구센터 소장) 북한 전력법제의 동향과 남북 전력법제 통합의 방향

나희승(한국철도기술연구원 대륙철도연구팀장) 북한 철도법제의 동향과 남북 철도법제 통합의 방향

제218회(2015. 10. 29) 신현윤(연세대 법학전문대학원 교수, 연세대 교학부총장) 북한의 대외경제개방 확대와 최근 대외경제중재법의 개정

제219회(2015. 11. 30) 김희수(인천지방법원 판사) 동서독 노동법 체계와 노동법 통합과정(독일 통일 25주년 기념 월례발표회)

제220회(2015. 12. 28) [衿山 崔達坤 교수 5周忌 추모 학술세미나] 대주제 「분단 70년: 분단과 이산에 따른 민사법적 쟁점과 대응」

이은정(경북대 법학전문대학원 교수) 衿山 최달곤 교수와 북한법연구

김영규(백석대 법학과 교수) 분단 70년: 북한 민법의 변천과 남북 민법 통합의 방향

신영호(고려대 법학전문대학원 교수) 남북주민간 가족관계 및 상속 관련 특례법의 쟁점과 개선과제

제221회(2016. 1. 25) 김익성(전 서울대 법과대학 금융법센터 연구원) 구동독 국영기업의 민영화에 따른 법적 쟁점과 과제 - 우리에게 주는 시사점과 관련하여

제222회(2016. 2. 26) 임성택(법무법인 지평변호사) 남북한의 국토계획법제의 동향과 통합방안

제223회(2016. 3. 28) 이백규(김&장 법률사무소 변호사) 북한 형사소송법의 동향과 남북 형사소송법 통합의 방향 - 체포 · 구속제도를 중심으로

제224회(2016. 4. 28) 권영태(지구촌평화연구소 선임연구원) 분단 70년: 북한에서 법은 무엇인가? - 법의 개념과 기능 및 역할의 재조명

제225회(2016. 5. 31) 정대진(한국고등교육재단 연구위원) 북한에서의 급변사

태 발생시 한국의 북한지역 관할권 행사에 관한 국제법적 근거 검토

제226회(2016. 6. 23) 양운철(세종연구소 부소장) 북한의 제7차 당대회 이후 경제정책 방향과 대외경제개방법제 전망

제227회(2016. 7. 28) 김진숙(한국교육과정평가원 연구위원) 북한의 '전반적 12년제 의무교육'에 따른 학제와 교육과정 개편: 평가와 전망 - 새로운 교육강령 시행과 관련하여

제228회(2016. 8. 25) 조의연(서울중앙지방법원 부장판사) 북한의 체제전환 법제정비를 위한 사법(司法)인프라 지원방안

제229회(2016. 9. 29) 이상준(국토연구원 국토계획·지역연구본부장) 통일 한반도의 국토개발 구상과 정책과제

제230회(2016. 10. 27) 한명섭(통인법률사무소 대표변호사) 남북통일과 과거청산 - 사법청산(司法淸算)을 중심으로

제231회(2016. 11. 24) 박정원(국민대 법과대학 교수, 국민대 북한법제연구센터 소장) 2016년 북한법전(증보판)의 내용과 특징

제232회(2016. 12. 29) 황의정(이화여대 통일학연구원 객원연구위원) 북한의 비사회주의적 행위와 통제 - 범죄규정화의 내용과 특징을 중심으로

제233회(2017. 2. 10) 이석범(법무법인 한샘 변호사) 남북관계발전을 위한 남북기본합의서의 실효성 확보방안

제234회(2017. 3. 30) 정구태(조선대 법과대학 교수) 북한주민의 상속회복청구권 행사와 제척기간 再論 - 대법원 2016.10.19. 선고 2014다46648 전원합의체 판결에 대한 비판적 연구

제235회(2017. 4. 27) 류지성(한국법제연구원 통일법제연구팀 부연구위원) 북한이탈주민지원법의 분석

제236회(2017. 5. 25) 한명섭(통인법률사무소 변호사) 남북출판교류와 저작권 문제

제237회(2017. 6. 29) 김성욱(제주대 법학전문대학원 교수) 통일 후 북한지역 부동산 처리과정에서의 몇 가지 문제

제238회(2017. 8. 31) 문흥안(건국대 법학전문대학원 교수) 북한 살림집법 관련 법제를 통해 본 북한 부동산 시장의 변화

제239회(2017. 9. 28) 이제우(사법정책연구원 연구위원) 북한의 신분·공민·주민등록제도

제240회(2017. 10. 26) 심민석(동국대 비교법문화연구원 선임연구원) 통일경

제특구 조성과 활성화를 위한 입법방안

제241회(2017. 12. 28) 민경배(전 경남대 연구교수) 독일통일 과정에서 동독 관료의 활용

제242회(2018. 1. 25) 홍선기(국회의정연수원 교수) 통일 이후 재산권 문제해결을 위한 공법적 검토: 독일 사례와의 비교검토

제243회(2018. 2. 22) 김정환(사법정책연구원 연구위원) 독일통일 과정에서의 민사법 · 상사법 통합과 그 시사점

제244회(2018. 3. 29) 전수미(법무부 통일법무과 사무관, 변호사) 조중 우호협조 및 호상 원조조약에 대한 소고

* 남북정상회담의 법적 준비 정책토론회(2018. 4. 13. 금)

장소: 의원회관 제8간담회의실; 주최: 심재권 국회 외교통일위원장, 통일과 북한법학회

유욱(법무법인(유) 태평양 변호사) 과거 남북정상 합의 교훈과 시사점

김광길(수륜법률사무소 변호사) 남북정상회담과 남북기본협정

최철영(대구대 교수) 남북정상 합의서와 국제법적 고려사항

* 남북정상회담 관련 공동학술대회(2018. 5. 30)「남북정상회담에 따른 법적 과제」

장소: 엘타워 8층 엘하우스홀; 주최: 통일과 북한법학회, 법무부, 한국헌법학회

도회근(울산대 법대 교수) 남북정상회담의 헌법적 의의 재조명

이규창(통일연구원 연구위원) 남북관계의 안정적 발전을 위한 법적 쟁점

임성택(법무법인 지평 변호사) 남북정상회담 후속조치 관련 법제도적 과제

* 2018. 6. 20. 통일학술대회「통일과 문화국가 형성」통일과 북한법학회, 헌법재판연구원

장소: 헌법재판연구원 대강의실

정상우(인하대 사범대학 교수) 헌법상 문화국가원리에 따른 통일

전수미(법무부 통일법무과 사무관, 변호사) 남북문화교류 활성화를 위한 법제도적 기반 구축에 관한 검토

김현귀(헌법재판연구원 책임연구관) 남북한 방송교류의 헌법적 쟁점

第245회(2018. 8. 30) 마틴 와이저(Martin Weiser, 북한법연구자) 북한법의 양적 분석: 법규번호, 기관 그리고 권력 승계

第246회(2018. 9. 27) 이지현(김&장 법률사무소 변호사) 남북경협보험 개선안에 대한 기존 논의와 향후 과제

* (2018. 10. 12) 공동 국내학술대회「남북교류협력 시대의 대북정책 법제화 전략」

  장소: 코리아나호텔 스테이트룸; 주최: 통일과 북한법학회, 한국법제연구원, 법제처

  류지성(한국법제연구원 부연구위원) 남북관계발전과 판문점선언 이행을 위한 법제도 구축

  이찬호(법무법인 태평양 외국변호사) 남북한 교류활성화를 위한 법제도 정비 - 한반도 신경제구상과 경제공동체 구현

  임성택(법무법인 지평 변호사) 남북기본협정 체결과 남북관계의 정립

  최철영(대구대 법학과 교수) 통일공감대 확산을 위한 통일국민협약 추진

* (2018. 11. 23) 2018년도 공동 국내학술대회「북한정권 수립 70년과 북한법의 변화 전망」

  장소: 서울 플라자호텔 오크룸; 주최: 통일과북한법학회 · 한국법제연구원

  박정원(국민대 법과대학 학장) 북한정권 수립 70년과 북한 헌법의 변화와 전망

  이백규(서울중앙지법 판사) 북한정권 수립 70년과 북한 형사법의 변화와 전망

  이은정(경북대 법학전문대학원 교수) 북한정권 수립 70년과 북한 민사법의 변화와 전망

* (2018. 12. 20)「남북경협 활성화 법제도 개선방안」관련 공동학술대회

  장소: 대한변협 14층 대강당; 주최: 통일과 북한법학회, 대한변협 통일문제연구위원회

  이찬호(법무법인 태평양(유), 외국변호사) 남북경협 활성화를 위한 남한 법제 개선 방안

  최은석(전 통일부 통일교육원 교수, 박사) 남북경협 활성화를 위한 북한 법제 개선 방안

박정원(국민대 법대 학장) 남북경협 활성화를 위한 남북경협합의서 개선 방안

제247회(2019. 1. 31) (목) 뉴국제호텔 두메라룸, 서울 중구 태평로.
양효령(전북대 법전원 교수) 중국과 대만 양안 간의 교류협력법제의 특징과 남북경협 법제 마련의 시사점
제248회(2019. 2. 28) 두메라 룸. 최명순 연구위원(경기연구원) UN 제재에 따른 남북교류의 법적 쟁점 및 제언 - 개성공단을 중심으로
제249회(2019. 3. 28) 두메라 룸. 문선혜 박사(법무법인 통인 변호사) 남북한 주민 간 상속에 관한 법적 쟁점 연구
제250회(2019. 4. 25) 두메라 룸. 현두륜 박사(법무법인 세승 대표변호사) 통일과 손해배상법 체계
제251회(2019. 5. 30) 두메라룸.
박승일 팀장(국가안보전략연구원) 북한 외국인투자법제 현황과 과제 - 중국의 외국인 투자법과 비교를 중심으로
* (2019. 7. 4) 「남북관계의 변화에 따른 법률적 이슈」. 합동참모본부와 공동학술대회
장소: 합동참모본부 1층 대회의실
제1세션: 남북간 군사합의의 역사적 고찰과 발전방향
제2세션: 「남북정상선언」의 헌법적 의의와 후속조치 관련 법제도적 과제
제3세션: 북한의 조약 체결 현황과 특징
현재까지 『북한법연구』 제21호(2019. 6. 30) 발간

(8) 기타 학회의 최근 활동

한국법과인권교육학회(회장: 나달숙) 춘계학술대회
제29차(2019. 6. 21) 장소: 국가인권위원회. 주제: 소년 사법제도와 인권교육(국가인권위원회와 공동 주최)
김슬기(대전대) 소년 사법제도와 인권
국가인권위원회, 국가인권위원회에서 수행한 소년 사법제도에 대한 프로젝트
한상국(법무부) PCL-R의 재범예측정확도에 관한 연구

한국토지공법학회(회장: 석종현) 제115회 학술대회 겸 제9회 한독 비교행정법 국제학술대회

제115회(2019. 6. 25) 독일 Mainz 대학교. 행정법 관계 논문 생략

Matthias Bäcker(Universität Mainz) Auslandsaufklärung und Grundrechte

Shin Ok Ju(Chonbuk National University) Auslandsaufklärung und Grundrechte in Korea

Anette Guckelberger(Universität Saarbrücken) Verfassungsrechtliche Probleme der elektronischen Aufenthaltsüberwachung

Bae Byung-Ho(Sungkyunkwan University) Verfassungsrechtliche Probleme der elektronischen Aufenthaltsüberwachung in Korea

제1회 행정법학자대회. 주제「대한민국 임시정부 100년과 행정법: 행정법의 과거, 현재, 그리고 미래」. 주최: 법제처 · 한국법제연구원; 주관: 한국공법학회 · 한국국가법학회 · 한국비교공법학회 · 한국지방자치법학회 · 한국토지공법학회 · 한국행정법학회 · 한국환경법학회 · 행정법이론실무학회

일시: 2019. 7. 3. JW 메리어트 호텔 서울, 살롱 1~5 (3F)

헌법 관련 발제자와 주제는 다음과 같다.

(기조강연) 박정훈(서울대 교수) 대한민국 임시정부와 행정법

서경규(대구가톨릭대 교수) 공용침해와 손실보상의 패러다임 전환과 과제

최환용(한국법제연구원 부원장) 임시정부의 헌법과 법령 체계

계인국(고려대 교수) 국가법학의 본질과 연구 대상 – 독일 국법학의 현황과 시사점

박규환(영산대 교수) 유럽법원의 판례 경향과 한국 공법학의 과제 – 종교의 사회통합적 수용과 한계

(9) 기타 헌법학 관련 학회

이상과 같은 학회의 연구 활동과 업적 외에도 헌법학 연구와 관련된 학회로는 다음과 같은 학술단체가 있다.

1) 한국 법과인권교육학회

2008. 9. 6. 창립하였으며 초대 회장은 서울교대 허종렬 교수. 연 3회 정기 발표회를 개최하며 학회지 『법과 인권교육연구』를 발간한다.

2) 한국국가법학회

1995. 6. 5. 창립하였으며 초대 회장은 전남대 이방기 교수. 학술지 『공법논총』을 발간해 오다가 『국가법연구』로 개제하였다.

3) 한국법정책학회

2000. 2. 창립하였으며, 2001년 『법과 정책 연구』를 발간하였다.

4) 한국언론법학회

법학과 언론학의 학제적 연구를 목표로 2001. 12. 20. 출범. 고려대 신문방송학과 원우현 교수가 초대 회장. 2002년부터 「철우(哲宇) 언론법상」을 제정하여 시상. 학술지 『언론과 법』 발간.

5) 한국원자력법학회

1995. 3. 30. 창립. 원자력의 개발·이용에 따른 법률적 문제를 연구하는 학술단체. 초대 회장은 차철순 변호사. 제2대 회장은 경희대 박균성 교수.

6) 한국입법학회

1998. 2. 4. 서울대에서 창립. 입법을 연구하는 학자와 입법실무가들의

연구 모임. 제1회 발제 최대권(서울대) 교수의「입법학 - 무엇을 어떻게 하자는 학문인가」를 발표. 초대 회장에는 최대권 교수. 2019. 2. 23. 전학선(한국외대) 교수의「입법학의 이론적 현황과 확장」을 발표. 학회지『입법학연구』를 발간. 회장 임지봉

7) 한국입법정책학회

2004. 10. 1. 창립. 입법학 및 이에 관련된 학술의 연구와 조사를 목표. 학술지『입법정채』발간. 홈페이지 www.legislation.or.kr

8) 한국재정법학회

2008. 2. 16. 창립. 초대 회장 김해룡 한국외대 교수. 법학을 중심으로 행정학, 경제경영학, 재정학 등 학계와 실무계 전문가들로 구성.

9) 한국지방자치법학회

2001. 6. 2. 창립 총회 및 기념 학술대회「지방자치제도 개혁을 위한 법적 대응」. 초대 회장 홍정선 연세대 교수. 학술지『지방자치법연구』발간.

10) 한국행정법학회

2010. 6. 25. 창립. 2010. 11. 26. 창립기념학술대회를 한국법제연구원과 공동 개최. 주제「한국 행정법학의 성과와 전망」. 초대 회장 최송화 서울대 교수.

11) 한국행정판례연구회

1984. 10. 29. 「행정판례연구회」 창립 총회. 초대 회장 김도창 변호사. 1991. 2. 25. 「한국행정판례연구회」로 개칭. 연구 논집 『행정판례연구』 발간.

12) 한국토지공법학회

1994. 8. 20. 조선호텔에서 창립 총회. 초대 회장 석종현 단국대 교수. 학회지 『토지공법연구』 발간. 국제학술교류를 비롯하여 한독 국제학술대회를 격년 개최. 자료집 『한국토지공법학회의 요람』(1994. 8.~2014. 7.)

13) 한국토지보상법연구회

2000. 4. 창립. 초대 회장 박윤흔 전 대구대 총장, 전 환경부 장관. 연구회지 『토지보상법연구』 발간.

14) 한국환경법학회

1977. 12. 7. 서울 「스칸디나비안 클럽」에서 발기 총회. 초대 회장 이상규 변호사. 1979년 학술지 『환경법연구』 창간호 발간. 홈페이지 http://www.ela.or.kr

15) 헌법이론실무학회 (회장: 김선택)

각 학술단체의 상세한 연혁과 활동상황은 한국학술재단의 홈페이지 참조.

외국 헌법에 관한 문헌목록

《차 례》

I. 독일 헌법

1. 문헌목록 자료집

김효전, 독일 헌법에 관한 문헌목록, 『헌법학연구』 제5집 1호(1999); 김효전 편, 독일법에 관한 한국문헌목록, 『독일학연구』(동아대) 제2호(1986); **사전**은 신영호 지음, 『독일 법률용어사전』(한국학술정보, 2009); 『독일법령용어집』(한국법제연구원, 2008); 『외국법률용어집』(독일어편)(법원도서관, 2008); 바바라 바그너, 김규완·윤재왕 옮김, 『독일법개념사전』(지산, 2002); **법정보**는 『독일 법정보조사 자료집』(헌법재판소 도서관, 2013); 정인섭 외, 『해외법률문헌조사방법』[개정판](서울대학교출판부, 2005); 에릭 힐겐도르프저, 홍무원역, 『독일법의 기초』(한국형사정책연구원, 2010).

2. 조문과 자료집 번역

(1) 프랑크푸르트 헌법 (바울교회헌법)

김효전 옮김, 독일 라이히 헌법 (바울교회 헌법)(1849년 3월 28일, RGBl. S. 101), 『헌법학연구』 20, 2 ('14. 6): 355-419; 프랑크푸르트 헌법(1849년), 월간 신동아 편집실편, 『세계의 인권선언』(동아일보사, 1980): 59-65 (기본권 부분만 수록)

(2) 프로이센 헌법

김효전 옮김, 프로이센헌법, 『헌법학연구』 21, 1('15. 3): 435-464; 양태건 번역/송석윤 감수, 1850년 프로이센 헌법, 『법학』(서울대) 54, 2 ('13. 6): 205-248; 『세계의 인권선언』, 『신동아』 1975년 1월호 별책부록, 59-81(프랑크푸르트 헌법, 프로이센 헌법, 바이마르 헌법의 기본권 부분)

(3) 바이마르 헌법

김효전, 『바이마르 헌법과 정치사상』(산지니, 2016): 857-885; 나종일 편역, 『자유와 평등의 인권선언 문서집』(한울, 2012) (바이마르 헌법: 제2편 독일인의 기본권리와 기본의무, 841-883); 박건용역, 『독일 바이마르 헌법: 한글, 원전

독한대역』(세계헌법총서 2)(투멘, 2010); 송석윤, 『위기시대의 헌법학』(정우사, 2002) (헌법조문 353-386); 김효전역, 바이마르 공화국 헌법, 『헌법학연구』 4, 3 ('98. 10): 438-477; 백경남, 『바이마르 공화국』(종로서적, 1985), 327 (헌법 조문 281-313); 『세계의 인권선언』, 『신동아』 1975년 1월호 별책부록, 59-81(프랑크푸르트 헌법, 프로이센 헌법, 바이마르 헌법의 기본권 부분); 와이마르 헌법, 강병두, 『혁명헌법』(수학사, 1961), 부록, 105-127; 법제처, 바이마르 헌법, 『법제월보』 3, 12(1960. 12): 84-109; 독일헌법(와이말 라이히 헌법, 1919. 8. 11), 김정실편, 『세계헌장』(삼중당, 1947): 81-117.

(4) 독일연방공화국

헌법재판연구원, 『(2016) 국가별 법령집: 독일 기본법 · 헌법재판소법 · 헌법재판소규칙』, 2016; 『독일 연방공화국 기본법』(2014년 개정헌법), 헌법재판소, 2014; 국회도서관, 독일연방공화국 기본법, 『세계의 헌법: 35개국 헌법 全文』I, 2010: 281-325; 계희열역, 독일연방공화국 기본법, 콘라드 헷세, 동인역, 『통일 독일헌법론[제20판]』(박영사, 2001): 502-543; 윤석진 · 이준서, 『2006년 개정 독일 기본법의 주요내용연구』(한국법제연구원, 2008); 장명봉, 독일연방공화국 기본법(서독 헌법), 독일민주공화국헌법(동독헌법), 독일연방공화국 기본법(통일독일헌법); 동인, 『분단국가의 통일헌법 연구 - 독일과 예멘의 통일사례와 자료』(국민대출판부, 1998): 151-215; 216-243; 245-316; 김병곤, 『독일기본법과 인간의 존엄』(교육과학사, 1996); 헌정제도연구위원회, 『세계각국헌법전(Ⅰ)』, 1986: 153-197; 독일연방공화국헌법(1976년), 『현행 각국의 헌법전』법제처, 법제자료 제111집(1980. 3), 5-74; 국제문제조사연구소, 『각국헌법자료집』(1980. 2), 서독 208-248; 동독 720-736; 권영성, 『비교헌법론』(법문사, 1981) (서독 기본법과 바이마르 헌법 수록); 김철수, 『비교헌법론』(상)(박영사, 1980): 825-851; 김철수, 『입법자료교재 헌법』(박영사, 1980): 449-475; 권영성, 『독일헌법론』(상)(법문사, 1976): 275-311; 『세계의 인권선언』, 『신동아』 1975년 1월호 별책부록, 59-81(프랑크푸르트 헌법, 프로이센 헌법, 바이마르 헌법의 기본권 부분); 국회도서관 법제자료실, 『미 · 독 · 불의 헌법』(외국의 법제자료, 제1집, 1971); 국가안전보장회의 사무국편, 『독일연방공화국기본법 拔萃』(국가안전보장회의, 1969); 한국비교헌정연구소, 독일연방공화국기본법, 『헌정연구』 제1집(1969), 308-331; 독일연방공화국기본법, 강병두, 『혁명헌법』(수학사, 1961), 부록, 67-79; 법제처, 도이취 연방공화국기본법, 『법제월보』 3,

5(1960); 민의원사무처, 『독일연방공화국국회관계법령』(입법자료 제5호, 1957; 기본법은 1-41면에 수록); 법무부 법무국 편, 『독일연방공화국기본법』(법무자료 제22집, 1953).

(5) 독일민주공화국 (동독)

김철수, 『독일통일의 정치와 헌법』(박영사, 2004), 471-500(원문); 국제문제조사연구소, 『각국헌법자료집』(1980. 2), 720-736; 동독 헌법(1974. 10. 7), 김영수편, 『사회주의 국가헌법』(인간사랑, 1989): 79-116; 국회도서관 해외자료국, 『공산제국의 헌법(I)』(해외자료 제1집, 1973)에 독일민주공화국(1968) 수록.

(6) 기타 주 헌법

국회도서관입법조사국, Berlin헌법, 『입법조사월보』 37.

통일 베를린 헌법 원문은 김철수, 『독일통일의 정치와 헌법』(박영사, 2004), 502-529; 통일헌법 원문은 김철수, 『독일통일의 정치와 헌법』(박영사, 2004), 530-613.

3. 독일 헌법 일반

번역서 카를 슈미트외, 김효전 옮김, 『독일 헌법학의 원천』(산지니, 2018), 1182면; 호르스트 드라이어, 정문식역, 『독일 기본법 주해서』 3판, 2013년(헌재, 2016), 153면(Horst Dreier, Grundgesetz Kommentar, 2013); 김대환 대표번역, 『민주적 헌법국가: 슈타르크 헌법논집』(시와진실, 2015), 618면; O. Degenhart, 홍일선역, 『독일 헌법총론(제28판)』(피앤씨 미디어, 2015), 574면); 브리데(Brun-Otto Bryde), 『헌법의 발전: 독일 헌법의 안정성과 역동성』(헌법재판소, 2012); Chr. Hillgruber, 최희수역, 『독일 헌법소송법』(헌법재판소, 2010); 폰 뮌히/쿠니히 공저, 김주환역, 『독일 기본법 주해서 제1권(I)』〈헌법전문, 제1조-제4조〉(헌법재판소, 2004), 542면; 동 공저, 한수웅역, 『독일 기본법 주해서 제1권(II)』〈제5조-제11조〉(헌법재판소, 2005), 563면; 동 공저, 홍성방역, 『독일 기본법 주해서 제1권(III)』〈제12조-제20조〉(헌재, 2006), 548면; 콘라드 헷세, 계희열역, 『통일 독일 헌법론』(박영사, 2001), 543면; 콘라드 헷세, 계희열역, 『헌법의 기초이론』(박영사, 2001), 249면.

논설 칼 슈미트, 김효전 옮김, 헌법의 개념(1928)(1)(2)(3), 『동아법학』 제48호~제50호(2010-2011); 박규하, 통합론적 헌법개념: 헷세의 헌법개념을 중심으로, 『법정고시』 1996년 6월호; 라이너 발, 김효전 옮김, 헌법의 우위, 『동아법학』 제77호(2017. 11): 185-222; 라이너 발, 김효전 옮김, 헌법의 우위, 『헌법학연구』 제23권 4호(2017. 12): 275-315; 은승표, Luhmann의 시스템이론적 관점에서 본 (헌)법의 효력, 『헌법학연구』 제6권 1호(2000); 페터 해벌레, 김효전 옮김, 문화과학으로서의 헌법학(1), 『독일학연구』(동아대) 제28호(2012); 권형진, 국적법 속에 나타난 '독일 국민'의 법적 개념 변화, 『독일연구』 제35호(2017); 게르트 로엘렉케, 김상겸역, 프랑크푸르트에서 바이마르와 본을 거쳐서 베를린으로: 독일에 있어서 민주적 헌법과 유럽에 있어서 사회발전, 『아태공법연구』 제9호(2001); 페터 해벌레, 세계시민적 시각에 있어 문화학문적 · 비교법적 헌법학의 과제, 『토지공법연구』 제2호(2001); 디터 그림, 이종수역, 기본법이 원하는 것은 정치적인 문제이다, 『연세 공공거버넌스와 법』 제3권 2호(2012);

국가학에 관한 단행본은 곤자 다케시 지음, 이신철 옮김, 『헤겔의 이성 · 국가 · 역사』(도서출판 b, 2019); 프란츠 오펜하이머, 이상률 옮김, 『국가: 사회학적 연구』(이책, 2018); 홍성방 옮김, 『국가론』(민음사, 1997); 요셉 이슨제, 이승우 역, 『국가와 헌법』(세창출판사, 2001); 요셉 이슨제, 이덕연 · 강태수 편역, 『언어와 헌법 그리고 국가: Josef Isensee 교수 논문 선집』(신조사, 2013); 게오르그 옐리네크, 김효전 옮김, 『일반 국가학』(법문사, 2005); 마르틴 크릴레, 홍성방 옮김, 『헌법국가의 도전』(두성사, 2007)이 발간되었다. 학위논문은 정일영, Pufendorf의 자연법적 국가론: De Officio를 중심으로, 서울대 석사, 2013.

저서로는 박재윤, 『독일 공법상 국가임무론과 보장국가론』(경인문화사, 2018).

논설 국순옥저, 김도균역, 헤겔과 슈타인에 있어서 독일 관념론 국가사상, 『민주법학』 통권 55호(2014); 국순옥, 독일 관념론의 국가관 - 헤겔의 경우와 슈타인의 입장, 동인, 『민주주의 헌법론』(아카넷, 2015), 75-105; 김명재, 스멘트의 국가론, 『법학논총』(전남대) 제20권(2000): 143-168; 김종길, 국내 인문 · 사회과학계의 니클라스 루만 연구, 『사회와 이론』 25호(2014): 111-152; E.-W. 뵈켄회르데, 김효전역, 세속화과정으로서의 국가의 성립, 『헌법학연구』 제10권 4호(2004. 12): 589-615; 서영조, 루만의 국가이론: 국가개념의 세 차원, 『21세기 정치학회보』 제25권 2호(2015): 1-26; 성정엽, 칼 슈미트의 자유주의국가 비판, 『서울법학』 제27권 1호(2019); 카를 슈미트, 김효전 옮김,

법학적 체계형성의 예시로서의《독일 일반 국법》,『유럽헌법연구』 제15호(2014); G. 옐리네크, 정태호 옮김, 국가의 법적 성격,『독일학연구』(동아대) 제30호(2014); 은승표, 법사회학의 입장에서 본 헌법상 국가와 정치 그리고 사회국가 - 루만의 시스템 이론의 입장에서 본 정치시스템의 자체 서술과 그 헌법상의 의미,『외법논집』 27호 (2007): 199-253; 이부하, 헌법이론의 논제로서 국가에 대한 헌법학적 고찰 - 독일 헌법이론을 중심으로,『법학연구』(연세대) 제28권 3호(2018); 장태주, 헤겔의 국가철학 개관,『배준상교수 정년기념논문집』(법원사, 1997); H. 헬러, 김효전 옮김, 헤겔과 독일에서의 국민적 권력국가사상(I),『동아법학』 제40호(2007); H. 헬러, 김효전 옮김, 헤겔과 독일에서의 국민적 권력국가사상(2),『동아법학』 제63호(2014); H. 헬러, 김효전 옮김, 국가학의 위기,『독일학연구』(동아대) 제19호(2003); H. 헬러, 김효전 옮김, 현대의 국가이론과 법이론의 문제성에 대한 논평,『헌법학연구』 제20권 1호(2014); 박근갑, 한국에 건너온 블룬칠리(Bluntschli) 국가학(자료 정선),『개념과 소통』(한림대) Vol. 20 (2017. 12): 349-451 (자료 포함); 박근갑 해제·번역, 요한 카스파 블룬칠리, Allgemeines Staatsrecht; 홍선영 번역, 가토 히로유키,『國法汎論』,『개념과 소통』(한림대), Vol. 7 (2011): 243-278; 루퍼트 숄츠, 정치적 리더십과 기본법,『헌법연구』(헌법이론실무학회) 제4권 2호('17. 9): 23-37; 우남숙, 한국 근대국가론의 이론적 원형에 관한 연구 - 블룬칠리(J. K. Bluntschli)와 양계초의 유기체 국가론을 중심으로,『한국정치외교사논총』 제22집 1호(2000): 113-145; 전상숙, 근대「사회과학」의 동아시아 수용과 메이지 일본「사회과학」의 특질: 블룬칠리 국가학 수용을 중심으로,『이화사학연구』 44 (2012): 181 ff.; 정호경, 국가법인설의 기원과 전개과정: 독일에서의 발전과정을 중심으로,『행정법연구』 제42호(2015): 1-26; 조원홍, Johann Althusius의 국가론과 법이론 연구, 서울대 박사학위논문, 1992 (서양사학과).

주권론은 헤르만 헬러, 김효전 옮김,『주권론 - 국법이론과 국제법이론을 위한 하나의 기여』(관악사, 2004); R. 트로이만, 김상겸 옮김,『주권론의 뿌리를 찾아서』(푸른세상, 2003)은 같은 역자의「인민주권론의 원류(I)(II)」,『헌법학연구』 제7권 3호와 4호를 정리한 것. 오향미, 요한·카스파·블룬칠리의 주권론: 국민주권으로서의 '국가주권',『국제정치논총』 제54권 3호(2014); 오향미, 헌정주의의 조건으로서의 주권과 헌법제정권력: 독일 헌정사를 중심으로,『한국정치학회보』 41, 4 (2001): 291-310.

민주주의에 관한 저작은 루크 구드, 조항제역,『민주주의와 공론장: 위르겐 하버마스』(컬처룩, 2015); 에른스트-볼프강 뵈켄회르데, 김효전 · 정태호 옮김, 『헌법과 민주주의』(법문사, 2003); 울리히 벡, 정일준 옮김, 『적이 사라진 민주주의: 자유의 아이들과 아래로부터의 새로운 민주주의』(새물결, 2000); 칼 슈미트, 김효전 옮김, 『국민표결과 국민발안』(관악사, 2008), 63면; 이기우, 『모든 권력은 국민에게 속한다. 이제는 직접민주주의다』(미래를소유한사람들, 2016); 홍익표, 『유럽의 민주주의: 발전과정과 현실』(동방미디어, 2000).

논설 김명재, 헌법상의 자유민주적 기본질서의 개념, 『법학논총』(전남대) 제23권 1호(2003): 67-100면; 김삼룡, 독일 기본법에서의 민주적 질서와 자유민주적 기본질서, 『공법연구』 제41집 2호(2012); 김삼룡 · 전병창, 독일형 NPM인 NSM(신조종모형)의 독일 기본법에서의 민주주의 원칙과의 합치성, 『공법연구』 제42집 1호(2013); 김상진, 독일 기본법과 직접민주주의 이론, 『법학연구』(충남대) 제6권 1호(1995): 205 ff.; 김종현, 방어적 민주주의에 대한 헌법학적 연구, 『저스티스』 통권 제155호(2016); 박광조, 전투적 민주주의, 독일의 경우: 반체제 운동경력자에게 공직취임금지, 『월간 조선』 2003년 6월호; 박진완, 포퓰리즘과 민주주의, 『헌법연구』(헌법이론실무학회) 제4권 2호('17. 9): 99-135; 서영조, 니클라스 루만의 민주주의론, 『21세기 정치학회보』 제27권 2호(2017. 6): 1-26; 신진욱, 헌법국가에 착근된 민주주의: 독일 기본법의 형성과 체계를 중심으로, 『한독 사회과학논총』 제26권 3호('16. 9): 82-113; 오향미, 독일의 민주주의, 강정인 · 오향미 · 이화용 · 홍태영 공저, 『유럽 민주화의 이념과 역사』(후마니타스, 2010)에 수록; 오향미, 독일 기본법의 '방어적 민주주의' 원리 - 그 헌법이론적 논거의 배경, 『의정연구』 제33권(2011), 111-139; 이계일, 민주주의의 전제조건에 관한 고찰 - 뵈켄회르데 테제를 중심으로, 『헌법학연구』 제19권 2호(2013): 451-505; 이진모, 민주주의의 몰락과 독재국가의 출현: 바이마르 공화국 몰락과 히틀러 독재 다시보기, 『역사비평』 2012년 8월, 454-469; 최정일, 직접민주주의와 '국민에 의한 입법' - 독일에서의 논의와 입법경험을 중심으로, 『토지공법연구』 제80집(2017. 11): 265-301.

법치국가에 관하여는 김효전 편역, 『법치국가의 원리』(법원사, 1996)이 기본적인 문헌이며 여기에는 헬러 · 칼 슈미트 · 칼 폴락 · C.-F. 멩거 · 포르스토프 · 쇼이너 · 뵈켄회르데 · U. K. 프로이스 · C. 슈타르크의 논문 10편이 수록되어 있다. 또한 허영 편역, 『법치국가의 기초이론: Peter Lerche 논문선집』(박영사, 1996)도 23편의 논문 수록.

논설 권배근, 독일 경찰의 행정화 과정에 관한 역사적 고찰, 『중앙법학』 제9집

3호(2007. 10): 77-99; 김민규, 사회적 법치국가에 관한 구조분석 - Ernst Forsthoff의 이론을 중심으로, 『동아법학』 19호(1995); 라인홀트 찌펠리우스, 김대환 옮김, 계몽정신과 민주적 법치국가의 탄생, 금랑 김철수선생팔순기념논문집 『헌법과 기본권의 현황과 과제』(경인문화사, 2012); 김종호, 독일의 법치국가 사상의 형성과정에서 시민적 자유와 국가 개입의 한계 - 몰(Mohl)과 스바레즈(Svarez) 사상을 비교하여, 『유럽헌법연구』 제23호(2017): 247-299; 크리스티안 프리드리히 멩거/김효전역, 본 기본법에 있어서 사회적 법치국가의 개념, 『동아법학』 19호(1995); J. A. 캐머러, 방승주역, 유럽통합의 영향을 받는 독일 법치국가원리: 전통적 모델에 대한 새로운 도전들, 『공법연구』 제36집 1호(2007); 이슨재, 방승주역, 법치국가 - 통일의 전제조건과 과제, 『독일 통일 관련 주요 자료 번역집』(헌재, 1998); 쿠어트 제엘만, 김준석역, 법치국가와 민주주의: 법철학적 관점에서 본 역사 및 체계적 문제들, 『서울대 법학』 제49권 3호(2008); 엄순영, 권력의 정당화와 법의 관계에 관한 법철학적 연구 - 프란츠 노이만과 위르겐 하버마스 법치국가사상을 중심으로, 이화여대 석사논문, 2005; 조부제, 법치국가원리의 사상적 전개, 서강대 석사논문, 2004.

사회국가에 관하여는, Sun-Ok Kuk(국순옥), 송석윤 옮김, 기본법과 사회국가, 『민주법학』 제55호(2014): 209-237; 국순옥, 본 기본법과 사회국가 - 전후 서독 공법학계의 사회국가 논쟁, 동인, 『민주주의 헌법론』(아카넷, 2015): 285-317; 이준구, 사회국가에 관한 일 고찰 - 특히 '사회적'의 개념에 관하여, 해암 문홍주박사 화갑기념논문집 『공법의 제문제』(1978): 157-177.

복지국가에 관하여는 박병현, 『복지국가의 비교: 영국, 미국, 스웨덴, 독일의 사회복지 역사와 변천』(공동체, 2017); 조원홍, 크리스챤 볼프의 자연법 사상과 "복지국가" 이념, 『서양사연구』 제20집(1997. 8): 1-36.

연방주의에 관하여는 김영일, 알투시우스(Johannes Althusius)의 연방주의 연구: 지방자치의 이념적 기초로서의 연방적 사회구성, 『지방정부연구』 제6권 4호(2002); 박영도, 독일의 연방제개혁과 연방·주의 입법권한의 재편, 『법제연구』 33호, 201-240; 이기우, 독일 연방주의 개혁 2006, 『유럽헌법연구』 제3호('08. 6); 최봉석, 독일 연방주의 개혁과 지방분권의 강화, 둔석 홍정선교수정년기념논문집 『지방자치와 행정법』(박영사, 2016): 65-87.

공화국에 관하여는 은승표, 공화국(사회 시스템들의 구분화)과 시스템들의 연결 - 루만의 시스템 이론적 관점에서, 최대권 교수 정년기념논문집 『헌법과 사회』(철학과현실사, 2003), 244-276; 이계일, 헌법상 공화국 원리의 도그마틱적 함의에 관한 연구: 공공선, 공직제를 둘러싼 독일 헌법학계의 논의를 중심으로, 『헌법학연구』 제17권 1호(2011).

헌법해석에 관하여는 칼 슈미트, 홍성방 옮김, 『법률과 판결: 법실무의 문제에 대한 연구』(유로, 2014); 이강국, 『헌법합치적 법률해석: 서독에서의 이론과 실제』(박영사, 2012); 권영호, 헌법해석의 변천, 『법학논총』 제18호(1992); 디터 그림, 송석윤역, 헌법과 사회변동 - 헌법해석방법론에 대한 몇 가지 생각, 『법학』(서울대) 제42권 3호(2001); 김명재, 헌법해석 방법론에 대한 비판적 고찰, 『법률행정논총』 제21집 1호(2001); 김영천, 법학방법론에 관한 고찰: 헌법해석에 있어서 Topik 이론을 중심으로, 『법과 사회 연구』 제5호(1986); 토마스 뷔르텐베르거, 김상겸역, 헌법해석의 방법론, 『헌법학연구』 제8권 3호(2002), 309-324; 은승표, 프리드리히 뮬러의 법규조화이론과 헌법의 해석, 『공법연구』 제32집 1호(2003); 이부하, 독일에서의 헌법해석의 방법론, 『공법연구』 제32집 4호(2004); Martin Bullinger, 정태호역, 헌법해석의 기본문제, 『경희법학』 제39권 2호(2004), 257-271; E.-W. 뵈켄회르데, 김효전 옮김, 헌법해석의 방법: 재고와 비판, 『헌법학연구』 제8권 2호(2002); 유승익, 헌법해석의 민주화 - Häberle의 이론을 중심으로, 『호원논집』(고려대 대학원) 제12호(2004): 313-336; 윤재만, 선이해와 헌법해석, 『대구법학』 제1호(2000): 17-40; 표명환, 독일에서의 헌법해석방법론에 관한 논의, 『헌법학연구』 제9권 1호(2003).

기타 갈봉근, 헌법 파트리오티즘과 헌법학, 『동아법학』 제23호(1997); 장준호, 애국주의 개념과 변천, 『한독사회과학논총』 제22권 2호(2012); 정채연, 헌정애국주의와 관용의 한계, 『법과 사회』 제45호(2013); 강승식, 헌법이 궁극적으로 지향하는 가치는 과연 무엇인가?: 독일과 미국에서의 논의를 중심으로, 『공법연구』 제34집 1호(2005); 페터 해벌레, 김효전역, 법학적 문헌 장르의 종합으로서의 헌법론: 10개의 테제, 『서울대 법학』 제46권 1호(2005).

헌법개정과 헌법변천은 P. 레르헤, 이덕연역, 헌법규범, 헌법현실, 헌법변질, 허영 편역, 『법치국가의 기초이론: Peter Lerche 논문 선집』(박영사, 1996): 396-411; 우베 볼크만, 헌법개정과 헌법변천 - 독일 헌법에서 안정성(Stabilität)과 역동성(Dynamik)의 관계에 대한 고찰, 『헌법재판연구』(헌법재판연구원) 제5권 1호(2018. 6): 143-180; G. 옐리네크, 김효전 옮김, 헌법개정과 헌법변천, 『동아법학』 제36호(2005) 및 동인 옮김, 『독일 헌법학의 원천』(산지니, 2018), 235-283면에 재수록; 김백유, 헌법변천(Verfassungswandlung) : P. Laband,

G. Jellinek, Hsü Dau-Lin의 학설을 중심으로, 『성균관법학』(성균관대) 제17권 (2005); 정극원, 헌법변천의 논의와 그 유용성의 재검토, 김효전교수 정년기념 논문집 『헌법학의 과제』(법문사, 2011), 23-50.

헌법사 일반은 한스 포르렌더, 김성준 옮김, 『헌법사: 헌법의 이념과 역사』(투멘, 2009). 독일 헌법사에 관하여는 김도협, 독일의 근대헌법사에 관한 일 고찰, 『헌법학연구』 제12권 1호(2006); 무쓰그누, 라인하르트, 윤정인역, 기본법의 개정과 독일연방공화국(서독)의 성립, 『헌법연구』(헌법이론실무학회) 4, 1 ('17. 3): 295-338 (HdStR, Bd. 1, 3. A. 2003, §8, S. 315-354); 송석윤, 독일 초기 입헌주의와 독일연합 의정서 제13조, 『헌법학연구』 제9권 1호(2003); 송석윤, 1870/71년 독일 통일과 연방제헌법, 『법사학연구』 제41호(2010) 부록으로 독일제국헌법(1871년 4월 16일)의 번역 수록. 또한 송석윤, 프로이센 헌법갈등, 『서울대 법학』 제45권 3호(2004); 송석윤, 프로이센 헌법갈등과 독일 헌법학, 동인 『헌법과 사회변동』(경인문화사, 2007) 수록.

게오르그 옐리네크, 김효전 옮김, 19세기 독일에서의 의회와 정부: 이들 관계의 역사적 발전, 『헌법학연구』 제21권 2호(2015); 이홍용, 독일 헌법사에 있어 교회와 국가, 『사회과학연구』 제6권(1996); Gyeo-Cheol Lim, Verfassungs-geschichte durch den Vergleich zu der WRV und dem GG, 『한독사회과학논총』 제25권 2호(2015).

바이마르 공화국에 관한 문헌목록은 김효전편, 바이마르 헌법에 관한 문헌목록, 『동아법학』 창간호(1985). 개설서는 칼 디트리히 브라허, 이병련 · 이대헌 · 한운석 옮김, 『바이마르 공화국의 해체』(전3권, 나남, 2011); 신일범, 『바이마르 공화국 연구』(단국대학교 출판부, 1999); Horst Möller, 신종훈 옮김, 『바이마르 미완성의 민주주의』(다해, 2015); 오인석, 『바이마르 공화국의 역사: 독일 민주주의의 좌절』(한울아카데미, 1997); 제바스티안 하프너, 안인희 옮김, 『비스마르크에서 히틀러까지』(돌베개, 2016).

헌법조문은 헤르만 헬러, 김효전 옮김, 『바이마르 헌법과 정치사상』(산지니, 2016) 부록; 송석윤, 『위기시대의 헌법학: 바이마르 헌법학이 본 정당과 사회단체』(정우사, 2002) 부록; 권영성, 『비교헌법론』(법문사, 1981).

논설 김백유, 독일 바이마르 공화국의 탄생과 의원내각제 헌법논쟁, 『공법연구』 제29집 2호(2001); 김백유, 헌법과 헌법현실: 독일 Weimar공화국 (1919-1933)의 '의원내각제와 정부(내각) 위기,' 『헌법학연구』 제2집(1996); 김용화, Weimar 공화국 헌법에 관한 연구, 『공법연구』 제23권 2호(1995); 김정식, 바이마르 공화국 의회제의 해체 요인, 경북대 석사논문, 1986; C. 슈미트, 김효전 옮김, 라이히 의회의 해산, 『헌법학연구』 제10권 2호(2004); E. 야코비, 김상겸역, 바이마르 헌법 제48조에 의한 제국 대통령의 독재, 『헌법학연구』 제7권 2호(2001); G. 라드브루흐, 김효전역, 바이마르 헌법체계에서의 정당, 『동아법학』 제39호(2007); 마석한, 바이마르 공화국 헌법, 『역사와 실학』 제12권(1999); 명재진, 바이마르 헌법과 국사재판소, 『홍익법학』 제17권 2호(2016); 박희정, 독일 국법학의 성립과 발전에 관한 연구: C. Schmitt, R. Smend, H. Heller의 국가사상을 중심으로, 중앙대 박사논문, 1996; 백경남, 민주제도적 관점에서의 바이마르(Weimar)와 본(Bonn) 헌정체제의 비교연구, 『한독사회과학논총』 제7호(1997); 송석윤, 바이마르 헌법과 경제민주화, 『헌법학연구』 제19권 2호(2013); 송영현, 프랑스와 바이마르공화국의 대통령제, 『법학연구』(충남대) 제9권 2호(1999); 칼 슈미트, 정태호역, 바이마르 헌법상의 긴급명령의 국법적 의의 - 그 법적 효력을 중심으로, 『경희법학』 제40권 1호(2005); 칼 슈미트, 김효전역, 라이히 대통령의 독재 - 바이마르 헌법 제48조에 따른, 『동아법학』 제12호(1991); 신일범, 바이마르 공화국의 반민주주의 사상 연구, 『사학지』 제26권 1호(1993); 양상열, 바이마르 공화국의 헌법수호 정신: 특히 바이마르 초기 헌법제정 심의과정을 중심으로, 『경남법학』 제17호(2002); 오동석 번역, 독점자본주의에서 법의 지배 - 바이마르 헌법의 경우, 『민주법학』 제9호(1995); 오향미, 기본권의 조건으로서의 주권: 바이마르 헌법의 기본권과 권력 규정 관계 논쟁, 『의정논총』 제12권 2호(2017): 243-275; 오향미, 주권 주체와 주권의 한계: 바이마르 공화국 주권 논쟁의 한 단면, 『법철학연구』 제14권 2호(2011); 오향미, 독일 바이마르 공화국의 국가건설사상: 연방제와 의회민주주의 원칙, 『국제정치논총』 제43권 4호(2003. 12): 445-469; 유승익, 헌법침훼와 헌법개정, 『영산법률논총』 제11권 2호(2014); 이부하, 독일 이원정부제에 대한 법정책적 조명, 『법과 정책』 제21권 2호(2015); 이진모, 민주주의의 몰락과 독재국가의 출현: 바이마르 공화국 몰락과 히틀러 독재 다시 보기, 『역사비평』 2012년 8월, 454-469; 이진일, 바이마르 의회주의의 위기와 보수주의의 헌법정책적 대응, 『서양사연구』 제40호(2009): 95 ff.; 정태욱, 민주적 법치주의를 위하여: 바이마르 공화국 법치주의 논쟁의 교훈, 『시민과 세계』 제6호(2004); Chr. Bickenbach, 조영주역, 수권법을 통한 바이마르 제국 헌법의 폐지 - 수권법 통과 제75주년을 맞이하면서, 『연세공공거버넌스와 법』 제1권 2호(2010); 최경옥, 바이마르 공화국시대에 있어서 국법학의 방법논쟁과 방향논쟁, 『동아법학』 20호(1996); 헤르만 헬러, 김효전 옮김, 바이마르 헌법론, 『독일학연구』(동아대) 제30호(2014).

통합이론은 계희열, 통합론적 헌법개념과 그 문제점 소고, 『법학논집』(고려대) 29 ('93. 12): 69-86; 계희열, 루돌프 스멘트, 『신동아』 1971년 1월호 별책부록 『현대의 사상 77인』: 116-119; 국순옥, 허영교수의 동화적 통합론과 『한국헌법론』의 상식 밖 논리들(I), 『민주법학』 제14호(1998); 동인, 『민주주의 헌법론』(아카넷, 2015) 재수록; 김명재, 스멘트의 국가론, 『법학논총』(전남대) 20 (2000): 143-168; 김선택, 헌법이론의 전제로서의 국가개념 - 스멘트의 통합론적 국가관, 『법조』 359 ('86): 80-105; 김효전, 루돌프 스멘트의 통합이론, 남하 서원우교수화갑기념논문집 『현대행정과 공법이론』(박영사, 1991): 17-39; 김효전, 통합이론에서의 기본권 - 루돌프 스멘트의 기본권이해, 『고시계』 438 ('93. 8): 70-86; 박규하, 스멘트의 헌법이론과 법률개념 - 슈미트 이론과의 비교를 중심으로, 균재 양승두교수 화갑기념논문집 『현대공법과 개인의 권리보호』 1994; 박찬권, 제20대 국회 개헌논의의 헌법적 정당성에 관한 비판적 고찰, Rudolf Smend와 Carl Schmitt의 헌법관을 중심으로, 『헌법학연구』 제23권 3호(2017. 9), 463-504; 서경석, 스멘트 학파와 기본권이론: 스멘트, 헷세, 해벌레를 중심으로, 인하대 박사논문, 1999; 서경석, 통합이론은 민주적인 이론인가: 통합이론의 수용에 대한 비판, 『공법연구』 제30집 1호(2001); 서원우, 스멘트 이론과 현대 공법학, 石隅 황산덕박사화갑기념논문집 『법철학과 형법』, 1979: 479-506; 김효전편, 『독일헌법학설사』(법문사, 1982): 213-242; 볼프강 슐루흐터, 김효전 옮김, 루돌프 스멘트의 통합이론에서의 생명으로서의 국가, 『유럽헌법연구』 18 ('15. 8): 521-558; 윤재만, R. Smend의 통합론(Integrationslehre) 등 주요 '헌법관' 비판, 대구대, 2010; 이부하, 사회통합과 헌법: 스멘트의 통합론을 분석하며, 『세계헌법연구』 제16권 3호(2010); 鄭永壽, Theodor Litt의 변증법적 인간이해, 『교육철학』 24 (2000); 정영수, Theodor Litt의 정치교육사상, 『논문집』(인하대) 15 ('89. 9): 357-372; 조한상, R. Smend의 헌법학방법론 - 정신과학적 헌법해석방법을 중심으로, 『법학논총』(경기대) 제8호(2009); 최경옥, 루돌프 스멘트의 통합이론에 대한 비판적 연구, 동아대 박사학위논문, 1995; 최경옥, 루돌프 스멘트의 통합이론(상) : 통합의 개념과 종류를 중심으로, 『대학원논문집』(동아대) 제20호(1995); 최경옥, 루돌프 스멘트 헌법이론의 정신과학적 방법, 『대학원논문집』(동아대) 19 ('94): 9-36; 최종고, 루돌프 스멘트의 생애와 국가법사상 - 그의 1주기를 맞으면서, 『고시계』('76. 9): 193-199; 동인, 『법사와 법사상』(박영사, 1980): 290-298; 한태연, Smend 학파에 있어서의 기본권이론, 백남억박사환력기념논문집 『법률 및 정치에 관한 제문제』(법문사, 1975): 3-17; 김효전편, 『독일헌법학설사』(법문사, 1982): 243-258; 허영, 동화적 통합이론과 기본권, 『고시연구』('81. 8): 83-91;

나치스 시대는 베른하르트 슐링크, 권상희 옮김, 『과거의 죄』(시공사, 2015); 카를 슈미트, 김효전 옮김, 바이마르 · 나치스 시대의 헌법과 정치, 『동아법학』 제79호(2018. 5): 311-435; 동 제80호(2018. 8): 341-427; 박진완, 독일의 기억, 책임 그리고 미래 재단의 설립에 관한 법률을 통한 국가사회주의 시대의 강제노동자에 대한 배상에 대한 검토, 『세계헌법연구』 제19권 1호(2013); 박홍규, 『아돌프 히틀러: 기회주의적 반공군사독재의 기원을 찾아서』(인물과사상사, 2019); 최용찬, 나치 독재의 환경정책과 1935년 제국자연보호법의 탄생, 『독일연구』 24호(2012. 12. 30): 95-124.

한국 관련은 심의섭 · M. 치멕 공편, 『독일연방공화국 60년 1949-2009: 분단국가에서 민주통일국가로』(오름, 2010). 논설은 김철수, 독일연방공화국기본법 50년: 분단헌법에서 통일헌법으로, 김철수 · 김형배 편저, 『전후 독일 법학 50년과 한국 법학』(프리드리히 에베르트 재단, 2000); C. 슈타르크, 김형성역, 기본법 50년, 『세계헌법연구』 제4호(1999); 송석윤, 서독 기본법의 제정과정, 『법사학연구』 제29호(2007); 김효전, 한국 헌법과 독일 기본법, 『저스티스』 제33권 2호(2000); 김효전, 한국에서의 독일 공법이론의 영향, 『한독법학』 제14호(2003). 여기에는 독일에서 공법 관계로 학위를 받은 한국 유학생들의 논문 제목과 대학명 등이 수록되어 있다. 기타 김효전, 독일의 헌법사상과 한국 헌법의 정체성, 『헌법학연구』 제12권 3호(2006); 카이 하일브론너, 독일 헌법질서로서의 민주화와 법치국가의 원리, 『공법연구』 제26집 2호(1998).

독일 통일에 관한 문헌은 무수히 많다. 단행본으로는 김철수, 『독일 통일의 정치와 헌법』(박영사, 2004); 장명봉, 『분단국가의 통일과 헌법』(국민대 출판부, 2001); 신용호, 『독일 통일에 따른 법적 문제』(전주대학교 출판부, 1998); 박영도, 『독일 통일과 기본법의 개정』(한국법제연구원, 1995); 디터 블루멘비츠, 최창동 편저, 『분단국가의 법적 지위』(법률행정연구원, 1996) 등.

논설은 고영훈, 독일통일에 따른 헌법개정에 관한 연구, 『사회과학연구』(한남대) 5호(1995); 김승대, 동서독 통일과정에서의 헌법적 문제, 서울대 박사논문, 1996; 김승대, 독일 통일 전후과정과의 비교 고찰, 『시민과 변호사』 1997년 2월호; 김충구, 민족자결권과 독일 통일, 『공법연구』 제25집 4호(1997); 김태진, 독일 근대헌법사에 나타난 국가체제변동과 관련한 불법사례와 불법청산에 관한 연구 - 바이마르 공화국에서 동·서독 통일까지, 『동아법학』 22호(1997); 김효전, 독일 통일과 기본법의 개정, 『헌법학연구』 제4집 2호(1998); O. 데펜호이어, 정혜영역, 기본법과 통일: 헌법개정을 통한 사회통합?, 『공법연구』 제34집 4권 2호(2006); 명재진, 민주화운동관련자명예회복및보상등에관한법률의 헌법적 문제점: 독일 동독불법청산법과의 비교 연구, 『공법연구』 제34집 1호(2005); 박정배, 통일대비 독일과 예멘의 통일헌법체제에 관한 법적 고찰, 『법학논총』 제33호('15. 1); 박정원, 구동독의 헌법개혁과 남북한 통일헌법구상, 『공법연구』 제25집 4호(1997); 박진완, 독일통일과정에서의 재산반환문제에 대한 검토, 『유럽헌법연구』 제16호(2014); 클라우스 슈테른/ 갈봉근역, 지속과 개혁의 균등속의 통일 독일의 헌법, 『동아법학』 22호(1997); 신우철, 독일 통일 이후의 국가통합과정에 관한 연구: 연구방법론의 전환을 위한 한 모색, 『헌법학연구』 제5권 1호(1999); 이시우, 독일통일관련 과거 불법행위자의 형사법적 처벌에 관한 독일헌법판례연구: 슈타지 판결과 호네커 판결을 중심으로, 『법률정보판례연구』(법우사) 제1권 1호(1999); C. 슈타르크, 김하열역, 법치국가와 비법치국가적 과거의 청산, 『독일 통일 관련 주요자료집』(헌법재판소, 1997); 이종수, 독일 통일과정에서의 공직조직의 통합과 공직적격성심사, 『공법연구』 제31집 1-3호(2003); 장명봉, 독일 통일 후의 헌법개혁에 관한 고찰, 『공법연구』 제23집 3호(1995); 이병훈·신용호 공역, 기본법의 개혁: 독일 헌법상 현실적인 전망과 문제들, 『헌법학연구』 제2집(1996); 허완중, 독일통일과정의 헌법적 문제, 『헌법재판연구』 제2권 1호(2015. 6).

정당과 선거는 국회입법조사처, 『정당득표와 의석점유의 모순 - 독일 연방선거법 개정논의를 중심으로』(정책보고서 제10호), 2011; 법무부, 『독일공산당 위헌성 관련 독일 판례(번역본 포함)』, 2014, 419면; 법무부, 『사회주의제국당 위헌성 관련 독일 판례(번역본 포함)』, 2014, 76면.

논설 권영성, 정당의 해산(상)(하) - 서독 연방헌법재판소에 의한 서독 공산당의 해산, 『고시연구』 1981년 12월호, 1982년 2월호; 권영호, 독일 정당의 내부질서에 관한 연구, 『토지공법연구』 제16집(2002); 김면회, 전자투표제 중단 결정동인 연구: 네덜란드와 독일의 경우, 『유럽연구』 제27권 2호(2009); 김도협, 현행 독일 선거법제에 관한 고찰, 『법학연구』(인하대) 제17집 2호(2014); 김문배 외, 독일의 선거운동의 자유와 규제에 관한 연구, 『선거연구』 창간호(2010); 김승환, 위헌정당해산(사회주의제국당 위헌판결) - 1952. 10. 23 독일연방헌법재판소 제1심판부 판결, 금랑 김철수교수 정년기념논문집 『한국헌법학의 현황과 과제(박영사, 1998), 229-251; 김영일 · 김종갑, 2013년 독일 총선 결과의 의미와 향후 전망, 국회입법조사처 이슈와 논점, 제723호(2013. 10. 10); 김영일 · 김종갑, 2013년 독일 연방하원선거제도의 개정 내용 및 특징, 국회현안보고서; 김종갑, 2011년 개정 독일 선거제도와 한국적 적용 방안, 『현대정치연구』 제5권 2호(2012); 김종갑, 독일 선거제도를 통해 본 통일한국의 선거제도, 『통일정책연구』 제19권 2호(2010), 27-51; 김종갑 · 신두철, 2013년 독일 선거제도의 변화와 한국 총선에의 적용, 『한국정치학회보』 제48집 1호(2014), 207-220; 도회근, 독일 선거제도에서 무엇을 배울 것인가: 국회의원선거제도를 중심으로, 『공법연구』 제40집 3호(2012); 박선영, 위헌정당해산사유로서의 '민주적 기본질서' - 통합진보당과 독일국가민주당(NPD)의 강제해산사건을 중심으로, 『공법연구』 제46집 1호(2017. 10): 87-116; 송석윤, 정당해산제도의 딜레마: 독일 연방헌법재판소의 독일 민족민주당 사건을 중심으로, 『세계헌법연구』 제16권 3호(2010); 송석윤, 정당재정의 헌법적 통제: 독일의 경험을 중심으로, 『성신법학』 제2호(2003); 송석윤, 독일 헌법상 정당조항과 그 한국적 이식: 비교법사회학적 접근, 『서울대 법학』 제41권 3호(2000. 12): 115-146; 송석윤, 라이프홀츠의 정당국가론과 한국 헌법학, 『헌법학연구』 제13권 3호(2007); 송석윤, 독일 입헌군주제 헌법학에서의 정당과 단체, 『연세법학연구』 1995; 신재명, 우리나라와 독일의 저지조항에 관한 소고, 『인권이론과 실천』(영남대) 제23호(2018); 윤재만, 정당민주화와 선거제도개혁 - 민주적 정당조직과 독일식 비례대표제도를 중심으로, 『헌법학연구』 22권 1호(2016. 3): 39-76; 이부하, 비례대표선거제에 있어서 의석배분의 원칙과 방식 - 독일의 돈트식, 해어/니마이어식, 생라그/쉐퍼스식을 분석하며, 『법과 정책 연구』 제9권 2호(2009); 볼프강 뢰버, 이원우역, 정당국가에 있어서 자유위임, 『공법연구』 제28집 2호(2000); 장영수, 통합진보당과 독일 공산당의 비교, 『고려법학』 72호(2014); 전정환, 독일 선거제도상 저지조항에 관한 연구, 『원광법학』 제33권 4호(2017); 정용길, 독일의 정당구조와 정당통합, 『한국정치학회보』 제30집 4호(1997); 정흥모, 독일정당제도와 그 시사점 - 정당법의 국고보조금제도를 중심으로, 『사회과학논집』(연세대 사회과학연구소) 제37집 1호(2006); 지성우, 독일정당의 재정제도에 관한 연구, 『토지공법연구』 제37집 1호(2007); 차진아, 독일의 정당해산심판의 요건과 판단기준에 대한 연구, 『고려법학』 제72호(2014. 3), 91-140; 히구치 요이치(樋口陽一), 이미경 역, 서독 법원의 공산당(KPD) 위헌 판결문 분석, 『월간조선』 2004년 5월; Johannes Gerster, 김환학역, 의회민주주의에 있어서의 후보공천. 독일 사례: 법률규정과 현실, 공법학회 2012. 6. 27 발표문; C. 슈타르크, 김형성역, 민주적 헌법국가에 있어서의 선거, 『공법연구』 제28집 4권 1호(2000); 이관희, 독일에 있어서 기업헌금의 헌법논의, 심천계희열박사화갑기념논문집 『정당과 헌법질서』(박영사, 1995); 박병섭, 독일기본법상의 자유민주적 기본질서, 『공법연구』 제23집 3호(1995); A. 크로아상, 선거법개혁과 정당, 『공법연구』 제28집 4권 1호(2000); 홍일선, 독일의 선거심사제도 연구 - 선거심사의 절차적 요건 및 실질적 판단기준을 중심으로, 『헌법학연구』 22권 1호(2016. 3): 107-138; 홍일선, 정당의 공천관련문제 해결을 위한 헌법적 기준: 독일 연방의회의원선거를 중심으로, 『공법연구』 제34집 4권 1호(2006); 최우정, 독일의 공무원제도와 공직임명 및 수행에 요구되는 기준에 관한 연구: 규범적인 측면을 중심으로, 『공법학연구』 제9권 3호(2008).

헌법보호에 관하여는 김성수, 독일의 연방헌법보호법에 관한 연구 - 연방헌법보호법의 내용을 중심으로, 『공안논총』 제15권 4호(2004); 박광작, 국가보안제도와 사회단체 규제법 - 독일의 사회단체규제법과 시사점, 『공안논총』 제16권 4호(2004); 박광작, 동서독 교류 · 협력과정에서 채택된 서독의 공안정책(독일의 헌법보호정책)과 그 시사점, 『공안논총』 제15집(2003); 이부하, 독일 기본법상 헌법충실과 헌법재판, 『세계헌법연구』 제13권 2호(2007. 12), 101-118; 롤프 괴스너, 이재승역, 독일 헌법보호청의 폐해와 통제, 『민주법학』 제12호(1997); 정극원, 독일의 헌법수호제도, 『세계헌법연구』 제14권 3호(2008. 12): 473-494; 최윤철, 독일 연방헌법수호청의 조직과 활동, 『일감법학』(건국대) 제9권(2004): 139-163.

국제법 관련은 김수철, 독일연방군 NATO 역외출동의 헌법적합성(I)(II), 『외법논집』 1999 및 2000; 박진완, UN 헌장의 세계헌법적 성격- Jürgen Habermas의 헌법화된 국제질서이론에 의한 검토, 『헌법학연구』 제20권 2호(2014);

전문에 관하여는 강승식, 헌법전문의 기능에 관한 비교법적 고찰, 『홍익법학』 제13권 1호(2012).

3. 기본권

문헌목록은 김효전 편역, 『독일 기본권이론의 이해』(법문사, 2004): 549-571.

체계적인 단행본은 페터 레르헤, 박규환 · 최희수역, 『과잉금지원칙과 헌법 I, II』(헌법재판소, 2009); 보도 피에로트/베른하르트 쉴링크, 정태호 옮김, 『독일 기본권개론』(헌법재판소, 2000); 미하엘 작스, 방승주역, 『헌법 II - 기본권론』(헌법재판소, 2002); 게오르크 옐리네크외, 김효전 옮김, 『독일 기본권이론의 이해』(법문사, 2004)가 발간되었다. 옐리네크의 『주관적 공권의 체계』를 비롯하여 슈타르크의 「기본권 보호의무」까지 12편의 중요한 논문을 번역하여 편집한 것이다. 로베르트 알렉시/이준일 옮김, 『기본권이론』(한길사, 2007)의 대저가 번역되었으며, 저술로는 정극원, 『헌법국가와 기본권』(한국조세신문사, 2002); 동인, 『헌법국가론』(대구대출판부, 2006); 정문식저, 『독일 헌법 기본권 일반론』(전남대학교 출판부, 2009); 성정엽, 『국가와 기본권: 독일공법이론을 중심으로』(세종출판사, 2001)이 있다. 기타 크리스토프 멩케 · 아른트 폴만, 정미라 · 주정립 옮김, 『인권 철학 입문: 정치적 · 도덕적 경험에 비추어 본 인권의 철학적 문제들』(21세기북스, 2012).

기본권 일반은 김명재, 기본권해석과 기본권이론, 『법학논총』(전남대) 제31권 3호(2011); 김명재, 헌법상의 도덕률(Sittengesetz im Verfassungsrecht), 『법학논총』(전남대) 제21권 2호(2001): 41-92; 김명재, 기본권의 체계, 『법학논총』 제17권(1997): 25-43; E.-W. 뵈켄회르데, 김효전역, 기본법 제정 40주년에 따른 기본권해석의 상태, 『동아법학』 제21호(1996); 동, 최희수역, 기본법 40년과 기본권이론의 현황, 『안암법학』 제4권(1996); 김효전, 독일 기본권이론의 동향, 『동아법학』(동아대) 제33호(2003); 곽상진, 기본권의 효력확장문제로서의 참여권, 『공법연구』 제34권 2호(2005); 권형둔, 독일에서 기능적 기본권이론의 전개, 『중앙법학』 제6집 1호(2004); 김수철, 비편파적 기본권해석 : 독일에서의 판례와 이론을 중심으로, 『사법행정』 제37권 4호(1996); 박영신, "인권선언"의 기원과 이후: 옐리네크, 베버, 그리고 뒤르케임에 이어, 『사회이론』 제48호(2015): 3-34; 박진완, 규칙과 원리로서의 기본권, 『공법연구』 제34집 1호(2005); M. 페터스, 정종섭 · 박진완 공역, 규칙(Regel)과 원리(Prinzip)으로서의 기본권, 『서울대 법학』 제43권 4호(2002); M. 보로우스키, 정종섭 · 박진완 공역, 기본권규범으로서의 원리, 『서울대 법학』 제44권 1호(2003); R. 알렉시, 정종섭 · 박진완 공역, 중요도 공식, 『서울대 법학』 제44권 3호(2003); P. 해벌레, 김효전역, 급부국가에 있어서의 기본권, 『동아법학』 제26호(1999), 231-338 및 동인 편역, 『독일 헌법학의 원천』(2018), 542-621에 수록.

윤재만, 기본권의 이중성의 비판적 이해와 주관적 측면의 초실정법성, 『공법학연구』 제15권 1호(2014. 2): 67-91; 윤재만, 기본권구성요건 개념, 『헌법학연구』 제9권 1호(2003); 윤재만, 기본권의 구성요건이론, 『헌법학연구』 제5권

1호(1999); 윤정인, 자유권 보호영역의 광협논쟁: 독일에서의 논의를 중심으로, 『공법연구』 제41집 3호(2013); 은승표, 질서이론적 구조인 기본권에서의 헌법기속성의 확장, 『공법연구』 제34권 3호(2006); 은승표, 헌법상 사회운동(시민불복종)의 구조: 루만(Luhmann)의 시스템이론적 관점에서, 『헌법학연구』 제9권 2호(2003); 은승표, Luhmann의 인식론과 기본권이란 이율배반(역설)의 사유적 확장, 『헌법학연구』 제4권 3호(1998); 이규인, 하버마스의 의사소통행위론과 루만의 체계론, 『유럽헌법연구』 제6호(2009); 이지선, 하버마스의 인권 개념에 관하여, 『법철학연구』 제14권 2호(2011); 은승표, 헌법상 기본권과 칸트 및 헤겔의 법철학, 『헌법학연구』 제10권 3호(2004); 이준일, 기본권 논증체계의 새로운 구성: 기본권에 관한 3단계(구성요건-제한-정당화) 논증체계, 『고시계』 2009년 4월호; 정극원, 독일에서의 사회국가적 기본권이론의 성립과 내용, 『공법연구』 제29집 1호(2000); 조인성, 인터넷상 디지털 차원의 개별적 기본권에 관한 연구 - 독일에서의 논의를 중심으로, 『홍익법학』 제15권 1호(2014); 조인성, 새로운 IT 기본권의 대상으로서 무선주파수인식(RFID) - 독일에서의 논의를 중심으로, 『홍익법학』 제10권 2호(2009); 조한상, 기본권의 성격 - 주관적 성격과 객관적 성격, 『법학논총』(숭실대) 제21집(2009. 2): 225-248; 홍성방, 기본권의 본질과 기본권이론, 『공법연구』 제27집 2호(1999); 성정엽, 기본권의 객관적 성격에 관한 고찰: 독일 기본법의 판례와 이론을 중심으로, 『인제논총』 제13집; K. 슈테른, 김효전역, 기본권체계의 이념과 요소(1)(2), 『헌법학연구』 제6권 4호(2000) 및 제7권 1호(2001) 및 동인 편역, 『독일 기본권이론의 이해』(2004), 275-350에 수록; 클라우스 슈테른, 김대환 옮김, 최근 독일의 기본권 발전방향, 금랑 김철수선생팔순기념 논문집 『헌법과 기본권의 현황과 과제』(경인문화사, 2012), 1-25; J. 이젠제, 김효전역, 독일 연방공화국에 있어서의 외국인의 국법상 지위, 『독일학연구』(동아대) 제15집(1999) 및 동인 편역, 『독일 기본권이론의 이해』(2004), 233-274에 수록; 이시우, 독일 헌법과 장애인의 기본권, 성운 허경교수 화갑기념논문집 『기본권 · 국가 · 헌법: 공법학의 21세기적 과제』(1999); 김일환, 독일 기본법 제2조 1항이 우리나라 헌법에 미친 부정적 영향에 관한 고찰, 『실보김영수교수 화갑기념논문집』(학문사, 2000); 김일환, 독일 기본법상 일반적 인격권의 성립과 발전, 『법과 정책』(제주대) 제6호(2000); 정연철, 헌법상의 자기결정권: 독일의 판례와 이론을 중심으로, 『법정고시』 1996년 5월호.

제도보장과의 관련은 김대환, 제도보장에 있어서 핵심영역의 보호: 기본권의 본질적 내용보장과 관련하여, 『헌법학연구』 제6권 4호(2000); 김세진, 헌법과

제도: 기본권과 제도보장에 관한 해석론을 중심으로 , 『공법연구』 제34집 4호 2권(2006); 김영수, 기본권과 제도적 보장, 화정 서주실박사 화갑기념논문집 『현대 공법의 제과제』, 1992; 김영수, 기본권과 제도적 보장, 양촌 신동욱박사 정년기념논문집 『형사법의 제문제』, 1983; 슈미트, 칼, 김효전역, 바이마르 헌법에 있어서의 자유권과 제도적 보장, 『독일학연구』(동아대) 제6호(1990); 동인, 『독일 기본권이론의 이해』(법문사, 2004), 97-134에 재수록; 오동석, 제도적 보장론 비판 서설, 『헌법학연구』 제6권 2호(2000); 이승우, 기본권의 양면성이론과 제도보장과의 관계, 『공법연구』 제31집 1호(2002); 조한상, 제도보장이론의 공법적 의미와 문제점, 극복방향 『법학연구』(부산대) 제48권 2호(2008); 조한상, 프리드리히 클라인의 제도보장 이론, 『법학논집』(청주대) 제29집(2007); 한수웅, 오늘날의 헌법국가에서 제도보장의 의미와 기능의 변화, 『법학논문집』(중앙대) 제41집 3호(2017).

기본권보호는 김명재, 독일 헌법상의 보호청구권, 『법학논총』(전남대) 제19권(2000): 85-105; 김명재, 독일 헌법상의 보호청구권, 『법률행정논총』(전남대) 제19호(1999); J. 이젠제, 김효전역, 방어권으로서의 기본권과 보호의무로서의 기본권, 『동아법학』 제35호(2004); C. 슈타르크, 김효전역, 기본권의 해석과 효과에 대해서, 『독일학연구』(동아대) 제20호(2004); C. 슈타르크, 김효전역, 기본권보호의무, 최대권교수 정년기념논문집 『헌법과 사회』(철학과 현실사, 2003) 및 동인 편역, 『독일 기본권이론의 이해』(2004), 475-519에 수록; 이부하, 기본권보호의무의 헌법적 쟁점 - 독일 헌법이론을 고찰하며, 『법조』 제68권 2호(통권 734호)(2019. 4); 이흥룡 · 이발래, 국가의 기본권보호의무로서 과소보호금지 원칙, 『사회과학연구』(건국대) 제13집(2000); 정혜영, 기본권보호의무와 재산권: 독일 연방헌법재판소의 삼림고사 판결을 중심으로, 『헌법학연구』 제19권 4호(2013); K. 헤세, 최희수역, 입법자의 기본권보호의무이행에 대한 헌법재판소의 통제, 『강원법학』 제10호(1998).

인간의 존엄, **생명권**, **배아** 등은 강승식, 인간 존엄의 비교법적 고찰과 그 시사점, 『홍익법학』 제14권 1호(2013); 권세기, 독일연방공화국의 태아보호법, 『입법조사연구』 제234호(1995); C. 슈타르크, 김대환역, 배아의 도덕적 지위, 『법과 사회』 제25호(2003); 김일환, 독일 기본법상 "일반적 인격권"의 성립과 발전, 『법과 정책』 제6호(2000); C. 슈타르크, 김효전역, 헌법보장으로서의 인간의 존엄, 『헌법학연구』 제11권 1호(2005); Johannes Hager, 김대경 옮김, 민법상 인격권과 사생활의 헌법적 보호, 『경희법학』 제49권 1호(2014),

372-390; 김종호, 독일 기본법상 절대불가침으로서 인간의 존엄성에 관한 담론의 흐름과 그 변화에 관한 고찰, 『홍익법학』 제18권 1호(2017); 이부하, 인간의 존엄 개념에 관한 헌법이론적 고찰: 독일 헌법학이론을 분석하며, 『성균관법학』 제26권 2호(2014), 1-22; 이부하, 일반적 인격권의 헌법적 보장: 독일의 헌법이론을 중심으로, 『공법학연구』 제17권 2호(2016); 이준일, 안락사(존엄사)에 관한 헌법이론적 논의: 독일의 논의를 중심으로, 『헌법학연구』 제16권 1호(2010); 정문식, 독일에서의 인간의 존엄과 생명권의 관계: 배아줄기세포 연구에 있어서 배아의 인간존엄과 생명권 관계를 예로, 『공법학연구』 제7권 2호(2006); 정문식, 독일 줄기세포법상 줄기세포연구중앙윤리위원회의 구성과 사무, 『헌법학연구』 제11권 4호(2005); 조인성, 독일법상 DNA 분석에 있어서 데이터 보호, 『공법연구』 제35집 4호(2007); 조인성, 독일법상 유전자변형 생물체에 관한 검토: 인간을 중심으로, 『토지공법연구』 제26집(2005); 조인성, 독일 유전공학법의 최근 동향: 소비자, 농업종사자 그리고 환경보호를 위하여, 『환경법연구』 제27권 1호(2005); J. 하버마스, 은준용 옮김, 인간존엄의 착상과 인권들의 현실적인 유토피아, 『유럽헌법연구』 제12호(2012); 홍선기, 예술의 자유의 한계로서의 인격권 : Esra 사건을 중심으로, 『강원법학』 제42권(2014); 홍성방, 낙태와 헌법상의 기본가치: 미국 대법원과 독일연방헌법재판소 판례에 나타난 낙태와 헌법상의 가치의 관계를 중심으로, 『서강법학연구』, 제3호(2001); 홍완식, 독일 연방헌법재판소의 낙태 판결에 관한 고찰, 『강원법학』(강원대) 제10호(1998).

주관적 권리 등에 관하여는 강태수, 현대 국가에서 기본권내용의 개방적 전개와 문제점: 주관적 공권을 중심으로, 『공법연구』 제32집 4호(2004); Kolja Naumann, 김환학역, 독일과 유럽에 있어서의 주관적 공권과 그 소송상 주장, 『사법』(사법발전재단) 제22호(2012); 이선준, 주관적 공권의 법리: 한국과 독일의 이론과 판례를 중심으로, 중앙대 박사논문, 1997; 정하중, 독일 공법학에 있어서 권리의 개념, 『행정법연구』 제6호(2000); R. 알렉시, 김효전역, 주관적 권리와 객관규범으로서의 기본권, 『헌법학연구』 제6권 2호(2000); 이기철, 주관적 권리 및 객관적 규범으로서의 기본권: Robert Alexy의 이론을 중심으로, 『한양법학』 제10집; 정태호, 원리로서의 사회적 기본권: 알렉시의 원리 모델을 중심으로, 정경식박사화갑기념논문집 『법과 인간의 존엄』(1997); 알렉시의 저서 번역으로는 이준일역, 『법의 개념과 효력』(지산, 2000)이 있다. 또한 윤재만, '객관적 가치질서'로서의 기본권이해의 문제, 『헌법학연구』 제9권 4호(2003).

과잉금지는 페터 레르헤, 박규환 · 최희수역, 『과잉금지원칙과 헌법 I, II』(헌법재판소, 2008, 2009); 김대환, 독일에서의 과잉금지원칙의 성립과정과 내용, 『세계헌법연구』 제11권 2호(2005); K. 슈테른, 김효전역, 과잉금지와 형량요청 (1)(2), 『헌법학연구』 제7권 2호·3호(2001); 정태호, 기본권의 3각관계 그리고 과소(보호)금지원칙(Übermaßverbot)의 독자성, 『고시연구』 2002년 5월호; 최정일, 독일과 한국에서의 비례원칙에 의한 행정작용의 통제, 『공법연구』 제37집 4호(2009).

기본권의 제한은 김대환, 기본권의 본질적 내용침해금지에 관한 연구, 서울대 박사논문, 1998; 클라우스 디터 도이멜란트, 김대환 옮김, 독일에 의한 유럽인권협약상의 기본권 침해, 금랑 김철수선생팔순기념 논문집 『헌법과 기본권의 현황과 과제』(경인문화사, 2012); 미하엘 브레네, 개인의 자유에 대한 공공규제의 의의와 한계: 독일의 비흡연자보호의 헌법규정과 한계, 『연세 공공거버넌스와 법』 제3권 2호(2012); 육종수, 독일 기본법상의 도덕률에 의한 기본권제한, 『헌법학연구』 제3집(1997); 표명환, 독일 기본법상의 기본권제한의 구조와 체계에 관한 고찰, 『공법학연구』 제14권 4호(2013); 홍강훈, 독일에 있어서 소위 일반적 법률유보의 역사적·지방자치헌법상의 토대와 그 현대적 의의, 『지방자치법연구』 제11권 3호(2011).

기본권의 사인간의 효력은 김백유, 기본권의 대사인적 효력: 미국·독일 · 한국의 판례 및 학설을 중심으로, 『동아시아연구』(한성대) 제1집(2001); 방승주, 사법질서에 있어서 국가의 기본권보호의무: 최근 독일연방헌법재판소 판례의 분석을 중심으로, 『공법학연구』 제7권 4호(2006); 크리스티안 슈타르크, 김대환 옮김, 기본권은 어떻게 사법으로 들어와서 어떻게 효력을 발휘하는가? 금랑 김철수선생팔순기념 논문집 『헌법과 기본권의 현황과 과제』(경인문화사, 2012); C. 슈타르크, 계희열역, 기본권과 사법, 『법학논집』(고려대) 제35집(1999); 이부하, 기본권의 사법(私法)에의 효력 - 독일의 헌법이론과 판례를 중심으로, 『법학논총』(전남대) 제38권 1호(2018. 2): 57-80; 임규철, 기본권의 제3자적 효력: 독일에서의 학설과 판례를 중심으로 , 『공법연구』 제32집 2호(2003).

신체의 자유는 김경선, 독일의 구속제도, 『인권과 정의』 통권 253호(1997년 9월).

평등권은 강기홍, 유럽법과 독일법상 성주류화 체계와 여성정책, 『유럽헌법연구』 제7호(2010); 김삼룡, 독일 기본법에서의 '일반적 평등권'에 대한 연방헌법재판소의 해석 변화, 『공법연구』 제40집 1호(2011); 법무부, 『독일 평등대우법의 제정과정에 관한 연구』(2008); 신옥주, 우리의 "남여고용평등과 일·가정 양립

지원에 관한 법률"과 독일의 "연방남녀평등법"에 대한 비교 고찰, 『토지공법연구』 제40집(2008); 신옥주, 독일의 성별입법영향평가 고찰, 『입법평가연구』창간호 (2009); 은승표, 헌법상 평등의 원칙: Luhmann의 시스템 이론적 입장에서 본 법시스템의 자체 서술 형식 및 정의의 법기술적 자동양식으로서의 평등, 『헌법학연구』 제7권 4호(2001); 차진아, 독일의 차별금지법 체계와 「일반적 평등대우법」의 역할, 『공법연구』 제40집 1호(2011); 하경효, 『독일 일반평등대우법에 대한 평가와 시사점』(법무부, 2009); 홍관표 · 차원일 공저, 『독일의 일반평등대우법』(AGG)과 차별금지 판결』(전남대 출판문화원, 2016).

정보에 관하여는 김세규, 독일의 정보공개제도와 환경정보법, 『동아법학』 26호(1999); 박병섭, 독일의 개인정보보호제도에 관한 연구, 『민주법학』 제25호(2004); 마티아스 로시, 김소연역, 독일 정보법의 발전: 정보자유법과 정보보호법, 『공법연구』 제35집 4호(2007); 마티아스 로시, 장경원역, 독일에서의 공공정보에의 자유로운 접근과 행정절차, 『공법연구』 제35집 4호(2007); 이시우, 정보화사회와 기본권의 변천: 정보의 자유와 독일 법제를 중심으로, 『헌법학연구』 제8권 3호(2002); 정태호, 비디오 감시의 헌법적 문제점과 규율 모델로서의 독일의 관련 법률적 규율에 대한 검토, 『인권과 정의』 2003년 12월호; 홍강훈, 독일 정보자유법을 통해 본 한국 정보공개법의 개선방안, 『헌법학연구』 제18권 1호(2012).

표현의 자유는 강승식, 독일 기본법상 표현의 자유 제한에 대한 비판적 고찰, 『중앙법학』 제7집 2호(2005); 남경국, 집회의 자유의 보장과 제한가능성의 경계: 독일 헌법 제8조와 집회법의 충돌과 그 해결과정을 중심으로, 『서강법학』 제11권 1호(2009): 1-32; 남경국, 집회금지구역 규정에 대한 비교법적 고찰 - 독일 집회금지구역 규정의 법적 역사와 비판을 중심으로, 『법학연구』 제21권 2호(2011); 박용상, 독일에서 청소년보호를 위한 표현자유의 규제, 권영성교수정년기념논문집 『헌법규범과 헌법현실』(법문사, 1999); 박운희, 독일의 반론권(상)(하), 『언론중재』 1995년 여름(통권 55호) 및 가을(통권 56호); 박진애, 표현의 자유와 국가안보: 국가안보와 관련한 독일 기본법상 표현의 자유의 제한에 대한 비교법적 고찰, 『헌법학연구』 제14권 1호(2008); 이기춘, 적법한 집회 · 시위에 대한 경찰의 개입가능성 고찰: 독일의 판례 및 이론의 도입가능성 검토를 중심으로, 『공법학연구』 제10권 1호(2009); 이부하, 인터넷상 아동, 청소년 성(性) 표현물의 법률적 규제에 대한 헌법적 고찰: 독일의 법제도를 고찰하며, 『법학논고』 제60호(2017); 최종선, 한국과 독일의 청소년 유해미디어 심의에 관한 연구,

『홍익법학』 제15권 1호(2014); 한명진, 독일의 위축효과 법리에 대한 비교법적 검토, 『유럽헌법연구』 제23호(2017. 4): 1-34; 한수웅, 표현의 자유와 명예의 보호 - 한국·독일과 미국에서의 명예훼손 법리에 관한 헌법적 고찰과 비판을 겸하여, 『저스티스』 제84호(2005).

방송에 관하여는 파쉬케, 마리안 지음, 이우승 옮김, 『독일 미디어법』(한울아카데미, 1998). 논설로는 W. 루돌프, 김병기역, 민주적 헌정질서하에서 방송법의 공법적 과제, 『공법연구』 제28집 4권 1호(2000); 권형둔, 독일의 방송심의제도와 그 시사점, 『언론과 법』 제8권 1호(2009); 권형둔, 공영방송의 기본공급이론과 인터넷: 최근 독일에서의 논의를 중심으로, 『공법연구』 제33집 1호(2004); 이부하, 방송매체에서 인격권 침해에 대한 헌법적 보호 - 독일 헌법이론을 고찰하며, 『홍익법학』 제19권 3호(2018); 지성우, 독일 州間 방송협정상의 방송집중규제 제도에 관한 연구, 『공법연구』 제32집 1호(2003); 지성우, 방송의 자유에 대한 특수한 규제의 정당성에 관한 연구: 독일 연방헌법재판소의 방송결정을 중심으로, 『헌법학연구』 제9권 3호(2003); 최우정, 인터넷 기술의 발달에 따른 방송자유권의 기본권 성격에 관한 고찰: 독일에서의 논쟁을 중심으로, 『공법연구』 제33집 1호(2004).

종교의 자유는 강태수, 독일 무슬림의 종교의 자유, 『세계헌법연구』 제15권 2호(2009); 김무열, 독일에서의 종교단체에 대한 과세제도, 『조세법연구』 제21권 3호(2015); E.-W. 뵈켄회르데, 김효전역, 교회와 국가의 긴장관계 속의 종교의 자유, 『헌법학연구』(한국헌법학회) 제8권 4호(2002. 12): 529-561; E.-W. 뵈켄회르데, 김효전역, 크리스천의 과제로서의 종교의 자유, 『헌법학연구』 제9권 1호(2003. 5): 487-509; 신옥주, 히잡 착용을 통하여 본 유럽에서의 종교자유에 대한 고찰: 특히 독일을 중심으로, 『공법학연구』 제9권 3호(2008); 오영훈, 다문화사회 독일의 종교교육: '모두 함께 하는 종교수업' 실험을 중심으로, 『종교문화비평』 19호(2011); 이부하, 종교의 자유와 관련한 헌법적 쟁점: 독일 헌법상의 논의를 중심으로, 『아주법학』 제9권 4호(2016); 이부하, 종교의 법적 개념과 국가의 종교적 중립성: 독일의 법이론을 중심으로, 『헌법학연구』 제14권 2호(2008); 이철용, 현대 독일 사회의 정교분리 문제: 국가와 교회의 이중주, 『국제지역연구』 제11권 2호(2007);

재산권은 강태수, 분리이론에 의한 재산권체계 및 그 비판에 대한 고찰, 『헌법학연구』 제10권 2호(2004); 강현호, 한국 헌법 제23조와 독일 기본법 제14조의 해석, 『토지공법연구』 제18집(2003); 김문현, 재산권의 사회구속성과 공용수용의 체계에 대한 검토 : 소위 '분리이론'의 한국 헌법상 수용에 대한 평가를 중심으로, 『공법연구』 제32집 4호(2003); O. 데펜호이어, 김명룡역, 재산권보장에서의 이익형량, 『공법연구』 제29집 3호(2001); G. Roellecke, 길준규역, 특권에서 재산권으로: 경제헌법의 발전에 대하여, 『한양법학』 제10집(1999); 방승주, 독일 사회보험법상 급여수급권과 재산권보장, 『헌법논총』 제10집(1999); 방승주, 과세의 재산권적 한계 - 소위 "반액과세의 원칙(Halbteilungsgrundsatz)"에 대한 비판과 그 대안을 중심으로, 『헌법학연구』 제13권 1호(2007); 이부하, 헌법상 재산권과 민법상 재산권과의 통섭 - 독일 주택재산권법(WEG)을 고찰하며, 『법과 정책연구』 제17권 4호(2017); 이부하, 재산권의 존속보장과 재산권에 관한 법이론: 경계이론과 분리이론의 비교고찰을 중심으로, 『공법학연구』 제9권 3호(2008); 이부하, 독일 재산권이론이 한국 헌법에 미친 영향, 『한독법학』 제16호(2004); 정극원, 독일 기본법상의 재산권의 사회구속성, 『공법연구』 제25집 4호(1997); 정남철, 재산권의 사회적 구속과 수용의 구별에 관한 독일과 한국의 비교법적 고찰: 이른바 조정적(조절적) 보상의무 있는 내용규정의 도입가능성, 『공법연구』 제32집 3호(2004); 정영석, 독일에서 분리이론의 전개와 우리 헌법상 수용가능성, 『연세 공공거버넌스와 법』 제5권 2호(2014); 정혜영, 한국 헌법 제23조와 독일 분리이론에 의한 그 해석가능성, 『공법연구』 제33집 4호(2005); 조태제, 재산권침해에 대한 구제: 독일에서의 손실보상의 변천과 현황을 중심으로, 『헌법학연구』 제1집(1995); 표명환, 독일 기본법상의 재산권의 내용규정과 수용, 『공법연구』 제31집 3호(2003); 홍강훈, 분리이론 · 경계이론을 통한 헌법 제23조 재산권조항의 새로운 구조적 해석, 『공법연구』 제42집 1호(2013).

직업의 자유에 관하여는 김백유, 직업의 자유의 제한(Begrenzung der Berufsfreiheit) 및 제한의 한계, 『논문집』(한성대) 제24호(2000); 김백유, 국민의 직업생활에 관한 기본권의 제한사유 및 그 한계: 헌법 제37조 제2항에 의한 기본권제한과 독일연방헌법재판소의 3단계이론의 적용, 『행정논총』(한성대) 제8호(2001); 김승환, 독일 기본법상의 직업의 자유: 약국판결을 중심으로, 『공법학연구』 제4권 2호(2003); 김영천, 독일 기본법상 경제적 기본권의 보장과 한계, 금랑 김철수교수 화갑기념 『현대법의 이론과 실제』(박영사, 1993); 표명환, 직업의 자유의 제한원리와 그 문제점: 독일의 기본법을 중심으로, 『공법학연구』 제3권 2호(2002); 표명환, 독일 연방헌법재판소의 약국판결과 우리 헌법상의 직업의 자유의 해석론, 『헌법학연구』 제15권 1호(2009); 한수웅 · 홍계정, 직업의 자유와 3단계이론, 『중앙법학』 제12권 3호(2010).

사회권에 관하여는 E.-W. 뵈켄회르데, 김효전역, 헌법구조에서의 사회적 기본권, 『고시연구』 16, 4 ('89. 4): 199-211; 신옥주, 독일의 장애인 통합을 위한 법제연구, 『유럽헌법연구』 제16호(2014); 정극원, 독일에서의 사회국가적 기본권 이론의 성립과 내용, 『공법연구』 제29권 1호(2000); 정태호, 원리(Prinzip)로서의 사회적 기본권: R. Alexy의 원리모델(Prinzipienmodel)을 중심으로, 청암정경식박사화갑기념논문집 『법과 인간의 존엄』 1997; 홍성방, 독일 기본법과 사회적 기본권, 『서강법학』 제11권 2호(2009).

혼인에 관하여는 정문식, 헌법상 혼인과 가족생활의 보호 의미와 변화: 독일 헌법상 혼인과 가족생활의 보호에 관한 논의를 중심으로, 『한양법학』 제28권 3호('17. 8).

노동에 관하여는 박명준, 파견노동 규제문제와 관련한 독일 헌법재판소의 소원심사 결과: 동일노동 동일임금 및 단체교섭 자율주의 원칙의 재확인, 『국제노동브리프』제3권 2호(2005); 조성혜, 공무원의 노동기본권에 관한 비교법적 고찰 - ILO 협약과 독일 · 영국 법제와의 비교를 중심으로, 『공법학연구』 제19권 4호(2018).

교육에 관하여는 노기호, 독일에서의 교육주체 상호간의 법적 관계: 교육권의 갈등과 그 조정, 『한국교육법연구』 제8집 1호(2005); 노기호, 독일 학교법(Schulrecht)상 교육 관련 당사자의 교육권 개념과 권한관계 정립에 관한 연구, 『공법학연구』 제5권 3호(2004); 한스 마이어, 이원우역, 독일에 있어서 대학의 자치와 경쟁력, 『서울대 법학』 제46권 4호(2005); 배영길, 대학의 법적 지위와 국가감독의 한계: 독일 연방대학기본법을 중심으로, 『공법학연구』 제3권 1호(2000); 잉그베어 엡센, 김봉철역, 대학간의 경쟁에서의 대학의 구조조정, 자금조달과 조직 - 독일의 재단법인대학의 예를 중심으로, 『공법연구』 제40권 2호(2011); 이시우, 독일의 교육제도와 교육법의 법원(法源)에 관한 소고, 『유럽헌법연구』 제6호(2009); 이시우, 헌법과 교육의 자유에 관한 연구: 독일의 이론을 중심으로, 『사회과학논총』(서울여자대학) 제1집(1995); 허종렬, 해외 법학계의 교육법 연수 동향: 독일 · 미국 · 일본의 경우를 중심으로, 『법과 사회』 제12호(1995); 조성혜, 독일의 양육 관련 법제와 출산장려정책, 『공법학연구』 제8권 3호(2007); 울리히 카르펜, 김태호역, 대학 간 경쟁과 국가의 개입, 『공법연구』 제40집 2호(2011); Klaus Vieweg, 독일의 학교 및 대학 스포츠 - 현실과 법, 『스포츠엔터테인먼트와 법』(JSEL) 제17권 1호(2014).

난민문제는 신옥주, 난민법 개정을 위한 독일의 망명법제에 대한 비교법적 연구, 『헌법재판연구』제5권 2호(2018); 안성경 · 윤이숙, 난민의 지위와 인정절차의 법제화에 대한 비판적 검토: 독일 난민법과 비교를 중심으로, 『유럽헌법연구』 제13호(2013).

재판청구권에 관하여는 김도협, 국민참여재판제도의 문제점과 그 대안으로서의 참심제 도입방안에 관한 연구: 독일 참심제와의 비교법적 고찰을 통하여, 『공법연구』 제39집 제4호(2011); 남동현, 독일 비용현대화법상의 재판비용 산정과 징수, 『홍익법학』 제10권 3호(2009); 이승훈, 충실한 재판의 실현에 관한 연구 - 독일 기본법상 법률상 청문권과 관련된 논의를 중심으로, 『고려법학』 제91호(2018).

환경권에 관하여는 고문현, 독일에서의 환경보호, 『공법연구』 제32집 1호(2003); 고문현, 독일 기본법상의 환경보호, 『헌법학연구』 제5권 2호(1999); 김세규, 법개념으로서의 환경국가: 독일의 경우를 중심으로, 『공법연구』 제24집 2호(1996); 김세규, 독일 기본법상의 환경보호의 명확화: 제20a조를 중심으로, 금랑김철수교수 정년기념논문집, 『한국헌법학의 현황과 과제』(박영사, 1998); 김세규, 독일의 정보공개제도와 환경정보법, 『동아법학』(동아대) 제26호(1999); 김해룡, 독일 기본법상의 환경보호 관련 규정에 관한 연구, 『토지공법연구』 제10집(2000); 박규환, 독일 기본법 제20a조에 관한 연구 - 생태주의 사상의 헌법적 반영, 『서울법학』 제23권 3호(2016); 클뢰퍼, 미하엘, 김세규역, 환경국가로 가는 길?, 『동아법학』 제19호(1995); 홍성방, 독일의 헌법과 행정법에 있어서의 환경보호, 『한림법학 forum』(한림대) 제5호(1996) 및 『안암법학』(고려대) 제4호(1996); 홍성방, 핵에너지의 평화적 사용과 기본권의 보호: 독일의 논의를 중심으로, 『서강법학연구』(서강대) 제1호(1999); 이종영, 개정된 독일 기본법상 국가목적규정으로서의 환경보호, 『독일통일관련 연방헌법재판소의 판례 및 기본법개정에 관한 연구』(헌법재판소, 1996); 최윤철, 헌법개정과 환경권 - 독일 기본법 제20a조와 비교, 『유럽헌법연구』 제28권(2019); 탁영남, 독일의 환경정책과 법적 구현 - 독일 기본법의 검토를 중심으로, 『공법학연구』 제19권 2호('18. 5): 209-238.

국가목적규정은 정극원, 국가목적규정에 관한 일 고찰, 『공법학연구』 제4권 2호(2003); 심경수, 독일과 유럽에 있어서 외국인의 지방참정권, 『공법연구』 제24집 2호(1996).

안전권은 이부하, 헌법국가에서 국민의 안전보장: 독일 헌법학의 논의를 중심으로, 『한독사회과학논총』 제21권 1호(2011. 3); 이상해, 치안활동에 있어서 민간참여의 가능성과 한계 - 독일에서의 논의를 중심으로, 『홍익법학』 제14권 1호(2013).

의무는 칼 슈미트, 정태호역, 기본권과 기본의무(1932), 『동아법학』 36 (2005. 6): 215-267; H. 헬러, 김효전역, 기본권과 기본의무, 미봉 김운용교수 화갑기념논문집 『현대 공법의 연구』(1997); 홍성방, 국민의 기본의무: 독일에서의 논의를 중심으로, 『공법연구』 제34집 4권 1호(2006).

4. 권력구조

일반은 Christoph Degenhart저, 홍일선역, 『국가조직법』(헌법재판소, 2013. 513면); 논설은 김대환, 우리나라와 독일의 정부형태에 대한 비교고찰, 금랑김철수교수정년기념논문집 『한국헌법학의 현황과 과제』(박영사, 1998); 김영태, 독일과 프랑스의 권력구조 비교, 진영재편, 『한국 권력구조의 이해』(나남출판, 2004)에 수록; 김인영, 이원정부제 도입 배경 비교와 한국에서의 문제점 고찰 - 프랑스, 핀란드, 오스트리아, 독일, 포르투갈, 폴란드 사례를 중심으로, 『세계지역연구논총』 제35집 3호(2017); 배건이, 『주요국 정부조직 관련 법제분석 - 독일』(한국법제연구원, 2017, 51면); 송석윤, 독일의 정부형태, 국회미래한국헌법연구회, 『국민과 함께 하는 개헌 이야기』 제2권(2010); 이부하, 독일 이원정부제에 대한 법정책적 조명, 『법과 정책』(제주대) 제21권 2호(2015. 8): 269-289.

의회주의 · 의원내각제에 관하여는 김도협, 『독일 · 한국 의원내각제』(진원사, 2010); 칼 슈미트, 김효전 옮김, 『현대 의회주의의 정신사적 지위』(관악사, 2007); 카를 슈미트, 나종석 옮김, 『현대 의회주의의 정신사적 상황』(도서출판 길, 2012); 이병훈 편저, 『의회주의란 무엇인가?』(전주대 출판부, 1997) 속에 클라우스 폰 바이메, 한스 켈젠, 빈프리트 스테파니의 관련 논문을 수록. 또한 권세기 · 서준원 · 전복희 · 차명제 공저, 『독일의 대의제 민주주의와 정당정치』(세계문화사, 1999).

논설 김백유, 의원내각제하의 정부안정화보장제도로서의 건설적 불신임제도, 『논문집』(한성대) 1998; 김백유, 수상제민주주의(II): 의원내각제하 수상의 '신임질의권(Vertrauensfrage)': 독일 연방헌법(Bonn 기본법) 제68조 제1항 전단의 법해석상의 문제점을 중심으로, 『논문집』 제21권 1호(1997); 김백유, 수상제민주주의(Kanzlerdemokratie) I: 독일 Bonn 기본법 하의 의원내각제를 중심으로, 『논문집』(한성대) 제19호(1995); 김철수, 독일의 통제된 의원내각제, 『고시계』 2003년 12월호; 루돌프 벤트, 독일 의원내각제 경험과 기본권의 발달, 『제헌 61주년 기념 국제학술대회 결과보고서』(국회법제실, 2009), 132-148(독문, Rudolf Wendt, Die Erfahrungen des deutschen parlamentarischen Regierungssystems und die Entwicklung der Grundrechte, pp. 110-131); C. 슈타르크, 독일 의원내각제의 안정성, 『정부형태 어떻게 할 것인가?』(대한민국학술원, 2009); V. 괴츠, 박정훈역, 독일의 정부체제에 있어서 수상제원칙과 연립민주주의, 『행정법연구』, 1998; 최봉철, 칼 슈미트의 의회주의 비판, 『헌법학연구』 제5권 2호(1999); 장석권, 독일의 의원내각제, 심천계희열박사화갑기념 논문집 『공법학의 현대적 지평』(박영사, 1995); 장영수, 독일식 의원내각제의 한국적 적용, 『헌법학연구』 제5권 1호(1999); 켈젠, 한스, 이병훈역, 의회주의의 여러 문제, 石正 許永敏박사화갑기념 『현대 공법이론의 전개』, 1993, 805-837; 동인, 『의회주의란 무엇인가?』(전주대학교출판부, 1997), 107-199에 재수록.

연방의회에 관하여는 권세기, 독일 연방의회 입법조사연구처 역할과 기능, 『국회도서관보』 243호(1995); 김상겸, 의회의 자율권과 사법: 독일의 경우를 중심으로, 『헌법학연구』 제9권 2호(2003); 김진곤, 교섭단체의 법적 지위와 그 구성의 최저기준의 정합성 여부 - 독일연방의회의 경우와 비교하여, 『헌법학연구』 제19권 3호(2013); 박진완, 독일에서의 의회의 자율권 보장, 『유럽헌법연구』 제8호(2010); 이부하, 독일 연방의회 의원의 보수에 관한 헌법적 고찰, 『유럽헌법연구』 제23호(2017. 4): 65-85; 임성진, 독일의 연방주의식 지역대표체제, 『한국지방정치학회보』 제1권 2호(2007).

연방참사원에 관하여는 김환학, 『독일 헌법상 연방참사원에 관한 연구』(헌법재판연구원, 2016).

입법과정에 관하여는 Winfried Kluth, 박영도 · 이진국 · 이재일 · 한귀현 · 한인상 공역, 『입법: 의회, 행정 및 사법적 통제를 통한 법정립』(법문사, 2017); 김수용, 병행적 입법평가의 논의방향 검토: 독일의 병행적 입법평가기준과 국회 · 정부의 법령입안심사기준과의 관계를 중심으로, 『공법연구』 제40집 1호(2011); 김승환, 독일 연방의회의 입법과정, 『헌법학연구』 제3집(1997); 박영도, 독일의 연방제개혁과 연방 · 주의 입법권한의 재편, 『법제연구』 33호, 201-240; 박인규, H. Heller의 민주주의적 법률개념, 『논문집』 제6호(1999); 임규철, 한국과 독일에서의 입법절차의 비교연구, 『공법학연구』 제4권 2호(2003); 정창화, 『독일의 입법평가지침에 관한 연구』(한국법제연구원, 2009);

차진아, 독일의 입법절차에 관한 비교법적 고찰, 『의정연구』 제14권 1호(2008); 최윤철, 독일에 있어서의 "입법자의 법률개선의무"에 관한 논의, 『공법연구』 제31권 3호(2003); 홍완식, 입법자의 법률개선의무에 관한 연구: 독일 연방헌법재판소와 한국 헌법재판소의 결정례를 중심으로, 『공법연구』 제31집 2호(2002); 홍일선, 독일 기본법상 연방과 주의 입법권한 연구, 『강원법학』 45권(2015. 6): 29-64.

불신임제도에 관하여는 김도협, 독일의 건설적 불신임제도에 관한 일 고찰, 『공법연구』 제28집 2호(2000); 김도협, 독일 기본법 제68조 '수상의 신임투표요청권'에 관한 소고, 『공법연구』 제34집 1호(2005); 정문식, 독일 기본법상 의회해산을 목적으로 한 신임요구의 합헌성: 독일연방헌법재판소 제2원 2005년 8월 25일 결정(BVerfG, 2BvE 4/05, 2BvE 7/05)의 평석을 겸하여, 『공법학연구』 제6권 3호(2005).

국정조사권은 이관희, 독일의 국정조사권에 관한 연구, 『헌법학연구』 제6권 4호(2000); 전원배, 독일의 의회조사권: 소수자조사권을 중심으로, 『입법조사연구』 235호(1995); 정혜영, 2001년 제정된 독일연방국정조사위원회법과 그 시사점: 우리나라 국정조사제도의 개선방안 모색, 『공법연구』 제34집 3호(2006); 김도협, Bonn 기본법상 연방참사원의 협력권에 관한 고찰, 『공법연구』 제35권 1호(2006).

연방정부에 관하여는 박응격 외 공저, 『독일연방정부론』(백산자료원, 2001); 김도협, 제2공화국 국무원에 관한 연구: 독일 연방정부와의 비교법적 고찰을 중심으로, 『헌법학연구』 제14권 2호(2008); 김도협, Bonn 기본법상 연방대통령에 관한 제고찰, 『헌법학연구』 제10권 4호(2004); Volkmar Götz, 박정훈역, 정부체제에 있어 수상제원칙과 연립민주주의, 『행정법연구』 제3호(1998); 미하엘 클뢰퍼, 신옥주역, 정부의 안정과 기본법하의 연방대통령, 『공법연구』 제38집 1호 1권(2009); 강현호, 독일 연방회계검사원의 조직과 임무, 『공법학연구』 제5권 1호(2004); 장선희, 『독일의 감사원 관련 법제연구: 독일 감사원의 기능과 감사기준을 중심으로』(한국법제연구원, 2004); 박해육, 독일의 행정구역 개편과 주요 쟁점, 『유럽헌법연구』 제6호(2009); 장선희, 국가와 지방간 사무와 재원의 배분에 관한 헌법적 접근 - 독일의 해석론을 중심으로, 『유럽헌법연구』 제16호(2014).

재정제도에 관하여는 홍성방, 주요 국가의 재정법제 연구 1: 독일의 재정 관련 헌법조항을 중심으로』(한국법제연구원, 2009); 권형둔, 독일의 통일과정에서

재정헌법의 역할과 발전, 『공법연구』 제41집 2호(2012); 문병효, 독일의 재정조정시스템과 재정헌법의 개혁, 『외법논집』 (2006); 문병효, 독일에서의 경쟁적 연방주의의 대두와 재정헌법의 개혁논의, 『중앙법학』 제8집 1호(2006); 박진완, 독일 기본법 제104b조의 연방의 주에 대한 재정지원에 대한 검토, 『헌법학연구』 제19권 2호(2013); 정문식, 독일헌법상 국가채무제한: 독일연방헌법 채무제한 조항의 개정내용과 현실을 중심으로, 『공법연구』 제41집 3호(2013); 정문식, 독일 헌법상 예산법률주의: 독일 연방헌법 제110조를 중심으로, 『법과 정책연구』 제11권 4호(2011); Sebastian Dette, 독일 감사원의 독립성(고권)과 재정통제, 2018. 5. 25 한국재정법학회 발표문; 차진아, 독일식 예산법률주의에 대한 연구, 『고려법학』 제92호(2019).

국가긴급권에 관하여는 고문현, 독일의 비상사태에 관한 연구, 『토지공법연구』 제66권(2014); 방승주, 독일 기본법상 국가긴급권제도, 『동아법학』 제40호(2007); 백윤철, 독일의 국가긴급권, 『세계헌법연구』 제21권 2호(2015).

사법제도 일반은 구회근, 독일의 사법제도, 『법조』 2001년 10월 · 11월호; 김도협, 독일 사법제도에 관한 연구: 법관제도를 중심으로, 『헌법학연구』 제15권 3호(2009); 김일환, 독일 헌법상 사법관련 규정의 비교법 고찰, 『인권과 정의』 2006년 5월호; 김홍창, 독일의 형사사법제도, 『법조』 2004년 1월호; 박진애, 헌법에 합치하는 사면제도의 모색: 독일 사면제도와의 비교법적 연구를 중심으로, 『헌법학연구』 제15권 3호(2009); 박진완, 법관의 법형성: 독일에서의 논의를 중심으로, 『공법연구』 제29집 1호(2000); 유병현, 독일 법원의 구조와 재판소원제도 - 민사법원을 중심으로, 『법조』 제60권 10호(2011); 이계일, 사법의 민주적 정당화: 인적 정당성 문제에 관한 독일의 논의를 중심으로, 『법철학연구』 제16권 3호(2013); 조병훈, 독일 법관제도의 역사적 발전과 특색, 『법학논총』(단국대) 제32권 2호(2008); H. 클라인, 연방헌법 제92조 2항의 해석과 적용, 『공법연구』 제24집 1호(1995).

헌법재판에 관한 단행본은 클라우스 슐라이히, 정태호역, 『독일헌법재판론: 독일연방헌법재판소의 지위 · 절차 · 재판』(미리, 2001)이 체계적인 저술로서 한국에 커다란 도움을 준다. 김환학, 『독일의 기관쟁의에 관한 연구』(헌법재판연구원, 2017); 유타 림바흐, 정남철 옮김, 『독일연방헌법재판소』(고려대 출판부, 2007); Chr. Hillgruber, 최희수역, 『독일헌법소송법』(헌법재판소, 2010); 헌법재판연구원, 『통일과 헌법재판. 4, 독일 연방헌법재판소 결정목록 및 요약』, 2017.

국회입법조사처, 추상적 규범통제 도입 논의의 쟁점 『이유와 논점』 제1156호 (2016. 4. 22); 디터 그림, 박서화(朴胥和)역, 독일에서의 재판소원 및 헌법재판소와 일반 법원의 관계, 『법학』(서울대) 55권 1호(2014), 360-376 (원문은 339-376); 오토 데펜호이어, 누가 법률해석의 수호자가 되어야 하나? - 독일의 헌법재판소와 전문 법원의 관계, 『헌법재판연구』 제3권 1호(2016); 김상겸, 헌법소원에 있어서 가처분절차에 관한 비교법적 연구: 한국과 독일을 중심으로, 『한독사회과학논총』 제18권 1호(2008); 김상겸, 독일 연방헌법재판소 가처분절차의 심사방법에 관한 고찰, 『헌법학연구』 제4권 3호(1998); 김일환, 독일의 헌법재판 운영실태에 관한 비교법적 고찰, 『헌법학연구』 제15권 2호(2009); 김일환, 독일의 사법구조에서 본 한국의 헌법재판 운영실태, 『공법학연구』 제10권 1호(2009); 남복현, 독일 연방헌법 제79조 제2항과 한국 헌재법 제47조 제2항의 비교법적 연구, 『공법연구』 제25집 4호(1997); 게르트루데 뤼베-볼프, 헌법재판소를 통한 법치국가와 민주주의 수호 - 그 가능성과 한계 및 위험, 『헌법재판연구』 제5권 2호(2018); 한스 마이어, 박정훈역, 행정소송과 헌법재판의 관점에서 본 독일 행정법, 『서울대 법학』 제46권 4호(2005); 박경철, 독일민족의 신성로마제국 시대의 제국최고재판소제도에 관한 연구: 헌법소원제도의 원형과 관련하여, 『헌법학연구』 제18권 4호(2012); 박진완, 헌법재판과 전문법원: 독일에서의 논의를 중심으로, 『공법연구』 제29집 3호(2001); R. 발, 김백유역, 헌법재판제도의 유형, 『헌법학연구』 제8권 4호(2002); R. 발, 김백유역, 헌법재판제도의 유형, 『동아법학』 제31호(2002); 방승주, 독일 연방헌법재판소의 입법자에 대한 통제의 범위와 강도, 『헌법논총』 제7집(헌재, 1996); 방승주, 독일연방헌법재판소에 의한 경과규정의 허용성, 『안암법학』 제4호(1996); 방승주, 독일연방헌법재판소에 의한 경과규정, 심천계희열박사화갑기념논문집 『공법학의 현대적 지평』(박영사, 1995); 미카엘 브레너, 변무웅역, 독일의 헌법재판권과 그 정치적 함의, 『공법연구』 제33집 4호(2005); C. 슈타르크, 송석윤역, 국민적 기본 컨센서스와 헌법재판소, 『세계헌법연구』 제6호(2001); 이부하, 한국과 독일의 구체적 규범통제제도 간 비교, 『헌법학연구』 제15권 4호(2009); 이종수, 헌법충실원칙(Verfassungstreue)에 관한 독일연방헌법재판소의 해석론과 그 비판, 『헌법판례연구』 제2권(박영사, 2000); 이효원, 헌법재판절차의 합리화를 위한 제언 - 독일과의 비교를 중심으로, 『법학』(서울대) 56권 1호(2015. 3), 105-137; 전정환, 추상적 규범통제 절차도입에 대한 입법론적 고찰, 『헌법학연구』 제1집(1995); 정호경, 행정규칙과 헌법소원심판: 독일과의 차이점에 주목하여, 『법학논총』(한양대) 제3호(2007); 차진아, 독일 재판소원의 성격과 기능, 『법학논고』 제4호(2014); 최완주, 독일 헌법재판제도의 형성과 전개, 『헌법재판제도의 이해』(재판자료 제29집, 법원도서관, 2001); 허완중, 법률의 위헌성을 확인하였을 때 독일 연방헌법재판소가 내리는 재판 유형, 『헌법연구』 제4권 2호('17. 12): 315-339; 슈테판 코리오트, 허완중 옮김, 입법자에 대한 연방헌법재판소 규범폐기재판의 기속력, 『헌법판례연구』 제12권(집현재, 2011); 슈테판 코리오트, 허완중 옮김, 주문 선택의 기술, 『헌법판례연구』 제11권(2010); 한스 후고 클라인, 김환학역, 민주적 헌법국가의 헌법재판과 정치, 『공법연구』 제41집 4호(2013); 한스 클라인, 이종영역, 독일 헌법재판과 일반재판의 관계, 『공법연구』 제24집 1호(1996); 한수웅, 헌법불합치결정의 헌법적 근거와 효력: 독일에서의 판례와 이론을 중심으로, 헌법재판소, 『헌법논총』 제6집(1995. 12): 481-536; 허완중, 헌법기관충실원칙, 『공법연구』 제42집 2호(2013); 헌법재판소 헌법재판연구원, 『과잉금지원칙에서 법익형량』(2018); 헌법재판소 헌법재판연구원, 『독일 연방헌법재판소의 추상적 규범통제』(2018); 황우여, 서독에서의 헌법과 재판: 위헌법률심사제를 중심으로, 『공법연구』 제13집(1985).

5. 판례집과 판례연구

판례 번역은 헌법재판소에서 '내부 참고용'으로 『독일연방헌법재판소판례번역집』이 1999년부터 2019년 현재까지 발간되고 있다. 그 밖에 『통일 관련 독일연방헌법재판소 판례 번역집』(2018) 등.

해설서는 일본의 독일헌법판례연구회편/전정환역, 『독일 헌법판례 II(상)(제2판)』, 원광헌법학연구회, 2007 (헌법학연구 · 번역총서 제2집); 전정환 · 이형석 역, 『독일 헌법판례 II(중)(제2판)』, 2008 (총서 제3집); 전정환 · 이형석 · 조형구 역, 『독일 헌법판례 II(하)(제2판)』, 2008 (총서 제4집); 전정환역, 『독일 헌법판례(상)(제2판)』, 2008 (총서 제5집); 전정환역, 『독일 헌법판례 (중)(제2판)』, 2009 (총서 제6집); 전정환 · 변무웅 옮김, 『독일방송헌법판례』(한울 아카데미, 2002); 잉고 리히터 외, 방승주역, 『독일 헌법판례해설』(제4판)(헌법재판소, 2003). 또한 박용상역, 독일연방헌법재판소 주요 판례, 『헌법재판자료집』 제9집(헌재, 1999) 이래 여러 자료집에 번역문이 실려 있다. 또한 박희영 · 홍선기 지음, 『독일연방헌법재판소 판례연구 1』[정보기본권](학술정보, 2010)이 최근의 판례를 소개하고 있다. 이 책은 온라인 수색과 IT-기본권(2008)부터 범죄자의

DNA 동일성 확인에 관한 재판소원(2000)까지 전체 10편의 판례를 다루고 있으며, 부록에는 독일연방헌법재판소법을 싣고 있다.

판례연구로는 강민식 · 이윤희, 동독 스파이 사건(GDR espionage case) BVerfGE 92, 177 1995년 5월 15일 결정, 『헌법과 통일법』 제10호(2017. 12): 267-323; 강일신, 국가의사결정에 대한 헌법재판을 통한 민주적 통제가능성 - 독일 연방헌법재판소의 “OMT 결정”에 대한 비판적 평석, 『세계헌법연구』 제20권 1호(2014); 김민규, 독일연방헌법재판소의 국세조사판결 - BVerfGE 65, 1 Volkszahlung, 『경남법학』(경남대) 제14호(1998); 김삼룡, 구성주의적 헌법재판을 통한 헌법의 정치적 정체성 진작: 독일에서의 첫 번째 구성주의적 헌법재판인 십자가상-결정(Kruzifix-Beschluß)에 대한 고찰, 『공법연구』 제38집 2호(2009), 221-254; 김선욱, 독일헌법상의 직업공무원제도와 시간제공무원, 『행정판례연구』VII (2002); 김성수, 독일 연방헌법재판소의 판례에 나타난 환경법상의 협력의 원칙, 『행정판례연구』VI (2001); 김수철, 방송에 의한 범죄보도와 인격권: 독일연방헌법재판소 제1법정 1973년 6월 5일 판결, 『사법행정』 2000년 1월호; 김수철, 정당재정 · 정당국고보조의 합헌성: 독일연방헌법재판소 제2법정 1992년 4월 9일 판결(BVerfGE 85, 264, 제6차 정당재정원조판결)의 연구, 『사법행정』 2000년 3월호; 김수철, 정당에서의 선거운동비용보조의 합헌성: 독일연방헌법재판소 제2법정 1966년 7월 19일 판결(BVerfGE 20, 56, 제2차 정당재정원조판결)의 연구, 『사법행정』 2000년 4월호; 김수철, 무기형과 인간의 존엄: 독일연방헌법재판소 제1법정 1977년 6월 21일 판결(BVerfGE 45, 187 무기형 판결)의 연구, 『사법행정』 2000년 7월호; 김수철, 인간의 존엄과 국가의 보호의무: 독일연방헌법재판소 제1법정 1977년 10월 16일 결정(BVerfGE 46, 160, Schleyer 결정)의 연구, 『사법행정』 2000년 8월호; 김수철, 국가기밀과 보도의 자유: 독일연방헌법재판소 제1법정 1966년 8월 5일 판결(BVerfGE 20, 162, Spiegel 판결)의 연구, 『사법행정』 2000년 9월호; 김수철, 태아의 생명과 임신부의 자기결정: 독일연방헌법재판소 제1법정 1975년 2월 25일 판결(BVerfGE 39, 1, 제1차 낙태 판결)의 연구, 『판례월보』 제360호(2000. 9); 김수철, 언론의 자유와 기본권의 제3자효력: 독일연방헌법재판소 제1법정 1958년 1월 15일 판결(BVerfGE 7, 198, Lüth 판결)의 연구, 『사법행정』 2000년 10월호; 김승환, 독일과 한국의 헌법판례에 비추어 보는 법률불소급의 원칙, 『헌법학연구』 제13권 3호(2007); 김승환, 위헌정당해산(사회주의제국당): 1952.10.23. 독일연방헌법재판소 제1심판부 판결, 금랑김철수교수 정년기념논문집 『한국헌법학의 현황과 과제』(박영사, 1998), 229-251; 김일환, 독일 연방헌법법원의 인구조사판결, 『김계환교수화갑기념논문집』(1996); 김종호, 헌법소송의 민주적 정당성 확보를 위한 법해석 - 독일 연방헌법재판소의 헌법판례를 중심으로, 『유럽헌법연구』 제28호(2019); 김중권, 독일 제2차 원전폐쇄법에 관한 독일 연방헌법재판소 판결의 공법적 의의, 『헌법논총』 제28집(2017. 11): 193-251; 류지태, 수용유사침해이론의 수용가능성 검토 - 대상판결: 독일연방헌법재판소 제1부 판결, 『판례연구』(고려대) 제8호(1996); 명재진, 예술의 자유에 대한 독일 연방헌법재판소 판례의 변화, 『판례월보』 1998년 1월호; 문병결, 토지정화책임: 토양환경보전법 제10조의3에 대한 비판적 검토: 독일의 재정조정기준법과 입법자의 자기구속: 독일연방헌법재판소의 1999년 11월 11일의 판결과 그 문제점을 중심으로, 『공법연구』 제34집 2호(2005); 박진완, 리스본 조약에 대한 독일 연방헌법재판소 결정의 분석, 『세계헌법연구』 제18권 1호(2012); 방승주, 사법질서에 있어서 국가의 기본권보호의무: 최근 독일 연방헌법재판소 판례의 분석을 중심으로, 『공법학연구』 제7권 4호(2006); 배준상, 독일 기본법상 사회국가원리에 관한 소고: 독일연방헌법재판소의 판례를 중심으로, 『법학논총』(한양대) 제13호(1996); 서경준, 독일민주공화국(GDR) 군인의 탈영사건, 『헌법과 통일법』 제10호(2017. 12): 245-265; 송석윤, 정당의 국고보조에 대한 독일연방헌법재판소의 판례, 금랑김철수교수정년기념논문집 『한국헌법학의 현황과 과제』(박영사, 1998), 252-271; 송석윤, 공적 인물의 인격권과 언론의 자유 - 독일 연방헌법재판소와 유럽인권법원의 캐롤라인 결정을 중심으로, 금랑김철수선생팔순기념 논문집 『헌법과 기본권의 현황과 과제』(경인문화사, 2012); 신봉기, 통독후 미해결재산권 문제에 관한 독일연방헌법재판소 판결, 『비교법학』(부산외대) 제8호(1997); 신옥주, 베르너 캐기(W. Kägi)에 따른 헌법국가의 실현을 위한 고찰 - 독일 연방헌법재판소 판례를 중심으로, 『유럽헌법연구』 제24호(2017): 129-172; 은승표, 독일연방헌법재판소의 리스본-결정, 『유럽헌법연구』 제12호(2012); 이부하, 헌법상 소급효금지의 원칙과 예외: 독일 연방헌법재판소 판례를 분석하며, 『세계헌법연구』 제17권 1호(2011); 이부하, 소급입법의 구분과 새로운 소급효 개념 - 독일 연방헌법재판소 판례를 검토하며, 『공법연구』 제40권 2호(2011); 이부하, 위헌법률심판제청시 이유제시의무: 독일연방헌법재판소 판결을 분석하며, 『공법연구』 제34집 3호(2006); 이부하, 독일 헌법재판소에 의한 유럽공동체법의 헌법재판, 『세계헌법연구』 제9호(2004); 이상협 · 박종원, 국경수비대 사건(Mauerschützen case) BVerfGE

95, 96-143 1996년 10월 24일 결정, 『헌법과 통일법』 제10호(2017. 12): 325-374; 이시우, 독일연방대심원 민사부 1968년 3월 20일 판결, 심천 계희열박사화갑기념논문집 『공법학의 현대적 지평』(박영사, 1995); 이욱한, 독일연방헌법재판소의 TV 방송 판결에 관한 소고, 『공법학연구』 제5권 3호(2004); 이장희, 독 · 소 및 독 · 폴란드 불가침조약에 관한 독일 연방헌법재판소의 결정에 대한 평석 - 모스크바 조약과 바르샤바 조약 동의 법률에 관한 독일 헌재 결정(BVerfGE 40, 141-179, 1975. 7. 7), 『통일과 헌법재판(1)』(헌법재판연구원, 2016); 이재희, 국경수비대 사건(Mauerschützen case) - 재판관의 회피(Self-elimination) BVerfGE 91, 226 1994년 10월 12일 결정 - 2 BvR 1851, 1853, 1875/94 - , 『헌법과 통일법』 제10호(2017. 12): 375-381; 장영수, 동 · 서독 기본조약 판결, 『판례연구』(고려대) 제7호(1995); 장영수, 급진주의자 결정(Radikalen-Beschluß), 『판례연구』(고려대) 제5집(1991), 139-206; 정문식, 유럽 연합재판소와 독일 연방헌법재판소의 OMT 판결, 『법학논총』(전남대) 제38권 1호(2018.2): 329-365; 정태호, 현행 인구주택총조사의 위헌성: 독일의 인구조사판결(BVerfGE 65, 1)의 법리분석과 우리의 관련 법제에 대한 반성, 『법률행정논총』(전남대) 제20집(2000); 정혜영, 기본권경합에 관한 새로운 판례동향: 독일 연방헌법재판소 결정례의 분석을 중심으로, 『헌법학연구』 제16권 2호(2010); 차진아, 사회국가의 이념과 그 현실적 한계: 소득세를 통한 혼인과 가족생활의 보호에 관한 한국과 독일의 (연방) 헌재 판례를 중심으로, 『헌법학연구』 제13권 3호(2007); 최갑선, 통일가격결정{제2재판부 1995. 6. 22 (BVerfGE 93, 121)}, 『헌법재판자료집』 제10집(헌법재판소, 2002); 최명근, 독일 연방헌법재판소 재산세 위헌결정 요약과 그 시사점, 한국경제연구원, 2006; 최윤철, 종교의 자유와 국가의 종교적 중립성: 교사의 머리수건 착용에 관한 독일 연방헌법재판소의 결정을 중심으로, 『공법연구』 제32집 3호(2004); 한수웅, 동독 체제불법의 형법적 과거청산에 있어서 법치국가적 한계 - 독일 연방헌법재판소 국경수비대 결정에 대한 판례평석을 겸하여 - BVerfGE 95, 96-143. 1996. 10. 24), 『통일과 헌법재판』 제2권, 2017; 한수웅, 선거조약(BVerfGE 82, 322), 헌법재판소, 『독일 통일관련 독일연방헌법재판소 판례번역』, 1997; 허전, 헌법상 언론의 자유와 형법상 명예보호: 독일헌법재판소의 판례를 중심으로, 『법학연구』(충북대) 제11권(2000); 허전, 독일 헌법판례상의 인격권에 관한 몇 가지 고찰, 『법학연구』(충북대) 제12권(2001); 헌법재판소 · 헌법재판연구원, 『독일 연방헌법재판소 결정 목록 및 요약』, 2017; 헌법재판연구원, 『통일과 헌법재판. 1, 독일연방

헌법재판소 결정연구(상)』, 2016; 홍완식, 독일 연방헌법재판소의 낙태판결에 관한 고찰, 『강원법학』 제10호(1998); 홍일선, 일요일과 휴일 보호의 헌법적 의미: 독일 개점법에 대한 연방헌법재판소의 판례를 중심으로, 『강원법학』 제39권(2013. 6), 1-36; 황도수, 언론출판의 자유에 관한 독일연방헌법재판소 판결, 헌법재판소, 『헌법재판자료집』 제8호(1997).

6. 개별 학자

김효전, 독일의 공법학자들(1-12완), 『동아법학』 제12호(1991)~제37호(2005) 완결. 칼 슈미트에 관한 문헌은 헬무트 크바리치편, 김효전 편역, 『반대물의 복합체: 20세기 법학과 정신과학에서 카를 슈미트의 위상』(산지니, 2014); 김효전 편역, 『칼 슈미트 연구: 헌법이론과 정치이론』(세종출판사, 2001)에 한국·일본·독일·영미·프랑스·기타 언어로 된 상세한 문헌목록이 있다. 역서로는 김효전·정태호 옮김, 『정치적인 것의 개념』(살림, 2012); 김효전 옮김, 『헌법의 수호자』(법문사, 2000); 김효전·박배근 공역, 『입장과 개념들: 바이마르-제네바-베르사유와의 투쟁에 있어서 1923-1939』(세종출판사, 2001); 김효전 옮김, 『현대의회주의의 정신사적 지위』(관악사, 2007); 김효전 옮김, 『국민표결과 국민발안·제2제국의 국가구조와 붕괴』(관악사, 2008); 김항 옮김, 『정치신학: 주권론에 관한 네 개의 장』(그린비, 2010); 나종석 옮김, 『현대 의회주의의 정신사적 상황』(도서출판 길, 2012); 홍성방 옮김, 『법률과 판결: 법실무의 문제에 대한 연구』(유로, 2014); 김도균 옮김, 『합법성과 정당성』(도서출판 길, 2015); 김남시역, 『땅과 바다: 칼 슈미트의 세계사적 고찰』(꾸리에북스, 2016).

학위논문은 이계수, 의회주의와 행정법: 칼 슈미트 학설과 그에 대한 비판을 중심으로, 서울대 박사논문, 1997; 이호영, 칼 슈미트 헌법이론 분석과 비판: 예외상태와 정치적인 것의 개념을 중심으로, 건국대 박사논문, 2013; 홍철기, 대표의 허구에 관한 연구: 토마스 홉스·한스 켈젠·칼 슈미트에게 있어서 '대리'와 '현시'의 대표 이론, 서울대 정치학박사 논문, 2016; 김재길, 카를 슈미트의 정치사상 연구 - 정치적 결단주의의 성격과 의미, 한국외대 정치학박사학위논문, 2019.

논설 번역 칼 슈미트, 김효전 옮김, 「법학적 체계형성의 예시로서의 《독일 일반 국법》」, 『유럽헌법연구』 제15호(2014); 정태호역, 바이마르 헌법상의 긴급명령의 국법적 의의: 그 법적 효력을 중심으로, 『경희법학』 제40권 1호(2005);

정태호역, 공용수용개념의 해체, 『경희법학』 제39권 3호(2005); 정태호역, 헌법의 수호자인 라이히 재판소, 『동아법학』 제37호(2005); 정태호역, 기본권과 기본의무(1932), 『동아법학』 제36호(2005); 김효전 옮김, 국제법상의 침략전쟁의 범죄와 「죄형법정주의」 원칙, 『동아법학』 제34호(2004).

논설은 권영설, 바이마르 시대 슈미트의 헌법사상, 『법학논문집』(중앙대) 제23권 1호(1998); 김효전, 카를 슈미트의 프랑스 헌법이론 연구, 東堂 성낙인총장 퇴임기념논문집 『국가와 헌법·I 헌법총론/정치제도론』(법문사, 2018): 191-221; A. 몰러, 김효전역, 칼 슈미트와 보수혁명, 『헌법학연구』 제9권 4호(2003); 박찬권, 제20대 국회 개헌논의의 헌법적 정당성에 관한 비판적 고찰, Rudolf Smend와 Carl Schmitt의 헌법관을 중심으로, 『헌법학연구』 제23권 3호(2017. 9): 463-504.

게오르크 옐리네크에 관하여는 김효전 옮김, 헌법개정과 헌법변천, 『동아법학』 제36호(2005): 145-213 및 동인 편역, 『독일 헌법학의 원천』(산지니, 2018): 235-283에 수록; 정태호 옮김, 국가의 법적 본질, 『독일학연구』(동아대) 제30호(2014. 12); 김효전 옮김, 19세기 독일에서의 정부와 의회 - 이들 관계의 역사적 발전, 『헌법학연구』 제21권 제2호(2015): 343-373 및 동인 편역, 『독일 헌법학의 원천』(산지니, 2018), 429-448.

한스 켈젠에 관하여는 윤재왕 옮김, 『순수법학 초판』(박영사, 2018); 김성룡 옮김, 『규범의 일반이론 1·2』(아카넷, 2016); 변종필·최희수 옮김, 『순수법학』(길안사, 1999); 심헌섭역, 『켈젠의 자기증언』(법문사, 2009); 심헌섭역, 민주주의의 옹호, 『법철학연구』 제13권 2호(2010); 변종필, 『켈젠이 들려주는 법이야기』(자음과 모음, 2008); 김효전 옮김, 정의란 무엇인가?(1952년) 『동아법학』 제76호(2017. 8); 황산덕 옮김, 법과 국가의 일반이론, 『동아법학』 제76호(2017. 8): 267-505.

논설은 박준석, 켈젠, 규범성, 권위, 『법철학연구』 제14권 2호(2011); 오세혁, 한스 켈젠의 위헌법률이론 - 규범충돌 및 폐지와 관련하여, 『법철학연구』 제1권(1998), 105-138; 이동희, 사회기술로서의 법과 형식적 법치국가 - H. Kelsen의 이론을 중심으로, 『법학연구』 제15집 2호(2012), 59-84.

헤르만 헬러에 관하여는 김효전 옮김, 『바이마르 헌법과 정치사상』(산지니, 2016); 김효전 옮김, 『주권론』(관악사, 2004); 김효전 옮김, 헤겔과 독일에서의 국민적 권력국가사상(1)(2), 『동아법학』 제40호(2007) 및 제63호(2014); 김효전 옮김, 유럽과 파시즘(1)(2)(3), 『동아법학』 제43호-45호(2009); 김효전 옮김, 사회주의와 국민(1)(2), 『동아법학』 제46-47호(2010); 김효전 옮김, 현대의 국가이론과 법이론의 문제성에 대한 논평, 『헌법학연구』 제20권 1호(2014); 동인 옮김, 국가·국민 그리고 사회민주주의(1931), 『유럽헌법연구』 제16호(2014); 동인 옮김, 바이마르 헌법론, 『독일학연구』 제30호(2014); 박영도, 헤르만 헬러의 생애와 사상, 『배준상교수 정년기념논문집』(법원사, 1997); 한스 페터 슈나이더, 박영도역, 실증주의·국민·주권 - Hermann Heller와 Gustav Radbruch의 관계, 『之岸 김지수교수 정년기념논문집』(법률출판사, 2003), 461-481.

뢰벤슈타인은 우디 그린버그, 이재욱 옮김, 『바이마르의 세기』(회화나무, 2018); 김기범 옮김, 현대헌법론(1)(2), 『동아법학』 제74호(2017. 2): 195-511 및 제75호(2017. 5): 311-462; 허경, Karl Loewenstein의 헌법관, 효산 김계환교수회갑기념논문집 『헌법학과 법학의 제문제』(박영사, 1996): 40-52.

뵈켄회르데는 김효전, E.-W. 뵈켄회르데 저작 수용의 국제 비교, 『헌법학연구』 제25권 1호(2019); 이계일, 민주주의의 전제조건에 관한 고찰: 뵈켄회르데 테제를 중심으로, 『헌법학연구』 제19권 2호(2013); 이계일, 사법의 민주적 정당화 : 인적 정당성 문제에 관한 독일의 논의를 중심으로, 『법철학연구』 제16권 3호(2013).

이계일, 헤벌레(P. Häberle)의 '공적 과정으로서의 헌법이론'에 대한 법철학적 고찰, 『공법학연구』 제12권 제4호(2011); 계희열 옮김, 독일의 헌법소원제도, 『헌법논총』 제11집(2000); 김효전편, Peter Häberle Bibliographie, 『동아법학』 제9호(1989).

김대환 대표 편역, 『민주적 헌법국가: 슈타르크 헌법논집』(시와진실, 2015); 김대환역, 헌법질서와 정치과정에서 연방헌법재판소, 『세계헌법연구』 제20권 3호(2014); 김대환역, 기본권은 어떻게 사법으로 들어와 효력을 발휘하는가? 금랑 김철수선생 팔순기념논문집 『헌법과 기본권의 현황과 과제』(경인문화사, 2012; 원문 수록); 김대환역, 권력분립과 헌법재판, 『동아법학』 제46호(2010); 김대환역, 법을 수용하는 이유·조건·형식, 『서울법학』 제18권 1호(2010); 김대환역, 연구의 자유와 한계, 『경성법학』(2006); 김대환역, 배아의 도덕적 지위, 『법과 사회』 제25호(2003); 김효전편, Christian Starck 저작목록, 『동아법학』 제32호(2003); 송석윤역, 국민적 기본 콘센서스와 헌법재판소, 『세계헌법연구』 제6호(2001); C. Starck, 독일 의원내각제의 안정성, 『정부형태 어떻게 할 것인가?』(대한민국학술원, 2009).

포르스토프에 관하여는 길준규, 포르스트호프의 생애와 생존배려사상: 한 나치스 법학자의 생애와 사상, 『공법연구』 제37집 4호(2009); 김민규, 사회적 법치국가에 관한 구조분석: Ernst Forsthoff의 이론을 중심으로, 『동아법학』 제19호(1995); 양천수, 생존배려 개념의 기원: 법철학의 시각에서 본 포르스트호프의 사회보장법체계, 『영남법학』 제26호(2008); 이상덕, Ernst Forsthoff의 행정법학 방법론 연구: 급부행정론과 제도적 방법론을 중심으로, 서울대 석사논문, 2003; 이은선, 생존배려(Daseinsvorsorge) 개념에 관한 연구: 에른스트 포르스츠호프(Ernst Forsthoff)의 이론을 중심으로, 고려대 석사 논문, 2002.

오토 마이어는 박정훈, 오토 마이어(1846-1924)의 삶과 학문, 『행정법연구』 제18호(2007), 199-230; 동인, 독일 공법학과 오토 마이어(Otto Mayer), 한국행정판례연구회편, 『공법학의 형성과 개척자』(박영사, 2007): 1-48.

뮐러에 관하여는 이덕연 옮김, 『법텍스트와 텍스트작업』(법문사, 2005); 김명재, 규범구체화요소와 요소 상호 간의 기능적 관계 - 프리드리히 뮬러의 규범구체화 방법론을 중심으로, 『법학논총』(전남대) 제37권 4호(2017. 11): 31-60; 김명재, Friedrich Müller의 규범구체화 방법론, 『법학논총』(전남대) 제36권 4호(2016. 12): 7-35.

하버마스에 관하여는 한상진 · 박영도 공역, 『사실성과 타당성: 담론적 법이론과 민주주의적 법치국가 이론』(나남출판, 2000); 한승완역, 『공론장의 구조변동: 부르주아 사회의 한 범주에 관한 연구』(나남출판, 2001); 박진완, Jürgen Habermas의 국제질서이론과 UN헌장의 세계헌법적 성격, 東堂 성낙인총장 퇴임기념논문집 『국가와 헌법 · I 헌법총론/정치제도론』(법문사, 2018): 806-838.

미하엘 슈톨라이스, 조동현 옮김, 『법의 눈』(큰벗, 2017).

7. 기타

사회적 시장경제는 한넬로레 하멜편, 안병직 · 김호균 옮김, 『사회적 시장경제 · 사회주의 계획경제』(아카넷, 2001); 이규석 · 이유정 · 정연진 · 최용호 공역, 『사회적 시장경제 : 독일 경제정책 A에서 Z까지』(주한 독일 콘라드 아데나워 재단, 2005). 정호열, 독일의 사회적 시장경제, 우리의 모델일까, 東堂 성낙인총장 퇴임기념논문집 『국가와 헌법 · I 헌법총론/정치제도론』(법문사, 2018. 6): 486-494.

기타 김남철, 갈등관리수단으로서의 공법상의 조정: 독일과 한국의 공법상

조정제도의 비교를 중심으로, 『공법연구』 제34집 4권 2호(2006); 김삼룡, 조종미디어로서의 법률의 조종능력과 그 한계: 독일에서의 조종문제 논의를 고려하여, 『공법연구』 제36집 3호(2008); 김삼룡, 법률의 헌법적 조종요청, 『헌법학연구』 제9집 2호(2003).

지방자치에 관하여는 숄러, 김해룡역, 『독일 지방자치법연구』(한울, 1994).

논설은 김대환, 독일의 지방자치행정보장: 내용과 제한 그리고 그 한계: 특히 과잉금지의 적용여부, 『공법연구』 제33집 1호(2004); 김성윤, 독일의 지방자치제와 통일, 『지방자치』 제87호(1995); 김해룡, 독일의 지방행정체제의 개편(구역개편), 『외법논집』(한국외대) 제24집(2006); 백승주, 현행 지방자치단체 재정조정제도의 개선에 관한 연구: 독일의 지방자치단체 재정조정제도와의 비교를 중심으로, 『공법연구』 제35권 1호(2006); 장선희, 지방자치단체 파산의 특수성에 관한 연구: 지방자치단체 파산 관련 독일의 논의를 중심으로, 『세계헌법연구』 제17권 1호(2011).

기타 방승주, '2003 법조인양성개혁법'에 따른 독일의 사법시험제도, 『서울대법학』 제45권 4호(2004); 조홍석 · 변학수, 한국과 독일의 법의식의 문화적 토대, 『공법학연구』 제9권 4호(2008) 등.

서평 김철수평, 『바이마르 헌법과 정치사상』(헤르만 헬러 지음/김효전 옮김), 『대한민국학술원통신』 제285호(2017. 4. 1): 15-16; 정태호평, 『바이마르 헌법과 정치사상』(헤르만 헬러 지음/김효전 옮김), 『공법연구』 제45집 4호(2017. 6): 281-285; 정태호평, 김효전 옮김, 카를 슈미트외, 『독일 헌법학의 원천』. 『대한민국학술원통신』 제301호(2018. 8. 1): 15-17; 박진완평, 김효전 옮김, 카를 슈미트외, 『독일 헌법학의 원천』, 『공법연구』 제47집 2호(2018. 12): 383-388.

II. 미국 헌법

1. 일반 및 개설

문헌목록은 미국헌법연구소편, 『미국헌법문헌』(연도 미상)이 있으며, **개설서**로는 강승식, 『미국 헌법학 강의』(궁리, 2007); 박홍우, 『미국 헌법』(사법연수원, 2007); 『미국 헌법』(사법연수원, 2008); 안경환, 『미국헌법의 이해』(박영사,

2014).

헌법 조문 번역은 마이클 레스 베네딕트, 이병규 옮김, 『미국 헌법의 역사: 자유와 민주주의』(아이스쿨, 2014), 264-278; 조지형, 『미국 헌법의 탄생』(서해문집, 2012), 317-345; 국회도서관, 『세계의 헌법 I』(2010), 466-481; 강승식, 『미국헌법학강의』(궁리, 2007); 로버트 달, 박상훈 · 박수형 옮김, 『미국 헌법과 민주주의』(후마니타스, 2004), 255-280; 문홍주, 『미국 헌법과 기본적 인권』(유풍출판사, 2002), 936-975(원문 수록); 제임스 매클렐런, 변정일 옮김, 『자유, 질서 그리고 정의』(범양사출판부, 1992), 401- 414; 헌정제도연구위원회, 『세계각국헌법전』(I)(1986), 267-286; 국제문제조사연구소, 『각국헌법자료집』(1980.2), 11-23; 국회도서관 법제자료실, 『미 · 독 · 불헌법』, 1971(외국의 법제자료 제1집); 아메리카합중국헌법, 강병두, 『혁명헌법』, 수학사, 1961, 부록, 157-168면; 아메리카합중국 헌법(1787. 9. 17), 김정실편, 『세계헌장』(삼중당, 1947), 202-220.

고전과 기본자료, 헌법 일반은 나종일편, 『자유와 평등의 인권선언 문서집』(한울아카데미, 2012); 알렉산더 해밀턴/제임스 매디슨/존 제이, 김동영 옮김, 『페더랄리스트 페이퍼』(한울아카데미, 1995); 알렉시스 드 토크비유, 이용재 옮김, 『아메리카의 민주주의』(아카넷, 2018); 알렉시스 드 토크빌, 임효선 · 박지동 옮김, 『미국의 민주주의 I, II』(한길사, 1997); A. 토크빌 원저, 윤지근 편저, 『다시 보는 미국의 민주주의』(신원문화사, 2009); 토머스 페인, 박홍규 옮김, 『상식 · 인권』(필맥, 2004); C. H. 머킬웨인, 김준환역, 『헌법과 정치 - 입헌이론의 사적 전개』(법문사, 1961, 266); 에드워드 S. 코오윈, 엄민영 · 이경호 · 김치선 공역, 『(축조) 미국헌법: 그 현대적 해석』(수도문화사, 1960, 354); 패터슨, 엄민영 · 서돈각 · 전원배 공역, 『법철학』(을유문화사, 1963); 루이스 마이어스, 엄민영역, 『미국법제개론』(상 · 하)(수도문화사, 1958-1959); 찰스 A. 비어드, 양재열 · 정성일 옮김, 『미국 헌법의 경제적 해석』(신서원, 1997); 같은 역자의 신판은 (지식을만드는지식, 2009); 제임스 M. 뷰캐넌, 공병호 · 조창훈역, 『헌법적 질서의 경제학과 윤리학』(자유기업센터, 1996); 버나드 베일린, 배영수 옮김, 『미국 혁명의 이데올로기적 기원』(새물결, 1999); 조익제편, 『미국법입문 1. 헌법과 계약법』(법영사, 2004); 최문기, 『미국법입문』(세종출판사, 2014); 로버트 잭슨, 옥동석 옮김, 『주권이란 무엇인가』(21세기북스, 2016); Brian Z. Tamanaha, 이헌환역, 『법치주의란 무엇인가: 역사 정치 이론』(박영사, 2014); 프리드리히 A. 하이에크저, 민경국 · 서병훈 · 박종운역, 『법, 입법 그리고 자유』

(자유기업원, 2018).

헌법제정사는 마이클 레스 베네딕트, 이병규 옮김, 『미국 헌법의 역사: 자유와 민주주의』(아이스쿨, 2014); 정경희, 『중도의 정치: 미국 헌법 제정사』(서울대 출판부, 2000); 칼 밴 도렌, 박남규 옮김, 『미국을 만든 사람들의 이야기』(범한, 1997); 주한미국대사관 공보과편, 『살아있는 미국 역사와 민주주의 문서』(2006); 조지형, 『헌법에 비친 역사 - 미국 헌법의 역사에서 우리 헌법의 미래를 찾는다』(푸른역사, 2007); 로렌스 M. 프리드만, 안경환 옮김, 『미국법의 역사』(청림출판, 2006); 커미트 L. 홀·피터 카스텐 지음, 손세정 옮김, 『미국법의 역사와 문화』(라티오, 2009); 토머스 제퍼슨 지음, 마이클 하트 서문, 차태서 옮김, 『독립선언문』(프레시안 북, 2010); 칼 밴 도렌 지음, 박남규 옮김, 『미국헌법 제정사』(홍익출판사, 2010); 카알 반 도렌저, 안일역, 『미국헌법제정사』(인물계사, 1960); 김형곤, 『조지 워싱턴: 초대 대통령』(선인, 2011); 정경희, 『토머스 제퍼슨: 제3대 대통령』(선인, 2011); 이병규, 『토마스 제퍼슨의 이해』(세종출판사, 2005); 마이클 레스 베네딕트, 이병규 옮김, 『자유와 민주주의: 미국헌법의 역사』(아이스쿨, 2014); 미들코프, 이종인 옮김, 『위대한 대의 미국 혁명 1763-1789』(사회평론, 2017).

[논설] 권영설, 미국 헌법의 사상적 및 역사적 기초, 『미국헌법연구』 제10호(1999); 김성수·강승식, 미국 입헌주의에 관한 연구, 『미국헌법연구』 제16권 2호(2005); 김운룡, 국가권력의 축소와 시민의 자유제도화, 『신동아』 1987년 7월호 (특별기획: 미국헌법 200주년); 김익성, 미국 헌법의 보수주의적 성향에 대한 정치사상적 연구: 보수성의 기원을 중심으로, 『사회과학연구』 제26권 1호(2010); 손병권, 연방주의자 논고에 나타난 해밀턴의 대통령제 인식과 그 현대적 검토, 『현대정치연구』(서강대) 제2권 2호(2009); 안경환, 미국헌법 이론사의 개관, 권영성교수 정년기념논문집 『헌법규범과 헌법현실』(법문사, 1999); 안경환, 미국 독립선언서 주석, 『국제지역연구』(서울대) 제10권 2호(2001); 이병규, 토머스 제퍼슨의 헌법사상, 동아대 박사논문(2009); 이병규, 토마스 제퍼슨의 사법권에 관한 사상, 『미국헌법연구』 제21권 1호(2010); 이상경, 미국 연방헌법의 사상적 배경에 관한 연구: 공화주의 사상을 중심으로, 서울대 석사논문(2004); 이금옥, 미국 입헌주의의 역사적 전개, 『공법연구』 제27집 1호(1998); 장인호, 미국 헌정사에서 Philadelphia 제헌회의의 의미와 시사점, 『미국헌법연구』 제29권 1호('18. 4): 195-230; 정경희, 미국 헌법 제정에 있어 제임스 매디슨의

역할, 서울대 석사논문, 1998; 정연철, 미국의 입헌주의,『공법학연구』제3권 2호(2002); 변정일, 미국 헌법이 아시아 각국 입헌주의에 미친 영향, 건국대 박사논문(1995). 이 논문은『미국 헌법과 아시아 입헌주의』(고시연구사, 1995)로 출간됨. 기타 정태욱, 민주주의와 법치주의의 관계에 대한 한 시론: 미국의 노예제 폐지의 헌정사를 중심으로,『서울대 법학』제49권 3호(2008); 황해붕, 이해대립을 대타협으로 극복한 연방헌법,『신동아』1987년 7월호 (특별기획: 미국헌법 200주년).

한국과 관련해서는 양자오저, 박다짐역,『미국 헌법을 읽다: 우리의 헌법을 더 잘 이해하기 위하여』(유유, 2018); 김효전, 미국 헌법이론의 초기수용(I)(II),『인권과 정의』2004년 8월 · 9월호; 박종현, "1962년 헌법"의 준비과정에서의 미국 헌법에 관한 논의 - 미국 헌법의 계수에 대한 실증적 평가,『법학논총』제27권 3호(2010); 송기춘, 미군정하 군정재판에 관한 소고: 미군 점령통치기의 재조선 미육군사령부 문서를 중심으로,『공법학연구』제7권 4호(2006); 안경환, 미국 헌법사상과 한국의 헌법개혁,『헌법학연구』제12권 3호(2006); 안경환, 미국헌법이 주는 교훈은 무엇인가,『신동아』1987년 7월호 (특별기획: 미국헌법 200주년); 윤명선, 미국 연방헌법: 어떻게 수용할 것인가? - 미국 헌법이 한국 헌법에 미친 영향,『비교법연구』제13권 2호(2013. 10); 이택선, 미군정 법률고문 퍼글러(Charles Pergler)의 생애 - 퍼글러 페이퍼를 중심으로,『숭실사학』37호(2016. 12): 285-317; 정영서, 미국 헌법에 대한 비판적 고찰방식을 통한 대한민국 헌법의 개선방향의 제안,『헌법연구』제2권 1호(2015); 정영화, 한국 헌법재판소와 미국 연방대법원의 헌법해석의 비교연구,『홍익법학』제18권 2호(2017); 최경옥, 미군정하 사법부와 제헌헌법의 성립과정: Ernst Fraenkel의 논평과 관련하여,『공법연구』제34집 2호(2005); 허원헌, 미국 헌법과 조선 헌법에 대한 비교법적 연구,『미국헌법연구』제18권 2호(2007). 이 글은 비교의 전제조건을 망각하고 있다.

정당과 **민주주의**는 E. E. 샤츠슈나이더, 현재호 · 박수형 옮김,『절반의 인민주권』(후마니타스, 2008); 로버트 달, 박상훈 · 박수형 옮김,『미국 헌법과 민주주의』(후마니타스, 2004; 개정판, 2016); 로버트 달, 조기제 옮김,『민주주의와 그 비판자들』(문학과지성사, 1999); 아베 타케마츠(阿部竹松), 이병규 옮김,『미국 헌법과 민주제도』(세종출판사, 2005). 논설로는 한태연, 미국에 있어서의 직접민주제의 현황,『미국헌법연구』제10호(1999); 장석권, 미국 정당제도의 특수성, 『미국헌법연구』 제8호(1997); 기타 박규하, 미국의 통치체계에 있어서 대의제적 요소와 국민투표제적 요소, 『미국헌법연구』 제8호(1997); 박상철, 미국정당공천시스템의 자율화 경향 분석, 『미국헌법연구』 제20권 1호(2009); 윤명선, 대의제와 시민참여: 미국의 시민참여제도를 중심으로, 『공법연구』 제24집 2호(1996).

선거에 관하여는 김종갑, 오픈 프라이머리 도입 논의와 한국적 수용가능성, 『사회과학연구』 제15집 2호(2007); 도회근, 미국의 예비선거에서 유권자 참여의 한계, 『공법연구』 제32집 4호(2004); 송봉섭 외, 미국의 선거운동의 자유와 규제에 관한 연구, 『선거연구』 창간호(2010); 이상돈, 미국의 프라이머리(예비선거) 제도에 관한 연구, 『법학논문집』(중앙대) 제34집 3호(2010); 이정진, 오픈 프라이머리 법제화 논의와 쟁점, 『이슈와 논점』(국회입법조사처) 제1045호(2015. 8. 6); 이정진, 오픈 프라이머리 도입 논의와 시사점, 『이슈와 논점』 2012. 6; 이현우, 미국 예비선거 경험과 한국의 완전국민경선제, 『시대정신』 제33호(2006); 정만희, 오픈 프라이머리(완전국민경선제) 도입론의 헌법적 검토, 『동아법학』 제69호(2015), 1-42; 정만희, 미국의 예비선거제도에 관한 연방대법원 판례, 『동아법학』 제31호(2002).

헌법해석 · 최고법규성. 김지영, 『미국의 헌법해석론』(헌법재판연구원, 2018); 로렌스 트라이브-마이클 도르프, 허순철역, 『헌법해석론』(행법사, 1996); 스티븐 브라이어, 이국운 · 장철준 공역, 『역동적 자유: 민주주의 헌법을 해석하는 방법』(사회평론 아카데미, 2016); 권혜령, 헌법해석론으로서 "살아있는 헌법(The Living Constitution)" 개념의 전개와 의의 - 미국의 두 가지 해석론의 발전을 중심으로, 『헌법학연구』 제21권 2호(2015), 71-115; 김형남, 미국의 헌법해석에 관한 방법론, 『헌법학연구』 제3집(1997); 김철, 포즈너의 헌법학 방법론 소개(I), 『헌법학연구』 제8권 1호(2002); 박성우, 민주주의와 헌정주의의 갈등과 조화: 미국헌법해석에 있어서 원본주의(Originalism) 논쟁의 의미와 역할, 『한국정치학회보』 제40권 3호(2006); 성재호, 미국 헌법 제6조 2항의 해석과 관행, 『미국헌법연구』 제21권 1호(2010); 손세호, 주요 노예폐지론자의 헌법해석: 개리슨, 필립스, 더글러스, 『미국사연구』 제35호(2012), 33-57; 안경환, 미국 헌법과 자유주의, 『자유주의란 무엇인가』(삼성경제연구소, 2001); 안경환, 수출상품으로서의 미국 헌법, 청담최송화교수 화갑기념논문집 『현대공법학의 과제』(박영사, 2002); 이계일, 헌법해석에 있어 법과 사회의 상호작용: 볼킨(J. Balkin) 법이론에 있어 헌법해석 주체의 다원적 확장과 위헌심사의 민주적 정당성의 기초, 『법과 사회』 제42호(2012); 정영화, 미국 연방대법원의 헌법해석의 진화와 쟁점, 『홍익법학』 제16권 4호(2015); 차강진, 미국 연방대법원의 역할과 헌법해석방법, 『법학연구』(부산대) 제40권 1호(1999).

헌법개정에 관하여는 김명식, 미국 헌법상 개정금지조항에 관한 연구, 『미국헌법연구』 제27권 3호(2016); 김성호, 헌법개정의 정치이론: 미국 연방헌법 제5조를 중심으로, 『한국정치학회보』 제40집(2006); 김형남, 미국 연방주의(Federalism)와 지방정부(Local Government) 개념에 입각한 헌법개정안 연구, 東堂 성낙인총장 퇴임기념논문집 『국가와 헌법 · I 헌법총론/정치제도론』(법문사, 2018): 123-143; 윤명선, 연방헌법의 개혁: 그 제안과 과제, 『미국헌법연구』 제16권 2호(2005); 이병규, 미 연방헌법 제5조와 헌법의 변화, 『공법학연구』 제17권 4호(2016); 전광석, 미국 헌법의 개정 논의, 『미국헌법연구』 제20권 1호(2009); 마크 터쉬넷, 헌법개정에 관한 고찰, 『헌법재판연구』(헌법재판연구원) 제5권 1호(2018. 6): 71-97.

국제법과 헌법, 성재호, 미국 헌법 제6조 2항의 해석과 관행, 『미국헌법연구』 제21권 1호(2010).

기타 정하명, 미국에 있어서 고위공직자에 요구되는 청렴성, 도덕성의 기준: 미국의 1989년 윤리개혁법을 중심으로, 『공법학연구』 제9권 3호(2008); 정하명, 미국법에서의 공법과 사법의 구별, 『공법연구』 제37집 3호(2009) 등.

2. 기본권

단행본으로는 김지영, 『미국 헌법상 열거되지 않은 권리의 보장 체계』(헌법재판연구원, 2017. 2); 문홍주, 『미국 헌법과 기본적 인권』(유풍출판사, 2002); 장호순, 『미국 헌법과 인권의 역사: 민주주의와 인권을 신장시킨 명판결』(개마고원, 1998, 2007); 이노홍, 『미국 헌법상 기본권효력』(홍익대 출판부, 2007); 박승옥, 『미란다 원칙 - Miranda Rule』(법수레, 2007); 멜빈 I. 우로프스키, 박강순 옮김, 『국민의 권리: 개인의 자유와 권리장전』(미국 국무부 발행, 2004); 정상환, 『검은 혁명』(지식의 숲, 2010); 앤서니 루이스 지음, 박지웅 · 이지운 옮김, 『우리가 싫어하는 생각을 위한 자유: 미국 수정헌법 1조의 역사』(간장, 2010); 데이비드 펠멘, 김기범역, 『피고인의 권리』(수도문화사, 1960).

논설로는 권영설, 반테러과정의 법치주의와 인권보호: Hamdan 판결의 의의, 『미국헌법연구』 제19권 1호(2008); 김하열, 미국 주대법원의 적극적 기본권

보장과 그 한계 - 캘리포니아주를 중심으로, 『저스티스』 통권 165호(2018. 4): 5-32; 박종보, 미국 헌법상 기본권의 체계와 이론적 특징, 『미국헌법연구』 제17권 1호(2006); 윤명선, 미국식 기본권보장의 한 모형, 『미국헌법연구』 제8호(1997); 박경신, 드워킨의 정치적 신념: 자유·평등 그리고 생명의 사이, 『고려법학』 제57호(2010); 심경수, 미국 헌법의 권리장전에 대한 개관, 『법학연구』(충남대) 제11권 1호(2000); Steven M. Laprada, 미국 헌법상 조약과 행정협정의 종료, 『법학논총』 제36권 2호(2012); 정상익, 미국 헌법상의 행정협정, 『세계헌법연구』 제16권 1호(2010); 이동희, 드워킨(R. Dworkin)의 도덕적 권리론, 『법학논총』(단국대) 제33권 2호(2009); 이재명, 미국 헌법상 기본권조항과 한국헌법에 미친 그 영향, 『헌법학연구』 제3집(1997); 석인선, 미국 헌법상 기본적 권리(Fundamental right)론의 전개와 평가, 『세계헌법연구』 제13권 1호(2007); 함재학, 미국 헌법학에서의 기본권론의 전개, 『법과 사회』(2001); 김학신, 미국의 디지털 범죄와 헌법상 영장주의, 『미국헌법연구』 제20권 1호(2009); 김훈범, 유럽연합과 미국의 잊힐 권리에 관한 입법 소고, 『유럽헌법연구』 제20호, 39-73; 명재진, 미국 공무원제도와 공무원 기본권, 『미국헌법연구』 제19권 2호(2008); 전상현, 미국 헌법상 법인(法人)의 기본권에 관한 소고(小考), 『미국헌법연구』 제27권 3호(2016); 조소영, 광범위성 원칙(the Overbreadth Doctrine)의 헌법적 의미와 기능에 대한 일 고찰, 『공법연구』 제35집 4호(2007); 조재현, 혐연권의 기본권성에 관한 연구, 『미국헌법연구』 제18권 2호(2007); 이한주, 미국과 캐나다에서의 국제적인 인권보호위반에 관한 소송, 『공법학연구』 제5권 1호(2004).

행복추구권은 유은정, 미국 헌법 문서의 행복 및 안전에 관한 권리의 검토: 우리 헌법상 행복추구권의 새로운 해석 가능성, 『법학논총』 제35호('16. 1); 이재승, 항복추구권의 기원과 본질, 『민주법학』 제38호(2008).

기본권의 사인 간에서의 효력에 관하여는 이노홍, 『미국 헌법상 기본권효력』(홍익대 출판부, 2007). 논설은 김영수·조규범, 미국 헌법에서 국가행위론의 현대적 전개, 『미국헌법연구』 제14호(2003); 도회근, State Action 이론과 기본권의 제3자적 권리, 『사회과학논집』(울산대, 1996); 박종보, 미국 헌법상 정부행위이론의 법리와 그 대안, 『강원법학』 제50호(2017); 이노홍, 미국 연방헌법상 국가행위(State Action) 이론에 관한 연구, 이화여대 박사학위논문, 2002; 이노홍, 기본권 대사인적 효력에 관한 미연방대법원의 심사기준: 공적 기능이론(Public Function Theory)을 중심으로, 『미국헌법연구』 제15권 1호(2004);

이종근, 국가행위이론에 관한 일고 - 사법적 수용이론에 대한 미국에서의 최근 논의를 중심으로, 『동아법학』 제65호(2014); 이종근, 미국 헌법상의 규제적 수용의 법리, 『토지공법연구』 제37집 1호(2007); 임지봉, 주행위이론과 미국 연방대법원, 『미국헌법연구』 제21권 1호(2010); 조규범, 미국 헌법의 국가행위론에서의 국가연계분석에 관한 연구, 『공법연구』 제31집 3호(2003); 한병호, 기본권의 대사인적 효력: 미국 연방헌법상의 국가행위이론을 중심으로, 『사회과학연구논총』(한국해양대, 1995).

개별 기본권은 안경환, 미국 연방헌법 수정 제2조(무기소장권)의 의미, 『서울대 법학』 제38권 3·4호(1997); 이우영, 미국 인신보호영장제도(Habeas Corpus) 분석: 헌법적 논점을 중심으로, 『공법연구』 제35집 4호(2007); 강승식, 헌법에 열거되지 아니한 권리: 미 수정헌법 9조를 중심으로, 『미국헌법연구』 제15권 1호(2004); 권혜령, 미국 연방헌법상 헌법에 열거되지 아니한 권리의 분석방법: 실체적 적법절차론과 수정 제9조에 의한 분석론, 『공법학연구』 제10권 1호(2009); 김현철, 미국 헌법상 근본적 권리와 한국 헌법상 열거되지 아니한 자유와 권리의 도출근거, 『법학논총』 제20집 2호; 안경환, 미국 연방헌법 수정 제9조의 의미, 『서울대 법학』 제38권 2호(1997); 석인선, 미국의 불법이민 및 그 자녀의 법적 지위 관계 입법의 위헌성에 관한 연구, 『미국헌법연구』 제10호(1999); 홍완식, 미국의 아동대상 성범죄 관련 법률에 대한 입법론적 검토, 『세계헌법연구』 제16권 3호(2010); 류성진, 미성년 범죄자와 미국 수정 헌법 제8조 해석의 전망, 『외법논집』(2013); 황경환, 미국 헌법상 기본권 제한원리(strict scrutiny를 중심으로)의 연구, 『법학연구』 제22권 4호(2014).

적법절차에 관하여는 강승식, 절차적 적법절차의 본질에 관한 연구, 『미국헌법연구』 제25권 2호(2014); 권영설, 미국 헌법상 신체의 자유보장, 『고시계』 1995년 8월호; 박규하, 미국 헌법상의 적법절차조항과 행정행위에 대한 절차, 현제 김영훈박사화갑기념 『공법학의 제문제』(법문사, 1995); 박종보, 미국 헌법이 한국 헌법에 미친 영향: 적법절차와 평등보호를 중심으로, 『법학논집』(한양대) 제24집 2호(2007); 서주실, 수정헌법 제4조와 영장제의 예외, 『미국헌법연구』 제9호(1998); 성기용, 미국 헌법상 실체적 적법절차의 법리, 『미국헌법연구』 제18권 1호(2007); 오광수, 미국 헌법상 형사절차에서의 기본권보호에 관한 연구, 성균관대 박사논문, 2004; 유희일, 미국 헌법상 적법절차조항의 한국적 수용, 『미국헌법연구』 제16권 1호(2005); 윤영미, 형사피해자의 재판절차진술권에 대한 헌법적 고찰: 미국에서의 논의를 참조하여, 『헌법학연구』 제15권

4호(2009); 이상경, 미국 연방헌법상의 적법절차 조항과 경제적 자유권과의 관계 및 함의, 『헌법학연구』 제19권 4호(2013); 이정복, 미국 헌법과 적법절차의 발전, 『헌법학연구』 제2집(1996); 이종근, 실체적 적법절차 원리의 헌법적 기능 - 미국에서의 논의를 중심으로, 『아주법학』 제9권 1호(2015); 이현수, 헌법상 적법절차에 관한 비교법적 연구, 서울대 석사논문, 1994; 임지봉, 미국 헌법상의 적법절차조항과 그 운용, 『미국헌법연구』 제13호(2002); 임지봉, 적법절차 조항의 우리 헌법에의 도입과 그 적용, 『헌법학연구』 제11권 3호(2005); 이제관, 미국의 범죄피해자 보호제도에 관한 고찰, 『해외연구검사논문집(I)』 제21집(2006); 조지형, 적법절차의 발전과 대서양 세계의 법문화: 미국 헌법 수정조항 제5조를 중심으로, 『세계헌법연구』 제14권 2호(2008).

배심제도는 김대성, 미국에서의 배심원의 양형 참여, 『형사법연구』 제21권 1호(2009); 김동복, 한·미 형사배심재판제도에 관한 비교법적 연구, 『인문사회21』 제7권 6호(2016); 김상준, 『미국 배심재판제도의 연구』(이화여자대학교 출판부, 2003). 논설로는 권영설, 민사배심재판의 권리에 관한 몇 가지 헌법문제, 『미국헌법연구』 제12호(2001); 권영설, 배심제도의 개혁논의와 그 헌법상 쟁점, 『미국헌법연구』 제11호(2000); 권영설, 미국의 배심제도, 『미국헌법연구』 제7호(1996); 배용찬, 미국 배심재판제도에서의 배심원 선정 방법, 『형사법의 신동향』 제28호(대검찰청, 2010); 성선제, 미국의 형사배심제도, 『미국헌법연구』 제14호(2003); 송현정, 미국의 증거배제신청(Motion in Limine) 절차 분석 및 시사점, 『미국헌법연구』 제29권 1호('18. 4): 125-156; 안경환, 미국 연방헌법의 배심조항, 『미국헌법연구』 제12호(2001); 오경식, 미국의 기소 대배심 운영과 한국의 도입 방안, 『형사법의 신동향』 제28호(대검찰청, 2010); 이성기, 검사의 부당한 공소제기를 방지하기 위한 미국 기소 대배심제(Grand Jury)의 수정적 도입에 관한 연구, 『강원법학』 제38권(2013); 이세인, 미국의 형사배심재판에 관한 연구 - 배심원 선정 절차를 중심으로, 『법조』 제57권 12호(2008); 정만희, 미국의 배심제도 - 한국의 국민사법참여제도 도입방안에의 시사점, 『공법연구』 제35권 1호(2006); 조성제·송재현, 미국의 배심제도, 『국가위기관리학회보』 제5권 1호(2013); 한상훈, 미국 배심제에서 배심원 선정 절차, 『저스티스』 94호(2006); 홍석한, 미국의 배심제와 그 시사점, 『미국헌법연구』 제29권 1호('18. 4): 259-290.

죽음에 관하여는 모르간 스캇 펙, 조종상 옮김, 『죽음을 선택할 권리』(율리시즈, 2018); 김명식, 미국헌법상 안락사와 존엄사에 관한 연구, 『헌법학연구』 제16권

1호(2010); 김명식, 미국헌법상 '죽을 권리'의 근거에 관한 일 고찰, 『성균관법학』 제16집(2004); 허순철, 미국 헌법상 의사조력 자살, 『토지공법연구』 제49호(2010); 황도수, 죽음 문제에 관한 우리나라와 미국 판례이론의 비교 연구, 『미국헌법연구』 제24권 2호(2013).

낙태 문제는 김형남, 미국 헌법상 낙태 및 태아의 생명권에 대한 논의와 판례분석, 『미국헌법연구』 제16권 1호(2005); 나달숙, 미국에서의 낙태에 관한 법적 논쟁, 『법학논총』(단국대) 제32권 2호(2008); 도회근, 낙태에 관한 헌법이론적 연구: 미국의 헌법학계의 논의를 중심으로, 『헌법학연구』 제3집(1997); 이명구, 낙태반대운동과 표현의 자유, 『미국헌법연구』 제8호(1997); 지규철, 미국과 독일의 낙태 판결에 관한 비교법적 고찰, 『공법학연구』 제9권 1호(2008); 최희경, Casey 판결상의 부당한 부담심사기준, 『헌법학연구』 제8집 3호(2002); 최희경, 미국 낙태법상의 부모동의요건과 사법적 우회절차, 『헌법학연구』 제9집 4호(2003).

유전자 등의 문제는 김영훈, 미국의 인공적 임신에 관한 공법적 고찰, 『미국헌법연구』 제9호(1998); 이금옥, 미국 헌법상 '인간복제'에 관한 논의, 『공법연구』 제31집 5호(2003); 정연철, 미국에 있어서 장기이식과 인권, 『공법연구』 제23권 2호(1995); 정연철, Human Cloning에 관한 미국 헌법학계의 논의, 『공법학연구』 제7권 1호(2006); 허전 · 정덕영, 헌법상 유전정보보호와 의사의 고지의무: 미국의 사례를 중심으로, 『헌법학연구』 제15권 2호(2009).

정보공개, 프라이버시에 관하여는 김동복, 미국헌법상 프라이버시권의 보장근거: 실체적 적법절차이론을 중심으로, 『한국동북아논총』 제18집(2001); 김배원, 미국의 '역'정보공개소송에 관한 고찰, 『공법학연구』 제7권 1호(2006); 김배원, 정보공개제도와 기업비밀: 미국의 FOIA 예외조항 4의 판례를 중심으로 , 『공법학연구』 제5권 2호(2004); 김배원, 미국의 정보자유법(FOIA) 30년(1966-1996), 『공법학연구』 제3권 1호(2000); 김배원, 미국 · 일본 · 한국의 「정보공개법」 비교고찰, 『공법연구』 제28집 2호(2000); 김배원, 미국의 정보자유법, 『미국헌법연구』 제10호(1999); 김일환, 미국의 개인정보보호법제에 관한 연구, 『미국헌법연구』 제10호(1999); 김일환, 개인정보 공동이용의 통제와 감독에 관한 비교법적 고찰: 미국과 독일의 법제를 중심으로, 『헌법학연구』 제13권 2호(2007); 김형성 · 김학신, 미국의 디지털 범죄와 사생활 보호, 『미국헌법연구』 제19권 1호(2008); 박선욱, 미국과 EU의 개인정보보호에 관한 법제 비교분석, 『동아법학』 제83호(2019); 박수헌, 미국의 정보의질에관한법의 고찰, 『고려법학』 제57호

(2010); 백윤철, 미국의 개인정보보호와 HIPAA, 『미국헌법연구』 제19권 1호(2008); 변재옥, 미국의 금융프라이버시권에 관한 연구, 『영남법학』 제5권 1·2호(1999); 서주실, Warren-Brandeis의 "The Right to Privacy," 『미국헌법연구』 제6호(1995); 서주실, Internet상 청소년보호에 관한 최근의 입법·판례의 경향, 『미국헌법연구』 제12호(2001); 서주실, 미국헌법판례상 음란규제의 기준, 『미국헌법연구』 제11호(2000); 성낙인, 미국의 전자정보자유법(EFOIA)과 운용현황, 『미국헌법연구』 제9호(1998); 유충호, 새로운 인격권으로서 잊힐 권리의 보장에 관한 고찰, 『홍익법학』 제15권 1호(2014); 이부하, 인터넷상 잊혀질 권리에 대한 헌법적 고찰, 『홍익법학』 제18권 1호(2017); 이지영, 『전자정보의 수집·이용 및 전자감시와 프라이버시의 보호: 미 연방 헌법 수정 제4조를 중심으로』(헌법재판연구원, 2015); 윤명선, 성적 프라이버시 권리: 미국의 판례경향을 중심으로, 『미국헌법연구』 6호(1996); 조규범, 미국에서의 인터넷 프라이버시 보호와 프라이버시 에스크로 시스템에 관한 연구, 『헌법학연구』 제8권 4호(2002); 이인호, 미국의 개인정보보호법제에 대한 분석과 시사점, 『법학논문집』(중앙대) 제29집 1호(2005); 임규철, 각국의 개인정보보호법제 비교연구: 미국과 유럽연합의 개인정보보호법제를 중심으로, 『공법연구』 제31집 5호(2003); 장철준, 프라이버시의 기본권적 실질화를 위한 입론 - 다니엘 솔로브(Daniel J. Solove)의 실용주의 이론을 중심으로, 『언론과 법』 제15권 3호(2016); 최인호, 미국 정보공개법상 공개거부사유로서의 사생활보호, 『공법연구』 제36집 4호(2008); 최희경, 미국 헌법상 정보 프라이버시권, 『법학논집』 제19권 2호(2014); 최희경, 프라이버시 권리의 변천, 『법조』 2004년 12월호; 헌법재판소 헌법재판연구원, 『미국의 정보 프라이버시권과 알 권리에 관한 연구』(2018).

평등권에 관하여는 김지영, 『적극적 평등실현조치에 대한 미국 연방대법원의 위헌심사』(헌법재판연구원, 2017); 김현철, 『미국 헌법상 평등보호와 한국헌법재판소의 위헌심사기준』(전남대출판부, 2012); 이노홍, 『미국헌법상 평등권 심사기준』(홍익대 출판부, 2007); 강승식, 평등 관련 미국 연방대법원 판례의 근래의 동향, 『공법학연구』 제6권 3호(2005); 김기영, 미국에서의 평등권에 관한 이론, 『아태공법연구』 제7호(2000); 김문현, 평등에 관한 헌법재판소 판례의 다단계 위헌심사기준에 대한 평가: 미 연방대법원 판례 및 관련이론을 바탕으로, 『미국헌법연구』 제17권 2호(2006); 김문현, 남녀평등에 관한 미국 법여성학적 시각들에 관한 일 고찰, 『공법연구』 제29집 3호(2001); 김문현, 남녀평등에 관한 미연방대법원 판례의 분석, 『헌법학연구』 제3집(1997); 김영수, 불평등선거구문제, 『미국헌법연구』 제8호(1997); 김영환, 최근 미국연방대법원의 판례에 나타난 적극적 평등실현(Affirmative Action)의 합헌성 기준, 『공법학연구』 제8권 4호(2007); 김영환, 미국의 적극적 평등실현조치의 퇴조 경향과 대안, 『헌법학연구』 제15권 1호(2009); 김용훈, 평등권의 미국 헌법상 논의: 미국헌법상 성평등 논의와 우리 성별영향분석평가법에의 시사점을 중심으로, 『미국헌법연구』 제24권 2호(2013); 김지혜, 성적 지향에 대한 평등권 심사기준과 배제금지원칙 - 미국 소수자 평등보호 법리의 한국적 함의, 『헌법학연구』 제19권 3호(2013); 김현철, 미국 헌법상 평등보호와 엄격심사기준에 관한 연구, 연세대 박사논문, 2001; 김현철, 미국 연방대법원의 평등심사에 대한 방법론적 기초와 심사기준의 변화, 『공법연구』 제37집 3호(2009); 박승호, 미 연방대법원과 적극적 평등실현조치, 『헌법학연구』 제12권 3호(2006); 박종보, 미국 헌법상 적극적 평등실현조치의 법리와 그 전개, 『법학논총』 제33권 4호(2016); 서주실, 평등보호를 위한 사법심사기준, 『미국헌법연구』 제8호(1997); 석인선, 젠더 구분에 근거한 차별의 합헌성심사: 미연방대법원 판례분석을 중심으로, 『공법연구』 제36집 4호(2008); 석인선, 미국 헌법판례상 성에 근거한 적극적 평등실현조치의 사법심사기준에 관한 소고, 『공법연구』 제26집 2호(1998); 안경환, 평등권: 미국 헌법을 중심으로, 『기본권의 개념과 범위에 관한 연구』(헌법재판소, 1995)(헌법재판연구 제6권); 안경환, 자유를 위한 탄생: 미국 여성의 역사, 『헌법학연구』 제5권 1호(1999); 이노홍, 성차별에 관한 사법심사기준의 재고찰 - 미연방대법원의 성차별 심사기준과 비교를 중심으로, 『홍익법학』 제13권 4호 (2012); 이병규, 미국 헌법상 평등이론의 전개와 적극적 차별시정조치, 『헌법판례연구』 제15호('14. 2); 이소영, 차별금지조항으로서의 합리적 조정, 『미국헌법연구』 제20권 2호(2009); 이재희, 미국 헌법의 평등보장 체계에 대한 비교법적 검토: 한국헌법에의 시사점, 『저스티스』 통권 154호(2016. 6); 이재희, 국가행위(State Action) 확장이론의 수용 가능성과 한계: 특히 평등권 보장과 관련하여, 『공법연구』 제41집 3호(2013); 이종근, 평등권 보장에 있어서의 위헌법률심사기준: 미국에 있어서 엄격심사기준의 최근의 이론적 동향을 중심으로, 『공법학연구』 제9권 3호(2008); 이준일, 연령차별금지의 법제와 법적 문제, 『미국헌법연구』 제19권 1호(2008); 이한주, 새로운 물결; 한국과 미국에서의 성차별에 관한 비교헌법적 연구, 『공법학연구』 제5권 3호(2004); 이희훈, 미국의 인종을 고려한 대학 특별입학전형제도에 대한 적극적 평등실현조치, 『미국헌법연구』 제21권 1호(2010); 정연철, 미국 헌법상의 평등보호와 Pariah Principle에 관한 고찰:

Romer Case를 중심으로, 『법학연구』(부산대) 제51권 1호(2010); 조홍석, 평등심사에 관한 미국 연방대법원의 현대적 경향, 『헌법학연구』 제6권 2호(2000); 조홍석, 미국 연방대법원의 적극적 평등실현 조치, 『미국헌법연구』 제12호(2001); 최희경, 미국 고등교육에 있어서의 적극적 평등실현조치, 『헌법학연구』 제18권 2호(2012).

언론·표현의 자유는 장주영, 『미국 수정헌법 제1조와 표현의 자유 판결』(육법사, 2015); 로버트 하그리브스, 오승훈 옮김, 『표현의 자유의 역사』(시아출판사, 2006); 노와크 외, 이부하역, 『표현의 자유와 미국 헌법』(한국학술정보, 2007). 논설로는 고민수, 방송사업자의 공정성의무에 관한 헌법적 고찰: 미국에서의 공정성 규범에 관한 논의와 이에 대한 비판적 분석을 중심으로, 『공법연구』 제37집 4호(2009); 고민수, 취재의 자유와 알 권리의 관계에 관한 고찰: 공인수탁자론(public trusteeship model)에 대한 비판적 고찰을 중심으로, 『미국헌법연구』 제18권 2호(2007); 김배원, 미국 헌법상의 정부언론(Government speech), 『법학논총』 제30권 2호(2010); 김배원, 미국 헌법상 "사로잡힌 청중의 이론", 『미국헌법연구』 제20권 2호(2009); 김배원, 청소년 성표현물과 수정헌법 제1조: 가상 청소년 성표현물을 중심으로, 『미국헌법연구』 제16권 1호(2005); 김배원, 미국에 있어서 정부언론에 관한 연구, 『헌법학연구』 제5권 1호(1999); 김배원, 미국에 있어서 상업적 언론의 원칙과 표현의 자유, 『미국헌법연구』 제6호(1995); 김범주, 교육목적상 학생의 표현의 자유를 제한할 수 있다, 『미국헌법연구』 제19권 2호(2008); 김상겸, 미국 헌법상 집회의 자유에 관한 연구, 『미국헌법연구』 제15권 1호(2004); 김시철, 언론·출판의 자유와 인격권의 대립과 조화에 대한 비교법적 검토 - 미국의 언론·출판의 자유에 관한 우월적 지위이론, 현실적 악의 원칙 등에 관하여, 『저스티스』 제147호(2015); 김웅규, 광고에 관한 법적 연구: 한국과 미국의 변호사 광고를 중심으로, 『공법연구』 제31집 5호(2003); 김웅규, 미국 헌법상의 상업적 언론, 부산대 박사논문, 2001; 김윤홍, 미국 헌법상 표현의 자유 제한이론에 관한 일 고찰, 『세계헌법연구』 제20권 2호(2014); 김주영, 미국의 디지털 기본권 논의에 대한 소고, 『헌법학연구』 제24권 2호('18. 6): 1-38; 김형성·임영덕, 미국의 '위축효과법리'와 그 시사점: '사이버모욕죄' 입법안에 대한 검토, 『미국헌법연구』 제20권 2호(2009); 노기호·강승식, 미국 헌법상 상업적 언론의 개념과 헌법적 보호, 『공법학연구』 제5권 2호(2004); 박선영, 언론에 의한 명예훼손의 법리: 우리나라와 미국의 판례를 중심으로, 『공법연구』 제27집 1호(1998); 배금자, 보도와 명예훼손, 대안적 검토: 한·

미간 비교를 중심으로, 『언론중재』 제70호(1999); 배병화, 공익보도에 의한 명예훼손과 면책사유: 상당성 이론과 현실적 악의 이론을 중심으로, 『민사법연구』 제13집 1호(2005); 서원우, 미국에 있어서의 표현의 자유법리의 형성: 그 특수성을 둘러싼 논의를 중심으로, 『미국헌법연구』 제13호(2002); 성선제, 언론의 자유와 공직자의 명예훼손: 미국의 판례법을 중심으로, 『서강법학연구』 제4권(2002); 손태규, 한국의 상당성 법리와 미국의 현실적 악의 법리의 차이: 미국의 상당한 믿음 기준, 주의태만 기준과의 비교를 중심으로, 『공법연구』 제38집 4호(2010); 손태규, 현실적 악의 기준의 현재: 한국과 미국 비교, 『공법학연구』 제19권 2호 ('18. 5): 121-154; 손태규, 법률상 언론인의 정의(定義)에 관한 차이: 한국과 미국 비교 연구, 『헌법학연구』 제19권 4호(2013); 심경수, 증오언론(Hate Speech)과 십자가 소각(Cross Burning)에 관한 판례경향, 『미국헌법연구』 제18권 1호(2007); 염규호, 공직자와 명예훼손: 미국 언론법의 '현실적 악의'를 중심으로, 『언론중재』 제91호(2004); 박영철, 미국 연방대법원의 음란성과 저속성의 판단, 『헌법학연구』 제7권 4호(2001); 양건, 표현의 자유에 관한 미국 연방대법원 판례의 근래의 동향, 『공법연구』 제24집 2호(1996); 오승규, 가상 공간에서의 표현의 자유 규제 법리 - 미국의 판례를 중심으로, 최대권 교수 정년기념논문집 『헌법과 사회』(철학과현실사, 2003): 221-243; 윤명선, 미국 헌법상 상징적 표현에 관한 고찰, 『미국헌법연구』 제15권 1호(2004); 윤명선, 미국 헌법상 표현의 자유와 장소, 『미국헌법연구』 제14호(2003); 윤성현, 미국 헌법상 표현의 자유의 지지논변으로서 사상의 시장론, 『공법연구』 제42권 2호(2013); 윤학, 뉴스 취재의 자유와 프라이버시권의 상충과 조화에 관한 연구: 미국의 판례와 이론을 중심으로, 서울대 박사논문, 2003; 이구현, 미국 수정헌법 제1조와 기자의 증언거부권에 관한 연구, 『언론과 법』 제14권 3호(2015); 이노홍, 미국 사립대학 내 언론의 자유에 관한 헌법적 고찰, 『홍익법학』 제14권 1호(2013); 이노홍, 미국 헌법상 결사의 자유와 평등 논의, 『미국헌법연구』 제21권 1호(2010); 이노홍, 미국 신문산업규제와 수정헌법 제1조, 『홍익법학』 제10권 1호(2009); 이동훈, 미국에서의 언론자유의 배제이론, 『헌법학연구』 제3집(1997); 이영우, LRA 기준론 - 미연방대법원의 판례를 중심으로, 『토지공법연구』 제80집(2017. 11): 353-377; 이우영, 미국 위헌법률심사기준의 정립과정에서 우월적 지위(Preferred Position Doctrine)의 의의 - 표현의 자유 법리를 중심으로, 東堂 성낙인총장 퇴임기념논문집 『국가와 헌법·I 헌법총론/정치제도론』(법문사, 2018): 1632-1654; 이인호, 사기업 근로자의 표현의 자유:

미국의 이론과 판례를 중심으로, 『미국헌법연구』 제16권 1호(2005); 이진로, 미국의 언론 자유 사상 연구, 『정치와 평론』 제11호(2012); 이춘구, 미국 수정헌법 제1조의 보호가치 고찰, 『언론과 법』 제13권 1호(2014); 임종훈, 미국 헌법에 있어서 언론의 자유에 대한 접근방법, 『미국헌법연구』 제10호(1999); 임지봉, 미국헌법상 표현의 자유 법리가 한국헌법에 미친 영향: 사전억제금지의 원칙을 중심으로, 『미국헌법연구』 제24권 2호(2013); 임지봉, 미국헌법상 표현의 자유와 과도한 광범성의 원칙 및 막연하므로 무효의 원칙, 『미국헌법연구』 제23권 3호(2012); 임지봉, 미국 헌법상의 표현의 자유와 사전억제금지의 원칙, 『미국헌법연구』 제20권 2호(2009); 전상현, 미국 헌법상 법인의 표현의 자유에 관한 소고, 『아주법학』 제10권 4호(2017); 전일주, LRA 기준에 관한 미국 헌법 판례, 『법학논총』 제18집(1992); 정순원, 사이버공간에서 청소년 보호를 위한 규제론, 『미국헌법연구』 제18권 1호(2007); 정연철, 미국 헌법상 자유언론이론에 관한 고찰, 『헌법학연구』 제8권 4호(2002); 정한중, 미국에서의 범죄보도의 자유와 공정한 형사절차, 『미국헌법연구』 제24권 1호(2013); 조재현, 헌법상의 취재원 보호에 관한 미국, 독일과 우리나라의 이론과 판례, 『법학연구』(연세대) 제11권 3호(2001); 최희경, 미국 헌법상 공무원 표현의 보호와 제한에 대한 심사기준, 『홍익법학』 제14권 3호 (2013); 최희경, 미국 헌법상 표현의 내용에 근거한 규제법리와 적용, 『법학논집』 제17권 4호(2013); 허순철, 한국과 미국의 공적 관심사안의 비교, 『공법연구』 제46집 1호(2017. 10): 29-55.

명백현존의 원리는 강경근, 표현의 자유와 명백 · 현존위험 원칙, 『미국헌법연구』 제8호(1997); 문재완, 명백 · 현존위험의 원칙의 현대적 해석과 적용에 관한 연구, 『헌법학연구』 제9권 1호(2003); 이부하, 미국 헌법상 명백하고 현존하는 위험 원칙, 『헌법학연구』 제12권 2호(2006); 임지봉, 명백 · 현존하는 위험 원칙, 『공법연구』 제34집 4권 1호(2006); 임지봉, 명백 · 현존하는 위험의 원칙과 우리나라에서의 적용실제, 『세계헌법연구』 제12권(2006).

안보 문제는 김명식, 미국에서의 국가정보 개념에 대한 논의, 『미국헌법연구』 제20권 2호(2009); 장호순, 미국 연방대법원의 반공법 판결에 나타난 사상과 표현의 자유, 『한국언론학보』 제40호(1997); 정준현 · 지성우, 국가안전보장을 위한 미국의 반사이버테러법제에 관한 연구: 애국자법과 국토안보법을 중심으로, 『미국헌법연구』 제20권 2호(2009); 오동석, 20세기 전반 미국 국가보안법제의 형성과 전개, 『공법학연구』 제9권 3호(2008); 최인화, 중 · 고교생의 표현의 자유와 한계: 미국 연방대법원의 판례의 시사점, 『법과 사회』 제12호(1995); 최희경,

상징적 표현과 국기소각행위, 『헌법학연구』 제10권 2호(2004).

집회의 자유는 이병규, 미국 헌법상 집회의 자유의 초기 형성, 『미국학』 제33권 2호(2010); 이승규, 미국 헌법상 집회의 자유와 사전 제한, 『동아법학』 제51호(2011); 임준태, 야간 옥외집회 및 시위에 대한 합리적 대안 모색 - 미국 헌법상의 규제 법리를 중심으로, 『경찰학논총』 제10권 1호(2015).

결사의 자유는 권혜령, 결사의 자유와 단체구성원의 명단공개 문제: 미국의 결사의 프라이버시(privacy of association), 『헌법학연구』 제17권 3호(2011); 임지봉, 미국 헌법상 결사의 자유, 『미국헌법연구』 제23권 1호(2012).

동성애 문제는 박승호, 미국헌법상 동성애자의 권리: Romer 사건과 Lawrence 사건 검토를 중심으로, 『미국헌법연구』 제22권 2호(2011); 이상경, 동성애 군인의 규제에 대한 헌법적 재조명: 소위 "불문부답법"에 관한 미국 연방 판례를 중심으로, 『세계헌법연구』 제16권 2호(2010); 이희훈, 미국과 한국의 동성애자 군복무 정책과 군복무 중 동성애행위 처벌 규정에 대한 헌법적 고찰, 『헌법학연구』 제18권 4호(2012); 허순철, 미국 헌법상 동성애: Lawrence v. Texas 판결의 헌법적 의의를 중심으로, 『공법학연구』 제9권 1호(2008).

교육에 관하여는 김범주, 가족교육권과 학생의 프라이버시권, 『미국헌법연구』 제20권 2호(2009); 김종철, 미국법상 교육의 자주성 · 전문성 · 정치적 중립성, 『법학연구』(연세대) 제13권 3호(2003); 김지혜, 미등록 이주 아동의 교육권 - 미국 Plyler v. Doe 판결을 중심으로, 『미국헌법연구』 제29권 1호('18. 4): 67-96; 석인선, 미연방헌법상 교육권의 기본권성, 『교육법연구』 제8집 2호(2005); 신형식, 미국 시민교육의 헌법적 가치, 『미국헌법연구』 제22권 3호(2011); 윤후정, 미국 헌법상 학문의 자유(1), 『사회과학논집』(이화여대) 제3호(1983); 이종근, 미국 연방헌법 및 주헌법상의 교육을 받을 권리, 『헌법학연구』 제11권 4호(2005); 정순원, 미국 헌법상 홈스쿨링과 공익심사, 『미국헌법연구』 제19권 1호(2008); 백종인, 미국에서의 장애인교육권 보호법제에 관한 고찰, 『공법학연구』 제8권 3호(2007); 정순원, 미국의 학생체벌에 관한 입법과 판례 동향, 『헌법학연구』 제17권 1호(2011).

재산권은 고헌환, 미국 헌법상 규제적 수용의 구별기준과 판례의 검토, 『영산법률논총』 제11권 2호(2014); 권세훈, 도시계획법상 선취권제도에 관한 연구: 미국 헌법상 토지규제제도와 비교, 『미국헌법연구』 제25권 1호(2014); 권영설, 미국 헌법의 수용규정과 손실보상의 청구, 『고시연구』 1996년 8월호; 김민호, 사인에 대한 공용수용권 특허의 위헌성 검토: 미국의 사례를 중심으로, 『토지공법연구』 제26집(2005); 김민호, 미국 연방헌법 수정 제5조 및 제14조의 현대적 의미, 『미국헌법연구』 제10호(1999); 김영조, 미국에 있어서의 개발부담제도, 『미국헌법연구』 제14호(2003); 김형성, 환경보호를 위한 토지이용규제와 손실보상, 『미국헌법연구』 제9호(1998); 박민영, 미국 연방헌법상 지적재산권 조항과 소프트웨어의 법적 보호, 『미국헌법연구』 제12호(2001); 박태현, 사인을 위한 공용침해 재고: 경제개발을 위한 수용의 합헌성에 관한 미국 연방대법원의 판례를 중심으로, 『토지공법연구』 제40집(2008); 석인선, 미국 헌법상 정당보상의 판단 기준, 『법학논집』 제18권 1호(2013); 석인선, 현대 재산권 수용의 법리의 전개: 미연방대법원 판례 분석을 중심으로, 『토지공법연구』 제43집(2009); 육소영, 공익을 위한 영업비밀의 사용과 미국 헌법상 재산권의 제한, 『법학논총』 제38권 3호(2014); 이기한, 미국 연방 헌법상 손실보상(eminent domain)의 권한과 한계, 『공법학연구』 제17권 4호(2016); 이동찬, 미국에서의 공적 사용의 변화에 따른 판례의 동향, 『토지공법연구』 제39집(2008); 임지봉, 미국 헌법상의 계약조항과 수용조항, 『미국헌법연구』 제19권 2호(2008); 장민선, 미국 헌법상 '공적 사용' 요건의 심사기준에 관한 비판적 고찰, 『헌법학연구』 제15권 4호(2009); 정남철, 사인을 위한 공용수용의 위헌성 판단, 『헌법논총』 제17집(2006); 정연주, 미국 헌법상 재산권수용의 법리: 수용의 허용조건과 관련한 연방대법원 판례를 중심으로, 『미국헌법연구』 제16권 2호(2005); 정하명, 미국 연방헌법상 공적 사용과 경제개발, 『토지공법연구』 제36집(2007); 정하명, 미국 토지법상 사인의 역수용 소송, 『공법학연구』 제6권 3호(2005); 표명환, 미국연방헌법상의 재산권보장에 관한 고찰: 공용수용의 법리를 중심으로, 『미국헌법연구』 제23권 1호(2012); 심경수, 미국의 Voucher Program 판례동향 및 전망: 신자유주의 모델과 사법부의 대립, 『공법연구』 제35집 2호(2006).

종교의 자유는 강승식, 미국 헌법상 종교의 자유, 『미국사연구』 제22집(2005); 김범주, 종교행위라는 이유만으로 방과 후 학교시설 이용을 거절한 것은 위헌이다, 『미국헌법연구』 제20권 1호(2009); 김화진, 정치와 종교에 관한 헌법적 가치와 회사법: 미국 연방대법원 판결을 중심으로, 『저스티스』(2015. 8): 5-30; 송기춘, 직원의 종교적 요구에 따른 사용자의 업무상 배려의무: 미 연방인권법 규정의 해석을 중심으로, 『세계헌법연구』 제16권 3호(2010); 송기춘, 고용관계에서의 종교적 차별의 금지: 사인간의 관계에서의 종교의 자유 보장에 관한 미국 실지조사연구, 『헌법학연구』 제16권 1호(2010); 오지원, 미국 연방헌법상 정교분리의 내용과 심사기준, 이화여대 박사(2018. 2. 23 신진 발표); 이경숙,

종교의 자유에 관한 연구: 미국 연방대법원의 판례를 중심으로, 『경희법학』 제36권 2호(2001); 임지봉, 미국 헌법상 종교행위의 자유, 『미국헌법연구』 제19권 1호(2008); 임지봉, 미국 헌법상의 정교분리원칙, 『미국헌법연구』 제18권 2호(2007); 지규철, 미국에서의 종교적 기관에 대한 공적 지원과 헌법상 국교금지조항의 위기, 『공법학연구』 제9권 3호(2008).

양심의 자유에 관하여는 최취주, 양심의 자유와 과잉금지의 원칙: 양심의 자유를 제한하는 법률의 합헌성판단기준에 관한 판례비판을 중심으로, 『미국헌법연구』 제17권 1호(2006); 권혜령, 민주주의 체제에서 '충성선서(loyalty oaths)' 제도의 본질과 헌법적 문제 - 미국의 사례를 중심으로, 『헌법학연구』 제25권 1호(2019); 권혜령, 미국의 '국기경례' 및 '충성서약(the Pledge of Allegiance)'의 위헌성과 그 심사기준, 『헌법학연구』 제20권 1호(2014).

재판청구권은 김일룡, 국민참여재판에 있어서 관련성 없는 증거의 배제 법리 - 미국 연방증거규칙상의 논의를 중심으로, 『법학논총』(한양대) 제31집 2호(2014); 조수혜, 재판청구권의 실질적 보장을 위한 소고 - 수용자의 경우를 중심으로 한국과 미국의 논의 비교, 『홍익법학』 제14권 1호(2013); 박진환, 證據排除審理(Evidence Suppression Hearing)에 관한 試論的 고찰, 『저스티스』 120호(2012); 최재봉, 판례 분석을 통해 본 미국의 Motion to Suppress 제도, 국외 훈련 검사 『연구논문집』 28집(법무연수원, 2013).

환경권은 김영조, 미국에 있어서 역사보존을 위한 토지이용규제, 『미국헌법연구』 제18권 2호(2007); 김춘환, 미국에 있어서의 자연보호의 법리, 『법학논집』(조선대) 제7호(2001); 석인선, 미국의 환경 관련 판례 연구: 환경정책에 있어서 권력분립과 사법부의 역할을 중심으로, 『법학논집』(이화여대) 제3집(1999); 석인선, 미국 헌법상 환경권론의 전개와 규범적 평가, 『헌법학연구』 제12권 3호(2006); 조홍식, 미국 헌법상의 환경권, 『법조』 1996년 8월 및 9월호; 채영근, 미국 연방대법원의 환경관련 판례 분석, 『환경법연구』 제24권 1호(2002).

사회보장은 김영진, 미국 헌법에 있어서 Social right(사회적 권리) 연구: 미국 헌법상의 근거도출 및 규명작업을 중심으로, 서울대 석사논문(2001); 이상경, 미국의 사회보장급부권 논의와 복지실현의 헌법적 방법, 『공법연구』 제42집 2호(2013); 최윤희, 미국의 공공부조법 TANF(Temporary Assistance to Needy Families)의 법리 연구 - 우리의 공공부조법 개정에의 함의, 『일감법학』 제41호(2018); 홍석한, 미국의 사회복지법제에 대한 헌법적 고찰 - 빈곤가정일시부조(TANF) 제도의 주요 내용과 시사점을 중심으로, 『헌법학연구』 제25권

1호(2019); 홍석한, 미국 연방헌법과 복지권 논의, 『미국헌법연구』 제23권 1호(2012).

기타 강구철, 미국에서의 Feres의 법리와 그 전개, 『미국헌법연구』 제18권 2호(2007); 박민영, 미국의 소비자보호 Class Action에 관한 연구, 『미국헌법연구』 제20권 2호(2009); 오광수, Undercover 및 Confidential Informant 제도의 도입 방안에 관한 헌법적 연구, 성균관대 박사논문, 2008; 이규홍, '영업 방법(Business Method) 발명'의 헌법적 이해, 『사법논집』(법원도서관, 2011); 이노홍, 미국의 헌법적 불법행위(Constitutional Tort) 소송에 관한 고찰, 『세계헌법연구』 제16권 4호(2010); 조규범, 강제철거에서의 주거권 보호를 위한 입법론적 소고, 『미국헌법연구』 제20권 2호(2009); 홍석한, 미연방 헌법과 복지권 논의, 『미국헌법연구』 제23권 1호(2012).

3. 권력구조

단행본은 아렌트 레이프하트, 김석동 옮김, 『민주주의의 유형 - 다수결 민주주의와 합의 민주주의 간의 정부형태와 성과 비교』(성균관대출판부, 2016); 강승식, 『미국에서의 권력분립원리』(한국학술정보, 2005); 박종준, 『주요국 정부조직 관련 법제분석 - 미국』(한국법제연구원, 2017, 41면); 윤명선, 『미국 헌법과 통치구조』(유스북, 2006); 윤명선, 『미국 입헌정부론』(경희대학교 출판국, 2008); 표성수, 『미국의 검찰과 한국의 검찰』(육법사, 2000) 등.

논설로는 강승식, 미국 헌법상 견제와 균형 원리의 실제, 『법학논총』 제37권 1호(2013); 김병록, 미국헌법 제정시기의 권력분립론, 『헌법학연구』 제15권 1호(2009); 김선택, 미국 헌법상 통상협정체결에 관한 정부·의회간 권한 배분, 『미국헌법연구』 제18권 2호(2007); 석인선, 미국 헌법판례상 권력분립이론의 전개와 규범적 평가, 『헌법학연구』 제9권 3호(2003); 석인선, 미국 헌법상 권력분립에 관한 헌법해석론, 『법학논집』(이화여대) 제5권 1호(2000); 심경수, 미국 헌법상 인사의 본질, 『헌법연구』 제4권 2호 ('17. 12): 179-313; 이광윤, Chadha 사건의 재조명을 통해서 본 미국의 권력분립이론 비판, 『미국헌법연구』 제14호(2003); 이금옥, 미연방헌법의 수직(연방주의)과 수평(권력분립)의 원칙, 『공법학연구』 제8권 4호(2007); 이정서, 미국 헌법에 나타난 행정관료 제한 규범, 『한국행정사학지』 제30호(2012); 이헌환, 권력분립과 독립기관: 미국 연방대법원의 판례를 중심으로, 『사회과학연구』(서원대) 제13집(2000); 윤명선, 미합중국 헌법상의 연방주의원리, 『미국헌법연구』 제18권 2호(2007).

의회에 관하여는 강승식, 미국 헌법상 연방의회의 권한과 그 한계, 『공법학연구』 제6권 2호(2005); 권태웅, 미국의 입법절차와 사법심사, 『법제』 2007. 11; 김선엽, 미국 연방의회의 사법 관할 제한입법의 헌법상 문제, 『공법연구』 제36집 2호(2007); 김형성, 입법지원기구의 비교법적 검토, 『미국헌법연구』 제20권 1호(2009); 노동일, 미국 헌법상 전쟁권한을 둘러싼 의회와 대통령의 관계: 미 의회의 북한공격예방 법안과 관련하여, 『경희법학』 제53권 1호(2018); 석인선, 미국의 의회 입법권과 위헌법률심사제의 상호관계, 『헌법학연구』 제10권 3호(2004); 이광진, 미국 헌법상 입법권을 둘러싼 행정부와 입법부의 관계: 행정부와 입법부의 권력공유 관계를 중심으로, 『한양법학』 제45호(2014); 홍완식, 미국의 연방의회의 입법과정, 『미국헌법연구』 제20권 1호(2009); 황경환, 미국 헌법상 입법권과 기본권과의 관계, 『법학연구』 제21권 3호(2013); 김웅규, 지역대표의회의 헌법적 의미: 미국 상원제도와의 비교검토를 중심으로, 『공법학연구』 제8권 3호(2007); 박수헌, 미국의 회의공개법에 관한 고찰, 『공법연구』 제32집 5호(2004); 오윤, 미국 헌법상 조세법원칙의 우리 조세법에 대한 시사점에 관한 연구, 『공법학연구』 제9권 3호(2008); 강승식, 미국 헌법상 의회의원의 면책특권, 『서울법학』 제21권 3호(2014); 안경환, 미국 헌법상 국회의원의 면책특권: 그 범위와 한계, 『고시계』 1987년 5월호; 이병규, 미국 헌법상 의원의 면책특권, 김효전교수정년기념논문집 『헌법학의 과제』(법문사, 2011); 이상경, 미국 연방헌법상 의회의원의 직무상 면책의 내용과 시사점, 『유럽헌법연구』 제12호(2012).

탄핵에 관하여는 김선화, 법관탄핵 해외 사례 - 미국과 일본 사례 중심으로, 『이슈와 논점』(국회 입법조사처) 제1511호(2018. 10. 10); 이명웅, 미국 연방헌법의 탄핵사유, 『미국헌법연구』 제16권 2호(2005); 이상윤, 미국 탄핵제도의 헌법적 연구, 『공법학연구』 제7권 4호(2006); 정만희, 미국 헌법상의 탄핵제도, 『공법연구』 제30집 1호(2001); 정영화, 대통령 탄핵, '중대한' 법위반 - 미국과 한국의 비교, 『미국헌법연구』 제27권 3호(2016).

기타, 김형남, 미국 연방의회의 자율권, 『유럽헌법연구』 제8호(2010).

필리버스터에 관하여는 편집부편, 『필리버스터: 민주주의, 역사, 인권, 자유』(이김, 2016); 김준석, 필리버스터의 제도화 과정과 논란: 미국 상원의 사례를 중심으로, 『OUGHTOPIA』 제25권 1호(2000); 노동일, 미국 상원 필리버스터 규칙의 위헌성 여부에 관한 고찰: 국회선진화법의 위헌성 검토를 위한 시론,

『경희법학』 제49권 3호(2014), 345-376; 임성호, 국회운영과정상 수(數)의 논리와 선호도의 논리: 균형적 갈등조정 메커니즘으로서의 필리버스터 제도, 『의정연구』 제16권 3호(2010); 전진영, 필리버스터 제도의 국회 도입: 논의 및 쟁점, 『이슈와 논점』 제443호(2012. 5. 1); 조규범, 미국 의회 상원의 필리버스터 개혁에 관한 소고, 『헌법학연구』 제22권 4호(2016), 125-158; 홍완식, 국회선진화법에 관한 고찰, 『헌법학연구』 제18권 4호(2012), 315-342.

회계감사원은 전찬희, 헌법상 감사원의 독립성 강화 방안에 관한 연구 - 한국 및 미국 헌법을 중심으로, 『미국헌법연구』 제29권 2호(2018. 8): 173-198;

대통령제에 관하여는 리처드 E. 뉴스타트, 이병석 옮김, 『대통령의 권력』(다빈치, 2014); 린쯔 · 바렌주엘라, 신명순 · 조정관 공역, 『내각제와 대통령제』(나남출판, 1995); 이상돈, 『미국의 헌법과 대통령제』(소진, 2012).

논설은 강승식, 대통령제와 복수 행정부제 결합의 문제점과 한계, 『미국헌법연구』 제21권 1호(2010); D. H. 로젠블룸, 이우영역, George W. Bush 대통령의 '대통령 일원적 행정부' 이론과 미국에서의 법의 지배, 『공법연구』 제36집 1호(2007); 윤용희, 미국 대통령제에 관한 연구, 『한국동북아논총』 제4집(1997); 이강혁, 미합중국 대통령의 지위와 권한, 『미국헌법연구』 제8호(1997); 이영우, 미국 대통령제에 관한 연구 - 지위와 권한을 중심으로, 『토지공법연구』 제79집(2017. 8): 839-862; 이종상, 미국 대통령제의 한국 헌법에의 수용, 『미국헌법연구』 제22호(1991); 이종상, 미국의 대통령선거제도, 『경남법학』 제5집(1989); 이종상, 미국 대통령의 헌법상의 지위와 권한, 『법정논집』 제2집(1984); 임종훈, 미국의 대통령제에 관한 연구 - 우리나라의 대통령제 개헌논의와 관련하여, 『헌법학연구』 제13권 4호(2017. 12): 191-229; 임종훈, 미국 대통령제의 현실과 전망, 『헌법학연구』 제4권 2호(1998); 정연철, 미국 대통령제의 개혁논의에 대한 고찰, 『동의법학』 제2호(1986); 조규범, 미국 헌법상 대통령제 정부형태와 정치적 양극화에 관한 소고, 『미국헌법연구』 제27권 3호(2016); 조지형, 미국 대통령제와 헌법개정, 국회미래한국헌법연구회, 『국민과 함께 하는 개헌 이야기』 2 (2010): 327-341; 크로닌, Th. E. 220년 역사의 미국의 대통령-의회 권력분리제도에 대한 고찰, 대한민국학술원, 『정부형태 어떻게 할 것인가?』(2009).

대통령 **선거제도**에 관하여는 윤용희, 『미국의 대통령선거』(살림출판사, 2008); L. 샌디 메이젤, 정의길 옮김, 『미국인도 잘 모르는 미국 선거 이야기』(한계레출판, 2010). 논설은 김래영 · 강승식, 미국 헌법상 선거제도에 관한 연구, 『헌법학연구』 제11권 4호(2005); 도회근, 미국의 블랑켓(Blanket)형 예비선거제도의 위헌성 논란, 『공법연구』 제31집 1호(2002); 도회근, 미국의 예비선거제도에서 유권자참여의 한계, 『공법연구』 제32집 4호(2004).

대통령의 **권한**에 관하여는 김명식, 미연방대통령 권한대행제도에 관한 일 고찰: 대통령직무수행불능을 중심으로, 『공법학연구』 제9권 1호(2008); 김용훈, 인사청문회의 헌법적 의의와 제도적 개선 쟁점: 미국의 경우를 참고하여, 『미국헌법연구』 제26권 2호(2015); 심경수, 대통령의 인사권 - 미국 헌법을 중심으로, 東堂 성낙인총장 퇴임기념논문집 『국가와 헌법·I 헌법총론/정치제도론』(법문사, 2018. 6): 945-965; 양건, 미국 헌법상 대통령과 의회의 권한관계: 공무원임명권 및 탄핵제도를 중심으로, 『공법연구』 제31집 1호(2002); 심경수, 미국 헌법상 대통령의 공무원해임권에 관한 법리, 『법학연구』(충남대) 제15권 1호(2004).

법률안거부권은 강승식, 미국 헌법상 법률안거부권행사의 정당화 사유, 『공법연구』 제36집 1호(2007); 김선화, 미국 대통령의 법률안거부권 제도와 사례, 『이슈와 논점』(국회입법조사처) 제1177호(2016); 전진영, 대통령의 법률안거부권 행사 이후의 의회절차 - 미국의 사례, 『이슈와 논점』 제1021호(2015); 홍석한, 대통령의 법률안거부권에 대한 고찰 - 미국 제도와의 비교를 중심으로, 『미국헌법연구』 제30권 1호(2019); 최철영, 미국의 Line Item Veto Act 연구, 『미국헌법연구』 제13호(2002); 강승식, 미국 헌법상 대통령의 법률집행의 의미, 『미국헌법연구』 제18권 2호(2007); 양정윤, 미국 대통령의 전쟁권한에 관한 소고, 『헌법연구』(헌법이론실무학회) 제4권 2호('17. 9): 237-262; 임지봉, 미국 헌법과 행정권, 『미국헌법연구』 제18권 1호(2007); 이동수, 미국 대통령의 규제행정절차에의 관여, 『공법연구』 제33집 1호(2004); 김명식, 미 연방대통령의 입법권고권: 미연방헌법상 권고조항의 해석을 중심으로, 『미국헌법연구』 제14호(2003); 윤명선, 미국 대통령의 입법에 관한 권한, 『미국헌법연구』 제19권 1호(2008); 정하명, 미국 대통령의 행정입법통제, 『공법연구』 제32집 5호(2004); 김종철, 대통령의 특권과 사법: 미국의 경우를 중심으로, 『헌법학연구』 제9권 2호(2003); 박상범, 미국 헌법상 대통령의 사면권에 관한 연구, 서울대 석사논문(2005); 케리 커빙턴, 성숙한 민주주의의 권력구조: 미국에서의 대통령 권력남용 억제방법, 『제헌 61주년 기념 국제학술대회 결과보고서』(국회법제실, 2009), 350-360면(영문. Cary R. Covington, Power Structures for a Mature Democracy: Deterring Presidential Abuses of Power in the United States, pp. 334-349).

부통령에 관하여는 강승식, 미국 부통령제에 관한 연구, 『중앙법학』 제9집

1호(2007); 김명식, 미연방 부통령직의 독립성에 관한 소고, 『미국헌법연구』 제25권 2호(2014); 김명식, 미연방대통령 권한대행제도에 관한 일 고찰, 『공법학연구』 제9권 1호(2008); 심경수, 미국 부통령제의 성립과 그 배경에 관한 일 고찰, 『법학연구』(충남대) 제9권 1호(1998).

기타 권한은 김형남, 미국 대통령의 연방대법관 지명과 헌법적 문제, 『미국헌법연구』 제17권 1호(2006); 이금옥, 미국에 있어서 대통령 사면권의 운용실태, 『헌법학연구』 제12권 1호(2006); 지성우, 미국의 사면제도에 관한 연구: 주의 사면제도 비교를 중심으로, 『미국헌법연구』 제15권 1호(2004): 129-160; 김유환, 미국 감사원의 법적 지위와 권력분립원칙, 『미국헌법연구』 제13호(2002); 이노홍, 검찰총장의 헌법상 지위, 『미국헌법연구』 제17권 1호(2006); 정종섭, 미합중국의 독립검찰관제도에 관한 연구, 『미국헌법연구』 제6호(1995).

긴급권은 박종보, 계엄제도에 관한 비교법적 고찰 - 미국을 중심으로, 『법학논총』(한양대) 23집 2호(2006); 백윤철, 미국의 국가긴급권에 관한 연구, 『세계헌법연구』 제20권 2호(2014).

사법부 일반에 관하여는 봅 우드워드-스콧 암스트롱, 안경환 옮김, 『판사가 나라를 잡는다: 연방대법원비사』(철학과현실사, 1995) 및 『판사가 나라를 살린다』(1996); 편집부역, 형제대법관들(The Brethren)(12-18 끝), 『시민과 변호사 1995년 1월-8월호; 브란트 골드스타인 지음, 홍승기 옮김, 『치열한 법정』(청림출판사, 2009; B. Goldstein, Storming the Court, 2005); 박승옥 역주, 『미국 법률가협회 법조전문직행동준칙 모범규정』(ABA Model Rules of Professional Conduct, 2009)(법수레, 2010); 최승재, 『미국 대법관 이야기』(경북대학교출판부, 2009); 존 폴 스티븐스, 김영민 옮김, 『최후의 권력, 연방대법원』(반니, 2013); 리처드 포스너, 박종현 옮김, 『법관은 어떻게 사고하는가』(한울아카데미, 2016); 하워드 제어, 조균석·김성돈·한영선 외 옮김, 『회복적 정의 실현을 위한 사법의 이념과 실천』(대장간, 2017); 헨리 J. 에이브라함, 서돈각역, 『미국의 재판제도; 영국 및 프랑스 등의 제도와 비교』(법문사, 1973).

논설로는 가정준·Sara Oh, 미국 주 법원의 확대관할, 『미국헌법연구』 제20권 2호(2009); 강승식, 미국 연방대법원의 권한과 그 한계, 『헌법학연구』 제10권 4호(2004); 김명식, 미국헌법상 사법제도가 한국헌법에 미친 영향, 『미국헌법연구』 제24권 2호(2013); 김종일, 미국 연방대법관의 종신제에 관한 검토: 우리나라 헌법재판관의 임기와 관련하여, 『공법연구』 제42집 4호(2014); 김진한, 미국 연방대법원의 로 클럭(Law Clerk) 제도, 『공법연구』 제42집 4호(2014); 김진한,

미국 연방대법원의 사건선별제도의 내용, 기준 및 심사절차, 『헌법논총』 22집 (2011. 11); 이승문, 미국 연방대법원의 헌법적 지위와 기능에 관한 고찰: 특히 연방 대법원의 판례를 중심으로, 성균관대 박사논문(2004); 강승식, 미국 연방대법원 대법관의 임명절차, 『공법연구』 제35권 2호(2006); 김동건, 미국에서의 납세자의 원고적격, 『공법연구』 제32집 1호(2003); 김명식, 미연방 원로판사제도의 위헌성에 관한 연구, 『미국헌법연구』 제20권 1호(2009); 김형남, 미국 연방대법원의 사건이송명령에 관한 연구, 『성균관법학』 17권 2호(2005. 12); 문재완, 사법부의 독립성과 책임성: 미국의 법관징계제도를 중심으로, 『미국헌법연구』 제16권 2호(2005); 박경, 순수당사자적격에 대한 헌법상의 제한: 미국 판례법의 발전을 중심으로, 『대학원연구논집』(동국대) 제24호(1994); 서원우, 미국에 있어서의 사법의 공공정책형성, 『미국헌법연구』 제16권 1호(2005); 서재덕, 군사법제도의 구조에 관한 비교연구: 한국과 미국을 중심으로, 서울대 박사논문(2008); 유은정, 미국 연방대법원의 지위와 기능, 『비교헌법재판연구』(헌법재판연구원, 2011); 유은정, 정치의 사법화와 사법의 정치화: 온건하고 실용적인 헌법재판의 당위성 - 리차드 포즈너의 이론을 중심으로, 『헌법학연구』 제17권 3호(2011); 유일언, 미국 연방조세법원의 헌법상의 지위와 관할권에 대한 고찰, 『미국헌법연구』 제13호(2002); 윤남근, 미국 연방대법원의 심리절차, 『민사소송』 13권 1호(2009); 이상경, 미국 연방사법부와 연방행정부의 관계에 대한 헌법 및 법제적 고찰 - 사법부의 독립성과 민주성 확보를 위한 시사점, 『공법연구』 제47집 1호(2018. 10): 37-70; 이승문, 미국 연방대법원의 헌법적 지위와 기능에 관한 연구 - 특히 미국연방대법원의 판례를 중심으로, 성균관대 박사논문, 2005; 이인호, 미국 연방대법원의 심리절차에 관한 고찰, 『현대 공법이론의 제문제』 천봉 석종현박사 화갑기념논문집(삼영사, 2003); 이헌환, 미국 법관윤리장전(모델) 연구(I),(II), 『미국헌법연구』 제16권 2호(2005) 및 제18권 1호(2007); 임지봉, 미국헌법상 사법권 관련 규정의 구조와 내용, 『미국헌법연구』 제16권 2호(2005); 전종익, 미국 연방대법원 재판절차와 송무차관(Solicitor General)의 역할, 『강원법학』 45('15. 6): 549-579; 전종익, 미국 Law Clerk 제도, 『헌법논총』 14집(2003. 11); 지대남, 한국과 미국의 군사재판제도의 비교, 『헌법학연구』 제17권 1호(2011); 최유경, 법조일원주의 법관임용방식으로서의 법관선거제도 - 미국 주(州) 법관선거제도의 현황과 문제점을 중심으로, 『홍익법학』 제15권 1호(2014);

위헌심사에 관한 단행본으로는 존 하트 일리, 전원열 옮김, 『민주주의와 법원의 위헌심사』(나남출판, 2006); 조소영, 엘리(John H. Ely)의 이단이론에 관한 고찰: 미국 연방대법원 판결을 중심으로, 『공법연구』 제30집 1호(2001).

논설은 강승식, 미국 사법심사제도에 대한 기본적 이해, 『공법연구』 제33집 1호(2004); 김문현, 미국식 사법심사제 도입주장에 대한 비판적 고찰, 『세계헌법연구』 제17권 2호(2011); 김배원, 정보공개소송과 사법심사: Vaughn Index를 중심으로, 『공법연구』 제29집 2호(2001); 김선엽, 미국 헌법상 정치문제법리(Political Question Doctrine)에 관한 이론, 『미국헌법연구』 제15권 1호(2004); 김운룡, 미국에서의 헌법과 재판: 위헌법률심사제도를 중심으로, 『공법연구』 제13집(1985); 김진한, 미국 연방대법원의 사법심사제도와 그 운영, 고려대 박사논문, 2014; 미쉘 로젠펠드, 미국의 위헌법률심사: 반다수주의적이지만 민주적인가? 『헌법재판연구』 제5권 2호(2018); 이광윤, Nixon 판결을 계기로 한 정치문제에 대한 재조명, 『미국헌법연구』 제9호(1998); 김영수 · 김명식, 미국 헌법상 대외정책에 대한 사법심사, 『미국헌법연구』 제13호(2002); 김운용, 미국의 위헌심사제도, 『미국헌법연구』 제8호(1997); 김웅규, 위헌심사기준으로서의 명확성과 광범성무효의 원칙, 『공법연구』 제35집 3호(2007); 김주희, 미국 연방법원판례상 성희롱에 관한 연구, 『미국헌법연구』 제6호(1995); 김형남, 미국 법원에서의 사법심사절차에 관한 분석, 『공법연구』 제27집 3호(1999); 김형남, 최근 미국 사법심사기준의 변화와 경향, 『경성법학』 제12호(2003); 김형남, 미국 연방대법원의 사법심사 기준, 『미국헌법연구』 제12호(2001); 류성진, 동성애에 대한 미국 연방대법원의 최근 결정과 시사점: United States v. Windsor (2013)의 분석과 의미, 『공법학연구』 제14권 4호(2013); 문재완, 미국 대법원 위헌결정의 대세적 효력, 『헌법학연구』 제18권 3호(2012); 박경, 헌법소송에 있어 당사자적격확대 이론의 연구: 미국 판례법상 Standing이론을 중심으로, 동국대 박사논문(1996); 박경신, 미 연방대법원의 다단계심사의 도입과 제대군 인가산점 제도 결정, 『헌법판례연구』(2)(박영사, 2000) 박종보, 미국 헌법상 위헌적 조건의 법리, 『미국헌법연구』 제15권 1호(2004); 서영제 · 육소영, 미국 대법관의 정치성향과 그에 따른 결정: 그 결정이 미국 사회에 미친 영향을 포함하여, 『세계헌법연구』 제17권 2호(2011); 석인선, 미국의 의회 입법권과 위헌법률 심사제의 상호관계, 『헌법학연구』 제10권 3호(2004); 성선제, 조약의 사법심사: 미국의 경우를 중심으로, 『법학연구』(충남대) 제20권 1호(2009); 성중탁, 동성(同性)혼에 관한 최신 미연방 대법원 OBERGEFELLETAL v. HODGES 사건 판례와 그 시사점, 『법학논고』 제53집(2016); 송현정, 동성결혼 합법화과정에서 나타난 미국 연방 대법원의 위헌심사기준 변화에 대한 논의, 『공법학연구』 제17권 2호(2016); 오승진, 동성결혼의 권리: 미국의 사례와 국제인권법의 동향, 『법학논총』 제39권 3호(2015); 유성진, 동성결혼 합법화는 어떻게 가능하였는가? 여론과 정당정치 그리고 연방주의, 『한국과 국제정치』 제31권 4호(2015); 이국운, 민주 헌정과 정당성 관리: 위헌법률심사의 한미 비교, 『공법학연구』 제10권 1호(2009); 이노홍, 미국 헌법상 재판에 대한 위헌심사와 공·사 분리 논쟁, 『미국헌법연구』 제18권 2호(2007); 이명구, 미국 헌법상 위헌법률심사제에 관한 연구, 『헌법학연구』 제5권 2호(1999); 이명웅, 미국에서 사법심사의 발전: 1776-1802, 『헌법재판연구』 창간호(2014. 11): 329-350; 이발래, 미합중국 헌법상의 사법심사, 『대학원학술논문집』(건국대) 제42호(1995); 이상경, 헌법적 쟁점에 대한 판단자제의 원리 - 미국 연방대법원의 위헌성·위법성 통제의 구별, 『공법연구』 제38집 4호(2010); 이상경, 미국 연방대법원의 헌법재판권의 범위와 삼중 위헌심사 기준론에 관한 소고, 『세계헌법연구』 제13권 2호(2007); 이상경, 미국 헌법재판제도의 성립의 초기배경 및 마샬 대법원장의 헌법재판권 정당화 논의의 재조명, 『헌법학연구』 제17권 1호(2011); 이우영, 미국의 위헌심사기준으로서의 '이중기준'(Double Standard), 『서울대 법학』 제50권 1호(2009); 이인호, 미국의 헌법재판절차에 관한 비교 고찰, 『공법연구』 제30집 1호(2001); 이종근, 미연방헌법과 비례의 원칙 - 독일 헌법상의 비례원칙의 도입논의를 중심으로, 『헌법학연구』 제16권 2호(2010); 임지봉, 미국 헌법상 사법권 관련 규정의 구조와 내용, 『미국헌법연구』 제16권 1호(2005); 전일주, 이중기준론에 관한 연구 (I) - 기원을 중심으로, 『공법연구』 제27집 2호(1999). (松井茂記의 저서 『二重の基準論』을 토대로 작성한 문헌); 전일주, 이중기준론에 관한 연구 (II) - 형성과정을 중심으로, 『토지공법연구』 제19집(2003); 전일주, LRA 기준론에 관한 미국 연방대법원의 선도재판 연구, 『헌법재판연구』 제8권 4호; 전종익, 미국 헌법상 명확성 원칙(void for vagueness) 심사: 미국 연방최고법원 판례를 중심으로, 『서울대 법학』 제50권 1호(2009); 정문식, 미국 연방대법원 사법심사기준으로서의 입법관련 자료에 대한 신뢰성 판단, 『법학논총』(한양대) 제35집 1호(2018. 3): 1-27; 정종섭, 발달사적 관점에서 본 미합중국 사법심사 과정과 실제에 관한 연구, 『일감법학』 3권(1998. 12); 조소영, 광범위성 원칙(the Overbreadth Doctrine)의 헌법적 의미와 기능에 대한 일 고찰, 『공법연구』 제35집 4호(2007); 조수혜, 헌법재판에서의 가처분에 대한 비교법적 연구:

한국과 미국을 중심으로, 『미국헌법연구』 제23권 3호(2012); 조지형, Marbury v. Madison 사건과 John Marshall의 사법심사, 『미국사연구』 제9호(1999); 조지형, 사법심사의 역사적 기원: Marbury v. Madison 사건 이전을 중심으로, 『서양사론』 제53호(1997); 차강진, 미국의 사법심사제와 헌법해석, 부산대 박사논문(1997); 차상붕, 미국의 납세자의 원고적격법리에 관한 검토, 『미국헌법연구』 제16권 1호(2005); 최희경, Casey 판결상의 '부당한 부담심사기준', 『헌법학연구』 제8권 3호(2002); 한상희, 헌법재판에서의 사회과학적 변론 - Brown 사건과 생계보호기준 사건의 비교를 중심으로, 『서울대 법학』 제41권 3호(2000); 한상희, 미국에서의 사법심사의 준거, 『미국헌법연구』 제9호(1998).

판례연구는 L. 레너드 케스터 · 사이먼 정 지음, 『미국을 발칵 뒤집은 판결 31』(현암사, 2012). 논설은 강태수, 미국 연방대법원판례와 우리 헌법재판소 결정의 교차점, 『미국헌법연구』 제10호(1999); 김성배, 최근 미국 연방대법원의 이민 관련 판례에서 사법심사의 기준, 『행정판례연구』 XVII-2 (2012); 김형남, 공공부문에서의 종교차별과 기본권 -특히 미국 연방대법원의 판례를 중심으로, 『유럽헌법연구』 제6호(2009); 김형성, 기본권에 대한 미국 연방대법원판례의 최근 경향, 『미국헌법연구』 제14호(2003); 류성진, 동성애에 대한 미국 연방대법원의 최근 결정과 시사점, 『공법학연구』 제14권 4호(2014); 문재완, 성범죄자 신상공개제도 위헌성 검토 - 미국의 메간법 판결과의 비교를 중심으로, 『헌법학연구』 제9권 1호(2003); 문재완, 허위사실의 표현과 표현의 자유 - 한국과 미국의 판례 비교를 중심으로, 『공법연구』 제39집 제3호(2011); 문홍주, 최근 미국 대법원 기본권판례(1993년 10월~1994년 6월), 『미국헌법연구』 제6호(1995). 문홍주 박사의 미국 헌법판례연구는 『미국헌법연구』에 작고하시기 전까지 연재되었다. 제16권 2호(2005)는 박민영 교수와 함께 집필. 박승호, 연령차별과 장애차별에 관한 미연방대법원의 판례, 『미국헌법연구』 제21권 1호(2010); 박찬운, 판례에 숨은 이야기로 본 미연방대법원의 정치성, 『민주사회를 위한 변론』(민주사회를 위한 변호사모임) Vol. 58 (2004. 5~6); 배보윤, 2000년 미국 대통령선거소송사건, 『행정판례연구』 VI (2001); 서주실, Unprotected Speech로서의 Fighting Words에 관한 판례경향, 『미국헌법연구』 제13호(2002); 석인선, 헌법상 프라이버시권리 논의의 현대적 전개: 미연방대법원 판례 분석을 중심으로, 『미국헌법연구』 제24권 1호(2013); 석인선, 미국의 환경관련 판례연구 - 환경정책에 있어서 권력분립과 사법부의 역할을 중심으로, 『법학논집』(이화여대) 제3권 1 · 2합병호(1999); 신평, Eminent Domain에 관한 미국 연방대법원 Kelo

v. City of New London 사건 분석, 『세계헌법연구』 제12권 1호(2006); 신평, 공적 관심사안과 언론자유의 확장 - 미국 연방대법원의 Snyder v. Phelps 판결을 중심으로, 금랑 김철수선생팔순기념 논문집 『헌법과 기본권의 현황과 과제』(경인문화사, 2012); 신평, 최근 미 연방 대법원 판결에 나타난 자유스런 언론의 범위 - U.S. v. Xavier Alvarez 판결을 중심으로, 『헌법학연구』 제19권 3호(2013); 오영인 · 이얼, 낙태절차에 관한 미국 연방대법원 결정이 우리나라 낙태규제에 주는 시사점, 『미국헌법연구』 제28권 3호(2017. 12): 151-185; 윤명선, 성적 프라이버시 권리 - 미국의 판례 경향을 중심으로, 『미국헌법연구』 제6호(1995); 이부하, 상징적 표현의 권리 - O'Brien 사건과 Johnson 사건을 중심으로, 『공법학연구』 제6권 2호(2005); 이상경, 미국 연방법원판결에 나타난 성역할의 고정관념화: 임신 및 낙태의 성차별관련성에 관한 헌법적 고찰, 『헌법논총』 제22집(헌재, 2011); 이상현, 우리 대법원판례에 대한 미국 연방대법원 판례의 영향에 관한 비교 연구, 『홍익법학』 제13권 3호(2012); 李瑀渶, 미국 건강보험제도 ('Obamacare') 관련 헌법적 쟁점의 분석: 미연방대법원의 2012년 Sebelius 판결을 중심으로, 『법학』(서울대) 제55권 2호(2014), 73-121; 이우영, 미국법상 판례변경의 소급효 및 그 제한의 법리에 대한 헌법적 분석 - 미국법 초기에서 Sunburst 판결(1932)까지의 법리의 변천과정, 『법학』(서울대) 제54권 3호(2013), 249-282; 이종근, 적극적 평등화조치의 합헌성 요건 - 미연방대법원의 교육 관련 판례를 중심으로, 『공법학연구』 제8권 3호(2007); 이종근, 낙태규제이론의 최근 동향 - Gonzales v. Carhart 판결을 중심으로, 『헌법학연구』 제15권 3호(2009); 이형석, 미국 연방대법원의 인간 존엄성 보장에 관한 연구 - 연방대법원 판결을 중심으로, 『홍익법학』 제18권 1호(2017); 장민선, 경제개발을 위한 공용수용의 합헌성에 관한 소고 - 미국 연방대법원의 Kelo v. City of New London 판결을 중심으로, 『법학논집』(이화여대) 제14권 2호(2009); 장호순, 민주주의와 인권을 지켜온 미국 연방대법원의 판결 시리즈〈Brown v. Board of Education, 347 U.S. 483(1954), 349 U.S. 294 (1955)〉 - 인종차별을 위헌 판결함으로써 시민의 자유와 평등을 지킨 사건, 『시민과 변호사』 제12호(1995); 장호순, 공정한 재판을 위해 변호인의 조력을 받을 권리에 관한 판결들, 『시민과 변호사』 제22호(1995); 장호순, 국기를 모독하는 행위도 표현의 자유로 인정한 판결 -Texas v. Johnson, 491 U.S. 397 (1989), 『시민과 변호사』 1996년 7월호; 장호순, 남학생에게만 군사대학 입학허용은 성차별: United States v. Virginia, 94-1941(1996. 6. 26 판결), 『시민과 변호사』 1996년 8월호; 정연주,

Marbury v. Madison 판결의 재조명, 『공법연구』 제32집 3호(2004); 정영환, 미국 연방법원의 재판권 - 재판제도/재판권/연방문제 재판권을 중심으로, 『저스티스』 통권 157호(2016. 12); 지성우, 선거와 정치문제에 대한 미연방대법원 판례에 관한 연구: Bush v. Gore 사건에 대한 비판적 고찰을 중심으로, 『공법학연구』 제5권 2호(2004); 최경호, 미연방대법원 최근판결(United States v. Windsor, Hollingsworth v. Perry)을 통하여 살펴본 미국에서 동성혼 관련 헌법적 논의, 『법학논총』 제31집 1호(2014); 최철영, 연방대법원 판례를 통해 본 해외여행의 권리, 『미국헌법연구』 제12호(2001); 최희경, 동성애자권리에 대한 로렌스 판결의 의미와 영향, 『세계헌법연구』 제17권 2호(2011); 최희경, 낙태절차규제의 위헌성 여부에 관한 연구: 미 연방대법원 판례를 중심으로, 『헌법학연구』 제13권 3호(2007); 최희경, 임신에 대한 불이익에 관한 미연방대법원 판례, 『헌법학연구』 제11권 3호(2005); 하정훈 외, 미국의 동성결혼 판결 소개: United States v. Windsor 판결 및 Perry v. Schwarzenegger 판결을 중심으로, 『공익과 인권』 제14권(2014); 허순철, 언론의 자유와 통신비밀: '안기부 X파일' 사건과 미국 연방대법원 판례와의 비교를 중심으로, 『헌법학연구』 제13권 3호(2007); 황도수, '죽음 문제'에 관한 우리나라와 미국 판례이론의 비교연구, 『미국헌법연구』 제24권 2호(2013).

지방자치에 관하여는 안영훈, 『지반분권체제 강화를 위한 헌법 비교 연구 - 프랑스 헌법과 미국 뉴욕 주 헌법』(한국지방행정연구원, 2018); 권혁신, 『미국의 지방자치 이모저모』(지식산업사, 2011); 김영기, 『뉴잉글랜드 타운정부론』(대영문화사, 2014); 김영기, 『주민발의제도론 - 미국의 주와 지방정부를 중심으로』(대영문화사, 2011); 리처드 엘리스, 최두영 옮김, 『직접참정제도, 민주주의의 허상인가? - 미국의 주민발안제도 현장』(아르케, 2008); 김영기, 미국과 스위스, 한국의 주민발의제도 비교연구, 『지방행정연구』 제22권 2호(2008), 117-144; 유은정, 미국의 연방주의와 지방자치제도, 『공법학연구』 제11권 3호(2010); 이수만, 미국 지방자치제도 개관, 『북미주학연구』(충남대) 제5호(1996); 장용근, 한국의 지방선거 개선 방안: 미국 지방선거제도에 비추어, 『세계헌법연구』 제16권 2호(2010); 조성대, 미국 연방제의 역사적 변화에 관한 연구, 『비교민주주의연구』 제6집 2호(2010).

서평 김효전평, 해롤드 J. 버만 지음, 김 철 옮기고 주석, 『법과 혁명 I : 서양법 전통의 형성』 『법과 혁명 II : 그리스도교가 서양법 전통에 미친 영향(전)(후)

총3권 (한국학술정보, 2013, 2016), 『공법연구』 제45권 1호.

기타 관련 문헌 김철, 해롤드 버만(Harold Joseph Berman)의 통합법학(integrative jurisprudence), 금랑 김철수선생팔순기념 논문집 『헌법과 기본권의 현황과 과제』(경인문화사, 2012); 정영화, 경제규제의 헌법원리 및 이론연구, 『미국헌법연구』 제17권 1호(2006); 천정렬, 미국 헌법의 경제조항에 관한 해석론의 변화: 연방대법원 판결을 중심으로, 서울대 석사논문(1991); 성선제, 브렌넌(Brennan)의 자유주의 헌법관, 『공법연구』 제31집 3호(2003); 이노홍, 미국 민영교도소에 대한 연방헌법 적용 논의, 『헌법학연구』 제9권 4호(2003); 이우영, 미국의 변호사자격시험, 『서울대 법학』 제45권 4호(2004); 장철준, 역동적 자유개념의 사법적 실현 - 미 연방대법원 스티븐 브라이어 대법관의 헌법해석 연구, 『헌법학연구』 제19권 2호(2013); 안토니아 펠릭스, 안혜원 옮김, 『소니아 소토마요르』(세리프, 2014).

리처드 엘리스, 최두영역, 『직접참정제도- 민주주의의 허상인가? 미국의 주민발안제도 현장』(아르케, 2008); 오동석 · 송기춘, 한미상호방위조약의 전시작전통제권 이양의 위헌성, 『헌법학연구』 제9권 4호(2003).

III. 영국 헌법

1. 사전과 자료집

임홍근편, 『법률한영사전』(법문사, 2010); 『법령용어 한영사전』[제2판](법제처, 2009); 임홍근 · 이태희편, 『법률영어사전』(법문사, 2007); 『외국법률용어집』(영어편)(법원도서관, 2008); 법제정보센터편, 『영문법령 표준용어집』(한국법제연구원, 2005).

조문 번역은 마그나 카르타, 권리청원, 레벌러즈의 인민협정, 인신보호법, 권리장전 등은 對譯으로 나종일편, 『자유와 평등의 인권선언 문서집』(한울아카데미, 2012); 선거관리위원회역, 『영국 국민대표법』(선거관리위원회, 1988); 『영국의 국민대표법』(국회도서관 입법조사국, 1969); 헌정제도연구위원회, 『세계각국 헌법전』(II)(1986): 123-154; 국제문제조사연구소, 『각국헌법자료집』(1980. 2): 175-207; 월간 신동아 편집실편, 『세계의 인권선언』(동아일보사, 1980):

24-47; 英吉利 헌법: 대헌장(1215. 5. 15), 권리청원(1628), 권리장전(1689. 10. 23), 김정실편, 『세계헌장』(삼중당, 1947): 71-81.

2. 헌법 개설

김종철 집필, 영국헌법개관, 『영국법』(사법연수원, 2009), 51-88면에 수록; 알버트 다이시, 안경환 · 김종철 공역, 『헌법학입문』(경세원, 1993); W. 아이보어 젠닝스, 박일경역, 『법과 헌법』(민협출판사, 1961), 355; 젠닝스, W. I. 민병태역, 『영국헌정론』(민중서관 민중현대총서, 1955); 웨이드-필립스, 강문용역, 『영국헌법학』(상)(하)(창문사, 1959); 월터 배젓, 이태숙 · 김종원 옮김, 『영국헌정』(지식을 만드는 지식, 2012); 이태숙 지음, 『근대영국헌정: 역사와 담론』(한길사, 2013); 강문용, 『영국 공법원리』(한국사법행정학회, 1966); 고광림, 『영국정부론』(일조각, 1970); 해롤드 J. 라스키, 차기벽역, 『입헌정치의 재검토』(민중서관, 1959).

논설 강문용, 영국 헌법의 정신, 『법조』 제9권 12호(1960); 편집부, 『영국헌법』 by W. Ivor Jennings, 『광장』 제79호(1980); 홍현철, 1988년의 영국 헌법, 『사회과학연구』 제13권 1호(1994).

3. 헌법사상사

국가론에 관하여는 해롤드 J. 라스키, 김영국역, 『국가란 무엇인가』(두레, 1983); R. M. 맥이버, 민병태 · 김영국 공역, 『근대 국가론』(민중서관, 1977); R. 막키버, 민병태역, 『근대 국가론』(민중서관, 1957); 김기봉, 국가란 무엇인가: 개념사적 고찰, 『서양사론』 제82호(2004); 김명환, 영국 신디칼리즘의 국가론 - 산업권력의 추구와 반(反) 엘리트주의, 『영국연구』 제3호(1999).

홉스의 번역은 진석용 옮김, 『리바이어던』(1)(2)(나남, 2008); 이준호 옮김, 『시민론: 정부와 사회에 관한 철학적 기초』(서광사, 2013); 이준호 옮김, 『인간론』(서광사, 2009); 이준호 옮김, 『인간론』(지만지, 2013).

연구서로는 김용환, 『홉스의 사회 · 정치철학: 리바이어던 읽기』(철학과현실사, 1999); 초역은 김용환, 『리바이어던』(살림출판사, 2005). 관련 문헌은 데이비드 고티에, 박완규역, 『리바이어던의 논리』(아카넷, 2013); 조긍호 · 강정인, 『사회계약론연구: 홉스 · 로크 · 루소를 중심으로』(서강대출판부, 2012); 홍철기, 대표의 허구에 관한 연구: 토마스 홉스, 한스 켈젠, 칼 슈미트에게 있어서 '대리'와 '현시'의 대표 이론, 서울대 정치학박사 논문, 2016.

논설 고원, 대중이란 무엇인가 - 홉스와 스피노자의 정치사상 비교, 『영국연구』 제16호(2006); 김병곤, Discourse on Law에 나타난 홉스의 법의 관념, 『원광법학』 30권 4호(2014): 269-288; 박종현, 「대화편」(Dialogue)에 드러난 홉스의 법이론 - 근대 초기 영국법에 대한 철학적 논의, 『원광법학』 제25권(2009): 95-115; 오영달, 주권과 인권에 대한 홉스와 로크이론의 비교연구, 『평화연구』 제10권(2001): 143-167; 이동희, 홉스에 있어서의 법과 국가, 『법학논총』(단국대) 제32권 2호(2008); 이현수, 영국법 전통과 "state" 개념, 『행정법연구』 38호(2014), 1-24.

로크에 관하여는 박혜원 옮김, 『교육론』(비봉출판사, 2011); 강정인 · 문지영 옮김, 『통치론』(까치, 1996); 강승식, 로크의 권력체계론과 그 시사점, 『미국헌법연구』 제24권 1호(2013); 강정인, 로크 사상의 현대적 재조명 - 로크의 재산권이론에 대한 유럽중심주의적 해석을 중심으로, 『한국정치학회보』 제32집 3호(1998); 김남두, 사유재산권과 삶의 평등한 기회 - 로크를 중심으로, 『철학연구』 제27권(1990); 박정규, 존 로크의 관용론 재고 - 1660-70년대 잉글랜드 종교논쟁의 맥락에서, 『영국연구』 제30호(2013); 정태욱, 로크(John Locke) 사상의 재조명 - 혁명론, 소유권론, 관용론을 중심으로, 심헌섭박사 75세 기념논문집 『법철학의 모색과 탐구』(법문사, 2011).

벤담에 관하여는 정홍섭 옮김, 『벤담과 밀의 공리주의』(좁쌀한알, 2018); 심승범, 제레미 벤담의 공리주의에 입각한 위법행위 분석 및 위법성조각사유 검토, 『고려법학』 제91호(2018); 이상영, 법실증주의의 선구자 J. Bentham은 이상주의자인가 혹은 현실주의자인가? 『법사학연구』 제58호(2018); 동인, J. Bentham '헌법전'에서의 입법부에 대한 연구 - 세계공통헌법 연구에서의 입법부의 기능, 권한, 그리고 구성은 어떻게 될 것인가, 『입법과 정책』 제8권 2호(2016. 12); 동인, 공리주의자의 헌법전 연구 - J. Bentham의 '헌법전'의 구성과 특징, 『인하법학』 제19권 3호(2016); 동인, J. Bentham의 세계헌법 구상에 대한 소고 - 세계공통 헌법?, 『아주법학』 제8권 3호(2014); 동인, 사법(司法) 대 입법 - 벤담의 'Pannomion(완전한 법체계)'에 대한 연구, 『일감법학』 제21호(2012); 동인, 공리주의 대 자연권: 프랑스 혁명과 자연권에 대한 벤담의 평가, 『세계헌법연구』 제16권 2호(2010); 동인, 벤담의 Common Law 체계에 대한 비판과 입법론 구상에 대한 연구, 『서울대학교 법학』 제49권 3호(2008); 동인, 벤담의 법개념과 입법론에 대한 소고, 『세계헌법연구』 제13권 2호(2007); 이태숙, 「급진주의는 위험하지 않다」 - 제러미 벤담의 급진주의자 면모, 『영국연구』 제26호(2011).

밀턴 연구는 임상원 역주, 『아레오파지티카: 존 밀턴의 언론 출판 자유에 대한 선언』(나남출판, 1998); 박상익 지음, 『언론자유의 경전 아레오파기티카: 존 밀턴 『아레오파기티카』의 완역·주석·연구서』(소나무, 1999); 최재현 지음, 『존 밀턴의 생애와 사상: 이혼과 출판의 자유에 대하여』(역락, 2011). 논설은 박상익, 밀턴과 잉글랜드의 검열제, 『영국연구』 제1호(1997); 안경환, 아레오파지티카: 존 밀턴의 언론 출판 자유에 대한 선언, 『헌법학연구』 제5권 1호(1999); 이종우, 밀턴의 아레오파지티카 - 언론·출판의 자유에 대한 선언, 『사회비평』 제16호(1996); 임상원, 아레오파지티카의 언론자유사상, 『언론과 사회』 제16권(1997).

J. S. 밀에 관하여는 이을상 옮김, 『공리주의』(지만지, 2014); 서병훈 옮김, 『대의정부론』(아카넷, 2012); 이종훈 편역, 『밀의 사상과 토론의 자유』(이담, 2012); 허남결, 『밀의 공리주의: 덕과 공리성의 만남』(서광사, 2000); W. 토머스, 허남결 옮김, 『존 스튜어트 밀: 생애와 사상』(서광사, 1996); 김기순, J. S. 밀의 민주주의론, 『영국연구』 제40호(2018); 김기순, 밀, 글래드스턴, 여성문제, 『영국연구』 제5호(2001); 서병훈, 존 스튜어트 밀의 위선?: '선의의 제국주의', 『철학연구』(철학연구회) 제98집(2012); 서병훈, '제국주의자'의 우정: 토크빌과 존 스튜어트 밀, 『한국정치학회보』 제46집 5호(2012); 윤성현, 존 스튜어트 밀의 정치경제학과 헌법상 경제민주주의론 서설, 『헌법학연구』 제21권 1호(2015); 윤성현, J. S. 밀의 자유와 민주주의에 관한 헌법학적 연구, 서울대 박사논문, 2011; 윤성현, J. S. 밀의 민주주의론에서 '참여'의 헌법이론적 의의, 『공법연구』 제40집 1호(2011); 이태숙, 존 스튜어트 밀의 의회론, 『영국연구』 제9호(2003); 정홍섭 옮김, 『존 스튜어트 밀의 사회주의』(좁쌀한알, 2018).

흄은 김홍우, 데이비드 흄(David Hume)의 법치(Rule of Law)의 이념 - 『영국사』(The History of England)를 중심으로, 『학술원논문집(인문·사회과학편)』 제55집 1호(2016. 7): 215-335.

애덤 스미스는 이황희, 애덤 스미스의 통치론에 관한 헌법학적 연구, 서울대 박사 논문, 2018; 김성훈, 아담 스미스의 자유주의 교육관, 『영국연구』 제12호(2004).

스펜서는 이상률 옮김, 『개인 대 국가』(이책, 2014); 김명환, 스펜서의 자유주의 - 민주주의를 거부하게 된 자유주의, 『영국연구』 제26호(2011).

4. 헌정사

크라임스, S. B. 이세구역, 『영국헌정사』(일조각, 1959); 이종극역, 『영국헌정사』(신양사, 1959); 오만규, 『청교도 혁명과 종교자유』(한국신학연구소, 1999); 김명환, 『영국의 위기 속에서 나온 민주주의. 길드 사회주의: 노사민합의의 민주주의(1900-1920년대)』(혜안, 2009); 김명환, 『영국 자유주의 연구』(혜안, 2014).

오향미, 영국의 '법의 지배' 원칙에 의한 기본권 보장의 헌정구조: 법과 주권의 매개로서의 의회주권, 『한국정치학회보』 제50권 2호(2016), 103-123; 한동섭, 영국헌법에 있어서의 「법지배」, 고려대학교 50주년 기념논문집(1955).

김대순, 영국헌법의 변화: 웨스트민스터 의회는 여전히 주권자인가, 『법학연구』(연세대) 제13권 2호(2003); 김명환, 경제적 민주주의를 지향한 두 자유사회주의 - 페이비언 사회주의와 길드 사회주의, 『영국연구』 제2호(1998); 김중락, 영국 혁명(the British Revolution), 국민계약 그리고 저항의 정당화, 『영국연구』 제2호(1998); 김용민, 영국의 복지군주제 - 입헌군주제의 현대적 변화와 적응, 『영국연구』 제31호(2014); 김종철, 영국 입헌주의의 본질과 특색, 『공법연구』 제30권 1호(2001); 김종철, 전환기의 영국 헌법과 민주주의, 『공법연구』 제28집 3호(2000); 박성용, 영국 헌정사에 있어서 레퍼렌덤의 특정과 의의, 『유럽헌법연구』 제24호(2017); 백경남, 1910/1911년 영국 의회에 있어서 헌법분쟁에 관한 연구, 『법정논총』 제4호(1979); 변종화, 영국 민주정치의 발달과 헌법적 특색에 관한 연구, 청주대 석사논문, 1977; 안경환·김종철, 영국법과 미국법의 비교 연구(V) - 법이론 (1), 『서울대 법학』 제40권 1호(1999); 안경환·김종철, 영국법과 미국법의 비교 연구(V) - 법이론 (2), 『서울대 법학』 제40권 2호(1999); 안동인, 영국법상의 공사법 2원체계에 관한 연구: 사법심사청구제도와 관련하여, 서울대 박사논문(2009); 이병규, 영국헌법의 본질과 특색, 『동아법학』 제48호(2010); 이병훈, 유럽공동체법의 형성과 헌법이론의 변모: 영국의 경우, 『공법연구』 제28집 2호(2000); 이태숙, 프랑스혁명 논쟁자들의 영국 헌정인식 - 버크, 울스턴크래프트, 페인, 『영국연구』 제14호(2005); 전형성, 영국헌법상의 의회주권 이론에 관한 연구, 연세대 석사논문, 1981.

마그나 카르타 피터 라인보우, 정남영 옮김, 『마그나 카르타 선언: 모두를 위한 자유권들과 커먼즈』(갈무리, 2012); 존 길링엄·대니 댄지거, 황정하역,

『마그나 카르타의 해』(생각의 나무, 2003); 스콧 크리스텐슨, 김지혜 옮김, 『세상을 바꾼 100가지 문서: 마그나 카르타에서 위키리크스까지 5,000년 세계사를 한 권으로 배우다』(라의눈, 2016). 마그나 카르타 제정 800주년과 관련하여 김종철, The Spirit of Magna Carta and the Korean Constitutional Law, 제3회 해위 윤보선추모심포지움 자료집 "Magna Carta and Democratic Leadership"(2015)에 수록.

헌법이론실무학회 Magna Carta 800 주년 기념 학술발표회, Magna Carta가 현대 헌법에 미친 영향, 2015. 6. 15 고려대 CJ 법학관 512A (김선택, 마그나 카르타와 입헌주의 - 법의 지배; 양정윤, 마그나 카르타가 가진 의의와 변천; 이재희, Magna Carta와 적법절차; 윤정인, 마그나 칼타와 저항권; 김현정, 마그나 카르타와 민주주의); 김영희, 마그나 카르타와 영국의 재산법, 『가족법연구』 제30권 1호(2016); 아이버 제닝스경, 안경환·이동민 옮김, 마그나 카르타와 그 영향, 『저스티스』 제27권 2호(1994); 윤정인·김선택, 마그나 카르타와 저항권, 『법학논총』 제32권 4호(2015); 황한식, 마그나 카르타(Magna Carta), 『법조』 제68권 1호(2019).

한국과 관련해서는 김효전, 영국 헌법이론의 초기수용 (1)(2), 『인권과 정의』 제334호(2004. 6) 및 제335호(2004. 7); 김효전, 한국에 있어서 영국 헌법이론의 초기수용, 벽천 이규복박사화갑기념논문집 『한국법학의 위상』(1988); 손성준, 근대 동아시아의 크롬웰 변주: 영웅 담론, 영국 정체(政體), 프로테스탄티즘, 『대동문화연구』 제78호(2012); 황태연, 윌리엄 템플의 중국 내각제 분석과 영국 내각제의 기획·추진 - 공자의 분권적 제한군주정과 영국 내각제의 기원(2), 『정신문화연구』 제38권 2호(2015).

5. 권리장전

일반은 알프레드 덴닝, 윤세창역, 『법과 자유』(일조각, 1960).

존 위티 주니어, 정두메 옮김, 『권리와 자유의 역사 - 칼뱅에서 애덤스까지 인권과 종교 자유를 향한 진보』(IVP, 2015); 울스턴크래프트, 손영미 옮김, 『여권의 옹호』(연암서가, 2014); 메리 울스턴크래프트, 손영미 옮김, 『여권의 옹호』(한길사, 2008); 이 책의 초역은 문수현 옮김, 『여성의 권리 옹호』(책세상, 2011); 울스턴크래프트의 생애는 자넷 토드, 서미석 옮김, 『세상을 뒤바꾼 열정』(한길사, 2003).

논설로는 김대순, 영국의 "인권법 1998"과 의회주권 원칙의 동요, 『국제법학회논총』 제47권 3호(2002); 김대환, 영국 인종차별금지법상의 차별의 의미와 그 구제, 『세계헌법연구』 제5호(2000); 김한균, 형사사법개혁의 인권적 차원 - 1998년 인권법이 영국 형사사법체계에 미친 영향, 『민주법학』 제31호(2006); 김효전, 영국의 권리장전 300년, 『월간고시』 제16권 11호(1989. 11); 명재진, 지문강제날인제도의 헌법적 문제점과 헌법의 세계화 - 영미의 논의를 중심으로, 『세계헌법연구』 제14권 3호(2008); 박홍규, 영국의 배심제도, 『사회과학연구』(영남대) 제9권 1호 (2001); 원태준, 교사의 인권인가, 학생의 인권인가? - 영국의 학교 내 체벌 제도의 폐지과정 1937-1986, 『영국연구』 제34호(2015); 육소영, 헌법상의 평등권과 채용할당제: 미국, 영국, EU의 사례연구를 중심으로, 『법학연구』(충남대) 제12권 1호(2001); 윤진수, 영국의 1998년 인권법(Human Rights Act 1998)이 사법관계에 미치는 영향, 『법학』(서울대) 제43권 1호(2002); 이노홍, 영국 기본권의 수평적 효력이론에 관한 고찰, 『홍익법학』 제15권 1호(2014); 이희훈, 미국의 존엄사법과 영국의 조력자살법안에 대한 비교법적 고찰, 『토지공법연구』 제68호(2015); 임종훈, 영국에서의 인권법 시행과 의회주권 원칙의 변화, 『세계헌법연구』 제11권 2호(2005); 정연철, Human Cloning에 관한 영국의 법적 관점, 『공법학연구』 제6권 1호(2005); 정영훈, 마그나 카르타와 적법절차 - 피의자 신문절차에서 변호인 조력권의 보장 방안을 중심으로, 헌법이론실무학회, 제8회 학술발표회 「통일과 헌법」(2015. 8. 29 고려대 해송법학도서관 발표문); 차동욱, 유럽통합과 영국에서의 헌법변화: 유럽인권규약의 국내적 실효성 확보 노력을 중심으로, 『영국연구』 제24호(2010); 차조일, 정치교육과 권리장전, 『정치정보연구』 제19권 3호(2016); 홍관표, 영국 평등인권위원회의 차별금지 직무와 그 시사점, 『유럽헌법연구』 제25호(2017).

종교의 자유는 김남국, 영국과 프랑스에서 정치와 종교: 루시디 사건과 헤드스카프 논쟁을 중심으로, 『국제정치논총』 제44권 4호(2004); 신명 · 민경식, 영국에서의 종교와 국가: 잉글랜드 국교회 법제의 변천을 중심으로, 『법학논문집』(중앙대) 제36집 3호(2012); 정희라, 2006년 영국의 인종 및 종교적 혐오 방지법, 『EU 연구』 제35호(2013); 정희라, 차별에서 평등으로 - 종교적 불평등 폐지를 위한 19세기 영국의 개혁 - 옥스브리지의 종교 심사 폐지, 『영국연구』 제13호(2005).

정보 · 표현의 자유는 김재광, 영미법계 국가의 개인정보보호법제 동향 및 함의, 『공법학연구』 제6권 2호(2005); 김종철, 영국의 집회 및 시위의 자유: 야간집회금지와의 관련성을 중심으로, 『서강법학』 제11권 1호(2009); 유현용, 유럽의 주파수 거래제에 관한 연구: 영국 · 프랑스 · 독일을 중심으로, 『유럽헌법연구』 제6호(2009); 허순철, 영국 선거법상 허위사실공표와 표현의 자유, 『공법학연구』 제19권 4호(2018).

인격권에 관하여는 정태호 · 김훈집, 영국의 명예훼손죄 폐지와 그 교훈, 『경희법학』 제50권 1호(2015); 허순철, 영국의 명예훼손법 개정과 그 의미, 『공법학연구』 제16권 4호(2015): 125-146.

재산권에 관하여는 나채준, 영국의 공용수용의 실행절차와 권리구제수단에 관한 고찰, 『법학연구』(충남대) 제20권 1호(2009); 나채준, 영국의 상가 임차권에 대한 손실보상제도에 대한 연구: 영국의 영업 손실보상제도와 상가 권리금보상에 대한 논의를 중심으로, 『공법연구』 제37집 4호(2009); 윤기택, 영연방 국가의 불법행위의 영역에 있어서의 정신적 충격에 대한 손해배상제도에 관하여, 『미국헌법연구』 제16권 1호(2005); 정하명, 영미의 공용수용과 보상제도, 『토지공법연구』 제49호(2010); 조희경, 영국 저작재산권의 제한규정에 관한 소고 - 공정취급 조항(fair dealing)을 중심으로, 『홍익법학』 제16권 2호(2015).

참정권은 이남희, 정치와 일상의 이분법을 넘어서 - 영국 여성 참정권 운동의 활동가 분석, 1897-1918, 『영국연구』 제3호(1999); 이희훈, 미국과 영국 및 한국의 수형자에 대한 선거권 제한 규정의 문제점 연구, 『미국헌법연구』 제25권 3호(2014); 홍석민, 영국 의회와 '왈가닥 유권자'의 형성과 해체 - 잊혀진 차별 속의 차별화된 범주, 1918-28, 『영국연구』 제21호(2009).

사회보장은 강철희 · 홍현미라, 복지권에 관한 비교연구: 영국와 미국을 중심으로, 『사회보장연구』 제19권 1호(2003); 황정훈, 영국 구빈법상 구조를 받을 권리(right to relief)의 형성에 관한 고찰 - 구빈법 발전 과정을 중심으로, 『법학연구』 제18권 1호(2018).

6. 권력구조

김선화, 영국 헌법개혁의 추이와 내용: 의원내각제의 현대적 전개, 『세계헌법연구』 제16권 4호(2010); 석인선, 영국 헌법상 권력분립원리의 의미, 『헌법학연구』 제8권 3호(2002); 이병훈, 영국의 정부형태: 역사적 배경과 현실적 운용, 『비교법학』(전주대) 제4집(2004); Kyong Whan Ahn · Jongcheol Kim, Political parties, parliamentarism and representation, 『서울대 법학』 제36권 2호

(1995).

의회정치는 Karl Loewenstein저, 하재구역, 영국의회정치(1)~(5완), 『국회보』 제82호~제86호(1968); 구병삭, 영국의 의원내각제와 프랑스의 이원정부제의 원류와 현실, 『고시계』 1990년 11월(통권 405); 김대순, 영국의 의회주권법리: 변화가 보이나? 『법학연구』 제25권 4호(2015); 김대순, 영국헌법의 변화: 웨스터민스터 의회는 여전히 주권자인가? 『법학연구』 제13권 2호(2003); 김병곤, 영국의 헌정주의와 의회의 우위성, 『인문과학연구』 제35호(2018); 서주실, 영국 헌법상 수상과 하원과의 관계, 『논문집』 제21권 1호(1976); 이태숙, "대처리즘"의 헌정적 양상 - 대처 집권 시기 북아일랜드 문제에 대한 하원 심의, 『영국연구』 제22호(2009); 임종훈, 영국에서의 의회입법에 대한 사법적 통제 - 2000년 인권법 시행 이후의 변화, 『세계헌법연구』 제16권 3호(2010), 833-854; 전진영, 영국 의회의 이해충돌방지 제도와 시사점, 『이슈와 논점』 제1592호(2019. 4. 18); 전진영, 국회의장의 선출과 임기를 둘러싼 쟁점: 미국·영국과의 비교, 『이슈와 논점』 1277호(2017. 3. 14).

선거와 **정당**에 관하여는 강휘원, 영국과 한국의 선거구획정위원회, 『한국정치학회보』 제36권 4호(2002); 기현석, 영국의 선거제도 개혁논의와 다수제 민주주의, 『세계헌법연구』 제16권 3호(2010); 김상수, 2010년 총선 이후 영국에서의 비례대표제 논의 - 자유민주당과 시민운동의 역할, 『영국연구』 제23호(2010); 김승민, 브렉시트(Brexit): 영국의 유럽연합(EU) 탈퇴 절차에 관한 법적 고찰, 『국제법학회논총』 제62권 1호(2017); 음선필, 영국 선거제도의 개혁논의: 대안투표제 플러스를 중심으로, 『공법연구』 제29집 1호(2000); 김민배, 정치자금과 정치헌금의 법적 규제 - 영국을 중심으로, 『공법연구』 제29집 2호(2001); 박영도, 주요 국가 입법과정의 특징과 시사점 2: 영국·독일의 경우, 『한세정책』 제16호(1995); 임종훈, 영국에서의 의회입법에 대한 사법적 통제, 『세계헌법연구』 제16권 3호(2010); 홍석민, 영국의 1973년 유럽공동체 가입과 1971년 국민투표: 유럽공동체 회원국 신분에 대한 반쪽짜리 승인, 『영국연구』 제26호(2011); 홍석민, 1948년 영국 국적법의 두 부산물 - 시민권으로서의 선거권 확립과 비(非) 브리튼(Briton) 선거권 증대, 『영국연구』 제23호(2010).

국가긴급권은 백윤철, 영국의 국가긴급권, 『토지공법연구』 제66호(2014); 이해원, 영국의 사이버 안보 법제 변천 과정 및 시사점, 『법학연구』 제26권 4호(2018).

사법제도에 관하여는 표성수, 『영미 형사사법의 구조: 그 가치에 대한 새로운 이해』(비봉출판사, 2004); 김병욱, 영 · 불에 있어서 법관의 신분보장, 국회도서관 입법조사국, 1972; 김명식, 영국의 법관제도에 관한 일 고찰: 치안판사 제도를 중심으로, 『법학논총』 제16권 1호(2009); 김성배, 영국의 법률가 집단의 변화와 개혁 - 19세기와 20세기 초반을 중심으로, 『유럽헌법연구』 제8호(2010); 김성원, 영국의 사법심사제도의 동향, 『공법연구』 제24집 2호(1996); 김연식, 영국 인권법 도입 이후 사법심사의 현재와 전망, 『성신법학』 제14호(2014); 김용훈, 영국 사법개혁의 특징과 도전 - 2005년 헌법개혁법에서의 사법개혁의 방향과 함의, 『법학논고』 제51호(2015); 박준선, 미국과 영국의 법관임용제도와 우리나라에서 시사점, 『법학논총』 제37권 3호(2017); 이근관, 영국의 "사법시험"제도에 관한 고찰, 『서울대 법학』 제45권 4호(2004); 이병훈, 영국의 사법제도와 법학교육, 『헌법학연구』 제4권 1호(1998); 이영진, 영국 사법제도와 그 시사점, 『국회보』 통권 532호(2011. 3); 이재석, 영국과 미국의 법관에 의한 중재 및 그 도입가능성에 관한 연구, 사법정책연구원 연구총서, 2015; 임종훈, 영국에서의 의회입법에 대한 사법적 통제, 『세계헌법연구』 제16권 3호(2010).

감사제도는 김연식, 영국 국가감사제도에 대한 고찰 - 소위 Westminster형 국가감사제도의 문제점과 시사점, 『공법연구』 제45집 4호(2017); 방동희 · 정주영, 영국 · 미국의 헌법상 재정분권: 세입세출분권과 재정조정제도, 『지방세포럼』 제36호(2017).

지방자치는 고인석, 영국의 지방분권과 지방자치의 발전과정: 영국의 지방분권이 한국 헌법개정 논의에 미치는 함의를 중심으로, 『법학연구』 69호 (2018), 123-142; 김순은, 영국과 일본의 지방분권 개혁 비교연구, 『지방정부연구』 제15권 2호(2011); 김종철, 영국 지방선거에서의 공정선거 확보방안, 『유럽헌법연구』 제6호(2009); 방동희, 영미의 지방자치제도와 재정고권의 헌법적 보장, 『공법학연구』 제18권 4호(2017); Maurice Smith, 영국의 지방자치와 매스미디어, 『지방자치와 지역 언론의 역할』 제1호(1997); 이병훈, 영국의 지방자치와 교육자치: 중앙정부와 지방자치단체 간의 권한 및 기능배분의 문제를 중심으로, 『헌법학연구』 제5권 1호(1999).

서평 기타 김종철, 영국 공법학과 알버트 다이시(Albert Dicey), 한국행정판례연구회편, 『공법학의 형성과 개척자』(박영사, 2007); 박찬운, 영국 법학교육의 현실과 그것이 한국 로스쿨 교육에 주는 함의, 『저스티스』통권 159호(2017. 4); 이태숙, "빅토리아기 법학자" 앨버트 벤 다이시와 1911년 의회법, 『영국연구』 (영국사학회) 제17호(2007); 김효전평, 배젓, 『영국헌법론』; J. S.밀, 『대의정부론외』, 『유럽헌법연구』 제12호(2012); 김효전평, 이태숙, 『근대영국헌정』, 『유럽헌법연구』 제13호(2013); 김유환, 영미에서의 공익개념과 공익의 법문제화, 『서울대 법학』 제46권 4호(2005); 김지연, 영국의 금융 옴부즈만 제도에 관한 연구, 서울대 박사논문, 2008.

IV. 프랑스 헌법

1. 사전과 자료집

『외국법률용어집』(프랑스어편)(법원도서관, 2008); 한국법제연구원, 『프랑스 법령용어집』(2008); 프랑스 헌법 전반에 관한 체계적 서술은 성낙인, 『프랑스 헌법학』(법문사, 1995)가 대표적이다. 기타 사법연수원, 『프랑스법 II』(2005. 8); 연구 현황은 성낙인, 한국에서 프랑스 헌법연구의 현황과 과제, 김효전교수정년기념논문집 『헌법학의 과제』(법문사, 2011): 51-78.

헌법조문은 헌법재판연구원, 『국가별 법령집 - 프랑스 헌법 · 헌법재판소법』, 2018; 김충희 옮김, 프랑스 역대 헌법전(1)(2완), 『동아법학』 제69호(2015): 329-577; 제70호(2016): 471-597; 나종일 편역 · 해설, 『자유와 평등의 인권선언 문서집』(한울 아카데미, 2012) [프랑스 헌법 관련 내용: 인간과 시민의 권리선언(1789년); 1791년 헌법; 인간의 자연적 · 시민적 · 정치적 권리의 선언: 지롱드파의 헌법초안(1793년); 인간과 시민의 권리선언: 산악파 헌법(1793년); 인간과 시민의 권리와 의무의 선언: 프랑스 1795년 헌법; 평등한 사람들의 선언(1796년); 바뵈프의 독트린에 대한 분석(1796년); 1848년의 프랑스 공화국 헌법: 전문 및 제1, 2장]; 국회도서관, 『세계의 헌법 II』(2010): 569-590; 정재황 · 한동훈, 『2008년 프랑스 헌법개정에 관한 연구』(한국법제연구원, 2008); 헌정제도연구위원회, 『세계각국헌법전』(II)(1986): 783-802; 국제문제조사연구소, 『각국헌법자료집』(1980. 2): 479-496.

제5공화국헌법과 원문은 성낙인, 『프랑스헌법학』(법문사, 1995) 수록; 모리스 뒤베르제, 김병규역, 『정치제도와 헌법』 제2권(삼영사, 1980): 327-338 (원문 339-355 수록); 국회도서관 법제자료실, 『미 · 독 · 불의 헌법』(외국의 법제자료, 제1집, 1971); 강병두, 『혁명헌법』(수학사, 1961), 부록: 67-79.

제4공화국 헌법은 김충희 옮김, 프랑스 역대 헌법전(2완), 『동아법학』 제70호

(2016): 509-529; 『현행각국헌법전』(법제처, 1949, 1962)(법제자료 제1집) 수록.

제3공화국 헌법은 한동훈, 1871-1875년 사이의 헌법적 수준의 법률 원문과 번역문, 동인, 프랑스 제3공화국 헌법체제의 정립과정에 관한 연구, 서울대 박사논문, 2008: 261-282; 김정실편, 『세계헌장』(삼중당, 1947): 71-81에 수록된 불란서헌법: 공권력의 조직에 관한 법률(1875. 2. 25), 원로원의 조직에 관한 법률(1875. 2. 28), 공권력상호에 관한 법률(1875. 7. 18), 인권 급 공민권의 선언(1789. 8. 26).

2. 헌법사

고전은 E. J. 시에예스, 박인수 옮김, 『제3신분이란 무엇인가』(책세상, 2003); 장 보댕 국가론의 완역본은 나정원 옮김, 『국가에 관한 6권의 책』(아카넷, 2013) 전6권; 초역본은 임승휘 옮김, 『국가론』(책세상, 2005)이 있다. 논설 김응종, 장 보댕과 관용, 『인문학연구』 제46권(2012): 55-81; 박경철, 보댕 · 홉스 · 루소의 주권이론과 주권, 『강원법학』 제23권(2006): 73-104; 성낙인, 주권론에 관한 연구, 『사회과학연구』(영남대) 제13권 2호(1993); 오향미, 장 보댕(Jean Bodin)의 주권론 - 절대적 주권의 내적 논리, 『국제정치논총』 제53집 3호(2013): 9-38; 임승휘, 장 보댕의 『국가론』과 절대주의, 『프랑스사연구』 제13호(2005): 133-159.

헌법사 일반은 모리스 뒤베르제, 문광삼 · 김수현 공역, 『프랑스 헌법과 정치사상』(해성, 2003); 주명철, 『헌법의 완성: 입헌군주제 혁명을 완수하다』Liberté(프랑스 혁명사 10부작 06)(여문책, 2017). 기타 마리 클로드 쇼도느레 외, 이영목 옮김, 『공화국과 시민』(창해, 2000).

고데쇼, 국회법제자료실, 『불란서 헌법사』(국회도서관 법제자료실, 1973), 321: 모루아, 신용석 옮김, 『프랑스사』(기린원, 1995); 손우현 지음, 『프랑스를 생각한다: '자유, 평등, 박애'의 발원지』(기파랑, 2014); 로저 프라이스, 『(혁명과 반동의) 프랑스사』(개마고원, 2001).

프랑스혁명사 일반은 주명철 지음, 『대서사의 서막: 혁명은 이렇게 시작되었다』(여문책, 2015)(프랑스 혁명사 10부작 01); 주명철 지음, 『1789. 평등을 잉태한 자유의 원년』(여문책, 2015)(프랑스 혁명사 10부작 02); 주명철 지음, 『진정한 혁명의 시작: 신분제 국가에서 국민국가로』(여문책, 2015)(프랑스 혁명사 10부작 03); 주명철 지음, 『군대에 부는 혁명의 바람, 낭시 군사반란』(여문책, 2015)(프랑스 혁명사 10부작 04); 주명철 지음, 『왕의 도주: 벼랑 끝으로 내몰린 루이 16세』(여문책, 2015)(프랑스 혁명사 10부작 05); 주명철 지음, 『헌법의 완성: 입헌군주제 혁명을 완수하다』(여문책, 2017)(프랑스 혁명사 10부작 06).

강명석, 프랑스 혁명정신과 미완의 기획으로서 근대 입헌주의, 『연세 공공거버넌스와 법』 제8권 2호(2017); 김철, 법과 혁명: 프랑스혁명이 법제도에 미친 영향 - 법과 종교의 관계를 겸하여, 『세계헌법연구』 제19권 2호(2013).

국가론은 이용재 · 박단외 지음, 『프랑스의 열정 - 공화국과 공화주의』(아카넷, 2011); 이현수, 국가의 법적 개념 - 프랑스 공법이론상 국가법인설의 수용과 전개, 『행정법연구』 제36호(2013).

루소에 관하여는 루소의 『사회계약론』은 지금까지 수 십 종 발간되었으나 김영욱 옮김, 『사회계약론』(후마니타스, 2018)은 100페이지가 넘는 옮긴이의 주와 해설이 학술서적으로서의 가치를 높이고 있다. 박호성역, 『사회계약론외: 사회계약론, 코르시카 헌법 구상, 정치경제론, 생피에르 영구평화안 발췌, 생피에르 영구평화안 발췌 비판』(루소전집 08)(책세상, 2015); 장 스타로방스키, 이충훈 옮김, 『장 자크 루소: 투명성과 장애물』(아카넷, 2012); 김용민외 지음, 『루소, 정치를 논하다』(이학사, 2017); 이재현, 루소의 선한 공동체 수립, 『논문집』(진주교대) 제41집(1999); 정종길, 우리 통치구조 기본원리에 수용된 18세기 후반의 프랑스 헌법사상 - 루소 · 시에예스 · 몽테스키외의 사상을 중심으로, 『세계헌법연구』 제12권 1호(2006); 정태욱, 루소 · 인간 · 혁명의 시작, 『법철학연구』 제17권 3호(2014).

시에예스는 민경식, 시에예스의 헌법제정권력, 『문송 정종학박사 화갑기념논문집』(1993); 박인수, 시이에스의 Nation과 헌법, 東堂 성낙인총장 퇴임기념논문집 『국가와 헌법 · I 헌법총론/정치제도론』(법문사, 2018): 222-237; 홍태영, 근대인의 자유와 대의제 정부: 시에이예스와 콩스탕의 논의를 중심으로, 『한국정치연구』 제13권 1호(2004), 259-285.

몽테스키외는 홍태영, 『몽테스키외 & 토크빌』(김영사, 2006). 김용민, 몽테스키외의 정치사상 -《법의 정신》을 중심으로, 『사상』 2001년 가을호, 237-256; 윤재왕, "법관은 법률의 입"? - 몽테스키외에 관한 이해와 오해, 『안암법학』 제30호(2009); 이현아, 몽테스키외의 현실주의적 자유주의와 삼권분립, 『철학과 현실』 2013년 봄(통권 96호), 153-170; 정창조, 권력분립과 인민권력 사이의 관계에 대한 연구 - 몽테스키외 · 맑스주의 · 아렌트를 중심으로, 『현대유럽철학연구』 38호(2015); 홍태영, 몽테스키외의 『법의 정신』에 대한 정치적 독해, 『한국정치학회보』 41집 2호(2007): 141-160.

모리스 오류는 김주환, P. Häberle의 제도적 기본권이론의 기초 - 특히 M. Hauriou의 제도이론과 제도개념을 중심으로, 『고시연구』 1992년 10월호; 김충희, 모리스 오류의 제도이론, 서울대학교 법학석사논문, 2010; 김효전, 제도이론의 계보 - 모리스 오류와 독일 공법학, 『월간고시』 1993년 9월호; 박정훈, Maurice Hauriou의 법사상과 방법론 - 제도·이원·균형, 한국법철학회독회자료, 2000 (미완성); 성낙인, 프랑스 공법학의 두 석학 : 모리스 오류와 레옹 뒤기, 『동원 권도혁교수화갑기념논문집』(1992); 이광윤, 프랑스 공법학과 모리스 오류(Maurice Hauriou), 한국행정판례연구회편, 『공법학의 형성과 개척자』(박영사, 2007): 83-117; 편집부, 모리스 오류의 생애와 사상(사회사상가평전) 『고시연구』(1974. 11).

레옹 뒤기는 김충희 옮김, 법과 국가, 『동아법학』 제77호(2017. 11): 223-431; 이광윤 옮김, 『일반 공법학 강의』(민음사, 1995); 김충희, 레옹 뒤기의 국가이론, 『유럽헌법연구』 제17호(2015): 181-228; 김충희, 레옹 뒤기의 생애와 그의 시대, 『헌법학연구』 제21권 2호(2015): 261-310; 김충희, 레옹 뒤기(Léon Duguit)의 객관법 이론, 東堂 성낙인총장 퇴임기념논문집 『국가와 헌법·I 헌법총론/정치제도론』(법문사, 2018): 238-267; 오경환, 연대성의 정치 - 에밀 뒤르껭·앙리 미쉘·레옹 뒤기, 『역사학연구』(호남사학회) 제32호(2008); 정수진, Léon Duguit의 공법이론에 대한 연구, 연세대 석사논문, 2013.

카레 드 말베르는 강경근, Carre de Malberg '국가일반이론'에서의 국가와 국가권력, 『공법연구』 제16권(1988).

노명식, 『프랑스 제3공화정 연구』(책과함께, 2011); 한동훈, 『프랑스 제3공화국 헌정체제: 초기 정립과정을 중심으로』(한국학술정보, 2009). 이 책은 저자의 서울대 박사학위논문(2008)을 수정한 것이다.

뷔르도에 관하여는 성낙인, 죠르주 뷔르도의 권력이론, 『오곡 정운장박사화갑기념논문집』(1989); 전학선, 뷔르도(G. Burdeau)의 국가관에 관한 연구, 『之岸 김지수 교수 정년기념논문집』(법률출판사, 2003): 580-593.

3. 민주주의

쇼도느레 외, 이영목 옮김, 『공화국과 시민』(창해, 2000); 조승래, 『공화국을

위하여: 공화주의 형성과정과 핵심사상』(도서출판 길, 2010).

논설은 안민석, 불랑제 사건: 프랑스 정치사의 전환기(1886-1889), 서울대 석사논문, 2004(서양사학과); 전수연, 프랑스 제3공화국 상원과 지방자치, 『인문과학』(연세대) 제76 · 77합집(1997); 전수연, 프랑스 제3공화국의 헌법개정 1875-1889, 『프랑스사 연구』 제2호(1999); 정재도, 프랑스 제4공화국 헌법상의 의원내각제에 관한 연구, 서강대 박사논문, 2014; 한동훈, 프랑스의 왕정복고체제와 의원내각제의 태동, 『법사학연구』 제41호(2010); 한동훈, 프랑스 제3공화국 헌법과 헌정실제, 『헌법학연구』 제15권 2호(2009); 한동훈, 프랑스 제4공화국의 헌정체제 및 헌정실제, 『헌법학연구』 제16권 1호(2010); 한태연, 공화국의 이론적 과제: 미국 헌법과 프랑스 헌법을 중심으로, 『동아법학』 제24호(1998); 홍태영, 루이 나폴레옹의 제2 제정과 1860년대 정치적 자유주의, 『프랑스사 연구』 제6호(2002); 홍태영, 프랑스 공화주의 모델의 형성: 제3공화국과 민주주의의 공고화(1885-1940), 『한국정치학회보』 제39집 3호(2005).

민주주의에 관하여는 알랭 바디우, 성용순 · 임옥희 · 주형일 옮김, 『인민이란 무엇인가』(현실문화, 2014); 홍태영, 『국민국가의 정치학: 프랑스 민주주의의 정치철학과 역사』(후마니타스, 2008); 홍태영, 프랑스의 민주주의, 강정인 · 오향미 · 이화용 · 홍태영 공저, 『유럽 민주화의 이념과 역사』(후마니타스, 2010); T. 랭보, 전학선역, 2007년 프랑스에서 법치국가의 개념과 그 적용, 『공법연구』 제36집 1호(2007); 이동수, 민주주의의 이중성: 르포르의 포스트모던 민주주의, 『동양정치사상』 제12권 2호(2013); 홍태영, 클로드 르포르: 정치적인 것의 발견과 현대 민주주의의 모색, 『현대 정치철학의 모험』(난장, 2010).

정당과 **선거**에 관하여는 김정기, 프랑스 정당체제에 관한 연구, 『동북아논총』 제12집(1999); 변해철, 프랑스 헌법상의 선거제도: 하원 선거를 중심으로, 『국제지역연구』 제3권 2호(1999); 성욱제, 프랑스의 선거법과 언론 보도, 『세계의 언론법제』 제11호(2002); 이한규, 프랑스의 정치자금 및 선거자금 규제제도, 『국회보』 350호(1995. 12); 전영, 선거 관련 방송에서의 정치적 다원주의: 프랑스 사례를 중심으로, 『법학연구』 제53권 2호(2012); 전영, 프랑스에서의 정치적 다원주의의 원칙과 방송, 『언론과 법』 제11권 1호(2012); 정준표, 뒤베르제의 법칙과 지역주의: 한국과 일본의 비교, 『국제정치연구』 15, 2 (2012): 1-22.

4. 헌법개정

제5공화국 헌법은 시대상황의 변화와 사회적 현실에 따라서 2008년 대대적으로 개정하게 되었다. 이에 관하여는 정재황 · 한동훈, 『2008년 프랑스 헌법개정에 관한 연구』(한국법제연구원, 2008)가 있으며, 여기에는 헌법전문이 수록되어 있다. 관련 문헌은 박인수, 프랑스 제24차 헌법개정의 특징과 중요 내용, 『세계헌법연구』 제16권 3호(2010); 전학선, 유럽 헌법과 프랑스 헌법개정, 『유럽헌법연구』 창간호(2007); 전학선, 프랑스의 국민투표법률을 통한 헌법개정: 1962년 11월 6일 국민투표에 의한 법률(loi référendaire)에 관한 결정을 중심으로, 『헌법학연구』 제13권 1호(2007); 정재황, 프랑스 1958년(현행) 헌법의 개정, 『법학연구』(홍익대) 제2권(2000); 전학선, 프랑스에서의 헌법의 수호, 『헌법학연구』 제14권 3호(2008); 한동훈, 2008년 프랑스 헌법개정과 정부형태, 국회미래한국헌법연구회, 『국민과 함께 하는 개헌 이야기』 2 (2010): 357-373; 한동훈, 2008년 프랑스 헌법개정에 관한 소고, 『토지공법연구』 제43집 3호(2009).

유럽연합과의 관련은 문광삼, 유럽연합과 프랑스의 주권, 『헌법학연구』 제1집(1995); 변해철, 유럽연합조약과 프랑스 헌법, 『외법논집』(한국외대) 제2호(1995); 프랑크 모덴 · 박인수, 프랑스와 유럽헌법, 『공법학연구』 제6권 3호(2005); 박인수, 프랑스의 유럽헌법안 수용과 변화, 『세계헌법연구』 제12권 1호(2006).

기타 헌법 일반에 관하여는 강화연, 프랑스 행정법상 '법의 일반원칙'과 헌법원리와의 관계, 『행정법연구』 제4호(2016); 김성규, 프랑스의 테러대응법제: 형사법적 현상과 과제, 『강원법학』 제54호(2018); 박기갑, 국제법의 국내적용에 관한 프랑스의 법체계와 경험, 『국제법평론』 제28호(2008); 박인수, 한국 헌법상에서의 프랑스 헌법의 영향, 『세계헌법연구』 제14권 3호(2008); 박인수, 프랑스 헌법사상과 한국 헌법의 정체성 및 헌법개혁, 『헌법학연구』 제12권 3호(2006); 박인수, 프랑스 제5공화국의 헌법하위규범, 『영남법학』 제4권 제1 · 2호(1998); 박정훈, 공 · 사법 구별의 방법론적 의의와 한계: 프랑스와 독일에서의 발전과정을 참고하여, 『공법연구』 제37집 3호(2009); 이현수, 프랑스 공법상 외국인의 지위, 『행정법연구』 제51호(2017); 이형석, 프랑스 헌법상 공용어주의와 지역어 보장에 관한 연구: 프랑스 헌법재판소 결정례를 중심으로, 『법학연구』 제58호(2018); 전학선, 프랑스에서 외교문제에 대한 사법부 관여, 『유럽헌법연구』 제24호(2017); 전학선, 프랑스의 법령체계 및 법치주의에 관한 연구, 『공법학연구』 12권 1호(2011. 2); 정재도, 프랑스 이민법제의 변화와 문제점, 『입법학연구』 제15권 2호(2018); 정재황, 언어사용과 헌법: 프랑스의 경험을 중심으로, 『공법연구』 제26집 3호(1998); 정종길, 18세기 후반 프랑스 헌법사상의 현대적 수용, 『인문사회과학연구』 제19호(2008); 정채연, 유럽 사회에서 다문화정책의 현황과 관용의 한계: 프랑스의 라이시떼와 독일의 민주적 헌정주의를 중심으로, 『법학논총』(단국대) 제36권 제1호(2012); 장 마리 퐁티에, 공역무의 프랑스적 개념, 『공법학연구』 제8권 1호(2007); 전학선, 프랑스의 고위공직자에 요구되는 청렴성 · 도덕성의 기준, 『공법학연구』 제9권 3호(2008).

5. 인권선언

G. 옐리네크/E. 부뜨미 저, 김효전 역, 『인권선언 논쟁』(법문사, 1991); 헌법재판연구원, 『1789년 인간과 시민의 권리선언의 헌법적 의미』(헌법재판소, 2014); J. 모랑주, 변해철역, 『1789년 인간과 시민의 권리선언』(탐구당, 1999); 이세희, 『프랑스 대혁명과 여성 · 여성운동』(탑북스, 2012); 브누아트 그루, 백선희역, 『올랭프 드 구주가 있었다』(마음산책, 2014); 김택수, 『프랑스 수사 · 예심제도의 이해』(계명대출판부, 2017); 프랑수와 부르기뇽, 류형식 옮김, 『세계화 시대의 불평등 문제』(소와당, 2017).

논설로는 권형준, 1789년 프랑스 인권선언의 현대적 의의, 『공법연구』 제26집 3호(1998); 금석 권형준교수 정년기념 논문집 『현대헌법학의 이론적 전개와 조망』(2013) 재수록; 권형준, 프랑스의 인권선언과 기본권의 발전, 『법학논총』(한양대) 제7호(1990); 김승대, 프랑스 인간과 자유권에 대한 총론적 고찰, 정경식박사화갑기념논문집 『법과 인간의 존엄』(1997); 박영신, "인권선언"의 기원과 이후: 옐리네크, 베버, 그리고 뒤르케임에 이어, 『사회이론』 제48호(2015): 3-34; 변해철, 1789년 프랑스 인권선언과 형사법상의 일반원칙, 『외법논집』(한국외대) 제4호(1997); 성낙인, 프랑스 인권선언과 헌법, 『영남법학』 제5권 1 · 2호(1999); 정태욱, 프랑스혁명과 인권선언: 로베스피에르에 의해 제안된 1793년 인권선언을 중심으로, 『영남법학』 11, 12(2000. 12): 49-63; 조병륜, 프랑스 인권제도의 발전의 근원과 실질적 민주주의 헌법철학 및 정치철학사상, 『헌법학연구』 제9권 1호(2003); 최갑수, 1789년의 「인권선언」과 혁명기의 담론, 『프랑스사 연구』 제4호(2001).

기본권 **일반**은 강명원, 프랑스의 기본권 보호에 관하여 - 사전적 규범통제제도와 최근 심판 현황을 중심으로, 『강원법학』 제56권(2019); 강명원, 프랑스 국립대학의 지배구조에 관하여 - 평의(원)회(Conseil)을 중심으로, 『유럽헌법연구』

제28권(2019); 정 모랑지, 21세기 초 프랑스의 인권: 21세기 초 프랑스에서의 헌법개정 및 인권적용, 『제헌 61주년 기념 국제학술대회 결과보고서』(국회법제실, 2009), 246-260면(원문 Jean Morange, Les droits de l'homme en France au début du XXIe siècle. Révision constitutionnelle et adaptation des droits de l'homme en France an début du XXIe siècle, pp. 220-245); 성낙인, 프랑스 헌법학이론상 기본권론의 가치와 체계, 『사회과학연구』(영남대) 제12권 2호(1992); 정극원, 유럽국가의 기본권보장 체계와 규범내용: 프랑스와 독일을 중심으로, 『유럽헌법연구』 제25호(2017); 정종길, 프랑스에서 기본권의 헌법적 보장, 『공법연구』 제32집 5호(2004); 정태윤, 프랑스에서의 인격권, 『법학논집』(이화여대) 제14권 4호(2010); 전학선, 프랑스 헌법재판소와 기본권 보장, 『외법논집』(한국외대) 제9집(2000); 피에르 앙리 프레로, 전학선역, 유럽 인권협약과 프랑스, 『유럽헌법연구』 제6호(2009); 헌법재판소 헌법재판연구원, 『프랑스에서의 임신중절에 관한 연구』(2018) 등이 있다.

평등에 관하여는 김용자, 프랑스 여성참정권 부여법안에 대한 의회의 논의, 『프랑스사 연구』 제4호(2001); 문광삼, 프랑스 헌법상 평등에 대한 한 고찰, 『법학연구』(부산대) 제37권 1호(1996); 전학선, 프랑스에서 외국인과 선거, 『공법연구』 제28집 3호(2000); 전학선, 프랑스의 평등원칙 실현에 관한 연구, 『세계헌법연구』 제12권 2호(2006); 전학선, 프랑스 정치영역에서 남녀평등을 위한 남녀동수법과 헌법개정, 『헌법학연구』 제14권 4호(2008); 한동훈, 프랑스 헌법상 평등원칙에 대한 소고, 『헌법학연구』 제19권 4호(2013); 한승준, 프랑스 여성 참여 활성화에 관한 연구, 『사회과학논총』(서울여대) 제22집('15. 2): 141-164.

종교의 자유는 전훈, 종교적 중립성에 관한 고찰: 프랑스 라이시테(laïcite) 원칙에 관한 꽁세이데타 판례를 중심으로, 『법학논고』 제41호(2013); 지규철, 프랑스 헌법에서의 라이시떼(laïcité, 비종교성) 원칙에 관한 고찰, 『공법학연구』 제10권 3호(2009); 한동훈, 『프랑스 헌법상 정교분리(laïcité)의 원칙』(헌법재판연구원, 2018); 한동훈, 프랑스 헌법상 정교분리의 원칙의 공교육영역에서의 적용, 『연세 공공거버넌스와 법』 제9권 1호(2018).

언론 정보에 관하여는 성낙인, 한국과 프랑스의 언론의 자유의 한계에 관한 비교 연구: 반론권을 중심으로, 『헌법학연구』 제2집(1996); 정재황, 프랑스법에서의 개인정보의 보호에 관한 연구, 『공법연구』 제34집 4권 1호(2006); 전영, 잊혀질 권리(Droit à l'oubli)에 대한 연구 - 프랑스법을 중심으로, 『헌법학연구』

제19권 2호(2013); 전영, 프랑스에서의 정치적 다원주의의 원칙과 방송, 『언론과 법』 제11권 1호(2012); 한동훈, 『프랑스 헌법상 표현의 자유』(헌법재판연구원, 2016); 한동훈, 프랑스 헌법상 표현의 자유에 관한 연구, 『언론과 법』 제15권 3호(2016).

양심의 자유에 관하여 전훈, 동성혼인법 시행과 호적 공무원의 양심의 자유 - 프랑스 헌법재판소 결정과 국사원 판결의 검토, 『공법학연구』 제16권 4호(2015): 3-26.

재산권은 한동훈, 『프랑스 헌법상 재산권』(헌법재판연구원, 2015); 남효순, 프랑스 민법상 공동소유 - 공유를 중심으로, 『법학』(서울대) 제39권 1호(1998); 박균성, 프랑스법상 수용의 요건으로서의 공공필요(utilité publique), 우제 이명구박사화갑기념논문집(II) 『현대 행정법학이론』(고시연구사, 1996); 박균성, 프랑스 행정법상 공익개념, 『법학』(서울대) 제47권 3호(2006); 박균성, 프랑스의 공용수용법제와 그 시사점, 『토지공법연구』 제30집(2006); 전학선, 프랑스 인권선언에 나타난 재산권의 현대적 의미, 천봉 석종현박사화갑기념논문집 『현대 공법이론의 제문제』(삼영사, 2003); 전학선, 프랑스 공용수용에 있어서 보상액 산정, 『토지공법연구』 제9집(2000); 전훈, 프랑스 공용수용법제의 특징과 시사점, 『유럽헌법연구』 제25호(2017).

사회권과 **복지국가**는 다나카 다쿠지, 박해남 옮김, 『빈곤과 공화국 - 사회적 연대의 탄생』(문학동네, 2014; 원제 田中拓道, 貧困と共和國 - 社會的連帶の誕生, 2006); 자크 동즐로, 주형일 옮김, 『사회보장의 발명: 정치적 열정의 쇠퇴에 대한 시론』(동문선, 2005). 고전으로는 알렉시스 드 토크빌, 김영란·김정겸 옮김, 『빈곤에 대하여』(에코리브르, 2014); 이은기, 프랑스의 주거기본권 실현형태로서의 사회주택에 관한 법적 고찰 - H.L.M.(저임료주택)을 중심으로, 서울대 박사학위논문, 1995; 전영, 『프랑스에서의 혼인과 가족생활 보호에 관한 연구』(헌법재판연구원, 2017); 변해철, 프랑스 헌법상 교육에서의 자유, 『유럽헌법연구』 제25호(2017); 전학선, 프랑스 헌법상 단결권·단체교섭권 제한의 법리와 실제, 『법학논총』 제17권 3호(2010).

권리보호관에 관하여는 김소연, 프랑스 개정헌법상 권리보호관(Défenseur des droits)에 관한 연구, 『헌법학연구』 제19권 1호(2013); 박재현, 프랑스 시민의 권리 방어를 위한 권리보호관, 『홍익법학』 제15권 3호(2014).

6. 권력구조

일반은 뒤베르제, 김병규역, 『정치제도와 헌법. 제1권 대정치체계』(삼영사, 1979), 326; 뒤베르제, 김병규역, 『정치제도와 헌법. 제2권 프랑스 정치체계』(삼영사, 1980), 363; 박종준, 『주요국 정부조직 관련 법제분석 - 프랑스』(한국법제연구원, 2017, 54); 다니엘 각시, 정치적 메카니즘에서 본 프랑스 5공화국 정치제도, 이창훈편, 『한국과 프랑스의 권력구조』(아셈연구원, 한국프랑스정치학회, 2004). 논문으로는 김영문, 몽테스키외의 『삼권분립론』에 관한 연구, 원광대 박사논문, 1996; 김영태, 독일과 프랑스의 권력구조 비교, 진영재편, 『한국 권력구조의 이해』(나남출판, 2004).

강현철, 이원정부제에 관한 비교헌법연구, 『세계헌법연구』 제26집(2007); 구병삭, 영국의 의원내각제와 프랑스의 이원정부제의 원류와 현실, 『고시계』 1990년 11월호; 김정기, 프랑스 권력구조에 관한 연구, 『정치정보연구』 제4권 1호(2001); 김태수, 프랑스 대통령제의 특징, 변천 그리고 운영의 메카니즘, 『유럽연구』 제25권 3호(2007); 문광삼, 한국과 프랑스의 경험과 정부형태의 선택, 김효전교수정년기념논문집 『헌법학의 과제』(법문사, 2011); 박선영, 프랑스의 혼합정부형태에 관한 소고: 대통령의 지위, 권한 및 선거방법을 중심으로, 『법조』 제46권 12호(1997); 백윤철, 프랑스 단일성의 원칙과 통치구조에 관한 연구, 『토지공법연구』 제78호(2017); 석철진, 프랑스 이원집정제와 합리적 수용의 정치, 박호성·이종찬외, 『한국의 권력구조 논쟁 II』(풀빛, 2000); 에즈라 설리반, 프랑스 대통령제와 정치안정, 린쯔·바렌주엘라 편, 『대통령제와 내각제』(나남, 1995); 성낙인, 프랑스의 이원정부제(반대통령제), 『고시계』 2003년 12월호; 성낙인, 프랑스 이원정부제(반대통령제)의 현실과 전망, 『헌법학연구』 제4권 2호(1998); 성낙인, 한국 헌법과 이원정부제(반대통령제), 『헌법학연구』 제5권 1호(1999); 성낙인, 프랑스 제5공화국 헌법상 정부형태, 『사회과학연구』(영남대) 제5집 1권(1985); 송영현, 프랑스와 바이마르공화국의 대통령제, 『법학연구』(충남대) 제9권 2호(1999); 오일환, 2008년 프랑스 이원집정부제 권력구조 분석, 국회미래한국헌법연구회, 『국민과 함께 하는 개헌 이야기』 제2권(2010); 오일환, 한국과 프랑스의 대통령권력의 비교분석, 『프랑스학연구』 제22권(2002); 오일환, 프랑스 이원집정부제 권력구조의 특징 분석: 한국정치에 주는 시사점, 『세계지역연구논총』 제23권 2호(2005); 옥동석, 권력구조와 예산제도: 프랑스 제도에 대한 비교 연구, 『제도와 경제』 제7권 1호(2013); 이용삼, 프랑스 제5공화국의 정부형태에 관한 고찰, 『강원법학』 제17권(2003); 이종광,

Deux expériences français de la cohabitation(프랑스 동거체제에 대한 이론적 분석과 실제적 운영), 『프랑스학연구』 제23권(1997); 장훈, 프랑스 정치제도와 정치과정, 유럽정치연구회, 『유럽정치론』(백산서당, 2004); 전학선, 이원정부제의 도입가능성에 관한 연구, 『토지공법연구』 제41집(2008); 전학선, 프랑스의 정부형태, 『세계헌법연구』 제12권 1호(2006); 전학선, 한국과 프랑스에서 대통령과 총리의 권한관계, 『고시계』 2004년 7월호; 정성범 · 백윤철, 프랑스 헌법상 중앙행정조직과 지방행정조직에 관한 연구, 『토지공법연구』 제79호(2017); 조홍식, 헌법공학의 성공사례: 프랑스 제5공화국, 박기덕편, 『민주주의와 정치제도: 체제수행능력을 중심으로』(세종연구소, 1998); 한동훈, 2008년 프랑스 헌법개정과 정부형태, 국회미래한국헌법연구회, 『국민과 함께 하는 개헌 이야기』 제2권(2010); 홍태영, 프랑스의 이원정부제와 한국형 정부형태의 모색, 이정복편, 『21세기 한국정치의 발전방향』(서울대 출판부, 2009)에 수록.

의회에 관하여는 한동훈, 『프랑스 헌법상 상원에 관한 연구』(헌법재판연구원, 2016); 변해철, 프랑스 헌법상의 선거제도: 하원선거를 중심으로, 『국제지역연구』(한국외대) 제3권 2호(1999); 박인수, 지역대표기관으로서의 프랑스 상원 연구, 『유협헌법연구』 제25호(2017); 박인수, 프랑스 의회의 국정조사 및 정보기능, 『헌법학연구』 제11권 3호(2005); 박인수, 프랑스 의회의 조사위원회, 『영남법학』 제4권 2호(1994); 박인수, 프랑스의 입법과정, 『사회과학연구』(영남대), 제18권 2호(1999); 백수원, 투명성의 관점에서 본 대의제의 한계와 극복방안: 미국과 프랑스의 예를 중심으로, 『미국헌법연구』 제22권 3호(2011); 변해철, 한국과 프랑스의 의원의 면책특권과 불체포특권에 관한 연구, 東堂 성낙인총장 퇴임기념논문집 『국가와 헌법 · I 헌법총론/정치제도론』(법문사, 2018. 6): 901-924; 변해철, 한국과 프랑스의 의원의 불체포특권에 관한 연구, 『외법논집』 제39권 1호(2015); 변해철, 한국과 프랑스의 의원의 면책특권에 관한 비교법적 고찰, 『외법논집』 제38권 1호(2014. 2): 3-16; 전수연, 프랑스 제3공화국의 상원과 지방자치, 『인문과학』(연세대) 제76 · 77합집(1997); 전학선, 프랑스의 의회해산제도, 『공법학연구』 12권 3호(2011. 8); 전학선, 프랑스의 옴부즈만 제도에 관한 연구, 『헌법학연구』 제9권 4호(2003); 전학선, 프랑스에 있어서의 입법절차에 대한 위헌심사, 『공법연구』 제27집 3호(1999); 전학선, 프랑스 의회의 위원회제도, 『서유럽연구』(한국외대) 제2호(1996); 전훈, '보다 나은 법' 제정을 위한 과제와 방안: 프랑스의 경험과 시사점, 『공법연구』 제36집 1호(2007); 정재도, 프랑스 제5공화국 헌법상의 의회해산제도의 기원에 관한 연구,

『유럽헌법연구』 제27호(2018): 75-116; 정재도, 프랑스 제4공화국 헌법상의 합리화된 의원내각제에 관한 연구, 서강대 박사논문, 2014; 정재도, 프랑스 제4공화국 헌법에 나타난 합리화된 의원내각제에 관한 연구, 『헌법학연구』 제22권 2호(2016. 6), 317-360; 한동훈, 프랑스 제5공화국 헌법상 하원과 집행권의 관계, 『공법연구』 제46집 1호(2017. 10): 145-171 및 東堂 성낙인총장 퇴임기념 논문집 『국가와 헌법 · I 헌법총론/정치제도론』(법문사, 2018. 6): 925-944; 한동훈, 프랑스 제5공화국 헌법상 입법절차, 『세계헌법연구』 제24권 3호(2018. 12): 79-106; 홍태영, 프랑스 대의제민주주의와 의회의 위상과 역할, 『현대사회와 정치평론』 제3권(2008).

7. 정부

안영훈, 『프랑스의 정부조직』(한국행정연구원, 1998); 이승민, 『프랑스의 경찰행정』(경인문화사, 2014); 강명원, 한국과 프랑스 대통령의 권한 - 대통령과 의회다수파 불일치를 중심으로, 프랑스 Cergy-Pontoise 대 박사(2018. 2. 23 신진 발표); 권형준, 프랑스 제5공화국 헌법상의 대통령의 지위, 『법학논총』(한양대) 제6집(1989); 김영일, 프랑스 동거정부의 성립배경과 특성, 『입법조사월보』 통권 제242호(1996); 김응운, 코아비타시옹(cohabitation)의 정체와 정치적 의미, 『프랑스학연구』 제21권(2001); 김인영, 이원정부제 도입 배경 비교와 한국에서의 문제점 고찰 - 프랑스, 핀란드, 오스트리아, 독일, 포르투갈, 폴란드 사례를 중심으로, 『세계지역연구논총』 제35집 3호(2017); 김재협, 프랑스의 동거정부에 관한 연구, 『법조』 제48권 10호(1999); 김정기, 프랑스의 이원집정제, 국회미래한국헌법연구회, 『국민과 함께 하는 개헌 이야기』 2 (2010): 57-69; 김정기, 프랑스 동거체제에 관한 연구, 『프랑스학연구』 제26권(2003); 박균성, 프랑스에서의 행정입법부작위에 대한 법적 구제와 그 시사점, 최대권 교수 정년기념논문집 『헌법과 사회』(철학과현실사, 2003): 829-855; 박용수 · 최인숙, 이원집정제의 권력모델 분석 연구 - 프랑스 · 오스트리아 사례를 중심으로, 『사회과학논집』(연세대) 제46권 2호(2015): 1-23; 박인수, 프랑스의 대통령 선거제도, 『헌법학연구』 제8권 2호(2002); 성낙인, 이원정부제(半대통령제)의 구체화를 통한 권력분점의 구현, 『제헌 61주년 기념 국제학술대회 결과보고서』(국회법제실, 2009), 263-289(영문, 290-333); 성낙인, 대통령의 유고의 헌법문제: 한국과 프랑스의 논의를 중심으로, 『헌법학연구』 제13권 3호(2007); 성낙인, 프랑스 제5공화국 헌법체제하의 동거정부론의 전개, 『법조』 제37권 12호(1988); 오일환, 프랑스 이원집정부제 권력구조 분석, 국회미래한국헌법연구회, 『국민과 함께 하는 개헌 이야기』 2 (2010): 179-193; 유주성, 프랑스 검찰의 인사제도와 비교법적 함의, 『강원법학』 제54권(2018); 전학선, 한국과 프랑스에서 대통령과 총리의 권한관계, 『고시계』 2004년 7월호; 전학선, 프랑스의 헌법 및 법률적 기반, 『프랑스의 행정과 공공정책』(박영사, 2008); 전학선, 프랑스의 대통령 탄핵심판제도, 『헌법학연구』 제6권 4호(2000); 정재황, 프랑스식 혼합정부제의 한국적 적실성, 『성균관법학』 제29권 3호(2017), 301-353; 정재황, 프랑스 대통령에 관한 2008년 헌법개정, 『성균관법학』 제21집 1호(2009); 정재황, 프랑스에서의 동거정부에 대한 헌법적 일 고찰, 『공법연구』 제27집 1호(1998); 정재황, 프랑스 혼합정부제의 원리와 실제에 대한 고찰, 『공법연구』 제27집 3호(1999); 정종길, 프랑스의 동거정부 안에서 대통령과 수상의 권한배분에 관한 연구, 『세계헌법연구』 제17권 1호(2011); 정종길, 프랑스에서 동거정부에 관한 연구, 『세계헌법연구』 제15집 2호(2009); 조병륜, 이원정부제 개헌의 본질, 『세계헌법연구』 제14권 2호(2008); 조병륜, 프랑스 제5공화국의 대통령제, 『고시계』 제30권 3호(1985); 조홍식, 프랑스 대통령 임기 5년제 개헌: 부분적 개헌의 성공사례, 『한국정치학회보』 제43집 3호(2009); 채미화, 1997년 프랑스 총선과 좌파연합정부의 전망, 『동향과 전망』 통권 제35호(1997); 채희정, 프랑스 제5공화국 헌법상 동거정부에 관한 연구, 연세대 석사논문, 2005; 한동호, 한국의 분권형 대통령제 개헌과 프랑스 동거정부의 함의, 『행정논총』 제48권 3호(2010); 김정현, 이원정부제에 관한 연구, 서울대 석사, 2006; 백윤철 · 김한양, 단일국가로서 프랑스의 행정조직에 관한 연구, 『공법연구』 제32집 5호(2004).

8. 동거정부

김영일, 프랑스 동거정부의 성립배경과 특성, 『입법조사월보』 통권 제242호(1996); 김응운, 코아비타시옹(cohabitation)의 정체와 정치적 의미, 『프랑스학연구』 제21권(2001); 김인영, 이원정부제 도입 배경 비교와 한국에서의 문제점 고찰 - 프랑스, 핀란드, 오스트리아, 독일, 포르투갈, 폴란드 사례를 중심으로, 『세계지역연구논총』 제35집 3호(2017); 김재협, 프랑스의 동거정부에 관한 연구, 『법조』 제48권 10호(1999); 김정기, 프랑스 동거체제에 관한 연구, 『프랑스학연구』 제26권(2003); 김정현, 이원정부제에 관한 연구, 서울대 석사, 2006; 김태수, 프랑스 대통령제의 특징, 변천 그리고 운영의 메카니즘, 『유럽연구』 제25권 3호(2007); 석철진, 프랑스 이원집정제와 합리적 수용의 정치, 박호성 이종찬외, 『한국의 권력구조 논쟁』 II (풀빛, 2000); 성낙인, 이원정부제(半대통령제)의 구체화를 통한 권력분점의 구현, 『제헌 61주년 기념 국제학술대회 결과보고서』(국회법제실, 2009), 263-289(영문, 290-333); 성낙인, 프랑스 이원정부제(반대통령제)의 현실과 전망, 『헌법학연구』 4집 2호(1998. 10); 성낙인, 프랑스 제5공화국 헌법체제하의 동거정부론의 전개, 『법조』 제37권 12호(1988); 전학선, 이원정부제의 도입가능성에 관한 연구, 『토지공법연구』 41집(2008. 8); 전학선, 한국과 프랑스에서 대통령과 총리의 권한관계, 『고시계』 2004년 7월호; 정재황, 프랑스식 혼합정부제의 한국적 적실성, 『성균관법학』 제29권 3호(2017), 301-353; 정재황, 프랑스에서의 동거정부에 대한 헌법적 일 고찰, 『공법연구』 제27집 1호(1998); 정재황, 프랑스 혼합정부제의 원리와 실제에 대한 고찰, 『공법연구』 제27집 3호(1999. 6); 정종길, 프랑스의 동거정부 안에서 대통령과 수상의 권한배분에 관한 연구, 『세계헌법연구』 제17권 1호(2011); 정종길, 프랑스에서 동거정부에 관한 연구, 『세계헌법연구』 제15집 2호(2009); 조병륜, 이원정부제 개헌의 본질, 『세계헌법연구』 제14권 2호(2008); 채희정, 프랑스 제5공화국 헌법상 동거정부에 관한 연구, 연세대 석사논문, 2005; 한동호, 한국의 분권형 대통령제 개헌과 프랑스 동거정부의 함의, 『행정논총』 제48권 3호(2010); 홍태영, 프랑스의 이원정부제와 한국형 정부형태의 모색, 이정복편, 『21세기 한국 정치의 발전방향』(서울대출판부, 2009): 229-251.

9. 국가긴급권

갈봉근, 프랑스 국가긴급권 제도상의 위험사태의 선포, 『공법논총』 율강 박일경 박사 화갑기념논문집, 1981; 강지은, 프랑스의 비상사태(État d'urgence) - 비상사태의 선포 및 그에 따른 행정적 조치에 대한 사법적 통제를 중심으로, 『공법연구』 제45집 4호('17. 6) 및 東堂 성낙인총장 퇴임기념논문집 『국가와 헌법·I 헌법총론/정치제도론』(법문사, 2018): 1301-1322; 성낙인, 프랑스 제5공화국헌법과 유신헌법상 대통령의 국가긴급권에 관한 비교 연구, 『공법연구』 제28집 4권 1호(2000); 전학선, 프랑스의 계엄제도, 『외법논집』 38권 2호(2014.

5): 3-21.

재정에 관하여는 김지영, 국가재정에 있어서의 의회와 행정부간의 이원적 형식주의와 재정민주주의에 대한 고찰 - 프랑스의 재정법제를 중심으로, 『공법연구』 제42집 1호(2013); 김지영, 프랑스 재정개혁에 관한 소고 - 프랑스 헌법과 프랑스 재정조직법을 중심으로, 『공법연구』 제40집 4호(2012).

공병천, 한국·미국·프랑스 최고감사기구에 관한 비교법적 고찰, 『국가정책연구』(중앙대) 24권 3호(2010); 박재현, 프랑스 회계법원과 재정투명성, 『강원법학』 46권(2015. 10): 411-434; 박재현, 프랑스 재정법의 집행통제에 관한 연구, 『법학연구』(전북대) 36집(2011. 9); 박종구·강인옥, 『프랑스 감사제도』(감사원, 1999); 정재황, 프랑스의 감사원제도에 대한 연구, 『세계헌법연구』 제13권 1호(2007): 429-437.

10. 사법제도와 헌법재판

단행본은 법무부, 『프랑스의 사법제도』(법무자료 제211집), 1997; 헌법재판연구원, 『프랑스의 위헌법률심사제도』(2012); 한동훈, 『사후적 위헌법률심사제도의 도입에 따른 프랑스 헌법재판소와 최고법원의 관계: 여과 절차를 중심으로』(헌법재판연구원, 2015).

논설로는 권형준, 프랑스의 헌법재판제도, 송윤 강구철교수 화갑기념 『한국공법학의 발전』(2007); 권형준, 프랑스 헌법재판소의 위헌심사절차, 『법학논총』 제18집(2001); 김병욱, 영·불에 있어서 법관의 신분보장, 국회도서관 입법조사국, 1972; 김혜진, 프랑스 헌법재판소 결정의 효력: 국사원과 파기원에 대한 효력을 중심으로, 『헌법논총』(헌법재판소) 제22집(2011); 박인수, 프랑스 헌법재판소의 규범통제, 『토지공법연구』 제43집 3호(2009); 박인수, 프랑스에서의 법률의 합헌성 통제, 『헌법학연구』 제10권 1호(2004); 박재현, 프랑스의 권한쟁의재판소, 『성균관법학』 19권 3호(2007); 변해철, 프랑스 위헌법률심판제도의 개혁과 성과, 『EU 연구』 제28호(2011); 성낙인, 프랑스 재판기관의 다원성과 헌법재판기관, 『공법연구』 제39집 제3호(2011); 성낙인, 프랑스 사법제도의 특성에 비추어 본 헌법재판소의 구성, 『법학』(서울대) 56권 1호(2015. 3), 67-103; 전학선, 프랑스 헌법재판에 나타난 비례의 원칙의 적용범위, 『유럽헌법연구』 제17호(2015); 전학선, 프랑스 복면금지법과 헌법재판소 결정에 관한 연구, 『외법논집』(2013); 전학선, 프랑스에서 사후적 규범통제 도입에 따른 헌법재판의 변화, 『헌법학연구』 제18권 3호(2012); 전학선, 프랑스에서 헌법재판소의 헌법에 대한 위헌심사, 『토지공법연구』 제12권 1호(2011); 전학선, 프랑스 헌법재판제도의 개혁과 한국 헌법재판의 비교, 『공법학연구』 제10권 1호(2009); 전학선, 프랑스의 사법관 선발의 다양성과 지위, 『세계헌법연구』 15권 3호(2009. 12); 전학선, 프랑스에서 국제법과 헌법재판, 『공법학연구』 제9권 1호(2008); 전학선, 프랑스에서의 헌법재판소와 의회와의 관계, 『세계헌법연구』 제11권 1호(2005); 전학선, 프랑스에서 위헌법률심사청구의 취하: 1996년 12월 30일 n° 96-386 1996년 추가경정예산법률 사건을 중심으로, 『헌법학연구』 제10권 3호(2004); 전학선, 프랑스 위헌법률심사의 결정유형과 그 효력, 『판례실무연구』(IV)(박영사, 2000); 전학선, 프랑스 헌법재판소와 기본권보장, 『외법논집』 제9집(2000); 전학선, 프랑스에 있어서의 입법절차에 대한 위헌심사, 『공법연구』 제27집 3호(1999); 전훈, 새로운 사후적 규범통제(QPC) 제도 하에서의 QPC 법원과 꽁세이데타의 요건심사, 『공법연구』 제41집 2호(2012); 전훈, 프랑스 위헌법률심사제도의 변화와 우선적 위헌(합헌)심사(QPC), 『공법학연구』 제12권 2호(2011); 전훈, 프랑스에서의 분쟁의 비사법적 해결(non juridictionnel) 해결, 『공법학연구』 제6권 2호(2005); 정재황, 프랑스의 사후적 위헌법률신사제도에 관한 연구, 『성균관법학』 제22권 3호(2010); 정재황, 프랑스 사후적·구체적 위헌법률심사제의 도입, 『법률신문』 제3673호(2008년 8월 14일자); 정재황, 사법제도의 개선방안에 관한 고찰, 『법학연구』(홍익대), 제3집(2001); 정재황, 법관과 검사의 인사제도에 관한 연구: 프랑스 법제를 대상으로, 최대권교수정년기념논문집 『헌법과 사회』(철학과 현실사, 2003): 613-634; 정재황, 프랑스에 있어서 위헌심사결정의 효력, 『공법연구』 제18집(1990); 남효순, 프랑스의 변호사자격시험에 관한 연구, 『서울대 법학』 제45권 4호(2004); 유럽 위헌법률심사제도와 의회의 대응: 프랑스·스페인·독일·오스트리아 사례를 중심으로, 국회입법조사처, 『현장조사보고서』 14호(2011)(www.nars.go.kr); 한동훈, 프랑스의 사법제도 - 최고사법관회의(Conseil supérieur de la magistrature)를 중심으로, 『공법연구』 제40집 4호(2012); 한동훈, 『프랑스의 위헌법률심사제도』(헌법재판연구원, 2012).

헌법 **판례 연구**는 성낙인, 프랑스 헌법위원회 1971년 7월 16일 결사의 자유에 관한 결정, 『행정판례연구』 I(1992).

전학선, 복면금지법과 헌법재판소 결정에 관한 연구, 『외법논집』 제37권 3호(2013); 전학선, 프랑스 헌법재판소의 임신중절 결정, 『외법논집』 제36권 4호

(2012).

11. 지방자치

안영훈,『지방분권체제 강화를 위한 헌법 비교 연구 - 프랑스 헌법과 미국 뉴욕 주 헌법』(한국지방행정연구원, 2018); 강지은, 지방자치단체의 명칭권에 관한 소고: 프랑스의 지방자치법제를 중심으로,『공법학연구』 제17권 2호(2016); 권세훈, 지방자치단체 간의 협력과 협력기구의 발전 - 프랑스를 중심으로,『법학논고』(경북대) 제43집(2013); 권세훈, 지방행정체제개편의 과제와 전망 - 프랑스 행정체제개편과의 비교를 중심으로,『지방자치법연구』 제11권 1호(2011); 박인수, 프랑스 지방자치 개혁과 지방자치단체 계층구조에 관한 고찰,『지방자치법연구』 제9권 1호(2009); 백윤철, 프랑스에서 지방자치단체의 행위의 통제에 관한 연구, 東堂 성낙인총장 퇴임기념논문집『국가와 헌법 · I 헌법총론/정치제도론』(법문사, 2018. 6): 1431-1449; 백윤철, 프랑스에서 지방자치단체의 행위의 통제에 관한 연구,『토지공법연구』 12 (2001); 백윤철 · 정성범, 프랑스에서 지방자치단체에 대한 중앙정부의 통제에 관한 연구,『법학논총』(단국대) 제33권 2호(2009); 백윤철, 프랑스 지방자치단체의 선거제도에 관한 연구,『토지공법연구』 제36집(2007); 백윤철, 프랑스의 지방자치단체간의 권한 배분에 관한 연구,『행정법연구』 통권 제15호(2006); 백윤철, 프랑스 지방자치단체의 지방재정 내지 지방세에 관한 연구,『헌법학연구』 제12권 3호(2006); 백윤철, 프랑스에서 지방자치단체의 행위의 통제에 관한 연구,『공법학연구』 제7권 2호(2006); 백윤철, 프랑스 지방분권에 관한 고찰,『공법학연구』 제5권 1호(2004); 백윤철, 초기 프랑스 지방분권에 관한 연구,『헌법학연구』 제7권 3호(2001); 백윤철, 프랑스 지방분권에 관한 연구, 서울대 박사학위논문, 1998; 오승규, 지방분권정책의 법적 과제 - 프랑스 지방분권정책을 중심으로,『법과 정책연구』 제14집 2호(2014); 윤기석, 프랑스 지방행정체제 개편의 시사점, 국회미래한국헌법연구회,『국민과 함께 하는 개헌 이야기』 2 (2010): 711-721; 이순우, 프랑스 지방자치단체의 구조와 법적 통제,『한국프랑스학논집』 제65집(2009); 이종광, 프랑스 지방자치단체의 선거제도 현황과 문제점,『한국프랑스학논집』 제70집(2010); 이한규, 프랑스 지방자치제도 개관,『국회보』 353호(1996); 전학선, 프랑스 지방자치단체에 대한 감사제도,『공법연구』 제46권 2호(2017); 전학선, 프랑스 지방자치단체의 국정참여제도,『공법학연구』 제17

권 3호(2016. 8); 전학선, 프랑스 지방분권개혁의 최근 동향과 한국에의 시사점, 『공법학연구』 제16권 3호(2015); 전훈, 2003년 개헌 이후의 프랑스 지방분권, 『지방자치법연구』 제10권 3호(2010); 전훈, 프랑스 지방행정체계의 개편 움직임 - 2009년 3월 5일 지방자치단체개혁위원회 보고서를 중심으로, 『지방자치법연구』 제9권 2호(2009); 전훈, 지방분권을 위한 헌법개정 - 프랑스 모델을 중심으로, 『지방자치법연구』 제8권 3호(2008); 전훈, 프랑스 헌법상 지방분권 제도, 『세계헌법연구』 제12권 1호(2006); 전훈, 지방자치단체의 "자유로운 행정"의 헌법적 보장 - 2003년 3월 28일 프랑스 개정헌법내용을 중심으로, 『성균관법학』 제17권 1호(2005); 전훈, 보충성원칙과 실험법 - 지방분권을 위한 2003년 프랑스 개정헌법과 그 시사점, 『한국프랑스논집』 제50권(2005); 전훈, 한국 지방자치의 이해의 도구개념으로서의 프랑스 지방분권의 법적 접근: 국가와 지방자치단체의 관계를 중심으로, 『공법연구』 제33집 1호(2004); 정성범 · 백윤철, 프랑스 헌법상 중앙행정조직과 지방행정조직에 관한 연구, 『토지공법연구』 제79집(2017. 8): 561-582; 최진혁, 지방분권(개혁)을 위한 헌법개정에 관한 연구 - 프랑스의 사례를 중심으로, 『한국지방자치학회보』 제20권 2호(2008).

12. 기타

전학선, 프랑스 헌법개정과 헌법의 수호, 『헌법학연구』 14권 3호(2008. 8); 전학선, 유럽헌법과 프랑스 헌법개정, 『유럽헌법연구』 창간호(2007); 전학선, 프랑스에서 법학 학문후속세대와 법학교수 양성체계 - 법조인 양성 시스템과 비교하여, 『법학논고』(경북대) 제58호(2018); 전학선, 프랑스의 법률정보 데이터베이스, 『헌법학연구』 제6권 1호(2000) 등.

기타 자끄 엘룰, 하태관역, 『정치적 착각』(대장간, 2011).

V. 일본 헌법

1. 사전과 자료집

법령용어정비사업단, 『한 · 일 법령용어 비교해설집(상)(하)』(한국법제연구원, 2005); 헌법조문 번역은 오현수 편역, 『일본헌법』(진원사, 2014); 국회도서관, 『세계의 헌법 II』(2010); 오현수역, 『일본 헌법』(다나기획, 2006)이 원문 대역으로 공부하기 편리하다.

기타 조문 번역은 헌법재판연구원, 『국가별 법령집: 일본국헌법 · 재판소법 · 재판사무처리규칙』(2018); 이즈미 도쿠지, 이범준 옮김, 『일본 최고재판소를 말하다: 소수자를 보호하고 민주주의를 치유하는 헌법 이야기』(궁리, 2016) 부록: 일본국헌법 전문; 김효전, 대일본제국헌법의 한 · 영 · 독역, 『법사학연구』 제52호(2015): 133-191; 하세가와 마사야스 지음, 최은봉 옮김, 『일본의 헌법』(소화, 2000): 261-289; 헌정제도연구위원회, 『세계각국헌법전』(I)(1986): 557-570; 국제문제조사연구소, 『각국헌법자료집』(1980. 2): 443-452; 일본국헌법, 강병두, 『혁명헌법』(수학사, 1961), 부록, 147-57; 일본헌법(1946. 11. 3), 김정실편, 『세계헌장』(삼중당, 1947): 238-253.

2. 헌법 일반

일본 헌법에 관한 단행본으로는 가라타니 고진, 조영일 옮김, 『헌법의 무의식』(b, 2017); 하세베 야스오저, 손형섭 · 미즈시마 레오 공역, 『헌법의 이성』(박영사, 2014); 코세키 쇼오이찌, 김창록 옮김, 『일본국 헌법의 탄생』(뿌리와 이파리, 2010); 하세가와 마사야스 지음, 최은봉 옮김, 『일본의 헌법』(소화, 2000); 이토 나리히코 지음, 강동완 옮김, 『일본 헌법 제9조를 통해서 본 또 하나의 일본: 일본은 왜 평화헌법을 폐기하려 하는가』(행복한책읽기, 2005); 이상윤, 『일본헌법제도론』(세종출판사, 2006); 스기하라 야스오, 이경주역, 『헌법의 역사』(이론과 실천사, 1999); 가토 기요후미, 안소영 옮김, 『대일본제국 붕괴』(바오, 2010); 하세베 야스오 · 스기타 아쓰시 지음, 김일영 · 아사바 유키 옮김, 『헌법논쟁: 민주주의 대 입헌주의』(논형, 2010); 尾高朝雄, 황성희역, 『민주주의의 법률원리』(수선사, 1950).

논설은 갈봉근, 미국과 일본에 있어서의 헌법적 전통의 결합, 『미국헌법연구』 제3호(1992); 강경자, 현대 일본국 헌법 논의 구조, 『일본문화학보』 제55호(2012); 김종호, 일본 헌법상 영토론에 대한 이해와 그 변화의 고찰 - 지정학을 기초로 한 헌법상 영토조항 해석의 새로운 시도, 『법학논총』 제41권 1호(2017); 서보건, 헌법관습과 국민적 합의에 관한 연구 - 일본을 중심으로, 『공법연구』 제33권 1호(2004); 이윤나, 헌법적 관점에서 본 후쿠시마 원전 사고로 인한

원자력 재해, 『과학기술법연구』 제22권 1호(2016).

3. 헌법사

강광문, 일본에서 독일 헌법이론의 수용에 관한 연구: 호즈미 야쯔카(穗積八束)의 국가론과 그 독일적 배경을 중심으로, 『공법연구』 제41집 3호(2013); 강광문, 일본 명치 헌법의 제정에 관한 연구 - 명치 헌법 제4조의 계보(系譜)를 중심으로, 『공법연구』 제40집 3호(2012), 67-94면; 김성욱, 메이지 시대의 소유권 사상에 관한 연구: 독일 및 프랑스 민법의 영향을 중심으로, 『법학논고』 제31호(2009); 김학진, 일본제국의 헌법과 軍 - 제국헌법 체제에 대한 비판적 검토를 중심으로, 『민주법학』 제61호(2016); 김효전 경성제대 공법학자들의 빛과 그림자, 『공법연구』 제41집 4호(2013); 김효전 편역, 清宮四郎의 경성제국대학 시절, 『헌법학연구』 제19권 2호(2013); 김효전, 근대 한국에 있어서 일본 헌법이론의 영향, 『동아법학』 제38호(2006); 김효전, 한국에 있어서 일본 헌법이론의 초기수용, 『인권과 정의』 제346호(2005); 김효전, 한국에 있어서 일본헌법이론의 초기수용, 『공법연구』 제31집 1호(2002); 鵜飼信成, 이병규 옮김, 경성의 8월 15일, 『헌법학연구』 제19권 2호(2013); 민병로, 전후 일본국 헌법의 성립과 8월혁명설, 『법학논총』 제24호(2004); 박찬권, 메이지 헌법의 성립 및 패전 후 일본국헌법으로의 전개 과정, 『영산법률논총』 제12권 1호(2015); 방광석, 1880년 전후 일본 자유민권파의 헌법인식과 헌법구상, 『한국동양정치사상사연구』 제10권 2호(2011); 송석윤, 선거운동 규제입법의 연원: 1925년 일본 보통선거법의 성립과 한국 분단체제에의 유입, 『서울대 법학』 제46권 4호(2005); 이경주, 전쟁책임과 일본국헌법: 헌법제정사를 중심으로, 『법사학연구』 제19호(1998); 정종섭, 布施辰治의 「조선건국헌법초안 私稿」에 관한 연구, 『법학』(서울대) 제51권 1호(2010); 최경옥, 명치 헌법의 사상적 배경, 『헌법학연구』 제6권 2호(2000); 최경옥, 일본의 명치헌법제정에 있어서 외국인의 영향, 『헌법학연구』 제7권 1호(2001); 최경옥, 일본의 명치헌법상 천황의 법적 지위, 『헌법학연구』 제10권 3호(2003); 최경옥, 일본의 제국의회의 의원법과 외국인의 영향, 『공법학연구』 제4권 1호(2002); 최경옥, 일본 제국의회의 의원법 제정사: 의원의 자율권을 중심으로, 『서울대 법학』 제44권 2호(2003); 최경옥, 일본국 헌법의 제정과정과 특징, 『헌법학연구』 제8권 2호(2002); 서보건, 헌법관습과 국민적 합의에 관한 연구: 일본을 중심으로, 『공법연구』 제33집 1호(2004); 長谷部恭男, 유진식역,

일본에서의 법치국 개념의 계수: 행정법학에서의 축소와 헌법학에서의 확장, 『공법연구』 제36집 1호(2007).

평화헌법은 이토 나리히코, 강동완 옮김, 『일본 헌법 제9조를 통해서 본 또 하나의 일본』(행복한책읽기, 2005; 같은 책을 『일본은 왜 평화헌법을 폐기하려 하는가』라고 제목을 바꾼 것도 있다); 야마무로 신이치, 박동성역, 『헌법 9조의 사상 수맥』(동북아역사재단, 2010); 하야시 히로후미, 현대일본사회연구회역, 『일본의 평화주의를 묻는다: 전범재판 헌법9조 동아시아연대』(논형, 2012).

천황에 대해서는 김항, 예외적 예외로서의 천황 - 근대 일본의 헌법과 주권, 『대동문화연구』 제70호(2010); 노병호, 천황과 일본의 교착과 분열 - 초국가주의자 4인의 〈현실〉〈비전〉〈천황〉, 『일본학연구』 제44호(2015); 유지아, 전후 상징천황제의 정착 과정에 나타난 천황대권의 모호성, 『일본공간』 제11호(2012); 이성환, 상징 천황제와 일본의 민주주의, 『일본사상』 제30호(2016); 이예안, 근대 일본에서 천황-국가적 '주체'개념의 형성 - 천황주권설파의 '통치권의 주체'해석을 중심으로, 『개념과 소통』 No. 20(2017).

4. 헌법해석

강광문, 일본국 헌법 제9조의 성립과 해석에 관한 일 고찰 - 입헌주의의 시각으로부터, 『법사학연구』 54 ('16. 10): 217-250; 김남은, 헌법해석문제를 둘러싼 일본 보수세력의 이념적 대립 - 1950년대 헌법해석 논쟁을 중심으로, 『한일군사문화연구』 제22호(2016); 김호섭, 아베(安倍) 정권의 집단적 자위권에 관한 헌법해석변경: 내용, 이유 및 논리, 『일본연구논총』 제40호(2014); 서보건, 일본의 집단적 자위권과 헌법해석의 변경에 관한 최근의 논의, 『유럽헌법연구』 제15호(2014): 169-200; 오미영, 집단적 자위권과 일본의 헌법해석 변경에 관한 소고, 『법학연구』 제43호(2015): 639-663; 이경주, 일본 안보관련법의 위헌성과 한반도 평화, 『안암법학』 49 (2016): 1-49; 이경주, 자위대 해외파병과 일본국 헌법, 『헌법학연구』 제7권 4호(2001); 정만희, 일본국 헌법의 평화주의에 대한 평가, 『공법연구』 제28집 1호(1999); 최경옥, 일본국헌법 제9조에 있어서 자위권 개념과 위헌소송(I): 반전시기(1945-1963년)를 중심으로, 『공법학연구』 제8권 1호(2007); 최경옥, 일본국헌법상 헌법 제9조와 맥아더노트와의 관계, 『미국헌법연구』 17, 1 (2006): 97-126; 최경옥, 일본국 헌법상 헌법 제9조의 제정과정과 개정방향, 『동아법학』 제37호(2005); 키미지마 아키히코 · 이경주, 일본 평화헌법의 아시아적 문맥, 『헌법학연구』 제22권 2호(2016. 6): 1-34; 홍성화, 일본 자위대와 자위권, 『법대논총』(건국대) 제4호(1995).

헌법개정은 조세형, 『봉인을 떼려 하는가 - 미일 동맹을 중심으로 본 일본의 헌법개정문제』(아침, 2004); 김태홍, 일본의 '해석개헌' 방식, 『공법학연구』 제16권 1호(2015); 김창록, 2000년대 일본의 개헌 논의, 『법사학연구』 제37호(2008); 남창희, 일본의 해석개헌, 위협인가 자산인가? 『국제정치논총』 제54권 1호(2014); 노영돈, 집단적 자위권과 일본의 헌법해석 변경, 『외법논집』 제42권 4호(2018); 손형섭, 일본의 헌법개정에 대한 대한민국의 중재자론, 『오늘의 문예비평』 108(2018); 유지아, 일본 고등학교 공민 교과서에 나타난 헌법교육 - 일본국헌법 개정과 자위대 문제를 중심으로, 『일본역사연구』 제39호(2014); 전진호, 헌법조사회와 일본 헌법 개정 - 1990년대 이후의 개헌 논의와 헌법조사회, 『평화학연구』 제6호(2005); 정혜인, 일본국헌법 개정론의 동향, 『인권법연구』 제1권 1호(2015); 한의석, 일본의 헌법개정 논의와 아베 통리의 개헌 구상, 『동서연구』 제30권 1호(2018); 大久保史郎, 최우용 옮김, 일본 헌법상황과 과제: 개헌동향과 배경, 『동아법학』 제37호(2005); 박철희, 일본 정당들의 헌법개정안 시안분석을 통해서 본 개헌논의의 정치과정, 국회미래한국헌법연구회, 『국민과 함께 하는 개헌 이야기』 2 (2010): 199-219; 水島朝穗, 김창록역, 일본에 있어서의 개헌의 동향, 『공법연구』 제33집 5호(2005); 코마무라 케이고(駒村圭吾), 일본국헌법의 "헌법개정"과 "헌법변동", 『헌법재판연구』(헌법재판연구원) 제5권 1호(2018. 6): 99-141; 토나미 코지, 최우용역, 일본에서의 헌법개정 동향, 『헌법학연구』 제12권 3호(2006).

정당과 **선거**에 관하여는 경제희, 일본 선거제도의 현황과 변천, 『미래정치연구』(명지대) 창간호(2011); 손형섭, 일본 재외선거제도와 그 시사점에 대한 연구, 『공법연구』 제39집 제3호(2011); 中島茂樹, 정종섭역, 헌법문제로서의 정치헌금: 「목적의 범위」 조항과 회사의 정치헌금, 『서울대 법학』 제42권 3호(2001); 전원배, 정당교부금의 교부를 받은 정당 등에 대한 법인격의 부여에 관한 법률(일본법률 제106호, 1994년), 『입법조사연구』 234호(1995); 정만희, 일본의 정치개혁입법에 대한 평가, 『공법학연구』 창간호(1999); 한영학, 일본의 선거법과 언론 보도, 『세계의 언론법제』 제11호(2002).

5. 기본권

일반은 마키하라 노리오저, 박지영역, 『민권과 헌법』(어문학사, 2012); 고야마 고, 민병로역, 『헌법상의 권리 작법』(전남대출판부, 2013); 히구치 요이치(樋口陽一), 송석원 옮김, 『한 단어 사전, 인권』(푸른역사, 2012); 이혜진, 『일본의 기본적 인권의 사인간 효력』(헌법재판연구원, 2017); 이정은, 전후 일본 인권제도의 역사적 전환과 모순, 『사회와 역사』 제93호(2012); 소은영, 일본 헌법상의 개인의 권리론과 젠더 평등, 『이화젠더법학』 제1권 2호(2010); 오가타 타케시, 사회적 평등과 헌법 - 일본국 헌법의 관점에서, 『헌법재판연구』 제4권 1호(2017); 이윤나, 일본 헌법의 평등원리와 젠더에 관한 고찰, 『한남법학연구』 제3호(2015); 정종휴, 헌법과 민법: 일본에서의 논의를 중심으로, 『공법연구』 제37집 3호(2009); 山本敬三, 한웅길 옮김, 계약관계에서의 기본권의 침해와 민사구제의 가능성, 『동아법학』 제40호(2007); 이상윤, 과로로 인한 자살의 헌법적 문제: 일본의 경우를 소재로 하여, 『공법학연구』 제8권 4호(2007); 정연철, 장기이식에 관한 헌법적 고찰: 일본과 독일을 중심으로, 『공법학연구』 제9권 2호(2008); 최경옥, 일본의 교육입법정책과 헌법적 추이, 『법학논총』(숭실대) 제23집(2010. 2): 33-68; 황무임, 일본 헌법상 남녀고용 기회균등에 관한 고찰, 『헌법학연구』 제3집(1997).

개인정보에 관하여는 김배원, 일본의 개인정보보호법제의 최근 동향: 「개인정보의 보호에 관한 법률안」을 중심으로, 『공법학연구』 제3권 2호(2002); 紙野健二, 일본에서의 개인정보보호법제의 형성, 현상 및 약간의 논점, 『공법연구』 제32집 5호(2004); 백윤철, 일본에서 헌법상 자기결정권과 개인정보보호, 『세계헌법연구』 제16권 2호(2010); 손형섭, 일본에서의 디지털 기본권에 관한 연구, 『헌법학연구』 제24권 2호('18. 6): 171-210.

양심의 자유는 헌법재판소 헌법재판연구원, 『일본의 양심의 자유 법리』(2018); 권혜령, 일본의 '히노마루' 및 '기미가요'에 대한 기립·제창 강제와 사상·양심의 자유 - 최고재판소 판례를 중심으로, 『헌법학연구』 제21권 1호(2015).

생존권은 김민배, 빈곤사회와 생존권 논쟁 - 일본의 학설과 판례를 중심으로, 『헌법논총』 제22호(2011); 최철호, 일본 헌법의 생존권과 사회보장수급권에 관한 연구, 『유럽헌법연구』 제19호(2015).

교육은 노기호, 일본 교육기본법의 개정 내용과 특징, 『공법학연구』 제8권 2호(2007); 노기호, 일본에서의 교육의 자주성·전문성 및 정치적 중립성에 대한 논의, 『공법학연구』 제7권 1호(2006); 노기호, 일본의 교과서재판에 나타난 헌법상의 문제점에 대한 검토, 『공법연구』 제27집 2호(1999); 이성환, 일본에 있어서의 교육권의 갈등과 그 조정, 『교육법연구』 제8집 1호(2005); 허종렬, 한국 헌법상 교육기본권에 대한 논의와 일본 헌법과의 비교, 『성균관법학』 제17권 1호(2005).

기타 미즈시마 레오(水島玲央), 외국인 참정권의 가능성과 한계: 한국과 일본을 중심으로, 서울대 석사논문, 2010; 박용숙, 일본에서의 문신시술행위 규제에 관한 법적 고찰 - 문신시술행위의 의료행위성과 직업의 자유에 대한 침해를 중심으로, 『강원법학』 제56권(2019).

재판청구권은 김대홍, 일본 배심법에서 재판원법에 이르기까지: 국민의 사법참여 관점에서 입법과정 및 법적 쟁점의 검토, 『법과 사회』 제58호(2108); 서보건, 재판을 받을 권리의 구체화를 위한 일본의 법률구조 제도 연구, 『세계헌법연구』 제15권 1호(2009); 이상윤, 일본국 헌법상 국민의 사법참가에 관한 연구, 『공법학연구』 제5권 2호(2004); 이은모, 현행 국민참여재판제도의 내용과 문제점: 일본의 재판원제도와의 비교를 중심으로, 『법학논총』(한양대) 제26집 1호(2009).

근로3권은 서보건, 일본 헌법상 단결권 단체교섭권 제한의 법리와 실제, 『경기법학논총』 제11호(2010); 기타 최경옥, 사할린 동포의 한국과 일본에 있어서의 법적 지위: 일제시대 강제징용과 관련하여, 『헌법학연구』 제18권 4호(2012); 함인선, 일본에서의 공무원윤리에 관한 법적 규제, 『공법학연구』 제9권 3호(2008); 황무임, 일본 헌법상 인권보장과 헌법소송을 통한 사례연구, 『헌법학연구』 제4권 3호(1999).

6. 권력구조

박종준, 『주요국 정부조직 관련 법제분석 - 일본』(한국법제연구원, 2017), 103면.

의원내각제에 관하여는 樋口陽一, 김효전역, 일본 의원내각제의 실상과 진전, 『정부형태 어떻게 할 것인가』(대한민국 학술원, 2009); 문혁철, 일본국의 의원내각제에 관한 연구, 한국외대 박사학위논문, 1997; 미즈시마 레오(水島玲央), 일본 양원제의 의의와 과제, 『가천법학』 제4권 1호(2011); 민병로, 일본의 의원내각제의 현황과 과제, 국회미래한국헌법연구회, 『국민과 함께 하는 개헌 이야기』 제2권(2010): 105-124; 서보건, 의원내각제 국가의 정권교체와 헌법적 책임 - 일본의 경우, 『국가법연구』 제13권 2호(2017); 손형섭, 일본에 있어서 議院의 자율권의 내용과 범위, 『유럽헌법연구』 제8호(2010); 윤기중, 일본의 의원규칙에 관한 연구 - 의원규칙의 제정 및 공포 절차를 중심으로, 『경희법학』 제53권 4호(2018); 이상윤, 일본 헌법상의 의원내각제, 동아대 박사논문, 2001; 이상윤, 의원내각제와 내각에 대한 민주적 통제: 일본의 의원내각제 논의의 전개를 소재로, 『공법학연구』 제3권 2호(2002); 이성환, 일본의 의원내각제와 수상의 리더십 - 일본형 대통령제의 모색, 『일본어문학』 제26호(2004); 정만희, 의원내각제원리의 현대적 특질과 과제: 일본헌법상의 의원내각제를 중심으로, 『공법학연구』 제3권 1호(2000).

내각과 의회에 관하여는 김현우, 양원제 의원내각제와 분점의회: 왜 일본의 수상은 단명하는가? 서울대 석사 논문, 2011; 이상윤, 일본의 내각법제국의 헌법적 기능, 『헌법학연구』 제13권 2호(2007); 이상윤, 일본 탄핵제도의 헌법적 의의와 과제, 『공법학연구』 제8권 2호(2007); 이상윤, 일본의 참의원제도에 관한 연구, 『헌법학연구』 제8권 1호(2002); 최경옥, 일본의 국정조사권과 사법권의 독립, 『헌법학연구』 제11권 3호(2005); 손형섭, 일본에 있어서 議院의 자율권의 내용과 범위, 『유럽헌법연구』 제8호(2010).

예산제도에 관하여는 서보건, 일본의 예산제도의 내용과 법적 성격: 예산비법률주의를 중심으로, 『공법학연구』 제11권 2호(2010); 손형섭, 예산제도 통제에 관한 법적 연구: 일본의 예산제도를 중심으로, 『공법연구』 제41집 1호(2012).

국가긴급권은 권기준 · 백윤철, 일본의 국가긴급권, 『법과 정책 연구』 제15권 2호(2015); 백윤철, 일제치하에서 계엄법, 『세계헌법연구』 제18권 2호(2012); 이경주, 일본 안보관련법의 위헌성과 한반도 평화, 『안암법학』 제49호(2016); 홍성후, 일본의 유사법제가 동북 아시아의 평화에 미치는 영향, 『한국동북아논총』 제11권 1호(2006).

사법부에 관하여는 이즈미 도쿠지, 이범준 옮김, 『일본 최고재판소를 말하다: 소수자를 보호하고 민주주의를 치유하는 헌법 이야기』(궁리, 2016) 부록: 일본국헌법 전문; 시기 히로시, 박현석 옮김, 『절망의 재판소』(사과나무, 2014); 야마모토 유지(山本祐司), 김용찬 옮김, 『일본 최고재판소 이야기』(법률문화원, 2005); 권건보, 일본 헌법상 재판관에 대한 국민심사제의 고찰, 『헌법학연구』 제17권 1호(2011); 김선화, 법관탄핵 해외 사례 - 미국과 일본 사례 중심으로, 『이슈와 논점』(국회 입법조사처), 제1511호(2018. 10. 10); 류지성, 일본에서 부분위헌 결정에 관한 논의 - 최고재판소의 판례를 중심으로, 『유럽헌법연구』 제17호(2015); 류지성, 일본국 헌법소송에 있어서 헌법판단수법, 『유럽헌법연구』 제13

호(2013); 민병로, 일본의 위헌심사제의 현황과 과제, 『법학논총』 제32권 2호(2012); 민병로, 일본의 사법제도 개혁의 현황과 과제, 『공법연구』 제34집 2호(2005); 손형섭, 일본 헌법재판의 분석과 우리나라에의 시사점에 대한 연구, 『세계헌법연구』 제17권 1호(2011); 손형섭, 일본의 헌법재판소설치 논의에 관한 연구, 『헌법학연구』 제15권 1호(2009); 이혜진, 『일본 헌법재판의 최신 동향: 2000년대 이후를 중심으로』(헌법재판연구원, 2017); 정혜인, 일본의 헌법재판소 설치론과 그 문제점, 『한양법학』 제28호(2009); 채영호, 한국 · 일본 · 대만의 위헌심사제도에 관한 비교법적 연구, 서울대 박사논문, 2009; 笹川紀勝, 채우석역, 일본의 사법개혁의 방향, 『헌법학연구』 제7권 2호(2001); 尹龍澤, 채우석역, 일본의 사법개혁과 법과대학원, 『헌법학연구』 제10권 1호(2004); 채우석, 일본의 사법제도 개혁, 『헌법학연구』 제7권 2호(2001).

판례연구는 LS헌법연구회저, 민병로 · 손형섭역, 『일본 판례 헌법』(전남대출판부, 2011).

지방자치에 관하여는 김효진, 지방자치제도상 주민참가의 활성화를 위한 정보공개에 관한 연구: 일본의 이론과 실제를 중심으로, 1997; 문명현, 일본에서의 지방자치와 지방교육자치의 관계에 관한 연구, 『공법학연구』 제19권 2호 ('18. 5): 269-292; 배병호, 일본의 지방분권개혁입법에 관한 연구, 『입법학연구』 제15권 2호(2018); 백승주, 주민조례청구제도에 대한 소고 - 일본제도와의 비교검토를 중심으로, 『토지공법연구』 제22집(2004), 195-221; 백윤철, 일본 헌법상 지방자치의 본질에 관한 논의와 함의, 『세계헌법연구』 제22권 2호(2016); 서보건, 일본의 지방자치 분권추진과 지방재정 활성화에 대한 고찰, 『공법학연구』 제19권 3호(2018); 임경호, 일본의 지방행정구역 개편에 관한 동향, 국회미래한국헌법연구회, 『국민과 함께 하는 개헌 이야기』 2(2010): 775-787; 허전, 일본 지방자치에 있어서 주민참가, 『공법연구』 제36집 1호(2007); 허전, 지방분권시대에 있어서 새로운 조례유형에 대한 헌법적 분석: 일본의 분권개혁을 중심으로, 『헌법학연구』 제13권 3호(2007); 최철호, 주민투표제도에 관한 연구: 우리나라와 일본의 주민투표제도의 비교를 중심으로, 『공법학연구』 제8권 4호(2007), 355-379; 최환용, 일본 헌법의 지방자치특별법 규정에 대한 고찰, 『지방자치법연구』 제16권 1호(2016); 최환용, 일본 헌법의 지방자치특별법 규정에 대한 고찰, 둔석 홍정선교수정년기념논문집 『지방자치와 행정법』(박영사, 2016): 88-97면; 山崎幹根, 권경은역, 현대 일본의 지방선거제도의 개요와 현황에 관하여, 『유럽헌법연구』 제7호(2010).

기타 유진식, 공법학 학문 후속세대 양성방안: 일본의 경험을 중심으로, 『공법연구』 제36집 1호(2007); 정만희, 일본의 법조양성제도 개혁: 법과대학원의 도입과정과 현황 및 특징을 중심으로, 『공법학연구』 제6권 2호(2005); 김창록, 일본의 사법시험제도, 『서울대 법학』 제45권 4호(2004).

VI. 유럽 헌법

유럽헌법은 2004년 유럽연합(EU) 회원국 정상들이 합의했지만 2005년 프랑스와 네덜란드 국민투표에서 부결되어 좌초되었다. 그리하여 2007년 6월 유럽연합 소속 27개국 정상들이 한 번 실패를 겪은 '헌법'(Constitution) 대신 '개정조약'(Reform Treaty)이란 공식명칭으로 합의했다.

1. 개설

관련 문헌은 채형복, 『유럽헌법조약』(높이깊이, 2006); 『유럽 연합의 법, 정치와 대외관계』(한국학술정보, 2011).

유럽법 일반은 한동일, 『법으로 읽는 유럽사: 세계의 기원, 서양법의 근저에는 무엇이 있는가?』(글항아리, 2018).

이 유럽연합의 헌법을 비롯하여 미국 헌법에까지 비교연구를 목적으로 유럽헌법학회가 2006년 12월에 창립되어 다음해에 『유럽헌법연구』 창간호(2007)를 발간하여 2019년 4월 현재 제29호까지 발간하였다. 또한 『유럽헌법연구 I』(영남대학교 출판부, 2006)이 발간되었다. 기타 박인수, EU헌법의 주요 내용과 특징; 박인수, EU 헌법의 내용과 특징, 『공법연구』 제33집 5호(2005); 아르민 폰 복단디/박진완역, 유럽을 위한 헌법원리들, 『헌법학연구』 제13권 3호(2007).

2. 제정사

박인수, 유럽연합의 기본법과 법의 일반원칙, 『유럽헌법연구』 제13호(2013); 박진완, 유럽 헌법 제정에 관한 논의, 『공법학연구』 제6권 1호(2005); 이병훈, 유럽공동체법의 형성과 헌법이론의 변모: 영국의 경우, 『공법연구』 제28집 2호(2000); 이세정, 유럽공동체법의 유형 및 효력, 『토지공법연구』 제37집 2호

(2007); 정문식, 유럽헌법은 '조약'인가 '헌법'인가?, 『공법연구』 제34집 3호(2006); 정문식, 유럽헌법의 개정내용과 현황, 『헌법학연구』 제12권 1호(2006); 채형복, 리스본조약상 법적 행위와 그 제정 절차의 개혁, 『세계헌법연구』 제16권 3호(2010); 채형복, 유럽헌법조약 제정과정의 기초자료 조사 및 분석, 『공법학연구』 제7권 1호(2006); 채형복, 유럽헌법의 쟁점과 전망, 『공법학연구』 제6권 1호(2005).

유럽 연합의 **국가성**과 **주권**의 문제는 김기영, 통치관계를 중심으로 한 유럽동맹(European Union)의 국가성에 관한 고찰, 『헌법학연구』 제8권 2호(2002); 김대인, 유럽에서의 법치주의 전환에 대한 고찰 - 북한의 법치주의 전환에 주는 시사점을 중심으로, 東堂 (2018.6): 750-772; 김용훈, 초국가적 수준의 헌법담론 - 영국의 유럽연합 탈퇴(Brexit)를 소재로, 東堂 773-805; 김용훈, 영국의 유럽연합 탈퇴와 유럽연합 법질서의 국내법적 위상, 『유럽헌법연구』 24 (2017. 8); 문광삼, 유럽연합과 프랑스의 주권, 『헌법학연구』 제1집(1995); 서보건, 유럽헌법과 국내법 간의 효력, 『공법학연구』 제7권 1호(2006); 전학선, 유럽연합의 국가성 여부와 법적 성격, 『공법학연구』 제6권 1호(2005); 조소영, 헌법의 존재의미로서의 국가성: EU의 국가성 고찰 : 리스본 조약에 대한 분석을 중심으로, 『헌법학연구』 제14권 1호(2008); 김용훈, 유럽연합의 민주주의와 법치주의, 『공법연구』 제39집 제4호(2011); 한병호, 유럽 지역 국가의 헌법전문에 대한 비교연구, 『헌법학연구』 제24권 2호('18. 6): 81-124.

3. 기본권

박노형, 『EU 개인정보보호법: GDPR을 중심으로』(박영사, 2017); 권건보·이한주·김일환, EU GDPR 제정 과정 및 그 이후 입법동향에 관한 연구, 『미국헌법연구』 제29권 1호('18. 4); 이재훈, 개인정보주체와 개인정보처리자 간의 갈등 - 일반개인정보보호규정(GDPR)을 통한 EU의 해결방식을 중심으로, 『강원법학』 제56권(2019); 권형둔, 유럽연합에서 물 인권의 헌법상 기본권화에 관한 연구, 『유럽헌법연구』 제16호(2014); 김성준, 『기본적 인권 및 자유의 국제적 해석: 유럽인권법원 판례를 중심으로』(연경문화사, 2013); 김대환, 유럽헌법상 기본권보호: 기본권의 내용과 기능 및 제한의 한계를 중심으로, 『공법학연구』 제8권 1호(2007); 김훈범, 유럽연합과 미국의 잊힐 권리에 관한 입법 소고, 『유럽헌법연구』 제20호, 39-73; V. 괴츠, 박정훈역, 유럽법의 일반원칙으로서 비례원칙과 신뢰보호원칙, 『서울대 법학』 제38권 3·4호(1997); 박규환, 유럽연합에서의 종교의 자유, 『유럽헌법연구』 제25호(2017); 박규환, 유럽공동체법의 기본적 자유권에 관한 소고: 법학적 관점에서의 유럽경제질서 형성과 통합에 관하여, 『공법학연구』 제5권 3호(2004); 박선영, 기본권체계에 관한 비교헌법학적 고찰: 제19대 국회의장직속 헌법개정위원회의 개헌안과 유럽연합의 기본권헌장을 중심으로, 『유럽헌법연구』 제16호(2014); 박선욱, 미국과 EU의 개인정보보호에 관한 법제 비교분석, 『동아법학』 제83호(2019); 박진완, 유럽연합의 법질서에 있어서 기본권의 효력보장의 문제로서 유럽연합의 기본권헌장상의 기본권 위반의 법적 효과에 대한 검토, 『유럽헌법연구』 제13호(2013); 박진완, 유럽연합의 기본권 헌장의 해석과 적용에 관한 일반규정, 금랑 김철수선생팔순기념 논문집 『헌법과 기본권의 현황과 과제』(경인문화사, 2012); 박진완, 유럽연합 시민의 기본권 보장, 『공법학연구』 제7권 1호(2006); 박진완, 유럽헌법조약상의 기본권 보장, 『공법연구』 제33집 5호(2005); 신옥주, 유럽연합의 반차별지침(Anti-Diskriminierungsrichtlinie) 고찰, 『공법학연구』 제9권 2호(2008); 신옥주·석인선·홍기원·이종수, 유럽연합과 회원국의 차별금지법제에 관한 비교법적 연구(한국법제연구원 2009); 오미영, 낙태에 관한 유럽인권재판소의 입장 - 대한민국에서의 논의에의 시사점, 『성균관법학』 제26권 4호(2014); 은숭표, 유럽연합의 권리보호체제, 『유럽헌법연구』 제16호(2014); 이세주, 유럽연합 기본권 헌장(Charta der Grundrechte der Europäischen Union)에 대한 비교헌법적 고찰 - 주요 개별 기본권의 보호영역과 유럽연합법원(EuGH) 판례에 나타난 기본권 보장의 실질화 및 구체화를 중심으로,『공법학연구』 제19권 4호(2018); 전훈, 유럽헌법상의 보충성원칙, 『공법학연구』 제6권 3호(2005); 정문식, EU 법과 EU의 유럽인권협약 가입 - 유럽연합재판소(ECJ) 결정을 중심으로, 『공법연구』 제47집 2호(2018); 정문식, 유럽법상 자유로운 상품이동의 기본적 자유와 기본권 보호로 인한 제한, 『중앙법학』 제7집 4호(2005); 채형복, 유럽인권협약 제8조의 "사생활을 존중할 권리"에 의거한 동성애자들의 "자기결정권" - 유럽인권재판소의 판례를 통한 법해석의 문제, 『홍익법학』 제15권 4호(2014); 채형복, 유럽 헌법에 있어 유럽시민권의 법적 지위, 『공법학연구』 제6권 2호(2005); 최희수, 유럽인권재판소 결정이 유럽 각국의 기본권에 미친 영향 - 제1. 전제적 고찰로서, 프랑스와 독일에서 유럽인권규약의 국내법적 지위에 관하여, 『강원법학』 제54권(2018).

4. 권력구조

정종길, 유럽헌법안에서 집행부간 권한행사의 범위, 『공법학연구』 제6권 3호(2005); 이재훈, 『EU의 입법절차와 현황』(한국법제연구원, 2017), 30면.

유럽재판소에 관하여는 김대환, 유럽연합법원(EuGH) 판결에 나타난 비례성원칙의 내용과 심사강도, 『세계헌법연구』 제17권 3호(2011); 사법정책연구원, EU 사법재판소(CIEU)와 유럽 인권재판소(ECtHR)에 관한 연구, 2014; 신옥주, 유럽 차원에서의 인권보호를 위한 유럽인권재판소(EGMR)의 역할 고찰: '사생활 및 가족생활존중권' 판례를 중심으로, 『헌법학연구』 제16권 1호(2010); 신옥주, 유럽재판소 판결의 독일 국내적 효력: 독일 기본법 제12조a (4)의 여성 집총병역금지(Frauenwaffendienstverbot)에 대한 유럽재판소 판례를 중심으로, 『공법연구』 제36집 3호(2008); 이부하, 유럽사법재판소 판결에서 신뢰보호원칙의 발전과 형성, 『유럽헌법연구』 제16호(2014); 이재홍, 유럽 공동체 지침(EC directire)의 규범력에 관한 연구: 유럽 법원(European Court of Justice)에 의한 규범적 보장을 중심으로. 서울대 석사논문, 2006; 이형석, 유럽인권협약상 국내구제절차 완료의 원칙에 관한 연구 - 유럽인권재판소 결정례를 중심으로, 『홍익법학』 제17권 1호(2016); 전훈, 유럽공동체법원과 유럽인권법원을 통한 유럽법의 국내법 질서로의 정착, 『토지공법연구』 제43집 3호(2009); 정종길 · 차수봉, 유럽인권재판소에 의한 기본권보장체계와 개인소송, 『토지공법연구』 제38집 (2007). 기타 서보건, 일본에서 유럽 헌법의 논의: EU법의 발전과 아시아 공동체, 『공법연구』 제6권 1호(2005).

경제질서에 관하여는 김해룡, EU 헌법상 경제질서, 『유럽헌법연구』 제1권(2007); 윤혜준, 유럽연합의 경제 가치관과 18세기 영국 사상가들: 일치와 차이, 『유럽사회문화』 제5호(2010).

VII. 기타 국가

헌법 조문은 국회도서관, 『세계의 헌법 I, II : 35개국 헌법 全文』(2010). 제1권에는 그리스 · 남아프리카공화국 · 네덜란드 · 노르웨이 · 뉴질랜드 · 대한민국 · 덴마크 · 독일 · 러시아 · 룩셈부르크 · 멕시코 · 미국 · 벨기에 · 북한 · 스웨덴 · 스위스 · 스페인 등 17개국의 헌법이 수록되었으며, 제2권에는 슬로바키아 · 아이슬란드 · 아일랜드 · 오스트리아 · 이라크 · 이탈리아 · 일본 · 중국 · 체코 · 캐나다 · 터키 · 포르투갈 · 폴란드 · 프랑스 · 핀란드 · 필리핀 · 헝가리 · 호주 등 18개국 헌법이 수록되어 있다.

제3판(2018)에서는 라트비아, 슬로베니아, 에스토니아, 칠레, 북한 5개국을 포함하여 『세계의 헌법. 40개국 헌법전문』 증보판이 발간되었다.

1. 공산권 헌법 조문

국제문제조사연구소, 『각국헌법자료집』(1980)에는 소련 · 동독 · 루마니아 · 불가리아 · 유고 · 체코 · 폴란드 · 헝가리 · 중공 · 몽고 · 북한(1972) 헌법이 수록되어 있다.

1986년 헌정제도연구위원회에서는 38개국의 헌법을 번역하여 『세계각국헌법전(I)(II)』를 발간했는데 이 가운데 공산국가의 헌법은 한편도 들어 있지 않다.

국회도서관 해외자료국, 『공산제국의 헌법 I』, 1973. 12 (해외자료 제1집) 수록 내용: 소비에트 사회주의공화국 연방헌법 · 독일민주공화국(1968) · 불가리아 인민공화국 헌법 · 체코슬로바키아 사회주의공화국 헌법 · 루마니아 사회주의공화국 헌법 · 소비에트 사회주의공화국 연방 헌법 영문 · 독일민주공화국 헌법(1968) 원문 · 불가리아 인민공화국 헌법(1971) 영문 · 체코슬로바키아 사회주의공화국 헌법 영문 · 루마니아 사회주의공화국 헌법 영문.

국회도서관 해외자료국, 『공산제국의 헌법 II』, 1974. 3 (해외자료 제2집) 수록 내용: 폴란드 인민공화국 헌법 · 헝가리 인민공화국 헌법 · 알바니아 인민공화국 헌법 · 몽고 인민공화국 헌법 · 베트남(월맹) 민주공화국 헌법 · 중화인민공화국 헌법(1954) · Constitution of the Polish People's Republic · Die Verfassung der Ungarischen Volksrepublik · Constitution of the People's Republic of Albania · Constitution of the Mongolian People's Repubic · Constitution of the Democratic Republic of Vietnam (North Vietnam) · 中華人民共和國 憲法(原文)

김영수편, 『사회주의 국가 헌법』(인간사랑, 1989), 651면. 수록 내용: 소련 · 동독(1974) · 헝가리 · 폴란드 · 체코슬로바키아 · 불가리아 · 알바니아 · 루마니아 · 유고 · 중국 · 몽고 · 베트남 · 캄푸치아 · 북한(1972) · 쿠바.

2. 소련과 러시아

공산권 헌법 일반은 장명봉, 공산권 헌법이론에 관한 서설적 연구, 『공법연구』 제13집(1985); 기본권은 장명봉, 사회주의적 기본권에 관한 약간의 이론적 고찰, 금랑 김철수선생팔순기념 논문집 『헌법과 기본권의 현황과 과제』(경인문화사, 2012).

소련 헌법 조문은 김완직역, 『소련 헌법』(우리서원, 1946); 조선산업노동연구소편, 『쏘베트 사회주의 연방헌법』(우리문화사, 1945); 소베트 사회주의공화국 연방헌법(1936. 12. 5), 김정실편, 『세계헌장』(삼중당, 1947): 180-202.

국회도서관 해외자료국, 『공산제국의 헌법 I』, 1973. 12 (해외자료 제1집) 수록 내용: 소비에트 사회주의공화국 연방헌법 · 소비에트 사회주의공화국 연방헌법 영문 수록.

국회도서관 해외자료국, 『소련의 신헌법 초안』, 1977; 국제문제조사연구소, 『각국헌법자료집』(1980. 2): 695-719; 국가안전기획부, 『소련의 개정 헌법과 선거법 자료집』(1989).

러시아 헌법조문은 국회도서관, 『세계의 헌법 I』(2010): 333-357.

헌법 일반에 관하여는 김민배, 칼 맑스의 소유론과 소련 헌법의 소유제도, 인하대 박사논문, 1991.

김승대, 『러시아 헌법론』(법문사, 1998); 도회근, 소비에트 제도에 관한 헌법학적 연구, 서울대 박사논문, 1992; 도회근, 사회주의 국가의 헌법질서에 관한 연구: 소련 헌법의 체계와 구조를 중심으로, 서울대 석사논문, 1984; 문형철, 『러시아법』(북셀프, 2019); 박영도, 『러시아 연방헌법: 해설과 전문』(한국법제연구원, 1993).

심경수, 소련 헌법의 발전과 그 변화에 관한 연구, 충남대 박사논문, 1991; 최용기, 공산주의 헌법상의 권력구조에 관한 연구 - 소련과 북한 헌법의 비교분석을 중심으로, 고려대 법학박사, 1983.

논설은 김영옥, 러시아 사법제도개혁연구: 배심제 도입 논의를 중심으로, 『법조』 제54권 7호(2005); 김철, 러시아의 법치주의와 입헌주의, 『헌법학연구』 제6권 1호(2000); 선봉희, 러시아 언론과 명예와 권위의 보호에 관한 법안, 『언론과 법』 제4권 2호(2005); 이효원, 러시아 연방 정치체제, 『아시아법제연구』 제5호(한국법제연구원, 2000); 류시조, 러시아 통치구조의 변천과 특색, 『비교법학』(부산외대) 제14호; 심경수, 소련 헌법의 원리: 1918년 러시아 사회주의 연방소비에트 공화국 헌법에 관한 고찰, 『법학연구』(충남대) 제1권 1호(1990); 임기영, 『러시아의 체제전환에 따른 헌법의 변화: 1977년 소련 헌법과 1993년 러시아 헌법의 비교연구』(헌재 헌법재판연구원, 2015).

3. 중국 헌법

자료집은 정영환 감수 · 김주편저, 『상용 중국 법률용어사전』(세창출판사, 2009).

조문 번역은 국회도서관, 『세계의 헌법 II』(2010): 270-291; 국제문제조사연구소, 『각국헌법자료집』(1980. 2): 840-849; 중국헌법: 중화민국건국대강(1914), 중화민국헌법(55헌법)(1946. 12), 김정실편, 『세계헌장』(삼중당, 1947): 220-238.

개설서는 정이근, 『중국 공법학연구: 헌법학 및 행정법학 주제 중심』(오름, 2007); 한대원 편저, 정이근 옮김, 『신중국헌법발전사』(오름, 2007); 한대원외 14인, 『중국법개론』(박영사, 2002); 허운학, 『중국법 실무해설』(로앤비, 2004); 조영남, 『중국의 법치와 정치개혁』(창비, 2012); 조영남, 『중국 의회정치의 발전』(폴리테이아, 2006); 마샤오홍 · 차이 잉 · 류팅팅, 김승일 · 채복숙 번역, 『중국 법률 사상사』(동아대학교 출판부, 2014); 장국화/임대희 외 옮김, 『중국 법률사상사』(아카넷, 2003); 장진범 주편/한기종 외역, 『중국 법제사』(소나무, 2006); 한다위안(韓大元) 주편, 김승일 · 박정원 · 김창희 옮김, 『중국, 헌법학설사 연구』(상하)(경지출판사, 2017), 903 및 824; 박대헌, 『중국 일반지방자치단체제도에 관한 헌법학적 연구』(민속원, 2017); 신명, 『중국 헌법에서의 종교와 종교 정책: 그 역사와 현재』(논형, 2017); 학위논문은 申宇澈, 중화인민공화국 국가체제에 관한 헌법학적 연구, 서울대 박사논문, 1996.

헌법사는 邱榮學, 孫中山과 중국 민주헌정의 발전, 『한국동양정치사상사연구』 제1권 2호(2002); 신우철, 清末 입헌군주제헌법 소고, 『법사학연구』 제44호(2011); 신우철, 중국의 제헌운동이 상해 임시정부 헌법제정에 미친 영향, 『법사학연구』 제29호(2004); 왕짜오강, 쑤이친웨이, 1차 세계대전 후 외국의 신헌법이 20세기 20년대의 중국 헌정에 미친 영향, 『법학논총』 제34권 1호(2010); 강기원, 중국 헌법의 제정과정 및 변천: 현행 헌법 제정과정과 수정안 내용을 중심으로, 『공법학연구』 제4권 2호(2003); 김수갑 · 정금지, 중국의 헌법감독제도에 관한 고찰, 『공법학연구』 제14권 2호(2013); 장명봉, 중국의 개혁·개방 이후 헌법의 변화, 『법학논총』(국민대) 제17집(2005).

헌법개정은 강효백, 중국 2018년 개정 헌법의 특징, 『한국동북아논총』 제23권 3호(2018); 김준영, 중국 2018년 헌법개정의 경과와 주요 내용 고찰, 『외법논집』 제43권 1호(2019); 손한기, 중국의 헌법개정 - 중국 2018년 헌법개정의 주요 내용과 그에 대한 평가를 중심으로, 『법학논고』 제61호(2018); 정연부, 중국 2018년 헌법개정에 대한 소고 - 연혁·주체 및 주요 내용에 대한 분석을 중심으로, 『중국법연구』 제36호(2018); 정이근, 2018년 중국 헌법의 주요 개정내용과 평가, 『법학연구』 제59권 4호(2018); 장명봉, 중국의 2004년 헌법개정의 분석, 『헌법학연구』 제10권 3호(2004); 장명봉, 중국의 1999년 헌법개정의 분석: 배경·내용·특징·평가, 『공법연구』 제29집 1호(2000); 리우마오린, 경전헌법 개념의 반성과 극복, 『공법학연구』 제8권 1호(2007); 정이근, 중국법의 규범성문건에 대한 고찰, 『공법학연구』 제6권 3호(2005); 민경배, 중국의 공산당정책(규범)과 국가법의 관계, 『공법학연구』 제5권 3호(2004); 王磊(Wang Lei), 헌법의 빈번한 수정 및 점진적 개혁, 『헌법학연구』 제16권 3호(2010); 이광윤, 중국의 딜레마 '법치주의', 『토지공법연구』 제17집(2003); 정연부, 법치주의 기준에서 바라본 依法治國의 의미: 중국 依法治國의 형성배경과 의미를 중심으로, 『헌법학연구』 제15권 4호(2009); 정연부, 중국 법제·법치의 역사적 특수성, 『성균관법학』 제21권 3호(2009); 정이근, 중국법상 법률우위원칙의 실현과 행정규범의 통제, 『공법학연구』 제16권 4호(2015): 173-194; 한상돈, 중국 사회주의법치의 발전과 과제, 『저스티스』 통권 158-3호(2017); Leung, 채영복역, 변화하는 입헌주의: 중국과 홍콩, 『공법연구』 제34집 4권 2호(2006).

기본권에 관하여는 신명, 『중국 헌법에서의 종교와 종교정책: 그 역사와 현재』(논형, 2017); 김진열·김경제, 중국 특색의 인권정책과 그 함의 - 보편적 인권개념과의 비교를 중심으로, 『철학·사상·문화』 제26호(2018); 임종호·정금지, 중국의 생명권에 관한 헌법상 보호문제: 안락사를 중심으로, 『과학기술과 법』 제3권 1호(2012); 박지성, 중국 수사절차상 진술거부권에 관한 고찰, 『중국법연구』 제26호(2016); 김경환, 중국의 외국인 재소자 인권보호현황 및 개선방안, 『중국과 중국학』 제36호(2019); 손한기, 중국 개인정보보호법제 고찰, 『강원법학』 제53호(2018); 임반석, 중국에서 사유재산권 보호의 이상과 현실, 『중소연구』 제28권 2호(2004); 이우도·이진수, 한·중 토지보상제도의 비교를 통한 중국제도의 개선 방안 연구, 『중국법연구』 제29호(2017); 장교식·김진, 중국의 자본화과정에서의 토지제도의 변천과 보상에 관한 고찰, 『일감법학』 제32호(2015); 이상만, 중국 국민의 헌법상 환경권 보장을 위한 법정책적 방안의 고찰, 『환경법과 정책』 제14호(2015); 민수현, 배심재판에 있어서 공판준비절차에 관한 연구 - 한국과 중국의 비교를 중심으로, 서울대 박사논문, 2016; 劉大剛, 중국에서의 개인정보보호의 과거 · 현재와 미래, 『공법연구』 제32집 5호(2004); 신우철, 중국 헌법에 있어서 소유제구조의 개혁 문제, 『공법연구』 제31집 2호(2002); 왕레이, 중국 헌법의 사유재산권에 대한 보호, 『법학연구』(연세대) 제16권 2호(2006); 이재진 · 이정기, 한국과 중국 명예훼손법상의 '공인' 개념에 관한 비교연구 - 관련 판례 분석을 중심으로, 『언론과 법』 제10권 2호(2011); 정이근, 중국법상 공공이익의 확정과 관련 법리: 사유재산의 수용을 중심으로, 『공법학연구』 제10권 2호(2009); 정이근, 중국법상 사유재산의 수용과 보상제도에 관한 일고, 『공법학연구』 제8권 2호(2007).

권력구조에 관하여는 조영남, 『중국의 법원개혁』(서울대학교 출판문화원, 2012); 쑨치엔(孫謙), 정이근 · 이성연 · 손한기 옮김, 『중국의 검찰제도』(오름, 2014).

논설로는 전희, 중국의 입법권과 입법과정, 『이화법학』 제5권 2호(2015); 강광문, 중국 현행 헌법의 계보에 관한 일 고찰 - 인민대표대회제도 관련 규정을 실마리로, 『법학』(서울대) 55권 2호(2014): 335-383; 김준영, 중국 인민대표대회 선거제도의 특징과 과제, 『헌법학연구』 제25권 1호(2019); 금태환, 한국 · 중국 · 일본에서의 행정입법의 사법심사 대상 적격, 『공법학연구』 제8권 3호(2007); 박대환, 중국 헌법상 감찰제도의 재정립과 한국 개헌에 주는 시사점, 東堂(2018. 6): 1103-1112; 정연부, 중국의 행정입법제도에 관한 연구, 성균관대 박사논문, 2008; 채영호, 중국 헌법상의 전국인민대표대회의 헌법적 지위에 관한 고찰, 『세계헌법연구』 제17권 1호(2011); 백윤철 · 정성범, 중국의 국가긴급권, 『토지공법연구』 제68호(2015); 정철, 중국 헌법상 사법제도에 관한 연구, 서울대 박사논문, 2008; 정철, 중국 법원의 헌법해석권, 『공법연구』 제37집 3호(2009); 손한기, 중국식 위헌심사제도로서 헌법감독제도의 현황과 과제 - 위헌법률에 대한 통제 가능성을 중심으로, 『헌법재판연구』 제3권 2호(2016); 신우철, 중국 인민법원의 현실적 기능분석 및 그 제도개혁 논의: 사법개혁의 방법론 문제를 중심으로, 『공법연구』 제34집 1호(2005); 하위방, 중국의 법원개혁과 사법독립, 『법학연구』(연세대) 제16권 2호(2006); 신우철, 중국의 '헌법감독': 경제체제 개혁 이후의 위헌심사제도 개선론을 중심으로, 『공법연구』 제31집

4호(2003); 정이근, 중국의 위헌심사제도에 관한 소고, 『공법학연구』 제7권 2호(2006).

경제질서에 관하여는 강기원, 중국 경제헌법의 변천과 경제질서의 형성 궤적: 개혁과 개방 이후의 경제개혁을 중심으로, 『공법학연구』 제5권 2호(2004); 이성연, 중국헌법상 비공유제 경제제도에 관한 고찰, 『공법연구』 제41집 2호(2012); 이종상·윤진기, 중국 헌법상의 경제조항, 『경남법학』 제8호(1992) 등.

4. 북한 헌법

조문은 국회도서관 법률정보실, 『세계의 헌법. 40개국 헌법전문』 제1권(제3), 2018; 법령집은 장명봉편, 『2013 최신 북한법령집』(북한법연구회, 2013); 헌법 조문은 국회도서관, 『세계의 헌법 I』(2010): 534-554; 역대 북한 헌법의 조문은 김학성·박용숙편, 『세계 각국의 헌법전』(북스힐, 2018); 법원행정처, 『북한의 헌법』(2010); 「조선민주주의인민공화국 사회주의헌법」(2009) 전문, 『헌법학연구』 제15권 4호('09. 12): 525-549; 국제문제조사연구소, 『각국헌법자료집』(1980. 2), 863-874; 북한 신헌법 전문, 『북한』 제2권 2호(1973. 2): 348-358. 자료는 장명봉, 북한법 연구의 현황과 문헌목록, 『공법연구』 제27집 1호(1998).

북한의 2009년 헌법에 대해서는 박정원, 북한의 2009년 개정헌법의 특징과 평가, 『헌법학연구』 제15권 4호(2009); 박진우, 2009년 개정 북한헌법에 대한 분석과 평가, 『세계헌법연구』 제16권 3호(2010); 장명봉, 북한의 2009 헌법개정과 선군정치의 제도적 공고화, 『헌법학연구』 제16권 1호(2010).

개설은 『북한의 헌법』(법원행정처, 2010)이 최근까지의 정보를 제공하고 있다. 부록에는 「조선민주주의 인민공화국」 헌법(1948)부터 2009년 헌법전문 그리고 「조선로동당규약」과 관련 법규를 수록. 기타 박병엽 구술, 유영구·정창현 엮음, 『조선민주주의인민공화국의 탄생』(선인, 2010); 정기열, 『북한의 '인권문제'와 미국』(문예원, 2010); 정영훈, 『통일 초기 단계의 북한지역 노동시장 정책에 대한 헌법적 검토』(헌법재판연구원, 2017); 최규환, 『사회주의이론을 통해 본 북한 헌법』(헌법재판연구원, 2017); 장명봉, 공산권 헌법에 관한 연구: 북한의 사회주의 헌법을 중심으로, 서울대 박사논문, 1984.

논설로는 권영태, 1998년 북한 헌법 '서문'에 대한 새로운 분석: 법제전략

차원의 의미를 중심으로, 『현대북한연구』 제15권 2호(2012); 김민우, 북한 헌법의 개정에 따른 권력구조의 변화와 특징, 『홍익법학』 제16권 4호(2015); 김욱, 남북통일을 위한 헌법제정권력의 민주적 실현에 관한 연구, 『헌법학연구』 제15권 4호(2009); 김형성 · 조재현, 북한헌법의 특징과 전망, 『성균관법학』 제24권 2호(2012); 민경배 · 류길재, 북한의 체제전환의 성격과 기본적 법제, 『공법학연구』 제8권 4호(2007); 도회근, 북한 주민의 헌법상 지위에 관한 연구, 『헌법학연구』 제4권 2호(1998); 박광득, 미국 북한인권법에 대한 중국의 대응과 전망, 『한국정치학회보』 제13집 3호(2006); 박선영, 조선민주주의인민공화국 헌법의 제정과 개정 과정을 통해 본 북한헌법에 관한 연구, 『공법학연구』 제16권 4호(2015): 27-68; 박정원, 북한의 김정은 정권과 사회주의 헌법, 東堂 성낙인총장 퇴임기념논문집 『국가와 헌법 · I 헌법총론/정치제도론』(법문사, 2018): 592-609.

양정윤, 북한의 사회주의사상의 전개와 북한헌법에의 영향: 이른바 주체사상 및 선군사상과 관련하여, 『고려법학』 제68호(2013); 이효원, 북한헌법, 조선노동당 강령과 규약, 東堂 성낙인총장 퇴임기념논문집 『국가와 헌법 · I 헌법총론/정치제도론』(법문사, 2018): 564-591.

양천수, 상호합법성의 측면에서 접근한 북한 인권 문제: 북한 인권에 대한 법정책의 방향, 『공법학연구』 제8권 2호(2007); 이승현, 미국의 북한인권법, 『입법정보』(국회도서관) 제160호(2005); 이효원, 북한 주민의 기본권 보장과 북한인권법의 주요 쟁점, 『공법연구』 제42집 1호(2013); 박정원, 탈북자의 인권보장, 『공법연구』 제33집 5호(2005); 전우석, 북한 헌법 선군 및 경제조항의 관점에서 바라 본 '핵-경제 병진 노선'의 허구성에 관한 연구, 『홍익법학』 제17권 4호(2016); 조재현, 북한헌법 개정의 배경과 특징에 관한 헌법사 연구, 『미국헌법연구』 제29권 3호(2018); 최경옥, 한국 헌법상 탈북자의 법적 지위, 『헌법학연구』 제5집 1호(1999); 한상운, 북한 환경법에 관한 기초연구, 『헌법학연구』 제13권 4호(2007); 심경수, 영토조항의 통일지향적 의미와 가치, 『헌법학연구』 제7권 2호(2001); 장명봉, 북한 헌법의 체계와 특색: 북한에서의 이론전개를 중심으로, 『북한법 체계와 특색』(세종연구소, 1994); 장명봉, 북한 헌법 50년: 변화와 지속, 『헌법학연구』 제4권 1호(1998); 장명봉, 대법원판결(이영순 사건)과 북한 주민의 법적 지위 문제, 금랑김철수교수정년기념논문집 『한국 헌법학의 현황과 과제』(박영사, 1998); 조재현, 1948년 북한제정헌법의 초안에 관한 연구, 『서울법학』 제22권 2호(2014).

5. 스위스

(1) 헌법조문은 국회도서관, 『세계의 헌법 I』(2010): 635-675; 헌법연구자문위원회, 『헌법연구자문위원회 참고자료집』(2009); 안성호, 『스위스연방 민주주의 연구』(대영문화사, 2001): 402-439; 헌정제도연구위원회, 『세계각국헌법전』(II)(1986), 51-84; 『현행 각국의 헌법전』, 법제처, 법제자료 제111집(1980. 3): 151-192; 국제문제조사연구소, 『각국헌법자료집』(1980. 2): 587-609; 스위스연방헌법, 『스위스연방의 경제방위법』, 법제처, 법제자료 제57집(1973): 1-43; 瑞西 聯邦憲法, 『법제월보』 1959. 7.

(2) 헌법 일반은 안성호, 『분권과 참여 - 스위스의 교훈』(다운샘, 2005); 베르너 캐기 지음, 홍성방 옮김, 『국가의 법적 기본질서로서의 헌법』(유로, 2011); 막스 임보덴 지음, 홍성방 옮김, 『국가형태: 국법이론의 심리적 기초』(유로, 2011); 프리드리히 뮐러 지음, 홍성방 옮김, 『소외론』(유로, 2011); 박영도, 『스위스 연방의 헌법개혁과 향후 전망』(한국법제연구원, 2004); 안성호, 『스위스 연방 민주주의 연구』(대영문화사, 2001)가 체계적으로 서술하고 있다. 기타 김용빈 · 박계호, 『스위스의 무장중립정책과 위기관리』(북코리아, 2014).

(3) 민주주의에 관하여는 B. 융커 및 E. 구룬어, 이주성 옮김, 『스위스 직접민주주의』(법문사, 1996), 438; 장준호, 스위스 연방의 직접민주주의, 『국제정치논총』 제48집 4호(2008); 정재각, 직접민주제도의 확산과 정책적 영향: 스위스를 중심으로, 『한독사회과학논총』 제18호(2008); 이기우, 『모든 권력은 국민에 속한다. 이제는 직접민주주의다』(미래를소유한사람들, 2016).

(4) 권력구조는 이기우, 『분권형 국가개조론 - 스위스에서 정치를 묻다』(한국학술정보, 2014); 배건이, 『주요국 정부조직 관련 법제분석 - 스위스』(한국법제연구원, 2017), 69.

논설은 구병삭, 스위스 헌법소원(소송)에 있어서의 제3자 원고적격, 헌법재판소, 『헌법논총』 제6집(1995. 12): 5-46; 김영기, 미국과 스위스, 한국의 주민발의제도 비교연구, 『지방행정연구』 제22권 2호(2008), 117-144; 이상해, 행정정보에 대한 접근권: 독일과 스위스의 "연방이 보유한 정보에의 접근에 관한 법" 및 "행정의 공개성원칙에 관한 연방법"을 중심으로, 『공법연구』 제35권 1호(2006); 최윤철, 『독일과 스위스의 입법평가 사례연구』(한국법제연구원, 2008) 등이 있다.

기타 부르노 카우프만, 롤프 뷔치, 나드야 브라운 지음, 이정옥 편역, 『직접민주주의로의 초대』(리북, 2008).

6. 오스트리아

(1) 헌법조문은 국회도서관, 『세계의 헌법 II』(2010): 105-180; 헌정제도연구위원회, 『세계각국헌법전』(II)(1986): 185-236; 국제문제조사연구소, 『각국헌법자료집』(1980. 2): 510-548; 오스트리아 연방 헌법, 『현행 각국 헌법전(3)』, 법제처, 법제자료 제51집(1971. 12): 1-70; 墺地利 연방헌법(1920. 10. 1), 김정실편, 『세계헌장』(삼중당, 1947): 146-180.

(2) 개괄적인 서술은 안병영, 『왜 오스트리아 모델인가』(문지사, 2013); 김지영, 3.1 운동과 세계 정세: 오스트리아-헝가리 제국의 해체 및 후속 동유럽 국가의 성립과 비교하여, 『내일을 여는 역사』 통권 74호(2019 봄); F. 하르퉁, 김효전역, 오스트리아의 헌법발전(1804-1867), 『동아법학』 제20호(1996), 299-324; 허경, 오스트리아 연방헌법에 관한 고찰, 『연세행정논총』 제8권 1호(1981), 293-303.

(3) 권력구조는 배건이, 『주요국 정부조직 관련 법제분석 - 오스트리아』(한국법제연구원, 2017, 88면); 김인영, 이원정부제 도입 배경 비교와 한국에서의 문제점 고찰 - 프랑스, 핀란드, 오스트리아, 독일, 포르투갈, 폴란드 사례를 중심으로, 『세계지역연구논총』 제35집 3호(2017); 김정현, 오스트리아의 권력구조와 연립정부, 『헌법학연구』 21권 1호(2015), 398-434; 박용수 · 최인숙, 이원집정제의 권력모델 분석 연구 - 프랑스 · 오스트리아 사례를 중심으로, 『사회과학논집』(연세대) 제46권 2호(2015): 1-23; 이경렬, 오스트리아 검찰의 헌법상 지위와 수사절차에서의 검 · 경 관계, 『형사법의 신동향』 통권 59(2018. 6): 86-142; 장영철, 오스트리아 연방헌법체계 내에서 연방대통령의 지위와 권한, 『헌법학연구』 제21권 3호(2015. 9): 99-132; 정문식, 주요 국가의 재정법제 연구2: 오스트리아의 재정 관련 헌법조항을 중심으로』(한국법제연구원, 2009).

(4) **헌법재판**은 허완중, 『오스트리아 헌법재판제도에 관한 연구』(헌법재판소 헌법연구원, 2016); 김우수, 개인의 위헌심판청구(Individualantrag) 및 이와 관련된 보충성 요건: 오스트리아의 헌법재판제도, 『헌법논총』 제17집(헌재, 2006), 97-165; 김태호, 오스트리아의 사법제도 연구 - 최고재판소, 행정재판소 및 헌법재판소의 상호 관계에 대한 헌법 규정 분석을 중심으로, 대법원 사법정책연

구원, 2015; 박인수 · 조홍석 · 남복현 · 방승주 · 손형섭 · 이상경 · 이종수, 주요 국가별 헌법재판제도의 비교분석과 시사점 - 미국형 사법심사와 유럽형 헌법재판을 중심으로, 『헌법재판연구』 제21권(헌법재판소, 2010); 박일환, 오스트리아의 헌법소원제도, 『헌법재판연구』 제1권(1990): 257-298; 오세혁, 오스트리아의 위헌법률심사제도, 『인권과 정의』 제260호(1998. 4): 32-47; 유남석, 오스트리아의 헌법재판제도 - 위헌법률심판을 중심으로, 『헌법재판제도의 이해』(재판자료 제92집)(법원도서관, 2001): 149-188; 유남석, 오스트리아 헌법재판소와 한정위헌결정, 『법률신문』 2001년 6월 20일자; 유남석, 헌법재판소에 의한 위헌법률심사제도를 채택하고 있는 유럽 제국의 위헌결정 형태 및 그 효력 - 이른바 한정위헌결정을 중심으로, 『판례실무연구』IV(박영사, 2000): 104-114; 장영철, 오스트리아 연방헌법체계 내에서 연방대통령의 지위와 권한, 『헌법학연구』 제21권 3호(2015): 99-132; 장영철, 법률해석에 관한 오스트리아 헌법재판소, 대법원 및 행정재판소 간의 권한갈등 - 위헌법률심판과 처분소원제도를 중심으로, 『법학논고』(경북대) 제45호(2014); 장영철, 오스트리아 법령심사제도, 『서강법학』 제12권 1호(2010): 75-97; 장영철, 오스트리아 헌법재판제도와 시사점, 『공법학연구』 제10권 1호(2009): 222-243; 장영철, 행정입법에 대한 추상적 규범통제제도의 도입방안에 관한 연구, 『공법연구』 제37집 제1-2호(2008): 155-180; 장영철, 오스트리아의 헌법재판과 변형결정, 『판례실무연구』IV (박영사, 2000): 40-60; 유럽 위헌법률심사제도와 의회의 대응: 프랑스 · 스페인 · 독일 · 오스트리아 사례를 중심으로, 국회입법조사처, 『현장조사보고서』 14호(2011)(www.nars.go.kr).

7. 이탈리아

(1) 헌법조문은 국회도서관, 『세계의 헌법 II』(2010): 211-242. 헌정제도연구위원회, 『세계각국헌법전』(I)(1986): 525-556; 국제문제조사연구소, 『각국헌법자료집』(1980. 2): 249-275; 이태리공화국헌법, 강병두, 『혁명헌법』(수학사, 1961), 부록, 127-147; 이태리국헌법(1848. 3. 4), 김정실편, 『세계헌장』(삼중당, 1947): 136-146.

(2) 개괄적인 서술은 김시홍, 『이탈리아 사회연구 입문』(명치출판사, 1995); 류시조, 이탈리아 헌법의 특징과 통치구조, 『비교법학』(부산외대) 제22집(2011); 박은구, 『서양 중세 정치사상 연구: 마르실리우스와 오캄을 중심으로』

(혜안, 2001); 박은구, Marsilius of Padua의 인민주권론: 정부론을 중심으로 I, 『숭실사학』 제8호(1994): 박은구, Marsilius of Padua의 인민주권론 II, 『서양사론』 제44호(1994); 이화용, 마르실리우스(Marsilius of Padua)의 정치대표론: 시민권, 권력전이 그리고 정치의 회복, 『한국정치학회보』 제35집 4호(2001).

기본권에 관해서는 김정현, 이탈리아 헌법과 협동조합 체제, 『홍익법학』 제14권 1호(2013); 신수정, 이탈리아 헌법에서의 노동기본권, 『공법연구』 제42집 1호(2013): 217-240; 정병기, 『이탈리아 노동운동사』(현장에서 미래를, 2000); 신수정, 이탈리아의 고용차별금지법제, 『법학논집』(이화여대) 제18권 1호(2013).

(3) 권력구조는 갈봉근, 이태리 공화국 헌법재판소, 『법정논총』(중앙대), 1963; 김동훈, 이탈리아의 헌법과 헌법재판제도, 『헌법논총』 제28집(2017. 11): 379-461 및 東堂 성낙인총장 퇴임기념논문집 『국가와 헌법·I 헌법총론/정치제도론』(법문사, 2018): 1732-1778; 김민동, 이탈리아 법원과 헌법재판소 사이의 헌법합치적 법률해석에서의 협력관계, 『법조』 제709호(2015. 10); 김정현, 이탈리아의 의원내각제와 연립정부, 『세계헌법연구』 제18권 1호(2012); 김종호, 이탈리아 헌법재판제도에 관한 소고, 『서울법학』(서울시립대) 제22권 2호(2014); 이종수, 이탈리아 헌법재판제도, 『외국헌법재판제도 조사자료집』(헌법재판소, 2009); 장영철, 이탈리아 헌법상의 규범통제제도, 『판례실무연구 IV』(비교법실무연구회, 2000); 전학선, 이탈리아의 헌법재판제도, 『세계헌법연구』 제16권 3호(2010).

기타 고전으로는 단테 알레기에리, 성염 역주, 『제정론』(경세원, 2009).

8. 기 타

(1) **캐나다** 헌법조문은 국회도서관, 『세계의 헌법 II』(2010): 319-371; 헌정제도연구위원회, 『세계각국헌법전』(II)(1986): 415-472; 국제문제조사연구소, 『각국헌법자료집』(1980. 2): 368-390; 카나다 헌법(영국 북아메리카법 1876~1965년), 『현행 각국 헌법전 (3)』, 법제처, 법제자료 제51집(1971. 12): 183-220.

(2) 헌법 일반은 김수용, 캐나다의 헌법개정 논쟁 과정과 쟁점, 『법과 사회』 54 (2017): 139; 김선희, 『캐나다 연방대법원의 사법심사제도: 연방과 주 사이의 권한 배분 및 헌장상 권리침해를 중심으로』(헌법재판연구원, 2017); 김형남,

캐나다 연방대법원의 사법심사제도에 관한 연구, 『공법학연구』 제7권 4호(2006); 김형남, 캐나다 · 미국 · 한국의 헌법재판기준에 관한 비교법적 연구, 『성균관법학』 제19권 3호; 유경춘, 캐나다의 지방자치법에 관한 고찰, 『강원법학』 제10권(1998); 이옥연, 연방제를 통한 통합과 분권의 구현: 캐나다의 경험을 중심으로, 『세계지역연구논총』 24, 1 (2006); 이한주, 미국과 캐나다에서의 국제적인 인권보호위반에 관한 소송, 『공법학연구』 제5권 1호(2004).

(3) **아시아 지역** 일반에 관하여는 권오승, 아시아법 연구의 어제와 오늘 그리고 내일, 『서울대 법학』 제52권 4호(2011.12); 문재완, 이슬람국가의 헌법과 샤리아, 『외법논집』(2014); 윤진표 · 김홍구 · 김동엽 · 최경희 · 이재현, 『동남아의 헌정체제와 민주주의』(명인문화사, 2014).

대만 헌법 조문은 헌정제도연구위원회, 『세계각국헌법전』(II)(1986): 393-414; 국제문제조사연구소, 『각국헌법자료집』(1980. 2): 609-623.

말레이시아 헌법은 금용운, 말레이시아의 이슬람 사법제도에 대한 연구, 『법조』 제60권 8호(2011).

몽골 헌법 조문은 국제문제조사연구소, 『각국헌법자료집』(1980. 2): 850-862; J. Amarsanaa · Sodnom Doljin, 『몽골의 정부조직과 법제』(한국법제연구원, 2009). 이 책자는 영문임. 손인혁, 몽골 헌법의 배경, 내용 및 특징, 국회미래한국헌법연구회, 『국민과 함께 하는 개헌 이야기』 2(2010): 133-146.

바레인 헌법은 김종도 외 옮김, 명지대학교 중동문제연구소, 『바레인 헌법』(모시는 사람들, 2016)(중동국가헌법번역 HK총서 06) 245.

베트남 헌법은 이효원, 베트남 사회주의 공화국 헌법과 정치체제, 『아시아법제연구』 제3호(2005), 한국법제연구원; 계경문 · 김종욱 · 이경희, 『베트남의 정부조직과 법체계』(한국법제연구원, 2009); 전정환, 베트남 · 독일 · 한반도의 분단과 통일, 『국제문제』 제36권 9호(2005).

사우디 아라비아 헌법은 김종도외역, 『사우디 아라비아 통치기본법』(모시는사람들, 2016).

싱가포르 헌법 조문은 헌정제도연구위원회, 『세계각국헌법전』(I)(1986), 377-432; 『현행 각국의 헌법전』, 법제처, 법제자료 제111집 (1980. 3): 288-350.

아랍에미리트 헌법 조문은 김종도, 『아랍에미리트 헌법』(모시는 사람들, 2014;

명지대학교 중동문제연구소 기획, 중동국가헌법번역 HK총서 3).

오만 술탄은 김종도외역, 『오만 술탄국 기본법』(모시는사람들, 2015).

우즈베키스탄에 관하여는 김한칠외, 『우즈베키스탄의 정부조직과 법제』(동 연구원, 2009).

이라크 헌법 조문은 국회도서관, 『세계의 헌법: 35개국 헌법 전문』II (2010), 181-210; 박종현, 이라크 제정헌법상 연방대법원의 설립과 활동: 제헌과정과 총선과정에서의 논의를 중심으로, 『세계헌법연구』 제17권 2호(2011).

이란 헌법 조문은 김종도 등역, 『이란 이슬람 공화국 헌법』(모시는 사람들, 2017); 헌정제도연구위원회, 『세계각국헌법전』(II)(1986): 237-266; 국제문제조사연구소, 『각국헌법자료집』(1980. 2): 658-677.

이스라엘 헌법 조문은 헌정제도연구위원회, 『세계각국헌법전』(II)(1986): 267-288; 국제문제조사연구소, 『각국헌법자료집』(1980. 2): 678-691; 이스라엘 헌법(이스라엘 제기본법), 『현행 각국 헌법전 (3)』, 법제처, 법제자료 제51집(1971. 12): 163-285.

인도 헌법 조문은 헌정제도연구위원회, 『세계각국헌법전』(II)(1986), 289-384; 문헌은 강경선, 『인도 헌법의 형성사』(에피스테메, 2014); C. 더글러스 러미스저, 김종철역, 『간디의 위험한 평화헌법』(녹색평론사, 2014); 강경선, 인도 헌법의 형성과 전개: 연방제도를 중심으로, 서울대 박사논문, 1999; 고경희, 『현대 인도의 정당정치』(인간사랑, 2003); 고문현, 인도에서의 공익소송, 『헌법학연구』 제17권 3호(2011); 백좌흠, 인도에서 국제법의 국내적 적용, 『인도연구』 제13권 1호(2008).

인도네시아 헌법 조문은 헌정제도연구위원회, 『세계각국헌법전』(II)(1986): 385-392; 국제문제조사연구소, 『각국헌법자료집』(1980. 2): 624-637; 문헌은 변해철, 인도네시아 헌법과 종교, 『외법논집』(2012); 한국법제연구원 편집부저, 『한국과 인도네시아의 헌법재판소제도 비교』(한국법제연구원, 2008); 기타 이대호, 『인니법: 인도네시아 법령 소개서』(유로, 2018); 짐리 아쉬디키, 헌법재판과 민주주의, 『헌법재판연구』 제5권 2호(2018).

카자흐스탄에 관하여는 김한칠외, 『카자흐스탄의 정부조직과 법제』(한국법제연구원, 2009).

쿠웨이트 헌법 조문은 명지대 중동문제연구소, 『쿠웨이트 헌법』(모시는 사람들, 2014); 박규환, 샤리아와 헌법 - 중동 이슬람 국가의 헌법을 중심으로, 『공법연구』 제46집 1호(2017. 10): 173-196.

태국 헌법 조문은 손희두, 『태국의 2007년 헌법』(한국법제연구원, 2008, 348); 헌정제도연구위원회, 『세계각국헌법전』(II)(1986): 533-565; 국제문제조사연구소, 『각국헌법자료집』(1980. 2): 453-475.

문헌은 변해철, 2007년 태국 헌법개정과 헌법재판, 『외법논집』(2008); 변해철, 태국의 헌법재판제도와 헌법현실, 『외법논집』(2005); 변해철, 태국의 민주화와 1997년 헌법개정, 『외법논집』(2005); 손희두, 태국의 2007년 헌법과 정부형태, 국회미래한국헌법연구회, 『국민과 함께 하는 개헌 이야기』 2 (2010): 147-170.

터키 헌법 조문은 국회도서관, 『세계의 헌법: 35개국 헌법 전문』II (2010): 371-434; 헌정제도연구위원회, 『세계각국헌법전』(II)(1986): 565-630; 국제문제조사연구소, 『각국헌법자료집』(1980. 2): 412-442.

파키스탄 헌법 조문은 헌정제도연구위원회, 『세계각국헌법전』(II)(1986): 631-714.

필리핀 헌법 조문은 『세계의 헌법: 35개국 헌법 전문』II (2010): 621-674; 헌정제도연구위원회, 『세계각국헌법전』(II)(1986): 821-850; 국제문제조사연구소, 『각국헌법자료집』(1980. 2): 638-657.

기타 유럽의 헌법

그리스 헌법 조문은 국회도서관, 『세계의 헌법: 35개국 헌법 전문』I (2010): 11-58; 헌정제도연구위원회, 『세계각국헌법전』(II)(1986): 1-50; 국제문제조사연구소, 『각국헌법자료집』(1980. 2): 549-583; 그리스 헌법(1968년), 『현행 각국 헌법전 (3)』, 법제처, 법제자료 제51집 (1971. 12): 119-180.

네덜란드 헌법 조문은 국회도서관, 『세계의 헌법: 35개국 헌법 전문』I (2010): 159-186; 헌정제도연구위원회, 『세계각국헌법전』(I)(1986): 89-118; 국제문제조사연구소, 『각국헌법자료집』(1980. 2): 334-359; 네덜란드 왕국 헌법(1963년), 『현행 각국 헌법전 (3)』, 법제처, 법제자료 제51집 (1971. 12): 73-115.

이노홍, 네덜란드 헌법상 기본권의 수평효(대사인효) 논의 고찰, 『공법학연구』 제19권 1호(2018. 2.): 227-251; 김주경, 네덜란드의 사법개혁과 법조인 양성제도에 관한 연구, 대법원 사법정책연구원, 2016.

노르웨이 헌법 조문은 국회도서관, 『세계의 헌법: 35개국 헌법 전문』I(2010):

187-208; 헌정제도연구위원회, 『세계각국헌법전』(I)(1986): 119-134; 국제문제조사연구소, 『각국헌법자료집』(1980. 2): 302-314; 김용훈, 노르웨이 헌법의 특징과 정부형태에 있어서의 특징: 의회의 지위를 중심으로, 『의정연구』 제39호(2013).

덴마크 헌법 조문은 국회도서관, 『세계의 헌법: 35개국 헌법 전문』I(2010): 251-272; 헌정제도연구위원회, 『세계각국헌법전』(I)(1986): 135-150; 『현행 각국의 헌법전』, 법제처, 법제자료 제111집 (1980. 3): 101-120; 국제문제조사연구소, 『각국헌법자료집』(1980. 2): 291-301.

라트비아 헌법은 국회도서관 법률정보실, 『세계의 헌법. 40개국 헌법전문』 제1권(제3판): 2018.

루마니아 헌법 조문은 국제문제조사연구소, 『각국헌법자료집』(1980. 2): 737-750; 국회도서관 해외자료국, 『공산제국의 헌법 I』, 1973. 12 (해외자료 제1집) 수록 내용: 루마니아 사회주의공화국 헌법.

룩셈부르크 헌법 조문은 국회도서관, 『세계의 헌법: 35개국 헌법 전문』I (2010): 359-380.

벨기에 헌법 조문은 국회도서관, 『세계의 헌법: 35개국 헌법 전문』I (2010): 483-526; 헌정제도연구위원회, 『세계각국헌법전』(I)(1986): 287-308; 『현행 각국의 헌법전』, 법제처, 법제자료 제111집 (1980. 3): 121-150; 국제문제조사연구소, 『각국헌법자료집』(1980. 2), 276-290; 월간 신동아 편집실편, 『세계의 인권선언』(동아일보사, 1980): 82-84; 베르기국 헌법(1831. 2. 7 제정, 1921년 수정), 김정실편, 『세계헌장』(삼중당, 1947): 117-136.

불가리아 헌법 조문은 국제문제조사연구소, 『각국헌법자료집』(1980. 2): 751-769; 국회도서관 해외자료국, 『공산제국의 헌법 I』, 1973. 12 (해외자료 제1집) 수록 내용. 불가리아 인민공화국 헌법.

스웨덴 헌법 조문은 국회도서관, 『세계의 헌법: 35개국 헌법 전문』I (2010): 555-626; 헌정제도연구위원회, 『세계각국헌법전』(I)(1986): 347-376; 국제문제조사연구소, 『각국헌법자료집』(1980. 2): 315-333면.

스페인 헌법 조문은 1. 스페인 헌법(국문 · 원문) 2. 스페인 헌법재판소 조직법(국문 · 원문), 『국가별 법령집』(스페인편)(헌법재판연구원, 2017. 6. 30) 수록; 국회도서관, 『세계의 헌법: 35개국 헌법 전문』I(2010): 677-718; 헌정제도연구위원회, 『세계각국헌법전』(II)(1986): 85-122; 박종탁, 『스페인어-한국어 법률 용어 사전』(이담북스, 2011).

논설 일반은 김영철, 스페인 헌법의 발전과정, 『헌법논총』(헌재) 제1집(1990); 임윤정, 스페인 경제헌법에 대한 고찰, 『외법논집』 제42권 1호(2018. 2): 317-339.

헌법재판에 관하여는 김영철, 스페인 헌법재판소의 관할과 그 운용현황 - 우리 제도와의 비교를 중심으로, 『헌법논총』(헌법재판소) 제2집(1991); 김하열, 스페인의 헌법재판소, 『저스티스』(2010. 2): 106-151; 『스페인 헌법재판소 초청 강연회』(헌법재판소, 2018): 38; 유럽 위헌법률심사제도와 의회의 대응: 프랑스, 스페인, 독일, 오스트리아 사례를 중심으로, 국회입법조사처, 『현장조사 보고서』 14호(2011)(www.nars.go.kr); 임윤정, 『스페인 헌법재판제도에 관한 연구』(헌법재판연구원, 2017); 전학선, 스페인의 헌법재판제도, 『외법논집』(2010); 조동은, 스페인 1978년 헌법의 성립과정에 관한 연구, 『유럽헌법연구』 제20호: 111-162; 헌법위원회, 『스페인 헌법재판소: 그 제도와 기능』, 1986;

슬로바키아 헌법 조문은 국회도서관, 『세계의 헌법: 35개국 헌법 전문』II (2010): 11-52.

슬로베니아 헌법은 국회도서관 법률정보실, 『세계의 헌법. 40개국 헌법전문』 제1권(제3판), 2018.

아이슬란드 헌법 조문은 국회도서관, 『세계의 헌법: 35개국 헌법 전문』II (2010): 53-70; 헌정제도연구위원회, 『세계각국헌법전』(I)(1986): 433-444; 국제문제조사연구소, 『각국헌법자료집』(1980. 2): 360-366.

아일랜드 헌법 조문은 국회도서관, 『세계의 헌법: 35개국 헌법 전문』II (2010): 71-104.

에스토니아 헌법은 국회도서관 법률정보실, 『세계의 헌법. 40개국 헌법전문』 제2권(제3판), 2018.

유고슬라비아 헌법 조문은 국제문제조사연구소, 『각국헌법자료집』(1980. 2): 770-794(초역).

체코 헌법 조문은 국회도서관, 『세계의 헌법: 35개국 헌법 전문』II (2010): 293-318; 국제문제조사연구소, 『각국헌법자료집』(1980. 2): 795-815; 국회도서관 해외자료국, 『공산제국의 헌법 I』, 1973. 12 (해외자료 제1집) 수록 내용: 체코슬로바키아 사회주의공화국 헌법; 라디슬라프 차바다 · 샤르카 바이소바, 김신규 옮김, 『체코와 국제정치: 역사적 쟁점과 새로운 의제』(한국외국어대학교 출판부, 2013); 김수용, 1920년 체코슬로바키아 공화국 헌법에 관한 연구, 『공법연구』 제36집 2호(2007).

포르투갈 헌법 조문은 국회도서관, 『세계의 헌법: 35개국 헌법 전문』II (2010): 435-512; 헌정제도연구위원회, 『세계각국헌법전』(II)(1986): 715-782; 『현행 각국의 헌법전』, 법제처, 법제자료 제111집(1980. 3): 193-287.

논설은 홀제 바셀라 구베이야, 헌법국가의 법치주의: 주요 특징과 포르투갈의 경험, 『제헌 61주년 기념 국제학술대회 결과보고서』(국회법제실, 2009): 418-442(영문 Jorge Bacelar Gouveia, Rule of Law in Constitutional State: Main Features and the Experience of Portugal, pp. 390-417); 김상균, 포르투갈의 정부형태 개관 및 한국의 개헌논의에 관한 시사점, 『경남법조』 제8호 (2008); 김인영, 이원정부제 도입 배경 비교와 한국에서의 문제점 고찰 - 프랑스, 핀란드, 오스트리아, 독일, 포르투갈, 폴란드 사례를 중심으로, 『세계지역연구논총』 제35집 3호(2017); 조병윤, 포르투갈 헌법재판소의 사후적 · 추상적 규범통제에 있어서 위헌성과 위헌성 심사권, 남하 서원우교수 화갑기념논문집 『현대행정과 공법이론』(박영사, 1991).

폴란드 헌법 조문은 국회도서관, 『세계의 헌법: 35개국 헌법 전문』II (2010): 513-560; 국제문제조사연구소, 『각국헌법자료집』(1980. 2), 816-828.

논설 김인영, 이원정부제 도입 배경 비교와 한국에서의 문제점 고찰 - 프랑스, 핀란드, 오스트리아, 독일, 포르투갈, 폴란드 사례를 중심으로, 『세계지역연구논총』 제35집 3호(2017).

핀란드 헌법 조문은 국회도서관, 『세계의 헌법: 35개국 헌법 전문』II (2010): 591-620; 헌정제도연구위원회, 『세계각국헌법전』(II)(1986): 803-820; 『현행 각국의 헌법전』, 법제처, 법제자료 제111집 (1980. 3): 75-100; 국제문제조사연구소, 『각국헌법자료집』(1980. 2): 497-509.

김인영, 이원정부제 도입 배경 비교와 한국에서의 문제점 고찰 - 프랑스, 핀란드, 오스트리아, 독일, 포르투갈, 폴란드 사례를 중심으로, 『세계지역연구논총』 제35집 3호(2017); 김정현, 분권형 대통령제 개헌논의와 핀란드의 정부형태, 『헌법학연구』 제24권 1호(2018. 3): 97-136; 김정현, 핀란드의 기초교육법과 교육제도, 『공법연구』 제42집 4호(2014); 박홍우, 핀란드의 사법제도, 『세계헌법연구』 제8호(2003); 성낙인, 반대통령제(이원정부제)의 이론과 현실 - 프랑스와 핀란드를 중심으로, 『한일법학연구』 제10집(1991).

헝가리 헌법 조문은 국회도서관, 『세계의 헌법: 35개국 헌법 전문』II (2010): 675-708; 국제문제조사연구소, 『각국헌법자료집』(1980. 2): 829-839; 음선필, 체제전환과 헌법재판소 - 헝가리와 남아공의 경험, 『홍익법학』 제11권 2호

(2010).

아프리카

아프리카 일반은 국회도서관 입법조사국, 『아프리카 제국 헌법』, 1970(입법참고자료 제127호).

나이지리아 헌법은 헌정제도연구위원회, 『세계 각국헌법전』(I)(1986): 1-88.

남아프리카공화국 헌법은 국회도서관, 『세계의 헌법: 35개국 헌법 전문』I (2010): 59-158; 논설은 오윤석, 남아프리카공화국 잠정헌법에 관한 연구, 국민대 석사논문, 1997; 강승식, 남아프리카공화국 헌법상 사회권보장에 관한 연구, 『법학연구』(부산대) 제51권 2호(2010).

모로코 헌법은 김종도 · 정상률 · 임병필 · 박현도 옮김, 『모로코 왕국 헌법』(모시는사람들, 2018).

알제리 헌법은 김종도 · 정상률 · 임병필 · 박현도 옮김, 『알제리 인민민주공화국 헌법』(모시는사람들, 2017).

이집트 헌법 조문은 헌정제도연구위원회, 『세계각국헌법전』(I)(1986): 495-524; 국제문제조사연구소, 『각국헌법자료집』(1980. 2): 24-42; 김종도 외역, 『이집트 아랍공화국 헌법』(모시는사람들, 2018).

카타르 명지대학교 중동문제연구소, 김종도 · 정성률 · 임병필 · 박현도 번역, 『카타르 헌법』, 모시는사람들, 2015(중동국가헌법번역 HK 총서 04).

케냐 헌법 조문은 헌정제도연구위원회, 『세계각국헌법전』(II)(1986): 473-532; 문헌은 홍완식, 케냐 헌법에 관한 연구, 『세계헌법연구』 제19권 1호 (2013).

튀니지 헌법은 김종도 · 정성률 · 임병필 · 박현도 공편, 김주영 감수, 『튀니지 헌법』, 모시는사람들, 2016(중동국가헌법번역 HK 총서 07).

남아메리카

음선필, 라틴아메리카의 헌법재판제도, 『세계헌법연구』 제16권 3호(2010).

멕시코 헌법 조문은 국회도서관, 『세계의 헌법: 35개국 헌법 전문』I (2010): 381-459; 헌정제도연구위원회, 『세계각국헌법전』(I)(1986): 199-266; 국제문제조사연구소, 『각국헌법자료집』(1980. 2): 77-122.

브라질 헌법 조문은 헌정제도연구위원회, 『세계각국헌법전』(I)(1986): 309-346; 국제문제조사연구소, 『각국헌법자료집』(1980. 2): 45-76; 논설은 김정현, 『브라질의 사회보장법제에 관한 연구』(한국법제연구원, 2013); 노호창, 브라질의 헌법재판에 관한 연구, 『헌법논총』 제27집(2016. 11); 장성훈, 브라질 헌정체제와 불안정한 민주주의, 『한국정당학회보』 6, 1(2007. 2): 133-163; 조희문, 브라질의 헌법재판제도, 『외법논집』 34, 4(2010): 41-61; 조희문, 브라질 대통령 탄핵제도: 민주화 이후 사례를 중심으로, 『포르투갈 브라질 연구』 제13권 2호(2016).

아르헨티나 헌법에 관하여는 한동훈, 『세계 각국의 헌법체제 및 개별법체계』(한국법제연구원, 2009); 박선영, 아르헨티나 대통령제에 관한 연구, 서울대 석사논문, 2009.

엘살바도르 헌법 조문은 헌정제도연구위원회, 『세계각국헌법전』(I)(1986): 445-494; 국제문제조사연구소, 『각국헌법자료집』(1980. 2): 135-156.

칠레 헌법 조문은 국회도서관 법률정보실, 『세계의 헌법. 40개국 헌법전문』 제2권(제3판), 2018; 헌정제도연구위원회, 『세계각국헌법전』(I)(1986): 571-586; 국제문제조사연구소, 『각국헌법자료집』(1980. 2): 123-134.

논설은 한동훈, 『세계 각국의 헌법체제 및 개별법체계』(한국법제연구원, 2009; 칠레 · 아르헨티나 · 알제리 · 남아프리카공화국 헌법을 수록).

코스타리카 헌법 조문은 헌정제도연구위원회, 『세계각국헌법전』(I)(1986): 587-618; 국제문제조사연구소, 『각국헌법자료집』(1980. 2): 157-172.

대양주

뉴질랜드 헌법 조문은 국회도서관, 『세계의 헌법: 35개국 헌법 전문』I (2010): 209-224; 오동석, 뉴질랜드에서 인권위원회의 역할, 『홍익법학』 제10권 3호(2009).

호주 헌법 조문은 국회도서관, 『세계의 헌법: 35개국 헌법 전문』II (2010): 709-738; 헌정제도연구위원회, 『세계각국헌법전』(II)(1986): 155-184; 국제문제조사연구소, 『각국헌법자료집』(1980. 2): 391-411; 오스트라리아 연방헌법 (1900년~1965년), 『현행 각국 헌법전 (3)』, 법제처, 법제자료 제51집(1971. 12): 223-259.

논설은 기현석, 정부형태와 의회의 구성: 1975년 오스트레일리아의 사례분석을 중심으로, 『홍익법학』 제10권 3호(2009); 김정후, 호주(오스트레일리아) 법의 전통과 체계, 『강원법학』 제20호(2005).

비교헌법의 선구, 조문집

* 김종도 외 옮김, 명지대학교 중동문제연구소, 『바레인 헌법』(모시는 사람들, 2016)(중동국가헌법번역 HK총서 06) 245면.
* 명지대학교 중동문제연구소, 『오만 술탄국 기본법』(모시는 사람들, 2015)(중동국가헌법번역 HK총서 05).
* 명지대학교 중동문제연구소, 『카타르 헌법』(모시는 사람들, 2015)(중동국가헌법번역 HK총서 04).
* 김종도, 『아랍 에미리트 헌법』(모시는 사람들, 2014; 명지대학교 중동문제연구소 기획, 중동국가헌법번역 HK총서 3).
* 명지대학교 중동문제연구소, 『쿠웨이트 헌법』(모시는 사람들, 2014).
* 국회도서관, 『세계의 헌법: 35개국 헌법 全文』(2010), 제1권 718면, 제2권 738면.

(I) 수록 내용: 그리스 · 남아프리카공화국 · 네덜란드 · 노르웨이 · 뉴질랜드 · 대한민국 · 덴마크 · 독일 · 러시아 · 룩셈부르크 · 멕시코 · 미국 · 벨기에 · 북한 · 스웨덴 · 스위스 · 스페인의 17개국 헌법

(II) 수록 내용: 슬로바키아 · 아이슬란드 · 아일랜드 · 오스트리아 · 이라크 · 이탈리아 · 일본 · 중국 · 체코 · 캐나다 · 터키 · 포르투갈 · 폴란드 · 프랑스 · 핀란드 · 필리핀 · 헝가리 · 호주의 18개국 헌법

제3판(2018)에서는 라트비아, 슬로베니아, 에스토니아, 칠레, 북한 5개국을 포함하여 『세계의 헌법. 40개국 헌법전문』 증보판이 발간되었다.

『세계각국헌법전』(I)(II), (헌정제도연구위원회, 1986), 1권 618면; 2권 850면. 수록 국가:

(I) 나이지리아 · 네덜란드 · 노르웨이 · 덴마크 · 독일연방공화국 · 멕시코 · 미국 · 벨기에 · 브라질 · 스웨덴 · 싱가포르 · 아이슬란드 · 엘살바도르 · 이집트 · 이태리 · 일본 · 칠레 · 코스타리카, 18개국.

(II) 그리스 · 스위스 · 스페인 · 영국 · 오스트레일리아 · 오스트리아 · 이란 · 이스라엘 · 인도 · 인도네시아 · 중화민국 · 캐나다 · 케냐 · 타이 · 터키 · 파키스탄 ·

포르투갈 · 프랑스 · 핀란드 · 필리핀, 이상 20개국

『각국헌법자료집』(국제문제조사연구소, 1980), 874면.
수록 국가: 미국 · 이집트 · 브라질 · 멕시코 · 칠레 · 엘살바도르 · 코스타리카 · 영국 · 서독 · 이태리 · 벨지움 · 덴마크 · 노르웨이 · 스웨덴 · 네덜란드 · 아이슬란드 · 캐나다 · 오스트라리아 · 터키 · 일본 · 태국 · 불란서 · 핀란드 · 오스트리아 · 그리스 · 스위스 · 자유중국 · 인도네시아 · 필리핀 · 이란 · 이스라엘 · 소련 · 동독 · 루마니아 · 불가리아 · 유고 · 체코 · 폴란드 · 헝가리 · 중공 · 몽고 · 북한, 전체 42개국

[법제처 법제자료]

『현행각국헌법전』(법제처, 1949, 1962)(법제자료 제1집) 수록 내용: 벨지엄 · 브라질 · 버마 · 중국 · 에콰돌 · 불란서 · 영국 · 이태리 · 일본 · 비율빈 · 서서 · 토이기 · 아랍 · 미국 · 독일 기본법 15개국.
『현행 각국 헌법전』(법제처, 1962) (법제자료 제3집) 수록 내용: 동독 · 인도 · 인니 · 노르웨이 · 스페인 국민헌장 · 서전 · 태국 · 우르과이 · 소련 9개국.
『현행 각국 헌법전』(3)(법제처, 1971), 285면 (법제자료 제51집) 수록 내용: 오스트리아 · 네덜란드 왕국 · 그리스 · 오스트레일리아 연방 · 이스라엘 6개국.
『현행 각국의 헌법전』(법제처, 1980), 350면 (법제자료 제111집) 수록 내용: 독일연방공화국 · 핀란드 · 덴마크 · 벨기에 · 스위스 연방 · 포르투갈 · 싱가포르 7 개국.

기타

국회도서관 법제자료실, 『미 · 독 · 불헌법』, 1971. (외국의 법제자료 제1집)
법무부 법무국, 『미주 각국헌법전』, 1950 (법무자료 제19집)
법무부 법무국, 『미국의 주헌법』, 1963 (법무자료 제33집)
나종일 편역 · 해설, 『자유와 평등의 인권선언 문서집』(한울 아카데미, 2012) (마그나 카르타에서 2000년의 유엔 새 천년 선언까지 원문 대역)
월간 신동아 편집실편, 『세계의 인권선언』, 『신동아』 1975년 1월호 별책 부록. (1980년 8월, 동아일보사에서 같은 제목의 단행본으로 출간)

조일문 편저, 『인권론 - 자료와 해설을 중심으로』(진명문화사, 1957).
주수웅편, 『최신 각국헌법전』(창문사, 1958).
풍국학원편, 『세계각국헌법집』 1955.
김정실편, 『세계헌장』(삼중당, 1947. 5. 20 발행), 267면. 수록내용: 제1편 국제헌장 대서양헌장(1941. 8. 14), 연합국선언(1942. 1. 1), 카이로 회의 선언(1943. 12. 1), 모스크바 4국선언(1943. 10. 30), 포스담 선언(1945. 7. 26), 모스크바 3국 외상회의 공보(1945. 12. 28), 연합국헌장(1945. 6. 26), 국제연맹규약(1919. 6. 28) 제2편 각국헌장 영길리 헌법 대헌장(1215. 5. 15), 권리청원(1628), 권리장전(1689. 10. 23), 불란서 헌법 공권력의 조직에 관한 법률(1875. 2. 25), 원로원의 조직에 관한 법률(1875. 2. 28), 공권력상호에 관한 법률(1875. 7. 18), 인권 급 공민권의 선언(1789. 8. 26), 독일국 헌법(와이말 라이히 헌법, 1919. 8. 11), 베르기국 헌법(1831. 2. 7 제정, 1921년 수정), 이태리국 헌법(1848. 3. 4), 오지리국 헌법(1920. 10.1), 소베트 사회주의 공화국 연방헌법(1936. 12. 5), 아메리카 합중국 헌법(1787. 9. 17), 중국 헌법 중화민국 건국대강(1924), 중화민국 헌법(1946. 12), 일본 헌법(1946. 11. 3), (朝鮮 憲法) 대한국국제(1897. 丁酉 8. 17), 대한민국 임시헌장(1944. 4. 22), 대한민국 건국강령(1941. 11. 28).
사법부(司法部) 법률조사국편, 『각국헌법총집(叢輯)』, 1947. (서울대 도서관 소장)
새한민보사편, 임시정부수립대강 - 미소공위 자문안 답신집, 1947, 120면. (서울대 도서관 소장)

* 한국 헌법의 체제에 따른 외국 헌법 수록.

김철수·정재황·김대환·이효원, 『세계비교 헌법』(박영사, 2014), 451면; 김철수편, 『입법자료교재 헌법』(박영사, 1980), 증보판 1985, 683면; 『역대헌법 및 외국헌법 비교』(법제처, 1980), 790면(헌법심의자료).

VIII. 결 론

이상으로 1995~2019년간에 발표된 외국 헌법에 관한 문헌을 정리하여 보았다. 여기서 다음 몇 가지를 지적하고 끝맺기로 한다.

첫째, 외국법 연구의 동향은 독일과 미국 헌법에 편중되어 있다. 프랑스와 영국 헌법에 관한 연구가 매우 빈약하며 일본 이외의 다른 아시아 국가의 헌법에 대한 균형 있는 연구가 요망된다.

둘째, 연구의 대상과 테마는 시사적인 것에 치중하고 있음을 보게 된다. 헌법학에서도 역사와 철학 그리고 사상사 내지는 고전의 기초연구에도 경주하여 우리의 학문적 토대를 반석 위에 올려놓아야 한다.

셋째, 연구업적 상호간에 우열이 심하다. 일본 문헌을 그대로 번역하고 서문만 붙인 것이 있는가 하면, 기존의 연구업적도 조사하지 않고 초보적인 이론을 그대로 전개한 것 등이 있어 우열이 심하다. 특히 한국에서의 선행연구업적에 대한 소개와 평가가 뒤따라야 한다. 또한 최근 각 학술지마다 심사를 요건으로 하나 심사기준도 문제려니와 심사자의 자질이나 공정성도 재검토되어야 한다.

넷째, 외국의 헌법이론을 소개 내지 전개하면서 한국헌법과의 관련이나 문제의식 없이 집필한 것이 상당수 있었다. 무엇을 위한 공부이며, 누구를 위한 학문인가?

다섯째, 연구 인력의 저변확대로 논문이 양적으로 급증한 것은 반가운 현상이지만 질적으로도 향상되기를 바라는 마음 간절하다. (2019. 2. 3)

참고문헌

헌법학 60년의 연구 동향 (김철수)

[단행본]

대한민국학술원, 『학술총람』

대한민국학술원, 『한국의 학술연구. 법학』, 1993.

한국공법학회, 『한국공법학회의 발자취, 1956-2016』, 2016. 12.

한국비교공법학회, 『한국비교공법학회 25년사, 1984-2009』, 2009.

서울대학교 도서관, 『법률문헌색인 Ⅰ, Ⅱ, Ⅲ, Ⅳ, Ⅴ』, 1945-2004.

국회도서관, 『정치 · 법률 · 행정 문헌목록』, 1972.

국립중앙도서관, 『학술논저총합색인』, 제1집 법률학, 1973.

법원행정처, 『한국법률문헌색인 Ⅰ, Ⅱ, Ⅲ』.

김철수, 『한국헌법사』, 대학출판사, 1988.

구병삭 외, 『한국법학의 회고와 전망』, 법문사, 1991.

한국법학교수회, 『법학교육과 법학연구』, 길안사, 1995.

한국공법학회 편, 『한국의 공법학자들』, 한국공법학회, 2003.

김효전, 『헌법정치 60년과 김철수 헌법학』, 박영사, 2004.

[주요 회고논문]

김철수, 한국헌법학 60년, 『고시계』 2006. 6, 16-52면.

김철수, 한국법학 30년의 회고와 전망, 공법학계, 『법정』 56호, 1975, 10. 12-32면.

김철수, 한국헌법학의 의의, 연구방법 및 과제, 『공법연구』 제26권 3집, 1998.

6.

김철수, 헌법: 헌법학계의 회고와 연구과제, 공법학회, 2001.12, 발표논문.

김효전, 한국공법학연구 100년, 한국법학교수회편, 『법학교육과 법학연구』, 길안사, 1995, 11-56면.

김효전, 한국헌법학 50년 성과와 21세기적 과제, 『서울대학교 법학』 제36권 2호, 51-80면.

김효전, 한국법학 50년과 외국학설, 한국법학교수회 1998. 5. 23.

헌법학계 연간회고에 관해서는 『공법연구』에서 다루고 있다.

1980년도 이후 헌법연구에 관한 것으로는(1979-1987)

김효전, 1970년대 헌법학계 회고 8 (1980), 149~224면

김철수, 1980년 헌법학계 회고 9 (1981), 227~237면

김계환, 1981년 헌법학계 회고 10 (1982), 159~167면

구병삭, 1982년 헌법학계 회고 11 (1983), 209~227면

한상범, 1983년 헌법학계 회고 12 (1984), 289~296면

유희일, 1984년 헌법학계 회고 13 (1985), 321~325면

이동과, 1985년 헌법학계 회고 14 (1986), 207~214면

김효전, 1986년 헌법학계 회고 15 (1987), 175~200면

강경근, 1987년 헌법학계 회고 16 (1988), 379~402면

성낙인, 1988년 헌법학계 회고 17 (1989), 343~354면

국순옥, 1989년 헌법학계 회고 18 (1990), 301~312면

1990년대의 헌법학회고에 관한 것으로는

김운용, 1990년 헌법학계 회고 19 (1991), 312~320면

김효전, 1991년 헌법학계 회고 20 (1992), 359~388면

권영설, 1992년 헌법학계 회고 21 (1993), 417~440면

김영수, 1993년 헌법학계 회고 22. 3 (1994), 443~468면

김효전, 1994년 헌법학계 회고 23. 3 (1995), 451~480면

강경근, 1995년 헌법학계 회고 24. 3 (1996), 361~394면

민경식, 1996년 헌법학계 회고 25. 3 (1997), 227~252면

장영수, 1997년 헌법학계 회고 26. 3 (1998), 417~438면

권영호, 1998년 헌법학계 회고 27. 3 (1999), 487~500면

이승우, 1999년 헌법학계 회고 28-4-1 (2000), 351~372면

전광석, 2000년 헌법학계 회고 29-4 (2001), 395~411면

2000년대에 『고시계』 등에 발표된 회고논문으로는

성낙인, 2001년 헌법학계 회고, 『고시계』 2002. 1.

성낙인, 2002년 헌법학계회고, 『고시계』 551, 2003. 1.

안경환, 2002년 한국헌법의 과제, 단국대 『법학논총』 25, 2001. 1.

한상범, 21세기 한국공법과 공법학의 과제, 『아태공법연구』 7, 2000. 12.

김문현, 2004년도 헌법학계 회고와 판례의 동향, 『고시계』 575, 2005. 1.

장영수, 2005년도 헌법학계 및 판례의 동향, 『고시계』 587, 2006. 1.

김철수, 헌법학 50년의 회고와 전망, 『고시계』 500, 1998. 10.

강경근, 2006년도 헌법학계와 판례의 동향, 『고시계』 2007. 1.

강경근, 2007년도 헌법학계와 판례의 동향, 『고시계』 2008. 1.

장영수, 2008년도 헌법학계 및 판례의 동향, 『고시계』 2009. 1.

장영수, 2009년도 헌법학계와 판례의 동향, 『고시계』 2010. 1.

권건보, 2011년도 헌법학계 및 판례의 동향, 『고시계』 659, 2012. 1.

정 철, 2012년도 헌법학계 및 판례의 동향, 『고시계』 671, 2013. 1.

기타 참고문헌은 너무 많기에 지면관계로 생략하기로 하고 본 장의 각주 참조할 것.

헌법재판 60년의 연구 동향 (정재황)

[단행본]

김철수, 『헌법학연구』, 지학사, 1969.
김철수, 『헌법학개론』, 법문사, 1973.
김철수, 『위헌법률심사제도론』, 학연사, 1983.
김철수, 『판례교재 헌법』, 법문사, 1975.
김철수·안경환 공저, 『판례교재 헌법(II)』(법문사, 1992).
김철수, 『제10전정신판 헌법학개론』, 박영사, 1998.
김철수, 『학설판례 헌법학(하)』, 박영사, 2008.
김철수, 『학설판례 헌법학(중)』, 박영사, 2009.
강병두, 『신헌법』, 수학사, 1963.
갈봉근, 『유신헌법론』, 한국헌법학회출판부, 1976.
김기범, 『한국헌법』, 교문사, 1973.
김영수, 『한국헌법사』, 학문사, 2000.
김문현, 『헌법재판제도의 개선을 위한 헌법 개정의 방향, 새로운 헌법 필요한가』, 대화문화아카데미, 2008.
문홍주, 『신한국헌법』, 법문사, 1960.
문홍주, 『한국헌법』, 법문사, 1963.
문홍주, 『제4공화국 한국헌법』, 해암사, 1972.
문홍주·박일경 공저, 『신헌법(개정판)』, 박영사, 1960.
박승호, 『헌법재판연구(Ⅰ)』, 경인, 1998.
박일경, 『신헌법』, 박영사, 1964.
박일경, 『유신헌법』, 박영사, 1972.
박일경·양용식, 『신헌법』, 삼중당, 1962.
신 평, 『헌법재판법』, 법문사, 2007.
양 건, 『법사회학』, 민음사, 1986.
이석연, 『헌법소송의 이론과 실제』(최신 개정판에 의한), 삼선, 1993.

유진오,『헌법기초회고록』, 일조각, 1980.

유진오,『신고헌법해의』, 일조각, 1959.

이경호,『헌법강의』, 일한도서, 1959.

정종섭,『헌법소송법』, 제5판, 박영사, 2008.

정재황,『헌법재판개론』, 제2판, 박영사, 2003.

한태연,『헌법』, 법문사, 1963.

한태연,『헌법학』, 법문사, 1973.

허 영,『한국헌법론』, 전정5판, 박영사, 2009.

허 영,『헌법소송법론』, 제5판, 박영사, 2010.

헌법재판소,『헌법재판소 10년사』, 1998.

헌법재판소,『헌법재판소 20년사』, 2008.

헌법재판소,『헌법재판소 30년사』, 2018.

헌법재판소,『헌법재판실무제요』, 제1개정판, 2003.

황도수,『헌법재판실무연구』, 지구촌, 2003.

국회도서관,『헌법개정회의록』, 헌정사자료 제5집, 1968.

대한민국국회,『헌법개정심의록』 제1집, 1967.

법무부,『헌법재판제도』(법무자료 제95집), 1988.

[논문 및 연구보고서 등]

김철수, "우리나라 헌법재판제도의 현재와 미래", 헌법실무연구회 제100회 월례발표회 발제문.

김철수, "헌법소원제도의 개선방안,『법률의 위헌결정과 헌법소원의 대상』, 헌법재판연구 제1권, 헌법재판소, 1990.

김철수, "한국헌법소송제도의 문제점과 개선방안", 성계 이규석교수 정년기념 논문집,『현대공법론의 연구』, 1992.

강기홍, "3.12 탄핵소추에 대한 헌법적 고찰",『공법학연구』, 한국비교공법학회, 제5권 제1호, 2004.

고문현, "통치행위에 관한 소고",『헌법학연구』 제10권 제3호, 2004.

곽태철, “법원의 재판을 거친 행정처분의 헌법소원심판대상성”, 『헌법문제와 재판(상)』, 법관세미나, 사법연수원, 1996.
권영성, “한국의 헌법재판제도”, 『서울대학교 법학』, 서울대학교, 제29권 3·4호, 1988.
권영성, “헌법재판의 현황과 과제”, 『인권과 정의」 제174호, 대한변호사협회, 1991.
권형준, “조약의 위헌심사”, 『헌법재판의 이론과 실제』, 금랑 김철수 교수 화갑 기념논문집, 박영사, 1993.
계희열, 법무부 주최 세미나(헌법재판소법의 제정방향)에서의 토론, 『헌법재판제도』(법무자료 제95집).
계희열, “헌법재판과 국가기능(권력분립의 측면)”, 『헌법재판의 회고와 전망』, 헌법재판소 창립 10주년 기념세미나, 1998.
김경제, “신행정수도건설을위한특별조치법 위헌결정(2004 헌마 554, 566 병합)의 헌법적 문제점 - 본안판단과 관련하여-”, 『공법연구』 제33권 제4호, 한국공법학회, 2005.
김경제, “신행정수도건설을위한특별조치법 위헌결정(2004 헌마 554, 566 병합)의 헌법적 문제점 - 적법성요건 판단과 관련하여”, 『헌법학연구』 제11권 제1호, 2005.
김남진, “서독에 있어서의 헌법재판제도”, 『법정』 제14권 제3-5호, 1959.
김남진, “헌재 89 헌마 178 결정에 대한 관견”, 『저스티스』, 1991.
김문현, “헌법해석에 있어 헌법재판소와 법원과의 관계”, 금랑 김철수교수화갑 기념논문집 『헌법재판의 이론과 실제』, 박영사, 1993.
김문현, “현행 헌법상 헌법재판제도의 문제점과 개선방안”, 『헌법재판연구』 제16권, 헌법재판소, 2005.
김명재, “정당의 자유와 민주적 기본질서 - 헌법 제8조의 해석을 중심으로”, 『헌법학연구』 제13권 제1호, 2007.
김배원, “국가정책, 관습헌법과 입법권에 대한 헌법적 고찰 - 신행정수도건설특별법 위헌확인결정 2004헌마554·566(병합) 사건을 중심으로”, 『공법학연구』 제5권 제3호, 2004.
김백유, "민주적 기본질서", 『헌법학연구』 제9권 제3호, 2003.
김백유, "통치행위와 사법심사의 한계", 『성균관법학』 제16권 제1호, 2004.
김상겸, "성문헌법국가에 있어서 관습헌법의 의미에 관한 연구 - 헌재 2004. 10. 22. 2004헌마554 · 566과 관련하여", 『헌법학연구』 제11권 제1호, 2005.
김선택, "형식적 헌법의 실질적 위헌성에 대한 헌법재판 - 위헌적 헌법규범의 성립가능성과 사법심사가능성에 관하여", 『법학논집』 제32권, 1996.
김선화, "통치행위의 인정여부와 판단기준 소고", 『공법연구』 제33집 제1호, 2004.
김시철, "위헌법률심판절차에 관한 몇 가지 논의", 『헌법논총』 제16집, 헌법재판소, 2005.
김시철, "우리 위헌법률심판제도와 헌법재판소 결정의 효력", 『저스티스』 통권 제90호, 2006. 4.
김시철, "형벌조항에 대한 헌법불합치결정", 『사법』 제8호, 사법발전재단, 2009.
김운용, "국가기관 상호간의 권한쟁의심판, 『권한쟁의에 관한 연구』, 헌법재판연구 제3권, 헌법재판소, 1991.
김운용, "헌법재판제도의 회고와 전망, 『한국법학 50년 - 과거 · 현재 · 미래』, 제1회 한국법학자대회 논문집, 한국법학교수회, 1998.
김운용, 『헌법재판의 제도적 개선방향』, 헌법재판자료 제6집, 1993. 12.
김원주 · 김운용 · 이광윤 · 석종현, 『권한쟁의심판제도에 관한 연구』, 헌법재판연구 제3권, 헌법재판소, 1991.
김일환, "헌법소원의 대상에 "법원의 재판"을 포함시킬지에 관한 시론적 연구", 『공법연구』 제30집 제5호, 2002.
김종서, "변호사 강제주의에 대한 비판적 검토", 민주주의법학연구회, 『민주법학』, 1993.
김종빈, "헌법소원심판의 대상", 『헌법재판자료』 제2집, 1989.

김종철, "노무현대통령탄핵심판사건에서 헌법재판소의 주요논지에 대한 비판적 검토", 국제헌법학회 한국학회, 『세계헌법연구』 제9호, 2004.

김종철, "헌법재판소 구성방법의 개혁", 『헌법학연구』 제11권 제2호, 2005. 6.

김하열, "법률해석과 헌법재판 : 법원의 규범통제와 헌법재판소의 법률해석", 『저스티스』 통권 제108호, 2008. 12.

김하열, "권한쟁의심판의 발전과 과제", 『헌법논총』 제19집, 2008.

김학성, "헌법소원에 관한 연구", 서울대학교 법학박사학위논문, 1989.

김학성, "재판의 전제성", 『강원법학』 제16권, 2003.

김현철, "헌법불합치결정의 이론과 실제", 『헌법논총』 제14집, 헌법재판소, 2003.

김현철, "한정위헌결정과 한정합헌 · 헌법불합치결정과의 관계", 『법학논총』 제29집 제2호, 전남대학교 법학연구소, 2009.

김홍한, "미국에 있어서의 위헌심사제도", 『법정』 제14권 제3-5호, 1959.

김효전, "미국의 위헌법률심사제가 일본과 한국에 미친 영향", 서울대학교 법학박사학위논문, 1980.

김효전, "司法作用에 대한 헌법소원", 『법률의 위헌결정과 헌법소원의 대상』, 헌법재판연구 제1권, 헌법재판소, 1990.

김효전, "헌법재판소제도의 문제점과 그 개선책", 『공법연구』 제27집 제1호, 1998. 12.

김철용 · 김문현 · 정재황, 『헌법재판절차의 개선을 위한 입법론적 연구』, 헌법재판연구 제4권, 헌법재판소, 1993.

김문현 · 정재황 · 한수웅 · 음선필, 『현행 헌법상 헌법재판제도의 문제점과 개선방안』, 헌법재판연구 제16권, 헌법재판소, 2005.

김문현 · 김주환 · 임지봉 · 정태호, 『기본권 영역별 위헌심사의 기준과 방법』, 헌법재판연구 제19권, 헌법재판소, 2008.

남복현, "법률의 위헌결정의 효력에 관한 연구", 한양대학교 박사학위논문, 1994.

남복현, "헌법재판소 결정의 기속력", 『한양법학』 제4 · 5(통합)집, 1994.

남복현, “한정위헌결정과 기속력”, 『법과 사회』 제14호, 1997.

남복현, “대법원의 전속적인 법률해석권과 한정위헌결정의 기속력 - 대법 2001. 4. 27. 선고 95재다14 판결과 관련하여”, 『한양법학』 제11집, 2000.

남복현, “헌법불합치결정을 둘러싼 법적 쟁점의 검토 - 실체적 형법법규를 중심으로” , 『헌법실무연구』 제10권, 박영사, 2009.

남복현, “한정적 헌법불합치결정의 필요성 검토”, 『공법학연구』 제10권 제1호, 2009.

남복현, “헌법재판소 제4기 재판부 전반기의 헌법불합치결정 주문사례의 검토”, 『공법학연구』 제11권 제1호, 2010.

남복현, “헌법재판소 결정의 효력에 관한 쟁점 및 해결방안”, 문광삼 · 남복현 · 전정환, 『헌법재판소결정의 효력에 관한 연구』, 헌법재판연구 제7권, 헌법재판소, 1996.

남복현 · 노기호 · 장석조, “법이론과 법조실무와의 조화, 헌법재판소의 이른바 "관습헌법" 논리에 대한 비판적 분석(토론)”, 『한양법학』, 한양법학회, 2006.

명재진, “권한쟁의심판제도의 문제점”, 『헌법논총』 제18집, 헌법재판소, 2007.

문광삼 · 남복현 · 전정환, 『헌법재판소결정의 효력에 관한 연구』, 헌법재판연구 제7권, 헌법재판소, 1996.

박경철, “우리 헌법질서에서 재판소원금지의 위헌성”, 『공법연구』 제30집 제3호, 2002.

박경철, “대법원 2001. 4. 27. 선고 95재다14판결의 문제점 - 한정위헌결정의 당위성과 기속력을 중심으로”, 『헌법학연구』 제8권 제2호, 2002.

박규환, “정당해산 심판기준에 관한 연구”, 『헌법학연구』 제14권 제4호, 2008.

박승호, “위헌법률심판에서의 재판의 전제성”, 『안암법학』 제3권, 1995.

박승호, “국회의원과 국회의장 간의 권한쟁의에 관한 헌재 결정들”, 『헌법실무연구』 제1권(2000), 헌법실무연구회, 제11회(2000. 6. 2.).

박용상, “헌법재판소의 구성과 조직, 『헌법재판의 이론과 실제』, 금랑 김철수 교수 화갑기념논문집, 박영사, 1993.
박인수, "헌법재판소의 구성에 관한 소고", 『법률행정논총』, 전남대 법률행정연구소, 제15권, 1995. 12.
박일환, "헌법소원제도에 관한 연구", 『인권과 정의』, 1989. 6.
박일환, "재판에 대한 헌법소원심판", 『인권과 정의』, 1989. 11.
박일환, "법규범에 대한 헌법소원과 제소요건", 한국공법학회 제12회 월례발표회, 1990.
박진우, "헌법불합치결정에 대한 비판적 검토", 『법학연구』 제35집, 2009.
박종보, "법령에 대한 헌법소원의 청구기간", 『헌법재판의 이론과 실제』, 금랑 김철수 교수 화갑기념논문집, 박영사, 1993.
박종보, "헌법소원심판에 있어서 보충성의 원칙", 『공법연구』 제24집 제3호, 1996.
박종보, "국회의 대정부 통제권 - 대통령 탄핵을 중심으로", 『공법연구』 제32집 제5호, 2004.
박홍우, "법률에 대한 위헌심사의 기준", 『헌법재판의 이론과 실제』, 금랑 김철수 교수 화갑기념논문집, 박영사, 1993.
박홍우, "대법원과 헌법재판소의 권한배분", 『헌법재판의 회고와 전망』, 헌법재판소 창립 10주년 기념세미나, 1998.
방승주, "수도가 서울이라는 사실이 과연 관습헌법인가? - 헌법재판소 2004. 10. 21. 2004헌마554 · 566(병합) 신행정수도의건설을위한특별조치법 위헌결정에 대한 비판", 『공법학연구』 제6권 제1호, 2005.
방승주, "헌법불합치결정의 문제점과 그 개선방안", 『헌법학연구』 제13권 제3호, 한국헌법학회, 2007.
배상오, "한국헌법재판제도에 있어서의 문제점과 극복방안", 『법학연구』, 충남대학교 법학연구소, 제9권 제2호, 1999.
법원행정처 헌법재판연구반, 명령 · 규칙에 대한 위헌심사권, 연구보고서, 1990.
서경석, "신행정수도의 건설을 위한 특별조치법 위헌결정에 대하여 - 헌법재판소 2004. 10. 21. 선고, 2004헌마554,566(병합) 결정", 『민주법학』,

민주주의법학연구회, 2005 .

성낙인, “통치행위”, 『헌법재판의 이론과 실제』 금랑 김철수 교수 화갑기념논집, 박영사, 1993.

성낙인, “헌법재판소 인사의 임명 절차상 문제점”, 『시민과 변호사』 제8호, 서울지방변호사회, 1994. 9.

성낙인, “헌법재판소 인적 구성의 비교헌법적 검토를 통한 대안 모색”, 『현대사회와 법의 발달』, 균제 양승두 교수 화갑기념논문집, 홍문사, 1994.

송기춘, “역사의 흐름 거스르는 헌법재판소의 신행정수도건설특별법 위헌결정”, 『열린전북』 통권 제60호, 2004년 11월.

송기춘, “대통령 노무현 탄핵심판사건결정(헌법재판소 2004. 5. 14. 선고, 2004헌나1)의 몇 가지 문제점”, 『민주법학』 제26권, 민주주의법학연구회, 2004.

송기춘, “우리 헌법상 대통령 탄핵제도에 관한 소고”, 『공법연구』 제32집 제5호, 2004.

송석윤, “정당해산심판의 실체적 요건 - 정당해산심판제도의 좌표와 관련하여”, 『서울대학교 법학』, 서울대학교 법학연구소, 제51권 제1호, 2010.

신봉기, “우리 나라의 헌법재판관 선임제도, 그 비판과 구체적 개선방안”, 『헌법논총』 제5집, 헌법재판소, 1994.

신봉기, “원행정처분의 헌법소원심판 대상성”, 『고시연구』, 1995. 6.

유남석, “재판에 대한 헌법소원 금지의 논리 및 정책적 이유”, 『헌법문제와 재판(상)』, 법관세미나자료, 사법연수원, 1996.

윤명선, “헌법재판제도의 개선방향”, 『경희법학』 제29권 제1호, 경희법학연구소, 1994.

음선필, “대통령 탄핵심판사건: 법치주의를 위한 변론”, 『사회과학연구』, 순천향대학교 사회과학연구소, 제10권 1호, 2004.

음선필, 『현행 헌법상 헌법재판제도의 문제점과 개선방안』, 헌법재판연구 제16권, 2005.

이기철, “헌법재판소의 한정위헌결정은 기속력이 있는가? - 법률해석권에 대한 헌법재판소와 대법원의 갈등해소를 위한 제언", 『공법연구』 제32집 제5호, 2004.
이경호, "일본에 있어서의 위헌심사제도", 『법정』 제14권 제3-5호, 1959.
이덕연, "조약비준에 대한 국회동의 관련 개별 국회의원의 권한쟁의심판 청구인 적격 - (헌재결 2007. 7. 26. 2005헌라8)", 『공법연구』 제36집 제1호, 2007.
이덕연, "BTL사업비 처리방식의 합헌성과 국회의원의 권한쟁의심판 청구인적격", 『헌법학연구』 제14권 제4호, 2008.
이명웅, "법률의 해석 · 적용과 기본권 - 사법작용에 대한 헌법적 통제의 필요성", 『헌법논총』 제4집, 1993.
이부하, "구체적 규범통제에 있어서 재판의 전제성 판단시 권한문제", 『한양법학』 제16집, 2004.
이부하, "헌법의 개념과 관습헌법 - 헌재 2004. 10. 21. 2004헌마554,566 (병합) 결정을 평석하며", 『한양법학』 제21집, 한양법학회, 2009.
이상규, "명령 · 규칙의 위헌심사권", 『저스티스』, 1991.
이상명, "국회의원의 심의표결권 침해에 대한 권한쟁의심판 -대상판결: 헌재 2009. 10. 29. 2009헌라8,9,10(병합) 결정", 『한양법학』, 한양법학회, 2010.
이석연, "헌법소원의 대상으로서의 명령 · 규칙에 대한 위헌여부심사", 발표문, 헌법재판자료 제4집.
이성환, "헌법재판소 결정의 효력에 관한 연구", 서울대학교 박사학위논문, 1993. 12.
이성환, "한정위헌결정의 기속력", 『세계헌법연구』 제2호, 1997.
이성환, "현행 정당해산심판절차의 문제점과 개선방향", 『세계헌법연구』 제10권, 2004.
이승우, "합헌적 법률해석", 『사법행정』 1992. 8.
이승우, "헌법재판소 구성방법과 제2기 재판관 임명의 문제점", 『법과 사회』 제10권, 1994.

이승환, “기본권 침해의 직접관련성에 관한 헌법재판소 결정의 정리와 체계화 시도”, 『헌법논총』, 제17집, 2006.
이시윤, 『헌법재판개관(하)』, 『판례월보』, 1989. 6.
이시윤, 헌법재판 10년의 회고와 전망, 『공법연구』 제27집 제3호, 1999. 6.
이영록, “제1공화국 헌법위원회제도의 형성”, 『헌법학연구』 제11권 제2호, 2005. 6.
이욱한, “헌법재판의 성격과 재판관 선출”, 『사법행정』, 제377호, 1992.5.
이욱한, “헌법재판소법 제68조 제1항 ‘법원의 재판을 제외하고는’의 문제점”, 『사법행정』, 1995.
이준상, “한정위헌청구의 허부 및 허용범위에 관하여”, 『헌법논총』 제18집, 2007.
임지봉, “헌법상 통치구조 개헌의 바람직한 방향과 내용”, 『세계헌법연구』, 2008.
임지봉, “헌법재판소의 미디어법 결정에 대한 비판적 검토”, 『고시계』 제54권 제12호(통권 634호) 2009.
임지봉, “입법절차상의 흠결과 법률의 효력 ; 헌법재판소 미디어법 관련 권한쟁의심판사건 결정의 헌법적 문제점”, 『법과 사회』 제38호, 2010.
양건 · 김문현 · 남복현, 『헌법재판소법의 개정방향에 관한 연구용역보고서』, 헌법재판연구 제10권, 헌법재판소, 1999.
이광윤 · 장영수, “신행정수도건설을위한특별조치법위헌확인결정의 찬반논쟁 2004헌마554 · 566(병합)”, 『고시계』 제49권 제12호(통권 제574호), 2004.
이승우 · 정만희 · 음선필, 『탄핵심판제도에 관한 연구』, 헌법재판연구 제12권, 2001.
이인호 · 오수정, “헌법불합치결정에 따른 입법개선의무의 이행현황 분석과 비판”, 『중앙법학』, 제12권 제1호, 2010.
이성환 · 정태호 · 송석윤 · 성선제, 『정당해산심판제도에 관한 연구』, 헌법재판연구 제15권, 헌법재판소, 2004.
장명봉, “헌법재판소의 위헌정당해산심판”, 『헌법재판의 이론과 실제』 금랑 김철수 교수 화갑기념논문집, 박영사, 1993.
장영수, "현행 헌법소원제도의 의의, 본질과 법원의 재판에 대한 헌법소원", 『법학논집』 제32집, 1996.
장영수, "헌법재판소 변형결정의 구속력 -1997년 12월 24일 헌법재판소결정 96헌마172, 173(병합)", 고려대학교 법학연구원, 1998.
장영수, "신문법 등에 대한 권한쟁의심판(헌재 2009. 10. 29. 2009헌라8등 결정)의 의미와 한계", 『고시계』 통권 637호, 2010.
장영철, "기본권침해위험성에 관한 소고 - 헌법소원청구요건과 관련하여", 『공법학연구』, 제8권 제3호, 2007. 8.
전광석, "수도이전특별법 위헌결정에 대한 헌법이론적 검토", 『헌법실무연구』 제6권(2005), 헌법실무연구회, 제53회 발표문(2005. 3. 4.).
전정환, "추상적 규범통제제도에 관한 고찰 - 독일의 제도를 중심으로", 『한양법학』 제4 · 5(통합)집, 1994.
정덕장, "재판의 전제성", 『헌법재판의 이론과 실제』 금랑 김철수 교수 화갑기념논문집, 박영사, 1993.
정연주, "법원의 재판 및 헌법규정에 대한 헌법소원", 『법률행정논문집』 제2집, 전남대학교 법률행정연구소, 1992.
정연주, "신 행정수도의 건설을 위한 특별조치법 위헌결정에 대한 헌법적 검토 - 헌재결 2004. 10. 21, 2004헌마554 · 566병합", 『공법학연구』 제7권 제1호, 2006. 2.
정연주, "통치행위에 대한 사법심사 - 관련 헌법재판소 판례를 중심으로", 『저스티스』 통권 95호, 2006. 12.
정재황, "헌법재판소의 한정합헌결정", 『법과 사회』 제3호, 1990.
정재황, "국회의 날치기통과 등 졸속입법에 대한 통제", 『법과 사회』 제6호, 1992.
정재황, "사전적 · 예방적 위헌법률심사제도의 도입에 관한 입법론", 『헌법재판의 이론과 실제』, 금랑 김철수 교수 화갑기념논문집, 박영사, 1993.
정재황, "헌법재판소의 구성과 헌법재판절차상의 문제점 및 그 개선방안", 『공법연구』 제22집 제2호, 한국공법학회, 1994.

정재황, "헌법재판제도의 문제점과 개선방안", 『법학교육과 법조개혁』, 한국법학교수회 편, 1994.

정재황, "헌법재판소의 권한과 일반소송", 한·독 국제학술대회, 『공법연구』 제24집 제1호, 한국공법학회, 1996.

정재황, "헌법재판의 기준", 『공법연구』 제25집 제4호, 1997.

정재황, "국회의 입법절차에 대한 헌법상 통제", 『고시계』, 1998년 2월호(통권 제492호).

정재황, "헌법재판·헌법판례연구의 방법론과 과제", 『헌법학연구』 제4집 제1호, 1998.

정재황, "헌법재판과 정치", 『헌법규범과 헌법현실』, 권영성교수 정년기념논문집, 법문사, 1999.

정재황, "현행 헌법의 쟁점과 전망", 『법제연구』 제34호 한국법제연구원, 2008.

정재황, "프랑스에서의 헌법재판제도에 관한 헌법개정", 『성균관법학』 제20권 제3호, 2008.

정재황, "헌법재판소의 권한과 일반소송", 『공법연구』 제24집 제1호, 1996.

정종섭 ,"법령에 대한 헌법소원심판절차에 있어 청구기간의 적용여부 - 헌법재판소 1992. 6. 26. 선고 91헌마25 결정", 『세계헌법연구』 제1호, 1994.

정종섭, "법학계와 법조계의 새로운 관계 정립, 『한국 법학 50년 - 과거·현재·미래(I)』, 한국법학교수회, 1998.

정종섭, "탄핵심판에 있어 헌법재판소의 탄핵여부결정권[헌법재판소 2004. 5. 14. 선고 2004헌나1 결정]", 『서울대학교 법학』 제46권 1호, 2005, 서울대학교 법학연구소; 「헌법실무연구」 제6권, 2005.

정종섭, "1960년헌법에서의 헌법재판소의 최초 등장과 배경", 『법과 사회』, 2009.

정태호, "원처분의 헌법소원대상성에 관한 소고", 『헌법논총』 제6집, 헌법재판소, 1995.

정태호, "국가기관 상호간의 권한쟁의심판절차에서의 국회의원의 당사자능력과 제3자소송담당 : 2005헌라8 결정에 대한 평석을 겸하여", 『경희법학』 제42권 제2호, 2007.

정태호, "대통령직에 있는 자의 기본권행사와 그의 헌법소원의 적법성,"『헌법학의 과제』, 김효전 교수 정년기념 논문집, 법문사, 2011.

조규정, "행정작용에 대한 헌법소원심판",『헌법재판연구』 제1권, 1990.

조병륜, "개혁시대와 국민을 위한 사법",『법학교육과 법조개혁』, 한국법학교수회 편, 1994.

조병륜, "국민을 위한 사법개혁 추진의 헌법적 당위성",『공법연구』 제22집 제3호, 1994.

조병륜, "우리나라 헌법재판소의 지위와 기능",『헌법재판 운영현황과 활성화』, 헌법재판자료 제6집, 헌법재판소, 1993.

조재현, "입법과정의 하자에 대한 헌법재판소의 통제와 헌법적 정당성의 문제 : 미디어법 입법과정의 절차적 정당성을 중심으로", 한국부패학회,『한국부패학회보』 제14권 제4호.

조홍석, "탄핵결정의 법리적 음미",『공법학연구』 제5권 제2호, 2004. 5.

조홍석, "제도적 관점에서 본 현행 헌법재판제도의 문제점과 개선방안",『法과 政策硏究』 제8집 제2호, 2008.

차강진, "대통령에 대한 탄핵심판 - 헌재 2004. 5. 14. 2004헌나1 사건의 주요 쟁점을 중심으로,"『공법학연구』 제5권 제3호, 2004.

차병직, "헌법재판소 재판관 선임방식의 재검토",『인권과 정의』, 1994.

차진아, "헌법재판 : 추상적 규범통제제도 도입의 의미와 방향",『고려법학』, 고려대학교 법학연구원, 제55권, 2009.

최광률, "헌법재판의 운영방향", 한국공법학회 제6회 월례발표회, 1990.

최대권, "헌법재판소의 정치학 - 그 구조와 기능을 중심으로",『서울대학교 법학』 제34권 1호, 1993.

최완주, "원처분의 헌법소원 대상성에 관한 고찰", 헌법문제와 재판(상).

한수웅, "헌법재판소의 주요결정",『헌법재판의 회고와 전망』, 헌법재판소 창립 10주년 기념세미나, 1998.

한수웅, "현행 헌법상 헌법재판제도의 문제점과 개선방안",『헌법재판연구』 제

16권, 헌법재판소, 2005.
한수웅, "대통령에 대한 탄핵심판절차", 한국헌법학회, 『헌법학연구』 제11권 제1호, 2005.
한수웅, "현행 헌법상 헌법재판제도의 문제점과 개선방안", 『헌법재판연구』 제16권, 2005.
한수웅, "규범통제제도의 형성과 발전 - 규범통제심사기준과 심사밀도를 중심으로", 『헌법논총』 제19집, 헌법재판소, 2008.
허 영, "헌법소원제도의 이론과 우리 제도의 문제점", 『고시연구』, 1989. 4.
허 영, "헌법재판제도의 바람직한 개선 방향", 『재판의 한 길, 김용준 헌법재판소장 화갑기념논문집』, 박영사, 1998.
허완중, "형벌에 관한 법률(조항)에 대한 헌법재판소의 헌법불합치결정", 『공법연구』 제38집, 제4호, 한국공법학회, 2010.
홍성방, "헌법 제107조와 헌법소원", 한국공법학회 제12회 월례발표회, 1990.
홍정선, "권한쟁의심판의 개념", 『헌법재판의 이론과 실제』, 금랑 김철수 교수 화갑기념논문집, 박영사, 1993.
황도수, "법규범의 직접성에 관한 시론", 『헌법재판의 이론과 실제』, 금랑 김철수 교수 화갑기념논문집, 박영사, 1993.
황도수, "원처분에 대한 헌법소원심판", 『헌법논총』 제6집, 헌법재판소, 1995.
황도수, "한정위헌결정과 한정합헌결정에 관한 연구", 『헌법논총』 제10집, 헌법재판소, 1999.
황우여, "위헌결정의 효력", 『헌법재판의 이론과 실제』, 금랑 김철수교수 화갑기념 논문집, 박영사, 1993.
황치연, "재판소원금지의 위헌성", 『한국헌법학의 현황과 과제』, 박영사, 1998.
헌법제정회의록, 제헌의회, 국회도서관, 헌정사자료 제1집, 1967.
『헌법연구반 보고서』, 법제처, 1980. 3.
한국헌법학회, 헌법개정연구, 2006 헌법개정연구위원회 최종보고서, 2006.
헌법연구 자문위원회 결과보고서, 2009. 8.

[헌법재판 추기의 참고문헌]

* 본문에 인용되지 않은 문헌도 참조의 의미로 첨가함.

국회, 헌법연구자문위원회(국회의장 소속), 『헌법연구자문위원회 결과보고서』, 2009. 8.

국회, 헌법개정자문위원회(국회의장 소속), 『활동결과보고서 Ⅰ』, 2014. 7.

국회헌법개정특별위원회 자문위원회, 『국회헌법개정특별위원회 자문위원회 보고서』, 2017. 12.

김문현 · 김선택 · 김재원 · 박영립 · 박은정 · 박찬욱 · 이기우, 『대화문화아카데미 2016년 새 헌법안』, 2016.

김하열, 『헌법소송법(제3판)』, 박영사, 2018.

김해원, 『기본권심사론』, 박영사, 2018.

김현철, 『판례 헌법소송법』, 전남대학교 출판부, 2014.

남복현, 헌법개정시 헌법재판을 포함한 사법구조의 개편방향, 『헌법학연구』 제12권 제5호(2006. 12).

대한민국 정부, 대한민국 헌법개정안 발의안 http://www1.president.go.kr/Amendment

성낙인 · 이효원 · 권건보 · 정철 · 박진우 · 허진성, 『헌법소송론』, 법문사, 2012.

정연주, 『헌법소송론』, 법영사, 2015.

정재황, 예비재판관 제도 및 그 도입 타당성에 대한 연구, 『성균관법학』 제26권 제3호(2014. 9).

정재황, 『신 헌법입문』 제8판, 박영사, 2018.

허완중, 『헌법소송법』, 박영사, 2019.

헌법재판소, 『현장에서 보는 또 다른 시선 헌법재판소 결정과 대한민국의 변화』, 2017. 12.

헌법재판소, 『헌법재판소 30년사, 30년의 바른 걸음, 헌법을 세우다』 2018. 7.

통일헌법연구의 방향과 과제 (이효원)

[단행본]

강원택, 『통일 이후의 한국 민주주의』, 나남, 2011.

강현철, 『통일헌법연구』, 한국학술정보(주), 2006.

김승대, 『통일헌법이론 - 동서독과 남북한 통일의 비교법론』, 법문사, 1996.

김승대, 『헌법학 강론』, 법문사, 2012.

김완기, 『남북통일, 경제통합과 법제도통합』, 경인문화사, 2017.

김철수, 『독일통일의 정치와 헌법』, 박영사, 2004.

김철수, 『헌법학(상)(하)』, 박영사, 2007.

김철수, 『한국통일의 정치와 헌법』, 시와 진실, 2017.

법무부, 『통일독일·동구제국 몰수재산처리 개관』, 1994.

법무부, 『중국과 대만의 통일 및 교류협력법제』, 1995.

법무부, 『독일통일 10년의 법적 고찰』, 2000.

배종인, 『헌법과 조약체결』, 삼우사, 2009.

성낙인, 『헌법학』, 법문사, 2018.

이효원, 『남북교류협력의 규범체계』, 경인출판사, 2006.

이효원, 『통일헌법의 이해』, 박영사, 2016.

이효원, 『통일법의 이해』, 박영사, 2018.

정인섭, 『신국제법강의』, 박영사, 2018.

제성호, 『한반도 평화체제의 모색』, 지평서원, 2000.

[논문]

강석승, "휴전협정의 평화협정으로의 전환 문제 : 북측 주장 및 입장을 중심으로", 『한국정치외교사논총』 제16호, 1997.

강현철, "남북한 통일헌법상의 정부형태에 관한 연구", 『외법논집』 제9집, 2000.

권영설, "통일지향적 정부형태로서의 대통령제", 『공법연구』 제27집 제3호,

1996.

김계홍, “남북관계발전에 관한 법률에 따른 남북합의서의 발효절차에 관한 사례 연구 및 개선방안에 대한 고찰”, 『법제』 제603호, 2008.

김명기, “정전협정의 평화조약으로서의 대체에 의해 제기되는 법적 제문제와 그에 대한 대책방안 연구”, 『군사논단』 제86호, 2016.

김병기, “통일한국의 법통합과 재산권문제”, 『토지공법연구』 제42집, 한국토지공법학회, 2008.

김병록, “통일헌법의 국가형태에 관한 연구”, 『공법연구』 제25집 제4호, 1997.

김상겸 외 1, “독일 통일헌법 제정상의 교훈을 통한 한반도 통일헌법 구상”, 『한독사회과학논총』 제22권 제1호, 2012.

김승대, “헌법개정과 남북한 통일”, 『공법연구』 제39집 제2호, 2010.

김영추, “통일헌법의 제정과 내용”, 경성대학교 『논문집』 제19집 2권, 1998.

김정건, “남북한 교류의 국제법적 고찰”, 『국제법학회논총』 제37권 제1호, 1992.

김정균, “분단국 통일형태에 관한 연구”, 『국제법학회논총』 제28권 제1호 1983.

김정균, “남북한 간의 협정형태에 관한 연구”, 『국제법학회논총』 제30권 제1호, 1985.

김정균, “남북관계의 변화와 국제법”, 『한국의 학술연구 - 법학 II』, 대한민국학술원, 2010.

김철수, “통일헌법의 제정방향”, 『고시계』, 1997. 12.

도회근, “남북관계 법제의 발전과 한계”, 『헌법학연구』 제14권 제3호, 2008.

도회근, “통일헌법의 권력구조 - 의회제도를 중심으로”, 『공법연구』 제40집 제2호, 2011.

박수혁, “통일한국에서의 통일헌법상 통치구조에 관한 연구”, 『통일과 법률』 통권 제2호, 2010.

박정배, “통일대비 독일과 예멘의 통일헌법체제에 관한 법적 고찰”, 『법학논총』 제33집, 2015.

박정원, “통일헌법의 골격구상”, 『공법연구』 제27권 제1호, 1998.

변해철, “남북한 통합과 통치구조”, 『공법연구』 제21집, 1993.
백진현, “정전체제의 평화체제 전환문제”, 『서울대학교 법학』 제41권 제2호, 2000.
성낙인, “통일헌법의 기본원리 소고”, 『서울대학교 법학』 제53권 제1호, 2012.
성낙인, “통일헌법상 권력구조에 관한 연구”, 『공법연구』 제36집 제1호, 2007.
성낙인, “통일헌법의 기본원리 소고”, 『서울대학교 법학』 제53권 제1호, 2012.
이규창, “남북법제통합의 기본원칙 및 방향과 과제”, 『저스티스』 제122권, 2010.
이규창, “남북관계 제도화를 위한 판문점선언의 향후 과제”, 『현안분석 - 온라인 시리즈』, 통일연구원, 2018.
이상면, “한국전쟁과 휴전의 당사자 문제”, 『국제법학회논총』 제52권 제2호, 2007.
이승우, “남북통일을 대비한 헌법개정의 필요성과 방향”, 『공법연구』 제39집 제2호, 2010.
이효원, “남북한 통일합의서의 법적 쟁점과 체결방안”, 『법조』 제60권 제11호, 2011.
이효원, “통일헌법의 제정방법과 국가조직”, 『서울대학교 법학』 제55권 제3호, 2014.
이효원, “판문점선언의 법적 성격과 과제 ; 국회동의를 중심으로”, 『헌법과 통일법』 제11호, 서울대학교 헌법통일법센터, 2018.
장영수, “독일의 통일과정과 의원내각제 정부형태”, 『유럽헌법학회연구논집』, 제2호, 2007.
장영수, “통일헌법 제정의 기본방향”, 『유럽헌법연구』 제21호, 2016.
정만희, “통일헌법을 위한 단계적 헌법개정”, 『동아법학』 제66호, 2015.
정 철, “통일헌법의 권력구조”, 『법학논총』 제25권 제2호, 2012.
한명섭, “남북합의서의 법적 성격과 법제화 방안”, 『통일과 법률』 제5호, 법무부, 2011.

처음 발표한 곳

제1편 초창기

문홍주, 헌법학 30년의 회고와 전망, 『서울대 법학』 제19권 1호(1978), 67-74면 및 『한국의 학술연구: 법학』(대한민국 학술원, 2003), 57-67면

김철수, 헌법학 30년의 학설변천, 『한국의 학술연구: 법학』(대한민국 학술원, 2003), 68-104면

김효전, 헌법학 30년의 연구자들 - 1940~1970년대의 학설을 중심으로, 『한국의 학술연구: 법학』(대한민국 학술원, 2003), 105-136면

제2편 안정기

김철수, 헌법학 60년의 연구 동향, 『한국의 학술연구: 법학 II』(대한민국 학술원, 2010), 47-129면

정재황, 헌법재판법학 60년의 연구 동향, 상동, 130-173면

김효전, 헌법학 60년과 외국 학설, 상동, 174-205면

제3편 한국 헌법학의 회고와 전망

김철수, 헌법과 기본권 연구의 동향 회고, 『학문연구의 동향과 쟁점: 법학』(대한민국 학술원, 2018), 73-172면

김효전, 한국 헌법학의 체계화, 상동, 173-222면

이효원, 통일헌법 연구의 방향과 과제, 상동, 223-257면

부록

2000년대 헌법 관련 학회의 활동 (본서에서 수정 증보)

김효전, 외국헌법에 관한 문헌목록(1995-2013), 『유럽헌법연구』 제14호 (2013. 12), 511-584면

필자 소개

문홍주(文鴻柱, Hong-Ju Moon)
1918년 경남 창원 출생
경성제국대학 법문학부 졸업
부산대 총장, 법제처장, 문교부 장관,
성균관대 교수, 한국정신문화연구원장,
대한민국학술원 회원 역임
저서 한국헌법, 미국헌법과 기본적 인권
2008년 타계

김철수(金哲洙, Tscholsu Kim)
1933년 대구 출생
서울대학교 법과대학 졸업
서울대학교 대학원 (법학박사)
독일 뮌헨대학에서 법학연구
미국 하버드대학에서 법학연구
사법시험위원, 한국공법학회 회장
탐라대 총장, 국제헌법학회부회장 역임
저서 헌법학개론, 학설판례 헌법학 외 30여권
현재 서울대학교 명예교수
　　대한민국학술원 회원

김효전(金孝全, Hyo-Jeon Kim)
1945년 서울 출생
성균관대학교 법정대학 법학과 졸업
서울대학교 대학원 졸업. 법학박사
독일 프라이부르크대학 초청교수
미국 버클리대학 방문학자

동아대학교 교수, 법대학장, 법전원장 역임
저서 서양 헌법이론의 초기수용, 헌법(개념사)
현재 동아대학교 명예교수
대한민국학술원 회원

정재황(鄭在晃, Jae-Hwang Jeong)
1958년 대구 출생
서울대학교 법과대학 졸업
서울대학교 대학원 졸업
프랑스 국립 파리 제2대학교 법학박사
프랑스 국립 파리 제2대학교 초청교수
미국 버클리대학 방문학자
홍익대학교 교수, 세계헌법학회 집행이사, 세계헌법학회
한국학회 회장, 2018 세계헌법대회 조직위원회 위원장 역임
저서 헌법재판론, 신헌법학입문
현재 성균관대학교 법학전문대학원 교수
공법이론과판례연구회장

이효원(李孝元, Hyo-Won Lee)
1965년 경북 안동 출생
서울대학교 법과대학 졸업
서울대학교 대학원 졸업. 법학박사
사법시험합격, 법무부 검사 역임
독일 자유베를린대학 연수(검사)
저서 통일법의 이해
현재 서울대학교 법학전문대학원 교수
통일법연구소 소장

한국의 헌법학 연구

초판 1쇄 발행 2020년 10월 26일

엮은이 김철수
지은이 문홍주 김철수 김효전 정재황 이효원
펴낸이 강수걸
편집장 권경옥
편 집 박정은 김해림 윤은미 강나래 최예빈
디자인 권문경 조은비
펴낸곳 산지니
등 록 2005년 2월 7일 제333-3370000251002005000001호
주 소 부산광역시 해운대구 수영강변대로 140 부산문화콘텐츠콤플렉스 613호
홈페이지 www.sanzinibook.com
전자우편 sanzini@sanzinibook.com
블로그 http://sanzinibook.tistory.com

ISBN 978-89-6545-675-9 93360

* 책값은 뒤표지에 있습니다.
* 이 도서의 국립중앙도서관 출판예정도서목록(CIP)은 서지정보유통지원시스템 홈페이지(http://seoji.nl.go.kr)와 국가자료공동목록시스템(http://www.nl.go.kr/kolisnet)에서 이용하실 수 있습니다.
* Printed in Korea